Conception d'algorithmes

Patrick Bosc - Marc Guyomard
Laurent Miclet

Préface de Colin de la Higuera

Conception d'algorithmes

Principes et 150 exercices corrigés

3e édition

ÉDITIONS EYROLLES
61, bd Saint-Germain
75240 Paris Cedex 05
www.editions-eyrolles.com

Préface

<table>
<tr>
<td>

```
Computational thinking is the thought
processes involved in formulating
problems and their solutions so that
the solutions are represented in a
form that can be effectively carried
out by an information-processing
agent.
```

</td>
<td>

```
La pensée algorithmique est l'ensemble
des processus mentaux permettant
de formuler les problèmes et leurs
solutions dans une forme qui rend
possible leur résolution par un agent
de traitement de l'information.
```

Jeannette M. Wing, 2006

</td>
</tr>
</table>

Il s'est passé presque 5 ans depuis la première édition de ce livre. Et en 5 ans, si le livre n'a pas vieilli, le contexte a énormément changé.

Tout d'abord, si ce livre n'a pas pris d'âge, c'est dans doute parce qu'il est très bien écrit. Mais aussi parce que l'algorithmique de 2015 est sensiblement la même que l'algorithmique de 2020 : les bons algorithmes le restent et les techniques de preuve n'ont pas subi de changements majeurs. En soi, c'est déjà une bonne nouvelle !

Pour ce qui est du contexte, en revanche, d'une part, la promesse de l'arrivée de l'informatique dans l'enseignement secondaire est devenue une réalité. En plusieurs étapes, en profitant d'une réforme ambitieuse du lycée, l'enseignement de spécialité « Informatique et Sciences du Numérique » de terminale est devenue une spécialité « Numérique et Sciences informatiques » (NSI) en première et en terminale. D'autres enseignements informatiques ont vu le jour permettant ainsi une éducation à l'informatique de plus en plus complète. Et au cœur de celle-ci, on trouve toujours l'algorithmique.

D'autre part, ces dernières années ont vu la montée en puissance de l'intelligence artificielle (IA). Les exploits de celle-ci sur des tâches de plus en plus variées ont suscité un intérêt généralisé et aujourd'hui la question se pose : faut-il former à l'IA ? Des questions supplémentaires arrivent ensuite : est-ce de l'informatique ? Ou est-ce à nouveau une matière qu'on penserait transversale et qui serait alors à maîtriser par tous les enseignants ? Notons le parallèle avec les questions qui se sont posées il y a quelques années lorsque l'informatique a cherché sa place.

Cette arrivée un peu brusque de l'IA interpelle également sur la position de l'algorithmique. Est-il encore nécessaire de l'étudier alors que, dans les langages de programmation, des bibliothèques très bien faites offrent de nombreux outils standardisés pour faire des calculs complexes en un appel de fonction ? Une seconde question peut se poser : faut-il une algorithmique différente car celle enseignée pour l'informatique serait caduque ?

On répondra affirmativement à la première question. S'il s'agit juste de reproduire une expérience existante, bien peu d'algorithmique est nécessaire. Et c'était déjà le cas avant : on pouvait déjà récupérer du code produit par quelqu'un d'autre et l'utiliser aveuglément. Mais si le problème qu'on cherche à résoudre est nouveau, cela ne marche pas. On notera en passant qu'un enjeu majeur pour l'IA est celui de l'intelligibilité : et il semble bien compliqué de comprendre comment une IA propose une solution si on n'étudie pas au préalable les algorithmes utilisés.

Pour ce qui est de la seconde question, on répondra par la négative. S'il convient de faire très attention, et si de nouveaux problèmes vont se poser, il est fort à parier cependant que nombreux sont les algorithmes décrits et étudiés dans ce livre qui trouveront toute leur place dans le domaine de l'intelligence artificielle.

Mais réexplorons aussi certains des éléments motivant la lecture de ce livre il y a 5 ans.

Parmi les idées reçues répandues encore aujourd'hui, celle que la génération Y, celle des *enfants du numérique*, n'a pas grand-chose à apprendre, a fait long feu. Elle était sans doute liée au regard attendri de personnes admiratives devant un bambin qui se saisit d'une tablette, ou d'un adolescent capable d'utiliser ses deux pouces pour taper un message sur son téléphone portable. Maintenant, l'adulte doit comprendre que de pareilles performances sont purement motrices et ne doivent pas faire croire que la nouvelle génération est *nativement* dotée de capacités dont la sienne est dépourvue.

Une deuxième idée reçue tient au lieu commun *a-t-on besoin de savoir comment fonctionne un moteur pour pouvoir conduire une voiture ?* . Elle se justifiait par un modèle ancien, dépassé, celui où il y avait d'un côté les informaticiens, de l'autre le reste de l'humanité, et dans lequel un être humain n'avait qu'à faire appel à un informaticien quand il avait besoin de résoudre un problème informatique. Aujourd'hui, sans doute parce que dans la résolution de tout problème - ou presque - il y a une part d'informatique, les limites de cette séparation binaire de l'humanité volent en éclats.

Une troisième idée reçue consiste à penser qu'une *simple éducation aux usages* est suffisante pour la grande majorité des jeunes, quelques-uns pouvant cependant être formés à l'informatique parce qu'ils deviendront informaticiennes ou informaticiens. On peut cependant penser qu'avec la quantité croissante d'usages, leur enseignement direct n'est plus rentable : s'il pouvait être plus raisonnable il y a quelques années d'enseigner l'usage d'une suite bureautique que d'enseigner l'informatique, il faut aujourd'hui, si l'on en reste aux usages qui s'avèrent indispensables y inclure également le travail coopératif avec les outils du *cloud*, les questions de sécurité, d'intégrité des données, de réseau, l'interrogation de bases de données, l'organisation de ses archives, les bonnes pratiques sur internet... C'est tout simplement devenu plus compliqué d'enseigner les usages que d'enseigner l'informatique !

Avant d'attaquer ce point, et d'expliquer - enfin - en quoi ce livre est très utile, introduisons cette question de changement de paradigme avec un exemple emprunté à Seymour Papert. Il s'agit de résoudre la multiplication suivante :

$$\text{XLIV} \times \text{XVII}$$

La méthode de résolution que l'on peut imaginer consiste à transformer la notation romaine en notation arabe, de poser 44×17 et probablement d'utiliser un outil numérique pour finir.

Mais on peut également se demander comment faisaient les Romains de l'époque, puis les Européens qui jusqu'au Moyen Âge ont eu à utiliser les nombres romains...

Pour résoudre des questions faisant intervenir de l'arithmétique, il était nécessaire de recoder l'information autrement, d'une façon permettant l'utilisation d'algorithmes appropriés que chacun pouvait utiliser. Le développement du commerce a entraîné, au Moyen âge, le remplacement de la numération romaine par la numération arabe : adieu les chiffres romains, bienvenue aux chiffres arabes.

C'est une révolution similaire qui est nécessaire aujourd'hui : celle-ci n'est pas technologique. Elle se situe au niveau de nos façons de raisonner, de résoudre des problèmes.

On constate maintenant qu'un nombre sans cesse croissant de problèmes se résolvent en passant par trois étapes : transformation des données du problème en information, traitement algorithmique de cette information, restitution de la solution sous une forme utile, acceptable, agréable.

Cette façon de résoudre un problème, en passant par la transformation en information et sa résolution informatique s'appelle le *computational thinking* en anglais. En français, plusieurs traductions existent : la pensée informatique, la pensée computationnelle, la pensée algorithmique.

Or, la seconde étape de cette construction n'obéit pas à la simple logique du codage : elle repose pour beaucoup sur l'algorithmique. La transformation de nos données en résultats, qu'elle se fasse en une passe ou de façon continue, nécessite l'emploi d'algorithmes, de savoir choisir parmi ceux-ci, de les prouver aussi.

La pensée algorithmique repose donc de manière forte sur une culture algorithmique. Et celle-ci s'acquiert en utilisant des livres comme ce *Conception d'algorithmes : Principes et 150 exercices corrigés* que j'accueille de nouveau avec plaisir, et qui confirme sa place de référence en matière d'enseignement de l'algorithmique dans le monde francophone.

L'algorithmique, pour beaucoup d'informaticiens, est un art : l'écriture de l'algorithme est le moment où l'on cherche à trouver l'idée géniale, la structure cachée, celle qui va permettre de résoudre la question. Les auteurs nous invitent à conserver cet aspect artistique, mais à développer aussi une approche systématique... La même idée géniale se retrouve-t-elle dans plusieurs algorithmes correspondant à des problèmes différents ? Qu'est-ce qui, au niveau de l'analyse, permet d'aborder ces problèmes, finalement, de façon homogène ?

Un enjeu pédagogique particulier est très bien défendu dans ce livre : celui d'écrire des algorithmes prouvables. Si trouver des idées algorithmiques permettant de résoudre un problème est tout à fait amusant, qu'il est difficile ensuite de prouver que l'algorithme qui vient d'être écrit résout bien le problème !

Patrick Bosc, Marc Guyomard et Laurent Miclet, enseignants chevronnés, ont bâti sur leur expérience devant des étudiants d'IUT, d'école d'ingénieur, d'université, et proposent ici une approche tout à fait intéressante : plutôt que de proposer un cours avec quelques exercices, les auteurs ont choisi ici de résumer le cours en retenant les éléments les plus pertinents, de proposer des exercices et surtout de concentrer la plus grande partie de leur analyse dans les corrections de ceux-ci : en fait, ce sont ces corrections qui constituent le fil conducteur de l'ouvrage.

Pour conclure, on peut se poser la question du public de ce livre. Ce public peut être constitué d'enseignants et d'étudiants des filières informatiques des universités et des écoles d'ingénieurs, qui auront intérêt à l'étudier dans le cadre de leurs études, mais également comme livre de référence de leur vie professionnelle si dans celle-ci ils sont conduits à résoudre des problèmes avec des algorithmes, on peut aussi présager qu'un public bien plus large sera bientôt confronté à des questions similaires... L'informatique s'est installée au lycée (ISN, puis ICN), dans les classes préparatoires, au collège et on parle même de l'école primaire ! Pour faire face à ces besoins, il faut former des éducateurs, animateurs, enseignants, des professeurs de toutes les disciplines... Bien entendu, un texte comme celui-ci n'a pas immédiatement sa place : s'il est prévu de commencer à enseigner l'informatique à tous les niveaux, il n'en demeure pas moins que les enseignants vont s'adresser, un peu partout, à des débutants. Mais l'enfant de six ans qui va commencer à coder avec Scratch... aura besoin à un moment ou un autre de connaissances plus étendues, et d'une enseignante ou d'un enseignant qui les maîtrisera.

Je souhaite que cet enseignant francophone ait appris avec ce livre.

Bonne lecture

Colin de la Higuera

Titulaire de la Chaire Unesco en Ressources Educatives Libres à l'Université de Nantes

Président (2012-2015) de la Société informatique de France

Remerciements

Ce livre doit tout, ou presque, à nos établissements d'enseignement et de recherche : l'IUT de Lannion, l'ENSSAT et l'Université de Rennes 1. Nous sommes redevables en particulier aux cours et travaux dirigés d'« algorithmique avancée » qui ont été enseignés notamment par André Couvert, Jean-Michel Hélary, René Pédrono, Sophie Pinchinat et Michel Raynal. Nous remercions particulièrement Nelly Barbot, Arnaud Delhay, Allel Hadjali, Amaury Habrard et Damien Lolive pour leur aide lors de la rédaction de cet ouvrage.

Ce livre a été composé en LaTeX par les auteurs avec les logiciels libres TeXstudio, Texmaker, TeXnicCenter, TeXShop et MiKTeX. Les figures ont été faites avec PGF/TikZ. Le code comporte environ 2.500.000 signes.

Your total ignorance of that which
you profess to teach merits the
death penalty. I doubt whether
you would know that St Cassian of
Imola was stabbed to death by his
students with their styli.

— J. K. Toole

However beautiful the strategy,
you should occasionally look at
the results.

— W. Churchill

There is a computer disease
that anybody who works with
computers knows about. It's a very
serious disease and it interferes
completely with the work. The
trouble with computers is that you
'play' with them!

— R. Feynman

Solving problems is a practical
skill like, let us say, swimming.

— G. Pólya

Carotte et bâton sont les deux
mamelles de la pédagogie.

— P. Struillou

The Richard Feynman
Problem-Solving Algorithm:
1. write down the problem;
2. think very hard;
3. write down the answer.

— M. Gell-mann

Students identify computer science
with a computer driving license.

— J. Hromkovič

Please do not ask me for solutions
to the exercises. If you're a
student, seeing the solution
will rob you of the experience
of solving the problem yourself,
which is the only way to learn the
material. If you're an instructor,
you shouldn't assign problems that
you can't solve yourself!

— J. Erickson

An' here I sit so patiently
Waiting to find out what price
You have to pay to get out of
Going thru all these things twice

— B. Dylan

Computer Science is no more about
computers than astronomy is about
telescopes.

— E. W. Dijkstra

L'art de la citation est l'art de
ceux qui ne savent pas réfléchir
par eux-mêmes.

— Voltaire

Table des matières

Présentation

CE QU'EST CET OUVRAGE

Le sujet de cet ouvrage est l'algorithmique et son but est de l'enseigner. Selon nous, cette discipline peut se définir comme « l'art et la science d'écrire un algorithme pour résoudre un problème donné, de préférence en un temps minimal ». Cet ouvrage vise par conséquent à enseigner des méthodologies de conception d'algorithmes efficaces. Il cherche à le faire essentiellement par l'exemple.

Il est construit selon une double règle.

- Les chapitres couvrent un ensemble de méthodes qui s'appliquent à des structures de données diverses. Par conséquent, à un chapitre correspond une méthodologie de construction d'algorithme, non pas une structure de données. Par exemple, le chapitre programmation dynamique comporte des problèmes résolus dans les tableaux, d'autres dans les arbres, les graphes, les séquences, etc.

- Un chapitre est le plus souvent constitué d'une présentation informelle par un exemple, puis des bases techniques permettant d'écrire un algorithme selon cette méthode. Ensuite, au moins un problème complet est traité en détail. La suite du chapitre est constituée de problèmes, énoncés et corrigés. Les problèmes un peu complexes sont abordés de façon progressive afin de mettre en évidence l'aspect constructif de la solution proposée. Les corrigés sont détaillés afin de rendre le plus explicite possible les points clés du raisonnement suivi. L'exactitude des algorithmes a naturellement été contrôlée par programmation. Nous ne fournissons pas les algorithmes codés dans un langage particulier, mais écrits dans un « pseudo-code » spécifié facilement transposable en programme dans les langages usuels.

CE QU'IL N'EST PAS

Cet ouvrage n'est ni un cours de *Structure de Données et Algorithmes* ni même un cours d'*Algorithmique*. En effet, premièrement, il n'aborde pas les problèmes de l'organisation efficace des données. Les structures de données ne sont précisées que lorsqu'elles jouent un rôle central dans l'efficacité de l'algorithme. Pour l'essentiel, on suppose que le lecteur connaît le sujet et sait employer les bons outils (ou les bons paquetages ou les bonnes classes). On parlera donc de tableaux, de séquences, de graphes et autres structures sans généralement préciser la manière dont elles sont implantées.

Deuxièmement, il vise à enseigner la conception et les stratégies algorithmiques, mais pas sous la forme d'un cours complet. Il essaye plutôt de proposer des exemples qui aident à comprendre pourquoi et comment telle méthode peut être appliquée à tel problème.

ET CE QU'IL VISE À ÊTRE

L'algorithmique est, avons-nous dit, l'art et la science d'écrire un algorithme. Nous souhaitons augmenter ces deux qualités chez le lecteur. Nous voudrions que, face à un nouveau problème, il puisse développer, grâce aux exemples qu'il aura vus, une sorte d'*intuition* de la méthode à employer (c'est le côté artiste, ou artisan). Mais nous désirons aussi qu'il sache *prouver* que l'emploi de cette méthode est effectivement plus efficace que celui d'une technique naïve (c'est le côté scientifique). Enseigner par l'exemple ne veut pas dire sacrifier la rigueur. Beaucoup de constructions d'algorithmes se font à partir de notions bien fondées, comme la récurrence ou le raisonnement par l'absurde. Cependant, trop souvent, les problèmes proposés dans certaines notes de cours ou certains ouvrages sont résolus sans que la preuve de la solution soit apparente. Cela donne parfois l'impression que cette solution sort du chapeau du magicien (c'est-à-dire de l'astuce du professeur) et encourage l'idée exagérée qu'une bonne intuition peut remplacer une démonstration. Nous pensons que la déduction et l'induction sont deux modes de raisonnement nécessaires dans la construction d'un algorithme.

À QUI S'ADRESSE CET OUVRAGE ?

Ce livre est destiné à tous ceux qui, pour une raison ou pour une autre, sont concernés par les sciences du numérique et veulent apprendre ou enseigner l'algorithmique. Il sera évidemment utile aux élèves et aux étudiants en sciences du numérique, non pas comme un ouvrage d'initiation, mais plutôt comme un manuel de référence destiné à accompagner son lecteur non seulement pendant l'apprentissage, mais aussi dans sa vie professionnelle. Nous pensons particulièrement aux élèves de terminale en spécialité ISN, ou dans certains BTS, aux étudiants en IUT Informatique, Réseaux et Télécom, GEII, aux étudiants en licence informatique ou à connotation informatique, aux élèves des classes préparatoires scientifiques et des écoles d'ingénieurs.

Ce livre est également destiné aux enseignants, qui trouveront au fil des pages quantité de matériel pour les cours et les séances d'exercices (sans parler des examens). Ils utiliseront les introductions, les exercices et les corrections pour montrer à leurs apprenants comment se modélise un problème et comment se construit rationnellement une solution. Enfin, il est aussi destiné, en dehors du système d'enseignement classique, à tous ceux qui veulent se munir de connaissances solides sur une des bases de la science informatique : la construction des algorithmes.

PLAN

Comme nous l'avons dit, cet ouvrage a été organisé pour présenter successivement différentes méthodologies de construction d'algorithmes. Cependant, il commence par un chapitre intitulé « Mathématiques et informatique : notions utiles », dans lequel sont rappelées un certain nombre de bases mathématiques (essentiellement les principes de démonstration, en particulier par récurrence) et de structures de données (ensembles, graphes, arbres, files) et où une vingtaine d'exercices sont proposés. Le chapitre 2 « Complexité d'un algorithme », dans la même intention de consolider les connaissances de base, rappelle les notions essentielles de ce domaine et donne quelques exercices.

Dans le chapitre 3, « Spécification, invariants, itération » sont exposés les principes de la construction rationnelle de boucle, accompagnés d'une quinzaine d'exercices dont quelques-uns sont assez difficiles. Le chapitre suivant, intitulé « Diminuer pour résoudre, récursivité » traite de la construction d'algorithmes récursifs, illustrée par une petite dizaine d'exercices. Il montre en particulier comment les méthodes de démonstration par récurrence s'appliquent pour certifier l'exactitude de procédures récursives résolvant un problème de taille donnée n, en faisant appel à la résolution de problèmes identiques de taille $(n-1)$.

On aborde dans le chapitre 5 la méthodologie des « Essais successifs ». Les techniques d'énumération récursives des solutions à un problème combinatoire sont décrites et des « patrons » de programmes sont donnés. Les principes d'élagage de l'arbre des solutions sont décrits, qui sont illustrés par une vingtaine d'exercices. Le chapitre suivant reste dans le même sujet, mais traite les méthodes PSEP (Séparation et évaluation progressive, ou *branch and bound*) qui sont, elles, itératives. Quatre exercices sont donnés pour concrétiser cette méthode.

Le chapitre 7 est consacré aux « Algorithmes gloutons », qui cherchent à résoudre des problèmes analogues à ceux des chapitres précédents, en n'effectuant aucun retour en arrière ; il est important de faire la preuve qu'ils résolvent le problème posé. On y présente donc les façons usuelles pour démontrer qu'un tel algorithme est exact. Une quinzaine d'exercices sont proposés pour illustrer cette technique.

Dans le chapitre 8, on s'intéresse à une approche particulièrement féconde de conception d'algorithmes : « Diviser pour Régner ». Une classification des algorithmes de ce type est proposée et leur construction est illustrée par une trentaine d'exercices, dont certains sont difficiles.

Enfin, le chapitre 9 décrit la méthodologie de « Programmation dynamique » qui est également très féconde pour construire une solution optimale à un problème combinatoire. La richesse de cette technique est telle que nous proposons plus d'une trentaine d'exercices, donnant lieu à une grande variété de constructions algorithmiques dont plusieurs ont un intérêt pratique avéré. Là aussi, certains problèmes proposés sont difficiles.

Nous avons essayé de choisir des exercices couvrant autant que possible la variété de chaque domaine abordé. Nous avons aussi cherché à ne pas proposer deux problèmes trop proches, tout en illustrant sur quelques problèmes l'applicabilité de plusieurs méthodologies. Au total, cet ouvrage traite près de cent cinquante exercices : pour chacun l'énoncé a été rédigé avec autant de précision que possible et les questions sont organisées pour aider le lecteur à construire la solution. Le corrigé, quant à lui se veut méthodique, rigoureux et complet.

CONVENTIONS DE LECTURE

On trouvera dans la section « Notations », page 829 les conventions que nous utilisons pour les formules mathématiques et surtout pour les algorithmes. Il sera évidemment indispensable au lecteur de s'y référer en cas de doute sur la signification de tel ou tel symbole.

Tout au long de l'énoncé et du corrigé de chaque exercice, une note marginale rappelle les numéros de l'exercice et de la question en cours. La note ci-contre indique par exemple que $\boxed{42 - Q\,3}$ l'on commence la question 3 de l'exercice 42. Sa réponse est signalée par la même note, avec R à la place de Q.

Chaque exercice est doublement coté, pour son intérêt intrinsèque et pour sa difficulté.

Il y a quatre niveaux croissants d'intérêt notés   ○   8   8   8   et quatre niveaux croissants de difficulté notés   ●   ⦂   ⦂   ⦂   . La notion d'intérêt d'un problème est assez subjective. Nous avons opté pour un croisement de divers critères, dont le principal est la qualité avec laquelle ce problème illustre la méthodologie à laquelle il appartient. Pour la difficulté, la cotation tient naturellement compte de la façon dont l'énoncé a été rédigé : un problème intrinsèquement difficile peut être adouci par une série de questions préparatoires graduées.

COMMENTAIRES SUR LES SOURCES ET SUR LA BIBLIOGRAPHIE

La bibliographie située en fin d'ouvrage est volontairement limitée à des livres, ou presque. Autrement dit, nous ne renvoyons jamais aux articles originaux où ont été publiés (s'il l'ont été) les algorithmes que nous présentons ici. C'est en effet le rôle d'un livre complet sur le sujet que de citer exhaustivement ses sources, plutôt que celui d'un livre d'exercices. Nous renvoyons donc aux livres de la bibliographie les lecteurs soucieux de connaître l'historique des algorithmes présentés. De ce point de vue, les ouvrages de D. Knuth [44], de G. Brassard et P. Bratley [15], de T. Cormen et *al.* [17] et de E. Horowitz et *al.* [39] sont particulièrement conseillés.

Aucun des algorithmes présentés ici ne se veut original. Pour l'essentiel, les sujets des exercices proviennent des livres de la bibliographie que nous présentons ci-après. Ils ont été soigneusement réécrits à des fins pédagogiques. Les autres ont pour origine des sources variées, en particulier le patrimoine commun des cours et travaux dirigés enseignés à l'Université de Rennes 1 et à l'ENSSAT de Lannion. Notre originalité n'est pas dans la création de nouveaux problèmes. En revanche, elle réside dans la construction de l'énoncé des exercices et dans la rigueur de l'élaboration et de la description des solutions.

Dans son excellent petit livre d'exercices, I. Parberry [55] donne son jugement sur une trentaine de livres d'enseignement d'algorithmique. Nous y renvoyons volontiers le lecteur pour qu'il se fasse un avis sur la bibliographie de langue anglaise datant d'avant 1995. Pour notre part, outre les inégalables ouvrages de T. Cormen et *al.* [17] et de D. Knuth [44], nous avons une préférence pour les livres écrits par U. Manber [48], par D. Gries [33], et plus récemment par J. Kleinberg et E. Tardos [43] et par J. Edmonds [27]. Les livres de R. Johnsonbaugh et M. Shaeffer [40], de E. Horowitz et *al.* [39], de S. Baase et A. Van Gelder [8], de R. Neapolitan et K. Naimipour [54], de A. Levitin [46] et de T. Goodrich and R. Tamassia [30] sont également des ouvrages récents à recommander.

La bibliographie en langue française sur l'algorithmique est plus mince. La référence (surtout pour les structures de données, moins pour l'algorithmique proprement dite) a longtemps été, à juste titre, l'ouvrage de C. Froidevaux et *al.* [28]. La traduction française du livre déjà cité de T. Cormen et *al.* [17] peut désormais lui être préférée. D'autres traduction ont été proposées, comme celles des ouvrages de R. Sedgewick [58]. Les livres de M. Quercia [56], de J.-M. Léry [47] et de J. Courtin et I. Kowarsky [19] (ce dernier est le plus complet) traitent plus de structures de données que d'algorithmique au sens strict. Le livre d'exercices d'algorithmique de L. Bougé et *al.* [14] et celui de A. Darte et S. Vaudenay [21] sont des recueils de problèmes du concours de l'ENS Lyon, toujours intéressants mais elliptiques en ce qui concerne la construction des solutions. L'excellent livre d'exercices et de problèmes d'algorithmique de B. Baynat et *al.* [9] est organisé par structures de données, non pas par types d'algorithmes. Il donne des solutions détaillées et des rappels de cours. Nous le conseillons bien volontiers, de même que le très bon ouvrage de J. Beauquier et *al.* [10], organisé selon le même principe et désormais disponible gratuitement sur le Web. On trouve aussi en français de remarquables livres sur les algorithmes dans les graphes (par exemple celui de M. Gondran et M. Minoux [29]), dans les séquences (M. Crochemore [20]) et pour des problèmes d'algèbre et d'analyse (P. Naudin et C. Quitté [53]).

Un ouvrage concis, mais de référence, sur la construction de programmes est celui de P. Berlioux et Ph. Bizard [13]. Celui de J. Arsac [5] mérite aussi d'être lu avec attention. Le livre récent de J. Julliand [41] est un excellent document d'introduction aux méthodes formelles de conception de programmes.

CHAPITRE 1

Mathématiques et informatique : quelques notions utiles

> Who can does; who cannot do,
> teaches; who cannot teach, teaches
> teachers.
>
> Paul Erdős

Tout au long de cet ouvrage, nous nous plaçons dans le cadre d'un développement *progressif* des algorithmes dans lequel chaque étape repose sur une construction saine. À cet effet, ce chapitre présente une variété d'outils permettant d'assurer la validité des constructions utilisées. Par ailleurs, au cours de cette démarche de développement, une première version d'un programme fait souvent appel, d'une part à des conditions exprimées dans le langage des prédicats, et d'autre part à des structures de données spécifiées dans le langage de la théorie des ensembles. Cette démarche est cependant insuffisante lorsque l'on cherche à obtenir une solution efficace (notamment sur le plan de la complexité temporelle – voir chapitre 2). Il faut alors procéder à un raffinement sur la base de structures de données taillées sur mesure. C'est pourquoi cette introduction est consacrée à divers objets et outils mathématiques, ainsi qu'aux principales structures de données utilisées ultérieurement.

Ce chapitre débute par des notions relatives aux raisonnements conduits fréquemment par la suite : i) le calcul propositionnel et le calcul des prédicats, ii) la démonstration par l'absurde, et enfin iii) la démonstration par récurrence, outil central des chapitres 4 et 8. Nous abordons ensuite les relations de récurrence et leur calcul, qui occupent une place privilégiée dans le chapitre 9. Nous en profitons pour donner notre acception des termes récurrence, induction et récursivité. La suite du chapitre s'articule principalement autour de la notion d'ensemble, et nous passons en revue les concepts de produit cartésien, de sac (multiensemble), de relation et de fonction ainsi que les principaux opérateurs s'y rattachant. Nous nous intéressons aux listes vues comme une illustration de la notion de structure inductive définie à partir de celle de produit cartésien. Nous nous arrêtons plus longuement sur les notions de graphe et d'arbre qui sont à l'origine de nombreux exercices, avant d'achever ce chapitre en présentant la notion de file de priorité dont l'intérêt se manifeste principalement à travers les chapitres 6 et 7, consacrés respectivement à la démarche PSEP et aux algorithmes gloutons.

Pour le lecteur intéressé, une construction rigoureuse de la logique classique et de la théorie des ensembles peut être trouvée dans [1]. Pour ce qui concerne la problématique du raffinement formel de structures de données, on peut consulter avec profit [36].

1.1   Aspects liés au raisonnement

1.1.1   CALCUL DES PROPOSITIONS ET CALCUL DES PRÉDICATS

L'ensemble prédéfini $\mathbb{B}$ est défini par $\mathbb{B} \;\widehat{=}\; \{\mathbf{vrai}, \mathbf{faux}\}$. Ces deux valeurs seront parfois représentées par V/F ou v/f dans des tableaux pour des raisons de place. Si a et b sont des éléments de $\mathbb{B}$, alors :

- « a **et** b » vaut **vrai** si et seulement si a et b valent tous les deux **vrai**.
- « a **ou** b » vaut **faux** si et seulement si a et b valent tous les deux **faux**.
- « **non** a » vaut **vrai** si et seulement si a vaut **faux**.
- « $a \Rightarrow b$ » vaut **faux** si et seulement si **non** a et b valent tous les deux **faux**.
- « $a \Leftrightarrow b$ » est un opérateur logique qui vaut **vrai** si et seulement si $a \Rightarrow b$ et $b \Rightarrow a$.
- « $a = b$ » signifie que l'expression a possède la même valeur que l'expression b et qu'elles peuvent se substituer l'une à l'autre.

L'existence d'expressions indéfinies (par exemple pour cause d'accès en dehors du domaine d'une fonction, ou pour cause de division par 0) exige d'utiliser des opérateurs dits « courts-circuits » qui arrêtent l'évaluation dès que le résultat est acquis. Les deux opérateurs courts-circuits « **et alors** » et « **ou sinon** » se définissent de la manière suivante :

- Si a et b sont définis :

  a **et alors** b $\quad\Leftrightarrow\quad$ a **et** b.

  a **ou sinon** b $\quad\Leftrightarrow\quad$ a **ou** b.

- Si a est défini mais pas b :

  faux et alors b $\quad\Leftrightarrow\quad$ **faux**.

  vrai et alors b n'est pas défini.

  faux ou sinon b n'est pas défini.

  vrai ou sinon b $\quad\Leftrightarrow\quad$ **vrai**.

- Si a n'est pas défini, alors, quel que soit b :

  a **et alors** b n'est pas défini.

  a **ou sinon** b n'est pas défini.

Les quantificateurs $\forall$ et $\exists$ du calcul des prédicats se définissent par :

- « $\forall x \cdot (D \Rightarrow T(x))$ » vaut **vrai** si et seulement si, pour tout x appartenant au domaine D alors $T(x)$ vaut **vrai**. La formule vaut donc **vrai** si D est vide.
- « $\exists x \cdot (D \mathbf{\ et\ } T(x))$ » vaut **vrai** si et seulement s'il existe un x appartenant au domaine D tel que $T(x)$ vaut **vrai**. La formule vaut donc **faux** si D est vide.

La notation $\nexists$ est une abréviation pour **non** $\exists$. La double égalité :

$$(a \Rightarrow b) = (\mathbf{non}\ a\ \mathbf{ou}\ b) = (\mathbf{non}\ b \Rightarrow \mathbf{non}\ a)$$

est le fondement du raisonnement par contraposition, dans lequel on établit la validité de l'implication **non** $Q \Rightarrow$ **non** P pour prouver que P implique Q.

1.1.2 Démonstration par l'absurde

Le *raisonnement par l'absurde* ou *démonstration par l'absurde* (en anglais *proof by contradiction*) repose sur deux principes de la logique des propositions :

- le *tiers exclu*, qui affirme qu'une propriété qui n'est pas fausse est forcément vraie, donc que la conjonction d'une propriété et de sa négation prend la valeur logique **faux**,

- la définition de l'implication : $(P \Rightarrow Q) \mathrel{\widehat{=}} (\textbf{non } P \textbf{ ou } Q)$.

Ces deux propriétés ont en particulier pour conséquence que $(\textbf{non } P \Rightarrow \textbf{faux})$ est équivalent à P, ce qui valide le raisonnement par l'absurde. En effet :

$$
\begin{array}{ll}
(\textbf{non } P \Rightarrow \textbf{faux}) & \\
\Leftrightarrow & \text{définition de l'implication} \\
(\textbf{non}(\textbf{non } P) \textbf{ ou faux}) & \\
\Leftrightarrow & \text{involutivité de la négation} \\
(P \textbf{ ou faux}) & \\
\Leftrightarrow & \text{propriété de la disjonction} \\
P. &
\end{array}
$$

> Démontrer une proposition P par l'absurde se fait en deux étapes :
>
> 1. on suppose que **non** P (c'est-à-dire que P est fausse),
>
> 2. on constate une contradiction entre cette supposition et une implication de cette supposition.

Il est à noter que si l'on ne parvient pas à une contradiction, on ne peut *rien conclure* quant à P.

Premier exemple   Considérons la proposition P : « il n'y a pas de plus petit nombre rationnel strictement plus grand que 0 ». Pour prouver P par l'absurde, on commence par supposer la négation de P qui s'énonce : « il existe un plus petit nombre rationnel r strictement positif ». De la négation de P, on cherche à déduire une contradiction.

Soit $s = r/2$. Par construction, s est un nombre rationnel strictement plus grand que 0 et strictement plus petit que r. Mais cela est contradictoire avec P, qui affirme que r est le plus petit nombre rationnel.

Ainsi, on peut conclure que la proposition P est nécessairement vraie et qu'il n'existe donc pas de plus petit nombre rationnel strictement plus grand que 0.

Second exemple   On veut montrer qu'il n'existe pas de rationnel positif dont le carré est 2, autrement dit prouver la proposition P s'énonçant « la racine carrée de 2 est irrationnelle ».

Démonstration. On va d'abord supposer qu'il existe un élément $x = p/q$ de $\mathbb{Q}_+$ (ensemble des rationnels positifs) tel que $x^2 = 2$, avec p et q premiers entre eux (c'est-à-dire que p/q est une fraction irréductible). On a :

$$\left(\frac{p}{q}\right)^2 = 2$$

$\Leftrightarrow$ arithmétique

$$p^2 = 2q^2$$

$\Leftrightarrow$ reformulation

$$2 \text{ divise } p^2$$

$\Leftrightarrow$ tout carré pair est celui d'un nombre pair

$$2 \text{ divise } p$$

$\Leftrightarrow$ $p = 2p'$

$$\exists p' \cdot (p^2 = 4p'^2 = 2q^2)$$

$\Leftrightarrow$ reformulation

$$2 \text{ divise } q^2$$

$\Leftrightarrow$ tout carré pair est celui d'un nombre pair

$$2 \text{ divise } q.$$

On en déduit que 2 divise à la fois p et q, donc que p et q ne sont pas premiers entre eux, ce qui contredit le fait que p/q est une fraction irréductible.

De façon analogue, on peut montrer qu'il n'existe pas de rationnel négatif dont le carré est 2, sinon l'opposé de ce nombre serait un rationnel positif dont le carré serait 2. Par conséquent, la racine carrée de 2 est irrationnelle [1].

1.1.3   DÉMONSTRATION PAR RÉCURRENCE À UN INDICE

Nous abordons dans cette section un autre type de preuve, à savoir la démonstration *par récurrence* ou *par induction* à un indice. Nous en déclinons successivement les variantes les plus usuelles, en particulier celles qui sont utilisées dans les chapitres 4 et 8.

Démonstration par récurrence simple

Ce type de démonstration est aussi appelé démonstration par récurrence *faible*. On considère une propriété $P(n)$, dépendant de l'entier $n \in \mathbb{N}$ que l'on veut démontrer.

> Si l'on peut démontrer les deux propriétés suivantes :
>
> **Base** $P(n_0)$ est vraie pour un certain $n_0 \in \mathbb{N}$
>
> **Récurrence** $\forall n \cdot ((n \geqslant n_0 \text{ et } P(n)) \Rightarrow P(n+1))$
>
> alors :
>
> **Conclusion** $\forall n \cdot (n \geqslant n_0 \Rightarrow P(n))$

On appelle *hypothèse de récurrence* le fait de supposer vraie $P(n)$, pour (essayer de) démontrer $P(n+1)$. La base s'appelle aussi l'initialisation et l'étape de récurrence est aussi appelée *induction*.

Démonstration. La validité de la démonstration par récurrence s'établit grâce à un raisonnement par l'absurde. Soit $X = \{k \in \mathbb{N} \mid k \geqslant n_0 \text{ et } P(k) = \textbf{faux}\}$, l'ensemble des entiers supérieurs à k_0 tels que la propriété $P(k)$ est fausse. Si X est non vide, il admet un plus

---

1. Cette démonstration est due à Euclide, environ 250 AEC.

petit élément (puisque dans tout ensemble de nombres entiers il y a un élément inférieur à tous les autres), que nous notons m. D'après la base, on sait que $m > n_0$. Donc, $m - 1 \geqslant n_0$ et, comme m est le plus petit élément de X, $m - 1 \notin X$ et $P(m-1)$ est vraie. En utilisant l'étape de récurrence, on déduit que $P(m)$ est vraie, ce qui est contradictoire avec $m \in X$. Par conséquent, X est vide.

Exemple   Démontrons par récurrence la formule :

$$\sum_{i=1}^{n} i = \frac{n(n+1)}{2}.$$

Base   Cette formule est vraie pour $n_0 = 1$. En effet, on a :

$$\sum_{i=1}^{1} i = 1$$

et pour $n_0 = 1$ la formule donne :

$$\frac{1(1+1)}{2} = 1$$

donc le même résultat.

Récurrence   Supposons la formule vraie pour n, avec $n \geqslant 1$, et essayons de montrer qu'elle est vraie pour $(n+1)$. Autrement dit, essayons de prouver que l'hypothèse de récurrence

$$\sum_{i=1}^{n} i = \frac{n(n+1)}{2}$$

implique

$$\sum_{i=1}^{n+1} i = \frac{(n+1)(n+2)}{2}.$$

C'est en effet exact, puisque :

$$
\begin{aligned}
&\sum_{i=1}^{n+1} i \\
={}& \left(\sum_{i=1}^{n} i\right) + (n+1) && \text{arithmétique}\\
={}& \frac{n(n+1)}{2} + (n+1) && \text{hypothèse de récurrence}\\
={}& \frac{(n+1)(n+2)}{2}. && \text{arithmétique}
\end{aligned}
$$

Conclusion   La formule est vraie pour $n_0 = 1$. De plus, si elle est vraie pour n (avec $n \geqslant 1$), alors elle est vraie pour $(n+1)$. Par conséquent, cette démonstration par récurrence a prouvé que la formule est vraie pour tout entier strictement positif.

Démonstration par récurrence partielle

$P(n)$ désigne une propriété dépendant de l'entier $n \in \mathbb{N}$.

> Si l'on peut démontrer les deux propriétés suivantes :
>
> **Base** $P(1)$ est vraie
>
> **Récurrence** $\forall n \cdot ((k \in \mathbb{N}$ et $n = 2^k$ et $P(n)) \Rightarrow P(2n))$
>
> alors :
>
> **Conclusion** $\forall n \cdot ((k \in \mathbb{N}$ et $n = 2^k) \Rightarrow P(2n))$

Cette variante concerne une proposition sur les entiers qui sont des puissances de 2. On peut aussi démontrer une propriété sur les nombres pairs, ou d'une manière générale sur tout sous-ensemble infini de $\mathbb{N}$ constructible par induction (voir la section 1.3, page 15).

Démonstration par récurrence forte

La démonstration par récurrence *forte* (ou *totale* ou *généralisée*) paraît d'abord plus difficile à appliquer que la récurrence classique. Elle est cependant commode et (à juste titre) très employée. Ici encore, on considère une propriété $P(n)$, dépendant de l'entier $n \in \mathbb{N}$.

> Si l'on peut démontrer la propriété suivante :
>
> **Récurrence** $\forall n \cdot ((n \geqslant n_0$ et $\forall m \cdot (m \in n_0 .. n - 1 \Rightarrow P(m))) \Rightarrow P(n))$
>
> alors :
>
> **Conclusion** $\forall n \cdot (n \geqslant n_0 \Rightarrow P(n))$

La validité de ce schéma de démonstration dérive directement de celle de la récurrence simple.

Exemple   Démontrons par récurrence forte la propriété :

> Tout nombre entier supérieur ou égal à 2 est le produit de plusieurs nombres premiers.

On admet que 1 (appelé aussi *l'unité*) est un nombre premier.

Récurrence Supposons que tout entier m inférieur à n et supérieur ou égal à $n_0 = 2$, soit le produit de plusieurs nombres premiers. Pour n, on distingue deux cas exclusifs :

- n est premier, et il est alors le produit de lui-même et de l'unité, donc de deux nombres premiers.
- n admet un diviseur d, autre que 1 et lui-même. Par hypothèse de récurrence, on a donc $n = d \cdot p$, où d et p sont deux entiers inférieurs ou égaux à n et supérieurs ou égaux à 2. Chacun d'eux est donc le produit de plusieurs nombres premiers, et n est donc lui-même le produit de plusieurs nombres premiers.

Conclusion Tout entier supérieur ou égal à 2 est donc le produit de plusieurs nombres premiers.

1.1.4 INDUCTION DE PARTITION

Une forme importante de raisonnement par récurrence est l'induction de partition (aussi appelée induction DpR compte tenu de son importance dans la technique de conception d'algorithmes appelée « Diviser pour Régner » que nous étudierons au chapitre 8).

On considère un prédicat $P(i, s)$ dépendant des entiers naturels i et s tels que $i \leqslant s$. L'induction de partition consiste à prouver la validité de P sur tout intervalle $I = i .. s$: 1) en l'établissant en tout point de I, et 2) en montrant que la validité de P sur chacun des intervalles $I_1 = i .. m$ et $I_2 = m+1 .. s$ (partition de I – voir dans ce chapitre la section 1.4.3, page 18) entraîne celle de P sur I.

Si l'on peut démontrer les deux propriétés suivantes :

    Base $\forall i \cdot (i \in \mathbb{N} \Rightarrow P(i, i))$

    Induction $\forall (i, m, s) \cdot ((i \in \mathbb{N} \text{ et } s \in \mathbb{N} \text{ et } m \in \mathbb{N} \text{ et } m \in i .. s{-}1 \text{ et } P(i, m)$
        $\text{et } P(m + 1, s)) \Rightarrow P(i, s))$

alors :

    Conclusion $\forall (i, s) \cdot ((i \in \mathbb{N} \text{ et } s \in \mathbb{N} \text{ et } i \leqslant s) \Rightarrow P(i, s))$

On prouve maintenant la validité de ce schéma de démonstration.

Démonstration. On procède à une preuve par l'absurde. Soit F l'ensemble des couples qui ne satisfont pas le prédicat P, soit :

$$F = \{(i, s) \mid (i, s) \in \mathbb{N} \times \mathbb{N} \text{ et } i \leqslant s \text{ et non } P(i, s)\}.$$

Dans l'hypothèse où $F \neq \varnothing$, soit (j, k) un couple de F qui minimise la valeur $l = (k - j + 1)$. D'après la base, $l \neq 1$ et il existe au moins une valeur m telle que $j \leqslant m < k$. Les couples (j, m) et $(m + 1, k)$ n'appartiennent pas à F puisque $(m - j + 1) < l$ et $(k - (m + 1) + 1) < l)$. Il en résulte que les prédicats $P(j, m)$ et $P(m + 1, k)$ sont tout deux satisfaits. D'après l'induction, on en déduit que $P(j, k)$ est satisfait, ce qui contredit le fait que $(j, k) \in F$. Donc $F = \varnothing$ et $\forall (i, s) \cdot (i \in \mathbb{N} \text{ et } s \in \mathbb{N} \text{ et } i \leqslant s \Rightarrow P(i, s))$.

Remarque 1   L'induction de partition doit impérativement se fonder sur une base $P(i, s)$ pour laquelle $s - i + 1 = 1$. En particulier, elle ne peut s'appuyer sur une base où $s - i + 1 = 0$. En effet, dans ce cas, il n'existe pas de valeur m telle que $i \leqslant m < s$. De même, l'induction ne peut se fonder sur une base $P(i, s)$ telle que $s - i + 1 > 1$. Prenons l'exemple de $P(i, i+1)$ pour base et tentons de démontrer $P(i, i + 2)$. Les deux valeurs possibles pour m sont $m = i$ et $m = i + 1$. Si $m = i$, la première hypothèse d'induction est $P(i, i)$ et si $m = i + 1$, la seconde hypothèse d'induction est $P(i + 2, i + 2)$. Aucun de ces prédicats n'étant une instance de la base, le schéma associé est invalide.

Remarque 2   L'induction simple classique est un cas particulier de l'induction de partition obtenu en prenant $m = i$.

Exemple   On va à nouveau montrer que :

$$\sum_{k=1}^{n} k = \frac{n \cdot (n+1)}{2}$$

mais cette fois en utilisant le principe de l'induction de partition. Posons $S(i,s) = \sum_{k=i}^{s} k$ et appelons $P(i,s)$ le prédicat $S(i,s) = (s^2 - i^2 + s + i)/2$. Si nous parvenons à démontrer $P(i,s)$, on aura en particulier $P(1,n)$ et on pourra en conclure que $S(1,n) = (n^2+n)/2 = \sum_{k=1}^{n} k$.

Base   Pour tout i, on a : $S(i,i) = (i^2 - i^2 + i + i)/2 = i = \sum_{k=i}^{i} k$.

Hypothèses d'induction   Prenons $m = \lfloor (i+s)/2 \rfloor$. On a :

- $S(i,m) = \dfrac{m^2 - i^2 + m + i}{2}$,

- $S(m+1,s) = \dfrac{s^2 - (m+1)^2 + m + 1 + i}{2}$.

Induction proprement dite   Montrons que, moyennant les deux hypothèses ci-dessus, $S(i,s) = (s^2 - i^2 + s + i)/2$ pour $i < s$:

$$
\begin{aligned}
&S(i,s) & &\text{définition}\\
=\ &\sum_{k=i}^{s} k & &\text{arithmétique } (i < s),\ \text{avec } m = \lfloor (i+s)/2 \rfloor\\
=\ &\sum_{k=i}^{m} k + \sum_{k=m+1}^{s} k & &\text{définition}\\
=\ &S(i,m) + S(m+1,s) & &\text{hypothèses d'induction}\\
=\ &\frac{m^2 - i^2 + m + i}{2} + \frac{s^2 - (m+1)^2 + s + m + 1}{2} & &\text{arithmétique}\\
=\ &\frac{s^2 - i^2 + s + i}{2}
\end{aligned}
$$

Conclusion
$$\sum_{k=i}^{s} k = \frac{s^2 - i^2 + s + i}{2}.$$

Remarque 1   L'un des artifices utilisés dans l'exemple ci-dessus consiste à remplacer une constante (1 dans la borne inférieure de la quantification) par une variable (i). Cette technique sera rencontrée dans la construction des itérations, dans le cadre du « renforcement par introduction de variables » (voir section 3.3.3, page 104) consistant à démontrer *plus que nécessaire* afin (en général) de faciliter la démonstration.

Remarque 2   Lors de l'utilisation de l'induction de partition dans la conception d'algorithmes « Diviser pour Régner », la principale difficulté consiste le plus souvent à découvrir les hypothèses d'induction et à montrer comment elles se composent pour former la solution définitive, ce qui sera alors appelé « rassemblement ».

1.1.5 Fondement de la démonstration par récurrence

Dans les paragraphes précédents, nous avons vu quelques cas de démonstration par récurrence, tous fondés sur l'ordre naturel des nombres entiers. Il est intéressant et très utile de généraliser ce type de démonstration à des propriétés non plus caractérisées par un nombre entier, mais par un élément d'un ensemble totalement ordonné.

La démonstration par récurrence (plus souvent appelée dans ce cas *par induction*) provient de la propriété suivante.

Propriété Soit E un ensemble totalement ordonné par la relation $\preceq$ et P une propriété dépendant d'un élément x de E. Si la propriété suivante est vraie :

$$\forall x \cdot (x \in E \text{ et } \forall y \cdot ((y \in E \text{ et } y \preceq x \text{ et } P(y)) \Rightarrow P(x))$$

alors $\forall x \cdot (x \in E \Rightarrow P(x))$.

La démonstration de cette propriété est une simple transposition de celle donnée à la section 1.1.3 pour la récurrence simple.

1.1.6 Démonstration par récurrence à plusieurs indices

La propriété précédente permet en particulier de justifier une démonstration par récurrence (induction) de propriétés dépendant de plusieurs indices entiers. Dans le cas de deux indices, on considère une propriété (formule) $P(m, n)$ dépendant de deux entiers m et n, que l'on veut démontrer par récurrence. On peut utiliser divers schémas, dont le suivant :

> Si l'on peut démontrer les deux propriétés suivantes :
>
> **Base** $\forall i \cdot (i \in \mathbb{N} \Rightarrow P(i, 0))$ **et** $\forall j \cdot (j \in \mathbb{N} \Rightarrow P(0, j))$
>
> **Récurrence** $\forall (i, j) \cdot ((i \in \mathbb{N}_1 \text{ et } j \in \mathbb{N}_1 \text{ et } P(i-1, j) \text{ et } P(i, j-1)) \Rightarrow P(i, j)$
>
> alors :
>
> **Conclusion** $\forall (m, n) \cdot ((m \in \mathbb{N} \text{ et } n \in \mathbb{N}) \Rightarrow P(m, n))$

La validité de ce schéma provient du fait que l'ensemble $\mathbb{N}^2$ des couples d'entiers est muni d'un ordre total (induit par l'ordre naturel sur $\mathbb{N}$), défini de la manière suivante :

$$(a, b) \preceq (c, d) \mathrel{\widehat{=}} a < c \text{ ou } (a = c \text{ et } b \leqslant d).$$

Considérons le point q de coordonnées (i, j). Le schéma proposé ci-dessus vise à établir que si P est satisfaite en tout point : i) du rectangle $0 .. i-1, 0 .. j-1$ (les cas $i = 0$ ou $j = 0$ sont couverts par la base), ii) de $(i, 0)$ à $(i, j-1)$ de la ligne i, et iii) $(0, j)$ à $(i-1, j)$ de la colonne j, alors P est également satisfaite au point (i, j). En d'autres termes, si P est vérifiée en tout point « inférieur » (au sens de l'ordre $\preceq$) au point (i, j), $P(i, j)$ est également vraie, ce qui correspond à l'instance de la proposition 1.1.5 pour le couple $(\mathbb{N}^2, \preceq)$.

Ce schéma de démonstration est utilisé dans l'exercice 21, page 48. Il peut être transposé à $\mathbb{N}_1$ si besoin avec la base portant sur $\mathbb{N}_1$, la récurrence sur $\mathbb{N}_1 - \{1\}$ et la conclusion étant alors :

$$\forall (m, n) \cdot ((m \in \mathbb{N}_1 \text{ et } n \in \mathbb{N}_1) \Rightarrow P(m, n)).$$

D'autres schémas sont applicables pour démontrer une récurrence à deux indices (ou plus). Leur validité est assurée pour autant qu'ils se conforment à la propriété 1.1.5 pour un certain ordre total (voir exercice 8, page 39).

1.2   Relations de récurrence

Après avoir introduit la notion de relation de récurrence et en avoir donné plusieurs exemples, nous abordons la question de l'établissement d'une relation de récurrence et du calcul algorithmique associé.

1.2.1   GÉNÉRALITÉS, EXEMPLES ET FORMES CLOSES

Par définition, une suite $S(n)$, avec $n \in \mathbb{N}$, est *définie par une relation de récurrence* si l'on a, pour n assez grand, une relation du type : $S(n) = f(S(n-1), \ldots, S(n-p))$. De plus, il faut connaître des valeurs permettant d'initialiser le calcul de S. Nous ne considérons ici que les suites dont les valeurs sont des nombres entiers positifs ou nuls (notamment parce que ces suites sont associées à des calculs de complexité).

Dans la relation de récurrence définissant la suite de Fibonacci :

$$\left|\begin{aligned} &\mathcal{F}(1) = 1 \\ &\mathcal{F}(2) = 1 \\ &\mathcal{F}(n) = \mathcal{F}(n-1) + \mathcal{F}(n-2) \end{aligned}\right. \qquad\qquad n > 2$$

ou la suite des nombres de Padovan :

$$\left|\begin{aligned} &\mathcal{P}(1) = 1 \\ &\mathcal{P}(2) = 1 \\ &\mathcal{P}(3) = 1 \\ &\mathcal{P}(n) = \mathcal{P}(n-2) + \mathcal{P}(n-3) \end{aligned}\right. \qquad\qquad n > 3$$

la fonction f est linéaire. En revanche, celle qui apparaît dans la relation définissant les factorielles (nombre de permutations d'un ensemble à n éléments) ne l'est pas :

$$\left|\begin{aligned} &\mathrm{Fact}(1) = 1 \\ &\mathrm{Fact}(n) = n \cdot \mathrm{Fact}(n-1) \end{aligned}\right. \qquad\qquad n > 1.$$

Les mathématiques fournissent, grâce à la théorie des *fonctions génératrices* (voir par exemple [31]), de puissants moyens pour trouver des formes *closes* (c'est-à-dire non récurrentes) à certaines suites définies par des relations de récurrence, en particulier si f est linéaire, mais dans bien d'autres cas aussi. Ainsi, la suite de Fibonacci s'exprime sous la forme close :

$$\mathcal{F}(n) = \frac{1}{\sqrt{5}} \left[\left(\frac{1 + \sqrt{5}}{2} \right)^n - \left(\frac{1 - \sqrt{5}}{2} \right)^n \right] \qquad n \geqslant 1.$$

La suite des nombres de Catalan, dont nous reparlerons dans les exercices 5, page 37, et 13, page 42, est définie par la récurrence :

$$\left|\begin{array}{l} \mathrm{Cat}(1) = 1 \\ \mathrm{Cat}(n) = \displaystyle\sum_{i=1}^{n-1} \mathrm{Cat}(i) \cdot \mathrm{Cat}(n-i) \end{array}\right. \qquad\qquad n > 1$$

et aussi par :

$$\left|\begin{array}{l} \mathrm{Cat}(1) = 1 \\ \mathrm{Cat}(n) = \dfrac{4n-6}{n} \cdot \mathrm{Cat}(n-1) \end{array}\right. \qquad\qquad n > 1.$$

Elle s'exprime sous la forme close[2] :

$$\mathrm{Cat}(n) = \frac{(2n-2)!}{(n-1)! \cdot n!} = \frac{1}{n} \cdot C_{2n-2}^{n-1} \qquad n \geqslant 1.$$

D'un point de vue algorithmique, la forme close apparaît attractive puisque simple à calculer. Cependant, si ce choix est raisonnable pour le calcul du n^e nombre de Catalan, il peut ne pas être approprié, comme le montre l'exercice 12, page 41, à propos du calcul des nombres de Fibonacci.

Une relation de récurrence peut servir de définition à une suite définie sur plus d'un indice entier. Par exemple, les nombres d'Ackerman sont définis par la récurrence imbriquée à deux indices :

$$\left|\begin{array}{l} A(0,n) = n + 1 \\ A(m,0) = A(m-1,1) \\ A(m,n) = A(m-1, A(m,n-1)) \end{array}\right. \qquad\begin{array}{r} n \geqslant 0 \\ m > 0 \\ m > 0 \text{ et } n > 0. \end{array}$$

Un autre exemple de relation de récurrence à deux indices est celui des nombres de Stirling, qui se définissent comme le nombre de partitions à p blocs d'un ensemble ayant n éléments. Ils se construisent par une récurrence beaucoup plus simple que la précédente, et ils sont étudiés à l'exercice 16, page 44.

1.2.2 ÉTABLISSEMENT ET CALCUL D'UNE RELATION DE RÉCURRENCE

Principes

Nous nous intéressons maintenant à l'établissement et au calcul de suites définies par une (relation de) récurrence. Il s'avère que de nombreux problèmes, liés au dénombrement par exemple, mais aussi au calcul de valeur optimale d'une fonction (voir chapitre 9), se résolvent en mettant en évidence une récurrence permettant le calcul de la grandeur voulue. Il importe que la récurrence soit complète, c'est-à-dire que toutes les situations pouvant survenir soient prises en compte.

D'un point de vue algorithmique, comme il est fréquent que l'on ne connaisse pas de forme close, on procède au calcul en construisant un programme itératif dans lequel un tableau à une ou deux dimensions (voire plus) stocke la succession des valeurs de la suite calculées. Cette approche sera discutée et justifiée au chapitre 4.

---

2. On admet que les formes closes peuvent contenir tout type de quantificateur, ici le produit sous-tendant le calcul des factorielles.

Le principe retenu consiste à calculer la valeur d'une cellule à partir de celles déjà présentes dans le tableau. L'ordre de remplissage est donc primordial et la progression du calcul dépend des relations de dépendance entre éléments. Si pour les récurrences à une seule dimension l'affaire est généralement simple (progression selon l'ordre croissant ou décroissant des valeurs de l'indice), une récurrence à plusieurs indices mérite plus d'attention. Les exemples qui suivent illustrent la démarche proposée.

Quelques exemples

Récurrence à un indice : arbres binaires à n nœuds   On veut calculer le nombre $nbab(n)$ d'arbres binaires (voir section 1.6, page 29) ayant n nœuds (feuilles comprises). On va d'abord établir la récurrence définissant ce nombre. On remarque qu'il y a un seul arbre binaire n'ayant aucun élément : l'arbre vide. Pour établir une récurrence sur $nbab(n)$, on considère la décomposition d'un arbre binaire à n nœuds en arbres plus petits. Pour n positif, un arbre à n nœuds est constitué d'une racine (un nœud), éventuellement d'un sous-arbre gauche ayant i nœuds, et éventuellement d'un sous-arbre droit ayant $(n-i-1)$ nœuds. Examinons le nombre de façons possibles de faire la décomposition :

- on peut placer zéro nœud à gauche (sous-arbre vide), ce qui fait $nbab(0)(=1)$ façon, et $(n-1)$ nœuds dans le sous-arbre droit, avec par définition $nbab(n-1)$ possibilités, ce qui fait au total $nbab(0){\cdot}nbab(n-1)$ cas,
- on peut placer un nœud à gauche et $(n-2)$ nœuds à droite, ce qui fait $nbab(1) \cdot nbab(n-2)$ cas,
- $\dots$

Plus généralement, on place i nœuds à gauche, d'où $nbab(i)$ sous-arbres gauches, et $(n-i-1)$ nœuds à droite, d'où $nbab(n-i-1)$ sous-arbres droits, ce qui fait au total $nbab(i) \cdot nbab(n-i-1)$ arbres de cette sorte. Cela vaut pour toutes les valeurs de i de 0 à $(n-1)$. Finalement, le nombre d'arbres ayant n nœuds est :

$$
\begin{aligned}
nbab(n) \quad = \quad & nbab(0) \cdot nbab(n-1) + nbab(1) \cdot nbab(n-2) + \cdots \\
& \cdots + nbab(i) \cdot nbab(n-i-1) + \cdots \\
& \cdots + nbab(n-1) \cdot nbab(0)
\end{aligned}
$$

et on en déduit la récurrence :

$$
\left|
\begin{aligned}
& nbab(0) = 1 \\
& nbab(n) = \sum_{i=0}^{n-1} nbab(i) \cdot nbab(n-i-1)
\end{aligned}
\right.
\qquad n \geqslant 1.
$$

Après avoir vérifié par énumération que $nbab(1) = 1$ et que $nbab(2) = 2$, la valeur suivante est :

$$
\begin{aligned}
nbab(3) \quad = \quad & \sum_{i=0}^{2} nbab(i) \cdot nbab(n-i-1) \\
= \quad & nbab(0) \cdot nbab(2) + nbab(1) \cdot nbab(1) + nbab(2) \cdot nbab(0) \\
= \quad & 2 + 1 + 2 = 5.
\end{aligned}
$$

La figure 1.1 met en évidence les arbres binaires pour $n \in 0..3$.

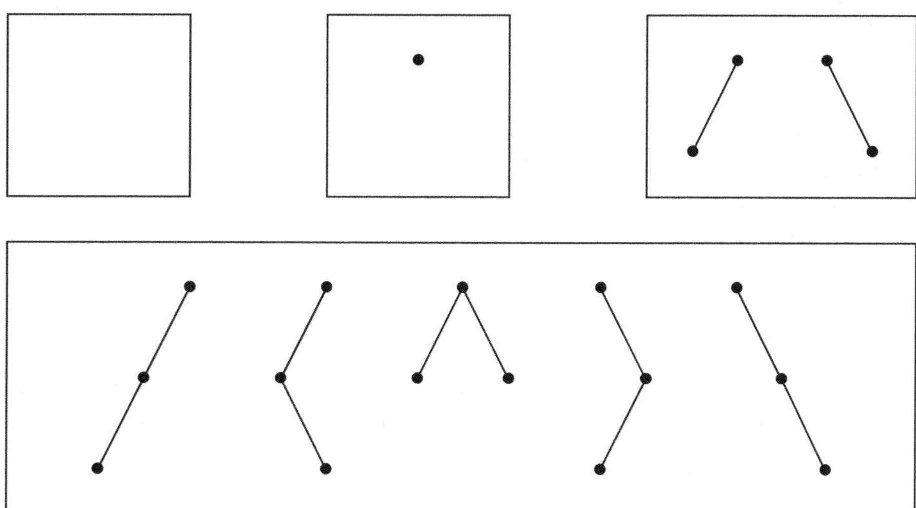

Fig. 1.1 – Visualisation de tous les arbres binaires de taille 0, 1, 2 et 3, en nombres respectifs : 1, 1, 2, 5

En l'absence de connaissances complémentaires, on effectue le calcul de $nbab(n)$ en remplissant un tableau $NBAB[0..n]$. Vu que $nbab(n)$ dépend de valeurs d'indice inférieur, le calcul progresse par valeurs croissantes de l'indice après initialisation de la cellule d'indice 0. Le programme qui en résulte est le suivant :

1. **constantes**
2. $n \in \mathbb{N}_1$ **et** $n = \ldots$
3. **variables**
4. $NBAB \in 0..n \rightarrow \mathbb{N}_1$
5. **début**
6. $NBAB[0] \leftarrow 1$;
7.   **pour** i **parcourant** $1..n$ **faire**
8. $NBAB[i] \leftarrow 0$;
9.   **pour** j **parcourant** $0..i-1$ **faire**
10. $NBAB[i] \leftarrow NBAB[i] + NBAB[j] \cdot NBAB[i-j-1]$
11.   **fin pour**
12.   **fin pour** ;
13.   **écrire**(*le nombre d'arbres binaires ayant*, n, *nœuds est*, $NBAB[n]$)
14. **fin**

On verra dans l'exercice 13, page 42, une alternative à ce calcul.

Récurrence à un indice : factorielle   On considère maintenant un cas où la récurrence (à une dimension) est fournie d'emblée. On cherche à calculer la valeur de $n!$. On remarque que seule la valeur $(n-1)!$ est nécessaire au calcul de $n!$; il est ici inutile de mémoriser les valeurs successives de factorielle dans un tableau, ce qui « allège » d'autant le programme.

On va donc procéder de façon itérative, mais sans stocker les valeurs calculées, d'où le programme :

```
 1. constantes
 2.     n ∈ ℕ₁ et n = ...
 3. variables
 4.     Facto ∈ ℕ₁
 5. début
 6.     Facto ← 1 ;
 7.     pour i parcourant 2 .. n faire
 8.         Facto ← Facto · i
 9.     fin pour ;
10.     écrire(pour n = , n, la valeur de n! est , Facto)
11. fin
```

Récurrence à deux indices : nombres de Delannoy   On met maintenant l'accent sur la progression du calcul de la récurrence à deux indices définissant les nombres de Delannoy. Soit la récurrence :

$$
\left|
\begin{array}{ll}
\mathrm{nbdel}(0, j) = 1 & 0 \leqslant j \leqslant m \\
\mathrm{nbdel}(i, 0) = 1 & 1 \leqslant i \leqslant n \\
\mathrm{nbdel}(i, j) = \left(\begin{array}{l} \mathrm{nbdel}(i, j-1) + \\ \mathrm{nbdel}(i-1, j) + \\ \mathrm{nbdel}(i-1, j-1) \end{array} \right) & \left\{ \begin{array}{c} 1 \leqslant i \leqslant n \\ \text{et} \\ 1 \leqslant j \leqslant m \end{array} \right.
\end{array}
\right.
$$

Pour calculer $\mathrm{nbdel}(n, m)$ avec m et n deux entiers donnés, on associe à nbdel un tableau $\mathrm{NBD}[0 .. n, 0 .. m]$. On observe que, dans le cas général, pour calculer l'élément $\mathrm{NBD}[i, j]$, il faut connaître : i) la valeur de la cellule de même indice de ligne et d'indice de colonne immédiatement inférieur, ii) la valeur de la cellule de même indice de colonne et d'indice de ligne immédiatement inférieur, et iii) la valeur de la cellule d'indices ligne et colonne immédiatement inférieurs. On peut donc remplir NBD par ligne (mais aussi par colonne ou par diagonale). Après avoir initialisé la ligne 0 à 1 (premier terme de la récurrence), on remplit les lignes par valeurs croissantes de l'indice i (jusqu'à n) : la cellule $(i, 0)$ est mise à 1 (second terme de la récurrence), puis on remplit les cellules $(i, 1)$ à (i, m) en utilisant le dernier terme de la récurrence.

Construction d'un algorithme pour calculer une récurrence

De façon générale, étant donnée une formule de récurrence (complète) dont on ne connaît pas de forme close, le programme qui permet le calcul s'élabore ainsi.

1. Définition des structures tabulaires associées au calcul (dimensions et taille de chacune d'elles).

2. Détermination des relations de dépendance existant entre l'élément en partie gauche et ceux apparaissant en partie droite dans le terme général de la récurrence. On en déduit une progression du calcul qui garantit que, à l'aide de l'initialisation de la récurrence, le calcul de tout élément de la structure tabulaire ne fait appel qu'à des éléments déjà calculés.

3. Le cas échéant, améliorations telles que la limitation du calcul aux seuls éléments nécessaires.

4. Production du code associé.

Comme on l'a vu pour l'exemple du calcul de factorielle (voir aussi l'exercice 12, page 41), la structure tabulaire peut être remplacée par quelques variables scalaires. Il convient d'être vigilant sur la représentation des nombres, surtout en présence d'une récurrence dont les valeurs croissent extrêmement rapidement. Il peut être prudent de travailler en représentation flottante plutôt qu'avec des entiers. Par exemple, les nombres d'Ackerman sont tels que $A(3, n) = 2^{n+3} - 3$ et $A(4, n) = 2^{2^{\cdot^{\cdot^{\cdot^2}}}} - 3$ ($n + 3$ occurrences de 2), et ce nombre devient très vite gigantesque ($A(4, 2) = 2^{2^{2^2}} - 3 = 2^{16} - 3 = 2^{65536} - 3$). Enfin, la relation de dépendance liant partie gauche et partie droite peut être non triviale. Nous renvoyons ici aussi le lecteur aux nombres d'Ackerman avec le calcul de $A(6, 1) = A(5, 65533)$.

1.3   Récurrence, induction, récursivité, etc.

Nous avons vu aux sections précédentes ce que sont une démonstration par récurrence (aussi appelée démonstration par induction) et une suite définie par une relation de récurrence. Dans cette section, nous allons essayer d'éclaircir une terminologie souvent perçue de manière un peu confuse.

Démonstration par récurrence ou par induction

Nous l'avons dit, ces termes sont équivalents en ce qui concerne la démonstration. On parle le plus souvent de démonstration *par récurrence* quand l'ensemble ordonné est $\mathbb{N}$. Cependant, lors de la construction d'algorithmes fondés sur ce type de raisonnement, nous utiliserons fréquemment le terme générique *raisonnement inductif*, dont le cœur sera une *induction*. En cas de raisonnement sur les entiers, nous préciserons s'il s'agit d'un raisonnement par récurrences simple ou forte, qui constituent les deux variantes auxquelles il sera fait appel le plus souvent dans les chapitres 4 et 8.

Programme récursif

En informatique, un algorithme (comme un programme qui le code) est dit récursif s'il s'appelle lui-même directement ou par l'intermédiaire d'autres programmes. La fonction *Fact* de la page 16 illustre la notion d'algorithme récursif, de même que de nombreux programmes des chapitres 4 et 8.

La mise en œuvre « canonique » d'une récurrence est un algorithme récursif. Cependant, comme on le verra au chapitre 4, on préférera très souvent, pour des raisons d'efficacité, une version itérative remplissant une structure tabulaire (comme cela a été le cas dans les exemples précédents). Ceci ne doit pas être confondu avec le fait qu'un programme récursif peut être transformé (de façon automatique avec gestion explicite d'une pile) en un programme itératif, qui lui, aura le même comportement (en particulier les mêmes performances) que le programme récursif initial. Il existe malgré tout un type d'algorithme récursif pouvant être transformé avec intérêt en un algorithme itératif : lorsque la récursivité est dite *terminale*. Nous allons développer cette notion dans le cadre des fonctions, mais ce qui est dit se transpose aux procédures. Une fonction est (directement) récursive terminale si elle obéit au schéma suivant :

1. **fonction** $F(\ldots)$ **résultat** $\ldots$ **pré**
2. $\ldots$
3. **début**
4.   **si C alors**

    5.   **résultat** V
    6.   **sinon**
    7.   **résultat** $F(\ldots)$
    8.   **fin si**
    9. **fin**

Il est alors possible d'obtenir un programme itératif (dont l'exécution est plus efficace), ce qu'un compilateur évolué sait faire.

Exemple   La fonction :

    1. **fonction** $Fact(p)$ **résultat** $\mathbb{N}_1$ **pré**
    2. $p \in \mathbb{N}_1$
    3. **début**
    4.   **si** $p = 1$ **alors**
    5.   **résultat** 1
    6.   **sinon**
    7.   **résultat** $p \cdot Fact(p - 1)$
    8.   **fin si**
    9. **fin**

n'est pas récursive terminale. Elle peut être mise sous cette forme de la façon suivante :

    1. **fonction** $Fact1(p)$ **résultat** $\mathbb{N}_1$ **pré**
    2. $p \in \mathbb{N}_1$
    3. **début**
    4.   **résultat** $FactRecTerm(p, 1)$
    5. **fin**
    6. **fonction** $FactRecTerm(p, q)$ **résultat** $\mathbb{N}_1$ **pré**
    7. $p \in \mathbb{N}_1$ **et** $q \in \mathbb{N}_1$
    8. **début**
    9.   **si** $p = 1$ **alors**
  10.   **résultat** q
  11.   **sinon**
  12.   **résultat** $FactRecTerm(p - 1, q \cdot p)$
  13.   **fin si**
  14. **fin**

On note qu'ici la fonction $Fact1$ n'est pas récursive et que la fonction $FactRecTerm$ est récursive terminale.

1.4   Ensembles

1.4.1   Notations de base

Un couple est constitué de deux expressions séparées par une virgule ou par le symbole $\mapsto$. La formule $x, y + 3$ est un couple, qui peut également se noter $x \mapsto y + 3$, ou encore $(x, y + 3)$ (toute expression peut être parenthésée). Dans cette notation, le premier élément est appelé l'origine et le second l'extrémité.

$C \mathrel{\widehat{=}} (x, y + 3)$ attribue le nom C à l'objet $(x, y + 3)$.

Les opérateurs relationnels $=$ et $\neq$, avec leur sens habituel, sont supposés toujours disponibles pour comparer deux objets mathématiques.

1.4.2 Définition d'ensembles

Soit E un ensemble, $x \in E$ est une expression booléenne qui établit que x est un élément de l'ensemble E. Sa négation se note $\notin$.

L'ensemble qui ne contient aucun élément (l'ensemble vide) se note $\varnothing$.

Soit E et F deux ensembles. L'expression $E \times F$, produit cartésien de E et de F, se définit par l'équivalence $(a, b) \in E \times F \equiv (a \in E$ **et** $b \in F)$.

Un ensemble se définit par les propriétés de ses éléments. C'est la définition *en compréhension* ou en *intension*. Elle se note $\{x \mid x \in E$ **et** $P\}$, où E est un ensemble et P un prédicat de sélection, et définit l'ensemble des éléments de E possédant la propriété P. Ainsi

$$\{x \mid x \in \mathbb{N} \text{ \textbf{et} } \nexists \cdot (y \in \mathbb{N} \text{ \textbf{et} } x = 2 \cdot y)\}$$

définit l'ensemble des entiers impairs. La propriété suivante du produit cartésien :

$$E \times F = \{(x, y) \mid x \in E \text{ \textbf{et} } y \in F\}$$

découle de la définition en compréhension des ensembles. L'avantage de la seconde notation est qu'elle permet, *via* une *convention*, de désigner aisément un champ particulier d'un couple. En effet, supposons que la formule $p \in \{(x, y) \mid x \in \mathbb{R} \text{ \textbf{et} } y \in \mathbb{R}\}$ déclare un point p du plan. On pourra alors désigner l'abscisse de p par $p.x$ (ou l'ordonnée par $p.y$). Cet avantage est également exploité dans les structures inductives, à la section 1.4.7, page 20. La notation « $\times$ » n'autorise pas cette facilité. Cette dualité sera exploitée par la suite.

Un ensemble peut également se définir par l'énumération de ses éléments, c'est la définition en *extension*. La notation utilisée est $\{1, 3, \textbf{vrai}, 1.4\}$. Ce dernier ensemble peut également s'écrire $\{1, \textbf{vrai}, 1.4, 3\}$ (l'ordre n'est pas pertinent), ou $\{1, 1, 3, \textbf{vrai}, 1.4, \textbf{vrai}, 3\}$ (un élément est présent ou ne l'est pas, le nombre d'occurrences n'est pas pertinent dès lors que l'élément est présent). Un ensemble peut également être défini de façon inductive. Un ensemble X défini de façon inductive (on dit aussi de manière plus ambiguë « défini récursivement ») est un cas particulier d'ensemble récursif. La fonction qui sert à le définir est de nature inductive (ou récurrente), c'est-à-dire que :

- certains éléments de X sont donnés explicitement,

- les autres éléments sont définis en fonction d'éléments appartenant déjà à X.

Par exemple, l'ensemble P des nombres pairs peut se définir comme *le plus petit* sous-ensemble de $\mathbb{N}$ satisfaisant l'équation $P = \{0\} \cup \{n \mid n \in \mathbb{N} \text{ \textbf{et} } n - 2 \in P \Rightarrow n \in P\}$.

Nous verrons dans la suite de cet ouvrage plusieurs exemples d'ensembles définis de façon inductive, en particulier les arbres. Très souvent, les propriétés de tels ensembles sont prouvées par un raisonnement par induction.

Si E est un ensemble, $\mathbb{P}(E)$ représente l'ensemble des parties de E et se définit par :

$$x \in \mathbb{P}(E) \Leftrightarrow \forall y \cdot (y \in x \Rightarrow y \in E).$$

Ainsi, si $E \mathrel{\widehat{=}} \{1, 2, 3\}$, $\mathbb{P}(E) = \{\varnothing, \{1\}, \{2\}, \{3\}, \{1, 2\}, \{1, 3\}, \{2, 3\}, \{1, 2, 3\}\}$.

1.4.3   OPÉRATIONS SUR LES ENSEMBLES

On suppose connues les définitions des opérateurs ensemblistes suivants : $\cap$ (intersection), $\cup$ (union), $\subseteq$ (inclusion), $\subset$ (inclusion stricte), $\not\subset$ (non inclusion), $\not\subseteq$ (non inclusion stricte), $-$ (différence).

Pour un ensemble fini E, card(E) désigne le nombre d'éléments de E.

Soit E un ensemble non vide ($E \neq \varnothing$). Les n ensembles $E_1, \ldots, E_n$ constituent une *partition* de E si et seulement s'il n'existe pas de E_i vide, si l'union de tous les E_i est égale à E ($E = \bigcup_{i \in 1..n} E_i$) et si les E_i sont disjoints deux à deux (pour tout i et pour tout j tels que $i \neq j$, $E_i \cap E_j = \varnothing$).

1.4.4   ENSEMBLES PARTICULIERS

Outre l'ensemble $\mathbb{B}$ déjà défini, les ensembles numériques suivants sont supposés connus : $\mathbb{N}$ (entiers naturels), $\mathbb{Z}$ (entiers relatifs), $\mathbb{R}$ (réels numériques, c'est-à-dire « réels discrétisés » en représentation informatique), $\mathbb{C}$ (nombres complexes).

Certains sous-ensembles des ensembles ci-dessus se notent de manière particulière. Il s'agit de $\mathbb{N}_1$ (qui représente $\mathbb{N} - \{0\}$), $\mathbb{R}_+$ (qui représente les éléments de $\mathbb{R}$ positifs ou nuls), $\mathbb{R}_+^*$ (qui représente les éléments de $\mathbb{R}$ strictement positifs).

Pour ce qui concerne les complexes, i est la constante telle que $i^2 = -1$. Si c est un complexe, sa partie réelle se note re(c) et sa partie imaginaire im(c). Ainsi, pour $c \mathrel{\widehat{=}} 1 - 2i$, on a $\mathrm{re}(c) = 1$ et $\mathrm{im}(c) = -2$.

Si E est un ensemble numérique totalement ordonné, l'opérateur min(E) (resp. max(E)) désigne le plus petit (resp. le plus grand) élément de E. Si E est vide $\min(E) = \infty$ et $\max(E) = -\infty$.

Les intervalles de $\mathbb{Z}$ se notent $\exp_1 .. \exp_2$. Si $\exp_2 < \exp_1$ l'intervalle dénote l'ensemble vide. Dans la mesure où $\mathbb{Z}$ est un ensemble ordonné, on peut assimiler un intervalle à une liste (voir section 1.4.7, page 20). De même pour une expression telle que $\exp_1 .. \exp_2 - (F)$. Cette particularité est utilisée dans les boucles **pour** avec l'option **parcourant** où, par exemple, le domaine de variation de la variable de la boucle $1 .. 5 - \{3, 4\}$ correspond à l'ensemble $\{1, 2, 5\}$ et est parcouru dans cet ordre lors de l'exécution de la boucle.

1.4.5   RELATIONS, FONCTIONS, TABLEAUX

Relations

Soit E et F des ensembles et $R \subseteq E \times F$. R est appelé relation (binaire) entre la source E et la destination F. Si $F = E$, le couple (E, R) est appelé *graphe* (voir section 1.5, page 22). Les fonctions sont des relations binaires particulières, et les tableaux sont des fonctions particulières. Les notions définies pour les relations s'appliquent donc naturellement à ces deux dernières notions.

Soit R une relation binaire entre E et F. La relation inverse (ou réciproque) de R se note R^{-1} et se définit par :

$$R^{-1} \mathrel{\widehat{=}} \{(b, a) \mid (b, a) \in F \times E \textbf{ et } (a, b) \in R\}.$$

Soit R une relation entre E et F. Le domaine de R se note dom(R) et se définit comme le sous-ensemble de E dont les éléments constituent l'origine d'au moins l'un des couples de R. Plus formellement :

$$\mathrm{dom}(R) \mathrel{\widehat{=}} \{a \mid a \in E \textbf{ et } \exists b \cdot (b \in F \textbf{ et } (a, b) \in R)\}.$$

Soit R une relation entre E et F. Le co-domaine de R se note codom(R) et se définit comme le domaine de R^{-1}. C'est aussi le sous-ensemble de F dont les éléments constituent l'extrémité d'au moins l'un des couples de R.

Soit E un ensemble, la relation identité sur E se note id(E) et se définit par :

$$id(E) \stackrel{\wedge}{=} \{(a, b) \mid (a, b) \in E \times E \textbf{ et } a = b\}.$$

Soit S une relation entre F et G, et R une relation entre E et F. La relation $R \circ S$ est appelée composition de R et de S. Elle se définit par :

$$R \circ S \stackrel{\wedge}{=} \{(a, c) \mid (a, c) \in E \times G \textbf{ et } \exists b \cdot (b \in F \textbf{ et } (a, b) \in R \textbf{ et } (b, c) \in S)\}.$$

Fonctions

Une fonction f de E dans F est une relation dans laquelle il n'existe pas deux couples (a, b) et (a, c) tels que $b \neq c$. On note $f \in E \rightarrow F$. Dans la suite, il sera souvent nécessaire de distinguer différents types de fonctions. Soit $f \in E \rightarrow F$.

1. Si f est une fonction *partielle*, il peut exister des éléments de E qui ne sont l'origine d'aucun couple de f.

2. Si f est une fonction *totale*, tout élément de E est l'origine d'un (et d'un seul) couple de f.

3. Si f est une fonction *injective*, tout élément de F est l'extrémité d'au plus un couple de f.

4. Si f est une fonction *surjective*, tout élément de F est l'extrémité d'au moins un couple de f.

5. Si f est une fonction *bijective*, f est à la fois injective et surjective.

Notons qu'une fonction totale est aussi une fonction partielle. La figure 1.2, page 19, montre les relations d'inclusion qui existent entre les différents types de fonction.

Dans la suite, un prédicat tel que « $f \in E \rightarrow F$ **et** TI(f) » doit se comprendre comme « f est une fonction totale injective de E dans F ».

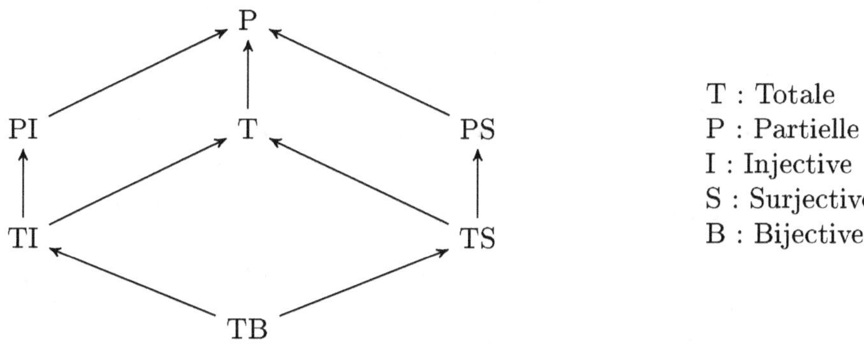

Fig. 1.2 – Diagramme d'inclusion des différents types de fonction. A → B signifie que les fonctions du type A sont incluses au sens large dans les fonctions du type B. D'après [1].

Tableaux

Un tableau t est une fonction totale d'un intervalle $i..s$ dans un ensemble F. On note donc $t \in i..s \to F$. Si i appartient au domaine de définition du tableau, $t[i]$ désigne l'élément d'indice i de t. La notation ensembliste peut toujours être employée, mais lorsque le contexte permet de déterminer les bornes, la notation $[t_1, \ldots, t_n]$ peut être utilisée en tant que constante de type tableau. Une tranche de tableau définie sur le domaine $i..s$ se note $t[i..s]$. Ainsi, si l'intervalle $3..5$ est inclus dans le domaine de définition de t, $t[3..5] \leftarrow [6, -1, 2]$ est une affectation correcte. Elle est équivalente à l'affectation $t[3..5] \leftarrow \{3 \mapsto 6, 5 \mapsto 2, 4 \mapsto -1\}$. Après cette affectation, on a $\mathrm{codom}(t[3..5]) = \{-1, 2, 6\}$, tandis que $\mathrm{dom}(t[3..5]) = \{3, 4, 5\}$.

Un tableau à deux dimensions se définit sur le produit cartésien de deux intervalles. Une constante de tableau à deux dimensions peut toujours être représentée comme un tableau de tableau (par exemple $[[0, 1], [1, 1]]$), mais la notation à deux dimensions, plus lisible, est en général utilisée (le même tableau : $\begin{bmatrix} 0 & 1 \\ 1 & 1 \end{bmatrix}$).

1.4.6   SACS

Un sac (ou multiensemble) d'éléments de l'ensemble E est une structure mathématique dans laquelle le nombre d'occurrences d'un élément donné est significatif. Un sac S sur E peut être considéré comme une fonction s de E dans $\mathbb{N}$, telle que, pour $v \in E$, $s(v)$ est le nombre d'occurrences de v dans S. Pour faciliter l'écriture, nous abandonnons la notation ensembliste pour adopter une notation *ad hoc*. Le tableau ci-après répertorie les notations et leur équivalent ensembliste.

sac(E) représente l'ensemble des sacs finis de l'ensemble fini E et $[\![\ldots]\!]$ est équivalent à la notation $\{\ldots\}$ pour les ensembles définis en extension. Enfin $\mathrm{mult}(v, S)$ est la fonction qui délivre la multiplicité (le nombre d'occurrences) de v dans le sac S.

Soit S un sac non vide $(s \neq \varnothing\!\!\!\!\diagup\,)$. Les n sacs $S_1, \ldots, S_n$ constituent une partition multiensembliste de S s'il n'existe pas de S_i vide et si l'union multiensembliste de tous les S_i est égale à S $(S = \bigsqcup_{i \in 1..n} S_i)$.

Sacs	Ensembles	Sacs	Ensembles
$\sqsubseteq\!\!\!=$	$\in$	$\not\sqsubseteq\!\!\!=$	$\notin$
$\varnothing\!\!\!\!\diagup$	$\varnothing$	$\sqsubseteq$	$\subseteq$
$\dot{-}$	$-$	$\not\sqsubseteq$	$\not\subseteq$
$\sqcap$	$\cap$	$\|\ldots\|$	card
$\sqcup$	$\cup$	smin	min
$\sqsubset$	$\subset$	smax	max

1.4.7   PRODUIT CARTÉSIEN ET STRUCTURES INDUCTIVES

Les structures inductives, c'est-à-dire les structures définies par induction (voir page 17), jouent un rôle important comme structures de données dans l'ensemble de l'ouvrage. Les deux cas les plus typiques sont les listes finies et les arbres finis. Ces derniers sont traités à la section 1.6, page 29. Nous nous limitons ici à présenter les listes finies. Quel sens doit-on attribuer à une formule telle que :

$$\mathrm{liste} = \{/\} \cup \{(val, svt) \mid val \in \mathbb{N} \text{ et } svt \in \mathrm{liste}\}. \tag{1.1}$$

Informellement, l'ensemble ainsi défini est l'union entre la liste vide (notée /) et l'ensemble des couples constitués d'un entier et d'une liste d'entiers. $(3, (1, (8, /)))$ est un exemple d'une telle liste. En principe, il ne faut pas confondre une telle structure linguistique (qui est une *représentation externe* des liste) avec les listes proprement dites. Dans la pratique, nous nous autorisons cet abus de langage. Il est nécessaire d'ajouter que l'on ne s'intéresse qu'aux structures *finies* et qu'une liste ainsi définie est le *plus petit* ensemble satisfaisant l'équation 1.1. Compte tenu de la convention portant sur l'utilisation de la notation pointée (voir section 1.4.2, page 17), si l'on a l'affectation $l \leftarrow (3, (1, (8, /)))$, on aura $l.val = 3$ et $l.svt = (1, (8, /))$. Les listes ne permettent pas l'accès direct à leurs éléments, il faut toujours passer par l'un des champs ($l.svt.svt.val$ par exemple).

Dans la pratique, lorsque c'est possible, on s'autorise la notation plus concise $\langle \ldots \rangle$. Ainsi $(3, (1, (8, /)))$ peut également se noter $\langle 3, 1, 8 \rangle$. L'opération de concaténation de listes est notée $\cdot$.

1.4.8 Chaînes, séquences

Les chaînes (ou *séquences*, parfois *mots*) sont des tableaux flexibles à droite dont la borne gauche est implicitement 1. Leurs éléments sont souvent appelés *caractères*. Ce sont donc des fonctions totales pour lesquelles les opérateurs ensemblistes habituels sont disponibles (dom, codom, etc.). La longueur de la chaîne c est notée $|c|$. L'opération de concaténation (notée $\cdot$) permet d'allonger une chaîne en lui adjoignant une autre chaîne mais aussi un caractère (qui est alors implicitement converti en chaîne). Si $c = c[1] \ldots c[n]$ dénote une chaîne (séquence), $\bar{c} = c[n] \ldots c[1]$ est la séquence miroir de c. D'un point de vue algorithmique, une chaîne c passée en paramètre d'entrée véhicule implicitement son domaine de définition $(dom(c))$. Si c est une chaîne définie sur le domaine $1 .. n$, la tranche $c[i .. s]$ est une chaîne définie sur le domaine $1 .. s - i + 1$ à condition que $i .. s \subseteq 1 .. n$. La chaîne vide ε est définie sur le domaine $1 .. 0$. La déclaration d'une constante symbolique, d'une variable ou d'un paramètre c de type **chaîne** se fait par $c \in$ **chaîne** avec comme vocabulaire implicite les lettres, chiffres et caractères spéciaux. Le recours à un vocabulaire spécifique Σ est réalisé par $c \in$ **chaîne**(Σ). L'exemple suivant illustre l'utilisation des chaînes, en particulier des constantes non délimitées par des guillemets pour lesquelles on fait usage d'une police spéciale.

    1. **constantes**
    2. $a = abcd$ /% constante symbolique de type **chaîne** %/
    3. **variables**
    4. $b \in$ **chaîne**$(\{a, b, c, d, 1, 2, 3, 4\})$ /% variable de type **chaîne** sur le vocabulaire $\Sigma = \{a, b, c, d, 1, 2, 3, 4\}$ %/
    5. **début**
    6.   **écrire**$(Impair(a))$; /% *la fonction* Impair(x) *(voir code) délivre une chaîne constituée des éléments d'indice impair de* x %/
    7.   **lire**(b) ; **écrire**$(Impair(b))$;
    8. $b \leftarrow acbd \cdot 1234 \cdot a[3 .. 4] \cdot a[1]$; /% *exemple de concaténation* %/
    9.   **écrire**$(Impair(b))$
  10. **fin**

    1. **fonction** $Impair(x)$ **résultat chaîne pré**
    2. $x \in$ **chaîne et** $y \in$ **chaîne**
    3. **début**
    4. $y \leftarrow \varepsilon$; /% *y devient une chaîne vide* %/
    5.   **pour** i **parcourant** $dom(x)$ **faire**

6.   **si** $2 \cdot \left\lfloor \dfrac{i}{2} \right\rfloor \neq i$ **alors**

7. $y \leftarrow y \cdot x[i]$ /% *allongement de* y *par l'élément suivant d'indice impair de* x %/

8.   **fin si**

9.   **fin pour** ;

10.   **résultat** y

11. **fin**

Les chaînes de caractères sont tout particulièrement utilisées dans l'exemple sur les séquences traité page 659, ainsi que dans les exercices 21 page 48, 109 page 483, 107 page 473, 137 page 702, 138 page 702 et 139 page 706.

1.5   Graphes

Intuitivement, un graphe est un ensemble de points dont certains peuvent être reliés deux à deux. C'est donc une notion plutôt simple qui permet de modéliser de nombreux problèmes présentant une grande utilité pratique, comme la recherche, par un appareil GPS, du meilleur trajet pour rejoindre un lieu de vacances.

La théorie des graphes est aussi la source de plusieurs défis mathématiques et/ou informatiques complexes comme celui du problème des quatre couleurs, dont la démonstration complète et automatique a été réalisée par l'assistant de preuve Coq.

Plus simplement, pour nous, la notion de graphe est à l'origine de nombreux exercices intéressants qui jalonnent cet ouvrage.

La théorie des graphes peut être vue comme une émanation de la théorie des ensembles (à travers la notion de relation binaire). Mais, s'étant développées de manière séparée, les deux théories utilisent des vocabulaires qui souvent divergent. Nous étudions tout d'abord les graphes orientés, avant de nous arrêter sur les graphes non orientés. Le tour d'horizon s'achève par le cas des graphes valués. Dans tous les cas, nous ne considérerons que des graphes finis.

1.5.1   GRAPHES ORIENTÉS

Définition 1 (Graphe orienté) :
Un graphe orienté G *est un couple* (N, V), *où* N *est un ensemble (fini) et* V *une relation binaire entre* N *et* N *(*V *est donc un sous-ensemble fini de* $N \times N$*).*

Les éléments de N sont appelés *sommets* ou *nœuds* ; ceux de V sont appelés *arcs*. Le cardinal de N est appelé *ordre* du graphe.

Exemple   Le couple G défini par :

$$G = \left(\begin{array}{l} \{a,b,c,d,e,f\}, \\ \{(a,b),\ (a,c),\ (a,f),\ (b,a),\ (b,c),\ (b,d),\ (c,e),\ (d,d),\ (d,f),\ (e,a),\ (e,f),\ (f,c)\} \end{array} \right)$$

est un graphe orienté.

La figure 1.3 offre quatre représentations possibles pour ce graphe. Le schéma (b), qui se présente sous la forme d'une matrice carrée, est souvent utilisé en tant que représentation informatique.

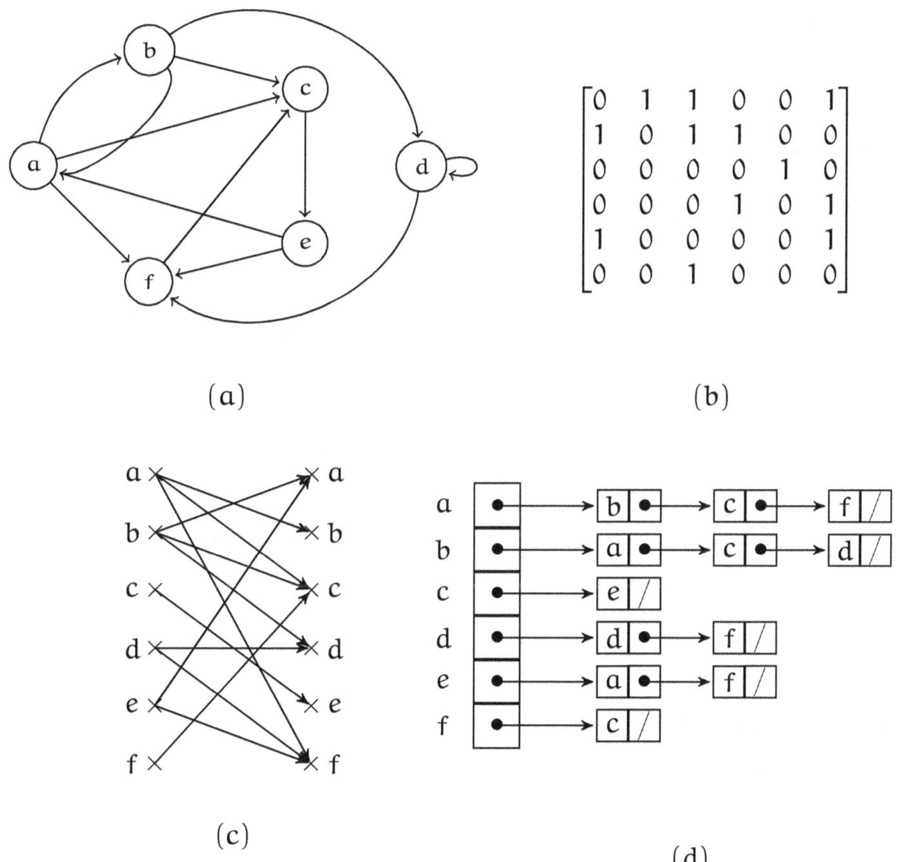

$$
\begin{bmatrix}
0 & 1 & 1 & 0 & 0 & 1 \\
1 & 0 & 1 & 1 & 0 & 0 \\
0 & 0 & 0 & 0 & 1 & 0 \\
0 & 0 & 0 & 1 & 0 & 1 \\
1 & 0 & 0 & 0 & 0 & 1 \\
0 & 0 & 1 & 0 & 0 & 0
\end{bmatrix}
$$

(a) (b)

(c) (d)

Fig. 1.3 – *Quatre représentations d'un graphe orienté. Le schéma* (a) *est la représentation sagittale classique,* (b) *est la représentation par la matrice d'adjacence,* (c) *est une représentation bipartite, enfin* (d) *est une représentation par listes des successeurs.*

Définition 2 (Boucle (sur un sommet)) :
On appelle boucle sur un sommet s *un arc qui relie ce sommet à lui-même, donc de la forme* (s, s) *avec* $s \in N$.

Définition 3 (Demi-degré) :
Soit G *un graphe et* s *un sommet de* G. *Le demi-degré extérieur (resp. intérieur) de* s *dans* G, *noté* $d_G^+(s)$ *(resp.* $d_G^-(s)$*), est le nombre d'arcs ayant pour origine (resp. pour extrémité) le sommet* s.

Définition 4 (Sous-graphe et graphe induit par un ensemble de sommets) :
Un graphe orienté $G' = (N', V')$ *est un sous-graphe du graphe orienté* $G = (N, V)$ *si* $N' \subset N$ *et* $V' = \{(u, v) \in V \mid u \in N', v \in N'\}$. *On dit aussi que* G' *est le graphe induit de* G *par l'ensemble de sommets* N'.

En d'autres termes, un sous-graphe G′ d'un graphe G est obtenu en prenant un sous-ensemble strict N′ de l'ensemble N des sommets de G et en ne gardant que les arcs dont origine et extrémité appartiennent à N′.

Définition 5 (Successeur d'un sommet dans un graphe orienté) :
Soit $G = (N, V)$ *un graphe orienté et* $s \in N$. *L'ensemble des successeurs de* s *dans* G, *noté* $\text{Succ}_G(s)$ *est l'ensemble des sommets atteints depuis* s *à travers la relation* V.

Définition 6 (Prédécesseur d'un sommet dans un graphe orienté) :
Soit $G = (N, V)$ *un graphe orienté et* $s \in N$. *L'ensemble des prédécesseurs de* s *dans* G, *noté* $\text{Préd}_G(s)$, *est l'ensemble* $\text{Succ}_{(N, V^{-1})}(s)$.

Exemple   Dans l'exemple du graphe G de la figure 1.3, page 23, nous avons $d_G^+(d) = 2$, $d_G^-(d) = 2$, $Succ_G(a) = \{b, c, f\}$ et $Préd_G(c) = \{a, b, f\}$. On notera que l'arc (d, d) constitue une boucle (sur le sommet d). Le graphe $G_1 = (\{a, b, d, f\}, \{(a, b), (b, a), (a, f), (b, d), (d, d), (d, f)\})$ est le graphe induit de G par l'ensemble de sommets $\{a, b, d, f\}$.

S'il n'y a pas d'ambiguïté, l'indice G est omis.

Définition 7 (Chemin dans un graphe) :
Soit $G = (\{s_1, \ldots, s_n\}, V)$ *un graphe. Un chemin* P *dans* G *est une liste non vide de sommets* $\langle s_{i_1}, \ldots, s_{i_q} \rangle$ *telle que tout couple de sommets adjacents dans la liste* P *est un arc de* G *(*$(s_{i_k}, s_{i_{k+1}}) \in V$ *pour* $k \in 1 .. q - 1$*).*

Définition 8 (Longueur d'un chemin) :
La longueur du chemin $P = \langle s_{i_1}, \ldots, s_{i_q} \rangle$ *est égale au nombre d'arcs* $(s_{i_k}, s_{i_{k+1}})$ *qui le composent. On la note* $|P|$.

Définition 9 (Chemin élémentaire dans un graphe) :
Un chemin élémentaire est un chemin dans lequel il n'existe pas de répétition de sommets.

Définition 10 (Chemin simple dans un graphe) :
Un chemin simple est un chemin dans lequel il n'existe pas d'arc emprunté plus d'une fois. Tout chemin élémentaire est simple.

Définition 11 (Chemin hamiltonien dans un graphe) :
Un chemin hamiltonien est un chemin qui passe une fois et une seule par chacun des sommets. La liste des sommets est une permutation de N.

Définition 12 (Chemin eulérien dans un graphe) :
Un chemin eulérien est un chemin qui passe une fois et une seule par chacun des arcs.

Exemples de chemins   Dans le graphe de la figure 1.3, page 23 :

- $\langle a, b, a, c, e, a, b, d, d \rangle$ est un chemin. Il est constitué de la liste d'arcs suivante : $\langle (a, b), (b, a), (a, c), (c, e), (e, a), (a, b), (b, d), (d, d) \rangle$ et est donc de longueur 8. Il n'est ni simple ni élémentaire.

- $\langle b, c, e \rangle$ est un chemin élémentaire, c'est donc aussi un chemin simple (de longueur 2).

- $\langle b, a, b \rangle$ n'est pas un chemin élémentaire : le sommet b est rencontré deux fois.

- $\langle a, b, c, e, f \rangle$ est un chemin simple. Il est aussi élémentaire.

- $\langle a, b, a, c \rangle$ est également un chemin simple mais il n'est pas élémentaire.

- $\langle a, b, c, e, a, b \rangle$ n'est pas un chemin simple : l'arc (a, b) est parcouru deux fois. Il n'est donc pas élémentaire.

- $\langle a, b, d, f, c, e \rangle$ est un chemin hamiltonien.

Dans le schéma (a) de la figure 1.4, page 26, le chemin $\langle d, b, c, a, b, e, d, c, e \rangle$ est eulérien.

Définition 13 (Circuit dans un graphe) :
Soit $G = (\{s_1, \ldots, s_n\}, V)$ *un graphe et* $C = \langle s_{i_1}, \ldots, s_{i_q} \rangle$ *un chemin dans* G. C *est un circuit dans* G *si et seulement si* $s_{i_q} = s_{i_1}$.

Les qualificatifs *élémentaire, simple, hamiltonien* et *eulérien* se transposent aisément de la notion de chemin à celle de circuit.

Exemples de circuits   Dans le graphe de la figure 1.3, page 23 :

- $\langle a, b, a, b, d, d, f, c, e, a \rangle$ est un circuit puisque c'est un chemin d'une part et parce qu'il débute et finit par le même sommet a de l'autre.

- $\langle c, e, f, c \rangle$ est un circuit élémentaire.

- $\langle a, b, a, c, e, a \rangle$ est un circuit simple, il n'est pas élémentaire.

- $\langle a, b, d, f, c, e, a \rangle$ est un circuit hamiltonien.

Dans le graphe (b) de la figure 1.4, page 26, le chemin $\langle d, b, c, a, b, e, d, c, e, f, d \rangle$ est un circuit eulérien.

Définition 14 (Fermeture transitive d'un graphe) :
Soit $G = (N, V)$ *un graphe.* $G^+ = (N, V^+)$ *est la fermeture transitive de* G *si et seulement si* V^+ *est la plus petite relation transitive incluant* V.

Autrement dit, G^+ est la fermeture transitive de G si, lorsque dans G il existe un *chemin* entre x et y, il existe un *arc* entre x et y dans G^+.

Dans le schéma ci-dessous, le graphe (b) représente la fermeture transitive du graphe (a). Les arcs résultant de la fermeture apparaissent en pointillés.

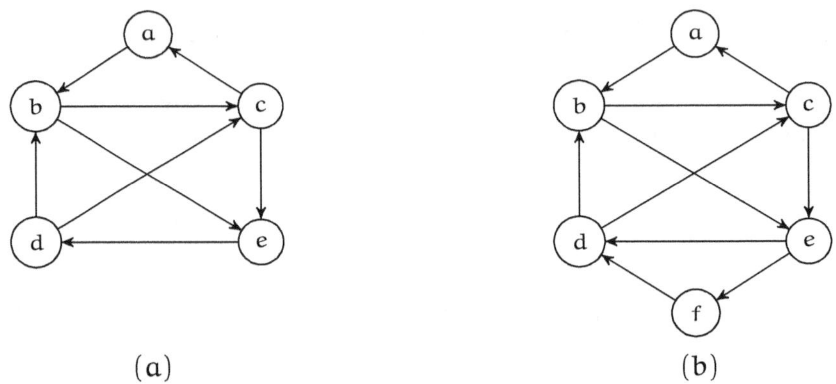

(a)   (b)

Fig. 1.4 – Deux graphes orientés. Le graphe (a) possède un chemin eulérien ($\langle d, b, c, a, b, e, d, c, e\rangle$) mais pas de circuit eulérien. Le graphe (b) possède au moins un circuit eulérien ($\langle d, b, c, a, b, e, d, c, e, f, d\rangle$).

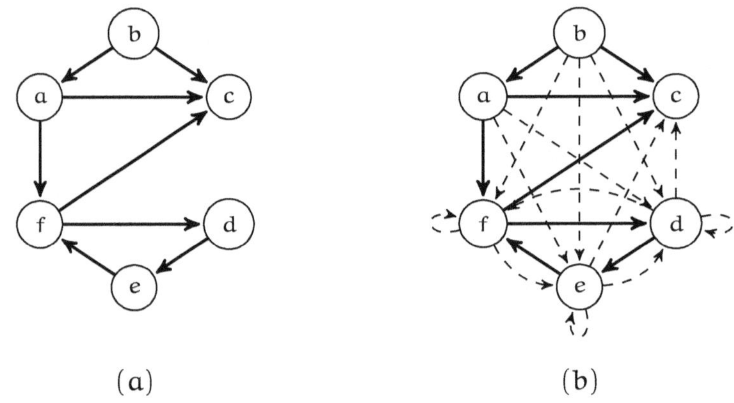

(a)   (b)

Définition 15 (Descendant/ascendant d'un sommet) :
Soit x un sommet d'un graphe G. Le sommet y est un descendant de x dans G s'il existe un arc (x, y) dans G^{+}. Le sommet x est alors un ascendant de y.

Définition 16 (Isomorphisme de graphes) :
Soit $G_1 = (N_1, V_1)$ et $G_2 = (N_2, V_2)$ deux graphes orientés. On dit que ces graphes sont isomorphes, si et seulement s'il existe une bijection f entre N_1 et N_2 telle que pour tout couple de sommets (i, j) de N_1 :

$$(i, j) \in V_1 \Leftrightarrow (f(i), f(j)) \in V_2.$$

Dans le schéma ci-dessous, le graphe (a) est représenté dans le plan, tandis que (b) (le « cylindre » en fil de fer) est représenté en trois dimensions. Ce sont deux graphes isomorphes par la bijection p suivante :

$$p = \{(H, c), (G, b), (J, a), (I, d), (C, g), (D, f), (F, e), (A, h)\}.$$

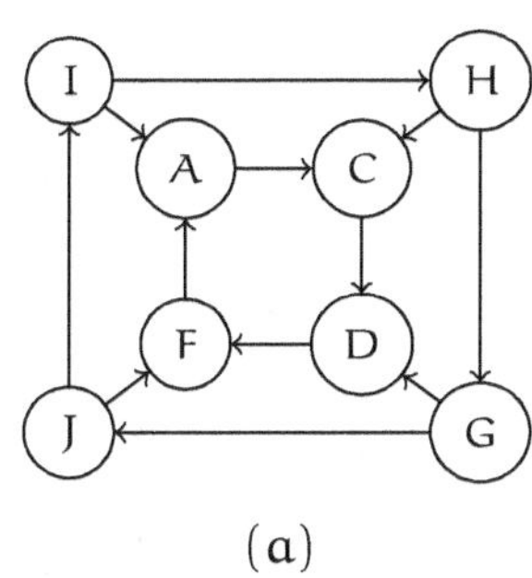
(a)

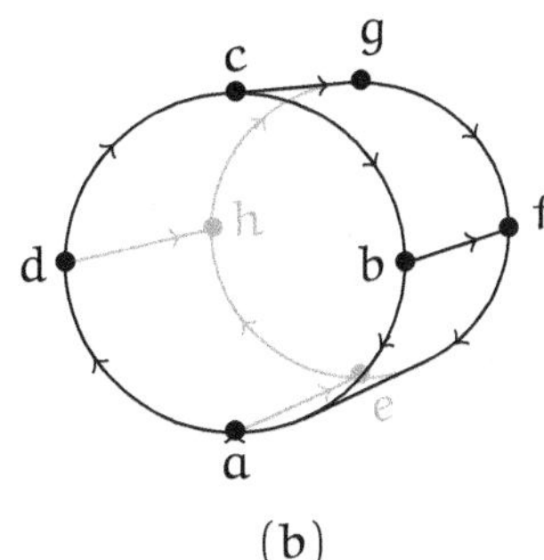
(b)

1.5.2 GRAPHES NON ORIENTÉS

Définition 17 (Graphe non orienté) :
Un graphe non orienté G *est un couple* (N, V)*, où* N *est un ensemble fini et* V *un ensemble de parties de* N *à un ou deux éléments.*

Comme dans les graphes orientés, les éléments de N sont appelés *sommets* ou *nœuds*. Les éléments de V sont appelés *arêtes*, ou *boucles* s'ils ne contiennent qu'un seul sommet.

Exemple Le couple G défini par :

$$G = \left(\begin{array}{l} \{a,b,c,d,e,f\}, \\ \{ \{a, b\}, \{a, e\}, \{a, f\}, \{b, c\}, \{b, d\}, \{d\}, \{c, e\}, \{a, f\}, \{e, f\}, \{d, f\} \} \end{array} \right)$$

est un graphe non orienté. La figure 1.5 offre trois représentations possibles pour ce graphe.

Les notions de *chaîne* et de *cycle* sont les homologues, pour les graphes non orientés, des notions de chemin et de circuit dans les graphes orientés. Les qualificatifs *élémentaire, simple, hamiltonien* et *eulérien* se transposent aux graphes non orientés. Il en va de même pour la définition d'un sous-graphe, d'un graphe induit par un ensemble de sommets et de la fermeture transitive.

1.5.3 GRAPHES VALUÉS

Intuitivement, un graphe orienté *valué* est un graphe dans lequel chaque arc est doté d'un attribut (en général un réel, mais cela peut être toute autre valeur). Cet attribut peut représenter une distance, un temps, un coût, un potentiel, etc.

Définition 18 (Graphe orienté valué) :
Un graphe orienté valué G *est un triplet* (N, V, P)*, tel que* (N, V) *est un graphe orienté et* P *une fonction totale de* V *dans un ensemble* E *de valuations quelconques.*

La figure 1.6 reprend le graphe orienté de la figure 1.3 page 23, en valuant tous ses arcs dans $\mathbb{R}$ ($E = \mathbb{R}$).

Un graphe *non* orienté *valué* est un graphe dans lequel chaque arête est dotée d'un attribut. Formellement, on peut en donner la définition suivante :

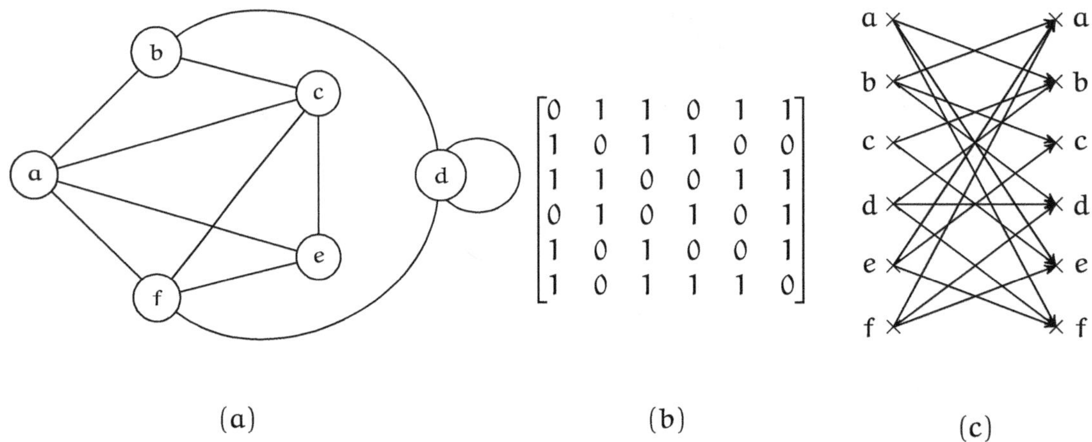

(a)   (b)   (c)

Fig. 1.5 – Trois représentations d'un graphe non orienté. Le schéma (a) est la représentation traditionnelle ; (b) est la représentation par une matrice d'adjacence (cette matrice est toujours symétrique) ; (c) est une représentation bipartite.

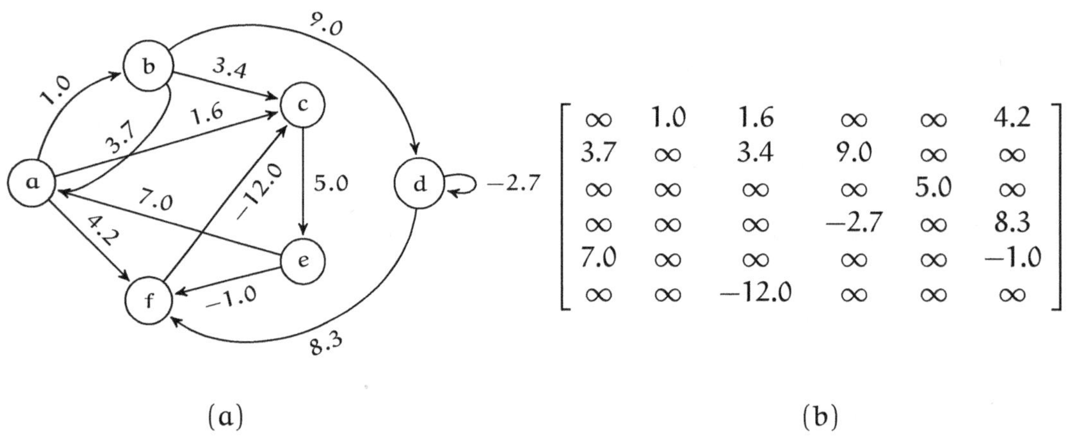

(a)   (b)

Fig. 1.6 – Deux représentations d'un graphe orienté valué. Le schéma (a) est la représentation sagittale classique, (b) est la représentation matricielle dans laquelle les arcs absents sont dotés d'un symbole conventionnel (ici ∞).

Définition 19 (Graphe non orienté valué) :

Un graphe non orienté valué G *est un triplet* (N, V, P) *tel que* (N, V) *est un graphe non orienté et* P *une fonction totale de* V *dans un ensemble* E *de valuations quelconques.*

Dans la pratique, la représentation d'un graphe valué peut se limiter à celle de N et de P, comme le montre le schéma (b) de la figure 1.6 page 28.

Références à la notion de graphe   Parmi les innombrables problèmes portant sur les graphes (la recherche de plus courts chemins/chaînes, entre deux sommets, entre un sommet donné et tous les autres, entre tous les couples de sommets, la détermination de l'existence d'un isomorphisme entre graphes, le coloriage d'un graphe, etc.), certains sont abordés sous forme d'exercices dans cet ouvrage. On peut citer :

Graphes orientés non valués :

- Déplacements d'un cavalier sous contrainte (exercice 15, page 43).
- Parcours exhaustif d'un échiquier par un cavalier (exercice 49, page 181).
- Parcours d'un cavalier aux échecs (exercice 54, page 241).
- Circuits et chemins eulériens dans un graphe – tracés d'un seul trait (exercice 55, page 244).
- Chemins hamiltoniens : les dominos (exercice 56, page 246).
- Isomorphisme de graphes (exercice 58, page 249).
- Coloriage d'un graphe (exercice 59, page 251).
- Tournois et chemins hamiltoniens (exercice 85, page 394).

Graphes orientés valués :

- Diffusion d'information à moindre coût depuis une source : algorithme de Prim et de Dijkstra (exercice 78, page 368).
- Chemin de valeur minimale – cas particulier (exercice 130, page 686).
- Chemins de valeur minimale depuis une source – Algorithme de Bellman-Ford (exercice 131, page 688).
- Chemins de valeur minimale – Algorithme de Roy-Warshall et algorithme de Floyd – Algèbre de chemins (exercice 132, page 691).
- Chemin de coût minimal dans un tableau (exercice 133, page 695).
- Distance entre séquences : algorithme de Wagner et Fisher (exercice 138, page 702).

Graphes non orientés valués :

- Diffusion d'information à moindre coût depuis une source : algorithmes de Prim et de Dijkstra (exercice 78, page 368).
- Le voyageur de commerce (exercice 57, page 248, et exemple page 334).

1.6   Arbres

Outre leur intérêt intrinsèque (en compilation, en démonstration automatique, en traitement des langues naturelles, etc.), les arbres sont à la base de représentations efficaces pour une grande variété de structures de données (ensembles, files, files de priorité, tableaux flexibles, etc. – voir [36]). Bien que de nombreux types d'arbres soient utilisés tout au long de cet ouvrage (voir par exemple les arbres de récursion, chapitre 5, page 209), nous nous limitons ici aux seuls arbres binaires et ternaires. Il existe plusieurs façons de définir cette notion. Le passage par la théorie des graphes en est une. Un arbre binaire/ternaire y est défini comme un graphe particulier (un graphe non orienté, sans cycle, connexe, dont un sommet – la racine – est distinguée). Notre préférence est cependant en faveur d'une définition inductive, qui se prête mieux à l'usage que nous en faisons.

La figure 1.7, page 30, fournit un exemple d'arbre binaire et un exemple d'arbre ternaire. Il s'agit de graphes *orientés*. Sur ce point, la terminologie graphique et celle adoptée ici divergent, puisqu'en théorie des graphes, ces structures seraient dénommées « arborescences ». Le terme *chemin* est utilisé dans le sens de la théorie des graphes. Par abus de langage, nous utilisons le vocable « chemin » pour des trajets qui font abstraction du sens des flèches. Quant au terme *distance*, il est utilisé indifféremment pour les chemins et pour les « chemins ».

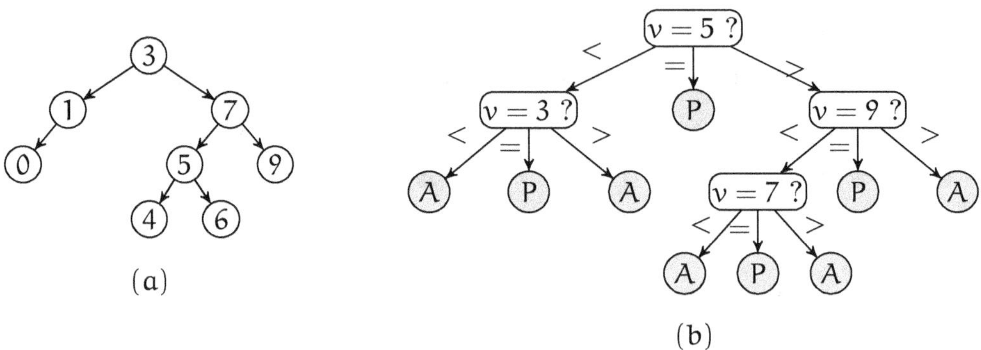

Fig. 1.7 – Schéma (a) *: un arbre binaire – Schéma* (b) *: un arbre (de décision) ternaire* (A *: absent* P *: présent)*

L'exemple ci-dessous montre comment se définit inductivement un arbre binaire *étiqueté*[3] (à chaque nœud est associée une valeur, ici un entier naturel) :

1. **constantes**
2. $ab = \{/\} \cup \{(g, n, d) \mid g \in ab \text{ et } n \in \mathbb{N} \text{ et } d \in ab\}$
3. **variables**
4. $t \in ab$
5. **début**
6. $t \leftarrow /$;
7. $t \leftarrow (((/, 0, /), 1, /), 3, (((/, 4, /), 5, (/, 6, /)), 7, (/, 9, /)))$;
8.   **écrire**(t.g)
9. **fin**

Ici, ab est l'ensemble de tous les arbres binaires finis d'entiers. Il se définit (ligne 2 du code) comme l'union de deux ensembles : l'ensemble $\{/\}$ (l'arbre vide) et l'ensemble des triplets (g, n, d), où g et d sont des arbres binaires (respectivement le sous-arbre gauche et le sous-arbre droit) et n un entier naturel. À la ligne 4, la variable t est définie comme l'un des éléments de l'ensemble ab. L'instruction de la ligne 6 affecte l'arbre vide à t. Celle de la ligne suivante affecte à t l'arbre du schéma (a) de la figure 1.7. La ligne 8 affiche, sur un terminal standard, le sous-arbre gauche de t (noté t.g). Dans un arbre binaire, une *feuille* est un nœud sans aucun fils (sans aucun successeur) ; un *point simple* est un nœud n'ayant qu'un seul fils. La *hauteur* d'un arbre binaire est la distance (c'est-à-dire le nombre d'arcs) entre la racine et la feuille la plus éloignée. Le *poids* d'un arbre binaire est son nombre de nœuds. Parmi tous les « chemins » simples possibles dans un arbre non vide, il en existe

---

3.   Même si, par commodité, ils peuvent occuper la même place dans les schémas, il convient de ne pas confondre le *nom* d'un sommet ou d'un nœud, qui est un identifiant, avec l'étiquette, qui est une valeur quelconque. La définition inductive des arbres permet en général de faire l'impasse sur le *nom* du nœud.

(au moins) un dont la longueur est maximale. Cette longueur est appelée *diamètre*. Un diamètre ne passe pas nécessairement par la racine (voir exercice 94, page 451).

Dans les schémas ci-dessous, les « chemins » entre les nœuds grisés sont matérialisés par des arcs en gras. Dans le schéma (a) (resp. (b)) la longueur du « chemin » considéré est de cinq arcs (resp. sept arcs). La hauteur des deux arbres est de 4, leur diamètre de 7. Le « chemin » en gras du schéma (b) est un diamètre.

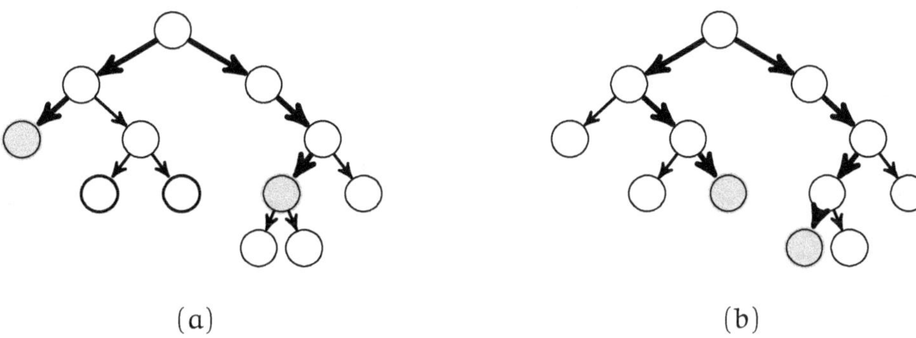

(a)　　　　　　　　　　　　　　　　(b)

La plupart des définitions ci-dessus se transposent aux arbres ternaires sans difficulté. Parmi les arbres binaires particuliers, citons les arbres *filiformes*, les *complets*, les *pleins* et les *parfaits*. Un arbre est filiforme quand aucun nœud ne possède deux fils. Un arbre complet ne possède pas de point simple. Les arbres (a) et (b) de la figure 1.8, page 32, sont des arbres complets. Ce n'est pas le cas des trois autres arbres de la figure. Un arbre plein est un arbre complet dont toutes les feuilles sont situées à la même hauteur. C'est le cas de l'arbre (b). C'est le seul arbre de ce type dans cette figure. Un arbre parfait est tel que : i) toutes les feuilles sont situées sur les deux derniers niveaux, c'est-à-dire les niveaux plus bas, ii) quand l'arbre parfait n'est pas un arbre plein, c'est-à-dire quand les feuilles sont effectivement réparties sur deux niveaux, les feuilles du dernier niveau sont regroupées sur la gauche, iii) il existe au plus un point simple et il est situé sur l'avant-dernier niveau. Le schéma (c) fournit un exemple d'arbre parfait. L'arbre (b) est aussi un arbre parfait particulier (car sans point simple). En revanche, les arbres (d) et (e) ne sont pas parfaits, le premier parce qu'il présente deux points simples et le second parce que les feuilles du dernier niveau ne sont pas regroupées à gauche. L'arbre (a) n'est pas non plus parfait. Il est facile – et souvent utile – de fournir une définition inductive des notions étudiées dans cette section (voir exercice 94, page 451). Nous mettons en garde le lecteur contre le caractère non consensuel des définitions portant sur les arbres.

Un type d'arbre binaire particulier mérite notre attention, il s'agit des arbres binaires *de recherche* (ou abr en abrégé). Un abr est soit un arbre vide, soit un arbre binaire dont les nœuds contiennent des valeurs numériques et qui est tel que, si v est la racine, son sous-arbre gauche (resp. droit) est un abr qui contient, s'il n'est pas vide, des valeurs inférieures (resp. supérieures) à v. L'arbre (a) de la figure 1.7, page 30, est un abr.

À plusieurs occasions, nous faisons usage d'arbres particuliers appelés « arbres de décision ». Un arbre de décision permet par exemple de structurer une classification (voir figure 8.1, page 439), de représenter l'ensemble des exécutions d'un algorithme (voir figure 89, page 446), parfois dans le but de calculer sa complexité (voir figure 96, page 453). Un arbre de décision se présente en général comme un arbre binaire dont chaque nœud est un prédicat, chaque branche une réponse possible (**vrai** ou **faux**). Le prédicat peut être remplacé par une question à choix multiples qui dote chaque nœud d'autant de branches. L'arbre (b) de la figure 1.7, page 30, est un arbre de décision ternaire qui évalue si une certaine valeur v appartient à l'ensemble $\{3, 5, 7, 9\}$. Dans cet arbre, on cherche à situer

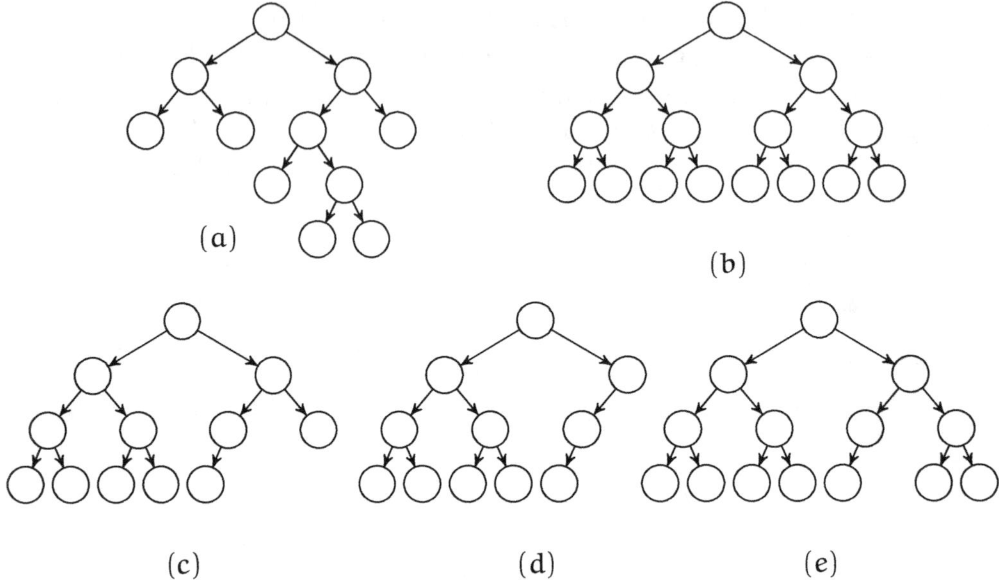

Fig. 1.8 – Arbres complets, plein et parfaits – Exemples et contre-exemples

v par rapport à la valeur présente dans chaque nœud considéré. Les feuilles répondent à la question relative à l'arbre de décision (P : la valeur numérique présente dans la feuille appartient à l'ensemble $\{3, 5, 7, 9\}$, A : la valeur présente dans la feuille ne figure pas dans l'ensemble $\{3, 5, 7, 9\}$ – elle est absente).

Références à la notion d'arbre   La notion d'arbre est au cœur de plusieurs exercices de cet ouvrage. Citons en particulier les titres suivants :

- Recherches dichotomique, trichotomique et par interpolation (exercice 89, page 446).
- Minimum local dans un arbre binaire (exercice 93, page 450).
- Diamètre d'un arbre binaire (exercice 94, page 451).
- Écrous et boulons (exercice 96, page 453).
- Le plus grand carré et plus grand rectangle sous un histogramme (exercice 115, page 501).
- Lâchers d'œufs par la fenêtre (le retour) (exercice 129, page 683).
- Arbres binaires de recherche pondérés (exercice 134, page 696).
- Triangulation optimale d'un polygone convexe (exercice 141, page 710).

Cette notion apparaît également à la figure 8.1, page 439, en tant qu'arbre de décision pour présenter une typologie des méthodes « Diviser pour Régner ».

1.7 Files de priorité

1.7.1 DÉFINITION

Une file de priorité est une structure de données dont chaque élément est muni d'une valeur numérique qui représente une priorité. Si la convention est que plus la valeur est petite plus elle est prioritaire, une suppression a pour effet d'enlever de la file une occurrence de la plus petite valeur.

Dans sa version standard, une file de priorité se définit par les cinq opérations suivantes :

- *InitFdP*(f) : procédure qui vide la file de priorité f.

- *TêteFdP*(f) : fonction qui délivre l'élément prioritaire (la tête) de la file de priorité f. Cette fonction a comme précondition que f possède au moins un élément. Elle ne modifie pas la file.

- *SupprimerFdP*(f) : procédure qui enlève de la file f l'élément prioritaire (la tête de file). Cette procédure a également comme précondition que f possède au moins un élément.

- *AjouterFdP*(f, e) : procédure qui introduit dans la file f l'élément e (cet élément étant supposé véhiculer sa propre priorité).

- *EstVideFdP*(f) : fonction booléenne qui délivre **vrai** si et seulement si la file de priorité f est vide.

Il est parfois nécessaire d'enrichir ce jeu d'opérations par des opérations complémentaires, comme celle qui consiste à modifier la priorité d'un élément quelconque de la file (voir par exemple l'exercice 78, page 368). Ces modifications se font au coup par coup. La taille d'une file de priorité f est notée |f|.

1.7.2 MISES EN ŒUVRE

La littérature (voir par exemple [36]) présente plusieurs mises en œuvre plus ou moins sophistiquées de files de priorité. Rappelons deux d'entre elles, pour des files de priorité de n éléments :

- Les listes triées, pour lesquelles l'opération d'ajout est en $O(n)$, l'opération de (ré)initialisation est, selon que l'on récupère ou non la place occupée, en $\Theta(n)$ ou $\Theta(1)$. Les autres opérations sont en $\Theta(1)$. Ce type de solution ne peut convenir que si n est petit.

- Les tas. Du point de vue structurel, un tas est un arbre binaire parfait (les feuilles sont situées sur – au plus – deux niveaux consécutifs) à gauche (les feuilles du dernier niveau sont regroupées sur la gauche). Pour ce qui concerne le contenu, un tas est un minimier (pour tout nœud, sa valeur est inférieure ou égale à celle de tous ses descendants).

  Une caractéristique importante est qu'un tas peut se représenter avantageusement par un tableau T tel que, pour un i donné, $T[2i]$ et $T[2i + 1]$, s'ils existent, sont les fils de $T[i]$.

  Le schéma (a) suivant montre, sous sa forme arborescente, un tas défini sur $\mathbb{R}_+$. Le schéma (b) en est la représentation en tableau.

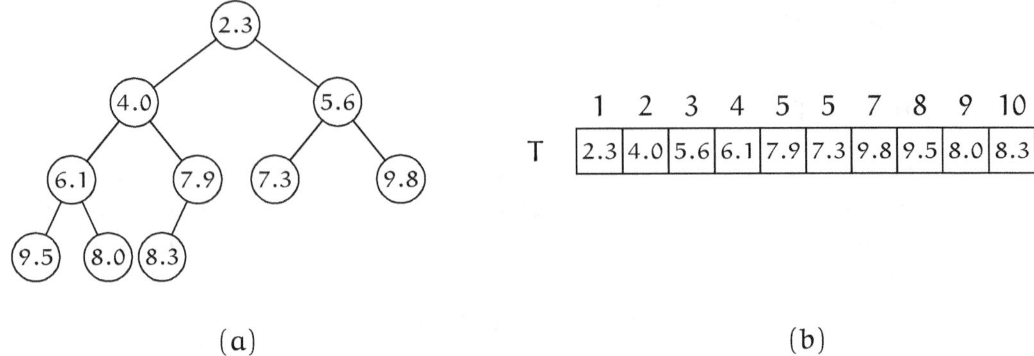

(a)   (b)

En termes de sommets visités (ou de conditions évaluées), le coût de l'opération *Supprimer* est en $\Theta(\log_2(n))$, celui de *Ajouter* est en $\mathcal{O}(\log_2(n))$. Les autres opérations sont en temps constant.

Références à la notion de file de priorité   Cette notion est au cœur de deux chapitres de cet ouvrage : le chapitre 6 sur la démarche PSEP (Programmation par Séparation et Évaluation Progressive) et le chapitre 7 sur les algorithmes gloutons.

1.8   Files FIFO

Une file FIFO (First In, First Out : premier entré, premier sorti) peut être vue comme une file de priorité particulière dont les éléments ne portent pas de priorité explicite. La gestion des priorités est effectuée implicitement, puisqu'un élément est toujours inséré en fin de file et que, lors d'un retrait, c'est l'élément en tête de file (le plus anciennement entré donc) qui est extrait. FIFO(E) représente toutes les files FIFO sur des éléments appartenant à E. Ainsi, si l'on écrit $P \in \text{FIFO}(\mathbb{R}_+ \times \mathbb{R}_+)$, on déclare que P est une file de couples de réels non négatifs. Les opérations nécessaires à la gestion des files FIFO sont les suivantes :

- *InitFifo*(P) : procédure qui vide la file P.

- *AjouterFifo*(P, e) : procédure qui ajoute l'élément e en queue de la file P.

- *EstVideFifo*(P) : cette fonction délivre **vrai** si et seulement si la file P est vide.

- *TêteFifo*(P) : si P est une file d'éléments de type E, cette fonction délivre l'élément en tête de file, sans le supprimer de la file. Cette fonction a comme précondition que P n'est pas vide.

- *SupprimerFifo*(P) : cette procédure supprime de la file P l'élément en tête de file. Cette procédure a comme précondition que P n'est pas vide.

Comme pour les files de priorité, il est parfois nécessaire d'enrichir ce jeu d'opérations ou de modifier légèrement certaines d'entre elles.

Références à la notion de file FIFO   La notion de file FIFO est utilisée dans le chapitre 7 sur les algorithmes gloutons.

1.9 Exercices

1.9.1 DÉMONSTRATIONS

Exercice 1   Élément neutre unique   ○ ●

> *Cet exercice vise essentiellement à pratiquer la démonstration par l'absurde de façon rigoureuse.*

Soit un ensemble S muni d'un opérateur interne $\oplus$. Soit $u \in S$ un élément neutre à gauche pour $\oplus$, autrement dit :
$$\forall x \cdot (x \in S \Rightarrow u \oplus x = x).$$
Soit v un élément neutre à droite pour $\oplus$.

Question 1. Démontrer de façon directe que si l'opérateur $\oplus$ est commutatif, on a $u = v$.   `1 - Q 1`

Question 2. Démontrer par l'absurde cette propriété en relâchant la propriété de commutativité de l'opérateur $\oplus$.   `1 - Q 2`

La solution est en page 49.

Exercice 2   Élément minimum d'un ensemble muni
d'un ordre partiel   ○ ●

> *L'intérêt de cet exercice est de procéder à la démonstration d'une même propriété à la fois par l'absurde et par récurrence.*

Soit E un ensemble fini muni d'une relation d'ordre partiel notée $\preceq$ et F un sous-ensemble strict non vide de E. On appelle antécédent strict de x un élément y différent de x tel que $y \preceq x$. Un élément m de F est dit *minimum* si m ne possède aucun antécédent strict dans F.

Question 1. Montrer par l'absurde que F possède au moins un élément minimum.   `2 - Q 1`

Question 2. Montrer par récurrence que F possède au moins un élément minimum.   `2 - Q 2`

Question 3. On considère l'ensemble E constitué des couples d'entiers naturels et la relation d'ordre partiel $\preceq$ définie par :   `2 - Q 3`

$$(a, b) \preceq (c, d) \mathrel{\widehat{=}} a \leqslant c \text{ et } b \leqslant d.$$

Soit $F(\subset E) = \{(a, b) \mid a \in 1..3 \text{ et } b \in 1..2 \text{ et } a \neq b\}$. Dénombrer les éléments minimaux de F.

La solution est en page 49.

Exercice 3   Factorielle et exponentielle   ○   ●

Dans cet exercice, on établit deux résultats sur la comparaison de valeurs de facto-rielles et d'exponentielles. Le premier constitue un résultat utile sur l'ordre des deux classes de complexité associées (voir chapitre 2).

3 - Q 1   **Question** 1. Démontrer par récurrence simple que :

$$\forall n \cdot (n \in \mathbb{N}_1 \Rightarrow n! \geqslant 2^{n-1}).$$

3 - Q 2   **Question** 2. Pour quelle valeur minimale n_0 a-t-on :

$$\forall n \cdot ((n \in \mathbb{N}_1 \text{ et } n_0 \in \mathbb{N}_1 \text{ et } n \geqslant n_0) \Rightarrow n! > 2^{2n}) \ ?$$

La solution est en page 50.

Exercice 4   Par ici la monnaie   ○   ●

Dans cet exercice, on commence par valider un nouveau schéma de démonstration par récurrence simple. Ensuite, on l'applique à une propriété sur la construction d'une somme monétaire. On demande également d'en faire la preuve au moyen du schéma habituel de démonstration par récurrence simple. On peut alors constater si une méthode est plus « commode » que l'autre, l'observation faite n'ayant pas vertu à être généralisée.

4 - Q 1   **Question** 1. Démontrer la validité du schéma alternatif de démonstration par récurrence simple ci-dessous :

Si l'on peut démontrer les deux propriétés suivantes :

Base $P(n_0)$ et $P(n_0 + 1)$ sont vraies pour un certain $n_0 \in \mathbb{N}$
Récurrence $\forall n \cdot ((n \geqslant n_0 \text{ et } P(n)) \Rightarrow P(n + 2))$

alors :

Conclusion $\forall n \cdot (n \geqslant n_0 \Rightarrow P(n))$

4 - Q 2   **Question** 2. Démontrer à l'aide de ce schéma que toute somme n de six centimes ou plus peut être obtenue avec des pièces de deux et de sept centimes.

4 - Q 3   **Question** 3. Démontrer ce même résultat en utilisant le schéma de démonstration par récurrence simple de la section 1.1.3, page 4.

Question 4. Quel est le nombre maximum de pièces de sept centimes utilisées en s'appuyant sur chacun de ces schémas ? $\boxed{4 \text{ - Q } 4}$

Question 5. Selon vous, laquelle de ces deux preuves est-elle la plus simple à établir ? $\boxed{4 \text{ - Q } 5}$

La solution est en page 50.

Exercice 5 Nombres de Catalan ○ ●

> *Dans cet exercice, on démontre par récurrence simple que la forme close de la relation de récurrence proposée pour les nombres de Catalan est correcte. On établit également une majoration de la valeur du n^e nombre de Catalan.*

On s'est intéressé aux nombres de Catalan définis notamment par la relation de récurrence (voir page 11) :

$$
\begin{cases}
\text{Cat}(1) = 1 \\
\text{Cat}(n) = \dfrac{4n-6}{n} \cdot \text{Cat}(n-1)
\end{cases}
\qquad n > 1.
$$

Question 1. Montrer par récurrence simple que cette relation de récurrence admet comme forme close pour tout entier n positif (voir page 11) : $\boxed{5 \text{ - Q } 1}$

$$
\text{Cat}(n) = \frac{(2n-2)!}{(n-1)!\,n!}.
$$

Question 2. Montrer par récurrence simple que pour tout entier n positif, on a : $\boxed{5 \text{ - Q } 2}$

$$
\text{Cat}(n) \leqslant \frac{4^{n-1}}{n}.
$$

La solution est en page 52.

Exercice 6 Démonstrations par récurrence erronées ○ ●

> *Cet exercice vise à attirer l'attention sur le respect des hypothèses pour effectuer une démonstration par récurrence correcte. Deux exemples sont successivement proposés, dans lesquels la proposition P à démontrer est à l'évidence fausse. Le raisonnement avancé conduisant à la démontrer, il est intéressant de mettre en évidence l'erreur commise.*

Premier cas

On envisage de démontrer par récurrence la propriété P_1 suivante :

Tout couple d'entiers naturels est constitué de deux entiers égaux.

La récurrence se fait sur le maximum des deux nombres a et b, noté $\max(a, b)$.

Base Si $\max(a, b) = 0$, alors il est clair que $a = b = 0$.

Récurrence Supposons la propriété P_1 vraie quand le maximum de a et b est p. L'hypothèse de récurrence est donc   si $\max(a, b) = p$ alors $a = b = p$.

On doit montrer qu'alors P_1 est vraie quand le maximum de a et b est $(p + 1)$. Soit (a, b) un couple tel que $\max(a, b) = p + 1$. Le maximum de $(a - 1)$ et de $(b - 1)$ est donc p. Par hypothèse de récurrence, on a : $a - 1 = b - 1 = p$, d'où : $a - 1 + 1 = b - 1 + 1 = p + 1$, soit finalement $a = b = p + 1$.

Conclusion La propriété P_1 est vraie pour tout couple d'entiers naturels.

$\boxed{\text{6 - Q 1}}$ **Question 1.** Où est l'erreur ?

Second cas

On se propose de démontrer par récurrence sur n la propriété P_2 suivante :

n *points quelconques du plan sont toujours alignés.*

Base Pour $n = 2$, la proposition P_2 est vraie, puisque deux points sont toujours alignés.

Récurrence Supposons la propriété P_2 vraie pour p points (hypothèse de récurrence). Montrons qu'alors les $(p + 1)$ points nommés A_1, A_2, A_3, ..., A_{p+1} sont alignés. D'après l'hypothèse de récurrence, les p premiers points A_1, A_2, A_3, ..., A_p sont alignés sur une droite (d_1) et les p derniers points A_2, A_3, ..., A_{p+1} sont alignés sur une droite (d_2). Les deux droites (d_1) et (d_2) ont en commun les deux points A_2 et A_3 et sont donc forcément confondues. On a $(d_1) = (d_2) = (A_2 A_3)$ et les points A_1, A_2, A_3, ..., A_p, A_{p+1} sont donc alignés.

Conclusion la proposition P_2 est vraie pour tout nombre de points supérieur ou égal à 2.

$\boxed{\text{6 - Q 2}}$ **Question 2.** Trouver la faille.

La solution est en page 53.

Exercice 7   Démonstration par récurrence forte erronée d'une formule pourtant exacte   ○   ⁝

> *Dans la lignée du précédent, cet exercice vise à mettre en évidence une erreur dans un raisonnement par récurrence. Cependant, ici, la formule à démontrer est juste et on en demande une démonstration directe convenable.*

On se propose de démontrer par récurrence simple que, pour n entier supérieur ou égal à 1, on a :

$$n = \sqrt{1 + (n-1)\sqrt{1 + n\sqrt{1 + (n+1)\sqrt{1 + (n+2)\ldots}}}}$$

Pour commencer, on admettra que cette expression a un sens, c'est-à-dire qu'elle converge quand n augmente indéfiniment (ce qui est vrai, comme on le constatera ultérieurement). La démonstration par récurrence forte se fait alors ainsi :

Base Pour $n = 1$, la partie droite de la formule devient $\sqrt{1 + 0\sqrt{1 + 1(\ldots)}} = 1$ et l'égalité est donc vérifiée.

Hypothèse de récurrence Pour tout $n > 1$:

$$(n-1) = \sqrt{1 + (n-2)\sqrt{1 + (n-1)\sqrt{1 + n\sqrt{1 + (n+1)\ldots}}}}.$$

Récurrence On a :

$$(n-1) = \sqrt{1 + (n-2)\sqrt{1 + (n-1)\sqrt{1 + n\sqrt{1 + (n+1)\ldots}}}}$$

$\Rightarrow$ élévation au carré

$$(n-1)^2 = 1 + (n-2)\sqrt{1 + (n-1)\sqrt{1 + n\sqrt{1 + (n+1)\ldots}}}$$

$\Leftrightarrow$ identité remarquable

$$n^2 - 2n + 1 = 1 + (n-2)\sqrt{1 + (n-1)\sqrt{1 + n\sqrt{1 + (n+1)\ldots}}}$$

$\Leftrightarrow$ arithmétique

$$n(n-2) = (n-2)\sqrt{1 + (n-1)\sqrt{1 + n\sqrt{1 + (n+1)\ldots}}}$$

$\Leftrightarrow$ division des deux membres par $n - 2$

$$n = \sqrt{1 + (n-1)\sqrt{1 + n\sqrt{1 + (n+1)\ldots}}}.$$

On a démontré que l'hypothèse de récurrence implique la formule à prouver.

Question 1. Où est l'erreur de raisonnement ? $\boxed{7 - Q\,1}$

Question 2. Cette formule est pourtant exacte. En donner une preuve correcte. $\boxed{7 - Q\,2}$

La solution est en page 53.

Exercice 8 Schéma alternatif de démonstration de récurrence à deux indices ○ •

> *On a vu à la section 1.1.6, page 9, un schéma de démonstration par récurrence à deux indices entiers. Le but de cet exercice est d'en valider un autre.*

8 - Q 1

Question 1. Montrer que le schéma de démonstration ci-après est correct :

Si l'on peut démontrer les deux propriétés suivantes :

Base $P(i, 1)$ est vraie pour tout $i \geqslant 1$ **et**
$P(1, j)$ est vraie pour tout $j \geqslant 1$

Récurrence $\forall(i, j) \cdot \left(\left(\begin{array}{l} i \in \mathbb{N}_1 \ \textbf{et} \\ j \in \mathbb{N}_1 \ \textbf{et} \\ P(i, j) \end{array} \right) \Rightarrow \left(\begin{array}{l} P(i + 1, j) \ \textbf{et} \\ P(i, j + 1) \ \textbf{et} \\ P(i + 1, j + 1) \end{array} \right) \right)$

alors :

Conclusion $P(m, n)$ est vraie pour tous les couples d'entiers tels que $m \geqslant 1$
et $n \geqslant 1$

La solution est en page 54.

Exercice 9   De 7 à 77 et plus si ...   ○   ●

Cet exercice est consacré à la démonstration par récurrence d'une propriété des éléments d'une suite d'entiers donnée d'emblée sous sa forme close.

Soit l'entier $A(n, p)$ défini par $A(n, p) = 3^{2n} - 2^{n-p}$ $n \in \mathbb{N}_1$ et $p \in \mathbb{N}$ et $n \geqslant p$.

9 - Q 1

Question 1. Montrer par récurrence simple que, si $A(n, p)$ est (resp. n'est pas) divisible par 7, alors $A(n + 1, p)$ l'est aussi (resp. ne l'est pas non plus).

9 - Q 2

Question 2. Que dire de la divisibilité par 7 des nombres des suites $A(n, 0)$, $A(n, 1)$, $A(n, 2)$ et $A(n, 3)$?

La solution est en page 54.

Exercice 10   Une petite place svp   ○   ●

On s'intéresse ici à une suite de nombres. On en démontre deux propriétés, une par récurrence simple, la seconde de façon directe, la démonstration par récurrence n'apparaissant pas dans ce cas la plus aisée.

On définit la suite récurrente de nombres $A(n)$ par :

$$\left| \begin{array}{l} A(1) = 1 \\ A(n) = A(n - 1) + \dfrac{n^2 - 3n + 1}{(n - 1)^2 \cdot n^2} \end{array} \right. \qquad n \geqslant 2.$$

Question 1. Montrer par récurrence simple que la forme close des nombres $A(n)$ est $(n^2 - n + 1)/n^2$ pour tout $n \geqslant 1$. Qu'en déduire quant à la nature de ces nombres ?   `10 - Q 1`

Question 2. Montrer que pour tout $n > 2$, $A(n)$ est dans l'intervalle *ouvert* $A(2) .. A(1)$.   `10 - Q 2`

La solution est en page 55.

Exercice 11   Suite du lézard   ○ ⁝

> *Dans cet exercice, on cherche à construire toute suite infinie de nombres binaires qui est égale à celle obtenue en ne prenant qu'un terme sur trois, mais aussi à celle obtenue en ne gardant que les deux termes sur trois restants. On écarte les deux suites triviales composées exclusivement de 0 ou de 1.*

Soit une suite binaire $S = \langle s_1, s_2, \ldots, s_n, \ldots \rangle$ autre que celle (triviale) composée uniquement de 0 (resp. 1). On note $S/3$ la suite construite en prenant un élément sur trois dans S de la façon suivante : $S/3 = \langle s_3, s_6, \ldots, s_{3n}, \ldots \rangle$. On note $S - S/3$ la suite qui reste de S quand on a enlevé $S/3$, soit : $S - S/3 = \langle s_1, s_2, s_4, s_5, s_7, s_8, \ldots, s_{3n-2}, s_{3n-1}, s_{3n+1}, s_{3n+2}, \ldots \rangle$. Par exemple, pour $S = \langle 0, 0, 1, 1, 0, 0, 1, 1, 0, 0, 1, 1, \ldots \rangle$, on a :

$$S/3 = \langle 1, 0, 0, 1, \ldots \rangle \quad \text{et} \quad S - S/3 = \langle 0, 0, 1, 0, 1, 1, 0, 1, \ldots \rangle.$$

Question 1. Donner un raisonnement par récurrence permettant de construire les deux suites S_1 et S_2 (autres que $\langle 0, 0, 0, \ldots \rangle$ et $\langle 1, 1, 1, \ldots \rangle$) telles que $S = S/3 = S - S/3$. On les appelle les suites « du lézard » (voir [22]).   `11 - Q 1`

Question 2. En donner les 20 premiers termes.   `11 - Q 2`

La solution est en page 56.

Exercice 12   À propos de la forme close de la suite de Fibonacci   ⅜ ●

> *Cet exercice met en lumière le fait que, même si l'on connaît la forme close d'une récurrence, celle-ci peut ne pas être transposable dans un algorithme.*

On rappelle que la suite de Fibonacci est définie (voir page 10) par la récurrence :

$$\begin{cases} \mathcal{F}(1) = 1 \\ \mathcal{F}(2) = 1 \\ \mathcal{F}(n) = \mathcal{F}(n-1) + \mathcal{F}(n-2) \end{cases} \qquad n > 2$$

et qu'elle admet la forme close :

$$\mathcal{F}(n) = \frac{1}{\sqrt{5}}\left[\left(\frac{1+\sqrt{5}}{2}\right)^{n} - \left(\frac{1-\sqrt{5}}{2}\right)^{n}\right] \qquad n \geqslant 1.$$

12 - Q 1 **Question** 1. Expliquer pourquoi en pratique on n'utilise pas la formule ci-dessus pour calculer $\mathcal{F}(n)$ avec n fixé.

12 - Q 2 **Question** 2. Proposer un algorithme itératif de calcul du n^{e} nombre de Fibonacci.

Remarque Dans l'exercice 88, page 443, plusieurs autres façons d'effectuer ce calcul sont examinées.

La solution est en page 57.

Exercice 13   Nombre d'arbres binaires à n nœuds   ∘ •

Cet exercice complète l'exemple donné page 12. Son objectif est de construire une variante de l'algorithme de calcul du nombre d'arbres binaires ayant n nœuds fondée sur une forme close, donc a priori plus efficace.

On a établi que le nombre d'arbres binaires possédant n nœuds est donné par la récurrence :

$$\left|\begin{array}{l} nbab(0) = 1 \\ nbab(n) = \displaystyle\sum_{i=0}^{n-1} nbab(i) \cdot nbab(n-i-1) \end{array}\right. \qquad n \geqslant 1.$$

13 - Q 1 **Question** 1. Montrer que cette récurrence s'écrit aussi sous la forme :

$$nbab(n) = Cat(n+1) \qquad n \geqslant 0$$

$Cat(n)$ étant le n^{e} nombre de Catalan (voir définition page 10).

13 - Q 2 **Question** 2. En déduire un algorithme itératif de calcul de $nbab(n)$.

La solution est en page 57.

Exercice 14   Identification d'une forme close   ∘ ⦂

L'intérêt de cet exercice est double. D'une part, on y étudie une façon pratique de calculer la valeur des éléments d'une récurrence à deux indices. D'autre part, on en établit une forme close qui, pour être prouvée, requiert de valider un nouveau schéma de démonstration par récurrence à deux indices.

On considère la suite récurrente à deux indices définie par :

$$
\begin{array}{ll}
a(0,j) = j + 1 & j \geqslant 0 \\
a(i,0) = 2 \cdot a(i-1,0) + a(i-1,1) & i > 0 \\
a(i,j) = a(i-1,j-1) + 2 \cdot a(i-1,j) + a(i-1,j+1) & i > 0 \text{ et } j > 0.
\end{array}
$$

Question 1. Calculer $a(3,2)$. Proposer une structure tabulaire et décrire la progression pour calculer plus généralement la valeur de l'élément $a(i,j)$ $(i,j \geqslant 0)$. | 14 - Q 1 |

Question 2. Écrire le programme itératif de calcul de $a(n,m)$ pour n et m entiers donnés. | 14 - Q 2 |

Question 3. Proposer une forme close pour $a(i,j)$ et la démontrer par récurrence. Quel intérêt cette expression présente-t-elle d'un point de vue algorithmique ? | 14 - Q 3 |

La solution est en page 58.

1.9.2 DÉNOMBREMENTS

Exercice 15 Déplacements d'un cavalier sous contrainte ○ ●

> *On considère les différents parcours d'un cavalier (dans l'esprit du jeu d'échecs) évoluant sous contrainte entre deux coins extrêmes d'une grille et on les dénombre grâce à une récurrence.*

On s'intéresse aux parcours d'un cavalier (au sens du jeu d'échecs) sur une grille ayant $n > 4$ lignes et $m > 3$ colonnes. On veut connaître le nombre de façons différentes dont il dispose pour se rendre de la case $(1,1)$ à la case d'arrivée (n,m). On adopte la convention selon laquelle (i,j) désigne la case de la grille située en ligne i et colonne j. Contrairement au jeu d'échecs où un cavalier dispose de huit possibilités de déplacement (sauf s'il est amené à sortir de l'échiquier), on impose ici que le cavalier ne puisse se déplacer qu'en augmentant l'indice de colonne (le second), comme sur la figure 1.9.

Question 1. Soit $\texttt{nparc}(i,j)$ le nombre de parcours différents partant de la case $(1,1)$ et menant à la case (i,j). Établir la relation de récurrence complète du calcul de $\texttt{nparc}(i,j)$. | 15 - Q 1 |

Question 2. Écrire l'algorithme itératif associé au calcul de $\texttt{nparc}(n,m)$ pour n et m fixés. Donner la valeur de $\texttt{nparc}(5,7)$. | 15 - Q 2 |

La solution est en page 61.

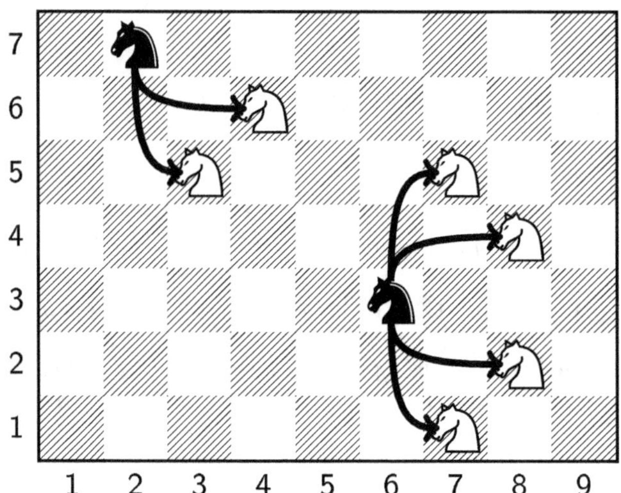

Fig. 1.9 – Le cavalier situé en $(7,2)$ (resp. $(3,6)$), tracé en noir, peut aller en deux (resp. quatre) positions, tracées en blanc.

Exercice 16   Nombre de partitions à p blocs d'un ensemble à n éléments   ○ ●

L'objectif essentiel de cet exercice est d'établir la récurrence des nombres de Stirling.

On note $S(p,n)$ le nombre de partitions à p blocs d'un ensemble à n éléments. Les valeurs $S(p,n)$ sont appelées *nombres de Stirling*. Par exemple, $\{\{a,c\},\{b,d\}\}$ et $\{\{b\},\{a,c,d\}\}$ sont deux des sept partitions à deux blocs de l'ensemble à quatre éléments $\{a,b,c,d\}$.

16 - Q 1   **Question 1.** Donner toutes les partitions à un, deux, trois et quatre blocs de cet ensemble à quatre éléments (un bloc ne peut pas être vide).

16 - Q 2   **Question 2.** Quelle est la relation de récurrence définissant $S(p,n)$?

16 - Q 3   **Question 3.** Proposer une progression du calcul de $S(p,n)$, puis l'algorithme itératif correspondant.

16 - Q 4   **Question 4.** Donner la valeur de $S(p,n)$ pour $1 \leqslant p \leqslant 5$ et $1 \leqslant n \leqslant 7$.

La solution est en page 62.

Exercice 17   La montée de l'escalier   ○   ●

> *Cet exercice vise d'une part à établir une récurrence, d'autre part à en effectuer le calcul algorithmique en évitant l'évaluation de certaines cellules.*

On considère un escalier de m marches que l'on veut gravir avec des sauts de a_1 ou a_2 ou … ou a_n marches. Le problème est de trouver le nombre $nbf(s, m)$ de façons différentes de gravir *exactement* les m marches en s sauts.

Par exemple, si $m = 12$ marches et si les sauts possibles sont $a_1 = 2, a_2 = 3$ et $a_3 = 5$ marches, on peut gravir exactement les 12 marches de l'escalier par (entre autres) les suites de sauts :

$$(2,2,2,2,2,2),\ (2,3,2,3,2),\ (2,2,2,3,3),$$
$$(3,3,3,3),\ (2,2,3,5),\ (3,2,5,2),\ (2,2,5,3).$$

Question 1. Donner deux façons de gravir exactement un escalier de 12 marches en *exactement trois* sauts de $a_1 = 2$ ou $a_2 = 3$ ou $a_3 = 5$ marches.   `17 - Q 1`

Question 2. Donner la formule de récurrence du calcul de $nbf(s, m)$.   `17 - Q 2`

Question 3. Proposer une progression permettant le calcul de $nbf(s, m)$. En déduire le programme itératif associé.   `17 - Q 3`

Question 4. Calculer les valeurs $nbf(s, m)$ pour $m \leqslant 12$, $s \leqslant 6$, $n = 2$, $a_1 = 2, a_2 = 5$.   `17 - Q 4`

Question 5. On remarque dans l'exemple précédent que certaines zones du tableau associé à nbf valent 0. Expliquer pourquoi et proposer une amélioration de l'algorithme.   `17 - Q 5`

La solution est en page 64.

Exercice 18   Le jeu patagon   ○   ⁞

> *Cet exercice introduit le jeu patagon, auquel on joue seul pour amasser un montant maximal. On cherche à dénombrer les façons de jouer dites raisonnables, qui respectent la règle du jeu et sont susceptibles de conduire au gain maximal. L'exercice 145, page 717, s'intéresse à déterminer la (une) façon de jouer permettant d'atteindre le gain maximal.*

Dans le *jeu patagon*, le joueur est devant n objets, disposés en ligne. Chaque objet a une certaine valeur qui est visible. Le joueur peut prendre autant d'objets qu'il veut en cherchant naturellement à amasser une valeur totale aussi grande que possible. Il y a cependant une contrainte (et une seule) : le joueur n'a pas le droit de prendre deux objets placés l'un à côté de l'autre dans la configuration initiale.

Question 1. Avec la ligne d'objets suivante, où un objet est représenté par sa valeur, quel sera le meilleur choix ?   `18 - Q 1`

23	41	40	21	42	24

18 - Q 2

Question 2. On convient de représenter le choix du joueur par le vecteur caractéristique de taille n associé à ses choix. Dans l'exemple précédent, le vecteur $[0, 1, 0, 1, 0, 1]$ représente un jeu qui rapporte $0 + 41 + 0 + 21 + 0 + 24 = 86$ unités de monnaie patagone. Montrer que pour $n > 1$, il y a strictement moins de 2^n façons différentes de jouer.

18 - Q 3

Question 3. Certaines façons de jouer sont à coup sûr moins bonnes que d'autres. Par exemple, jouer $[0, 1, 0, 1, 0, 0]$ (qui rapporte 62) est moins bon que $[0, 1, 0, 1, 0, 1]$. On appelle *raisonnable* une façon de jouer qui, tout en respectant la règle, ne laisse pas d'objets qu'il aurait été possible de prendre. C'est ainsi que jouer $[0, 1, 0, 1, 0, 1]$ est raisonnable, tandis que jouer $[0, 1, 0, 0, 0, 1]$ ou $[0, 1, 0, 1, 0, 0]$ ne l'est pas. Comment caractériser les façons raisonnables de jouer ?

18 - Q 4

Question 4. La suite de l'exercice a pour but de dénombrer les façons raisonnables de jouer, autrement dit le nombre de vecteurs binaires raisonnables de taille n. Pour un jeu de taille n, on définit $nfr_0(n)$ comme le nombre de façons raisonnables de jouer dont la valeur en position n du vecteur associé vaut 0. De même, on définit $nfr_1(n)$ comme le nombre de façons raisonnables de jouer dont la valeur en position n du vecteur associé vaut 1. Pour un jeu de taille n, le nombre total $nfr(n)$ de façons raisonnables de jouer vaut donc la somme de ces deux valeurs.

Montrer que :

$$nfr_0(1) = 0, \; nfr_1(1) = 1, \; nfr_0(2) = 1, \; nfr_1(2) = 1, \; nfr_0(3) = 1, \; nfr_1(3) = 1$$

et que pour $n > 3$:

$$nfr_0(n) = nfr_1(n - 1)$$
$$nfr_1(n) = nfr_1(n - 2) + nfr_1(n - 3).$$

18 - Q 5

Question 5. Montrer que :

$$nfr(1) = 1, \; nfr(2) = 2, \; nfr(3) = 2$$

et que pour $n > 3$:

$$nfr(n) = nfr(n - 2) + nfr(n - 3).$$

18 - Q 6

Question 6. Donner les valeurs de $nfr_0(n), nfr_1(n)$ et $nfr(n)$ pour n allant de 1 à 15. Quelle relation indépendante de nfr_0 a-t-on entre nfr et nfr_1 ? Aurait-on pu l'établir avant ?

18 - Q 7

Question 7. Donner l'algorithme de calcul de $nfr(n)$ pour n fixé.

La solution est en page 66.

Exercice 19   Le jeu à deux tas de jetons

> *Dans cet exercice, on s'intéresse au nombre* nfg *de façons de gagner dans un jeu où l'on ajoute et soustrait des jetons situés sur deux tas. Une propriété du nombre* nfg *est mise en évidence et prouvée par récurrence.*

On considère un jeu où l'on dispose de deux tas de jetons P et Q contenant respectivement p et q jetons $(p, q > 1)$. Le but est d'atteindre une des deux situations, $(p = 0, q = 1)$ ou $(p = 1, q = 0)$, appelée *état gagnant* dans la suite. On passe d'un état des tas à un autre de la façon suivante : on enlève deux jetons à P (resp. Q), puis on jette un jeton et on ajoute l'autre à Q (resp. P).

Exemple. $(p = 4, q = 6) \longrightarrow (p = 2, q = 7)$ ou $(p = 5, q = 4)$.

On veut calculer le nombre de façons différentes $nfg(p, q)$ permettant d'atteindre l'un des deux états gagnants à partir d'une situation où le tas P a p jetons et le tas Q en a q.

Question 1. Donner la formule de récurrence exprimant $nfg(p, q)$.   `19 - Q 1`

Question 2. Proposer une structure tabulaire associée au calcul de nfg ainsi qu'une évolution de son remplissage.   `19 - Q 2`

Question 3. En déduire un algorithme itératif de calcul du nombre de façons différentes permettant d'atteindre l'un des deux états gagnants du jeu.   `19 - Q 3`

Question 4. Appliquer cet algorithme au calcul de la valeur $nfg(4, 2)$.   `19 - Q 4`

Question 5. Montrer que tout élément $nfg(i, j)$, tel que $|i - j|$ est multiple de 3, prend la valeur 0 (à l'exclusion de $nfg(0, 0)$, qui n'a pas de sens).   `19 - Q 5`

La solution est en page 67.

Exercice 20   Les pièces jaunes

> *Cet exercice pose un problème apparemment simple, le dénombrement des différentes façons de former un euro avec des pièces jaunes. On montre que la démarche intuitive visant à établir une récurrence à un indice n'est pas appropriée et qu'il est judicieux de recourir à une récurrence à deux indices. Voir aussi l'exercice 148, page 720.*

On souhaite connaître le nombre de façons *différentes* de former la somme d'un euro en utilisant des pièces de un, deux, cinq, dix, 20 et 50 centimes (les pièces jaunes).

Question 1. Raisonnons d'abord pour former non pas un euro, mais toute somme allant de un à neuf centimes. Pour former un centime, il y a une seule solution. Pour deux centimes, on peut prendre une pièce de deux centimes, ou une pièce de un centime et il reste à former un centime. Pour former la somme s de trois ou quatre centimes, on prend une pièce de un centime et il reste à former la somme $(s - 1)$, ou on prend une pièce de deux centimes et il reste à former la somme $(s - 2)$. Pour former cinq centimes, on prend une pièce de cinq centimes, ou une pièce de un centime et il reste à former quatre centimes,   `20 - Q 1` ou une pièce de deux centimes et il reste à former trois centimes. Enfin, pour former la somme s de six à neuf centimes, on prend une pièce de cinq centimes et il reste à former la somme $(s-5)$, ou une pièce de un centime et il reste à former la somme $(s-1)$, ou une pièce de deux centimes et il reste à former la somme $(s-2)$. On en déduit la récurrence :

$$\begin{aligned}
&nbf(1) = 1 \\
&nbf(2) = 1 + nbf(1) \\
&nbf(i) = nbf(i-1) + nbf(i-2) && 3 \leqslant i \leqslant 4 \\
&nbf(5) = 1 + nbf(4) + nbf(3) \\
&nbf(i) = nbf(i-5) + nbf(i-2) + nbf(i-1) && 6 \leqslant i \leqslant 9.
\end{aligned}$$

Expliquer pourquoi cette récurrence ne convient pas.

20 - Q 2 **Question 2.** Proposer une récurrence à *deux indices* calculant le nombre de façons de former un euro avec les pièces jaunes.

20 - Q 3 **Question 3.** Vérifier qu'il y a deux façons de former trois centimes.

20 - Q 4 **Question 4.** Écrire le programme itératif effectuant le calcul du nombre de façons de former un euro avec les pièces jaunes.

20 - Q 5 **Question 5.** Quel est le nombre de façons différentes de former un euro ?

20 - Q 6 **Question 6.** Prouver que le nombre de façons de former un montant m avec *l'ensemble des pièces jaunes* croit avec m.

La solution est en page 70.

Exercice 21   Mélange de mots   ∘ ⁞

> *On se définit une opération de mélange de deux mots et on veut d'une part déterminer le nombre de mélanges possibles de deux mots donnés, d'autre part décider si un mot est ou non un mélange de deux autres.*

On se donne trois mots : u de longueur m, v de longueur n et w de longueur $(m+n)$. Le mot w est appelé *mélange* des mots u et v s'il est formé en mélangeant les lettres de u et de v tout en préservant l'ordre des lettres de u et de v. Par exemple, pour u = *lait* et v = *cafe*, le mot w = *calfaite* est un mélange de u et de v, mais pas le mot *aclfatie*.

21 - Q 1 **Question 1.** Donner une relation de récurrence pour le calcul du nombre $nbmlg(m,n)$ de mélanges différents que l'on peut construire à partir de u et v, ou plus généralement à partir de tout couple de mots de longueurs m et n. Calculer $nbmlg(5,4)$.

21 - Q 2 **Question 2.** Montrer par récurrence que $nbmlg(m,n) = (m+n)!/(m! \cdot n!)$. Aurait-on pu trouver directement ce résultat ?

21 - Q 3 **Question 3.** Donner un algorithme permettant de décider si un mot w est un mélange des mots u et v. L'appliquer au cas des mots u = *abc*, v = *db* et w = *dabbc*.

La solution est en page 72.

1.10 Solutions

Solution de l'exercice 1 Élément neutre unique   *Énoncé page 35.*

Réponse 1. Puisque l'opérateur $\oplus$ est commutatif, on a :

$$\forall x \cdot (x \in S \Rightarrow u \oplus x = x \oplus u).$$

Or, du fait que u est élément neutre à gauche $u \oplus x = x$ et donc $x \oplus u = x$. On en déduit que v l'élément neutre à droite de $\oplus$ n'est autre que u.

Réponse 2. Supposons que l'élément neutre à gauche u et l'élément neutre à droite v de l'opérateur $\oplus$ soient différents. Du fait que u est élément neutre à gauche, on a : $u \oplus v = v$. De même, puisque v est élément neutre à droite, on a : $u \oplus v = u$. Supposer que $u \neq v$ conduit à dire que l'opération $u \oplus v$ prend deux valeurs distinctes, ce qui est contraire à la définition d'une opération interne.

Par conséquent, puisque supposer u et v différents mène à une contradiction, u et v sont nécessairement égaux.

Solution de l'exercice 2 Élément minimum d'un ensemble muni d'un ordre partiel

Énoncé page 35.

Réponse 1. Supposons que tout élément x de F ait au moins un antécédent strict, c'est-à-dire que pour tout $x \in F$ il existe un élément $a(x)$ tel que $a(x) \neq x$ et $a(x) \preceq x$. Dans ce cas, il existe au moins un élément $a(a(x)) = a^2(x)$ et de même au moins un élément $a^n(x)$ pour tout entier $n \geqslant 1$. Dès que n dépasse le cardinal de F, il y a dans la suite $a^n(x), \ldots, a(x)$ au moins deux fois le même élément[4]. On a donc une situation du type $a_1 \preceq a_2 \preceq \ldots \preceq a_p \preceq a_1$, avec tous les éléments $a_1, \ldots, a_p$ différents, ce qui est impossible, car contraire à la définition d'une relation d'ordre dont la propriété d'anti-symétrie entraîne que $a \preceq b$ **et** $b \preceq a \Rightarrow a = b$.

L'hypothèse selon laquelle tout élément x de F a au moins un antécédent strict est donc fausse. Par conséquent, F possède un élément qui n'a pas d'antécédent strict, c'est-à-dire un élément minimal.

Réponse 2. On procède à un raisonnement par récurrence simple sur le cardinal de F en appelant $P(n)$ la propriété qui s'énonce « tout sous-ensemble strict F de E de taille n possède au moins un élément minimal ».

Base Tout sous-ensemble de cardinal 1 possède un élément minimum (le seul élément de cet ensemble).

Récurrence Soit F un sous-ensemble strict de E de cardinal n possédant un élément minimal m (hypothèse de récurrence). Considérons l'ensemble F auquel on ajoute un élément quelconque x de E n'appartenant pas à F (x existe puisque F est un sous-ensemble strict de E). On distingue trois cas exclusifs :

---

4. Cette affirmation est une conséquence du « principe des cases de courrier », qui affirme que, si $(k + 1)$ objets ou plus sont rangés dans k boîtes, alors il y a au moins une boîte qui contient deux objets ou plus.

- $x \preceq m$ et, par transitivité de la relation d'ordre, x est élément minimal de $F \cup \{x\}$,
- $m \preceq x$ et m est élément minimal de $F \cup \{x\}$,
- m et x ne sont pas en relation et m est élément minimal de $F \cup \{x\}$.

Conclusion $P(1)$ est vraie et on a $P(n) \Rightarrow P(n+1)$, $P(n)$ est donc vraie pour tout entier n.

2 - R 3 **Réponse** 3. D'après l'énoncé, on a :

$$F = \{(1,2), (2,1), (3,1), (3,2)\}.$$

L'élément $(1,2)$ n'a pas d'antécédent strict et est donc élément minimal de F. Il en va de même de $(2,1)$. F admet donc deux éléments minimaux.

Solution de l'exercice 3   Factorielle et exponentielle

Énoncé page 36.

3 - R 1 **Réponse** 1. On suit les étapes du raisonnement par récurrence simple.

Base Pour $n = 1$, on a $1! = 1$ et $2^0 = 1$, l'inégalité (non stricte) est donc vérifiée.

Récurrence Supposons l'inégalité vraie pour $n \geqslant 1$ (hypothèse de récurrence). Pour $(n+1)$, on a :

$$
\begin{aligned}
& (n+1)! & & \text{définition de factorielle} \\
= & (n+1) \cdot n! & & \text{hypothèse de récurrence} \\
\geqslant & (n+1) \cdot 2^{n-1} & & n \in \mathbb{N}_1 \Rightarrow n \geqslant 1 \\
\geqslant & 2 \cdot 2^{n-1} & & \text{arithmétique} \\
= & 2^n.
\end{aligned}
$$

Conclusion L'inégalité est vraie pour $n = 1$ ainsi que pour $(n+1)$ si elle l'est pour n. On en déduit que l'inégalité $n! \geqslant 2^{n-1}$ est vraie pour tout entier n strictement positif.

3 - R 2 **Réponse** 2. Il est aisé de constater que l'inégalité $n! \geqslant n^{2n}$ est fausse jusqu'à $n = 8$ où l'on a $8! = 40320$ et $2^{16} = 65536$. En revanche, elle est vraie pour $n = 9$ puisque $9! = 362880$ et $2^{18} = 262144$.

Montrons que pour $n \geqslant 9$, si $n! > 2^{2n}$ alors $(n+1)! > 2^{2n+2}$. On a :

$$
\begin{aligned}
& (n+1)! & & \text{définition de factorielle} \\
= & (n+1) \cdot n! & & \text{hypothèse de récurrence} \\
> & (n+1) \cdot 2^{2n} & & n \geqslant 9 \\
> & 4 \cdot 2^{2n} & & \text{propriété de l'exponentielle} \\
= & 2^{2n+2}.
\end{aligned}
$$

On en déduit donc que la formule proposée ($n! > 2^{2n}$) est vraie pour tout entier n supérieur ou égal à 9.

Solution de l'exercice 4 Par ici la monnaie *Énoncé page 36.*

Réponse 1. La démonstration de la validité de ce schéma de démonstration s'effectue de manière identique à celle utilisée à la section 1.1.3, page 4. 4 - R 1

Réponse 2. On utilise tout d'abord ce schéma pour démontrer la propriété affirmant que toute somme n de six centimes ou plus peut être obtenue avec des pièces de deux et de sept centimes. 4 - R 2

Base On prend $n_0 = 6$ car on ne sait pas former la somme de cinq centimes avec les pièces considérées. Pour former six (resp. sept) centimes, on prend trois pièces de deux (resp. une pièce de sept centimes).

Récurrence Supposons la propriété vraie pour toute somme $s \geqslant 6$ (hypothèse de récurrence). Pour former la somme $(s + 2)$, il suffit d'ajouter une pièce de deux centimes à la combinaison de pièces ayant servi à former la somme s que l'on sait former d'après l'hypothèse de récurrence.

Conclusion La propriété est vraie pour toute somme $n \geqslant 6$.

Réponse 3. On procède maintenant à la preuve au moyen du schéma de démonstration par récurrence simple « habituelle » (voir section 1.1.3, page 4). 4 - R 3

Base On compose la somme de six centimes avec trois pièces de deux centimes.

Récurrence Supposons la propriété vraie pour la valeur n ($n \geqslant 6$). On distingue deux cas exclusifs :

- La valeur n a été obtenue avec au moins une pièce de sept centimes. Dans ce cas, on lui enlève cette pièce, on lui ajoute quatre pièces de deux centimes et on obtient ainsi la somme $(n + 1)$.

- La valeur n a été obtenue avec seulement des pièces de deux centimes. Dans ce cas, on lui en enlève trois, on lui ajoute une pièce de sept centimes, ce qui permet de composer la somme $(n + 1)$.

Conclusion On sait former la somme de six centimes avec des pièces de deux et sept centimes et, si l'on sait le faire pour la somme n, on sait composer la somme $(n + 1)$ avec ces mêmes pièces. On peut donc former toute somme supérieure ou égale à six centimes avec des pièces de deux et sept centimes.

Réponse 4. Selon le premier schéma, il ne peut exister qu'une seule pièce de sept centimes (précisément celle prise pour former la somme de sept centimes), puisqu'ensuite on ne fait qu'ajouter des pièces de deux centimes. Il en va de même avec le second schéma, puisque, dès qu'une pièce de sept centimes est présente, on la retire. 4 - R 4

Réponse 5. Le premier (resp. second) schéma impose de prouver la validité de la propriété pour n_0 et $n_0 + 1$ (resp. n_0). En revanche, sur l'exemple, la preuve de l'étape de récurrence est plus courte pour le premier schéma, dans lequel on n'a pas à distinguer deux situations. 4 - R 5

Solution de l'exercice 5 Nombres de Catalan   *Énoncé page 37.*

5 - R 1   **Réponse 1.**   On effectue la démonstration par récurrence simple.

Base Pour $n = 1$, la forme close proposée donne : $0!/(0! \cdot 1!) = 1$ (en admettant que $0! = 1$).

Récurrence On suppose que pour $n \geqslant 1$ la forme close convient (hypothèse de récurrence). Pour $(n + 1)$, on peut utiliser le terme général de la récurrence et on a :

$$
\begin{aligned}
&\mathrm{Cat}(n + 1) && \\
=\ & \frac{4(n + 1) - 6}{n + 1} \cdot \mathrm{Cat}(n) && \text{terme général de la relation de récurrence} \\
=\ & \frac{4n - 2}{n + 1} \cdot \frac{(2n - 2)!}{(n - 1)! \cdot n!} && \text{hypothèse de récurrence} \\
=\ & \frac{(4n - 2) \cdot (2n - 2)!}{(n - 1)! \cdot (n + 1)!} && \text{arithmétique} \\
=\ & \frac{(4n^2 - 2n) \cdot (2n - 2)!}{n! \cdot (n + 1)!} && \text{multiplication par } n \text{ du numérateur et du dénominateur} \\
=\ & \frac{(2n)!}{n! \cdot (n + 1)!} && \text{arithmétique}
\end{aligned}
$$

cette dernière expression n'étant autre que la forme close pour $(n + 1)$.

Conclusion La forme close est valide pour $n = 1$ et, si elle l'est pour $n \geqslant 1$, elle l'est pour $(n + 1)$. On en conclut que la forme close convient pour toute valeur positive de n.

5 - R 2   **Réponse 2.**   On procède ici encore à un raisonnement par récurrence simple.

Base Pour $n = 1$, on a $\mathrm{Cat}(1) = 1$ et $4^{n-1}/n = 1$ et la propriété est vraie.

Récurrence On suppose que, pour $n \geqslant 1$, la propriété est satisfaite (hypothèse de récurrence). Pour $n + 1$, on a :

$$
\begin{aligned}
&\mathrm{Cat}(n + 1) && \\
=\ & \frac{4(n + 1) - 6}{n + 1} \cdot \mathrm{Cat}(n) && \text{terme général de la relation de récurrence} \\
\leqslant\ & \frac{4(n + 1) - 6}{n + 1} \cdot \frac{4^{n-1}}{n} && \text{hypothèse de récurrence} \\
=\ & \frac{4n - 2}{n} \cdot \frac{4^{n-1}}{n + 1} && \text{réécriture} \\
<\ & \frac{4^n}{n + 1} && (4n - 2)/n < 4 \text{ pour } n \geqslant 1
\end{aligned}
$$

Conclusion La propriété est vraie pour tout n entier.

Remarque L'égalité ne tient que pour $n = 1$. Au delà, $4^{n-1}/n$ est un majorant strict de $\mathrm{Cat}(n)$. Ainsi, on a : $\mathrm{Cat}(2) = 1 < 4^1/2 \; (= 2)$, $\mathrm{Cat}(3) = 2 < 4^2/3 \; (\approx 5.33)$, $\mathrm{Cat}(5) = 14 < 4^4/5 \; (= 51.2)$.

Solution de l'exercice 6 Démonstrations par récurrence erronées

Énoncé page 37.

Réponse 1. Écrire la ligne :

6 - R 1

$$\text{Si } \max(a, b) = 0, \text{ alors il est clair que } a = b = 0$$

respecte l'hypothèse que les nombres sur lesquels on travaille sont des entiers naturels. La faille ne provient pas de là, mais de la ligne suivante qui ne respecte pas l'hypothèse de récurrence avec $p \geqslant 0$:

$$\text{Le maximum de } (a - 1) \text{ et de } (b - 1) \text{ est donc p.}$$

En effet, cette ligne peut produire des nombres négatifs (si a ou b est nul) : nous ne sommes plus dans le cadre de la propriété P_1 qui porte sur les entiers naturels. Prenons les nombres $a = 0$ et $b = 1$. On a : $a - 1 = -1$ et $b - 1 = 0$ et le max de -1 et 0 est nul alors que ces deux nombres ne sont pas tous deux nuls (et donc égaux).

Réponse 2. L'erreur est dans la phrase suivante :

6 - R 2

$$\text{Les deux droites } (d_1) \text{ et } (d_2) \text{ ont en commun les deux points } A_2 \text{ et } A_3.$$

Pour qu'elle soit vraie, il faut que $p \geqslant 3$, afin que l'on puisse parler de A_2, A_3 et du point suivant qui serait A_4. L'hypothèse de récurrence doit donc démarrer avec $p > 2$. Mais pour $p = 2$, la droite (d_1) est $(A_1 A_2)$ et la droite (d_2) est $(A_2 A_3)$, qui n'ont en commun que le point A_2 et ne sont en général pas colinéaires.

Solution de l'exercice 7 Démonstration par récurrence forte erronée d'une formule pourtant exacte

Énoncé page 38.

Réponse 1. L'erreur consiste à écrire (implicitement pour tout $n \geqslant 2$) :

7 - R 1

$$((n-1)^2 - 1)/(n-2) = n.$$

En effet, on divise par $(n-2)$ qui est nul quand $n = 2$, ce qui est illégal.

Réponse 2. Pour tout $n \geqslant 1$, on a l'identité : $n = \sqrt{1 + (n-1)(n+1)}$.

7 - R 2

Dans le membre de droite, remplaçons $(n+1)$ par $\sqrt{1 + n(n+2)}$, il vient :

$$n = \sqrt{1 + (n-1)\sqrt{1 + n(n+2)}}.$$

Remplaçons maintenant $(n+2)$ par $\sqrt{1 + (n+1)(n+3)}$, on obtient :

$$n = \sqrt{1 + (n-1)\sqrt{1 + n\sqrt{1 + (n+1)(n+3)}}}.$$

On peut poursuivre par la substitution de $(n+3)$, puis de $(n+4)$ et ainsi de suite, on aboutit à la formulation proposée, soit :

$$n = \sqrt{1 + (n-1)\sqrt{1 + n\sqrt{1 + (n+1)\sqrt{1 + (n+2)\ldots}}}}\,.$$

Solution de l'exercice 8   Schéma alternatif de démonstration par récurrence à deux indices

Énoncé page 39.

8 - R 1   **Réponse 1.**   On utilise la même relation d'ordre total sur $\mathbb{N}_1{}^2$ qu'à la section 1.1.6, page 9, à savoir :

$$(a, b) \preceq (c, d) \mathrel{\hat=} a < c \textbf{ ou } (a = c \textbf{ et } b \leqslant d).$$

Le schéma proposé ci-dessus vise à établir que, si P est satisfaite en tout point du rectangle $(1 .. m, 1 .. n)$ – les cas $m = 1$ ou $n = 1$ étant couverts par la base – , alors P est également satisfaite en tout point $(m+1, 1)$ à $(m+1, n)$ et en tout point $(1, n+1)$ à $(m, n+1)$; on a alors P vérifiée sur tous les points « inférieurs » (au sens de l'ordre $\preceq$) au point $(m+1, n+1)$. Si l'on montre de plus que P est satisfaite en $(m+1, n+1)$ (à partir de sa validité sur le rectangle $(1 .. m, 1 .. n)$), on établit que le schéma de démonstration proposé est une instance particulière de la propriété 1.1.5, page 9, pour le couple $(\mathbb{N}_1{}^2, \preceq)$.

Solution de l'exercice 9   De 7 à 77 et plus si ...   *Énoncé page 40.*

9 - R 1   **Réponse 1.**   Notons $A(n, p) = q$, avec q entier positif ou nul. Donc : $3^{2n} = 2^{n-p} + q$. Par définition :

$$A(n + 1, p) = 3^{2(n+1)} - 2^{(n+1)-p} = 9 \cdot 3^{2n} - 2 \cdot 2^{n-p}.$$

En remplaçant 3^{2n} par $(2^{n-p} + q)$ dans la partie droite de l'expression précédente, on obtient :

$$A(n + 1, p) = 9 \cdot (2^{n-p} + q) - 2 \cdot 2^{n-p} = 7 \cdot 2^{n-p} + 9 \cdot q.$$

Cette dernière expression ne peut produire un multiple de 7 que si q (soit $A(n, p)$) est lui-même multiple de 7. On a alors :

$$A(n, p) = q = 7k \text{ et } A(n + 1, p) = 7 \cdot (2^{n-p} + 9k).$$

Par conséquent, si $A(n, p)$ est un multiple de 7, $A(n + 1, p)$ l'est aussi et, si $A(n, p)$ n'est pas divisible par 7, $A(n + 1, p)$ ne l'est pas non plus.

9 - R 2   **Réponse 2.**   D'après ce qui précède, pour qu'une suite $A(n, p)$ soit constituée d'entiers divisibles par 7, il faut et il suffit que le premier terme de la suite $(A(n_0, p) = A(p, p))$ soit multiple de 7. On étudie le premier terme de chacune des quatre suites proposées :

- le premier terme de la suite $A(n, 0)$ est $A(1, 0) = 3^2 - 2^1 = 7$ (et $A(2, 0) = 77$, ce qui justifie le titre de l'exercice), cette suite est donc constituée d'entiers divisibles par 7 pour tout n positif,

- la suite $A(n, 1)$ débute par $A(1, 1) = 3^2 - 2^0 = 8$, cette suite est donc constituée d'entiers non divisibles par 7 pour tout n positif,

- le premier terme de la suite $A(n, 2)$ est $A(2, 2) = 3^4 - 2^0 = 80$, cette suite est donc constituée d'entiers non divisibles par 7 pour tout n supérieur ou égal à 2,

- la suite $A(n, 3)$ débute par $A(3, 3) = 3^6 - 2^0 = 728 = 7 \cdot 104$. On en déduit que tout nombre de la suite $A(n, 3)$ est divisible par 7 pour tout n supérieur ou égal à 3.

Solution de l'exercice 10 Une petite place svp $\qquad$ *Énoncé page 40.*

Réponse 1. Pour $n = 1$, la forme close proposée donne $A(1) = 1$, ce qui est conforme à $\boxed{10 \text{ - R } 1}$ la valeur de la récurrence. On va montrer que pour tout $n > 1$:

$$A(n + 1) = \frac{(n + 1)^2 - (n + 1) + 1}{(n + 1)^2} = \frac{n^2 + n + 1}{(n + 1)^2}.$$

On a :

$$A(n + 1) = A(n) + \frac{(n + 1)^2 - 3(n + 1) + 1}{n^2 \cdot (n + 1)^2} = A(n) + \frac{n^2 - n - 1}{n^2 \cdot (n + 1)^2}$$

soit en remplaçant $A(n)$ par sa valeur définie par la relation de récurrence :

$$A(n + 1) = \frac{n^2 - n + 1}{n^2} + \frac{n^2 - n - 1}{n^2 \cdot (n + 1)^2} = \frac{n^4 + n^3 + n2}{n^2 \cdot (n + 1)^2} = \frac{n^2 + n + 1}{(n + 1)^2}$$

qui est bien l'expression attendue.

Comme le numérateur et le dénominateur de l'expression définissant les nombres $A(n)$ sont des entiers, ces nombres sont donc des rationnels.

D'autre part, ces nombres sont positifs puisque pour tout n positif :

$$A(n) = \frac{n^2 - n + 1}{n^2} > \left(\frac{n - 1}{n}\right)^2 \geqslant 0.$$

Réponse 2. La démonstration directe de la propriété : $\qquad$ $\boxed{10 \text{ - R } 2}$

$$\forall n \cdot ((n \in \mathbb{N}_1 \text{ et } n > 2) \Rightarrow (1 > A(n) > 3/4))$$

étant aisée, on la préfère à une démonstration par récurrence. Calculons tout d'abord $(A(n) - 3/4)$:

$$A(n) - \frac{3}{4} = \frac{n^2 - n + 1}{n^2} - \frac{3}{4} = \frac{n^2 - 4n + 4}{4n^2} = \left(\frac{n - 2}{2n}\right)^2$$

expression à valeur strictement positive pour $n > 2$. Établissons maintenant le signe de $(1 - A(n))$. On a :

$$1 - A(n) = 1 - \frac{n^2 - n + 1}{n^2} = \frac{n - 1}{n^2}.$$

Or, $((n-1)/n^2)$ est une expression à valeur strictement positive pour $n > 1$. On en conclut donc que, pour $n \geqslant 3$, toute valeur $A(n)$ est strictement supérieure à $3/4$ $(A(2))$ et strictement inférieure à 1 $(A(1))$.

Solution de l'exercice 11 Suite du lézard   *Énoncé page 41.*

11 - R 1 **Réponse** 1.   On appelle a et b les deux premiers termes d'une suite S répondant aux contraintes de l'énoncé. On va montrer que si l'on suppose connus les $(3k-1)$ premiers termes de la suite $S = \langle a, b, s_3, \ldots, s_{3k-1}, \ldots \rangle$ pour $k \geqslant 1$, on peut déterminer les trois termes suivants. On pourra alors déduire que l'on peut construire une suite du lézard S aussi longue que voulu. On notera qu'il s'agit ici d'un raisonnement par récurrence forte.

Récurrence Pour $k \geqslant 1$, on suppose connus les $(3k-1)$ premiers termes de S (hypothèse de récurrence).

On a donc $S = \langle a, b, s_3, \ldots, s_{3k-1}, x, y, z, \ldots \rangle$ et on veut déterminer la valeur des termes x, y et z de rangs respectifs $3k, 3k+1$ et $3k+2$. De façon plus détaillée, les trois suites s'écrivent :

$$S = \langle a, b, s_3, \ldots, s_k, \ldots, s_{2k+1}, s_{2k+2} \ldots, s_{3k-1}, x, y, z, \ldots \rangle$$
$$S/3 = \langle s_3, \ldots, x, \ldots \rangle$$
$$S - S/3 = \langle a, b, \ldots, y, z, \ldots \rangle.$$

Il apparaît que : i) x est le k^e terme de $S/3$ et doit donc être égal au k^e terme de S, d'où $x = s_k$ et s_k est connu puisque $k \in 1..3k-1$, ii) y est le $(2k+1)^e$ terme de $S-S/3$ et doit donc être égal au $(2k+1)^e$ terme de S, d'où $y = s_{2k+1}$. Or, $(2k+1)$ se situe dans l'intervalle $1..3k-1$ seulement si $k \geqslant 2$. Cependant, pour $k = 1$, le terme s_{2k+1} n'est autre que x que l'on connaît d'après ce qui précède, iii) z est le $(2k+2)^e$ terme de $S-S/3$ et doit donc être égal au $(2k+2)^e$ terme de S, d'où $z = s_{2k+2}$. Or, $(2k+2)$ se situe dans l'intervalle $1..3k-1$ seulement si $k \geqslant 3$. Cependant, pour $k = 1$, le terme s_{2k+2} n'est autre que y que l'on connaît d'après ce qui précède et, si $k = 2$, le terme s_{2k+2} s'identifie à x lui aussi connu.

Conclusion On peut donc construire une suite S de longueur quelconque en se donnant les deux premiers termes a et b.

11 - R 2 **Réponse** 2.   Les 20 premiers éléments de la suite S sont :

$$\langle a, b, a, a, a, b, a, b, a, a, b, a, a, a, a, b, a, b, a, a \rangle.$$

Outre les deux suites triviales composées uniquement de 0 ou de 1, il y a donc deux suites du lézard, selon les valeurs 0 ou 1 que prennent a et b :

$$S_1 = \langle 0, 1, 0, 0, 0, 1, 0, 1, 0, 0, 1, 0, 0, 0, 0, 0, 1, 0, 1, 0, 0 \rangle$$

$$S_2 = \langle 1, 0, 1, 1, 1, 0, 1, 0, 1, 1, 0, 1, 1, 1, 1, 0, 1, 0, 1, 1 \rangle$$

où S_2 (resp. S_1) s'obtient à partir de S_1 (resp. S_2) en inversant les 0 et les 1.

Solution de l'exercice 12 À propos de la forme close de la suite de Fibonacci

Énoncé page 41.

Réponse 1. La programmation de cette formule conduit à un résultat qui est un réel et $\quad$ `12 - R 1`
non pas une valeur entière comme attendu. Dans l'expérience que nous avons menée en Ada avec la plateforme Ideone, en prenant $\sqrt{5} = 2.236068$ et la représentation des nombres en simple précision, la divergence entre la valeur exacte et la partie entière du réel obtenu est constatée à partir de $n = 68$.

Réponse 2. On va effectuer le calcul du n^e nombre de Fibonacci de façon itérative en $\quad$ `12 - R 2`
utilisant la formule de récurrence. On note qu'il est inutile de disposer des valeurs $\mathcal{F}(1)$ à $\mathcal{F}(n-1)$ pour calculer $\mathcal{F}(n)$. On se contente de trois variables x, y et z jouant le rôle de $\mathcal{F}(n-2), \mathcal{F}(n-1)$ et $\mathcal{F}(n)$. Le programme obtenu ainsi est le suivant :

```
1.  constantes
2.     n ∈ ℕ₁ − {1, 2} et n = ...
3.  variables
4.     x ∈ ℕ₁ et y ∈ ℕ₁ et z ∈ ℕ₁
5.  début
6.     x ← 1 ; y ← 1 ;
7.     pour i parcourant 3 .. n faire
8.        z ← x + y ; x ← y ; y ← z
9.     fin pour ;
10.    écrire(le nombre de Fibonacci de rang, n, est, z)
11. fin
```

Solution de l'exercice 13 Nombre d'arbres binaires à n nœuds

Énoncé page 42.

Réponse 1. En posant $j = i + 1$, pour $n \geqslant 1, \text{nbab}(n)$ se réécrit : $\quad$ `13  R 1`

$$\text{nbab}(n) = \sum_{j=1}^{n} \text{nbab}(j-1) \cdot \text{nbab}(n-j).$$

Soit $T(j) = \text{nbab}(j-1)$, on a :

$$T(n+1) = \sum_{j=1}^{n} T(j) \cdot T(n-j+1).$$

Or, le $(n+1)^e$ nombre de Catalan est défini comme :

$$\text{Cat}(n+1) = \sum_{i=1}^{n} \text{Cat}(i) \cdot \text{Cat}(n-i+1).$$

Donc, puisque $\text{nbab}(0) = \text{Cat}(1) = 1$, on a bien :

$$\text{nbab}(n) = \text{Cat}(n+1) \qquad\qquad n \geqslant 0.$$

13 - R 2 **Réponse 2.** On a vu, page 11, la forme close des nombres de Catalan, à savoir :

$$\mathrm{Cat}(n) = \frac{(2n-2)!}{(n-1)!\, n!} = \frac{1}{n} \cdot C_{2n-2}^{n-1} \qquad n \geqslant 1.$$

On peut donc calculer $\mathrm{nbab}(n)$ à partir de l'expression précédente du $(n+1)^e$ nombre de Catalan :

$$\mathrm{nbab}(0) = 1$$
$$\mathrm{nbab}(1) = 1$$
$$\mathrm{nbab}(n) = \mathrm{Cat}(n+1) = \frac{1}{n+1} \cdot C_{2n}^{n} = \frac{(n+2)\cdots 2n}{2 \cdots n} \qquad n > 1.$$

Le programme correspondant est le suivant :

```
 1. constantes
 2.    n ∈ ℕ et n = ...
 3. variables
 4.    Nbab ∈ ℕ₁ et Denom ∈ ℕ₁
 5. début
 6.    Nbab ← 1 ;
 7.    pour i parcourant n + 2 .. 2n faire
 8.       Nbab ← Nbab · i
 9.    fin pour ;
10.    Denom ← 1 ;
11.    pour i parcourant 2 .. n faire
12.       denom ← Denom · i
13.    fin pour ;
14.    Nbab ← Nbab/Denom ;
15.    écrire(le nombre d'arbres binaires ayant, n, nœuds est, Nbab)
16. fin
```

Solution de l'exercice 14 Identification d'une forme close

Énoncé page 42.

14 - R 1 **Réponse 1.** Pour calculer $a(3,2)$, on a besoin de $a(2,1)$, $a(2,2)$ et $a(2,3)$, dont le calcul, à son tour, nécessite la connaissance des valeurs $a(1,0), \ldots, a(1,4)$. Le calcul de ces valeurs suppose connues les valeurs $a(0,0), \ldots, a(0,5)$, ce qui est le cas puisque la valeur de tout élément de premier indice nul est donnée directement.

On calcule : i) les éléments de premier indice nul et de second indice j de l'intervalle $0 .. 5$ grâce à la première ligne de la récurrence, ii) l'élément $a(1,0)$ grâce à la seconde ligne de la récurrence et les éléments de premier indice égal à 1 et de second indice appartenant à l'intervalle $1 .. 4$ grâce à la troisième ligne de la récurrence, iii) les éléments $a(2,1)$, $a(2,2)$ et $a(2,3)$ grâce à la troisième ligne de la récurrence, et enfin iv) l'élément $a(3,2)$ par la formule de la dernière ligne de la récurrence. Concrètement, les calculs vont conduire au remplissage (partiel) d'un tableau $A[0 .. i, 0 .. i+j]$ dont les valeurs sont données dans la figure 1.10.

De façon générale, le calcul de $a(i,j)$ va correspondre au remplissage de la cellule $A[i,j]$. On commence par remplir les cellules $A[0, \max(\{j-i, 0\})]$ à $A[0, j+i]$ (première ligne de la récurrence), puis (si $i > 0$) toute ligne d'indice k de 1 à i des cellules $A[k, \max(\{j-i+k, 0\})]$ à $A[k, j+i-k]$ en utilisant la seconde (resp. troisième) ligne de la récurrence pour la

j	0	1	2	3	4	5
i = 0	1	2	3	4	5	6
1	4	8	12	16	20	
2		32	48	64		
3			192			

Fig. 1.10 – Tableau A associé au calcul de $a(3, 2)$

première cellule si $\max(\{j - i + k, 0\}) = 0$ (resp. $\max(\{j - i + k, 0\}) > 0$) et la troisième ligne de la récurrence pour toutes les autres cellules.

Réponse 2. L'algorithme qui suit calcule l'élément $A[n, m]$ associé à la valeur $a(n, m)$ | 14 - R 2 | selon la progression décrite à la question précédente.

```
 1. constantes
 2.    n ∈ ℕ et n = ... et m ∈ ℕ et m = ...
 3. variables
 4.    A ∈ 0..n × 0..n + m → ℕ₁
 5. début
 6.    pour j ∈ 0.. m + n faire
 7.       A[0, j] ← j + 1
 8.    fin pour ;
 9.    pour i parcourant 1.. n faire
10.       pour j parcourant max({m − n + i, 0}).. n + m − i faire
11.          si j = 0 alors
12.             A[i, 0] ← 2 · A[i − 1, 0] + A[i − 1, 1]
13.          sinon
14.             A[i, j] ← A[i − 1, j − 1] + 2 · A[i − 1, j] + A[i − 1, j + 1]
15.          fin si
16.       fin pour
17.    fin pour ;
18.    écrire(la valeur de la suite en, n, m, est, A[n, m])
19. fin
```

Remarque Nous laissons le soin au lecteur de construire une version dans laquelle on utilise un tableau A ayant seulement deux lignes.

Réponse 3. On constate que la formule $a(i, j) = (j + 1) \cdot 4^i$ pour $i, j \geqslant 0$ est vérifiée sur | 14 - R 3 | tous les éléments du tableau de la figure 1.10, page 59.

Pour la démontrer par récurrence, encore faut-il utiliser un schéma valide de démonstration de récurrence à deux indices. Un examen rapide de la formule de récurrence définissant $a(i, j)$ amène à penser que ni le schéma de la page 9 ni celui proposé dans l'exercice 8, page 39 ne convient, puisque leur base suppose de montrer la validité de la formule dans la première colonne de la structure tabulaire. À partir de la relation d'ordre total $\preceq$ sur $\mathbb{N}^2$ définie à la section 1.1.6, page 9 :

$$(a, b) \preceq (c, d) \mathrel{\widehat{=}} a < c \ \textbf{ou} \ (a = c \ \textbf{et} \ b \leqslant d)$$

il est facile de montrer que le schéma de démonstration ci-après est une instance de la propriété 1.1.5, page 9, pour le couple $(\mathbb{N}^2, \preceq)$:

Si l'on peut démontrer les deux propriétés suivantes :

Base $P(0, j)$ est vraie pour tout $j \geqslant 0$

Récurrence $\forall (i, j) \cdot \left(\left(\begin{array}{c} i \in \mathbb{N} \text{ et} \\ j \in \mathbb{N} \text{ et} \\ P(i, j) \end{array} \right) \Rightarrow \forall k \cdot \left(\begin{array}{c} k \in 0 \,..\, j - 1 \\ \Rightarrow P(i + 1, k) \end{array} \right) \right)$

alors :

Conclusion $P(n, m)$ est vraie pour tous les couples d'entiers tels que $n \geqslant 0$ et $m \geqslant 0$

On note que la preuve à effectuer nécessite seulement un ordre sur les lignes, mais que la propriété de référence (propriété 1.1.5, page 9) exige un ordre total. On utilise maintenant ce schéma pour montrer que :

$$\forall (i, j) \cdot (i \in \mathbb{N} \text{ et } j \in \mathbb{N} \Rightarrow a(i, j) = (j + 1) \cdot 4^i).$$

Base Examinons d'abord la formule pour les éléments $a(0, j)$. Par définition de la suite, on a $a(0, j) = j + 1$. Or $j + 1 = (j + 1) \cdot 4^0$ pour tout $j \geqslant 0$. On a donc bien $a(0, j) = (j + 1) \cdot 4^i$ pour $i = 0$ et $j \geqslant 0$.

Récurrence Supposons la formule vraie pour tout élément de premier indice égal à n (hypothèse de récurrence) et montrons qu'elle l'est pour l'élément $a(n + 1, j)$ (j positif ou nul quelconque). On distingue deux cas selon la valeur de j :

- Si $j = 0$, par définition on a $a(i, 0) = 2 \cdot a(i - 1, 0) + a(i - 1, 1)$. D'après l'hypothèse de récurrence, on peut écrire :
$a(i, 0) = 2 \cdot (0 + 1) \cdot 4^{i-1} + (1 + 1) \cdot 4^{i-1} = 4 \cdot 4^{i-1} = (j + 1) \cdot 4^i$.

- Si $j > 0$, le dernier terme de la récurrence stipule que :
$a(i, j) = a(i - 1, j - 1) + 2 \cdot a(i - 1, j) + a(i - 1, j + 1)$. En utilisant l'hypothèse de récurrence pour réécrire chacun des termes de la partie droite, il vient :
$a(i, j) = (j - 1 + 1) \cdot 4^{i-1} + 2(j + 1) \cdot 4^{i-1} + (j + 1 + 1) \cdot 4^{i-1} = 4(j + 1) \cdot 4^{i-1}$
$= (j + 1) \cdot 4^i$.

Conclusion La formule $a(i, j) = (j + 1) \cdot 4^i$ est donc vraie pour tout i et tout j entiers positifs ou nuls.

L'utilisation de la forme close permet de réaliser le programme de calcul de $a(i, j)$ suivant :

1. **constantes**
2. $n \in \mathbb{N}$ et $n = \ldots$ et $m \in \mathbb{N}$ et $m = \ldots$
3. **début**
4.   **écrire**(*la valeur de la suite en* , n, m, *est* , $(m + 1) \cdot 4^n$)
5. **fin**

à la fois plus simple et plus efficace que l'algorithme de la question précédente.

Solution de l'exercice 15 Déplacements d'un cavalier sous contrainte

Énoncé page 43.

Réponse 1. Dans le cas général, il y a quatre possibilités pour atteindre en un déplacement la case (i, j) : on vient de la case $(i-2, j-1)$ ou de la case $(i-1, j-2)$ ou de la case $(i+1, j-2)$ ou encore de la case $(i+2, j-1)$. On en déduit donc que pour $3 \leqslant i \leqslant n-2$ et $3 \leqslant j \leqslant m$:

$$\text{nparc}(i, j) = \text{nparc}(i-2, j-1) + \text{nparc}(i-1, j-2) + \text{nparc}(i+1, j-2) + \text{nparc}(i+2, j-1).$$

Cette formule ne s'applique pas quand i ou j vaut 1 ou 2 et quand i vaut $(n-1)$ ou n. On aboutit à la récurrence ci-après, dont on peut vérifier qu'elle est complète :

$$
\left|
\begin{array}{ll}
\text{nparc}(1, 1) = \text{nparc}(3, 2) = 1 & \\
\text{nparc}(i, 1) = 0 & 2 \leqslant i \leqslant n \\
\text{nparc}(i, 2) = 0 & 1 \leqslant i \leqslant n \text{ et } i \neq 3 \\
\text{nparc}(1, j) = \text{nparc}(3, j-1) + \text{nparc}(2, j-2) & 3 \leqslant j \leqslant m \\
\text{nparc}(2, j) = \text{nparc}(3, j-2) + \text{nparc}(1, j-2) + \text{nparc}(4, j-1) & 3 \leqslant j \leqslant m \\
\text{nparc}(n, j) = \text{nparc}(n-2, j-1) + \text{nparc}(n-1, j-2) & 3 \leqslant j \leqslant m \\
\text{nparc}(n-1, j) = \begin{pmatrix} \text{nparc}(n-3, j-1)+ \\ \text{nparc}(n-2, j-2)+ \\ \text{nparc}(n, j-2) \end{pmatrix} & 3 \leqslant j \leqslant m \\
\text{nparc}(i, j) = \begin{pmatrix} \text{nparc}(i-2, j-1)+ \\ \text{nparc}(i-1, j-2)+ \\ \text{nparc}(i+1, j-2)+ \\ \text{nparc}(i+2, j-1) \end{pmatrix} & \begin{cases} 3 \leqslant i \leqslant n-2 \\ \quad\text{et} \\ 3 \leqslant j \leqslant m \end{cases}
\end{array}
\right. .
$$

Réponse 2. On stocke les valeurs de nparc dans un tableau à n lignes et m colonnes, $NP[1 .. n, 1 .. m]$. On initialise tout d'abord les colonnes 1 et 2 grâce aux trois premiers termes de la récurrence. Étant donné que le calcul de toute autre case ne fait appel qu'à des valeurs situées « à sa gauche », on remplit ensuite les colonnes 3 à m : les quatre éléments extrêmes (indices de ligne $1, 2, (n-1)$ et n) sont calculés au moyen des termes 3 à 6 de la récurrence et les autres éléments en utilisant la dernière formule (cas général) de la récurrence. On obtient l'algorithme ci-dessous :

```
 1.  constantes
 2.     n ∈ ℕ₁ − {1 .. 4} et n = ... et m ∈ ℕ₁ − {1 .. 3} et m = ...
 3.  variables
 4.     NP ∈ 1 .. n × 1 .. m → ℕ₁
 5.  début
 6.     NP[1, 1] ← 1 ;
 7.     pour i parcourant 2 .. n faire
 8.        NP[i, 1] ← 0
 9.     fin pour ;
10.     pour i parcourant 1 .. n faire
11.        NP[i, 2] ← 0
12.     fin pour ;
13.     NP[3, 2] ← 1 ;
14.     pour j parcourant 3 .. m faire
15.        NP[n, j] ← NP[n − 1, j − 2] + NP[n − 2, j − 1] ;
```

16. $NP[n-1,j] \leftarrow NP[n,j-2] + NP[n-2,j-2] + NP[n-3,j-1]$;
17. $NP[1,j] \leftarrow NP[2,j-2] + NP[3,j-1]$;
18. $NP[2,j] \leftarrow NP[1,j-2] + NP[3,j-2] + NP[4,j-1]$;
19.   **pour** i **parcourant** $3..n-2$ **faire**
20. $NP[i,j] \leftarrow NP[i-2,j-1] + NP[i-1,j-2] + NP[i+1,j-2] + NP[i+2,j-1]$
21.   **fin pour**
22.   **fin pour** ;
23.   **écrire**(*le nombre de façons d'aller de* $(1,1)$ à $(,n,,,m,)$ *est* , $NP[n,m]$)
24. **fin**

L'exécution de cet algorithme pour $n = 5$ et $m = 7$ conduit au tableau à droite.

j	1	2	3	4	5	6	7
i = 5	0	0	1	0	2	3	10
4	0	0	0	2	2	5	7
3	0	1	0	2	1	8	10
2	0	0	1	1	3	4	9
1	1	0	1	0	3	2	11

Solution de l'exercice 16 Nombre de partitions à p blocs d'un ensemble à n éléments

Énoncé page 44.

16 - R 1 **Réponse 1.** Il y a :

- une partition à un bloc : $\{\{a, b, c, d\}\}$,
- sept partitions à deux blocs : $\{\{a, b\}, \{c, d\}\}$, $\{\{a, c\}, \{b, d\}\}$, $\{\{a, d\}, \{b, c\}\}$, $\{\{a\}, \{b, c, d\}\}$, $\{\{b\}, \{a, c, d\}\}$, $\{\{c\}, \{a, b, d\}\}$, $\{\{d\}, \{a, b, c\}\}$,
- six partitions à trois blocs : $\{\{a\}, \{b\}, \{c, d\}\}$, $\{\{a, b\}, \{c\}, \{d\}\}$, $\{\{a, c\}, \{b\}, \{d\}\}$, $\{\{a\}, \{c\}, \{b, d\}\}$, $\{\{a, d\}, \{b\}, \{c\}\}$, $\{\{a\}, \{d\}, \{b, c\}\}$,
- une partition à quatre blocs : $\{\{a\}, \{b\}, \{c\}, \{d\}\}$.

16 - R 2 **Réponse 2.** On définit $S(p, n)$ par une relation de récurrence de la façon suivante :

Cas particuliers Pour tout n, il existe une seule partition à un bloc d'un ensemble à n éléments, donc : $S(1, n) = 1$ pour $n \geqslant 1$. Par ailleurs, pour tout $p > 1$, si $n < p$, $S(p, n)$ est nul, puisqu'un bloc ne pouvant être vide on ne peut avoir plus de blocs qu'il y a d'objets. Enfin, pour tout $p > 1$, il y a exactement une partition à p éléments d'un ensemble à p éléments, donc $S(p, p) = 1$.

Cas général Quand n augmente de 1, l'élément $(n + 1)$ peut être ajouté seul dans un bloc, et dans ce cas il y a $S(p - 1, n)$ possibilités différentes, ou mis dans un des p blocs déjà existants, et alors il y a $p \cdot S(p, n)$ possibilités différentes.

On en déduit la récurrence :

$$\left| \begin{array}{ll} S(1, n) = 1 & \qquad n \geqslant 1 \\ S(p, p) = 1 & \qquad p > 1 \end{array} \right.$$

$$\begin{aligned}
\mathcal{S}(p, n) &= 0 & p > n\\
\mathcal{S}(p, n) &= p \cdot \mathcal{S}(p, n-1) + \mathcal{S}(p-1, n-1) & n \geqslant 1 \text{ et } p < n.
\end{aligned}$$

Réponse 3. Pour le calcul de cette récurrence, on utilise un tableau $S[1..p, 1..n]$. L'observation de la récurrence fait apparaître que, dans le cas général (quatrième terme de la récurrence), l'élément $S[i, j]$ dépend de deux éléments se situant dans la colonne précédente $(j-1)$, ce qui rend possible un calcul par valeurs croissantes de l'indice de colonne. On remplit chaque colonne j de la façon suivante : i) la cellule $S[1, j]$ est initialisée à 1 (premier terme de la récurrence), ii) on utilise le terme général pour le calcul de toute cellule $S[i, j]$ avec $i < j$ et $i \leqslant p$, iii) si elle est dans le tableau, la cellule $S[j, j]$ est mise à 1, et enfin iv) les cellules $S[i, j]$ avec $i > j$ reçoivent la valeur 0. `16 - R 3`

L'algorithme correspondant à la description précédente est le suivant :

```
 1. constantes
 2.    n ∈ ℕ₁ et n = ... et p ∈ ℕ₁ et p ⩽ n et p = ...
 3. variables
 4.    S ∈ 1..p × 1..n → ℕ
 5. début
 6.    S[1, 1] ← 1 ;
 7.    pour i parcourant 2..p faire
 8.       S[i, 1] ← 0
 9.    fin pour ;
10.    pour j parcourant 2..n faire
11.       S[1, j] ← 1 ;
12.       pour i parcourant 2..p faire
13.          si i < j alors
14.             S[i, j] ← i · S[i, j − 1] + S[i − 1, j − 1]
15.          sinonsi i = j alors
16.             S[i, j] ← 1
17.          sinon
18.             S[i, j] ← 0
19.          fin si
20.       fin pour
21.    fin pour ;
22.    écrire(le nombre de partitions à , p, blocs d'un ensemble à , n, éléments
23.          est , S[p, n])
24. fin
```

Réponse 4. Pour $p = 5$ et $n = 7$, on obtient le tableau S : `16 - R 4`

n	1	2	3	4	5	6	7
$p = 1$	1	1	1	1	1	1	1
2	0	1	3	7	15	31	63
3	0	0	1	6	25	90	301
4	0	0	0	1	10	65	350
5	0	0	0	0	1	15	140

Solution de l'exercice 17 La montée de l'escalier

Énoncé page 45.

17 - R 1 **Réponse 1.** On peut par exemple effectuer la suite de sauts $\langle 5, 2, 5 \rangle$, ou encore $\langle 2, 5, 5 \rangle$, ce qui montre qu'ici l'ordre des sauts effectués (s'ils sont différents) importe.

17 - R 2 **Réponse 2.** On construit la récurrence de la façon suivante :

Cas particuliers Il y a une seule façon de franchir 0 marches avec 0 sauts, ce qui implique $nbf(0, 0) = 1$. De plus, il n'y a aucune façon d'effectuer un ou plusieurs sauts sans franchir de marche, donc $nbf(s, 0) = 0$ pour $s \geqslant 1$. Enfin, on a $nbf(0, m) = 0$ pour $m > 0$, puisqu'il n'y a aucune manière de franchir au moins une marche sans effectuer de saut(s).

Cas général Supposons que l'on se trouve sur la marche m après avoir effectué s sauts, avec s et m strictement positifs. Comme $s > 0$, on vient d'effectuer un saut (qui a amené à la marche m) à partir d'une des marches d'où l'on peut atteindre m en un saut. Le nombre de façons d'atteindre la marche m en s sauts est donc égal à la somme des façons que l'on avait d'atteindre ces marches.

On aboutit donc à la récurrence :

$$
\begin{aligned}
& nbf(0, 0) = 1 \\
& nbf(0, m) = 0 && m > 0 \\
& nbf(s, 0) = 0 && s > 0 \\
& nbf(s, m) = \sum_{\substack{i \in 1..n \ \textbf{et} \\ (m - a_i) \geqslant 0}} nbf(s - 1, m - a_i) && s > 0 \ \textbf{et} \ m > 0.
\end{aligned}
$$

17 - R 3 **Réponse 3.** Pour calculer de cette récurrence, on va utiliser le tableau $NF[0 .. s, 0 .. m]$ et associer la case $NF[i, j]$ à l'élément $nbf(i, j)$ de la récurrence. On voit que le calcul de $nbf(s, m)$ ne fait appel qu'à des valeurs de premier indice immédiatement inférieur $(s - 1)$. On peut donc procéder à un calcul en ligne par valeurs croissantes de l'indice pour autant que l'on sache initialiser la première (indice 0), ce qui est le cas grâce aux deux premiers termes de la récurrence. Enfin, dans une ligne, on procèdera de gauche à droite en mettant le premier élément à 0, conformément au troisième terme de la formule de récurrence.

Les n valeurs de sauts (a_i) sont mises dans le tableau $A[1 .. n]$, en ordre croissant (sans perte de généralité). On en déduit l'algorithme ci-après :

```
1. constantes
2.    n ∈ N₁ et n = ... et s ∈ N₁ et s = ... et m ∈ N₁ et m = ... et
3.    A ∈ 1..n → N₁ et A = [...]
4. variables
5.    NF ∈ 0..s × 0..m → N
6. début
7.    NF[0, 0] ← 1 ;
8.    pour j parcourant 1..m faire
9.       NF[0, j] ← 0
10.   fin pour ;
11.   pour i parcourant 1..s faire
```

```
12.        NF[i, 0] ← 0 ;
13.        pour j parcourant 1 .. m faire
14.          NF[i, j] ← 0 ;
15.          pour k parcourant 1 .. n faire
16.            si j − A[k] ⩾ 0 alors
17.              NF[i, j] ← NF[i, j] + NF[i − 1, j − A[k]]
18.            fin si
19.          fin pour
20.        fin pour
21.      fin pour ;
22.      écrire( le nombre de façons de monter , m, marches en , s, sauts
23.          est , NF[s, m])
24. fin
```

Une variante possible consiste à supprimer les lignes 16 à 18 et à utiliser un tableau NF dont les indices de colonnes vont de $-A[n]$ à m en initialisant $NF[0 .. s, -A[n] .. -1]$ à 0.

Réponse 4. Avec l'algorithme explicité ci-dessus, pour $s = 6$, $m = 12$, $n = 2$, $a_1 = 2$ et $a_2 = 5$, on obtient le tableau NF suivant : [17 - R 4]

j	0	1	2	3	4	5	6	7	8	9	10	11	12
i = 0	1	0	0	0	0	0	0	0	0	0	0	0	0
1	0	0	1	0	0	1	0	0	0	0	0	0	0
2	0	0	0	0	1	0	0	2	0	0	1	0	0
3	0	0	0	0	0	0	1	0	0	3	0	0	3
4	0	0	0	0	0	0	0	0	1	0	0	4	0
5	0	0	0	0	0	0	0	0	0	0	1	0	0
6	0	0	0	0	0	0	0	0	0	0	0	0	1

Réponse 5. Avec un tableau A à valeurs croissantes comme stipulé précédemment, le [17 - R 5] nombre de marches franchies en s sauts ne peut être ni inférieur à $s \cdot A[1]$, ni supérieur à $s \cdot A[n]$, d'où les valeurs « zéro » associées à ces cas (par exemple, colonnes d'indice $j = 11$ et $j = 12$ pour $i = 2$ et dix premières colonnes pour $i = 5$). On peut donc envisager une variante de l'algorithme initial dans laquelle, après avoir initialisé chaque ligne à 0, on limite le remplissage de la ligne i aux seules cellules dont l'indice de colonne est dans l'intervalle $i \cdot A[1] .. \max(\{m, i \cdot A[n]\})$. On remplace donc les lignes 11 à 21 par :

```
1.  pour i parcourant 1 .. s faire
2.    NF[i, 0] ← 0 ;
3.    pour j parcourant 1 .. m faire
4.      NF[i, j] ← 0
5.    fin pour ;
6.    pour j parcourant i · A[1] .. min({m, i · A[n]}) faire
7.      pour k parcourant 1 .. n faire
8.        si j − A[k] ⩾ 0 alors
9.          NF[i, j] ← NF[i, j] + NF[i − 1, j − A[k]]
10.       fin si
11.     fin pour
12.   fin pour
13. fin pour ;
```

Solution de l'exercice 18 Le jeu patagon   *Énoncé page 45.*

18 - R 1   **Réponse 1.** On a bien entendu plusieurs choix, mais celui qui semble le meilleur (intuitivement ou après avoir évalué tous les choix autorisés) est la suite $\langle 23, 40, 42 \rangle$, qui « rapporte » le total 105.

18 - R 2   **Réponse 2.** 2^n est le nombre de sous-ensembles différents d'un ensemble à n éléments, ou encore le nombre de vecteurs binaires différents de taille n. Ce serait le nombre de façons différentes de jouer si le jeu n'avait pas de contrainte. Or, pour $n > 1$, il existe au moins un vecteur ayant deux valeurs 1 consécutives ; on a donc strictement moins de 2^n façons de jouer en respectant la règle.

18 - R 3   **Réponse 3.** Le vecteur binaire ne doit pas avoir deux 1 consécutifs (règle du jeu). Un vecteur raisonnable ne doit pas non plus avoir trois 0 consécutifs (dans ce cas, celui du milieu peut être remplacé par un 1). Il ne doit ni commencer ni finir par 00.

18 - R 4   **Réponse 4.** Les premières formules s'établissent par énumération. Pour un jeu de taille 1, seul le choix de cet élément est raisonnable, d'où $\mathrm{nfr}_0(1) = 0$ et $\mathrm{nfr}_1(1) = 1$. Avec un jeu de taille 2, seuls les choix 01 et 10 sont raisonnables. On a donc $\mathrm{nfr}_0(2) = \mathrm{nfr}_1(2) = 1$. Enfin, avec un jeu de taille 3, les configurations raisonnables sont 010 et 101, d'où $\mathrm{nfr}_0(3) = \mathrm{nfr}_1(3) = 1$.

Le terme général de la récurrence s'élabore en étudiant les quatre cas exclusifs et exhaustifs suivants de vecteur raisonnable de taille $n > 3$: $V_1 = [\ldots, 0, 0, 1, 0]$, $V_2 = [\ldots, 1, 0, 1, 0]$, $V_3 = [\ldots, 1, 0, 0, 1]$, $V_4 = [\ldots, 0, 1, 0, 1]$. On remarque que, si l'on enlève le 0 terminal de V_1 et V_2, on obtient un vecteur raisonnable ayant un 1 en position $n - 1$, d'où $\mathrm{nfr}_0(n) = \mathrm{nfr}_1(n - 1)$. Il n'en va pas de même si l'on enlève le 1 terminal des vecteurs V_3 et V_4, puisqu'alors, si $V_4' = [\ldots, 0, 1, 0]$ est bien un vecteur raisonnable, $V_3' = [\ldots, 1, 0, 0]$ n'en est pas un. On doit donc étudier ce qui se passe si l'on enlève les deux derniers éléments de V_3. On obtient alors $V_3'' = [\ldots, 1, 0]$, qui est un vecteur raisonnable. On en déduit donc que :

$$\mathrm{nfr}_1(n) = \mathrm{nfr}_0(n - 1) + \mathrm{nfr}_0(n - 2) = \mathrm{nfr}_1(n - 2) + \mathrm{nfr}_1(n - 3)$$

en utilisant la définition de nfr_0 établie auparavant.

18 - R 5   **Réponse 5.** Les valeurs de $\mathrm{nfr}(1), \mathrm{nfr}(2)$ et $\mathrm{nfr}(3)$ sont obtenues par somme des valeurs correspondantes de nfr_0 et nfr_1, soit :

$$
\begin{aligned}
\mathrm{nfr}(1) &= \mathrm{nfr}_0(1) + \mathrm{nfr}_1(1) = 0 + 1 = 1, \\
\mathrm{nfr}(2) &= \mathrm{nfr}_0(2) + \mathrm{nfr}_1(2) = 1 + 1 = 2, \\
\mathrm{nfr}(3) &= \mathrm{nfr}_0(3) + \mathrm{nfr}_1(3) = 1 + 1 = 2.
\end{aligned}
$$

Pour $n > 3$, on applique la définition et on obtient :

$$
\begin{aligned}
\mathrm{nfr}(n) &= \mathrm{nfr}_0(n) + \mathrm{nfr}_1(n) \\
&= \mathrm{nfr}_1(n - 1) + \mathrm{nfr}_1(n - 2) + \mathrm{nfr}_1(n - 3) \\
&= \mathrm{nfr}_1(n - 3) + \mathrm{nfr}_1(n - 4) + \mathrm{nfr}_1(n - 2) + \mathrm{nfr}_1(n - 3) \\
&= \mathrm{nfr}_0(n - 2) + \mathrm{nfr}_0(n - 3) + \mathrm{nfr}_1(n - 2) + \mathrm{nfr}_1(n - 3) \\
&= \mathrm{nfr}(n - 2) + \mathrm{nfr}(n - 3).
\end{aligned}
$$

18 - R 6   **Réponse 6.** Les valeurs de $\mathrm{nfr}_0(n), \mathrm{nfr}_1(n)$ et $\mathrm{nfr}(n)$ pour n allant de 1 à 15 sont regroupées dans le tableau ci-après :

n	1	2	3	4	5	6	7	8	9	10	11	12	13	14	15
nfr_0	0	1	1	1	2	2	3	4	5	7	9	12	16	21	28
nfr_1	1	1	1	2	2	3	4	5	7	9	12	16	21	28	37
nfr	1	2	2	3	4	5	7	9	12	16	21	28	37	49	65

On observe que pour $n > 2$, on a : $nfr_1(n) = nfr(n-2)$. Ce n'est pas surprenant, car on a vu : i) que la forme de leur récurrence est identique, $nfr_1(3) = nfr(1) = 1$ et $nfr_1(4) = nfr(2) = 2$, ii) à la question 4 que :

$$nfr_1(n) = nfr_0(n-1) + nfr_0(n-2) = nfr_1(n-2) + nfr_0(n-2) = nfr(n-2).$$

Remarque Comme on l'a vu page 10, la suite de terme général $\mathcal{P}(n) = \mathcal{P}(n-2) + \mathcal{P}(n-3)$ pour tout $n > 2$ avec $\mathcal{P}(0) = \mathcal{P}(1) = \mathcal{P}(2) = 1$, définit la suite de Padovan. Cette suite a une croissance exponentielle de l'ordre de $(1.324\cdots)^{n-1}$. Plus exactement, le n^e nombre est l'entier le plus proche de $(1.324\cdots)^{n-1}/1.045\cdots$. On a par exemple $\mathcal{P}(20) = 200$.

Le nombre $1.324\cdots$ est parfois appelé *nombre d'argent*, par analogie avec le *nombre d'or* associé à la suite de Fibonacci.

Réponse 7. On voit que le calcul de $nfr(i)$ ne fait appel qu'aux deux valeurs $nfr(i-2)$ et $nfr(i-3)$. Pour calculer $nfr(n)$, on va utiliser un tableau $T[1\,..\,4]$ et on conserve dans T les quatre dernières valeurs de nfr, d'où l'algorithme : **18 - R 7**

```
 1. constantes
 2.     n ∈ ℕ₁ et n = ...
 3. variables
 4.     T ∈ 1..4 → ℕ₁
 5. début
 6.     T[1] ← 1 ; T[2] ← 2 ; T[3] ← 2 ;
 7.     pour i parcourant 4..n faire
 8.         T[4] ← T[1] + T[2] ;
 9.         pour j parcourant 1..3 faire
10.             T[j] ← T[j + 1]
11.         fin pour
12.     fin pour ;
13.     écrire( le nombre de façons raisonnables de jouer avec un jeu
14.             de taille , n, est , T[4])
15. fin
```

Solution de l'exercice 19 Le jeu à deux tas de jetons

Énoncé page 47.

Réponse 1. Il y a une façon et une seule d'atteindre l'un des deux états gagnants quand on s'y trouve déjà : ne rien faire. Lorsque l'on se trouve dans la situation $p = 1, q = 1$, on ne peut plus jouer ; on n'atteindra donc pas un des états gagnants désirés : on aura en fait perdu. On a deux possibilités de jouer quand $p \geqslant 2$ et $q \geqslant 2$; le nombre de façons d'atteindre un état gagnant est donné par la somme des façons depuis les deux situations atteintes en jouant ($p-2, q+1$ ou $p+1, q-2$). Quand p ou q est inférieur à 2, on a une seule façon de jouer et le nombre de façons d'atteindre un des états gagnants depuis (p, q) **19 - R 1**

est égal à celui attaché à la nouvelle situation de jeu ($p - 2, q + 1$ si $q < 2$, $p + 1, q - 2$ si $p < 2$). On en déduit la récurrence ci-après, qui rend compte de la symétrie du problème :

$$
\begin{aligned}
&nfg(0, 1) = nfg(1, 0) = 1 \\
&nfg(1, 1) = 0 \\
&nfg(0, q) = nfg(1, q - 2) && q > 1 \\
&nfg(1, q) = nfg(2, q - 2) && q > 1 \\
&nfg(p, 0) = nfg(p - 2, 1) && p > 1 \\
&nfg(p, 1) = nfg(p - 2, 2) && p > 1 \\
&nfg(p, q) = nfg(p - 2, q + 1) + nfg(p + 1, q - 2) && p > 1 \text{ et } q > 1.
\end{aligned}
$$

19 - R 2   **Réponse 2.**   Du fait que le nombre p (resp. q) de jetons du tas P (resp. Q) peut augmenter, la structure tabulaire ne peut se limiter à un tableau à $(p + 1)$ lignes et $(q + 1)$ colonnes (ou l'inverse). En toute rigueur, un tableau ayant $(p + \lfloor q/2 \rfloor + 1)$ lignes et $(q + \lfloor p/2 \rfloor + 1)$ colonnes suffit, mais pour simplifier le remplissage, on utilise une structure tabulaire carrée $T[0 \mathinner{..} p + q, 0 \mathinner{..} p + q]$ où $T[i, j]$ correspond à $nfg(i, j)$.

Pour ce qui concerne le cas général, le remplissage de ce tableau peut être effectué par diagonales d'équation $(p+q)$ de valeur croissante, puisque $nfg(p, q)$ se situe sur la diagonale d'équation $(p+q)$ et les deux éléments requis sur celle d'équation $(p+q-1)$. Il sera commode de remplir les diagonales $1, 2$ et 3 (0 étant sans objet) dans une phase d'initialisation, en utilisant les termes appropriés de la récurrence. Ensuite, les éléments d'une diagonale sont remplis grâce au terme général de la récurrence à l'exception des quatre éléments extrêmes pour lesquels on utilise les termes de la récurrence correspondant à p ou q inférieur à 2.

19 - R 3   **Réponse 3.**   L'algorithme suivant concrétise les principes décrits ci-dessus :

```
1.  constantes
2.     p ∈ ℕ₁ − {1} et p = … et q ∈ ℕ₁ − {1} et q = …
3.  variables
4.     T ∈ 0 .. p + q × 0 .. p + q  → ℕ
5.  début
6.     T[0, 1] ← 1 ; T[1, 0] ← 1 ;
7.     T[2, 0] ← 1 ; T[0, 2] ← 1 ; T[1, 1] ← 0 ;
8.     T[3, 0] ← 0 ; T[1, 2] ← 1 ; T[2, 1] ← 1 ; T[0, 3] ← 0 ;
9.     pour k parcourant 4 .. p + q faire
10.        T[0, k] ← T[1, k − 2] ;
11.        T[1, k − 1] ← T[2, k − 3] ;
12.        T[k, 0] ← T[k − 2, 1] ;
13.        T[k − 1, 1] ← T[k − 3, 2] ;
14.        pour j parcourant 2 .. k − 2 faire
15.           T[j, k − j] ← T[j − 2, k − j + 1] + T[j + 1, k − j − 2]
16.        fin pour
17.     fin pour ;
18.     écrire( le nombre de façons de gagner avec deux piles de , p, et , q, jetons
19.           est , T[p, q])
20. fin
```

Réponse 4. Le calcul de $nfg(4,2)$ se fait en remplissant le tableau ci-après : `19 - R 4`

q	0	1	2	3	4	5	6
p = 0		1	1	0	1	1	0
1	1	0	1	1	0	2	
2	1	1	0	2	3		
3	0	1	2	0			
4	1	0	3				
5	1	2					
6	0						

où l'on voit que $nfg(4,2)$ vaut 3.

Réponse 5. On observe effectivement sur le tableau précédent que la propriété mention- `19 - R 5`
née (valeur nulle dans les cases de coordonnées (i,j) se situant sur une diagonale d'équation
$|i-j|$ multiple de 3 à l'exception de $nfg(0,0)$) est satisfaite. On en fait maintenant la preuve
par récurrence simple sur n, l'indice de la diagonale d'équation $(i+j=n)$. On pose l'hy-
pothèse de récurrence : tout élément $nfg(i,j)$ tel que $|i-j|$ est multiple de 3 et $(i+j=n)$
prend la valeur 0 à l'exception de la cellule $nfg(0,0)$.

Base Pour $n=1$, seuls les éléments $nfg(0,1)$ et $nfg(1,0)$ sont tels que $(i+j)=n$, mais
$|i-j|=1$ n'est pas multiple de 3. Pour $n=2$, $nfg(0,2), nfg(2,0)$ et $nfg(1,1)$ sont tels
que $(i+j)=n$. Le seul élément vérifiant $|i-j|=3k$, est $nfg(1,1)$ dont la valeur est 0
d'après le second terme de la récurrence. La propriété est donc vérifiée pour $n=1$ et
$n=2$.

Récurrence Supposons la propriété vraie pour $n \geqslant 2$, on va prouver (en utilisant la
récurrence établie précédemment) que tout élément $nfg(i,j)$ tel que $|i-j|$ est multiple
de 3 et $(i+j=n+1)$ prend la valeur 0. On examine donc successivement les éléments
tels que $(i+j=n+1)$.

$nfg(0,n+1)$ **et** $nfg(n+1,0)$ On a $nfg(0,n+1) = nfg(1,n-1)$ (troisième terme de
la récurrence) ; la somme des indices de ce dernier élément étant égale à n, on
peut utiliser l'hypothèse de récurrence. Si $(|0-(n+1)|=n+1)$ est multiple de 3,
$(|1-(n-1)|=n-2)$ l'est aussi et donc $nfg(0,n+1) = nfg(1,n-1) = 0$. Le
même raisonnement vaut pour $nfg(n+1,0)$ de par la symétrie des termes de la
récurrence.

$nfg(1,n)$ **et** $nfg(n,1)$ D'après le quatrième terme de la récurrence, on a
$nfg(1,n) = nfg(2,n-2)$. Le fait que la somme des indices de $nfg(2,n-2)$ vaut
n permet d'utiliser l'hypothèse de récurrence. Si $(|1-n|=n-1)$ est multiple
de 3, $(|2-(n-2)|=|n-4|)$ l'est aussi et donc $nfg(1,n) = nfg(2,n-2) = 0$.
Le même raisonnement vaut pour $nfg(n,1)$ de par la symétrie des termes de la
récurrence.

Cas général de $nfg(i,j)$ **avec** $i+j=n+1, i>1$ **et** $j>1$ Un tel élément est la
somme de $nfg(i-2,j+1)$ et $nfg(i+1,j-2)$, tous deux tels que la somme de leurs
indices vaut n ; l'hypothèse de récurrence s'applique donc. Si $|i-j|$ est multiple
de 3, $(|i-2-(j+1)|=|i-j-3|)$ l'est aussi, de même que $(|i+1-(j-2)|=|i-j+3|)$.
Par suite, $nfg(i,j) = nfg(i-2,j+1) + nfg(i+1,j-2) = 0$.

Conclusion On en déduit que tout élément $nfg(i,j)$ tel que $|i-j|$ est multiple de 3 prend
la valeur 0 – à l'exception de $nfg(0,0)$ – pour tout couple (i,j) avec $i \geqslant 0$ et $j \geqslant 0$.

Solution de l'exercice 20 Les pièces jaunes   *Énoncé page 47.*

$\boxed{\text{20 - R 1}}$ **Réponse** 1. Si $nbf(2) = 1 + nbf(1) = 2$ est correct, la récurrence suggérée conduit à $nbf(3) = nbf(1) + nbf(2) = 3$ alors qu'il n'y a que deux façons de former trois centimes, ainsi qu'à $nbf(4) = nbf(3) + nbf(2) = 5$ alors qu'il n'existe que trois façons de composer quatre centimes. Le fait de donner des valeurs initiales pour $nbf(1)$ à $nbf(4)$ $(1, 2, 2$ et $3)$ ne changerait rien à l'affaire car $nbf(5) = 1 + nbf(4) + nbf(3) = 6$ serait faux étant donné qu'il n'existe que quatre façons de composer cinq centimes.

Le problème vient du fait que certaines combinaisons de pièces sont comptées plusieurs fois. Ainsi, quand on traduit « Pour former la somme s de trois centimes, on prend une pièce de un centime et il reste à former la somme $(s - 1)$, ou on prend une pièce de deux centimes et il reste à former la somme $(s - 2)$ », par $nbf(3) = nbf(2) + nbf(1)$, rien ne garantit que l'on comptabilise des façons *différentes*. Dans cet exemple, la combinaison constituée d'une pièce d'un centime et d'une pièce de deux centimes est obtenue (et comptée) deux fois. Autrement dit, le calcul proposé ne correspond pas à des cas exclusifs menant à des façons différentes de former la somme désirée ; il n'est donc pas valide.

$\boxed{\text{20 - R 2}}$ **Réponse** 2. On envisage maintenant une récurrence à deux indices, le montant m à former et l'éventail de pièces autorisées pour former m. On définit donc $nbf(m, p)$ comme le nombre de façons différentes de former le montant m avec les pièces de numéro p à 6. On va dénombrer les façons différentes de former le montant m en procédant comme suit. Pour former le montant m avec les pièces de numéro p à 6 $(p < 6)$, on peut : i) ne prendre aucune pièce de rang p et on forme m avec les pièces de rang supérieur à p, ou ii) prendre (si possible, c'est-à-dire si $m \geqslant v(p)$, où $v(p)$ est la valeur de la pièce de rang p) un exemplaire de la pièce de rang p et il reste à former la somme $(m - v(p))$ avec les pièces de rang $(p + 1)$ à 6 selon le même principe, ou iii) prendre (si possible, c'est-à-dire si $m \geqslant 2 \cdot v(p)$) deux exemplaires de la pièce de rang p et il reste à former la somme $(m - 2 \cdot v(p))$ avec les pièces de rang $(p + 1)$ à 6 selon le même principe, iv) et ainsi de suite. On est assuré que les façons de former le montant m sont différentes par construction puisque, dans le premier cas la combinaison de pièces ne comporte aucune pièce de rang p, dans le second elle n'en contient qu'une seule, dans le troisième cas elle n'en comporte que deux, etc. Donc, si $m \geqslant v(p)$, on peut écrire :

$$nbf(m, p) = \sum_{i=0}^{\left\lfloor \frac{m}{v(p)} \right\rfloor} nbf(m - i \cdot v(p), p + 1)$$

ou encore :

$$
\begin{aligned}
&nbf(m, p) \\
={}& \qquad\qquad\qquad\qquad\qquad\qquad\qquad \text{distinction du premier terme} \\
&nbf(m, p + 1) + \sum_{i=1}^{\left\lfloor \frac{m}{v(p)} \right\rfloor} nbf(m - i \cdot v(p), p + 1) \\
={}& \qquad\qquad\qquad\qquad\qquad\qquad \text{changement de variable, } (i - 1) \text{ devenant } j \\
&nbf(m, p + 1) + \sum_{j=0}^{\left\lfloor \frac{m - v(p)}{v(p)} \right\rfloor} nbf(m - v(p) - j \cdot v(p), p + 1) \\
={}& \qquad\qquad\qquad\qquad\qquad\qquad\qquad\qquad\qquad \text{définition de } nbf \\
&nbf(m, p + 1) + nbf(m - v(p), p).
\end{aligned}
$$

Dans l'hypothèse où m est strictement inférieur à $v(p)$, la seule possibilité de former le montant m est de le faire sans aucune pièce de rang p, en utilisant les pièces de rang $(p+1)$ à 6.

On aboutit donc à la récurrence ci-après :

$$\begin{array}{ll}
nbf(0, p) = 1 & 1 \leqslant p \leqslant 6 \\
nbf(m, 6) = 1 & m \text{ est multiple de } v(6) \textbf{ et } 1 \leqslant m \leqslant 100 \\
nbf(m, 6) = 0 & m \text{ n'est pas multiple de } v(6) \textbf{ et } 1 \leqslant m \leqslant 100 \\
nbf(m, p) = nbf(m, p + 1) + nbf(m - v(p), p) & m \geqslant v(p) \textbf{ et } 1 \leqslant p < 6 \textbf{ et } 1 \leqslant m \leqslant 100 \\
nbf(m, p) = nbf(m, p + 1) & m < v(p) \textbf{ et } 1 \leqslant p < 6 \textbf{ et } 1 \leqslant m \leqslant 100.
\end{array}$$

Remarque 1 Il est à noter que l'ordre des pièces n'importe pas, prime seulement le fait que l'on prend en compte toutes les pièces et que l'on calcule donc $nbf(100, 1)$. Si l'on fait l'hypothèse que les pièces sont ordonnées de façon croissante, on peut remplacer le dernier terme de la récurrence par $nbf(m, p) = 0$, puisque, si m est inférieur à $v(p)$, il est inférieur à $v(p + 1)$.

Remarque 2 On pourrait considérer que $nbf(m, p)$ correspond au nombre de façons de former le montant m avec les pièces 1 à p, auquel cas on chercherait à calculer $nbf(100, 6)$.

Réponse 3. Dans l'exemple consistant à former le montant de trois centimes avec les pièces jaunes telles que $v(1) = 20, v(2) = 5, v(3) = 10, v(4) = 1, v(5) = 50$ et $v(6) = 2$ (mais toute autre organisation des pièces conviendrait aussi bien), on a :

    20 - R 3

$$nbf(3, 1) = nbf(3, 2)\,;\ nbf(3, 2) = nbf(3, 3)\,;\ nbf(3, 3) = nbf(3, 4)\,;$$
$$nbf(3, 4) = nbf(3, 5) + nbf(2, 4).$$

Or :

$$\begin{aligned}
nbf(2, 4) &= nbf(2, 5) + nbf(1, 4) \\
&= nbf(2, 6) + nbf(1, 5) + nbf(0, 4) \\
&= 1 + nbf(1, 6) + 1 = 1 + 0 + 1 \\
&= 2nbf(3, 5) = nbf(3, 6) + nbf(1, 5) \\
&= 0 + nbf(1, 6) = 0 + 0 = 0.
\end{aligned}$$

Au final, $nbf(3, 1)$ prend la valeur 2, comme attendu.

Réponse 4. Le programme effectuant le calcul utilise un tableau $T[0..100, 1..6]$ associé à nbf et le résultat recherché est $T[100, 1]$. Les valeurs des pièces jaunes sont enregistrées dans le tableau $V[1..6]$ dans un ordre quelconque *a priori*. La récurrence conduit à une évolution du calcul par valeurs décroissantes de l'indice de colonne. On commence par la colonne 6 pour laquelle on utilise les second et troisième termes de la récurrence. Ensuite, on remplit chaque colonne par valeurs croissantes de l'indice de ligne : la cellule d'indice 0 grâce au premier terme de la récurrence, les éléments suivants en utilisant les quatrième et cinquième termes de la récurrence. On aboutit au programme suivant :

    20 - R 4

    1. **constantes**
    2. $V \in 1..6 \ \rightarrow\ \mathbb{N}_1$ **et** $V = [1, 2, 5, 10, 20, 50]$

```
 3. variables
 4.     T ∈ 0..100 × 1..6 → ℕ
 5. début
 6.     pour i parcourant 0..100 faire
 7.         T[i, 6] ← 0
 8.     fin pour ;
 9.     pour i parcourant 0.. ⌊100/V[6]⌋ faire
10.         T[V[6] · i, 6] ← 1
11.     fin pour ;
12.     pour p parcourant inverse 1..5 faire
13.         T[0, p] ← 1 ;
14.         pour m parcourant 1..V[p] − 1 faire
15.             T[m, p] ← T[m, p + 1]
16.         fin pour ;
17.         pour m parcourant V[p]..100 faire
18.             T[m, p] ← T[m, p + 1] + T[m − V[p], p]
19.         fin pour
20.     fin pour ;
21.     écrire(nombre de façons de former un euro en pièces jaunes : , T[100, 1])
22. fin
```

20 - R 5   **Réponse 5.** En exécutant ce programme, on trouve qu'il y a 4562 façons différentes de former un euro avec les pièces jaunes.

20 - R 6   **Réponse 6.** On a vu que $nbf(m, 1)$ ne dépend pas de l'ordre dans lequel sont prises en compte les pièces jaunes, donc de l'ordre des valeurs dans V. On peut donc raisonner en prenant pour vecteur $V = [1, 2, 5, 10, 20, 50]$. Dans ce contexte, pour $m > 0$, $nbf(m, 1)$ est défini comme la somme de $nbf(m, 2)$ et $nbf(m − 1, 1)$. Puisque $nbf(m, 2) \geqslant 0$, on a :

$$nbf(m, 1) \geqslant nbf(m − 1, 1).$$

Une autre façon de justifier ce résultat est de constater que, pour former le montant m avec les six pièces jaunes, on peut commencer par former $(m − 1)$; en ajoutant une pièce de un centime, on obtient le montant m.

Remarque   En affichant toutes les valeurs du tableau T, on observe effectivement que $nbf(m, 1)$ croît avec m, non strictement pour les quatre premières valeurs, puis strictement à partir de $m = 4$. Il importe de noter qu'en revanche $nbf(m, p)$ avec $p \neq 1$ n'est pas croissant en général.

Solution de l'exercice 21   Mélange de mots   *Énoncé page 48.*

21 - R 1   **Réponse 1.** Notons $nbmlg(i, j)$ le nombre de mélanges différents que l'on peut construire à partir des préfixes $u[1..i]$ et $v[1..j]$ des mots u et v. Dans le cas général, la lettre $w[i+j]$ peut être soit $u[i]$, soit $v[j]$. Dans le premier cas, on a $nbmlg(i − 1, j)$ mélanges possibles se terminant par la lettre $u[i]$ et, dans le second cas, on a $nbmlg(i, j − 1)$ mélanges possibles se terminant par la lettre $v[j]$. Si u (resp. v) est le mot vide, on a une façon unique de faire le mélange. On aboutit donc à la récurrence :

$$\left|\begin{array}{ll} \mathrm{nbmlg}(i,0) = 1 & 0 \leqslant i \leqslant m \\ \mathrm{nbmlg}(0,j) = 1 & 0 \leqslant j \leqslant n \\ \mathrm{nbmlg}(i,j) = \mathrm{nbmlg}(i-1,j) + \mathrm{nbmlg}(i,j-1) & 1 \leqslant i \leqslant m \text{ et } 1 \leqslant j \leqslant n. \end{array}\right.$$

Par exemple, pour $m = 5$ et $n = 4$, on calcule $\mathrm{nbmlg}(5,4) = 126$ en remplissant ainsi le tableau suivant :

- initialisation de la première ligne ($i = 0$) grâce au second terme de la récurrence,

- calcul par ligne, de numéro croissant,

- dans une ligne, calcul des cellules par numéro de colonne croissant, la première en utilisant le premier terme de la récurrence, les autres en prenant le troisième terme.

j	0	1	2	3	4
$i = 0$	1	1	1	1	1
1	1	2	3	4	5
2	1	3	6	10	15
3	1	4	10	20	35
4	1	5	15	35	70
5	1	6	21	56	126

Remarque On observe que le tableau est symétrique par rapport à la diagonale d'équation $i - j = 0$, ce qui est cohérent avec le fait que les deux indices i et j jouent le même rôle.

Réponse 2. Pour faire la preuve demandée, on utilise le schéma de démonstration de récurrence à deux indices donné page 9 – qui est bien adapté – en posant : $\boxed{\text{21 - R 2}}$
$$P(m, n) = (\mathrm{nbmlg}(m, n) = (m + n)!/(m! \cdot n!)).$$

Base Pour tout entier i, on a :

$$\mathrm{nbmlg}(i,0) = 1 = \frac{i!}{i! \cdot 0!}$$

de même que pour tout entier j :

$$\mathrm{nbmlg}(0,j) = 1 = \frac{j!}{j! \cdot 0!}.$$

Récurrence Supposons (hypothèse de récurrence) que pour tout couple (i,j) d'entiers positifs :

$$\mathrm{nbmlg}(i-1,j) = \frac{(i+j-1)!}{(i-1)! \cdot j!}, \mathrm{nbmlg}(i,j-1) = \frac{(i+j-1)!}{i! \cdot (j-1)!}$$

il faut montrer que $\mathrm{nbmlg}(i,j) = \dfrac{(i+j)!}{i! \cdot j!}$

On a :

$$
\begin{aligned}
&\text{nbmlg}(i,j) \\
=\ & \text{nbmlg}(i-1,j) + \text{nbmlg}(i,j-1) \\
=\ & \frac{(i+j-1)!}{(i-1)! \cdot j!} + \frac{(i+j-1)!}{i! \cdot (j-1)!} \\
=\ & \frac{i \cdot (i+j-1)!}{i! \cdot j!} + \frac{j \cdot (i+j-1)!}{i! \cdot j!} \\
=\ & \frac{(i+j) \cdot (i+j-1)!}{i! \cdot j!} \\
=\ & \frac{(i+j)!}{i! \cdot j!}.
\end{aligned}
$$

terme général de la récurrence

hypothèse de récurrence

arithmétique

arithmétique

définition de factorielle

Conclusion $\forall (m,n) \cdot \left(m \in \mathbb{N} \ \textbf{et}\ n \in \mathbb{N} \Rightarrow \text{nbmlg}(m,n) = \dfrac{(m+n)!}{m! \cdot n!} \right).$

Le résultat précédent se réécrit :

$$
\text{nbmlg}(m,n) = \frac{(m+n)!}{m! \cdot n!} = C_{m+n}^{m} = C_{m+n}^{n}
$$

c'est-à-dire que $\text{nbmlg}(m,n)$ est le nombre de combinaisons de n (ou de m) éléments parmi $(m+n)$ ou encore le nombre de façons de choisir n (ou m) lettres distinctes parmi $(m+n)$. Ce résultat peut être établi de façon directe comme suit. Soit un tableau ML de $(m+n)$ cases. Il y a C_{m+n}^{n} façons de prendre m cases de ce tableau pour y affecter les lettres de u dans l'ordre croissant des indices et dans l'ordre des lettres de u. Pour chaque façon de placer u, il y a une seule façon de placer les lettres de v dans ML et donc le nombre de mélanges de u et v est bien égal à C_{m+n}^{n}.

21 - R 3

Réponse 3. L'algorithme de décision demandé se fonde sur la récurrence estmlg telle que $\text{estmlg}(i,j) = \textbf{vrai}$, si et seulement si $w[1 .. i+j]$ est un mélange de $u[1 .. i]$ et de $v[1 .. j]$. Le raisonnement utilisé pour établir cette récurrence est analogue à celui de la première question (pour que w soit un mélange de u et v, il faut que sa dernière lettre soit la dernière lettre de u ou de v). On obtient :

$$
\left|\
\begin{aligned}
&\text{estmlg}(i,0) = (w[1 .. i] = u[1 .. i]) \\
&\text{estmlg}(0,j) = (w[1 .. j] = v[1 .. j]) \\
&\text{estmlg}(i,j) = \left(
\begin{aligned}
&(\text{estmlg}(i-1,j)\ \textbf{et}\ w[i+j] = u[i]) \\
&\qquad\qquad \textbf{ou} \\
&(\text{estmlg}(i,j-1)\ \textbf{et}\ w[i+j] = v[j])
\end{aligned}
\right)
\end{aligned}
\right.
\qquad
\begin{aligned}
&0 \leqslant i \leqslant m \\
&0 \leqslant j \leqslant n \\
&\left\{
\begin{aligned}
&1 \leqslant i \leqslant m \\
&\quad\ \textbf{et} \\
&1 \leqslant j \leqslant n
\end{aligned}
\right. .
\end{aligned}
$$

Le programme associé utilise un tableau $M[0 .. m, 0 .. n]$ de booléens, rempli comme précédemment par valeurs croissantes de l'indice de ligne et dans une ligne par colonne de numéro croissant, après initialisation de la ligne 0. Le résultat recherché se trouve dans la cellule $M[m,n]$.

Le code du programme est donné ci-après :

1. **constantes**
2. $u \in$ **chaîne** et $u = \ldots$ **et** $v \in$ **chaîne** et $v = \ldots$ **et** $w \in$ **chaîne** et $w =$ $\ldots$ **et**
3. $m = |u|$ **et** $n = |v|$
4. **variables**
5. $M \in 0 \mathbin{..} m \times 0 \mathbin{..} n \;\to\; \mathbb{B}$
6. **début**
7. $M[0,0] \leftarrow$ **vrai** ;
8.   **pour** j **parcourant** $1 \mathbin{..} n$ **faire**
9. $M[0,j] \leftarrow M[0,j-1]$ **et** $w[j] = v[j]$
10.   **fin pour** ;
11.   **pour** i **parcourant** $1 \mathbin{..} m$ **faire**
12. $M[i,0] \leftarrow M[i-1,0]$ **et** $w[i] = u[i]$;
13.   **pour** j **parcourant** $1 \mathbin{..} n$ **faire**
14. $M[i,j] \leftarrow (M[i-1,j]$ **et** $w[i{+}j] = u[i])$ **ou** $(M[i,j-1]$ **et** $w[i{+}j] = v[j])$
15.   **fin pour**
16.   **fin pour** ;
17.   **écrire**(*il est*, $M[m,n]$, *de dire que*, w, *est un mélange de*, u, *et*, v)
18. **fin**

Le traitement de l'exemple où $u = abc$, $v = db$, $w = dabbc$, conduit au tableau ci-dessous.

Puisque la cellule $M[3,2]$ contient la valeur **vrai**, on conclut que $w = dabbc$ est un mélange de $u = abc$ et $v = db$.

	j	0	1	2
		ϵ	d	b
$i = 0$	ϵ	V	V	F
1	a	F	V	V
2	b	F	V	V
3	c	F	F	V

CHAPITRE 2

Complexité d'un algorithme

Alan Perlis

2.1 Les bases

2.1.1 ALGORITHME

Rappelons d'abord que l'on définit un *algorithme* comme un ensemble de règles permettant de résoudre un problème sur des données d'entrée. Cet ensemble de règles définit avec précision une séquence d'opérations qui se termine dans un temps fini.

Par exemple, soit le problème consistant à trouver le résultat de la multiplication de deux nombres entiers positifs écrits en base 10. Nous avons tous appris un certain algorithme pour résoudre ce problème, fondé sur une suite précise d'opérations élémentaires : l'utilisation de la table de multiplication, l'addition, l'écriture de la retenue, etc. Nous savons que cet algorithme permet de calculer le produit de tout couple de nombres en un temps fini, fonction de la longueur des nombres.

Il est à remarquer que la technique de multiplication à l'aide d'un boulier produit le même résultat avec un procédé assez proche, mais non identique. Il existe encore d'autres algorithmes pour résoudre le même problème, parfois fondés sur des techniques bien différentes, comme la multiplication dite *à la russe*.

Ces algorithmes sont assez simples pour être appris par le plus grand nombre. Ils sont assez efficaces, au sens où ils fournissent le résultat cherché rapidement et ne nécessitent ni une grande mémoire, ni l'écriture de grandes quantités de chiffres. En effet, comparons-les avec l'algorithme naïf suivant : pour multiplier un nombre n par un nombre m, écrire n lignes, de chacune m croix, les unes sous les autres, puis compter le nombre de croix. Ce dernier procédé ne demande que de savoir compter, mais il est terriblement coûteux en temps et en place.

2.1.2 ALGORITHMIQUE, COMPLEXITÉ D'UN ALGORITHME

Nous venons de voir qu'il existe plusieurs méthodes (ou algorithmes) pour effectuer la multiplication de deux nombres. C'est généralement le cas pour de nombreux problèmes, et il est utile de pouvoir comparer les divers algorithmes qui, équivalents sur le plan fonctionnel, peuvent être bien différents au niveau de leur efficacité. L'*algorithmique*, science de la production des algorithmes, a pour but principal, pour un problème donné, de trouver un algorithme aussi efficace que possible.

Il est naturel de quantifier l'efficacité d'un algorithme en mesurant ce que l'on appelle sa complexité *en temps* (ou *temporelle*) et sa complexité *en espace* mémoire (ou *spatiale*). Cependant, parce que la taille de la mémoire des ordinateurs a énormément augmenté au cours des années, la complexité en espace est un critère de moins en moins critique. C'est pourquoi, dans la suite de cet ouvrage, nous considèrerons le plus souvent uniquement la complexité en temps.

Compte tenu de cette remarque, pour l'essentiel, le but de l'algorithmique devient donc de chercher, pour un problème donné, un algorithme le plus rapide possible. La question légitime qui se pose est donc de *mesurer* cette rapidité.

Un premier point à noter est qu'il est souhaitable de mesurer la complexité d'un algorithme indépendamment à la fois du langage dans lequel il est codé et de la machine sur laquelle il est exécuté. On va donc analyser la complexité selon une ou plusieurs *opération(s) élémentaire(s)*, qui varie(nt) selon les problèmes, mais est (sont) représentative(s) de ce que fait l'algorithme considéré. Ainsi, pour un algorithme de recherche dans un tableau, l'opération élémentaire sera la comparaison, alors que pour un algorithme de tri, on aura deux opérations élémentaires à considérer : la comparaison et l'échange de deux données. Enfin, pour un produit de deux matrices, la multiplication de deux nombres réels constituera l'opération élémentaire.

Un second point est que la complexité d'un algorithme s'exprime en fonction de la *taille des données* qu'il a à traiter. Cette taille est un nombre entier caractéristique du problème. Pour un algorithme de recherche dans un tableau ou de tri d'un tableau, ce sera le nombre d'éléments (ou taille) du tableau ; pour le produit de deux matrices carrées (forcément de même taille), ce sera le nombre de lignes ou de colonnes des matrices.

Il est souvent impossible de donner la complexité exacte d'un algorithme comme le nombre d'opérations élémentaires en fonction de la taille des données. En effet, la complexité dépend la plupart du temps des données elles-mêmes. Par exemple, certains algorithmes de tri fonctionnent très rapidement si le tableau est déjà à peu près trié et beaucoup plus lentement si le tableau est trié à l'envers. C'est pour cette raison que l'on doit souvent renoncer à calculer une complexité exacte, mais que l'on s'intéresse à une complexité *minimale* ou *au mieux* (quand les données sont favorables) et une complexité *maximale* ou *au pire*. Il est tentant de définir une complexité *moyenne*, mais c'est en général difficile et cela nécessite de faire des hypothèses statistiques parfois arbitraires sur la répartition des données.

Une autre analyse en moyenne est celle de la complexité amortie, pour laquelle nous renvoyons, comme pour la complexité moyenne, aux ouvrages [17] et [35].

Une autre manière de faire l'analyse en temps d'un algorithme est d'utiliser la notion d'*ordre de grandeur de complexité*, qui exprime le comportement de la complexité quand la taille des données devient « grande ».

Dans les deux sections suivantes, nous présentons les notions de complexité minimale et maximale, puis l'analyse par ordre de grandeur de complexité.

2.1.3   COMPLEXITÉ MINIMALE ET MAXIMALE D'UN ALGORITHME

Nous allons traiter ces notions avec un exemple, celui de la recherche dans un dictionnaire. Supposons que nous voulions rechercher un mot dans un dictionnaire, pour en connaître la définition s'il s'y trouve, ou pour conclure qu'il n'est pas dans ce dictionnaire. Appelons n la taille des données, c'est-à-dire le nombre de mots dans le dictionnaire. Convenons que l'opération élémentaire est la comparaison de deux mots et appelons x le mot recherché.

Un premier algorithme consiste à parcourir les mots du dictionnaire du début à la fin dans l'ordre, jusqu'à la terminaison du processus. Cette terminaison peut prendre deux formes : soit on trouve le mot et on aura effectué un nombre de comparaisons inférieur ou égal à n, soit on ne le trouve pas et il aura fallu consulter tout le dictionnaire. Pour matérialiser ce second cas, une technique possible est celle de la *sentinelle* : on allonge le dictionnaire du mot cherché x. Avec cette technique, on trouve finalement toujours x dans le dictionnaire et on sait quand on le trouve à la $(n+1)^e$ comparaison qu'il n'est pas dans le dictionnaire original.

L'algorithme *RechDict1* ci-dessous prend en donnée le dictionnaire sous la forme du tableau DIC[1 .. n] de mots tous différents, classés par ordre lexicographique croissant, et un mot x. Si x est dans DIC, l'algorithme donne en résultat l'indice où x se trouve, sinon il produit la valeur $(n+1)$.

```
 1. constantes
 2.     n ∈ ℕ₁ et n = ... et x ∈ chaîne et x = ...
 3. variables
 4.     DIC ∈ 1 .. n + 1 → chaîne et DIC = [...]
 5. début
 6.     DIC[n + 1] ← x ; i ← 1 ;
 7.     tant que DIC[i] ≠ x faire
 8.         i ← i + 1
 9.     fin tant que ;
10.     si i < n + 1 alors
11.         écrire(le mot, x, est en position, i, du dictionnaire)
12.     sinon
13.         écrire(le mot, x, n'est pas dans le dictionnaire)
14.     fin si
15. fin
```

Quelle est la complexité pratique de cet algorithme ? On sait déjà qu'au pire elle est de $(n+1)$ comparaisons, le cas le pire étant quand x n'est pas dans DIC. De même, la complexité minimale est d'une comparaison, si par bonheur le mot cherché est le premier du dictionnaire. La complexité en moyenne peut être calculée sous des hypothèses statistiques simples et il s'avère qu'elle n'est pas égale à $n/2$ (voir exercice 27, page 88).

Puisqu'un dictionnaire est trié, comme chacun sait, il existe une méthode plus rapide pour y chercher un mot : la recherche dichotomique. Il en existe plusieurs variantes (voir par exemple l'exercice 89, page 446) ; nous proposons la version itérative suivante. On prend le mot situé « au milieu » du dictionnaire et on le compare à x. Si x est plus grand que (resp. plus petit que ou égal à) l'élément du milieu au sens de l'ordre lexicographique, on recommence l'opération dans le demi-dictionnaire supérieur (resp. inférieur) jusqu'à atteindre une partie de dictionnaire ne contenant qu'un mot. On conclut positivement si celui-ci est le mot x cherché, sinon x n'est pas dans le dictionnaire.

Le programme itératif *RechDict2* ci-après réalise ce qui vient d'être décrit :

1. **constantes**
2. $x \in$ **chaîne et** $x = \ldots$ **et** $n \in \mathbb{N}_1$ **et** $n = \ldots$
3. **variables**
4. $deb \in \mathbb{N}_1$ **et** $fin \in \mathbb{N}_1$ **et** $fin \geqslant deb$ **et** $mil \in \mathbb{N}_1$ **et** $mil \geqslant deb$ **et**
5. $mil \leqslant fin$ **et** $DIC \in 1 .. n \rightarrow$ **chaîne et** $DIC = [\ldots]$
6. **début**
7. $deb \leftarrow 1$; $fin \leftarrow n$;
8.   **tant que** $deb \neq fin$ **faire**
9. $mil \leftarrow \left\lfloor \dfrac{deb + fin}{2} \right\rfloor$;
10.   **si** $x > T[mil]$ **alors**
11. $deb \leftarrow mil + 1$
12.   **sinon**
13. $fin \leftarrow mil$
14.   **fin si**
15.   **fin tant que** ;
16.   **si** $x = T[deb]$ **alors**
17.   **écrire**(*le mot*, x, *est en position*, deb, *du dictionnaire*)
18.   **sinon**
19.   **écrire**(*le mot*, x, *n'est pas dans le dictionnaire*)
20.   **fin si**
21. **fin**

Avec cet algorithme, il n'y a ni cas favorable (associé à la complexité minimale ou au mieux), ni cas défavorable (correspondant à la complexité maximale ou au pire). En effet, le nombre de comparaisons de mots ne dépend que de la taille n du dictionnaire DIC et non de son contenu. Puisque l'on divise systématiquement la taille de la zone de recherche par deux, on peut admettre (nous y reviendrons plus loin) que le nombre de comparaisons de mots est de l'ordre de $\lfloor \log_2(n) \rfloor$. Si l'on admet que la complexité en moyenne de *RechDict1* est linéaire, *RechDict2* effectuant un nombre de comparaisons logarithmique est de ce point de vue meilleur, comme escompté.

Pour un dictionnaire classique de la langue française, n se situe autour de 30 000 et le nombre de comparaisons de l'algorithme *RechDict2* ($\lfloor \log_2(n) \rfloor$) vaut donc 15 ou 16.

Notons que la variante de *RechDict2* dans laquelle l'alternative distinguerait le cas de l'égalité entre x et $T[mil]$ (et provoque alors l'arrêt) a une complexité minimale d'une comparaison. Cependant, il convient de remarquer que : i) la configuration de données favorable n'est pas la même que pour *RechDict1*, ii) on effectue une comparaison supplémentaire par pas d'itération et le nombre de comparaisons de mots dans le pire cas passe donc à $2 \cdot \lfloor \log_2(n) \rfloor$.

2.1.4   ORDRES DE GRANDEUR DE COMPLEXITÉ

La manière la plus courante d'analyser le temps que prend un algorithme est d'utiliser la notion d'*ordre de grandeur* de complexité (on parle aussi de *classe de complexité*). On note $f_A(n)$ la fonction qui exprime la complexité maximale d'un algorithme A en fonction de la taille n des données qu'il traite.

L'idée de départ est de majorer $f_A(n)$ par une fonction à la croissance connue. À cet effet, on considère un certain nombre de fonctions de référence dont la croissance est connue :

- 1 (complexité constante),
- $\log_2(n)$ (complexité logarithmique),
- n (complexité linéaire),
- $n \cdot \log_2(n)$ (complexité quasi linéaire),
- n^2 (complexité quadratique),
- n^p (avec $p > 2$) (complexité polynomiale),
- 2^n (complexité exponentielle),
- $n!$,
- n^n.

On pourrait chercher à écrire une formule du type $f_A(n) \in \mathcal{O}(n^2)$ pour signifier (avec des précautions que nous allons préciser) que $f_A(n)$ ne croît pas plus vite que n^2 quand n augmente. Cependant, cette première approche serait très restrictive puisque, par exemple, $f_A(n) = n^2/2 + 3n/2 + 1$ ou $f_A(n) = 2n^2 - 1$ n'obéiraient pas à la définition. On révise donc l'acception de $f_A(n) \in \mathcal{O}(n^2)$ de sorte que les deux exemples précédents soient acceptables. Pour le premier, on va dire que $f_A(n)$ ne croît pas plus vite que la fonction de référence (ici n^2) quand n augmente, *à partir d'un certain rang* n_0. Ainsi, on peut écrire $(n^2/2 + 3n/2 + 1) \in \mathcal{O}(n^2)$, puisqu'à partir de $n_0 = 4$ il est vrai que $(n^2/2 + 3n/2 + 1) < n^2$. Cependant, nous ne pouvons toujours pas écrire que $(2n^2 - 1) \in \mathcal{O}(n^2)$, puisque pour tout $n > 1 : (2n^2 - 1) > n^2$. Pourtant, l'ordre de grandeur de croissance de $(2n^2 - 1)$ est visiblement du même type que celui de n^2 et il semble consistant de dire que $(2n^2 - 1)$ et n^2 croissent de la même manière. Nous dirons finalement que $f_A(n) \in \mathcal{O}(n^2)$, s'il existe une constante C et un entier n_0 au-dessus duquel l'inégalité $f_A(n) \leqslant C \cdot n^2$ est toujours vraie. Finalement, nous arrivons à la définition suivante. Soit une fonction $g : \mathbb{N} \to \mathbb{R}_+$. On appelle *ordre de grandeur maximal de complexité* de g l'ensemble :

$$\mathcal{O}(g) \mathrel{\hat{=}} \{t : \mathbb{N} \to \mathbb{R}_+ \mid \exists(C, n_0) \cdot (C \in \mathbb{R}_+ \text{ et } n_0 \in \mathbb{N} \text{ et } \forall n \cdot$$
$$((n \in \mathbb{N} \text{ et } n \geqslant n_0) \Rightarrow t(n) \leqslant C \cdot g(n)))\}.$$

Avec cette définition, on a bien $(n^2/2 + 3n/2 + 1) \in \mathcal{O}(n^2)$, mais aussi $(2n^2 - 1) \in \mathcal{O}(n^2)$. Puisque $(2n^2 - 1) \in \mathcal{O}(n^2)$, on a aussi $(2n^2 - 1) \in \mathcal{O}(n^3)$. En pratique, on prend la plus petite fonction de référence r telle que $f_A(n) \in \mathcal{O}(r(n))$.

Une fois défini l'ensemble $\mathcal{O}(g)$ des fonctions qui croissent au plus aussi vite que g (avec un sens désormais précis), il est logique de définir de même l'ensemble $\Omega(g)$ des fonctions qui croissent au moins aussi vite que g, ce qui permet en association avec $\mathcal{O}(g)$ d'encadrer le comportement d'un algorithme.

On appelle *ordre de grandeur minimal de complexité* de g l'ensemble :

$$\Omega(g) \mathrel{\hat{=}} \{t : \mathbb{N} \to \mathbb{R}_+ \mid \exists(D, n_0) \cdot (D \in \mathbb{R}_+ \text{ et } n_0 \in \mathbb{N} \text{ et } \forall n \cdot$$
$$(n \geqslant n_0 \Rightarrow t(n) \geqslant D \cdot g(n)))\}.$$

Pour finir, on appelle *ordre de grandeur exact de complexité* de g l'ensemble $\Theta(g)$ défini par l'intersection des deux ordres de grandeur maximal et minimal :

$$t \in \Theta(g) \mathrel{\hat{=}} t \in \mathcal{O}(g) \text{ et } t \in \Omega(g)$$

ou encore :

$$\Theta(g) \mathrel{\hat{=}} \{t : \mathbb{N} \to \mathbb{R}_+ \mid \exists(C, D, n_0) \cdot (C \in \mathbb{R}_+ \text{ et } D \in \mathbb{R}_+ \text{ et } n_0 \in \mathbb{N} \text{ et } \forall n \cdot$$
$$(n \geqslant n_0 \Rightarrow D \cdot g(n) \leqslant t(n) \leqslant C \cdot g(n)))\}.$$

$f \in \mathcal{O}(g)$ (resp. $\Omega(g), \Theta(g)$) se lit souvent « f est en grand o de g » (resp. en est en oméga de g, en théta de g).

Résultat intéressant   Soit $\mathcal{A}$ un algorithme constitué de deux parties consécutives $\mathcal{A}_1$ et $\mathcal{A}_2$, dont les complexités respectives sont telles que d'une part $f_{\mathcal{A}_1}(n) \in \mathcal{O}(f_1(n))$ et d'autre part $f_{\mathcal{A}_2}(n) \in \mathcal{O}(f_2(n))$; alors $f_{\mathcal{A}}(n) \in \max(\{\mathcal{O}(f_1(n), \mathcal{O}(f_2(n))\})$. Autrement dit, l'ordre de grandeur de complexité maximale d'un algorithme est donné par celui de sa partie d'ordre de grandeur de complexité maximale le plus élevé (voir exercice 23, page 86).

Remarques

1. $f \in \mathcal{O}(1)$ signifie qu'à partir d'un certain rang n_0 il existe une constante C telle que $f(n) \leqslant C$.

2. La fonction de complexité $f_{\mathcal{A}}(n)$ de tout algorithme $\mathcal{A}$ est telle que $f_{\mathcal{A}}(n) \in \Omega(1)$.

3. Pour tout entier $a \geqslant 2$, on a : $\mathcal{O}(\log_a(n)) = \mathcal{O}(\log_2(n))$ et $\Theta(\log_a(n)) = \Theta(\log_2(n))$ puisque $\log_a(n) = \log_2(a) \cdot \log_2(n)$. En général, on prend la fonction de référence $\log_2(n)$.

4. La formule de Stirling

$$n! \approx \sqrt{2\pi n} \cdot \left(\frac{n}{e}\right)^n$$

   permet d'écrire (en passant au logarithme) que $\log_2(n!) \in \Theta(n \cdot \log_2(n))$.

5. Un ordre de grandeur de complexité n'est pas une limite. Par exemple,

   $f(n) = n^2 \cdot (2 + \sin^2(n)) \in \Theta(n^2)$ mais n'a pas de limite quand n croît vers l'infini. De plus, les fonctions traitées par les ordres de grandeur de complexité ne sont pas de $\mathbb{R}$ dans $\mathbb{R}$ mais de $\mathbb{N}$ dans $\mathbb{R}_+$ puisque la taille des données d'un programme est une valeur entière et qu'une complexité est par nature positive.

2.1.5   Quelques exemples de calcul de complexité

La complexité des algorithmes mis en évidence sera étudiée de façon systématique dans chacun des chapitres suivants. On va donc se limiter à l'illustrer avec quelques-uns des algorithmes rencontrés jusqu'ici. Il est aisé de statuer sur les algorithmes suivants :

- le calcul de factorielle (voir page 13) dont la complexité en nombre de multiplications est en $\Theta(n)$,

- le calcul du nombre d'arbres binaires ayant n nœuds (voir page 13) dont la complexité en nombre de multiplications est donnée par :

$$\sum_{i=1}^{n} \sum_{j=0}^{i-1} 1 = \frac{n \cdot (n+1)}{2} \qquad \text{est en } \Theta(n^2),$$

- le calcul du nombre de Delannoy d'ordre (m, n) donné par la récurrence de la page 14, dont la complexité en nombre d'additions est exprimée par :

$$\sum_{i=1}^{n} \sum_{j=1}^{m} 2 = 2 \cdot m \cdot n \qquad \text{est en } \Theta(m \cdot n),$$

- le calcul du nombre de partitions à p blocs d'un ensemble à n éléments (voir exercice 16, page 44) dont la complexité en nombre d'additions (ou de multiplications) est donnée par :

$$\sum_{j=2}^{n}\sum_{i=2}^{j-1} 1 = \frac{(n-1)(n-2)}{2} \qquad \text{est en } \Theta(n^2),$$

- l'algorithme *RechDict1* qui est en $\mathcal{O}(n)$ comparaisons,

- la multiplication de deux matrices carrées qui est en $\Theta(n^3)$ multiplications de deux réels.

Pour la variante de l'algorithme *RechDict2*, il faut déterminer $\text{nbpmax}(n)$, le nombre maximal de pas de la boucle. Celui-ci est donné par la récurrence :

$$
\begin{aligned}
&\text{nbpasmax}(1) = 1 \\
&\text{nbpasmax}(n) = 1 + \text{nbpasmax}\left(\left\lfloor \frac{n}{2} \right\rfloor\right) \qquad\qquad n > 1
\end{aligned}
$$

dont la solution est $\text{nbpasmax}(n) = \lfloor \log_2(n) \rfloor$. Le nombre maximal de comparaisons de mots est donc $2 \cdot \lfloor \log_2(n) \rfloor + 1$; cet algorithme est en $\mathcal{O}(\log_2(n))$.

Ce dernier exemple met en évidence le rôle souvent central des relations de récurrence pour le calcul de la complexité. Celles-ci seront utilisées de façon intensive, notamment pour établir la complexité des algorithmes récursifs dans les chapitres 4 et 8.

2.1.6 À PROPOS DES OPÉRATIONS ÉLÉMENTAIRES

Dans la suite et en particulier dans les exercices, on s'intéresse à la complexité temporelle asymptotique d'algorithmes et parfois à leur complexité exacte. Il est fréquent que la nature même de l'algorithme conduise au choix d'une opération élémentaire unique, mais parfois plusieurs opérations significatives apparaissent. On distingue alors deux situations :

- celles-ci sont corrélées et on en choisit une (plus ou moins arbitrairement), comme dans le produit de matrices où additions et multiplications sont liées, mais aussi dans le calcul de la somme des éléments d'un tableau où l'addition (au cœur de la somme) et la comparaison (liée au contrôle de la boucle) sont en nombre ne différant que d'une unité,

- les opérations sont indépendantes et, soit on les dénombre séparément, soit on se focalise sur celle ayant le plus grand nombre d'occurrences.

Dans les exercices proposés et/ou traités, l'(les) opération(s) élémentaire(s) est (sont) le plus souvent explicitée(s) dans l'énoncé. Cet aspect est quelquefois laissé volontairement dans l'ombre et il importe alors de le développer de façon appropriée dans la réponse.

Il existe de nombreux algorithmes de tri qui, dans l'ensemble, font appel à deux opérations élémentaires : condition et échange (voir par exemple l'exercice 33, page 119). Dans certains exercices, un tri est une étape nécessaire et on pourra admettre que l'on utilise l'un des plus efficaces au pire, dont la complexité temporelle asymptotique est quasi linéaire ($n \cdot \log_2(n)$) en nombre de comparaisons et/ou échanges [1].

Il arrive que l'on souhaite comparer la complexité temporelle de plusieurs algorithmes résolvant un même problème. Il importe alors de choisir une (des) opération(s) élémentaire(s) identique(s) pour chacun d'eux afin de rendre la comparaison possible.

---

1. voir fr.wikipedia.org/wiki/Algorithme_de_tri

L'évaluation de conditions, simples (on parle alors de comparaisons) ou complexes, explicites (cas des alternatives ou des boucles **tant que**) ou implicites (boucles **pour**), joue souvent un rôle prépondérant dans nombre d'algorithmes. Dès lors, elle peut être choisie à juste titre comme opération élémentaire, d'autant plus lorsque aucune autre opération ne s'impose pour l'algorithme considéré.

2.1.7 Temps de calcul pratique

Chaque case du tableau ci-dessous indique la taille approximative des données que peut traiter un algorithme dont la complexité exacte est en colonne, dans le temps donné en ligne, pour un temps élémentaire d'instruction de $1\mu s$. Par exemple, en une heure, un algorithme en n^3 peut traiter un problème de taille 1500. Une taille « astronomique » est supérieure au nombre estimé d'atomes dans l'univers (10^{80}).

taille	$\log_{10}(n)$	n	n^2	n^3	2^n	$n!$
durée $= 1$ s	astronomique : 10^{10^6}	10^6	10^3	10^2	19	10
1 mn	astronomique	6.10^7	8.10^3	4.10^2	25	11
1 h	astronomique	4.10^8	2.10^4	1500	31	13
1 j	astronomique	9.10^{10}	10^5	4400	36	16

Pour le même temps élémentaire d'instruction de $1\mu s$, le tableau suivant donne le temps qu'il faut à un algorithme de complexité exacte indiquée en colonne pour traiter des données de la taille donnée en ligne. Par exemple, un programme en n^2 peut traiter un problème de taille 1000 en une seconde. Un temps « astronomique » est supérieur à un milliard de milliard d'années.

complexité	$\log_2(n)$	n	$n\log n$	n^2	2^n
taille $= 10$	$3\mu s$	$10\mu s$	$30\mu s$	$100\mu s$	$1000\mu s$
100	$7\mu s$	$100\mu s$	$700\mu s$	$1/100$s	10^{14} siècles
1000	$10\mu s$	$1000\mu s$	$1/100$s	1s	astronomique
10000	$13\mu s$	$1/100$s	$1/7$s	$1,7$mn	astronomique
100000	$17\mu s$	$1/10$s	2s	$2,8$h	astronomique

2.1.8 Problèmes pseudo-polynomiaux

Rappelons que nous évaluons l'ordre de grandeur de complexité en fonction de la taille n du problème, qui est indépendante des données sur lesquelles travaille l'algorithme. Ainsi, le produit de deux matrices réelles ($n \times n$) se calcule par un algorithme en $\Theta(n^3)$ multiplications de nombres réels, quelles que soient les valeurs des coefficients des matrices.

Il existe cependant certains algorithmes dont on évalue la complexité en tenant compte des données. Sans rentrer dans les détails (ce sera fait au chapitre 9), le problème dit du *petit commerçant* (exercice 148, page 720) propose de chercher à totaliser une somme de N centimes en utilisant un nombre minimal de pièces de monnaie. Par exemple, pour $N = 6$, la meilleure manière est de rendre une pièce de un centime et une pièce de cinq centimes, soit au total deux pièces, plutôt que – par exemple – trois pièces de deux centimes. Si l'on dispose de n pièces de valeur différente (en quantités illimitées), il s'avère que l'on ne connaît pas de méthode polynomiale en n qui fonctionne pour tout système monétaire, mais seulement une méthode exponentielle, donc en $\mathcal{O}(2^n)$, méthode que nous appellerons $\mathcal{A}_1$.

En revanche, on connaît un algorithme (appelons-le $\mathcal{A}_2$) qui calcule l'optimum cherché en temps $\Theta(N \cdot n)$. Mais, attention, la valeur N est une donnée, pas une taille du problème. Par conséquent, le temps de traitement, obtenu de cette façon, dépend des caractéristiques de chaque occurrence du problème, ce qui est en principe contraire aux critères d'évaluation de la complexité d'un algorithme.

On pourrait croire que parvenir à l'expression $\Theta(N \cdot n)$ prouve que le problème est de complexité linéaire (polynomiale de degré 1) en n, grâce à l'algorithme $\mathcal{A}_2$. Mais c'est faux, car N n'est pas une constante et ne peut pas être majoré *a priori* par une constante. Après tout, on pourrait demander à $\mathcal{A}_2$ de trouver la façon de décomposer de manière optimale la somme $N = 2^{2^n}$ ou $n!$. Dans ces cas, cet algorithme serait beaucoup moins performant que $\mathcal{A}_1$. En revanche, si N est une somme raisonnable (ce qui est le cas dans la plupart des applications pratiques), $\mathcal{A}_2$ est plus efficace que $\mathcal{A}_1$.

Les algorithmes comme $\mathcal{A}_2$, dont la complexité est du type $\Theta(N \cdot P(n))$, avec $P(n)$ un polynôme en n et N fonction des données, sont appelés *pseudo-polynomiaux*. Il n'est évidemment pas interdit de les étudier et de les utiliser, mais il faut garder à l'esprit que leur temps de calcul, contrairement ce que l'on attend en général d'un algorithme, dépend de manière directe et cruciale des données du problème traité.

Remarque finale   Pour certains problèmes, la taille des données peut s'évaluer en fonction de plusieurs paramètres et non pas d'un seul. Par exemple, nous verrons au chapitre 9 le problème de « distribution de skis » qui consiste à choisir pour chaque skieur (parmi n) la meilleure paire de skis (parmi m) à lui affecter. Les valeurs de n et de m sont indépendantes, à la condition près que $m \geqslant n$. L'ordre de grandeur de complexité du meilleur algorithme connu pour ce problème est $\mathcal{O}(n \cdot m)$. Il est donc impossible de caractériser cette complexité en fonction d'un seul paramètre : dans un cas comme celui-ci, la taille du problème se mesure par une quantité fondamentalement multi-dimensionnelle et l'ordre de grandeur de complexité s'exprime comme un polynôme à plusieurs variables.

2.2   Exercices

Exercice 22   À propos des fonctions de référence

Cet exercice permet de savoir si des fonctions de référence « voisines » caractérisent (ou non) le même ordre de grandeur de complexité.

Dire si les affirmations suivantes sont vraies, pour toute fonction f de $\mathbb{N}$ dans $\mathbb{R}_+$:

1. $2^{n+1} \in \mathcal{O}(2^n)$
2. $(n+1)! \in \mathcal{O}(n!)$
3. $f(n) \in \mathcal{O}(n) \Rightarrow (f(n))^2 \in \mathcal{O}(n^2)$
4. $f(n) \in \mathcal{O}(n) \Rightarrow 2^{f(n)} \in \mathcal{O}(2^n)$
5. $n^n \in \mathcal{O}(2^n)$.

La solution est en page 90.

Exercice 23   Propriété des ordres de grandeur $\mathcal{O}$ et Θ

Dans cet exercice, on établit une propriété intéressante relative à la somme de deux fonctions dont on connaît l'ordre de grandeur maximal ou exact. Ce résultat est utile en pratique pour décider de l'ordre de grandeur maximal ou exact d'un programme obtenu par composition séquentielle de plusieurs composants.

Soit $f_1(n)$ et $f_2(n)$ deux fonctions de $\mathbb{N}$ dans $\mathbb{R}_+$ telles que :

$$\forall n \cdot (n \geqslant n_0 \Rightarrow f_1(n) \leqslant f_2(n)),$$

comme $f_1(n) = \log_2(n)$ et $f_2(n) = n$ ou encore $f_1(n) = n^2$ et $f_2(n) = 2^n$.

23 - Q 1 **Question 1.** Montrer que :
si $g(n) \in \mathcal{O}(f_1(n))$ et $h(n) \in \mathcal{O}(f_2(n))$ alors $g(n) + h(n) \in \mathcal{O}(f_2(n))$.

23 - Q 2 **Question 2.** Montrer que :
si $g(n) \in \Theta(f_1(n))$ et $h(n) \in \Theta(f_2(n))$ alors $g(n) + h(n) \in \Theta(f_2(n))$.

La solution est en page 90.

Exercice 24   Variations sur les ordres de grandeur

Le but principal de cet exercice est d'attirer l'attention sur le fait que l'on ne peut pas tirer de conclusion hâtive lors de la manipulation des ordres de grandeur.

Statuer sur les deux affirmations suivantes :

1. $f \in \Theta(s)$ **et** $g \in \Theta(s) \Rightarrow f - g \in \Theta(s)$
2. $f \in \mathcal{O}(s)$ **et** $g \in \mathcal{O}(r) \Rightarrow f - g \in \mathcal{O}(s - r)$.

La solution est en page 91.

Exercice 25   Ordre de grandeur : polynômes

Il est fréquent que la fonction de complexité d'un algorithme soit donnée par un polynôme. Dans cet exercice, on montre qu'une version simplifiée suffit pour exprimer l'ordre de grandeur de complexité d'un tel algorithme.

On considère un algorithme $\mathcal{A}$ dont la complexité s'exprime par un polynôme. On cherche à situer la complexité de $\mathcal{A}$ en termes de classe de complexité par un polynôme « simplifié ». On va d'abord considérer deux cas particuliers avant de passer au cas général.

Question 1. On considère les fonctions f de $\mathbb{N}_1$ dans $\mathbb{R}_+$ et g de D dans $\mathbb{R}_+$ (avec $\boxed{\textbf{25 - Q 1}}$
$D = \mathbb{N}-0..2$) suivantes : a) $f(n) = n^3 + 3n^2 + 6n + 9$, b) $g(n) = n^3 - 3n^2 + 6n - 9$. Montrer
que f et g appartiennent toutes deux à $\Theta(n^3)$.

Question 2. Soit $f(n) = a_p \cdot n^p + a_{p-1} \cdot n^{p-1} + \cdots + a_1 \cdot n + a_0$ une fonction de D dans $\mathbb{R}_+$, $\boxed{\textbf{25 - Q 2}}$
avec $a_i \in \mathbb{N}$ et D l'ensemble $\mathbb{N}$ éventuellement privé de ses premiers éléments pour lesquels
f ne prend pas une valeur positive. Prouver que pour $a_p > 0$, $f(n) \in \Theta(n^p)$.

Question 3. On suppose a, b et k entiers. Démontrer l'inégalité : $\boxed{\textbf{25 - Q 3}}$

$$a^k + b^k \geqslant \left(\frac{a+b}{2}\right)^k. \tag{2.1}$$

En déduire que pour $k \in \mathbb{N}$ **et** $n \in \mathbb{N}_1$, on a :

$$f(n,k) = 1^k + 2^k + \cdots + n^k \in \Theta(n^{k+1}).$$

La solution est en page 91.

Exercice 26   Ordre de grandeur : paradoxe ?   ○   ●

> *Dans l'exercice 23, page 86, on a vu une propriété de la somme de deux fonctions*
> *de complexité. L'étendre à une somme multiple est légitime, encore faut-il prendre*
> *garde à distinguer image d'une fonction et somme de fonctions.*

Question 1. Montrer que : $\boxed{\textbf{26 - Q 1}}$

$$\sum_{i=1}^{n} i = (1 + 2 + \cdots + n) \in \mathcal{O}(n^2).$$

Question 2. On considère le raisonnement suivant. On sait que : $\boxed{\textbf{26 - Q 2}}$

$$\sum_{i=1}^{n} i = \frac{n \cdot (n+1)}{2}.$$

Or :

$$\sum_{i=1}^{n} i \in \mathcal{O}(1 + 2 + \cdots + n)$$

et

$$\mathcal{O}(1 + 2 + \cdots + n) = \mathcal{O}(\max(\{1, 2, \ldots, n\})) = \mathcal{O}(n).$$

Donc :

$$\frac{n \cdot (n+1)}{2} \in \mathcal{O}(n).$$

Où est l'erreur ?

La solution est en page 93.

Exercice 27   Un calcul de complexité en moyenne

Cet exercice a pour but de procéder à un calcul de complexité en moyenne. On y met en évidence un résultat qui, sans être inattendu, n'est pas celui qu'annoncerait l'intuition.

L'algorithme ci-dessous, voisin de celui vu pour la recherche séquentielle dans un dictionnaire, recherche la valeur x dans un tableau d'entiers T dont les n premiers éléments sont tous différents, le dernier jouant le rôle de sentinelle (auquel sera affectée la valeur x recherchée). Si x est dans $T[1 .. n]$, le résultat est l'indice où x se trouve, sinon la valeur $(n + 1)$ est retournée.

```
1. constantes
2.     x ∈ ℕ₁ et x = ... et n ∈ ℕ₁ et n = ...
3. variables
4.     T ∈ 1 .. n + 1 → ℕ₁ et T = ... et i ∈ ℕ₁
5. début
6.     i ← 1 ; T[n + 1] ← x ;
7.     tant que T[i] ≠ x faire
8.        i ← i + 1
9.     fin tant que ;
10.    écrire(i)
11. fin
```

27 - Q 1   **Question** 1. Donner les complexités minimale et maximale de cet algorithme, en nombre de comparaisons.

27 - Q 2   **Question** 2. On fait l'hypothèse probabiliste selon laquelle : i) les entiers du tableau sont tirés équi-probablement sans remise entre 1 et N, avec $N \geqslant n$, et ii) x est tiré équi-probablement entre 1 et N. Quelle est la complexité en moyenne de l'algorithme ?

La solution est en page 94.

Exercice 28   Le gué dans le brouillard

Cet exercice, qui traite d'un problème plus courant que sa présentation peut le laisser supposer, montre comment deux stratégies a priori analogues peuvent produire des algorithmes de complexités différentes. On cherche ultimement une solution de complexité linéaire, mais aussi une borne sur la constante de proportionnalité, ce qui n'est pas usuel.

Une rivière, un épais brouillard, un gué dans les parages, mais est-il à gauche ou à droite, et à quelle distance ? Avec ce brouillard, on voit l'entrée du gué uniquement quand on se trouve juste devant. Comment faire pour traverser la rivière ?

Il faut explorer successivement à droite, à gauche, à droite, etc. en augmentant à chaque fois la distance. Commencer par la gauche ou par la droite n'a pas d'importance, mais il faut traiter les deux côtés de manière « équilibrée » et augmenter la distance régulièrement afin d'éviter de faire trop de chemin du côté où le passage ne se trouve pas.

Une première méthode consiste à faire un pas à droite, revenir au point de départ, un pas à gauche, revenir au point de départ, deux pas à droite, revenir au point de départ, deux pas à gauche, revenir au point de départ, trois pas à droite, et ainsi de suite jusqu'au succès selon le schéma ci-après :

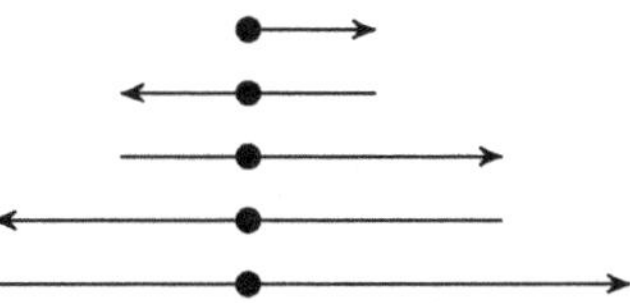

Supposons que le gué se trouve à gauche à 15 pas. Pour le trouver, le nombre de pas effectués est :

$$1 + (1 + 1) + (1 + 2) + (2 + 2) + (2 + 3) + \cdots + (14 + 15) + (15 + 15)$$

soit au total 465 pas, plus de 30 fois les 15 pas strictement nécessaires.

De façon générale, appelons n la distance en pas entre le point de départ et le gué, c'est-à-dire le nombre minimal de pas strictement nécessaires pour atteindre le gué.

Question 1. Donner le nombre N de pas effectués avec la méthode proposée si le gué est situé à n pas à gauche (resp. à droite) du point de départ. Quelle est la classe de complexité de cette méthode en termes de nombre de pas ?

On souhaite trouver une méthode fondamentalement plus rapide (au sens de la classe de complexité) garantissant que le gué est trouvé en moins de $9n$ pas. Le défaut de la précédente méthode réside dans une progression trop équilibrée et trop « prudente ». Augmenter d'un pas à chaque fois (progression arithmétique) coûte finalement cher et on envisage de *doubler* le nombre de pas à chaque passage (progression géométrique), ce que traduit le schéma ci-dessous :

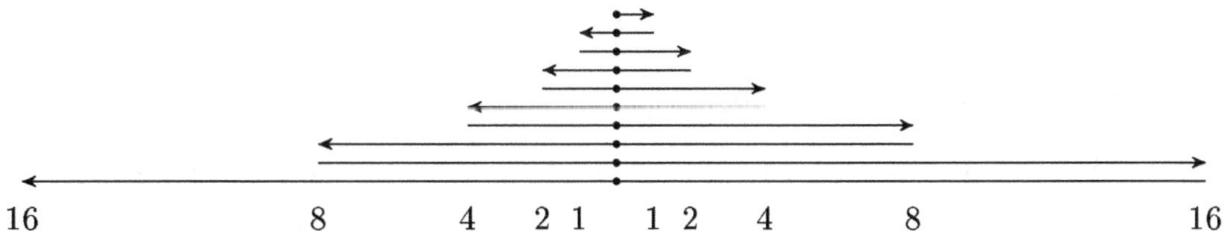

Question 2. Donner le nombre de pas effectués selon que le gué se trouve à neuf (resp. 15) pas à gauche ou à droite du point de départ. Conclure.

Question 3. Vérifier qu'avec une progression selon les puissances de 3 (au lieu de 2), on n'atteint toujours pas l'objectif fixé.

Question 4. Modifier la méthode proposée dans la seconde question, toujours en progressant selon les puissances de 2, de façon à ce que la contrainte sur le nombre de pas soit satisfaite. Il est demandé de donner le nombre maximal de pas effectivement effectués ainsi que leur nombre minimal, en fonction de n (distance en pas entre le point de départ et le gué). Cette méthode permet-elle d'atteindre l'objectif fixé avec une progression selon les puissances de 3 ?

La solution est en page 94.

2.3   Solutions

Solution de l'exercice 22   À propos des fonctions de référence
Énoncé page 85.

On étudie chacune des cinq affirmations.

1. $2^{n+1} = 2 \cdot 2^n$, donc $2^{n+1} \in \mathcal{O}(2^n)$ (pour $n_0 = 0$ et $C = 2$).

2. Pour que l'on ait $(n+1) \in \mathcal{O}(n!)$, il faudrait qu'il existe une constante K telle que, à partir d'un certain rang n_0, on ait $(n+1)! \leqslant K \cdot n!$. Comme $(n+1)! = (n+1) \cdot n!$, il faudrait donc que, pour tout n supérieur à n_0, $n + 1 \leqslant K$, ce qui est impossible. On en déduit que $(n+1)! \notin \mathcal{O}(n!)$.

3. Si $f(n) \in \mathcal{O}(n)$, alors $f(n) \leqslant C \cdot n$ à partir d'un rang n_0 et $(f(n))^2 = C^2 \cdot n^2$, donc $(f(n))^2 \in \mathcal{O}(n^2)$ pour $n'_0 = n_0$ et $C' = C^2$.

4. Montrons à travers un contre-exemple la fausseté de cette proposition. On choisit $f(n) = 2n$. On a alors $2^{f(n)} = 2^{2n}$ et il suffit de montrer qu'il n'existe aucune constante K telle que, pour tout n : $2^{2n} = K \cdot 2^n$.
Or, $2^{2n} = 2^{n+n} = 2^n \cdot 2^n = K \cdot 2^n$ si $2^n = K$, ce qui est impossible quelle que soit la constante K. L'implication $f(n) \in \mathcal{O}(n) \Rightarrow 2^{f(n)} \in \mathcal{O}(2^n)$ est donc fausse.

5. Pour que l'on ait $n^n \in \mathcal{O}(2^n)$, il faudrait que $n^n \leqslant C \cdot 2^n$ pour une constante C et n assez grand. Sous ces conditions, il faudrait donc que $(n/2)^n \leqslant C$, ce qui est impossible puisque le membre gauche de cette inéquation croît avec n. On en déduit que $n^n \notin \mathcal{O}(2^n)$.

Solution de l'exercice 23   Propriété des ordres de grandeur $\mathcal{O}$ et Θ
Énoncé page 86.

23 - R 1 **Réponse 1.**   Puisque $g(n) \in \mathcal{O}(f_1(n))$:

$$\exists(C_1, n_1) \cdot (C_1 \in \mathbb{R}_+ \text{ et } n_1 \in \mathbb{N} \text{ et } \forall n \cdot (n \geqslant n_1 \Rightarrow g(n) \leqslant C_1 \cdot f_1(n))).$$

De même, puisque $h(n) \in \mathcal{O}(f_2(n))$:

$$\exists(C_2, n_2) \cdot (C_2 \in \mathbb{R}_+ \text{ et } n_2 \in \mathbb{N} \text{ et } \forall n \cdot (n \geqslant n_2 \Rightarrow h(n) \leqslant C_2 \cdot f_2(n))).$$

On en déduit successivement :

$$\forall n \cdot (n \geqslant \max(\{n_1, n_2\}) \Rightarrow (g(n) + h(n)) \leqslant (C_1 \cdot f_1(n) + C_2 \cdot f_2(n)))$$

$$\forall n \cdot (n \geqslant \max(\{n_1, n_2\}) \Rightarrow (g(n) + h(n)) \leqslant 2 \cdot \max(\{C_1, C_2\}) \cdot f_2(n)))$$

ce qui caractérise le fait que :

$$g(n) + h(n) \in \mathcal{O}(f_2(n)).$$

23 - R 2 **Réponse 2.**   Puisque $g(n) \in \Theta(f_1(n))$:

$$\exists(C_1, D_1, n_1) \cdot (C_1 \in \mathbb{R}_+ \text{ et } D_1 \in \mathbb{R}_+ \text{ et } n_1 \in \mathbb{N} \text{ et } \forall n \cdot$$
$$(n \geqslant n_1 \Rightarrow C_1 \cdot f_1(n) \leqslant g(n) \leqslant D_1 \cdot f_1(n))).$$

De même, puisque $h(n) \in \mathcal{O}(f_2(n))$:

$$\exists (C_2, D_2, n_2) \cdot (C_2 \in \mathbb{R}_+ \text{ et } D_2 \in \mathbb{R}_+ \text{ et } n_2 \in \mathbb{N} \text{ et } \forall n \cdot$$
$$(n \geqslant n_2 \Rightarrow C_2 \cdot f_2(n) \leqslant h(n) \leqslant D_2 \cdot f_2(n))).$$

On en déduit :

$$\forall n \cdot (n \geqslant \max(\{n_1, n_2\}) \Rightarrow$$
$$(C_1 \cdot f_1(n) + C_2 \cdot f_2(n)) \leqslant g(n) + h(n) \leqslant (D_1 \cdot f_1(n) + D_2 \cdot f_2(n)))$$

donc :

$$\forall n \cdot (n \geqslant \max(\{n_1, n_2\}) \Rightarrow$$
$$C_2 \cdot f_2(n) \leqslant g(n) + h(n) \leqslant \max(\{(D_1, D_2)\}) \cdot (f_1(n) + f_2(n)))$$

et enfin :

$$\forall n \cdot (n \geqslant \max(\{n_1, n_2\}) \Rightarrow$$
$$C_2 \cdot f_2(n) \leqslant g(n) + h(n) \leqslant 2 \cdot \max(\{D_1, D_2\}) \cdot f_2(n))$$

ce qui caractérise le fait que :

$$g(n) + h(n) \in \Theta(f_2(n)).$$

Solution de l'exercice 24 Variations sur les ordres de grandeur

Énoncé page 86.

On étudie successivement les deux affirmations.

1. Soit $f(n) = n^3 + 2n^2$ et $g(n) = n^3 + n^2$. On a alors $f(n) - g(n) = n^2 \in \Theta(n^2)$ et non pas $\Theta(n^3)$, ce qui contredit la première affirmation.
2. Soit $f(n) = 3n^3$, $s(n) = n^3 + 2n^2$, $g(n) = n^3$ et $r(n) = n^3 + n^2$. À l'évidence $f(n) \in \mathcal{O}(s(n))$ et $g(n) \in \mathcal{O}(r(n))$. On a : $f(n) - g(n) = 2n^3$ et $s(n) - r(n) = n^2$ et donc $f(n) - g(n) \notin \Theta(s(n) - r(n))$, ce qui est contraire à la seconde affirmation.

Ces deux affirmations se révèlent donc fausses.

Solution de l'exercice 25 Ordre de grandeur : polynômes

Énoncé page 86.

Réponse 1. On doit montrer que chacune des fonctions f et g est « encadrée » par deux $\boxed{\text{25 - R 1}}$
termes de la forme $K \cdot n^3$. On a d'abord $f(n) \in \Theta(n^3)$, puisque

$$\forall n \cdot (n \in \mathbb{N}_1 \Rightarrow (1 \cdot n^3 \leqslant f(n) \leqslant 18 \cdot n^3))$$

Quant au polynôme $g(n)$, $3n^2 - 6n + 9$ prend des valeurs positives pour tout $n \in D$ (et même pour tout $n \in \mathbb{N}$). Donc, pour $n \in D$, $g(n) \leqslant n^3$. De plus :

$$g'(n) = g(n) - \frac{n^3}{3} = 2 \cdot \frac{n^3}{3} - 3n^2 + 6n - 9$$

est une fonction à valeurs positives (pas forcément entières) pour tout $n \in D$, donc $g(n) \geqslant n^3/3$. Finalement, on a établi que pour $n \geqslant 3$:

$$\frac{1}{3} \cdot n^3 \leqslant g(n) \leqslant 1 \cdot n^3$$

donc que $g(n) \in \Theta(n^3)$.

25 - R 2   **Réponse** 2.   Ici encore, on va chercher à minorer et à majorer la fonction f par un polynôme. Posons $g(n) = a_p/2 \cdot n^p + a_{p-1} \cdot n^{p-1} + \cdots + a_1 \cdot n + a_0$. On peut écrire :

$$f(n) = \frac{a_p}{2} \cdot n^p + g(n).$$

Étudions la fonction $g(n)$. Si c dénote la plus grande valeur $|a_i|$ pour $i \in 0 \mathinner{.\,.} p - 1$, on a :

$$
\begin{aligned}
&g(n) \\
= \quad & && \text{définition}\\
&\frac{a_p}{2} \cdot n^p + a_{p-1} \cdot n^{p-1} + \cdots + a_1 \cdot n + a_0 \\
\geqslant \quad & && \text{arithmétique}\\
&\frac{a_p}{2} \cdot n^p - c \cdot (n^{p-1} + \cdots + n + 1) \\
\geqslant \quad & && \text{valeur de la suite géométrique pour } n \neq 1\\
&\frac{a_p}{2} \cdot n^p - \frac{c}{n-1} \cdot (n^p - 1) \\
> \quad & && \text{arithmétique}\\
&\frac{a_p}{2} \cdot n^p - \frac{c}{n-1} \cdot n^p \\
= \quad & && \text{arithmétique}\\
&n^p \cdot \left(\frac{a_p}{2} - \frac{c}{n-1} \right).
\end{aligned}
$$

Or, cette dernière expression est positive pour $n \geqslant n_0 = 2 + (2c/a_p)$. On conclut donc :

$$\forall n \cdot \left(n \in D \ \textbf{et} \ n \geqslant n_0 \Rightarrow f(n) \geqslant \frac{a_p}{2} \cdot n^p \right).$$

On va maintenant chercher un polynôme majorant f. Soit b la plus grande des valeurs $|a_i|$, pour $i \in 0 \mathinner{.\,.} p$. On a :

$$f(n) \leqslant b \cdot (n^p + n^{p-1} + \cdots + n^1 + 1) \leqslant b \cdot (p + 1) \cdot n^p.$$

Au final, pour $n \geqslant 2 + (2c/a_p)$, on a :

$$\frac{a_p}{2} \cdot n^p \leqslant f(n) \leqslant b \cdot (p + 1) \cdot n^p$$

ce qui montre que $f(n) \in \Theta(n^p)$.

25 - R 3   **Réponse** 3.   Puisque $(a + b) \leqslant 2 \cdot \max(\{a, b\})$, on peut écrire :

$$(a + b)^k \leqslant (2 \cdot \max(\{a, b\}))^k.$$

Par ailleurs, on a :

$$2 \cdot \max(\{a, b\}))^k = (\max(\{2a, 2b\}))^k \leqslant (2a)^k + (2b)^k$$

soit en regroupant :

$$(a + b)^k \leqslant 2 \cdot \max(\{a, b\}))^k \leqslant (2a)^k + (2b)^k$$

et finalement l'inégalité cherchée en substituant $a/2$ (resp. $b/2$) à a (resp. b).
Prouvons maintenant que $f(n, k) \in \Theta(n^{k+1})$. On a :

$$f(n, k) = 1^k + 2^k + \cdots + n^k \leqslant n \cdot n^k = n^{k+1}.$$

Par ailleurs :

$$
\begin{aligned}
f(n, k) &= 1^k + 2^k + \cdots + (n-1)^k + n^k \\
&= \frac{1^k}{2} + \frac{1^k}{2} + \frac{2^k}{2} + \frac{2^k}{2} + \cdots + \frac{(n-1)^k}{2} + \frac{(n-1)^k}{2} + \frac{n^k}{2} + \frac{n^k}{2} \\
&= \frac{1^k + 1^k + 2^k + 2^k + \cdots + (n-1)^k + (n-1)^k + n^k + n^k}{2} \\
&= \frac{1^k + n^k + 2^k + (n-1)^k + \cdots + (n-1)^k + 2^k + n^k + 1^k}{2}.
\end{aligned}
$$

En utilisant la formule 2.1, page 87, il vient :

$$
\begin{aligned}
f(n, k) &\geqslant \frac{1}{2}\left(\left(\frac{n+1}{2}\right)^k + \cdots + \left(\frac{n+1}{2}\right)^k\right) = \left(\frac{n}{2}\right)\left(\frac{n+1}{2}\right)^k \\
&\geqslant \frac{n^{k+1}}{2^{k+1}}.
\end{aligned}
$$

Au final :

$$\forall n \cdot \left(n \in \mathbb{N}_1 \Rightarrow \left(\frac{1}{2^{k+1}} \cdot n^{k+1} \leqslant f(n, k) \leqslant 1 \cdot n^{k+1}\right)\right)$$

ce qui atteste que, pour $k \in \mathbb{N}$ et $n \in \mathbb{N}_1$, on a :

$$f(n, k) \in \Theta(n^{k+1}).$$

Solution de l'exercice 26   Ordre de grandeur : paradoxe ?

Énoncé page 87.

Réponse 1. On a :

26 - R 1

$$\sum_{i=1}^{n} = 1 + 2 + \cdots + n = \frac{n(n+1)}{2} = \frac{n^2}{2} + \frac{n}{2} \quad \text{donc} \quad \sum_{i=1}^{n} = 1 + 2 + \cdots + n \in \mathcal{O}(n^2)$$

Remarque   On pourrait aussi utiliser le résultat établi à la troisième question de l'exercice précédent en prenant $k = 1$ pour $f(n, k)$.

26 - R 2   **Réponse 2.**   Le raisonnement suivi opère sur l'image de la fonction et non pas sur la fonction elle-même. En effet, la décomposition de la fonction considérée en termes de somme de fonctions conduit à l'expression :

$$f(n) = \sum_{i=1}^{n} i = \sum_{i=1}^{\infty} f_i(n)$$

où la fonction f_i est définie comme $f_i(n) = i$ si $n \geqslant i$, 0 sinon.

Ici, on a une somme *infinie* et le résultat établi à l'exercice 23, page 86, ne s'applique pas.

Solution de l'exercice 27   Un calcul de complexité en moyenne

Énoncé page 88.

27 - R 1   **Réponse 1.**   La complexité minimale vaut 1, quand $T[1] = x$. La complexité maximale vaut $(n + 1)$, quand x n'est pas dans le tableau T.

27 - R 2   **Réponse 2.**   On établit maintenant la complexité moyenne de la recherche de la valeur x par l'algorithme proposé. Il y a $N!/(N-n)!$ tableaux différents, de tirage équiprobable[2]. Il y a $(1/N)\cdot(N!/(N-n)!) = (N-1)!/(N-n)!$ tableaux qui commencent par x. Dans ce cas, il n'y a qu'une comparaison. Il y a donc $N!/(N-n)! - (N-1)!/(N-n)! = (N-1)(N-1)!/(N-n)!$ tableaux qui ne commencent pas par x. Parmi ceux-ci, il y en a 1 sur $(N-1)$ qui ont x en seconde position, soit $(N-1)!/(N-n)!$. Dans ce cas, il y a deux comparaisons. On observe donc qu'il y a toujours $(N-1)!/(N-n)!$ tableaux ayant x à une position i donnée, ce qui produit i comparaisons, et ce pour $i \in 1 \,..\, n$. Il reste $(N-n)(N-1)!/(N-n)!$ tableaux dans lesquels on ne trouve pas x et pour lesquels on fait $(n + 1)$ comparaisons. Le nombre moyen de comparaisons est donc :

$$\frac{1}{\frac{N!}{(N-n)!}} \left(\left(\sum_{i=1}^{n} \frac{(N-1)!}{(N-n)!} i \right) + \frac{(N-n)(N-1)!}{(N-n)!} (n+1) \right) = (n+1)\left(1 - \frac{n}{2N}\right).$$

En particulier, pour $N = n$, on a en moyenne $((n + 1)/2)$ comparaisons. Quand N/n augmente, le nombre de comparaisons tend vers $(n + 1)$.

Solution de l'exercice 28   Le gué dans le brouillard

L'énoncé est page 88.

28 - R 1   **Réponse 1.**   D'une manière générale, si le gué est situé n pas à gauche du point de départ, la méthode proposée nécessite un nombre de pas égal à :

$$4 \cdot \sum_{i=1}^{n-1} i + 3n = 4(n(n-1))/2 + 3n = 2n^2 + n.$$

---

2. Il s'agit d'*arrangements* de n objets parmi N et non de *combinaisons*, car l'ordre dans lequel les objets arrivent importe. Par exemple, il y a 60 tableaux différents quand $N = 5$ et $n = 3$.

S'il est distant de n pas sur la droite, le nombre de pas devient :

$$4 \cdot \sum_{i=1}^{n-1} i + n = 4(n(n-1))/2 + n = 2n^2 - n$$

Dans les deux cas, le nombre de pas est en $\Theta(n^2)$.

Réponse 2. Avec la technique de progression géométrique suggérée :   `28 - R 2`

1. si le gué est à neuf pas à gauche du point de départ, on fait $1 + (1 + 1) + (1 + 2) + (2 + 2) + (2 + 4) + (4 + 4) + (4 + 8) + (8 + 8) + (8 + 16) + (16 + 9) = 101$ pas,
2. si le gué est à 15 pas à gauche du point de départ, on fait $1 + (1 + 1) + (1 + 2) + (2 + 2) + (2 + 4) + (4 + 4) + (4 + 8) + (8 + 8) + (8 + 16) + (16 + 15) = 107$ pas,
3. si le gué est à neuf pas à droite du point de départ, on fait $1 + (1 + 1) + (1 + 2) + (2 + 2) + (2 + 4) + (4 + 4) + (4 + 8) + (8 + 8) + (8 + 9) = 69$ pas,
4. si le gué est à 15 pas à droite du point de départ, on fait $1 + (1 + 1) + (1 + 2) + (2 + 2) + (2 + 4) + (4 + 4) + (4 + 8) + (8 + 8) + (8 + 15) = 75$ pas.

On observe qu'à distance égale, on trouve plus vite le gué quand il est à droite du point de départ (puisque l'on cherche d'abord à droite et que l'on ne fait pas plus de pas à gauche qu'à droite). De plus, dans les deuxième, troisième et dernier cas, la contrainte sur le nombre de pas est satisfaite, puisque
$107 < 9 \cdot n \ (9 \cdot 15 = 135), 69 < 9 \cdot n \ (9 \cdot 9 = 81), 75 < 9 \cdot n \ (9 \cdot 15 = 135)$, mais pas dans le premier où $101 > 9 \cdot n \ (9 \cdot 9 = 81)$.

Réponse 3. La stratégie proposée consiste à faire un pas à droite, (si besoin) revenir au   `28 - R 3`
point de départ et faire un pas à gauche, (si besoin) revenir au point de départ et faire trois pas à droite, (si besoin) revenir au point de départ et faire trois pas à gauche, (si besoin) revenir au point de départ et faire neuf pas à droite, (si besoin) revenir au point de départ et faire neuf pas à gauche, et ainsi de suite. Ainsi, si le gué se trouve à dix pas à gauche du point de départ, on effectue $1 + (1+1) + (1+3) + (3+3) + (3+9) + (9+9) + (9+27) + (27+10) = 116$ pas, donc plus que $9 \cdot 10 = 90$. Cette stratégie n'est donc pas appropriée pour satisfaire la contrainte sur le nombre de pas effectués.

Réponse 4. L'idée est de « casser » la symétrie des déplacements et d'adopter le schéma   `28 - R 4`
suivant :

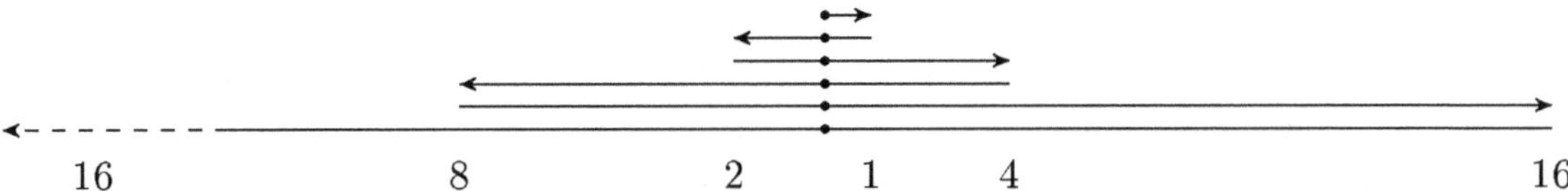

Il faut tout d'abord prendre garde au fait que, contrairement aux deux méthodes précédentes, la position effective du gué à gauche du point de départ n'est pas forcément un handicap. En effet, si le gué se trouve à cinq pas à gauche, il faut faire au total $(1 + 1) + (2 + 2) + (4 + 4) + 5 = 19$ pas, alors que, s'il est situé à cinq pas à droite, il faudra faire $(1 + 1) + (2 + 2) + (4 + 4) + (8 + 8) + 5 = 35$ pas. Dans les deux cas, le nombre de pas se révèle inférieur à $9 \cdot 5 = 45$, ce qui est de bon augure.

Calculons tout d'abord le nombre N de pas à faire quand le gué est à gauche du point de départ. Si le gué est à un (resp. deux) pas à gauche, on l'atteint en trois (resp. quatre) pas et la contrainte est satisfaite puisque $3 < 9 \cdot 1$ et $4 < 9 \cdot 1$. S'il est situé à une distance n supérieure à deux pas, on a alors :

$$\exists p \cdot (p \in \mathbb{N}_1 \ \textbf{et} \ 2^{2p-1} < n \leqslant 2^{2p+1}).$$

En s'appuyant sur la figure décrivant la stratégie de déplacement, on établit que, pour $n > 2$, le nombre de pas N est :

$$N = 2(2^0 + 2^1 + \cdots + 2^{2p}) + n. \qquad (2.2)$$

En effet, il faut effectuer des allers-retours alternativement à gauche et à droite (ou inversement) tant que l'on n'atteint pas le gué. En développant, il vient :

$$
\begin{aligned}
N & \qquad\qquad\qquad\text{formule 2.2}\\
= 2(2^0 + 2^1 + \cdots + 2^{2p}) + n & \qquad\qquad\text{somme d'une suite géométrique}\\
= 2(2^{2p+1} - 1) + n & \qquad\qquad\qquad\text{arithmétique}\\
= 8 \cdot 2^{2p-1} + n - 2 & \qquad\qquad\qquad\text{récriture}\\
= 2 \cdot 2^{2p+1} + n - 2.
\end{aligned}
$$

Étudions les valeurs prises par N pour $n \in 2^{2p-1} + 1 \mathbin{..} 2^{2p+1}$ avec $p > 0$:

- si $n = 2^{2p+1}$, $N = 3 \cdot 2^{2p+1} - 2 = 3n - 2$,
- si $n = 2^{2p+1} - 1$, $N = 3 \cdot 2^{2p+1} = 3n$,
- si $n = 2^{2p+1} - 2$, $N = 3 \cdot 2^{2p+1} + 2 = 3n + 2$,
- $\ldots$
- si $n = 2^{2p-1} + 2$, $N = 8 \cdot 2^{2p-1} + 2^{2p-1} + 2 - 2 = 9n - 18$
- si $n = 2^{2p-1} + 1$, $N = 8 \cdot 2^{2p-1} + 2^{2p-1} + 1 - 2 = 9n - 10$.

On voit donc que, dans l'intervalle $2^{2p-1} + 1 \mathbin{..} 2^{2p+1}$ ($p > 0$), on a : $3n - 2 \leqslant N \leqslant 9n - 10$. Puisque quand le gué est situé à un seul pas à gauche, on a $N = 3$ ($= 9n - 6$), il apparaît que : $\forall n \geqslant 1, 3n - 2 \leqslant N \leqslant 9n - 6$. Ceci montre que, d'une part le nombre de pas effectués est toujours inférieur à $9n$ comme demandé, d'autre part il varie dans la proportion de 1 à 3.

Le même résultat est obtenu dans le cas où le gué se trouve à n pas à droite du point de départ (on étudie les valeurs de n encadrées par des puissances de 2 paires après avoir traité le cas $n = 1$ de façon séparée, pour lequel on a $N = 1$).

Si maintenant on se place dans le cadre d'une progression géométrique de raison 3, un raisonnement analogue au précédent met en évidence que :

- si le gué est à un pas à gauche, $N = 3$,
- si le gué est à deux pas à gauche, $N = 4$,
- si le gué est à une distance n, telle que $3^{2p-1} \leqslant n \leqslant 3^{2p+1}$, avec $p \geqslant 1, 2n - 1 \leqslant N \leqslant 10n - 10$.

On en déduit que l'objectif fixé n'est pas atteint puisque le nombre de pas effectués peut dépasser $9n$, mais que la borne inférieure de ce nombre est abaissée par rapport à celle obtenue avec une progression géométrique de raison 2.

Complément

Nous allons maintenant montrer que, si l'on s'en tient aux progressions géométriques, choisir celle de raison 2 est optimal. À cette fin, on se place dans un cadre continu plutôt que discret et on évalue les distances, non plus en nombre de pas, mais en unités divisibles, comme le mètre. On considère donc que le gué est à distance n mètres du point de départ, où n est cette fois un nombre réel positif. Si on explore du côté du gué et que l'on rebrousse chemin après avoir parcouru une longueur strictement inférieure à n, le gué n'est par définition pas encore atteint.

Notons E (réel supérieur à 1) la raison de la progression géométrique. La stratégie consiste donc à effectuer 1.0 mètre à droite, E mètres à gauche, E^2 mètres à droite, etc. On va supposer que le gué est à droite, à distance supérieure ou égale à 2.0 mètres, mais cela n'importe pas comme on l'a vu auparavant. Examinons quels sont les cas les pires et les meilleurs, du point de vue du rapport N/n, où N est, rappelons-le, la distance (cette fois en mètres) parcourue avant de trouver le gué.

Prenons par exemple $E = 3.0$ et $n = 9.01$. On commence par faire un mètre à droite, puis on rebrousse chemin jusqu'au point de départ (encore un mètre), puis on va à gauche à la distance $E = 3.0$, on revient au départ (jusque là, on a parcouru sept mètres). On va maintenant faire neuf mètres à droite et rater de très peu le gué. On rebrousse chemin sur les neuf mètres (total provisoire : 25.0), on fait un aller et retour à gauche et on revient au point de départ pour un total de $(25.0 + 2 \cdot 27.0) = 79.0$ mètres. Plus que 9.01 mètres et on aura atteint le gué. On a alors parcouru une distance totale de $N = 88.01$ mètres, avec un rapport $N/n = 9.768\cdots$. Imaginons maintenant que le gué n'ait pas été à $n = 9.01$ mètres, mais à dix mètres. On aurait parcouru $N = 89.0$ mètres, pour un rapport N/n de 8.9, qui aurait été meilleur que le précédent. Plus le gué aurait été loin à droite, à une distance inférieure ou égale à 81.0 mètres, plus ce rapport aurait diminué. Le gué se trouve ici à droite, à une distance n telle que $E^2 < n \leqslant E^4$. D'une manière générale, s'il est à droite, il existe un entier p tel que $E^{2p} < n \leqslant E^{2p+2}$ et le cas le pire (celui qui maximise le rapport N/n) est quand $n = E^{2p} + \epsilon$ avec ϵ aussi petit que désiré. Le meilleur cas est quand $n = E^{2p+2}$. La preuve de la validité de ces deux affirmations est laissée au lecteur.

La distance parcourue vaut dans le *pire* cas :

$$N = 2(1 + E + E^2 + \cdots + E^{2p+1}) + E^{2p} + \epsilon = \frac{E^{2p}(2E^2 + E - 1) + E - 1}{E - 1} - \frac{2}{E - 1} + \epsilon.$$

On peut récrire N comme :

$$N = \frac{2E^2 + E - 1}{E - 1}(E^{2p} + \epsilon) - 2\epsilon\frac{E^2 + 1}{E - 1} = \frac{2E^2 + E - 1}{E - 1}n - 2\epsilon\frac{E^2 + 1}{E - 1}.$$

On voit donc que N est en relation linéaire avec n.

Quelle est la meilleure valeur de E pour minimiser cette distance dans le pire cas ? En dérivant le terme $(2E^2 + E - 1)/(E - 1)$, on voit qu'il est minimum pour $E = 2.0$ et que dans ce cas : $N = 9n - 10\epsilon$.

On suppose le gué à droite à distance $n \geqslant 2.0$. Dans le *meilleur* cas ($n = E^{2p}$), le nombre de pas vaut alors :

$$N = 2(1 + E + E^2 + \cdots + E^{2p-1}) + E^{2p} = \frac{E + 1}{E - 1}n - \frac{2}{E - 1}.$$

On constate que N est aussi en relation linéaire avec n et pour $E = 2$ on a : $N = 3n - 2$.

La figure suivante trace les courbes du rapport N/n en fonction de E, dans le cas le pire (courbe du dessus), pour ε petit par rapport à n, et dans le cas le meilleur (courbe du dessous).

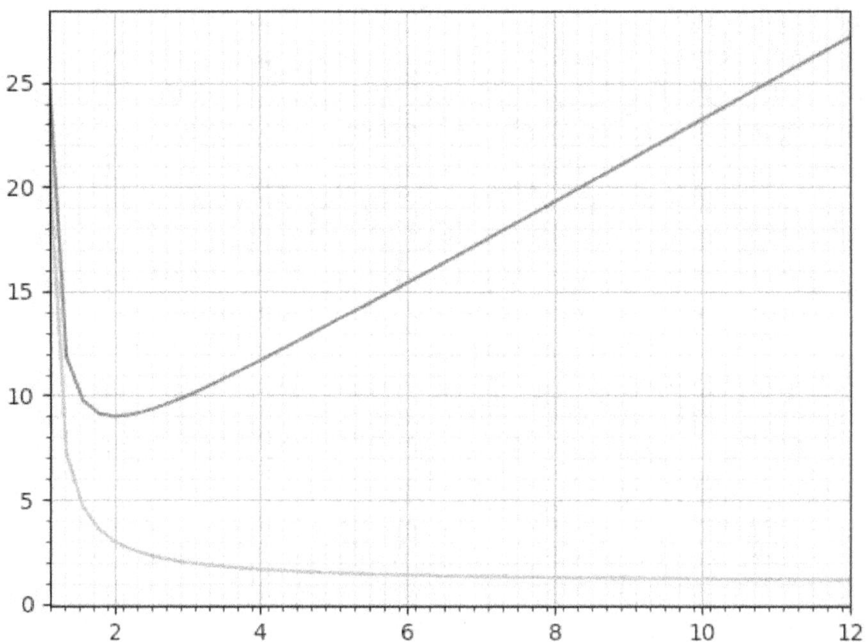

On peut remarquer que remplacer E par $E/(E-1)$ dans le coefficient $(2E^2 + E - 1)/(E - 1)$ laisse ce coefficient inchangé. Il en résulte des valeurs limites (notées L) de N/n identiques, confirmées par les expérimentations menées par les auteurs dont un extrait figure dans le tableau ci-dessous :

E	1.2	1.25	1.4	1.5	1.8	2	2.25	3	3.5	5	6
L	15.4	13.5	10.8	10	9.1	9	9.1	10	10.8	13.5	15.4

CHAPITRE 3

Spécification, invariants, itération

> Le bonheur est désir de répétition.
>
> M. Kundera

Ce chapitre est une illustration du principe de construction *raisonnée* de programmes (algorithmes) *a priori* simples que sont les boucles. La démarche proposée est appliquée à une variété de problèmes révélant l'intérêt de son caractère systématique et rigoureux. Plusieurs exercices du chapitre 8 font appel à la construction de boucles par invariant et complètent ceux proposés ici. Par ailleurs, l'objectif principal est de fournir les bases nécessaires à la construction de boucles par invariant sans entrer finement dans les détails.

3.1 Les bases de la construction de boucles par invariant

De façon générale, construire rationnellement un programme (algorithme) consiste à le voir comme un mécanisme faisant passer un « système » d'une situation initiale appelée « précondition » à une situation finale nommée « postcondition » ou « but ». Ceci vaut en particulier dans le cas des boucles qui constituent la classe de programmes traitée dans ce chapitre. Le couple (précondition, postcondition) est appelé *spécification* du programme. On cherche à construire un programme à partir de sa spécification. On utilise la notation préc prog postc signifiant que le programme prog s'arrête et fait passer de la situation préc à la situation postc. En d'autres termes, prog étant un programme, préc et postc des prédicats, préc prog postc signifie que, si l'exécution de prog démarre dans un état satisfaisant préc, alors elle se termine et l'état atteint satisfait le prédicat postc.

Afin de faciliter le raisonnement permettant le développement du programme prog, on en systématise la conception à l'aide de cinq constituants (outre la précondition et la postcondition) :

1. Invariant C'est un prédicat représentant une propriété caractéristique du problème.

2. Condition d'arrêt C'est également un prédicat.

3. Progression Il s'agit d'un fragment de programme.

4. Initialisation Il s'agit aussi d'un fragment de programme.

5. Terminaison C'est une expression à valeur entière.

qui entretiennent les relations décrites maintenant.

A) D'abord, la conjonction de l'invariant et de la condition d'arrêt conduit au but recherché, qui se formalise par :

$$(\texttt{invariant et condition d'arrêt}) \Rightarrow \texttt{postcondition}.$$

B) Ensuite, la progression doit :

   a) *conserver* l'invariant. Plus précisément, la progression est un fragment de programme défini par la précondition « invariant **et non** condition d'arrêt » et la postcondition « invariant ». On affirme ici que l'invariant est vrai avant et après l'exécution de la progression. Il ne faut bien sûr pas en conclure que l'invariant est vrai pendant toute l'exécution de la progression.

   b) faire décroître *strictement* l'expression de terminaison. Plus précisément, en situation de bouclage (c'est-à-dire lorsque le prédicat « invariant **et non** condition d'arrêt » est satisfait), la valeur (entière) de l'expression de terminaison après un pas de progression est positive ou nulle et strictement inférieure à sa valeur précédente. Ainsi, la condition d'arrêt sera atteinte au bout d'un temps fini, ce qui garantit que le programme qui est élaboré *se termine*.

C) L'initialisation doit *instaurer* l'invariant. Il s'agit donc d'un fragment de programme dont la précondition est celle du problème à résoudre et la postcondition est l'invariant.

Il importe de noter que les deux premiers composants (l'invariant et la condition d'arrêt) portent sur des *situations* tandis que les deux suivants (la progression et l'initialisation) concernent des *actions*. À la lecture des points A, B et C, il apparaît clairement que l'*invariant* est une pièce centrale puisqu'apparaissant dans les éléments A, B-a, B-b et C. Il constitue la clé de voûte de la conception des boucles, en d'autres termes la colle qui lie les autres constituants entre eux. C'est par son identification que va débuter la construction d'une boucle.

La figure 3.1, page 101, reprend et résume les différents points abordés précédemment.

Le codage de la boucle générique correspondante se présente comme suit :

   1. initialisation ;
   2. **tant que non** condition d'arrêt **faire**
   3.   progression
   4. **fin tant que**

Cette notation « minimale » ne fait pas apparaître dans le code la précondition, la postcondition, l'invariant et l'expression de terminaison. Les deux derniers étant assez largement développés dans la phase de construction, dans la suite nous ne ferons généralement figurer dans le code que les deux premiers sous forme de commentaires. La complexité d'une boucle simple s'exprime en termes de conditions à évaluer ou éventuellement d'une opération caractéristique apparaissant dans son corps. La complexité est linéaire dans le cas des boucles **pour** sauf en cas d'appel de procédure ou fonction dans la condition d'arrêt. En présence de boucles **pour** imbriquées, la complexité est généralement polynomiale. Cependant, il est fréquent qu'une itération ne soit que l'un des constituants de la solution en cours de construction et l'évaluation de conditions (liée au contrôle de la boucle) sera bien souvent retenue comme opération élémentaire.

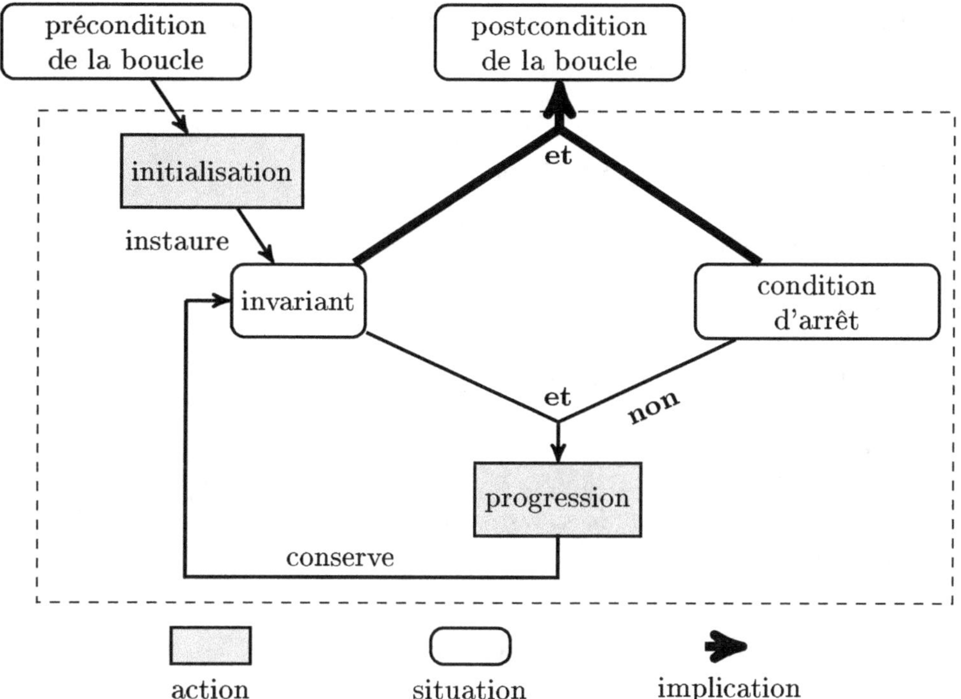

Fig. 3.1 – Articulation invariant/condition d'arrêt/progression/initialisation

3.2 Un exemple introductif : la division euclidienne

On considère le problème classique de la division euclidienne. On cherche le quotient de la division « entière » de l'entier A par l'entier B ($A \in \mathbb{N}, B \in \mathbb{N}_1$), étant entendu que l'on ne dispose pas de l'opération de division. La spécification du programme à réaliser est donnée par le couple :

Précondition : $(A \in \mathbb{N})$ **et** $(B \in \mathbb{N}_1)$.

Postcondition : q est le quotient et r est le reste de la division de A par B.

Afin de rendre la postcondition « utilisable » (cet aspect sera développé ultérieurement), on la reformule à partir de la définition de la division euclidienne en :

$$(A = B \cdot q + r) \quad \text{et} \quad (0 \leqslant r < B).$$

Partant de cette expression, on prend comme invariant :

$$(A = B \cdot q + r) \quad \text{et} \quad (0 \leqslant r)$$

et comme condition d'arrêt : $r < B$. Il reste à exprimer les actions liées à la progression et l'initialisation, ainsi que l'expression de terminaison. Concernant la progression, il suffit d'incrémenter q de 1 et de décrémenter r de la valeur B pour rétablir l'invariant (ce qui est possible puisque, la condition d'arrêt n'étant pas satisfaite, on a $r \geqslant B$). L'invariant est instauré à partir de la précondition en affectant 0 à q et A à r. Quant à l'expression de terminaison, on observe que l'expression $(A - q \cdot B)$ vaut A après l'initialisation et décroît de B tout en restant positive après chaque pas de la progression (elle est éventuellement nulle après la dernière itération). À partir des cinq constituants mis en évidence et du code générique, on déduit le programme ci-après :

```
 1. constantes
 2.    A ∈ ℕ et A = ... et B ∈ ℕ₁ et B = ...
 3. variables
 4.    q ∈ 0 .. A et r ∈ 0 .. B − 1
 5. début
 6.    /% PRE : (A ∈ ℕ)  et  (B ∈ ℕ₁) %/
 7.    q ← 0 ; r ← A ;
 8.    tant que non(r < B) faire
 9.       q ← q + 1 ; r ← r − B
10.    fin tant que ;
11.    /% POST : (A = q · B + r)  et  (r ⩾ 0)  et  (r < B) %/
12.    écrire(le quotient de la division de , A, par , B, est , q, le reste est , r)
13. fin
```

On notera que si $A = 0$ on n'entre pas dans la boucle « tant que » (c'est le seul cas d'ailleurs). De plus, si A est un multiple de B, le reste r vaut 0.

3.3   Techniques auxquelles recourir si besoin

Si, dans l'exemple précédent, le problème était suffisamment simple pour être traité sans difficulté, il n'en va pas toujours ainsi. Il faut assez souvent reformuler la précondition et/ou la postcondition, et ceci doit se faire de façon à garantir la correction du programme construit *in fine*. Nous passons en revue quelques techniques permettant de faire des transformations *légales*.

3.3.1   COMPOSITION SÉQUENTIELLE

Nous avons vu que construire un programme fondé sur une boucle se fait en décomposant le problème en cinq sous-problèmes. Il existe une autre forme de décomposition fréquemment utilisée, à savoir celle fondée sur la règle de la séquentialité qui stipule que si {P} prog₁ {R} et {R} prog₂ {S} alors {P} prog₁ ; prog₂ {S}. Dans cette règle, le « ; » est l'opérateur de séquentialité ; {R} est appelée situation intermédiaire. Cette règle peut également être appliquée pour dire que, si l'on recherche un programme spécifié par le couple (P, S), il suffit de trouver une situation intermédiaire R et deux programmes prog₁ et prog₂ tels que : i) {P} prog₁ {R} et ii) {R} prog₂ {S}. La composition séquentielle de prog₁ et de prog₂ est une solution au problème initial spécifié par (P, S).

Prenons un exemple : on souhaite savoir si l'élément d'indice K du tableau T est son unique minimum. On veut construire le programme spécifié par :

Précondition : (T est un tableau constant de N entiers naturels) **et** (N ⩾ 1) **et**

(K constant) **et** (K ∈ 1 .. N).

Postcondition : infk = (T[K] est strictement inférieur à tous les autres éléments).

On souhaite élaborer une solution ne parcourant pas systématiquement le tableau T et ne comportant qu'une seule boucle.

Une analyse sommaire du problème montre que deux cas peuvent se présenter :

- le tableau T ne contient qu'un exemplaire de son minimum qui se trouve être T[K], ce qui nécessite de parcourir T dans sa totalité,

- T[K] n'est pas le minimum du tableau T (on rencontre une valeur strictement inférieure à T[K] et il n'est pas utile de poursuivre l'examen de T) ; ou T[K] est bien le minimum et on rencontre une valeur T[i] égale à T[K] avec $i \neq K$ et, là encore, l'examen de T peut être arrêté).

Afin de faciliter la conception de la solution, on va dans un premier temps ignorer la variable infk et considérer la nouvelle postcondition :

Postcondition : i est le plus petit indice de l'intervalle $1 .. N$ différent de K tel que $T[i] \leqslant T[K]$ s'il existe ou sinon $(N + 1)$

qui représente une situation intermédiaire (au sens de la composition séquentielle) ; on envisage alors la démarche de résolution suivante :

1. On construit la boucle (BOUCLE) spécifiée par :

   Précondition : (T est un tableau constant de N entiers naturels) **et** $(N \geqslant 1)$ **et** (K constant) **et** $(K \in 1 .. N)$

   Postcondition : i est l'indice de l'intervalle $1 .. N$ différent de K tel que $T[i] \leqslant T[K]$ (s'il existe un tel i) ou sinon $(N + 1)$.

2. On construit la partie complémentaire (PARTCOMP) spécifiée par :

   Précondition : i est l'indice de l'intervalle $1 .. N$ différent de K tel que $T[i] \leqslant T[K]$ (s'il existe un tel i) ou sinon $N + 1$.

   Postcondition : infk = (T[K] est inférieur à tous les autres éléments).

Le code associé à PARTCOMP consiste à affecter à infk la valeur de l'expression relationnelle $(i = N + 1)$. Pour ce qui est de celui correspondant à BOUCLE, il s'appuie sur les cinq composants suivants :

1. Invariant $(i \in 1 .. N)$ **et** $(\forall j \cdot (j \in ((1 .. i - 1) - \{K\}) \Rightarrow T[j] > T[K]))$

2. Condition d'arrêt $(i = N + 1)$ **ou sinon** $((i \neq K)$ **et** $(T[i] \leqslant T[K]))$

3. Progression $i \leftarrow i + 1$

4. Initialisation $i \leftarrow 1$

5. Terminaison $N + 1 - i$

Il est aisé de vérifier que : i) la conjonction de l'invariant et de la condition d'arrêt implique la postcondition, ii) la progression conserve l'invariant, iii) l'expression de terminaison décroît à chaque pas tout en restant positive ou nulle et iv) l'initialisation instaure l'invariant, autrement dit que les relations A, B-a, B-b et C sont satisfaites.

Au final, on aura construit le programme :

1. **constantes**
2. $N \in \mathbb{N}_1$ **et** $N = \ldots$ **et** $T \in 1\,..\,N \to \mathbb{N}$ **et** $T = [\ldots]$ **et** $K \in 1\,..\,N$ **et** $K =$ ...
3. **variables**
4. $i \in 1\,..\,N+1$ **et** $\mathrm{infk} \in \mathbb{B}$
5. **début**
6.   */% première partie :* BOUCLE *%/*
7.   */% PRE :* (T *est un tableau constant de* N *entiers naturels*) **et** $(N \geqslant 1)$ **et** (K *constant*) **et** $(K \in 1\,..\,N)$ *%/*
8. $i \leftarrow 1$;
9.   **tant que non**$((i = N+1)$ **ou sinon** $((i \neq K)$ **et** $(T[i] \leqslant T[K])))$ **faire**
10. $i \leftarrow i+1$
11.   **fin tant que** ;
12.   */% POST :* i *est l'indice de l'intervalle* $1\,..\,N$ *différent de* K *tel que* $T[i] \leqslant T[K]$ *(s'il existe un tel* i*) ou sinon* $(N+1)$ *%/*
13.   */% deuxième partie :* PARTCOMP *%/*
14. $\mathrm{infk} \leftarrow (i = N+1)$;
15.   **si** infk **alors**
16.   **écrire**(*l'élément d'indice,* K, *du tableau,* T, *est son unique minimum*)
17.   **sinon**
18.   **écrire**(*l'élément d'indice,* K, *du tableau,* T, *n'est pas son unique minimum*
19.   **fin si**
20. **fin**

3.3.2   RENFORCEMENT ET AFFAIBLISSEMENT DE PRÉDICATS

La notion de renforcement du prédicat pred s'entend souvent dans un sens logique, c'est-à-dire que l'on considère un prédicat pred' (renforçant pred) car satisfaisant la propriété : pred' $\Rightarrow$ pred. Cette démarche peut se révéler particulièrement intéressante lorsque l'on se trouve face à la spécification (P, Q) et qu'il est plus facile de construire le programme prog' tel que $\{P\}$ prog' $\{Q'\}$ avec $Q' \Rightarrow Q$ (notamment si Q' est défini par l'ajout d'un conjoint à Q), que le programme prog tel que $\{P\}$ prog $\{Q\}$.

De façon duale, on peut parler d'affaiblissement de prédicat en considérant un prédicat pred'' (affaiblissant pred) vérifiant la propriété : pred $\Rightarrow$ pred''. Cette démarche présente un intérêt quand, face à la spécification (P, Q), il est plus facile de construire le programme prog'' tel que $\{P''\}$ prog'' $\{Q\}$ avec $P \Rightarrow P''$ que le programme prog tel que $\{P\}$ prog $\{Q\}$. C'est notamment le cas si P'' est obtenu par suppression d'un conjoint de P.

3.3.3   RENFORCEMENT PAR INTRODUCTION DE VARIABLES DE PRO-GRAMMATION

On considère ici un second type de renforcement d'un prédicat dans lequel l'espace d'états du problème (l'ensemble de ses variables) s'enrichit d'(au moins) une variable. Par exemple, considérons un tableau $T[1\,..\,N]$ $(N \geqslant 1)$ d'entiers naturels et le prédicat $P \mathrel{\widehat{=}}$ « s représente la somme des éléments du tableau T ». Une formulation équivalente de P est
$P' \mathrel{\widehat{=}}$ « (s représente la somme des i premiers éléments de T) **et** $(i \in 1\,..\,N)$ **et** $(i = N)$ ».
La variable i a été introduite et on a un renforcement du prédicat P initial. Le principal

intérêt de cette démarche réside dans le fait qu'elle introduit au moins une conjonction qui va pouvoir être exploitée pour découvrir un invariant pour le problème considéré (voir par exemple l'exercice 31, page 118).

3.4   Heuristiques pour la découverte d'invariants

La programmation est une activité dirigée par le but. La recherche de l'invariant d'une boucle n'échappe pas à cette règle et les trois heuristiques proposées ci-dessous se fondent sur la relation qui lie postcondition et invariant. Nous étudions successivement trois techniques de base concurrentes. La première, l'éclatement de la postcondition, fait l'hypothèse que la postcondition se présente sous la forme d'une conjonction. Comme c'est rarement le cas, il est fréquemment nécessaire de procéder à un renforcement préalable de la postcondition de façon à exhiber une ou plusieurs conjonctions. La seconde, l'hypothèse du travail réalisé en partie, conduit de par sa nature à un renforcement implicite de la postcondition par l'introduction de variables. La dernière heuristique concerne le renforcement de la postcondition suite à celui de l'invariant.

3.4.1   ÉCLATEMENT DE LA POSTCONDITION

Compte tenu de la propriété associée à la relation A (voir page 100), il est légitime, lorsque la postcondition s'exprime comme une conjonction, d'identifier l'un des conjoints à l'invariant et le second à la condition d'arrêt. La démarche est identique dans le cas où la postcondition s'exprime par *plusieurs* conjonctions. On peut alors chercher d'une part à isoler un ou plusieurs conjoint(s) pour constituer la condition d'arrêt, d'autre part à mettre de côté le(s) conjoint(s) restant(s) pour former l'invariant :

> **Postcondition :** B_1 et B_2 et ... et B_n
> **Condition d'arrêt :** B_i
> **Invariant :** B_1 et B_2 et ... et B_{i-1} et B_{i+1} et ... et B_n

En supposant que l'on n'isole qu'un seul conjoint, comment va-t-on choisir parmi les n possibilités ? Il n'y a pas de réponse systématique à cette question. On peut cependant proposer les heuristiques suivantes :

1. Il est préférable que la condition d'arrêt puisse s'exprimer syntaxiquement dans un langage de programmation habituel afin que sa négation puisse constituer la condition de bouclage. Ceci exclut des prédicats avec quantificateur tels que $\forall j \cdot (j \in \ldots \Rightarrow \ldots)$.

2. Il est préférable que l'invariant soit facile à instaurer à partir de la précondition. Une fois le choix de l'invariant effectué, il faut évaluer la difficulté que représente son instauration (l'initialisation).

3. Toutes les variables de la postcondition doivent apparaître dans l'invariant (autrement dit, la condition d'arrêt ne doit pas contenir de variables « orphelines »). Le cas échéant, la progression n'affecterait pas ces variables, qui apparaîtraient donc comme inutiles.

On illustre la démarche avec l'exemple suivant, où l'on recherche le premier zéro d'un tableau de nombres. On veut construire le programme spécifié par :

Précondition : (T est un tableau d'entiers naturels constant de N éléments) **et** (il existe au moins un zéro dans le tableau T).

Postcondition : La variable i désigne le zéro de T ayant le plus petit indice (le zéro le plus à « gauche »).

On remarque que, puisqu'il existe au moins un zéro dans T, c'est donc que $N \geqslant 1$. Puisque cet algorithme exige de parcourir tout ou partie du tableau, on va construire une itération. De plus, la postcondition ne se présente pas sous forme conjonctive. On va la renforcer dans cet objectif en remplaçant une *expression* exp (ici N) par une *variable* v (ici i), puis en ajoutant le conjoint ($v = $ exp). Dans la suite, ce traitement est dénommé « mise sous forme constructive ». On reformule la postcondition initiale en :

Postcondition : ($i \in 1 .. N$) **et** ($T[1 .. i - 1]$ ne contient pas de zéro) **et** ($T[i] = 0$).

Il est alors possible d'appliquer la méthode de l'éclatement de la postcondition et les heuristiques présentées ci-dessus pour diviser cette postcondition en deux parties, la première constituant l'invariant et la seconde la condition d'arrêt :

1. **Invariant** Les deux premiers conjoints sont faciles à établir et on les prend donc pour constituer l'invariant, soit :

$$(i \in 1 .. N) \textbf{ et } (T[1 .. i - 1) \text{ ne contient pas de zéro})$$

que l'on peut illustrer graphiquement par :

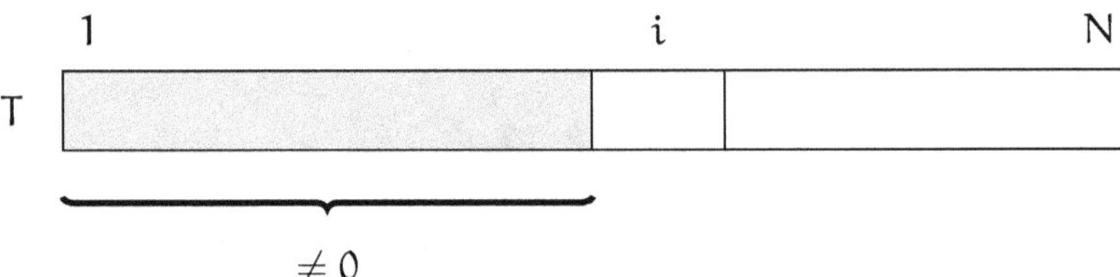

Le conjoint ($T[i] = 0$) a donc été écarté. C'est effectivement un prédicat difficile à établir puisqu'il faudrait localiser un zéro !

2. **Condition d'arrêt** Il suffit de prendre le conjoint écarté, soit : $T[i] = 0$. On note que ce prédicat ne contient pas de quantificateurs ; sa négation pourra donc être intégrée au programme final.

3. **Progression** La progression est spécifiée par :

> **Précondition :** ($i \in 1 .. N$) **et** ($T[1 .. i - 1]$ ne contient pas de zéro)
> **et non** ($T[i] = 0$)
>
> PROGRESSION
>
> **Postcondition :** ($i \in 1 .. N$) **et** ($T[1 .. i - 1]$ ne contient pas de zéro).

Une solution pour la progression consiste à déplacer i d'une position vers la droite par l'affectation : $i \leftarrow i + 1$. L'invariant est bien satisfait par la nouvelle situation puisqu'il n'y a pas de zéro dans $T[1 .. i - 1]$ et qu'il doit y en avoir un après (selon la précondition) donc $i \leqslant N$ (d'où $i \in 1 .. N$).

4. Initialisation L'initialisation est spécifiée par :

> **Précondition :** (T est un tableau d'entiers naturels constant de N éléments) **et** (il existe au moins un zéro dans le tableau T)
>
> INITIALISATION
>
> **Postcondition :** $(i \in 1 .. N)$ **et** $(T[0 .. i-1]$ ne contient pas de 0$)$.

Passer de la précondition à l'invariant, c'est atteindre la situation suivante :

qui satisfait l'invariant puisque, si $i = 1$, celui-ci s'instancie en : $(1 \in 1..N)$ **et** $(T[1..0]$ ne contient pas de zéro$)$. Ceci s'obtient par l'affectation : $i \leftarrow 1$.

5. Terminaison L'expression $(N - i)$ convient, car elle reste toujours positive ou nulle et décroît à chaque pas de progression.

Au final, on a construit le programme suivant :

1. **constantes**
2. $N \in \mathbb{N}_1$ **et** $T \in 1 .. N \rightarrow \mathbb{N}$ **et** $T = [...]$
3. **variables**
4. $i \in 1 .. N$
5. **début**
6.   /% PRE : (T est un tableau d'entiers naturels constant de N éléments) **et** (il existe au moins un zéro dans le tableau T) %/
7. $i \leftarrow 1$;
8.   **tant que non**$(T[i] = 0)$ **faire**
9. $i \leftarrow i + 1$
10.   **fin tant que** ;
11.   /% POST : $(i \in 1..N)$ **et** $(T[1..i-1]$ ne contient pas de zéro$)$ **et** $(T[i] - 0)$ %/
12.   écrire(*l'indice du zéro le plus à gauche dans*, T, *est*, i)
13. **fin**

Dans le meilleur des cas, cet algorithme est en $\Theta(1)$ et au pire en $\Theta(N)$ en nombre de comparaisons.

Dans la section 3.7, plusieurs exercices sont proposés dans lesquels la postcondition initiale n'est pas exprimée sous forme conjonctive. Dans ce type de situation très fréquent en pratique, la postcondition doit d'abord être mise sous forme « constructive », c'est-à-dire exprimée comme une conjonction qui pourra être éclatée.

3.4.2 HYPOTHÈSE DU TRAVAIL RÉALISÉ EN PARTIE

L'une des caractéristiques de l'invariant est qu'il s'agit d'une propriété qui se retrouve identique à elle-même à chaque pas de boucle. Il est légitime d'exploiter cette particularité pour rechercher un invariant.

En faisant l'hypothèse qu'une partie du travail a déjà été réalisée, on peut se poser la question :

« Dans quelle situation se trouve-t-on ? »

dont la réponse est souvent l'invariant recherché. Cette technique est illustrée avec l'exemple « classique » et simple dit « du drapeau monégasque », dont l'énoncé est le suivant. La situation initiale est un tableau $T[1..N]$ ($N \geqslant 0$) dont les éléments sont de couleur blanche ou rouge et forment le sac S. La situation finale est un tableau formant le même sac S, dans lequel les éléments blancs occupent la partie gauche et les éléments rouges la partie droite. On s'impose de passer de la situation initiale à la situation finale en une seule boucle, qui parcourt le tableau de gauche à droite. Les seuls changements du tableau T s'effectuent par l'opération d'échange des éléments d'indice i et j de T (*Échanger*(i, j)), ce qui garantit la préservation du sac de valeurs S initial.

On va chercher un invariant en admettant que le travail est partiellement effectué et que l'on a atteint la configuration décrite dans la figure 3.2, page 108.

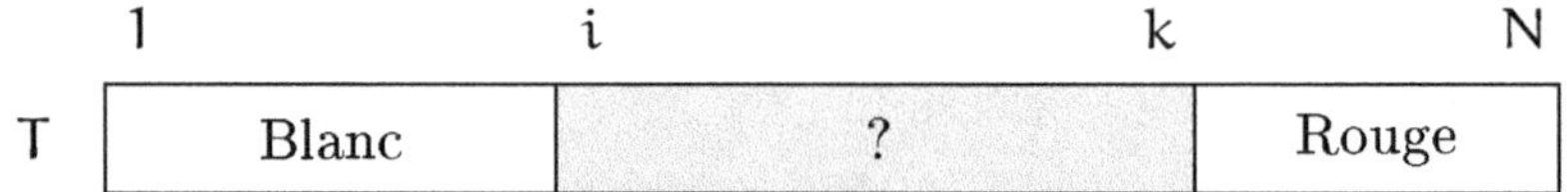

Fig. 3.2 – Situation dans laquelle le travail est réalisé en partie.

Formellement, cette configuration se définit par la formule :

$$(\forall u \cdot (u \in 1..i-1 \Rightarrow T[u] = \text{Blanc})) \text{ et } (1 \leqslant i \leqslant k+1 \leqslant N+1) \text{ et }$$
$$(\forall u \cdot (u \in k+1..N \Rightarrow T[u] = \text{Rouge}))$$

Cette expression couvre l'ensemble des cas suivants :

i) La situation initiale dans laquelle le contenu de T est inconnu (ni élément blanc, ni élément rouge localisé), avec $i = 1$ et $k = N$. En effet, la formule ci-dessus qui s'écrit alors :

$$(\forall u \cdot (u \in 1..0 \Rightarrow T[u] = \text{Blanc})) \text{ et } (1 \leqslant 1 \leqslant N+1 \leqslant N+1) \text{ et }$$
$$(\forall u \cdot (u \in N+1..N \Rightarrow T[u] = \text{Rouge}))$$

s'évalue à **vrai** et exprime que l'on ne sait rien sur la couleur de chacun des éléments de T,

ii) La situation finale où tous les éléments sont localisés (les blancs à gauche, les rouges à droite), avec $k = i - 1$,

iii) Une situation où il y a au moins un élément rouge et aucun élément blanc, avec $i = 1$ et $0 \leqslant k < N$,

iv) Une situation où il y au moins un élément blanc et aucun élément rouge, avec $1 < i \leqslant N+1$ et $k = N$,

v) Le cas où T est vide ($N = 0$).

Il apparaît donc qu'elle constitue un invariant pour le problème à résoudre.

À partir de la situation de départ (précondition) et de celle d'arrivée (postcondition), on va maintenant définir les cinq éléments de la boucle.

1. **Invariant** On reprend telle quelle l'expression associée à la figure 3.2, à savoir :

$$(\forall u \cdot (u \in 1 .. i-1 \Rightarrow T[u] = \text{Blanc})) \textbf{ et } (1 \leqslant i \leqslant k+1 \leqslant N+1) \textbf{ et}$$
$$(\forall u \cdot (u \in k+1 .. N \Rightarrow T[u] = \text{Rouge})).$$

2. **Condition d'arrêt** La boucle est terminée quand $k = i-1$. On a mis en évidence (voir item ii) qu'alors la conjonction de l'invariant et de la condition d'arrêt implique la postcondition.

3. **Progression** L'action à réaliser dans la progression dépend de la couleur de $T[i]$. Si $T[i]$ est blanc, il suffit d'incrémenter i de 1 (ce qui étend la zone des éléments blancs) et si $T[i]$ est rouge, on l'échange avec $T[k]$ et on décrémente k de 1 (ce qui agrandit la zone des éléments rouges).

4. **Initialisation** Les opérations relatives à l'initialisation ont été évoquées dans l'item i, précédemment, et consistent donc à faire les deux affectations : $i \leftarrow 1$ et $k \leftarrow N$.

5. **Terminaison** L'expression $(k-i+1)$ convient puisqu'elle vaut N après l'initialisation, décroît de 1 à chaque pas d'itération et atteint 0 quand la condition d'arrêt est satisfaite.

Au final, on aboutit au programme ci-après :

```
1.  constantes
2.     N ∈ ℕ et N = ... et T ∈ 1 .. N  →  ℕ et T = [...]
3.  variables
4.     i ∈ 1 .. N et k ∈ 1 .. N
5.  début
6.     /% PRE : T[1 .. N] est un tableau dont les éléments sont de couleur
        blanche ou rouge %/
7.     i ← 1 ; k ← N ;
8.     tant que k ≠ i − 1 faire
9.        si T[i] = Blanc alors
10.          i ← i + 1
11.       sinon
12.          Échanger(i, k) ; k ← k − 1
13.       fin si
14.    fin tant que ;
15.    /% POST : les éléments blancs de T occupent la partie gauche et les
        éléments rouges de T la partie droite %/
16.    écrire(T)
17. fin
```

Cet algorithme est en $\Theta(N)$ comparaisons (N comparaisons portant sur les valeurs de T et N pour le contrôle de la boucle). Il demande autant d'échanges qu'il y a d'éléments de couleur rouge (quelle que soit leur position initiale) ; il est donc en $\mathcal{O}(N)$ échanges.

Comme dans la majorité des problèmes, ici l'invariant n'est pas unique. Le lecteur intéressé pourra réfléchir à celui qui dérive de la situation du travail réalisé en partie donnée dans la figure 3.3.

<table>
<tr><td></td><td>1</td><td>i</td><td>k</td><td>N</td></tr>
<tr><td>T</td><td>Blanc</td><td>Rouge</td><td>?</td><td></td></tr>
</table>

Fig. 3.3 – Autre situation dans laquelle le travail est réalisé en partie.

3.4.3 Renforcement de l'invariant

Nous avons vu que la conjonction de l'invariant P et de la condition d'arrêt B doit impliquer la postcondition R :

$$(P \textbf{ et } B) \Rightarrow R.$$

Il a été dit qu'il pouvait être pertinent de reformuler la postcondition en introduisant une (ou plusieurs) variable(s) afin de faire apparaître une conjonction. Ce faisant, on a renforcé la postcondition initiale par une postcondition auxiliaire qui *l'implique*. Il est cependant des cas où la nécessité, ou simplement l'occasion, de renforcer la postcondition n'apparaît qu'en cours de développement. Le renforcement de la postcondition s'exprime alors souvent *indirectement* par un renforcement de l'invariant. On va alors adjoindre à l'invariant « naturel » un conjoint supplémentaire P′ afin, soit d'assurer la progression, soit de formuler une condition d'arrêt. Ceci s'exprime formellement par :

$$\Rightarrow \begin{array}{l} (P \textbf{ et } P' \textbf{ et } B) \Rightarrow (P \textbf{ et } B) \\ (P \textbf{ et } P' \textbf{ et } B) \Rightarrow R. \end{array} \qquad \text{on a soit } (P \textbf{ et } B) = R, \text{ soit au pire } (P \textbf{ et } B) \Rightarrow R$$

La démarche que nous allons adopter se décompose en quatre parties :

1. On développe la boucle avec l'invariant « naturel ».

2. On constate que la valeur d'une expression manque pour poursuivre la construction de la progression.

3. On fait l'hypothèse que cette valeur est disponible (dans une variable introduite à cette fin). Ceci conduit à adjoindre un nouveau conjoint à l'invariant existant.

4. On reprend la construction de la boucle à partir du nouvel invariant.

Nous allons développer cette démarche pour calculer la somme des éléments d'un tableau situés « à gauche » de sa valeur maximale (supposée unique). On veut construire le programme constitué d'une seule boucle spécifié par :

Précondition : Soit (T un tableau d'entiers relatifs constant injectif (toutes les valeurs de T sont différentes) de N éléments) **et** ($N \geqslant 1$).

Postcondition : m est la position du maximum de T et s est la somme des éléments de $T[1 .. m - 1]$.

Si m est la position du maximum de $T[1 .. N]$, on souhaite, à l'issue du programme, être dans la situation suivante :

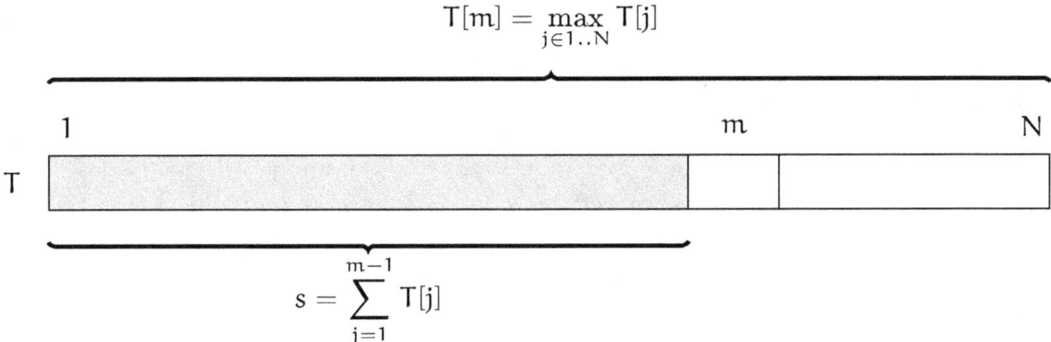

soit plus formellement, et en ajoutant les domaines de variation des variables, la postcondition :

$$(m \in 1..N) \text{ et } (T[m] = \max_{j \in 1..N} T[j]) \text{ et } (s \in \mathbb{Z}) \text{ et } \left(s = \sum_{j=1}^{m-1} T[j] \right).$$

Première tentative. On renforce la postcondition de façon à obtenir une conjonction exploitable :

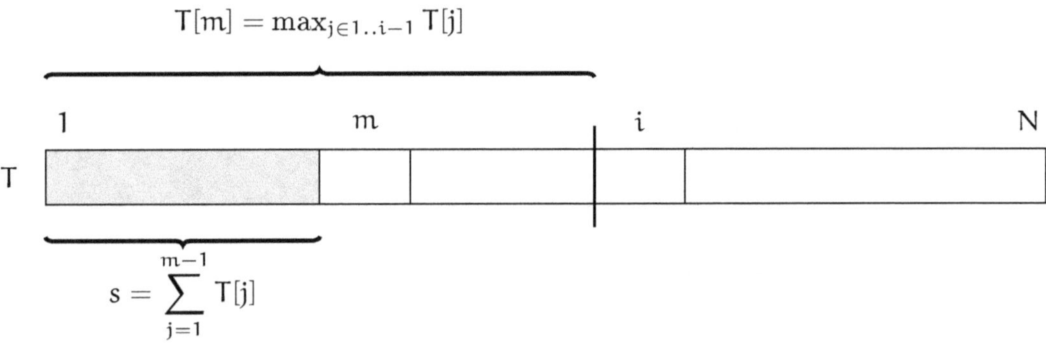

Étudions d'abord le domaine de variation des variables i, m et s. Pour que m puisse prendre une valeur, il faut que le sous-tableau $T[1..i-1]$ ne soit pas vide, ce qui impose que i ne prenne pas la valeur 1. Donc, i varie sur l'intervalle $2..N+1$, tandis que $m \in 1..i-1$ et $s \in \mathbb{Z}$. En ajoutant le domaine de variation de ces variables, on obtient :

Postcondition (version issue du renforcement de la précédente) : $(i \in 2..N+1)$ **et** $(m \in 1..i-1)$ **et** $(T[m] = \max_{j \in 1..i-1} T[j])$ **et** $(s \in \mathbb{Z})$ **et** $(s = \sum_{j=1}^{m-1} T[j])$ **et** $(i = N+1)$.

Cette postcondition permet d'effectuer une première tentative d'éclatement.

1. Invariant Les cinq premiers conjoints sont faciles à établir, on les retient pour constituer l'invariant :

$$(i \in 2..N+1) \text{ et } (m \in 1..i-1) \text{ et } (T[m] = \max_{j \in 1..i-1} T[j]) \text{ et }$$
$$(s \in \mathbb{Z}) \text{ et } \left(s = \sum_{j=1}^{m-1} T[j] \right).$$

2. Condition d'arrêt On retient le conjoint écarté : $i = N+1$.

3. Progression Comment passer de la situation où l'invariant est vrai, ainsi que

non$(i = N + 1)$, à la situation où l'invariant est vrai, tout en progressant vers la postcondition de l'énoncé ? Considérons l'élément $T[i]$. Si i n'est pas la position du maximum de $T[1 .. i]$ il n'y a rien d'autre à faire que d'incrémenter i. Sinon, une solution est de calculer dans s, par une boucle, la somme des éléments de $T[1 .. i-1]$. Il est cependant facile de s'apercevoir que des sommes risquent d'être recalculées. L'idée est de profiter des calculs déjà réalisés et, pour ce faire, de considérer que cette somme est disponible dans la variable v. Mettre à jour s n'exige alors pas de boucle, s prend simplement la valeur de v. Retenir cette hypothèse, c'est renforcer l'invariant par le conjoint $v = \sum_{j=1}^{i-1} T[j]$. On doit donc reconstruire la boucle à partir du nouvel invariant.

Seconde tentative. L'invariant (et indirectement la postcondition) se renforce par l'ajout du conjoint $v = \sum_{j=1}^{i-1} T[j]$.

1. Invariant Il devient donc :

$$(i \in 2 .. N + 1) \textbf{ et } (m \in 1 .. i - 1) \textbf{ et } (T[m] = \max_{j \in 1..i-1} T[j]) \textbf{ et}$$
$$(s \in \mathbb{Z}) \textbf{ et } \left(s = \sum_{j=1}^{m-1} T[j] \right) \textbf{ et } (v \in \mathbb{Z}) \textbf{ et } \left(v = \sum_{j=1}^{i-1} T[j] \right)$$

soit, sous forme graphique :

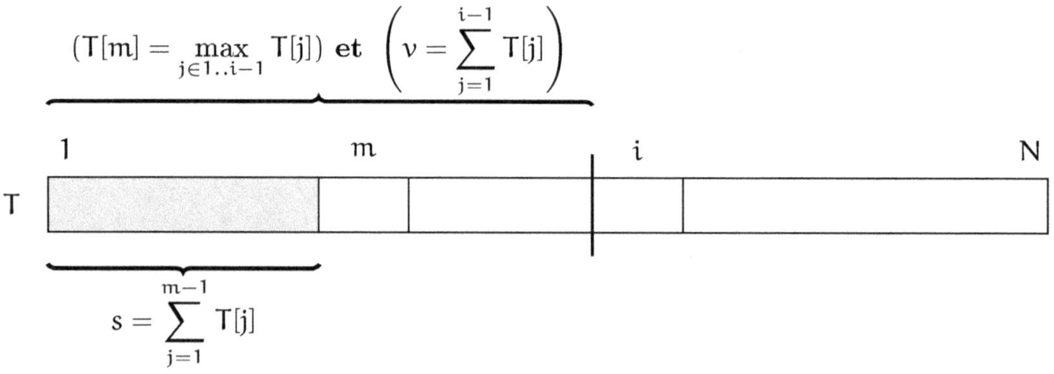

2. Condition d'arrêt On conserve la même condition d'arrêt : $i = N + 1$.

3. Progression La progression se spécifie par :

Précondition : $(i \in 2 .. N + 1)$ **et** $(m \in 1 .. i - 1)$ **et** $(T[m] = \max_{j \in 1..i-1} T[j])$ **et** $(s \in \mathbb{Z})$ **et** $(s = \sum_{j=1}^{m-1} T[j])$ **et** $(v \in \mathbb{Z})$ **et** $(v = \sum_{j=1}^{i-1} T[j])$ **et non**$(i = N + 1)$

PROGRESSION

Postcondition : $(i \in 2 .. N + 1)$ **et** $(m \in 1 .. i - 1)$ **et** $(T[m] = \max_{j \in 1..i-1} T[j])$ **et** $(s \in \mathbb{Z})$ **et** $(s = \sum_{j=1}^{m-1} T[j])$ **et** $(v \in \mathbb{Z})$ **et** $(v = \sum_{j=1}^{i-1} T[j])$.

Si i est la position du nouveau maximum dans le tableau $T[1 .. i]$, s prend la valeur de v. Les variables m et v sont ensuite actualisées. Dans tous les cas, on intègre $T[i]$ à v et i augmente de 1.

4. Initialisation L'initialisation est spécifiée par :

Précondition : (T est un tableau injectif constant de N éléments) **et** (N $\geqslant$ 1)

INITIALISATION

Postcondition : ($i \in 2 .. N + 1$) **et** ($m \in 1 .. i - 1$) **et** ($T[m] = \max_{j \in 1 .. i-1} T[j]$) **et** ($s \in \mathbb{Z}$) **et** ($s = \sum_{j=1}^{m-1} T[j]$) **et** ($v \in \mathbb{Z}$) **et** ($v = \sum_{j=1}^{i-1} T[j]$).

On donne la valeur 2 à i, ce qui impose aux autres variables les contraintes suivantes (on peut le vérifier par substitution) :

$$(s = T[1]) \ \textbf{et} \ (v = T[1]) \ \textbf{et} \ (m = 1).$$

4. Terminaison La variable i est incrémentée à chaque pas de progression. L'expression ($N + 1 - i$) convient pour assurer la terminaison.

Finalement, on a construit le programme suivant :

```
 1. constantes
 2.    N ∈ ℕ₁ et N = ... et T ∈ 1 .. N  →  ℤ et T = [...]
 3. variables
 4.    i ∈ 1 .. N + 1 et m ∈ 1 .. N et v ∈ ℤ et s ∈ ℤ
 5. début
 6.    /% PRE : (T est un tableau injectif constant de N éléments) et (N ⩾ 1)) %/
 7.    i ← 2 ; s ← T[1] ; v ← T[1] ; m ← 1 ;
 8.    tant que non(i = N + 1) faire
 9.      si T[i] > T[m] alors
10.          s ← v ; m ← i
11.      fin si ;
12.      v ← v + T[i] ; i ← i + 1
13.    fin tant que ;
14.    /% POST : m est la position du maximum de T et s est la somme des éléments
           de T[1 .. m − 1] %/
15.    écrire(la somme des éléments précédant celui d'indice , m, est , s)
16. fin
```

Cette solution exige au pire et au mieux N itérations et $2N + 1$ comparaisons.

3.5   À propos de recherche linéaire bornée

La recherche linéaire est une classe d'algorithmes où, étant donné un prédicat $P(i)$ tel qu'il existe un ensemble non vide de valeurs le satisfaisant, on recherche le plus petit élément de cet ensemble.

La recherche linéaire *bornée* s'apparente à la recherche linéaire, mais ici l'ensemble des solutions peut être vide. En général, le résultat fourni en cas d'échec est soit une valeur conventionnelle située en dehors du domaine de définition de P, soit un booléen qui signale l'échec.

3.5.1   UN EXEMPLE

On veut déterminer si la somme des éléments du tableau T[1 .. N] est ou non supérieure à une valeur entière donnée S.

On veut construire le programme spécifié par :

Précondition : (T est un tableau de N entiers naturels) **et** ($N \geqslant 0$) **et** (S constant) **et** ($S \in \mathbb{N}_1$).

Postcondition : $sss = (\sum_{j=1}^{N} T[j] > S)$.

La postcondition n'étant pas sous forme constructive, dans la quantification on remplace l'expression $(N + 1)$ par la variable i, d'où :

Postcondition : $(i \in 1 .. N + 1)$ **et** $(sss = (\sum_{j=1}^{i-1} T[j] > S))$ **et** $(i = N + 1)$.

La présence d'une quantification laisse augurer un problème quant à son évaluation telle quelle ; on procède à un second renforcement en introduisant la variable sp calculant la somme partielle des $(i - 1)$ premiers éléments de T, d'où :

Postcondition : $(i \in 1 .. N + 1)$ **et** $(sp = \sum_{j=1}^{i-1} T[j])$ **et** $(sss = (sp > S))$ **et** $(i = N + 1)$.

On peut maintenant débuter la construction de l'algorithme.

1. Invariant Les trois premiers conjoints sont faciles à établir. On les conserve pour constituer l'invariant :

$$(i \in 1 .. N + 1) \textbf{ et } \left(sp = \sum_{j=1}^{i-1} T[j] \right) \textbf{ et } (sss = (sp > S)).$$

2. Condition d'arrêt On reprend le conjoint écarté : $(i = N + 1)$.

3. Progression La progression est spécifiée par :

$(i \in 1 .. N + 1)$ **et** $(sp = \sum_{j=1}^{i-1} T[j])$ **et** $(sss = (sp > S))$ **et** $\textbf{non}(i = N + 1)$

PROGRESSION

$(i \in 1 .. N + 1)$ **et** $(sp = \sum_{j=1}^{i-1} T[j])$ **et** $(sss = (sp > S))$.

Une solution à cette spécification est :

1. $sp \leftarrow sp + T[i]$;
2. $sss \leftarrow sss$ **ou** $(sp > S)$;
3. $i \leftarrow i + 1$

4. Initialisation L'initialisation est spécifiée par :

Précondition : (T est un tableau de N entiers naturels) **et** ($N \geqslant 0$) **et** ($S \in \mathbb{N}_1$)

INITIALISATION

Postcondition : $(i \in 1 .. N + 1)$ **et** $(sp = \sum_{j=1}^{i-1} T[j])$ **et** $(sss = (sp > S))$.

L'affectation de 1 à i, de 0 à sp et de **faux** à sss répond à cette spécification.

5. Terminaison $(N + 1 - i)$ est une expression de terminaison convenable.

Il est facile de constater que l'arrêt pourrait avoir lieu dès que sss prend la valeur **vrai**, ce qui serait susceptible de limiter le nombre de passages dans la boucle et donc la complexité au pire. Cette remarque conduit à modifier la condition d'arrêt et la progression de la construction précédente. On va modifier la condition d'arrêt en conséquence dans la construction d'une nouvelle boucle.

1. Invariant Il est inchangé.

2. Condition d'arrêt On prend : $(i = N + 1)$ **ou** sss.

3. Progression La seconde affectation de la progression est (sss **ou** $(sp > S)$), dont l'évaluation se fait dans le contexte de la précondition de la progression (impliquant que sss est **faux**), d'où :

$$\begin{array}{ll} & \text{sss } \mathbf{ou} \ (sp > S) \\ \Leftrightarrow & \qquad\qquad\qquad\qquad\qquad\qquad\qquad \mathbf{non}(\text{sss}) \text{ et calcul propositionnel} \\ & sp > S \end{array}$$

4. Initialisation Elle est inchangée.

5. Terminaison Elle est elle aussi inchangée.

Au final, on obtient le programme suivant :

```
 1. constantes
 2.    N ∈ ℕ et N = … et T ∈ 1..N → ℕ et T = [...] et S ∈ ℕ₁ et S = …
 3. variables
 4.    i ∈ 1..N + 1 et sss ∈ 𝔹 et sp ∈ ℕ
 5. début
 6.    /% PRE : (T est un tableau de N entiers naturels) et (N ⩾ 0) et (S constant) et
          (S ∈ ℕ₁) %/
 7.    i ← 1 ; sss ← faux ; sp ← 0 ;
 8.    tant que non((i = N + 1) ou sss) faire
 9.       sp ← sp + T[i] ; sss ← (sp > S) ; i ← i + 1
10.    fin tant que ;
                      ⎛  N        ⎞
11.    /% POST : sss = ⎜  Σ  T[j] > S ⎟  %/
                      ⎝ j=1       ⎠
12.    écrire(sss)
13. fin
```

En termes de comparaisons, la complexité de cet algorithme est en $\mathcal{O}(N)$.

3.5.2 Cas particulier et patron associé

Il arrive fréquemment que l'on soit confronté à des problèmes ressemblant au précédent et il est intéressant de dégager un patron de programmation pour la recherche linéaire bornée pouvant être instancié plutôt que de procéder à une construction *ex nihilo*.

On se place dans le cadre de la recherche du premier élément (peu importe la structure utilisée, ensemble, sac, tableau, etc.) parmi N rendant vraie une propriété P ; j contient l'identité de cet élément ou $(N + 1)$ s'il n'existe pas. On suppose de plus que la propriété P, notée PL(j), est « locale » à l'élément j, au sens où son évaluation ne dépend pas des éléments examinés avant lui. Enfin, il peut arriver que, contrairement à l'exemple précédent, la propriété PL ne puisse être évaluée pour $j = N + 1$. En conséquence, la condition d'arrêt utilise alors une disjonction « court-circuit ». On a donc le modèle de programme suivant. Ce patron est utilisé dans les exercices 34, page 120, et 41, page 128.

```
 1. constantes
 2.    N ∈ ℕ et N = ...
 3. variables
 4.    j ∈ 1 .. N + 1 et PL ∈ 𝔹 et ...
 5. début
 6.    /% PRE : ... %/
 7.    j ← 1 ; ...
 8.    invariant
 9.       ...
10.    terminaison
11.       N + 1 − j
12.    tant que non((j = N + 1) ou sinon PL) faire
13.       j ← j + 1
14.    fin faire ;
15.    /% POST : ... %/
16.    si j = N + 1 alors
17.       écrire(pas d'élément ...)
18.    sinon
19.       écrire(l'élément, j, ...)
20.    fin si
21. fin
```

3.6   Ce qu'il faut retenir pour construire une boucle

Un premier point clé de la construction d'une boucle est qu'elle débute par la recherche d'un invariant autour duquel s'articulent les autres composants de la boucle : initialisation, condition d'arrêt, progression et terminaison. La notion d'invariant précise les relations qu'entretiennent les variables impliquées dans la boucle.

Il n'existe pas de recette permettant de trouver à coup sûr un invariant, mais nous recommandons de le « dériver » de la postcondition du programme à construire, exprimant la situation dans laquelle on souhaite se trouver à l'issue de l'exécution de la boucle. La conjonction de l'invariant et de la condition d'arrêt *doit* impliquer logiquement la postcondition. Par suite, une heuristique de découverte d'un invariant consiste à éclater la postcondition afin de faire apparaître d'une part un invariant, de l'autre une condition d'arrêt. On peut renforcer la postcondition par l'introduction de nouvelles variables afin de faciliter un tel éclatement. Dans la mesure où un invariant constitue une propriété satisfaite à chaque pas de la boucle, on peut également le trouver en supposant le travail réalisé en partie et en formalisant la situation atteinte.

Pour sa part, la précondition de la boucle spécifie la situation avant que la boucle ne démarre. Le rôle de l'initialisation est d'instaurer l'invariant et donc de faire passer de la précondition à l'invariant. La progression doit préserver l'invariant tout en faisant « avancer » la résolution du problème. Enfin, pour s'assurer de la terminaison de la boucle, une expression entière positive ou nulle est attachée à l'évolution de la boucle dont on montre la décroissance à chaque pas.

3.7   Exercices

Exercice 29   Les haricots de Gries

> *Cet exercice met en évidence le fait qu'il est possible de raisonner sur un algorithme (ou un programme) donné en identifiant son invariant.*

Une boîte de conserve contient une certain nombre B de haricots blancs et un certain nombre R de haricots rouges (B + R $\geqslant$ 1). On dispose d'une réserve de haricots rouges suffisante pour réaliser l'opération suivante tant que c'est possible :

> On prend deux haricots au hasard dans la boîte
> **si** ils sont de la même couleur **alors**
>   on les jette ; on remet un haricot rouge dans la boîte
> **sinon**
>   on jette le haricot rouge ; on replace le haricot blanc dans la boîte
> **fin si**

Question 1. Pourquoi s'arrête-t-on ?

> 29 - Q 1

Question 2. Que peut-on dire de la couleur du dernier haricot restant dans la boîte ?

> 29 - Q 2

La solution est en page 135.

Exercice 30   On a trouvé dans une poubelle ...

> *Cet exercice met en évidence l'importance d'une construction correcte.*

On a trouvé le texte suivant dans une poubelle d'une école d'informatique :

Précondition : (T un tableau constant de N entiers naturels) **et** (N $\geqslant$ 1).

Postcondition : La variable sup contient la plus grande valeur de T.

1. Invariant : $(i \in 1 .. N)$ **et** $(\forall j \cdot (j \in 1 .. i - 1 \Rightarrow T[j] \leqslant \text{sup}))$.

2. Condition d'arrêt : $(i = N)$.

3. Progression :
    1. **si** $T[i] > \text{sup}$ **alors**
    2.   sup $\leftarrow$ T[i]
    3. **fin si** ;
    4. $i \leftarrow i + 1$

4. Initialisation : $i \leftarrow 2$; sup $\leftarrow$ T[1]

5. Terminaison : $(N + 1 - i)$

30 - Q 1 **Question 1.** Quelle(s) erreur(s) justifie(nt) ce rejet ?

30 - Q 2 **Question 2.** Fournir une version correcte.

La solution est en page 135.

Exercice 31   Somme des éléments d'un tableau   ○ ●

> *Cet exercice est une application simple du principe d'éclatement de la postcondition pour trouver un invariant, une fois cette dernière convenablement reformulée pour la mettre sous forme constructive.*

31 - Q 1 **Question 1.** Construire le programme spécifié par :

Précondition : (T est un tableau d'entiers naturels constant de longueur N) **et** $(N \geqslant 0)$.

Postcondition : s représente la somme des N éléments du tableau T.

31 - Q 2 **Question 2.** Quelle en est la complexité temporelle en nombre d'additions ?

La solution est en page 135.

Exercice 32   Recherche dans un tableau à deux dimensions   ○ ○ ●

> *Cet exercice s'intéresse au problème « élémentaire » de recherche d'une valeur dans un tableau à deux dimensions. Si une solution « naturelle » utilise deux boucles, on montre qu'il est aisé et élégant de procéder avec une seule. La démarche proposée s'étend sans difficulté à un nombre de dimensions plus élevé. On utilise l'hypothèse du travail réalisé en partie.*

On considère la spécification suivante :

Précondition : (T est un tableau constant d'entiers naturels ayant L lignes et C colonnes) **et** $(L > 0)$ **et** $(C > 0)$ **et** (V est un entier naturel présent dans T).

Postcondition : (i, j) désigne une occurrence de V dans T, c'est-à-dire que $T[i, j] = V$.

32 - Q 1 **Question 1.** Proposer les éléments d'une boucle unique répondant à cette spécification, en appliquant l'hypothèse du travail réalisé en partie.

32 - Q 2 **Question 2.** En déduire le programme associé et préciser sa complexité en termes de comparaisons.

Remarque Nous invitons le lecteur à construire le programme équivalent composé de deux boucles imbriquées afin de le comparer au précédent, en particulier quant à la facilité de conception.

La solution est en page 137.

Exercice 33   Tri par sélection simple   ○ ⦙

> *On présente maintenant un programme réalisant un tri. S'il ne figure pas parmi les tris « efficaces », il n'en demeure pas moins intéressant au plan pédagogique. De plus, à la différence de l'exercice précédent, il s'appuie sur l'imbrication de deux boucles avec une démarche se révélant ici simple et progressive.*

On souhaite construire le programme spécifié par :

Précondition : (T est un tableau de N entiers naturels) **et** (S est le sac des valeurs contenues dans T) **et** ($N \geqslant 1$).

Postcondition : (T est trié par ordre croissant) **et** (S est le sac des valeurs contenues dans T).

Le second conjoint de la postcondition exprime que globalement les valeurs présentes dans le tableau ne changent pas. On va en assurer le respect en ne modifiant T qu'avec la procédure *Échanger*(i, j) qui échange les éléments de T d'indices respectifs i et j. De cette façon, on peut définitivement abandonner ce conjoint.

La postcondition n'étant pas sous forme constructive, on la renforce :

Postcondition : ($i \in 1 .. N + 1$) **et** ($T[1 .. i - 1]$ est trié) **et** ($i = N + 1$).

Si l'on suppose le travail réalisé en partie, on est dans la situation représentée ci-dessous :

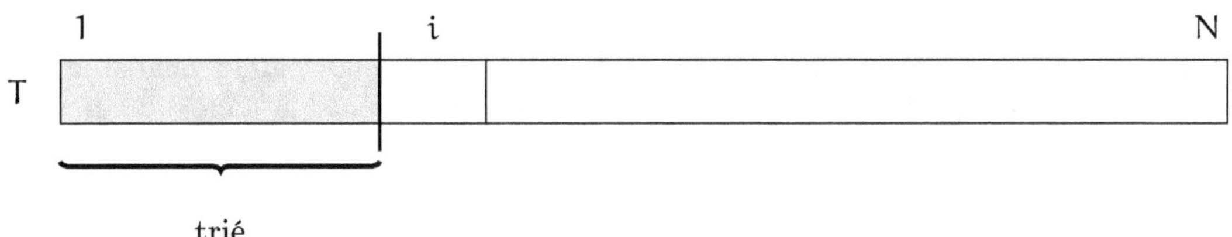

On entrevoit déjà que la progression vise à faire en sorte que $T[1 .. i]$ soit trié. On a le choix entre : i) insérer $T[i]$ à sa place dans $T[1 .. i]$ et ii) ne pas modifier $T[1 .. i - 1]$ en supposant toutes les valeurs de $T[i .. N]$ supérieures ou égales à celles de $T[1 .. i - 1]$. La première option correspond au *tri par insertion* ; nous allons choisir la seconde, appelée *tri par sélection*, car il faut *sélectionner* la plus petite valeur de $T[i .. N]$.

Question 1. Donner la postcondition associée à cette option, puis les constituants de la boucle en résultant, en ne spécifiant pas la partie relative à l'identification de la position m du minimum de $T[i .. N]$.

`33 - Q 1`

33 - Q 2 **Question** 2. Il reste à construire la boucle correspondant à l'identification de la position m du minimum du sous-tableau $T[i..N]$. Ce fragment de programme est spécifié par :

Précondition : (i constant) **et** ($i \in 1..N$) **et** ($T[i..N]$ est un tableau d'entiers non vide)

IDENTIFIER LA POSITION m DU MINIMUM DU SOUS-TABLEAU $T[i..N]$

Postcondition : ($m \in i..N$) **et** ($T[m] = \min_{j \in i..N}(T[j])$).

Le tableau $T[i..N]$ n'est pas vide puisque, dans le contexte d'exécution de cette boucle, on a : $i \in 1..N+1$ et $i \neq N+1$. On est donc certain d'y trouver une valeur minimale.

La postcondition peut se schématiser par :

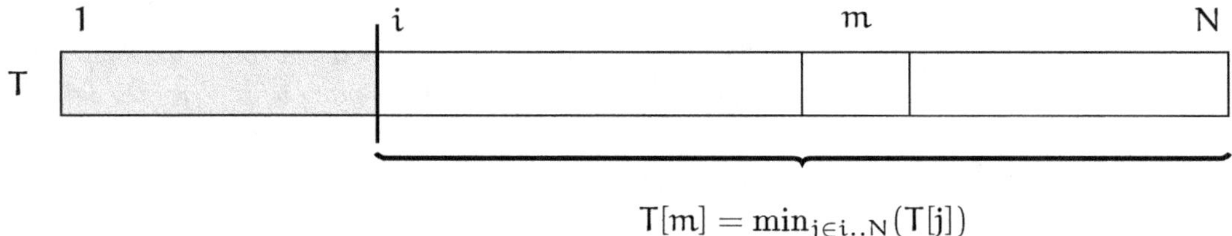

$$T[m] = \min_{j \in i..N}(T[j])$$

Renforcer cette postcondition afin de la mettre sous forme constructive en introduisant une variable k dans la quantification du minimum en lien avec N.

33 - Q 3 **Question** 3. Construire la boucle associée.

33 - Q 4 **Question** 4. Écrire le programme réalisant le tri par sélection du tableau $T[1..N]$.

33 - Q 5 **Question** 5. Quelle en est la complexité en nombre d'échanges ?

La solution est en page 139.

Exercice 34   Ésope reste ici et se repose   ○ ●

> *On illustre ici l'utilisation du patron proposé pour la recherche linéaire bornée (voir section 3.5, page 113) sur un exemple simple.*

Soit $T[1..N]$ ($N \geqslant 0$), une chaîne de caractères donnée. T est un palindrome si le mot (ou phrase sans espace) qu'elle représente s'écrit de la même façon de gauche à droite et de droite à gauche.

34 - Q 1 **Question** 1. Montrer que, si T représente un palindrome, on a la propriété :

$$\forall j \cdot ((1 \leqslant j \leqslant N) \Rightarrow (T[j] = T[N+1-j])).$$

34 - Q 2 **Question** 2. Préciser pourquoi et comment on peut résoudre ce problème en adaptant le patron présenté en section 3.5.2, page 115.

34 - Q 3 **Question** 3. Écrire le programme qui détermine si T représente ou non un palindrome.

34 - Q 4 **Question** 4. En déterminer la complexité en nombre de conditions évaluées.

La solution est en page 141.

Exercice 35   Drapeau hollandais revisité

> *Cet exercice illustre l'utilisation de l'hypothèse du travail réalisé en partie. Le drapeau hollandais est un problème classique, ainsi dénommé par E.W. Dijkstra, son auteur, parce que la version originale consiste à reconstituer les couleurs du drapeau de son pays. La version traitée ici est légèrement différente puisque sont considérés des entiers naturels et non des couleurs. Le fait que cet algorithme soit au cœur de l'algorithme de tri rapide (*quick sort*) en fait tout l'intérêt.*

On souhaite construire le programme spécifié par :

Précondition : (T est un tableau de N entiers naturels) **et** (S est le sac des valeurs contenues dans T) **et** ($N \geqslant 1$) **et** ($V = T[1]$).

Postcondition : (S est le sac des valeurs contenues dans T) **et** (T se compose de trois parties, à gauche les valeurs inférieures à V, à droite les valeurs supérieures à V et au centre toutes les occurrences de la valeur V).

Schématiquement, la postcondition se présente comme suit (la zone du milieu n'est pas vide puisque qu'elle contient au moins un exemplaire de V) :

1	p	q	N	
$< V$	$= V$	$> V$		$q > p$

Toutes les modifications de T vont s'effectuer par des échanges entre des valeurs de T au moyen de la procédure *Échanger*(i, j) où i et j désignent l'indice d'un élément de T. Par conséquent, comme dans l'exercice 33, page 119, on peut abandonner le premier conjoint de la postcondition. La complexité de la (des) solution(s) se fait en dénombrant les appels à la procédure *Échanger*. Tout d'abord, formalisons l'expression de la postcondition :

Postcondition (version formalisée) :
$$\exists (p, q) \cdot ((p \in 1..N) \text{ et } (q \in p+1..N+1) \text{ et } (\forall j \cdot (j \in 1..p-1 \Rightarrow T[j] < V)) \text{ et }$$
$$(\forall j \cdot (j \in p..q-1 \Rightarrow T[j] = V)) \text{ et } (\forall j \cdot (j \in q..N \Rightarrow T[j] > V))$$

Cette version de la postcondition n'est pas utilisable telle quelle pour un éclatement. On la transforme (renforce) en remplaçant les variables de quantification existentielle p et q par les variables de programmation b et w (voir section 3.3.3, page 104), d'où :

Postcondition (seconde version) :
$$(b \in 1..N) \text{ et } (w \in b+1..N+1) \text{ et } (\forall j \cdot (j \in 1..b-1 \Rightarrow T[j] < V)) \text{ et }$$
$$(\forall j \cdot (j \in b..w-1 \Rightarrow T[j] = V)) \text{ et } (\forall j \cdot (j \in w..N \Rightarrow T[j] > V)).$$

À ce stade, on ne peut toujours pas procéder à un éclatement. On envisage d'introduire une variable r en association avec l'une des valeurs b, w et N afin de faire apparaître un nouveau conjoint.

Question 1. Exprimer la postcondition résultant de l'association de r à w, puis l'invariant dont on donnera une représentation graphique.   35 - Q 1

35 - Q 2 **Question** 2. Poursuivre la construction de la boucle en identifiant les cas ne demandant aucun échange et de sorte que l'on effectue au plus un échange dans un pas de progression.

35 - Q 3 **Question** 3. Donner le programme résultant de cette construction et préciser sa complexité en nombre d'échanges.

La solution est en page 142.

Exercice 36   Les sept et les vingt-trois   ○ ●

> *Cet exercice est un autre exemple d'utilisation de l'hypothèse du travail réalisé en partie. Ici, la condition d'arrêt mérite une attention particulière.*

Soit T[1 .. N] un tableau d'entiers, avec $N \geqslant 0$. On veut construire un programme qui permet d'obtenir dans T une permutation des valeurs initiales de sorte que tous les 7 soient situés avant les 23. Cette permutation ne doit différer de la configuration initiale que par la position des valeurs 7 et 23. Comme dans l'exercice précédent, la procédure *Échanger*(i, j) est supposée disponible.

36 - Q 1 **Question** 1. Compléter le schéma ci-après afin d'exhiber un invariant sur la base de l'hypothèse du travail réalisé en partie.

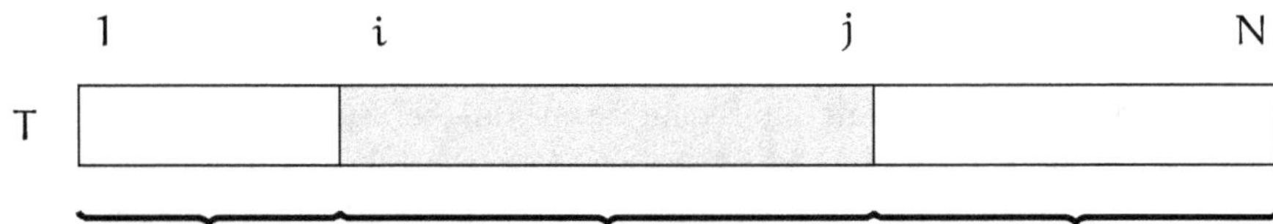

36 - Q 2 **Question** 2. Que constate-t-on si $i = j$? Peut-on prendre ce prédicat comme condition d'arrêt ?

36 - Q 3 **Question** 3. Donner les trois autres constituants de la boucle.

36 - Q 4 **Question** 4. En déduire la complexité du programme associé, à la fois en termes de comparaisons et d'échanges.

La solution est en page 144.

Exercice 37   Le M^e zéro   ○ ⦂

> *Dans cet exercice, on illustre un cas où un renforcement de la postcondition est effectué par introduction de variable en présence d'une quantification de dénombrement.*

On souhaite construire le programme spécifié par :

Précondition : (M constant) **et** ($M \in \mathbb{N}_1$) **et** (T est un tableau constant de N entiers) **et** (T contient au moins M zéros).

Postcondition : i désigne la position du M^e zéro dans T.

Notons tout d'abord que la précondition implique que $N \geqslant M$. Le quantificateur $\#$ dénote le dénombrement. Ainsi :

$$\#j \cdot ((j \in 1 .. N) \textbf{ et } (T[j] = 0))$$

dénombre les zéros présents dans T. La postcondition se formalise alors de la manière suivante :

Postcondition : $(i \in 1 .. N)$ **et** $(\#j \cdot ((j \in 1 .. i-1) \textbf{ et } (T[j] = 0)) = M - 1)$ **et** $(T[i] = 0)$.

Bien que cette postcondition soit sous forme constructive, on peut penser que la présence de la quantification de dénombrement va être gênante pour identifier un invariant efficace.

Question 1. Donner une version renforcée de la postcondition dans laquelle l'expression quantifiée est identifiée à une variable p.   `37 - Q 1`

Question 2. Construire la boucle sur la base de cette nouvelle postcondition.   `37 - Q 2`

Question 3. En déduire le programme associé à la boucle et en donner la complexité en termes de comparaisons.   `37 - Q 3`

La solution est en page 145.

Exercice 38   Alternance pair – impair

> *Cet exercice illustre la méthode d'éclatement de la postcondition après une succession de renforcements dont un de nature logique.*

On considère un tableau contenant autant de nombres pairs que de nombres impairs et on veut placer chacun des nombres pairs (resp. impairs) en position d'indice pair (resp. impair). Notons que, si tous les nombres pairs sont correctement placés, il en est de même des nombres impairs (et réciproquement), d'où la spécification suivante :

Précondition : (T est un tableau de $2N$ entiers naturels) **et** (S est le sac des valeurs contenues dans T) **et** ($N \geqslant 0$) **et** (T contient N entiers pairs et N entiers impairs).

Postcondition : (S est le sac des valeurs contenues dans T) **et** ((les positions d'indice pair contiennent les valeurs paires) **ou** (les positions d'indice impair contiennent les valeurs impaires)).

Comme dans l'exercice précédent, les évolutions du tableau T s'opèrent exclusivement au moyen de la procédure *Échanger*, ce qui permet de ne plus se préoccuper du premier conjoint de la postcondition. Celle-ci ne se présente pas sous forme conjonctive, mais il est facile de la renforcer en préservant sa symétrie :

Postcondition (deuxième version qui implique la première) : $((p \in 2 .. 2N + 2)$ **et** $(p$ est pair) **et** (les positions d'indice pair de l'intervalle $2 .. p - 2$ contiennent des valeurs paires) **et** $(p = 2N + 2))$ **ou** $((i \in 1 .. 2N + 1)$ **et** $(i$ est impair) **et** (les positions d'indice impair de l'intervalle $1 .. i - 2$ contiennent des valeurs impaires) **et** $(i = 2N + 1))$.

Cependant, il ne s'agit toujours pas d'une forme conjonctive et il faut à nouveau renforcer cette version. Pour ce faire, posons :

$$P \mathrel{\hat=} \left(\begin{array}{l} (p \in 2 .. 2N + 2) \textbf{ et } (p \text{ est pair}) \textbf{ et} \\ (\text{les positions d'indice pair de l'intervalle } 2 .. p - 2) \\ \text{contiennent des valeurs paires)} \end{array} \right)$$

$$Q \mathrel{\hat=} \left(\begin{array}{l} (i \in 1 .. 2N + 1) \textbf{ et } (i \text{ est impair}) \textbf{ et} \\ (\text{les positions d'indice impair de l'intervalle } 1 .. i - 2 \\ \text{contiennent des valeurs impaires)} \end{array} \right)$$

ce qui permet de réécrire la postcondition en :

Postcondition (deuxième version réécrite) :

$$(P \textbf{ et } (p = 2N)) \textbf{ ou } (Q \textbf{ et } (i = 2N + 1)).$$

<table><tr><td>38 - Q 1</td></tr></table>

Question 1. Montrer que :

$$A \textbf{ et } B \textbf{ et } (C \textbf{ ou } D) \Rightarrow (A \textbf{ et } C) \textbf{ ou } (B \textbf{ et } D).$$

En déduire une nouvelle version de la postcondition sous forme constructive impliquant la seconde.

<table><tr><td>38 - Q 2</td></tr></table>

Question 2. Donner les éléments de la boucle construite à partir de cette nouvelle postcondition.

<table><tr><td>38 - Q 3</td></tr></table>

Question 3. En déduire le programme réalisant le travail demandé.

<table><tr><td>38 - Q 4</td></tr></table>

Question 4. Quelle en est la complexité en nombre de conditions évaluées et d'échanges ?

<table><tr><td>38 - Q 5</td></tr></table>

Question 5. Justifier le fait que l'on peut aussi construire une boucle à partir de la postcondition :

$(p \in 2 .. 2N)$ **et** $(p$ est pair) **et** (les positions d'indice pair de l'intervalle $2 .. p - 2$ contiennent des valeurs paires) **et** $(i \in 1 .. 2N + 1)$ **et** $(i$ est impair) **et** (les positions d'indice impair de l'intervalle $1 .. i - 2$ contiennent des valeurs impaires) **et** $(p = 2N)$ **et** $(i = 2N + 1)$.

<table><tr><td>38 - Q 6</td></tr></table>

Question 6. Expliciter la progression qui en résulte.

La solution est en page 147.

Exercice 39 Plus longue séquence de zéros ○ ⁞

Cet exercice illustre le cas d'un double renforcement, à savoir de la postcondition d'une part (ce qui est classique), de l'invariant exigé par la progression de l'autre. De plus, on y met en évidence le fait que la démarche de construction proposée ne s'oppose pas à des modifications visant à améliorer l'efficacité du programme obtenu.

On souhaite construire le programme spécifié par :

Précondition : (T un tableau constant d'entiers de N éléments) **et** $(N \geqslant 0)$.

Postcondition : lg est la longueur de la plus longue succession de zéros consécutifs dans T.

La postcondition n'est pas sous forme conjonctive ; pour y parvenir, on peut introduire la variable i de la manière suivante :

Postcondition (version issue du renforcement de la précédente) : (lg est la longueur de la plus longue succession de zéros contenue dans le sous-tableau $T[1 .. i - 1]$) **et** $(i \in 1 .. N + 1)$ **et** $(i = N + 1)$.

Première tentative

Cette formulation suggère un invariant et une condition d'arrêt :

1. Invariant Les deux premiers conjoints sont faciles à établir, on les conserve pour constituer l'invariant :

> (lg est la longueur de la plus longue succession de zéros contenue dans le sous-tableau $T[1 .. i - 1]$) **et** $(i \in 1 .. N + 1)$.

Sous forme graphique, on obtient :

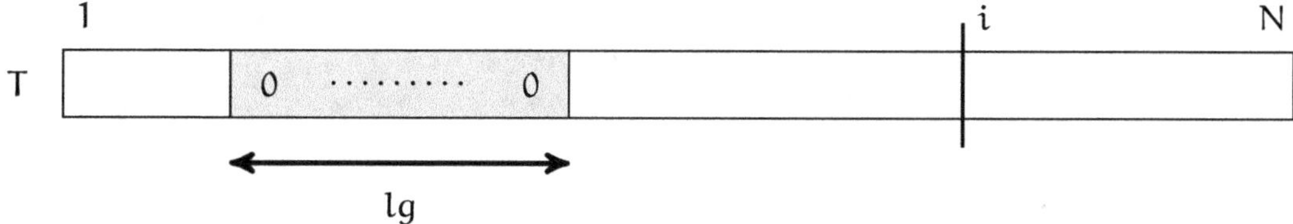

2. Condition d'arrêt On retient le conjoint écarté : $(i = N + 1)$.

3. Progression Il faut rechercher un fragment de programme spécifié par :

Précondition : (lg est la longueur de la plus longue succession de 0 contenue dans le sous-tableau $T[1 .. i - 1]$) **et** $(i \in 1 .. N + 1)$ **et** **non**$(i = N + 1)$

PROGRESSION

Postcondition : (lg est la longueur de la plus longue succession de zéros contenue dans le sous-tableau $T[1 .. i - 1]$) **et** $(i \in 1 .. N + 1)$.

La valeur $T[i]$ existe puisque $i \neq N + 1$. Si $T[i] \neq 0$, il n'y a rien à faire d'autre qu'à incrémenter i. Sinon ($T[i] = 0$), il faut exprimer que $T[i]$ peut faire partie de la plus longue chaîne de zéros du sous-tableau $T[1 .. i]$ (avant de rétablir l'invariant), ce qui peut se faire en calculant, par une boucle rétrograde, la longueur p de la plus longue chaîne de zéros consécutifs s'achevant en i. Mais on remarquera que tous les éléments de $T[1 .. i-1]$ ont déjà été examinés et qu'il serait dommage de les examiner à nouveau (même en partie). On va supposer cette longueur p déjà connue, ce qui conduit à un nouvel invariant, issu du précédent par renforcement, en lui adjoignant cette hypothèse. Le prix à payer est la reconstruction de la boucle sur la base du nouvel invariant.

Seconde tentative

On effectue la construction fondée sur la suggestion précédente.

39 - Q 1 | **Question** 1. Expliciter le nouvel invariant.

39 - Q 2 | **Question** 2. En prenant comme condition d'arrêt ($i = N + 1$), poursuivre la construction de la boucle (progression, initialisation et expression de terminaison).

39 - Q 3 | **Question** 3. Écrire le programme. Donner sa complexité en nombre de comparaisons.

39 - Q 4 | **Question** 4. Proposer et justifier une autre condition d'arrêt susceptible d'améliorer l'efficacité de la boucle.

La solution est en page 151.

Exercice 40   Élément majoritaire

Cet exercice sur la recherche d'un élément majoritaire dans un sac est également abordé dans le chapitre « Diviser pour Régner » (voir exercice 105, page 465). La solution développée ici fait appel à une technique originale. En effet, on exploite fréquemment l'heuristique éprouvée qui consiste à renforcer la postcondition afin d'obtenir une bonne efficacité temporelle. Ici, au contraire, on va affaiblir la postcondition afin d'obtenir un algorithme simple (mais ne fournissant qu'une solution possible devant être « confirmée »). La solution obtenue est concise, efficace et élégante.

Si V est un tableau ou un sac, l'expression $\text{mult}(x, V)$ représente la multiplicité (c'est-à-dire le nombre d'occurrences) de la valeur x dans V. On considère un sac S de cardinal N ($N \geqslant 1$) d'entiers strictement positifs. S est dit *majoritaire* s'il existe un entier x tel que :

$$\text{mult}(x, S) \geqslant \left\lfloor \frac{N}{2} \right\rfloor + 1;$$

x est alors appelé *élément majoritaire* de S (il est unique). Le problème posé est celui de la recherche d'un élément majoritaire dans S. On cherche à construire un programme dont la spécification est :

Précondition : (S est un sac de N valeurs) **et** ($N \geqslant 1$).

Postcondition : x contient la valeur de l'élément majoritaire de S s'il existe, -1 sinon.

La détermination d'un candidat ayant obtenu la majorité absolue lors d'un scrutin ou la conception d'algorithmes tolérants aux fautes sont des applications possibles.

Un algorithme naïf

Il est aisé de spécifier un algorithme naïf, au mieux en $\Theta(N)$ et au pire en $\Theta(N^2)$ comparaisons résolvant ce problème, en considérant la comparaison entre éléments de S comme opération élémentaire. On prend un élément quelconque de S et on compte son nombre d'occurrences dans S. S'il n'est pas majoritaire, on prend un autre élément de S, et ainsi de suite jusqu'à trouver un élément majoritaire ou avoir traité les éléments de la moitié de S sans en avoir trouvé.

Une seconde approche

Afin d'améliorer la complexité au pire, on envisage une solution en trois temps : tout d'abord un raffinement de S par un tableau T suivi d'un tri de T, puis la recherche d'une séquence de valeurs identiques de longueur supérieure à $\lfloor N/2 \rfloor$. La première étape est en $\Theta(N)$, la seconde en $\mathcal{O}(N \cdot \log_2(N))$ et la troisième de complexité linéaire, d'où une complexité au pire en $\mathcal{O}(N \cdot \log_2(N))$.

Une solution itérative efficace

La solution envisagée maintenant se fonde sur une structure de données *abstraite* constituée de quatre sacs. Après avoir proposé un invariant pour l'itération, certaines propriétés de cet invariant sont mises en évidence afin de permettre la construction d'un programme correct. On effectue ensuite un raffinement de la structure de données abstraite en éliminant trois des quatre sacs initiaux et en n'utilisant qu'un tableau constant et des variables scalaires dans l'algorithme final.

Invariant   Soit S le sac de valeurs pour lequel on recherche un éventuel élément majoritaire et sa partition multiensembliste (hypothèse du travail réalisé en partie) composée de :

- R le sac des valeurs « restant à traiter »,

- P un sac des paires de valeurs tel que, pour toute paire, les deux valeurs sont différentes,

- C un sac dénommé « sac des célibataires » dont tous les éléments ont la même valeur.

Exemple   Soit $S = [\![1, 3, 4, 1, 1, 3, 5, 2, 5, 1]\!]$ et la configuration possible ci-dessous :

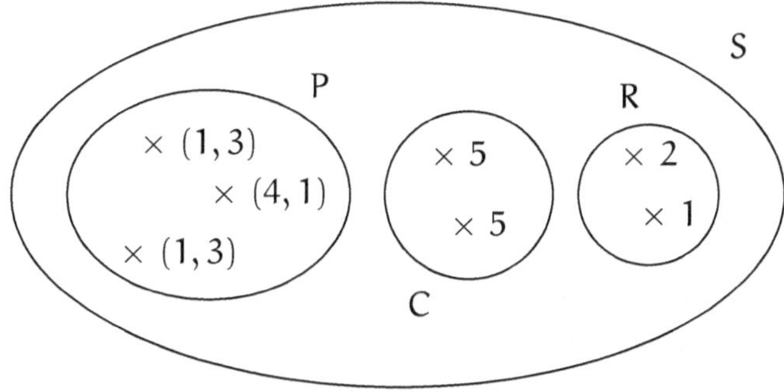

La partition de S (notamment dans la situation décrite ci-dessus) satisfait les propriétés suivantes :

Propriété 1 $|S| = 2 \cdot |P| + |C| + |R|$.

> Cette propriété est triviale et nous ne la démontrons pas.

Propriété 2 Si les sacs R et C sont vides, alors S n'est pas majoritaire.

Propriété 3 Si le sac R est vide mais C ne l'est pas (appelons c la valeur présente dans C) alors :

>   (a) si S possède un élément majoritaire, c'est la valeur c,
>
>   (b) si S ne possède pas d'élément majoritaire, on ne peut rien affirmer à propos de c (pas même que c est l'élément qui possède la plus grande multiplicité dans S).

40 - Q 1   **Question** 1. Démontrer les propriétés 2 et 3.

40 - Q 2   **Question** 2. On va construire une boucle dont l'invariant correspond à une situation où S est partitionné en P, C et R et dans laquelle la condition d'arrêt survient quand R est vide. Quelle conclusion peut-on tirer alors ?

40 - Q 3   **Question** 3. Préciser la précondition et la postcondition de la boucle abstraite construite sur l'invariant proposé. Comment peut-on répondre au problème initial à partir de cette boucle ?

40 - Q 4   **Question** 4. Compléter la construction de la boucle abstraite (progression, initialisation, terminaison).

40 - Q 5   **Question** 5. Comment peut-on raffiner la structure de données sur la base de variables scalaires et d'un tableau ? En déduire un algorithme itératif résolvant le problème de la recherche de l'élément majoritaire d'un sac S. Quelle en est la complexité en nombre de comparaisons ?

La solution est en page 153.

Exercice 41   Cherchez la star

> *De façon analogue à l'exercice précédent (voir exercice 40, page 126), on cherche une solution en affaiblissant la postcondition. La solution retenue fait, pour partie, appel à la recherche linéaire bornée (voir section 3.5, page 113). La solution obtenue se révèle élégante et de complexité linéaire.*

Dans un groupe de N personnes, une *star* est une personne que tout le monde connaît et qui ne connaît personne. On considère un groupe de N ($N \geqslant 1$) personnes et on cherche une star dans le groupe, s'il y en a une. Par convention, un groupe d'une seule personne a cette personne pour star. La seule opération autorisée, notée $Connaît(i, j)$ est de choisir une personne i et de lui demander si elle connaît la personne j (différente d'elle-même). L'opération $Connaît(i, j)$ rend **vrai** ou **faux** en fonction de la réponse (obligatoire et sincère) de la personne interrogée.

Comme il y a $N(N-1)/2$ paires de personnes, le problème peut être à coup sûr résolu par au plus $N(N-1)$ opérations. Cependant, on cherche à effectuer moins d'opérations, si possible un (petit) multiple de N.

Question 1. Montrer qu'un groupe a au plus une star. `41 - Q 1`

Question 2. Montrer qu'en l'absence d'autre information quand on effectue l'opération `41 - Q 2` *Connaît*(i, j) :

   (a) si la réponse est **vrai**, alors j peut être la star, mais pas i,
   (b) si la réponse est **faux**, alors i peut être la star, mais pas j.

Question 3. Donner la précondition et la postcondition du programme résolvant le pro- `41 - Q 3` blème posé.

Question 4. Spécifier les constituants d'une boucle identifiant une personne susceptible `41 - Q 4` d'être la star du groupe et appelée star « potentielle ».

Question 5. Spécifier les autres composants du programme trouvant la star du groupe ou `41 - Q 5` prouvant l'absence de star dans le groupe et donner le programme résolvant le problème initial.

Question 6. Quelle est la complexité de ce programme en prenant *Connaît* (i, j) comme `41 - Q 6` opération élémentaire ?

La solution est en page 155.

Exercice 42   Affaiblissement de la précondition

Dans cet exercice, on s'intéresse à l'affaiblissement de la précondition. Cette démarche, qui est légitime, consiste à résoudre un problème en se reportant à un problème plus général dont on connaît la solution. L'affaiblissement est réalisé par élimination d'une hypothèse et on étudie l'impact de ce choix sur les performances à travers deux exemples.

On a vu en section 3.3.2 qu'il est légal que, cherchant à résoudre le problème spécifié par $\{P\}$ prog $\{Q\}$, on résolve le problème spécifié par $\{P'\}$ prog$'$ $\{Q\}$ avec $P \Rightarrow P'$. En d'autres termes, on affaiblit la précondition et on peut s'interroger sur l'impact de cette démarche au plan des performances. Deux exemples sont traités pour éclairer cette question.

Tri croissant d'un tableau trié par ordre décroissant

On souhaite construire le programme spécifié par :

Précondition : (T est un tableau de N entiers naturels) **et** (S est le sac des valeurs contenues dans T) **et** ($N \geq 1$) **et** (T est trié par ordre décroissant).

Postcondition : (T est trié par ordre croissant) **et** (S est le sac des valeurs contenues dans T).

Deux stratégies s'offrent alors : i) on développe un algorithme spécifique tenant compte du fait que T est trié par ordre décroissant, ou ii) on *affaiblit la précondition* en supprimant le conjoint qui précise que le tableau est trié.

42 - Q 1 **Question** 1. Proposer le principe d'une solution de complexité linéaire en nombre d'échanges dans le cadre de la première option.

42 - Q 2 **Question** 2. Quelle complexité atteint-on si l'on utilise l'algorithme proposé dans l'exercice 33, page 119 ? Peut-on espérer mieux en recourant à un algorithme de tri « classique » ? Conclure.

Tableau à variation contrainte

On considère le programme dont la spécification est :

Précondition : (T est un tableau d'entiers naturels constant de N éléments) **et** (il existe au moins un zéro dans le tableau T) **et** (l'écart entre deux éléments consécutifs de T est d'au plus 1).

Postcondition : La variable i désigne le zéro de plus petit indice de T.

Cette spécification diffère de celle de l'exemple traité page 105, puisque l'on dispose d'une propriété sur la variation des nombres présents dans T. Ici encore, deux stratégies sont envisageables : programme spécifique ou utilisation de l'algorithme proposé page 107. Cette seconde option correspond à l'affaiblissement de la précondition du problème posé dont on ignore le troisième conjoint.

42 - Q 3 **Question** 3. Montrer que si T est tel que l'écart entre deux éléments consécutifs de T est d'au plus 1, alors :

$$(T[i] > 0) \Rightarrow \forall j \cdot (j \in i .. i + T[i] - 1 \Rightarrow T[j] > 0).$$

42 - Q 4 **Question** 4. Développer la solution spécifique fondée sur une boucle dont on donnera les constituants.

42 - Q 5 **Question** 5. Que dire de l'impact du choix en termes de complexité ?

42 - Q 6 **Question** 6. On considère maintenant le programme spécifié par :

Précondition : (T est un tableau d'entiers naturels constant de N éléments) **et** (il existe au moins un zéro dans le tableau T) **et** (l'écart entre deux éléments consécutifs de T est d'au moins 1).

Postcondition : La variable i désigne le zéro de plus petit indice de T.

Commenter l'affaiblissement de la précondition en :

Précondition : (T est un tableau d'entiers naturels constant de N éléments) **et** (il existe au moins un zéro dans le tableau T).

28 - R 7 **Question** 7. Comparer les trois situations d'affaiblissement précédentes.

La solution est en page 157.

Exercice 43   Meilleure division du périmètre d'un polygone   ∘ ⦂

> *Le problème traité ici est une variante assez sophistiquée de la recherche séquentielle. Habituellement, dans un problème de ce type, l'emploi de la technique « d'arrêt au plus tôt » n'a pas d'incidence sur la complexité asymptotique. Ce n'est pas le cas ici, où elle est la clé de voûte de l'amélioration d'efficacité obtenue par rapport à une méthode naïve. Par ailleurs, ce problème trouve une formulation dans un espace à deux dimensions généralement résolue par deux boucles imbriquées. Ici, comme dans l'exercice 32, page 118, l'utilisation d'une seule boucle rend la construction plus simple.*

On considère un polygone quelconque d'ordre N fini (N > 2) dont les sommets sont étiquetés de 1 à N dans le sens des aiguilles d'une montre. On recherche l'une quelconque des cordes qui partagent le périmètre p du polygone « le plus exactement possible », c'est-à-dire telle que la valeur absolue de la différence entre la somme des longueurs des côtés délimités par la corde soit minimale. La complexité est évaluée en nombre de sommets visités.

Définitions – Notations – Représentation

Dans la suite, $|a|$ dénote la valeur absolue de a. Le côté qui a comme origine le sommet i est noté (i). La corde qui joint les sommets i et j est notée $\overline{(i,j)}$. L'arc qui va du sommet i au sommet j est noté $\overset{\frown}{(i,j)}$. La longueur d'un arc a est notée $\|a\|$.

Un polygone d'ordre N est représenté par un tableau d ($d \in 1\,..\,N \to \mathbb{R}_+$) tel que $d[i]$ est la longueur du côté (i). La figure 3.4 illustre le cas d'un polygone d'ordre 9.

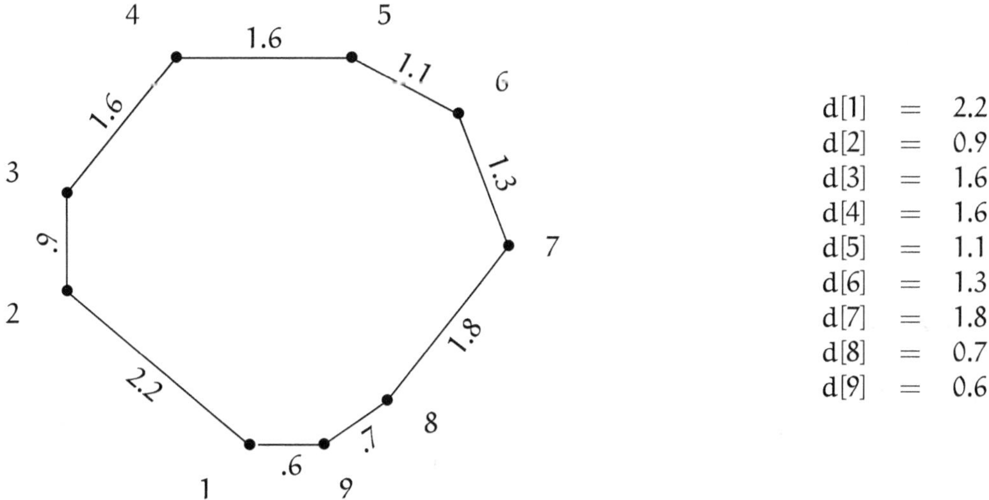

Fig. 3.4 – Exemple d'un polygone d'ordre 9 et de sa représentation par le tableau d

Plus formellement, si l'opérateur · dénote la concaténation d'arcs adjacents, un arc (non vide) se définit de façon inductive de la manière suivante comme une succession de côtés.

Définition 20 (Arc) :
Cas de base :
$$\begin{cases} (i, \overset{\frown}{i+1}) & = (i) \\ (\overset{\frown}{N,1}) & = (N). \end{cases} \qquad i \in 1\,..\,N-1$$

Cas inductif :
$$\begin{cases} (\overset{\frown}{i,j}) & = (i, \overset{\frown}{i+1}) \cdot (i+\overset{\frown}{1},j) \\ (\overset{\frown}{N,j}) & = (\overset{\frown}{N,1}) \cdot (\overset{\frown}{1,j})) \end{cases} \qquad \begin{array}{l} j \neq i+1 \ \textit{et} \ i \neq N \\[4pt] j \neq 1. \end{array}$$

De même, la longueur d'un arc se définit comme suit.

Définition 21 (Longueur d'un arc) :
Cas de base :
$$\begin{cases} \|(i, \overset{\frown}{i+1})\| & = d[i] \\ \|(\overset{\frown}{N,1})\| & = d[N]. \end{cases} \qquad i \in 1\,..\,N-1$$

Cas inductif :
$$\begin{cases} \|(\overset{\frown}{i,j})\| & = d[i] + \|(i+\overset{\frown}{1},j)\| \\ \|(\overset{\frown}{N,j})\| & = d[N] + \|(\overset{\frown}{1,j}))\| \end{cases} \qquad \begin{array}{l} j \neq i+1 \ \textit{et} \ i \neq N \\[4pt] j \neq 1. \end{array}$$

Définition 22 (Corde localement optimale) :
La corde $\overline{(j,k)}$ est localement optimale par rapport à son origine j si :
$$\left| \|(\overset{\frown}{j,k})\| - \|(\overset{\frown}{k,j})\| \right| = \min_{i \in 1\,..\,N-\{j\}} \left(\left| \|(\overset{\frown}{j,i})\| - \|(\overset{\frown}{i,j})\| \right| \right).$$

Définition 23 (Corde globalement optimale) :
La corde $\overline{(j,k)}$ est globalement optimale si :
$$\left| \|(\overset{\frown}{j,k})\| - \|(\overset{\frown}{k,j})\| \right| = \min_{\substack{u \in 1\,..\,N \ \textit{et} \\ v \in 1\,..\,N \ \textit{et} \\ u \neq v}} \left(\left| \|(\overset{\frown}{u,v})\| - \|(\overset{\frown}{v,u})\| \right| \right). \tag{3.1}$$

Le problème

L'objectif de l'exercice est de trouver une corde globalement optimale (le problème possède au moins une solution). Une méthode consiste à évaluer la formule 3.1 et à retenir l'un des couples de sommets qui la satisfait. L'algorithme correspondant est en $\Theta(N^2)$. Il est également possible d'exploiter l'identité suivante afin d'éviter des calculs inutiles (p est le périmètre du polygone) :
$$\left| \|(\overset{\frown}{i,j})\| - \|(\overset{\frown}{j,i})\| \right| = 2 \cdot \left| \|(\overset{\frown}{i,j})\| - \frac{p}{2.0} \right|. \tag{3.2}$$

Les couples de sommets (j, k) qui satisfont la formule (3.1) sont aussi ceux qui vérifient :

$$\frac{\left| \|(\widehat{j,k})\| - \|(\widehat{k,j})\| \right|}{2.0} = \min_{\substack{u \in 1..N \text{ et} \\ v \in 1..N \text{ et} \\ u \neq v}} \left| \|(\widehat{u,v})\| - \frac{p}{2.0} \right|.$$

Mais, puisque $|a - b| = |b - a|$, pour visiter tous les arcs, la variable v n'a pas besoin de parcourir la totalité de l'ensemble $1..N - \{u\}$. Il suffit qu'elle prenne ses valeurs dans l'intervalle $u + 1..N \cup \{1\}$, d'où :

$$\frac{\left| \|(\widehat{j,k})\| - \|(\widehat{k,j})\| \right|}{2.0} = \min_{\substack{u \in 1..N \text{ et} \\ v \in u+1..N \cup \{1\}}} \left| \|(\widehat{u,v})\| - \frac{p}{2.0} \right|.$$

Si $\overline{(j, k)}$ est une corde *localement* optimale issue de j, la valeur $\left(\left| \|(\widehat{j,k})\| - p/2.0 \right| \right)$ est notée δ_j. Les longueurs des arcs intervenant dans le calcul peuvent être rassemblées dans la matrice triangulaire suivante (appelée triangle des longueurs dans la suite) :

$$
\begin{array}{ccccc}
\|(\widehat{1,2})\| & \|(\widehat{1,3})\| & \cdots\cdots\cdots & & \|(\widehat{1,1})\| \\
 & \|(\widehat{2,3})\| & \cdots\cdots\cdots & & \|(\widehat{2,1})\| \\
 & & \vdots & & \\
 & \|(\widehat{i,i+1})\| & \cdots\cdots & & \|(\widehat{i,1})\| \\
 & & & \ddots & \vdots \\
 & & & & \vdots \\
 & & & & \|(\widehat{N,1})\|
\end{array}
$$

On notera que le coin supérieur droit du triangle donne la valeur du périmètre $p = \|(\widehat{1,1})\|$ du polygone. Dans le cas du polygone de la figure 3.4 page 131, $p = 11.8$ et ce triangle s'instancie de la manière suivante :

	2	3	4	5	6	7	8	9	1
1	2.2	3.1	4.7	6.3	7.4	8.7	10.5	11.2	11.8
2		0.9	2.5	4.1	5.2	6.5	8.3	9.0	9.6
3			1.6	3.2	4.3	5.6	7.4	8.1	8.7
4				1.6	2.7	4.0	5.8	6.5	7.1
5					1.1	2.4	4.2	4.9	5.5
6						1.3	3.1	3.8	4.4
7							1.8	2.5	3.1
8								0.7	1.3
9									0.6

Cependant, ce type de triangle contient $(N(N + 1))/2$ éléments et les évaluer tous conduit à nouveau à une solution en $\Theta(N^2)$. Ce résultat peut être amélioré sur la base des quatre observations suivantes :

1. Pour un sommet j donné, il existe soit une, soit deux cordes optimales locales.

2. Si la corde $\overline{(j,k)}$ est la première[1] corde optimale locale issue de j, alors aucune des cordes $\overline{(j+1,j+2)}$, $\overline{(j+1,j+3)}$,...,$\overline{(j+1,k-1)}$ n'est globalement aussi bonne que $\overline{(j,k)}$.

3. Soit $\overline{(j,k)}$ la première corde optimale locale issue de j. Si elle existe, la corde $\overline{(j+1,k)}$ peut être meilleure que $\overline{(j,k)}$.

4. Lorsque, pour le sommet j, on a découvert une corde localement optimale $\overline{(j,k)}$, il est inutile d'évaluer l'optimalité de $\overline{(j,k+1)}$,..., $\overline{(j,N+1)}$ (principe classique de « l'arrêt au plus tôt »).

Il convient de noter que, pour ce qui concerne l'observation 3, d'autres cordes issues du sommet j + 1 peuvent surclasser la corde $\overline{(j+1,k)}$.

43 - Q 1   **Question 1.** Démontrer l'identité 3.2, page 132.

43 - Q 2   **Question 2.** Dans quel cas existe-t-il deux cordes optimales locales issues d'un même sommet j ? Proposer un exemple.

43 - Q 3   **Question 3.** Démontrer la proposition relative à la seconde observation ci-dessus.

43 - Q 4   **Question 4.** Démontrer la proposition relative à la troisième observation ci-dessus.

43 - Q 5   **Question 5.** Dans l'exemple de la figure 3.4, page 131, quels sont les arcs dont la longueur intervient dans le calcul ? Quelle corde globalement optimale est-elle découverte ?

43 - Q 6   **Question 6.** Considérons l'exemple suivant :

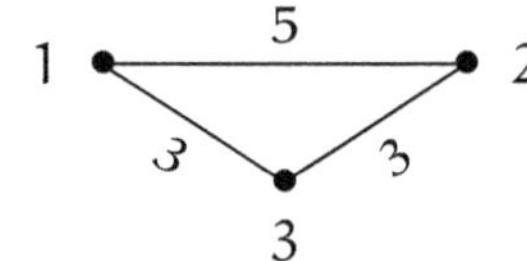

Fournir, sous la forme d'un triangle des longueurs, les arcs dont la longueur intervient dans le calcul. Que constate-t-on ?

43 - Q 7   **Question 7.** On décide de construire une solution algorithmique sur la base d'*une seule boucle*. Proposer un invariant pour cette boucle.

43 - Q 8   **Question 8.** Compléter la construction de la boucle (condition d'arrêt, progression, initialisation, terminaison) et produire le code de cette solution. Quelle est sa complexité (en nombre de sommets visités) ?

La solution est en page 159.

---

1. la première *rencontrée* en effectuant le parcours selon le sens des aiguilles d'une montre.

3.8 Solutions

Solution de l'exercice 29 Les haricots de Gries *Énoncé page 117.*

Réponse 1. On constate que, quel que soit le résultat d'un tirage, le nombre de haricots $\boxed{\textbf{29 - R 1}}$ présents dans la boîte diminue de 1. À un moment donné, la boîte ne contiendra qu'un seul haricot et la procédure s'arrêtera.

Réponse 2. Tentons de trouver un invariant dans la procédure décrite dans l'énoncé. $\boxed{\textbf{29 - R 2}}$ Soit NBB (resp. NBR) le nombre de haricots blancs (resp. rouges) présents dans la boîte avant un tirage quelconque. Si l'on tire deux haricots rouges, NBB ne change pas et NBR décroît de 1. Si l'on tire deux haricots blancs, NBB décroît de 2 et NBR augmente de 1. Enfin, si l'on tire un haricot blanc et un haricot rouge, NBB ne change pas et NBR diminue de 1. On constate donc une propriété de NBB, à savoir que sa parité reste inchangée au fur et à mesure des tirages. Ceci constitue un invariant du mécanisme décrit, qui permet de déduire que, si le nombre initial de haricots blancs est impair (resp. pair), le dernier haricot est blanc (resp. rouge).

Solution de l'exercice 30 On a trouvé dans une poubelle ...
Énoncé page 117.

Réponse 1. Une première erreur réside dans le fait que la variable sup est utilisée dans $\boxed{\textbf{30 - R 1}}$ l'invariant sans avoir été définie. Une autre erreur se situe au niveau de la condition d'arrêt qui empêche de prendre en compte T[N] dans la recherche du maximum.

Réponse 2. Une version convenable consiste à poser comme invariant : $\boxed{\textbf{30 - R 2}}$

$$(i \in 1 .. N + 1) \textbf{ et } (sup \in \mathbb{N}) \textbf{ et } (\forall j \cdot (j \in 1 .. i - 1 \Rightarrow T[j] \leqslant sup))$$

et comme condition d'arrêt : $(i = N + 1)$.

On remarquera que l'initialisation instaure bien l'invariant puisque, pour $i = 2$ et $sup = T[1]$, celui-ci est satisfait ($T[j] \leqslant sup$ est vrai pour $j = 1$ – on a l'égalité).

Solution de l'exercice 31 Somme des éléments d'un tableau
Énoncé page 118.

Réponse 1. La formulation initiale de la postcondition est : $s = \sum_{j=1}^{N} T[j]$. Elle n'est pas $\boxed{\textbf{31 - R 1}}$ sous forme conjonctive. On va la renforcer dans cet objectif en remplaçant $(N + 1)$ par la *variable* i et en ajoutant le conjoint $(i = N + 1)$. Ainsi, on reformule la postcondition en :

Postcondition : (s est la somme des $(i - 1)$ premiers éléments du tableau T) **et**
    $(i \in 1 .. N + 1) \textbf{ et } (i = N + 1)$.

L'heuristique de l'éclatement de la postcondition conduit à diviser la postcondition pour proposer :

1. Invariant Les deux premiers conjoints étant faciles à établir, on les retient pour former l'invariant, soit :

$$(\text{s est la somme des } (i-1) \text{ premiers éléments de T}) \text{ et } (i \in 1..N+1)$$

soit, sous forme graphique :

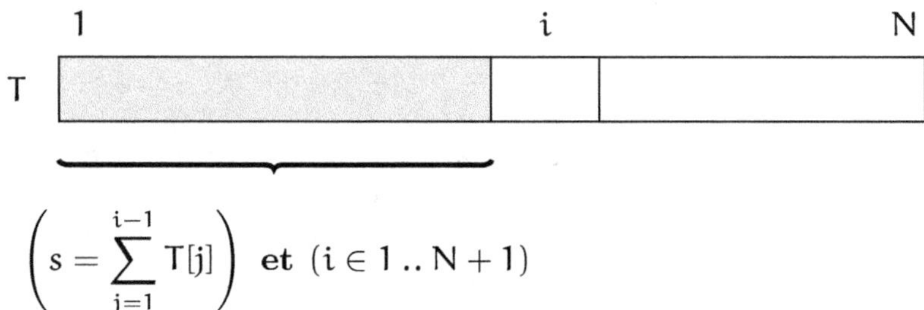

$$\left(s = \sum_{j=1}^{i-1} T[j] \right) \text{ et } (i \in 1..N+1)$$

2. Condition d'arrêt On reprend le conjoint écarté : $i = N+1$.

3. Progression La progression est spécifiée par :

Précondition : $\left(s = \sum_{j=1}^{i-1} T[j] \right)$ **et** $(i \in 1..N+1)$ **et non** $(i = N+1)$

PROGRESSION

Postcondition : $\left(s = \sum_{j=1}^{i-1} T[j] \right)$ **et** $(i \in 1..N+1)$

Pour à la fois « faire avancer le calcul » et rétablir l'invariant, la progression choisie consiste d'une part à intégrer $T[i]$ dans la somme, d'autre part à incrémenter i de 1. Ces deux actions sont possibles puisque la formule $((i \in 1..N+1)$ **et non**$(i = N+1))$ garantit à la fois que $T[i]$ existe et que i peut augmenter de 1. On est alors dans la situation :

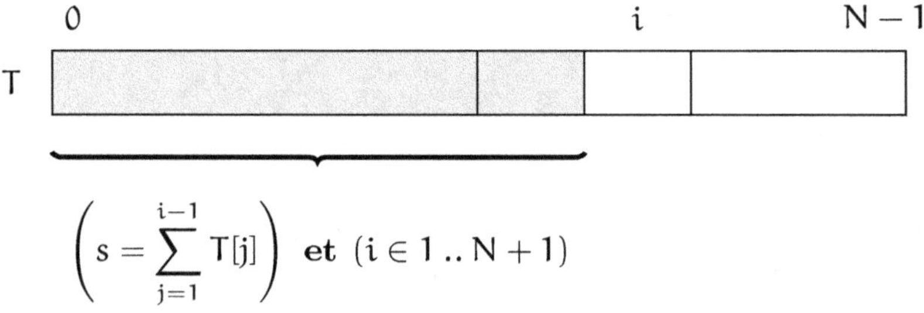

$$\left(s = \sum_{j=1}^{i-1} T[j] \right) \text{ et } (i \in 1..N+1)$$

qui n'est autre que l'invariant. On a ainsi construit la progression :

$s \leftarrow s + T[i] \,; i \leftarrow i+1.$

4. Initialisation L'initialisation est spécifiée par :

Précondition : (T tableau d'entiers constant de longueur N) **et** $(N \geqslant 0)$

INITIALISATION

Postcondition : $\left(s = \sum_{j=1}^{i-1} T[j] \right)$ **et** $(i \in 1..N+1)$.

Comme toujours dans la construction de l'initialisation, la postcondition de cette spécification est l'invariant de la boucle en cours de construction. Passer de la précondition à l'invariant peut se réaliser en atteignant la situation suivante dans laquelle i s'identifie à 1 :

$$\begin{array}{c} 1/i \qquad\qquad\qquad\qquad\qquad\qquad\qquad N \\[4pt] T\ \boxed{} \end{array}$$

$$\left(s = \sum_{j=1}^{0} T[j] \right)\ \textbf{et}\ (1 \in 1\,..\,N+1)$$

situation qui s'établit par l'affectation de 1 à i et de 0 à s.

5. Terminaison L'expression $(N + 1 - i)$ convient : elle reste toujours positive ou nulle et décroît de 1 à chaque pas d'itération.

Finalement, on a construit le programme suivant :

1. **constantes**
2. $N \in \mathbb{N}_1$ **et** $N = \ldots$ **et** $T \in 1\,..\,N\ \to\ \mathbb{N}$ **et** $T = [\ldots]$
3. **variables**
4. $i \in 1\,..\,N+1$
5. **début**
6.   */% PRE : (T est un tableau d'entiers naturels constant de longueur N)* **et** $(N \geqslant 0)$ *%/*
7. $i \leftarrow 1\,;\ s \leftarrow 0\,;$
8.   **tant que non**$(i = N+1)$ **faire**
9. $s \leftarrow s + T[i]\,;\ i \leftarrow i+1$
10.   **fin tant que**;
11.   */% POST :* $\left(s = \sum_{j=1}^{N} T[j] \right)$ *%/*
12.   **écrire**(*la somme des éléments du tableau* , T, *est* , s)
13. **fin**

Réponse 2. En termes d'additions (mais aussi de comparaisons liées au contrôle de la boucle), cet algorithme est en $\Theta(N)$ dans le meilleur comme dans le pire des cas.

31 - R 2

Solution de l'exercice 32 Recherche dans un tableau à deux dimensions

Énoncé page 118.

Réponse 1. Supposons le travail réalisé en partie, ce qui est schématisé par :

32 - R 1

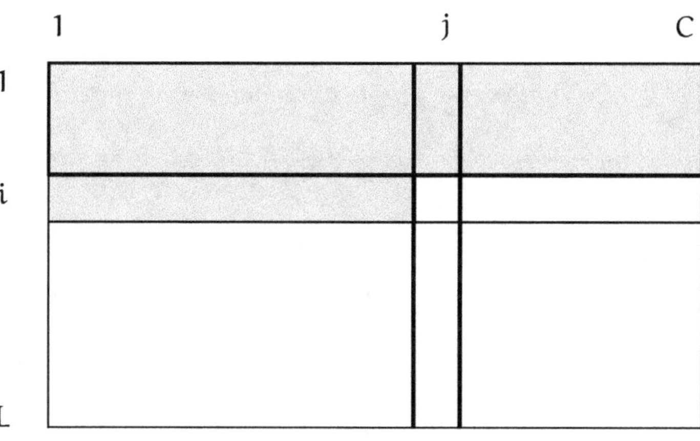

1. Invariant Il correspond à la situation décrite par le schéma précédent, soit :

$(i \in 1..L)$ **et** $(j \in 1..C)$ **et** (la valeur V n'est pas dans le rectangle

$T[1..i-1, 1..C])$ **et** (la valeur V n'est pas dans la ligne $T[i, 1..j-1]$).

2. Condition d'arrêt La boucle cesse dès que $T[i,j] = V$.

3. Progression Elle est spécifiée par :

Précondition : (la valeur V n'est pas dans le rectangle $T[1..i-1, 1..C]$) **et**
(la valeur V n'est pas dans la ligne $T[i, 1..j-1]$) **et** **non**$(T[i,j] = V)$

PROGRESSION

Postcondition : (la valeur V n'est pas dans le rectangle $T[1..i-1, 1..C]$) **et**
(la valeur V n'est pas dans la ligne $T[i, 1..j-1]$).

C'est ici qu'est gérée la progression des indices i et j afin que soit examiné l'élément
suivant (qui existe d'après la précondition et le fait que la condition d'arrêt n'est pas
satisfaite). On incrémente j de 1 et, s'il dépasse C, on se positionne en début de la
ligne suivante.

4. Initialisation Elle fait passer de la précondition à l'invariant, ce qui est réalisé en
initialisant les variables i et j à la valeur 1.

5. Terminaison On peut prendre comme expression de terminaison l'aire de la zone
blanche du schéma qui décroît de 1 à chaque pas de la boucle, soit $(L-i) \cdot C + (C+1-j)$.

---

32 - R 2   **Réponse 2.**   Le programme associé est le suivant :

```
1.  constantes
2.     L ∈ ℕ₁ et L = ... et C ∈ ℕ₁ et C = ... et V ∈ ℕ et V = ...
3.  variables
4.     T ∈ 1..L × 1..C → ℕ et T = [...] et i ∈ 1..L et j ∈ 1..C+1
5.  début
6.     /% PRE : (T est un tableau constant d'entiers naturels ayant L lignes et
        C colonnes) et (L > 0) et (C > 0) et (V est un entier naturel présent
        dans T) %/
7.     i ← 1 ; j ← 1 ;
8.     tant que non(T[i,j] = V) faire
9.        j ← j + 1 ;
10.       si j > C alors
11.          i ← i + 1 ; j ← 1
12.       fin si ;
13.    fin tant que ;
14.    /% POST : (i,j) désigne une occurrence de V dans T, c'est-à-dire que
        T[i,j] = V %/
15.    écrire(une occurrence de , V, se trouve en (, i, , , j, ))
16. fin
```

La boucle est effectuée entre une et $(L \cdot C)$ fois et à chaque itération on effectue deux
comparaisons (une pour le contrôle de la boucle et une pour tester j).

Solution de l'exercice 33   Tri par sélection simple

Énoncé page 119.

Réponse 1. La postcondition issue du choix opéré est :   33 - R 1

Postcondition : $(i \in 1 .. N + 1)$ **et** $(T[1 .. i - 1]$ est trié$)$ **et**
$(\forall j \cdot (j \in 1 .. i - 1 \Rightarrow \forall k \cdot (k \in i .. N \Rightarrow T[j] \leqslant T[k])))$ **et** $(i = N + 1)$.

On identifie maintenant les cinq constituants de la boucle à construire.

1. Invariant Les trois premiers conjoints sont faciles à établir et on les conserve pour constituer l'invariant :

$$(i \in 1 .. N + 1) \textbf{ et } (T[1 .. i - 1] \text{ est trié}) \textbf{ et}$$
$$\forall j \cdot (j \in 1 .. i - 1 \Rightarrow \forall k \cdot (k \in i .. N \Rightarrow T[j] \leqslant T[k]))$$

soit, sous forme graphique (sans le domaine de variation de i) :

$$\forall j \cdot (j \in 1 .. i - 1 \Rightarrow \forall k \cdot (k \in i .. N \Rightarrow T[j] \leqslant T[k]))$$

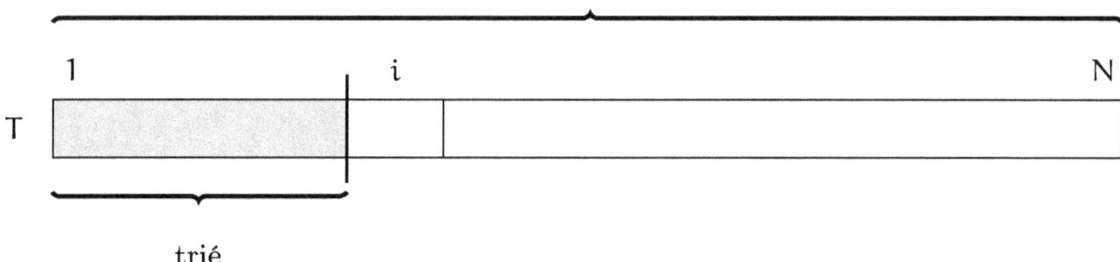

2. Condition d'arrêt On retient le conjoint écarté : $(i = N + 1)$.

3. Progression Elle est spécifiée par :
    Précondition : $(i \in 1 .. N + 1)$ **et** $(T[1 .. i - 1]$ est trié$)$ **et**
$\forall j \cdot (j \in 1 .. i - 1 \Rightarrow \forall k \cdot (k \in i .. N \Rightarrow T[j] \leqslant T[k]))$ **et non**$(i = N + 1)$

PROGRESSION

    Postcondition : $(i \in 1 .. N + 1)$ **et** $(T[1 .. i - 1]$ est trié$)$ **et**
$\forall j \cdot (j \in 1 .. i - 1 \Rightarrow \forall k \cdot (k \in i .. N \Rightarrow T[j] \leqslant T[k]))$.

Une solution consiste à identifier la position m du minimum (de l'un des minima) du sous-tableau $T[i .. N]$ avant d'échanger les éléments en position i et m. L'invariant est ensuite rétabli par l'incrémentation de i.

4. Initialisation L'initialisation est spécifiée par :
    Précondition : $(T$ est un tableau de N entiers naturels$)$ **et** $(N \geqslant 1)$

INITIALISATION

    Postcondition : $(i \in 1 .. N + 1)$ **et** $(T[1 .. i - 1]$ est trié$)$ **et**
$\forall j \cdot (j \in 1 .. i - 1 \Rightarrow \forall k \cdot (k \in i .. N \Rightarrow T[j] \leqslant T[k]))$.

L'affectation de 1 à i répond à cette spécification : $T[1 : 0]$ est trié ; tous les éléments de ce sous-tableau sont inférieurs ou égaux à ceux de $T[1 .. N]$.

5. Terminaison Si la recherche du minimum de $T[i .. N]$ se termine, il en est de même de la boucle en cours de construction. $(N + 1 - i)$ est une expression de terminaison convenable.

33 - R 2 **Réponse 2.** Le renforcement envisagé consiste à remplacer $(N + 1)$ par k. Dès lors, $T[m] = \min_{j \in i..N}(T[j])$ devient $T[m] = \min_{j \in i..k-1}(T[j])$ et il faut d'une part spécifier le domaine de variation de k, de l'autre reporter cette substitution dans le terme $m \in i..N$. On obtient :

Postcondition : $(k \in i+1..N+1)$ **et** $(m \in i..k-1)$ **et** $(T[m] = \min_{j \in i..k-1}(T[j]))$ **et** $(k = N + 1)$.

33 - R 3 **Réponse 3.** On donne maintenant les constituants de la boucle d'identification d'un minimum de $T[i..N]$.

1. Invariant Les trois premiers conjoints sont faciles à établir et constituent l'invariant :

$$(k \in i+1..N+1) \text{ et } (m \in i..k-1) \text{ et } (T[m] = \min_{j \in i..k-1}(T[j])).$$

2. Condition d'arrêt On reprend le conjoint écarté : $(k = N + 1)$.

3. Progression La progression est spécifiée comme suit :

Précondition : $(k \in i+1..N+1)$ **et** $(m \in i..k-1)$ **et** $(T[m] = \min_{j \in i..k-1}(T[j]))$ **et** **non**$(k = N + 1)$

PROGRESSION

Postcondition : $(k \in i+1..N+1)$ **et** $(m \in i..k-1)$ **et** $(T[m] = \min_{j \in i..k-1}(T[j]))$.
Progresser vers la postcondition va se faire en mettant à jour la variable m, si $T[k]$ se révèle le plus petit élément sur $T[i..k]$; rétablir l'invariant se fait en incrémentant la variable k.

4. Initialisation L'initialisation est spécifiée par :

Précondition : (i constant) **et** $(i \in 1..N)$ **et** ($T[i..N]$ est un tableau d'entiers)

INITIALISATION

Postcondition : $(k \in i+1..N+1)$ **et** $(m \in i..k-1)$ **et** $(T[m] = \min_{j \in i..k-1}(T[j]))$.
Atteindre l'état $(k = i + 1)$ oblige à atteindre simultanément l'état $(m = i)$, ce qui s'obtient (puisque i est considéré comme constant) par la séquence :

$$1.\ k \leftarrow i + 1;\ m \leftarrow i.$$

5. Terminaison La variable k est incrémentée de 1 à chaque pas de progression. L'expression $(N + 1 - k)$ est décroissante tout en restant positive ou nulle, ce qui assure la terminaison.

33 - R 4 **Réponse 4.** Au final, on obtient le programme suivant :

```
 1.  constantes
 2.     N ∈ ℕ₁ et N = ...
 3.  variables
 4.     T ∈ 1..N → ℕ et T = [...] et i ∈ 1..N+1 et k ∈ 2..N+1 et m ∈ 0..N+1
 5.  début
 6.     /% PRE : (T est un tableau de N entiers naturels) et (N ⩾ 1) %/
 7.     i ← 1;
 8.     tant que non(i = N + 1) faire
 9.        /% boucle imbriquée de détermination de m %/
10.        k ← i + 1; m ← i;
```

```
11.        tant que non(k = N + 1) faire
12.          si T[k] < T[m] alors
13.            m ← k
14.          fin si ;
15.          k ← k + 1
16.        fin tant que ;
17.        Échanger(i, m) ; i ← i + 1
18.      fin tant que ;
19.      /% POST : (T est trié par ordre croissant) %/
20.      écrire(T)
21. fin
```

Réponse 5. La boucle externe est réalisée pour i variant de 1 à N et la boucle interne, dans laquelle se trouve l'opération d'échange, pour k variant de $(i+1)$ à N. On en déduit que le nombre d'échanges est en $\Theta(N^2)$.

33 - R 5

Solution de l'exercice 34   Ésope reste ici et se repose

Énoncé page 120.

Réponse 1. Raisonnons par l'absurde. Considérons le k^e caractère de T en partant de son début et de sa fin, respectivement $T[k]$ et $T[N-k+1]$. Supposons que T représente un palindrome et que ces deux éléments sont différents. Alors, le mot (ou phrase sans espace) représenté par T ne se lit pas de la même manière dans les deux sens, d'où contradiction.

34 - R 1

Réponse 2. Rappelons que le patron proposé page 116 consiste à décider s'il existe ou non un élément j d'une structure de taille N, qui satisfait un prédicat PL donné ne dépendant pas des éléments précédant j. Le résultat retourné est j lui-même, ou la valeur conventionnelle $(N+1)$ indiquant que la structure a été épuisée sans trouver d'élément vérifiant la propriété PL. Pour le problème du palindrome, on peut utiliser cette démarche avec :

34 - R 2

$$PL(j) \cong (T[j] \neq T[N+1-j])$$

correspondant à la détection d'un mauvais appariement permettant de conclure que la chaîne T ne représente pas un palindrome. Cependant, il importe de remarquer qu'ici k n'atteint pas la valeur $N+1$ puisque deux éléments sont examinés conjointement. En fait, si T représente un palindrome, l'arrêt se produit avec une valeur de k égalant ou dépassant (de 1) celle de $(N+1-k)$. Pour la même raison, l'expression de terminaison peut être adaptée (voir réponse suivante), même si l'expression générique convient.

Réponse 3. En prenant en compte ces adaptations, on obtient le programme ci-dessous :

34 - R 3

```
1. constantes
2.    T ∈ chaîne et T = ... et N = |T|
3. variables
4.    j ∈ 1 .. N
5. début
6.    /% PRE : (T est une chaîne constante de N caractères) et (N ⩾ 0) %/
7.    j ← 1 ;
```

```
 8.    tant que non((j ⩾ N + 1 − j) ou sinon (T[j] ≠ T[N + 1 − j]))) faire
 9.        j ← j + 1
10.    fin tant que;
11.    /% POST : ((j ⩾ N + 1 − j) et (T représente un palindrome))
           ou ((j < N + 1 − j) et (T ne représente pas un palindrome)) %/
12.    si j ⩾ N + 1 − j alors
13.        écrire(la chaîne, T, représente un palindrome)
14.    sinon
15.        écrire(la chaîne, T, ne représente pas un palindrome)
16.    fin si
17. fin
```

Remarque   Cette solution présente l'avantage de traiter de la même façon les chaînes quelle que soit leur taille (paire ou impaire).

34 - R 4   **Réponse 4.**   Le nombre de conditions évaluées (pour le contrôle de la boucle) varie de 1 (arrêt immédiat pour non appariement ou $N = 0$) à $\lceil (N + 1)/2 \rceil$ (T représente un palindrome). On a donc une complexité en $\mathcal{O}(N)$.

Solution de l'exercice 35 Drapeau hollandais revisité

Énoncé page 121.

35 - R 1   **Réponse 1.**   En remplaçant w par r dans la seconde version de la postcondition de l'énoncé, il vient :

Postcondition (nouvelle version) :
$$(b \in 1..N) \text{ et } (w \in b + 1..N + 1) \text{ et } (r \in w..N + 1) \text{ et }$$
$$(\forall j \cdot (j \in 1..b − 1 \Rightarrow T[j] < V)) \text{ et } (\forall j \cdot (j \in b..w − 1 \Rightarrow T[j] = V)) \text{ et }$$
$$(\forall j \cdot (j \in r..N \Rightarrow T[j] > V)) \text{ et } (r = w).$$

L'invariant peut être constitué des six premiers conjoints faciles à établir, soit :

1. Invariant $(b \in 1..N) \text{ et } (w \in b + 1..N + 1) \text{ et } (r \in w..N + 1) \text{ et }$
$(\forall j \cdot (j \in 1..b − 1 \Rightarrow T[j] < V)) \text{ et } (\forall j \cdot (j \in b..w − 1 \Rightarrow T[j] = V)) \text{ et }$
$(\forall j \cdot (j \in r..N \Rightarrow T[j] > V)).$

Cet invariant peut se schématiser par :

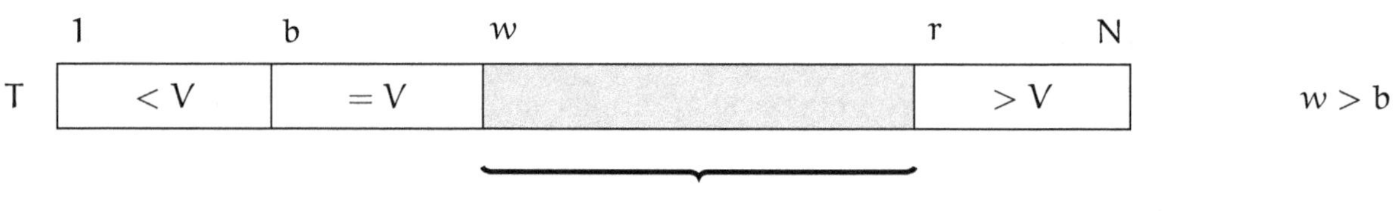

35 - R 2   **Réponse 2.**   On poursuit maintenant la construction de la boucle avec ses quatre autres éléments.

2. Condition d'arrêt   On reprend le conjoint écarté : $(r = w)$.

3. Progression Elle est spécifiée par :

Précondition : $(b \in 1\,..\,N)$ **et** $(w \in b+1\,..\,N+1)$ **et** $(r \in w\,..\,N+1)$ **et**
$(\forall j \cdot (j \in 1\,..\,b-1 \Rightarrow T[j] < V))$ **et** $(\forall j \cdot (j \in b\,..\,w-1 \Rightarrow T[j] = V))$ **et**
$(\forall j \cdot (j \in r\,..\,N \Rightarrow T[j] > V))$ **et** **non**$(r = w)$

PROGRESSION

Postcondition : $(b \in 1\,..\,N)$ **et** $(w \in b+1\,..\,N+1)$ **et** $(r \in w\,..\,N+1)$ **et**
$(\forall j \cdot (j \in 1\,..\,b-1 \Rightarrow T[j] < V))$ **et** $(\forall j \cdot (j \in b\,..\,w-1 \Rightarrow T[j] = V))$ **et**
$(\forall j \cdot (j \in r\,..\,N \Rightarrow T[j] > V))$.

La zone des valeurs restant à classer possède deux extrémités variables (w et $r-1$),
qui vont être exploitées pour satisfaire la contrainte de l'énoncé relative aux échanges.
Passons en revue les divers cas pouvant survenir :

- a) si $T(r-1] > V$, aucun échange n'est nécessaire et le rétablissement de
  l'invariant se fait en décrémentant r de 1,
- b) si $T[w] = V$, ici encore, aucun échange n'est nécessaire pour rétablir l'invariant, il suffit d'incrémenter w de 1,
- c) si $T[w] < V$, la place de $T[w]$ est dans la première zone et on échange les
  valeurs aux positions w et b avant de rétablir l'invariant en incrémentant
  ces deux variables de 1,
- d) si $T[w] > V$, la place de $T[w]$ est dans la zone de droite et on échange
  les valeurs aux positions w et $(r-1)$ avant de rétablir l'invariant en
  décrémentant r de 1.

On constate qu'il y a au plus un échange à effectuer quelle que soit la situation
considérée.

4. Initialisation L'initialisation est spécifiée par :

Précondition : (T est un tableau de N entiers naturels) **et** $(N \geqslant 1)$ **et** $(V = T[1])$

INITIALISATION

Postcondition : $(b \in 1\,..\,N)$ **et** $(w \in b+1\,..\,N+1)$ **et** $(r \in w\,..\,N+1)$
$(\forall j \cdot (j \in 1\,..\,b-1 \Rightarrow T[j] < V))$ **et** $(\forall j \cdot (j \in b\,..\,w-1 \Rightarrow T[j] = V))$ **et**
$(\forall j \cdot (j \in r\,..\,N \Rightarrow T[j] > V))$.

Il faut donc atteindre la situation suivante :

$$b/1 \qquad w/2 \qquad\qquad\qquad\qquad\qquad\qquad N\ r/N+1$$

$$T\quad \boxed{V}\ \boxed{}$$

valeurs à classer

que l'on obtient par les affectations :

$$b \leftarrow 1; w \leftarrow 2; r \leftarrow N+1$$

5. Terminaison La zone des valeurs restant à classer diminue de 1 à chaque pas de boucle.
$(r - w)$ est donc une expression de terminaison convenable.

Réponse 3. Finalement, on a construit le programme suivant : $\boxed{\textbf{35} \text{ - R 3}}$

```
1.  constantes
2.     N ∈ ℕ₁ et N = ...
3.  variables
4.     T ∈ 1..N → ℕ et T = [...] et V ∈ ℕ et b ∈ 1..N et w ∈ 2..N+1 et
       r ∈ 2..N+1
5.  début
6.     /% PRE : (T est un tableau de N entiers naturels) et
          (S est le sac des valeurs contenues dans T)  %/
7.     V ← T[1] ; b ← 1 ; w ← 2 ; r ← N+1 ;
8.     tant que non(w = r) faire
9.        si T[r − 1] > V alors
10.           r ← r − 1
11.        sinon
12.           si T[w] = V alors
13.              w ← w + 1
14.           sinonsi T[w] < V alors
15.              Échanger(w, b) ; b ← b + 1 ; w ← w + 1
16.           sinon
17.              Échanger(w, r − 1) ; r ← r − 1
18.           fin si
19.        fin si
20.     fin tant que ;
21.     /% POST : (S est le sac des valeurs contenues dans T) et (T se compose
          de trois parties, à gauche les valeurs inférieures à V, à droite les valeurs
          supérieures à V et au centre toutes les occurrences de la valeur V) %/
22.     écrire(tableau, T, où les occurrences de la valeur, V, sont au centre,
          celles inférieures à, V, à gauche et les autres à droite)
23. fin
```

35 - R 4 **Réponse 4.**   La longueur de la zone des valeurs restant à classer diminue de 1 à chaque pas de progression, alors qu'en même temps au plus un échange est réalisé. Plus précisément, le nombre d'échanges varie de 0 (si le tableau T contient une valeur unique ou si $\forall i \cdot (i \in 2..N \Rightarrow T[i] > T[1])$) à $(N − 1)$ (si $\forall i \cdot (i \in 2..N \Rightarrow T[i] < T[1])$).

Solution de l'exercice 36 Les sept et les vingt-trois

Énoncé page 122.

36 - R 1 **Réponse 1.**   Supposons le travail réalisé en partie, c'est-à-dire qu'il existe une partie « gauche » (resp. « droite ») du tableau T ne possédant pas de 23 (resp. de 7). Ceci se schématise de la façon suivante :

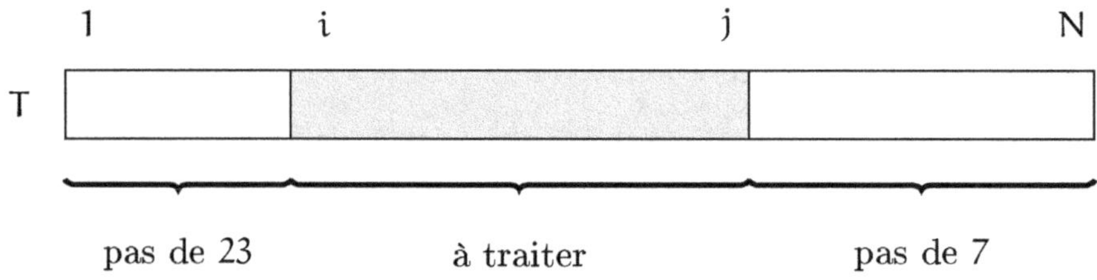

sachant que ce tableau a été obtenu par une suite d'échanges entre des couples $(7, 23)$ ou $(23, 7)$. On peut donc prendre comme invariant :

$(i \in 1..j+1)$ **et** $(j \in i-1..N)$ **et** $(T[1..i-1]$ ne contient aucun 23) **et** $(T[j+1..N]$ ne contient aucun 7).

Réponse 2. Si i et j sont égaux, la zone grisée contient un unique élément qui, quel qu'il soit, occupe une place convenable et ne donne lieu à aucun échange. On pourrait penser prendre ce prédicat comme condition d'arrêt, mais si T est vide, on a $i = 1$ et $j = 0$ (d'après l'invariant) et la condition $(i = j)$ n'est pas vérifiée. On opte donc pour la condition d'arrêt $(i \geqslant j)$ qui couvre le cas d'une zone grisée vide ou contenant un seul élément.

36 - R 2

Réponse 3. On poursuit maintenant la construction de la boucle.

36 - R 3

3. Progression Elle est spécifiée par :

> **Précondition :** $(i \in 1..j+1)$ **et** $(j \in i-1..N)$ **et** $(T[1..i-1]$ ne contient aucun 23) **et** $(T[j+1..N]$ ne contient aucun 7) **et non**$(i \geqslant j)$

PROGRESSION

> **Postcondition :** $(i \in 1..j+1)$ **et** $(j \in i-1..N)$ **et** $(T[1..i-1]$ ne contient aucun 23) **et** $(T[j+1..N]$ ne contient aucun 7)

On va gérer de façon simultanée les indices i et j de la façon synthétisée ci-après :

	$T[i] = 23$	$T[i] \neq 23$
$T[j] = 7$	$\textit{Échanger}(i, j);$ $i \leftarrow i + 1;$ $j \leftarrow j - 1$	$i \leftarrow i + 1$
$T[j] \neq 7$	$j \leftarrow j - 1$	$j \leftarrow j - 1;$ $i \leftarrow i + 1$

4. Initialisation Pour atteindre l'invariant depuis la précondition, il suffit d'effectuer les affectations : $i \leftarrow 1$; $j \leftarrow N$.

5. Terminaison L'expression $(j - i + 1)$ diminue de 1 ou 2 à chaque pas et reste positive ou nulle.

Réponse 4. Le nombre d'échanges est au mieux nul (les 23 sont tous situés après les 7) et au pire égal à $\lfloor N/2 \rfloor$ (T contient une séquence de $\lfloor N/2 \rfloor$ (resp. $\lceil N/2 \rceil$) 23 suivie d'une séquence de $\lceil N/2 \rceil$ (resp. $\lfloor N/2 \rfloor$) 7). On effectue trois comparaisons par pas de boucle (une pour le contrôle de la boucle et deux pour les comparaisons de T[i] et T[j]). Le nombre de pas est au mieux égal à $\lfloor N/2 \rfloor$ (quand les deux indices i et j évoluent toujours ensemble) et au pire $(N - 1)$ (quand à chaque pas un seul des indices i et j évolue). On a donc une complexité en termes d'échanges et de comparaisons en $\Theta(N)$.

36 - R 4

Solution de l'exercice 37   Le M^e zéro

Énoncé page 122.

Réponse 1. Une nouvelle expression de la postcondition est :

37 - R 1

Postcondition : $(p \in 0..M - 1)$ **et** $(i \in 1..N)$ **et** $(p = (\#j \cdot ((j \in 1..i-1)$ **et** $(T[j] = 0)))$ **et** $(p = M - 1)$ **et** $(T[i] = 0)$.

37 - R 2 **Réponse 2.**   On étudie successivement les cinq constituants de la boucle.

1. Invariant L'invariant contient les trois premiers conjoints (dont l'expression quantifiée) :

$$(p \in 0..M-1) \text{ et } (i \in 1..N) \text{ et } (p = (\#j \cdot ((j \in 1..i-1) \text{ et } (T[j] = 0)))).$$

2. Condition d'arrêt La condition d'arrêt est constituée des conjoints écartés, soit :

$$(p = M-1) \text{ et } (T[i] = 0).$$

3. Progression Elle est spécifiée par :

Précondition : $(p \in 0..M-1)$ **et** $(i \in 1..N)$ **et** $(p = \#j \cdot (j \in 1..i-1)$ **et**
$(T[j] = 0))$ **et non**$((p = M-1)$ **et** $(T[i] = 0))$

PROGRESSION

Postcondition : $(p \in 0..M-1)$ **et** $(i \in 1..N)$ **et** $(p = \#j\cdot((j \in 1..i-1)$ **et** $(T[j] = 0))$.

Le fragment de code suivant répond à cette spécification :

```
1. si T[i] = 0 alors
2.    p ← p + 1
3. fin si ;
4. i ← i + 1
```

4. Initialisation L'initialisation doit satisfaire la spécification suivante :
Précondition : $(M$ constant$)$ **et** $(M \in \mathbb{N}_1)$ **et** $(T$ est un tableau constant de
N entiers$)$ **et** $(T$ contient au moins M zéros$)$

INITIALISATION
Postcondition : $(p \in 0..M-1)$ **et** $(i \in 1..N)$ **et** $(p = \#j\cdot((j \in 1..i-1)$ **et** $(T[j] = 0))$.

La situation $(i = 1)$ oblige à avoir $(p = 0)$. Cette situation est atteinte depuis la
précondition par les deux affectations : $i \leftarrow 1$ et $p \leftarrow 0$.

5. Terminaison L'expression $(N - i)$ décroît de 1 à chaque pas de progression, tout en
restant positive ou nulle, ce qui assure la terminaison.

37 - R 3 **Réponse 3.**   Le programme associé à cette boucle est le suivant :

```
 1. constantes
 2.    N ∈ ℕ₁ et N = ... et M ∈ 1..N et M = ... et T ∈ 1..N → ℕ et
       T = [...]
 3. variables
 4.    p ∈ 0..M-1 et i ∈ 1..N
 5. début
 6.    /% PRE : (M constant) et (M ∈ ℕ₁) et (T est un tableau constant de
       N entiers) et (T contient au moins M zéros) %/
 7.    i ← 1 ; p ← 0 ;
 8.    tant que non((p = M-1) et (T[i] = 0)) faire
 9.       si T[i] = 0 alors
10.          p ← p + 1
11.       fin si ;
12.       i ← i + 1
13.    fin tant que ;
14.    /% POST : i désigne la position du Mᵉ zéro dans T %/
15.    écrire(le Mᵉ zéro de , T, se trouve en position , i)
16. fin
```

La boucle est exécutée au plus (resp. au moins) N (resp. M) fois. À chaque pas on effectue
deux comparaisons ; on a donc une complexité en $\Omega(M)$ et $\mathcal{O}(N)$ comparaisons.

Solution de l'exercice 38 Alternance pair – impair

Énoncé page 123.

Réponse 1. On a :

$\boxed{\text{38 - R 1}}$

A **et** B **et** (C **ou** D)

$\Leftrightarrow$ distributivité

(A **et** B **et** C) **ou** (A **et** B **et** D)

$\Rightarrow$ $(A \text{ **et** } B) \Rightarrow A \text{ et } (A \text{ **et** } B) \Rightarrow B$

(A **et** C) **ou** (B **et** D).

On en déduit donc que :

P **et** Q **et** $((p = 2N + 2) \text{ **ou** } (i = 2N + 1))$

$\Rightarrow$

$(P \text{ **et** } (p = 2N + 2)) \text{ **ou** } (Q \text{ **et** } (i = 2N + 1)).$

En développant P et Q, on obtient une nouvelle version de la postcondition :

Postcondition (troisième version impliquant la deuxième) : $(p \in 1 \mathinner{.\,.} 2N + 2)$ **et** (p est pair) **et** (les positions d'indice pair de l'intervalle $1 \mathinner{.\,.} p - 2$ contiennent des valeurs paires) **et** $(i \in 1 \mathinner{.\,.} 2N + 1)$ **et** (i est impair) **et** (les positions d'indice impair de l'intervalle $1 \mathinner{.\,.} i - 2$ contiennent des valeurs impaires) **et** $((p = 2N + 2) \text{ **ou** } (i = 2N + 1)).$

Réponse 2. On spécifie successivement les cinq éléments de la boucle.

$\boxed{\text{38 - R 2}}$

1. Invariant Les six premiers conjoints de la postcondition sont faciles à instaurer. On les conserve pour constituer l'invariant :

$(p \in 1 \mathinner{.\,.} 2N + 2)$ **et** (p est pair) **et** (les positions d'indice pair de l'intervalle $2 \mathinner{.\,.} p - 2$ contiennent des valeurs paires) **et** $(i \in 1 \mathinner{.\,.} 2N + 1)$ **et** (i est impair) **et** (les positions d'indice impair de l'intervalle $1 \mathinner{.\,.} i - 2$ contiennent des valeurs impaires).

2. Condition d'arrêt On prend pour condition d'arrêt le conjoint écarté, soit :

$$((p = 2N + 2) \text{ **ou** } (i = 2N + 1)).$$

3. Progression La progression est spécifiée par :

Précondition : $(p \in 1 \mathinner{.\,.} 2N + 2)$ **et** (p est pair) **et** (les positions d'indice pair de l'intervalle $2 \mathinner{.\,.} p - 2$ contiennent des valeurs paires) **et** $(i \in 1 \mathinner{.\,.} 2N + 1)$ **et** (i est impair) **et** (les positions d'indice impair de l'intervalle $1 \mathinner{.\,.} i - 2$ contiennent des valeurs impaires) **et** $\mathbf{non}((p = 2N + 2) \text{ **ou** } (i = 2N + 1))$

PROGRESSION

Postcondition : $(p \in 2 \mathinner{.\,.} 2N)$ **et** (p est pair) **et** (les positions d'indice pair de l'intervalle $2 \mathinner{.\,.} p - 2$ contiennent des valeurs paires) **et** $(i \in 1 \mathinner{.\,.} 2N + 1)$ **et** (i est impair) **et** (les positions d'indice impair de l'intervalle $1 \mathinner{.\,.} i - 2$ contiennent des valeurs impaires).
Avant la progression, on est donc placé soit dans la situation suivante :

les valeurs d'indice impair sont bien placées

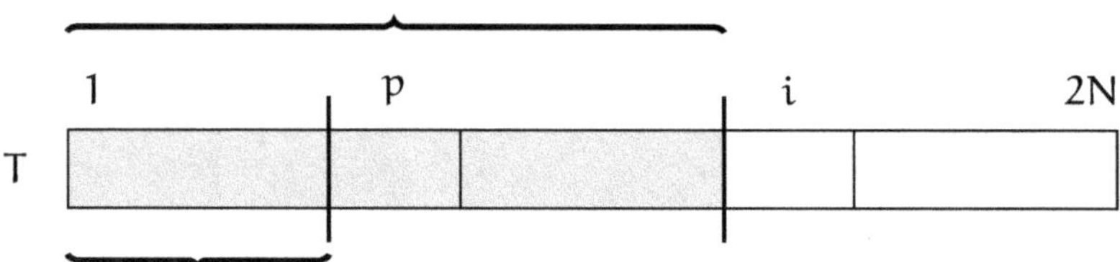

les valeurs d'indice pair sont bien placées

soit dans celle-ci :

les valeurs d'indice pair sont bien placées

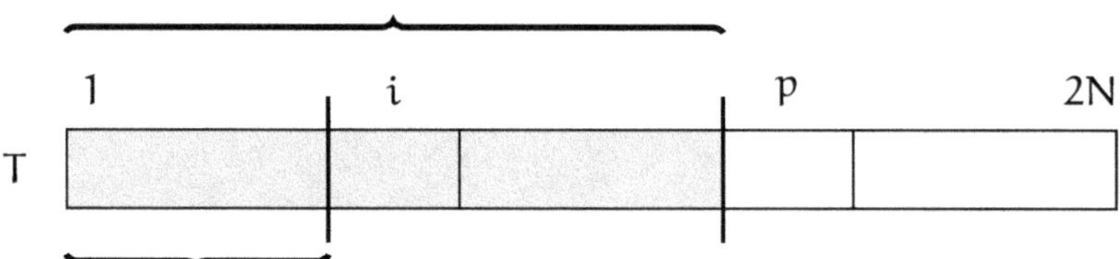

les valeurs d'indice impair sont bien placées.

La position relative de i et de p ne joue aucun rôle, on peut donc indifféremment prendre en considération $T[p]$ ou $T[i]$ (ce qui a malgré tout pour effet de rompre la symétrie exploitée jusqu'alors) pour proposer comme progression :

1. **si** $impair(T[i])$ **alors**
2. $i \leftarrow i + 2$
3. **sinon**
4.   *Échanger*(i, p) ; $p \leftarrow p + 2$
5. **fin si**

en supposant disponible la fonction $impair(k)$ qui rend **vrai** si k est impair, **faux** sinon. Préserver la symétrie aurait nécessité de considérer les quatre cas possibles ($T[i]$ pair et $T[p]$ impair, $T[i]$ impair et $T[p]$ impair, etc.), ce qui aurait conduit à une progression peu élégante.

4. **Initialisation** L'initialisation répond à la spécification suivante :

Précondition : (T est un tableau de 2N entiers naturels) **et** (S est le sac des valeurs contenues dans T) **et** ($N \geqslant 0$) **et** (T contient N entiers pairs et N entiers impairs)

INITIALISATION

Postcondition : ($p \in 2..2N$) **et** (p est pair) **et** (les positions d'indice pair de l'intervalle $1..p-2$ contiennent des valeurs paires) **et** ($i \in 1..2N+1$) **et** (i est impair) **et** (les positions d'indice impair de l'intervalle $1..i-2$ contiennent des valeurs impaires).

La situation suivante :

satisfait la postcondition (et donc l'invariant de boucle). La transition depuis la précondition s'obtient par les affectations : $i \leftarrow 1; p \leftarrow 2$.

5. Terminaison Ici, une seule des deux variables i et p décroît de 2 à chaque pas de progression. En revanche, l'expression suivante est positive ou nulle et décroît de 1 à chaque pas de progression :

$$(2N - p + 2N + 1 - i)/2.$$

Réponse 3. Au final, on a construit le programme suivant :
38 - R 3

```
1.  constantes
2.     N ∈ ℕ et N = ...
3.  variables
4.     T ∈ 1 .. 2N → ℕ et T = [...] et p ∈ 2 .. 2N + 2 et i ∈ 1 .. 2N + 1
5.  début
6.     /% PRE : (T est un tableau de 2N entiers naturels) et (S est le sac des
          valeurs contenues dans T) et (N ⩾ 0) et (T contient N entiers pairs et
          N entiers impairs)  %/
7.     p ← 2 ; i ← 1 ;
8.     tant que non((p = 2N + 2) ou (i = 2N + 1)) faire
9.        si impair(T[i]) alors
10.          i ← i + 2
11.       sinon
12.          Échanger(i, p) ; p ← p + 2
13.       fin si
14.    fin tant que ;
15.    /% POST : (S est le sac des valeurs contenues dans T) et (les positions
          d'indice pair contiennent les valeurs paires) ou (les positions d'indice im-
          pair contiennent les valeurs impaires) %/
16.    écrire(T)
17. fin
```

Réponse 4. En termes de nombre d'échanges, cet algorithme est en $O(N)$. Le nombre de conditions évaluées est lui en $\Theta(N)$ (une condition pour le contrôle de la boucle et une testant l'imparité de $T[i]$).
38 - R 4

Réponse 5. On a :
38 - R 5

$(p \in 2 .. 2N)$ **et** $(p$ est pair$)$ **et**
(les positions d'indice pair de l'intervalle $2 .. p - 2$
contiennent des valeurs paires) **et** $(i \in 1 .. 2N + 1)$ **et** $(i$ est impair$)$ **et**
(les positions d'indice impair de l'intervalle $1 .. i - 2$
contiennent des valeurs impaires) **et** $(p = 2N)$ **et** $(i = 2N + 1)$

$\Rightarrow$ A **et** $B \Rightarrow A$ **ou** B

$(p \in 2 .. 2N)$ **et** $(p$ est pair$)$ **et**
(les positions d'indice pair de l'intervalle $2 .. p - 2$
contiennent des valeurs paires) **et** $(i \in 1 .. 2N + 1)$ **et** $(i$ est impair$)$ **et**
(les positions d'indice impair de l'intervalle $1 .. i - 2$
contiennent des valeurs impaires) **et** $((p = 2N)$ **ou** $(i = 2N + 1))$,

cette dernière expression n'étant autre que la postcondition utilisée précédemment. La nouvelle postcondition proposée est donc un renforcement (logique) de la postcondition initiale ; elle peut donc servir de base à la construction d'une boucle résolvant le problème posé.

Réponse 6.   Si l'on se place dans cette optique, on peut utiliser le même invariant qu'auparavant :

$(p \in 1\,..\,2N + 2)$ **et** $(p$ est pair$)$ **et** (les positions d'indice pair de l'intervalle $2..p-2$ contiennent des valeurs paires) **et** $(i \in 1..2N+1)$ **et** $(i$ est impair$)$ **et** (les positions d'indice impair de l'intervalle $1..i-2$ contiennent des valeurs impaires)

et prendre comme condition d'arrêt le conjoint écarté, soit :

$((p = 2N + 2)$ **et** $(i = 2N + 1))$.

La progression est spécifiée par :

Précondition : $(p \in 1..2N+2)$ **et** $(p$ est pair$)$ **et** (les positions d'indice pair de l'intervalle $2..p-2$ contiennent des valeurs paires) **et** $(i \in 1..2N+1)$ **et** $(i$ est impair$)$ **et** (les positions d'indice impair de l'intervalle $1..i-2$ contiennent des valeurs impaires) **et** $\textbf{non}((p = 2N + 2)$ **et** $(i = 2N + 1))$

PROGRESSION

Postcondition : $(p \in 2..2N)$ **et** $(p$ est pair$)$ **et** (les positions d'indice pair de l'intervalle $2..p-2$ contiennent des valeurs paires) **et** $(i \in 1..2N+1)$ **et** $(i$ est impair$)$ **et** (les positions d'indice impair de l'intervalle $1..i-2$ contiennent des valeurs impaires).

On peut ici encore tester l'imparité de $T[i]$, mais la condition d'arrêt étant conjonctive, sa négation est disjonctive. On peut donc se trouver dans la situation où $i = 2N + 1$ (avec $p \neq 2N + 2$ bien sûr) signifiant que les valeurs impaires sont toutes bien placées. Il ne faut alors pas procéder à l'échange ($2N + 1$ n'étant pas un indice valide de T), mais « forcer » la variable p à sa valeur terminale ($2N + 2$), les valeurs paires étant forcément, elles aussi, bien placées, d'où la progression :

```
1. si i ≠ 2N + 1 alors
2.     si impair(T[i]) alors
3.         i ← i + 2
4.     sinon
5.         Échanger(i, p) ; p ← p + 2
6.     fin si
7. sinon
8.     p ← 2N + 2
9. fin si
```

On notera que cette progression est légèrement plus délicate à construire que la précédente. Par ailleurs, il est aisé de voir que la complexité du programme est identique en termes d'échanges, mais que le nombre de conditions évaluées est de 3 par itération au lieu de 2 auparavant.

Solution de l'exercice 39 Plus longue séquence de zéros

Énoncé page 125.

Réponse 1. Le nouvel invariant est :

39 - R 1

(lg est la longueur de la plus longue succession de zéros contenue dans le sous-tableau $T[1 .. i-1]$) **et** $(i \in 1 .. N+1)$ **et** $(p \in 0 .. i-1)$ **et** (p est la longueur de la plus longue succession de zéros consécutifs s'achevant en $(i-1)$),

que l'on peut schématiser de la façon suivante :

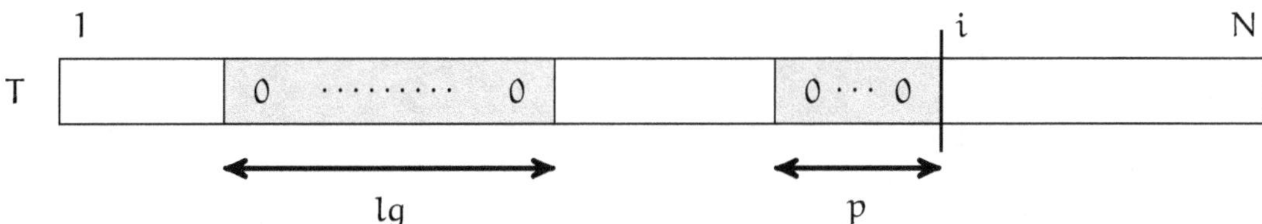

Malgré les apparences suggérées par ce schéma, les sous-tableaux associés à lg et p peuvent très bien être confondus.

Réponse 2. La progression est spécifiée par :

39 - R 2

Précondition : (lg est la longueur de la plus longue succession de zéros contenue dans le sous-tableau $T[1 .. i-1]$) **et** $(i \in 1 .. N+1)$ **et** $(p \in 0 .. i-1)$ **et** (p est la longueur de la plus longue succession de zéros consécutifs s'achevant en $i-1$) **et** $\mathbf{non}(i = N+1)$

Progression

Postcondition : (lg est la longueur de la plus longue succession de zéros contenue dans le sous-tableau $T[1 .. i-1]$) **et** $(i \in 1 .. N+1)$ **et** $(p \in 0 .. i-1)$ **et** (p est la longueur de la plus longue succession de zéros consécutifs s'achevant en $i-1$).

On peut affirmer que $T[i]$ existe et que l'invariant est vrai. Par suite, si $T[i] = 0$ alors p augmente d'une unité, tandis que lg devient la plus grande des deux valeurs p et lg. Sinon, lg reste inchangée tandis que p devient nul. Le rétablissement de l'invariant s'obtient en incrémentant i.

On obtient la progression suivante :

1. **si** $T[i] = 0$ **alors**
2. $p \leftarrow p + 1$; $lg \leftarrow \max(\{lg, p\})$
3. **sinon**
4. $p \leftarrow 0$
5. **fin si** ;
6. $i \leftarrow i + 1$

L'initialisation est spécifiée par :

Précondition : (T est un tableau constant d'entiers de N éléments) **et** $(N \geqslant 0)$

Initialisation

Postcondition : (lg est la longueur de la plus longue succession de zéros contenue dans le sous-tableau $T[1 .. i-1]$) **et** $(i \in 1 .. N+1)$ **et** $(p \in 0 .. i-1)$ **et**

(p est la longueur de la plus longue succession de zéros consécutifs s'achevant en $i-1$).

Instaurer la postcondition (l'invariant de la boucle) se fait par les affectations suivantes : $i \leftarrow 1$; $lg \leftarrow 0$; $p \leftarrow 0$.

Concernant la terminaison, l'expression $(N + 1 - i)$ convient, puisqu'elle décroît de 1 à chaque pas de progression tout en restant positive ou nulle.

39 - R 3   **Réponse 3.** Au final, on a construit le programme suivant :

```
 1. constantes
 2.    N ∈ ℕ et N = ... et T ∈ 1..N → ℕ et T = [...]
 3. variables
 4.    p ∈ 0..N et i ∈ 1..N+1
 5. début
 6.    /% PRE : (T est un tableau constant d'entiers de N éléments  et N ⩾ 0) %/
 7.    i ← 1; lg ← 0; p ← 0;
 8.    tant que non(i = N + 1) faire
 9.       si T[i] = 0 alors
10.          p ← p + 1; lg ← max({lg, p})
11.       sinon
12.          p ← 0
13.       fin si;
14.       i ← i + 1
15.    fin tant que;
16.    /% POST : (lg est la longueur de la plus longue succession de zéros (consécu-
             tifs) contenue dans le tableau T) %/
17.    écrire(la longueur de la plus longue succession de zéros de , T, est , lg)
18. fin
```

Cette solution exige N passages dans la boucle, puisque l'on incrémente i de 1 à chaque pas de progression. Elle est donc en $\Theta(N)$ comparaisons (contrôle de boucle et test de $T[i]$).

39 - R 4   **Réponse 4.** La variable lg contient en permanence (au sens de l'invariant) la longueur de la plus longue séquence de zéros. La poursuite de la boucle n'a d'intérêt que si la valeur de lg peut évoluer. Or, la plus longue succession possible de zéros incluant $T[i]$ est celle qui comprendrait les p zéros situés avant i et les (éventuels) $(N + 1 - i)$ zéros situés entre les positions i et N. Lorsque $(p + N + 1 - i)$ est inférieur ou égal à lg, la valeur de lg ne pourra plus changer et donc la boucle peut être stoppée. On en déduit qu'une alternative à la condition d'arrêt $(i = N + 1)$ est $(p + N + 1 - i) \leqslant lg$. Cette dernière permet un arrêt « anticipé » et donc moins de passages dans la boucle, d'où un gain en efficacité. Avec cette solution, le nombre de comparaisons est en $\mathcal{O}(N)$. On notera que si le tableau T ne contient aucun zéro, les deux conditions d'arrêt sont équivalentes et conduisent à parcourir la boucle N fois.

Solution de l'exercice 40 Élément majoritaire   *Énoncé page 126.*

Réponse 1. *Démonstration de la propriété 2 page 128* La seule possibilité est qu'un $\boxed{\text{40 - R 1}}$
élément de P soit élément majoritaire. Or, tout élément de P est présent au plus $|P|/2$ fois,
soit encore $|S|/2$ fois. Il ne peut donc être élément majoritaire. S n'est pas majoritaire.

Démonstration de la propriété 3 page 128, partie 1 En posant $maj(S)$ le prédicat qui affirme
que S est majoritaire et $maj(v, S)$ le prédicat qui affirme que v est élément majoritaire
dans S, la proposition 1 se traduit par :

$$maj(S) \;\Rightarrow\; (c \in C \Rightarrow maj(c, S)),$$

proposition que nous allons démontrer par l'absurde en prouvant que :

$$\textbf{non}(c \in C \Rightarrow maj(c, S)) \;\Rightarrow\; \textbf{non}\; maj(S),$$

soit encore (par application des règles du calcul propositionnel) :

$$(c \in C \;\textbf{et}\; \textbf{non}\; maj(c, S)) \;\Rightarrow\; \textbf{non}\; maj(S).$$

Si c n'est pas élément majoritaire, se peut-il qu'un élément x quelconque de P, différent
de c, le soit ? La réponse est négative puisque cet élément possède une multiplicité au plus
égale à $|P|/2$, valeur qui est inférieure à $\lfloor |S|/2 \rfloor + 1$. Il n'y a donc pas d'élément majoritaire
dans S.

Démonstration de la propriété 3 page 128, partie 2 Il suffit de considérer le schéma de
l'énoncé dans lequel le sac R serait vide : C contient la valeur 5, qui n'est pas élément
majoritaire, 1 est la valeur ayant la plus grande multiplicité dans S mais n'est pas élément
majoritaire.

Réponse 2. En fin de boucle, R est vide d'après la condition d'arrêt, et : $\boxed{\text{40 - R 2}}$

- soit C est lui aussi vide et d'après la propriété 2, page 128, on sait que
  S n'est pas majoritaire,
- soit C n'est pas vide et d'après la propriété 3, page 128, la valeur c contenue
  dans C (en un nombre d'occurrences quelconque) est le *candidat majoritaire*
  de S, c'est-à-dire le seul candidat majoritaire envisageable pour S, mais rien
  n'est sûr.

Réponse 3. Les précondition et postcondition de la boucle construite avec l'invariant $\boxed{\text{40 - R 3}}$
proposé sont :

Précondition : (S est un sac de N valeurs) **et** $(N \geqslant 1)$.

Postcondition : si C n'est pas vide, x contient la valeur du candidat majoritaire de S ;
si C est vide, S n'est pas majoritaire.

Cette boucle a donc une postcondition affaiblie par rapport à celle du problème initial.
Pour le résoudre, dans le cas où l'on a conclu à la présence d'un candidat majoritaire
éventuel, il faut vérifier si S est *effectivement* majoritaire ou non (recours au principe de
composition séquentielle, voir page 102).

40 - R 4   **Réponse** 4.   On fournit maintenant la progression, l'initialisation et la fonction de terminaison.

Progression On choisit un élément quelconque t de R que l'on retire de R et :

>   (a) si C est vide, on y place t,
>
>   (b) si t est déjà dans le sac C, on l'y ajoute,
>
>   (c) si t est absent de C, on apparie t avec un élément quelconque de C et on déplace le couple dans le sac P.

Sous l'hypothèse de la négation de la condition d'arrêt, cette manipulation est possible et maintient bien l'invariant.

Initialisation On copie S dans R. Les deux sacs P et C sont vidés, ce qui instaure l'invariant.

Terminaison La valeur de $|R|$ décroît de 1 à chaque pas de progression, ce qui assure la terminaison de la boucle.

40 - R 5   **Réponse** 5.   Le sac C se raffine par le couple (x, nbx), où x est la valeur présente dans C et nbx sa multiplicité. Le sac R se raffine par le couple (T, i), où T est un tableau de N éléments et i est tel que $i \in 1..N$. $T[i..N]$ matérialise le sac R. Enfin, le sac P disparaît du raffinement puisque ses constituants ne sont jamais utilisés. On en déduit l'algorithme :

```
 1. constantes
 2.    N ∈ ℕ₁ et N = ... et T ∈ 1..N → ℕ₁ et T = [...]
 3. variables
 4.    x ∈ ℕ₁ et nbx ∈ 0..N et i ∈ 1..N+1
 5. début
 6.    /% PRE : (S est un sac de N valeurs représenté par le tableau T[1..N])
          et (N ⩾ 1) %/
 7.    nbx ← 0; i ← 1;
 8.    tant que i ≠ N+1 faire
 9.       si nbx = 0 alors
10.          x ← T[i]; nbx ← 1
11.       sinonsi T[i] = x alors
12.          nbx ← nbx + 1
13.       sinon
14.          nbx ← nbx − 1
15.       fin si;
16.       i ← i+1
17.    fin tant que;
18.    /% POST : si C n'est pas vide (nbx > 0), x contient la valeur du candidat
          majoritaire de S ; si C est vide (nbx = 0), S n'est pas majoritaire %/
19.    si nbx = 0 ou sinon mult(x, T) ⩽ ⌊N/2⌋ alors
20.       x ← −1;
21.       écrire(Pas d'élément majoritaire dans le tableau, T)
22.    sinon
23.       écrire(x, est élément majoritaire du tableau, T)
24.    fin si
25. fin
```

L'expression $\text{mult}(x, T)$ exige un raffinement par une boucle sur le tableau T, qui n'est pas explicitée ici. Cet algorithme raffiné une seconde fois évalue alors $(N + 1)$ fois la condition d'arrêt de la première boucle et au plus $(N + 1)$ fois celle de la seconde boucle ; il est donc en $\Theta(N)$ en termes de comparaisons.

Solution de l'exercice 41 Cherchez la star *Énoncé page 128.*

Réponse 1. Par convention, un groupe ayant une seule personne a au plus une star. On prouve par l'absurde cette même propriété pour un groupe composé d'au moins deux personnes. Supposons que i_1 et i_2 sont deux stars d'un groupe. Puisqu'une star est connue de tous, les opérations $Connaît(i_1, i_2)$ et $Connaît(i_2, i_1)$ retournent la réponse **vrai**, ce qui contredit le fait qu'une star ne connaît aucun membre du groupe. 41 - R 1

Réponse 2. Supposons que l'on effectue l'opération $Connaît(i, j)$ et que l'on ne dispose que de la réponse pour statuer quant à l'existence d'une star. Si la réponse retournée est positive, j peut être la star du groupe puisqu'elle est connue de la personne i (qui connaît un autre membre du groupe et ne peut donc être la star). Si la réponse est négative, j ne peut être la star puisqu'un membre du groupe ne la connaît pas, mais rien ne s'oppose à ce que i soit la star. 41 - R 2

Réponse 3. Le problème à résoudre est spécifié par : 41 - R 3

Précondition : (On a un groupe de N personnes) **et** $(N \geqslant 1)$

Postcondition : ((i est la star du groupe) **et** $(i \in 1 .. N))$ **ou** ((le groupe n'a pas de star) **et** $(i = N + 1))$.

Réponse 4. Le programme permettant d'identifier une star « potentielle » a comme post-condition une version affaiblie de la postcondition du problème initial, à savoir : 41 - R 4

 Postcondition : ((i est *peut-être* la star du groupe) **et** $(i \in 1 .. N))$.

On identifie une star « potentielle » au moyen d'une boucle dont la spécification est :

Précondition : (On a un groupe de N personnes) **et** $(N \geqslant 1)$.

Postcondition : ((i est *peut-être* la star du groupe) **et** $(i \in 1 .. N))$.

Les constituants de cette boucle sont les suivants :

1. Invariant On renforce la postcondition en :

 Postcondition : $(j \in 1 .. N + 1)$ **et** $(i \in 1 .. N + 1)$ **et** (i est *peut-être* la star des membres $1 .. j - 1$ du groupe) **et** $(j = N + 1)$.

On prend comme invariant les trois premiers conjoints, soit :

 $(j \in 1 .. N + 1)$ **et** $(i \in 1 .. N + 1)$ **et** (i est *peut-être* la star des membres $1 .. j - 1$ du groupe).

2. Condition d'arrêt On prend le conjoint écarté : $(j = N + 1)$.

3. Progression Elle est spécifiée par :

 Précondition : $(j \in 1 .. N + 1)$ **et** $(i \in 1 .. N + 1)$ **et** (i est *peut-être* la star des membres $1 .. j - 1$ du groupe) **et** $\mathbf{non}(j = N + 1)$

PROGRESSION

Postcondition : $(j \in 1 .. N + 1)$ **et** $(i \in 1 .. N + 1)$ **et** (i est *peut-être* la star des membres $1 .. j - 1$ du groupe).

La progression doit intégrer le membre j du groupe. On va recourir à l'opération $Connaît(j, i)$, i étant la star « potentielle ». D'après la question 2, si la réponse est **vrai**, i conserve son statut et sinon j le remplace. On a donc la progression :

1. **si non** $Connaît(j, i)$ **alors**
2. $i \leftarrow j$
3. **fin si** ;
4. $j \leftarrow j + 1$

4. Initialisation Il suffit pour instaurer l'invariant de désigner la personne 1 comme star possible (et en conséquence d'affecter la valeur 2 à j), soit les affectations : $i \leftarrow 1$ et $j \leftarrow 2$.

5. Terminaison L'expression $(N + 1 - j)$ convient puisqu'elle décroît à chaque pas de boucle tout en restant positive ou nulle.

41 - R 5

Réponse 5. À l'issue de la boucle précédente, i désigne un membre du groupe pouvant être la star. Il reste donc à confirmer que i est effectivement la star du groupe ou qu'il n'y a pas de star dans le groupe (recours au principe de composition séquentielle, voir page 102).

Tout d'abord, remarquons que l'on sait que tout membre de numéro j supérieur à i connaît la star « potentielle » i. Pour que le membre de numéro i soit effectivement la star du groupe, il faut que : i) tout membre j de numéro inférieur à i soit tel que $Connaît(j, i)$ et ii) tout membre j *autre que* i soit tel que **non**$(Connaît(i, j))$. Il est aisé de constater que chaque situation correspond au cas particulier décrit en section 3.5.2, page 115. On utilise donc le patron donné page 116 en l'adaptant.

Dans la première boucle, la propriété générique PL s'identifie à **non**$(Connaît(j, i))$ et la variable N à $(i - 1)$. Dans la seconde, PL s'identifie à $((j \neq i)$ **et** $Connaît(i, j))$, d'où le programme :

1. **constantes**
2. $N \in \mathbb{N}_1$ **et** $N = \ldots$
3. **variables**
4. $i \in 1 .. N + 1$ **et** $j \in 1 .. N + 1$
5. **début**
6.   */% première boucle : identification d'une star potentielle %/*
7.   */% PRE : (On a un groupe de N personnes)* **et** *(N* $\geqslant$ *1) %/*
8. $i \leftarrow 1$; $j \leftarrow 2$;
9.   **tant que non**$(j = N + 1)$ **faire**
10.   **si non**$Connaît(j, i)$ **alors**
11. $i \leftarrow j$
12.   **fin si** ;
13. $j \leftarrow j + 1$
14.   **fin tant que** ;
15.   */% POST : (j* $\in 1 .. N + 1$*)* **et** *(i* $\in 1 .. N$*)* **et** *(i est peut-être la star des membres* $1 .. j - 1$ *du groupe)* **et** *(j = N + 1) %/*
16.   */% seconde boucle %/*
17.   */% PRE : (i est peut-être la star du groupe) %/*

```
18.     j ← 1;
19.     tant que non((j = i) ou sinon non Connaît(j, i)) faire
20.         j ← j + 1
21.     fin tant que;
22.     /% POST : (i ∈ 1 .. N) et (j ∈ 1 .. i + 1) et ((j = i) et (i est peut-être la
        star des membres 1..j−1 du groupe)) ou ((j ≠ i) et le groupe ne possède
        aucune star %/
23.     si j ≠ i alors
24.         écrire(pas de star dans le groupe)
25.     sinon
26.         /% troisième boucle %/
27.         /% PRE : (i est peut-être la star du groupe) %/
28.         j ← 1;
29.         tant que non((j = N + 1) ou sinon ((j ≠ i) et (Connaît(i, j)))) faire
30.             j ← j + 1
31.         fin tant que;
32.         /% POST : ((i est la star du groupe)  et (j = N + 1)) ou ((le groupe
            n'a pas de star) et (j ∈ 1 .. N)) %/
33.         si j = N + 1 alors
34.             écrire(i, est la star du groupe)
35.         sinon
36.             écrire(pas de star dans le groupe)
37.         fin si
38.     fin si
39. fin
```

Réponse 6. La première étape (désignation d'une star « potentielle ») réclame exacte- $\boxed{\text{41 - R 6}}$
ment $(N - 1)$ opérations *Connaît*. La seconde en demande entre une (si le membre 1 ne
connaît pas la star « potentielle ») et $(N - 1)$ (si $i = N$ et les $(N - 1)$ premiers membres
connaissent le dernier qui est la star « potentielle »). La dernière étape en requiert également entre une (si le membre i connaît le membre 1) et $(N - 1)$ (si i ne connaît personne
dans le groupe). On a donc une complexité linéaire comme souhaité.

Remarque Un exposé complet sur ce problème et son historique est donné dans [48],
sous le nom *the celebrity problem*.

Solution de l'exercice 42 Affaiblissement de la précondition
Énoncé page 129.

Réponse 1. Si le tableau T est trié par ordre décroissant, on peut le transformer en un $\boxed{\text{42 - R 1}}$
tableau trié par ordre croissant au moyen d'une boucle dont la progression s'inspire de celle
retenue dans l'exercice 34, page 120. Au lieu de tester la symétrie du tableau, on échange
les éléments dont les indices j et $(N+1-j)$ sont en positions « miroir ». La condition d'arrêt
de la boucle est $j \geqslant N + 1 - j$. On obtient donc une solution requérant $\lfloor N/2 \rfloor$ échanges,
donc en $\Theta(N)$.

Réponse 2. L'algorithme de tri proposé dans l'exercice 33, page 119, est en $\Theta(N^2)$ $\boxed{\text{42 - R 2}}$
échanges. On peut atteindre une complexité asymptotique moindre ($\mathcal{O}(N \cdot \log_2(N))$) avec un
algorithme de tri plus efficace comme « quicksort ». Cependant, quel que soit le choix d'un

tel algorithme, si l'on a certes économisé en conception et construction du programme, on a perdu en termes de performances. Affaiblir la précondition n'est pas la démarche adaptée dans ce cas.

42 - R 3 **Réponse 3.**   Posons $T[i] = k$ $(k > 0)$. Puisque la différence entre deux éléments successifs est au plus 1, le cas le plus favorable pour trouver un élément de valeur nulle survient avec la séquence :

$$T[i] = k, T[i+1] = k-1, \ldots, T[i+k-1] = 1, T[i+k] = 0.$$

Il apparaît que tous les éléments de T d'indices i à $i+k-1$ $(= i+T[i]-1)$ sont strictement positifs. Si l'on a une séquence plus longue pour atteindre un élément de valeur nulle, la propriété précédente sur les éléments d'indices i à $(i+T[i]-1)$ reste vraie. Formellement, on a donc :

$$(T[i] > 0) \Rightarrow \forall j \cdot (j \in i \mathbin{..} i + T[i] - 1 \Rightarrow T[j] > 0).$$

42 - R 4 **Réponse 4.**   On construit les constituants d'une boucle en s'inspirant de ceux élaborés pour la recherche du premier zéro et en tirant parti du résultat établi à la question précédente.

1. **Invariant** On prend : $(i \in 1 \mathbin{..} N)$ **et** ($T[1 \mathbin{..} i - 1]$ ne contient pas de zéro).
2. **Condition d'arrêt** C'est $T[i] = 0$.
3. **Progression** D'après la propriété établie précédemment, on sait que, puisque $T[i]$ ne vaut pas zéro, on peut incrémenter i de la valeur de $T[i]$ en étant sûr de ne pas « manquer » un zéro ($T[i + T[i]]$ peut être nul), d'où la progression : $i \leftarrow i + T[i]$.
4. **Initialisation** L'initialisation se limite à l'affectation de la valeur 1 à i.
5. **Terminaison** L'expression $(N - i)$ convient.

42 - R 5 **Réponse 5.**   L'algorithme spécifique qui vient d'être construit requiert entre une comparaison (si $T[1] = 0$) et N comparaisons (si $T[1] = \ldots = T[N-1] = 1$ et $T[N] = 0$). Il en va de même de l'algorithme donné page 107. Les deux solutions se situent donc dans la même classe de complexité $\mathcal{O}(N)$. Cependant, vu que dans l'algorithme spécifique le pas de la boucle est variable et toujours supérieur ou égal à 1, il est préférable de l'utiliser car il ne fait jamais moins bien que l'autre (et même assez sensiblement mieux en général).

42 - R 6 **Réponse 6.**   Le conjoint écarté (l'écart entre deux éléments consécutifs de T est d'au moins 1) traduit le fait qu'il ne peut exister deux éléments consécutifs de T de même valeur, ce qui n'aide en rien à résoudre le problème de la recherche du premier zéro. En conséquence, il n'existe pas ici de programme spécifique au problème posé. On utilisera donc le programme correspondant à la version affaiblie de la précondition (voir page 107), choix résolvant « au mieux » le problème posé quant aux performances.

42 - R 7 **Réponse 7.**   Les trois exemples traités précédemment montrent que l'affaiblissement de la précondition peut conduire à :

- une solution dont la classe de complexité est moins bonne que celle de la solution spécifique,
- une solution de même classe de complexité, mais moins efficace malgré tout,
- une bonne solution si le conjoint écarté n'est pas exploitable pour la construction d'une solution spécifique.

Solution de l'exercice 43 Meilleure division du périmètre d'un polygone

Énoncé page 131.

Réponse 1. On a : 43 - R 1

$$\left| \|(\widehat{i,j})\| - \|(\widehat{j,i})\| \right|$$

$$= \qquad\qquad\qquad\qquad\qquad\qquad\qquad \text{arithmétique}$$

$$\left| 2 \cdot \|(\widehat{i,j})\| - (\|(\widehat{j,i})\| + \|(\widehat{i,j})\|) \right|$$

$$= \qquad\qquad\qquad\qquad\qquad\qquad\qquad \text{définition de p}$$

$$\left| 2 \cdot \|(\widehat{i,j})\| - p \right|$$

$$= \qquad\qquad\qquad\qquad\qquad\qquad\qquad \text{arithmétique}$$

$$2 \cdot \left| \|(\widehat{i,j})\| - \frac{p}{2} \right|.$$

Réponse 2. Lorsque le demi-périmètre ayant comme origine le sommet j a exactement 43 - R 2 comme extrémité le milieu d'un côté, il existe deux cordes optimales issues du sommet j. C'est le cas dans le pentagone ci-dessous : il y a deux cordes optimales issues de j : $\overline{(j,k)}$ et $\overline{(j,k+1)}$. La première sépare le pentagone en $\|(\widehat{j,k})\| = 4$ unités et $\|(\widehat{k,j})\| = 8$ unités, la seconde le sépare en $\|(\widehat{j,k+1})\| = 8$ unités et $\|(\widehat{k+1,j})\| = 4$ unités.

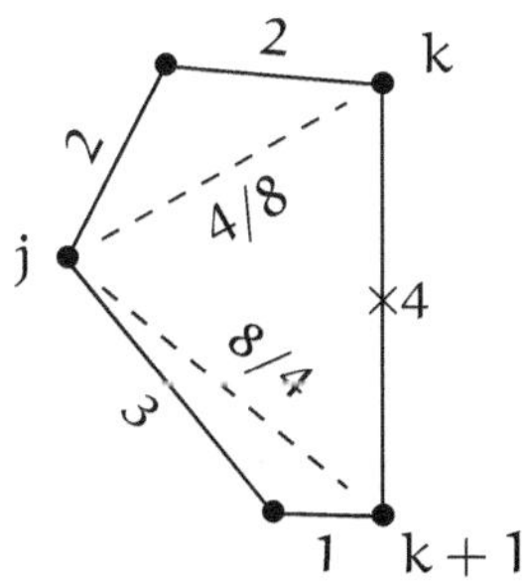

Réponse 3. Il est facile de montrer que : 43 - R 3

$$\forall l \cdot \left(l \in j+2 \mathbin{..} k-2 \Rightarrow \left| \|(\widehat{j+1,l})\| - p/2.0 \right| > \left| \|(\widehat{j,l+1})\| - p/2.0 \right| \right).$$

En conséquence, il suffit de limiter la démonstration à l'arc le plus long parmi l'ensemble des arcs $(\widehat{j+1,j+2})$, $(\widehat{j+1,j+3}),\dots,(\widehat{j+1,k-1})$, soit $(\widehat{j+1,k-1})$. Nous allons donc démontrer que $\left| \|(\widehat{j+1,k-1})\| - p/2.0 \right| > \left| \|(\widehat{j,k})\| - p/2.0 \right| (= \delta_j)$.

En désignant par q l'extrémité du demi-périmètre issu de j, deux cas de figure sont à considérer :

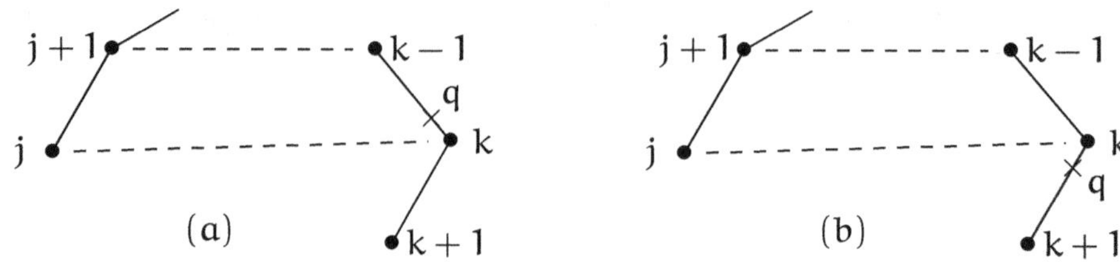

Dans les deux cas, on a :

$$\left| \|(j+1,\overset{\frown}{k-1})\| - \frac{p}{2.0} \right|$$

$$= \qquad \frac{p}{2.0} > \|(j+1,\overset{\frown}{k-1})\| \ \text{ et propriété de la valeur absolue}$$

$$\frac{p}{2.0} - \|(j+1,\overset{\frown}{k-1})\|$$

$$= \qquad \text{développement de } \frac{p}{2.0}$$

$$\|(j,\overset{\frown}{j+1})\| + \|(j+1,\overset{\frown}{k-1})\| + \|(k-\overset{\frown}{1},q)\| - \|(j+1,\overset{\frown}{k-1})\|$$

$$= \qquad \text{arithmétique}$$

$$\|(j,\overset{\frown}{j+1})\| + \|(k-\overset{\frown}{1},q)\|.$$

Dans le premier cas de figure (schéma (a)), $\|(k-\overset{\frown}{1},q)\| > \|(\overset{\frown}{q,k})\|$ car sinon la corde $(j,k-1)$ serait la *première* corde localement optimale pour le sommet j. Donc, il vient :

$$\|(j,\overset{\frown}{j+1})\| + \|(k-\overset{\frown}{1},q)\|$$

$$> \qquad \text{arithmétique}$$

$$\|(k-\overset{\frown}{1},q)\|$$

$$> \qquad \text{remarque précédente}$$

$$\|(\overset{\frown}{k,q})\|$$

$$= \qquad \text{définition de } \delta_j$$

$$\delta_j$$

et donc finalement :

$$\left| \|(j+1,\overset{\frown}{k-1})\| - \frac{p}{2.0} \right| > \delta_j.$$

Dans le second cas de figure (schéma (b)), on a :

$$\|(j,\overset{\frown}{j+1})\| + \|(k-\overset{\frown}{1},q)\|$$

$$= \qquad \text{développement de } \|(k-\overset{\frown}{1},q)\|$$

$$\|(j,\overset{\frown}{j+1})\| + \|(k-\overset{\frown}{1},k) + \|(\overset{\frown}{k,q})\|$$

$$> \qquad \text{arithmétique}$$

$$\|(\overset{\frown}{k,q})\|$$

$$= \qquad \text{définition de } \delta_j$$

$$\delta_j$$

et on a également :

$$\left| \|(j+1,\overset{\frown}{k-1})\| - \frac{p}{2.0} \right| > \delta_j.$$

Réponse 4. Notons tout d'abord que la corde $\overline{(j+1,k)}$ peut ne pas exister et nous y reviendrons (voir question 6). Pour montrer que la corde $\overline{(j+1,k)}$ peut être meilleure que $\overline{(j,k)}$ la première corde optimale issue de j, il suffit d'exhiber un exemple. Considérons le pentagone suivant : 43 - R 4

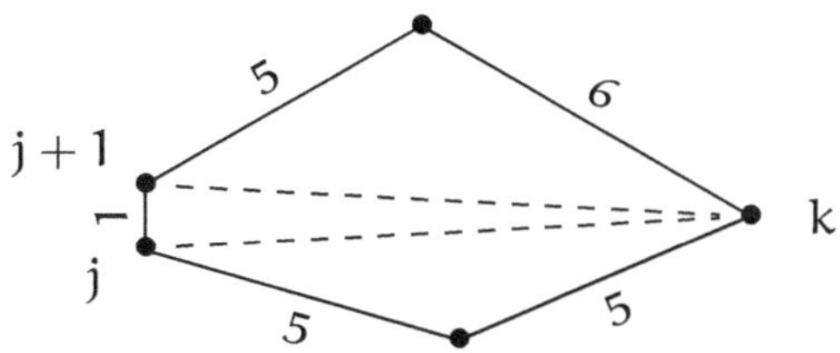

La corde $\overline{(j,k)}$ est localement optimale et divise le périmètre en deux parties de longueurs 12.0 et 10.0. La corde $\overline{(j+1,k)}$ divise le périmètre en deux parties égales de longueur 11.0. Cette division étant optimale, puisque δ_{j+1} vaut 0.0, elle surpasse la précédente ($\delta_j = 12.0 - 11.0 = 1.0$).

Réponse 5. Le périmètre du polygone vaut 11.8 et son demi-périmètre 5.9. Les arcs dont la longueur intervient dans le calcul sont grisés en ■, en ▫ ou en □ dans la figure 3.5. 43 - R 5

	2	3	4	5	6	7	8	9	1
1	2.2	3.1	4.7	6.3	7.4	8.7	10.5	11.2	11.8
2		0.9	2.5	4.1	5.2	6.5	8.3	9.0	9.6
3			1.6	3.2	4.3	5.6	7.4	8.1	8.7
4				1.6	2.7	4.0	5.8	6.5	7.1
5					1.1	2.4	4.2	4.9	5.5
6						1.3	3.1	3.8	4.4
7							1.8	2.5	3.1
8								0.7	1.3
9									0.6

Fig. 3.5 – Exemple correspondant à la figure 3.4, page 131, montrant les arcs dont la longueur est calculée. Les arcs grisés en ■ sont ceux correspondant aux cordes localement optimales. Les arcs grisés en ▫ correspondent à ceux visités dont la longueur est inférieure à p/2.0. Un arc $\overset{\frown}{(i,k)}$ grisé en □ est, pour une origine i donnée, le premier arc dont la longueur est supérieure ou égale à p/2.0, mais qui ne correspond pas à une corde localement optimale (c'est $\overline{(i,k-1)}$ qui l'est). Les arcs sur fond blanc (□) correspondent à ceux qu'il n'a pas été nécessaire de visiter.

Nous allons détailler les calculs afin de mettre en lumière les propriétés et mécanismes utilisés. Dans le cas de la première ligne, les longueurs respectives des arcs $\overset{\frown}{(1,2)}$, $\overset{\frown}{(1,3)}$, $\overset{\frown}{(1,4)}$ et $\overset{\frown}{(1,5)}$ sont calculées. Elles valent 2.2, 3.1, 4.7 et 6.3. La longueur de arcs $\overset{\frown}{(1,6)}$ à $\overset{\frown}{(1,1)}$ n'est pas calculée (conformément à l'heuristique de l'arrêt au plus tôt), puisque la longueur de l'arc $\overset{\frown}{(1,5)}$ est supérieure à celle du demi-périmètre. C'est la corde $\overline{(1,5)}$ associée à cet arc (cellule grisée en ■ dans le schéma) qui est retenue comme (première) corde localement optimale depuis le sommet 1, puisque la comparaison avec l'arc précédent $\overset{\frown}{(1,4)}$ est en faveur de l'arc $\overset{\frown}{(1,5)}$.

Concernant les arcs ayant pour origine le sommet 2, il est inutile de calculer la longueur des arcs $(\overset{\frown}{2,3})$ et $(\overset{\frown}{2,4})$ (voir question 3). L'évaluation débute à l'arc $(\overset{\frown}{2,5})$ avec comme longueur $\|(\overset{\frown}{1,5})\| - \|(\overset{\frown}{1,2})\|$ (soit $6.3 - 2.2 = 4.1$). En effet, d'après la définition de la longueur d'un arc (définition 21 page 132, cas inductif), si $j \neq i+1$ et $i \neq N$,

$$\|(\overset{\frown}{i,j})\| = d[i] + \|(\overset{\frown}{i+1,j})\|$$
$$\Leftrightarrow \qquad \text{premier cas de base, définition 21, page 132}$$
$$\|(\overset{\frown}{i,j})\| = \|(\overset{\frown}{i,i+1})\| + \|(\overset{\frown}{i+1,j})\|$$
$$\Leftrightarrow \qquad \text{arithmétique}$$
$$\|(\overset{\frown}{i+1,j})\| = \|(\overset{\frown}{i,j})\| - \|(\overset{\frown}{i,i+1})\|$$
$$\Rightarrow \qquad \text{substitution (i par 1 et j par 5) et arithmétique}$$
$$\|(\overset{\frown}{2,5})\| = \|(\overset{\frown}{1,5})\| - \|(\overset{\frown}{1,2})\|$$
$$\Leftrightarrow \qquad \text{application numérique}$$
$$4.1 = 6.3 - 2.2.$$

On poursuit avec les arcs $(\overset{\frown}{2,6})$ de longueur 5.2 et $(\overset{\frown}{2,7})$ de longueur 6.5. Cette dernière valeur est supérieure au demi-périmètre et conduit à choisir $\overline{(2,7)}$ comme corde localement optimale issue du sommet 2 (la longueur des arcs suivants $- (\overset{\frown}{2,8}), (\overset{\frown}{2,9}), (\overset{\frown}{2,1}) -$ n'est pas calculée par application de l'heuristique de l'arrêt au plus tôt).

Pour les arcs débutant au sommet 3, seules les longueurs respectives des arcs $(\overset{\frown}{3,7})$ et $(\overset{\frown}{3,8})$ sont calculées. Nous avons $\left|\|(\overset{\frown}{3,7})\| - p/2.0\right| = 0.3$ et $\left|\|(\overset{\frown}{3,8})\| - p/2.0\right| = 1.5$. La comparaison est donc en faveur de l'arc $(\overset{\frown}{3,7})$; la corde $\overline{(3,7)}$ est donc déclarée localement optimale. La longueur des arcs $(\overset{\frown}{3,9})$ et $(\overset{\frown}{3,1})$ n'est pas calculée.

Le sommet 7 est le point de départ du calcul relatif aux arcs débutant au sommet 4. On est amené à calculer la longueur des cordes $(\overset{\frown}{4,7})$, $(\overset{\frown}{4,8})$ et $(\overset{\frown}{4,9})$, de valeurs respectives 4.0, 5.8 et 6.5, ce qui amène à prendre $\overline{(4,8)}$ comme corde localement optimale issue du sommet 4. La longueur de l'arc $(\overset{\frown}{4,1})$ n'est pas calculée.

Concernant le sommet 5, on calcule la longueur des arcs $(\overset{\frown}{5,8})$, $(\overset{\frown}{5,9})$ et $(\overset{\frown}{5,1})$. C'est donc la corde $\overline{(5,1)}$, de valeur (maximale) 5.5, qui est déclarée localement optimale.

Dès lors, en vertu de l'observation 3 de l'énoncé, pour chaque sommet i de l'intervalle 6..9, on a un seul arc candidat $((\overset{\frown}{6,1}), (\overset{\frown}{7,1}), (\overset{\frown}{8,1}), (\overset{\frown}{9,1}))$; la corde associée $(\overline{(6,1)}, \overline{(7,1)}, \overline{(8,1)}, \overline{(9,1)})$ est donc localement optimale.

Au total, la corde globalement optimale découverte est $\overline{(4,8)}$. La figure 3.5, page 161 permet facilement de confirmer ce résultat puisque parmi toutes les valeurs du triangle des longueurs, 5.8 est la plus proche de 5.9, longueur du demi-périmètre.

43 - R 6 | **Réponse 6.** Le périmètre de ce polygone est de 11.0. Son demi-périmètre vaut donc 5.5.

Pour les arcs partant du sommet 1, nous avons $\|(\overset{\frown}{1,2})\| = 5.0$, valeur qui ne permet pas d'arrêter la recherche de la corde localement optimale. En revanche, la valeur $\|(\overset{\frown}{1,3})\| = 8.0$ dépasse le demi-périmètre et autorise l'arrêt pour les arcs dont l'origine est le sommet 1. Entre ces deux valeurs, $\|(\overset{\frown}{1,2})\|$ est la meilleure et la corde $\overline{(1,2)}$ est l'optimum local pour le sommet 1.

	2	3	1
1	5.0	8.0	11
2		3.0	6.0
3			3.0

Cependant, pour prendre en compte l'arc ayant comme origine le sommet 2, nous devrions, selon l'observation 3 de l'énoncé, commencer par calculer la longueur de l'arc $\|\overset{\frown}{(2,2)}\|$; or, celui-ci n'a pas d'existence dans le triangle des longueurs. Ce cas particulier devra être pris en considération dans la progression de la boucle qui sera construite. Il survient à chaque fois que, lors de la prise en compte de la ligne $(i+1)$, la corde localement optimale de la ligne i est $\overline{(i,i+1)}$. Ce cas n'est donc pas spécifique au triangle, c'est également le cas du quadrilatère ci-dessous pour lequel le calcul pour les arcs ayant pour origine le sommet 3 ne peut se faire à partir de $\|\overset{\frown}{(2,3)}\|$ puisque la corde $\overline{(2,3)}$ est du type $\overline{(i,i+1)}$.

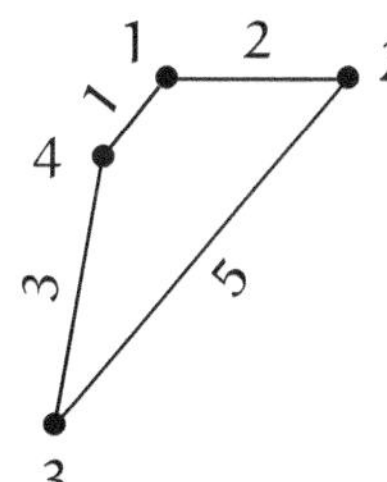

	2	3	4	1
1	2	7	10	11
2		5	8	9
3			3	4
4				1

Réponse 7. Il est clair que nous devons exclure de disposer en permanence du triangle des longueurs et même de calculer la longueur de *tous* ses éléments (dans le cas contraire, la complexité serait en $\Theta(N^2)$). On va tirer parti des observations 2, 3 et 4 de l'énoncé (comme cela a été fait dans le traitement de la question 5, page 134) afin d'éviter la visite de certains arcs au fil des itérations.

43 - R 7

La figure 3.6, page 164, représente la situation atteinte dans le cadre de l'hypothèse du travail réalisé en partie selon les conventions graphiques de la figure 3.5, page 161. Les arcs en noir ■ sont les arcs restant à traiter.

Le tableau D et le scalaire p, représentant respectivement la longueur des différents côtés et le périmètre du polygone, sont des constantes. À ce titre, ils ne font donc pas partie intégrante de l'invariant qui se traduit par :

- $i \in 1..N+1$ et $j \in i+1..N+2$ et

- la corde $\overline{(o,e)}$ est globalement optimale sur la portion du triangle des longueurs s'étendant sur l'intégralité des lignes 1 à $(i-1)$ et sur les colonnes 1 à $(j-1)$ de la ligne i **et**

- la longueur de l'arc associé est $lgo = \|\overset{\frown}{(o,e)}\|$ **et**

- la longueur de la corde courante est $lgc = \|\overset{\frown}{(i,j)}\|$.

Réponse 8. Terminons la construction de la boucle.

43 - R 8

Condition d'arrêt D'après la figure 3.6, page 164, la boucle cesse dès que $i = N+1$.

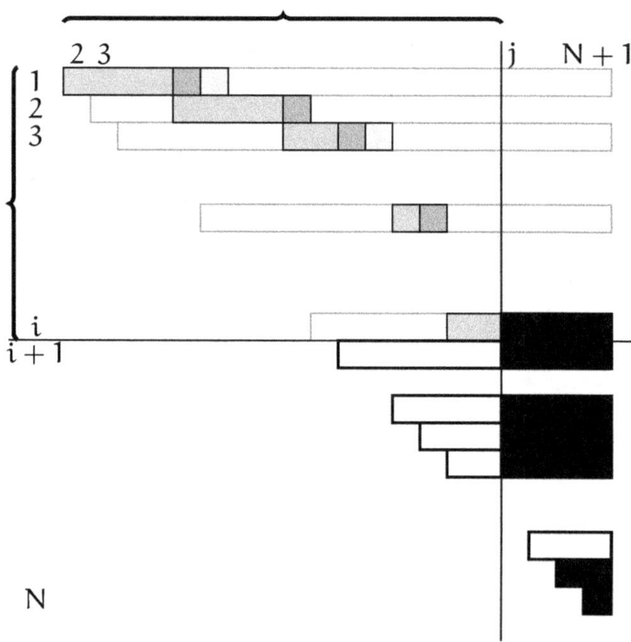

Fig. 3.6 – Une instance de travail réalisé en partie sur le triangle des longueurs

Progression Deux situations sont à envisager. Soit on doit changer de ligne (voir ligne 14 du code ci-après), soit on progresse sur la même ligne (voir ligne 31 du code ci-après). La situation qui conditionne le premier cas survient quand on a franchi le demi-périmètre (c'est un premier point clé pour la bonne efficacité de l'algorithme), ou quand $j = N + 1$. Il faut alors choisir entre l'arc $(\overset{\frown}{i,j})$ et l'arc $(\overset{\frown}{i,j-1})$ en comparant $|lgc - p/2.0|$ et $|lgc - d[j-1] - p/2.0|$. Dans le cas particulier où $i = N$ et $j = N+1$, l'arc $(\overset{\frown}{N,N})$ n'existe pas. Cependant, étant donné que $lgc = d[N] = d[j-1]$, la comparaison se révèle convenable puisqu'elle amène à prendre $\overline{(N, N + 1)}$ comme corde localement optimale. On met ensuite à jour la meilleure corde *globale* s'il y a lieu. La ligne 25 du code permet de mettre à jour la valeur de lgc sans la recalculer arc par arc. Il suffit pour ce faire de soustraire la valeur de D[i] à la valeur courante (c'est le second point clé concernant l'efficacité de l'algorithme). La ligne 27 du code est la traduction algorithmique du problème soulevé à la question 6. La ligne 31 du code traite du cas où l'on progresse dans la même ligne et ne réclame pas d'explications particulières.

Initialisation L'invariant est instauré par les lignes 10 à 12 de l'algorithme ci-dessous, en attribuant la valeur convenable à chacune des variables o, e, i, j, lgc et lgo.

Terminaison Dans la figure 3.6, l'aire de la surface occupée par les zones entourées en gras □ ou ■ diminue à chaque pas de progression tout en restant positive. Cette aire se mesure par :

$$\frac{(N - i) \cdot (N - i + 1)}{2} + N + 2 - j,$$

qui constitue une expression de terminaison convenable.

Le code se présente comme suit :

1. **constantes**
2. $N \in \mathbb{N}_1$ **et** $N > 2$ **et** $N = \ldots$ **et** $D \in 1 \,..\, N \to \mathbb{R}_+$ **et** $D = [\ldots]$ **et**
3. $\forall h \cdot \left(h \in 1 \,..\, N \Rightarrow D[h] < \displaystyle\sum_{k \in 1..N \text{ et } k \neq h} D[k] \right)$ **et**
4. $p \in \mathbb{R}_+$ **et** $p = \displaystyle\sum_{k=1}^{N} D[k]$
5. **variables**
6. $lgo \in \mathbb{R}_+$ **et** $lgc \in \mathbb{R}_+$ **et** $o \in 1 \,..\, N - 1$ **et** $e \in o \,..\, N$ **et**
7. $i \in 1 \,..\, N + 1$ **et** $j \in i + 1 \,..\, N + 2$
8. **début**
9. $/\%$ *PRE : on a un polygone à N côtés ($N > 2$) de longueurs D[1], \ldots, D[N]* $\%/$
10. $o \leftarrow 1 \,; e \leftarrow 2 \,;$
11. $i \leftarrow 1 \,; j \leftarrow 2 \,;$
12. $lgo \leftarrow D[1] \,; lgc \leftarrow D[1] \,;$
13. **tant que non**$(i = N + 1)$ **faire**
14. **si** $lgc \geqslant \dfrac{p}{2.0}$ **ou** $j = N + 1$ **alors**
15. $/\%$ *La condition suivante compare les deux arcs situés de part et d'autre du demi-périmètre afin de choisir le meilleur, y compris dans le cas particulier $i = N, j = N + 1$* $\%/$
16. **si** $\left| lgc - \dfrac{p}{2.0} \right| > \left| lgc - D[j - 1] - \dfrac{p}{2.0} \right|$ **alors**
17. $lgc \leftarrow lgc - D[j - 1] \,;$
18. $j \leftarrow j - 1$
19. **fin si** ;
20. **si** $\left| lgc - \dfrac{p}{2.0} \right| < \left| lgo - \dfrac{p}{2.0} \right|$ **alors**
21. $lgo \leftarrow lgc \,;$
22. $o \leftarrow i \,; e \leftarrow j$
23. **fin si** ;
24. $/\%$ *La nouvelle valeur de lgc est obtenue à partir de l'ancienne et non en sommant la longueur de tous ses arcs* $\%/$
25. $lgc \leftarrow lgc - D[i] \,;$
26. $/\%$ *Traitement du cas particulier de la question 6* $\%/$
27. $j \leftarrow \max(\{j, i + 2\}) \,;$
28. $/\%$ *Ligne suivante/sommet suivant* $\%/$
29. $i \leftarrow i + 1$
30. **sinon**
31. $lgc \leftarrow lgc + D[j] \,; j \leftarrow j + 1$
32. **fin si**
33. **fin tant que** ;
34. $/\%$ *POST : la corde $\overline{(o, e)}$ de longueur lgo divise au mieux le polygone* $\%/$
35. **écrire**(*la corde entre les sommets,* o, *et,* e, *de longueur,* lgo, *divise au mieux le polygone*)
36. **fin**

La précondition (ligne 3) précise la contrainte que doit satisfaire D afin d'être la représentation d'un polygone (il s'agit de l'extension au polygone de l'inégalité triangulaire pour la métrique euclidienne).

Complexité   La complexité, en nombre de sommets visités, est en $\Theta(N)$. En effet, si l'on considère deux lignes consécutives i et $(i + 1)$ du triangle des longueurs (voir par exemple, figure 3.5 page 161), les sommets visités s'enchaînent, à l'exception éventuelle du recouvrement d'un ou deux sommets communs. Au total, il y a donc N sommets visités une fois et, au plus, $(N - 2)$ sommets visités deux fois, soit $3(N - 4)$ sommets visités. Le calcul du périmètre p, placé en précondition, n'a aucune incidence sur la complexité asymptotique puisqu'il se fait lui aussi en $\Theta(N)$.

Remarque   On observe que les triangles des distances sont des (formes de) bâtières triangulaires (voir exercice 102, page 459) : les lignes (resp. colonnes) sont triées par ordre croissant (resp. décroissant). Cette propriété peut être exploitée pour affiner la condition d'arrêt de la boucle et mettre fin à celle-ci lorsque l'arc localement optimal d'origine i est l'arc $(\overset{\frown}{i, 1})$, que la longueur de cet arc est inférieure ou égale au demi-périmètre et qu'elle n'améliore pas l'arc globalement optimal connu. Dans la situation de la figure 3.5, page 161, c'est par exemple le cas de l'arc $(\overset{\frown}{5, 1})$ qui est tel que $\|(\overset{\frown}{5, 1})\| = 5.5$. Or, 5.5 est moins bon que la longueur (5.8) du meilleur arc connu $(\overset{\frown}{4, 8})$ et inférieur au demi-périmètre 5.9. Il est alors inutile d'évaluer tous les arcs débutant à un sommet de rang supérieur à 5. La mise en œuvre de la nouvelle condition d'arrêt est laissée au lecteur. Elle n'a pas d'incidence sur la complexité asymptotique puisqu'il faut là aussi atteindre la colonne de droite du triangle des longueurs et donc visiter au moins N sommets.

CHAPITRE 4

Diminuer pour résoudre, récursivité

> Le caméléon n'a la couleur du
> caméléon que lorsqu'il est posé
> sur un autre caméléon.
>
> F. Cavanna

4.1   Les bases

De nombreux problèmes ont une solution s'exprimant naturellement et efficacement de façon récursive. Il importe de s'assurer de la correction des algorithmes (ou procédures) associés ainsi que de leur terminaison. Dans les cas les plus simples, de façon similaire à une récurrence simple comportant un cas terminal et un terme général, une procédure récursive s'écrit comme une alternative, avec d'une part un cas d'arrêt, de l'autre un appel récursif. Cependant, si ce type de construction est souhaitable, il n'est garant ni de la terminaison, ni de la correction de la procédure. Considérons la fonction suivante :

1. **fonction** $Calc(n)$ **résultat** $\mathbb{Z}$ **pré**
2. $n \in \mathbb{Z}$
3. **début**
4.   **si** $n > 100$ **alors**
5.   **résultat** $n - 10$
6.   **sinon**
7.   **résultat** $Calc(Calc(n + 11))$
8.   **fin si**
9. **fin**

Quand le paramètre d'appel est strictement supérieur à 100, la terminaison est évidente, mais qu'en est-il sinon ? Le lecteur pourra vérifier à l'exercice 44, page 177, que dans cette hypothèse cette fonction se termine toujours et que le résultat retourné est la valeur 91.

Nous donnons maintenant un exemple de problème pour lequel une approche récursive permet d'élaborer une solution simple et élégante. Soit une suite de nombres entiers positifs terminée par un marqueur sous forme du nombre négatif -1 ou -2. Si le marqueur est -1, on doit faire la somme des valeurs entrées, dans le cas contraire leur produit. On ne veut lire la suite de nombres qu'une seule fois et ne pas la stocker explicitement (dans un tableau par exemple). En fait, on va utiliser la récursivité pour « engranger » chacun des nombres lus dans la variable locale nb. L'opération appropriée (somme ou produit) associée au marqueur (variable globale marq) sera effectuée en retour de récursivité et l'on aura bien au final la valeur voulue (variable globale res) grâce à la procédure suivante :

```
 1. procédure SomProd pré
 2.     nb ∈ ℕ₁ ∪ {−1, −2}
 3. début
 4.     lire(nb) ;
 5.     si nb > 0 alors
 6.        SomProd ;
 7.        si marq = −1 alors
 8.           res ← res + nb
 9.        sinon
10.           res ← res · nb
11.        fin si
12.     sinon
13.        marq ← nb ;
14.        si marq = −1 alors
15.           res ← 0
16.        sinon
17.           res ← 1
18.        fin si
19.     fin si
20. fin
```

Ici, aucune structure de mémorisation explicite n'est utilisée pour stocker les nombres à additionner ou multiplier, ceux-ci sont mémorisés dans la pile d'exécution liée à la gestion de la récursivité. Aucune « économie d'espace » n'est donc réalisée. On remarquera que la procédure *SomProd* ne se résume pas à une alternative, même si elle en comporte bien une gérant la distinction entre cas d'arrêt et cas récursif.

4.2   Relation de récurrence et récursivité

Au chapitre 1, on a vu que la solution d'un certain nombre de problèmes fait appel à une relation de récurrence. La mise en œuvre associée s'est traduite par une procédure itérative visant à remplir une structure tabulaire. Une alternative à ce choix consisterait à implanter une procédure récursive. Si une telle approche est parfaitement légitime, elle se révèle en général moins efficace.

Prenons comme exemple la récurrence associée au calcul du nombre d'arbres binaires ayant n nœuds :

$$nbab(0) = 1$$
$$nbab(n) = \sum_{i=0}^{n-1} nbab(i) \cdot nbab(n-i-1) \qquad n \geqslant 1.$$

La procédure récursive associée $nbArBin(n)$ est :

```
1. fonction NbArBin(n) résultat ℕ₁ pré
2.     n ∈ ℕ₁ et som ∈ ℕ
3. début
4.     si n = 0 alors
5.        résultat 1
6.     sinon
```

```
7.        som ← 0 ;
8.        pour i parcourant 0 .. n − 1 faire
9.           som ← som + NbArBin(i) · NbArBin(n − 1 − i)
10.       fin pour ;
11.       résultat som
12.    fin si
13. fin
```

et pour calculer le nombre d'arbres binaires ayant 15 nœuds, on effectue l'appel :

```
1.  constantes
2.     n = 15
3.  début
4.     écrire(le nombre d'arbres binaires ayant, n, nœuds est, NbArBin(n))
5.  fin
```

qui rend la même valeur que celle retournée par le programme itératif de la page 13.

Cependant, chaque nombre $nbab$ est ici calculé de multiples fois. Pour s'en rendre compte, il suffit d'observer ce qui se passe avec $n = 5$. L'appel $NbArBin(5)$ provoque deux appels à $NbArBin(0)$, $NbArBin(1)$, $NbArBin(2)$, $NbArBin(3)$ et $NbArBin(4)$. Ceux-ci, à l'exception de $NbArBin(0)$, provoquent à leur tour des paires de nouveaux appels (par exemple $NbArBin(4)$ appelle à son tour $NbArBin(0)$, $NbArBin(1)$, $NbArBin(2)$ et $NbArBin(3)$), et ainsi de suite. De façon plus précise, le nombre $nbm(n)$ de multiplications nécessaires au calcul de $nbab(n)$ est donné par la récurrence :

$$\left|\begin{array}{l} nbm(0) = 0 \\ nbm(n) = \displaystyle\sum_{i=0}^{n-1} (1 + nbm(i) + nbm(n - i - 1)) = 1 + 2 \cdot nbm(n - 1) \qquad n \geqslant 1 \end{array}\right.$$

dont la solution est $nbm(n) = (3^n - 1)/2$ pour tout $n \geqslant 1$ (résultat pouvant être démontré par récurrence forte). Le nombre de multiplications exigé par cet algorithme est donc en $\Theta(3^n)$, alors que celui de la page 13 est en $\Theta(n^2)$.

Une autre illustration de l'intérêt d'utiliser une mise en œuvre itérative du calcul d'une grandeur définie par une relation de récurrence est donnée dans l'exercice 45 en page 177.

4.3 Diminuer pour résoudre et sa complexité

Dans cette section, on s'intéresse à une famille particulière de procédures récursives résolvant un problème de taille donnée n, en faisant appel à la résolution de problèmes identiques de taille $(n - 1)$. Le chapitre 8 traite du cas plus général où les problèmes auxquels on fait appel ne sont pas toujours de même taille.

4.3.1 PRÉSENTATION

On considère un problème donné unidimensionnel de taille fixée n que l'on note $Pb(n)$. Pour le résoudre, on fait appel à a sous-problèmes de taille $(n - 1)$ (d'où le terme « diminuer ») de même nature que le problème initial et à une fonction complémentaire f. Cette dernière vise d'une part à générer les sous-problèmes, d'autre part à « composer » leurs solutions afin d'obtenir le résultat global. Il doit exister une taille n_0 (0 ou 1 le plus souvent en pratique) pour laquelle on sait résoudre le problème directement (on parle alors de *problème élémentaire*), c'est-à-dire sans recourir aux sous-problèmes. On a donc le schéma de résolution par diminution (aussi appelé modèle de diminution) :

$$Pb(0) \text{ ou } Pb(1) \text{ élémentaire}$$
$$Pb(n) \rightarrow a \cdot Pb(n-1) + f(n) \qquad\qquad n > 0 \text{ ou } n > 1.$$

Quand $a = 1$, on a une récursion « classique » qui peut très souvent être transformée de façon simple en une itération (voir chapitre 1). Dans le cas général, la structure du programme est :

```
 1. procédure DiminuerPourRésoudre(n) pré
 2.     n ∈ ℕ₁
 3. début
 4.     si n = ... alors
 5.         Résoudre le problème élémentaire associé
 6.     sinon
 7.         DiminuerPourRésoudre(n − 1) ;
 8.                   ...              /% a occurrences de l'appel %/
 9.         DiminuerPourRésoudre(n − 1) ;
10.         Rassembler
11.     fin si
12. fin
```

où la procédure générique *Rassembler* a comme objectif de composer le résultat final à partir des résultats partiels élaborés en réponse à chacun des sous-problèmes engendrés. L'appel se fait par la séquence :

```
1. constantes
2.     m ∈ ℕ₁ et m = ...
3. début
4.     DiminuerPourRésoudre(m)
5. fin
```

La complexité d'un tel programme s'exprime en fonction d'une opération élémentaire liée au problème spécifique considéré, celle-ci intervenant dans le cas général du modèle de diminution (le cas échéant dans la fonction f) et/ou dans le problème élémentaire. En supposant que la complexité de f soit en $\Theta(n^k)$ (le plus souvent avec $k = 0$, c'est-à-dire une fonction f de complexité constante), l'équation de complexité s'écrit :

$$C(1) = d \quad (d \in \Theta(1))$$
$$C(n) = a \cdot C(n-1) + c \cdot n^k \qquad\qquad n > 1$$

dont la solution générale est $C(n) = a^{n-1} \cdot d + c \cdot \sum_{i=0}^{n-2} a^i \cdot (n-i)^k$, solution qui peut être obtenue par la méthode des facteurs sommants. En effet, on a :

$$C(n) = a \cdot C(n-1) + c \cdot n^k$$
$$C(n-1) = a \cdot C(n-2) + c \cdot (n-1)^k$$

$$C(n-2) = a \cdot C(n-3) + c \cdot (n-2)^k$$
$$\ldots$$
$$C(2) = a \cdot C(1) + c \cdot (2)^k$$
$$C(1) = d$$

d'où on tire en multipliant la seconde ligne par a, la troisième par a^2, ..., l'avant-dernière par a^{n-2}, la dernière par a^{n-1} et en sommant les termes de gauche d'une part et de droite d'autre part :

$$C(n) + a \cdot C(n-1) + a^2 \cdot C(n-2) + \cdots + a^{n-2} \cdot C(2) + a^{n-1} \cdot C(1) =$$
$$a \cdot C(n-1) + c \cdot n^k + a^2 \cdot C(n-2) + a \cdot c \cdot (n-1)^k + a^3 \cdot C(n-3) + a^2 \cdot c \cdot (n-2)^k + \cdots + a^{n-1} \cdot C(1) + a^{n-2} \cdot c \cdot (2)^k + a^{n-1} \cdot d.$$

En simplifiant, on obtient :

$$C(n) = c \cdot n^k + a \cdot c \cdot (n-1)^k + \cdots + a^2 \cdot c \cdot (n-2)^k + \cdots + a^{n-2} \cdot c \cdot (2)^k + a^{n-1} \cdot d,$$

soit finalement :

$$C(n) = a^{n-1} \cdot d + c \cdot \sum_{i=0}^{n-2} a^i \cdot (n-i)^k.$$

On en déduit les solutions particulières :

$$k = 0 \ \text{ et } \ a = 1 \longrightarrow \ C(n) = d + c \cdot \sum_{i=0}^{n-2} 1, \ \text{ soit } C(n) \in \Theta(n)$$

$$k = 0 \ \text{ et } \ a > 1 \longrightarrow \ C(n) = a^{n-1} \cdot d + c \cdot \sum_{i=0}^{n-2} a^i, \ \text{ soit } C(n) \in \Theta(a^n)$$

$$k = 1 \ \text{ et } \ a = 1 \longrightarrow \ C(n) = d + c \cdot \sum_{i=0}^{n-2} (n-i), \ \text{ soit } C(n) \in \Theta(n^2).$$

Afin de s'assurer de la correction de la solution proposée, on va s'appuyer de façon systématique sur une construction inductive (généralement une récurrence simple sur $\mathbb{N}$ ou $\mathbb{N}_1$) à trois constituants : 1) la *base* dans laquelle on explicite le cas élémentaire et la solution associée, 2) l'*hypothèse d'induction* où il est supposé que l'on sait résoudre le problème de taille $(n-1)$ pour $(n-1)$ supérieur ou égal à la valeur de la base et 3) l'*induction* à proprement parler où on démontre comment résoudre le problème Pb(n) de taille n en utilisant l'hypothèse d'induction. On omettra un quatrième élément apparaissant généralement dans ce type de preuve, à savoir la *terminaison*, qui, ici, est garantie pour autant que l'on ait une taille de problème entière au moins égale à la valeur spécifiée pour la base (puisque partant d'une valeur entière positive supérieure ou égale à celle de la base, on obtient la valeur de la base par soustraction successive de la valeur 1).

Au travers de deux exemples, on illustre maintenant les cas $a = 1$ et $a = 2$ pour $k = 0$.

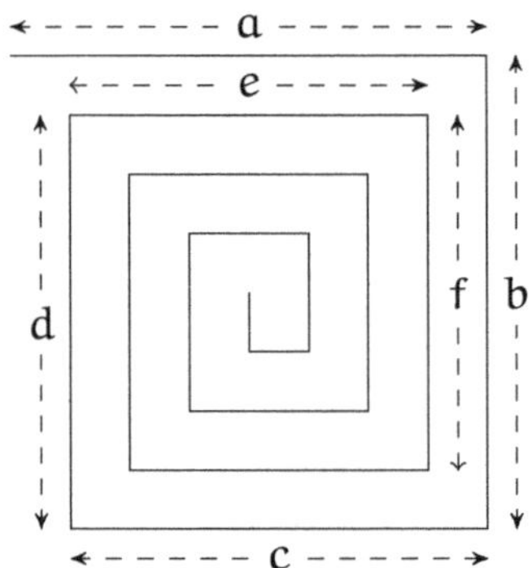

Fig. 4.1 – Une spirale pour $n = 4$

4.3.2   EXEMPLE 1 : LE DESSIN EN SPIRALE

On souhaite réaliser le dessin « en spirale » illustré par la figure 4.1, par une méthode de type « Diminuer pour Résoudre ». On dira que l'on a une spirale de taille n si la figure est composée de n « pseudo carrés » imbriqués ($n = 4$ dans la figure 4.1). On fixe $a = b, c = d = a - \alpha, e = a - 2\alpha$, avec α donné. De plus, le dessin se fait de l'extérieur vers l'intérieur ; il débute donc par le segment horizontal supérieur de longueur a. Enfin, on dispose de deux primitives pour effectuer les dessins : $placer(x, y)$ qui positionne la plume baissée au point de coordonnées (x, y) et $tracer(x, y)$ qui trace le segment allant du point courant au point (x, y).

Pour poursuivre le dessin, il faut d'abord s'interroger sur la valeur que doit prendre f (voir figure 4.1). Puisqu'à l'étape 1, on a $a = b, c = d = a - \alpha$, pour que le sous-problème auquel il va être fait appel soit de même nature que le problème initial, il faut que f égale e, soit $f = a - 2\alpha$.

Compte tenu de la nature du dessin, n, a et α doivent satisfaire une précondition afin que le tracé du dessin en spirale de taille n puisse être réalisé. En effet, le tracé impose de pouvoir retrancher $(n - 1)$ fois 2α à a ; on doit donc avoir : $a > 2 \cdot \alpha \cdot (n - 1)$.

Ces préliminaires étant posés, on va préciser le modèle de résolution par diminution pour ce problème, puis proposer une procédure récursive effectuant ce dessin, avec l'en-tête $DessinEnSpirale(n, x, y, a, \alpha)$ où n est le nombre de « pseudo carrés » à dessiner, x et y sont les coordonnées du point de départ du dessin, a et α correspondent aux symboles définis auparavant. La construction de ce dessin obéit au schéma inductif suivant.

Base On sait réaliser le dessin en spirale de taille 0 qui consiste à ne rien tracer.

Hypothèse d'induction On admet que, pour autant que a soit supérieur à $2 \cdot \alpha \cdot (n - 1)$, on sait réaliser le dessin en spirale de taille $(n - 1)$ $(n - 1 \geqslant 0)$ ayant un segment horizontal supérieur de longueur l égale à celle de son segment vertical droit et ses segments horizontal inférieur et vertical gauche de longueur $l - \alpha$.

Induction On spécifie comment réaliser le dessin en spirale de taille n en supposant a supérieur à $2 \cdot \alpha \cdot (n - 1)$. On commence par tracer le segment horizontal supérieur de longueur a, puis le segment vertical de droite de même longueur. Ensuite, on trace le segment horizontal inférieur de longueur $(a - \alpha)$, puis le segment vertical de gauche de même longueur. On trace ensuite le dessin en spirale de taille $(n - 1)$ dont le segment horizontal supérieur aura la longueur $(a - 2\alpha)$, ce que l'on sait réaliser d'après l'hypothèse d'induction puisque :

$$a > 2 \cdot \alpha \cdot (n-1) \quad \Rightarrow \quad a > 2 \cdot \alpha \cdot (n-2),$$

on a ainsi réalisé le dessin désiré.

Le modèle de résolution par diminution pour ce problème est donc le suivant :

$$
\begin{array}{l}
\text{DessSpirale}(0, a) \text{ élémentaire (ne rien faire)} \\[4pt]
\text{DessSpirale}(n, a) \rightarrow
\begin{cases}
\text{DessSpirale}(n-1, a-2\alpha) \\
+ \\
\text{tracé du pseudo-carré extérieur}
\end{cases}
\quad n > 0.
\end{array}
$$

On réalise le tracé grâce à la procédure ci-après :

```
 1. procédure DessinEnSpirale(n, x, y, a, α) pré
 2.    n ∈ ℕ et x ∈ ℝ*₊ et y ∈ ℝ*₊ et a ∈ ℝ et α ∈ ℝ*₊ et a > 2 · α · (n − 1)
 3. début
 4.    si n > 0 alors
 5.       tracer(x + a, y) ;
 6.       tracer(x + a, y − a) ;
 7.       tracer(x + α, y − a) ;
 8.       tracer(x + α, y − α) ;
 9.       DessinEnSpirale(i − 1, x + α, y − α, a − 2α, α)
10.    fin si
11. fin
```

dont l'appel ci-après :

```
1. constantes
2.    x₀ ∈ ℝ*₊ et x₀ = ... et y₀ ∈ ℝ*₊ et y₀ = ...
3. début
4.    placer(x₀, y₀) ;
5.    DessinEnSpirale(7, x₀, y₀, 24.0, 1.5)
6. fin
```

provoque le tracé d'une spirale de taille 7 dont le côté supérieur initial débutant au point de coordonnées (x_0, y_0) est de longueur 24 cm, le suivant 21 cm, etc. Cet appel respecte bien la précondition imposée puisque $24 > 2 \cdot 1.5 \cdot 6 \ (= 18)$.

Remarque   On a ici une récursivité « terminale » et donc la mise en œuvre effective passera plutôt par une procédure itérative et non pas récursive (voir chapitre 1).

Pour terminer, on va calculer la longueur du tracé en fonction de n, a et α en supposant la précondition $a > 2 \cdot \alpha \cdot (n - 1)$ satisfaite. La longueur du tracé est la solution de la récurrence :

$$
\begin{aligned}
&LG(0, -, -) = 0 \\
&LG(n, a, \alpha) = 2a + 2(a - \alpha) + LG(n - 1, a - 2\alpha, \alpha) \qquad n > 0
\end{aligned}
$$

soit par sommation :

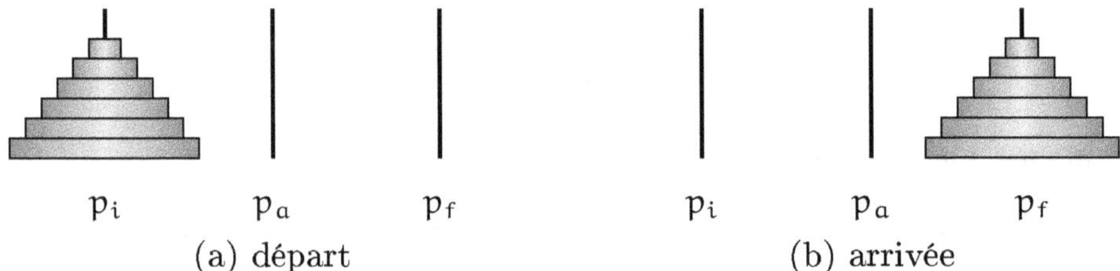

Fig. 4.2 – Les configurations initiale et finale pour $n = 6$

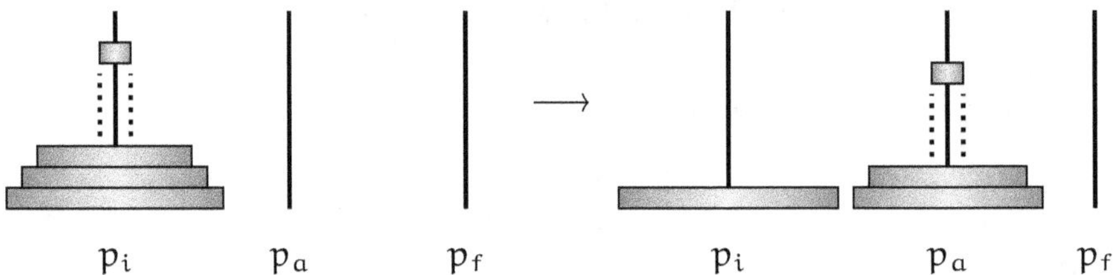

Fig. 4.3 – La première étape du processus inductif de déplacement d'une tour de Hanoï

$$LG(n, a, \alpha) = \sum_{i=0}^{2n-1} 2(a - i\alpha) = \sum_{i=0}^{2n-1} 2a - 2\alpha \sum_{i=0}^{2n-1} i = 4an - 4\alpha n^2 + 2\alpha n.$$

Pour $n = 7$, on obtient $LG(7, a, \alpha) = 28a - 182\alpha$, soit 98 cm pour $a = 10.0$ cm et $\alpha = 1.0$ cm.

4.3.3   EXEMPLE 2 : LES TOURS DE HANOÏ

Le problème des tours de Hanoï consiste à « reconstruire » une pagode (ou tour de Hanoï) initiale composée de l'empilement de n disques de diamètres décroissants de la base au sommet. On dispose de trois piliers : i) p_i celui où se trouve la pagode initiale, ii) p_f celui où devra se trouver la pagode finale et iii) un pilier auxiliaire p_a hébergeant des empilements intermédiaires de disques.

Les règles suivantes doivent être respectées :

- on peut déplacer un seul disque à la fois grâce à l'opération déplacer(p_1, p_2), où p_1 désigne le pilier dont on extrait le disque supérieur et p_2 celui au sommet duquel est posé ce disque,

- on ne peut placer un disque que sur un autre plus grand que lui ou sur un pilier vide.

Un exemple de configuration de départ et d'arrivée est donné dans la figure 4.2, pour $n = 6$. On va construire une solution pour déplacer toute pagode de n disques ($n \geqslant 1$) selon le schéma inductif ci-après.

Base On sait déplacer une pagode (tour) composée d'un seul disque d'un pilier vers un autre pilier vide.

Hypothèse d'induction On suppose que l'on sait déplacer une pagode (tour) composée de $(n - 1)$ ($n - 1 \geqslant 1$) disques de diamètres décroissants d'un pilier vers un autre

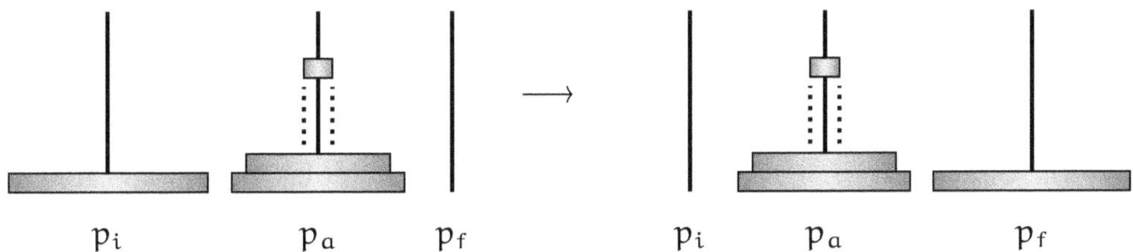

Fig. 4.4 – *La seconde étape du processus inductif de déplacement d'une tour de Hanoï*

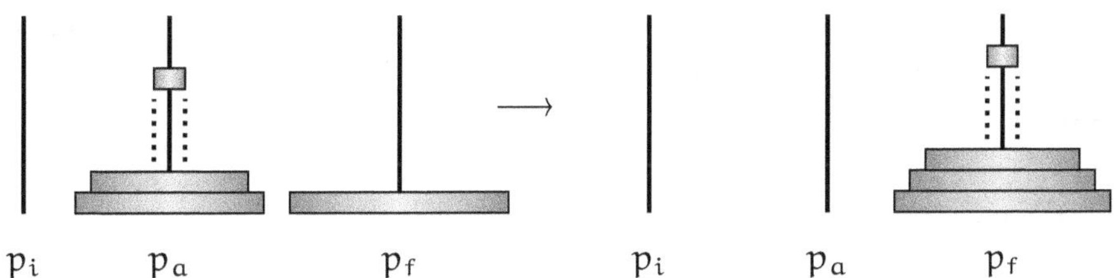

Fig. 4.5 – *La dernière étape du processus inductif de déplacement d'une tour de Hanoï*

vide ou hébergeant déjà le plus grand disque en utilisant le pilier auxiliaire vide au départ.

Induction On va montrer que l'on sait déplacer une pagode (tour) composée de n disques de diamètres décroissants du pilier p_i vers le pilier p_f vide au départ en utilisant le pilier auxiliaire p_a. Pour ce faire : i) on déplace la tour composée des $(n-1)$ disques supérieurs de p_i vers p_a (voir figure 4.3, page 174), ce que l'on sait faire d'après l'hypothèse d'induction puisque le pilier auxiliaire p_a est vide au départ, ii) puis on déplace le dernier disque (le plus grand) de p_i vers p_f (voir figure 4.4), ce qui correspond à un déplacement élémentaire que l'on sait réaliser et qui est légal puisque le pilier p_f est vide, iii) enfin on déplace la tour composée des $(n-1)$ disques se trouvant en p_a vers le pilier p_f (voir figure 4.5), ce que l'on sait faire d'après l'hypothèse d'induction en notant que, bien que non vide, le pilier d'arrivée p_f contient à sa base le plus grand disque.

On en déduit le modèle de diminution :

$$
\begin{array}{ll}
\text{hanoi}(1, p_i, p_f, p_a) \text{ élémentaire } (\text{déplacer}(p_i, p_f)) & \\[2mm]
\text{hanoi}(n, p_i, p_f, p_a) \rightarrow
\left\{
\begin{array}{l}
\text{hanoi}(n-1, p_i, p_a, p_f) \\
+ \\
\text{déplacer}(p_i, p_f) \\
+ \\
\text{hanoi}(n-1, p_a, p_f, p_i)
\end{array}
\right. & n > 1.
\end{array}
$$

Ici, la fonction générique f consiste à déplacer le plus grand disque de p_i vers p_f. En prenant comme opération élémentaire le déplacement d'un disque, on va calculer $\text{NDD}(n)$, le nombre de déplacements de disques nécessaires au déplacement d'une tour de n disques. Le nombre $\text{NDD}(n)$ vérifie la relation de récurrence :

$$NDD(1) = 1$$
$$NDD(n) = 2 \cdot NDD(n-1) + 1 \qquad\qquad n > 1$$

dont la solution est $NDD(n) = 2^n - 1$; on a donc une complexité exponentielle.

On va maintenant montrer que cette solution est optimale. Appelons $minNDD(n)$ le nombre minimum de déplacements de disques nécessaires pour une pagode de n disques. Le plus grand des disques doit nécessairement être déplacé au moins une fois. Au moment du premier mouvement de ce grand disque, il doit être seul sur son emplacement, son emplacement de destination doit être vide ; tous les autres disques doivent donc être rangés, dans l'ordre, sur le troisième emplacement. Donc, avant le premier mouvement du grand disque, on aura dû déplacer une pagode de taille $(n-1)$. Il en est de même après le dernier mouvement du grand disque. On a donc :

$$minNDD(n) \geqslant 2 \cdot minNDD(n-1) + 1.$$

Puisque l'on a trouvé un algorithme dont le nombre de mouvements vérifie

$$NDD(n) = 2 \cdot NDD(n-1) + 1,$$

cet algorithme est optimal.

4.4   Ce qu'il faut retenir pour résoudre par diminution

Résoudre un problème de taille n par la méthode « Diminuer pour résoudre » suppose tout d'abord de l'exprimer dans le cas général comme la composition d'un certain nombre de (sous-)problèmes de même nature que le problème initial, mais de taille $(n-1)$. Pour la taille 0 ou 1, le problème doit avoir une solution directe, ne faisant pas appel à des sous-problèmes. Dans le schéma de résolution par diminution ainsi identifié, apparaît également une fonction complémentaire engendrant les sous-problèmes et dont on doit spécifier comment elle compose les résultats des sous-problèmes pour former le résultat du problème initial. La preuve de correction du schéma de résolution par diminution envisagé se fait par induction, avec comme base la résolution du cas ayant une solution directe et comme hypothèse d'induction le fait que l'on sait résoudre le (sous-)problème de taille $(n-1)$. On peut alors d'une part établir la complexité temporelle de l'algorithme associé (celle-ci peut être linéaire, polynomiale ou même exponentielle), d'autre part rédiger cet algorithme sous la forme d'une procédure récursive calquée sur le schéma de résolution par diminution.

4.5   Exercices

Exercice 44   Double appel récursif   ○   ●

> *Cet exercice porte sur la récursivité. Son intérêt réside dans la façon dont on prouve la terminaison de la procédure récursive considérée.*

On considère la fonction *Calc* dont le code figure en début de chapitre. On va montrer que cette fonction retourne la valeur 91 pour tout paramètre d'appel strictement inférieur à 102.

Question 1. Établir que $Calc(100) = Calc(101) = 91$. | 44 - Q 1 |

Question 2. Montrer par induction (récurrence simple sur $k \in \mathbb{N}$) que, pour tout n de l'intervalle $(90 - 11k)\,..\,(100 - 11k)$, l'appel $Calc(n)$ retourne la valeur 91. | 44 - Q 2 |

Question 3. Que dire de la terminaison de cette fonction ? | 44 - Q 3 |

La solution est en page 185.

Exercice 45   Complexité du calcul récursif
de la suite de Fibonacci   ○   ●

> *Cet exercice a pour but principal d'illustrer le bien-fondé d'une mise en œuvre non récursive du calcul d'une grandeur définie par une relation de récurrence.*

On note $\mathcal{F}(n)$ le terme courant de la suite de Fibonacci définie pour n strictement positif. Par définition :

$$
\begin{cases}
\mathcal{F}(1) = 1 \\
\mathcal{F}(2) = 1 \\
\mathcal{F}(n) = \mathcal{F}(n-1) + \mathcal{F}(n-2) & n \geqslant 2.
\end{cases}
$$

Question 1. Écrire une fonction récursive $FiboR(n)$ calquée sur la définition récurrente pour calculer $\mathcal{F}(n)$. | 45 - Q 1 |

Question 2. Donner le nombre total d'additions effectuées pour $n = 6$. | 45 - Q 2 |

Question 3. Calculer le nombre d'additions engendrées par l'appel $FiboR(n)$. | 45 - Q 3 |

La solution est en page 186.

Exercice 46   Le point dans ou hors polygone   ∘ •

> *Cet exercice s'inscrit dans le domaine de la géométrie euclidienne et ne présente aucune difficulté notable, si ce n'est que la valeur associée à la base du raisonnement inductif utilisé n'est pas 0 ou 1, cas annoncés comme habituels dans la présentation de ce chapitre.*

On veut déterminer si un point est inclus (au sens large) dans un polygone convexe de n ($n \geqslant 3$) côtés. On se place dans un repère orthonormé xOy du plan.

46 - Q 1 **Question 1.** Étant donnés deux points A et B de coordonnées (x_A, y_A) et (x_B, y_B), donner le principe d'une fonction booléenne d'en-tête :

$$M\hat{e}meC\hat{o}t\acute{e}(x_A, y_A, x_B, y_B, x_C, y_C, x_D, y_D) \text{ \textbf{résultat} } \mathbb{B}$$

décidant si les points C et D, de coordonnées (x_C, y_C) et (x_D, y_D), sont du même côté de la droite (AB). Quelle en est la complexité en termes de conditions à évaluer ?

46 - Q 2 **Question 2.** Énoncer une propriété d'inclusion d'un point dans un triangle et écrire une fonction d'en-tête :

$$DansTriangle(x_A, y_A, x_B, y_B, x_C, y_C, x_P, y_P) \text{ \textbf{résultat} } \mathbb{B}$$

décidant si le point P de coordonnées (x_P, y_P) est inclus (au sens large) dans le triangle (ABC). Quelle est sa complexité en nombre de conditions évaluées ?

46 - Q 3 **Question 3.** Déduire une fonction de type « Diminuer pour résoudre » d'en-tête :

$$DansPolygone(n, x_P, y_P) \text{ \textbf{résultat} } \mathbb{B}$$

décidant si le point P est inclus dans le polygone convexe à n sommets de coordonnées (x_1, y_1), (x_2, y_2), …, (x_n, y_n) avec $n \geqslant 3$.

46 - Q 4 **Question 4.** Donner la complexité temporelle au pire de cette fonction en termes de nombre de conditions évaluées.

46 - Q 5 **Question 5.** Pourquoi le polygone doit-il être convexe ?

La solution est en page 187.

Exercice 47   Dessin en doubles carrés imbriqués   ∘ ⦂

> *L'intérêt principal de cet exercice réside dans l'élaboration du tracé à réaliser, qui demande en particulier l'identification de son point de départ.*

On veut tracer le dessin de la figure 4.6, dans lequel le motif de base est constitué de deux carrés imbriqués. On dispose des deux primitives habituelles $placer(x, y)$ et $tracer(x, y)$ de l'exemple 1 page 172 et le dessin doit être effectué sous les contraintes suivantes :

Fig. 4.6 – Un dessin ayant quatre doubles carrés imbriqués

- à la fin du tracé, la plume se trouve au point de départ,

- la plume ne doit pas être levée en cours de dessin et aucun trait ne doit être fait plusieurs fois (ni temps mort, ni travail inutile).

On cherche à réaliser le dessin grâce à une procédure de type « Diminuer pour résoudre » respectant ces contraintes. Ici, la taille n du problème ($n \in \mathbb{N}$) correspond au nombre de doubles carrés que l'on souhaite imbriquer.

Question 1. Identifier les points de départ possibles du tracé. $\boxed{\textbf{47 - Q 1}}$

Question 2. Proposer une stratégie de type « Diminuer pour résoudre » qui permet de $\boxed{\textbf{47 - Q 2}}$ réaliser ce dessin. En déduire le modèle de résolution par diminution associé.

Question 3. Écrire la procédure réalisant ce dessin, dont l'appel se fait par la séquence : $\boxed{\textbf{47 - Q 3}}$

```
1.  constantes
2.      m ∈ ℕ₁ et m = ... et x₀ ∈ ℝ et x₀ = ... et y₀ ∈ ℝ et y₀ = ... et
3.      c₀ ∈ ℝ₊ et c₀ = ...
4.  début
5.      placer(x₀, y₀) ;
6.      DessDbCarrImb(m, x₀, y₀, c₀)
7.  fin
```

où x_0 et y_0 désignent les coordonnées du point de départ du tracé, m le nombre effectif de doubles carrés à dessiner et c_0 la longueur du côté du carré « extérieur ».

Question 4. Quelle en est la complexité en termes de nombre d'appels à la fonction *tracer* $\boxed{\textbf{47 - Q 4}}$ et quelle est la longueur du tracé ?

La solution est en page 190.

Exercice 48   Dessin en triangles   ○ ⋮

Cet exercice vise lui aussi à effectuer le tracé d'un dessin. Il met en évidence la construction d'une solution optimale passant par une première approche qui ne l'est pas, mais qui « met le pied à l'étrier ». La solution finale utilise deux procédures de type « Diminuer pour résoudre ».

On veut tracer la figure suivante :

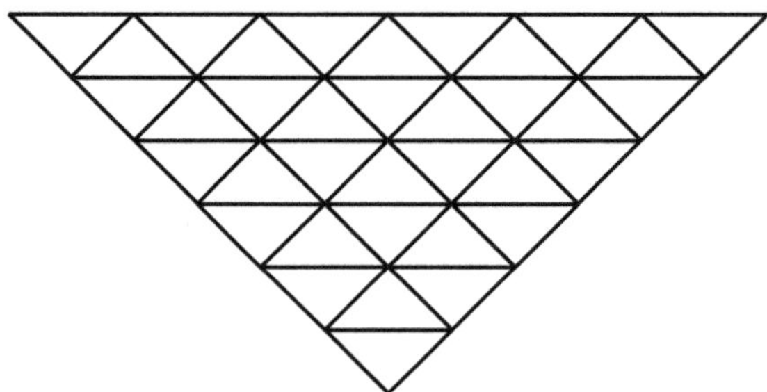

appelée « grand triangle inversé ». Chaque triangle élémentaire est rectangle isocèle (avec l'angle droit en bas), de hauteur issue de l'angle droit d ; sa base (horizontale) a donc pour longueur $d\sqrt{2}$. Le schéma ci-dessus représente six « couches » de tels triangles. La couche du bas comporte un triangle, celle de dessus deux, et ainsi de suite jusqu'à six. Comme on le voit, un assemblage de n couches forme un grand triangle semblable au triangle élémentaire, mais de côtés n fois plus grands. Une telle figure est dite de taille n. Pour un triangle élémentaire, si le sommet associé à l'angle droit a pour coordonnées (x, y), les deux autres sommets ont pour coordonnées $(x - d, y + d)$ et $(x + d, y + d)$. On dispose ici aussi des primitives *placer*(x, y) et *tracer*(x, y) définies dans l'exemple 1 page 172. On veut que le tracé démarre et termine au sommet associé à l'angle droit auquel on assigne les coordonnées (x_0, y_0).

Remarque   Le nombre minimum de triangles élémentaires qu'il faut tracer pour obtenir un triangle de taille n est $n(n + 1)/2$.

48 - Q 1   **Question** 1. Dans un premier temps, proposer le principe d'une solution de type « Diminuer pour résoudre », avec la seule contrainte de ne pas lever la plume en cours de tracé. Préciser le modèle de résolution par diminution utilisé.

48 - Q 2   **Question** 2. Donner le code de la procédure correspondante dont l'appel est fait par la séquence :

```
1.  constantes
2.      m ∈ ℕ₁ et m = ... et x₀ ∈ ℝ et x₀ = ... et y₀ ∈ ℝ et y₀ = ... et
3.      d₀ ∈ ℝ₊ et d₀ = ...
4.  début
5.      placer(x₀, y₀) ;
6.      Triangle1(m, x₀, y₀, d₀)
7.  fin
```

où m est le nombre de couches de triangles, (x_0, y_0) représente les coordonnées du sommet associé à l'angle droit (bas du dessin) et d_0 est la hauteur du triangle élémentaire.

Question 3. Quelle est la complexité de cette procédure en termes d'appels à la fonction *tracer* et de nombre de triangles élémentaires tracés ? | **48** - Q 3 |

Question 4. Afin de gagner en efficacité en évitant des tracés inutiles, on demande de réviser la stratégie précédente et de proposer le principe d'une solution dans laquelle la plume n'est toujours pas levée en cours de dessin et tout segment n'est tracé qu'une seule fois. | **48** - Q 4 |

Question 5. Donner le code de la nouvelle procédure d'en-tête *Triangle2*(n, x, y, d) et montrer qu'elle est optimale. | **48** - Q 5 |

La solution est en page 192.

Exercice 49   Parcours exhaustif d'un échiquier

> *Cet exercice met en évidence une famille d'échiquiers qui peuvent être parcourus par un cavalier de façon exhaustive et simple, en visitant chaque case une seule fois. Il est à rapprocher de l'exercice 54, page 241 du chapitre 5.*

On considère un échiquier de côté $c = 4m + 1$ (avec $m \geqslant 0$). On va montrer qu'un cavalier peut en effectuer le parcours exhaustif en ne visitant chaque case qu'une seule fois. Notons qu'il est possible que ce problème ait une solution pour certains échiquiers de côté autre, mais ceci reste hors du champ de cet exercice. Le cavalier respecte ses règles de déplacement au jeu d'échecs, c'est-à-dire que s'il est sur la case (i, j), il peut aller sur les huit cases :

$$\begin{array}{cccc}
(i-2, j-1) & (i-2, j+1) & (i+2, j-1) & (i+2, j+1) \\
(i-1, j-2) & (i-1, j+2) & (i+1, j-2) & (i+1, j+2)
\end{array}$$

pour autant qu'il ne sorte pas de l'échiquier. Dans cet exercice, i désigne l'indice de ligne et j l'indice de colonne.

Question 1. Proposer un parcours exhaustif d'un échiquier de côté $c = 5$ $(m = 1)$ en partant de la case $(1, 1)$. | **49** - Q 1 |

Question 2. Généraliser ce parcours au cas d'un échiquier de côté $c = 4m + 1$ $(m \geqslant 1)$, toujours en partant de la case $(1, 1)$. | **49** - Q 2 |

Indication. On pourra mettre en évidence le parcours exhaustif de la couronne « extérieure » de largeur 2 bordant l'échiquier.

Question 3. Spécifier le modèle de résolution par diminution utilisé. | **49** - Q 3 |

La solution est en page 195.

Exercice 50   Courbes de Hilbert et W-courbes

> *Cet exercice met en lumière deux problèmes de tracés de courbes dans lesquels la construction de la solution déborde du cadre strict d'un procédé « Diminuer pour résoudre ». En fait, le tracé de ces deux familles de courbes est fondé sur quatre procédures très semblables dans leur structure, chacune de type « Diminuer pour résoudre » croisées.*

Les courbes de Hilbert

On considère les courbes de la figure 4.7, dont les points de départ sont représentés par un petit cercle. On dispose de la fonction *tracer* définie dans l'exemple 1 page 172.

50 - Q 1 **Question 1.** En partant de ces courbes, donner l'expression de $A(i+1)$, $B(i+1)$, $C(i+1)$ et $D(i+1)$ en fonction de $A(i)$, $B(i)$, $C(i)$, $D(i)$ et des quatre tracés élémentaires « trait vers la gauche » noté g, « trait vers la droite » noté d, « trait vers le haut » noté h, « trait vers le bas » noté b, tous quatre de longueur α fixée.

50 - Q 2 **Question 2.** Dessiner la courbe $A(3)$ appelée courbe de Hilbert de niveau 3.

50 - Q 3 **Question 3.** Donner le code d'une procédure effectuant le tracé de la courbe de Hilbert de niveau n correspondant à $A(n)$.

50 - Q 4 **Question 4.** Quelle est la complexité $C_A(n)$ du tracé de $A(n)$ en nombre d'appels à la fonction *tracer* ?

50 - Q 5 **Question 5.** Déterminer la hauteur et la largeur du tracé réalisé en fonction de n et de α.

Les W-courbes

On considère les courbes définies comme suit :

$$A(1) \;=\; d \quad B(1) \;=\; b \quad C(1) \;=\; g \quad D(1) \;=\; h$$

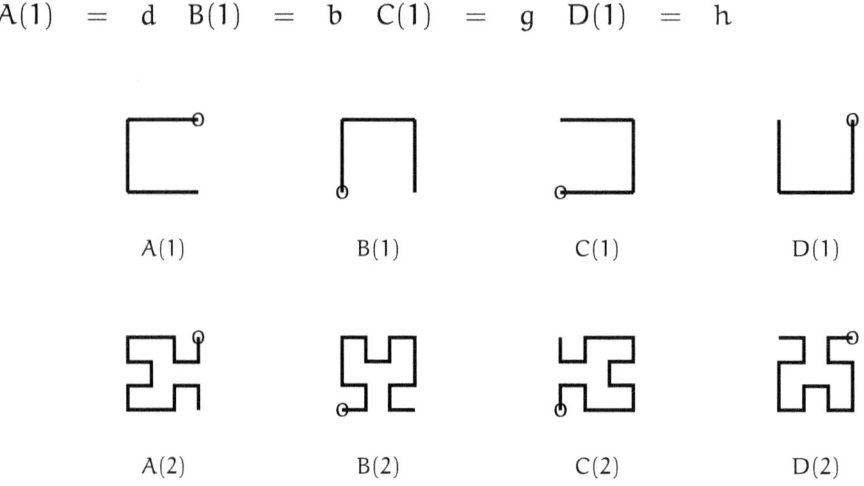

Fig. 4.7 – *Les courbes* $A(1)$ *à* $D(1)$ *(*$\alpha = 1$*) et* $A(2)$ *à* $D(2)$ *(*$\alpha = 1/3$*)*

et pour $i \geqslant 1$:

$$
\begin{array}{llllllllllll}
A(i+1) & = & A(i) & b & d & B(i) & d & D(i) & d & & h & A(i) \\
B(i+1) & = & B(i) & g & b & C(i) & b & A(i) & b & & d & B(i) \\
C(i+1) & = & C(i) & h & g & D(i) & g & B(i) & g & & b & C(i) \\
D(i+1) & = & D(i) & d & h & A(i) & h & C(i) & h & & g & D(i) \\
W(i) & = & A(i) & b & d & B(i) & g & b & C(i) & h & g & D(i) \quad d \quad h
\end{array}
$$

où b, d, g, h représentent les tracés élémentaires de longueur α du début de l'énoncé.

Question 6. Tracer les courbes $W(1)$ et $W(2)$.

50 - Q 6

Question 7. Établir la complexité du tracé de la courbe $W(n)$ ($n \geqslant 1$) en termes d'appels à la procédure *tracer* en fonction de n et α.

50 - Q 7

Remarque On montre facilement que la courbe $W(n)$ s'inscrit dans un carré de côté $\alpha \cdot (2^{n+1} - 1)$.

Complément Le lecteur intéressé pourra étudier le tracé des courbes de Sierpinski (voir par exemple `http://aesculier.fr/fichiersMaple/sierpinski2D/sierpinski2D.html`), qui fait lui aussi appel au mécanisme « Diminuer pour résoudre ».

La solution est en page 198.

Exercice 51   Le compte est bon

> *Cet exercice présente l'originalité d'un modèle de diminution dans lequel le nombre de sous-problèmes engendrés dépend de la taille du problème décomposé. Sans surprise, il en découle une complexité très élevée se situant bien au-delà de la classe exponentielle.*

Cet exercice s'inspire du jeu télévisé *Le Compte Est Bon*. À l'aide des opérations arithmétiques usuelles, on cherche à former un nombre (entier naturel) C donné appelé *cible*, à partir de nbp *plaques* sur chacune desquelles figure un nombre (entier naturel). Ces dernières constituent un sac S de nbp éléments (dans le jeu télévisé nbp = 6) dont les valeurs sont tirées (avec possibilité de doublons) de l'ensemble $\{1, 2, 3, 4, 5, 6, 7, 8, 9, 10, 25, 50, 75, 100\}$ et le nombre C est pris dans l'intervalle $101 .. 999$. On impose que toute opération s'effectue avec des entiers positifs et que la division ne soit possible qu'entre des nombres dont la division est sans reste. Par ailleurs, il n'est pas obligatoire d'utiliser tous les nombres de S pour former C.

Question 1. On envisage tout d'abord une version *simplifiée* dans laquelle on ne dispose que de l'addition. De façon générale, on remplace deux nombres par leur somme. Proposer un modèle de résolution fondé sur la technique « Diminuer pour résoudre », de nature ensembliste, exhibant une solution (si elle existe).

51 - Q 1

Question 2. On considère l'exemple suivant : $nbp = 4$, $S = [\![3, 10, 8, 3]\!]$, $C = 18$. On admet que la première substitution conduit à $S' = [\![13, 8, 3]\!]$, la suivante à $S'' = [\![21, 3]\!]$ et ainsi de suite. Donner l'arbre des appels menant à la solution.

On passe maintenant au cas général, c'est-à-dire que l'addition, la soustraction, la multiplication et la division peuvent être utilisées.

Question 3. Préciser les règles de remplacement de deux nombres selon l'opération arithmétique considérée.

Question 4. Généraliser le modèle de diminution proposé précédemment.

Conceptuellement parlant, la réponse demandée aux concurrents du jeu *Le Compte Est Bon* est une expression arithmétique. Ainsi, pour le tirage de plaques $[\![3, 4, 8, 75, 10, 9]\!]$ et la cible $C = 756$, un résultat possible serait :

$$(((3 + 4) + 8) - 9) + (75 \times 10).$$

Cette expression peut être représentée d'au moins deux autres façons. Par un l'arbre ci-dessous tout d'abord ou par un tableau à $(nbp - 1)$ lignes et quatre colonnes dans lequel sont enregistrés les choix successifs de quadruplets $\langle$ opérateur, opérande-1, opérande-2, résultat $\rangle$ ayant conduit à la solution.

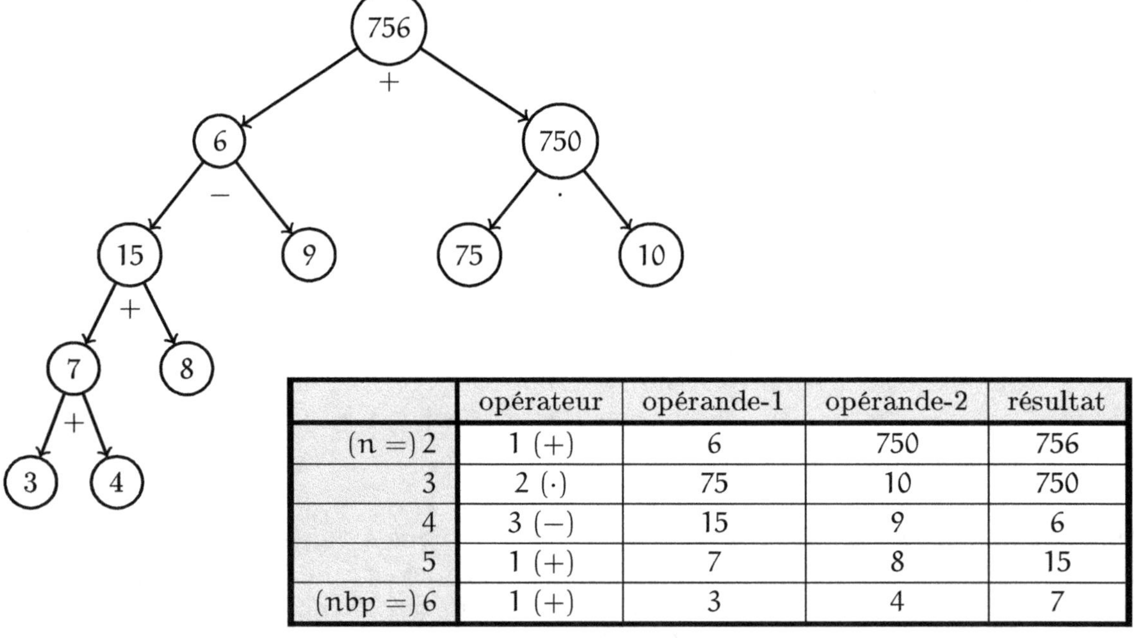

	opérateur	opérande-1	opérande-2	résultat
$(n =)\,2$	1 (+)	6	750	756
3	2 (·)	75	10	750
4	3 (−)	15	9	6
5	1 (+)	7	8	15
$(nbp =)\,6$	1 (+)	3	4	7

C'est sous cette seconde forme (lue de bas en haut) qu'un joueur annonce son résultat. C'est aussi sur ce type de représentation que nous nous proposons de travailler [1]. L'isomorphisme entre les deux représentations nous permet alors de profiter du vocabulaire propre aux arbres (notions de père, de fils gauche ou droit, de descendant, etc.) pour prendre en considération les lignes du tableau. Nous ajoutons à la représentation en tableau les conventions suivantes : la racine de l'arbre est à la première ligne (la ligne supérieure) du tableau et, s'il existe, le père d'une ligne est situé *au-dessus* de cette ligne. De plus, afin de prendre en compte un problème qui peut survenir dans la réalité, nous considérons que le tableau peut contenir des lignes stériles, qui n'entrent donc pas dans le calcul du résultat.

---

1. Une solution fondée sur la construction explicite puis l'exploitation de l'arbre de l'expression arithmétique est également possible. Nous invitons le lecteur à y réfléchir.

Ainsi, par exemple pour le tirage de plaques $[\![3, 75, 8, 10, 25, 10]\!]$ et la cible $C = 172$ on peut obtenir le tableau suivant :

	opérateur	opérande-1	opérande-2	résultat
$(n =)\,3$	2 $(-)$	250	78	172
4	4 $(\cdot)$	25	10	250
5	1 $(+)$	8	10	18
$(nbp =)\,6$	1 $(+)$	3	75	78

Alors qu'à l'évidence la ligne numérotée 5 est stérile, seul le tableau épuré :

	opérateur	opérande-1	opérande-2	résultat
$(n =)\,3$	2 $(-)$	250	78	172
4	4 $(\cdot)$	25	10	250
$(nbp =)\,6$	1 $(+)$	3	75	78

serait à annoncer par un joueur.

Question 5. Le problème qui se pose est celui de l'élimination des lignes qui s'avèreraient stériles dans le tableau. Construire l'algorithme qui permet de *qualifier* ou non avec un booléen toute ligne de M selon qu'elle elle est utile ou stérile.

$\boxed{\text{51 - Q 5}}$

Question 6. Préciser les raffinements à effectuer (notamment concernant les structures ensemblistes) pour une mise en œuvre, puis écrire la procédure *LeBonCpte* qui résout le problème posé. On en précisera la séquence d'appel.

$\boxed{\text{51 - Q 6}}$

Question 7. Établir la complexité de cette procédure en termes de nombre d'appels récursifs.

$\boxed{\text{51 - Q 7}}$

Question 8. Que faudrait-il modifier si l'on imposait d'utiliser tous les nombres du sac S ?

$\boxed{\text{51 - Q 8}}$

Question 9. Que faudrait-il modifier si l'on souhaitait trouver toutes les façons de former le nombre C à partir du sac S ?

$\boxed{\text{51 - Q 9}}$

La solution est en page 201.

4.6   Solutions

Solution de l'exercice 44   Double appel récursif

Énoncé page 177.

Réponse 1. L'appel *Calc*(101) provoque le passage par la branche « alors » de l'alternative et retourne la valeur 91 (= 101 − 10). En revanche, l'appel *Calc*(100) passe par la branche « sinon » de l'alternative et engendre l'appel *Calc*(*Calc*(111)). L'appel *Calc*(111) retourne (111 − 10) = 101, puis *Calc*(101) produit le résultat 91. On a bien *Calc*(100) = *Calc*(101) = 91.

$\boxed{\text{44 - R 1}}$

44 - R 2

Réponse 2. Comme suggéré dans l'énoncé, on procède par récurrence sur $k \in \mathbb{N}$ pour examiner tout intervalle de la forme $(90 - 11k) \, .. \, (100 - 11k)$ constituant la base d'une partition de l'intervalle $-\infty \, .. \, 100$.

Base Pour $k = 0$, on considère l'intervalle $90 \, .. \, 100$ et l'appel initial $Calc(n)$ pour n dans cet intervalle. On a donc comme résultat $Calc(Calc(n + 11))$. Or, $n + 11 > 100$, $Calc(n + 11)$ retourne donc $(n + 1)$. On a en fait :

$$Calc(90) = \ldots = Calc(100) = 91 \text{ (d'après la question précédente)}.$$

Hypothèse d'induction On suppose que pour $k \geqslant 0$ on a :

$$n \in (90 - k) \, .. \, (100 - k) \Rightarrow Calc(n) = 91.$$

Induction On considère un appel avec l'une des valeurs de n dans l'intervalle suivant, soit $(90 - 11(k+1)) .. (100 - 11(k+1))$. L'appel $Calc(n)$ engendre l'appel $Calc(Calc(n+11))$. Or, $(n + 11)$ se trouve dans l'intervalle $(90 - k) .. (100 - k)$; $Calc(n + 11)$ retourne donc le résultat 91. L'appel $Calc(91)$ retourne à son tour la même valeur 91.

On voit donc que, pour toute valeur n de l'intervalle $-\infty \, .. \, 100$, l'appel $Calc(n)$ retourne la valeur 91. Dans la question précédente, on a prouvé que $Calc(101) = 91$, d'où le résultat annoncé dans l'énoncé, à savoir que la fonction $Calc$ rend le résultat 91 pour tout paramètre d'appel strictement inférieur à 102.

44 - R 3

Réponse 3. Puisque $Calc(n)$ rend 91 pour $n < 102$ et $(n - 10)$ pour $n \geqslant 102$, on déduit *a posteriori* que tout appel à cette fonction se termine.

Solution de l'exercice 45 Complexité du calcul récursif de la suite de Fibonacci
Énoncé page 177.

45 - R 1

Réponse 1. La fonction de calcul du n^e terme de la suite de Fibonacci est :

```
1. fonction FiboR(n) résultat ℕ₁ pré
2.    n ∈ ℕ₁
3. début
4.    si n = 1 ou n = 2 alors
5.       résultat 1
6.    sinon
7.       résultat (FiboR(n − 1) + FiboR(n − 2))
8.    fin si
9. fin
```

45 - R 2

Réponse 2. Pour $n = 6$, on appelle une fois $FiboR(5)$, deux fois $FiboR(4)$, trois fois $FiboR(3)$, cinq fois $FiboR(2)$ et trois fois $FiboR(1)$, soit au total 14 appels. Chacun de ces appels, sauf ceux des feuilles, provoque une addition, d'où un nombre d'additions égal à la moitié du précédent, soit 7.

45 - R 3

Réponse 3. Le nombre $nbad(n)$ d'additions engendrées par l'appel $FiboR(n)$ est donné par la récurrence :

$$\begin{aligned} nbad(1) &= 0 \\ nbad(2) &= 0 \end{aligned}$$

$$nbad(n) = 1 + nbad(n-1) + nbad(n-2) \qquad\qquad n > 2.$$

En ajoutant 1 à gauche et à droite et en posant $NB(n) = nbad(n) + 1$, ceci se récrit :

$$NB(0) = 1$$
$$NB(1) = 1$$
$$NB(n) = NB(n-1) + NB(n-2) \qquad\qquad n > 2.$$

On retombe sur la suite de Fibonacci et donc :

$$NB(n) = \frac{1}{\sqrt{5}} \left(\left(\frac{1+\sqrt{5}}{2} \right)^n - \left(\frac{1-\sqrt{5}}{2} \right)^n \right)$$

d'où :

$$nbad(n) = \frac{1}{\sqrt{5}} \left(\left(\frac{1+\sqrt{5}}{2} \right)^n - \left(\frac{1-\sqrt{5}}{2} \right)^n \right) - 1$$

c'est-à-dire le n^e nombre de Fibonacci diminué de 1. On peut vérifier que l'on a :

$$nbad(1) = nbad(2) = 0, nbad(3) = 1, nbad(4) = 2, nbad(5) = 4, nbad(6) = 7.$$

Le terme $(1 - \sqrt{5}/2)^n$ a une valeur absolue inférieure à 1 et son signe alterne en fonction de la parité de n. Par suite, ce terme tend vers 0 quand n tend vers l'infini. On peut donc admettre que pour n assez grand, le n^e nombre de Fibonacci est l'entier le plus proche de $(((1 + \sqrt{5})/2)^n)/\sqrt{5}$, soit $1.618^n/2.236$. On constate donc que la complexité en nombre d'additions du calcul récursif est exponentielle. On verra dans l'exercice 88, page 443, que ce résultat peut être largement amélioré.

Solution de l'exercice 46 Le point dans ou hors polygone

Énoncé page 178.

Réponse 1. À partir des coordonnées des points A et B, on peut déterminer l'équation de la droite (AB), à savoir :
`46 - R 1`

$$y - a \cdot x - b = 0 \text{ avec } a = (y_A - y_B)/(x_A - x_B) \text{ et } b = (x_A \cdot y_B - y_A \cdot x_B)/(x_A - x_B).$$

On calcule alors $y_C - a \cdot x_C - b$ et $y_D - a \cdot x_D - b$. Si l'une de ces valeurs est nulle, le point correspondant appartient à la droite (AB). Dans le cas contraire, quand ces deux quantités sont de même signe, C et D sont du même côté de la droite (AB), sinon ces points sont situés dans chacun des deux demi-plans délimités par la droite (AB). La fonction *MêmeCôté* requiert l'évaluation d'une condition. Elle a donc une complexité constante (en $\Theta(1)$).

Réponse 2. Le point P est dans le triangle (ABC) si : i) A et P sont du même côté de la droite (BC), ii) B et P sont du même côté de la droite (AC) et iii) C et P sont du même côté de la droite (AB). Cette propriété se voit sur la figure ci-après et se démontre aisément par l'absurde.
`46 - R 2`

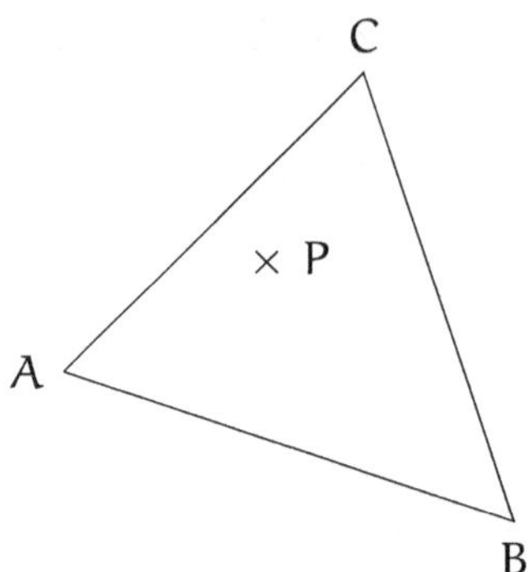

On en déduit la fonction d'appartenance du point P au triangle ABC :

1. **fonction** $Dans\,Triangle(x_A, y_A, x_B, y_B, x_C, y_C, x_P, y_P)$ **résultat** $\mathbb{B}$ **pré**
2. $x_A \in \mathbb{R}$ **et** $y_A \in \mathbb{R}$ **et** $x_B \in \mathbb{R}$ **et** $y_B \in \mathbb{R}$ **et** $x_C \in \mathbb{R}$ **et**
3. $y_C \in \mathbb{R}$ **et** $x_P \in \mathbb{R}$ **et** $y_P \in \mathbb{R}$
4. **début**
5.   **résultat** $\left(\begin{array}{l} M\hat{e}meC\hat{o}t\acute{e}(x_A, y_A, x_B, y_B, x_C, y_C, x_P, y_P) \text{ \textbf{et alors}} \\ M\hat{e}meC\hat{o}t\acute{e}(x_A, y_A, x_C, y_C, x_B, y_B, x_P, y_P) \text{ \textbf{et alors}} \\ M\hat{e}meC\hat{o}t\acute{e}(x_C, y_C, x_B, y_B, x_A, y_A, x_P, y_P) \end{array} \right)$
6. **fin**

Cette fonction effectue au plus trois appels à $M\hat{e}meC\hat{o}t\acute{e}$ et conduit au plus à l'évaluation de trois conditions. Sa complexité est donc constante (en $\Theta(1)$).

46 - R 3   **Réponse** 3. La fonction de type « Diminuer pour résoudre » décidant de l'inclusion du point P dans un polygone convexe quelconque à $n \geqslant 3$ côtés, s'appuie sur le schéma inductif suivant.

Base Quand $n = 3$, on sait décider de l'inclusion ou non de P au moyen de la fonction $Dans\,Triangle$.

Hypothèse d'induction On admet savoir décider de l'inclusion du point P dans un polygone convexe ayant $(n-1)$ côtés $((n-1) \geqslant 3)$.

Induction Pour décider de l'inclusion du point P dans un polygone convexe à n côtés, on divise ce polygone en un triangle et un polygone convexe ayant $(n-1)$ côtés. On teste tout d'abord l'inclusion de P dans le triangle grâce à la fonction $Dans\,Triangle$. Si la réponse est positive, on conclut à l'inclusion de P dans le polygone. Dans le cas contraire, il faut décider de l'inclusion de P dans le polygone convexe ayant $(n-1)$ côtés, ce que l'on sait faire d'après l'hypothèse d'induction.

On a donc le modèle de résolution par diminution :

$$\begin{array}{l} \text{DansPolygone}(3) \text{ élémentaire (fonction } Dans\,Triangle) \\[4pt] \text{DansPolygone}(n) \rightarrow \left\{ \begin{array}{l} \text{recherche dans un triangle} \\ + \text{ (le cas échéant)} \\ \text{DansPolygone}(n-1) \end{array} \right. \qquad n > 3. \end{array}$$

On suppose les sommets du polygone considéré numérotés de 1 à n. On divise le polygone en un triangle de sommets 1, $(n-1)$ et n, et un polygone ayant $(n-1)$ sommets (numérotés de 1 à $(n-1)$), conformément à la figure 4.8, avec un octogone où les cordes tirées successivement – si besoin – pour former les triangles sont appelées $c_1, \ldots, c_5$.

Si l'on suppose les coordonnées des sommets du polygone considéré stockées dans les tableaux X et Y, on déduit de ce qui précède la fonction suivante décidant de l'inclusion (ou non) du point P dans le polygone :

1. **fonction** *DansPolygone*(n, x_P, y_P) **résultat** $\mathbb{B}$ **pré**
2. $n \in \mathbb{N}_1 - \{1, 2\}$ **et** $x_P \in \mathbb{R}$ **et** $y_P \in \mathbb{R}$
3. **début**
4.   **si** $n = 3$ **alors**
5.   **résultat** *DansTriangle*$(X[1], Y[1], X[2], Y[2], X[3], Y[3], x_P, y_P)$
6.   **sinon**
7.   **résultat** *DansTriangle*$(X[1], Y[1], X[n-1], Y[n-1], X[n], Y[n], x_P, y_P)$
8.   **ou sinon** *DansPolygone*$(n-1, x_P, y_P)$
9.   **fin si**
10. **fin**

Réponse 4. En utilisant le fait que le nombre de conditions évaluées dans la fonction *DansTriangle* est au plus égal à 3, le nombre de conditions évaluées au pire (c'est-à-dire quand le point n'est pas dans le polygone), par la fonction *DansPolygone* est donné par la récurrence : `46 - R 4`

$$\begin{vmatrix} C(3) = 1 + 3 = 4 \\ C(n) = 1 + 3 + 1 + C(n-1) = 5 + C(n-1) \end{vmatrix} \qquad n > 3$$

soit $C(n) = 5(n-2) - 1$. Dans le meilleur cas (si le point se situe dans le premier triangle issu de la décomposition du polygone), cinq conditions sont évaluées (deux propres à *DansPolygone* et trois dues à *DansTriangle*). La fonction *DansPolygone* a donc une complexité en $\mathcal{O}(n)$ (linéaire).

Réponse 5. La solution donnée précédemment conclut à l'inclusion du point dans le polygone si ce point se trouve dans un triangle issu du polygone à partir de deux côtés adjacents et de la corde associée. Si le polygone n'est pas convexe, ce principe ne tient plus puisque le triangle construit peut se trouver à l'extérieur du polygone considéré, comme l'illustre la figure ci-après : `46 - R 5`

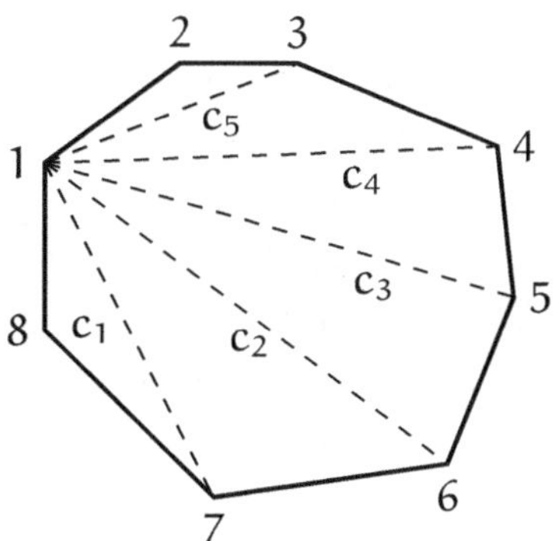

Fig. 4.8 – Exemple de division d'un octogone en triangles

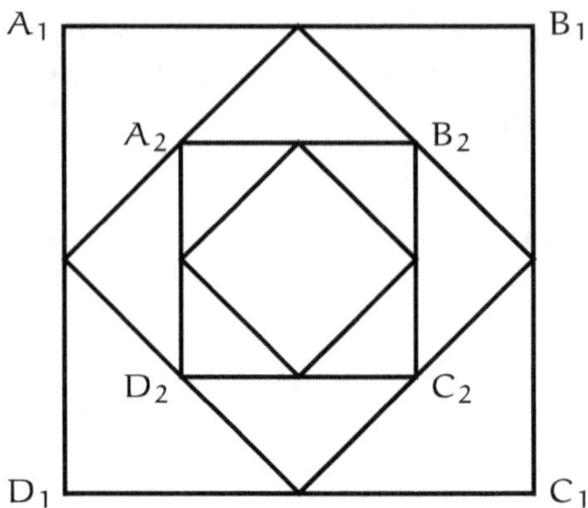

Fig. 4.9 – Correspondances entre les quatre points de départ possibles du tracé et leurs homologues dans le double carré suivant

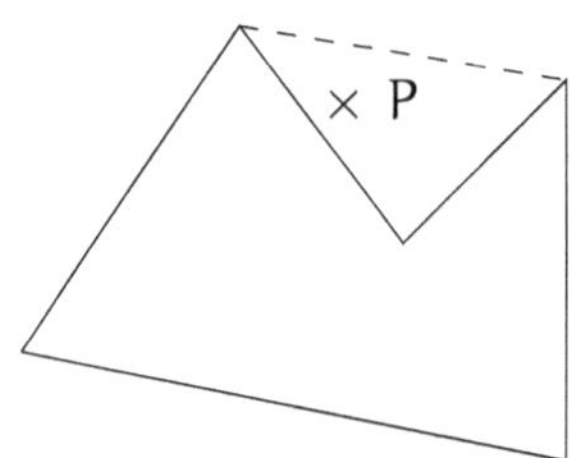

Solution de l'exercice 47 Dessin en doubles carrés imbriqués

Énoncé page 178.

47 - R 1 **Réponse 1.** Il s'avère que l'on doit commencer le dessin de taille n et celui de taille $(n-1)$ en des points « analogues » du point de vue géométrique. Il faut donc que depuis le point de départ du dessin de taille n on puisse atteindre le point « analogue » du dessin de taille $(n-1)$. Ceci impose que ce dernier soit un point de contact entre les dessins de taille n et $(n-1)$, d'où les quatre possibilités suivantes : $A_1/A_2, B_1/B_2, C_1/C_2$ ou D_1/D_2 (voir figure 4.9).

47 - R 2 **Réponse 2.** Partant de A_1 $(B_1, C_1$ ou $D_1)$, il est impossible de tracer le double carré « extérieur » *complètement* avant de passer au problème de taille $(n-1)$, en raison des deux contraintes de tracé imposées et de ce qui vient d'être dit dans la réponse précédente. On va effectuer le dessin selon le schéma inductif suivant.

Base On sait réaliser le dessin en doubles carrés pour $n = 0$ (il n'y a rien à faire et les contraintes de tracé sont donc respectées).

Hypothèse d'induction On suppose que l'on sait réaliser le dessin en doubles carrés imbriqués pour $(n-1)$ $(n-1 \geqslant 0)$ sans lever la plume, en ne traçant chaque segment qu'une fois, la plume se trouvant au point de départ en fin de tracé.

Induction On décrit comment effectuer le dessin comportant n doubles carrés imbriqués. On démarre arbitrairement au point A_1 (mais tout ce qui va être dit peut être transposé avec B_1, C_1 ou D_1) et l'on cherche à rejoindre le point A_2. Il y a à l'évidence de nombreuses façons de procéder. On choisit le trajet le plus court, sachant que ce qui n'est pas fait à ce stade devra l'être au retour. Une fois arrivé en A_2, on sait effectuer le dessin de taille $(n-1)$, la plume revenant en A_2 (hypothèse d'induction).

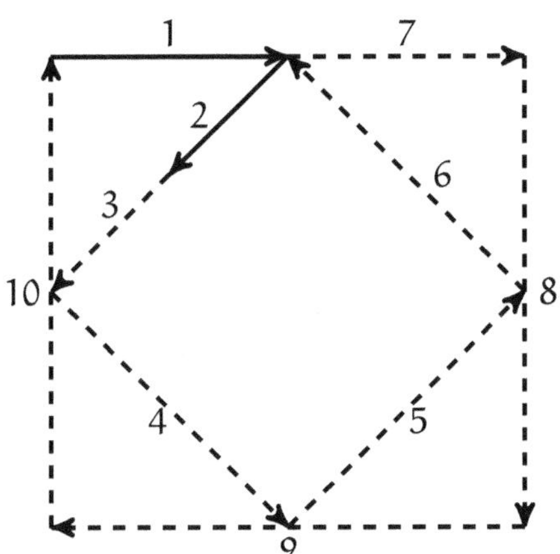

Fig. 4.10 – Exemple de stratégie avec l'ordre de tracé des segments : trait plein pour le trajet effectué à l'aller, trait pointillé pour celui effectué au retour

On termine ensuite le double carré « extérieur » comme illustré dans la figure 4.10 et ainsi la plume est ramenée au point de départ A_1. On a bien respecté les contraintes au cours du tracé puisque la plume n'a jamais été levée et que tout segment n'a été tracé qu'une fois pour l'intégralité du dessin (l'hypothèse d'induction le garantit pour la partie « interne » du tracé et la figure 4.10 le met en évidence pour le double carré « extérieur »).

On a donc le schéma de résolution suivant :

$$
\begin{aligned}
&\text{DessinDbCarImb}(0) \text{ élémentaire (ne rien tracer)} \\
&\text{DessinDbCarImb}(n) \rightarrow
\begin{cases}
\text{débuter tracé du double carré « extérieur »} \\
+ \\
\text{DessinDbCarImb}(n-1) \\
+ \\
\text{terminer tracé du double carré « extérieur »}
\end{cases}
\quad n > 0.
\end{aligned}
$$

Ici, la fonction générique f consiste uniquement à débuter et terminer le tracé du double carré « extérieur ».

Réponse 3. On en déduit l'algorithme suivant :

47 - R 3

1. **procédure** $DessDbCarrImb(n, x, y, c)$ **pré**
2. $n \in \mathbb{N}$ **et** $x \in \mathbb{R}$ **et** $y \in \mathbb{R}$ **et** $c \in \mathbb{R}$
3. **début**
4.   **si** $n > 0$ **alors**
5. $tracer(x + c/2, \ y)$;
6. $tracer(x + c/4, \ y - c/4)$;
7. $DessDbCarrImb(n - 1, \ x + c/4, y - c/4, c/2)$;
8. $tracer(x, \ y - c/2)$;
9. $tracer(x + c/2, \ y - c)$;
10. $tracer(x + c, \ y - c/2)$;
11. $tracer(x + c/2, \ y)$;
12. $tracer(x + c, \ y)$;

```
13.        tracer(x + c, y − c);
14.        tracer(x, y − c);
15.        tracer(x, y)
16.    fin si
17. fin
```

47 - R 4 **Réponse** 4. La complexité de cette procédure en termes d'appels à la fonction *tracer* (NBT) en fonction de n est donnée par la récurrence :

$$\begin{cases} NBT(0) = 0 \\ NBT(n) = NBT(n-1) + 10 \end{cases} \qquad n > 0$$

donc $NBT(n) = 10n$ et la procédure proposée a une complexité linéaire. Quant à la longueur du tracé effectué en fonction de n et c, elle s'exprime par la récurrence :

$$\begin{cases} LGTR(0, -) = 0 \\ LGTR(n, c) = 4c + 2c\sqrt{2} + LGTR(n-1, c/2) \end{cases} \qquad n > 0$$

qui donne $LGTR(n, c) = (4c + 2c\sqrt{2})(1 + 1/2 + 1/4 + \cdots + 1/2^{n-1}) = 2(4c + 2c\sqrt{2})(1 - 1/2^n)$. Quand n tend vers l'infini, $LGTR(n, c)$ tend vers $4c(2 + \sqrt{2})$ et est donc linéaire en fonction de c.

Solution de l'exercice 48 Dessin en triangles   *Énoncé page 180.*

48 - R 1 **Réponse** 1. On s'appuie sur le schéma inductif suivant pour spécifier tout dessin de grand triangle inversé de taille n ($n \geqslant 0$).

Base On sait effectuer le tracé du grand triangle inversé de taille 0, qui est vide (il n'y a rien à faire).

Hypothèse d'induction On admet que l'on sait effectuer le tracé du grand triangle inversé de taille $(n-1)$ $((n-1) \geqslant 0)$, sans lever la plume, celle-ci se trouvant au point de départ en fin de tracé.

Induction On va effectuer le tracé du grand triangle inversé de taille n. Celui-ci consiste à tracer le côté gauche du triangle du bas, puis un grand triangle inversé de taille $(n-1)$ (que l'on sait réaliser sans lever la plume et en la ramenant en fin de tracé au point de départ d'après l'hypothèse d'induction), puis le côté horizontal du triangle du bas, puis un second grand triangle inversé de taille $(n-1)$ (que l'on sait également réaliser sans lever la plume et en la ramenant en fin de tracé au point de départ d'après l'hypothèse d'induction), enfin le côté droit du triangle inférieur, ce qui ramène la plume au point de départ (la pointe du triangle élémentaire inférieur).

Ce procédé est schématisé ci-dessous :

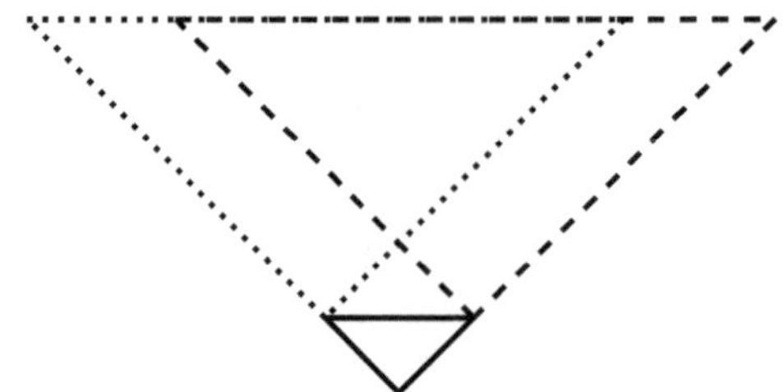

avec le tracé associé au triangle inférieur (resp. au premier, second appel récursif) en trait plein (resp. pointillé, tiret). On a donc le schéma de résolution par diminution suivant :

$$\text{DessTriang1}(0, -, -, -) \text{ élémentaire (rien à faire)}$$

$$\text{DessTriang1}(n, x, y, d) \rightarrow \begin{cases} \text{tracer le côté gauche du triangle inférieur} \\ + \\ \text{DessTriang1}(n-1, x-d, y+d, d) \\ + \\ \text{tracer la base du triangle inférieur} \\ + \\ \text{DessTriang1}(n-1, x+d, y+d, d) \\ + \\ \text{tracer le côté droit du triangle inférieur} \end{cases} \quad n > 0.$$

qui fait appel à deux problèmes de même nature de taille $(n-1)$. La fonction générique f revient pour l'essentiel au tracé du triangle élémentaire inférieur.

Réponse 2. On en déduit le programme :

48 - R 2

```
1.  procédure Triangle1 (n, x, y, d) pré
2.     n ∈ ℕ et x ∈ ℝ et y ∈ ℝ et d ∈ ℝ
3.  début
4.     si n ⩾ 1 alors
5.        tracer(x − d, y + d) ;
6.        Triangle1 (n − 1, x − d, y + d, d) ;
7.        tracer(x + d, y + d) ;
8.        Triangle1 (n − 1, x + d, y + d, d) ;
9.        tracer(x, y)
10.    fin si
11. fin
```

Réponse 3. Le nombre d'appels à la fonction *tracer* est donné par la récurrence :

48   R 3

$$\begin{aligned} &\text{NBAPP}(0) = 0 \\ &\text{NBAPP}(n) = 2 \cdot \text{NBAPP}(n-1) + 3 \qquad\qquad n > 0 \end{aligned}$$

d'où $\text{NBAPP}(n) = 3(2^n - 1)$ et le nombre de triangles élémentaires effectivement tracés égale $(2^n - 1)$. Dans le cas $n = 5$, on trace donc 31 triangles élémentaires au lieu des 15 strictement nécessaires.

Réponse 4. Pour éviter les tracés inutiles, il est nécessaire de remplacer le second grand triangle inversé de taille $(n-1)$ par un bandeau de taille $(n-1)$ correspondant exactement à la partie du dessin nécessaire (voir exemple de bandeau de taille 4 ci-dessous).

48 - R 4

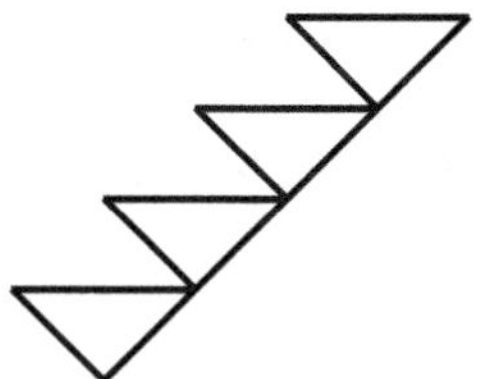

Le nouveau schéma inductif de résolution est décrit maintenant.

Base On sait effectuer le tracé du grand triangle inversé de taille 0 et du bandeau de taille 0, qui sont vides (il n'y a rien à faire).

Hypothèse d'induction On admet que l'on sait exécuter le tracé du grand triangle inversé de taille $(n-1)$ et du bandeau de taille $(n-1)$ $(n-1 \geqslant 0)$, sans tracé inutile et sans lever la plume, celle-ci se trouvant au point de départ en fin de tracé.

Induction On veut effectuer le tracé du grand triangle inversé et du bandeau de taille n. Le premier consiste à tracer le côté gauche du triangle du bas, puis un grand triangle inversé de taille $(n-1)$ (que l'on sait réaliser d'après l'hypothèse d'induction, sans tracé inutile et sans lever la plume, celle-ci se trouvant au point de départ en fin de tracé), puis le côté horizontal du triangle du bas, puis un bandeau de taille $(n-1)$ (que l'on sait également réaliser d'après l'hypothèse d'induction, sans tracé inutile et sans lever la plume, celle-ci se trouvant au point de départ en fin de tracé), enfin le côté droit du triangle du bas et on a réalisé le tracé du grand triangle inversé de taille n sans tracé inutile et sans lever la plume, celle-ci se trouvant au point de départ – la pointe du triangle inférieur élémentaire – en fin de tracé. On remarque que le tracé du côté gauche du triangle élémentaire inférieur, suivi du tracé de son côté horizontal, de celui du bandeau de taille $(n-1)$ et enfin de celui du côté droit du triangle inférieur réalise un bandeau de taille n avec retour de la plume au point de départ.

Ce procédé est illustré par le schéma ci-dessous :

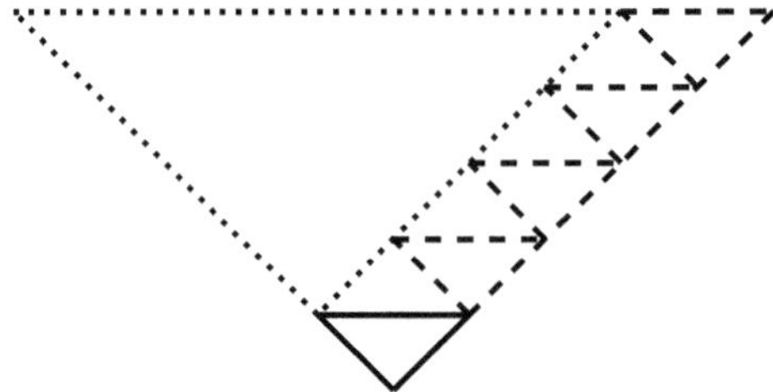

où le tracé associé au triangle inférieur (resp. à l'appel récursif, à l'appel à *Bandeau*) est en trait plein (resp. pointillé, tiret).

Dans cette optique, le modèle de résolution par diminution est :

$$
\begin{array}{ll}
\text{DessTriang2}(0, -, -, -) & \text{élémentaire (rien à faire)} \\[1ex]
\text{DessTriang2}(n, x, y, d) \rightarrow
\left\{
\begin{array}{l}
\text{tracer le côté gauche du triangle inférieur} \\
+ \\
\text{DessTriang2}(n-1, x-d, y+d, d) \\
+ \\
\text{tracer la base du triangle inférieur} \\
+ \\
\text{Bandeau}(n-1, x+d, y+d, d) \\
+ \\
\text{tracé le côté droit du triangle inférieur}
\end{array}
\right.
& n > 0 \\[1ex]
\text{Bandeau}(0, -, -, -) & \text{élémentaire (rien à faire)}
\end{array}
$$

$$\text{Bandeau}(n, x, y, d) \to \begin{cases} \text{tracer le côté gauche du triangle inférieur} \\ + \\ \text{tracer la base du triangle inférieur} \\ + \\ \text{Bandeau}(n-1, x+d, y+d, d) \\ + \\ \text{tracé le côté droit du triangle inférieur} \end{cases} \quad n > 0.$$

Pour le dessin d'un grand triangle inversé, on ne fait plus appel qu'à un seul problème de même nature de taille $(n-1)$ et la fonction f comporte, outre le tracé d'un triangle élémentaire, celui du bandeau de taille $(n-1)$. Pour le bandeau, la fonction f se résume au tracé d'un triangle élémentaire.

Réponse 5. Le programme correspondant est composé des deux procédures récursives, $\boxed{\textbf{48 - R 5}}$ *Triangle2* et *Bandeau* ci-après :

```
1.  procédure Triangle2(n, x, y, d) pré        1.  procédure Bandeau(n, x, y, d) pré
2.    n ∈ ℕ et x ∈ ℝ et y ∈ ℝ et d ∈ ℝ         2.    n ∈ ℕ et x ∈ ℝ et y ∈ ℝ et d ∈ ℝ
3.  début                                       3.  début
4.    si n ⩾ 1 alors                            4.    si n ⩾ 1 alors
5.      tracer(x − d, y + d);                    5.      tracer(x − d, y + d);
6.      Triangle2(n − 1, x − d, y + d, d);       6.      tracer(x + d, y + d);
7.      tracer(x + d, y + d);                    7.      Bandeau(n − 1, x + d, y + d, d);
8.      Bandeau(n − 1, x + d, y + d, d);         8.      tracer(x, y)
9.      tracer(x, y)                             9.    fin si
10.   fin si                                    10. fin
11. fin
```

On calcule maintenant la complexité exacte de cette solution en nombre d'appels à la fonction *tracer*. L'appel $Bandeau(n-1, x+d, y+d)$ en engendre $3(n-1)$; le nombre d'appels à tracer associé à l'appel $Triangle2(n-1, x-d, y+d, d)$ est donné par :

$$\begin{cases} \text{NBAPP}(0) = 0 \\ \text{NBAPP}(n) = \text{NBAPP}(n-1) + 3(n-1) + 3 \end{cases} \quad n \geqslant 1$$

d'où $\text{NBAPP}(n) = 3n(n+1)/2$, ce qui correspond à $n(n+1)/2$ triangles (nombre minimal) et prouve que la solution proposée est optimale.

Solution de l'exercice 49 Parcours exhaustif d'un échiquier

Énoncé page 181.

Réponse 1. On étudie tout d'abord le cas d'un échiquier de côté $c = 5$ ($m = 1$). On $\boxed{\textbf{49 - R 1}}$ suppose que la position initiale du cavalier est le coin inférieur gauche (case $(1, 1)$), mais on peut prendre n'importe quelle case pour débuter le parcours. On montre sur la figure ci-après comment on débute le parcours :

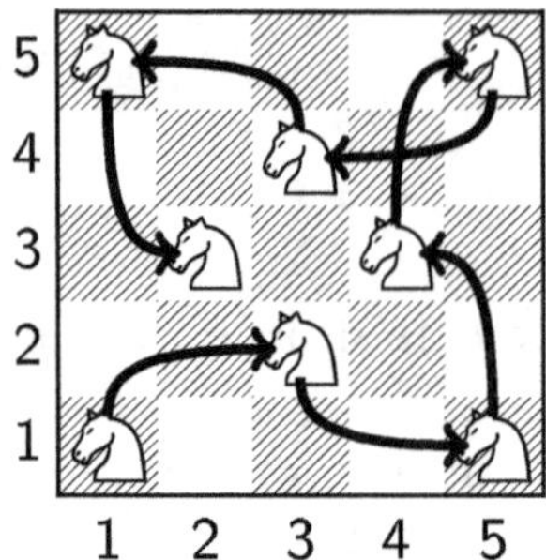

Une fois arrivé à la case $(3, 2)$, le cavalier va en $(1, 3)$ et poursuit le parcours comme indiqué ci-après :

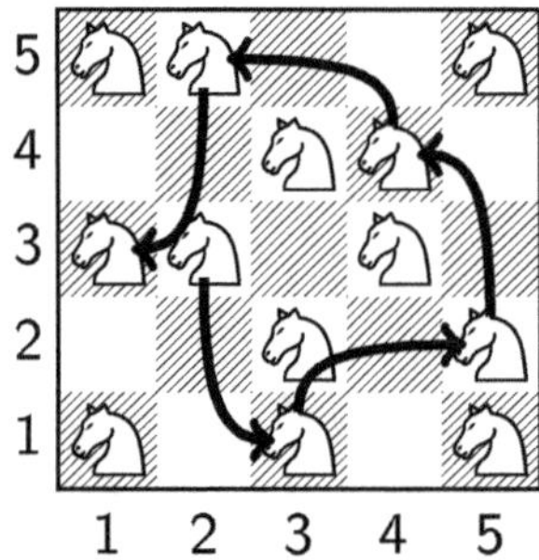

Depuis la position $(3, 1)$, le cavalier entame un troisième tour de la façon suivante :

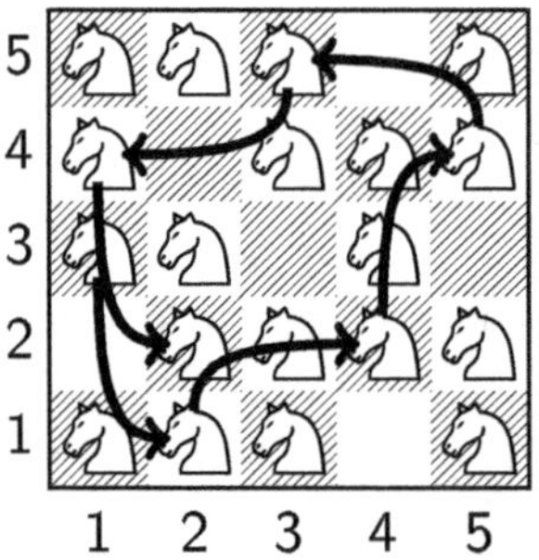

Le dernier tour consiste à effectuer depuis la case $(2, 2)$ les déplacements indiqués dans la figure ci-après :

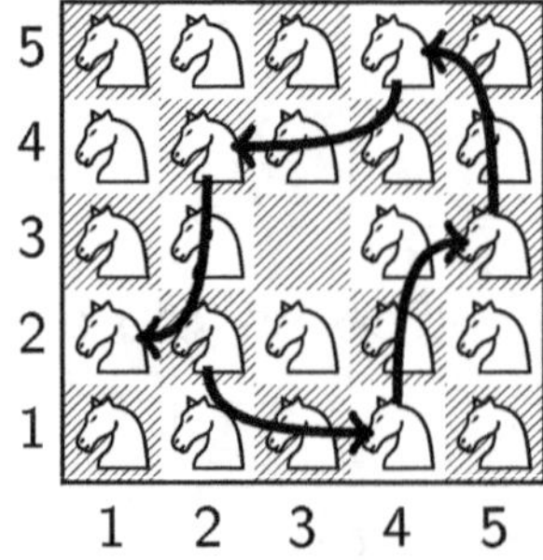

Le cavalier a ainsi visité toutes les cases d'une couronne de côté 5 et de largeur 2. Moyennant un dernier déplacement de $(2, 1)$ vers $(3, 3)$, le cavalier aura parcouru totalement l'échiquier.

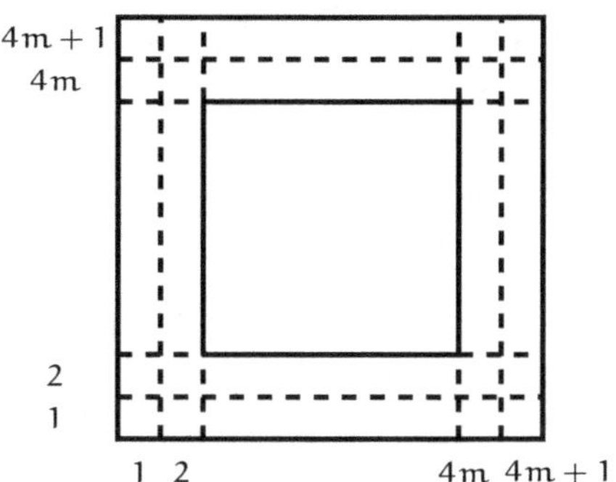

Fig. 4.11 – Une couronne de côté $4m + 1$

Réponse 2. Le passage au cas général pour $c \geqslant 1$ ($m \geqslant 0$) est assez simple et se fonde sur le schéma inductif suivant.   `49 - R 2`

Base On sait parcourir exhaustivement un échiquier de côté $c = 1$ ($4m + 1$ avec $m = 0$) puisqu'il suffit de laisser le cavalier sur la seule case de l'échiquier.

Hypothèse d'induction On admet que l'on sait parcourir de façon exhaustive l'échiquier de côté $c = 4(m - 1) + 1$ ($m - 1 \geqslant 0$) en ne visitant chaque case qu'une seule fois.

Induction La visite exhaustive d'un échiquier de côté $c = 4m+1$ va s'opérer en parcourant tout d'abord une couronne de côté $4m+1$ et de largeur 2 (voir figure 4.11). Le cavalier part de la case $(1, 1)$ (coin inférieur gauche comme précédemment) et effectue la suite de déplacements

$$(1, 1) \to (2, 3) \to (1, 5) \to \ldots \to (2, 4m - 12) \to (1, 4m + 1),$$
puis $\quad (3, 4m) \to (5, 4m + 1) \to \ldots \to (4m - 1, 4m) \to (4m + 1, 4m + 1),$
puis $\quad (4m, 4m - 1) \to (4m + 1, 4m - 3) \to \ldots \to (4m, 3) \to (4m + 1, 1),$
puis $\quad (4m - 1, 2) \to (4m - 3, 1) \to \ldots \to (2, 4m - 1) \to (3, 2).$

Ainsi, le cavalier a effectué son premier tour. La suite obéit au principe décrit dans la réponse précédente pour le cas $m = 1$, en particulier le cavalier passe à la case $(3, 1)$ pour entamer le second tour. À l'issue du quatrième tour, le cavalier se trouve en case $(2, 1)$. Un dernier déplacement l'emmène à la case $(3, 3)$ à partir de laquelle on sait pouvoir visiter l'échiquier « restant » de côté $c = 4(m - 1) + 1 = 4m - 3$, de façon exhaustive et sans double visite de case d'après l'hypothèse d'induction. On a donc atteint l'objectif de visite exhaustive de l'échiquier initial de côté $c = 4m + 1$, en n'empruntant chaque case qu'une seule fois.

Réponse 3. Le modèle de résolution utilisé est donc :   `49 - R 3`

ParcExhaustEch(0) élémentaire (ne rien faire)
ParcExhaustEch(m) $\to$ ParcCour(m) + ParcExhaustEch(m − 1) $m > 0$

où ParcCour(m) est l'ensemble des déplacements décrits précédemment permettant de visiter toutes les cases d'une couronne de côté $(4m + 1)$ et de largeur 2 (voir figure 4.11).

Solution de l'exercice 50 Courbes de Hilbert et W-courbes

Énoncé page 182.

50 - R 1 **Réponse 1.** À partir de ces courbes, il apparaît que :

$$
\begin{aligned}
A(2) &= D(1) \quad g \quad A(1) \quad b \quad A(1) \quad d \quad B(1) \\
B(2) &= C(1) \quad h \quad B(1) \quad d \quad B(1) \quad b \quad A(1) \\
C(2) &= B(1) \quad d \quad C(1) \quad h \quad C(1) \quad g \quad D(1) \\
D(2) &= A(1) \quad b \quad D(1) \quad g \quad D(1) \quad h \quad C(1).
\end{aligned}
$$

De plus, en supposant que $A(0), B(0), C(0)$ et $D(0)$ sont des courbes vides, on a aussi :

$$
\begin{aligned}
A(1) &= D(0) \quad g \quad A(0) \quad b \quad A(0) \quad d \quad B(0) \\
B(1) &= C(0) \quad h \quad B(0) \quad d \quad B(0) \quad b \quad A(0) \\
C(1) &= B(0) \quad d \quad C(0) \quad h \quad C(0) \quad g \quad D(0) \\
D(1) &= A(0) \quad b \quad D(0) \quad g \quad D(0) \quad h \quad C(0).
\end{aligned}
$$

On peut donc généraliser cette démarche en :

$$
\begin{aligned}
A(i+1) &= D(i) \quad g \quad A(i) \quad b \quad A(i) \quad d \quad B(i) \\
B(i+1) &= C(i) \quad h \quad B(i) \quad d \quad B(i) \quad b \quad A(i) \\
C(i+1) &= B(i) \quad d \quad C(i) \quad h \quad C(i) \quad g \quad D(i) \\
D(i+1) &= A(i) \quad b \quad D(i) \quad g \quad D(i) \quad h \quad C(i)
\end{aligned}
$$

pour $i \geqslant 0$.

50 - R 2 **Réponse 2.** La courbe de Hilbert de niveau 3 est donnée en figure 4.12, en partant du fait que :

$$
A(3) = D(2) \quad g \quad A(2) \quad b \quad A(2) \quad d \quad B(2),
$$

les éléments de jonction g, b et d (de longueur α) apparaissant sous forme de tirets.

50 - R 3 **Réponse 3.** D'après le résultat de la première question, on a besoin de quatre procédures que l'on appelle A, B, C et D, la procédure A correspondant au tracé de la courbe de Hilbert. On a :

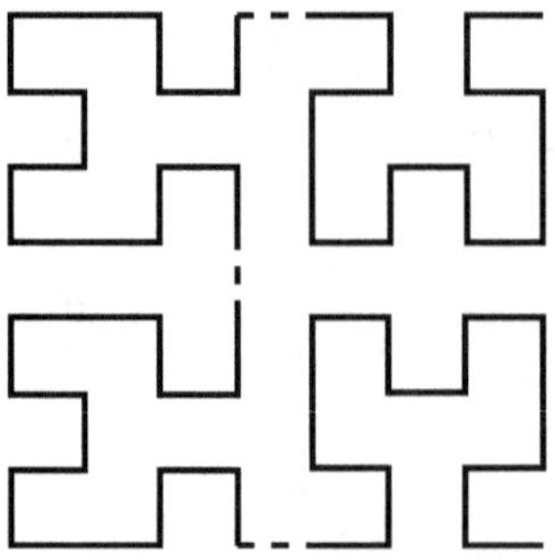

Fig. 4.12 – La courbe de Hilbert de niveau 3

1. **procédure** $A(n)$ **pré**
2. $n \in \mathbb{N}$
3. **début**
4.   **si** $n > 0$ **alors**
5. $D(n-1)$; $u \leftarrow u - \alpha$;
6. $tracer(u, v)$;
7. $A(n-1)$; $v \leftarrow v - \alpha$;
8. $tracer(u, v)$;
9. $A(n-1)$; $u \leftarrow u + \alpha$;
10. $tracer(u, v)$;
11. $B(n-1)$
12.   **fin si**
13. **fin**

1. **procédure** $B(n)$ **pré**
2. $n \in \mathbb{N}$
3. **début**
4.   **si** $n > 0$ **alors**
5. $C(n-1)$; $v \leftarrow v + \alpha$;
6. $tracer(u, v)$;
7. $B(n-1)$; $u \leftarrow u + \alpha$;
8. $tracer(u, v)$;
9. $B(n-1)$; $v \leftarrow v - \alpha$;
10. $tracer(u, v)$;
11. $A(n-1)$
12.   **fin si**
13. **fin**

1. **procédure** $C(n)$ **pré**
2. $n \in \mathbb{N}$
3. **début**
4.   **si** $n > 0$ **alors**
5. $B(n-1)$; $u \leftarrow u + \alpha$;
6. $tracer(u, v)$;
7. $C(n-1)$; $v \leftarrow v + \alpha$;
8. $tracer(u, v)$;
9. $C(n-1)$; $u \leftarrow u - \alpha$;
10. $tracer(u, v)$;
11. $D(n-1)$
12.   **fin si**
13. **fin**

1. **procédure** $D(n)$ **pré**
2. $n \in \mathbb{N}$
3. **début**
4.   **si** $n > 0$ **alors**
5. $A(n-1)$; $v \leftarrow v - \alpha$;
6. $tracer(u, v)$;
7. $D(n-1)$; $u \leftarrow u - \alpha$;
8. $tracer(u, v)$;
9. $D(n-1)$; $v \leftarrow v + \alpha$;
10. $tracer(u, v)$;
11. $C(n-1)$
12.   **fin si**
13. **fin**

La séquence :

1. **variables**
2. $u \in \mathbb{R}$ **et** $v \in \mathbb{R}$ **et** $\alpha \in \mathbb{R}_+^*$
3. **début**
4. $\alpha \leftarrow 0.5$;
5. $placer(15.0, 20.0)$;
6. $A(5)$
7. **fin**

permet d'exécuter le tracé de la courbe de Hilbert de niveau 5 en démarrant le tracé au point de coordonnées $(15.0, 20.0)$, avec une longueur de trait α d'un demi-centimètre.

Réponse 4. Pour calculer la complexité du tracé de la courbe de Hilbert de niveau n, on montre tout d'abord – par induction – que les quatre procédures, A, B, C et D, ont même complexité pour tout niveau n ($n \geqslant 0$). On note C_A (resp. C_B, C_C, C_D) leurs complexités respectives en termes de nombre d'appels à $tracer$.   50 - R 4

Base On a $C_A(0) = C_B(0) = C_C(0) = C_D(0) = 0$.

Hypothèse d'induction On suppose que $(n-1) \geqslant 1$, on a
$$C_A(n-1) = C_B(n-1) = C_C(n-1) = C_D(n-1).$$

Induction On a :

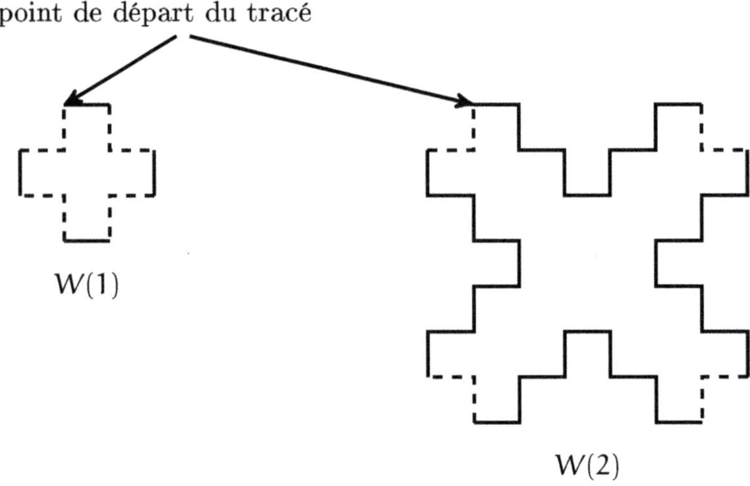

Fig. 4.13 – Les W-courbes de niveaux 1 et 2 pour la même valeur de α

$$
\begin{array}{rclcl}
C_A(n) &=& C_D(n-1) + 2 \cdot C_A(n-1) + C_B(n-1) + 3 &=& 4 \cdot C_A(n-1) + 3 \\
C_B(n) &=& C_C(n-1) + 2 \cdot C_B(n-1) + C_A(n-1) + 3 &=& 4 \cdot C_A(n-1) + 3 \\
C_C(n) &=& C_B(n-1) + 2 \cdot C_C(n-1) + C_D(n-1) + 3 &=& 4 \cdot C_A(n-1) + 3 \\
C_D(n) &=& C_A(n-1) + 2 \cdot C_D(n-1) + C_C(n-1) + 3 &=& 4 \cdot C_A(n-1) + 3
\end{array}
$$

et en utilisant l'hypothèse d'induction, on observe que :

$$C_A(n) = C_B(n) = C_C(n) = C_D(n) = 4 \cdot C_A(n-1) + 3.$$

On établit maintenant le complexité du tracé de la courbe de Hilbert de niveau n. De $C_A(0) = 0$ et $C_A(n) = 4 \cdot C_A(n-1) + 3$, on déduit que $C_A(n) = 4^n - 1$. Le tracé d'une courbe de Hilbert a donc une complexité exponentielle en termes de nombre d'appels à la fonction *tracer*.

50 - R 5 **Réponse 5.** Pour $n = 1$, le tracé nécessite un carré de côté α. Pour $n = 2$, le tracé nécessite un carré de côté 3α. Plus généralement, puisque la courbe de Hilbert de niveau n est obtenue comme les juxtapositions – avec un élément de jonction – horizontale et verticale de deux courbes de Hilbert de niveau $(n-1)$, le tracé de la courbe $A(n)$ a même hauteur et largeur, données par :

$$
\begin{array}{ll}
\text{HauteurTracé}(1, \alpha) = \alpha & \\
\text{HauteurTracé}(n, \alpha) = 2 \cdot \text{HauteurTracé}(n-1, \alpha) + \alpha & \qquad n > 1
\end{array}
$$

d'où $\text{HauteurTracé}(n, \alpha) = \alpha \cdot (2^n - 1)$. Le côté du carré dans lequel s'inscrit la courbe de Hilbert de niveau n varie donc de façon exponentielle avec n. On peut vérifier sur la figure 4.12, page 198, que la courbe s'inscrit dans un carré de côté 7α.

50 - R 6 **Réponse 6.** Le tracé des courbes $W(1)$ et $W(2)$ est donné dans la figure 4.13, les tracés élémentaires de jonction (de longueur α) apparaissant sous forme de tirets.

50 - R 7 **Réponse 7.** On établit d'abord la complexité $C_A(n)$ (resp. $C_B(n), C_C(n), C_D(n)$) de la procédure de tracé de la courbe A (resp. B, C, D) pour $n \geqslant 1$. En observant leur format, il est raisonnable de penser que les quatre procédures ont même complexité en termes de nombres d'appels à la fonction *tracer* ou encore de tracés élémentaires (b, d, g, h). Montrons-le par induction.

Base On a $C_A(1) = C_B(1) = C_C(1) = C_D(1) = 1$.

Hypothèse d'induction Pour $n - 1$ ($n - 1 \geqslant 1$), on suppose que :
$$C_A(n-1) = C_B(n-1) = C_C(n-1) = C_D(n-1).$$

Induction On a :

$$C_A(n) = 2 \cdot C_A(n-1) + C_B(n-1) + C_D(n-1) + 5 = 4 \cdot C_A(n-1) + 5.$$

De même :

$$C_B(n) = 2 \cdot C_B(n-1) + C_C(n-1) + C_A(n-1) + 5 = 4 \cdot C_B(n-1) + 5 = 4 \cdot C_A(n-1) + 5.$$

Le même calcul permet d'aboutir à la conclusion que $C_C(n) = C_D(n) = 4 \cdot C_A(n-1) + 5$ et donc que :

$$C_A(n) = C_B(n) = C_C(n) = C_D(n) = 4 \cdot C_A(n-1) + 5.$$

Calculons la valeur de $C_A(n)$. On a :

$$C_A(n) = 4^{n-1} \cdot C_A(1) + 5 \cdot \sum_{i=0}^{n-2} 4^i = 4^{n-1} \cdot C_A(1) + 5 \cdot \frac{4^{n-1} - 1}{3} = \frac{2}{3} \cdot 4^n - \frac{5}{3}.$$

On en déduit que la complexité du tracé de la courbe $W(n)$ vaut :

$$C_W(n) = 4 \cdot C_A(n) + 8 = \frac{2}{3} \cdot (4^{n+1} + 2).$$

On peut vérifier sur la figure 4.13, page 200, que $C_W(1) = 12$ et $C_W(2) = 44$. Tout comme pour une courbe de Hilbert, le tracé d'une W-courbe a une complexité exponentielle.

Solution de l'exercice 51   Le compte est bon.   *Énoncé page 183.*

Réponse 1. Comme suggéré dans l'énoncé, on remplace deux nombres par leur somme et ce, pour chaque paire de nombres présents dans S, d'où une diminution du nombre de nombres pour les combinaisons ultérieures. On doit donc explorer les C_n^2 paires de type (a, b) qui peuvent être formées à partir des éléments de S. Le modèle de diminution est donc le suivant : $\boxed{\text{51 - R 1}}$

$$
\begin{array}{ll}
\text{LCEB1}(S) \quad (\text{ne rien faire}) & |S| = 1 \\[4pt]
\text{LCEB1}(S) \rightarrow \left\{
\begin{array}{l}
\text{pour chaque paire } (a, b) \text{ de } S, \ \text{som} \leftarrow a + b \\
\text{si } C = \text{som on a une solution et on stoppe} \\
\text{sinon } S' \leftarrow S \div [\![a, b]\!] \sqcup [\![\text{som}]\!] ; \text{LCEB1}(S')
\end{array}
\right.
& |S| > 1.
\end{array}
$$

Réponse 2. L'arbre des appels est donné dans la figure 4.14, page 202. $\boxed{\text{51 - R 2}}$

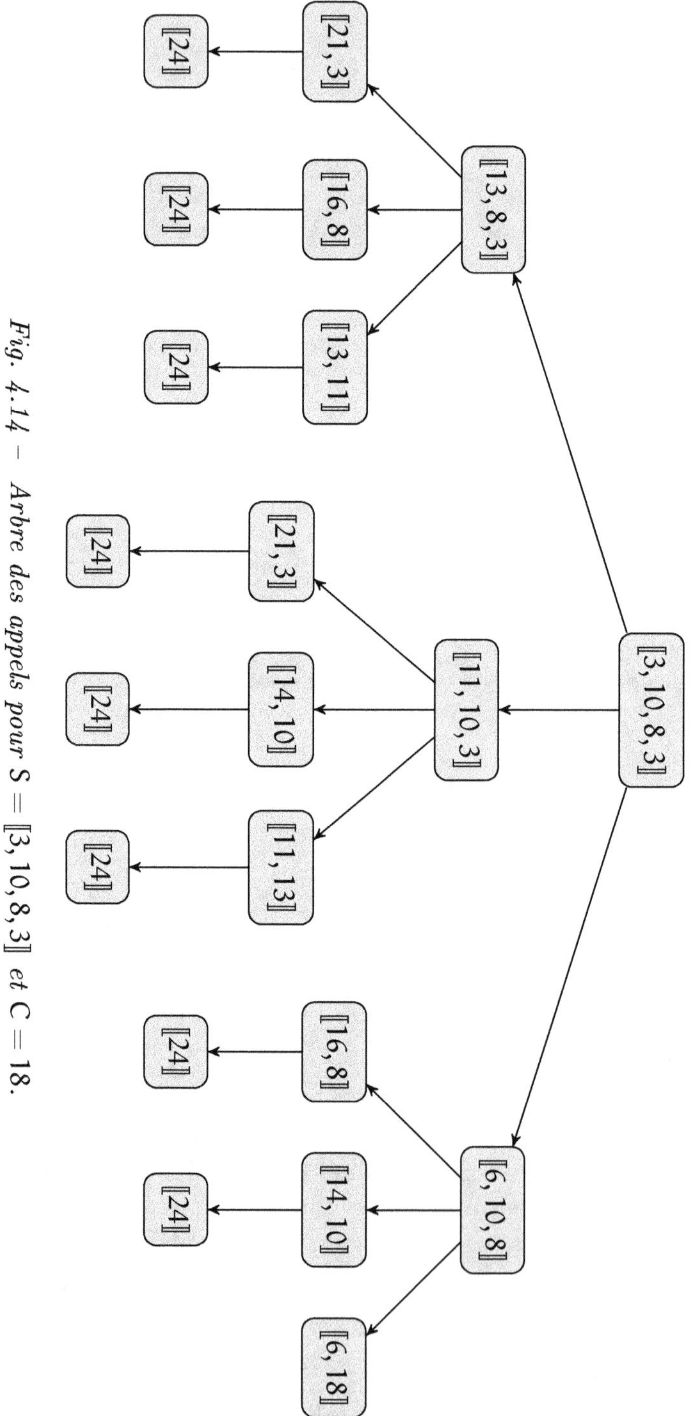

Fig. 4.14 – Arbre des appels pour $S = [[3, 10, 8, 3]]$ et $C = 18$.

Remarque Toutes les feuilles contiennent la valeur 24, somme des éléments de S.

Réponse 3. On passe en revue les quatre opérations utilisables sur deux des nombres $\boxed{\textbf{51 - R 3}}$
entiers positifs a et b d'un sac :

- l'addition $(a+b)$ comme le produit $(a \cdot b)$ est réalisable sans contrainte propre,
- concernant la soustraction, il importe de ne pas l'appliquer en présence de deux nombres a et b égaux, sous peine de ne pas respecter la condition portant sur les nombres présents dans un sac ; on effectuera $(a - b)$ si $a > b$ ou $(b - a)$ si $b > a$,
- comme indiqué la division suppose que cette opération n'ait lieu qu'en présence de multiples et dans ce cas on effectuera (a/b) si $a \geqslant b$ ou (b/a) si $a < b$.

On remarquera que de façon générale, il est inutile de remplacer une paire (a, b) par un nombre c qui est a ou b. En effet, dans ce cas, le nouveau sac engendré sera inclus dans celui dont il est issu et ne pourra produire que des substitutions pouvant être obtenues à partir de ce dernier. Ceci se produit pour la multiplication et la division quand a ou b vaut 1, mais aussi pour la différence quand a (resp. b) est le double de b (resp. a) ou encore pour la division a/b quand $a = b^2$. Par exemple, avec $S = [\![3, 9, 2, 10, 7]\!]$, la division de 9 par 3 conduit au nouveau sac $S' = [\![3, 2, 10, 7]\!]$ et toute opération sur ces quatre nombres peut être effectuée également à partir de S.

Dans le même ordre d'idées, il est clair que la présence de doublons entraîne la génération de sacs identiques par chacune des opérations de substitution. Ainsi, pour $C = 17$, le sac initial $[\![3, 10, 8, 3]\!]$ donne effectivement naissance aux deux sacs identiques $[\![13, 8, 3]\!]$ et $[\![3, 13, 8]\!]$. Cependant, éviter la génération de configurations identiques n'est pas d'une mise en œuvre aisée et ce point n'est pas approfondi.

Réponse 4. Comme précédemment, l'idée de base est, grâce à une opération arithmé- $\boxed{\textbf{51 - R 4}}$
tique op, de remplacer deux nombres a et b de S par un autre $r = op(a, b)$. Dans cette optique, il apparaît que la taille du problème est le nombre n de nombres à combiner. On doit d'une part explorer les C_n^2 paires de type (a, b) qui peuvent être formées à partir des éléments de S, d'autre part considérer toutes les opérations *utiles* entre a et b (voir ci-dessus). Le modèle de diminution est donc le suivant :

$$
\begin{array}{ll}
\text{LCEB2(S)} \quad (\text{ne rien faire}) & |S| = 1 \\[4pt]
\text{LCEB2(S)} \rightarrow \left\{ \begin{array}{l} \text{pour chaque paire } (a, b) \text{ de S et chaque opération op utile} \\ \text{si } C = op(a, b) \text{ on a une solution et on stoppe} \\ \text{sinon } S' \leftarrow S \mathbin{\dot{-}} [\![a, b]\!] \sqcup [\![op(a, b)]\!] ; \text{LCEB2}(S') \end{array} \right. & |S| > 1.
\end{array}
$$

Réponse 5. Le principe de l'algorithme à construire consiste à marquer toutes les lignes $\boxed{\textbf{51 - R 5}}$
du tableau qui entrent dans la construction de l'expression solution (les lignes dites *qualifiées*). Pour cela, on associe au tableau M le tableau conjoint Q de booléens qui est tel que $Q[i]$ est **vrai** si et seulement si (pour tout i) l'élément de M d'indice i est un « descendant » de l'élément d'indice n (la « racine »). Plus formellement, on spécifie cet algorithme comme suit :

Précondition : $Q[n..nbp]$ est un tableau variable de booléens. M est un tableau constant satisfaisant les conditions précisées ci-dessus.

Postcondition :

$$Q[n] \text{ et } \forall j \cdot \left(j \in n+1\,..\,nbp \quad \Rightarrow \right.$$

$$\left. Q[j] \Leftrightarrow \exists p \cdot \left(p \in n\,..\,j-1 \text{ et } \left(\begin{array}{l} Q[p] \text{ et} \\ \left(\begin{array}{l} M[p,4] = M[j,2] \text{ ou} \\ M[p,4] = M[j,3] \end{array} \right) \end{array} \right) \right) \right).$$

Le traitement à réaliser est fondé sur une boucle. Nous adoptons la technique du « travail réalisé en partie » (les lignes de M situées entre n et $i-1$ sont traitées) pour construire cette boucle.

Invariant $Q[n]$ est **vrai** et toutes les lignes de M comprises entre n et $i-1$ sont traitées (elles sont ou non qualifiées). Autrement dit $Q[n]$ est **vrai** et, pour tout $j \in n+1..i-1$, $Q[j]$ est vrai si et seulement si la ligne numérotée j est un descendant du nœud représenté par la ligne numérotée n (la « racine »).

Condition d'arrêt Le traitement est achevé quand $i = nbp + 1$. La conjonction de l'invariant et de la condition d'arrêt implique bien la postcondition.

Progression La ligne numérotée i doit être marquée si et seulement si elle est le fils, gauche ou droit, d'une ligne déjà marquée (qui est donc située *au-dessus* dans le tableau). Le traitement correspondant exige une seconde boucle, imbriquée à la première, à l'issue de laquelle la ligne numérotée i est qualifiée ou non (affectation à $Q[i]$ d'une valeur booléenne). Nous adoptons à nouveau la stratégie de « travail réalisé en partie » pour construire cette seconde boucle.

Invariant $j \in n\,..\,i$ **et** la ligne numérotée i n'est le « fils » d'aucune des lignes déjà qualifiées.

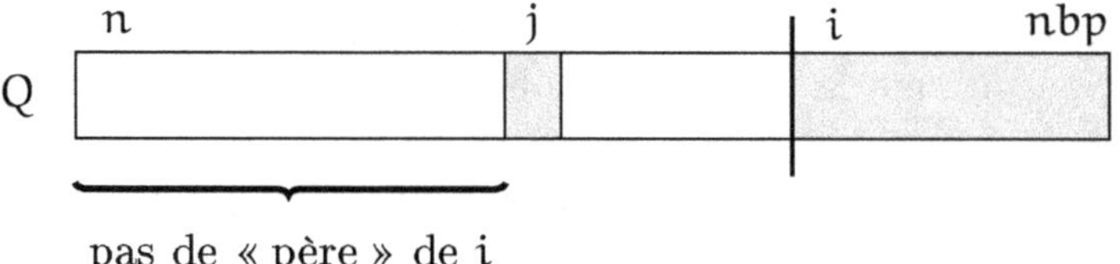

Condition d'arrêt Deux sous-cas sont à considérer :

(a) Soit $j = i$, ce qui signifie que l'on n'a pas découvert de « père » qualifié pour la ligne numérotée i.

(b) Soit la ligne numérotée j est le « père » qualifié de la ligne numérotée i, ce qui se caractérise par :

$$Q[j] \text{ et } (M[i,4] = M[j,2] \text{ ou } M[i,4] = M[j,3])$$

Notons qu'un opérateur court-circuit est nécessaire pour constituer la condition d'arrêt :

$$\left(\begin{array}{l} j = i \text{ ou sinon} \\ \left(Q[j] \text{ et } \left(\begin{array}{l} M[i,4] = M[j,2] \text{ ou} \\ M[i,4] = M[j,3] \end{array} \right) \right) \end{array} \right).$$

La conjonction de l'invariant et de la condition d'arrêt implique bien la postcondition.

Progression Elle se limite à $j \leftarrow j + 1$.

Initialisation $j \leftarrow n$ instaure l'invariant.

Terminaison L'expression $i - j$ convient pour assurer la terminaison.

À la sortie de cette boucle, $Q[i]$ prend la valeur de l'expression $j \neq i$:

$Q[i] \leftarrow j \neq i$.

En effet, $Q[i]$ prend la valeur **faux** si et seulement si la ligne numérotée i n'a pas de « père » ou si celui-ci n'est pas qualifié.

Revenons à l'initialisation de la boucle principale :

Initialisation Il faut instaurer l'invariant. La séquence suivante convient :

$i \leftarrow n + 1; Q[n] \leftarrow$ **vrai.**

Terminaison L'expression $nbp - i + 1$ convient pour assurer la terminaison.

Notons qu'il est possible de coder la boucle externe par une boucle **pour**. C'est la solution que nous choisissons ci-dessous.

```
1.  procédure Qualification pré
2.      j ∈ n .. nbp
3.  début
4.      /% PRE : Q[n .. nbp] est une tableau variable de booléens %/
5.      Q[n] ← vrai ;
6.      pour i parcourant n + 1 .. nbp faire
7.          j ← n ;
8.          tant que non ( j = i ou sinon
                          ( Q[j] et ( M[i, 4] = M[j, 2] ou
                                      M[i, 4] = M[j, 3] ) ) ) faire
9.              j ← j + 1
10.         fin tant que ;
11.         Q[i] ← j ≠ i
12.     fin pour
13.     /% POST : la ligne i est qualifiée si elle est un descendant de la ligne n %/
14. fin
```

Réponse 6. Pour pouvoir implanter le modèle suggéré, on doit en raffiner plusieurs aspects, notamment : 51 - R 6

- les sacs S et S' deviennent les tableaux T et T' à n éléments,
- l'énumération des paires d'éléments de S (devenu T) se fait par deux boucles imbriquées,
- les opérations ont pour numéro : 1 pour l'addition, 2 pour $(a - b)$, 3 pour $(b - a)$, 4 pour la multiplication, 5 pour (a/b), 6 pour (b/a),
- la construction du sac S' à partir de S se traduit par la construction du tableau T' à partir (des valeurs effectives) du tableau T grâce à une boucle dans laquelle les valeurs sont « tassées » à gauche, $op(a, b)$ remplaçant a et b étant supprimé.

La procédure *LeBonCpte* résultant de ces choix est la suivante :

```
1.  procédure LeBonCpte(T, n) pré
2.      n ∈ ℕ₁ et a ∈ ℕ₁ et b ∈ ℕ₁ et T ∈ 1..n → ℕ₁ et T' ∈ 1..n → ℕ₁ et
3.      Q ∈ 2..nbp → 𝔹 et op ∈ 1..6 et res ∈ ℕ₁ et p ∈ ℕ₁ et m ∈ ℕ₁
4.  début
5.      si n > 1 alors
6.          pour i parcourant 1..(n − 1) faire
7.              pour j parcourant (i + 1)..n faire
8.                  a ← T[i]; b ← T[j];
9.                  pour k parcourant 1..4 faire
10.                     si non arretbcls alors
11.                         si k = 1 alors
12.                             res ← a + b; op ← 1
13.                         sinonsi k = 2 alors
14.                             si a > b alors
15.                                 res ← a − b; op ← 2
16.                             sinonsi b > a alors
17.                                 res ← b − a; op ← 3
18.                             sinon
19.                                 /% cas a = b et opération a − b inutile %/
20.                                 res ← a
21.                             fin si
22.                         sinonsi k = 3 alors
23.                             res ← a · b; op ← 4
24.                         sinon
25.                             si Multiple(a, b) alors
26.                                 res ← a/b; op ← 5
27.                             sinonsi Multiple(b, a) alors
28.                                 res ← b/a; op ← 6
29.                             sinon
30.                                 /% cas a et b non multiples donc opération de division inutile %/
31.                                 res ← a
32.                             fin si
33.                         fin si;
34.                         si res ≠ a et res ≠ b alors
35.                             M[n, 1] ← op; M[n, 2] ← a; M[n, 3] ← b; M[n, 4] ← res;
36.                             si res = C alors
37.                                 arretbcls ← vrai;
38.                                 /% qualification des lignes de M - voir question précédente %/
39.                                 /% avant impression de la solution %/
40.                                 Qualification;
41.                                 ImprSol
42.                             sinon
43.                                 p ← 1;
44.                                 pour m parcourant 1..n faire
45.                                     si m = i alors
46.                                         T'[p] ← res; p ← p + 1
47.                                     sinonsi m ≠ j alors
48.                                         T'[p] ← T[m]; p ← p + 1
49.                                     fin si
```

50.   **fin pour** ;
51.   *LeBonCpte(*T', $n-1$*)*
52.   **fin si**
53.   **fin si**
54.   **fin si**
55.   **fin pour**
56.   **fin pour**
57.   **fin pour**
58.   **fin si**
59. **fin**

La fonction booléenne *Multiple*(a, b) rend **true** si la division de a par b est sans reste, **false** sinon. La procédure *ImprSol* imprime la suite des opérations ayant permis de former C, à l'aide du tableau M qu'elle explore des lignes nbp à n en ne prenant en compte que les lignes *qualifiées* (valeur associée Q valant **vrai**). Ne présentant pas de difficulté particulière, ces deux opérations ne sont pas détaillées.

Un exemple d'appel de cette procédure est :

  1. **constantes**
  2. $nbp \in \mathbb{N}_1$ et $nbp = \ldots$ et $T \in 1..nbp \rightarrow \{1, 2, 3, 4, 5, 6, 7, 8, 9, 10, 25, 50, 75\}$ **et**
  3. $T = \ldots$ et $C \in 101..999$ et $C = \ldots$
  4. **variables**
  5. $M \in 2..nbp \times 1..4 \rightarrow \mathbb{N}_1$ **et** $arretbcls \in \mathbb{B}$
  6. **début**
  7. $arretbcls \leftarrow$ **faux** ;
  8.   *LeBonCpte*(T, nbp) ;
  9.   **si non** $arretbcls$ **alors**
10.   **write(**$\mathcal{P}as\ de\ solution$**)**
11.   **fin si**
12. **fin**

Réponse 7. Le nombre d'appels récursifs effectués dans le corps de la boucle la plus $\boxed{\text{51 - R 7}}$ interne est compris entre 1 (quand $a = b = 1$ on ne fait que l'addition) et 4 (nombres a et b multiples entre eux, différents et tels que $a \neq 2b$ et $b \neq 2a$). Nous calculons ci-après $nbApRec(n)$ le nombre *maximal* de ces appels, soit :

$$
\begin{aligned}
&nbApRec(1) = 0 \\
&nbApRec(n) = 2n(n-1)(nbApRec(n-1) + 1) \qquad\qquad n > 1.
\end{aligned}
$$

En développant, il vient :

$$
\begin{aligned}
nbApRec(n) &= 2n(n-1) + 2n(n-1) \cdot nbApRec(n-1) \\
&= 2n(n-1) + 2n(n-1) \cdot (2(n-1)(n-2) \cdot nbApRec(n-2) + 1) \\
&= 2n(n-1) + 4n(n-1)(n-1)(n-2) + 4n(n-1)(n-1)(n-2) \cdot nbApRec(n-2) \\
&= 2n(n-1) + 4n(n-1)(n-1)(n-2) + 4n(n-1)(n-1)(n-2) \cdot \\
&\qquad\qquad\qquad\qquad\qquad (2(n-2)(n-3) \cdot nbApRec(n-3) + 1) \\
&= 2n(n-1) + 4n(n-1)(n-1)(n-2) + 8n(n-1)(n-1)(n-2)(n-2)(n-3) \\
&\qquad + 8n(n-1)(n-1)(n-2)(n-2)(n-3) \cdot nbApRec(n-3) \\
&= 2n(n-1) + 4n(n-1)(n-1)(n-2) + 8n(n-1)(n-1)(n-2)(n-2)(n-3) \\
&\qquad + \cdots + 2^n n(n-1)^2 \cdots 3^2 \cdot 2^2 \cdot 1 \cdot (nbApRec(0) + 1)
\end{aligned}
$$

d'où au final :

$$nbApRec(n) = \sum_{i=1}^{n} 2^i \cdot \prod_{j=1}^{i} (n - j + 1)(n - j) \qquad\qquad n \geqslant 1.$$

Il s'agit là d'une classe de complexité *bien pire* qu'exponentielle, pour laquelle on a : $nbApRec(1) = 0$, $nbApRec(2) = 4$, $nbApRec(3) = 60$, $nbApRec(4) = 1464$, $nbApRec(5) = 58600$, $nbApRec(6) = 3516060$, montrant que cette procédure n'est praticable que pour de *très faibles* valeurs de n ($<< 20$). Les expérimentations menées par les auteurs avec $nbp = 6$ font apparaître que le nombre d'appels récursifs varie de quelques centaines à un peu plus de $650\,000$, cette dernière valeur étant atteinte en l'absence de solution.

51 - R 8   **Réponse 8.**   Si tous les nombres de S doivent être utilisés, il faut *déporter* la découverte de solution dans le cas élémentaire ; on y vérifie alors que le nombre (unique) contenu dans T est C. Ceci se traduit dans la procédure *LeBonCpte* par les modifications suivantes : 1) supprimer les lignes 36 à 42 et la ligne 53, et 2) remplacer la ligne 58 par « **elsif** T[1] = C **then** *ImprSol* **endif** » . L'étape de qualification des lignes de M est ici inutile puisque les $(nbp - 1)$ lignes de M sont à imprimer.

51 - R 9   **Réponse 9.**   Pour obtenir toutes les solutions, il suffit de ne pas arrêter le déroulement des boucles, ce qui conduit à supprimer : 1) la déclaration de la variable *arretbcls* en ligne 5 de l'appel et son initialisation en ligne 7, 2) d'une part l'alternative formée par la paire de lignes 10 et 54, d'autre part l'affectation en ligne 37 dans la procédure *LeBonCpte*.

CHAPITRE 5

Essais successifs

William Shakespeare

Les techniques appliquées dans ce chapitre supposent une bonne assimilation du contenu de la section 1.4.5, page 19 (chapitre 1 intitulé « Mathématiques et informatique : quelques notions utiles »). Les exemples et exercices proposés dans ce chapitre entrent pour la plupart dans la classe des problèmes NP-complets (voir par exemple [17] pour une introduction à la problématique des classes de complexité), ce qui signifie en particulier que l'on ne connaît pas d'algorithme polynomial pour les résoudre.

5.1 Les bases

5.1.1 PRINCIPE

Essais successifs : un problème de recherche

La programmation par essais successifs (encore appelée du type *générer et tester* ou par *backtracking*) est une méthode de recherche de solutions parmi un ensemble fini de candidats. À l'instar du paradigme classique de recherche (dont un exemple typique est celui de la recherche séquentielle dans un tableau), le principe de la programmation par essais successifs consiste en la donnée d'un *ensemble fini de candidats* (ensemble défini en extension) et d'un *prédicat de sélection* qui permet de déterminer si un candidat est ou non solution du problème considéré. On est alors à même de déterminer le sous-ensemble des candidats qui sont des solutions (c'est-à-dire des candidats qui satisfont le prédicat de sélection). Dans la programmation par essais successifs comme dans la recherche classique, la technique algorithmique de base consiste à examiner successivement tous les candidats.

Dans l'hypothèse où l'ensemble des solutions n'est pas vide, une première variante possible consiste à rechercher seulement l'*une quelconque* des solutions au problème et non pas toutes. Une seconde variante se caractérise par la recherche de la meilleure solution (dans un sens à définir selon le problème).

La principale caractéristique de la programmation par essais successifs porte sur le fait que, contrairement à la recherche classique, l'ensemble C des candidats est défini en extension (il est « calculé », « construit », « engendré » au fil de la recherche, à partir de ses propriétés). Cet ensemble peut se révéler très grand, au point de rendre cette technique inexploitable telle quelle en pratique.

Premier exemple

En développant un exemple simple « en largeur », cette section se présente sous la forme d'un tutoriel qui aborde, sans les approfondir, la plupart des aspects qui sont développés plus loin. Elle vise également à ébaucher une démarche méthodologique destinée à être affinée dans le reste de cette introduction, puis à être appliquée dans les exercices de ce chapitre.

Étant donné un ensemble E de n ($n > 0$) éléments de $\mathbb{Z}$, on cherche tous les sous-ensembles de E dont la somme des éléments est nulle. L'ensemble C des candidats est $\mathbb{P}(E)$, l'ensemble des parties de E ; le prédicat de sélection est « la somme des éléments d'un candidat est nulle ». Il faut donc examiner une fois et une seule (énumérer sans répétition) les 2^n sous-ensembles de E et calculer pour chacun la somme de ses éléments. On retient les sous-ensembles de E qui résolvent le problème (ici, il existe au moins une solution : le sous-ensemble vide $\varnothing$, mais dans le cas général il peut ne pas y en avoir).

Concrètement, on représente l'ensemble E par un tableau T de n éléments. Par exemple, pour $n = 6$ et $E = \{10, 0, -3, -7, 5, -5\}$, $T = [10, 0, -3, -7, 5, -5]$. Chaque candidat est matérialisé par son vecteur caractéristique. Ici, ces 2^6 vecteurs sont $[0, 0, 0, 0, 0, 0]$ (pour l'ensemble vide), $[1, 0, 0, 0, 0, 0]$ (pour l'ensemble $\{10\}$), $\ldots$, $[1, 1, 1, 1, 1, 1]$ (pour l'ensemble E). On note que chacun de ces vecteurs est une fonction de l'intervalle $1 \mathbin{..} 6$ dans l'intervalle $0 \mathbin{..} 1$. La solution recherchée s'obtient en calculant la somme des éléments de T filtrés par le vecteur caractéristique pour ne retenir que les sous-tableaux qui ont 0 comme somme.

Squelette Dans la résolution de ce problème, la première difficulté qui se présente est de produire successivement tous les candidats. Une façon d'y parvenir consiste à parcourir l'arbre (dit *arbre de récursion*) dont les feuilles sont les vecteurs caractéristiques en question. Pour $n = 3$, l'arbre de récursion obtenu est celui de la figure 5.1.

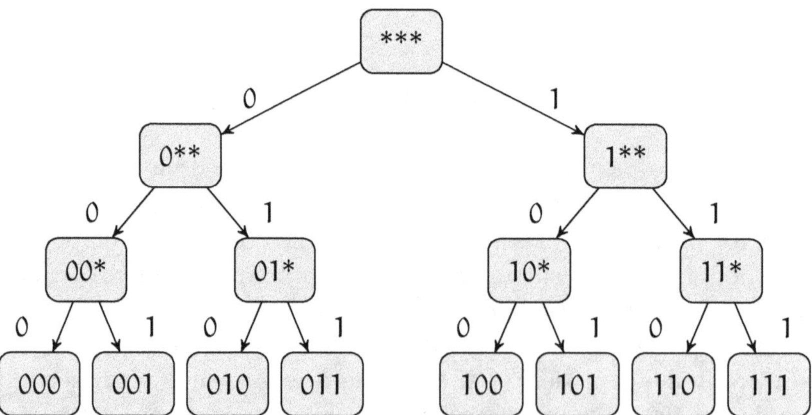

Fig. 5.1 – Arbre de récursion pour la construction de toutes les fonctions totales de l'intervalle $1 \mathbin{..} 3$ dans l'intervalle $0 \mathbin{..} 1$. Ces fonctions permettent de retrouver l'ensemble des parties de l'ensemble $\{1, 2, 3\}$.

L'algorithme suivant répond à l'objectif et effectue un parcours en profondeur d'abord de l'arbre de récursion,

```
1.  procédure PartEns1(i) pré
2.    i ∈ 1..n
3.  début
4.    pour j parcourant 0..1 faire
```

5. $X[i] \leftarrow j$;
6.   **si** $i = n$ **alors**
7.   **écrire**(X)
8.   **sinon**
9.   *PartEns1*$(i + 1)$
10.   **fin si**
11.   **fin pour**
12. **fin**

à condition d'être appelé dans le contexte suivant :

1. **constantes**
2. $n \in \mathbb{N}_1$ **et** $n = \ldots$ **et** $T \in 1 \mathinner{\ldotp\ldotp} n \to \mathbb{Z}$ **et** $T = [\ldots]$
3. **variables**
4. $X \in 1 \mathinner{\ldotp\ldotp} n \to 0 \mathinner{\ldotp\ldotp} 1$
5. **début**
6.   *PartEns1*(1)
7. **fin**

Cet algorithme est la première étape vers la solution de notre problème. C'est le *squelette* de la solution. X est appelé *vecteur d'énumération*.

La démonstration formelle de la correction de cet algorithme peut se faire en appliquant l'axiomatique de Hoare étendue aux procédures récursives [38]. Elle se fonde sur l'invariant de récursivité (voir [49]) suivant : « $X[1 \mathinner{\ldotp\ldotp} i - 1]$ est constant, c'est une fonction totale de $1 \mathinner{\ldotp\ldotp} i - 1$ dans $0 \mathinner{\ldotp\ldotp} 1$ et, si un nœud de l'arbre de récursion satisfaisant la condition $(i = n)$ a été imprimé, alors tous les nœuds satisfaisant cette condition ont été imprimés ». Ainsi par exemple, si, dans le schéma de la figure 5.1, on considère le sous-arbre ayant comme racine $X = [1, *, *]$ $(i = 2)$, on entre et sort de la procédure avec cette valeur de X et, si une seule des feuilles de ce sous-arbre à été imprimée, alors les quatre feuilles ont été imprimées.

Sélection   Pour l'instant, nous n'avons fait que produire toutes les fonctions totales de $1 \mathinner{\ldotp\ldotp} n$ dans $0 \mathinner{\ldotp\ldotp} 1$. Notre objectif final est plus ambitieux puisqu'il s'agit d'identifier les sous-ensembles de somme nulle. Il faut donc *sélectionner* les candidats. Supposons que l'on dispose de la fonction booléenne *SomNulle* qui vérifie que la somme des éléments de T, filtrés par X, est nulle. Pour obtenir une solution à notre problème, il suffit d'adjoindre à la condition $(i = n)$ de l'invariant ci-dessus la condition *SomNulle*. Nous obtenons alors la version *PartEns2* suivante :

1. **procédure** *PartEns2*(i) **pré**
2. $i \in 1 \mathinner{\ldotp\ldotp} n$
3. **début**
4.   **pour** j **parcourant** $0 \mathinner{\ldotp\ldotp} 1$ **faire**
5. $X[i] \leftarrow j$;
6.   **si** $i = n$ $\boxed{\textbf{et } \textit{SomNulle}}$ **alors**
7.   **écrire**(X)
8.   **sinonsi** $i \neq n$ **alors**
9.   *PartEns2*$(i + 1)$
10.   **fin si**
11.   **fin pour**
12. **fin**

L'appel récursif doit se faire uniquement quand $i \neq n$. La condition de la ligne 8 est donc bien nécessaire. Le code nouvellement introduit est encadré et ce procédé est utilisé de façon systématique dans la suite.

Remarque   En toute rigueur, la condition de la ligne 6 peut se limiter à la condition *SomNulle*, sous réserve de compléter le vecteur X par des 0. Cependant, cette solution est abandonnée pour des raisons didactiques.

Optimisation   La version *PartEns2* est correcte mais guère efficace. On constate en effet que l'appel de la fonction *SomNulle* conduit à des calculs redondants. Les éviter passe par un renforcement de l'invariant entraîné par l'introduction de la variable fraîche SomCour. L'invariant de récursivité devient alors : « $X[1 .. i - 1]$ est constant, c'est une fonction totale de $1 .. i - 1$ dans $0 .. 1$, $SomCour = \sum_{k=1}^{i-1} T[k]$ et si un nœud de l'arbre de récursion satisfaisant la condition $i = n$ a été imprimé, alors tous les nœuds satisfaisant cette condition ont été imprimés ». Il faut alors, à la ligne 5, mettre à jour la variable SomCour et, puisque le retour de récursivité n'annule pas cette mise à jour, défaire son effet, en soustrayant de SomCour la valeur $j \cdot T[i]$ qui y a été ajoutée (ligne 11). On obtient alors la version suivante :

1. **procédure** *PartEns3*(i) **pré**
2. $i \in 1 .. n$
3. **début**
4.   **pour** j **parcourant** $0 .. 1$ **faire**
5. $X[i] \leftarrow j$; $\boxed{SomCour \leftarrow SomCour + j \cdot T[i]\,;}$
6.   **si** $i = n$ $\boxed{\textbf{et } SomCour = 0}$ **alors**
7.   **écrire**(X)
8.   **sinonsi** $i \neq n$ **alors**
9.   *PartEns3*(i + 1)
10.   **fin si**;
11. $\boxed{SomCour \leftarrow SomCour - j \cdot T[i]}$
12.   **fin pour**
13. **fin**

qui est appelée dans le contexte suivant :

1. **constantes**
2. $n \in \mathbb{N}_1$ **et** $n = \ldots$ **et** $T \in 1 .. n \rightarrow \mathbb{Z}$ **et** $T = [\ldots]$
3. **variables**
4. $X \in 1 .. n \rightarrow 0 .. 1$ **et** $\boxed{SomCour \in \mathbb{Z}}$
5. **début**
6. $\boxed{SomCour \leftarrow 0\,;}$
7.   *PartEns3*(1)
8. **fin**

Complexité et élagage   Le nombre de fonctions totales de $1 .. n$ dans $0 .. 1$ est aussi le nombre de *feuilles* que possèdent les arbres comme celui de la figure 5.1, page 210, soit 2^n. Le nombre d'appels à la fonction *PartEns* (quelle que soit la version retenue) correspond quant à lui au nombre de nœuds *internes*, soit $\sum_{i=0}^{n-1} 2^i$, soit encore $2^n - 1$. La complexité exponentielle qui en résulte nous amène naturellement à nous interroger sur la nécessité de visiter toutes les feuilles de l'arbre et à nous demander par conséquent si la configuration de certains nœuds ne permettrait pas d'éviter le parcours exhaustif (encore appelé recherche par *force brute*) de tous les sous-arbres situés sous ces nœuds. Si c'était le cas, on pourrait ainsi améliorer l'efficacité de la solution (sans toutefois être certain de réduire l'ordre de grandeur de la complexité).

De manière générale, il n'est en effet pas toujours nécessaire d'examiner toutes les possibilités de solutions : certaines peuvent être éliminées avant leur construction complète. C'est le principe de l'*élagage*. Celui-ci permet, en testant chaque candidat partiel, d'éviter, quand c'est possible, de développer les candidats qui se trouvent en-dessous du nœud où l'on se trouve dans l'arbre, parce que l'on constate que la solution partielle ne mènera jamais à une solution. Dans le cas de la recherche d'une solution optimale, il est souvent possible de tirer parti du critère d'optimalité. En effet, lorsque la fonction qui lui est associée est monotone croissante (resp. décroissante), on tentera de faire une sous-estimation (resp. sur-estimation) de sa valeur finale afin de procéder à un élagage quand cette valeur n'atteint pas (resp. dépasse) l'optimal courant.

Dans notre exemple, pour la version *PartEns3*, un élagage se fonde sur l'observation suivante. Si, à un instant donné du calcul, la valeur absolue de SomCour est supérieure à l'extremum de T multiplié par le nombre de valeurs de T restant à traiter, il est inutile de développer le sous-arbre courant [1]. La version suivante met en œuvre cet élagage :

1. **procédure** *PartEns4*(i) **pré**
2. $\quad$ $i \in 1 .. n$
3. **début**
4. $\quad$ **pour j parcourant** $0 .. 1$ **faire**
5. $\quad\quad$ **si** $\boxed{|\text{SomCour}| \leqslant (n - i + 1) \cdot \text{AbsExtT}}$ **alors**
6. $\quad\quad\quad$ $X[i] \leftarrow j$; $\text{SomCour} \leftarrow \text{SomCour} + j \cdot T[i]$;
7. $\quad\quad\quad$ **si** $i = n$ **et** $\text{SomCour} = 0$ **alors**
8. $\quad\quad\quad\quad$ **écrire**(X)
9. $\quad\quad\quad$ **sinonsi** $i \neq n$ **alors**
10. $\quad\quad\quad\quad$ *PartEns4*(i + 1)
11. $\quad\quad\quad$ **fin si** ;
12. $\quad\quad\quad$ $\text{SomCour} \leftarrow \text{SomCour} - j \cdot T[i]$
13. $\quad\quad$ **fin si**
14. $\quad$ **fin pour**
15. **fin**

à la condition que l'appel se fasse dans le contexte suivant (la constante AbsExtT est la valeur absolue de l'extremum de T) :

1. **constantes**
2. $\quad$ $n \in \mathbb{N}_1$ **et** $n = \ldots$ **et** $T \in 1 .. n \to \mathbb{Z}$ **et** $T = [\ldots]$ **et**
3. $\quad$ $\text{AbsExtT} \in \mathbb{Z}$ **et** $\boxed{\text{AbsExtT} = \max\left(\{|\max(\text{codom}(T))|, |\min(\text{codom}(T))|\}\right)}$
4. **variables**
5. $\quad$ $X \in 1 .. n \to 0 .. 1$ **et** $\text{SomCour} \in \mathbb{Z}$
6. **début**
7. $\quad$ $\text{SomCour} \leftarrow 0$;
8. $\quad$ *PartEns4*(1)
9. **fin**

---

1. Cette remarque suffit pour réaliser un élagage grossier. Il serait possible de l'affiner de différentes façons, en distinguant par exemple le cas où $\text{SomCour} > 0$ du cas où $\text{SomCour} < 0$.

Bien que, pour une taille donnée du problème à traiter, l'effet d'un élagage soit souvent impressionnant, tant sur le plan temporel que sur celui du nombre d'appels, l'expérience montre que le gain ainsi obtenu ne permet de traiter que des problèmes de tailles légèrement supérieures à la taille initialement considérée. L'exercice 53, page 239, en est un exemple parmi d'autres.

Conclusion   Dans cette section, nous avons ébauché la démarche que nous préconisons pour aborder un problème selon l'approche « essais successifs ». Les deux sections suivantes affinent cette approche pour aboutir à un répertoire de « patrons » à même de s'appliquer dans un large éventail de situations.

5.1.2   FONCTIONS ET SQUELETTES ASSOCIÉS

Dans la section précédente, nous avons vu comment « habiller » le squelette d'un algorithme énumérant toutes les fonctions totales de intervalle $1..n$ dans l'intervalle $0..1$, afin de résoudre le problème des sous-ensembles à somme nulle. Dans cette section, nous nous focalisons sur cette notion de squelette, en élargissant notre étude à une vaste gamme de fonctions (totales, totales surjectives, partielles, partielles injectives, etc.) afin de couvrir tous les problèmes abordés dans les exercices de la section 5.3 page 237. Dans la suite de la présente section, on se place dans la situation où l'on recherche les fonctions de $I = 1..n$ dans $F = 1..m$.

Le cas des fonctions totales

Cas général : énumération des fonctions totales entre deux intervalles I et F
Ce cas généralise le cas étudié dans l'exemple de la section 5.1.1, page 210. On cherche à produire toutes les fonctions totales de $I = 1..n$ dans $F = 1..m$. Le squelette :

```
 1. procédure T(i) pré
 2.    i ∈ 1..n
 3. début
 4.    pour j parcourant 1..m faire
 5.       X[i] ← j ;
 6.       si i = n alors
 7.          écrire(X)
 8.       sinon
 9.          T(i + 1)
10.       fin si
11.    fin pour
12. fin
```

répond à cet objectif à condition d'être appelé dans le contexte suivant :

```
 1. constantes
 2.    n ∈ ℕ et n = ... et m ∈ ℕ et m = ...
 3. variables
 4.    X ∈ 1..n → 1..m
 5. début
 6.    T(1)
 7. fin
```

Le nombre de fonctions totales de $1 .. n$ dans $1 .. m$ est aussi le nombre de *feuilles* que possède l'arbre de récursion, soit m^n. Le nombre d'appels à la fonction T correspond quant à lui au nombre de nœuds *internes*, soit $\sum_{i=0}^{n-1} m^i$, soit encore $(m^n - 1)/(m - 1)$. La nature exponentielle de cette fonction (de n) conduit en général à des algorithmes dont la complexité temporelle limite l'intérêt pratique. C'est également le cas des autres squelettes étudiés dans cette section.

L'exemple développé à la section 5.1.4, page 228, concerne le cas où I est un sac. La procédure T s'applique sans inconvénient particulier ; cependant elle produit, toujours sous la forme d'un vecteur caractéristique, tous les sous-sacs de I (avec des doublons de sous-sacs en général).

Le cas où l'ensemble de départ est un produit cartésien   Comment peut-on adapter la procédure T au cas d'un ensemble I, produit cartésien de deux intervalles $1 .. n$ et $1 .. q$? Le principe est simple. Il suffit de transformer le *vecteur* d'énumération X en une *matrice* d'énumération et de réécrire la procédure T de la manière suivante (qui remplit X de gauche à droite et de haut en bas) :

```
 1. procédure T2D(l, c) pré
 2.    l ∈ 1 .. n et c ∈ 1 .. q
 3. début
 4.    pour j parcourant 1 .. m faire
 5.       X[l, c] ← j ;
 6.       si l = n et c = q alors
 7.          écrire(X)
 8.       sinon
 9.          si c = q alors
10.             T2D(l + 1, 1)
11.          sinon
12.             T2D(l, c + 1)
13.          fin si
14.       fin si
15.    fin pour
16. fin
```

Le programme appelant devient alors :

```
 1. constantes
 2.    n ∈ ℕ et n = ... et q ∈ ℕ et q = ... et m ∈ ℕ et m = ...
 3. variables
 4.    X ∈ 1 .. n × 1 .. q → 1 .. m
 5. début
 6.    T2D(1, 1)
 7. fin
```

La transposition aux cas des fonctions autres que les fonctions totales se fait sans difficulté.

Énumération des fonctions totales surjectives   L'invariant de récursivité se formule par : « $X[1 .. i - 1]$ est constant. C'est une fonction totale de $1 .. i - 1$ dans $1 .. m$ et, si un nœud de l'arbre de récursion satisfaisant la condition $(i = n)$ a été imprimé, alors tous les nœuds satisfaisant cette condition ont été imprimés ». On note que $X[1 .. i - 1]$ n'est en général pas une fonction surjective. La production de toutes les fonctions surjectives s'obtient en aménageant la procédure T, en lui appliquant une technique similaire à celle utilisée dans l'optimisation de la procédure *PartEns3*, page 212, de la manière suivante. Avant d'écrire une solution, il faut vérifier qu'elle est bien surjective. Pour ce faire, on tient à jour un tableau booléen B global des valeurs de j enregistrées dans X. La vérification de la surjectivité se spécifie par la quantification universelle présente dans la condition de l'alternative (ligne 7 du squelette TS). Cette partie de la condition peut se raffiner par une recherche séquentielle. La mise à jour de B, à la ligne 6, doit être annulée une fois le traitement effectué ; ce qui est permis grâce à l'utilisation de la variable locale *Sauv* dans laquelle on préserve l'ancienne valeur.

```
1.  procédure TS(i) pré
2.     i ∈ 1..n et Sauv ∈ B
3.  début
4.     pour j parcourant 1..m faire
5.        X[i] ← j ;
6.        Sauv ← B[j] ; B[j] ← vrai ;
7.        si i = n et alors ∀k · (k ∈ 1..m ⇒ B[k]) alors
8.           écrire(X)
9.        sinonsi i ≠ n alors
10.          TS(i + 1)
11.       fin si ;
12.       B[j] ← Sauv
13.    fin pour
14. fin
```

L'appel suivant, qui initialise le tableau B, permet d'obtenir le résultat attendu :

```
1.  constantes
2.     n ∈ ℕ et n = ... et m ∈ ℕ et m = ...
3.  variables
4.     X ∈ 1..n → 1..m et B ∈ 1..m → B
5.  début
6.     B ← (1..m) × {faux} ;
7.     TS(1)
8.  fin
```

Pour $n = 3$ et $m = 2$, l'arbre de récursion est présenté à la figure 5.2.

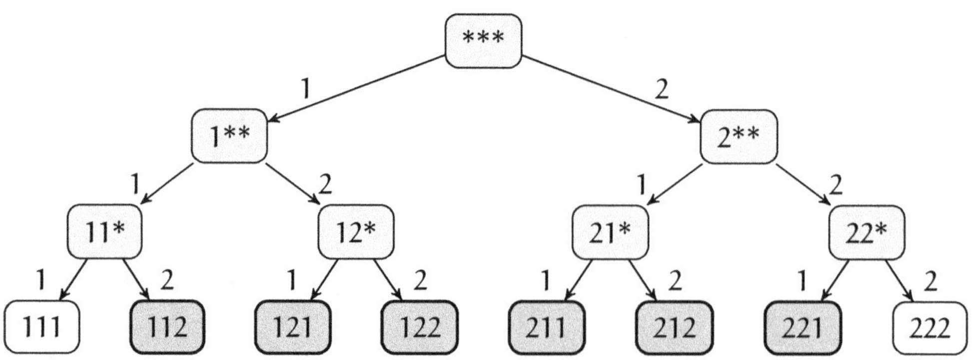

Fig. 5.2 – Arbre de récursion pour la construction de toutes les fonctions surjectives de 1..3 dans 1..2. Les feuilles en blanc signalent les fonctions qui ne sont pas surjectives. Les feuilles en gris foncé symbolisent les fonctions surjectives.

Dans le squelette *TS*, l'énumération de toutes les fonctions totales surjectives passe tout d'abord par celle de toutes les fonctions totales. Par conséquent, le nombre d'appels à la fonction *TS* est encore de $((m^n - 1)/(m - 1))$.

Dans les exercices à venir, nous rencontrerons des cas où la vérification de la surjectivité n'est pas nécessaire, autrement dit, des cas où la quantification universelle de la ligne 7 du squelette *TS* peut être omise (voir par exemple l'exercice 52, page 238). Le squelette à retenir est alors *T* dans sa totalité.

Énumération des fonctions totales injectives et bijectives, production des permutations   Une extension intéressante de la procédure *T* consiste à produire toutes les fonctions totales *injectives* de $I = 1 .. n$ dans $F = 1 .. m$. L'invariant de récursivité est « $X[1 .. i-1]$ est constant, c'est une fonction totale *injective* de $1 .. i-1$ dans $1 .. m$ et, si un nœud de l'arbre de récursion satisfaisant la condition $(i = n)$ a été imprimé, alors tous les nœuds satisfaisant cette condition ont été imprimés ». L'injectivité s'obtient en excluant de l'intervalle $1 .. m$ sur lequel la boucle prend ses valeurs, les éléments déjà présents dans $X[1 .. i-1]$. C'est ce que fait le squelette *TI* suivant :

```
 1.  procédure TI(i) pré
 2.    i ∈ 1 .. n
 3.  début
 4.    pour j parcourant (1 .. m − codom(X[1 .. i − 1])) faire
 5.      X[i] ← j ;
 6.      si i = n alors
 7.        écrire(X)
 8.      sinon
 9.        TI(i + 1)
10.      fin si
11.    fin pour
12.  fin
```

Cette procédure est appelée par le programme principal suivant :

```
1.  constantes
2.    n ∈ ℕ et n = ... et m ∈ ℕ et m = ...
3.  variables
4.    X ∈ 1 .. n → 1 .. m
5.  début
6.    TI(1)
7.  fin
```

Puisque le nombre d'injections d'un ensemble de n éléments dans un ensemble de k éléments est égal à A_k^n (nombre d'arrangements de k objets parmi n), le nombre de feuilles visitées par l'algorithme est de $A_m^n = m!/(m - n)!$, si $m \geqslant n$. Quant au nombre d'appels, (la démonstration est laissée aux soins du lecteur), il est égal à :

$$\sum_{i=0}^{n-1} A_m^i \tag{5.1}$$

La figure 5.3 fournit l'arbre de récursion parcouru par la procédure pour $I = 1 .. 3$ et $F = 1 .. 4$. Lorsque $F = I$, cette procédure produit l'ensemble des *bijections* de $I = 1 .. n$ vers I et permet donc d'obtenir les *permutations* d'un ensemble de valeurs. La vérification de

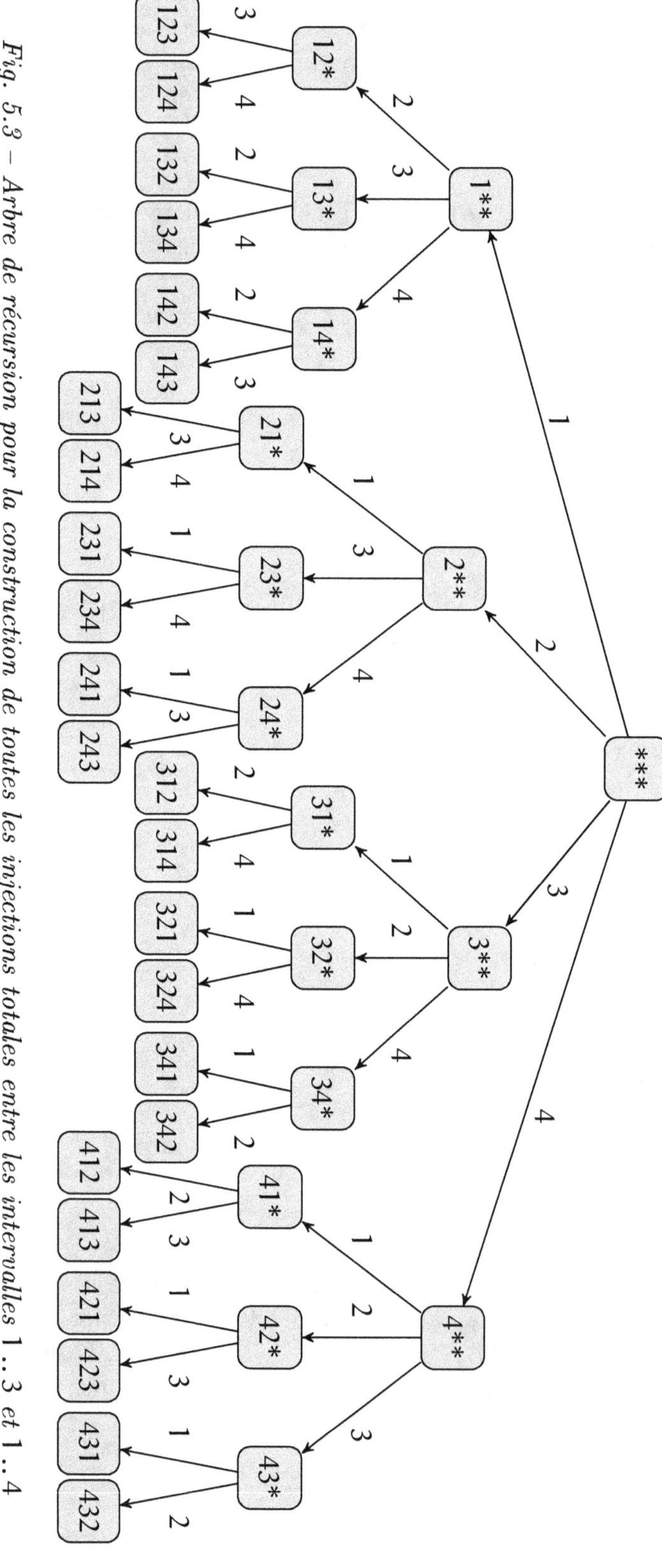

Fig. 5.3 – Arbre de récursion pour la construction de toutes les injections totales entre les intervalles 1..3 et 1..4

la surjectivité n'est pas nécessaire puisqu'une fonction totale injective dans elle-même est une bijection. La formule $\sum_{i=0}^{m-1} A_m^i$ fournit le nombre d'appels réalisés.

Les langages de programmation n'offrent en général pas de constructions permettant de coder directement la boucle ci-dessus. Alors, comment raffiner ce programme ? Une solution (dont le principe est similaire à la solution appliquée pour construire la procédure *Ens-Part3*, page 212) consiste à gérer (sous la forme d'un tableau pour des raisons d'efficacité) une fonction L (pour « Libre ») définie sur l'intervalle F = 1 .. m et à valeurs booléennes (ou parfois, par commodité, dans l'intervalle 0 .. 1) telle que L[k] signifie que k est absent de X[1 .. $i-1$]. Le schéma ci-dessus se raffine alors de la manière suivante :

```
 1. procédure TI2(i) pré
 2.    i ∈ 1 .. n
 3. début
 4.    pour j parcourant 1 .. m faire
 5.       si L[j] alors
 6.          X[i] ← j ; L[j] ← faux ;
 7.          si i = n alors
 8.             écrire(X)
 9.          sinon
10.             TI2(i + 1)
11.          fin si ;
12.          L[j] ← vrai
13.       fin si
14.    fin pour
15. fin
```

L'appel se fait alors comme suit :

```
 1. constantes
 2.    n ∈ ℕ et n = ... et m ∈ ℕ et m = ...
 3. variables
 4.    X ∈ 1 .. n → 1 .. m et L ∈ 1 .. m → 𝔹
 5. début
 6.    L ← (1 .. m) × [vrai] ;
 7.    TI2(1)
 8. fin
```

Dans la suite, en général, ce raffinement ne sera pas explicité.

Le cas des fonctions partielles

Cas général : énumération des fonctions partielles entre deux intervalles I et F
Nous recherchons un algorithme capable de produire toutes les fonctions partielles de I = 1 .. n dans F = 1 .. m. Partant du squelette T, il suffit d'ajouter une valeur fantôme à F (0 par exemple) telle que tout couple ayant comme extrémité 0 sera considéré comme inexistant du point de vue de la fonction (voir figure 5.4).

Le squelette suivant :

```
 1. procédure P(i) pré
 2.    i ∈ 1 .. n
 3. début
 4.    pour j parcourant {0} ∪ 1 .. m faire
```

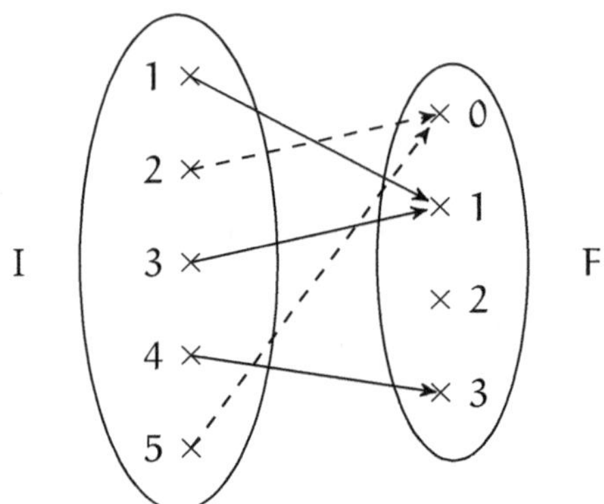

Fig. 5.4 – Fonction partielle de $I = 1..5$ *dans* $F = 1..3$. *Le caractère partiel de la fonction est obtenu en créant une fonction totale de* I *vers l'intervalle* $0..3$ *puis en restreignant le codomaine à l'intervalle* $1..3$.

```
 5.      X[i] ← j ;
 6.      si i = n alors
 7.         écrire(X)
 8.      sinon
 9.         P(i + 1)
10.      fin si
11.   fin pour
12. fin
```

répond à cet objectif. L'invariant « $X[1..i-1]$ est constant. C'est une fonction totale de $I = 1..i-1$ dans $F' = 0..m$ et, si un nœud de l'arbre de récursion satisfaisant la condition $(i = n)$ a été imprimé, alors tous les nœuds satisfaisant cette condition ont été imprimés » s'interprète comme « $X[1..i-1]$ est une fonction partielle de l'intervalle $1..i-1$ dans $F = 1..m$ et, si un nœud de l'arbre de récursion satisfaisant la condition $(i = n)$ a été imprimé, alors tous les nœuds satisfaisant cette condition ont été imprimés » à condition d'ignorer les entrées de X contenant 0. Le contexte d'appel est similaire à celui de T. Pour $I = 1..2$ et $F = 1..2$, la figure 5.5 page 221 fournit l'arbre de récursion parcouru par ce squelette.

Il existe $(m + 1)^n$ fonctions partielles de l'intervalle $1..n$ dans $1..m$ et l'énumération de toutes ces fonctions exige $((m + 1)^n - 1)/((m + 1) - 1)$ appels.

Énumération des fonctions partielles injectives entre deux intervalles I **et** F
L'obtention des seules fonctions partielles injectives passe également, comme pour le cas des simples fonctions partielles, par l'introduction d'une valeur fantôme 0. Compte tenu de son statut particulier, cette valeur ne doit pas être supprimée de l'intervalle de parcours de la boucle, d'où le squelette suivant :

```
 1. procédure PI(i) pré
 2.    i ∈ 1..n
 3. début
 4.    pour j parcourant ((1..m) − (codom(X[1..i−1]))) ∪ {0}) faire
 5.       X[i] ← j ;
 6.       si i = n alors
 7.          écrire(X)
```

```
 8.    sinon
 9.       PI(i + 1)
10.    fin si
11.  fin pour
12. fin
```

La figure 5.6 page 222 fournit l'arbre de récursion pour I = 1..3 et F = 1..2. Le 0 matérialise un couple absent. Le nombre de fonctions injectives partielles entre 1..n et 1..m est donné par l'équation récurrente suivante :

$$
\begin{array}{ll}
H(m, 0) = 1 & \\
H(1, n) = n + 1 & n > 0 \\
H(m, n) = H(m, n - 1) + m \cdot H(m - 1, n - 1) & n > 0 \text{ et } m > 1.
\end{array}
$$

On reconnaît dans cette récurrence la relation qui fournit le nombre de Stirling de seconde espèce, c'est-à-dire le nombre de partitions en n sous-ensembles d'un sous-ensemble de m éléments (voir également exercice 16, page 44). Il est facile de montrer par induction que l'on a $H(m, n) = m^n + P_{n-1}(m)$, où m est l'indéterminée et $P_{n-1}(m)$ est un polynôme de degré inférieur ou égal à $(n - 1)$. Le nombre d'appels au squelette PI est donné par l'expression (la démonstration est laissée aux soins du lecteur) :

$$
\sum_{i=1}^{n-1} H(m, i).
$$

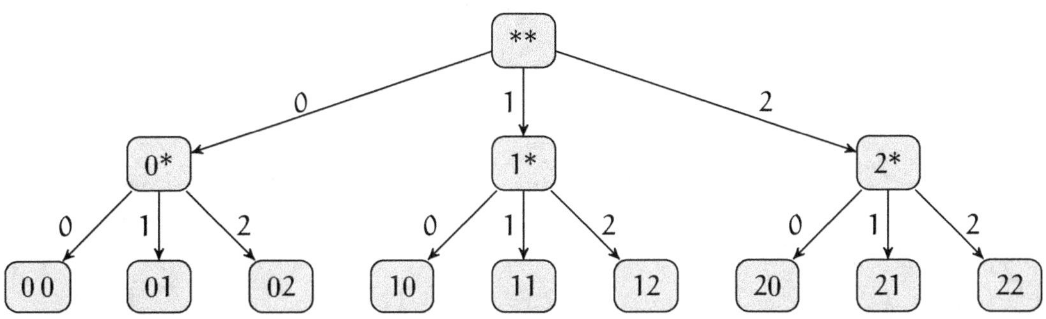

Fig. 5.5 – Arbre de récursion pour la construction de toutes les fonctions partielles entre $I = 1..2$ *et* $F = 1..2$. *Le 0 dans un nœud représente l'absence de couple pour la position considérée.*

Le raffinement de la boucle dans un langage classique s'obtient de la manière suivante :

```
 1. procédure PI2(i) pré
 2.   i ∈ 1..n
 3. début
 4.   pour j parcourant {0} ∪ (1..m) faire
 5.      X[i] ← j;
 6.      si j ≠ 0 alors
 7.         L[j] ← faux
 8.      fin si;
 9.      si i = n alors
10.         écrire(X)
11.      sinon
```

```
12.          PI2(i + 1)
13.      fin si ;
14.      L[j] ← vrai
15.    fin pour
16. fin
```

De même que dans le cas des fonctions totales injectives (squelette *TI2*), L est un tableau de booléens, mais défini cette fois sur l'intervalle $0 \mathbin{..} m$. L'appel se fait alors comme suit :

```
1. constantes
2.    n = ... et m = ...
3. variables
4.    X ∈ 1 .. n → 1 .. m et L ∈ 0 .. m → 𝔹
5. début
6.    L ← (0 .. m) × {vrai} ;
7.    PI2(1)
8. fin
```

Comme on vient de le voir, quel que soit le squelette retenu, le nombre de candidats à construire (et comparer) est exponentiel. La complexité de l'algorithme résultant l'est donc elle aussi, indépendamment de l'opération élémentaire retenue. En conséquence, dans la suite de ce chapitre, nous ne nous attarderons sur l'aspect complexité que pour mettre l'accent sur la limitation (algorithmiquement simple et donc peu coûteuse) du nombre de candidats engendrés.

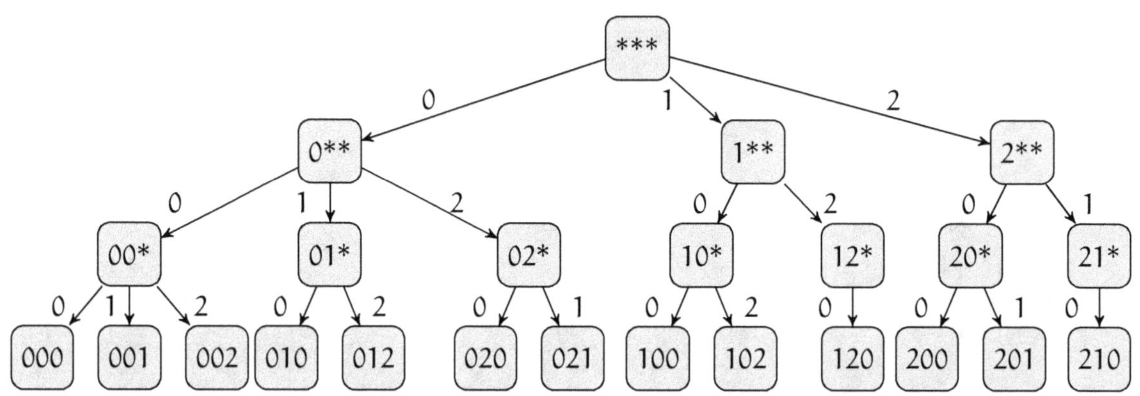

Fig. 5.6 – *Arbre de récursion pour la construction des fonctions partielles injectives entre les intervalles* $1 \mathbin{..} 3$ *et* $1 \mathbin{..} 2$

5.1.3 PATRONS POUR LES ESSAIS SUCCESSIFS

Jusqu'à présent, nous nous sommes intéressés uniquement à la recherche de *toutes* les solutions à un problème donné. Deux variantes méritent cependant notre attention. La première s'appuie sur un critère de qualité portant sur les solutions, pour ne conserver que la plus performante. Appliquée à l'exemple développé dans la section 5.1.1, page 209, consistant à sélectionner les sous-ensembles d'un ensemble de relatifs E dont la somme est nulle, cette variante pourrait consister par exemple à rechercher la (l'une des) solution(s) dont le cardinal est le plus grand possible. La seconde est celle qui consiste à rechercher *une seule* solution (si bien sûr il en existe au moins une), celle qui est découverte en premier par exemple.

Il s'agit à présent de « croiser » les squelettes développés dans la section 5.1.2 avec les trois versions, appelées respectivement *ToutesSolutions*, *SolutionOptimale* et *UneSolution*. Ceci va nous conduire à envisager autant de patrons qu'il y a de croisements possibles : un croisement de *ToutesSolutions* avec le squelette T pour obtenir le patron TT, puis avec le squelette TS, pour obtenir le patron TTS, etc. Tous les croisements ne sont pas développés ci-dessous : seule une partie fait l'objet l'objet d'exemples ou d'exercices.

Les patrons dérivés de « *ToutesSolutions* »

Seuls trois cas sont détaillés ici. Ils résultent du croisement de « ToutesSolutions » et des squelettes T, TS et TI, donnant naissance respectivement aux trois patrons TT, TTS et TTI présentés à la figure 5.7, page 224.

Dans cette figure, les procédures ou fonctions *Satisfaisant*, *Faire*, *Défaire* et *Solution-Trouvée* sont communes aux trois patrons. Ainsi que nous l'avons vu aux sections 5.1.1 page 210 et 5.1.2 page 214, la condition *Satisfaisant* est utilisée pour introduire un élagage, une optimisation ou un raffinement. Les procédures *Faire* et *Défaire* vont par paire. Elles sont nécessaires pour effectuer le retour-arrière quand des variables globales (autres que la structure d'énumération X) ont été introduites, en général pour des raisons d'élagage, d'optimisation ou de raffinement. La condition *SolutionTrouvée* (qui peut ne pas être nécessaire) vient s'ajouter à la condition $(i = n)$ (qui traduit le fait que la structure d'énumération X est complète) pour exprimer que X satisfait aux contraintes propres au problème. La condition $(i \neq n)$ n'est nécessaire que quand la condition *SolutionTrouvée* est présente. Elle caractérise une structure d'énumération incomplète. La recherche de solution doit alors être poursuivie.

Les patrons TP et TPI correspondant aux croisements de « ToutesSolutions » avec les squelettes respectifs P (fonctions partielles) et PI (fonctions partielles injectives) ne sont pas étudiées : ils ne sont pas utilisés dans la suite.

Les patrons dérivés de « *SolutionOptimale* »

La version *SolutionOptimale* fait l'hypothèse qu'il existe une relation d'ordre total sur les candidats. Y est une variable globale qui reçoit les solutions optimales courantes successives. La procédure *ConserverContexteCour* préserve dans des variables globales les informations permettant de comparer les solutions entre elles. Le patron OPI (solution optimale lorsque le vecteur d'énumération représente une fonction partielle injective) apparaît à la figure 5.8, page 225. Le patron OT (solution optimale lorsque le vecteur d'énumération représente une fonction totale) est quant à lui présenté dans l'exemple de la section 5.1.4, à la page 229.

Une variante de la procédure *SolutionOptimale* consisterait à obtenir *toutes* les solutions optimales. La démarche adoptée pour obtenir toutes les solutions (voir patron TT) ne peut cependant se transposer ici puisque l'on ne peut écrire Y au fil de l'exécution. Il faut attendre la fin du traitement pour effectuer l'affichage, à condition d'avoir enregistré préalablement toutes les solutions optimales dans une structure de données *ad hoc*. Cette version n'est mentionnée que pour mémoire, elle n'est pas utilisée dans la suite.

```
1.  procédure TT(i) pré
2.     i ∈ 1 .. n
3.  début
4.     pour j parcourant 1 .. m faire
5.        si Satisfaisant(i, j) alors
6.           X[i] ← j ; Faire(i, j) ;
7.           si ( i = n et alors
                  SolutionTrouvée(i, j) ) alors
8.              écrire(X)
9.           sinonsi i ≠ n alors
10.             TT(i + 1)
11.          fin si ;
12.          Défaire(i, j)
13.       fin si
14.    fin pour
15. fin
```

```
1.  procédure TTS(i) pré
2.     i ∈ 1 .. n et Sauv ∈ 𝔹
3.  début
4.     pour j parcourant 1 .. m faire
5.        si Satisfaisant(i, j) alors
6.           X[i] ← j ;
7.           Sauv ← B[j] ; B[j] ← vrai ;
8.           Faire(i, j) ;
9.           si ( i = n et alors
                  ∀ k · (k ∈ 1 .. m ⇒ B[k])
                  et alors SolutionTrouvée(i, j) )
              alors
10.             écrire(X)
11.          sinonsi i ≠ n alors
12.             TTS(i + 1)
13.          fin si ;
14.          B[j] ← Sauv ; Défaire(i, j)
15.       fin si
16.    fin pour
17. fin
```

```
1.  procédure TTI(i) pré
2.     i ∈ 1 .. n
3.  début
4.     pour j parcourant ( (1 .. m)−
                           codom(X[1 .. i − 1]) )
           faire
5.        si Satisfaisant(i, j) alors
6.           X[i] ← j ;
7.           Faire(i, j) ;
8.           si ( i = n et alors
                  SolutionTrouvée(i, j) ) alors
9.              écrire(X)
10.          sinonsi i ≠ n alors
11.             TTI(i + 1)
12.          fin si ;
13.          Défaire(i, j)
14.       fin si
15.    fin pour
16. fin
```

Fig. 5.7 – *Patrons d'algorithmes de type « essais successifs », dans le cas où l'on recherche toutes les solutions et où celles-ci s'expriment comme une fonction totale de* $I = 1..n$ *vers* $F = 1..m$*. Le patron TT concerne les fonctions totales. Le patron TTS se rapporte aux fonctions totales surjectives. Le patron TTI s'applique aux fonctions totales injectives. Le patron TTB (cas des bijections) n'est pas développé, il correspond au patron TTI lorsque* $F = I$ *(c'est-à-dire lorsque* $m = n$*). Le cas de la production des vecteurs caractéristiques de tous les sous-ensembles de l'intervalle* $1..n$ *s'obtient à partir du patron TT en prenant* $F = 0..1$*. Pour les trois patrons ci-dessus, les séquences d'appel sont similaires à celles rencontrées pour les squelettes respectifs.*

1. **procédure** $OPI(i)$ **pré**
2. $i \in 1\,..\,n$
3. **début**
4.   **pour** j **parcourant** $((1\ ..\ m)\ -$ $\mathrm{codom}(X[1\,..\,i-1])) \cup \{0\}$ **faire**
5.   **si** $Satisfaisant(i,j)$ **alors**
6. $X[i] \leftarrow j$; $Faire(i,j)$;
7.   **si** $\left(\begin{array}{l}i = n \textbf{ et alors}\\ SolutionTrouvée(i,j)\end{array}\right)$ **alors**
8. $\mathsf{Trouvé} \leftarrow$ **vrai** ;
9.   **si** $SolutionMeilleure$ **alors**
10. $Y \leftarrow X$;
11. $ConserverContexteCour$
12.   **fin si**
13.   **sinonsi** $i \neq n$ **alors**
14. $OPI(i+1)$
15.   **fin si** ;
16. $Défaire(i,j)$
17.   **fin si**
18.   **fin pour**
19. **fin**

1. **constantes**
2. $n \in \mathbb{N}_1$ **et** $n = \dots$ **et**
3. $m \in \mathbb{N}_1$ **et** $m = \dots$
4. **variables**
5. $X \in 1\,..\,n \rightarrow 0\,..\,n$ **et**
6. $Y \in 1\,..\,n \rightarrow 0\,..\,n$ **et**
7. $\mathsf{Trouvé} \in \mathbb{B}$
8. **début**
9. $\mathsf{Trouvé} \leftarrow$ **faux** ;
10. $OPI(1)$;
11.   **si** $\mathsf{Trouvé}$ **alors**
12.   **écrire**(Y)
13.   **fin si**
14. **fin**

Fig. 5.8 – Patron et séquence d'appel d'algorithmes de type « essais successifs », dans le cas où l'on recherche une solution optimale qui s'exprime comme une fonction partielle injective de $I = 1\,..\,n$ vers $F = 1\,..\,m$. En cas d'échec (c'est-à-dire s'il n'existe aucune solution), rien n'est produit.

<table>
<tr><td valign="top">

```
1. procédure UT(i) pré
2.   i ∈ 1..n et j ∈ 1..m+1
3. début
4.    j ← 1;
5.    tant que non(j = m+1 ou Trouvé)
      faire
6.       si Satisfaisant(i,j) alors
7.          X[i] ← j; Faire(i,j);
8.          si ( i = n et alors
                 SolutionTrouvée(i,j) ) alors
9.             Trouvé ← vrai;
10.            écrire(X)
11.         sinonsi i ≠ n alors
12.            UT(i+1)
13.         fin si;
14.         Défaire(i,j)
15.      fin si;
16.      j ← j+1
17.   fin tant que
18. fin
```

</td><td valign="top">

```
1. procédure UTI(i) pré
2.   i ∈ 1..n et d ∈ ListeTriée(1..m)
3. début
4.    d ← DomVar(1..m − codom(X[1..
      i−1]));
5.    tant que non(d = ⟨⟩ ou Trouvé)
      faire
6.       si Satisfaisant(i,j) alors
7.          X[i] ← d.val; Faire(i,j);
8.          si ( i = n et alors
                 SolutionTrouvée(i,j) ) alors
9.             Trouvé ← vrai;
10.            écrire(X)
11.         sinonsi i ≠ n alors
12.            UTI(i+1)
13.         fin si;
14.         Défaire(i,j)
15.      fin si;
16.      d ← d.svt
17.   fin tant que
18. fin
```

</td></tr>
</table>

Fig. 5.9 – Patrons d'algorithmes de type « essais successifs », dans le cas où l'on recherche la première solution et où celle-ci s'exprime comme une fonction totale de $I = 1..n$ vers $F = 1..m$. Le patron UT concerne les fonctions totales. Le patron UTI se rapporte aux fonctions totales injectives. Dans UTI, la déclaration $d \in$ ListeTriée(1..m) définit d comme une liste triée de valeurs de l'intervalle $1..m$ à prendre en compte. La fonction DomVar invoquée à la ligne 4 construit la liste triée des valeurs de l'ensemble qui est passé en paramètre. Par convention, le champ val (voir ligne 7) donne accès à la valeur placée en tête de liste, tandis que le champ svt (voir ligne 14) désigne le reste de la liste (voir section 1.4.7, page 20). Le patron UTB (cas des bijections) n'est pas développé, il correspond au patron UTI lorsque $F = I$ (c'est-à-dire lorsque $m = n$).

Les patrons dérivés de « *UneSolution* »

Le troisième et dernier cas, nommé *UneSolution*, se code avec une boucle **tant que**, qui permet l'arrêt dès que la première solution a été découverte. Nous nous limitons aux deux patrons *UT* (« UneSolution » pour les fonctions *totales* de $1..n$ dans $1..m$) et *UTI* (« UneSolution » pour les fonctions totales *injectives* – et bijectives si $m = n$ – de $1..n$ dans $1..m$). Ces patrons sont présentés à la figure 5.9, page 226. L'appel à une instance de ces patrons doit être précédé de l'initialisation à **faux** de la variable booléenne Trouvé.

Le patron *UTI* présente une difficulté technique sur laquelle nous devons nous arrêter. Alors que, dans le patron *UT*, la variable j parcourt le début ou la totalité de l'intervalle $1..m$; ce n'est plus le cas dans le patron *UTI*, où cet intervalle doit être privé des valeurs présentes dans la tranche $X[1..i-1]$. La méthode utilisée ici consiste à construire dans la variable locale d une liste triée des valeurs possibles pour j et à parcourir cette liste dans la boucle.

Le patron *UTI* peut se raffiner comme le montre la figure 5.10, en remplaçant la liste d par un tableau de booléens L, défini sur l'intervalle $1..m$. L'initialisation de la boucle doit

```
1.  procédure UTI2(i) pré
2.    i ∈ 1..n et j ∈ 1..m+1 et L ∈ 1..m → 𝔹
3.  début
4.    L ← (1..m − codom(X[1..i−1]) × {vrai}) ∪ codom(X[1..i−1]) × {faux};
5.    j ← 1;
6.    tant que non(j = m+1 ou Trouvé) faire
7.      si L[j] et Satisfaisant(i, j) alors
8.        X[i] ← j; Faire(i, j);
9.        ...
10.     fin si;
11.     j ← j+1
12.   fin tant que
13. fin
```

Fig. 5.10 – Raffinement du patron UTI *obtenu en utilisant un tableau de booléens. La ligne 9 est à remplacer par les lignes 8 à 14 du patron* UTI.

alors calculer la valeur à donner à L (**vrai** si la position est à prendre en compte, **faux** sinon).

Conclusion

Dans cette section, nous avons montré comment on peut aborder un problème selon l'approche « essais successifs ». La démarche que nous préconisons se décline selon trois étapes :

1. Patron Identifier le type de patron imposé par le problème à résoudre. Rappelons que le choix de ce patron se fonde sur le croisement entre un squelette (c'est-à-dire un type de fonction) et les caractéristiques des solutions recherchées (une, toutes, la meilleure).

2. Instanciation – élagage Ce patron doit alors être instancié afin de répondre aux contraintes propres au problème considéré. En premier lieu, il s'agit de déterminer le prédicat *SolutionTrouvée* qui sélectionne les solutions parmi les candidats produits. On peut également, par l'intermédiaire du prédicat *Satisfaisant*, introduire des élagages qui vont éviter de développer certaines branches stériles. Cette étape d'élagage peut exiger le renforcement de l'invariant de récursivité, associé à l'introduction de variables fraîches. Celles-ci sont initialisées avant le premier appel et mises à jour et restituées dans leur état initial par le couple de procédures *Faire* et *Défaire*.

3. Optimisation Il s'agit d'une étape optionnelle. En général, il est possible d'améliorer la version obtenue au point 2 en renforçant l'invariant de récursivité comme nous l'avons fait dans l'exemple introductif. Le plus souvent, il est alors nécessaire de revoir les procédures et fonctions auxiliaires *Satisfaisant*, *Faire*, etc.

Le tableau 5.1 répertorie les patrons possibles et fournit le numéro de page où, s'il y a lieu, le code est développé.

L'approche adoptée dans ce chapitre, avec notamment l'utilisation intensive de variables globales, n'est pas la seule possible. Il peut exister des solutions se démarquant plus ou moins des patrons présentés dans cette section. Par principe, les solutions proposées pour les exercices de ce chapitre ne s'écartent cependant pas de ces schémas d'algorithmes.

	Toutes solutions	Solution optimale	Une solution
Totales	*TT* (page 224)	*OT* (p. 229)	*UT* (page 226)
Totales surjectives	*TTS* (page 224)	*OTS*	*UTS*
Totales injectives	*TTI* (page 224)	*OTI*	*UTI* (page 226)
Partielles	*TP*	*OP*	*UP*
Partielles surjectives	*TPS*	*OPS*	*UPS*
Partielles injectives	*TPI*	*OPI* (page 225)	*UPI*

Tab. 5.1 – Répertoire des 18 patrons pour les essais successifs et références des pages où sont situés les codes. Le cas des fonctions bijectives s'obtient à partir des fonctions injectives.

Dans un registre différent, un paradigme déclaratif tel que la programmation logique permettrait de s'exonérer de l'utilisation de variables globales et surtout de la gestion explicite du retour arrière (puisque c'est le comportement par défaut de ces langages). Dans la programmation par contraintes, la modélisation se fait à travers l'ensemble des relations qu'entretiennent les variables du problème. Ces relations sont activées et propagées lors de la résolution du problème. Ce paradigme de programmation s'applique particulièrement bien aux problèmes traités par la technique des essais successifs. Le lecteur est invité à appliquer ces différents styles de programmation aux exemples et exercices proposés dans ce chapitre.

5.1.4 Un exemple : la partition optimale de tableau

Le problème de base : partition optimale de tableau

Prenons comme exemple un problème de recherche d'une solution optimale. On considère un tableau $T[1\,..\,n]$ $(n \geqslant 0)$ d'entiers positifs. On désire obtenir une partition de T en deux sacs S_1 et S_2 de sorte que, en notant $\text{Somme1} = \sum_{i \in S_1} i$ et $\text{Somme2} = \sum_{i \in S_2} i$, on ait $\text{Somme2} - \text{Somme1} \geqslant 0$ et $(\text{Somme2} - \text{Somme1})$ minimal.

Par exemple, pour $n = 6$ et T défini de la sorte :

i	1	2	3	4	5	6	7
T[i]	6	8	2	7	9	4	1

une solution est de construire un sac $S_1 = [\![8, 9, 1]\!]$, composé à partir de T[2], T[5] et T[7], de somme $\text{Somme1} = 18$, et un sac $S_2 = [\![6, 2, 7, 4]\!]$ composé à partir de T[1], T[3], T[4] et T[6], de somme $\text{Somme2} = 19$. Le sac S_1 (resp. S_2) peut se représenter par le vecteur caractéristique $\overline{S_1} = [0, 1, 0, 0, 1, 0, 1]$ (resp. $\overline{S_2} = [1, 0, 1, 1, 0, 1, 0]$).

On note que si l'on pose $\text{Somme} = \sum_{i \in \text{dom}(T)} T[i]$:

$$\text{Somme2} - \text{Somme1}$$
$$= \qquad\qquad\qquad\qquad\qquad\qquad\qquad\qquad\qquad\qquad \text{arithmétique}$$
$$\text{Somme2} - \text{Somme1} + \text{Somme} - \text{Somme}$$
$$= \qquad\qquad\qquad\qquad\qquad\qquad\qquad \text{propriété de Somme1 et Somme2}$$
$$\text{Somme2} - \text{Somme1} + \text{Somme} - (\text{Somme1} + \text{Somme2})$$
$$= \qquad\qquad\qquad\qquad\qquad\qquad\qquad\qquad\qquad\qquad \text{arithmétique}$$
$$\text{Somme} - 2 \cdot \text{Somme1}.$$

```
1.  procédure OT(i) pré
2.    i ∈ 1 .. n
3.  début
4.    pour j parcourant 1 .. m faire
5.      si Satisfaisant(i, j) alors
6.        X[i] ← j ; Faire(i, j) ;
7.        si i = n et SolutionTrouvée(i, j) alors
8.          si SolutionMeilleure alors
9.            Y ← X ;
10.           ConserverContexteCour
11.         fin si
12.        sinonsi i ≠ n alors
13.          OT(i + 1)
14.        fin si ;
15.        Défaire(i, j)
16.      fin si
17.    fin pour
18. fin
```

Fig. 5.11 – Patron d'algorithmes de type « essais successifs » dans le cas où l'on recherche une solution optimale qui s'exprime comme une fonction totale de $I = 1 .. n$ vers $F = 1 .. m$. Cette version présuppose qu'il existe au moins une solution.

Minimiser $(Somme2 - Somme1)$ revient donc à minimiser $(Somme - 2 \cdot Somme1)$.

Nous allons chercher l'ensemble des sous-sacs du sac représenté par T. Il suffit de considérer l'intervalle $1 .. n$ et de prendre l'ensemble des parties de $1 .. n$. Les vecteurs caractéristiques obtenus donneront indirectement accès au résultat recherché. Le patron qui s'applique ici est OT (Solution optimale avec l'ensemble des fonctions totales).

Saisissons l'occasion qui s'offre à nous pour présenter ce patron, en complément de ceux développés à la section 5.1.3. C'est l'objet de la figure 5.11. L'existence d'une solution est garantie : il est inutile de gérer le booléen Trouvé comme dans le patron de la figure 5.8, page 225.

Ce patron OT s'instancie avec $I = 1 .. n$ et $F = 0 .. 1$ (afin d'obtenir les vecteurs caractéristiques de tous les sous-ensembles). Soit *ÉcartMini1* cette instance.

1. La première ébauche que nous développons est la suivante :

```
1.  procédure ÉcartMini1(i) pré
2.    i ∈ 1 .. n
3.  début
4.    pour j parcourant 0 .. 1 faire
5.      . . .
6.    fin pour
7.  fin
```

2. Passons à la condition *Satisfaisant* vue comme une condition d'élagage. Pouvons-nous arrêter l'exploration de l'arbre avant d'atteindre une feuille, en considérant le candidat partiel que nous sommes en train de construire ? La réponse est positive. Soit respectivement SomCour1 et SomOpt la valeur courante de Somme1 et la valeur de l'optimal courant (SomCour1 et SomOpt sont initialisées à 0 avant l'appel principal). Quand la va-

leur que nous sommes sur le point d'ajouter à SomCour1 l'augmente au-delà de la moitié de Somme (rappelons que le tableau T est composé de nombres entiers *positifs*), on peut élaguer les sous-arbres à cet endroit et explorer une autre branche. On obtient la seconde ébauche :

1. **procédure** *ÉcartMini1*(i) **pré**
2. $i \in 1 .. n$
3. **début**
4.   **pour** j **parcourant** $0 .. 1$ **faire**
5.   **si** $\boxed{\text{SomCour1} + j \cdot T[i] \leqslant \left\lfloor \dfrac{\text{Somme}}{2} \right\rfloor}$ **alors**
6. $\ldots$
7.   **fin si**
8.   **fin pour**
9. **fin**

3. Passons à ce qui correspond aux lignes 6 et 12 du patron *OT*. L'instance de la procédure générique *Faire* consiste à tenir à jour la variable globale SomCour1 ; celle de la procédure *Défaire* annule ce qui a été fait par *Faire* :

1. **procédure** *ÉcartMini1*(i) **pré**
2. $i \in 1 .. n$
3. **début**
4.   **pour** j **parcourant** $0 .. 1$ **faire**
5.   **si** $\text{SomCour1} + j \cdot T[i] \leqslant \left\lfloor \dfrac{\text{Somme}}{2} \right\rfloor$ **alors**
6. $X[i] \leftarrow j \,; \boxed{\text{SomCour1} \leftarrow \text{SomCour1} + j \cdot T[i]\,;}$
7. $\ldots$
8. $\boxed{\text{SomCour1} \leftarrow \text{SomCour1} - j \cdot T[i]}$
9.   **fin si**
10.   **fin pour**
11. **fin**

4. *SolutionTrouvée* vaut **vrai** si l'on est arrivé à une feuille de l'arbre, ce qui s'exprime simplement par $i = n$, d'où découle le raffinement suivant :

1. **procédure** *ÉcartMini1*(i) **pré**
2. $i \in 1 .. n$
3. **début**
4.   **pour** j **parcourant** $0 .. 1$ **faire**
5.   **si** $\text{SomCour1} + j \cdot T[i] \leqslant \left\lfloor \dfrac{\text{Somme}}{2} \right\rfloor$ **alors**
6. $X[i] \leftarrow j \,; \text{SomCour1} \leftarrow \text{SomCour1} + j \cdot T[i]\,;$
7.   **si** $\boxed{i = n}$ **alors**
8. $\ldots$
9.   **sinon**
10.   *ÉcartMini1*(i + 1)
11.   **fin si** ;
12. $\text{SomCour1} \leftarrow \text{SomCour1} - j \cdot T[i]$
13.   **fin si**
14.   **fin pour**
15. **fin**

5. *SolutionMeilleure* teste si la solution courante est meilleure que la solution optimale trouvée jusqu'alors. Si c'est le cas, cette solution est préservée dans la variable globale Y, tandis que la procédure *ConserverContexteCour* s'instancie en mettant à jour la variable globale SomOpt.

1. **procédure** *ÉcartMini1*(i) **pré**
2. $i \in 1..n$
3. **début**
4.   **pour j parcourant** $0..1$ **faire**
5.   **si** $\text{SomCour1} + j \cdot T[i] \leqslant \left\lfloor \dfrac{Somme}{2} \right\rfloor$ **alors**
6. $X[i] \leftarrow j$; $\text{SomCour1} \leftarrow \text{SomCour1} + j \cdot T[i]$;
7.   **si** $i = n$ **alors**
8.   **si** $\boxed{\text{SomCour1} > \text{SomOpt}}$ **alors**
9. $Y \leftarrow X$; $\boxed{\text{SomOpt} \leftarrow \text{SomCour1}}$
10.   **fin si**
11.   **sinon**
12.   *ÉcartMini1*$(i + 1)$
13.   **fin si** ;
14. $\text{SomCour1} \leftarrow \text{SomCour1} - j \cdot T[i]$
15.   **fin si**
16.   **fin pour**
17. **fin**

L'appel initial de la procédure *ÉcartMini1* s'effectue dans le contexte suivant :

1. **constantes**
2. $n \in \mathbb{N}$ **et** $n = \ldots$ **et**
3. $T \in 1..n \rightarrow \mathbb{N}$ **et** $T = [\ldots]$ **et**
4. $Somme \in \mathbb{N}$ **et** $Somme = \displaystyle\sum_{i=1}^{n} T[i]$
5. **variables**
6. $X \in 1..n \rightarrow 0..1$ **et** $Y \in 1..n \rightarrow 0..1$ **et**
7. $\text{SomCour1} \in \mathbb{N}$ **et** $\text{SomOpt} \in \mathbb{N}$ **et**
8. $S_1 \in \mathbf{sac}(\mathbb{N})$ **et** $S_2 \in \mathbf{sac}(\mathbb{N})$
9. **début**
10. $\text{SomOpt} \leftarrow 0$; $\text{SomCour1} \leftarrow 0$;
11.   *ÉcartMini1*(1) ;
12.   **écrire**(Y)
13.   /% *Construction de* S_1 *et de* S_2 %/
14. **fin**

La construction effective de S_1 et de S_2 à partir de Y est facile à réaliser. Il suffit de ventiler les valeurs de T dans S_1 ou S_2 selon la valeur correspondante de Y. Cette construction n'est pas réalisée ici.

Notons que, quand il existe plusieurs solutions optimales, cet algorithme enregistre, dansY, la première dans l'ordre d'énumération lexicographique. Dans l'exemple de la page 228, la meilleure solution trouvée est $Y = [0, 0, 1, 1, 1, 0, 0]$ et non pas $Y = [0, 1, 0, 0, 1, 0, 1]$ (celle que nous avons proposée plus haut).

Le problème initial, avec une précondition et une postcondition renforcées

Nous imposons maintenant que n soit pair et que les deux sacs S_1 et S_2 aient la même taille $n/2$. Comment introduire cette contrainte dans le programme sans le bouleverser ? Une première solution est de conserver le programme précédent et de générer de la même manière toutes les feuilles de l'arbre, sauf celles qui sont élaguées par *Satisfaisant*. On ajoute à *SolutionTrouvée* la condition que S_1 soit de taille $n/2$. Pour ce faire, il faut introduire une mémorisation de la taille courante de S_1 : on va gérer une nouvelle variable globale Taille1. Cette variable sera incrémentée dans *Faire* et décrémentée dans *Défaire*.

```
 1.  procédure ÉcartMini2(i) pré
 2.     i ∈ 1 .. n
 3.  début
 4.     pour j parcourant 0 .. 1 faire
 5.        si SomCour1 + j · T[i] ≤ ⌊Somme/2⌋ alors
 6.           X[i] ← j ; SomCour1 ← SomCour1+j·T[i] ; │ Taille1 ← Taille1 + j ; │
 7.           si i = n et Taille1 = n/2 alors
 8.             si SomCour1 > SomOpt alors
 9.                Y ← X ; SomOpt ← SomCour1
10.             fin si
11.           sinonsi i ≠ n alors
12.             ÉcartMini2(i + 1)
13.           fin si ;
14.           SomCour1 ← SomCour1 − j · T[i] ; │ Taille1 ← Taille1 − j │
15.        fin si
16.     fin pour
17.  fin
```

L'appel initial devient :

```
 1.  constantes
 2.     N2 = { v | v ∈ ℕ et ⌊v/2⌋ · 2 = v } et
 3.     n ∈ N2 et n = ... et
 4.     T ∈ 1 .. n → ℕ et T = [...] et
 5.     Sum ∈ ℕ et Sum = ∑_{i=1}^{n} T[i]
 6.  variables
 7.     CurrSum1 ∈ ℕ et OptSum ∈ ℕ et Size1 ∈ ℕ et
 8.     S₁ ∈ sac(ℕ) et S₂ ∈ sac(ℕ) et
 9.     X ∈ 1 .. n → 0 .. 1 et Y ∈ 1 .. n → 0 .. 1 et
10.     CurrSum1 ∈ ℕ et OptSum ∈ ℕ et
11.     S₁ ∈ sac(ℕ) et S₂ ∈ sac(ℕ)
12.  début
13.     OptSum ← 0 ; CurrSum1 ← 0 ; Size1 ← 0 ;
14.     MinimalDif1(1) ;
15.     write(Y)
16.     /% Construction de S₁ et de S₂ %/
17.  fin
```

Cette solution est correcte, mais présente l'inconvénient de ne tirer parti de la nouvelle condition (sur la taille des sacs S_1 et S_2) que lorsqu'un candidat est totalement construit. La clé d'une amélioration réside dans une nouvelle version de *SolutionTrouvée*. Il est en effet possible de ne pas attendre la fin de la construction du vecteur X pour vérifier que l'égalité des tailles est satisfaite. Il suffit, dès que l'un des deux sacs atteint la taille de $n/2$, de compléter le vecteur X en question sans finir de parcourir l'arbre de récursion. Notons Taille1, Taille2 et SomCour2 respectivement la taille du sac S_1, celle du sac S_2 et la somme partielle de S_2.

1. La première ébauche de la procédure *ÉcartMini3* reste celle de *ÉcartMini1* :

> 1. **procédure** *ÉcartMini3*(i) **pré**
> 2. $i \in 1 .. n$
> 3. **début**
> 4.   **pour j parcourant** $0 .. 1$ **faire**
> 5.   **si** $\text{SomCour1} + j \cdot T[i] \leqslant \left\lfloor \dfrac{Somme}{2} \right\rfloor$ **alors**
> 6.   ...
> 7.   **fin si**
> 8.   **fin pour**
> 9. **fin**

2. Passons à ce qui correspond aux lignes 6 et 15 du patron *OT*. L'instance de la procédure générique *Faire* consiste à tenir à jour les variables globales SomCour1, SomCour2, Taille1 et Taille2 ; celle de la procédure *Défaire* annule ce qui a été fait par *Faire* :

> 1. **procédure** *ÉcartMini3*(i) **pré**
> 2. $i \in 1 .. n$
> 3. **début**
> 4.   **pour j parcourant** $0 .. 1$ **faire**
> 5.   **si** $\text{SomCour1} + j \cdot T[i] \leqslant \left\lfloor \dfrac{Somme}{2} \right\rfloor$ **alors**
> 6. $X[i] \leftarrow j$;
> 7. $\text{SomCour1} \leftarrow \text{SomCour1} + j \cdot T[i]$;
> 8. $\text{SomCour2} \leftarrow \text{SomCour2} + (1 - j) \cdot T[i]$;
> 9. $\text{Taille1} \leftarrow \text{Taille1} + j$; $\text{Taille2} \leftarrow \text{Taille2} + (1 - j)$;
> 10.   ...
> 11. $\text{SomCour1} \leftarrow \text{SomCour1} - j \cdot T[i]$;
> 12. $\text{SomCour2} \leftarrow \text{SomCour2} - (1 - j) \cdot T[i]$;
> 13. $\text{Taille1} \leftarrow \text{Taille1} - j$; $\text{Taille2} \leftarrow \text{Taille2} - (1 - j)$
> 14.   **fin si**
> 15.   **fin pour**
> 16. **fin**

3. *SolutionTrouvée* signifie que l'on peut construire directement une solution qui mène à une feuille et que le vecteur correspondant est une solution (pas forcément optimale). Il existe deux possibilités : soit $\text{Taille1} = n/2$, soit $\text{Taille2} = n/2$.

4. *SolutionMeilleure* et *ConserverContexteCour* consistent à enregistrer le vecteur solution trouvé s'il est meilleur que l'optimal courant. Il faut aussi finir de construire les solutions partielles pour lesquelles l'un des deux tableaux est de taille inférieure à $n/2$.

5. *SolEncorePossible*, le prédicat qui permet de poursuivre l'énumération, est $(i \neq n)$.

Au final, l'algorithme obtenu est :

```
1.  procédure ÉcartMini3(i) pré
2.    i ∈ 1 .. n
3.  début
4.    pour j parcourant 0 .. 1 faire
5.        si SomCour1 + j · T[i] ≤ ⌊Somme/2⌋ alors
6.           X[i] ← j ;
7.           SomCour1 ← SomCour1 + j · T[i] ;
8.           SomCour2 ← SomCour2 + (1 − j) · T[i] ;
9.           Taille1 ← Taille1 + j ; Taille2 ← Taille2 + (1 − j) ;
10.          si Taille1 = n/2 alors
11.             si SomCour1 > SomOpt alors
12.                Y[1 .. i] ← X[1 .. i] ; Y[i + 1 .. n] ← (i + 1 .. n) × {0} ;
13.                SomOpt ← SomCour1
14.             fin si
15.          sinonsi Taille2 = n/2 alors
16.             si SomCour1 > SomOpt alors
17.                Y[1 .. i] ← X[1 .. i] ; Y[i + 1 .. n] ← (i + 1 .. n) × {1} ;
18.                SomOpt ← SomCour1
19.             fin si
20.          sinonsi i ≠ n alors
21.             ÉcartMini3(i + 1)
22.          fin si ;
23.          SomCour1 ← SomCour1 − j · T[i] ;
24.          SomCour2 ← SomCour2 − (1 − j) · T[i] ;
25.          Taille1 ← Taille1 − j ; Taille2 ← Taille2 − (1 − j)
26.       fin si
27.    fin pour
28. fin
```

Une séquence d'appel à la procédure *ÉcartMini3* se présente comme suit :

```
1.  variables
2.    /% Cf. lignes de 3 à 9 de l'appel de ÉcartMini1 %/
3.    SomOpt ∈ ℕ et SomCour1 ∈ ℕ et SomCour2 ∈ ℕ
4.    et Taille1 ∈ ℕ et Taille2 ∈ ℕ et S₁ ∈ sac(ℕ) et S₂ ∈ sac(ℕ)
5.  début
6.    SomOpt ← 0 ;
7.    SomCour1 ← 0 ; Taille1 ← 0 ; SomCour2 ← 0 ; Taille2 ← 0 ;
8.    ÉcartMini3(1) ;
9.    écrire(Y)
10.   /% Construction de S₁ et de S₂ %/
11. fin
```

Le problème initial, avec une précondition renforcée

Nous reprenons le problème précédent, avec une précondition renforcée par la proposition
suivante : le tableau T est trié par ordre croissant. La théorie (voir [36] et chapitre 3) nous
apprend que si l'on dispose d'un programme correct pour une précondition R donnée, alors
ce même programme est encore correct pour une précondition P plus forte (c'est-à-dire

où $P \Rightarrow R$). Cependant, en n'exploitant pas la nouvelle précondition, on risque de passer à côté d'une version plus efficace.

On pourrait penser que l'hypothèse du tri autorise à sortir du cadre de la programmation par essais successifs et qu'il existe un algorithme de complexité $\mathcal{O}(n)$ (ou polynomiale) qui résolve le problème. En réalité, les algorithmiciens estiment, sans en être sûrs, qu'un tel algorithme (qui serait sans doute un algorithme *glouton*, voir chapitre 7) n'existe pas.

Nous admettons donc que, pour tenter d'obtenir une meilleure version que *ÉcartMini3*, il faut aborder le problème sous l'angle des essais successifs. En quoi le fait que T soit trié peut-il autoriser de nouveaux élagages ?

Nous conservons les variables globales Taille1, SomCour1, Taille2 et SomCour2 de la version précédente. Quand T n'est pas trié, la condition d'élagage se présente de la sorte :

$$\cdots$$
$$\textbf{si } \mathrm{SomCour1} + j \cdot T[i] \leqslant \left\lfloor \frac{Somme}{2} \right\rfloor \textbf{ alors}$$
$$\cdots$$
$$\textbf{fin si}$$
$$\cdots$$

Elle se contente de vérifier que la valeur $j \cdot T[i]$ ajoutée à SomCour1 ne dépasse pas $\lfloor Somme/2 \rfloor$. Elle peut être raffinée en exploitant le fait que T est trié. Si, en minorant Somme1 mise à jour par anticipation en lui ajoutant $j \cdot T[i]$, on dépasse $\lfloor Somme/2 \rfloor$, ou si de manière duale, en majorant Somme2 mise à jour par anticipation en lui ajoutant $(1-j) \cdot T[i]$, on reste en deçà de $\lfloor Somme/2 \rfloor$, on n'a aucune chance de satisfaire la condition qui veut que Somme1 $\leqslant$ Somme2. En effet, à ce stade :

- il reste $(n/2 - \mathrm{Taille1} - j)$ valeurs à mettre dans S_1 et $(n/2 - \mathrm{Taille2} - (1-j))$ valeurs à mettre dans S_2,

- $((\mathrm{SomCour1} + j \cdot T[i]) + (n/2 - \mathrm{Taille1} - j) \cdot T[i+1])$ est un minorant de Somme1 et $((\mathrm{SomCour2} + (1-j) \cdot T[i]) + (n/2 - \mathrm{Taille2} - (1-j)) \cdot T[n])$ majore Somme2.

En conséquence, la condition d'élagage *Satisfaisant* peut se réécrire :

$$\textbf{si} \left(\begin{array}{l} (\mathrm{SomCour1} + j \cdot T[i]) + \left(\dfrac{n}{2} - \mathrm{Taille1} - j\right) \cdot T[i+1] \leqslant \left\lfloor \dfrac{Somme}{2} \right\rfloor \textbf{ et} \\[2ex] (\mathrm{SomCour2} + (1 - j) \cdot T[i]) + \left(\dfrac{n}{2} - \mathrm{Taille2} - (1 - j)\right) \cdot T[n] \geqslant \left\lfloor \dfrac{Somme}{2} \right\rfloor \end{array} \right)$$
$$\textbf{alors}$$
$$\cdots$$
$$\textbf{fin si}$$
$$\cdots$$

Le reste du programme est inchangé. Un élagage complémentaire peut être apporté : on peut vérifier à chaque étape que SomOpt peut être amélioré. En effet, il reste à ajouter $(n/2 - \mathrm{Taille1} - j)$ valeurs à S_1 et pour avoir une chance de faire mieux que l'optimal courant, il faut qu'en prenant $(n/2 - \mathrm{Taille1} - j)$ fois la plus grande valeur, on dépasse strictement SomOpt. On peut donc compléter *Satisfaisant* de la façon suivante :

$$\textbf{si} \left(\begin{array}{l} (\mathrm{SomCour1} + j \cdot T[i]) + \left(\dfrac{n}{2} - \mathrm{Taille1} - j\right) \cdot T[i+1] \leqslant \left\lfloor \dfrac{Somme}{2} \right\rfloor \textbf{ et} \\[2ex] (\mathrm{SomCour2} + (1 - j) \cdot T[i]) + \left(\dfrac{n}{2} - \mathrm{Taille2} - (1 - j)\right) \cdot T[n] \geqslant \left\lfloor \dfrac{Somme}{2} \right\rfloor \\[2ex] (\mathrm{SomCour1} + j \cdot T[i]) + \left(\dfrac{n}{2} - \mathrm{Taille1} - j\right) \cdot T[n] > \mathrm{SomOpt} \end{array} \right)$$

alors

$\cdots$

fin si

$\cdots$

On peut encore raffiner cet algorithme en remarquant que, dans la solution proposée, on se base sur la plus petite ($T[i+1]$) ou la plus grande ($T[n]$) des valeurs restantes. Au prix d'un calcul plus coûteux, dans la première condition, on pourrait ajouter à $(SomCour1 + j \cdot T[i])$ la somme $T[i+1] + \cdots + T[i + (n/2 - Taille1 - j) - 1]$ au lieu de $(n/2 - Taille1 - j) \cdot T[i+1]$. De même, dans la seconde condition, on pourrait ajouter à $(SomCour2 + (1 - j) \cdot T[i])$ la somme $T[n/2 + Taille2 - (1-j) + 1] + \cdots + T[n]$ plutôt que $(n/2 - Taille2 - (1-j)) \cdot T[n]$. Enfin, dans la troisième condition, on pourrait ajouter à $(SomCour1 + j \cdot T[i])$ la somme $T[n/2 + Taille1 - j + 1] + \cdots + T[n]$ au lieu de $(n/2 - Taille1 - j) \cdot T[n]$.

5.2   Ce qu'il faut retenir des essais successifs

La démarche adoptée dans ce chapitre au regard des essais successifs est originale. Ainsi que le montre le schéma de développement en trois étapes présenté à la section 5.1.3, page 227, elle consiste à établir une frontière claire entre l'aspect purement routinier du développement (l'identification d'un patron de développement) et l'aspect créatif (la recherche de techniques d'élagage et d'optimisation). Ce dernier aspect exige souvent des trésors d'ingéniosité pour découvrir des solutions plus efficaces que la force brute. En général, il est toutefois difficile de quantifier le gain en performance qui en résulte.

Le style de développement préconisé dans ce chapitre est à rapprocher de ce que, en génie logiciel, il est convenu d'appeler « design pattern » (ou « patron de conception »). Le principal avantage de la démarche réside dans le fait qu'il n'est pas nécessaire de construire une solution *ex nihilo* pour chaque nouveau problème. En revanche, par définition, le problème considéré doit pouvoir se reformuler pour se conformer au « patron » choisi.

5.3   Exercices

Exercice 52   Le problème des n reines   ○   ⁝

Il s'agit d'un exercice classique de programmation, traité ici selon le paradigme « essais successifs ». Le problème consiste à tenter de placer n reines sur un échiquier $n \times n$, sans qu'aucune de ces pièces ne soit en prise. Deux solutions sont étudiées. La première utilise comme structure d'énumération une matrice carrée destinée à représenter toutes les fonctions totales de l'échiquier vers les booléens. Cette solution fait l'objet d'une optimisation. La seconde solution utilise comme structure d'énumération un vecteur destiné à représenter toutes les bijections de l'intervalle $1 .. n$ sur $1 .. n$.

Comment mettre huit reines sur un échiquier de sorte qu'elles ne se menacent pas mutuellement ? Rappelons qu'une reine, au jeu d'échecs, met en prise toute autre pièce située sur la même colonne, la même ligne ou l'une de ses deux diagonales (à condition qu'elle ne soit pas masquée par une pièce intermédiaire). On peut poser ce problème de manière plus générale : comment mettre n reines ($n \geqslant 4$) [2] sur un échiquier de taille $n \times n$ de sorte qu'aucune ne soit attaquée par une autre ? Par exemple, le schéma suivant fournit une solution pour $n = 8$ (partie (a)) et pour $n = 4$ (partie (b)) :

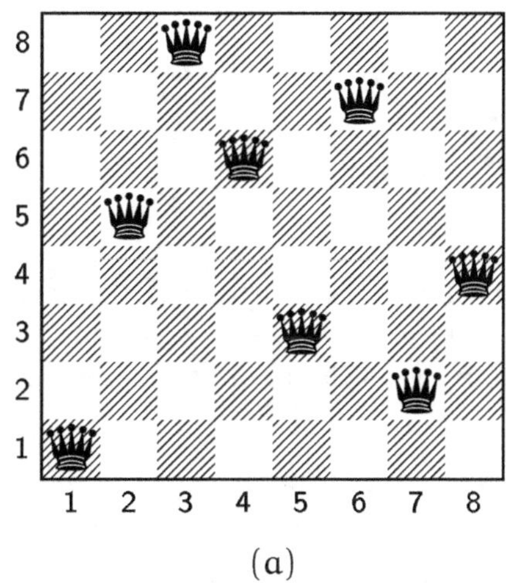

(a)

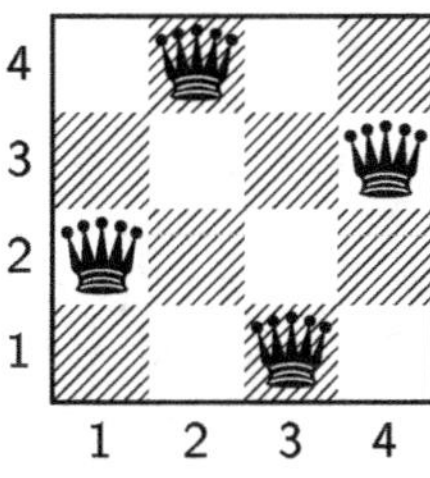

(b)

Dans la suite, on souhaite obtenir toutes les configurations de l'échiquier répondant au problème posé.

Question 1.   Soit un échiquier de taille $n \times n$ et deux reines R_1 et R_2 situées sur les cases respectives (l_1, c_1) et (l_2, c_2). À quelle condition nécessaire et suffisante R_1 et R_2 sont-elles situées sur une même diagonale montante (sud-ouest – nord-est) ? Sur une même diagonale descendante (nord-ouest – sud-est) ?   `52 - Q 1`

---

2. Pour $n = 1$, il existe une seule solution, pour $n = 2$ ainsi que pour $n = 3$, il n'existe pas de solution et, pour $n \geqslant 4$, il existe plusieurs solutions.

Une première version

Dans cette première version, on choisit comme structure d'énumération le tableau X, défini sur le produit cartésien $1..n \times 1..n$ et à valeur dans $\mathbb{B}$ (**faux** (resp. **vrai**) signifiant l'absence (resp. la présence) d'une reine sur la position considérée). Si X est une solution, X est une fonction totale (chaque cellule de X est l'origine d'un couple) surjective (il y a n couples ayant comme extrémité **vrai** et $(n^2 - n)$ couples ayant comme extrémité **faux**). Un tableau X en cours d'élaboration est une fonction totale *non surjective a priori* puisqu'il peut n'y avoir aucune cellule qui désigne **faux**. Cependant, si X est une solution, X satisfait la contrainte propre qui précise que les n reines attaquent toutes les cases vides de l'échiquier mais qu'elles ne sont pas elles-mêmes en prise. Cette contrainte entraîne la surjectivité de X. Il est donc inutile de vérifier la surjectivité (comme le ferait le patron *TTS*, page 224), celle-ci étant un sous-produit de la solution. Le patron approprié est donc *TT* (toujours page 224), aménagé à partir du squelette *T2D* (page 215) afin de tenir compte du caractère bidimensionnel du domaine de définition de la structure d'énumération.

Question 2.   Identifier les élagages possibles et tracer une portion significative de l'arbre de récursion pour le cas $n = 4$.

Question 3.   Pour cette version, on suppose disponibles les quatre fonctions booléennes *LigneLibre*(l, c), *ColonneLibre*(l, c), *DiagMontLibre*(l, c) et *DiagDescLibre*(l, c) (l et c représentent respectivement le numéro de ligne et le numéro de colonne de la case où l'on envisage de poser une reine), qui délivrent **vrai** si et seulement si la portion de ligne, de colonne ou de diagonale mentionnée dans le schéma suivant ne contient pas de reines.

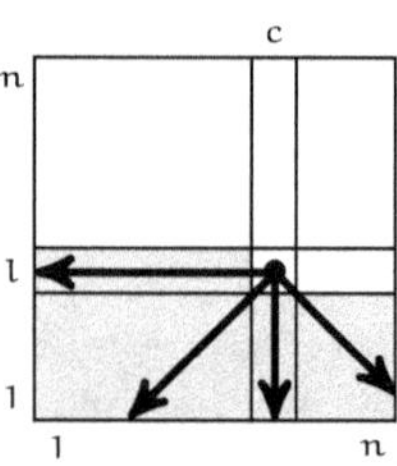

La procédure *NReines1*(l, c) tente de placer une reine dans la case (l, c) sachant que la partie de l'échiquier délimitée par les lignes allant de 1 à $l - 1$ constitue une solution partielle. Écrire cette procédure en précisant comment s'instancie chacune des opérations génériques du patron *TT*.

Question 4.   Les appels des quatre fonctions booléennes mentionnées ci-dessus conduisent à des calculs redondants, qu'il est possible d'éviter en remplaçant ces fonctions par des *tableaux* de booléens. Comment ? Fournir la procédure *NReines2* qui tient compte de cette remarque.

Une seconde version

On souhaite améliorer la version précédente en raffinant la structure de données de la manière suivante (voir aussi [35]). Si l'on considère la fonction X utilisée ci-dessus, on peut constater que l'on ne perd pas d'information en ne conservant que les couples du domaine de X qui sont en relation avec la valeur **vrai**. Puisqu'une solution, si elle existe, doit comporter une reine et une seule par ligne, cette relation, X, est une bijection de l'intervalle $1..n$ sur lui-même (ou si l'on préfère, une permutation de l'intervalle $1..n$). Nous sommes alors dans la situation où le patron approprié est *TTI* de la page 224, appliqué au cas où le domaine et le codomaine de X sont $1..n$. Il nous faut donc produire, non plus toutes les fonctions totales comme précédemment, mais uniquement toutes les bijections de $1..n$ sur $1..n$. Par construction, rapportées à leur interprétation échiquéenne, ces bijections représentent une configuration d'échiquier comprenant une reine par ligne et une reine par colonne. Reste cependant à réaliser le filtrage qui se rapporte aux diagonales. Pour ce faire, on propose de reprendre la technique des tableaux booléens utilisée dans la question 4 ci-dessus.

Question 5. Identifier les élagages possibles et dessiner une portion significative de l'arbre de récursion pour le cas $n = 4$.

52 - Q 5

Question 6. Mettre en œuvre cette solution à travers la procédure *NReines3*(l) dans laquelle le paramètre l est l'indice de remplissage du vecteur d'énumération X.

52 - Q 6

Question 7. Comparer expérimentalement les trois solutions pour quelques valeurs de n.

52 - Q 7

La solution est en page 267.

Exercice 53 Les sentinelles

> *Frère jumeau du problème des* n *reines (voir exercice 52), qu'il est conseillé de réaliser au préalable, le présent exercice s'en démarque sur deux points. D'une part, le vecteur d'énumération ne représente pas cette fois une bijection, mais une injection partielle, et d'autre part il s'agit de rechercher une solution optimale et non toutes les solutions.*
>
> *Deux versions sont étudiées. La première est la transposition directe des algorithmes présentés dans l'introduction du chapitre : la seule structure de données est la structure d'énumération. Dans la seconde, par application de la stratégie classique du renforcement de l'invariant de récursivité, on adjoint au vecteur d'énumération une structure de données* ad hoc *destinée à améliorer l'efficacité de l'algorithme.*

On veut placer un nombre *minimal* de reines sur un échiquier $n \times n$ de sorte que :

1. elles ne sont pas en prise,

2. l'ensemble des cases de l'échiquier est sous leur contrôle.

On rappelle qu'une reine contrôle les cases de la colonne et de la ligne sur laquelle elle se trouve, ainsi que les cases des deux diagonales passant par la case où elle est située. L'échiquier (a) de la figure 5.12, page 240, illustre une première configuration avec six reines contrôlant toutes les cases d'un échiquier 8×8 sans qu'aucune d'elles ne soit attaquée. L'échiquier (b) montre une autre configuration, à cinq reines cette fois.

La configuration (b) est meilleure que la (a) du point de vue du critère d'optimalité considéré (le nombre de reines présentes sur l'échiquier), mais on ne sait pas si elle est optimale. En fait, elle l'est car il n'existe pas de configuration à quatre reines contrôlant toutes les cases de l'échiquier. Le lecteur pourra vérifier expérimentalement cette affirmation à l'issue de l'exercice.

Question 1. Pour un échiquier $n \times n$, donner un minorant au nombre de reines nécessaires pour résoudre le problème.

53 - Q 1

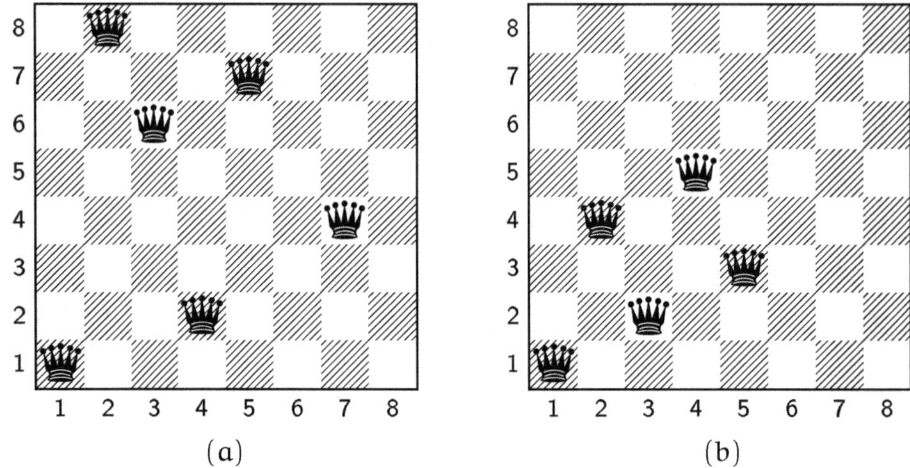

Fig. 5.12 – Deux exemples d'échiquiers avec sentinelles

Dans l'exercice des n reines (voir exercice 52, page 237), nous avons étudié deux solutions, la première fondée sur une matrice d'énumération (voir questions 2 et 3, page 238), dont l'efficacité est perfectible, et la seconde, fondée sur un vecteur d'énumération représentant une fonction totale injective (voir question 6, page 239), qui améliore sensiblement la première solution, comme le montrent les résultats de la question 7 page 272. Ici, nous écartons d'emblée la première solution pour ne retenir que l'homologue de la seconde. Cependant, compte tenu de la nature du problème et outre le fait qu'il s'agit de rechercher la meilleure solution, le patron à instancier est *OPI* (voir figure 5.8, page 225). En effet, puisqu'il peut exister des lignes privées de reines (voir figure 5.12, page 240), certaines cellules du vecteur d'énumération X peuvent ne pas désigner de colonne. X représente donc une fonction partielle. Elle est injective puisqu'il ne peut y avoir plus d'une reine par colonne. Deux variantes sont étudiées : la première n'utilise comme structure de données que la structure d'énumération X et la solution optimale Y, la seconde adjoint à X, à des fins d'efficacité, des structures de données redondantes par rapport à X.

53 - Q 2 **Question** 2. Déterminer les élagages possibles. Construire une partie de l'arbre de récursion incluant au moins une situation d'élagage et une situation de succès, pour un échiquier 5×5.

53 - Q 3 **Question** 3. On s'inspire du patron *OPI* (figure 5.8, page 225) pour définir la procédure *Sentinelles1*. Préciser comment s'instancient les opérations génériques auxiliaires de *OPI*. Fournir le code, ainsi qu'un exemple d'appel de la procédure *Sentinelles1*. La contrainte que l'on s'impose pour cette solution (voir ci-dessus) a comme conséquence que le couple d'opérations *Faire* et *Défaire* est sans objet ici.

53 - Q 4 **Question** 4. La solution précédente conduit à refaire plusieurs fois les mêmes calculs (comme le dénombrement des cellules libres dès l'ajout d'une nouvelle reine). Nous souhaitons raffiner cette solution en adjoignant à X les éléments suivants.

- Le tableau Prise, défini sur $1..n \times 1..n$ et à valeur dans $0..n$, qui pour une configuration donnée de X, comptabilise, pour chaque case de l'échiquier, le nombre de fois où elle est en prise. Si la position (l, c) est occupée par une reine, $Prise[l, c] = 1$.

- La variable entière NbReinesPlacées qui, pour une configuration donnée de X, fournit le nombre de reines sur l'échiquier.

- La variable entière NbCasesLibres qui, pour une configuration donnée de X, fournit le nombre de cases qui ne sont pas contrôlées par au moins une reine.

Mises à jour de manière incrémentale, ces structures évitent des calculs inutiles.

Répertorier et spécifier les opérations nécessaires à la gestion du tableau Prise, puis définir la procédure *Sentinelles2*, instance du patron *OPI*. Fournir son code.

La solution est en page 272.

Exercice 54   Parcours d'un cavalier aux échecs   ∘ ⁝

Encore un problème sur le thème des échiquiers. Cette fois, le résultat ne consiste pas à obtenir une configuration particulière mais à déterminer un ordre de placement de pièces. Cet exercice étudie deux variantes du célèbre « tour du cavalier », qui vise à faire parcourir toutes les cases d'un échiquier à un cavalier avant de revenir à son point de départ (voir l'exercice 49, page 181). La première partie de l'exercice recherche toutes les solutions pour aller d'une case d à une case a. Une évaluation (très grossière) de la complexité est également demandée. La seconde partie porte sur la recherche d'une solution optimale.

Détermination de tous les déplacements d'un cavalier

On considère un échiquier $n \times n$ vide ($n \geqslant 1$, typiquement $n = 8$), un cavalier, d et a deux cases différentes de l'échiquier. On recherche tous les parcours élémentaires[3] que peut emprunter le cavalier posé sur la case de départ d pour atteindre la case d'arrivée a, en respectant les règles du déplacement des cavaliers au jeu d'échec.

Dans la suite, on utilise indifféremment la notation échiquéenne (chiffres en ordonnée, lettres en abscisse, positions sous la forme lettre/chiffre) ou cartésienne pour repérer une case de l'échiquier.

Rappel du déplacement du cavalier au jeu d'échec : si le cavalier est sur la case (i, j), il peut aller sur les huit cases ci-dessous :

$$\begin{array}{llll}
(i-2, j-1) & (i-2, j+1) & (i-1, j-2) & (i-1, j+2) \\
(i+1, j-2) & (i+1, j+2) & (i+2, j-1) & (i+2, j+1),
\end{array} \tag{5.2}$$

à condition évidemment de ne pas sortir de l'échiquier. Le schéma (a) de la figure 5.13 représente les déplacements possibles en un coup pour un cavalier placé initialement sur la case $(4, 4)$.

---

3. C'est-à-dire les parcours sans circuit (voir chapitre 1 et l'exercice 55, page 244).

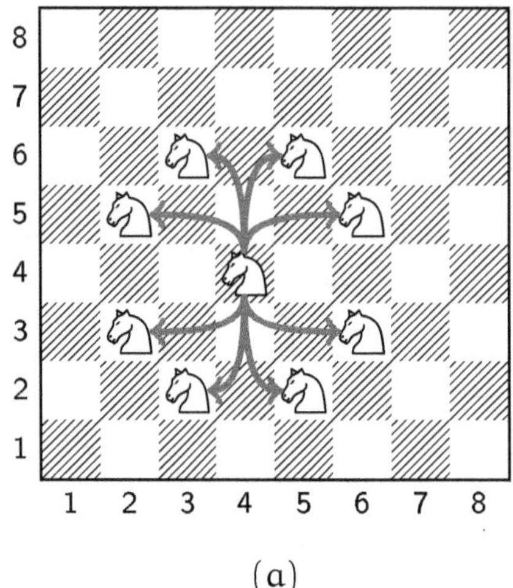

(a)

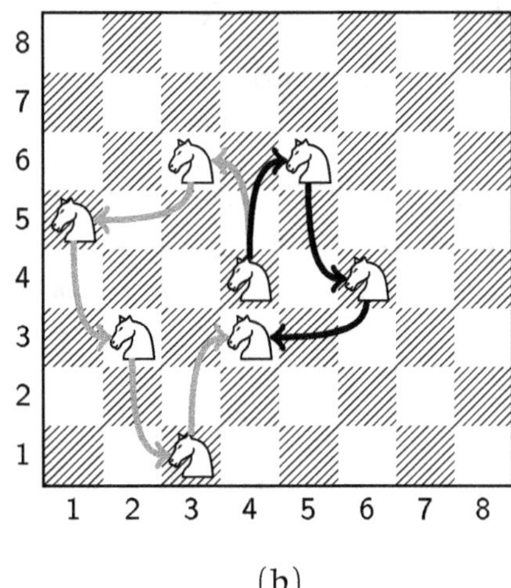

(b)

Fig. 5.13 – Déplacement des cavaliers aux échecs. (a) : tous les déplacements possibles d'un cavalier. (b) : deux parcours d'un cavalier entre les positions $(4,4)$ et $(4,3)$.

Exemple   Le schéma (b) de la figure 5.13 montre deux parcours pour aller de la case $(4,4)$ à la case $(4,3)$, l'un de longueur 5, l'autre de longueur 3.

Une première solution – qui n'est pas développée ici – consiste à calculer préalablement le graphe des déplacements possibles du cavalier, depuis toute case de l'échiquier. Ainsi, pour $n = 4$, on obtiendrait le graphe de la figure 5.14.

Le problème devient alors un problème de recherche de tous les chemins élémentaires d'un sommet à un autre dans un graphe. Les méthodes classiques de recherche de tous les chemins élémentaires peuvent alors s'appliquer. Le principe sur lequel nous fondons notre solution est différent. Il consiste à calculer, au fur et à mesure des besoins, les cases à portée du cavalier depuis sa position courante. Une spécification possible du problème consiste à considérer que le parcours réalisé est représenté par une matrice d'énumération X définie sur le domaine $1..n \times 1..n$ et à valeurs sur $1..n \times 1..n$. La cellule $X[l, c]$ contient un couple qui désigne la case succédant à la case (l, c) dans le parcours. Une telle matrice représente une fonction *partielle* puisque toutes les cases ne sont pas forcement atteintes. De plus, elle est *injective*, puisqu'une case extrémité apparaît au plus une fois. Deux contraintes propres doivent être mentionnées : l'identité n'appartient pas à la fermeture transitive

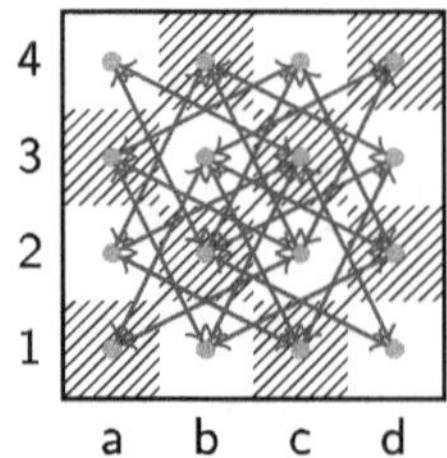

Fig. 5.14 – Graphe de tous les déplacements d'un cavalier sur un échiquier 4×4

(voir définition 14, page 25) de X (afin d'exclure les circuits), mais le couple (d, a) (case de départ et d'arrivée) appartient bien, lui, à la fermeture transitive. Un raffinement possible de cette structure d'énumération consiste à placer sur un échiquier $n \times n$ le numéro du coup effectué par le cavalier lors de son trajet. Par exemple, sur un échiquier 4×4 pour aller de a1 à b1, une possibilité serait d'avoir le trajet suivant :

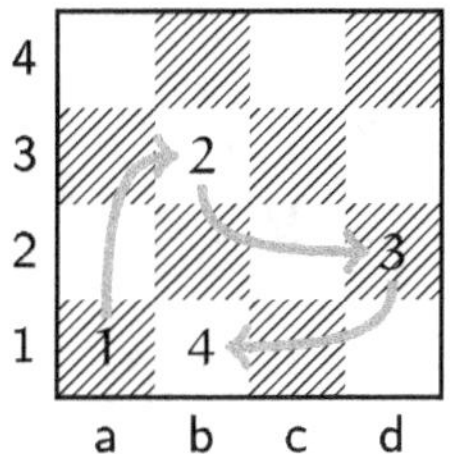

La structure d'énumération représente encore une fonction partielle (car certaines cases n'apparaissent pas dans le trajet), injective (car à une étape donnée est associée une seule case) de $1 .. n \times 1 .. n$ dans $1 .. n^2$. C'est *a priori* un candidat possible pour la fonction d'énumération recherchée. Cependant, compte tenu de notre expérience sur ce type de structure (voir exercice 52, page 237), nous écartons cette solution. En raison du caractère injectif de cette fonction, il est possible de prendre la réciproque, qui est donc aussi une fonction partielle injective, mais cette fois de $1 .. n^2$ dans $1 .. n \times 1 .. n$. Il est cependant important de noter qu'un vecteur d'énumération *en cours d'élaboration* représente une fonction *totale* sur le domaine $1 .. i - 1$, ce qui nous autorise à prendre *TTI* (voir page 224) pour patron plutôt que *TPI*. L'exemple ci-dessus se présente alors sous la forme d'un vecteur d'énumération contenant les coordonnées échiquéennes des cases atteintes :

1	2	3	4
$(a, 1)$	$(b, 3)$	$(d, 2)$	$(b, 1)$

Ce faisant, nous avons néanmoins introduit une difficulté supplémentaire, qu'il va falloir surmonter. Elle se rapporte à la structure des squelettes présentés à la section 5.1.2, page 214, dans lesquels la boucle **pour** parcourt un ensemble *scalaire*, dont les valeurs sont enregistrées dans la structure d'énumération. Ce n'est plus le cas ici puisque le vecteur d'énumération contient des *couples*. Comment résoudre ce problème ? Une solution consisterait à utiliser *deux* boucles pour parcourir toutes les cases de l'échiquier. Il y a cependant mieux à faire dans la mesure où seuls (au plus) huit emplacements sont candidats à être la prochaine étape du parcours. Au prix d'une légère entorse au patron *TTI*, il suffit alors de parcourir l'intervalle $1 .. 8$, pour donner indirectement accès aux cases candidates, ce qui s'obtient par l'intermédiaire de la description 5.2 page 241.

Question 1. On considère un échiquier 4×4, un cavalier posé sur la case de départ a1 et destiné à atteindre la case b1. Poursuivre le développement de la branche gauche de l'arbre de recherche ci-après :

54 - Q 1

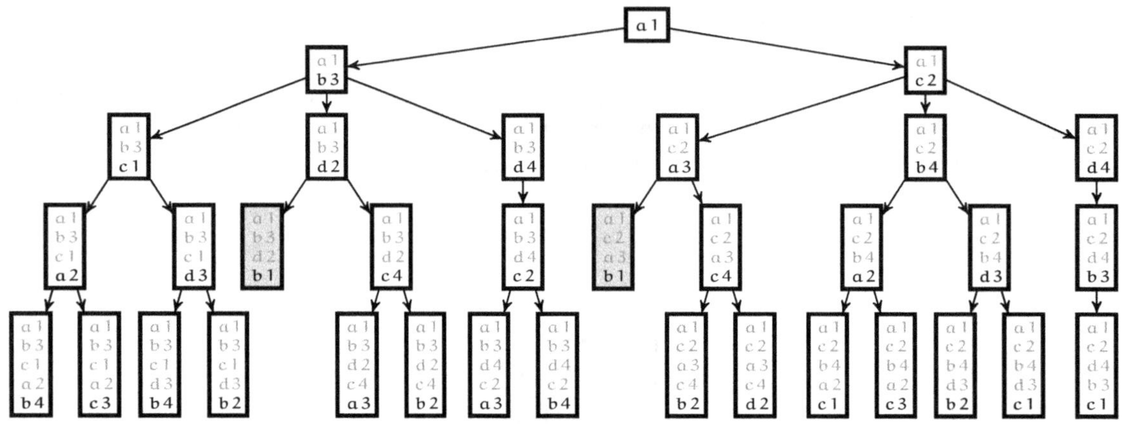

54 - Q 2 **Question** 2. Effectuer l'analyse du problème posé en précisant les constituants du patron *TTI*. Fournir d'une part le code de la procédure *Cavalier1*, instance du patron *TTI*, et d'autre part le code d'une séquence d'appel. Évaluer la complexité au pire en nombre de nœuds de l'arbre de récursion.

Détermination du parcours optimal d'un cavalier

On s'intéresse maintenant au problème suivant : en combien de coups minimum un cavalier peut-il aller de la case $d = (i, j)$ à la case $a = (k, l)$ (en supposant toujours ces deux cases différentes) ? Pour ce faire, on se propose de rechercher le parcours optimal (ou l'un des parcours optimaux) d'un cavalier en instanciant le patron *OPI* (voir figure 5.8, page 225). On conserve la même structure d'énumération que dans la première partie.

54 - Q 3 **Question** 3. Spécifier les divers éléments à instancier dans le patron *OPI* permettant de résoudre ce problème.

54 - Q 4 **Question** 4. Donner l'algorithme *CavalierOpt* qui détermine l'un des parcours optimaux du cavalier.

La solution est en page 277.

Exercice 55   Circuits et chemins eulériens – tracés d'un seul trait

> *Cet exercice s'intéresse aux parcours eulériens dans un graphe orienté connexe. Partant de l'algorithme pour la recherche d'un circuit eulérien dans un graphe orienté obtenu dans la troisième question, on demande de le transformer afin de rechercher un chemin eulérien dans un graphe non orienté. Une application aux tracés d'un seul trait (c'est-à-dire aux tracés pour lesquels on ne lève pas la plume et on ne repasse pas sur un trait) est étudiée.*

On considère un graphe orienté $G = (N, V)$ dans lequel N est l'ensemble des sommets et V l'ensemble des arcs. Posons $n = \text{card}(V)$. On étudie tout d'abord le problème des circuits eulériens, puis celui des chemins eulériens (voir définitions 12 et 13, page 25).

Question 1. Pour chacun des graphes ci-après, fournir, s'il en existe, l'un des circuits 55 - Q 1
eulériens.

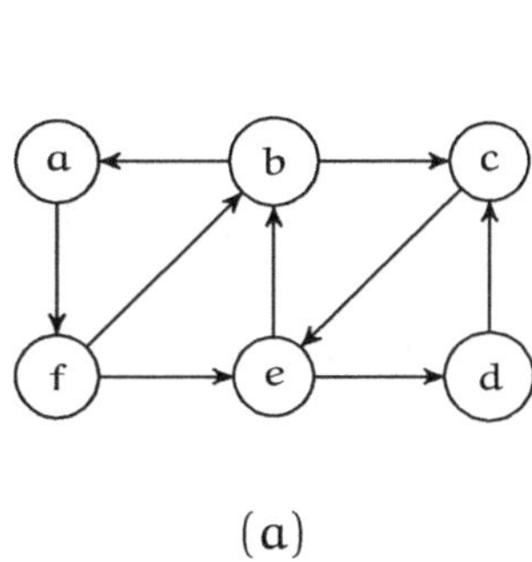

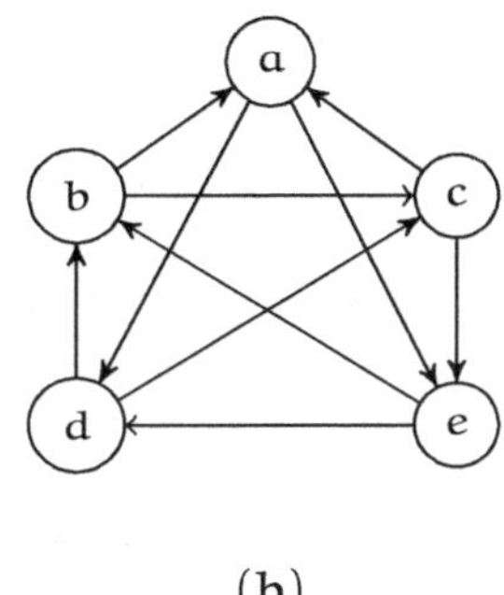

(a)   (b)

Question 2. Pour rechercher tous les circuits eulériens dans le graphe G, on choisit une 55 - Q 2
structure d'énumération X contenant des *sommets*. Compléter la définition de X considérée
comme une fonction, en déduire le type de patron qui doit s'appliquer.

Question 3. Instancier la procédure générique *ToutesSolutions*(i) (voir figure 5.7, 55 - Q 3
page 224), afin d'obtenir un algorithme à essais successifs affichant tous les circuits eulériens d'un graphe orienté connexe.

Question 4. Le problème du tracé sans lever la plume se pose en des termes différents de la 55 - Q 4
recherche d'un circuit dans un graphe orienté. En effet, un graphe *non orienté* connexe est
fourni et il s'agit de découvrir un *chemin* eulérien (c'est-à-dire une succession de sommets
qui passe une et une seule fois par chacune des arêtes – soit dans un sens, soit dans un
autre – sans nécessairement revenir au sommet de départ. En revanche, ce chemin peut
franchir un nœud autant de fois qu'on l'estime nécessaire).

La partie (a) de la figure ci-desssous représente le dessin qu'il faut réaliser sans lever la
plume et sans passer plusieurs fois sur le même trait.

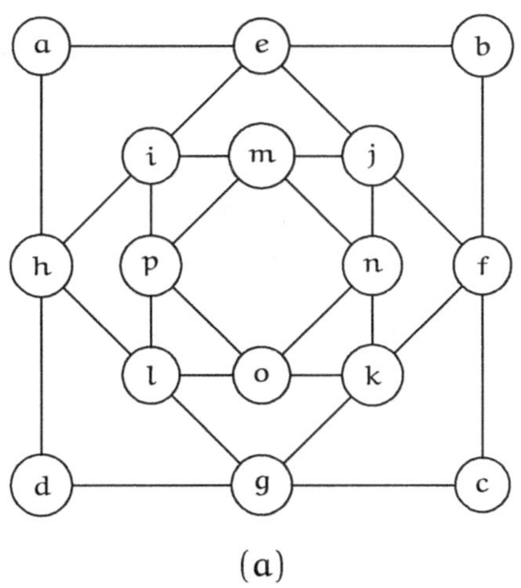

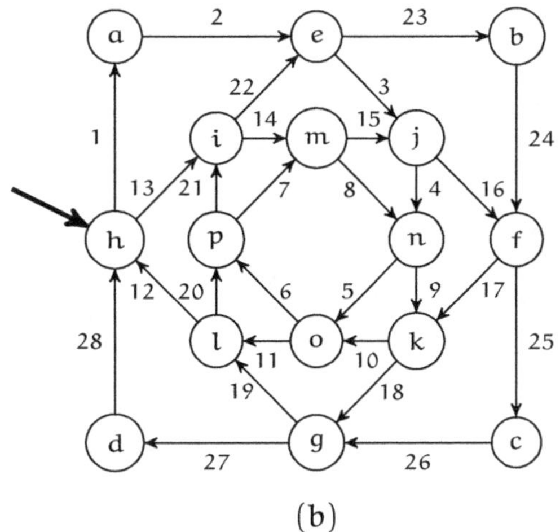

(a)   (b)

La partie (b) montre une solution possible. Il s'agit d'un chemin eulérien débutant au
sommet h ; ce chemin constitue un graphe orienté qui se superpose au graphe initial.
Chaque arc est accompagné du numéro d'ordre du parcours.

Expliquer les modifications qu'il faut apporter à l'algorithme de la troisième question pour
résoudre cette variante du problème initial.

La solution est en page 281.

Exercice 56   Chemins hamiltoniens : les dominos   ○ ●

> *L'intérêt de cet exercice est d'étudier un algorithme de type « essais successifs » pour le problème classique de la recherche d'un chemin hamiltonien dans un graphe.*

On considère le jeu suivant : six dominos portent chacun un mot de quatre lettres, tiré d'un lexique du français. On peut juxtaposer deux dominos si les deux dernières lettres du premier forment un mot de quatre lettres avec les deux premières lettres du second domino.

Dans la suite, on se base sur :

1. le lexique suivant, de 13 mots (ce lexique ne tient pas compte des accents et on accepte les noms propres ainsi que les verbes conjugués) :

TELE	TETE	MELE	MERE	CURE	CUBE	SEVE
SETE	LESE	LEVE	MISE	MITE	MILE	

2. les six dominos suivants, numérotés de 1 à 6 :

1	2	3	4	5	6
BETE	SEME	VECU	LESE	TELE	REMI

Par exemple, le domino SEME peut être mis après le domino REMI, puisque MISE est un mot du lexique.

On représente un tel jeu par un graphe : les six dominos correspondent aux six nœuds du graphe, et un arc relie deux nœuds s'il est possible de juxtaposer le nœud origine au nœud extrémité.

Exemple   Le graphe du jeu se présente comme suit :

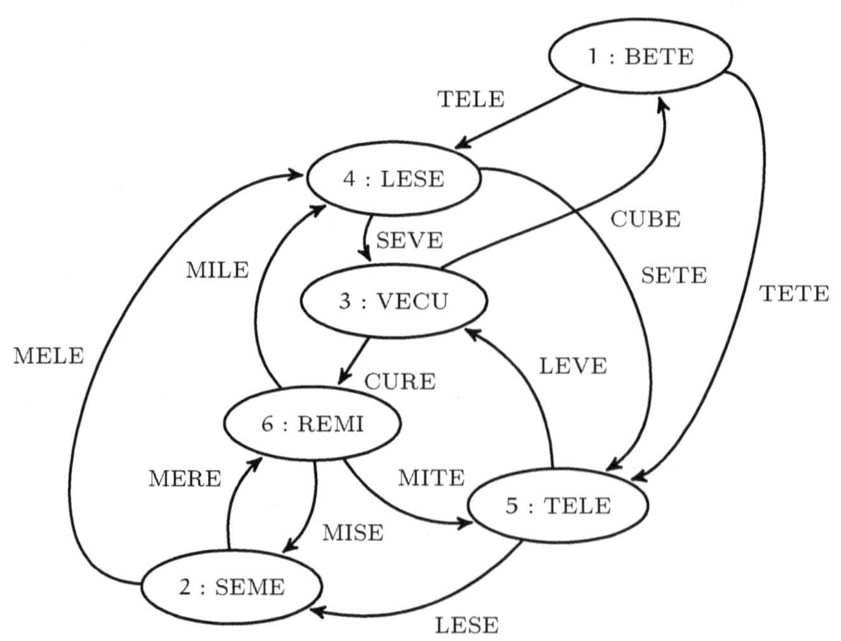

L'étiquette placée sur chaque arc correspond au mot du lexique formé par la concaténation des mots placés aux extrémités de l'arc, privé des deux caractères de début et de fin. Le but du jeu consiste à créer un chemin utilisant les six dominos. Une solution possible est :

BETE TELE VECU REMI SEME LESE.

Les cinq mots issus de cette juxtaposition sont donc :

TETE LEVE CURE MISE MELE.

D'une manière plus générale, l'objectif de cet exercice est d'instancier l'un des patrons du tableau 5.1 page 228 afin qu'il énumère, à partir d'un graphe donné, tous les chemins qui passent une fois et une seule par chacun des nœuds, c'est-à-dire tous les chemins *hamiltoniens* (voir définition 11, page 24).

Dans l'exemple précédent, les deux mots CUVE et MIRE seraient ignorés même s'ils appartenaient au lexique, car issus d'une boucle sur respectivement les mots VECU et REMI. En effet, les boucles ne présentent pas d'intérêt dans le cas de chemins hamiltoniens.

Question 1. Cette question porte sur un traitement manuel du problème. Pour réduire l'espace de recherche, on impose de commencer par le domino numéro 1 (BETE), puis de prendre le domino numéro 5 (TELE). Trouver toutes les solutions commençant par ces deux dominos. Peut-on trouver d'autres solutions (voire toutes) à partir de celles-ci ?   `56 - Q 1`

Dans la suite, on suppose disponible l'ensemble M des nœuds du graphe (numérotés de 1 à n) ainsi que la fonction $Succ(s)$ (voir définition 5, page 24), qui est telle que $Succ \in 1..n \rightarrow \mathbb{P}(1..n)$ et qui, pour tout nœud s, fournit l'ensemble $Succ(s)$ des successeurs de s (c'est-à-dire l'ensemble des mots juxtaposables à s). Ainsi, dans l'exemple de l'énoncé, on a :

s	1	2	3	4	5	6
$Succ(s)$	{4,5}	{4,6}	{1,6}	{3,5}	{2,3}	{2,4,5}

Question 2. Dans le cadre de la recherche de tous les chemins hamiltoniens, proposer une structure d'énumération X, fournir ses propriétés et choisir un patron à instancier.   `56 - Q 2`

Question 3. Pour l'exemple ci-dessus, fournir l'arbre de récursion obtenu à partir du nœud 1 (le domino BETE) comme racine.   `56 - Q 3`

Question 4. Fournir une instance du patron *ToutesSolutions* qui trouve tous les chemins hamiltoniens dans un graphe de n nœuds.   `56 - Q 4`

La solution est en page 285.

Exercice 57   Le voyageur de commerce

Exemple classique d'application du principe de la recherche d'une solution optimale par essais successifs, cet exercice est d'un abord simple. L'existence d'algorithmes plus efficaces (comme l'algorithme de Held-Karp ou une approche de type PSEP – voir exercice 71, page 343) réduit cependant son intérêt pratique.

Un voyageur de commerce doit visiter n villes constituant les sommets d'un graphe non orienté connexe dont les arêtes sont étiquetées par la distance entre les villes qu'elles rejoignent. Le voyageur part d'une certaine ville et doit, si possible, y revenir après avoir visité toutes les autres villes une fois et une seule. La question que doit résoudre le programme à construire est : quel parcours doit-il réaliser pour effectuer le trajet le plus court possible ? Formellement, partant d'un graphe non orienté $G = (N, V)$, valué sur $\mathbb{R}_+^*$ par la fonction D (pour distance), il s'agit de trouver un cycle hamiltonien le plus court possible.

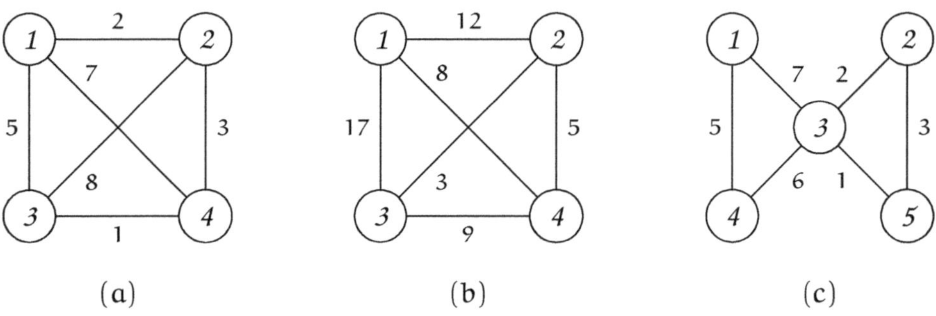

Fig. 5.15 – Exemples de réseaux de villes

Dans le graphe (a) de la figure 5.15, le trajet $\langle 1, 2, 4, 3, 1 \rangle$ est le plus court, avec une longueur de 11, tandis que dans le graphe (b), 32 est la longueur du meilleur trajet, valeur atteinte pour le parcours $\langle 1, 2, 3, 4, 1 \rangle$. En revanche, avec le graphe (c) (qui ne possède pas de cycle hamiltonien), le problème posé n'a pas de solution.

Remarque   On peut choisir n'importe quel nœud du graphe comme ville de départ.

57 - Q 1 **Question 1.** En supposant que le graphe considéré est complet (c'est-à-dire qu'il existe une arête entre tout couple de villes), combien de cycles hamiltoniens existe-t-il depuis une ville donnée ?

57 - Q 2 **Question 2.** Dans le graphe (b) de la figure 5.15, le trajet $\langle 1, 2, 3, 2, 4, 1 \rangle$ est bien un cycle mais il n'est pas hamiltonien (il passe deux fois par le sommet 2). Sa longueur, 31, est inférieure au meilleur trajet hamiltonien trouvé ($\langle 1, 2, 3, 4, 1 \rangle$). Montrer que si, dans le graphe, l'inégalité triangulaire n'est pas respectée, il peut exister des cycles non hamiltoniens (c'està-dire passant plus d'une fois par un sommet) meilleurs qu'un cycle hamiltonien optimal.

57 - Q 3 **Question 3.** Proposer une structure d'énumération X pour résoudre le problème considéré et fournir ses propriétés. En déduire le patron d'algorithme qui convient et fournir son code générique s'il n'est pas disponible dans l'introduction.

Question 4. Fournir l'arbre de récursion pour le graphe (a) de la figure 5.15, page 248, en partant du nœud 1. Un élagage basé sur la longueur des chaînes peut facilement être appliqué. Le préciser et déterminer les conséquences sur l'arbre de récursion. | 57 - Q 4 |

Question 5. Dans cette question, on suppose disponibles le tableau D des longueurs des arêtes du graphe, ainsi que la fonction $Succ(s)$ qui, pour tout nœud s du graphe G, fournit l'ensemble des nœuds successeurs de s. Instancier le patron fourni en réponse à la question 3 pour produire un algorithme qui détermine dans quel ordre le voyageur doit visiter les villes afin de minimiser la longueur totale du chemin parcouru. | 57 - Q 5 |

La solution est en page 287.

Exercice 58   Isomorphisme de graphes

Cet exercice porte sur des graphes orientés. L'algorithme considère deux graphes entre lesquels on recherche un isomorphisme. Il opère sur deux niveaux : il recherche une bijection des nœuds, qui sous-tend une bijection des arcs. Cette caractéristique est à l'origine d'un élagage efficace en général.

Soit $G_1 = (N_1, V_1)$ et $G_2 = (N_2, V_2)$ deux graphes orientés tels que $card(N_1) = card(N_2)$ et $card(V_1) = card(V_2)$, et B une bijection entre N_1 et N_2. G_1 et G_2 sont *isomorphes* à travers B, si B induit une bijection entre V_1 et V_2 (autrement dit si l'application de la bijection permet de réécrire le graphe G_1 en utilisant le vocabulaire du graphe G_2), plus précisément si $B^{-1} \circ V_1 \circ B = V_2$ (soit encore si $V_1 \circ B = B \circ V_2$). Par exemple, soit $G = (N_G, V_G)$ et $H = (N_H, V_H)$ les deux graphes de la figure 5.16.

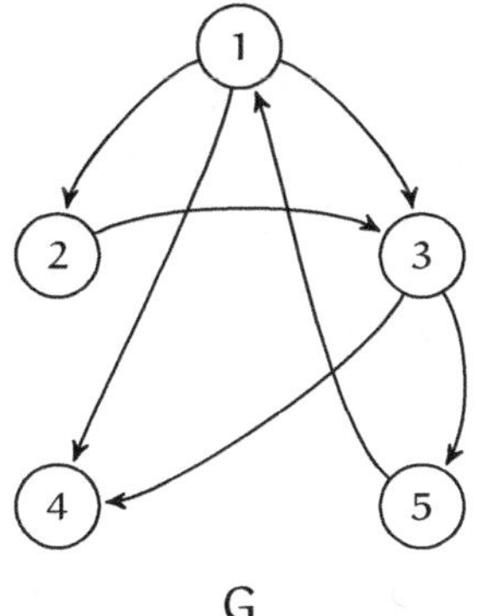
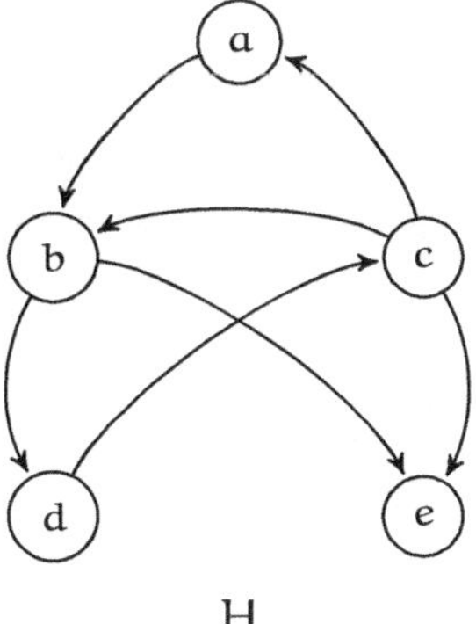

Fig. 5.16 – Deux exemples de graphes

Ces deux graphes sont isomorphes à travers la bijection de sommets suivante :

$$B = \begin{array}{|c|c|c|c|c|} \hline 1 & 2 & 3 & 4 & 5 \\ \hline c & a & b & e & d \\ \hline \end{array}$$

En effet, cette relation induit bien une bijection sur les arcs, que l'on peut représenter par le tableau suivant :

$(1,2)$	$(1,3)$	$(1,4)$	$(2,3)$	$(3,4)$	$(3,5)$	$(5,1)$
(c,a)	(c,b)	(c,e)	(a,b)	(b,e)	(b,d)	(d,c)

Dans les deux schémas ci-dessous, on utilise une représentation bipartite des relations. Le schéma de gauche $(V_G \circ B)$ présente en gris les arcs V_G, en pointillés la relation B et en noir la composition des deux relations. Les mêmes conventions sont utilisées pour le schéma de droite $B \circ V_H$.

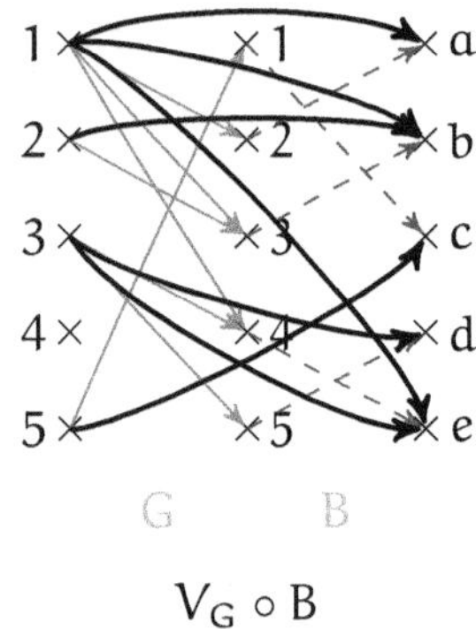
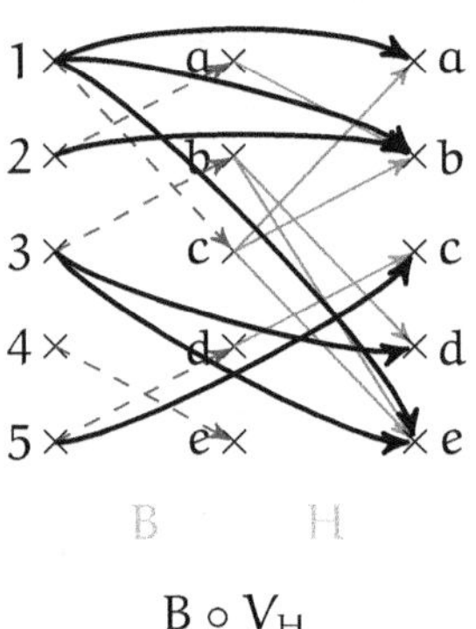

$$V_G \circ B \qquad\qquad B \circ V_H$$

On constate que les deux compositions de relations $V_G \circ B$ et $V_G \circ B$ sont identiques : les graphes G et H sont isomorphes.

Dans les exemples de la figure 5.16, page 249, le nœud 1 du graphe G a pour demi-degré extérieur 3 et pour demi-degré intérieur 1. Il en est de même du sommet c du graphe H.

58 - Q 1 **Question 1.** Donner la table des demi-degrés pour les graphes G et H de la figure 5.16.

On s'intéresse à l'écriture d'un algorithme auquel on fournit un couple de graphes (G_1, G_2) ayant le même nombre n de sommets et le même nombre d'arcs, et qui délivre le nombre d'isomorphismes possibles entre G_1 et G_2.

58 - Q 2 **Question 2.** On considère les deux graphes G et H de la figure 5.16, page 249. Énumérer toutes les bijections entre N_G et N_H qui se limitent à préserver l'arité des sommets. Obtient-on toujours des isomorphismes entre G et H ? En déduire une stratégie d'élagage.

58 - Q 3 **Question 3.** Dans le cadre du dénombrement des isomorphismes, proposer une structure d'énumération X et fournir ses propriétés.

58 - Q 4 **Question 4.** Fournir l'arbre de récursion élagué pour l'exemple de la figure 5.16, page 249.

58 - Q 5 **Question 5.** Fournir un algorithme à essais successifs pour résoudre le problème . On s'intéressera au traitement à effectuer pour que le vecteur d'énumération construit corresponde à un isomorphisme entre G_1 et G_2. On rappelle que la fonction $d^+(s)$ (resp. $d^-(s)$) délivre le demi-degré extérieur (resp. intérieur) du sommet s (voir définition 3 page 23).

La solution est en page 289.

Exercice 59   Coloriage d'un graphe

> *Cet exercice aborde le problème du coloriage de graphes. On se limite à concevoir un algorithme qui détermine si le graphe peut-être colorié avec m couleurs.*

On considère un graphe non orienté connexe $G = (N, V)$ dans lequel N est l'ensemble des sommets et V l'ensemble des arêtes. Un tel graphe est dit *peint* si une couleur est attribuée à chaque sommet, c'est-à-dire s'il existe une fonction totale X de l'ensemble N des sommets vers un ensemble C de m couleurs. Un graphe peint est dit *colorié* par X si, et seulement si, deux sommets de la même couleur *ne sont pas* reliés par une arête.

Par exemple, avec l'ensemble des trois « couleurs » $C = \{1, 2, 3\}$, on peut colorier le graphe du schéma (a) ci-dessous comme le montre le schéma (b) :

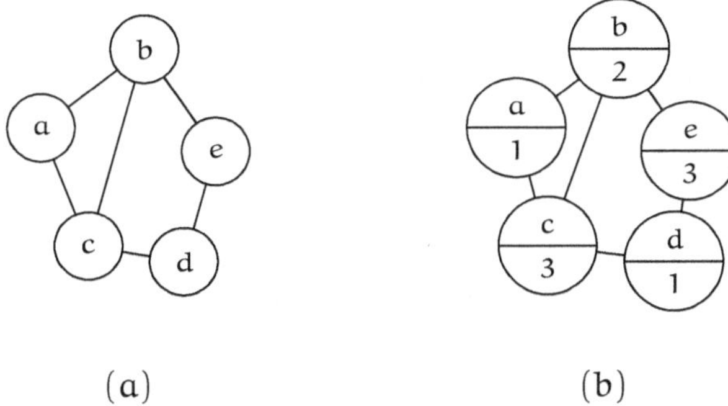

(a)   (b)

La fonction de coloriage peut être représentée par le vecteur d'énumération $X[1..5] = [1, 2, 3, 1, 3]$ dont le premier élément est la couleur du premier nœud a, le second, la couleur du second nœud b, et ainsi de suite pour les cinq nœuds.

Question 1. Pour le graphe (a) ci-dessus, proposer un coloriage X' (différent de X) obtenu par une permutation P des couleurs $(X' = P \circ X)$. Proposer un second coloriage X'' qui ne soit pas obtenu par une permutation des couleurs.   `59 - Q 1`

Question 2. Soit $G = (N, V)$ un graphe et Z une peinture de G (c'est-à-dire une fonction totale de N vers un ensemble de couleurs). Fournir une expression ensembliste (exprimée sur la base des relations Z et V) de la condition qui exprime que Z est un *coloriage* de G.   `59 - Q 2`

Question 3. Définir le vecteur d'énumération X et ses propriétés pour le problème de la recherche d'un coloriage. En déduire le patron qui s'applique si l'on décide de s'arrêter au premier coloriage trouvé (voir tableau 5.1, page 228).   `59 - Q 3`

Question 4. Fournir l'arbre de récursion élagué parcouru pour la recherche du premier coloriage du graphe (a) ci-dessus.   `59 - Q 4`

Question 5. On ne connaît pas de propriété nécessaire et suffisante de coloriage d'un graphe G par les m couleurs de l'ensemble C. En conséquence, pour déterminer si un graphe donné G quelconque peut ou non être colorié à l'aide d'un ensemble de m couleurs données, il est nécessaire de renforcer l'objectif à atteindre en recherchant *explicitement* un coloriage. Fournir le code de l'algorithme et un exemple d'appel (on suppose disponible la fonction $Succ(s)$ – voir définition 5 page 24 –, qui délivre les voisins du sommet s).   `59 - Q 5`

La solution est en page 292.

Exercice 60   Élections présidentielles à l'américaine   ○ ⦂

Dans cet exercice, on s'intéresse aux situations où le scrutin présidentiel des États-Unis ne permet pas l'élection d'un candidat pour cause d'égalité de voix. Les dernières questions portent sur un élagage rendu possible par l'exploitation d'une symétrie.

Les élections présidentielles américaines se déroulent approximativement de la façon suivante : dans chacun des 50 états, les électeurs votent pour l'un des deux candidats à la présidence, démocrate ou républicain. Si c'est le candidat républicain qui dépasse l'autre en nombre de voix dans cet état, l'état enverra à Washington des « grands électeurs », tous républicains. Si c'est le candidat démocrate qui gagne dans cet état, l'état enverra à Washington le même nombre de grands électeurs, tous démocrates [4]. Le nombre de grands électeurs dépend de la population de l'état.

Pour l'étape finale du scrutin, les grands électeurs se retrouvent à Washington et votent conformément à leur étiquette. Le président élu est celui qui obtient le plus de voix de grands électeurs. En pratique, sur un total de 538 grands électeurs, la Californie en a 54, le Texas en compte 32, l'état de New York 33, la Floride 25, la Pennsylvanie 23, l'Illinois 22, etc.

Dans la suite, les états sont codés sur l'intervalle $1 .. n$ $(n \geqslant 1)$; GE est le tableau qui associe au code de chaque état le nombre de grands électeurs attribués à cet état et T est le total de grands électeurs sur tout le pays.

Le résultat d'une élection peut être représenté par un vecteur caractéristique défini sur l'intervalle $1 .. n$ et à valeur sur $0 .. 1$. La valeur 0 (resp. 1) signifie par convention que les démocrates (resp. les républicains) sont les vainqueurs dans l'état considéré. La solution à notre problème consiste à passer en revue l'ensemble des parties de $1 .. n$ afin de déterminer s'il existe des cas d'égalité.

<table><tr><td>60 - Q 1</td></tr></table>

Question 1. Définir le vecteur d'énumération X et fournir ses propriétés. En déduire le patron qui s'applique (voir tableau 5.1, page 228).

<table><tr><td>60 - Q 2</td></tr></table>

Question 2. Décrire les constituants de la procédure *Élections* qui énumère toutes les configurations où les deux candidats se retrouvent avec le même nombre de voix. Quel est le code obtenu ? Fournir un exemple d'appel.

<table><tr><td>60 - Q 3</td></tr></table>

Question 3. Montrer que le nombre de telles configurations est pair.

<table><tr><td>60 - Q 4</td></tr></table>

Question 4. Proposer une modification de l'algorithme qui ne produit que l'une des deux configurations de l'appariement.

<table><tr><td>60 - Q 5</td></tr></table>

Question 5. Proposer une modification très simple de la constitution américaine pour que l'élection soit toujours effective, c'est-à-dire que les deux candidats ne puissent pas avoir le même nombre de voix de grands électeurs.

La solution est en page 294.

---

4. On suppose qu'à ce stade du scrutin il n'y a jamais égalité des voix.

Exercice 61   Crypto-arithmétique   ○   ●

> *La principale originalité de cet exercice réside dans le fait qu'il s'agit de produire des injections totales entre deux ensembles. Ce sont ces injections qui constituent les solutions potentielles. L'une des difficultés concerne le calcul de complexité. Il n'y a pas lieu de rechercher une complexité asymptotique, puisque le paramètre choisi varie sur un intervalle fini. Cependant, les calculs sous-jacents se révèlent assez difficiles.*

Soit Σ l'alphabet latin de 26 lettres : $\Sigma = \{\mathcal{A}, \mathcal{B}, \ldots, \mathcal{Z}\}$. Soit $L \subset \Sigma$ un ensemble de n lettres de l'alphabet ($n \leqslant 10$) et $+$ une addition formelle exprimée avec ces lettres comme dans l'exemple suivant :

$$\mathcal{NEUF} + \mathcal{UN} + \mathcal{UN} = \mathcal{ONZE}$$

que l'on peut aussi écrire :

$$
\begin{array}{ccccc}
  & \mathcal{N} & \mathcal{E} & \mathcal{U} & \mathcal{F} \\
+ &   &   & \mathcal{U} & \mathcal{N} \\
+ &   &   & \mathcal{U} & \mathcal{N} \\
\hline
  & O & \mathcal{N} & \mathcal{Z} & \mathcal{E} \\
\end{array}
$$

Le but de l'exercice est de découvrir toutes les injections totales de L vers l'ensemble des dix chiffres décimaux, de sorte que la substitution de chaque lettre par le chiffre qui lui correspond fournit une opération arithmétique correcte en base 10.

L'exemple ci-dessus possède une solution que l'on peut représenter par la bijection partielle suivante :

$$\{\mathcal{E} \mapsto 9, \mathcal{F} \mapsto 7, \mathcal{N} \mapsto 1, O \mapsto 2, \mathcal{U} \mapsto 8, \mathcal{Z} \mapsto 4\}$$

de $\{\mathcal{E}, \mathcal{F}, \mathcal{N}, O, \mathcal{U}, \mathcal{Z}\}$ dans $\{1, 2, 4, 7, 8, 9\}$, puisque :

$$1987 + 81 + 81 = 2149.$$

En revanche, la solution correspondant à :

$$1988 + 81 + 81 = 2150,$$

correcte sur le plan arithmétique, n'est cependant pas acceptable. En effet, elle provient d'une fonction qui n'est pas injective, puisque les lettres $\mathcal{F}$ et $\mathcal{U}$ sont toutes deux en relation avec 8.

Quant à l'addition :

$$1987 + 81 + 71,$$

elle est issue d'une relation qui n'est pas fonctionnelle : $\{\ldots, \mathcal{U} \mapsto 7, \mathcal{U} \mapsto 8, O \mapsto 2, \ldots\}$.

On supposera qu'il existe une fonction *CalculExact* qui, partant d'une injection entre lettres et chiffres décimaux et d'une représentation de l'opération formelle, rend **vrai** si, effectuée à travers l'injection, l'opération est arithmétiquement correcte et **faux** sinon.

Question 1. Donner le principe d'un algorithme permettant de trouver toutes les solutions à tout problème de crypto-arithmétique. Quel est le patron approprié (voir tableau 5.1, page 228) ? Dans un premier temps, on ne cherche pas à effectuer d'élagages.   `61 - Q 1`

61 - Q 2

Question 2. Définir les instances des différents composants du patron utilisé (*Satisfaisant*, *SolutionTrouvée*, *Faire* et *Défaire*). En déduire le code de la procédure *CryptoArith*. Fournir un exemple d'appel.

61 - Q 3

Question 3. Pour un problème particulier comme celui donné précédemment, comment améliorer la complexité temporelle en introduisant des élagages ? Peut-on découvrir des conditions générales d'élagage ?

La solution est en page 296.

Exercice 62   Carrés latins

> *L'originalité de cet exercice réside dans le fait que, bien que le vecteur d'énumération représente une fonction injective, des restrictions de celle-ci possèdent une propriété plus forte, qu'il est intéressant d'exploiter.*

Un *carré latin d'ordre* n ($n \geqslant 1$) est un tableau carré dans lequel les cellules contiennent les n éléments d'un ensemble S, qui sont disposés de telle manière qu'ils apparaissent une et une seule fois dans chaque ligne et dans chaque colonne. Chacune des lignes et des colonnes est donc constituée par une permutation des n éléments.

Par exemple, pour $n = 6$ et $S = \{1, 2, 3, 4, 5, 6\}$, on a (parmi 812 851 200 solutions) les trois carrés latins suivants :

$$
\begin{bmatrix}
1 & 2 & 3 & 4 & 6 & 5 \\
4 & 6 & 5 & 2 & 3 & 1 \\
3 & 4 & 6 & 1 & 5 & 2 \\
2 & 5 & 1 & 3 & 4 & 6 \\
5 & 3 & 2 & 6 & 1 & 4 \\
6 & 1 & 4 & 5 & 2 & 3
\end{bmatrix}
\quad
\begin{bmatrix}
3 & 6 & 2 & 1 & 4 & 5 \\
1 & 3 & 4 & 6 & 5 & 2 \\
6 & 4 & 3 & 5 & 2 & 1 \\
2 & 1 & 5 & 3 & 6 & 4 \\
4 & 5 & 1 & 2 & 3 & 6 \\
5 & 2 & 6 & 4 & 1 & 3
\end{bmatrix}
\quad
\begin{bmatrix}
1 & 2 & 5 & 3 & 6 & 4 \\
2 & 6 & 1 & 4 & 3 & 5 \\
5 & 4 & 3 & 2 & 1 & 6 \\
3 & 5 & 4 & 6 & 2 & 1 \\
6 & 1 & 2 & 5 & 4 & 3 \\
4 & 3 & 6 & 1 & 5 & 2
\end{bmatrix}
$$

Le second carré présente une particularité : chacune des deux diagonales est entièrement composée d'éléments identiques. Un tel carré latin est dit *antidiagonal*.

Le troisième carré présente une particularité différente : les éléments de S apparaissent dans le même ordre sur la première ligne et sur la première colonne. Un tel carré latin est dit *normalisé*. Il existe 96 773 760 carrés latins normalisés et 76 640 antidiagonaux d'ordre 6. Dans la suite, on limite l'étude au cas où $S = 1 \mathinner{..} n$.

62 - Q 1

Question 1. Sachant que l'on recherche tous les carrés latins pour un n donné, définir la structure d'énumération X et fournir ses propriétés. En déduire le patron qui s'applique ici. Que peut-on en conclure sur l'ensemble que va parcourir la variable j de la boucle ?

62 - Q 2

Question 2. Fournir une portion de l'arbre de récursion pour un carré latin d'ordre 3.

62 - Q 3

Question 3. Fournir le code de la procédure *CarréLatin*, ainsi qu'un exemple d'appel.

62 - Q 4

Question 4. Dans la version de la question précédente de la procédure *CarréLatin*, on exploite le fait que l'ensemble parcouru par la variable j est un intervalle à trous, sous-ensemble fini de $\mathbb{N}$ (et non un intervalle complet). Cette caractéristique n'existe pas dans la plupart des langages de programmation classiques. Dans la procédure *PartEns3* de l'exemple introductif (page 212), nous avons vu comment contourner ce problème en renforçant l'invariant par une structure de données (*SomCour* pour l'exemple en question) redondante par rapport à la structure X. En s'inspirant de cet exemple, aménager la procédure *CarréLatin* de façon à disposer d'une version efficace *CarréLatin2* (on veillera à éviter des recherches séquentielles dans X).

Question 5. Démontrer que, à l'exception du carré latin d'ordre 1, il n'existe pas de carré latin antidiagonal d'ordre impair, puis montrer comment on peut aménager la procédure *CarréLatin* afin d'obtenir la procédure *CarréLatinAntidiagonal*, donnant tous les carrés antidiagonaux à un ordre n quelconque.   62 - Q 5

Question 6. Donner le principe d'une procédure calculant tous les carrés latins normalisés à un ordre n donné.   62 - Q 6

La solution est en page 297.

Exercice 63   Le jeu de sudoku

> *Cet exercice porte sur le jeu du sudoku. Dans la version finale (question 4), il tire son originalité du fait que la structure d'énumération n'est pas vide au démarrage de l'algorithme, puisqu'elle doit contenir les chiffres déjà placés sur la grille.*

Ce jeu est une extension de celui du carré latin. Il est conseillé de traiter l'exercice s'y rapportant (voir page 254) avant d'aborder celui-ci.

Le but de ce jeu est de remplir de chiffres un carré de neuf cases de côté, subdivisé en autant de carrés identiques de trois cases de côté, appelés *régions*, de façon à ce que chaque ligne, chaque colonne et chaque région contienne une fois et une seule les chiffres de 1 à 9. Au début du jeu, un certain nombre de chiffres sont déjà en place (ils sont appelés les *dévoilés*). En général, la grille de départ représente un sudoku minimal[5]. Voici un exemple de grille sudoku (la grille à compléter à gauche et sa solution à droite) :

<table>
<tr><td></td><td>3</td><td></td><td></td><td>7</td><td></td><td></td><td></td><td></td></tr>
<tr><td>6</td><td></td><td></td><td>1</td><td>9</td><td>5</td><td></td><td></td><td></td></tr>
<tr><td></td><td>9</td><td>8</td><td></td><td></td><td></td><td></td><td>6</td><td></td></tr>
<tr><td>8</td><td></td><td></td><td></td><td>6</td><td></td><td></td><td></td><td>3</td></tr>
<tr><td>4</td><td></td><td></td><td>8</td><td></td><td>3</td><td></td><td></td><td>1</td></tr>
<tr><td>7</td><td></td><td></td><td></td><td>2</td><td></td><td></td><td></td><td>6</td></tr>
<tr><td></td><td>6</td><td></td><td></td><td></td><td></td><td>2</td><td>8</td><td></td></tr>
<tr><td></td><td></td><td></td><td>4</td><td>1</td><td>9</td><td></td><td></td><td>5</td></tr>
<tr><td></td><td></td><td></td><td></td><td>8</td><td></td><td></td><td>7</td><td>9</td></tr>
</table>

<table>
<tr><td>5</td><td>3</td><td>4</td><td>6</td><td>7</td><td>8</td><td>9</td><td>1</td><td>2</td></tr>
<tr><td>6</td><td>7</td><td>2</td><td>1</td><td>9</td><td>5</td><td>3</td><td>4</td><td>8</td></tr>
<tr><td>1</td><td>9</td><td>8</td><td>3</td><td>4</td><td>2</td><td>5</td><td>6</td><td>7</td></tr>
<tr><td>8</td><td>5</td><td>9</td><td>7</td><td>6</td><td>1</td><td>4</td><td>2</td><td>3</td></tr>
<tr><td>4</td><td>2</td><td>6</td><td>8</td><td>5</td><td>3</td><td>7</td><td>9</td><td>1</td></tr>
<tr><td>7</td><td>1</td><td>3</td><td>9</td><td>2</td><td>4</td><td>8</td><td>5</td><td>6</td></tr>
<tr><td>9</td><td>6</td><td>1</td><td>5</td><td>3</td><td>7</td><td>2</td><td>8</td><td>4</td></tr>
<tr><td>2</td><td>8</td><td>7</td><td>4</td><td>1</td><td>9</td><td>6</td><td>3</td><td>5</td></tr>
<tr><td>3</td><td>4</td><td>5</td><td>2</td><td>8</td><td>6</td><td>1</td><td>7</td><td>9</td></tr>
</table>

---

5. Une grille comportant des dévoilés est dite minimale si, d'une part, la solution existe et est unique et si, d'autre part, la suppression d'un dévoilé quelconque fait perdre l'unicité.

Dans une première étape, on considère les grilles *sans* dévoilés. Il s'agit donc de produire toutes les grilles de sudoku possibles.

63 - Q 1

Question 1. Proposer une structure d'énumération X. Définir ses propriétés. Que peut-on en conclure quant à l'ensemble que va parcourir la variable de la boucle ? Parmi la liste de patrons du tableau 5.1, page 228, quel est celui qui est approprié au cas considéré ?

63 - Q 2

Question 2. Fournir le code de la procédure *Sudoku1* (sans dévoilés), ainsi qu'un exemple d'appel. Il existe environ 7×10^{21} solutions. Estimer le temps de calcul de ce programme sur un processeur actuel typique.

63 - Q 3

Question 3. Dans la version de la question précédente de la procédure *Sudoku1*, on exploite le fait que le langage de programmation utilisé permet de parcourir un intervalle à trous, sous-ensemble fini de $\mathbb{N}$ (et non un intervalle complet). Cette caractéristique n'existe pas dans la plupart des langages classiques. Dans la procédure *PartEns3* de l'exemple introductif (page 212), nous avons vu comment contourner ce problème en renforçant l'invariant par une structure de données (SomCour pour l'exemple en question) redondante par rapport à la structure X. En s'inspirant de cet exemple, aménager la procédure *Sudoku1* de façon à disposer d'une version efficace *Sudoku2* (on veillera à éviter des recherches séquentielles dans X).

On considère à présent les grilles avec dévoilés. On ne s'intéresse qu'à la variante de *Sudoku2* (dans laquelle on utilise une structure de données auxiliaire).

63 - Q 4

Question 4. Aménager la procédure *Sudoku2* de façon à traiter les grilles avec dévoilés.

63 - Q 5

Question 5. Comment adapter le résultat de la question précédente afin de proposer une opération qui vérifie qu'une grille est bien minimale.

63 - Q 6

Question 6. En général, les grilles proposées dans les magazines sont évaluées selon leur niveau de difficulté supposé, le plus souvent entre *très facile* et *démoniaque*. Cependant le classement sur cette échelle dépend de la (ou des) stratégie(s) appliquée(s) pour la recherche d'une solution. Ainsi, si l'on considère le temps moyen de recherche de la solution comme seul critère de difficulté, la grille galamment nommée *Blonde platine* (cf. grille (a), figure 5.17, page 257) est souvent considérée comme l'une des plus difficiles connues à ce jour tandis qu'une stratégie par essais successifs, telle que celle mise en œuvre dans la version *Sudoku3*, trouve la solution en moins d'une seconde sur un ordinateur de bureau. À l'inverse, sur une grille telle que la (b) de la même figure, un algorithme de type essais successifs [6] va peiner pendant une quinzaine de secondes avant d'afficher la solution, alors qu'un spécialiste classera cette grille, au pire, dans la catégorie *difficile*.

Dans cette question, nous demandons de réfléchir aux modifications à apporter à la solution de la question 4 et de mettre en œuvre la nouvelle solution afin de calculer le nombre d'appels récursifs nécessaires pour découvrir la solution. Cette valeur peut être objectivement considérée comme caractérisant le niveau de difficulté dans le cadre de la résolution par essais successifs. On appliquera ensuite l'algorithme ainsi modifié aux deux grilles de la figure 5.17, page 257, à des fins de comparaison.

Calculer le niveau de difficulté d'une grille en se basant sur une seule exécution réalisée à partir de la cellule située en haut à gauche peut sembler arbitraire. Une solution plus satisfaisante consiste à débuter la recherche successivement sur les 81 cellules de la grille et à calculer la moyenne des 81 valeurs ainsi obtenues.

---

6. En supposant que l'on débute par la cellule en haut à gauche.

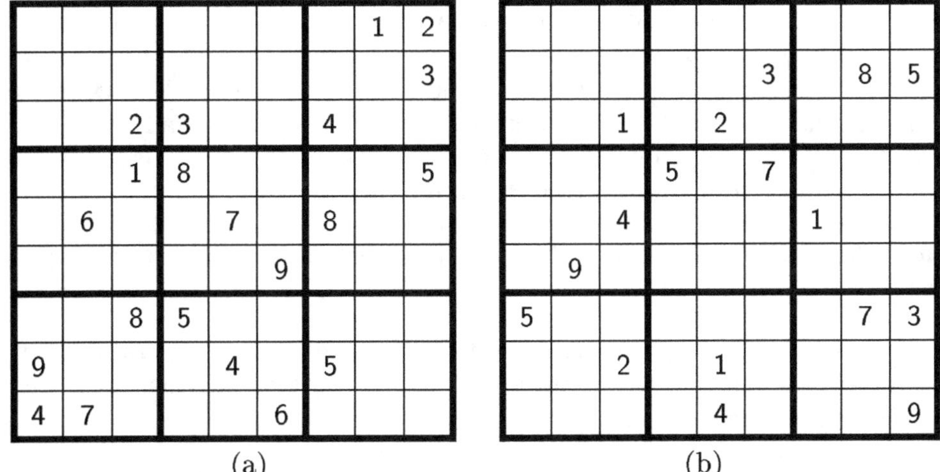

Fig. 5.17 – (a) La grille Blonde platine ; (b) Une grille défavorable à une stratégie de type essais successifs

Question 7. Modifier la procédure de la question précédente de façon à débuter la recherche sur une cellule choisie arbitrairement. | 63 - Q 7

Question 8. Utiliser la modification ainsi réalisée pour obtenir un programme qui calcule la moyenne du nombre d'appels récursifs obtenue en débutant successivement sur les 81 cellules de la grille. Appliquer l'algorithme ainsi obtenu aux deux grilles de la figure 5.17. | 63 - Q 8

Question 9. La question 3 introduit un renforcement d'invariant (consistant en l'ajout de structures de données redondantes H, V, etc.). Il est clair que cette modification n'a aucune conséquence sur la complexité asymptotique de la solution, complexité qui n'est imputable qu'aux appels récursifs. On peut cependant s'interroger sur l'incidence pratique de cette variante. | 63 - Q 9

Évaluer expérimentalement le gain (en terme de temps d'exécution) que procure l'application de ce renforcement en comparant le temps d'exécution des versions *sans* et *avec* renforcement, sur une vingtaine de jeux d'essais significatif. Conclusion ?

La solution est en page 301.

Exercice 64   Sept à onze

> *Cet exercice est un exemple particulièrement intéressant dont la solution naïve présente une complexité temporelle désastreuse, alors qu'une transformation ingénieuse, basée sur une décomposition en facteurs premiers, fournit une solution d'une efficacité acceptable.*

Le magasin d'alimentation de votre quartier est ouvert de 7 h à 23 h, d'où son nom : le « 7 à 11 ». Vous y achetez un ensemble de quatre articles $\{a_1, a_2, a_3, a_4\}$. À la caisse, la note qui vous est présentée s'élève à 7,11 €. Une note de 7,11 € au « 7 à 11 » ! Vous faites remarquer la coïncidence au caissier en lui demandant comment il est arrivé à ce montant : « Eh bien, j'ai tout simplement multiplié le prix des quatre articles ». Vous lui expliquez calmement que le montant total doit être calculé en *additionnant* le prix des articles et non en les multipliant. Il vous répond : « ça n'a aucune importance, la facture serait encore de $7,11€$ ». Il a raison. Le problème que l'on se pose est de déterminer le prix de chaque article, sachant que la première solution trouvée nous conviendra.

64 - Q 1 **Question** 1. Exprimée en centimes d'euros, quelle est la somme (resp. le produit) des quatre prix ?

64 - Q 2 **Question** 2. En supposant que le prix des articles est supérieur ou égal à deux centimes et en se fondant uniquement sur les propriétés de la somme, sur quel intervalle les prix, exprimés en centimes, peuvent-ils varier ?

64 - Q 3 **Question** 3. Afin de mettre en œuvre un algorithme pour résoudre ce problème, proposer un vecteur d'énumération X et définir ses propriétés. Quel type de patron entraîne ce choix (voir tableau 5.1, page 228) sachant que l'on se limite à la recherche de la première solution ?

64 - Q 4 **Question** 4. En déduire la procédure *SeptAOnze1* qui affiche la première solution trouvée. Optimiser la solution en renforçant l'invariant de récursivité.

Dans l'objectif de la recherche d'une meilleure efficacité pour un algorithme, la démarche qui consiste à « prétraiter » les données se révèle souvent féconde. Alors que dans la question précédente nous avons examiné tous les quadruplets possibles de prix, nous pouvons décider de ne prendre en considération que les quadruplets dont le produit vaut $711\,000\,000$. Répertorier de tels quadruplets passe tout d'abord par la décomposition de $711\,000\,000$ en un produit de facteurs premiers [7] (c'est le prétraitement). Nous calculons facilement que $711\,000\,000 = 2^6 \cdot 3^2 \cdot 5^6 \cdot 79$. Si les valeurs de l'intervalle $1\mathrel{..}4$ codent chacun des quatre articles, le problème se ramène à trouver une partition particulière, à quatre éléments, du multiensemble $[\![2,2,2,2,2,2,3,3,5,5,5,5,5,5,79]\!]$. Ainsi, par exemple, la partition $[\![[\![2,2,5,5]\!],[\![2,2,5,5]\!],[\![2,3,79]\!],[\![2,3,5,5]\!]]\!]$ correspond à quatre articles aux prix respectifs de 100, 100, 474 et 150. Par construction, le produit de ces quatre prix est de $711\,000\,000$, vérification qui devient donc inutile. Reste à trouver la (l'une des) partition(s) dont la somme vaut 711.

64 - Q 5 **Question** 5. Déduire de la remarque précédente une nouvelle structure d'énumération X et en fournir les propriétés. En déduire le patron qui s'applique (voir tableau 5.1, page 228) et fournir son code s'il n'apparaît pas dans l'introduction.

64 - Q 6 **Question** 6. En déduire une nouvelle version de la procédure *SeptAOnze* qui affiche la première solution trouvée. Que peut-on dire de la complexité de cette solution ?

La solution est en page 307.

---

7. En tant que sac, la décomposition est unique à condition que 1 soit exclu. C'est pour cette raison que nous imposons des prix supérieurs ou égaux à deux centimes d'euro.

Exercice 65   Décomposition d'un nombre entier

> *Dans cet exercice, partant de la solution « force brute », plusieurs optimisations et élagages sont étudiés. C'est le principal intérêt de cet exercice, pour lequel il existe des solutions plus efficaces que celles fondées sur le principe des essais successifs.*

Étant donné un nombre entier n ($n \geqslant 1$), on appelle « décomposition » de n, l'ensemble des ensembles d'entiers naturels non nuls dont la somme vaut n. Par exemple, la décomposition de $n = 6$ est l'ensemble : $\{\{1, 2, 3\}, \{1, 5\}, \{2, 4\}, \{6\}\}$[8]. L'objectif de l'exercice est de fournir différentes variantes de la procédure qui produit successivement tous les éléments de la décomposition d'un entier n positif donné.

Question 1. Donner la décomposition de $n = 10$.   `65 - Q 1`

Question 2. Afin de résoudre ce problème par une démarche de type « essais successifs », définir une structure d'énumération X et en fournir les propriétés. En déduire le patron qui lui correspond.   `65 - Q 2`

Question 3. Dans cette question, on s'intéresse à la solution de type « force brute ». Fournir la procédure *DécompEntier1*, instance du patron choisi à la question précédente, en précisant comment s'instancie la fonction *SolutionTrouvée*.   `65 - Q 3`

Question 4. Un premier élagage est possible si l'on constate qu'il est inutile de poursuivre l'exploration d'une branche qui a déjà dépassé la valeur n. Quelles sont les modifications à apporter à la procédure *DécompEntier1* pour mettre en œuvre cette optimisation ?   `65 - Q 4`

Question 5. Pour l'instant, le calcul de la somme des nombres représentés dans le vecteur X s'effectue systématiquement lors de l'évaluation de la condition correspondant à la fonction générique *SolutionTrouvée*. Il est clair que ceci conduit à refaire plusieurs fois les mêmes calculs. L'optimisation envisagée ici consiste à éliminer ces calculs redondants. Effectuer cette amélioration en adaptant la technique du renforcement d'invariant de récursivité appliqué dans l'exemple introductif de ce chapitre (voir page 209).   `65 - Q 5`

Question 6. Un dernier élagage est possible. Il se fonde sur le fait que l'on peut arrêter la recherche dès que la somme exacte a été trouvée, que le paramètre d'appel (dénommé i dans le patron qui s'applique ici, cf. figure 5.9, page 226) soit ou non égal à n. Comment doit-on modifier la version précédente pour parvenir à cette version ?   `65 - Q 6`

La solution est en page 310.

---

8. Il existe une notion proche, celle de *partition* d'un entier, dans laquelle on recherche un ensemble de *sacs* (un entier peut apparaître plusieurs fois dans une somme). Par exemple, la partition de 6 est : $\{[\![6]\!], [\![5, 1]\!], [\![4, 2]\!], [\![4, 1, 1]\!], [\![3, 3]\!], [\![3, 2, 1]\!], [\![3, 1, 1, 1]\!], [\![2, 2, 2]\!], [\![2, 2, 1, 1]\!], [\![2, 1, 1, 1, 1]\!], [\![1, 1, 1, 1, 1, 1]\!]\}$. La combinatoire s'accroît par rapport à la décomposition puisque toute décomposition est une partition (mais toute partition n'est pas une décomposition).

Exercice 66   Mme Dumas et les trois mousquetaires   ○ ●

Cet exercice est un exemple typique de production de permutations sous contraintes. On tente ci-dessous, dans la mesure du possible et pour des raisons de généricité, de dissocier l'aspect lié à la production des permutations de celui de la prise en compte des contraintes.

Madame « Dumas père » organise un dîner en l'honneur de d'Artagnan et des trois mousquetaires. Les places à table sont numérotées de 1 à 5. Madame Dumas sait que :

1. Porthos préfère être à la place numéro 1,

2. Athos préfère être séparé de d'Artagnan,

3. Aramis préfère être séparé d'Athos,

4. Porthos préfère être séparé d'Athos.

Pour ce qui la concerne, Madame Dumas souhaite être séparée de d'Artagnan (préférence numéro 5). Pouvez-vous aider Madame Dumas à établir son plan de table (c'est-à-dire à répondre à la question « qui est où ? »), si possible dans le respect des préférences de chacun ? Ci-dessous, on considère que chaque participant est codé par un nombre de l'intervalle $1..5$, selon l'ordre alphabétique :

(1 : *Aramis*, 2 : *Athos*, 3 : *d'Artagnan*, 4 : *Dumas*, 5 : *Porthos*).

Dans la suite, on pourra supposer que la préférence 1 est traitée de manière *ad hoc* plutôt que par l'intermédiaire de l'algorithme générique.

66 - Q 1 **Question 1.** Définir le vecteur d'énumération X et fournir ses propriétés. Parmi ceux proposés dans le tableau 5.1, page 228, quel est le patron qui s'applique, sachant que l'on souhaite obtenir toutes les solutions possibles ?

66 - Q 2 **Question 2.** Fournir l'arbre de récursion obtenu en choisissant comme racine *Porthos*.

66 - Q 3 **Question 3.** Proposer une solution pour traiter les contraintes du type « *Y* préfère être séparé de *Z* ».

66 - Q 4 **Question 4.** Fournir l'algorithme qui affiche tous les plans de table satisfaisant les préférences exprimées. Donner un exemple d'appel.

La solution est en page 313.

Exercice 67   Mini Master Mind

Le Master Mind est un jeu qui a connu la célébrité dans les années 70. Deux joueurs s'affrontent, l'un passif, le codeur, propose un code, que le second, le décodeur, doit découvrir. Inspiré de ce jeu, cet exercice présente trois intérêts. D'abord, il pousse à une réflexion sur les propriétés des propositions faites par le décodeur. Une seconde solution étudie un élagage particulièrement efficace. Enfin, une troisième solution emprunte une voie prometteuse totalement différente.

Il s'agit d'un jeu à deux joueurs, le *codeur* et le *décodeur*. Le premier se fixe une permutation de n couleurs (ici $n = 5$) blanc, noir, orange, rouge et vert, codées respectivement B, N, O, R, V, que le second tente de découvrir. Pour ce faire, le décodeur propose une liste de cinq couleurs différentes et, en réponse, le codeur l'informe du nombre de couleurs correctement placées. Si c'est le cas pour les cinq couleurs, la partie est terminée. Sinon, le décodeur effectue une autre proposition qui est évaluée à son tour. Le décodeur doit découvrir le code en effectuant le moins possible de propositions. Il s'aide pour cela des informations qui ont été fournies en réponse à ses précédentes propositions. Dans cet exercice, le programme à construire joue le rôle du décodeur.

La figure 5.18 montre l'historique du déroulement d'une partie de Mini Master Mind à partir du codage [V,R,N,B,O]. La partie se termine au bout de sept propositions.

N° Prop.	Propositions	Évaluation
1	[B,N,O,R,V]	0
2	[N,B,R,V,<u>O</u>]	1
3	[N,O,V,<u>B</u>,R]	1
4	[O,V,R,<u>B</u>,N]	1
5	[R,B,V,O,N]	0
6	[<u>V</u>,O,R,N,B]	1
7	[<u>V</u>,<u>R</u>,<u>N</u>,<u>B</u>,<u>O</u>]	5

Fig. 5.18 – Historique du déroulement d'une partie pour le codage initial [V,R,N,B,O]. Les lettres soulignées correspondent aux couleurs correctement placées. Cette information n'est pas disponible pour le décodeur.

Question 1.   Quelle condition nécessaire une proposition du décodeur doit-elle satisfaire pour être la permutation attendue par le codeur ? Suggestion : se poser la question suivante : « dans l'hypothèse où la proposition est la solution, comme s'évalue-t-elle par rapport aux différentes entrées de l'historique ? » | 67 - Q 1 |

Dans la suite, la liste des n couleurs à découvrir est représentée par le tableau C et l'historique H se présente sous la forme d'une structure de données (voir figure 5.18 pour un exemple) accessible à travers les trois opérations suivantes :

- **procédure** *InitHisto* qui vide H,

- **procédure** *InsérerHisto*(P, E) qui ajoute à H la permutation P évaluée à E,

- **fonction** *CompatAvecHisto*(P) **résultat** $\mathbb{B}$ qui délivre **vrai** si et seulement si la permutation P satisfait la condition nécessaire qui fait l'objet de la première question.

Question 2. Définir le vecteur d'énumération X. Lequel des patrons du tableau 5.1, page 228, s'applique-t-il ? En déduire la procédure *PermutMasterMind1*(i) qui construit, dans le vecteur d'énumération X, la prochaine proposition du décodeur. Montrer comment utiliser cette procédure pour réaliser une partie de Mini Master Mind (on suppose qu'aucun des joueurs ne commet d'erreur).

La procédure *PermutMasterMind1*(i) ne réalise aucun élagage. Il est pourtant possible d'éviter de construire une occurrence complète du vecteur X en constatant que, dès qu'une permutation en cours d'élaboration, confrontée à une entrée de l'historique, produit une évaluation supérieure à l'évaluation présente dans l'historique, il est inutile de poursuivre la construction de X. C'est le rôle dévolu à l'opération **fonction** *PossibleHisto*(c, k) **résultat** $\mathbb{B}$, qui vérifie que le sous-vecteur X[1 .. k − 1] allongé en k par la couleur c ne produit pas d'appariements en excès par rapport aux évaluations enregistrées dans l'historique. Nous nous proposons d'étudier cette stratégie dans les deux questions suivantes.

Question 3. Dans cette question, on suppose que $n = 4$ et que le tableau des couleurs est C = [B,O,R,V]. On suppose par ailleurs que :

(a) la permutation à découvrir est [R,O,V,B],

(b) au moment qui nous intéresse, l'historique se présente de la manière suivante :

N° Prop.	Prop.	Évaluation
1	[B,O,R,V]	1
2	[B,R,V,O]	1
3	[B,V,O,R]	0
4	[O,R,B,V]	0

(c) les propositions sont produites par le décodeur dans l'ordre lexicographique et qu'il arrête sa recherche dès qu'une proposition est compatible avec l'historique (au sens de la question 1).

Donner l'arbre de récursion élagué qui aboutit à la cinquième proposition.

Question 4. Fournir la procédure *PermutMasterMind2* qui met en œuvre cette stratégie.

Que l'on utilise *PermutMasterMind1* ou *PermutMasterMind2*, ces deux procédures recherchent la prochaine proposition en partant systématiquement de la même permutation initiale. Il est clair que cette méthode conduit à repasser sur des permutations qui ont déjà échoué. Ainsi, dans l'exemple de la question 3, les procédures par essais successifs démarrent la recherche avec le code [B,O,R,V]. Celle-ci est écartée – ainsi que toutes les permutations déjà présentes dans l'historique jusqu'à [O,R,B,V] – grâce à la condition *CompatAvecHisto*. Une meilleure solution *a priori* consisterait à partir de la permutation qui suit (selon l'ordre lexicographique) la dernière ayant échoué. Pour l'exemple, on partirait de la permutation qui succède à [O,R,B,V], soit [O,R,V,B].

Dans une première étape, il s'agit de construire un algorithme qui, à partir d'une permutation donnée, produit la suivante (toujours selon l'ordre lexicographique), en supposant (précondition) qu'il en existe une. Pour faciliter la lecture, les explications sont fournies avec un code constitué des neuf chiffres de 1 à 9 ; la fonction $S(p)$ délivre la permutation qui suit p. Bien sûr, $S([9,8,7,6,5,4,3,2,1])$ n'existe pas, puisque la précondition n'est pas satisfaite. En revanche, $S([1,2,3,4,5,6,7,8,9]) = [1,2,3,4,5,6,7,9,8]$. En effet, le nombre (ne comportant pas de chiffres en double) qui suit 123456789 est 123456798.

De même $S([5,9,8,7,6,4,3,2,1]) = [6,1,2,3,4,5,7,8,9]$, ou encore $S([6,1,9,8,4,7,5,3,2])$ $= [6, 1, 9, 8, 5, 2, 3, 4, 7]$.

Comment parvenir à ces résultats ? Observons tout d'abord que le passage d'une permutation à la suivante peut se faire en ne procédant que par des échanges. Le cas $[5,9,8,7,6,4,3,1,2]$ est facile à traiter : on échange simplement les chiffres 2 et 1. Considérons le cas $[5,9,8,7,6,4,3,2,1]$. Ce code privé du premier élément 5, soit $[9,8,7,6,4,3,2,1]$, ne possède pas de successeur puisque la suite de chiffres est décroissante. $S([5,9,8,7,6,4,3,2,1])$ ne peut débuter par l'un des chiffres 1, 2, 3 ou 4 : le nombre serait inférieur au code de départ. Il ne peut non plus débuter par 5 puisque les chiffres qui suivent 5 se présentent dans l'ordre décroissant. Il doit obligatoirement débuter par le chiffre présent dans $[9,8,7,6,4,3,2,1]$ immédiatement supérieur à 5, soit 6. Échangeons 5 et 6. On obtient $[6,9,8,7,5,4,3,2,1]$. Ce n'est pas le résultat attendu car il existe plusieurs codes qui s'intercalent entre $[5,9,8,7,6,4,3,2,1]$ et $[6,9,8,7,5,4,3,2,1]$, comme $[6,9,8,5,7,4,3,2,1]$. L'échange seul ne suffit donc pas. Quelle opération doit-on réaliser à la suite de l'échange ? Il suffit d'inverser le sous-tableau décroissant qui suit le premier chiffre. Pour l'exemple, on obtient $[6,1,2,3,4,5,7,8,9]$, qui est le résultat attendu.

Cette démarche s'applique aux cas plus complexes tels que $[6,1,9,8,4,7,5,3,2]$. Il suffit d'identifier le plus long code décroissant situé sur la gauche ($[7,5,3,2]$) et, comme ci-dessus, de rechercher le successeur de $[4,7,5,3,2]$. Celui-ci débute par 5. Échangeons 4 et 5 : $[5,7,4,3,2]$. Inversons les quatre derniers chiffres : $[5,2,3,4,7]$. Le début du code, $[6,1,9,8]$, ne jouant aucun rôle dans la démarche, le résultat recherché est $[6,1,9,8,5,2,3,4,7]$. Notons enfin que cette approche s'applique uniformément sur tous les codes dotés d'un successeur.

Question 5. Appliquer la démarche ci-dessus pour aboutir au code de la fonction $S(\mathrm{p})$ délivrant la permutation qui suit p dans l'ordre lexicographique. Cette fonction a comme précondition qu'il existe bien une permutation suivante. Évaluer sa complexité. 67 - Q 5

Question 6. Montrer comment utiliser cette procédure pour réaliser une partie de Mini Master Mind. 67 - Q 6

Question 7. Selon vous, quelle stratégie est la plus efficace ? Étayez votre réponse par quelques résultats expérimentaux sur un Mini Master Mind à 12 couleurs. 67 - Q 7

La solution est en page 315.

Exercice 68   Le jeu des mots casés

> *Cet exercice s'articule autour d'une grille de mots croisés. Il s'agit d'un exemple typique du gain que l'on peut espérer obtenir par un élagage performant. La solution obtenue en appliquant un élagage élaboré permet d'obtenir un gain substantiel par rapport à la solution où seul un élagage grossier est appliqué.*

Le jeu connu sous le nom de « mots casés » est une variante des célèbres mots croisés dans laquelle on fournit au départ au joueur, d'une part une grille de mots croisés vide, de l'autre le sac des mots qui apparaîtront dans la grille résolue. Il s'agit alors pour le joueur de trouver une configuration (la première qui est découverte) où tous les mots sont placés sur la grille.

Exemple   La figure 5.19, page 264, fournit un exemple avec, sur la gauche la grille vierge accompagnée du lexique de 24 mots et sur la droite la grille complétée par une configuration possible. On note que *tous* les mots, y compris ceux réduits à une seule lettre, sont présents dans le lexique.

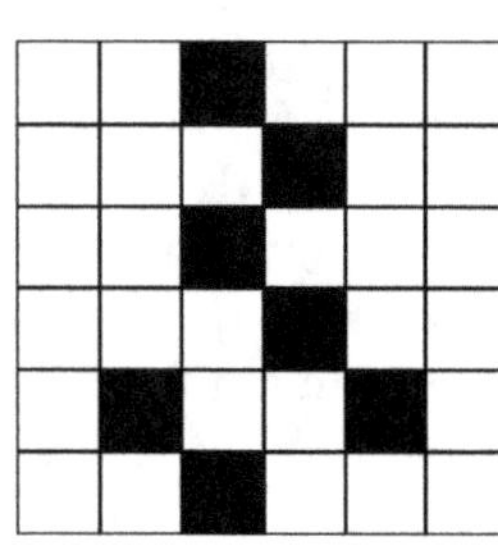

D	BI	BEC
E	CA	DIS
E	ET	FER
E	IF	MIL
M	ME	EMUE
R	RU	IBIS
T	SI	LISIER
AI	AME	MARBRE

Un énoncé (la grille vierge et le lexique)   Une solution possible

Fig. 5.19 – Exemple d'énoncé et de solution pour le jeu des mots casés

La première solution que nous nous proposons d'étudier se limite à un élagage grossier. Son principe consiste à remplir la grille horizontalement en ne prenant en compte, à chaque étape, que les mots dont la longueur est égale à celle de l'emplacement considéré (c'est l'élagage en question), puis, une fois la grille remplie, à vérifier que les mots qui n'ont pas été placés sont bien ceux que l'on retrouve verticalement sur la grille.

Dans la suite, on suppose que :

1. la grille traitée, Grille, comporte l lignes et c colonnes,

2. H est une constante qui représente le nombre d'emplacements horizontaux, ces emplacements étant numérotés de 1 à H (dans l'exemple de la figure 5.19, page 264, $H = 13$),

3. Dico est un tableau constant, défini sur l'intervalle 1 .. N, qui représente le sac des N mots à placer sur la grille.

68 - Q 1   **Question 1.** Quelle structure d'énumération permet de mettre en œuvre cette solution ? Quelles sont ses propriétés ? Lequel des patrons du tableau 5.1, page 228, doit-il être retenu ?

68 - Q 2   **Question 2.** Pour le problème 3×3 de la figure 5.20, fournir l'arbre de récursion (on arrête la recherche dès la découverte de la première solution).

A	TA	TRI
I	TA	
AI	RIT	

Fig. 5.20 – Exemple de mots casés 3×3

Afin de faciliter le traitement, on fait les hypothèses suivantes :

1. *LongEmplH*(i) est une fonction qui délivre la longueur de l'emplacement horizontal i.

2. *MotV* est une fonction qui, une fois la grille complète, délivre le sac des mots placés verticalement.

3. Libre est le sac des mots qui n'apparaissent pas dans la structure d'énumération X. L'union multiensembliste de Libre et des mots présents dans X constitue l'ensemble des mots de Dico.

4. La fonction *ConvSac* convertit un tableau de mots en un sac.

Question 3. Fournir la procédure *MotsCasés1*(i) qui recherche et écrit la première solution trouvée (cette procédure ayant comme précondition qu'il existe au moins une solution). En donner la complexité au pire en termes de conditions évaluées.   `68 - Q 3`

Cette première solution est perfectible sur le plan de l'efficacité. Nous allons à présent étudier et mettre en œuvre un élagage destiné à apporter une amélioration en termes de complexité temporelle. Pour ce faire, nous proposons de ne pas attendre la fin de la phase de génération pour effectuer une vérification verticale. Plus précisément, dès qu'un mot est candidat à un placement horizontal, on vérifie qu'il ne constitue pas un obstacle au placement vertical de l'un des mots encore disponible en s'assurant que chacun des caractères du mot candidat est aussi un caractère possible pour un mot vertical.

Exemple Considérons la configuration suivante pour laquelle on s'apprête à tenter de placer le mot **RUE** sur l'avant-dernier emplacement horizontal

alors que le sac des mots disponibles est ⟦**CRI, TALC, EU, OSE**⟧. Le placement de **RUE** est compatible avec celui du mot vertical **CRI**, le **R** étant commun. En revanche, le **U** de **RUE** est incompatible avec tous les mots de quatre lettres libres puisque **TAU** n'est le début d'aucun mot libre de longueur 4. Le placement du mot **RUE** est donc abandonné, ce qui produit un élagage de l'arbre de récursion.

Question 4. Pour l'exemple de la figure 5.20, page 264, fournir l'arbre de récursion obtenu par l'élagage décrit ci-dessus. Conclusion ?   `68 - Q 4`

Question 5. L'élagage présenté ci-dessus exige un accès horizontal mais aussi vertical aux emplacements et aux mots de la grille. Pour cette raison, nous décidons de prendre comme structure d'énumération la grille elle-même. Spécifier les opérations qui vous semblent nécessaires à la mise en œuvre de l'élagage, puis fournir la procédure *MotsCasés2* qui met en application cet élagage.   `68 - Q 5`

La solution est en page 319.

Exercice 69 Tableaux autoréférents

L'autoréférence (c'est-à-dire la propriété, pour une entité, de faire référence à elle-même) est une notion qui se rencontre dans de nombreux domaines scientifiques comme en linguistique, en logique ou encore en mathématiques. Dans l'exercice qui suit, on cherche à produire un tableau autoréférent. Deux élagages intéressants sont appliqués.

Un tableau X de n ($n > 0$) éléments, défini sur l'intervalle $0 .. n - 1$ et à valeurs dans l'intervalle $0 .. n - 1$, est qualifié d'autoréférent si, pour tout indice i du tableau, $X[i]$ est le nombre d'occurrences de la valeur i dans le tableau. Formellement :

$$\forall i \cdot (i \in 0 .. n - 1 \Rightarrow X[i] = \# j \cdot (j \in 0 .. n - 1 \textbf{ et alors } X[j] = i)). \tag{5.3}$$

Rappel : $\#$ est le quantificateur de comptage.

Ainsi par exemple, pour $n = 4$, le tableau :

i	0	1	2	3
$X[i]$	1	2	1	0

est autoréférent : la valeur 0 existe en un exemplaire, la valeur 1 en deux exemplaires, etc. Pour $n < 7$, il est facile de montrer, par énumération, qu'il n'existe pas de solution pour $n \in \{1, 2, 3, 6\}$ et qu'il n'existe qu'une seule solution pour $n = 5$.

69 - Q 1 **Question 1.** Donner un second tableau autoréférent pour $n = 4$.

69 - Q 2 **Question 2.** Que peut-on affirmer à propos de la somme des éléments d'un tableau autoréférent ? Justifier votre réponse.

69 - Q 3 **Question 3.** On cherche à produire, pour un n donné, tous les tableaux autoréférents, en utilisant la démarche des essais successifs. Quel est le patron approprié parmi ceux de la liste présentée à la figure 5.1, page 228 ? Quel élagage basé sur le résultat de la question 2 peut-il s'appliquer pour l'instanciation de la fonction générique *Satisfaisant* ? Comment la fonction générique *SolutionTrouvée* peut-elle se représenter ? En déduire la procédure *TabAutoRef1*, ainsi qu'un contexte d'appel convenable.

69 - Q 4 **Question 4.** Un second élagage peut être mis en œuvre. Il se base sur le fait que, si dans la tranche $X[0 .. i - 1]$ l'élément j est déjà présent $X[j]$ fois, il est inutile de tenter de placer j en position i. Ainsi, dans l'exemple suivant :

i	...	2	3	...	5	...	12	...	20	...	50
$X[i]$	...	5	5	...	3	...	5				

$X[5]$ vaut 3 et la valeur 5 est justement présente 3 fois dans $X[0 .. 19]$. Il est donc inutile de chercher à placer 5 en position 20, la tentative serait vouée à l'échec. Mettre en œuvre cet élagage à travers la procédure *TabAutoRef2*.

69 - Q 5 **Question 5.** Montrer que, pour $n \geqslant 7$, les tableaux conformes à la structure suivante sont autoréférents.

i	0	1	2	3	...	$n-5$	$n-4$	$n-3$	$n-2$	$n-1$
$X[i]$	$n-4$	2	1	0	...	0	1	0	0	0

$$n-7 \text{ fois}$$

Conjecture   Les auteurs conjecturent que la condition suffisante qui fait l'objet de la question 5 est en fait une condition nécessaire et suffisante.

La solution est en page 323.

5.4   Solutions

Solution de l'exercice 52   Le problème des n reines

Énoncé page 237.

Réponse 1.   Il y a $(2n-1)$ diagonales de chaque type. Les deux reines $R_1 = (l_1, c_1)$ et $R_2 = (l_2, c_2)$ sont sur la même diagonale montante si (et seulement si) $l_1 - c_1 = l_2 - c_2$. Elles sont sur la même diagonale descendante si $l_1 + c_1 = l_2 + c_2$. Dans chaque cas, chacune de ces diagonales peut être identifiée par la valeur de $l-c$ (resp. $l+c$). Ainsi que l'illustrent les schémas ci-dessous, ces valeurs varient sur l'intervalle $1-n \mathinner{.\,.} n-1$ pour les diagonales montantes et sur l'intervalle $2 \mathinner{.\,.} 2n$ pour les diagonales descendantes.

`52 - R 1`

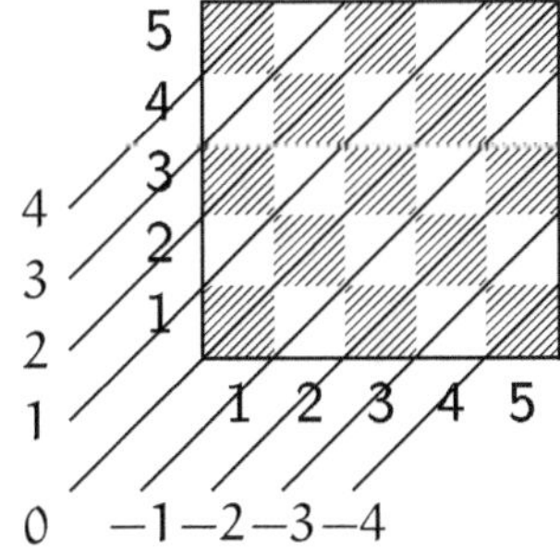
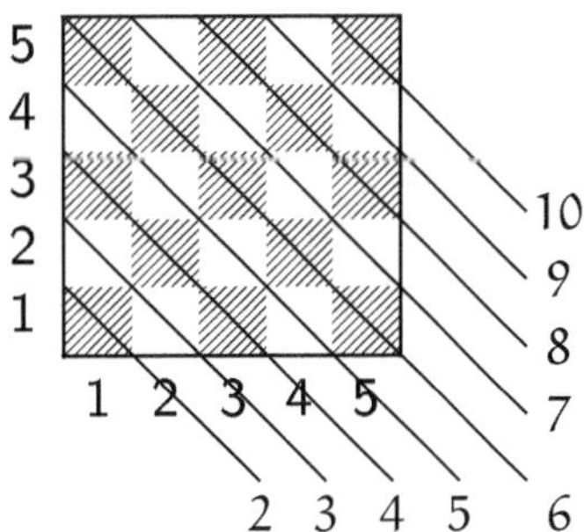

Réponse 2.   Parmi les élagages possibles, il y a bien sûr ceux qui sont liés à la présence de deux reines sur une même ligne, sur une même colonne ou sur une même diagonale. Il faut également songer au cas où aucune reine n'est placée sur une ligne complète (et la situation symétrique où aucune reine n'est placée sur une colonne complète). L'arbre de la figure 5.21, page 268, illustre ces différents cas. Les élagages pour reines en prise mutuelle sont mentionnés sous les nœuds par le symbole ✂ ; les élagages pour absence de reine sur une ligne sont symbolisés par ✘. L'arbre est incomplet et les sous-arbres restant à explorer sont notés en pointillés. Pour la clarté de la figure, la couleur blanche est utilisée pour symboliser une reine libre, tandis que le noir est employé lorsqu'une reine est attaquée par une autre reine.

`52 - R 2`

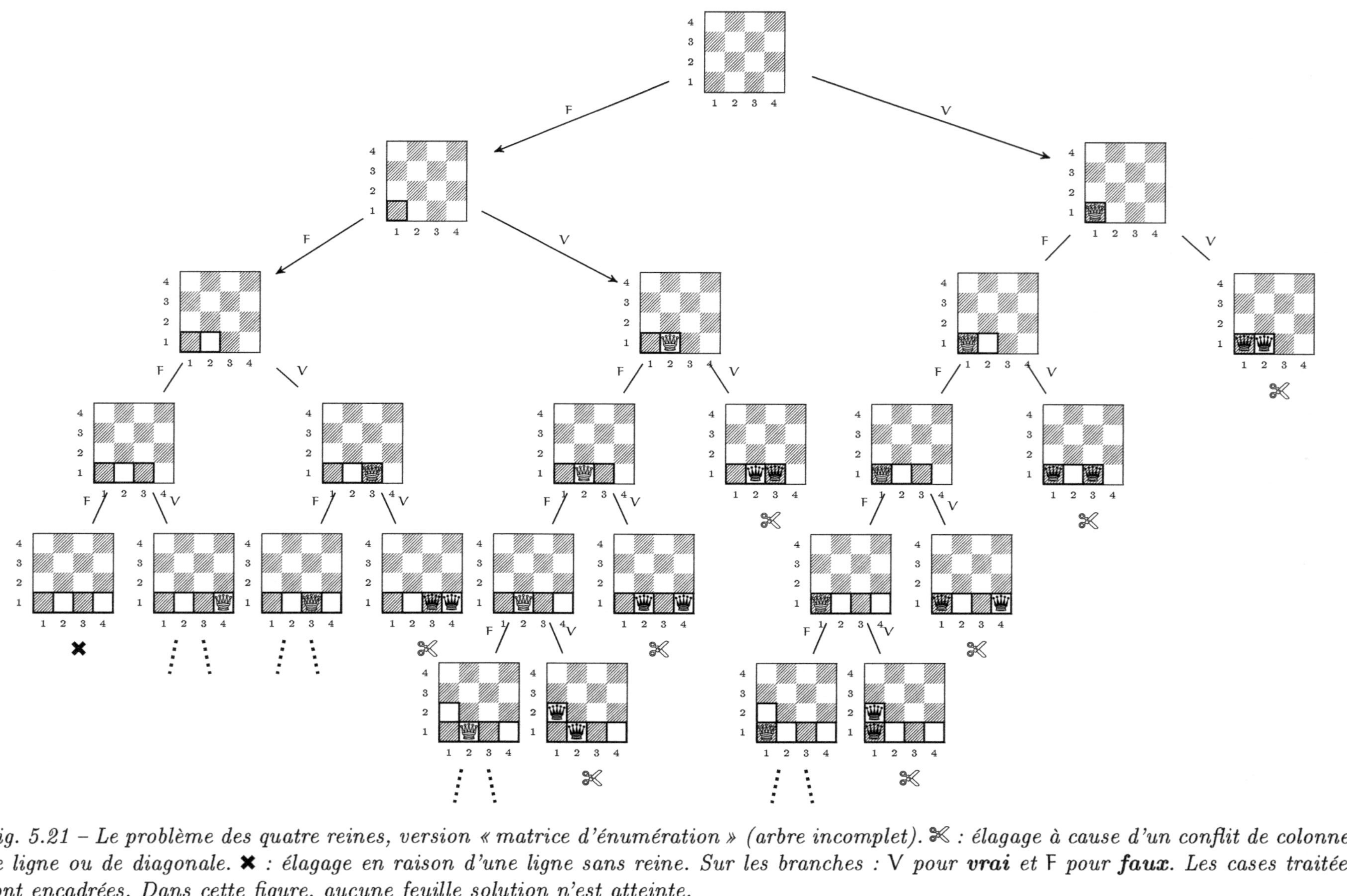

Fig. 5.21 – Le problème des quatre reines, version « matrice d'énumération » (arbre incomplet). ✂ : élagage à cause d'un conflit de colonne, de ligne ou de diagonale. ✖ : élagage en raison d'une ligne sans reine. Sur les branches : V pour **vrai** et F pour **faux**. Les cases traitées sont encadrées. Dans cette figure, aucune feuille solution n'est atteinte.

Réponse 3. Les fonctions *LigneLibre* et *ColonneLibre* sont triviales à construire, tandis que les fonctions *DiagMontLibre* et *DiagDescLibre* se mettent facilement en œuvre à partir de la réponse à la question 1. La condition *Satisfaisant* est vraie soit quand on s'apprête à laisser vide la dernière case d'une ligne ou d'une colonne qui n'est pas vide (c'est le premier terme de la condition), soit quand on va placer une reine sur une position qui n'est pas attaquée par une autre reine (c'est le second terme). Le filtrage effectué par cette condition est suffisant pour caractériser une solution. Le code s'écrit :

52 - R 3

```
1.  procédure NReines1(l, c) pré
2.    l ∈ 1..n et c ∈ 1..n
3.  début
4.    pour j parcourant B faire
5.      si | non j et ( (c = n ⇒ non LigneLibre(l, c)) et
                        (l = n ⇒ non ColonneLibre(l, c)) )
           ou
           j et ( DiagMontLibre(l, c) et
                  DiagDescLibre(l, c) et
                  LigneLibre(l, c) et
                  ColonneLibre(l, c) ) | alors
6.        X[l, c] ← j ;
7.        si l = n et c = n alors
8.          écrire(X)
9.        sinon
10.         si c = n alors
11.           NReines1(l + 1, 1)
12.         sinon
13.           NReines1(l, c + 1)
14.         fin si
15.       fin si
16.     fin si
17.   fin pour
18. fin
```

L'appel se fait par :

```
1.  constantes
2.    n ∈ N₁ et n = ...
3.  variables
4.    X ∈ 1..n × 1..n → B
5.  début
6.    NReines1(1, 1)
7.  fin
```

Réponse 4. Il suffit de prendre quatre tableaux de booléens globaux L (pour *ligne libre*), C (pour *colonne libre*), M (pour *diagonale montante libre*) et D (pour *diagonale descendante libre*) initialisés à **vrai** dans le programme appelant et de les gérer comme le montre le schéma de la question 3, ainsi que le programme ci-après. Notons la nécessité d'instancier les procédures *Faire* et *Défaire* dans ce cas.

52 - R 4

```
1.  procédure NReines2(l, c) pré
2.     l ∈ 1..n et c ∈ 1..n
3.  début
4.     pour j parcourant B faire
5.        si │ non j et ((c = n ⇒ non L[l]) et (l = n ⇒ non C[c]))
               ou
               j et (M(l − c) et D(l + c) et L(l) et C(c)) │ alors
6.           X[l, c] ← j ;
7.           si j alors
8.              L[l] ← faux ; C[c] ← faux ; M[l − c] ← faux ; D[l + c] ← faux
9.           fin si ;
10.          si l = n et c = n alors
11.             écrire(X)
12.          sinon
13.             si c = n alors
14.                NReines2(l + 1, 1)
15.             sinon
16.                NReines2(l, c + 1)
17.             fin si
18.          fin si ;
19.          si j alors
20.             L[l] ← vrai ; C[c] ← vrai ; M[l − c] ← vrai ; D[l + c] ← vrai
21.          fin si
22.       fin si
23.    fin pour
24. fin
```

L'appel se fait par :

```
1.  constantes
2.     n ∈ N₁ et n = ...
3.  variables
4.     X ∈ 1..n × 1..n → B et
5.     L ∈ 1..n → B et C ∈ 1..n → B et
6.     M ∈ 1 − n..n − 1 → B et D ∈ 2..2n → B
7.  début
8.     L ← (1..n) × {vrai} ; C ← (1..n) × {vrai} ;
9.     M ← (1 − n..n − 1) × {vrai} ; D ← (2..2n) × {vrai} ;
10.    NReines2(1, 1)
11. fin
```

52 - R 5 **Réponse 5.** L'arbre de récursion (incomplet) se représente comme le montre la figure 5.22, page 271. Les seuls élagages qui sont à considérer sont ceux qui concernent la prise mutuelle de reines en diagonale. Pour la clarté de la figure, le vecteur X est réinterprété en un échiquier.

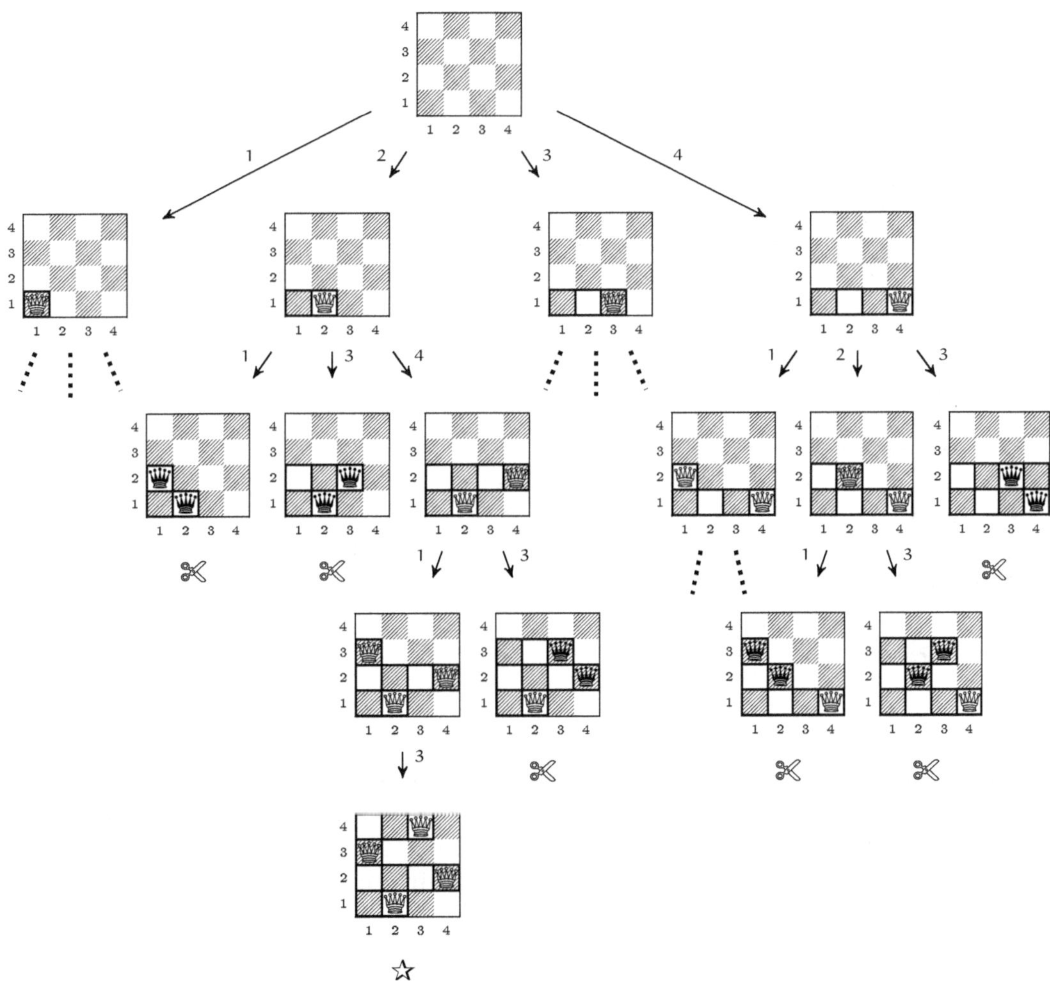

Fig. 5.22 – *Le problème des quatre reines, version « vecteur d'énumération » (arbre incomplet).* ✂ *: élagage sur un noeud à cause d'un conflit de diagonale.* ☆ *: réussite. Les cases traitées sont encadrées.*

52 - R 6

Réponse 6. Les tableaux M et D sont initialisés à **vrai** pour signifier que l'échiquier est vide.

```
1.  procédure NReines3(l) pré
2.    l ∈ 1 .. n
3.  début
4.    pour c parcourant (1 .. n − codom(X[1 .. i − 1])) faire
5.      si  M[l − c] et D[l + c]  alors
6.        X[l] ← c ;  M[l − c] ← faux ; D[l + c] ← faux ;
7.        si  l = n  alors
8.          écrire(X)
9.        sinon
10.          NReines3(l + 1)
11.        fin si ;
12.        M[l − c] ← vrai ; D[l + c] ← vrai
13.      fin si
14.    fin pour
15. fin
```

L'appel se fait par :

```
1.  constantes
2.    n ∈ ℕ₁ et n = ...
3.  variables
4.    X ∈ 1 .. n → 1 .. n et M ∈ 1 − n .. n − 1 → 𝔹 et D ∈ 2 .. 2n → 𝔹
5.  début
6.    M ← (1 − n .. n − 1) × {vrai}; D ← (2 .. 2n) × {vrai};
7.    NReines3(1)
8.  fin
```

52 - R 7

Réponse 7. Les complexités théoriques sont celles données à la section 5.1.2, page 214. Le gain obtenu par les élagages est difficile à évaluer théoriquement. La table 5.2 fournit quelques évaluations chiffrées (sauf mention contraire, les évaluations sont effectuées sur un processeur Intel Core i5 à 2.8GHz) pour les trois algorithmes et pour certaines valeurs de n.

Remarque L'utilisation de la programmation logique avec contraintes permettrait de trouver une première solution à ce problème, pour $n = 256$, en une fraction de seconde...

Solution de l'exercice 53 Les sentinelles   *Énoncé page 239.*

53 - R 1

Réponse 1. Outre la cellule sur laquelle elle se trouve, une reine contrôle $(n-1)$ cellules en ligne, $(n-1)$ cellules en colonne et dans le meilleur des cas $(2 \cdot (n-1))$ cellules en diagonale, soit au mieux $(4 \cdot (n-1) + 1) = (4n-3)$ cellules de l'échiquier. Pour couvrir les $n \times n$ cases, il faut au moins x reines, x étant la solution de l'inéquation entière $(x \cdot (4n-3)) \geqslant n^2$. On

n	NReines1		NReines2		NReines3	
	T	NbA	T	NbA	T	NbA
8	0.00934	21 824	0.00467	21 824	0.00182	1965
10	0.107	489 891	0.0445	489 891	0.00728	34 815
12	3.04	14 437 450	1.16	14 437 450	0.148	841 989
14	121.	543 118 736	43.	543 118 736	5.14	26 992 957
16	46608.	26 041 596 261	3438.	26 041 596 261	242.	1 126 417 791

Tab. 5.2 – Évaluation des trois algorithmes. n : *largeur de l'échiquier,* T : *durée de l'exécution en secondes,* NbA : *nombre d'appels.*

doit donc avoir au moins :

$$\left\lceil \frac{n^2}{4n-3} \right\rceil$$

reines sur l'échiquier. Ce résultat est cependant trop optimiste (trop faible) pour être exploité dans un élagage : le nombre de branches éliminées sur ce critère est trop faible pour être intéressant : globalement, le coût d'évaluation de la condition de déclenchement de l'élagage est probablement supérieur au gain apporté par l'élagage.

Réponse 2. Une partie de l'arbre de récursion est donnée à la figure 5.23, page 274. Les cases en noir symbolisent les cases libres (non attaquées). Pour la clarté de la figure, la couleur blanche est utilisée pour symboliser une reine libre tandis que le noir est employé lorsqu'une reine est attaquée par une autre. Les reines sont placées ligne par ligne (de bas en haut sur l'échiquier) et, pour une ligne, colonne par colonne (de gauche à droite). La feuille située le plus à droite sur la figure représente l'une des solutions (avec trois reines). Puisque, par définition, le patron *OPI* ne place jamais deux reines sur la même ligne ni sur la même colonne, le seul élagage envisageable concerne le cas où l'on tente de placer une reine sur l'une des diagonales d'une reine déjà placée.

$\boxed{\textbf{53 - R 2}}$

Réponse 3. La fonction *Satisfaisant* du patron *OPI* se traduit par la fonction *CelluleLibre*(l, c). Celle-ci considère deux situations : soit $c = 0$, qui signifie que l'on n'envisage pas de mettre une reine sur la ligne l, soit la case (l, c) est libre et on peut y placer une reine. La condition *SolutionTrouvée* est satisfaite lorsque toutes les cases sont soit occupées par une reine, soit contrôlées par au moins une reine. Ce rôle est assuré par la fonction *NbCasesLibres*(l). La condition *SolutionMeilleure* se traduit par le fait que la solution courante est meilleure (en nombre de reines) que la meilleure solution déjà trouvée. Cette condition fait appel à la fonction *NbReinesPlacées*(l). La procédure *ConserverContexteCour* consiste à mettre à jour la variable NbOpt, qui représente le meilleur résultat obtenu jusqu'à présent. Il faut noter que dans le vecteur d'énumération X, qui représente à ce moment la meilleure solution courante, seule la tranche définie sur $1 .. l$ est significative. La tranche complémentaire $(X[l+1 .. n])$ peut contenir des scories qui doivent être ignorées, d'où la seconde affectation, $Y[l+1 .. n] \leftarrow (l+1 .. n) \times \{0\}$, qui garantit l'absence de reines dans Y au-delà de la ligne l. Le code de cette solution se présente de la manière suivante :

$\boxed{\textbf{53 - R 3}}$

```
1.  procédure Sentinelles1(l) pré
2.    l ∈ 1 .. n
3.  début
4.    pour c parcourant (0 .. n) − (codom(X[1 .. i − 1])) faire
5.      si  CelluleLibre(l, c)  alors
6.        X[l] ← c ;
7.        si  NbCasesLibres(l) = 0  alors
```

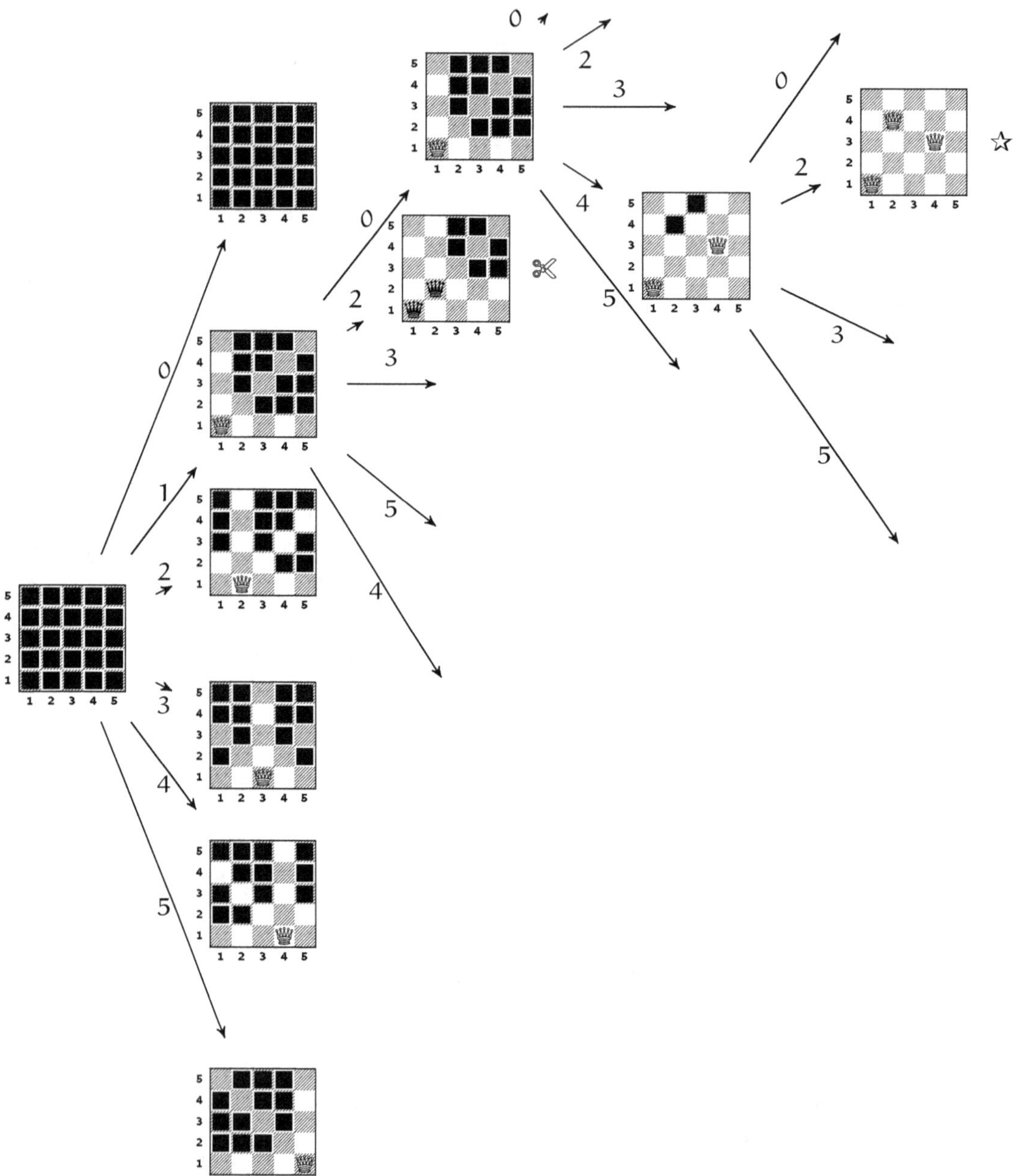

Fig. 5.23 – *Les sentinelles. Arbre de récursion (incomplet) pour un échiquier* 5×5. *Les cellules noires correspondent à des cases vides et non attaquées.* ✂ : *élagage dû à un conflit de diagonale.* ☆ : *succès. La figure se lit de haut en bas et de gauche à droite. On remarque que, sur une branche, on ne retrouve jamais deux fois le même numéro de colonne, à l'exception du numéro fantôme 0 qui sert à gérer l'injectivité.*

8. $\quad$ **si** $\boxed{NbReinesPlacées(\mathfrak{l}) < NbOpt}$ **alors**

9. $\qquad$ $Y[1 .. \mathfrak{l}] \leftarrow X[1 .. \mathfrak{l}] \,; Y[\mathfrak{l} + 1 .. n] \leftarrow (\mathfrak{l} + 1 .. n) \times \{0\}\,;$

10. $\qquad$ $NbOpt \leftarrow NbReinesPlacées(\mathfrak{l})$

11. $\quad$ **fin si**

12. $\quad$ **sinonsi** $\boxed{\mathfrak{l} \neq n}$ **alors**

13. $\qquad$ $Sentinelles1(\mathfrak{l} + 1)$

14. $\quad$ **fin si**

15. $\quad$ **fin si**

16. $\quad$ **fin pour**

17. **fin**

L'appel initial se présente sous la forme :

1. **constantes**
2. $\quad$ $n \in \mathbb{N}_1$ **et** $n = \ldots$
3. **variables**
4. $\quad$ $X \in 1 .. n \rightarrow 0 .. n$ **et** $Y \in 1 .. n \rightarrow 0 .. n$ **et**
5. $\quad$ $NbOpt \in 1 .. n + 1$
6. **début**
7. $\quad$ $NbOpt \leftarrow n + 1\,;$
8. $\quad$ $Sentinelles1(1)\,;$
9. $\quad$ **si** $NbOpt \neq n + 1$ **alors**
10. $\qquad$ **écrire**(*Le problème des sentinelles − une solution optimale :* , Y)
11. $\quad$ **sinon**
12. $\qquad$ **écrire**(*Pas de solution*)
13. $\quad$ **fin si**
14. **fin**

Le développement des opérations *CelluleLibre*, *NbCasesLibres* et *NbReinesPlacées* est laissé à la charge du lecteur.

Réponse 4. $\quad$ Par convention, si la position $(\mathfrak{l}, c)$ est occupée par une reine, Prise[$\mathfrak{l}, c$] $\boxed{53 \text{ - R } 4}$ vaut 1. Ce tableau est initialisé à 0 avant l'appel principal, pour rendre compte du fait que l'échiquier est vide. Par ailleurs, il est géré par deux procédures.

- *Occuper*$(\mathfrak{l}, c)$, qui a comme précondition le fait que la position $(\mathfrak{l}, c)$ est libre , autrement dit Prise[$\mathfrak{l}, c$] $= 0$. Cette procédure place une reine en $(\mathfrak{l}, c)$, met à jour toutes les cellules du tableau Prise attaquées par la reine qui vient d'être placée et met également à jour la variable *NbReinesPlacées*.

- *Libérer*$(\mathfrak{l}, c)$ est la procédure duale de la précédente, elle est utilisée pour *défaire* ce que la précédente a fait. Elle a comme précondition le fait que la position $(\mathfrak{l}, c)$ est occupée par une reine (Prise[$\mathfrak{l}, c$] $= 1$). Cette procédure supprime cette reine, met à jour toutes les cellules de Prise qui étaient attaquées par la reine qui vient d'être supprimée et met également à jour la variable *NbReinesPlacées*.

Ces deux opérations sont simples à construire, elles ne sont pas présentées ici. Outre le fait que, par rapport à la version précédente, certaines opérations perdent ce statut pour devenir des variables (*NbReinesPlacées* et *NbCasesLibres*), les deux principales modifications portent sur les opérations génériques *Faire* et *Défaire*. *Faire* doit tenir à jour le tableau *Prise* ainsi que la variable *NbCasesLibres* par un appel à la procédure *Occuper*. *Faire* doit également mettre à jour directement la variable *NbReinesPlacées*. La procédure générique *Défaire* effectue le travail inverse. Elle utilise l'opération *Libérer*. Dans la version ci-après, l'expression du domaine de parcours de la boucle **pour** peut se simplifier en utilisant la totalité de l'intervalle $0 \mathrel{..} n$ puisque la condition de l'alternative qui suit gère la restriction qui existait dans la version précédente.

1. **procédure** *Sentinelles2*(l) **pré**
2. $l \in 1 \mathrel{..} n$
3. **début**
4.   **pour** c **parcourant** $0 \mathrel{..} n$ **faire**
5.   **si** $\boxed{\mathbf{c = 0 \ ou \ sinon} \ \mathrm{Prise}[l, c] = 0}$ **alors**
6. $\mathrm{X}[l] \leftarrow c \,;$
7.   **si** $c \neq 0$ **alors**
8.   *Occuper*$(l, c)\,;$ NbReinesPlacées $\leftarrow$ NbReinesPlacées $+ 1\,;$
9.   **fin si** ;
10.   **si** $\boxed{\text{NbCasesLibres} = 0}$ **alors**
11.   **si** $\boxed{\text{NbReinesPlacées} < \text{NbOpt}}$ **alors**
12. $\mathrm{Y}[1 \mathrel{..} l] \leftarrow \mathrm{X}[1 \mathrel{..} l]\,; \ \mathrm{Y}[l + 1 \mathrel{..} n] \leftarrow (l + 1 \mathrel{..} n) \times \{0\}\,;$
13.   NbOpt $\leftarrow$ NbReinesPlacées
14.   **fin si**
15.   **sinonsi** $\boxed{l \neq n}$ **alors**
16.   *Sentinelles2*$(l + 1)$
17.   **fin si** ;
18.   **si** $c \neq 0$ **alors**
19.   *Libérer*$(l, c)\,;$ NbReinesPlacées $\leftarrow$ NbReinesPlacées $- 1$
20.   **fin si**
21.   **fin si**
22.   **fin pour**
23. **fin**

L'appel initial se présente sous la forme :

1. **constantes**
2. $n \in \mathbb{N}_1$ **et** $n = \ldots$
3. **variables**
4.   NbOpt $\in 1 \mathrel{..} n + 1$ **et** $\mathrm{X} \in 1 \mathrel{..} n \rightarrow 0 \mathrel{..} n$ **et** $\mathrm{Y} \in 1 \mathrel{..} n \rightarrow 0 \mathrel{..} n$ **et**
5.   Prise $\in 1 \mathrel{..} n \times 1 \mathrel{..} n \rightarrow 1 \mathrel{..} n$ **et**
6.   NbReinesPlacées $\in 0 \mathrel{..} n$ **et** NbCasesLibres $\in 0 \mathrel{..} n^2$
7. **début**
8.   Prise $\leftarrow \begin{bmatrix} 0 & \cdots & 0 \\ \vdots & \cdots & \vdots \\ 0 & \cdots & 0 \end{bmatrix}\,;$
9.   NbOpt $\leftarrow n + 1\,;$ NbReinesPlacées $\leftarrow 0\,;$ NbCasesLibres $\leftarrow n^2\,;$
10.   *Sentinelles2*$(1)\,;$
11.   **si** NbOpt $\neq n + 1$ **alors**
12.   **écrire**(*Le problème des sentinelles – une solution optimale :* , Y)
13.   **sinon**
14.   **écrire**(*Pas de solution*)
15.   **fin si**
16. **fin**

Des évaluations expérimentales montrent que le gain entre la première et la seconde solution est important. Ainsi, pour $n = 10$, la première solution fournit un résultat en 143 s, alors que la seconde solution atteint le même but en 10 s. Cependant, lorsque n augmente, la complexité intrinsèque de la démarche fait que la seconde version n'est guère plus exploitable en pratique que la première.

Solution de l'exercice 54 Parcours d'un cavalier aux échecs

Énoncé page 241.

Réponse 1. Le préfixe $\begin{bmatrix} a\,1 \\ b\,3 \\ c\,1 \\ a\,2 \end{bmatrix}$ n'est pas repris.

54 - R 1

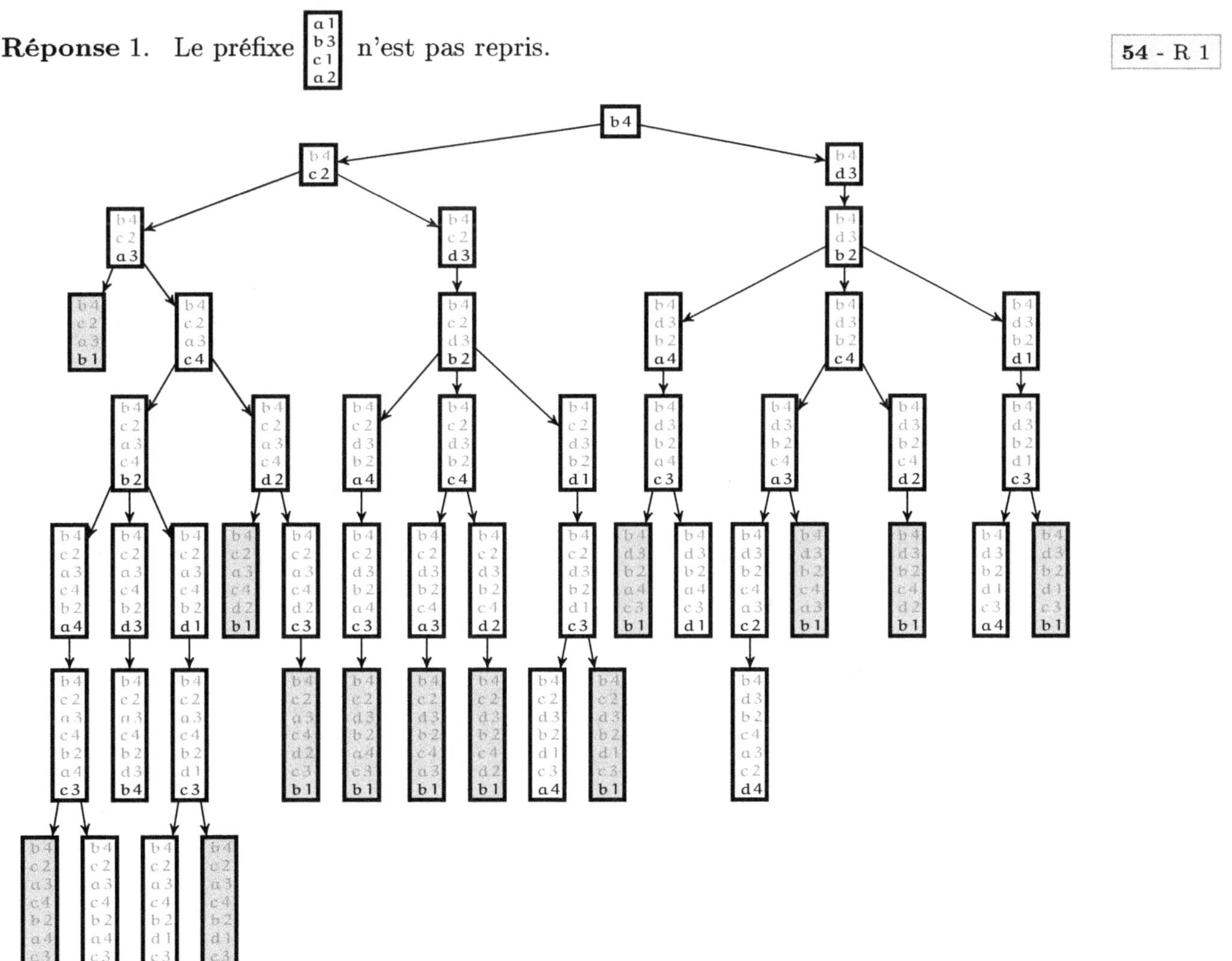

Les feuilles encadrées dans un rectangle grisé représentent un succès, tandis que les autres matérialisent une impasse. En effet, les successeurs introduiraient un circuit dans le parcours.

Réponse 2. Le domaine de variation de j, variable de commande de la boucle, est constitué de l'intervalle $1\mathbin{..}8$ duquel on écarte les éléments qui donnent accès à une cellule déjà rencontrée. Deux tableaux constants conjoints, A et B, définis sur l'intervalle $1\mathbin{..}8$, précisent les valeurs qu'il faut ajouter aux coordonnées courantes du cavalier pour obtenir les coordonnées possibles après un coup. Les valeurs prises par ces deux tableaux sont issues de la formule 5.2, page 241. La condition *Satisfaisant* de la procédure générique s'instancie

54 - R 2

en une expression booléenne qui s'assure que les nouvelles coordonnées sont bien situées sur l'échiquier. La condition *SolutionTrouvée* vérifie que la position atteinte est la cellule d'arrivée a.

La décision de stocker dans le vecteur d'énumération X les coordonnées des cellules plutôt que les étapes du chemin complique l'expression sur laquelle varie k, variable de commande de la boucle et rend nécessaire une explication à propos de la ligne 4 ci-après. Il faut exclure de l'intervalle $1..8$ toutes les valeurs qui représentent les cases appartenant au chemin courant c et qui sont « à portée de cavalier » de l'extrémité de c. La condition $X[l] = (X[l-1].abs + A[q], X[l-1].ord + B[q])$ exprime que $(X[l-1], X[l])$ est une étape du chemin (et donc que la cellule $X[l]$ est sur le chemin courant). Pour finir, la condition $X[l] = (X[i-1].abs + A[k], X[i-1].ord + B[k])$ précise que de $X[l]$ on peut atteindre l'un des huit candidats à l'allongement du chemin. La cellule en question doit être exclue de l'intervalle de parcours.

On en déduit la procédure *Cavalier1* :

1. **procédure** *Cavalier1*(i) **pré**
2. $i \in 1..n^2$
3. **début**
4.   **pour** j **parcourant** $1..8 - \left\{ k \;\middle|\; \begin{array}{l} k \in 1..8 \text{ **et**} \\ \exists l, q \cdot \left(\begin{array}{l} l \in 2..i-1 \text{ **et** } q \in 1..8 \text{ **et**} \\ X[l] = \left(\begin{array}{l} X[l-1].abs + A[q], \\ X[l-1].ord + B[q] \end{array} \right) \text{ **et**} \\ X[l] = \left(\begin{array}{l} X[i-1].abs + A[k], \\ X[i-1].ord + B[k] \end{array} \right) \text{ **et**} \end{array} \right) \end{array} \right\}$

    faire

5.   **si** $\boxed{\left(\begin{array}{l} X[i-1].abs + A[j] \in 1..n \text{ **et**} \\ X[i-1].ord + B[j] \in 1..n \end{array} \right)}$ **alors**
6. $X[i] \leftarrow (X[i-1].abs + A[j], X[i-1].ord + B[j])$;
7.   **si** $\boxed{X[i] = a}$ **alors**
8.   **écrire**($X[1..i]$)
9.   **sinon**
10.   *Cavalier1*(i + 1)
11.   **fin si**
12.   **fin si**
13.   **fin pour**
14. **fin**

L'appel se présente comme suit :

1. **constantes**
2.   Coord $= \{(abs, ord) \mid abs \in 1..n \text{ **et** } ord \in 1..n\}$ **et**
3. $n \in \mathbb{N}_1$ **et** $n = \ldots$ **et**
4. $A \in 1..8 \rightarrow -2..2$ **et** $A = [-2, -2, -1, -1, 1, 1, 2, 2]$ **et**
5. $B \in 1..8 \rightarrow -2..2$ **et** $B = [-1, 1, -2, 2, -2, 2, -1, 1]$ **et**
6. $d \in$ Coord **et** $d = \ldots$ **et** $a \in$ Coord **et** $a = \ldots$
7. **variables**
8. $X \in 1..n^2 \rightarrow$ Coord
9. **début**
10. $X[1] \leftarrow d$;
11.   *Cavalier1*(2)
12. **fin**

Un raffinement de la procédure *Cavalier1* est nécessaire afin d'éliminer la notation ensembliste ainsi que le quantificateur de la ligne 4. Une possibilité consiste à tenir à jour une matrice booléenne globale L, définie sur le domaine $1..n \times 1..n$, qui est telle que $L[x, y]$ vaut **vrai** si et seulement si la cellule de coordonnées (x, y) n'a pas encore été atteinte (et donc qu'elle n'apparaît pas dans $X[1..i-1]$). La version suivante met en œuvre cette remarque. Il est nécessaire d'instancier les procédures *Faire* et *Défaire*. On en profite également pour factoriser les calculs de la nouvelle position dans les variables u et v.

```
1.  procédure Cavalier2(i) pré
2.    i ∈ 1..n² et
3.    u ∈ ℤ et v ∈ ℤ
4.  début
5.    pour j parcourant 1..8 faire
6.      u ← X[i − 1].abs + A[j] ; v ← X[i − 1].ord + B[j] ;
7.      si  (u ∈ 1..n et v ∈ 1..n) et alors L[u, v]  alors
8.        X[i] ← (u, v) ;  L[u, v] ← faux ;
9.        si  X[i] = a  alors
10.         écrire(X[1 .. i])
11.       sinon
12.         Cavalier2(i + 1)
13.       fin si ;
14.        L[u, v] ← vrai
15.      fin si
16.    fin pour
17. fin
```

L'opérateur court-circuit de la ligne 7 est obligatoire. La procédure *Défaire* doit cette fois annuler « l'occupation » de la cellule (u, v). Le tableau L doit être initialisé à **vrai** avant l'appel initial :

```
1.  constantes
2.    Coord  =  {(abs, ord) | abs ∈ 1..n et ord ∈ 1..n} et
3.    n ∈ ℕ₁ et n = ... et
4.    A ∈ 1..8 → −2..2 et A = [−2, −2, −1, −1, 1, 1, 2, 2] et
5.    B ∈ 1..8 → −2..2 et B = [−1, 1, −2, 2, −2, 2, −1, 1] et
6.    X ∈ 1..n² → Coord et
7.    d ∈ Coord et d = ... et a ∈ Coord et a = ...
8.  variables
9.    L ∈ 1..n × 1..n → 𝔹
10. début
11.   L ← ⎡vrai  ⋯  vrai⎤
          ⎢ ⋮    ⋯   ⋮  ⎥ ;
          ⎣vrai  ⋯  vrai⎦
12.   X[1] ← d ;
13.   Cavalier2(2)
14. fin
```

Complexité   La formule $\sum_{i=0}^{n-1} A_m^i$ (voir formule 5.1, page 217) fournit le nombre d'appels exigés par le squelette *TI* pour l'énumération de toutes les fonctions totales injectives de $1..n$ dans $1..m$. Dans le cas d'injections totales de $(1..(n^2-1))$ dans $(1..(n^2-1))$ (bijections), la formule s'instancie en $\sum_{i=0}^{(n-1)^2-1} A^i_{(n-1)^2}$. Cependant, comme le montre le tableau ci-après pour $d=(1,1)$ et $a=(2,1)$, ce résultat surestime largement le nombre réel d'appels à la procédure *Cavalier2*, en ignorant les contraintes propres du problème.

n	nombre d'appels réel	$\displaystyle\sum_{i=0}^{(n-1)^2-1} A^i_{(n-1)^2}$
3	4	10
4	683	623 530
5	561 747	$3.59\ 10^{13}$
6	1 514 771 696 838	$2.66\ 10^{25}$

Le temps de calcul atteint des valeurs qui rendent l'algorithme impraticable au-delà de $n=5$.

54 - R 3 **Réponse 3.**   Cette nouvelle procédure s'inspire largement de la procédure *Cavalier1* ci-dessus. a désignant la case d'arrivée, *SolutionTrouvée* teste si la case atteinte est bien la case a. *SolutionMeilleure* et *ConserverContexteCour* n'appellent aucun commentaire particulier.

On peut s'interroger sur la possibilité d'insérer une condition d'élagage (par exemple, à la place de la condition $i \neq n$ du patron *OPI*). Puisque l'on progresse au plus de deux cases dans une direction donnée, on peut noter que le nombre de déplacements restant à réaliser est au moins égal à la moitié de la distance en ligne et en colonne entre la case actuelle et la case d'arrivée a. On peut donc élaguer lorsque la condition

$$\left(i - 1 + \max\left(\left\lceil \left| \frac{X[i].abs - a.abs}{2} \right| \right\rceil, \left\lceil \left| \frac{X[i].ord - a.ord}{2} \right| \right\rceil \right) \right) \geqslant NbCpOpt.$$

est satisfaite, la variable globale $NbCpOpt$ représentant la longueur optimale courante.

54 - R 4 **Réponse 4.**   Le code de la procédure *CavalierOpt* est :

1. **procédure** *CavalierOpt*(i) **pré**
2. $i \in 1..n^2$ **et**
3. $u \in -1..n+2$ **et** $v \in -1..n+2$
4. **début**
5.   **pour** j **parcourant** $1..8 - \left\{ k \;\middle|\; \begin{array}{l} k \in 1..8 \text{ **et**} \\ \exists l, q \cdot \left(\begin{array}{l} l \in 2..i-1 \text{ **et** } q \in 1..8 \text{ **et**} \\ X[l] = \left(\begin{array}{l} X[l-1].abs + A[q], \\ X[l-1].ord + B[q] \end{array} \right) \text{ **et**} \\ X[l] = \left(\begin{array}{l} X[i-1].abs + A[k], \\ X[i-1].ord + B[k] \end{array} \right) \text{ **et**} \end{array} \right) \end{array} \right\}$
     faire
6. $u \leftarrow X[i-1].abs + A[j]\,;\ v \leftarrow X[i-1].ord + B[j]\,;$
7.   **si** $\boxed{u \in 1..n \text{ et } v \in 1..n}$ **alors**
8. $\boxed{X[i] \leftarrow (u,v)\,;}$
9.   **si** $\boxed{X[i] = a}$ **alors**
10.   **si** $\boxed{i - 1 < NbCpOpt}$ **alors**

11. $\boxed{Y \leftarrow X\,;\ NbCpOpt \leftarrow i - 1}$

12.   **fin si**

13.   **sinonsi** $\left(\left(i - 1 + \max\left(\left\lceil\left|\dfrac{X[i].abs - a.abs}{2}\right|\right\rceil, \left\lceil\left|\dfrac{X[i].ord - a.ord}{2}\right|\right\rceil\right)\right) < NbCpOpt\right.$ **alors**

14. $CavalierOpt(i + 1)$

15.   **fin si**

16.   **fin si**

17.   **fin pour**

18. **fin**

L'appel se fait par la séquence :

1. **constantes**
2.   Coord $= \{(abs, ord) \mid abs \in 1\,..\,n$ **et** $ord \in 1\,..\,n\}$ **et**
3. $n \in \mathbb{N}_1$ **et** $n = \ldots$ **et**
4. $A \in 1\,..\,8 \rightarrow -2\,..\,2$ **et** $A = [-2, -2, -1, -1, 1, 1, 2, 2]$ **et**
5. $B \in 1\,..\,8 \rightarrow -2\,..\,2$ **et** $B = [-1, 1, -2, 2, -2, 2, -1, 1]$ **et**
6. $d \in$ Coord **et** $d = \ldots$ **et** $a \in$ Coord **et** $a = \ldots$
7. **variables**
8. $X \in 1\,..\,n^2 \rightarrow$ Coord **et** $Y \in 1\,..\,n^2 \rightarrow$ Coord **et** $NbCpOpt \in 1\,..\,n^2$
9. **début**
10. $X[1] \leftarrow d\,;$
11. $NbCpOPt \leftarrow n^2\,;$
12. $CavalierOpt(2)\,;$
13.   **si** $NbCpOpt \neq n^2$ **alors**
14.   **écrire**$(Y[1\,..\,NbCpOpt])$
15.   **sinon**
16.   **écrire**(*Pas de solution*)
17.   **fin si**
18. **fin**

Le raffinement de cette procédure s'effectue de la même façon que celui de la procédure *Cavalier1*.

Solution de l'exercice 55   Circuits et chemins eulériens – tracé d'un seul trait

Énoncé page 244.

Réponse 1. Pour le graphe (a), il n'y a pas de circuit eulérien. En revanche, il existe des $\boxed{\text{55 - R 1}}$ *chemins* eulériens. L'un d'eux est représenté par :

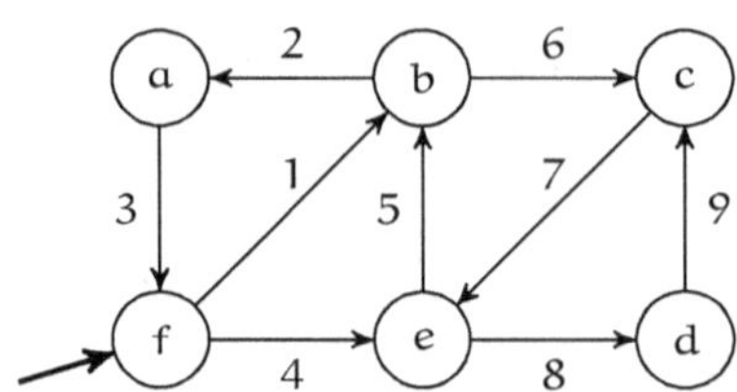

Ce chemin garantit que l'on est capable de tracer le graphe d'un seul trait de crayon. Néanmoins le sommet d'arrivée est différent du sommet de départ. Pour le graphe (b), il existe des circuits eulériens, comme :

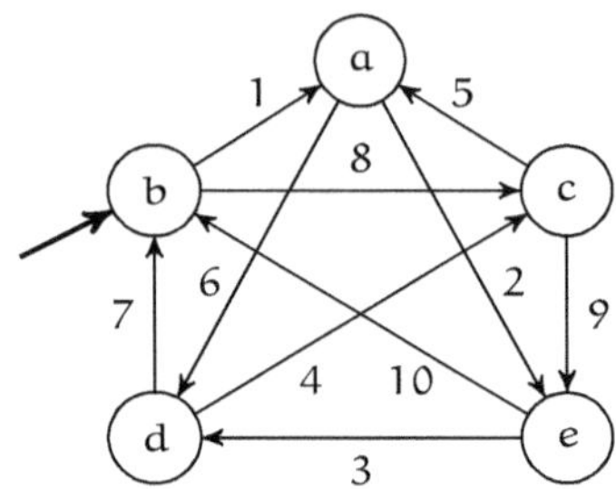

Réponse 2. La structure d'énumération X est définie sur l'intervalle $1..(n+1)$ et à valeur dans l'ensemble des nœuds N. Pour une solution complète, $X[1..n]$ est une fonction totale surjective de l'intervalle $1..n$ dans N, d'où le choix *a priori* du patron *TTS* (voir figure 5.7, page 224). Lorsque X est en cours d'élaboration, $X[1..i-1]$ définit le graphe $G' = (N', V')$ avec $N' = \{X[1], \ldots, X[i-1]\}$ et $V' = \{(X[1], X[2]), (X[2], X[3]), \ldots, (X[i-2], X[i-1])\}$. G' est un sous-graphe de G. Le chemin $\langle X[1], \ldots, X[i-2], X[i-1] \rangle$ est eulérien pour le graphe G'. Si d'une part X est complet et d'autre part $X[1] = X[n+1]$, le chemin est un circuit eulérien. Nous sommes donc dans une situation où la vérification de la surjectivité n'est pas nécessaire. Le patron *TT* (plus simple que *TTS*) suffit.

Réponse 3. La variable j parcourt l'ensemble des successeurs de $X[i-1]$ dans le graphe G (ligne 4 de la procédure *CircuitsEulériens1*). La ligne 5, $EnsArcs(X[1..i-1], G)$ représente l'ensemble des arcs de G enregistrés dans la tranche $X[1..i-1]$. L'instance de la procédure générique *Satisfaisant* (ligne 4 dans le programme ci-dessous) consiste à vérifier que l'arc considéré n'est pas déjà utilisé. À la ligne 7, la condition $(i = n+1)$ s'assure qu'il y a bien $(n+1)$ nœuds dans le chemin eulérien du graphe G. Sur cette même ligne, la condition *SolutionTrouvée* s'instancie par l'expression $X[1] = X[i]$, qui vérifie que le dernier nœud du chemin n'est autre que le premier (le tout caractérise un circuit eulérien dans G). On aboutit donc au programme suivant :

```
1.  procédure CircuitsEulériens1(i) pré
2.     i ∈ 1..n+1
3.  début
4.     pour j parcourant Succ_G(X[i-1]) faire
5.        si  (X[i-1], j) ∉ EnsArcs(X[1..i-1], G)  alors
6.           X[i] ← j ;
7.           si i = n+1  et  X[1] = X[i]  alors
8.              écrire(X)
9.           sinonsi  i ≠ n+1  alors
10.             CircuitsEulériens1(i+1)
11.       fin si
```

12.   **fin si**
13.   **fin pour**
14. **fin**

L'appel se fait par :

1. **constantes**
2. $m \in \mathbb{N}$ **et** $m = \ldots$ **et**
3. $N = 1 \mathinner{.\,.} m$ **et** $V \subseteq N \times N$ **et** $V = \{\ldots\}$ **et** $n = \mathrm{card}(V)$ **et**
4. $G = (N, V)$
5. **variables**
6. $X \in 1 \mathinner{.\,.} n + 1 \rightarrow N$
7. **début**
8.   **pour** $s \in N$ **faire**
9. $X[1] \leftarrow s$;
10. $CircuitsEulériens1(2)$
11.   **fin pour**
12. **fin**

Remarque   Pour être parfaitement fidèle au patron TT, il aurait fallu que, dans la procédure $CircuitsEulériens1$, j parcoure l'intervalle $1 \mathinner{.\,.} n$, puis qu'il soit filtré dans l'alternative afin de ne prendre que des valeurs appartenant à l'ensemble $Succ_G(X[i-1])$. La solution précédente est plus efficace.

La recherche réalisée dans la condition de la ligne 5 de la procédure $CircuitsEulériens1$ peut se révéler coûteuse. Il est préférable de renforcer l'invariant de récursivité de la procédure par la propriété suivante : « L est un tableau de booléens défini sur $1 \mathinner{.\,.} m \times 1 \mathinner{.\,.} m$ tel que $L[x, y]$ est vrai si et seulement si l'arc (x, y) n'appartient pas à G' (n'apparaît pas dans $X[1 \mathinner{.\,.} i-1]$) ». On obtient la solution suivante :

1. **procédure** $CircuitsEulériens2(i)$ **pré**
2. $i \in 1 \mathinner{.\,.} n + 1$
3. **début**
4.   **pour** j **parcourant** $Succ_G(X[i-1])$ **faire**
5.   **si** $\boxed{L[X[i-1], j]}$ **alors**
6. $X[i] \leftarrow j$; $\boxed{L[X[i-1], j] \leftarrow \mathbf{faux}}$;
7.   **si** $i = n + 1$ **et** $\boxed{X[1] = X[i]}$ **alors**
8.   **écrire**(X)
9.   **sinonsi** $\boxed{i \neq n + 1}$ **alors**
10. $CircuitsEulériens2(i+1)$
11.   **fin si** ;
12. $\boxed{L[X[i-1], j] \leftarrow \mathbf{vrai}}$
13.   **fin si**
14.   **fin pour**
15. **fin**

Cette fois les procédures *Faire* (ligne 6) et *Défaire* (ligne 12) sont nécessaires. Le programme appelant devient :

```
 1. constantes
 2.     m ∈ ℕ et m = ... et
 3.     N = 1 .. m et V ⊆ N × N et V = {...} et n = card(V) et
 4.     G = (N, V)
 5. variables
 6.     X ∈ 1 .. n → N et
 7.     L ∈ 1 .. m × 1 .. m → 𝔹
 8. début
            ⎡ vrai  ···  vrai ⎤
 9.     L ← ⎢  ⋮    ...    ⋮  ⎥ ;
            ⎣ vrai  ···  vrai ⎦
10.     pour s ∈ N faire
11.         X[1] ← s ;
12.         CircuitsEulériens2(2)
13.     fin pour
14. fin
```

Remarque   Un théorème de la théorie des graphes, dû à L. Euler lui-même, fournit une condition nécessaire et suffisante à l'existence d'(au moins) un circuit eulérien dans un graphe orienté connexe. Il affirme qu'un circuit eulérien existe si et seulement si, pour tout sommet s, il y a autant d'arcs qui ont s comme origine que comme extrémité. Cette propriété – facile à vérifier – évite de se lancer dans une recherche coûteuse de circuits eulériens lorsque celle-ci est vouée à l'échec.

---

55 - R 4

Réponse 4.   Il s'agit donc de rechercher un *chemin* eulérien dans un graphe *non orienté*. On fait l'hypothèse que dans le graphe une arête est représentée par un couple de sommets. Pour ce qui concerne l'aspect « chaîne d'arêtes » (voir section 1.5.2, page 27), la modification porte sur la condition de la ligne 7 de la procédure *CircuitsEulériens2*, qui n'exige plus de s'assurer que l'on revient au point de départ. Quant à l'aspect « non orienté », il suffit de s'assurer que ni l'arc $(X[i-1], j)$ ni l'arc inverse $(j, X[i-1])$ n'appartient à la solution partielle. Nous obtenons le code suivant pour la procédure *CheminsEulériens* :

```
 1. procédure CheminsEulériens(i) pré
 2.     i ∈ 1 .. n + 1
 3. début
 4.     pour j parcourant Succ_G(X[i − 1]) faire
 5.         si  L[X[i − 1], j] et L[j, X[i − 1]]  alors
 6.             X[i] ← j ;  L[X[i − 1], j] ← faux ; L[j, X[i − 1]] ← faux ;
 7.             si  i = n + 1  alors
 8.                 écrire(X)
 9.             sinon
10.                 CheminsEulériens(i + 1)
11.             fin si ;
12.             L[X[i − 1], j] ← vrai ; L[j, X[i − 1]] ← vrai
13.         fin si
14.     fin pour
15. fin
```

Le tableau L joue ici un rôle similaire à celui qu'il jouait dans la procédure *CircuitEulériens2*. La séquence d'appel est analogue à celle de la procédure *CircuitEulériens2* (voir page 284).

Remarque   Le problème de la recherche de chemins ou de circuits eulériens dans un graphe entre dans la classe des problèmes polynomiaux. Il existe donc des algorithmes plus efficaces que ceux présentés précédemment. Le lecteur est invité à rechercher et construire de tels algorithmes.

Solution de l'exercice 56   Chemins hamiltoniens : les dominos

Énoncé page 246.

Réponse 1.   Au total, il existe trois solutions commençant par BETE puis TELE. Exprimées par leurs numéros, il s'agit de $\langle 1, 5, 2, 4, 3, 6 \rangle$, $\langle 1, 5, 2, 6, 4, 3 \rangle$ et $\langle 1, 5, 3, 6, 2, 4 \rangle$. $\boxed{\textbf{56 - R 1}}$

On remarque que la solution $\langle 1, 5, 2, 6, 4, 3 \rangle$ pourrait se continuer par le domino 1 et fournir par permutation circulaire des solutions commençant à n'importe quel nœud. Mais il existe des solutions qui ne commencent pas par le nœud 1 et qui ne sont pas l'une des permutations circulaires mentionnées ci-dessus, par exemple $\langle 2, 6, 4, 5, 3, 1 \rangle$. On ne peut pas déduire tous les chemins hamiltoniens de ceux calculés pour un nœud de départ donné.

Réponse 2.   Le vecteur $X[1 \mathbin{..} n]$ est une bijection de $1 \mathbin{..} n$ sur $1 \mathbin{..} n$ (autrement dit une permutation de l'intervalle $1 \mathbin{..} n$) telle que tout couple $(k, X[k])$ est un arc du graphe. Une tranche $X[1 \mathbin{..} i-1]$ est une fonction totale bijective de l'intervalle $1 \mathbin{..} i-1$ vers un sous-ensemble de $1 \mathbin{..} n$. Le patron approprié est donc *TTI* (voir figure 5.7, page 224) qui parcourt toutes les bijections si le domaine et le codomaine de X ont même cardinal. $\boxed{\textbf{56 - R 2}}$

Réponse 3.   L'arbre se trouve à la figure 5.24. $\boxed{\textbf{56 - R 3}}$

Réponse 4.   La procédure à construire, *Domino1*, est une instance de la procédure *TTI* (Toutes fonctions Totales Injectives, voir figure 5.7, page 224), pour laquelle X est une fonction de l'intervalle $1 \mathbin{..} n$ dans lui même (une bijection donc). La condition *Satisfaisant* a pour rôle de vérifier la propriété spécifique du problème qui exige que le nœud courant j soit bien un successeur du nœud $X[i-1]$. On obtient : $\boxed{\textbf{56 - R 4}}$

```
 1. procédure Domino1(i) pré
 2.    i ∈ 1 .. n
 3. début
 4.    pour j ∈ (1 .. n − codom(X[1 .. i − 1])) faire
 5.       si  j ∈ Succ(X([i − 1]))  alors
 6.          X[i] ← j ;
 7.          si i = n alors
 8.             écrire(X)
 9.          sinon
10.             Domino1(i + 1)
11.          fin si
12.       fin si
13.    fin pour
14. fin
```

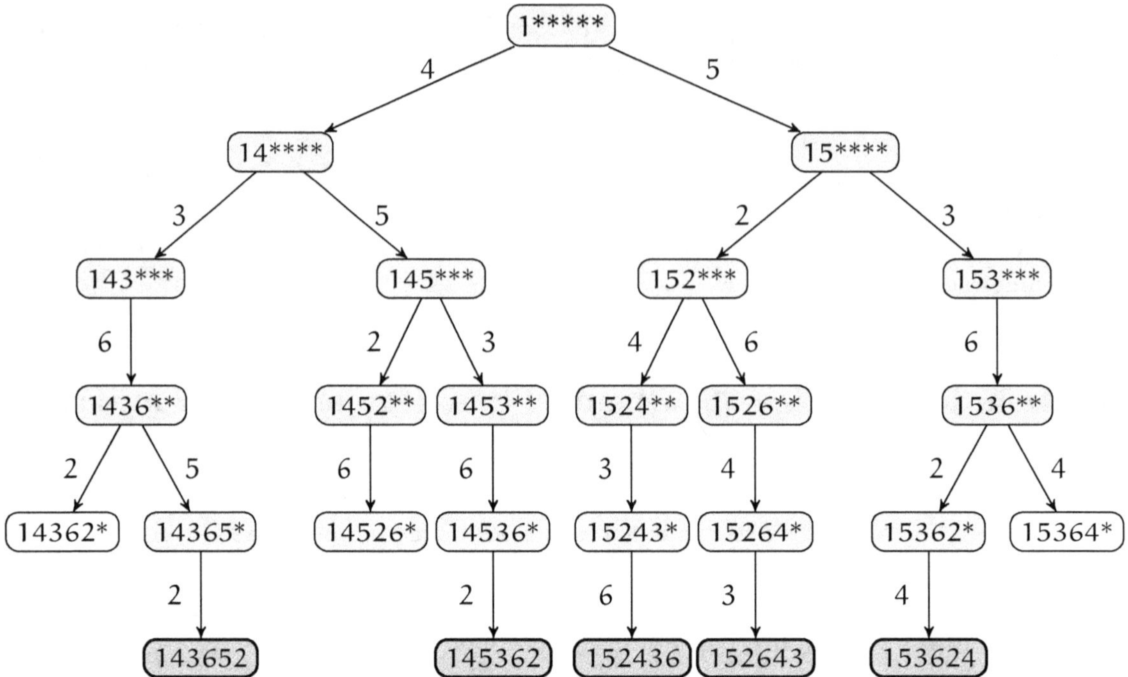

Fig. 5.24 – Chemin hamiltonien – Le problème des dominos – Arbre de récursion. Les feuilles en blanc représentent les impasses. Les autres feuilles sont les solutions.

Le programme suivant produit toutes les solutions :

```
 1. constantes
 2.     n ∈ ℕ et n = …
 3. variables
 4.     X ∈ 1 .. n → 1 .. n
 5. début
 6.     pour s ∈ 1 .. n faire
 7.         X[1] ← s ;
 8.         Domino1(2)
 9.     fin pour
10. fin
```

Une version plus efficace de la procédure *Domino1* est obtenue en ne considérant d'emblée que les nœuds successeurs possibles :

```
 1. procédure Domino2(i) pré
 2.     i ∈ 1 .. n
 3. début
 4.     pour j ∈ (Succ(X[i − 1] − codom(X[1 .. i − 1]))) faire
 5.         X[i] ← j ;
 6.         si i = n alors
 7.             écrire(X)
 8.         sinon
 9.             Domino2(i + 1)
10.         fin si
11.     fin pour
12. fin
```

Cette version est celle qui produit l'arbre de la figure 5.24, page 286.

Remarque   Bien qu'il s'agisse d'un problème proche de celui de la recherche de chemin ou de circuit eulérien, le problème des chemins et des circuits hamiltoniens entre dans la classe de complexité NP-complet. Il est peu probable qu'il existe un algorithme polynomial pour le résoudre.

Solution de l'exercice 57 Le voyageur de commerce

Énoncé page 248.

Réponse 1.   Il y a $(n-1)!$ permutations des n villes qui commencent par une ville donnée. On peut remarquer qu'en réalité, puisque le graphe n'est pas orienté, on peut réduire les calculs de moitié (tout chemin peut être parcouru dans un sens ou dans l'autre), mais cette remarque n'est pas exploitable dans les patrons dédiés à la recherche d'une solution optimale.   `57 - R 1`

Réponse 2.   Supposons qu'il existe trois villes x, y, et z dont les distances deux à deux sont telles que $D(x,z) > D(x,y) + D(y,z)$ et que $\langle \ldots, y, \ldots, x, z, \ldots \rangle$ soit un trajet hamiltonien optimal. Il est clair qu'en remplaçant le tronçon $\langle x, z \rangle$ par $\langle x, y, z \rangle$ on obtiendra un trajet plus court.   `57 - R 2`

Réponse 3.   Il s'agit de trouver une permutation de N qui se prolonge par un retour au nœud de départ. X est donc une bijection de $1..n$ sur $1..n$ (autrement dit une permutation de l'intervalle $1..n$), contrainte par le fait que, pour tout k, $(X[k-1], X[k])$ est une arête du graphe. Le patron qui doit être instancié est donc *OTI*, appliqué au cas bijectif (le domaine et le codomaine de X ont même cardinal). Son code s'obtient à partir de celui de *OPI* (voir figure 5.8, page 225) en remplaçant l'ensemble parcouru par la boucle **pour** de la ligne 4 par :   `57 - R 3`

$$(1..n) - \mathrm{codom}(X[1..i-1]).$$

Réponse 4.   Chaque chemin est développé deux fois. La valeur optimale de trajet global vaut 11. On obtient l'arbre de la figure 5.25, où : i) le coût de chaque arc est mentionné sur sa droite précédé du signe +, ii) le coût de chaque chemin est apposé à la droite de chaque nœud.   `57 - R 4`

Un élagage possible consiste à interrompre le déroulement d'une permutation si la longueur provisoire dépasse le minimum courant. Sur l'arbre de la figure 5.25, les portions en gris clair correspondent à des parties de l'arbre non développées en raison du déclenchement de la condition d'élagage.

Remarque   Une autre stratégie d'élagage peut s'ajouter à la première. Elle consiste à utiliser comme minorant de la longueur restante le nombre de trajets élémentaires à faire entre deux villes, multiplié par la plus petite longueur entre deux villes qui n'ont pas encore été visitées. Cette heuristique n'est pas mise en œuvre dans la solution proposée ci-après.

Réponse 5.   On instancie le patron *OTI* afin d'énumérer tous les cycles candidats, c'est-à-dire toutes les permutations des villes commençant par la ville de départ (sans oublier d'ajouter le retour à la ville de départ). À chaque permutation est associée une longueur donnée par la somme des longueurs des trajets élémentaires la composant. On conserve la permutation qui donne le trajet total le plus court.   `57 - R 5`

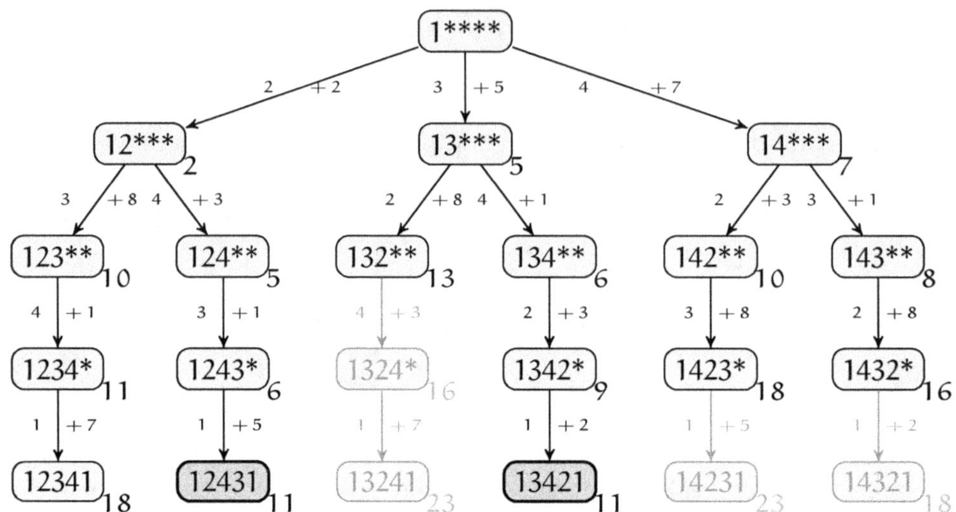

Fig. 5.25 – *L'arbre de récursion pour le graphe* (a) *de la figure 5.15, page 248*

L'ensemble parcouru par j, la variable de commande de la boucle, est l'ensemble des successeurs du nœud $X[i-1]$ moins les nœuds déjà utilisés. VilleDep est la ville de départ et Y est la solution optimale retenue. La variable LgCour contient la longueur du chemin en cours d'élaboration, tandis que la variable LgOpt représente la longueur du meilleur cycle hamiltonien déjà trouvé.

La condition *Satisfaisant* applique le premier élagage mentionné. La procédure *Faire* calcule la longueur du chemin en cours de construction. La condition ($i = n$) signifie que l'on a rencontré toutes les villes une et une seule fois ; le retour vers la ville de départ est pris en compte par la condition *SolutionMeilleure*. La condition *SolutionMeilleure* est satisfaite si la longueur du chemin courant plus la distance nécessaire pour revenir à la ville de départ est plus courte que la meilleure solution déjà trouvée. La procédure *Défaire* se limite à retrancher de LgCour la distance ajoutée précédemment.

```
 1. procédure VoyageurDeCommerce(i) pré
 2.    i ∈ 1 .. n
 3. début
 4.    pour j parcourant Succ(X[i − 1]) − codom(X[1 .. i − 1]) faire
 5.       si  LgCour + D(X[i − 1], j) < LgOpt  alors
 6.          X[i] ← j ;  LgCour ← LgCour + D(X[i − 1], j) ;
 7.          si i = n alors
 8.             si  LgCour + D(X[i], VilleDep) < LgOpt  alors
 9.                Y[1 .. n] ← X ; Y[n + 1] ← VilleDep ;
10.                LgOpt ← LgCour + D(X[i], VilleDep)
11.             fin si
12.          sinon
13.             VoyageurDeCommerce(i + 1)
14.          fin si ;
15.          LgCour ← LgCour − D(X[i − 1], j)
16.       fin si
17.    fin pour
18. fin
```

L'appel de cette procédure pour le jeu d'essai (a) de la figure 5.15, page 248, se fait ainsi :

1. **constantes**
2. $N = \{1, 2, 3, 4\}$ **et** $n = \mathrm{card}(N)$ **et**
3.   VilleDep $= 1$ **et**
4. $D \in N \times N \rightarrow \mathbb{R}_+^* $ **et** $D = \begin{bmatrix} \infty & 2 & 5 & 7 \\ 2 & \infty & 8 & 3 \\ 5 & 8 & \infty & 1 \\ 7 & 3 & 1 & \infty \end{bmatrix}$
5. **variables**
6. $X \in 1..n \rightarrow 1..n$ **et**
7. $Y \in 1..n+1 \rightarrow 1..n$ **et**
8.   LgCour $\in \mathbb{N}$ **et** LgOpt $\in \mathbb{N}$
9. **début**
10.   LgOpt $\leftarrow \infty$; LgCour $\leftarrow 0$;
11. $X[1] \leftarrow$ VilleDep ;
12.   *VoyageurDeCommerce*(2) ;
13.   **si** LgOpt $= \infty$ **alors**
14.   **écrire**(*Pas de solution*)
15.   **sinon**
16.   **écrire**(Y)
17.   **fin si**
18. **fin**

La valeur finale de la variable LgOpt est utilisée afin de savoir si le problème possède ou non une solution.

Solution de l'exercice 58   Isomorphisme de graphes

Énoncé page 249.

Réponse 1.   [58 - R 1]

G :

	1	2	3	4	5
Demi-deg. ext.	3	1	2	0	1
Demi-deg. int.	1	1	2	2	1

H :

	a	b	c	d	e
Demi-deg. ext.	1	2	3	1	0
Demi-deg. int.	1	2	1	1	2

Réponse 2. Compte tenu des contraintes imposées par la question, les nœuds 1, 3 et 4 [58 - R 2] sont obligatoirement en correspondance avec les nœuds c, b et e. En revanche, le nœud 2 (resp. 5) peut être mis en relation soit avec a, soit avec d. Par conséquent, on obtient les deux possibilités suivantes de mise en correspondance :

$$B = \begin{array}{|c|c|c|c|c|} \hline 1 & 2 & 3 & 4 & 5 \\ \hline c & a & b & e & d \\ \hline \end{array} \quad \text{et} \quad B' = \begin{array}{|c|c|c|c|c|} \hline 1 & 2 & 3 & 4 & 5 \\ \hline c & d & b & e & a \\ \hline \end{array}$$

Ainsi que le montrent les schémas ci-après, la bijection B' ne réalise pas un isomorphisme (en revanche, on sait déjà que B réalise bien un isomorphisme entre G et H).

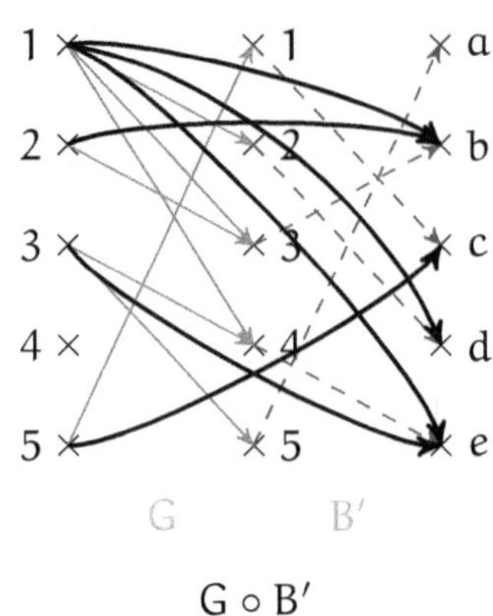

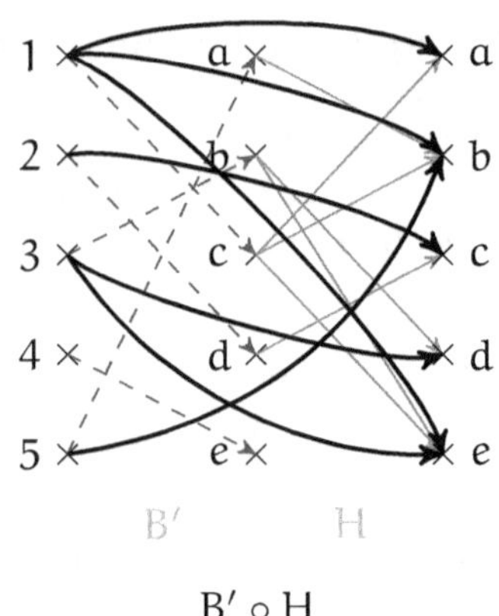

G ∘ B′   B′ ∘ H

Il est donc clair que la mise en correspondance des sommets de même arité est une condition nécessaire *mais pas suffisante* pour garantir que la relation ainsi définie établit un isomorphisme entre les deux graphes. Cette condition peut cependant tenir lieu de stratégie d'élagage.

Réponse 3. La nature du problème impose une structure d'énumération X qui représente une bijection totale (voir paragraphe intitulé « Énumération des fonctions totales injectives et bijectives, … », page 217). Le patron qui convient est donc *TTI* (voir figure 5.7, page 224). On suppose que les sommets de G_1 sont numérotés de 1 à n et on construit un vecteur d'énumération X de taille n avec tout sommet j de G_2. Un tel vecteur représente une bijection entre les sommets de N_1 et N_2 ; il correspond à un isomorphisme si $V_1 \circ X = X \circ V_2$. Telle quelle, cette condition ne peut être vérifiée qu'une fois le vecteur X totalement construit. Cependant, pour éviter de s'engager dans des directions vouées à l'échec, on peut élaguer l'espace de recherche en s'assurant à chaque pas que les arités extérieure et intérieure du sommet j et du sommet i matérialisé par le paramètre d'appel de la procédure (cf. le patron TTI de la figure 5.9, page 226) sont identiques.

Réponse 4. L'arbre de récursion pour l'exemple introductif est présenté à la figure 5.26, page 291.

Réponse 5. Les patrons de la figure 5.7, page 224, ne résolvent pas directement le problème posé puisqu'ils énumèrent les solutions, alors qu'ici seul un dénombrement est demandé. Il s'agit d'instancier le patron *TTI* (voir figure 5.7, page 224) en l'aménageant de sorte que seul le *nombre* d'isomorphismes soit affiché (et non les isomorphismes eux-mêmes). La condition *Satisfaisant* vérifie l'égalité des degrés extérieurs et intérieurs des sommets j et i. *SolutionTrouvée* vérifie qu'une fois que le vecteur d'énumération a atteint la taille n, il s'agit bien un isomorphisme entre le graphe G_1 et le graphe G_2.

```
 1.  procédure Isomorphisme(i) pré
 2.     i ∈ 1 .. n
 3.  début
 4.     pour j parcourant N₂ − codom(X[1 .. i − 1]) faire
 5.        si  d⁺(i) = d⁺(j)   et   d⁻(i) = d⁻(j)   alors
 6.           X[i] ← j ;
 7.           si i = n et alors  V₁ ∘ X = X ∘ V₂  alors
 8.              NbIsom ← NbIsom + 1
 9.           sinonsi i ≠ n alors
10.              Isomorphisme(i + 1)
11.           fin si
```

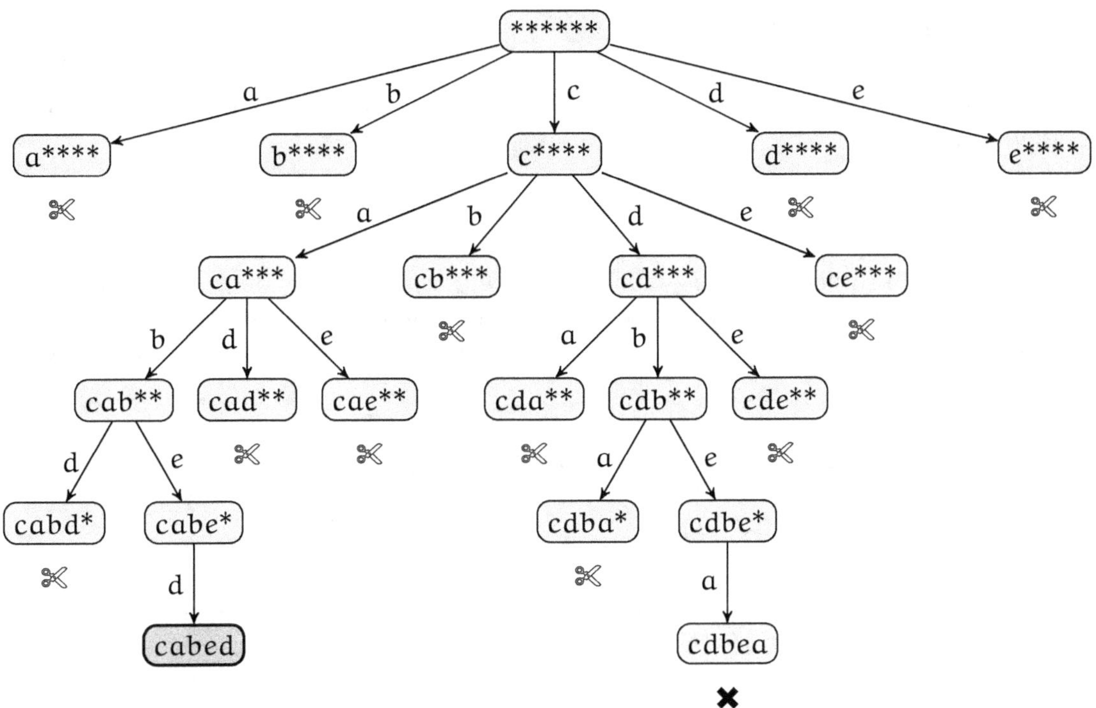

Fig. 5.26 – Isomorphisme de graphes – Arbre de récursion pour le cas de la figure 5.16, page 249. ✂ : élagage pour demi-degré(s) incompatible(s). ✖ : feuille éliminée car ne représentant pas un isomorphisme. La feuille en gris foncé représente l'unique solution.

```
12.      fin si
13.      fin pour
14. fin
```

À la ligne 7, l'opérateur court-circuit **et alors** est nécessaire à la correction de l'algorithme. L'appel se fait par :

```
 1. constantes
 2.     n ∈ ℕ₁ et n = ... et
 3.     N₁ = 1 .. n et N₂ = 1 .. n et
 4.     V₁ ⊆ N₁ × N₁ et V₁ = {...} et
 5.     V₂ ⊆ N₂ × N₂ et V₂ = {...} et
 6.     card(V₁) = card(V₂) et
 7.     G₁ = (N₁, V₁) et G₂ = (N₂, V₂)
 8. variables
 9.     X ∈ 1 .. n → N₂ et
10.     NbIsom ∈ ℕ
11. début
12.     NbIsom ← 0 ;
13.     Isomorphisme(1) ;
14.     écrire(NbIsom)
15. fin
```

Fondamentalement, l'algorithme recherche les permutations de N_2, mais l'élagage réalisé à la ligne 5 de la procédure *Isomorphisme* évite de les énumérer toutes (pour l'exemple de la figure 5.16, page 249, on évalue deux bijections au lieu de 5! = 120). La formule encadrée de la ligne 7 de la procédure *Isomorphisme* doit être raffinée. Si le raffinement des constantes V_1 et V_2 s'effectue par des matrices, le calcul correspondant s'apparente à du calcul matriciel.

Remarque Le problème de l'isomorphisme de graphes entre dans la classe de complexité NP. Cependant, on ne sait pas s'il est polynomial ou NP-complet. Il existe des types de graphes (les graphes planaires par exemple) pour lesquels on connaît des algorithmes polynomiaux.

Solution de l'exercice 59 Coloriage d'un graphe

Énoncé page 251.

59 - R 1 **Réponse 1.** Le graphe $G_{X'}$ ci-après est obtenu en effectuant la permutation des couleurs : $\{2 \mapsto 1, 1 \mapsto 3, 3 \mapsto 2\}$. En revanche, dans le graphe $G_{X''}$, les couleurs affectées aux sommets e et c sont différentes ; ce coloriage ne peut donc correspondre à une permutation des couleurs initialement choisies.

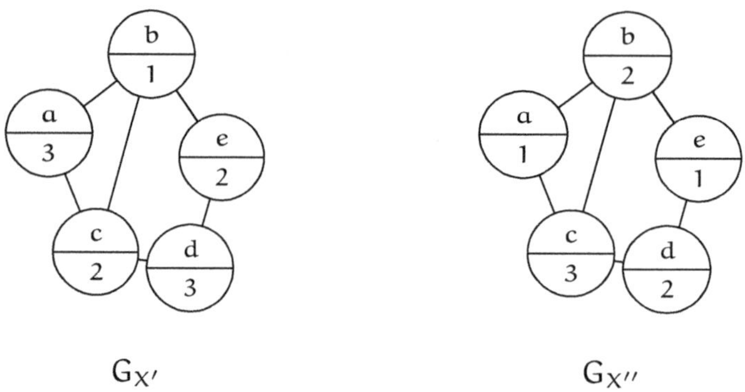

59 - R 2 **Réponse 2.** Si $(s, c) \in V \circ Z$, c est une couleur interdite pour le nœud s puisqu'elle est portée par l'un de ses voisins. Exprimer que les couleurs des nœuds et celles de leurs voisins sont différentes se formalise par l'expression $Z \cap (V \circ Z) = \varnothing$. C'est bien ce que l'on observe sur le schéma ci-dessous, appliqué au graphe $G_{X''}$.

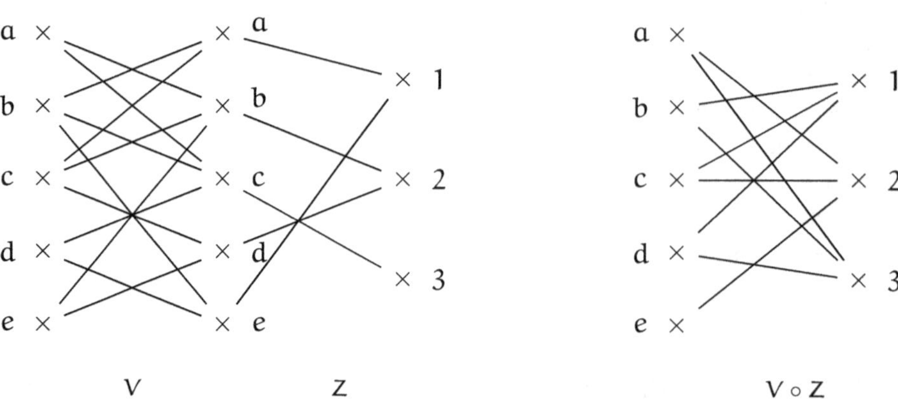

Réponse 3.   Les nœuds étant supposés codés par les valeurs de l'intervalle $1..n$, le vecteur 59 - R 3
d'énumération $X[1..n]$ représente une fonction totale de l'intervalle $1..n$ dans $1..m$. Cette
fonction n'est ni surjective (une couleur peut ne pas être utilisée), ni injective (plusieurs
nœuds peuvent être associés à la même couleur). Pour correspondre à un coloriage, ce
vecteur doit satisfaire à la propriété de la question précédente. Le vecteur partiel $X[1..i-1]$
représente un coloriage du graphe restreint aux nœuds étiquetés de 1 à $(i-1)$. Le patron
qui s'applique est UT (voir figure 5.9, page 226).

Réponse 4.   Appliquer la force brute consisterait simplement à vérifier dans *Solution-* 59 - R 4
Trouvée que la condition de la question 2 est satisfaite, mais un élagage est possible :
puisque $X[1..i-1]$ est un coloriage partiel, la prise en compte du nœud i peut se limiter
à vérifier qu'aucun des voisins de numéros inférieurs à i n'a la même couleur que celle que
l'on s'apprête à attribuer à i. L'arbre de récursion avec cet élagage est en figure 5.27.

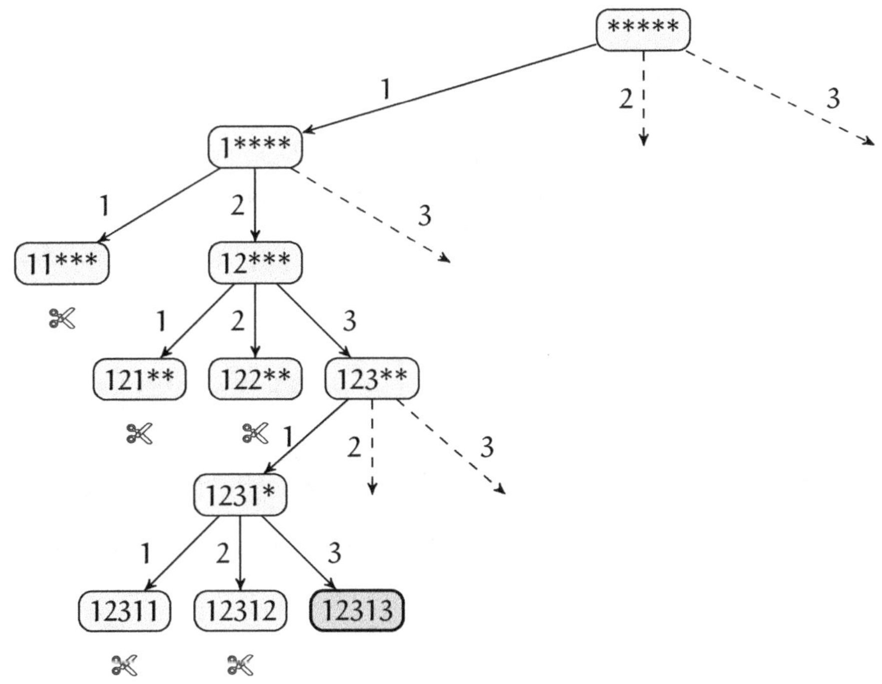

*Fig. 5.27 – Coloriage de graphes – Arbre de récursion. ✄ : élagage pour cause de graphe
partiel impossible à colorier. Les arcs en pointillés représentent des branches inexplorées.
La feuille en gris foncé représente la première solution trouvée dans un parcours descendant
gauche-droite.*

Réponse 5.   Il s'agit d'instancier de manière convenable le patron UT (voir figure 5.9, 59 - R 5
page 226) puisque l'on recherche une solution pour une fonction totale de l'ensemble des
sommets vers l'ensemble des couleurs. La fonction générique *Satisfaisant* de la ligne 7 a
été commentée dans la question précédente. Le raffinement de la formule correspondante
est laissé à la charge du lecteur. La fonction générique *SolutionTrouvée* (ligne 9) n'a pas
lieu d'être car, si $(i = n)$, tous les sommets du graphe sont coloriés. On obtient donc la
procédure suivante :

> 1. **procédure** *ColoriagePossible*(i) **pré**
> 2. $i \in 1..n$ **et**
> 3. $j \in 1..m+1$

```
 4. début
 5.     j ← 1 ;
 6.     tant que non(j = m + 1 ou Trouvé) faire
 7.         si │ ∀k · (k ∈ Succ(i) et k < i  ⇒  j ≠ X[k]) │ alors
 8.             X[i] ← j ;
 9.             si i = n alors
10.                 Trouvé ← vrai
11.             sinon
12.                 ColoriagePossible(i + 1)
13.             fin si
14.         fin si ;
15.         j ← j + 1
16.     fin tant que
17. fin
```

qui est appelée par la séquence :

```
 1. constantes
 2.     n ∈ ℕ₁ et n = … et m ∈ ℕ₁ et m = … et
 3.     N = 1 .. n et V ⊆ N × N et V = {…} et G = (N, V) et
 4.     V ∩ id(1 .. n) = ∅ et   /% Pas de boucle %/
 5. variables
 6.     Trouvé ∈ 𝔹 et X ∈ 1 .. n → 1 .. m
 7. début
 8.     Trouvé ← faux ;
 9.     ColoriagePossible(1) ;
10.     si Trouvé alors
11.         écrire(Le graphe peut être colorié avec , m, couleurs)
12.     sinon
13.         écrire(Le graphe ne peut pas être colorié avec , m, couleurs)
14.     fin si
15. fin
```

Remarque   Pour $m = 2$, le problème du coloriage de graphes appartient à la classe de complexité P (voir exercice 83, page 387). Pour $m > 2$, le problème est, pour un graphe quelconque, NP-complet. Le coloriage de graphes avec un nombre de couleurs minimal présente de nombreuses applications, comme l'allocation de fréquences dans certains réseaux de télécommunication ou encore la résolution de grilles de sudoku. Ce dernier problème est traité à travers une démarche *ad hoc* dans l'exercice 63, page 255.

Solution de l'exercice 60   Les élections présidentielles à l'américaine

Énoncé page 252.

Réponse 1.   Le vecteur d'énumération X n'est autre que celui évoqué dans l'énoncé. X est défini sur l'intervalle $1 .. n$ et à valeurs dans l'intervalle $0 .. 1$. Aucune propriété complémentaire n'est exigée. Le patron approprié est donc TT (voir figure 5.7, page 224).

60 - R 1

Réponse 2. La variable globale NbRep représente le nombre courant de grands électeurs $\boxed{\text{60 - R 2}}$ républicains (une solution correcte est obtenue en échangeant le rôle des républicains et des démocrates). Une configuration cherchée est telle que ce nombre vaut exactement la moitié du nombre total T de grands électeurs et que l'on a atteint une feuille de l'arbre de récursion. On élague en surveillant dans *Satisfaisant* que le parti républicain : i) n'a pas d'ores et déjà un nombre de grands électeurs dépassant T/2, ii) peut encore atteindre un nombre de grands électeurs au moins égal à T/2. On suppose que l'expression T/2 s'évalue en fournissant le résultat *réel* (et non le quotient euclidien).

1. **procédure** *Élections*(i) **pré**
2. $i \in 1..n$
3. **début**
4.   **pour** j **parcourant** $0..1$ **faire**
5.   **si** $\boxed{\text{NbRep} + j \cdot \text{GE}[i] \leqslant \dfrac{T}{2} \text{ et } \text{NbRep} + j \cdot \text{GE}[i] + \sum_{j=i+1}^{n} \text{GE}[j] \geqslant \dfrac{T}{2}}$ **alors**
6. $X[i] \leftarrow j\,;\ \boxed{\text{NbRep} \leftarrow \text{NbRep} + j \cdot \text{GE}[i]}\,;$
7.   **si** $i = n$ **et** $\boxed{\text{NbRep} = \dfrac{T}{2}}$ **alors**
8.   **écrire**(X)
9.   **sinonsi** $i \neq n$ **alors**
10.   *Élections*(i + 1)
11.   **fin si**;
12. $\boxed{\text{NbRep} \leftarrow \text{NbRep} - j \cdot \text{GE}[i]}$
13.   **fin si**
14.   **fin pour**
15. **fin**

L'appel de la procédure *Élections* se fait par la séquence :

1. **constantes**
2. $n \in \mathbb{N}_1$ **et** $n = \dots$ **et**
3. $\text{GE} \in 1..n \rightarrow \mathbb{N}$ **et** $\text{GE} = [\dots]$ **et**
4. $T = \displaystyle\sum_{k=1}^{n} \text{GE}[k]$
5. **variables**
6. $X \in 1..n \rightarrow 0..1$ **et** $\text{NbRep} \in 0..T$
7. **début**
8. $\text{NbRep} \leftarrow 0\,;$
9.   *Élections*(1)
10. **fin**

Il est facile d'éviter le calcul systématique de la somme : il suffit, par un renforcement approprié de l'invariant de récursivité, de le raffiner dans la première alternative.

Réponse 3. Le nombre de telles configurations est pair parce qu'à toute solution en $\boxed{\text{60 - R 3}}$ correspond exactement une autre : celle où dans chaque état, les électeurs ont donné la majorité à l'autre parti.

Réponse 4. Il suffit de fixer arbitrairement le choix du premier état, ce qui conduit à $\boxed{\text{60 - R 4}}$ l'appel :

```
1. constantes
2.    n ∈ ℕ₁ et n = ... et
3.    GE ∈ 1..n → ℕ et GE = [...] et
                n
4.    T = ∑ GE[k]
               k=1
5. variables
6.    X ∈ 1..n → 0..1 et NbRep ∈ 0..T
7. début
8.    NbRep ← GE[1];
9.    X[1] ← 1;
10.   Élections(2)
11. fin
```

60 - R 5 **Réponse 5.** Il suffit d'imposer que le nombre total de grands électeurs soit impair.

Solution de l'exercice 61 Crypto-arithmétique *Énoncé page 253.*

61 - R 1 **Réponse 1.** L'algorithme est une instance du patron *TTI* (voir figure 5.7, page 224). Le vecteur d'énumération X est tel que $X[1..i-1]$ est une injection des $(i-1)$ premières lettres dans $0..9$. Puisqu'aucun élagage n'est envisagé, aucune autre propriété de cette injection n'est à vérifier (avant que X ne soit complet).

61 - R 2 **Réponse 2.** Considérons le patron *TTI*. L'alternative conditionnée par *Satisfaisant* n'a pas lieu d'être (il n'y a pas d'élagage). La condition *SolutionTrouvée* se limite à l'appel de la fonction *CalculExact*. Les procédures *Faire* et *Défaire* sont sans objet.

```
1.  procédure CryptoArith(i) pré
2.     i ∈ 1..n
3.  début
4.     pour j parcourant 0..9 − (codom(X[1..i−1])) faire
5.        X[i] ← j;
6.        si i = n  et alors  | CalculExact |  alors
7.           écrire(X)
8.        sinonsi i ≠ n alors
9.           CryptoArith(i + 1)
10.       fin si
11.    fin pour
12. fin
```

Il est important de noter que l'opérateur court-circuit « **et alors** » de la ligne 6 ne peut être remplacé par un simple « **et** ». Sa présence est indispensable au fonctionnement correct de l'algorithme. Le programme suivant produit toutes les solutions :

```
1. constantes
2.    L ⊂ Σ et L = {...} et n = card(L)
3. variables
4.    X ∈ 1..n → 0..9
5. début
6.    CryptoArith(1)
7. fin
```

Les chaînes $\mathcal{ONZE}$, $\mathcal{UN}$, etc., arguments formels de l'opération, n'apparaissent pas dans ce code : elles sont utilisées et gérées uniquement par la procédure *CalculExact*.

Réponse 3. On peut rechercher des contraintes propres au problème et s'en servir pour trouver des conditions d'élagage. Dans l'exemple de l'énoncé, les contraintes $(O = \mathcal{N} + 1)$ et $((\mathcal{N} = \mathcal{E} + 1 - 10)$ **ou** $(\mathcal{N} = \mathcal{E} + 2 - 10))$ apparaissent assez facilement. Il est cependant difficile d'imaginer le moyen d'extraire systématiquement ce genre de contraintes, qui se présentent rarement comme des équations indépendantes.

61 - R 3

Variante On peut permuter les rôles des lettres et des chiffres. Le vecteur d'énumération X est alors un vecteur de *lettres*, tandis que E est l'ensemble des dix chiffres. Le principe consiste alors à rechercher une bijection *partielle* entre E et X : certains chiffres n'ont pas d'image dans l'ensemble des lettres. Il apparaît donc que cette variante est sans aucun doute moins intéressante d'un point de vue efficacité que la version développée précédemment (voir section 5.1.2, page 219, pour le dénombrement des injections partielles).

Solution de l'exercice 62 Carrés latins

Énoncé page 254.

Réponse 1. Le vecteur d'énumération représente une fonction totale du produit cartésien $(1..n \times 1..n)$ dans $(1..n)$. Cependant, en y regardant de plus près, on constate que, restreinte à une ligne ou à une colonne donnée, la fonction est une *bijection*. Par conséquent, X est un tableau $n \times n$ à valeurs dans l'intervalle $1..n$ tel que toute ligne (resp. colonne) partielle $X[l, 1..c]$ (resp. $X[1..l, c]$) est une fonction *injective* dans l'intervalle $1..n$. Le patron qui s'applique ici est donc *TTI* (voir figure 5.7, page 224) aménagé à la manière de *T2D* (voir page 215) de façon à traiter un domaine de définition à deux dimensions.

62 - R 1

L'ensemble que va parcourir j est donc l'intervalle $1..n$, moins les valeurs de X présentes avant l'élément considéré sur la ligne d'une part, et les valeurs présentes au-dessus de l'élément considéré sur la colonne d'autre part, soit :

$$1..n - (\text{codom}(X[l, 1..c-1]) \cup \text{codom}(X[1..l-1, c])).$$

Réponse 2. Un exemple incomplet d'arbre de récursion est proposé à la figure 5.28, page 300. Il illustre les deux cas possibles : échec pour cause d'ensemble de parcours vide et succès.

62 - R 2

Réponse 3. Le code obtenu par instanciation du patron *TTI* est le suivant :

62 - R 3

```
1. procédure CarréLatin(l, c) pré
2.    l ∈ 1..n et c ∈ 1..n
3. début
4.    pour j parcourant 1..n − ( codom(X[l, 1..c−1]) ∪ codom(X[1..l−1, c]) ) faire
5.       X[l, c] ← j ;
6.       si l = n et c = n alors
7.          écrire(X)
8.       sinon
9.          si c = n alors
```

10. $Carr\acute{e}Latin(l+1,1)$
11.   **sinon**
12. $Carr\acute{e}Latin(l,c+1)$
13.   **fin si**
14.   **fin si**
15.   **fin pour**
16. **fin**

L'appel peut se faire par le programme suivant :

1. **constantes**
2. $n \in \mathbb{N}_1$ **et** $n = \dots$
3. **variables**
4. $X \in 1..n \times 1..n \rightarrow 1..n$
5. **début**
6. $Carr\acute{e}Latin(1)$
7. **fin**

62 - R 4   **Réponse 4.** Il est bien sûr possible de regarder à gauche et au-dessus de la position (l, c) pour vérifier que l'élément que l'on apprête à y placer n'est pas déjà présent sur la portion de ligne ou sur la portion de colonne. Il est préférable, pour des raisons d'efficacité, de renforcer l'invariant en adjoignant à X les tableaux booléens H et V définis sur le produit cartésien $1..n \times 1..n$. H est tel que $H[j, c]$ est **vrai** si et seulement si la valeur j est absente de la portion de ligne $X[l, 1..c-1]$. De même, V est tel que $V[l, j]$ est **vrai** si et seulement si la valeur j est absente de la portion de colonne $X[1..l-1, c]$. L'instauration et le maintien de ces propriétés se font d'une part dans l'appel, de l'autre dans l'instance des procédures *Faire* et *Défaire*. Au total, nous obtenons la version suivante :

1.   **procédure** $Carr\acute{e}Latin2(l, c)$ **pré**
2. $l \in 1..n$ **et** $c \in 1..n$
3.   **début**
4.   **pour** j **parcourant** $1..n$ **faire**
5.   **si** $H[j, c]$ **et** $V[l, j]$ **alors**
6. $X[l, c] \leftarrow j$; $\boxed{H[j, c] \leftarrow \textbf{faux} \,;\, V[l, j] \leftarrow \textbf{faux} \,;}$
7.   **si** $l = n$ **et** $c = n$ **alors**
8.   **écrire**(X)
9.   **sinon**
10.   **si** $c = n$ **alors**
11. $Carr\acute{e}Latin2(l+1, 1)$
12.   **sinon**
13. $Carr\acute{e}Latin2(l, c+1)$
14.   **fin si**
15.   **fin si** ;
16. $\boxed{H[j, c] \leftarrow \textbf{vrai} \,;\, V[l, j] \leftarrow \textbf{vrai}}$
17.   **fin si**
18.   **fin pour**
19. **fin**

et l'appel :

1. **constantes**
2. $n \in \mathbb{N}_1$ **et** $n = \ldots$
3. **variables**
4. $H \in 1 \ldots n \times 1 \ldots n \rightarrow \mathbb{B}$ **et** $V \in 1 \ldots n \times 1 \ldots n \rightarrow \mathbb{B}$ **et**
5. $X \in 1 \ldots n \times 1 \ldots n \rightarrow 1 \ldots n$
6. **début**

7. $H \leftarrow \begin{bmatrix} \mathbf{vrai} & \ldots & \mathbf{vrai} \\ \ldots & \ldots & \ldots \\ \ldots & \ldots & \ldots \\ \mathbf{vrai} & \ldots & \mathbf{vrai} \end{bmatrix} ; V \leftarrow \begin{bmatrix} \mathbf{vrai} & \ldots & \mathbf{vrai} \\ \ldots & \ldots & \ldots \\ \ldots & \ldots & \ldots \\ \mathbf{vrai} & \ldots & \mathbf{vrai} \end{bmatrix} ;$

8.   *CarréLatin2*(1)
9. **fin**

Réponse 5.   Seules les diagonales des carrés d'ordre impair se croisent sur la case centrale. `62 - R 5` Les quatre coins du carré devraient donc être identiques, ce qui interdit à tout autre carré que celui d'ordre 1 d'être latin, puisque les quatre coins ne sont alors pas confondus mais abritent des valeurs identiques.

Pour n'obtenir que les carrés latins antidiagonaux, une solution consiste à aménager la procédure *CarréLatin* de façon à introduire, après le début de la boucle **pour**, l'alternative conditionnée par la fonction *Satisfaisant*.

Celle-ci se présente sous la forme :

$$DiagonaleNOSECorrecte(l, c, j) \textbf{ et } DiagonaleSONECorrecte(l, c, j)$$

Ces deux nouvelles opérations se spécifient de la manière suivante.

(a) *DiagonaleNOSECorrecte*(l, c, v) est une fonction booléenne qui délivre la valeur **vrai** si la position (l, c) du carré X n'est pas située sur la diagonale principale (qui va du coin nord-ouest au coin sud-est) ou, le cas échéant, si la valeur v est identique à la valeur présente au coin nord-ouest du carré.

(b) *DiagonaleSONECorrecte*(l, c, v) est l'homologue de la fonction précédente pour la diagonale qui va du coin sud-ouest au coin nord-est.

La fonction *DiagonaleSONECorrecte* se présente comme suit :

1. **fonction** *DiagonaleSONECorrecte*(l, c, v) **résultat** $\mathbb{B}$ **pré**
2. $l \in 1 \ldots n$ **et** $c \in 1 \ldots n$ **et** $v \in 1 \ldots n$
3. **début**
4.   **résultat** $(l + c = n + 1$ **et** $l \neq 1) \Rightarrow (v = X[1, n])$
5. **fin**

Réponse 6.   Une solution possible se fonde sur le même principe que celui appliqué dans `62 - R 6` la question précédente : lorsque l'on place un élément sur la première colonne du carré (à l'exclusion de la première ligne), on s'assure que la valeur à placer est identique à son symétrique par rapport à la première diagonale (nord-ouest/sud-est). La fonction générique *Satisfaisant* s'instancie par la fonction booléenne *Colonne1ÉgaleLigne1*(l, c, v) qui délivre **vrai** si, lorsque (l, c) désigne une cellule de la première colonne (on a donc $c = 1$), à l'exception de la cellule $(1, 1)$, alors v est égal à $X[1, l]$.

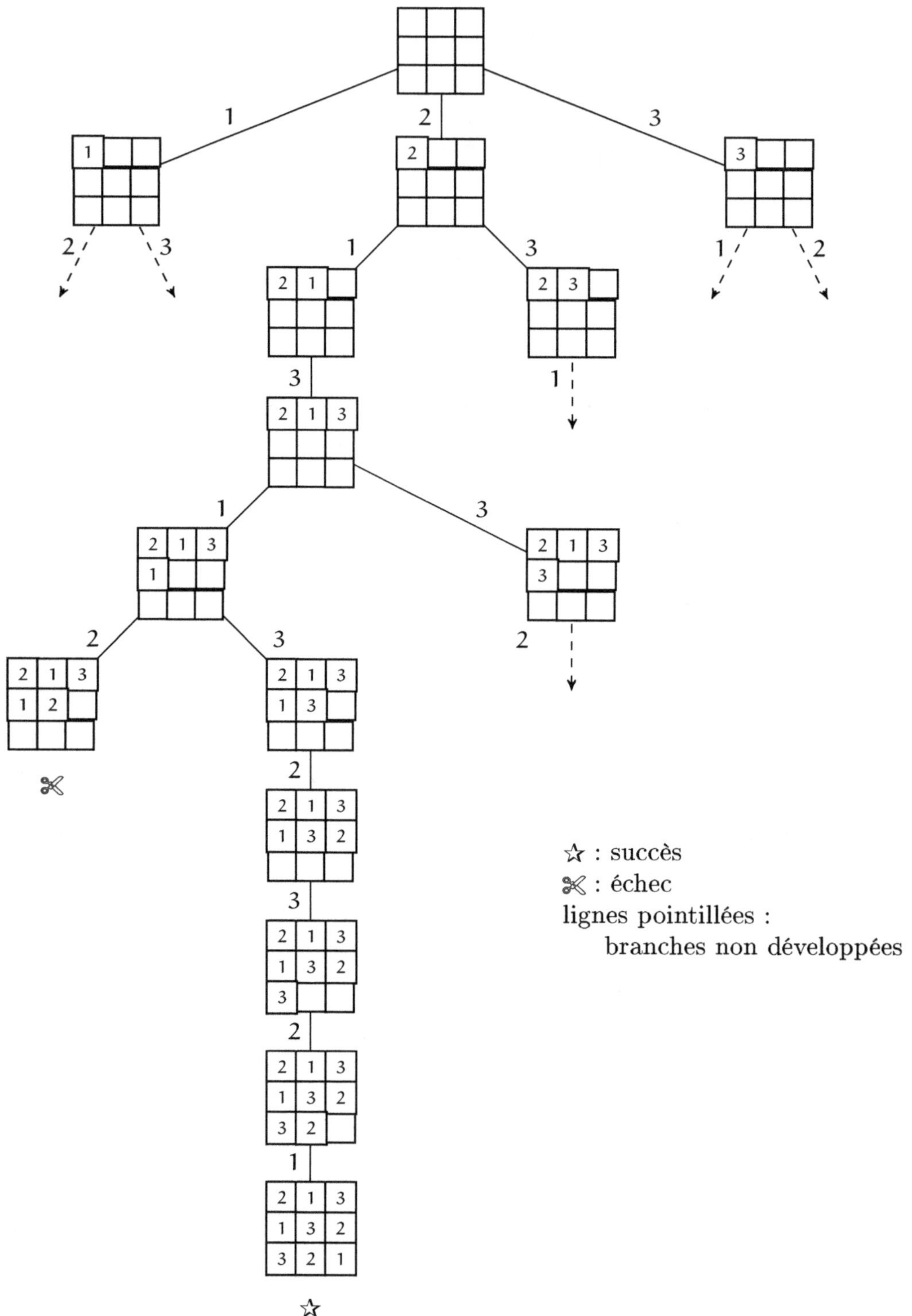

Fig. 5.28 – Arbre de récursion pour un carré latin d'ordre 3

Solution de l'exercice 63 Le jeu de sudoku.   *Énoncé page 255.*

Réponse 1. Il s'agit d'une fonction totale (T) depuis le produit cartésien $1..9 \times 1..9$ $\boxed{\textbf{63 - R 1}}$
dans $1..9$. On constate cependant que, restreinte à une ligne, à une colonne ou a une
région donnée, la fonction est une *bijection*. Par conséquent, si (l, c) désigne la cellule sur
laquelle on s'apprête à placer une valeur, X est un tableau 9×9 à valeurs dans l'intervalle
$1..9$ tel que $X[l, 1..c-1]$, $X[1..l-1, c]$ et la restriction à la région dans laquelle se trouve
la position (l, c) sont des fonctions *injectives* dans l'intervalle $1..9$. C'est ce que montre le
schéma ci-dessous :

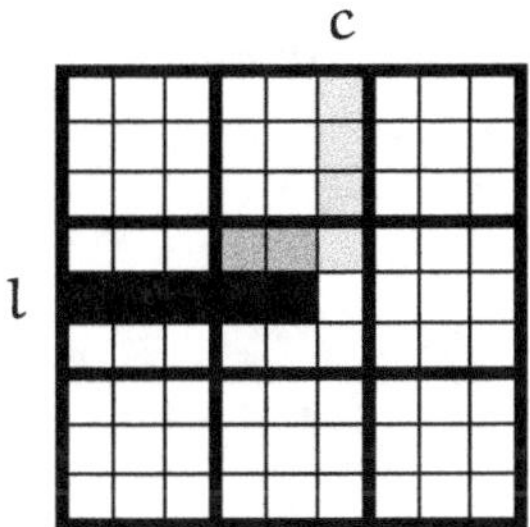

pour la cellule de coordonnées (l, c).

La partie en ■ représente la portion de la ligne à la gauche de (l, c) dont les valeurs sont
à exclure de l'intervalle $1..9$ pour le parcours de la boucle ; la partie en □ représente
la portion de la colonne au dessus de (l, c) dont les valeurs sont à exclure de l'ensemble
parcouru par la boucle $1..9$. Enfin, la partie en ▨ représente la portion de la région
contenant (l, c) dont les valeurs sont à exclure.

L'ensemble que va parcourir j est donc l'intervalle $1..9$ moins les valeurs déjà produites
sur la ligne, la colonne ou la région considérée, soit :

$$1..n - \text{codom}\left(\begin{array}{l} X[l, 1..c-1] \cup X[1..l-1, c] \cup \\ X\left[\left\lfloor \dfrac{l-1}{3} \right\rfloor \cdot 3 + 1 .. l-1, \ \left\lfloor \dfrac{c-1}{3} \right\rfloor \cdot 3 + 1 .. c-1 \right] \end{array} \right)$$

Le patron à instancier est donc *TTI*, aménagé à la façon de *T2D* (voir page 215), afin de
tenir compte de la nature bidimensionnelle du domaine de définition de X.

Réponse 2. La procédure *Sudoku1* est présentée ci-dessous. C'est une instance du patron $\boxed{\textbf{63 - R 2}}$
TTI qui tient compte du fait que X est défini sur un produit cartésien.

1. **procédure** *Sudoku1*(l, c) **pré**
2. $l \in 1..9$ **et** $c \in 1..9$
3. **début**
4.   **pour** j **parcourant** $1..9 - \text{codom}\left(\begin{array}{l} X[l, 1..c-1] \cup X[1..l-1, c] \cup \\ X\left[\begin{array}{l} \left\lfloor \dfrac{l-1}{3} \right\rfloor \cdot 3 + 1 .. l-1, \\ \left\lfloor \dfrac{c-1}{3} \right\rfloor \cdot 3 + 1 .. c-1 \end{array} \right] \end{array} \right)$ **faire**
5. $X[l, c] \leftarrow j$;
6.   **si** $l = 9$ **et** $c = 9$ **alors**

```
 7.            écrire(X)
 8.        sinon
 9.           si c = 9 alors
10.              Sudoku1(l + 1, 1)
11.           sinon
12.              Sudoku1(l, c + 1)
13.           fin si
14.        fin si
15.     fin pour
16. fin
```

L'appel peut se faire par le programme suivant :

```
1. variables
2.    X ∈ 1..9 × 1..9 → 1..9
3. début
4.    Sudoku1(1, 1)
5. fin
```

Une évaluation expérimentale grossière permet d'estimer le temps d'exécution de ce programme à environ 19 milliards d'années, soit plus que l'âge attribué communément à l'univers !

63 - R 3

Réponse 3. Pour chaque valeur possible de j et pour chaque cellule (l, c), il faut savoir si j est susceptible d'y être placée, compte tenu des valeurs déjà présentes sur la ligne l, sur la colonne c et sur la région où se trouve située la cellule. Dans un souci d'efficacité, plutôt que d'effectuer une recherche, on définit une structure de données (dont les propriétés renforcent l'invariant existant), constituée de trois tableaux booléens H, V et R, qui, par *accès direct*, permettent d'obtenir rapidement une réponse. Plus précisément, $H[l, j]$ (resp. $V[j, c]$) vaut **vrai** si et seulement si la valeur j n'est pas utilisée dans la ligne l (resp. dans la colonne c). $R[l, c, j]$ vaut **vrai** si et seulement si j n'est pas utilisée pour la région qui abrite la cellule (l, c). Ainsi, par exemple, pour la configuration de X ci-dessous :

X :

5	3	4	6	7	8	9	1	2
6	7	2	1	9	5	3	4	8
1	9	8	3	4	2	5	6	7
8	5	9	7	6	1	4	2	3
4	2	6	8	5				

H :

f	f	f	f	f	f	f	f	f
f	f	f	f	f	f	f	f	f
f	f	f	f	f	f	f	f	f
f	f	f	f	f	f	f	f	f
v	f	v	f	f	f	v	f	v
v	v	v	v	v	v	v	v	v
v	v	v	v	v	v	v	v	v
v	v	v	v	v	v	v	v	v
v	v	v	v	v	v	v	v	v

V :

f	v	v	f	v	f	v	f	v
v	f	f	v	v	f	v	f	f
v	f	v	f	v	v	f	v	f
f	v	f	v	f	v	f	f	v
f	f	v	v	f	f	f	v	v
f	v	f	f	f	v	v	f	v
v	f	v	f	f	v	v	v	f
f	v	f	f	v	f	v	v	f
v	f	f	v	f	v	f	v	v

nous avons les tableaux H et V ci-dessus. Du point de vue de H, la valeur $j = 1$ peut être placée en $X[5, 6]$ puisque la cellule $H[5, 1]$ vaut **vrai** (est libre). Il n'y a effectivement pas (encore) de 1 sur la ligne 5. Plus généralement, le contenu de la ligne 5 de H permettrait de placer l'une des valeurs $1, 3, 7$ ou 9 en $X[5, 6]$ puisque ces positions sont à **vrai** dans la ligne 5 de H. Du point de vue de V, $V[1, 6]$ vaut **faux** (il y a effectivement déjà un 1 sur la colonne 6). Plus généralement, le contenu de la colonne 6 de V autorise le placement de l'une quelconque des valeurs $3, 4, 6, 7$ ou 9 en $X[5, 6]$ puisque ces positions sont à **vrai** dans la colonne 6 de V. Le tableau R est un tableau à trois dimensions $(3 \times 3 \times 9)$. La restriction aux deux premières dimensions porte sur les neuf régions et, pour chacune d'entre elles, la troisième dimension mentionne la disponibilité de la valeur j. Toujours pour la configuration X ci-dessus, la région qui contient la cellule $(5, 6)$ (la région du milieu $R[2, 2, .]$) se présente comme suit : $[f, v, v, v, f, f, f, f, v]$. Le f (**faux**) de la première position signifie que 1 ne peut être placé en $(5, 6)$ (1 est effectivement déjà présent dans la région du milieu de la grille). Cette structure de données auxiliaire est initialisée avant le premier appel et ses propriétés sont maintenues par les instances de *Faire* et *Défaire*.

La procédure *Sudoku2* implante ces considérations :

  1. **procédure** *Sudoku2*(l, c) **pré**
  2. $l \in 1..9$ **et** $c \in 1..9$
  3. **début**
  4.   **pour** j **parcourant** $1..9$ **faire**
  5.   **si** $\left| H[l, j] \text{ et } V[j, c] \text{ et } R\left[\left\lfloor \dfrac{l-1}{3} \right\rfloor + 1, \left\lfloor \dfrac{c-1}{3} \right\rfloor + 1, j\right] \right|$ **alors**
  6. $X[l, c] \leftarrow j$;
  7. $H[l, j] \leftarrow \textbf{faux} ; V[j, c] \leftarrow \textbf{faux} ; R\left[\left\lfloor \dfrac{l-1}{3} \right\rfloor + 1, \left\lfloor \dfrac{c-1}{3} \right\rfloor + 1, j\right] \leftarrow \textbf{faux} ;$
  8.   **si** $l = 9$ **et** $c = 9$ **alors**
  9.   **écrire**(X)
  10.   **sinon**
  11.   **si** $c = 9$ **alors**
  12. $Sudoku2\,(l + 1, 1)$
  13.   **sinon**
  14. $Sudoku2\,(l, c + 1)$
  15.   **fin si**
  16.   **fin si** ;
  17. $H[l, j] \leftarrow \textbf{vrai} ; V[j, c] \leftarrow \textbf{vrai} ; R\left[\left\lfloor \dfrac{l-1}{3} \right\rfloor + 1, \left\lfloor \dfrac{c-1}{3} \right\rfloor + 1, j\right] \leftarrow \textbf{vrai}$
  18.   **fin si**
  19.   **fin pour**
  20. **fin**

L'appel peut se faire par le programme suivant :

  1. **variables**
  2. $H \in 1..9 \times 1..9 \;\rightarrow\; \mathbb{B}$ **et**
  3. $V \in 1..9 \times 1..9 \;\rightarrow\; \mathbb{B}$ **et**
  4. $R \in 1..3 \times 1..3 \times 1..9 \;\rightarrow\; \mathbb{B}$ **et**
  5. $X \in 1..9 \times 1..9 \;\rightarrow\; 1..9$
  6. **début**
  7. $H \leftarrow \begin{bmatrix} \textbf{vrai} & \cdots & \textbf{vrai} \\ \cdots & \cdots & \cdots \\ \cdots & \cdots & \cdots \\ \textbf{vrai} & \cdots & \textbf{vrai} \end{bmatrix} ; V \leftarrow \begin{bmatrix} \textbf{vrai} & \cdots & \textbf{vrai} \\ \cdots & \cdots & \cdots \\ \cdots & \cdots & \cdots \\ \textbf{vrai} & \cdots & \textbf{vrai} \end{bmatrix} ;$
  8. $R[.,.,1] \leftarrow \begin{bmatrix} \textbf{vrai} & \textbf{vrai} & \textbf{vrai} \\ \textbf{vrai} & \textbf{vrai} & \textbf{vrai} \\ \textbf{vrai} & \textbf{vrai} & \textbf{vrai} \end{bmatrix} ; \ldots ; R[.,.,9] \leftarrow \begin{bmatrix} \textbf{vrai} & \textbf{vrai} & \textbf{vrai} \\ \textbf{vrai} & \textbf{vrai} & \textbf{vrai} \\ \textbf{vrai} & \textbf{vrai} & \textbf{vrai} \end{bmatrix} ;$
  9. $Sudoku2(1, 1)$
  10. **fin**

63 - R 4

Réponse 4. Par rapport à la première étape (sans aucun dévoilé), une difficulté est à surmonter. Elle est liée à l'existence de dévoilés sur la grille, ces derniers étant « intouchables » : lors du retour arrière, il est exclu de modifier leurs valeurs. Une solution consiste à enregistrer, dans une matrice booléenne D (pour *Dévoilés*), définie sur le même domaine que X, le statut de la valeur de $X[l, c]$, dévoilé (**vrai**) ou non (**faux**). La condition *Satisfaisant* s'enrichit de la manière suivante. Si la position (l, c) est dévoilée et si la valeur j, candidate au placement, est identique à $X[l, c]$, on peut poursuivre la construction. C'est également le cas si la position (l, c) n'est pas dévoilée et si j n'est présente ni sur la ligne, ni sur la colonne, ni sur la région. Il faut alors tenir à jour les tableaux H, V et R pour signaler que j n'est plus disponible (ceci est facultatif si la position (l, c) est dévoilée) et, dans *Défaire*, annuler ce qui a été fait dans *Faire*, à la seule condition que (l, c) ne soit pas une position dévoilée. Le tableau D est créé avant le premier appel. Les trois tableaux H, V et R sont initialisés avant le premier appel, à partir de X, en tenant compte des dévoilés. Les propriétés de H, V et R sont maintenues dans les instances *Faire* et *Défaire*. On en déduit la procédure *Sudoku3* suivante :

1. **procédure** $Sudoku3(l, c)$ **pré**
2. $l \in 1..9$ **et** $c \in 1..9$
3. **début**
4.   **pour j parcourant** $1..9$ **faire**
5.   **si** $\left((D[l, c] \textbf{ et alors } j = X[l, c]) \textbf{ ou} \left(H[l, j] \textbf{ et } V[j, c] \textbf{ et } R\left[\left\lfloor \dfrac{l-1}{3} \right\rfloor + 1, \left\lfloor \dfrac{c-1}{3} \right\rfloor + 1, j \right] \right) \right)$ **alors**
6. $X[l, c] \leftarrow j$;
7. $H[l, j] \leftarrow \textbf{faux}$; $V[j, c] \leftarrow \textbf{faux}$; $R\left[\left\lfloor \dfrac{l-1}{3} \right\rfloor + 1, \left\lfloor \dfrac{c-1}{3} \right\rfloor + 1, j \right] \leftarrow \textbf{faux}$;
8.   **si** $l = 9$ **et** $c = 9$ **alors**
9.   **écrire**(X)
10.   **sinon**
11.   **si** $c = 9$ **alors**
12. $Sudoku3(l + 1, 1)$
13.   **sinon**
14. $Sudoku3(l, c + 1)$
15.   **fin si**
16.   **fin si** ;
17.   **si non** $D[l, c]$ **alors**
18. $H[l, j] \leftarrow \textbf{vrai}$; $V[j, c] \leftarrow \textbf{vrai}$; $R\left[\left\lfloor \dfrac{l-1}{3} \right\rfloor + 1, \left\lfloor \dfrac{c-1}{3} \right\rfloor + 1, j \right] \leftarrow \textbf{vrai}$
19.   **fin si**
20.   **fin si**
21.   **fin pour**
22. **fin**

L'appel peut se faire par le programme suivant (l'initialisation de D, H, V et R n'est pas explicitée) :

1. **constantes**
2. $D \in 1..9 \times 1..9 \to \mathbb{B}$ **et** $D = [\ldots]$
3. **variables**
4. $X \in 1..9 \times 1..9 \to 1..9$ **et** $X = [\ldots]$ **et**
5. $H \in 1..9 \times 1..9 \to \mathbb{B}$ **et**
6. $V \in 1..9 \times 1..9 \to \mathbb{B}$ **et**
7. $R \in 1..3 \times 1..3 \times 1..9 \to \mathbb{B}$
8. **début**
9. $H \leftarrow [\ldots]$; $V \leftarrow [\ldots]$; $R \leftarrow [\ldots]$;
10.   *Sudoku3*$(1, 1)$
11. **fin**

Réponse 5. Il faut aménager la procédure *Sudoku3* afin qu'elle fournisse le nombre de solutions (et non les solutions elles-mêmes). On peut alors : 63 - R 5

(a) appeler cette nouvelle procédure afin de s'assurer que la grille possède bien une et une seule solution.

(b) en utilisant cette même procédure, pour chaque dévoilé, vérifier que son absence fait perdre le caractère d'unicité ; si c'est le cas, la grille est bien minimale.

Réponse 6. Évaluer le nombre d'appels récursifs se fait simplement en utilisant une variable globale fraîche (dénommée NbAppRec dans le code de la procédure *Sudoku4* ci-après) initialisée à 0 dans le programme appelant et incrémentée de 1 à chaque appel récursif, puis en affichant la valeur de cette variable à l'issue de l'exécution. Le nouveau code n'est pas présenté. La seule différence par rapport à la version *Sudoku3* porte sur l'utilisation de la variable NbAppRec. 63 - R 6

La grille *Blonde platine* exige $1\,697\,593$ appels récursifs tandis que la grille (b) de la figure 5.17, page 257 en requiert $88\,217\,461$.

Réponse 7. Le principe de la solution est simple. On parcourt la grille de gauche à droite et de haut en bas et, au lieu de débuter à la cellule $(1, 1)$, on débute à la cellule voulue, sans oublier de passer, si nécessaire, de la cellule $(9, 9)$ à la cellule $(1, 1)$. Concrètement, il faut déclarer deux variables fraîches (ld et cd dans le programme *Sudoku4* ci-après), les initialiser dans le programme appelant aux coordonnées (ligne et colonne) de la cellule de départ. La condition d'arrêt de la récursivité de la procédure *Sudoku4* doit prévoir deux cas particuliers. Le premier survient lorsque la cellule de départ est celle de coordonnées $(1, 1)$ et que la dernière cellule traitée est la cellule $(9, 9)$. Le second cas particulier est celui où la cellule de départ est en colonne 1 mais pas en ligne 1 et que la dernière cellule traitée est sur la ligne précédente, en colonne 9. Le cas général est celui où la colonne de départ *est différente* de la colonne 1 et que la dernière cellule traitée est immédiatement à sa gauche. Cette condition multiple apparaît à la ligne 8 de la procédure *Sudoku4*. Les appels récursifs à réaliser et les conditions correspondantes se déduisent facilement de cette analyse. Ils apparaissent de la ligne 12 à la ligne 18 de la procédure *Sudoku4*. L'appel principal est identique à celui de la procédure *Sudoku3*. 63 - R 7

```
1. procédure Sudoku4(l, c) pré
2.    l ∈ 1..9 et c ∈ 1..9
3. début
4.    pour j parcourant 1..9 faire
```

$$
5.\quad \textbf{si} \left(\begin{array}{c} (D[l,c] \textbf{ et alors } j = X[l,c]) \textbf{ ou} \\ \left(H[l,j] \textbf{ et } V[j,c] \textbf{ et } R\left[\left\lfloor \frac{l-1}{3} \right\rfloor + 1, \left\lfloor \frac{c-1}{3} \right\rfloor + 1, j \right] \right) \end{array} \right) \textbf{ alors}
$$

$$
6.\quad X[l,c] \leftarrow j; H[l,j] \leftarrow \textbf{faux}; V[j,c] \leftarrow \textbf{faux};
$$

$$
7.\quad R\left[\left\lfloor \frac{l-1}{3} \right\rfloor + 1, \left\lfloor \frac{c-1}{3} \right\rfloor + 1, j \right] \leftarrow \textbf{faux};
$$

$$
8.\quad \textbf{si} \left(\begin{array}{l} (ld = 1 \textbf{ et } cd = 1 \textbf{ et } l = 9 \textbf{ et } c = 9) \textbf{ ou} \\ (ld \neq 1 \textbf{ et } cd = 1 \textbf{ et } l = ld - 1 \textbf{ et } c = 9) \textbf{ ou} \\ (cd \neq 1 \textbf{ et } c = cd - 1 \textbf{ et } l = ld) \end{array} \right) \textbf{ alors}
$$

```
9.             écrire(X)
10.        sinon
11.            NbAppRec ← NbAppRec + 1;
12.            si (l = 9 et c = 9) alors
13.                Sudoku4(1, 1)
14.            sinonsi (l ≠ 9 et c = 9) alors
15.                Sudoku4(l + 1, 1)
16.            sinon
17.                Sudoku4(l, c + 1)
18.            fin si
19.        fin si;
20.        si non(D[l, c]) alors
21.            H[l, j] ← vrai; V[j, c] ← vrai;
```

$$
22.\quad R\left[\left\lfloor \frac{l-1}{3} \right\rfloor + 1, \left\lfloor \frac{c-1}{3} \right\rfloor + 1, j \right] \leftarrow \textbf{vrai}
$$

```
23.        fin si
24.    fin si
25.    fin pour
26. fin
```

63 - R 8 **Réponse 8.** Il suffit, pour répondre à cette question, d'effectuer la somme du nombre d'appels récursifs obtenu en débutant à chacune des 81 cellules et de calculer la moyenne.

La grille *Blonde platine* exige en moyenne $16\,436\,954$ appels récursifs (soit sensiblement plus que la valeur obtenue en débutant à la cellule $(1,1)$) tandis que la grille (b) de la figure 5.17, page 257 en requiert $18\,339\,383$. Selon cette approche, les difficultés de deux grilles sont comparables.

63 - R 9 **Réponse 9.** Bien que d'une rigueur mathématique discutable, cette expérimentation permet d'estimer le gain obtenu par le renforcement. Sur une vingtaine de jeux d'essais, le rapport en faveur de la version avec renforcement est d'environ 3.5.

Solution de l'exercice 64 Sept à onze

Énoncé page 257.

Réponse 1. La somme vaut 711 centimes et le produit 711 000 000.

64 - R 1

Réponse 2. Le prix minimum d'un article étant de deux centimes d'euro, le prix maximum est de $(711 - (3 \cdot 2)) = 705$ centimes.

64 - R 2

Réponse 3. La réponse la plus simple consiste à prendre pour vecteur d'énumération X une fonction totale de $1 \mathinner{.\,.} 4$ dans l'intervalle $2 \mathinner{.\,.} 705$. S'il est une solution, un tel X vérifie les deux propriétés $\sum_{k=1}^{4} X[k] = 711$ et $\prod_{k=1}^{4} X[k] = 711\,000\,000$. Pour $i \in 1 \mathinner{.\,.} 4$, on a donc $\sum_{k=1}^{i-1} X[k] < 711$ et $\prod_{k=1}^{i-1} X[k] < 711\,000\,000$. Le patron approprié est UT, page 226 (Une solution pour des fonctions Totales).

64 - R 3

Réponse 4. On instancie le patron UT en appliquant un élagage qui évite de considérer des ensembles d'articles dont le prix est excessif. La version la plus élémentaire est la suivante :

64 - R 4

```
 1.  procédure SeptAOnze1(i) pré
 2.     i ∈ 1..4 et
 3.     j ∈ 2..706
 4.  début
 5.     j ← 2;
 6.     tant que non(j = 706 ou Trouvé) faire
 7.        si [ ∑_{k=1}^{i-1} X[k] + j ⩽ 711 et ∏_{k=1}^{i-1} X[k] · j ⩽ 711 000 000 ] alors
 8.           X[i] ← j;
 9.           si i = 4 et alors ( ∑_{k=1}^{4} X[k] = 711 et ∏_{k=1}^{4} X[k] = 711 000 000 ) alors
10.              Trouvé ← vrai; écrire(X)
11.           sinonsi i ≠ 4 alors
12.              SeptAOnze1(i + 1)
13.           fin si
14.        fin si;
15.        j ← j + 1
16.     fin tant que
17.  fin
```

L'appel se fait par :

```
 1.  variables
 2.     X ∈ 1..4 → 2..705 et
 3.     Trouvé ∈ 𝔹
 4.  début
 5.     Trouvé ← faux;
 6.     SeptAOnze1(1)
 7.  fin
```

Il délivre la solution $[\![1.20, 1.25, 1.50, 3.16]\!]$ (prix exprimés en euros). On observe que, dans la solution précédente, les calculs portant sur les quantificateurs sont réalisés en partie de nombreuses fois. Une solution sensiblement meilleure s'obtient en renforçant l'invariant de récursivité. Pour ce faire, introduisons les deux variables globales som et prod telles que $(\mathrm{som} = \sum_{k=1}^{i-1} X[k]$ et $\mathrm{Prod} = \prod_{k=1}^{i-1} X[k])$ et modifions la solution précédente de façon à préserver invariante cette formule :

1. **procédure** *SeptAOnze2*(i) **pré**
2. $i \in 1..4$ **et**
3. $j \in 1..2..706$
4. **début**
5. $j \leftarrow 2$;
6.   **tant que non**$(j = 706$ **ou** Trouvé$)$ **faire**
7.   **si** $\boxed{\mathrm{som} + j \leqslant 711 \text{ et } \mathrm{Prod} \cdot j \leqslant 711\,000\,000}$ **alors**
8. $X[i] \leftarrow j$; $\boxed{\mathrm{som} \leftarrow \mathrm{som} + j ;\ \mathrm{Prod} \leftarrow \mathrm{Prod} \cdot j ;}$
9.   **si** $i = 4$ **et** $\boxed{\mathrm{som} = 711 \text{ et } \mathrm{Prod} = 711\,000\,000}$ **alors**
10.   Trouvé $\leftarrow$ **vrai** ; **écrire**(X)
11.   **sinonsi** $i \neq 4$ **alors**
12.   *SeptAOnze2*$(i + 1)$
13.   **fin si** ;
14. $\boxed{\mathrm{som} \leftarrow \mathrm{som} - j ;\ \mathrm{Prod} \leftarrow \dfrac{\mathrm{Prod}}{j}}$
15.   **fin si** ;
16. $j \leftarrow j + 1$
17.   **fin tant que**
18. **fin**

Notons que, Prod étant un multiple de j, le résultat de Prod/j est entier. La séquence d'appel suivante (qui instaure l'invariant pour $i = 1$) :

1. **variables**
2. $X \in 1..4 \rightarrow 2..705$ **et**
3. $\mathrm{som} \in \mathbb{N}$ **et** $\mathrm{Prod} \in \mathbb{N}_1$ **et** Trouvé $\in \mathbb{B}$
4. **début**
5. $\mathrm{som} \leftarrow 0$; $\mathrm{Prod} \leftarrow 1$; Trouvé $\leftarrow$ **faux** ;
6.   *SeptAOnze2*(1)
7. **fin**

fournit le résultat attendu. En termes de complexité asymptotique, ces deux versions sont équivalentes : le nombre de fonctions totales de l'intervalle $1..4$ dans l'intervalle $2..705$ est de 704^4. Mais cette valeur surestime très largement la complexité, car d'une part on élague et d'autre part on s'arrête dès la rencontre d'une solution. Le nombre d'appels effectifs est de $24\,984\,613$. Expérimentalement, le temps de calcul est d'environ $210\,\mathrm{s}$. Cette dernière solution améliore le résultat d'environ un facteur de 10 par rapport à la solution précédente.

64 - R 5

Réponse 5.   La seule façon d'avoir la garantie que le produit des prix est bien égal à $711\,000\,000$ consiste à prendre pour vecteur d'énumération X une fonction *totale surjective.* de l'intervalle $1..15$ sur l'intervalle $1..4$. X représente alors une partition à quatre « éléments » du multiensemble (sac) $[\![2, 2, 2, 2, 2, 2, 3, 3, 5, 5, 5, 5, 5, 5, 79]\!]$ (partition dont aucun élément n'est vide compte tenu de la surjectivité).

Le patron qui s'applique est *UTS*, dont le code s'obtient à partir de celui de *UT* (voir page 226) en adjoignant à la condition de la ligne 8 la formule :

$$\forall k \cdot (k \in 1 .. m \Rightarrow B[k]).$$

Rappelons que, dans la procédure *TS* (voir page 216), le tableau B est utilisé pour vérifier la surjectivité. Il en est de même dans le patron *UTS*.

Réponse 6. Soit F le tableau constant de 15 éléments tel que $F = [2, 2, 2, 2, 2, 2, 3, 3, 5,$ $5, 5, 5, 5, 5, 79]$. Nous laissons le développement de la solution naïve aux soins du lecteur pour nous pencher immédiatement sur la solution « renforcée » dans laquelle le vecteur V, défini sur l'intervalle $1 .. 4$ et à valeurs sur l'intervalle $1 .. 705$, contient les prix déjà trouvés à partir des vecteurs $X[1 .. i - 1]$ et $F[1 .. i - 1]$. Plus précisément, pour $i \in 1 .. 15$:

64 - R 6

$$\forall k \cdot \left(k \in 1 .. 4 \ \Rightarrow \ V[k] = \prod_{j \in 1..i-1 \ \text{et} \ X[j]=k} F[X[j]] \right).$$

Pour l'exemple $[[2, 2, 5, 5], [2, 2, 5, 5], [2, 3, 79], [2, 3, 5, 5]]$ de l'énoncé, l'articulation des trois relations F, X et V peut se représenter par le diagramme sagittal de la figure 5.29, page 309.

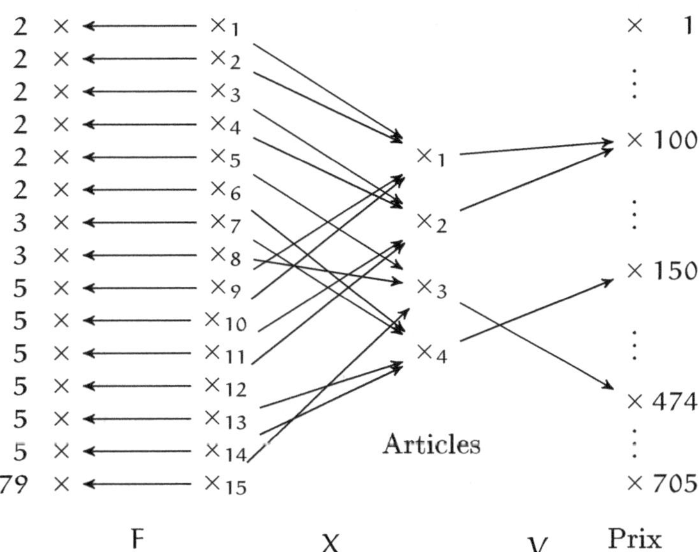

Fig. 5.29 – Articulation des trois relations F, X *et* V *pour l'exemple* $[[2, 2, 5, 5], [2, 2, 5, 5], [2, 3, 79], [2, 3, 5, 5]]$

La procédure correspondante, *SeptAOnze3* se présente comme suit :

1. **procédure** *SeptAOnze3*(i) **pré**
2. $i \in 1 .. 15$ **et**
3. $j \in 1 .. 5$ **et** $Sauv \in \mathbb{B}$
4. **début**
5. $j \leftarrow 1$;
6.   **tant que non**$(j = 5$ **ou** Trouvé$)$ **faire**
7.   **si** $\boxed{i < 4 \textbf{ ou sinon} \sum_{k=1}^{4} V[k] \leqslant 711}$ **alors**

```
8.          X[i] ← j ;
9.          V[j] ← V[j] · F[i] ; Sauv ← B[j] ; B[j] ← vrai ;
```

10.   **si** $i = 4$ **et** $\displaystyle\sum_{k=1}^{4} V[k] = 711$ **et** $\forall k \cdot (k \in 1\,..\,4 \Rightarrow B[k])$ **alors**

```
11.              Trouvé ← vrai ; écrire(X)
12.          sinonsi i ≠ 4 alors
13.              SeptAOnze3(i + 1)
14.          fin si ;
```

15. $B[j] \leftarrow Sauv ; \quad V[j] \leftarrow \dfrac{V[j]}{F[i]}$

```
16.      fin si ;
17.      j ← j + 1
18.   fin tant que
19. fin
```

L'appel exige d'initialiser le vecteur V à 1, élément neutre de la multiplication :

1. **constantes**
2. $F \in 1\,..\,15 \rightarrow 2\,..\,79$ **et** $F = [2, 2, 2, 2, 2, 2, 3, 3, 5, 5, 5, 5, 5, 5, 79]$
3. **variables**
4. $X \in 1\,..\,15 \rightarrow 1\,..\,4$ **et**
5. $B \in 1\,..\,4 \rightarrow \mathbb{B}$ **et**
6. $V \in 1\,..\,4 \rightarrow 1\,..\,705$ **et**
7.   Trouvé $\in \mathbb{B}$
8. **début**
9. $V \leftarrow [1, 1, 1, 1]$; $B \leftarrow 1\,..\,4 \times \{\textbf{faux}\}$; Trouvé $\leftarrow$ **faux** ;
10.   *SeptAOnze3*(1)
11. **fin**

Le nombre d'appels nécessaires à l'énumération de toutes les fonctions surjectives de l'intervalle $1\,..\,15$ dans $1\,..\,4$ est de $357\,913\,941$ (voir section 5.1.2, page 215). Le nombre d'appels effectifs est de $1\,934\,281$ (soit environ 13 fois moins que dans la solution de la question 3). Le calcul s'effectue approximativement en $0{,}18\,\text{s}$. Cette dernière solution améliore ce résultat d'environ un facteur de 1000 par rapport à la seconde solution.

Solution de l'exercice 65   Décomposition d'un nombre entier

Énoncé page 259.

65 - R 1   **Réponse 1.**   L'ensemble comporte les dix éléments (ensembles) suivants :

$$\{\{1, 2, 3, 4\}, \{1, 2, 7\}, \{1, 3, 6\}, \{1, 4, 5\}, \{2, 3, 5\}, \{1, 9\}, \{2, 8\}, \{3, 7\}, \{4, 6\}, \{10\}\}.$$

65 - R 2   **Réponse 2.**   Il s'agit d'énumérer l'ensemble des parties d'un ensemble (ici, l'intervalle $1\,..\,n$). Un vecteur d'énumération X complet représente donc une fonction totale de $1\,..\,n$ dans $0\,..\,1$, qui s'interprète comme le vecteur caractéristique du sous-ensemble considéré (1 en position k si k fait partie du sous-ensemble, 0 sinon) et tel que la somme des valeurs

de l'intervalle $1..n$ filtré à travers X est égale à n. Pour l'exemple introductif de la recherche de la décomposition de l'entier 6, les configurations suivantes de X sont trouvées :
$X = [1, 1, 1, 0, 0, 0]$, pour $\{1, 2, 3\}$, $X = [1, 0, 0, 0, 1, 0]$, pour $\{1, 5\}$, $X = [0, 1, 0, 1, 0, 0]$, pour $\{2, 4\}$ et $X = [0, 0, 0, 0, 0, 1]$, pour $\{6\}$. Le patron à instancier est donc TT (voir figure 5.7).

Réponse 3. La condition *SolutionTrouvée*, instanciée à la ligne 6 ci-dessous par l'expression booléenne $\sum_{k=1}^{i} k \cdot X[k] = n$, traduit le fait que, lorsque le vecteur X est rempli, la somme des entiers qu'il représente vaut n. $\boxed{\text{65 - R 3}}$

<table>
<tr><td>

1. **procédure** *DécompEntier1*(i)
   pré
2. $i \in 1..n$
3. **début**
4.   **pour** j **parcourant** $0 .. 1$
   faire
5. $X[i] \leftarrow j\,;$
6.   **si** $i = n$ **et**
   $$\boxed{\sum_{k=1}^{i} k \cdot X[k] = n}$$ **alors**
7.   **écrire**(X)
8.   **sinonsi** $i \neq n$ **alors**
9.   *DécompEntier1*(i + 1)
10.   **fin si**
11.   **fin pour**
12. **fin**

</td><td>

L'appel se fait par :

1. **constantes**
2. $n \in \mathbb{N}_1$ **et** $n = \dots$
3. **variables**
4. $X \in 1..n \rightarrow 0..1$
5. **début**
6.   *DécompEntier1*(1)
7. **fin**

</td></tr>
</table>

Réponse 4. Puisqu'il s'agit d'un élagage, il faut introduire une alternative conditionnée par une instance de la fonction *Satisfaisant* du patron TT précisant que la somme des entiers retenus ne dépasse pas n. Cela donne : $\boxed{\text{65 - R 4}}$

1. **procédure** *DécompEntier2*(i) **pré**
2. $i \in 1..n$
3. **début**
4.   **pour** j **parcourant** $0..1$ **faire**
5.   **si** $\boxed{\sum_{k=1}^{i-1} k \cdot X[k] + i \cdot j \leqslant n}$ **alors**
6. $\vdots$ /% *Lignes 5 à 10 de la procédure* DécompEntier1 %/
7.   **fin si**
8.   **fin pour**
9. **fin**

Réponse 5. Il suffit d'introduire une variable globale som qui, pour chaque appel à la procédure, avec comme paramètre effectif i, satisfait la propriété $som = \sum_{k=1}^{i-1} k \cdot X[k]$. La version suivante prend en compte cette amélioration : $\boxed{\text{65 - R 5}}$

```
1.  procédure DécompEntier3(i) pré
2.    i ∈ 1..n
3.  début
4.      pour j parcourant 0..1 faire
5.        si  som + i·j ≤ n  alors
6.          X[i] ← j ;  som ← som + i·j ;
7.          si i = n et  som = n  alors
8.            écrire(X)
9.          sinonsi i ≠ n alors
10.           DécompEntier3(i + 1)
11.         fin si ;
12.           som ← som − i·j
13.       fin si
14.     fin pour
15. fin
```

Notons que cette version exige de défaire (ligne 12) la mise à jour de som réalisée à la ligne 6 afin de lui faire retrouver sa valeur du début de l'appel (voir procédures *Faire* et *Défaire* du patron *TT*, figure 5.7, page 224). L'appel se fait alors par :

```
1.  constantes
2.    n ∈ ℕ₁ et n = ...
3.  variables
4.    X ∈ 1..n → 0..1 et
5.    som ∈ ℕ
6.  début
7.    som ← 0 ;
8.    décompEntier3(1)
9.  fin
```

65 - R 6   **Réponse 6.** Il suffit de supprimer le conjoint $(i = n)$ de la condition de la ligne 7 de la procédure *DécompEntier3* et de compléter X par des 0. Remarquons qu'exceptionnellement cet élagage n'est pas effectué dans la condition « *Satisfaisant* ».

Résultats expérimentaux   Des tests empiriques conduisent aux remarques suivantes.

1. La solution « force brute » de la deuxième question est rapidement impraticable (au-delà de $n = 25$ par exemple) pour des raisons de temps de réponse.

2. L'optimisation de la troisième question (élagage des branches dont la somme dépasse la valeur n) est très productive : la proportion du nombre de nœuds explorés atteint rapidement les $4/1000$ du nombre de nœuds explorés par la solution « force brute ».

3. L'optimisation de la quatrième question (renforcement par la variable som) ne concerne que le temps de calcul (et non le nombre de nœuds explorés). Elle est peu sensible pour $n \leqslant 10$. En revanche, on atteint rapidement un temps de calcul qui est de l'ordre des $4/100$ du temps mesuré dans la seconde question.

4. La dernière solution (arrêt de l'exploration dès que la solution est trouvée) élague environ 10% des nœuds par rapport aux seconde et troisième solutions.

Solution de l'exercice 66   Mme Dumas et les trois mousquetaires

Énoncé page 260.

Réponse 1.   Le vecteur X est un tableau défini sur l'intervalle $1..5$ et à valeurs dans $1..5$. `66 - R 1` Puisque la préférence 1 est traitée directement, l'initialisation place 5 (*Porthos*) en X[1] et le problème se réduit alors à rechercher une bijection de $2..5$ dans $1..4$. Cette bijection doit par ailleurs respecter les quatre préférences de séparation. Le patron approprié est *TTI*, appliqué au cas des bijections (voir figure 5.7, page 224).

Réponse 2.   La figure 5.30, page 314, montre l'arbre de récursion au complet obtenu en `66 - R 2` appliquant l'hypothèse ci-dessus permettant d'initialiser X[1] avant l'appel principal.

Le (seul) résultat obtenu est donc le suivant :

1	2	3	4	5
Porthos	*d'Artagnan*	*Aramis*	*Dumas*	*Athos*

Réponse 3.   Il existe plusieurs façons de résoudre le problème posé par les préférences `66 - R 3` du type « *Y* préfère être séparé de *Z* ». L'une des plus simples consiste à enregistrer ces préférences dans un tableau 5×5 intitulé PasÀCôté, tel que PasÀCôté$[i, j]$ vaut **vrai** si et seulement si i a exprimé son souhait d'être séparé de j, ou j de i. Ce tableau est donc symétrique (voir ligne 3 dans le programme d'appel ci-dessous).

Réponse 4.   La procédure *MmeDumas* est une instance du patron *TTI*. L'élagage (par `66 - R 4` la condition *Satisfaisant*) se fait en utilisant le tableau PasÀCôté.

```
 1. procédure MmeDumas(i) pré
 2.    i ∈ 2..5
 3. début
 4.    pour j ∈ 1..4 − (codom(X[1..i−1])) faire
 5.       si  non PasÀCôté[X[i−1, j]]  alors
 6.          X[i] ← j ;
 7.          si i = 5 alors
 8.             écrire(X)
 9.          sinon
10.             MmeDumas(i+1)
11.          fin si
12.       fin si
13.    fin pour
14. fin
```

L'appel se fait par :

```
 1. constantes
 2.    PasÀCôté ∈ 1..5 × 1..5 → 𝔹 et
 3.    PasÀCôté =  ⎡ faux   vrai   faux   faux   faux ⎤
                   ⎢ vrai   faux   vrai   faux   vrai ⎥
                   ⎢ faux   vrai   faux   vrai   faux ⎥
                   ⎢ faux   faux   vrai   faux   faux ⎥
                   ⎣ faux   vrai   faux   faux   faux ⎦
 4. variables
```

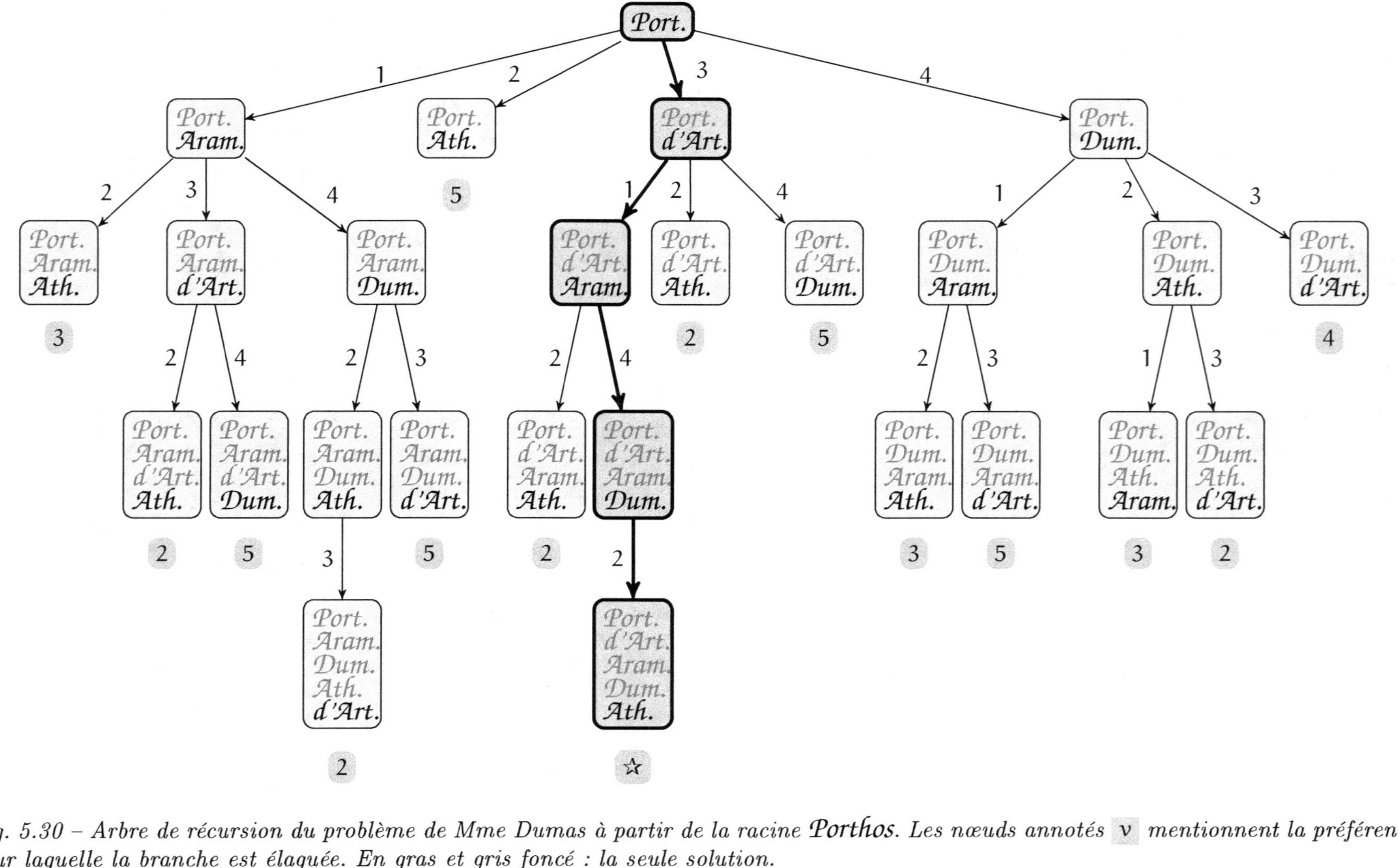

Fig. 5.30 – *Arbre de récursion du problème de Mme Dumas à partir de la racine* Porthos. *Les nœuds annotés* v *mentionnent la préférence pour laquelle la branche est élaguée. En gras et gris foncé : la seule solution.*

5. $X \in 1\,..\,5 \;\to\; 1\,..\,5$
6. **début**
7. $X[1] \leftarrow 5$;
8. $MmeDumas(2)$
9. **fin**

Solution de l'exercice 67   Mini Master Mind   *Énoncé page 261.*

Réponse 1.   Pour être la solution attendue par le codeur, une proposition doit provoquer **67** - R 1 la même réponse que celle fournie par le codeur pour chacune des propositions de l'historique. Supposons par exemple que le code choisi par le codeur est `[R,O,N,V,B]` et que le jeu a atteint la configuration suivante :

N° Prop.	Propositions	Évaluation
1	`[N,O,B,V,R]`	2
2	`[N,R,B,O,V]`	0

Toute solution proposée par le décodeur, comparée à ses deux précédentes propositions, doit fournir comme réponse 2 pour la première et 0 pour la seconde (voir colonne évaluation). C'est le cas de la proposition `[B,O,R,V,N]`, qui est donc un candidat cohérent avec l'historique. En revanche, la proposition `[N,V,O,R,B]` conduit à l'évaluation 1 pour les deux propositions déjà évaluées. Cette proposition est (doublement) incohérente avec l'historique ; elle ne peut être la solution attendue par le codeur.

Le lecteur pourra vérifier que c'est bien cette stratégie qui est appliquée par le décodeur dans l'exemple de la figure 5.18, page 261.

Réponse 2.   Le patron approprié est *UTI*, appliqué aux bijections, puisqu'il s'agit de **67** - R 2 découvrir une permutation des couleurs. Toutefois, afin d'éviter un raffinement avec lequel nous sommes maintenant familier, nous appliquons directement *UTI2*, raffinement de *UTI* (voir figure 5.9, page 226). La condition *SolutionTrouvée* s'instancie sous la forme d'une expression qui, lorsque le vecteur X est complet, vérifie qu'il satisfait la condition nécessaire de la question 1.

1.   **procédure** *PermutMasterMind1*(i) **pré**
2. $i \in 1\,..\,n$ **et** $j \in 1\,..\,n+1$ **et** $L \in 1\,..\,n \;\to\; \mathbb{B}$
3. **début**
4. $L \leftarrow (1\,..\,n \;-\; \mathrm{codom}(X[1\,..\,i-1]) \times \{\mathbf{vrai}\}) \cup \mathrm{codom}(X[1\,..\,i-1]) \times \{\mathbf{faux}\}$;
5. $j \leftarrow 1$;
6.   **tant que non**($j = n+1$ **ou** Trouvé) **faire**
7.   **si** $\boxed{L[j]}$ **alors**
8. $X[i] \leftarrow C[j]$;
9.   **si** $i = n$ **et alors** $\boxed{CompatAvecHisto(X)}$ **alors**
10.   Trouvé $\leftarrow$ **vrai** ;
11.   **écrire**(X)
12.   **sinonsi** $i \neq n$ **alors**
13.   *PermutMasterMind1*(i + 1)
14.   **fin si**

```
15.        fin si ;
16.        j ← j + 1
17.     fin tant que
18. fin
```

Le raffinement de la condition correspondant à *Satisfaisant* (voir ligne 7) est fait ici en employant la technique présentée pour passer du patron *TI*, page 217, au patron *TI2*, page 219. Nous n'y revenons pas.

Programmer un algorithme où le rôle du décodeur est assuré par la machine est alors facile à réaliser. Dans l'hypothèse où le codeur ne fait pas d'erreur, il suffit d'itérer sur l'appel de la procédure *PermutMasterMind1* et de demander son évaluation au codeur. La variable rep est destinée à recueillir la réponse du codeur, c'est-à-dire son évaluation de la dernière proposition. Lorsqu'il répond n, le code est découvert.

```
1. constantes
2.    C = [B, N, O, R, V] et n = |C|
3. variables
4.    X ∈ 1..n → C et
5.    rep ∈ ℕ et Trouvé ∈ 𝔹
6. début
7.    InitHisto ; rep ← 0 ;
8.    tant que rep ≠ n faire
9.       Trouvé ← faux ;
10.      PermutMasterMind1(1) ;
11.      lire(rep) ;
12.      InsérerHisto(X, rep)
13.   fin tant que
14. fin
```

<table><tr><td>67 - R 3</td></tr></table>

Réponse 3. L'arbre de récursion élagué est présenté à la figure 5.31, page 317. Prenons comme exemple d'élagage celui correspondant au nœud le plus à gauche sur la figure (la branche s'achevant par B). Cet élagage résulte du fait que, lorsque l'on confronte la première couleur du troisième élément de l'historique (le B de [B,V,O,R]), on découvre une correspondance avec le B de l'arbre alors que, selon l'historique, il n'y en a pas : cette branche est stérile, elle peut être abandonnée.

<table><tr><td>67 - R 4</td></tr></table>

Réponse 4. Il suffit de remplacer la condition de la ligne 7 de la procédure *PermutMasterMind1* par :

$$C[j] \notin X[1..i-1] \text{ et alors } PossibleHisto(C[j], i)$$

<table><tr><td>67 - R 5</td></tr></table>

Réponse 5. Soit *Dernier*(C) la fonction qui fournit le dernier code sur C (celui qui n'a pas de successeur). Ainsi, pour C = {B,N,O,R,V}, *Dernier*(C) = [V,R,O,N,B]. La fonction S peut se coder comme suit :

```
1. fonction S(p) pré
2.    p ∈ 1..n → C et
3.    i ∈ 1..n et j ∈ 1..n et k ∈ 1..n et l ∈ 1..n et aux ∈ 1..n et
4.    p ≠ Dernier(C)
5. début
6.    k ← n − 1 ;
7.    tant que non(p[k] < p[k + 1]) faire
```

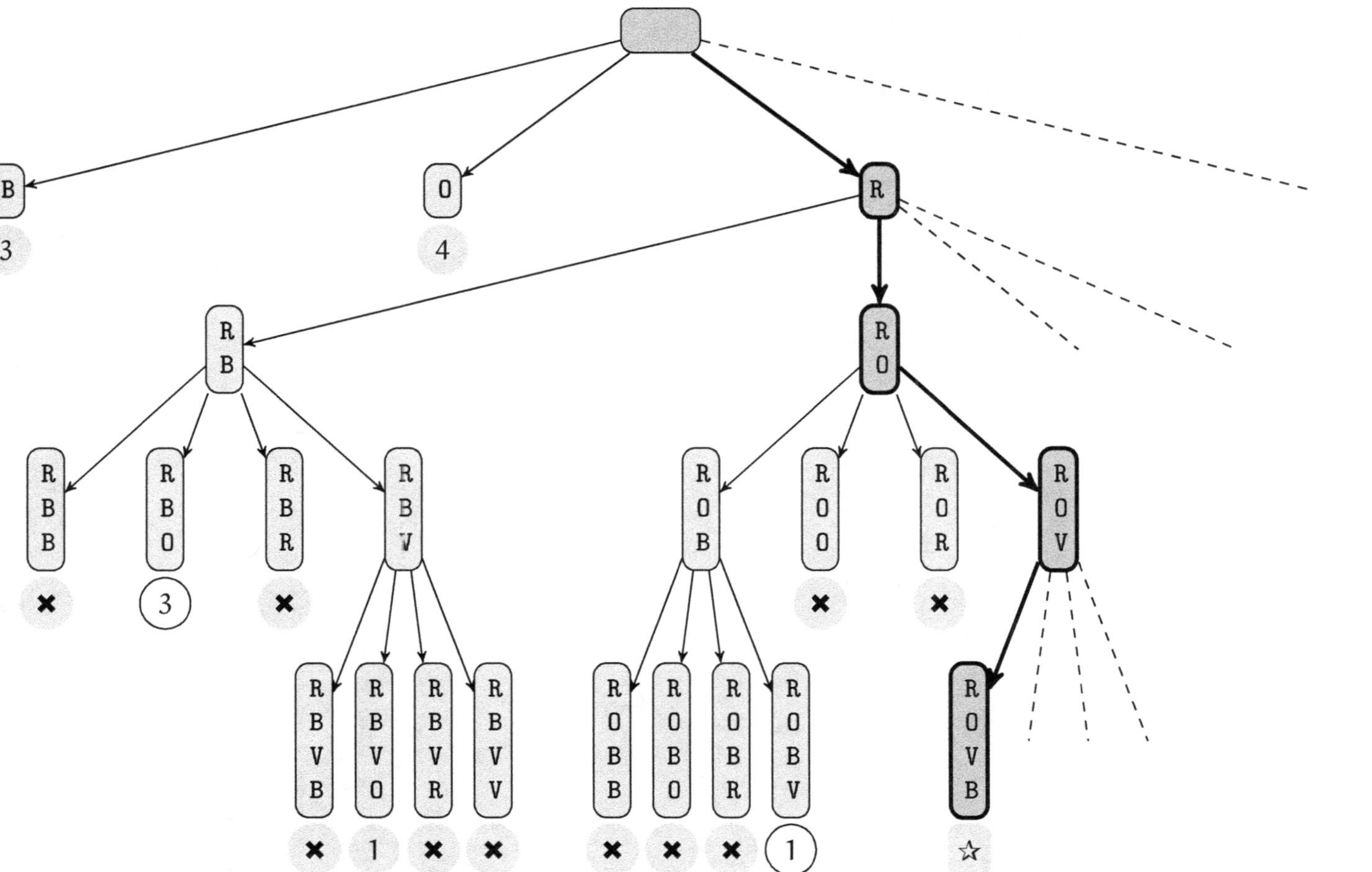

Fig. 5.31 – Arbre de récursion. En gras : la première solution trouvée dans un parcours descendant gauche-droite. Le symbole i *placé sous un nœud dénote un élagage imputable au i^e coup présent dans l'historique. Le symbole* ✖ *représente une succession de couleurs contenant un doublon. Le symbole* (i) *dénote un nœud incompatible avec le i^e coup de l'historique. Le symbole* ☆ *représente la première permutation compatible avec l'historique. Les branches en pointillés sont celles qui ne sont pas parcourues.*

```
 8.        k ← k − 1
 9.     fin tant que ;
10.     l ← n ;
11.     tant que non(p[k] < p[l]) faire
12.         l ← l − 1
13.     fin tant que ;
14.     aux ← p[k] ; p[k] ← p[l] ; p[i] ← aux ; i ← k + 1 ;
15.     j ← n ;
16.     tant que non(j ⩽ i) faire
17.         aux ← p[i] ; p[i] ← p[j] ; p[j] ← aux ;
18.         i ← i + 1 ; j ← j − 1
19.     fin tant que ;
20.     résultat p
21. fin
```

La première itération recherche dans le code p la position k qui précède le début de la plus longue séquence décroissante s (s = p[k + 1 .. n]) s'achevant à la position n. La seconde itération recherche, dans la séquence s, la position de l'élément immédiatement supérieur à p[k], Cette étape est suivie de l'échange décrit dans l'énoncé. Enfin, la dernière itération inverse la séquence p[k + 1 .. n]. La complexité de cet algorithme est en $\mathcal{O}(n)$.

67 - R 6 **Réponse 6.** La solution obtenue est :

```
 1. constantes
 2.     C = [B, N, O, R, V] et n = |C|
 3. variables
 4.     X ∈ 1 .. n → C et rep ∈ ℕ
 5. début
 6.     pour j ∈ 1 .. n faire
 7.         X[j] ← j
 8.     fin pour ;
 9.     InitHisto ;
10.     écrire(X) ; lire(rep) ;
11.     InsérerHisto(X, rep) ;
12.     tant que rep ≠ n faire
13.         X ← S(X) ;
14.         tant que non(CompatAvecHisto(X)) faire
15.             X ← S(X)
16.         fin tant que ;
17.         écrire(X) ; lire(rep)
18.     fin tant que
19. fin
```

On remarque que cette solution ne s'inscrit pas dans le cadre habituel des essais successifs.

67 - R 7 **Réponse 7.** Notons que, dans les trois solutions étudiées, l'historique obtenu est le même puisque la production se fait dans l'ordre lexicographique des couleurs. Écartons d'emblée la première solution qui n'a aucune chance face à la seconde. La troisième solution semble *a priori* meilleure. Cependant, un test empirique montre que ce n'est pas toujours le cas. Pour d'assez grandes valeurs de n, la troisième solution est 1,5 fois moins efficace que la seconde. Un début d'explication est à rechercher dans le fait que, si par exemple la réponse du codeur est 0, la seconde solution va, par élagage, éliminer d'un coup toutes les permutations débutant par la première couleur alors que, par construction, la troisième solution va parcourir séquentiellement toutes les permutations débutant par cette couleur.

Remarque   Dans [44], D. Knuth montre que, pour le jeu originel, il existe une stratégie permettant de trouver le code en au plus cinq propositions.

Solution de l'exercice 68   Le jeu des mots casés   *Énoncé page 263.*

Réponse 1.   La structure d'énumération X est un *vecteur* défini sur l'intervalle $1 .. H$ et à valeurs dans le sac Dico. Ce vecteur représente une fonction totale *injective*. Une fois la grille complétée, le sac des mots de Dico qui n'ont pas été placés est identique au sac des mots verticaux de la grille. Si l'on fait abstraction du fait que le codomaine est un *sac*, le patron à retenir est *UTI* (voir figure 5.9, page 226).

> 68 - R 1

Réponse 2.   La figure 5.32, page 320, montre l'arbre parcouru par une recherche du type *UneSolution.*

> 68 - R 2

Réponse 3.   La procédure générique *Satisfaisant* s'instancie par la condition de la ligne 6. Celle-ci s'assure d'une part que le mot testé n'a pas encore été placé, de l'autre que sa longueur est égale à celle de l'emplacement considéré. La procédure générique *Solution-Trouvée* se retrouve dans la condition de la ligne 9. Cette condition exprime que le sac des mots encore disponibles (Libre) est identique au sac des mots placés verticalement. La procédure générique *Défaire* se matérialise par l'adjonction, dans le sac Libre, de la valeur qui y a été supprimée à la ligne 8 (voir page 265 pour la définition des fonctions *LongEmplH* et *MotV*).

> 68 - R 3

```
 1. procédure MotsCasés1(i) pré
 2.    i ∈ 1 .. H et j ∈ 1 .. N
 3. début
 4.    j ← 1 ;
 5.    tant que non(j = N + 1 ou Trouvé) faire
 6.       si | Dico[j] ∈ Libre et alors|Dico[j]| = LongEmplH(i) | alors
 7.          X[i] ← Dico[j] ;
 8.          Libre ← Libre −̇ ⟦Dico[j]⟧ ;
 9.          si i = H et alors | MotV = Libre | alors
10.             Trouvé ← vrai ;
11.             écrire(X)
12.          sinonsi i ≠ H alors
13.             MotsCasés1(i + 1)
14.          fin si ;
15.          Libre ← Libre ⊔ ⟦Dico[j]⟧
16.       fin si ;
17.       j ← j + 1
18.    fin tant que
19. fin
```

L'appel se fait de la manière suivante (le codage des fonctions *LongEmplH*(i) et *MotV* est laissé aux soins du lecteur) :

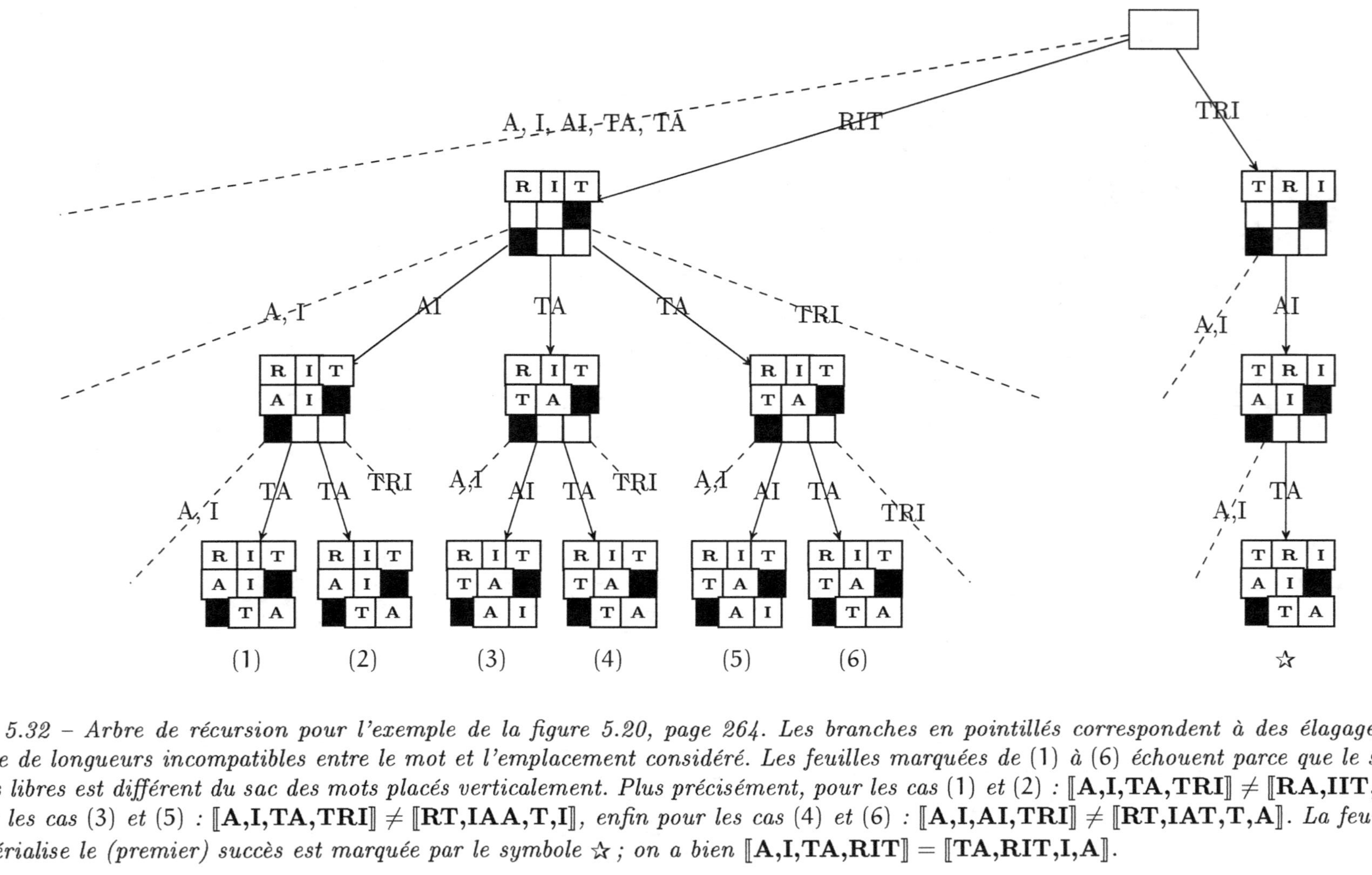

Fig. 5.32 – *Arbre de récursion pour l'exemple de la figure 5.20, page 264. Les branches en pointillés correspondent à des élagages pour cause de longueurs incompatibles entre le mot et l'emplacement considéré. Les feuilles marquées de (1) à (6) échouent parce que le sac des mots libres est différent du sac des mots placés verticalement. Plus précisément, pour les cas (1) et (2) :* ⟦**A,I,TA,TRI**⟧ ≠ ⟦**RA,IIT,T,A**⟧, *pour les cas (3) et (5) :* ⟦**A,I,TA,TRI**⟧ ≠ ⟦**RT,IAA,T,I**⟧, *enfin pour les cas (4) et (6) :* ⟦**A,I,AI,TRI**⟧ ≠ ⟦**RT,IAT,T,A**⟧. *La feuille qui matérialise le (premier) succès est marquée par le symbole* ☆ ; *on a bien* ⟦**A,I,TA,RIT**⟧ = ⟦**TA,RIT,I,A**⟧.

1. **constantes**
2. $l \in \mathbb{N}_1$ **et** $l = \ldots$ **et** $c \in \mathbb{N}_1$ **et** $c = \ldots$ **et**
3.   Grille $\in 1..l \times 1..c \;\rightarrow\;$ **car et** Grille $= [\ldots]$ **et**
4. $N \in \mathbb{N}_1$ **et** $N = \ldots$ **et** $H \in \mathbb{N}_1$ **et** $H = \ldots$ **et**
5.   Dico $\in 1 \ldots N \;\rightarrow\;$ **chaîne et** Dico $= [\![\ldots]\!]$
6. **variables**
7.   Libre $\in$ **sac(chaîne) et**
8. $X \in 1..H \;\rightarrow\;$ **chaîne et**
9.   Trouvé $\in \mathbb{B}$
10. **début**
11.   Libre $\leftarrow$ *ConvSac*(Dico) ;
12.   Trouvé $\leftarrow$ **faux** ;
13.   *MotsCasés1*(1)
14. **fin**

Complexité   Le nombre de conditions évaluées est maximal lorsque tous les mots du lexique Dico sont de même longueur et que l'unique solution apparaît sur la feuille la plus à droite de l'arbre de récursion. Elle est obtenue en effectuant N essais sur $X[1]$, $N-1$ essais sur $X[2]$, ..., $N-H+1$ essais sur $X[H]$, soit au total A_N^H essais. La complexité au pire est donc en $\Theta(A_N^H)$. Pour l'exemple de la figure 5.19, page 264, le résultat s'obtient en $1\,820\,243$ appels, au bout de plus de $7000\,\text{s}$, soit environ deux heures.

Remarque   Dans la version ci-dessus, on fait l'hypothèse que les données (grille et dictionnaire) ont été prétraitées de façon à faciliter l'écriture de l'algorithme. Une façon plus élégante et plus souple d'atteindre le même objectif consisterait à « compiler » ces deux constituants pour produire les mêmes informations. Cet aspect de l'exercice n'est pas abordé ici.

Réponse 4.   Le principe préconisé ci-dessus conduit à trois élagages, comme le montre la figure 5.33, page 322. La démarche semble prometteuse.   `68 - R 4`

Réponse 5.   Les deux opérations suivantes sont nécessaires.   `68 - R 5`

(a) *VérifPréfixe*(m, k), où m est un mot du dictionnaire et k le numéro d'un emplacement horizontal. On s'apprête à tenter de placer le mot m sur l'emplacement horizontal k. Cette fonction délivre **vrai** si et seulement si les préfixes des mots verticaux aboutissant au k^e emplacement horizontal, complété par le caractère correspondant du mot m, débutent tous l'un des mots du sac Libre (voir exemple de la page 265).

(b) *EnregMot*(m, k), où m est un mot du dictionnaire et k le numéro d'un emplacement horizontal. Cette procédure enregistre le mot m dans le k^e emplacement horizontal.

La procédure générique *Satisfaisant* se traduit simplement par la condition de la ligne 9. De même que dans la première solution, la mise en œuvre des deux opérations ci-dessus exige, pour être efficace, de disposer d'informations permettant un accès rapide à la grille et aux dictionnaires. La spécification de ces structures de données n'est pas abordée ici. La fonction *VérifPréfixe* peut ou non mettre localement à jour une copie du sac Libre. Cette heuristique n'a pas d'impact sur le résultat et n'influence que très peu le temps d'exécution. La procédure se présente alors comme suit (ici, Grille est une variable) :

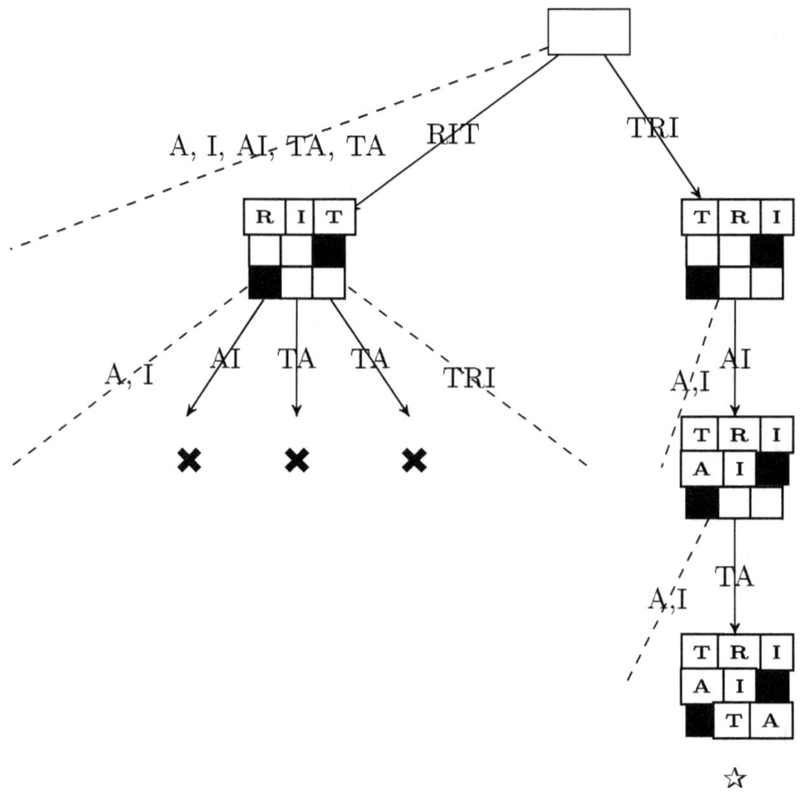

Fig. 5.33 – Arbre de récursion avec élagages pour l'exemple de la figure 5.20, page 264. Les branches en pointillés correspondent à des élagages pour cause de longueurs incompatibles entre le mot et l'emplacement considéré. Les branches marquées ✖ *correspondent à des élagages « verticaux ». La feuille qui matérialise le (premier) succès est marquée par le symbole* ☆.

1. **procédure** *MotsCasés2*(i) **pré**
2.   i $\in$ 1 .. H **et** j $\in$ 1 .. N
3. **début**
4.   j $\leftarrow$ 1 ;
5.   **tant que non**(j = N + 1 **ou** Trouvé) **faire**
6.   **si** $\left(\begin{array}{l} \text{Dico[j]} \sqsubseteq \text{Libre \textbf{et alors}} \\ |\text{Dico[j]}| = LongEmplH(\text{i}) \textbf{ et alors} \\ V\acute{e}rifPr\acute{e}fixe(\text{Dico[j], i}) \end{array} \right)$ **alors**
7.   *EnregMot*(Dico[j], i) ;
8.   Libre $\leftarrow$ Libre $\dot{-}$ ⟦Dico[j]⟧ ;
9.   **si** i = H **alors**
10.   Trouvé $\leftarrow$ **vrai** ;
11.   **écrire**(Grille)
12.   **sinon**
13.   *MotsCasés2*(i + 1)
14.   **fin si** ;
15.   Libre $\leftarrow$ Libre $\sqcup$ ⟦Dico[j]⟧
16.   **fin si** ;
17.   j $\leftarrow$ j + 1
18.   **fin tant que**
19. **fin**

Cette version de l'algorithme fournit la solution au problème de la figure 5.19, page 264, à l'issue de seulement 57 appels, qui nécessitent environ 0.0132 seconde, et sont à comparer respectivement aux 1 820 253 appels et aux 7000 secondes exigés par le premier élagage.

Solution de l'exercice 69   Tableaux autoréférents

Énoncé page 266.

Réponse 1. Le tableau suivant : 69 - R 1

i	0	1	2	3
X[i]	2	0	2	0

est également un tableau autoréférent de quatre éléments.

Réponse 2. La somme des éléments d'un tableau autoréférent de n éléments est n. En 69 - R 2 effet, chaque cellule X[i] référence X[i] cellules différentes et toutes les cellules sont référencées ; le total des éléments de X est donc n :

$$\sum_{i=0}^{n-1} X[i] = n. \tag{5.4}$$

Réponse 3. On recherche une fonction totale de 0 .. n − 1 dans 0 .. n − 1. Il s'agit donc 69 - R 3 d'instancier le patron *TT* (voir figure 5.7). Un élagage possible, en accord avec la formule 5.4, consiste à arrêter le parcours d'une branche de l'arbre de récursion dès lors que la somme des éléments de X est supérieure à n. Par ailleurs, plutôt que de recalculer systématiquement la somme, une technique plus efficace (appliquée de nombreuses fois dans ce chapitre) consiste à renforcer l'invariant de récursivité en introduisant la variable s destinée à désigner la somme $\sum_{k=0}^{i-1} X[k]$. Ceci exige d'une part d'initialiser s avant l'appel principal, de l'autre d'instancier les procédures *Faire* et *Défaire* afin de maintenir cet invariant. Quant à la fonction générique *SolutionTrouvée*, elle s'identifie à la formule 5.3 page 266. On en déduit la procédure suivante :

1. **procédure** *TabAutoRef1*(i) **pré**
2. $i \in 0 .. n - 1$
3. **début**
4.   **pour j parcourant** $0 .. n - 1$ **faire**
5.   **si** $\boxed{s + j \leqslant n}$ **alors**
6. $X[i] \leftarrow j$; $\boxed{s \leftarrow s + j}$;
7.   **si** $i = n-1$ **et alors** $\boxed{\forall i \cdot \begin{pmatrix} i \in 0 .. n - 1 \Rightarrow \\ X[i] = \# j \cdot (j \in 0 .. n - 1 \text{ et alors } X[j] = i) \end{pmatrix}}$
          alors
8.   **écrire**(X)
9.   **sinonsi** $\boxed{i \neq n - 1}$ **alors**
10.   *TabAutoRef1*(i + 1)
11.   **fin si** ;
12. $\boxed{s \leftarrow s - j}$
13.   **fin si**
14.   **fin pour**
15. **fin**

La partie encadrée de la ligne 7 devra être raffinée par une fonction qui vérifie algorithmiquement cette condition. Cette partie pourrait être précédée du conjoint (s = n).

L'appel initial se présente sous la forme :

1. **constantes**
2. $n \in \mathbb{N}_1$ **et** $n = \ldots$
3. **variables**
4. $X \in 0 .. n - 1 \rightarrow 0 .. n - 1$ **et** $s \in \mathbb{N}$
5. **début**
6. $s \leftarrow 0$;
7.   *TabAutoRef1*(0)
8. **fin**

   Réponse 4. Pour mettre en œuvre cet élagage, il suffit de renforcer l'invariant de récursivité, en introduisant un tableau C (défini sur l'intervalle $0 .. n - 1$ et à valeur sur $0 .. n - 1$) destiné à comptabiliser les différents valeurs placées dans la tranche $X[0 .. i - 1]$. Le programme *TabAutoRef2* correspondant est :

1. **procédure** *TabAutoRef2*(i) **pré**
2. $i \in 0 .. n - 1$
3. **début**
4.   **pour j parcourant** $0 .. n - 1$ **faire**
5.   **si** $s + j \leqslant n$ **et alors** $\boxed{i > j \Rightarrow X[j] \neq C[j]}$ **alors**
6. $X[i] \leftarrow j$; $s \leftarrow s + j$; $\boxed{C[j] \leftarrow C[j] + 1}$;

7. $/\%$ $\vdots$ *Idem lignes 7 à 11 de TabAutoRef1* $\%/$

8. $s \leftarrow s - j \,;\, \boxed{C[j] \leftarrow C[j] - 1}$

9.   **fin si**

10.   **fin pour**

11. **fin**

L'appel initial se présente sous la forme :

1. **constantes**
2. $n \in \mathbb{N}_1$ **et** $n = \ldots$
3. **variables**
4. $X \in 0\,..\,n-1 \rightarrow 0\,..\,n-1$ **et** $C \in 0\,..\,n-1 \rightarrow 0\,..\,n-1$ **et** $s \in \mathbb{N}$
5. **début**
6. $s \leftarrow 0 \,;\, C \leftarrow (0\,..\,n-1) \times \{0\} \,;$
7.   *TabAutoRef2*(0)
8. **fin**

Remarque   En un maximum d'une minute de temps processeur, la version sans élagage permet de résoudre le problème pour $n \leqslant 9$. La version *TabAutoRef1* (resp. *TabAutoRef2*) permet, dans les mêmes conditions, de résoudre le problème pour $n \leqslant 15$ (resp. $n \leqslant 18$).

Réponse 5.   On comptabilise $(n-7+3)$ occurrences de la valeur 0, d'où la valeur $(n-4)$ $\boxed{\text{69 - R 5}}$ en $X[0]$; il y a 2 fois la valeur 1, une fois la valeur 2 et une fois la valeur $(n-4)$.

Remarque   Si l'on ne s'intéresse qu'à la découverte d'une seule solution, on dispose là d'une base pour un algorithme extrêmement efficace, puisqu'en $\Theta(n)$. Dans l'état actuel de l'énoncé, la recherche de toutes les solutions passe soit par l'exécution de la procédure *TabAutoRef2*, soit par la démonstration de la conjecture de l'énoncé.

CHAPITRE 6

Programmation par Séparation et Évaluation Progressive (PSEP)

> L'esprit d'ordre est un capital de temps.
>
> H.-F. Amiel

6.1 Les bases

Il est conseillé de lire la totalité de cette introduction, ainsi que celle du chapitre 5 avant d'aborder les exercices.

6.1.1 PRINCIPE

On considère un ensemble[1] C dont les éléments sont appelés des *candidats*. À chaque élément de C est associé un coût v constant : $v \in C \to \mathbb{R}_+$, appelé parfois « coût réel » dans la suite. On recherche l'un quelconque des candidats c minimisant[2] $v(c)$. Ces candidats sont appelés des *solutions*. Bien entendu, si C est vide, il n'existe pas de solution[3].

Une manière classique de résoudre ce type de problème consiste à énumérer et à évaluer tous les candidats pour retenir l'un de ceux qui minimisent le coût. Lorsque la cardinalité de C est grande, l'inconvénient de cette démarche réside dans le nombre de candidats à considérer et dans la complexité temporelle prohibitive qui en résulte.

Schématiquement, la méthode PSEP (pour Programmation par Séparation et Évaluation Progressive), aussi appelée *Branch and Bound*, se décrit de la manière suivante. Soit $C_1, \ldots, C_n$ une partition de C. Tous les sous-ensembles C_i sont rassemblés dans une structure de données dénommée OPEN. À chaque C_i est associée une évaluation $f(C_i)$ qui est une sous-estimation du coût réel de tous les candidats de C_i. On choisit (c'est la phase de sélection) le sous-ensemble C_j le plus prometteur (c'est-à-dire celui qui minimise la valeur de la fonction d'évaluation f), avant de le partitionner en différents sous-ensembles non vides $C_{j_1}, \cdots, C_{j_m}$ (c'est la phase de Séparation[4]). Pour chaque sous-ensemble C_{j_k}, on calcule la valeur de $f(C_{j_k})$ (c'est l'Évaluation). Le sous-ensemble C_i est alors supprimé

---

1. En général C est défini en compréhension, mais les cas où C est défini en extension (voir exercice 73, page 347) se traitent de la même façon. Le cas le plus fréquent est celui d'un ensemble fini C, mais l'exercice 72 page 345 traite le cas d'un ensemble infini dénombrable.
2. Les problèmes où l'on cherche à maximiser le coût se traitent de manière identique.
3. Dans le cas d'une définition en compréhension de C, il est en général difficile de savoir *a priori* si C est vide ou non.
4. Aussi appelée éclatement, développement ou partitionnement.

d'OPEN tandis que tous les C_{j_k} y sont introduits. Le procédé est alors réappliqué sur la nouvelle configuration d'OPEN. Initialement, OPEN contient uniquement C. L'algorithme s'achève soit quand l'ensemble C_i sélectionné ne contient qu'un seul candidat, soit quand OPEN est vide. Pour que PSEP fournisse une solution correcte, plusieurs conditions, répertoriées ci-après, doivent être satisfaites (voir le théorème de la page 330). On dit alors que PSEP est *admissible*.

Dans la suite de cette introduction, on précise la nature des trois phases mentionnées ci-dessus avant de synthétiser le tout sous la forme d'un algorithme PSEP générique. On fournit et démontre une condition suffisante d'admissibilité. Un exemple est ensuite traité en détail.

L'étape de séparation

Les séparations successives peuvent se représenter sous la forme d'un arbre (appelé arbre de recherche) dont chaque nœud s'identifie à un sous-ensemble C_j. Une feuille n'est autre qu'un sous-ensemble réduit à un seul élément. Cette dualité partition/arbre se répercute jusqu'au vocabulaire, et nous l'exploitons pour assurer une meilleure compréhension. Un algorithme PSEP parcourt, sans le construire, tout ou partie de l'arbre de recherche, l'objectif visé étant de mettre à contribution l'estimation des nœuds (des sous-ensembles) et la stratégie de sélection afin de limiter la quantité de nœuds développés.

Exemple Soit l'ensemble de candidats $C = \{a, b, c, d, e, f, g, h, i, j, k\}$. La figure 6.1 montre un arbre de recherche complet possible. Les valeurs qui accompagnent chaque nœud peuvent être ignorées pour l'instant.

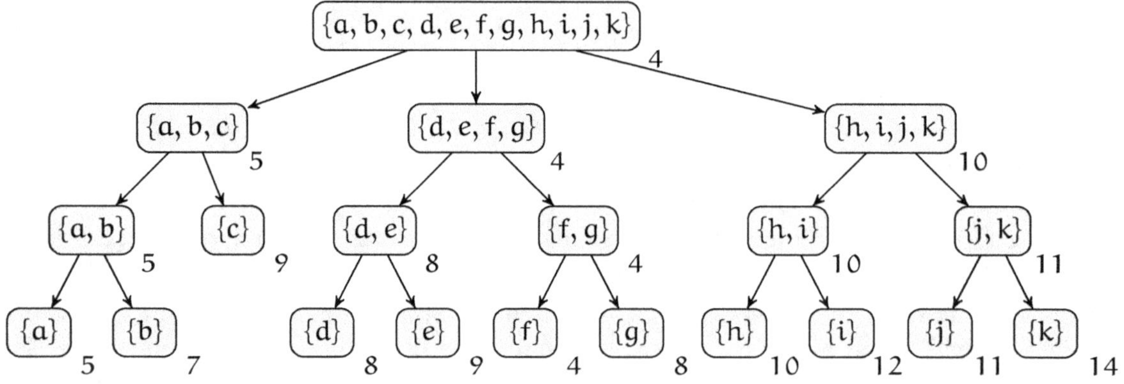

Fig. 6.1 – Exemple d'arbre de recherche pour l'ensemble $\{a, \ldots, k\}$. L'ensemble des fils d'un nœud donné est une partition de ce nœud.

Deux problèmes doivent être abordés à cette étape : i) comment effectuer la séparation ? ii) comment représenter économiquement chacun des nœuds (des sous-ensembles) ? Ces choix dépendent du problème considéré, mais il n'est pas rare de retrouver ici les solutions adoptées dans le chapitre consacré aux essais successifs (voir section 5.1, page 209) : représentation par un vecteur d'énumération X et séparation par instanciation d'une position de ce vecteur.

L'étape de sélection

L'ordre de développement des nœuds n'est ici pas fixé à l'avance : on cherche à développer en priorité les nœuds que l'on considère comme les plus prometteurs. Pour ce faire, chaque feuille de l'arbre courant est présente dans une file de priorité (voir [36] pour des mises en œuvre efficaces des files de priorité). C'est la structure OPEN mentionnée auparavant. La figure 6.2 montre une configuration possible à un instant donné de la recherche (les priorités sont placées à la droite de chaque nœud).

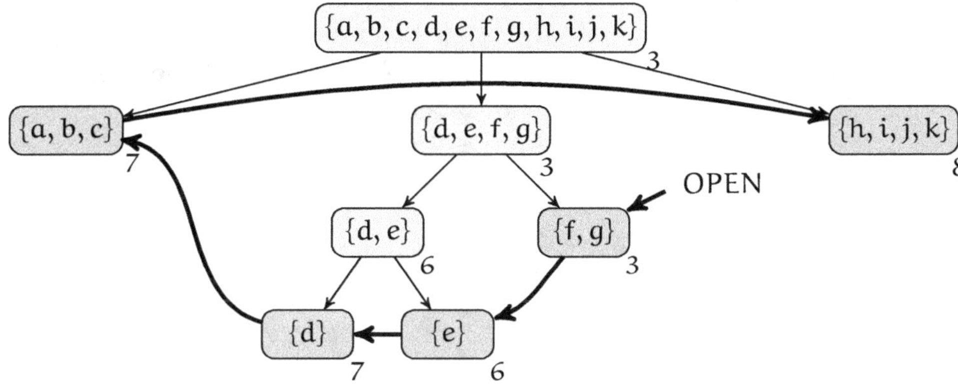

Fig. 6.2 – Exemple de configuration. Les coûts estimés sont placés sous le coin sud-est des nœuds. La file de priorité est mise en évidence. Bien que possédant la même priorité que le nœud {a, b, c}, le nœud {d}, plus « développé », se situe avant dans la file.

Le prochain nœud sélectionné (développé/séparé/éclaté/partitionné) est alors le nœud {f, g}, puisqu'il est affecté de la meilleure priorité. On note qu'au cours de la recherche, on rencontre trois sortes de nœuds : i) ceux présents dans OPEN (en gris foncé dans la figure), qui comprennent en particulier les nœuds susceptibles d'être développés, ii) les nœuds déjà développés (en gris clair), qui ne sont plus actifs, iii) les nœuds pas encore créés, qui n'apparaissent pas sur le schéma.

Cette étape met en lumière la nature essentiellement itérative des algorithmes de type PSEP, puisqu'il s'agit, à chaque pas de progression, de développer le nœud prioritaire. L'inconvénient qui en résulte, par rapport à la méthode des essais successifs, est que la file de priorité peut occuper un espace mémoire important (cependant borné par le poids maximal de l'arbre de recherche). Ceci peut se révéler rédhibitoire pour certains problèmes de grande taille. En revanche, on peut espérer développer moins de nœuds et donc atteindre une meilleure efficacité.

L'étape d'évaluation

Avant d'insérer un nœud dans la file OPEN, il faut lui attribuer une *priorité*. Définissons une fonction f^* de profil $f^* \in (\mathbb{P}(C) - \varnothing) \rightarrow \mathbb{R}_+$ et telle que :

$$
\begin{aligned}
&f^*(\{c\}) = v(c) &&\text{pour tout candidat c}\\
&f^*(\{c_1, \ldots, c_n\}) = \min_{c \in \{c_1, \ldots, c_n\}} (f^*(\{c\})) &&\text{pour } n > 1.
\end{aligned}
$$

$f^*(\{c_1, \ldots, c_n\})$ est donc le coût optimal pour tous les candidats de l'ensemble $\{c_1, \ldots, c_n\}$. Pour $E \subseteq C$, $f^*(E)$ est, par extension, appelée le coût *réel* d'un nœud E et $f^*(C)$ le coût (réel) des solutions (pour l'ensemble racine C).

La définition de la fonction f^* implique que celle-ci est croissante, dans le sens où, si $E' \subseteq E$, $f^*(E) \leqslant f^*(E')$ (la fonction f^* croît quand on parcourt une branche depuis la racine). Dans la figure 6.1, page 328, une valeur arbitraire mais possible pour une fonction f^* est placée à la droite de chaque nœud. La (seule) solution est f, de coût 4. Cette figure illustre la croissance de f^*.

Ce coût réel ne peut cependant être utilisé comme priorité pour placer les nœuds dans la file OPEN, puisqu'il est (en général) inconnu. On utilise à la place une fonction f, de même profil que f^*, appelée *fonction d'évaluation*, qui fournit un coût estimé. Cette fonction f doit satisfaire le théorème suivant :

Théorème (Condition suffisante d'admissibilité de l'algorithme PSEP) :
Si la fonction f vérifie les deux conditions suivantes :

> *1. f est positive ou nulle et n'est jamais supérieure à f^* :*

$$\forall E \cdot (E \subseteq C \Rightarrow f(E) \leqslant f^*(E)), \tag{6.1}$$

> *2. pour tout candidat c, la valeur de f en {c} est égale à la valeur de f^* en {c} :*

$$\forall c \cdot (c \in C \Rightarrow f(\{c\}) = f^*(\{c\})), \tag{6.2}$$

alors l'algorithme PSEP est admissible.

Ce théorème est démontré dans la section portant sur la construction de l'algorithme PSEP.

Dans la section suivante, nous nous attachons à construire une version abstraite du programme générique à la base de toute solution de type PSEP, en supposant disponible une fonction d'évaluation f dotée des deux propriétés ci-dessus. Il ne faut pas perdre de vue qu'évaluer la fonction f a un coût (comme la consultation et la maintenance de structures de données), qu'il faut limiter autant que faire se peut, pour ne pas perdre les avantages de la méthode PSEP.

6.1.2   L'ALGORITHME GÉNÉRIQUE PSEP

La file de priorité

L'algorithme générique que nous allons développer s'appuie sur une structure de données introduite à la section 1.7 page 33 : la file de priorité OPEN. Une précision doit être apportée qui concerne l'opération *Ajouter* : en cas de conflit (égalité sur les priorités), la préférence est donnée au nœud le plus développé (c'est-à-dire le plus bas dans l'arbre de recherche). Si ce critère ne permet toujours pas de départager deux sous-ensembles, la préférence va à celui qui est déjà présent dans la file.

Construction de l'algorithme générique PSEP

Nous développons cet algorithme sur la base des cinq points classiques de la construction de boucles.

Invariant La file de priorité OPEN contient une partition de l'ensemble C. Chaque élément de cette partition est accompagné de sa priorité. Certains d'entre eux ne contiennent qu'un seul candidat, les autres sont susceptibles d'être « séparés ».

Dans la figure 6.2, page 329, chaque nœud E du schéma est étiqueté par la valeur de la fonction d'évaluation $f(E)$ (qui est à la fois le coût estimé et la priorité) ; la file OPEN est dessinée en gras et ses constituants sont grisés.

Dans cette figure, la file de priorité OPEN contient une partition de l'ensemble C. Chaque élément de cette partition est accompagné de sa priorité. Certains d'entre eux ne contiennent qu'un seul candidat, les autres sont susceptibles d'être « séparés ». La file est triée sur les priorités croissantes. Dans cette figure, l'arbre n'est là que pour faciliter la compréhension. Il n'est pas construit par l'algorithme.

Condition d'arrêt La boucle s'arrête soit quand la file OPEN est vide, soit quand la tête de file représente un *candidat* c (sa priorité est $f(\{c\})$). Dans ce dernier cas, deux observations peuvent alors être faites.

1. Puisque $\{c\}$ est en tête de la file OPEN et que $f(\{c\}) = f^*(\{c\})$ (voir formule 6.2, page 330), il n'existe pas de meilleur candidat dans OPEN (il peut en revanche exister des candidats équivalents).

2. Soit E $(\mathrm{card}(E) > 1)$ un sous-ensemble de C présent dans OPEN, avec la priorité $f(E)$ $(f(\{c\}) \leqslant f(E))$. L'invariant entraîne que $E \cap \{c\} = \varnothing$. Nous allons montrer que $f(\{c\}) \leqslant f(E)$ implique bien que c est une solution.

$$f(\{c\}) \leqslant f(E)$$
$$\Rightarrow \qquad\qquad \text{propriété 6.1 } (f(E) \leqslant f^*(E)) \text{ et transitivité}$$
$$f(\{c\}) \leqslant f^*(E)$$
$$\Leftrightarrow \qquad\qquad \text{définition de } f^*, \text{ cas général, voir page 329}$$
$$f(\{c\}) \leqslant \min_{d \in E}(f^*(\{d\}))$$
$$\Leftrightarrow \qquad\qquad \text{définition de min}$$
$$\forall d \cdot (d \in E \Rightarrow f(\{c\}) \leqslant f^*(\{d\}))$$
$$\Leftrightarrow \qquad\qquad \text{propriété 6.2 } (f(\{c\}) = f^*(\{c\})) \text{ et substitution des égaux}$$
$$\forall d \cdot (d \in E \Rightarrow f^*(\{c\}) \leqslant f^*(\{d\}))$$

Cette démonstration peut se résumer par : pour tout élément d de l'ensemble E, $f(\{c\}) = f^*(\{c\}) \leqslant f^*(E)) \leqslant f^*(\{d\})$. La dernière formule de cette démonstration peut se traduire par : un sous-ensemble E $(E \subset C)$, présent dans OPEN et situé après la tête de file $\{c\}$, ne peut aboutir à un meilleur candidat que c.

Dans le cas où la file est vide, l'invariant nous affirme qu'elle contient une partition de l'ensemble C, ce dernier est donc vide lui aussi. Il n'y a pas de candidat, ni de solution. Si la file n'est pas vide, la conjonction de l'invariant et de la condition d'arrêt entraîne bien que le candidat c est une solution, ce qui démontre l'admissibilité de l'algorithme (voir page 330). En supposant disponible la fonction booléenne *EstFeuille*(E), qui détermine si le sous-ensemble E est ou non une feuille de l'arbre, la condition d'arrêt s'exprime par *EstVide*(OPEN) **ou sinon** *EstFeuille*(*Tête*(OPEN).se) [5].

Progression La précondition de la progression précise que l'invariant est satisfait ainsi que la négation de la condition d'arrêt. On peut en déduire que la tête de la file OPEN existe et qu'il s'agit d'un ensemble de plusieurs candidats. Elle peut donc être

---

5. Le champ se permet d'extraire le sous-ensemble présent dans un nœud en écartant la priorité.

« séparée ». La progression consiste à partitionner la tête de la file, à la supprimer de la file, à calculer la priorité de chacun des éléments de la partition, avant de les introduire dans la file, selon leur priorité. Cette étape exige (en général) de construire une boucle qui va rétablir l'invariant. Cette construction n'est pas explicitée ici.

Initialisation On instaure l'invariant en plaçant C dans la file, avec sa priorité.

Terminaison Si C est fini, l'algorithme se termine puisque $\mathbb{P}(C)$ est également fini. Une fonction de terminaison possible consiste à choisir le poids maximum de l'arbre de recherche moins le nombre de nœuds déjà construits. Si l'ensemble C est infini dénombrable et qu'il ne contient pas de solution, l'algorithme ne s'achève pas.

L'algorithme générique PSEP proprement dit

Dans l'algorithme qui suit, ElmtFdp est le type des éléments à placer dans la file : c'est un couple dont le premier constituant se (pour sous-ensemble) est un sous-ensemble de C et le second, p, la priorité. FdP est un type (voir chapitre 1, section 1.7) qui permet de déclarer des files de priorité. Pour notre exemple, cette file contient des éléments du type ElmtFdP. On suppose disponible la fonction $Partition(E)$ qui fournit, selon une stratégie à définir au coup par coup, une partition de E ne contenant pas l'ensemble vide. La fonction qui évalue le coût estimé f est également supposée disponible.

```
1.  constantes
2.     C ⊆ ... et C = {...} et ElmtFdP = {(se, p) | se ∈ ℙ(C) − ∅ et p ∈ ℕ}
3.  variables
4.     OPEN ∈ FdP(ElmtFdP) et E ⊂ C et E ≠ ∅ et t ∈ ElmtFdP
5.  début
6.     InitFdP(OPEN) ; AjouterFdP(OPEN, (C, f(C))) ;
7.     tant que non ( EstVideFdP(OPEN) ou sinon
                      EstFeuille(TêteFdP(OPEN).se) ) faire
8.        t ← TêteFdP(OPEN) ; SupprimerFdP(OPEN) ;
9.        pour E ∈ Partition(t.se) faire
10.          AjouterFdP(OPEN, (E, f(E))) ;
11.       fin pour
12.    fin tant que ;
13.    si EstVideFdP(OPEN) alors
14.       écrire(Pas de solution)
15.    sinon
16.       écrire(TêteFdP(OPEN))
17.    fin si
18. fin
```

Remarques

1. Cette version place dans la file de priorité tous les éléments de la partition, y compris ceux pour lesquels le coût estimé est égal à $+\infty$. Il peut être intéressant d'éviter d'encombrer la file de priorité avec de tels éléments, qui ne présentent pas d'intérêt. L'invariant ci-dessus doit alors être modifié afin de tenir compte du fait que les ensembles dont le coût est infini ne sont pas dans la file.

2. Une seconde heuristique (dite de nettoyage), qui va également dans le même sens que la précédente, peut être systématiquement prise en compte afin de limiter la taille

de la file de priorité. Elle est basée sur le constat suivant. Dès qu'un candidat c de coût $v(c)$ (doté d'une priorité $p = v(c)$) est introduit dans la file de priorité (p est alors, selon formule 6.2 page 330, son coût réel), il est inutile d'*introduire* ou de *conserver* dans la file tout nœud doté d'une priorité égale ou supérieure.

6.1.3 $f^\star/f$: UN CAS PARTICULIER INTÉRESSANT

Il arrive fréquemment que chaque arc de l'arbre de recherche soit valué et que le coût réel d'un candidat c résulte de la somme des coûts des arcs qui mènent de la racine C à la feuille {c}. La fonction $f^\star$ est alors telle que, pour tout nœud E, $f^\star(E)$ est le coût du chemin optimal issu de la racine C et *passant par le nœud* E. Cette version de $f^\star$ est compatible avec la version générique étudiée précédemment. Pour tout nœud E, $f^\star(E)$ peut se décomposer en une somme de deux fonctions :

$$f^\star(E) = g^\star(E) + h^\star(E) \qquad (6.3)$$

où $g^\star(E)$ est le coût du chemin entre la racine C et le nœud E, tandis que $h^\star(E)$ est le coût du meilleur chemin du sous-arbre ayant comme racine E.

L'avantage qui résulte de ce cas de figure est que, lorsque l'on atteint le nœud E, $g^\star(E)$ est connu : c'est le coût du chemin déjà parcouru. On peut alors définir la fonction d'évaluation f par :

$$f(E) = g^\star(E) + h(E) \qquad (6.4)$$

h est appelée « fonction heuristique ». L'évaluation de $h(E)$ ne porte que sur la portion de chemin restant à parcourir pour atteindre un candidat. On a alors le théorème suivant :

Théorème (Condition suffisante d'admissibilité de l'algorithme PSEP) :
Soit f *une fonction d'évaluation définie pour tout ensemble* E *par :*

$$f(E) = g^\star(E) + h(E),$$

où $g^\star$ *est le coût du chemin déjà parcouru. Si la fonction heuristique* h *vérifie :*

$$0 \leqslant h(E) \leqslant h^\star(E)$$

alors l'algorithme PSEP est admissible.

Ce théorème est une conséquence directe du théorème de la page 330.

Exemple   Reprenons l'exemple de la figure 6.1, page 328, en attribuant à chaque arc une valeur de $\mathbb{R}_+$. Dans l'arbre ci-dessous, la valeur notée en petits caractères et en italique représente le coût de chaque arc. Pour chaque candidat c, la valeur de $f^\star(\{c\})$ est placée sous les feuilles ; c'est la somme des valeurs de la branche correspondante.

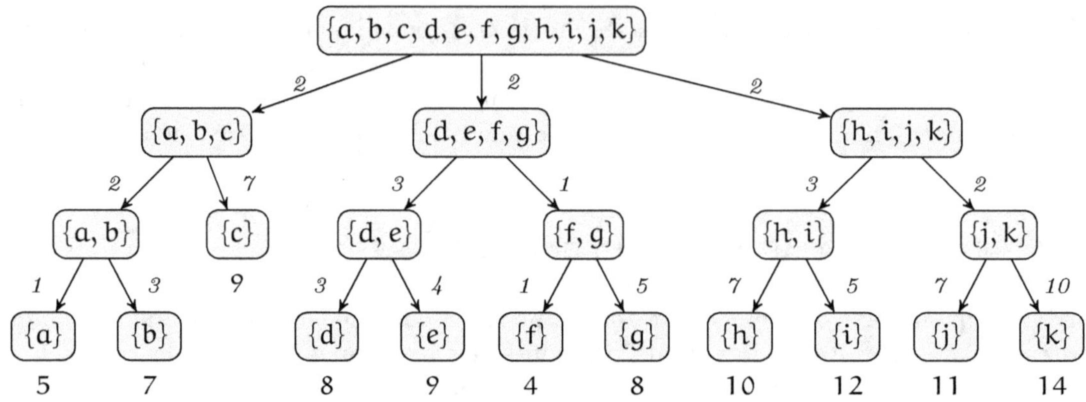

Si l'on note $k(a, b)$ le coût de l'arc (a, b), le nouveau programme générique s'obtient en modifiant le programme de la page 332 de la manière suivante. La nouvelle ligne 2 intègre le champ $g^\star$ dans un nœud :

$$\text{ElmtFdP} \; = \; \{(se, g^\star, p) \mid se \in (\mathbb{P}(C) - \varnothing) \textbf{ et } g^\star \in \mathbb{N} \textbf{ et } p \in \mathbb{N}\}.$$

La nouvelle ligne 6 insère dans la file un élément dont le champ $g^\star$ est nul et le champ p se réduit à $h(C)$:

$$\mathit{InitFdP}(\text{OPEN}) \, ; \; \mathit{AjouterFdP}(\text{OPEN}, (C, 0, 0 + h(C)))$$

Enfin, la nouvelle ligne 10 prend en compte la valeur de $g^\star$ calculée à partir de la valeur du père du nœud et du coût de l'arc qui les joint :

$$\mathit{AjouterFdP}(\text{OPEN}, (E, t.g^\star + k(t.se, E), t.g^\star + k(t.se, E) + h(E))) \, ;$$

Plus h est proche (inférieurement) de $h^\star$, plus on gagne en efficacité [6]. Plus précisément, soit h_1 et h_2 deux fonctions heuristiques telles que pour tout argument E, $h_1(E) \leqslant h_2(E)$, et soit A_1 (resp. A_2) une version de PSEP utilisant la fonction h_1 (resp. h_2). À l'issue de l'exécution, si le nœud w est développé par A_2, il l'est aussi par A_1. Une solution triviale, mais peu efficace, consiste à prendre pour h la fonction nulle.

6.1.4   Un exemple : le problème du voyageur de commerce

Nous retrouvons ici le problème traité selon la méthode des essais successifs dans l'exercice 57, page 248. Partant d'un graphe non orienté [7] $G = (N, V, D)$ de n ($n \geqslant 2$) sommets, valué sur $\mathbb{R}_+$, il s'agit de découvrir, s'il existe, un cycle hamiltonien de coût minimal. Nous pouvons, sans perte de généralité, nous limiter à la recherche d'une solution débutant au nœud 1. Le graphe décrit à la figure 6.3 sert de support à notre propos. Le schéma (b) représente la matrice des distances D entre les nœuds $1, 2, 3$ et 4.

Outre qu'il vient illustrer les généralités exposées dans les deux précédentes sections, cet exemple vise un double objectif :

1. il s'agit tout d'abord de montrer que l'algorithme générique de la section précédente exige parfois des adaptations propres au problème considéré ;

2. plus essentiel, cet exemple montre l'importance du choix de la fonction heuristique h pour l'efficacité de l'algorithme.

---

6. En faisant abstraction du coût imputable au calcul de h.

7. Les versions proposées ci-dessous se transposent facilement au cas des graphes *orientés*.

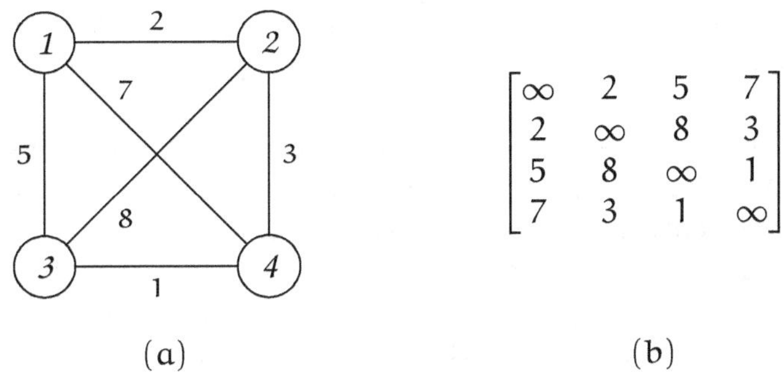

Fig. 6.3 – Exemple de graphe non orienté valué. Le schéma (b) est la représentation matricielle D du schéma (a). Le cycle $[1, 3, 4, 2, 1]$ est une solution, dont le coût est 11.

Choix initiaux

Comme suggéré précédemment, il faut tout d'abord décider de la représentation des sous-ensembles de candidats, ainsi que de la stratégie de partitionnement. Pour notre problème, l'ensemble des candidats se présente sous la forme : $\{[1, 2, 3, 4, 1], [1, 3, 2, 4, 1], \ldots, [1, 4, 3, 2, 1]\}$. Plus généralement, un candidat est donc un vecteur X de $n + 1$ éléments débutant et s'achevant par la valeur 1, et tel que les n premiers éléments constituent une permutation de l'intervalle $1 .. n$.

L'algorithme

L'objectif est ici d'instancier l'algorithme générique afin de prendre en compte les particularités du problème. Il apparaît alors que la progression de la boucle principale doit distinguer le cas général (rechercher une permutation convenable à placer dans la tranche $X[1 .. n]$) du cas particulier où l'on cherche à placer 1 en $X[n + 1]$. Par ailleurs, en accord avec la remarque 1 de la page 332, nous décidons d'écarter les branches présentant un coût infini. Dans cette partie, une instance – restant à définir – de la fonction h est supposée disponible. Précisons la nature des nœuds de la file OPEN. Ainsi que le montre le schéma ci-dessous, un tel nœud est constitué des trois champs se, $g^\star$ et p :

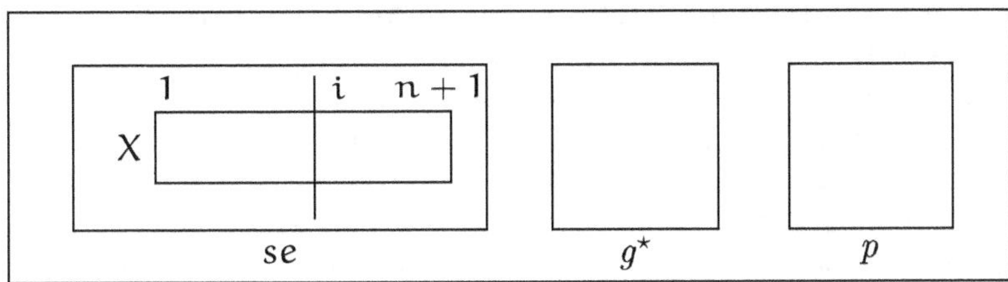

1. Le champ se : c'est le vecteur X accompagné de son indice de remplissage i. Ce dernier désigne la prochaine cellule à compléter. X possède $n + 1$ cellules (qui permettent de placer une permutation de l'intervalle $1 .. n$ plus le 1 final). La tranche $X[1 .. i - 1]$ contient les positions instanciées et représente le sous-ensemble de tous les candidats débutant par ces $(i - 1)$ valeurs. Le partitionnement consiste alors à instancier la position i avec chacune des valeurs encore disponibles pour obtenir une permutation. Pour un X complet, nous avons $i = n + 2$.

2. Le champ $g^\star$ est la valeur de la fonction éponyme de la formule 6.3, page 333.

3. Le champ p est la priorité de l'élément (c'est-à-dire la valeur de la fonction d'évaluation f de la formule 6.4).

Décrivons à présent les principaux constituants de l'algorithme présenté ci-après. L'ensemble PC (déclaré à la ligne 3) matérialise tous les sous-ensembles possibles de candidats (selon le choix de représentation adopté ci-dessus). L'ensemble ElmtFdP (ligne 4) représente les structures placées dans la file de priorité (voir ci-dessus). seNouv, g*Nouv et pNouv sont des variables auxiliaires utilisées pour construire les éléments de l'ensemble ElmtFdP à placer dans la file. La ligne 10 construit le champ se du nœud initial (qui représente l'ensemble C), en plaçant la valeur 1 en X[1] et 0 dans la tranche X[2..n+1] et en initialisant i à 2. La ligne 11 a pour effet de placer dans la file OPEN la structure constituée des trois valeurs seNouv (qui vient d'être construite) pour le champ se, 0 pour le champ g* et $0 + h(seNouv)$ pour le champ p. La différence de traitement entre le cas général et le cas particulier lié à la position $(n+1)$ du vecteur X est prise en compte par l'alternative débutant à la ligne 14. L'élimination des nœuds présentant un coût infini s'opère grâce aux deux alternatives des lignes 14 et 23. La séquence allant de la ligne 16 à la ligne 18 construit et place un ensemble de *un* candidat dans la file OPEN, tandis que la séquence qui va de la ligne 24 à la ligne 27 fait de même lorsque l'on est en présence d'un ensemble d'au moins deux candidats (c'est-à-dire face à une structure dont le vecteur X n'est pas complet), ce qui a pour effet de rétablir l'invariant. L'algorithme se présente comme suit :

```
 1.  constantes
 2.      n ∈ ℕ₁ − {1} et n = ... et
 3.      PC = {(X, i) | X ∈ 1 .. n + 1 → 1 .. n et i ∈ 1 .. n + 2} et
 4.      ElmtFdP = {(se, g*, p) | se ∈ PC et g* ∈ ℕ et p ∈ ℕ}
 5.  variables
 6.      OPEN ∈ FdP(ElmtFdP) et t ∈ ElmtFdP et
 7.      seNouv ∈ PC et g*Nouv ∈ ℕ et pNouv ∈ ℕ
 8.  début
 9.      Init(OPEN) ;
10.      seNouv ← ({1 ↦ 1} ∪ (2 .. n + 1 × {0})), 2) ;
11.      Ajouter(OPEN, (seNouv, 0, 0 + h(seNouv))) ;
12.      tant que non(EstVide(OPEN) ou sinon EstFeuille(Tête(OPEN).se))
         faire
13.          t ← Tête(OPEN) ; Supprimer(OPEN) ;
14.          si t.se.i = n + 1 et alors D[t.se.X[t.se.i − 1], 1] ≠ +∞ alors
15.              /% Cas particulier, retour vers le nœud de départ : %/
16.              seNouv ← (t.se.X[1 .. n] ∪ {n + 1 ↦ 1}, n + 2) ;
17.              g*Nouv ← t.g* + D[t.se.X[t.se.i − 1], 1] ;
18.              Ajouter(OPEN, (seNouv, g*Nouv, g*Nouv))
19.          sinonsi t.se.i ≠ n + 1 alors
20.              /% Cas général : %/
21.              pour j parcourant (2 .. n) − codom(t.se.X[2 .. t.se.i − 1]) faire
22.                  /% Éclatement : %/
23.                  si D[t.se.X[t.se.i − 1], j] ≠ +∞ alors
```

$$24. \qquad seNouv \leftarrow \left(\begin{pmatrix} t.se.X[1 .. t.se.i − 1] \cup \{i \mapsto j\} \cup \\ (t.se.i + 1 .. n + 1 \times \{0\}) \\ t.se.i + 1 \end{pmatrix}, \right) ;$$

```
25.                  g*Nouv ← t.g* + D[t.se.X[t.se.i − 1], j] ;
26.                  pNouv ← g*Nouv + h(seNouv) ;
27.                  Ajouter(OPEN, (seNouv, g*Nouv, pNouv))
28.              fin si
29.          fin pour
```

30.   **fin si**
31.   **fin tant que** ;
32.   **si** *EstVide*(OPEN) **alors**
33.   écrire(*Pas de solution*)
34.   **sinon**
35.   écrire(*Tête*(OPEN))
36.   **fin si**
37. **fin**

Dans la suite de cette section, nous considérons, en guise d'exemple, deux cas de figure pour h (un troisième est étudié dans l'exercice 71, page 343).

Première étude de cas : la fonction heuristique nulle

Le cas le plus simple que l'on puisse imaginer consiste à prendre pour fonction heuristique h la fonction nulle, ce qui revient à utiliser le coût du chemin déjà parcouru comme priorité, sans faire intervenir d'estimation. Le théorème de la page 333 s'applique, et cette technique peut se pratiquer quel que soit le problème traité par PSEP. Elle garantit la découverte d'une solution, s'il en existe. Le tableau 6.1 et l'arbre de recherche de la figure 6.4, page 338, offrent deux visions différentes (mais équivalentes) du résultat de l'application de l'algorithme au graphe de la figure 6.3, page 335.

Le tableau 6.1 met l'accent sur le contenu et la structure de la file de priorité. Chaque ligne correspond à une configuration de la file, les nœuds apparaissant dans l'ordre de priorité croissant (le champ f). Pour toute ligne k au-delà de la première, les cellules grisées sont les fils développés par la tête de file de la ligne k − 1. Certains nœuds sont représentés dans une police grisée et en italique : il s'agit de ceux qui sont écartés de la file, ou qui n'y sont pas introduits lorsque l'heuristique de nettoyage décrite dans la remarque 2, page 332, est appliquée. Ainsi, à la ligne 6 du tableau, l'introduction du candidat 12431 entraîne la suppression du nœud *132***. Dans les lignes suivantes, tous les nœuds qui suivent 12431 sont grisés et en italique : ils ne peuvent donner naissance à une solution meilleure que 12431.

L'arbre de la figure 6.4 présente des informations similaires. Les arêtes sont étiquetées par leur coût. Les branches sont associées à deux informations numériques. Celle qui apparaît sur un fond grisé fournit l'ordre de prise en compte du nœud pour un (éventuel) développement de ses fils. La seconde est la priorité associée au nœud (c'est-à-dire pour ce cas de figure, le coût du chemin déjà parcouru). Certains nœuds sont représentés dans une police grise et en italique. Il s'agit de ceux qui sont écartés de la file ou qui n'y sont pas introduits lorsque l'heuristique décrite dans la remarque 2, page 332, est appliquée. Ainsi, lors de l'introduction du candidat 12431, le nœud *132*** est supprimé, puisqu'il ne peut engendrer de meilleure solution que 12431. Quant aux nœuds *1234**, *13421*, *1423** et *1432**, ils ne sont alors tout simplement pas introduits dans la file.

Pour l'exemple considéré, la version qui applique l'heuristique de nettoyage de la remarque 2, page 332, développe 13 nœuds (et en supprime un déjà présent) avec une taille maximale de la file égale à cinq. La version de base (sans nettoyage) développe 17 nœuds pour une taille maximale de 6.

Seconde étude de cas : le coût uniforme

En utilisant une fonction heuristique h plus fine, on peut espérer une meilleure efficacité. C'est ce que nous allons tenter de montrer en choisissant la fonction h suivante, dite du

	nœud	f	nœud	f	nœud	f	nœud	f	nœud	f	nœud	f
1	1****	0										
2	12***	2	13***	5	14***	7						
3	124**	5	13***	5	14***	7	123**	10				
4	13***	5	1243*	6	14***	7	123**	10				
5	1243*	5	134**	6	14***	7	123**	10	132**	13		
6	134**	6	14***	7	123**	10	12431	11	132**	13		
7	14***	7	1342*	9	123**	10	12431	11	132**	13		
8	143**	8	1342*	9	123**	10	142**	10	12431	11	132**	13
9	1342*	9	123**	10	142**	10	12431	11	132**	13	1432*	16
10	123**	10	142**	10	12431	11	13421	11	132**	13	1432*	16
11	142**	10	12431	11	13421	11	1234*	11	132**	13	1432*	16
12	12431	11	13421	11	1243*	11	132**	13	1432*	16	1423*	18

Tab. 6.1 – États successifs de la file de priorité OPEN *pour le traitement du graphe de la figure 6.3, page 335, pour le cas* h = 0. *Pour chaque ligne* k, *les cellules en gris représentent les fils de la tête de la file de la ligne* (k − 1). *Les cellules en police grise et italique sont les nœuds qui peuvent être soit supprimés soit ignorés en raison de l'introduction du candidat 12431.*

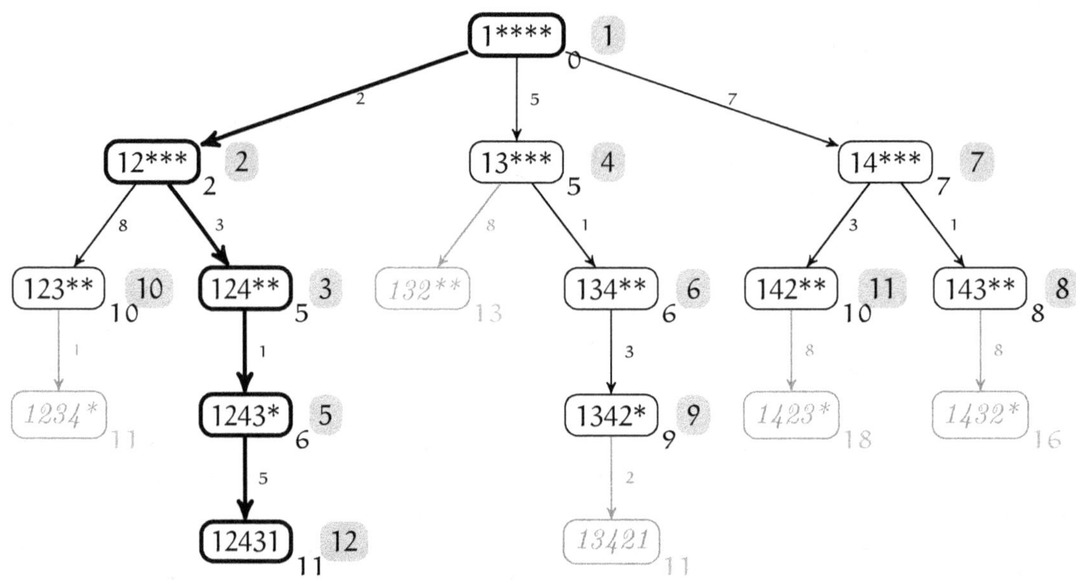

Fig. 6.4 – Arbre de recherche pour le traitement du graphe de la figure 6.3 page 335, pour le cas h = 0. *Les* * *correspondent à des positions non instanciées du vecteur* X. *L'ordre d'apparition d'un nœud en tête de la file de priorité est le numéro placé sur fond gris. Le coût du chemin menant au nœud est placé sous le coin sud-est de chaque nœud. Les nœuds en police grise et italique sont ceux qui peuvent être soit supprimés soit ignorés suite à l'introduction du candidat 12431.*

coût uniforme. Pour fixer les idées, considérons le graphe (a) de la figure 6.5, page 340. Formulons l'hypothèse que la chaîne déjà parcourue est 146. La fonction $g^{\star}([146******])$ qui détermine le coût de cette chaîne vaut donc $3 + 4 = 7$ (voir schéma (b) de la figure). Soit G′ le sous-graphe obtenu à partir de G en écartant les sommets de la chaîne déjà parcourue.

Pour notre exemple, ce sous-graphe est constitué des sommets 2, 3, 5, 7 et 8, qui apparaissent sous la ligne pointillée dans le schéma (b) de la figure. La fonction h de coût uniforme se définit comme suit :

1. On choisit l'arête de coût minimal dans G' (3 ici pour l'arête $(3,7)$) et on applique uniformément ce coût aux chemins hamiltoniens que l'on pourrait construire sur G'. Dans notre exemple, un chemin hamiltonien sur G' comprend quatre arêtes. Au total, si toutes les arêtes valaient 3, ce coût s'élèverait à $4 \cdot 3 = 12$.

2. On prend le coût minimal nécessaire pour rabouter la chaîne déjà parcourue avec une chaîne hamiltonienne sur G' afin d'obtenir un cycle hamiltonien. Pour ce faire, on choisit l'arête de coût minimal entre le sommet 1 et le graphe G' (soit l'arête $(1,3)$ de coût 1) et l'arête de coût minimal entre le sommet 6 et le graphe G' (soit l'arête $(6,2)$ de coût 2). Au total le coût de cette opération s'élève à $1 + 2 = 3$. De la sorte, $h([146******])$ vaut $12 + 3 = 15$.

La fonction h ainsi définie est, pour tout nœud, inférieure à $h^\star$. Elle satisfait la condition du théorème de la page 333, ce qui garantit l'admissibilité de l'algorithme.

Appliquons cette fonction au graphe de la figure 6.3. Le principe est similaire au cas de la fonction heuristique nulle. Les résultats sont présentés, sous deux formes complémentaires, d'une part dans le tableau 6.2 et d'autre part dans l'arbre de la figure 6.6, page 341.

Le tableau 6.2, page 339, met l'accent sur le nombre d'itérations nécessaires à l'obtention du résultat : 5. Tout en adoptant les mêmes conventions que celles du tableau 6.1, page 338, il détaille également le calcul de la fonction d'évaluation f.

	nœud			nœud			nœud			nœud		
	$g^\star$	h	f	$g^\star$	h	f	$g^\star$	h	f	$g^\star$	h	f
1		1****										
	0	2+2+2·1	6									
2		12***			13***			14***				
	2	5+3+1·1	11	5	2+1+3·1	11	7	2+1+8·1	18			
3		124**			13***			123**			14***	
	5	5+1+0	11	5	2+1+3·1	11	10	7+1+0	18	7	2+1+8·1	18
4		1243*			13***			123**			14***	
	6	5	11	5	2+1+3·1	11	10	7+1+0	18	7	2+1+8·1	18
5		12431			*13*** *			*123** *			*14*** *	
	11	0	11	*5*	*2+1+3·1*	*11*	*10*	*7+1+0*	*18*	7	*2+1+8·1*	*18*

Tab. 6.2 – États successifs de la file de priorité OPEN *pour le traitement du graphe de la figure 6.3 page 335, par la fonction heuristique du coût uniforme. Voir aussi la légende du tableau 6.1, page 338.*

Au regard de l'arbre (voir figure 6.6, page 341), l'expression apparaissant sous chaque nœud sous la forme $a + (b + c + d)$ dénote le coût de la fonction d'évaluation f. Plus précisément, a est la valeur de $g^\star$, et $(b + c + d)$ la valeur de h. b (resp. c) est le coût minimum pour l'arête qui quitte le sommet 1 (resp. le dernier sommet de la chaîne déjà parcourue), d est une borne minorante du coût d'une chaîne hamiltonienne sur G'. Sur cet exemple, les trois nœuds en police grisée et en italique sont des nœuds qui sont supprimés de la file lorsque le candidat 12431 y est introduit (en vertu de l'heuristique de nettoyage décrite dans la remarque 2, page 332). Cette version développe donc huit nœuds (à comparer aux treize nœuds nécessaires dans le cas de la fonction heuristique nulle). Il faut cependant insister

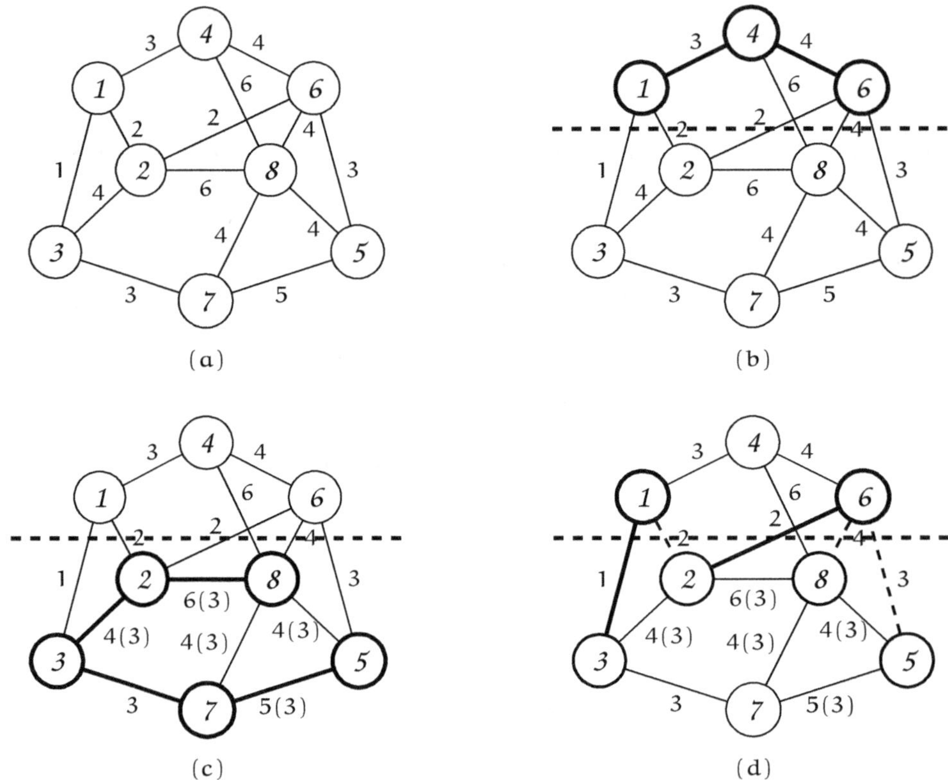

Fig. 6.5 – *Exemple de calcul de la valeur de* f([146 ∗ ∗ ∗ ∗ ∗ ∗]) *par la méthode du coût uniforme. Le schéma* (a) *montre un graphe non orienté valué, de huit nœuds. Le schéma* (b) *met en évidence, en gras, le coût de* g*([146 ∗ ∗ ∗ ∗ ∗ ∗]), *soit* 3 + 4 = 7. *Le schéma* (c) *indique le coût uniforme d'une chaîne hamiltonienne sur le sous-graphe* G′ *incluant les nœuds* 2, 3, 5, 7 *et* 8. *Le coût uniforme (le coût minimum des arêtes du sous-graphe* G′, *soit* 3, *pour l'arête* (3, 7)) *est noté entre parenthèses. On obtient un coût uniforme total de* 4·3 = 12. *Enfin, le schéma* (d) *montre comment se raboutent les chaînes hamiltoniennes du schéma* (c) *et la chaîne du schéma* (b), *en prenant, pour les arêtes quittant les nœuds* 1 *et* 6 *et rejoignant une chaîne hamiltonienne construite sur les nœuds* 2, 3, 5, 7 *et* 8, *l'arête de coût minimal (respectivement* 1 *et* 2). *Au total* f([146 ∗ ∗ ∗ ∗ ∗ ∗]) = 7 + 12 + (1 + 2) = 22.

sur ceci : évaluer la complexité en nombre de nœuds développés peut occulter le surcoût engendré par les évaluations d'une fonction heuristique sophistiquée.

6.2   Ce qu'il faut retenir de la démarche PSEP

Le problème de recherche d'une solution minimisant un certain coût peut être abordé sous l'angle de la méthode PSEP aux conditions suivantes.

1. Il existe un ensemble fini de candidats C, chaque candidat c étant doté d'un coût $v(c)$ non négatif.

2. Un ensemble d'au moins deux candidats peut être partitionné en plusieurs sous-ensembles non vides.

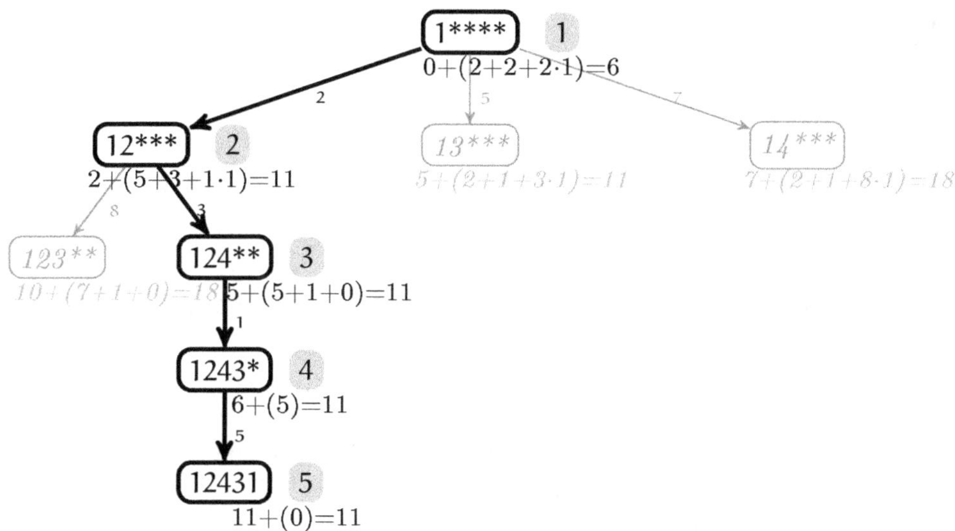

Fig. 6.6 – Arbre de recherche pour le traitement du graphe de la figure 6.3 page 335, par la fonction heuristique du coût uniforme. Voir aussi la légende de la figure 6.4, page 338. La branche en gras est celle qui mène à la solution.

3. Un sous-ensemble de candidats possède un coût (réel) $f^*(\{c\})$ tel que : i) $f^*(\{c\}) = v(c)$, ii) f^* est une fonction croissante au sens large.

4. Il est possible d'attribuer à tout sous-ensemble de candidats un coût estimé f tel que : i) pour tout candidat c, $f^*(\{c\}) = f(\{c\}) = v(c)$, ii) $f \leqslant f^*$.

Par conséquent, les deux premières actions à entreprendre, avant d'instancier le programme générique de la section 6.1.2 page 330, consistent à choisir :

1. une représentation pour les sous-ensembles de candidats,

2. une stratégie de partitionnement pour tout ensemble de candidats.

En revanche, le choix d'une fonction d'évaluation f fournissant le coût estimé d'un ensemble de candidats peut en général être différé. Il n'est cependant pas rare qu'il existe une interdépendance entre ces trois aspects.

Comme les essais successifs, la méthode PSEP a intrinsèquement une complexité exponentielle due au nombre de candidats engendrés. Nous nous intéresserons donc principalement à la mise en évidence de fonctions d'évaluation efficaces (notamment au constituant h de la fonction f).

6.3   Exercices

Exercice 70   Assignation de tâches

> *Dans cet exercice, quatre fonctions d'évaluation* f *sont étudiées. L'enseignement que l'on en retire est qu'il faut s'assurer avec beaucoup d'attention que le théorème de la page 333 (sur une condition suffisante d'admissibilité) s'applique bien.*

On considère n agents, qui doivent effectuer n tâches, chaque agent se voyant assigner exactement une tâche. Le problème est que tous les agents ne sont pas également efficaces sur toutes les tâches. Si l'agent i effectue la tâche j, le coût (par exemple en temps) de cette assignation vaut $D[i, j]$. Étant donnée une matrice $D[1 .. n, 1 .. n]$ des coûts, on cherche à minimiser le coût de l'affectation, obtenu par addition des coûts sur chaque agent. Dans la suite, les agents sont notés en italique et les tâches en police droite. Le terme « affectation » est synonyme, pour cet exercice, du terme générique « candidat » employé dans l'introduction.

Par exemple, pour les quatre agents *1*, *2*, *3* et *4* et les tâches 1, 2, 3, et 4, la matrice de coûts D est la suivante :

	1	2	3	4
1	8	13	4	5
2	11	7	1	6
3	7	8	6	8
4	11	6	4	9

Ainsi, l'affectation $\{1 \rightarrow 4, 2 \rightarrow 3, 3 \rightarrow 2, 4 \rightarrow 1\}$ attribue la tâche 4 à l'agent *1*, la tâche 3 à l'agent *2*, la tâche 2 à l'agent *3* et la tâche 1 à l'agent *4*. Elle a pour coût (réel) :

$$f^*(\{1 \rightarrow 4, 2 \rightarrow 3, 3 \rightarrow 2, 4 \rightarrow 1\}) = D[1,4] + D[2,3] + D[3,2] + D[4,1] = 25.$$

L'objectif de l'exercice est donc de construire, selon la démarche PSEP, un algorithme qui produit l'une quelconque des affectations présentant un coût minimal.

70 - Q 1   **Question 1.** Quel est l'ensemble C de tous les candidats ? Quel est son cardinal ? Proposer une représentation et un procédé de séparation pour un ensemble de candidats.

70 - Q 2   **Question 2.** On recherche à présent une fonction d'évaluation *f*. L'exercice se prête bien à la décomposition de f en la somme des deux fonctions g^* (pour le coût réel de la partie de l'affectation déjà réalisée) et h pour une estimation optimiste du coût du reste de l'affectation. Une stratégie de coût uniforme consiste, pour h, à considérer le plus petit des coûts encore disponibles. Ainsi, pour l'exemple ci-dessus, si l'ensemble des candidats courant est représenté par le vecteur $[3, *, *, *]$, l'estimation retenue pour h est la plus petite des valeurs de D présente quand on supprime la première ligne et la troisième colonne, multipliée par le nombre de tâches restant à affecter, soit 6 (pour $D[2,4]$ ou $D[4,2]$, voir tableau 6.3) multiplié par 3 (il reste trois tâches à affecter). Montrer que h satisfait bien la condition d'admissibilité du théorème de la page 333. Fournir l'arbre de recherche PSEP pour cette fonction d'évaluation et pour la matrice D ci-dessus.

	1	2	3	4
1	8	13	4	5
2	11	7	1	6
3	7	8	6	8
4	11	6	4	9

Tab. 6.3 – Tableau des coûts D. *Les zones en gris clair sont les valeurs de* D *qui deviennent indisponibles lorsque la tâche 3 est affectée à l'agent 1.*

Question 3. Une meilleure solution (*a priori*) serait, pour chaque agent i qui reste à affecter, de prendre pour fonction heuristique h le plus petit coût encore disponible sur la ligne correspondante de D. Ainsi, pour le même exemple que dans la question précédente, pour l'agent *2* (resp. *3* et *4*), on prendrait 6 (resp. 7 et 6). Refaire la seconde question en appliquant cette fonction heuristique. **70** - Q 3

Question 4. Dans le but d'améliorer à nouveau la fonction heuristique h, on reprend la démarche de la question précédente en recherchant successivement le minimum pour chaque ligne restant à traiter, mais cette fois on supprime des recherches futures la colonne qui a produit ce minimum. Que peut-on dire de la fonction f définie à partir de cette fonction heuristique ? **70** - Q 4

Question 5. On cherche à appliquer une quatrième stratégie définie de la manière suivante. Pour les agents restant à affecter à une tâche, on recherche le minimum sur l'ensemble des cases de D encore disponibles (et non plus, comme dans la question précédente, le minimum sur la ligne). On supprime des recherches futures les ligne et colonne qui ont produit ce minimum. On réitère tant que cela reste possible. Montrer, à l'aide d'un contre-exemple, que le théorème de la page 333 ne s'applique pas. **70** - Q 5

La solution est en page 349.

Exercice 71   Le voyageur de commerce (le retour)

> *Cet exercice reprend, avec les mêmes hypothèses, l'exemple du voyageur de commerce traité dans l'introduction. Une troisième fonction d'évaluation est étudiée. Les résultats sont comparés avec ceux des précédentes solutions.*

Le problème du voyageur de commerce a été traité dans l'exercice 57, page 248, du chapitre « Essais successifs ». Il a également été pris en exemple et développé de deux manières différentes (en appliquant successivement deux fonctions d'évaluation) dans l'introduction de ce chapitre. Dans le présent exercice, nous définissons une nouvelle fonction d'évaluation fondée sur une fonction heuristique f, plus fine que les deux autres.

On rappelle (voir section 6.1.4) que l'on part d'un graphe non orienté $G = (N, V, D)$ de n ($n \geqslant 2$) sommets, valué sur $\mathbb{R}_+$, et qu'il s'agit de découvrir, s'il en existe, un cycle hamiltonien de coût minimal débutant et aboutissant au sommet 1.

Dans la méthode du coût uniforme, (voir section 6.1.4, page 337) la valeur de la fonction d'évaluation f est constituée : i) du coût $g^\star$ de la chaîne déjà parcourue, ii) de la valeur de h, elle-même composée, d'une part d'un minorant du coût des chaînes hamiltoniennes éventuelles pour le sous-graphe G′ formé par les sommets n'apparaissant pas dans la chaîne déjà parcourue, d'autre part du coût du raboutement. Le coût du minorant est obtenu en appliquant uniformément le coût de l'arête la moins coûteuse à toute arête de G′ moins une (pour faire en sorte que les cycles soient ignorés).

Dans la version étudiée ici, on s'inspire de cette solution, mais, au lieu de prendre systématiquement l'arête la moins coûteuse du sous-graphe G′, on adopte la démarche du minimum local définie comme suit. On va calculer la somme des valeurs des arêtes les moins coûteuses pour les n' sommets de G′, avant de retrancher la valeur maximale de ces n' arêtes, afin d'éviter les cycles. De cette façon, la valeur obtenue est bien un minorant du coût des éventuelles chaînes hamiltoniennes de G′.

Le schéma suivant montre comment se calcule la valeur de $f([146 \ast\ast\ast\ast\ast\ast])$. La partie (a) montre un graphe non orienté valué, de huit nœuds. La partie (b) met en évidence, en gras, la chaîne déjà parcourue. Son coût $g^\star([146\ast\ast\ast\ast\ast\ast])$ s'élève à $3+4 = 7$. La partie (c) trouve un minorant du coût de toute chaîne hamiltonienne du sous-graphe G′ défini par les nœuds $2, 3, 5, 7$ et 8. Le coût minimum de chaque sommet est celui de l'arête qui porte la flèche. Au total, on obtient un coût de $4 + 3 + 4 + 3 + 4 - \max(\{4, 3, 4, 3, 4\}) = 14$. Enfin, la partie (d) montre comment se raboutent la chaîne déjà parcourue (schéma (b)) et le graphe G′, en prenant l'arête de coût minimal issue du sommet 1 (resp. 6) dont le coût est 1 (resp. 2). Au total $f([146\ast\ast\ast\ast\ast\ast]) = 7 + 14 + (1 + 2) = 24$.

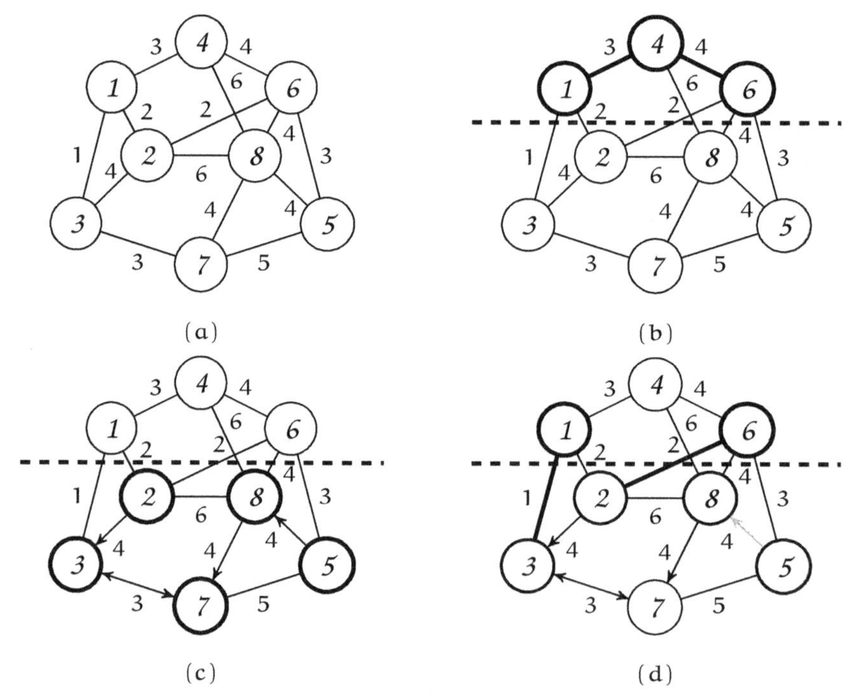

 Question 1. On considère le graphe (a) de la figure 6.7 dans lequel la partie en gras est la chaîne déjà parcourue. Fournir la valeur de f pour cette configuration. Faire de même pour le graphe (b).

 Question 2. On considère à présent le graphe (c) de la figure 6.7. Construire l'arbre de recherche, tout d'abord avec la méthode du coût uniforme (voir page 337), puis avec la méthode du minimum local décrite ci-dessus.

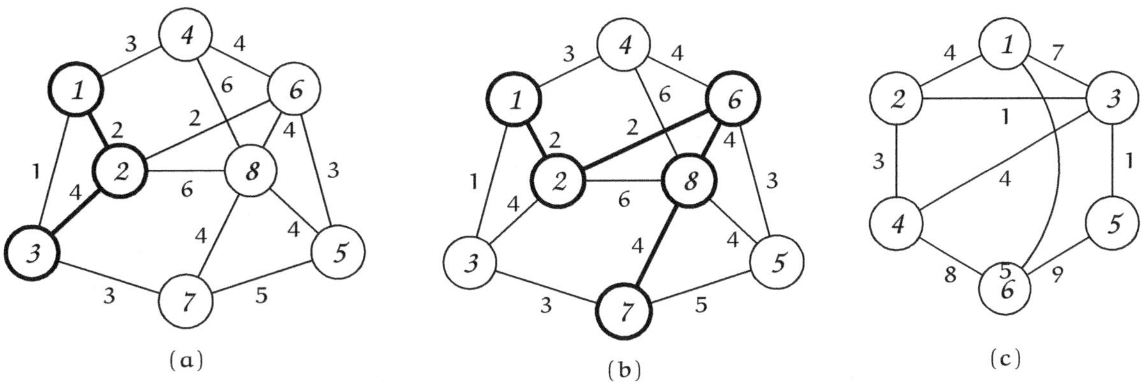

Fig. 6.7 – Les trois cas de figure étudiés.

La solution est en page 351.

Exercice 72   Le taquin

> *Le taquin est un jeu solitaire où il s'agit d'atteindre une situation finale donnée à partir d'une situation initiale, en un minimum de coups. En général, la résolution informatique se fait en utilisant l'algorithme A*, variante de PSEP adaptée aux situations où l'ensemble des états considérés est organisé en graphe. Dans cet exercice, nous appliquons la méthode PSEP selon les principes exposés dans l'introduction. Un point mérite d'être souligné : le cardinal de l'ensemble des candidats est ici infini dénombrable.*

Le taquin est un jeu constitué d'une grille de taille $n \times n$ (typiquement $n = 4$) contenant $(n^2 - 1)$ tuiles, numérotées de 1 à $(n^2 - 1)$, qui peuvent glisser horizontalement ou verticalement en utilisant l'emplacement laissé libre, appelé le « trou ». La figure 6.8 présente deux exemples de configuration pour $n = 4$:

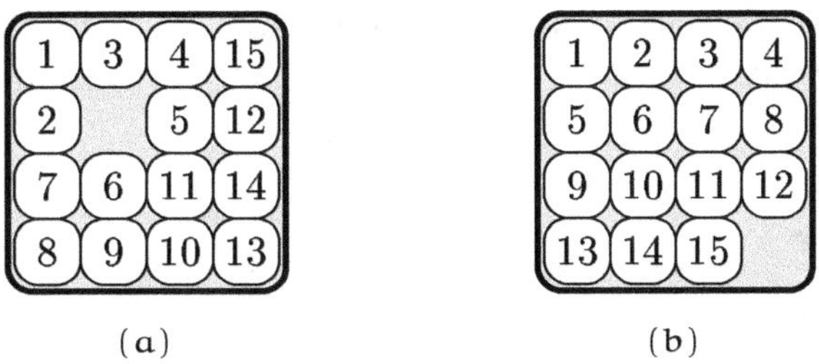

Fig. 6.8 – Le taquin : deux exemples de configuration

À partir de la configuration (a), on peut atteindre, en un seul coup, les quatre configurations apparaissant à la base du schéma ci-dessous (les flèches représentent le sens du déplacement du trou) :

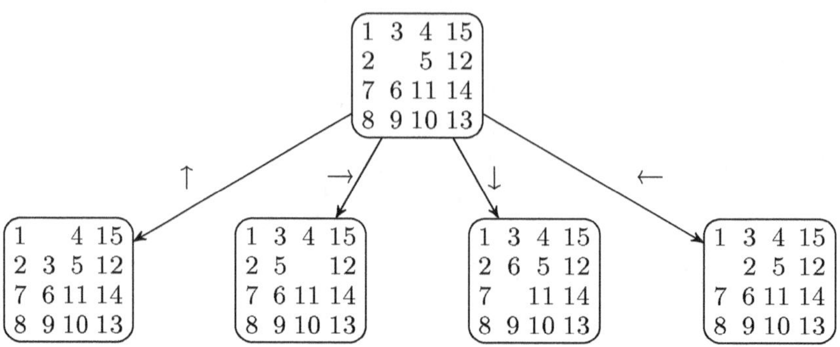

Le but du jeu est, partant d'une configuration donnée (par exemple la configuration (a) de la figure 6.8), de déterminer la séquence de déplacements la plus courte possible permettant d'atteindre la configuration canonique (b). La question de savoir s'il existe une séquence finie de déplacements entre la configuration de départ et celle d'arrivée n'est pas anodine puisque seule une partie des configurations possibles permet de rejoindre la configuration finale (b). Pour décider si une configuration est ou non soluble, on considère tout d'abord la distance de Manhattan d (cf. question 1 ci-après) entre la position initiale et la position finale $((n, n))$ de la case vide (pour le taquin de la figure 6.8, d = 4). On considère ensuite la permutation des entiers $1 .. n^2$ obtenue en plaçant bout à bout les lignes de la configuration initiale et en remplaçant la case vide par la valeur n^2 (16 dans le schéma (a) de la figure 6.8). Soit s le nombre (pair ou impair) d'inversions dans cette permutation (voir exercice 103, page 461). On montre [8] que la configuration est soluble si et seulement si d a la même parité que s. Dans le cas (a) de la figure 6.8, s est impair (on dénombre 37 inversions) et d est pair, la configuration est donc insoluble. Notons que le calcul de cette précondition que nous considérerons satisfaite dans la suite, s'effectue en évaluant $\Theta(n^4)$ conditions.

Face à un tel problème, la tentation est grande de considérer que l'espace d'états à prendre en compte est celui des configurations du taquin. Ce type d'approche se prête cependant mal à l'application de la démarche PSEP, une même configuration risquant de se retrouver sur deux branches différentes de l'arbre de recherche. Il est préférable de considérer que l'ensemble C des candidats est l'ensemble des *séquences* permettant de passer de la situation initiale du taquin à la situation canonique. Pour un exemple hypothétique, C pourrait être représenté par l'ensemble $\{\langle \leftarrow, \leftarrow, \uparrow \rangle, \langle \downarrow, \leftarrow, \downarrow, \uparrow, \rightarrow \rangle, \langle \downarrow, \rightarrow, \downarrow, \uparrow, \uparrow \rangle, \ldots\}$. Ici, compte tenu des boucles qu'il est possible de parcourir, cet ensemble est infini dénombrable, mais, comme on le verra, cette caractéristique ne présente pas de conséquences néfastes sous réserve que la précondition évoquée précédemment soit satisfaite. Une *solution* est un *candidat* minimisant le nombre de déplacements. Ainsi qu'il est préconisé dans l'introduction de ce chapitre, les deux premières étapes, dans la réalisation d'un algorithme PSEP, consistent à décider de la représentation d'un sous-ensemble de candidats et, pour un sous-ensemble donné, de proposer une stratégie de partitionnement.

72 - Q 1   **Question 1.** Comment peut-on déterminer si une séquence de déplacements est ou non un candidat [9] ? Que peut-on dire d'une séquence qui n'est pas un candidat [9] ? Comment peut-on partitionner un ensemble de candidats en plusieurs sous-ensembles non vides ?

Préoccupons-nous à présent de la fonction d'évaluation f. Pour un sous-ensemble non vide E de candidats, cette fonction peut se décomposer comme suit : $f(E) = g^\star(E) + h(E)$. $g^\star(E)$ est le coût réel (c'est-à-dire le nombre de déplacements ou encore la longueur de la séquence E). La fonction heuristique $h(E)$ est une estimation minorante du nombre de

---

8.   Voir edouardlucas.free.fr/fr/liste_des_oeuvres.htm

9.   Ou, pour être exact : un *ensemble* ne comprenant qu'un seul candidat.

déplacements qu'il faut ajouter à E pour obtenir un candidat. Un choix naïf consiste à prendre $h = 0$. Le parcours de l'arbre se fait alors en largeur d'abord. Un choix plus judicieux pour h est celui de la distance de Manhattan. Pour une tuile w quelconque d'une configuration I du taquin, la distance de Manhattan est la somme des déplacements horizontaux et verticaux nécessaires à w pour atteindre sa position dans la configuration finale F, soit $(|w_{h_I} - w_{h_F}| + |w_{v_I} - w_{v_F}|)$ avec w_{h_X} et w_{v_X} les coordonnées horizontale et verticale de la tuile w en position X (initiale ou finale). La distance de Manhattan d'une configuration est somme de la distance de Manhattan de ses $(n^2 - 1)$ tuiles, soit :
$$\sum_{w=1}^{n^2-1} |w_{h_I} - w_{h_F}| + |w_{v_I} - w_{v_F}|.$$

Question 2. Montrer que cette fonction heuristique répond à la condition du théorème de la page 333. Quelle est la distance de Manhattan de la configuration suivante ? | **72** - Q 2 |

$$\begin{array}{ccc} 4 & 1 & 3 \\ 7 & 2 & 5 \\ & 8 & 6 \end{array}$$

La disponibilité de la fonction heuristique h permet maintenant de déterminer facilement si une séquence est ou non un candidat. De quelle façon ? Fournir l'arbre de recherche correspondant, ainsi que la solution trouvée.

La solution est en page 353.

Exercice 73   Le plus proche voisin   ○ **⋮**

> *Les caractéristiques de cet exercice nous obligent à une mise en garde. De par le caractère très restrictif de ses conditions d'utilisation et l'existence d'une solution naïve aux performances acceptables, cet exercice a pour seul objectif de mettre en pratique la démarche PSEP, sans aucune ambition applicative. Par ailleurs, il illustre deux caractéristiques peu courantes dans les mises en œuvre de l'approche PSEP : d'une part, l'ensemble des candidats est ici défini en extension (alors qu'en général il est défini en compréhension) et, d'autre part, la fonction d'évaluation f ne se décompose pas en une somme des fonctions g* et h.*

Soit C un ensemble non vide de points du plan $\mathbb{R}^2$ et soit a un point de ce plan ($a \notin C$) « éloigné » des points de C (dans un sens précisé ci-dessous). On cherche à identifier l'un quelconque des points de C le plus proche de a, au sens de la distance euclidienne d. Autrement dit, on recherche un point c_0 tel que :

$$d(c_0, a) = \min_{c \in C}(d(c, a)).$$

Une solution simple consiste à coder cette formule comme une recherche séquentielle. Pour des raisons purement didactiques, notre choix est différent.

Soit R un rectangle aux côtés parallèles aux axes, qui englobe tous les points de C, et soit D le disque circonscrit à R. On impose en outre que $a \notin D$ (précondition « d'éloignement »). Soit m le centre du disque et soit r son rayon. La figure 6.9 montre un exemple d'une telle situation (R est ici un carré).

Comme mentionné en page 341 de l'introduction, deux aspects doivent être abordés en priorité : la représentation de l'ensemble de candidats (de l'ensemble des points pour cet

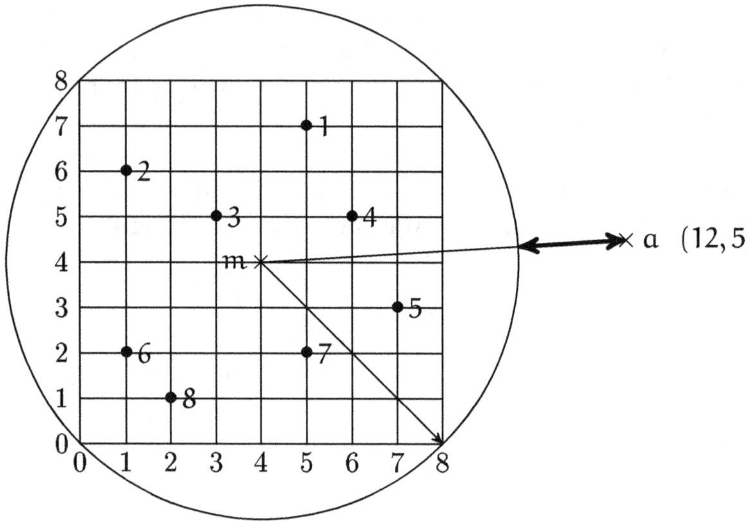

Fig. 6.9 – Exemple avec un ensemble de huit points candidats. La distance entre a et le disque est la longueur de la double flèche en gras. Les points sont numérotés de 1 à 8. Les coordonnées précises apparaissent dans le tableau 6.4. La solution unique est le point numéro 5.

n°	coord.	n°	coord.
1	(5,7)	5	(7,3)
2	(1,6)	6	(1,2)
3	(3,5)	7	(5,2)
4	(6,5)	8	(2,1)

Tab. 6.4 – Tableau des coordonnées des huit points de l'exemple de la figure 6.9

exercice) et la stratégie de séparation. Ci-dessus, nous suggérons de représenter un ensemble de candidats par un rectangle. Celui-ci sera ouvert à droite et en haut (les points situés sur ces frontières n'appartiennent donc pas au rectangle) et fermé en bas et à gauche. Ce choix permet de satisfaire la contrainte de partitionnement imposée par la méthode PSEP. Quant à la séparation, une solution consiste à éclater un rectangle en quatre rectangles de même dimension, en le coupant en deux par la longueur et par la largeur.

Soit S un tel rectangle. Une ébauche de la fonction d'évaluation f consiste à assimiler $f(S)$ à la distance entre le point de référence a et le disque circonscrit à S : $f(S) = (d(m,a) - r)$.

Question 1. La fonction f telle qu'ébauchée ci-dessus ne garantit pas l'admissibilité de l'algorithme PSEP. Pourquoi ? Raffiner cette fonction, ainsi que la stratégie de séparation, puis démontrer que la version de f qui en résulte est correcte.   `73 - Q 1`

Question 2. Appliquer l'algorithme PSEP en utilisant la fonction d'évaluation de la question précédente et fournir l'arbre de recherche pour l'exemple de la figure 6.9 page 348 et du tableau 6.4.   `73 - Q 2`

Question 3. Proposer une seconde fonction d'évaluation. La discuter par rapport à la première.   `73 - Q 3`

La solution est en page 354.

6.4   Solutions

Solution de l'exercice 70   Assignation de tâches

Énoncé page 342.

Réponse 1. L'ensemble C de tous les candidats est l'ensemble des permutations de l'intervalle *1 .. n* dans l'intervalle 1 .. n. Son cardinal est n!. On adopte la représentation suivante : le tableau $[t_1, \ldots, t_{i-1}, *, \cdots, *]$ représente tous les candidats qui affectent la tâche t_1 à l'agent *1*, ..., la tâche t_{i-1} à l'agent $i-1$ (les $*$ jouant le rôle de « jokers »). La séparation consiste alors à instancier la position i du tableau avec les valeurs de l'intervalle 1 .. n encore disponibles pour obtenir une permutation.   `70 - R 1`

Réponse 2. Par construction, $0 \leqslant h \leqslant h^\star$: l'admissibilité est assurée. L'arbre de recherche est donné à la figure 6.10.   `70 - R 2`

Dans cet arbre, les $*$ correspondent à des positions non instanciées. Le numéro qui apparaît sur fond gris correspond à l'orde de prise en compte des nœuds. Le coût estimé f est placé sous chaque nœud. Il se présente sous la forme $g^\star + h = f$. Les nœuds en police grise et italique sont ceux qui peuvent être soit supprimés soit ignorés suite à l'introduction du candidat 4312. À titre d'exemple, la valeur $f = 18$, obtenue pour le nœud 43**, est calculée de la manière suivante. $g^\star$ est la somme de D[*1*,4] et de D[*2*,3], soit $(5 + 1) = 6$. La valeur de h est celle du minimum de la matrice D quand on supprime la première ligne et la quatrième colonne ainsi que la deuxième ligne et la troisième colonne, multiplié par le nombre de tâches restant à affecter (2 ici), soit $6 \times 2 = 12$. Au total $f = 6 + 12 = 18$.

On note que le début du traitement prend la bonne direction jusqu'au second passage dans la boucle, avant de « s'égarer » sur les deux branches de gauche. La solution déve-

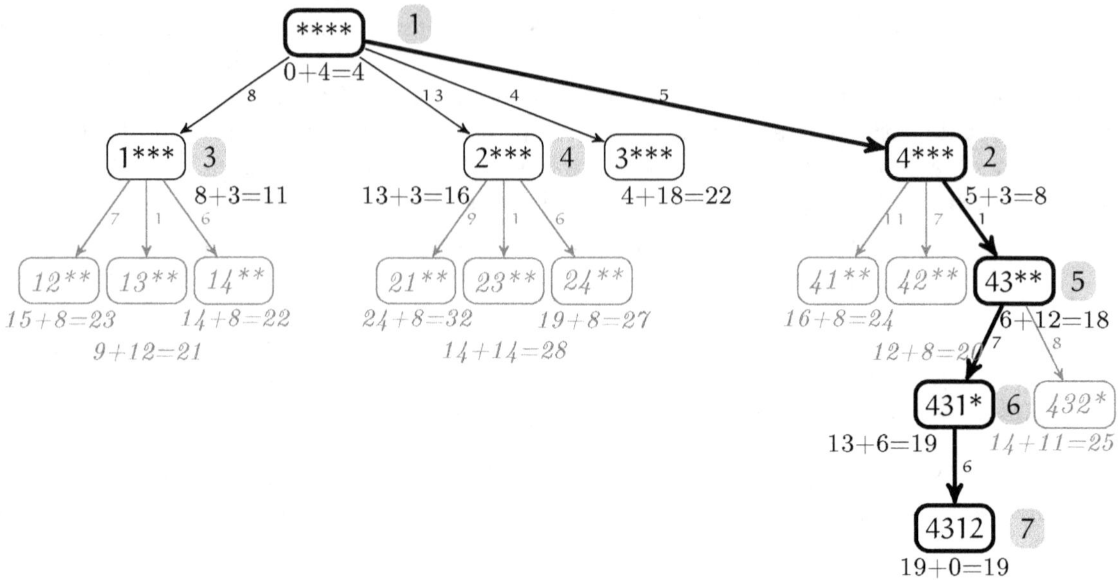

Fig. 6.10 – Arbre de recherche pour l'assignation de tâches.

loppe 17 nœuds et la longueur de la file OPEN est inférieure ou égale à onze (à condition d'appliquer la stratégie du nettoyage présentée à la page 332 de l'introduction).

70 - R 3   **Réponse** 3. L'admissibilité est assurée pour les mêmes raisons que dans la question précédente. Les conventions graphiques de la réponse précédente restent valables pour l'arbre de recherche de la figure 6.11, page 351.

La valeur $f = 19$, obtenue pour le nœud 43**, est calculée de la manière suivante. $g^\star = 6$ comme dans la réponse à la deuxième question et $h = D[3, 1] + D[4, 2] = 7 + 6 = 13$. Le résultat final (l'affectation $[4, 3, 1, 2]$) présente un coût de 19 (c'était prévisible, il ne doit pas changer). Cependant, il est obtenu en ne développant plus que onze nœuds.

70 - R 4   **Réponse** 4. La fonction f définie à partir de la fonction heuristique h de l'énoncé n'est pas conforme à la condition suffisante d'admissibilité du théorème de la page 333. On peut s'en apercevoir en remarquant que $h(****) = 23$ $(4 + 6 + 7 + 6)$, valeur supérieure au coût réel $h^\star(****) = 19$. Le problème vient de ce qu'en optimisant localement, on se ferme des possibilités plus favorables globalement. Puisque le théorème de la page 333 porte sur une condition suffisante, on ne peut rien affirmer sur l'admissibilité de l'algorithme.

70 - R 5   **Réponse** 5. Considérons la matrice D suivante :

	1	2
1	2	1
2	8	2

On note que $h(**) = 1 + 8 = 9$. C'est une valeur supérieure au coût réel $h^\star(**) = 4$. De même que dans la question précédente, on ne peut rien affirmer sur l'admissibilité de l'algorithme qui en découle.

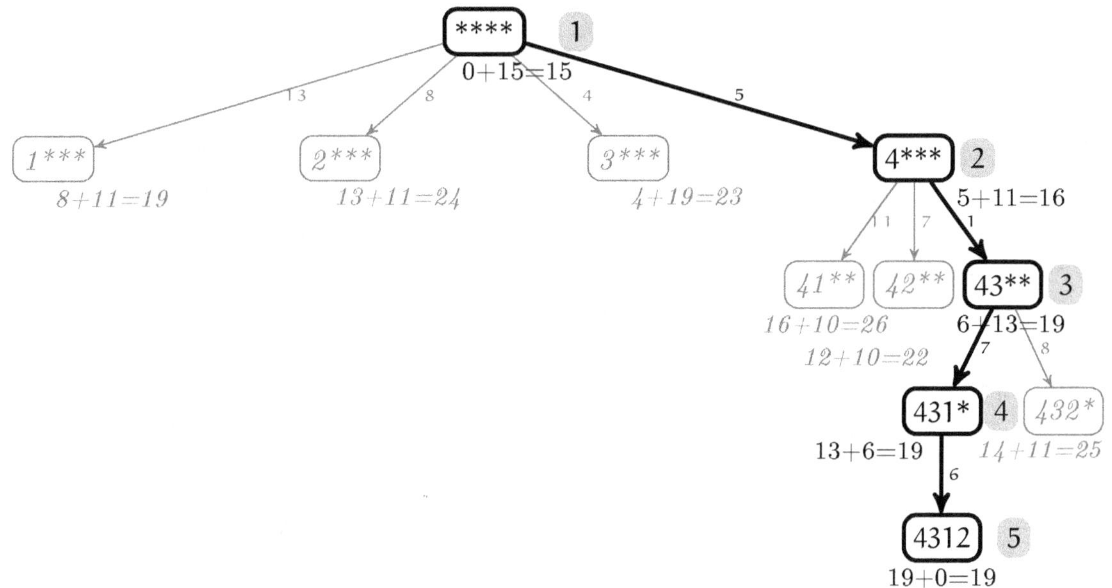

Fig. 6.11 – Arbre de recherche pour l'assignation de tâches, seconde version.

Solution de l'exercice 71   Le voyageur de commerce (le retour)

Énoncé page 343.

Réponse 1. Considérons le graphe (a) de la figure 6.7, page 345. $g^\star$ vaut $(2+4) = 6$.   71 - R 1
Le sous-graphe G′ est constitué des sommets $4, 5, 6, 7$ et 8. Le coût du raboutement est
le coût minimum pour les arêtes issues du sommet 1 (resp. 3) et aboutissant à G′, soit 3
(resp. 3). Le raboutement vaut donc $3 + 3 = 6$. Tentons à présent de minorer le coût d'une
chaîne hamiltonienne sur G′. Le coût minimum pour les arêtes de G′ issues du sommet 4
(resp. $5, 6, 7, 8$) est de 4 (resp. $3, 3, 4, 4$). Le coût de toute chaîne hamiltonienne sur G′ est
donc minorée par $(4 + 3 + 3 + 4 + 4 - \max(\{4, 3, 3, 4, 4\}))$, soit 14. La valeur de h est alors
de $6 + 14 = 20$. Pour obtenir celle de f, il faut lui ajouter celle de $g^\star$, soit $(20 + 6) = 26$.

Pour le graphe (b) de la figure 6.7, page 345, $g^\star$ vaut $(2+2+4+4) = 12$. Le sous-graphe G′
est constitué des sommets $3, 4$ et 5. Le coût du raboutement pour le sommet 1 (resp. 7)
est de 1 (resp. 3), soit au total $(1 + 3) = 4$. En revanche, G′ présente des sommets isolés
(les trois sommets 3, 4 et 5). Par conséquent, il ne peut exister de chaîne hamiltonienne
dans G′. C'est une configuration qui n'a pas lieu d'être développée plus avant.

Réponse 2. L'application de la méthode du coût uniforme au graphe (c) de la figure 6.7,   71 - R 2
page 345, fournit l'arbre de recherche de la figure 6.12.

Dans ce graphe, l'ordre de prise en compte des nœuds est l'entier apparaissant sur fond gris.
Les expressions placées sous chaque nœud sont de la forme $g^\star + h = f$; elles ne nécessitent
pas plus d'explication. Le symbole ✂ marque un nœud qui ne développe aucun fils. La
solution trouvée est la chaîne $[1, 6, 5, 3, 4, 2, 1]$, pour laquelle 18 nœuds sont créés à l'issue
de onze itérations. L'application de la méthode du minimum local produit l'arbre de la
figure 6.13.

Contrairement au cas précédent, le nœud $[1, 3, *, *, *, *, *]$ n'atteint jamais la tête de file.
La solution (la même chaîne $[1, 6, 5, 3, 4, 2, 1]$ que dans la version uniforme) est obtenue à
l'issue de dix itérations (au lieu de onze pour la méthode précédente) et de la création
de quinze nœuds. On note également que, pour les nœuds en commun, comme attendu,
l'estimation obtenue ici est supérieure ou égale à la précédente.

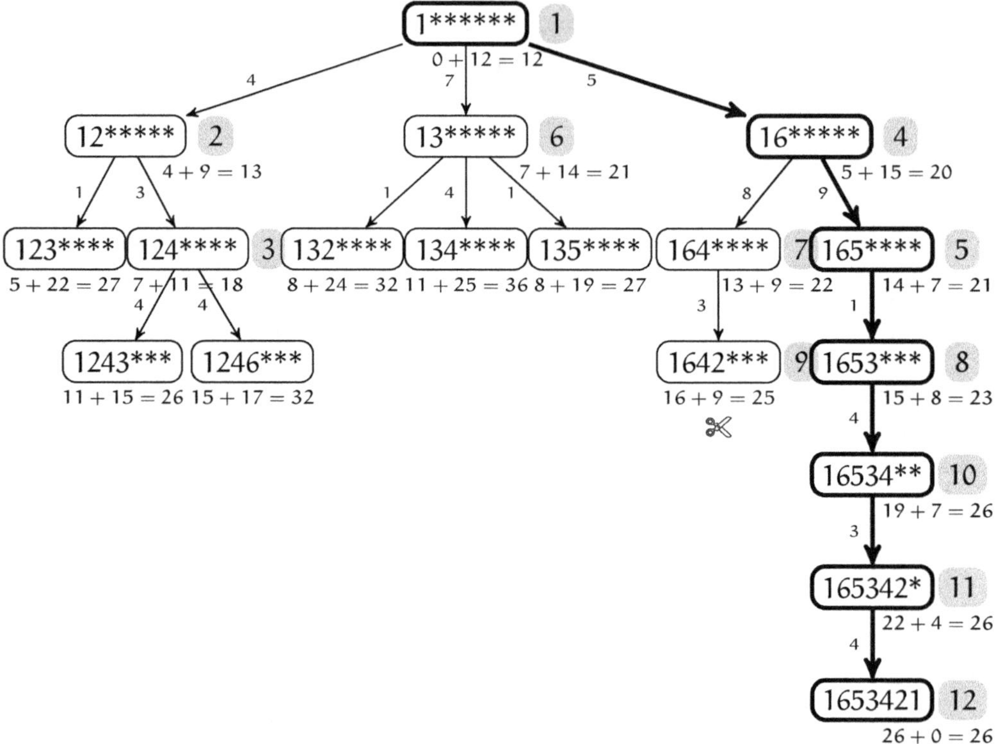

Fig. 6.12 – *Arbre de recherche pour le voyageur de commerce.*

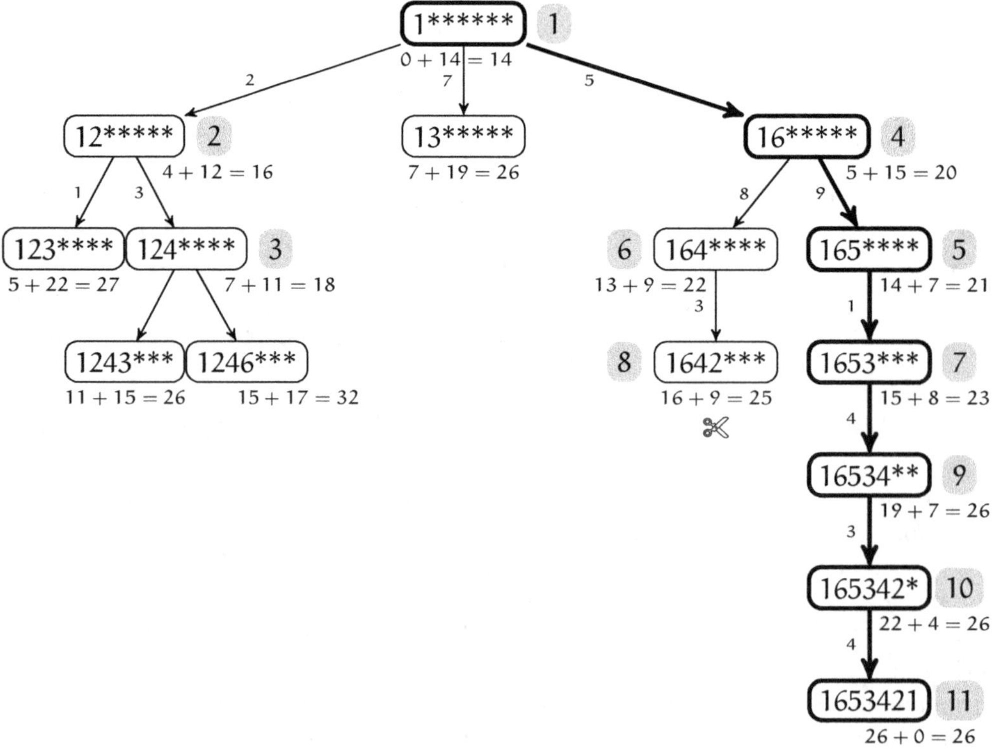

Fig. 6.13 – *Arbre de recherche pour le voyageur de commerce, seconde version.*

Solution de l'exercice 72   Le taquin

Énoncé page 345.

Réponse 1.   Une séquence de déplacements s est un candidat si et seulement si en appliquant s à la situation initiale on atteint la situation finale visée. Une séquence qui n'est pas un candidat représente l'ensemble de tous les candidats qui débutent par cette séquence. Ceci répond au premier objectif visé (représentation d'un sous-ensemble de candidats). $\boxed{\textbf{72} \text{ - R } 1}$

Remarquons que, dans une situation donnée, au plus quatre déplacements sont possibles et au moins deux (si le trou est situé dans l'un des coins). Pour partitionner un ensemble de candidats, il suffit d'ajouter l'un des (au plus) quatre déplacements élémentaires à la séquence courante afin d'obtenir (au plus) quatre sous-ensembles.

Réponse 2.   Pour une tuile w donnée et compte tenu du mode de déplacement, le nombre effectif de déplacements élémentaires est minoré par $|w_{h_I} - w_{h_F}| + |w_{v_I} - w_{v_F}|$, valeur qui n'est pas négative. En sommant sur toutes les tuiles, on a : $\boxed{\textbf{72} \text{ - R } 2}$

$$0 \leqslant \sum_{w=1}^{n^2-1} |w_{h_I} - w_{h_F}| + |w_{v_I} - w_{v_F}| \leqslant h^\star,$$

ce qui assure l'admissibilité de l'algorithme PSEP qui utilise cette distance. Le tableau suivant fournit la distance de Manhattan pour chacune des huit tuiles par rapport à la configuration canonique 3×3. Au total, la distance de Manhattan est de 6.

$$\begin{pmatrix} 4_1 & 1_1 & 3_0 \\ 7_1 & 2_1 & 5_1 \\ & 8_0 & 6_1 \end{pmatrix}$$

Une séquence est un candidat si la valeur de h est nulle. L'arbre de recherche est présenté à la figure 6.14. Dans ce schéma, les expressions de la forme $g^\star + h = f$ placées sous chaque nœud se comprennent d'elles-mêmes. Le numéro sur fond gris précise l'ordre de prise en compte des nœuds pour une séparation.

Une solution est donc la séquence de déplacements suivante : $\langle \uparrow, \uparrow, \rightarrow, \downarrow, \rightarrow, \downarrow \rangle$.

Remarque   Il est possible d'optimiser la gestion de la file de priorité OPEN en évitant d'y introduire les ensembles de candidats qui présentent des boucles (c'est-à-dire qui présentent des séquences de déplacements élémentaires contenant autant de $\uparrow$ que de $\downarrow$ et autant de $\rightarrow$ que de $\leftarrow$).

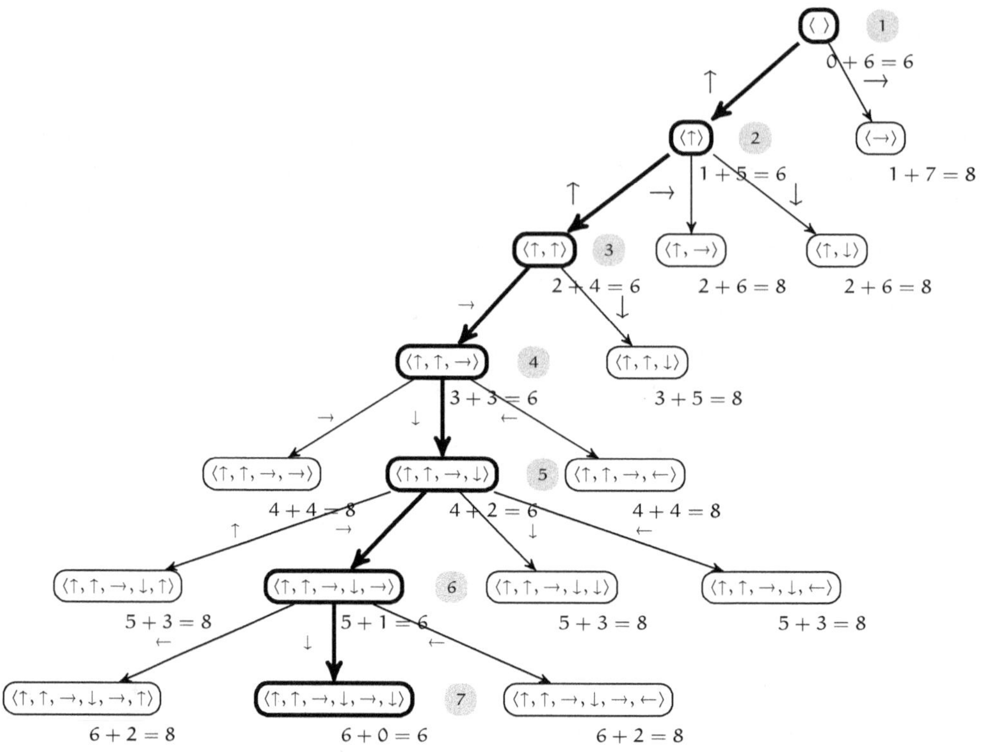

Fig. 6.14 – Arbre de recherche pour la configuration de la question 2

Solution de l'exercice 73 Le plus proche voisin   *Énoncé page 347.*

73 - R 1 **Réponse 1.** Les formules 6.1 et 6.2 du théorème de la page 330 sont des conditions suffisantes d'admissibilité pour la fonction d'évaluation. Si l'on s'en tenait à l'ébauche de la fonction f de l'énoncé, la condition 6.2 ne serait pas satisfaite puisqu'un candidat unique (un point de C) appartiendrait à un rectangle dont le disque circonscrit serait en général à une distance de a inférieure (et non pas égale) à la distance réelle :

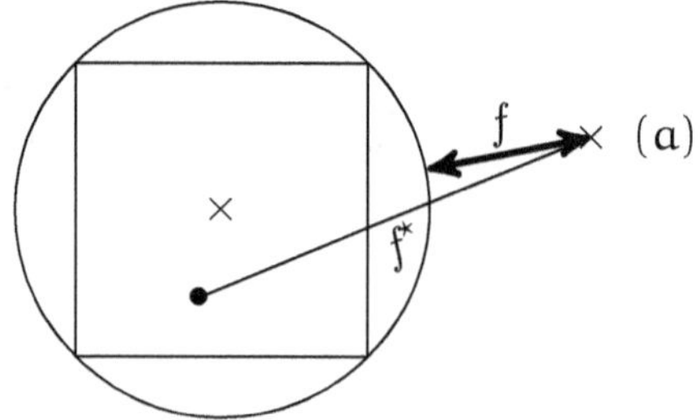

Par conséquent, la stratégie de séparation doit distinguer le cas où il n'existe qu'un seul point à l'intérieur du rectangle, et, si c'est le cas, identifier le rectangle aux coordonnées du point, avant qu'il ne soit introduit dans la file OPEN. On rappelle par ailleurs qu'un ensemble vide (un rectangle vide de points pour nous) ne doit pas être placé dans la file.

Pour ce qui concerne la condition 6.1 qui impose que la valeur de la fonction d'évaluation f soit inférieure ou égale au coût réel (la distance entre le point de référence et le disque), la précondition de l'énoncé, qui exige que a soit à l'extérieur du disque initial, entraîne bien que f est une fonction minorante de la distance réelle, comme le suggère le schéma précédent. Les deux conditions du théorème étant satisfaites, l'algorithme est admissible.

Réponse 2. Le schéma ci-dessous répond à la question. L'application itérée de la démarche PSEP va, comme conséquence de la séparation d'un père, produire des rectangles de tailles décroissantes. Ces rectangles sont notés en traits gras ci-dessous. Pour les quatre feuilles candidates, ces rectangles s'identifient au point unique considéré. L'ensemble apparaissant sous chaque nœud est celui des numéros des candidats pour ce nœud. La valeur notée en italique est le coût estimé f pour le nœud considéré. Les numéros sur fond grisé à la droite de certains nœuds correspondent aux têtes successives de la file de priorité OPEN. Les nœuds grisés sont ceux qui peuvent être soit supprimés, soit ignorés suite à l'introduction d'un candidat.

73 - R 2

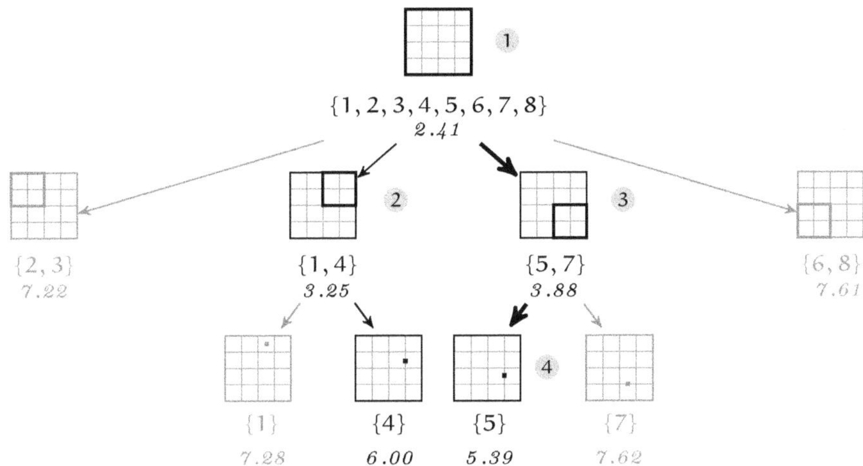

On note que le démarrage de l'algorithme se fait dans une mauvaise direction, puisqu'à l'issue de la première itération la tête de la file OPEN est le rectangle nord-est, alors que la solution se trouve dans le rectangle sud-est. Ce schéma confirme que le point 5, de coordonnées $(7, 3)$, est bien la solution unique. Il se trouve à une distance de 5.39 du point a.

Réponse 3. Une autre fonction d'évaluation possible consiste à considérer systématiquement le plus petit rectangle (aux côtés parallèles aux axes) incluant les points considérés. De cette façon, le cas d'un rectangle ne contenant qu'un seul point s'intègre naturellement au cas général. En revanche, il faut toujours déterminer si le rectangle est vide ou non.

73 - R 3

Remarque Cependant, les deux solutions envisagées sont très sensibles au choix de la représentation des ensembles de points, aspect passé sous silence précédemment. Une représentation naïve – une liste de points par exemple – va nécessiter un parcours séquentiel de l'ensemble des points pour déterminer si le rectangle est vide ou non (et, dans le cas de la première fonction d'évaluation étudiée, pour déterminer s'il ne contient qu'un seul point), faisant ainsi perdre tout l'intérêt de la démarche PSEP en termes de complexité temporelle. Une solution à ce problème passe par une représentation sophistiquée des points d'un plan telle que les kd-arbres (voir [36]) qui sont illustrés par les deux schémas suivants pour les huit points de la figure 6.9, page 348 :

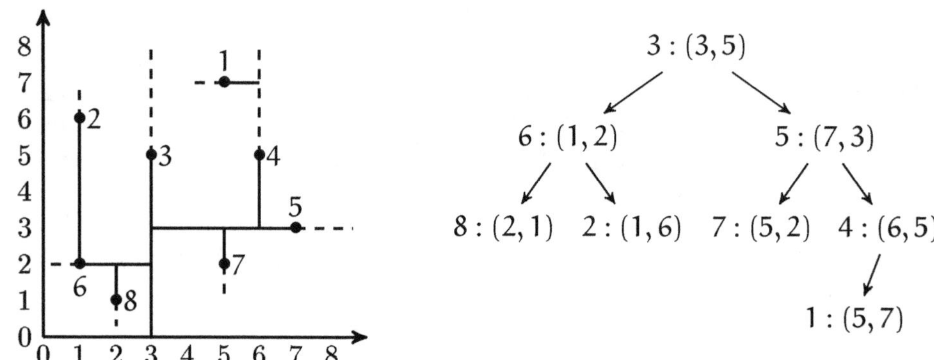

Une telle structure de données permet de connaître le nombre de points situés à l'intérieur d'un rectangle donné avec des performances qui font de cet algorithme un concurrent à l'algorithme naïf de recherche séquentielle.

CHAPITRE 7

Algorithmes gloutons

> Un gourmet est un glouton qui se domine.
>
> Francis Blanche

7.1 Les bases

7.1.1 PRÉSENTATION

Comme les algorithmes à « essais successifs » (voir chapitre 5) ou PSEP (voir chapitre 6), les algorithmes gloutons (ou voraces, en anglais *greedy*) s'appliquent à des problèmes *a priori* combinatoires. Cependant, contrairement à ceux de ces deux familles, les algorithmes gloutons ont la particularité d'être déterministes : ils ne remettent jamais en cause les choix qu'ils effectuent.

Un algorithme glouton peut être vu comme une descente directe de la racine à une feuille dans l'arbre parcouru par la technique des « essais successifs ». Plus exactement, à chaque nœud de cet arbre, un algorithme glouton applique une règle de choix permettant de sélectionner une valeur du domaine de la variable considérée, avant de passer au nœud suivant, jusqu'à rencontrer une feuille.

On pourrait penser qu'un algorithme glouton a peu de chances de trouver la solution recherchée, puisqu'en réalité il n'en construit qu'une seule. Il existe cependant des problèmes non triviaux pour lesquels un algorithme glouton trouve toujours une (la) solution ; dans ce cas, on parle d'algorithme glouton *exact*, ou *optimal* s'il s'agit d'un problème d'optimisation. Notons que, pour certains problèmes d'optimisation dont on ne connaît pas de solution en termes d'algorithme glouton optimal, on peut utiliser un algorithme glouton dit *approché*. Pour autant que le résultat délivré soit jugé suffisamment proche de l'optimal recherché, cette approche de faible coût est préférée à un algorithme non glouton atteignant l'optimal à un prix élevé, voire prohibitif. Par la suite, nous nous intéresserons essentiellement aux algorithmes gloutons exacts (exercices 83 à 86) ou optimaux (exemple de la section 7.1.3 et exercices 74 à 82).

L'avantage des algorithmes gloutons est évidemment leur faible complexité temporelle (polynomiale), puisqu'ils sont fondés sur une itération. De ce fait, l'attention sera plus portée sur le caractère exact ou optimal des algorithmes traités que sur leur complexité.

Une caractéristique notable est qu'ici plus qu'ailleurs la découverte d'une solution (c'est-à-dire de la règle de choix glouton) est d'abord une affaire d'intuition. Il est donc essentiel de compléter celle-ci par une preuve (parfois difficile) du caractère exact de l'algorithme qui est construit, alors qu'exhiber un contre-exemple suffit à montrer que la stratégie gloutonne ne conduit pas à un algorithme exact ou optimal.

7.1.2   COMMENT DÉMONTRER QU'UN ALGORITHME GLOUTON EST EXACT OU OPTIMAL ?

Comme il a été dit auparavant, un algorithme glouton se construit comme une boucle et obéit donc à la méthodologie mise en évidence au chapitre 3. Le plus souvent, on va intégrer la preuve du caractère exact ou optimal à la construction de l'itération (en tant qu'élément de la spécification) et donc dans la postcondition et l'invariant. Pour diverses raisons (notamment pédagogiques, mais voir aussi l'exercice 86, page 395), il arrive qu'on soit amené à faire une preuve *a posteriori*, c'est-à-dire après la construction de la solution. Les problèmes sans critère d'optimalité ne posant pas de difficulté spécifique, nous nous attachons dans la suite au cas des problèmes d'optimisation. L'intégration de la preuve à la construction vise à établir que l'algorithme fait « la course en tête » du début à la fin au sens du critère d'optimalité. Dans la technique de la preuve a posteriori, la version la plus pratiquée est celle de « l'argument de l'échange ». Son point de départ est un algorithme construit à partir d'une spécification qui n'intègre pas la propriété d'optimalité. Il s'agit alors, à partir d'une version quelconque Q de la solution, de montrer qu'elle n'est jamais meilleure qu'une version gloutonne G. D'autres variantes existent, comme celle de la technique de transformation qui consiste à considérer, non pas une version quelconque Q, mais une version optimale O fictive, et à montrer que O peut se transformer en la solution gloutonne G, tout en restant optimale, ce qui prouve le caractère optimal de G.

Nous allons, sur un exemple commun, illustrer l'application de la technique de la course en tête et de celle de la preuve *a posteriori*.

7.1.3   UN EXEMPLE : LA RÉPARTITION DES TÂCHES SUR UN PHOTOCOPIEUR

Soit n tâches de photocopie ($n \geqslant 0$), chacune pouvant être réalisée seulement dans l'intervalle (fermé, non vide) de temps $I_i = (d_i, f_i)$, pour $i \in 1 .. n$. Les tâches ne peuvent être fractionnées, ce qui signifie que la personne mandatée pour réaliser la tâche i n'est libre qu'entre les moments d_i et f_i et que le temps nécessaire consacré à la tâche s'élève à $(f_i - d_i)$. Le but visé est de planifier les passages sur la photocopieuse afin de réaliser le plus de tâches possible, sachant que la photocopieuse n'accepte qu'une seule tâche à un instant t donné. Considérons par exemple le cas de figure ci-dessous, où les trois tâches envisagées sont matérialisées par les trois intervalles suivants : $I_1 = (1, 4.5)$, $I_2 = (5.5, 10)$ et $I_3 = (4, 6)$. Le nombre maximal de tâches réalisables vaut 2. En effet, l'unique façon d'obtenir ce résultat est de réaliser la tâche I_1, puis la tâche I_2. Il est impossible de réaliser les trois, ni d'effectuer les tâches I_1 et I_3 (qui sont dites incompatibles puisque leurs intervalles se recouvrent), pas plus que les tâches I_3 et I_2.

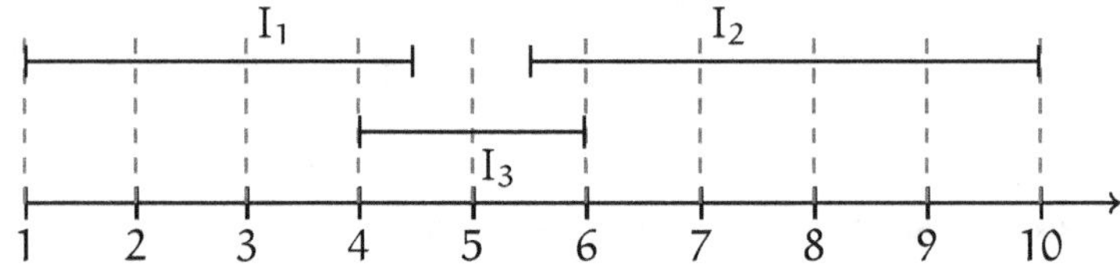

Dans la suite, si I_k est un intervalle, on note $d(I_k)$ (resp. $f(I_k)$) l'origine (resp. l'extrémité) de I_k. Un planning candidat G est constitué d'une liste d'intervalles (compatibles) $\langle g_1, \ldots, g_k \rangle$ telle que, pour tout i, $d(g_i) < f(g_i)$ et $f(g_i) \leqslant d(g_{i+1})$.

7.1.4 La méthode de la course en tête

Ainsi que nous l'avons dit, cette technique intègre, dès le départ, le critère d'optimalité dans la spécification de l'algorithme. Comment concevoir une stratégie gloutonne pour le problème précédent ? Il faut choisir la première tâche selon un certain critère, puis, parmi celles qui restent à réaliser, la seconde selon le même critère, etc. La stratégie gloutonne interdit de remettre en cause les choix réalisés. Avant d'essayer des stratégies simples, rappelons qu'il s'agit de maximiser le nombre de tâches effectuées sur le photocopieur.

- La première idée est de choisir les tâches par durée décroissante. Dans le cas du schéma précédent, cela conduit à choisir la tâche I_3 en premier. Ensuite, aucune tâche ne peut plus être planifiée et l'algorithme s'arrête sans avoir trouvé la meilleure solution. Nous avons donc prouvé, par un contre-exemple, que cet algorithme n'est pas un glouton optimal.

- On pourrait choisir les tâches par ordre croissant de leur heure de départ. Dans notre exemple, on planifierait la tâche I_1, puis la tâche I_2 (on écarte la tâche I_3, car elle recouvre partiellement la tâche I_1), et l'optimum serait atteint. Mais cela ne prouve pas qu'en général cet algorithme est un glouton optimal. Un contre-exemple est facile à trouver, comme le montre le schéma ci-dessous avec trois tâches définies par les intervalles $I_1 = (1, 6)$, $I_2 = (2, 3)$ et $I_3 = (4, 5)$.

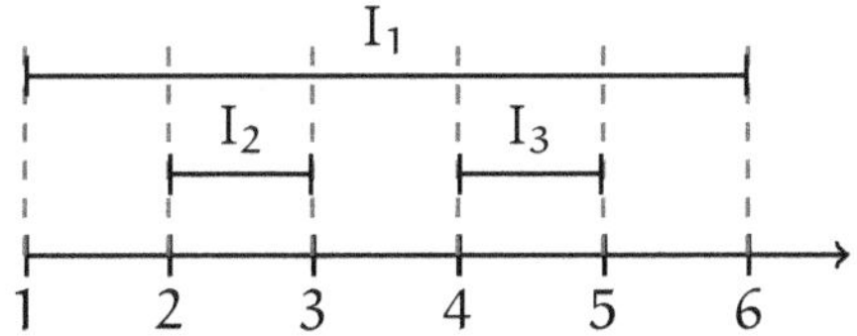

- On peut aussi constater que choisir la tâche qui va s'achever en premier laisse un maximum de temps pour placer d'autres tâches à sa suite, avec l'espoir que cela se traduise par la planification d'un maximum de tâches. Sur les deux exemples précédents, cet algorithme fonctionne et nous butons sur la mise en évidence d'un contre-exemple. Notre objectif est maintenant de construire le programme correspondant, tout en démontrant l'optimalité de cette stratégie.

Les deux structures de données nécessaires aux algorithmes gloutons sont d'une part une file d'entrée contenant les données à traiter (souvent il s'agit d'une file de priorité, voir section 1.7, page 33) et d'autre part une file de sortie qui rassemble les résultats. Dans le cas qui nous intéresse, ces entités peuvent toutes deux être mises en œuvre par une file FIFO (First In, First Out : premier entré, premier sorti, voir section 1.8, page 34). Une procédure spécifique au problème traité ici est ajoutée au jeu d'opérations des files FIFO :

> **procédure** *InitFifo*(T, P : **modif**) : si T est un tableau d'intervalles, cette opération, surcharge de la version originale de *InitFifo*, place dans la file P les intervalles de T triés par ordre croissant sur les extrémités des intervalles.

Construction de l'algorithme Ci-dessous, F est la file d'entrée et R la file de sortie. Nous réalisons la construction en appliquant l'heuristique du travail réalisé en partie (voir chapitre 3). La solution est obtenue à l'issue de deux tentatives.

Première tentative

Invariant Imaginons que les i premiers intervalles ont été traités.

1. R_i est la configuration de la file de sortie R lorsque la stratégie gloutonne a été appliquée à la liste d'intervalles $\langle I_1, \ldots, I_i \rangle$. $R_i = \langle g_1, \ldots, g_k \rangle$ est un planning optimal pour la liste $\langle I_1, \ldots, I_i \rangle$.

2. F_i est la configuration de la file d'entrée F lorsque la stratégie gloutonne a été appliquée à la liste d'intervalles $\langle I_1 \ldots, I_i \rangle$, soit $F_i = \langle I_{i+1}, \ldots, I_n \rangle$.

Exemple   La figure 7.1 illustre la situation pour $i = 5$. On a $R_5 = \langle g_1, g_2 \rangle = \langle I_1, I_3 \rangle$. Les intervalles en pointillés sont incompatibles avec ceux de R_5. On note que la liste $\langle I_1, I_4 \rangle$ est aussi une solution. Elle n'est cependant pas obtenue par la stratégie gloutonne définie.

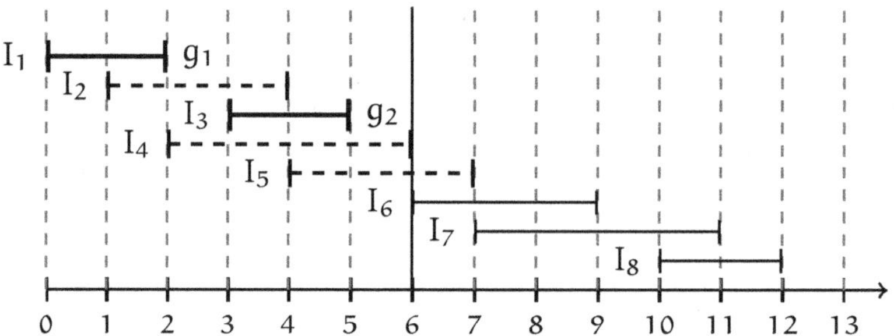

Fig. 7.1 – Traitement « glouton » de la liste $\langle I_1, \ldots, I_8 \rangle$. Situation atteinte lorsque $i = 5$. $F_5 = \langle I_6, I_7, I_8 \rangle$ et $R_5 = \langle g_1, g_2 \rangle = \langle I_1, I_3 \rangle$.

Condition d'arrêt La file F est vide. La conjonction de cette proposition et de l'invariant implique que R est une solution optimale.

Progression On déplace la tête t de la liste F en queue de la liste R, et on supprime de F tous les intervalles incompatibles avec l'intervalle t. Cette dernière action exige une boucle. Sa construction n'est pas développée ici. En l'appliquant à l'exemple de la figure 7.1, on obtient $R_6 = \langle I_1, I_3, I_6 \rangle$ et $F_6 = \langle I_8 \rangle$. L'intervalle I_7, incompatible avec I_6, est supprimé de la file F.

Toutes les propriétés de l'invariant sont trivialement rétablies, à l'exception de l'optimalité. Est-on assuré que la progression ne puisse faire perdre son caractère optimal à la solution gloutonne ? Autrement dit, peut-on exclure la situation suivante, où l'on dispose d'une part de la solution gloutonne $R = \langle g_1, \ldots, g_k \rangle$ et d'autre part d'une solution optimale $R' = \langle o_1, \ldots, o_k \rangle$, comme le montre le schéma ci-dessous :

pour atteindre, à l'étape suivante (voir schémas ci-après), soit la situation (a), où la solution gloutonne s'est allongée d'un intervalle, soit la situation (b) où la solution R′ s'est, quant à elle, allongée de *deux* intervalles. Cela montrerait que la solution gloutonne n'est pas optimale.

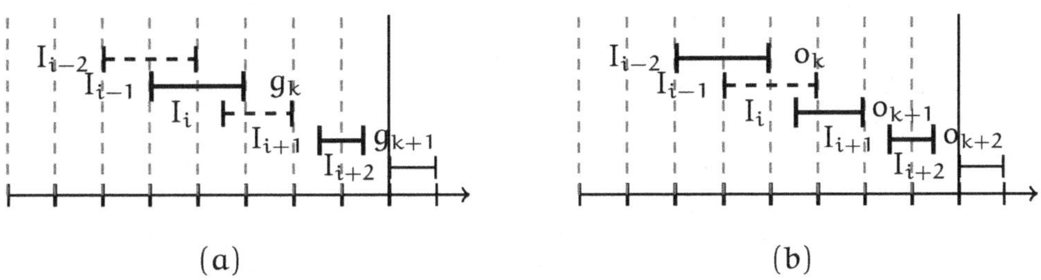

$$\text{(a)} \qquad\qquad\qquad\qquad \text{(b)}$$

La transition vers la situation (b) n'est rendue possible que parce que $f(o_k) < f(g_k)$. Intuitivement, cela ne peut survenir puisque la solution gloutonne prend toujours l'intervalle qui s'achève en premier. Pour montrer cette propriété avec la rigueur nécessaire, nous allons renforcer l'invariant en y introduisant cette propriété. Cela nous conduit à une seconde tentative de construction.

Seconde tentative

Invariant On renforce la précédente version de l'invariant en modifiant le premier point comme suit.

> 1 modifié. R_i est la configuration de la file de sortie R lorsque la stratégie gloutonne a été appliquée à la liste d'intervalles $\langle I_1, \ldots, I_i \rangle$. $R_i = \langle g_1, \ldots, g_k \rangle$ est donc une solution optimale pour la liste $\langle I_1, \ldots, I_i \rangle$, et il n'existe aucune autre solution optimale s'achevant avant $f(g_k)$.

Condition d'arrêt La condition d'arrêt est inchangée. Sa conjonction avec l'invariant implique bien le but visé.

Progression Nous nous focalisons sur le maintien de l'optimalité de la solution gloutonne. La conjonction de l'invariant et de la négation de la condition d'arrêt entraîne qu'il existe au moins un intervalle I_{i+1} à traiter. Soit $R' = \langle o_1, \ldots, o_k \rangle$ une solution optimale quelconque pour la liste $\langle I_1, \ldots, I_i \rangle$. Le choix d'un nouvel intervalle compatible avec o_{k+1} entraîne que $f(o_k) \leqslant d(o_{k+1})$. Par ailleurs, d'après l'invariant, $f(g_k) \leqslant f(o_k)$. Au total, par transitivité, on obtient $f(g_k) \leqslant d(o_{k+1})$. L'intervalle o_{k+1} est donc compatible avec g_k. Mais, la stratégie gloutonne impose de choisir g_{k+1} de sorte que $f(g_{k+1})$ soit le plus petit possible – et en particulier inférieur ou égal à $f(o_{k+1})$ –, ce qui rétablit l'invariant.

Initialisation Pour instaurer l'invariant lorsque $i = 0$, il suffit que R soit vide et F soit constituée de la liste triée sur les extrémités croissantes des intervalles à considérer.

Terminaison Au moins une requête de F est éliminée à chaque pas de progression ; en conséquence $|F|$ (le nombre de requêtes de la file F) est une fonction de terminaison convenable.

On en déduit l'algorithme suivant :

1. **constantes**
2. $n \in \mathbb{N}_1$ **et** $n = \ldots$ **et** $T \in 1..n \rightarrow (\mathbb{R}_+ \times \mathbb{R}_+)$ **et** $T = [\ldots]$
3. **variables**
4. $F \in \mathrm{FIFO}(\mathbb{R}_+ \times \mathbb{R}_+)$ **et** $R \in \mathrm{FIFO}(\mathbb{R}_+ \times \mathbb{R}_+)$ **et** $t \in (\mathbb{R}_+ \times \mathbb{R}_+)$
5. **début**
6. *InitFifo*(T, F) ; /% *Création de* F *à partir du tableau* T *des intervalles* %/
7. *InitFifo*(R) ;
8. **tant que non** *EstVideFifo*(F) **faire**
9. $t \leftarrow$ *TêteFifo*(F) ; *SupprimerFifo*(F) ;
10. *AjouterFifo*(R, t) ; /% *Déplacement de* t *en queue de la file* R %/
11. **tant que non**$(EstVideFifo(F)$ **ou sinon** $\mathrm{d}(TêteFifo(F)) \geqslant \mathrm{f}(t))$ **faire**
12. *SupprimerFifo*(F)
13. **fin tant que**
14. **fin tant que**
15. **fin**

Dans cet algorithme, l'opération la plus coûteuse est le tri réalisé par la procédure *InitFifo*, qui est supposé en $\mathcal{O}(n \cdot \log_2(n))$. C'est aussi la complexité de cet algorithme.

La démonstration par la méthode de la « course en tête » est utilisée d'une manière plus générale dans la théorie des *matroïdes*. En deux mots, un matroïde est une collection de sous-ensembles d'un ensemble fini dont chaque élément est pondéré positivement ; cette collection doit par définition vérifier certains axiomes. Sous ces axiomes, on peut définir le meilleur sous-ensemble d'un matroïde : celui dont la somme des poids de ses éléments est maximale, parmi ceux, dits *indépendants*, qui respectent une certaine propriété. Les matroïdes ont des propriétés particulières, dues à leurs axiomes, telles que l'on peut démontrer qu'il existe un algorithme glouton pour découvrir ce meilleur sous-ensemble. La justesse de cet algorithme est prouvée par la méthode de la « course en tête ».

Quand on est capable d'identifier le problème d'optimisation que l'on a à résoudre avec le problème de recherche du meilleur sous-ensemble indépendant d'un matroïde, on a directement un algorithme glouton exact sous la main. Mais cette façon de faire se heurte à deux écueils :

- Cette identification peut être impossible. Il existe des problèmes d'optimisation possédant une solution gloutonne qui ne peut être obtenue en employant la méthode des matroïdes.

- Cette identification peut être tellement difficile à faire qu'il est plus simple (si l'on pense qu'il existe une solution gloutonne) de tenter de démontrer directement l'optimalité de l'algorithme glouton par la méthode de la « course en tête ».

Pour en savoir plus sur les matroïdes et la théorie des algorithmes gloutons, nous conseillons de consulter le livre [17].

7.1.5 PREUVE *a posteriori* : TECHNIQUE DE LA TRANSFORMATION

Reprenons l'exemple du photocopieur. Conformément aux principes à la base de cette technique, nous supposons ici que l'algorithme est conçu sans tenir compte de l'optimalité et nous réalisons la preuve de celle-ci *après coup*. Soit, pour un ensemble de tâches donné, $G = \langle g_1, \ldots, g_p \rangle$ les p requêtes sélectionnées par l'algorithme glouton ci-dessus et soit

$O = \langle o_1, \ldots, o_q \rangle$ les q requêtes d'une solution optimale quelconque ($p \leqslant q$, puisque O est optimal) :

Nous allons montrer, par induction sur q, qu'il est possible de transformer la liste O en la liste G sans lui faire perdre son statut de solution optimale (ce qui montrera du même coup que G peut s'identifier à O et donc que la liste G est aussi optimale).

Base Pour $q = 0$, on a également $p = 0$ puisque $q \geqslant p$. On en déduit dans ce cas que $G = O$ et que G est optimal.

Hypothèse d'induction Pour $q \geqslant 0$, les requêtes G et O sont identiques, et $p = q$:

Induction Deux cas de figure sont à considérer. Le premier se caractérise par l'absence de l'élément g_{q+1} dans G (qui s'achève donc en g_q), le second par l'existence de g_{q+1}. Remarquons que la situation où g_{q+1} existe mais pas o_{q+1} est à écarter d'emblée puisqu'elle viole la condition $q \geqslant p$.

1. Le premier cas est illustré par le schéma ci-dessous :

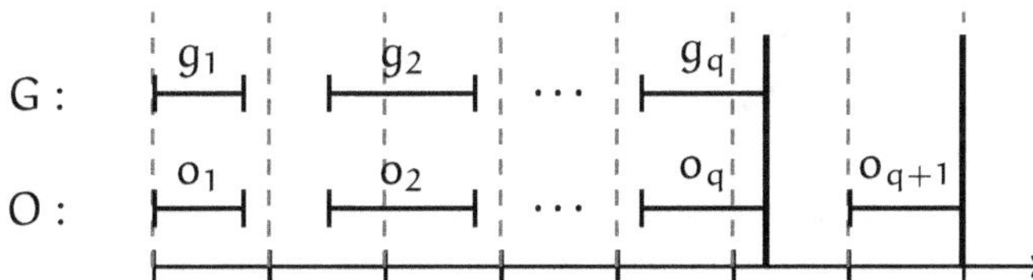

Cependant, ce cas doit être écarté car, conformément à sa stratégie, l'algorithme glouton aurait obligatoirement inclus la requête o_{q+1} dans sa liste G.

2. Le second cas, illustré ci-dessous,

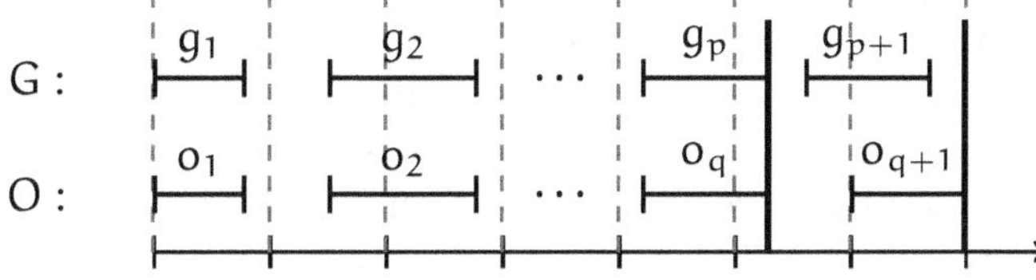

est celui où les q premiers éléments de G et de O sont identiques (c'est l'hypothèse d'induction) et où la date de fin de g_{q+1} est antérieure ou égale à celle de o_{q+1} (en raison de la stratégie gloutonne utilisée). Pour retrouver l'hypothèse d'induction, il suffit de remplacer la requête o_{q+1} par g_{q+1}. C'est possible sans affecter l'optimalité de O :

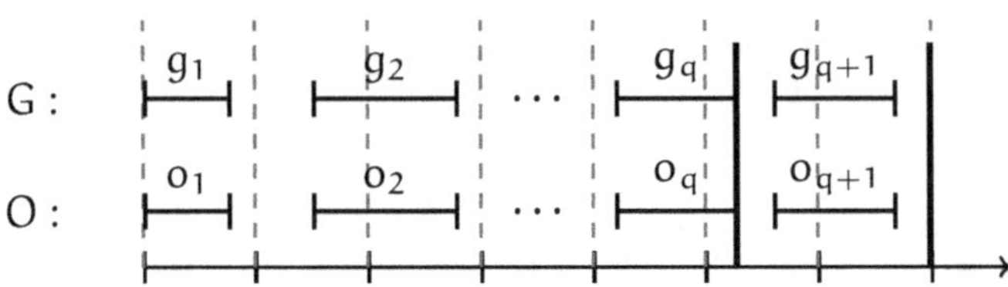

Nous avons montré que l'on peut transformer O en G tout en préservant son caractère optimal. On en conclut que G, solution gloutonne, était déjà optimale.

7.2   Ce qu'il faut retenir des méthodes gloutonnes

Pour résumer, on peut considérer qu'un algorithme glouton se fonde sur les trois ingrédients suivants :

- deux structures de données : en général, une file d'entrée (souvent une file de priorité) et une file de sortie (le plus souvent une file FIFO), dans laquelle viennent se placer les constituants de la solution,

- une stratégie de traitement des éléments qui sont extraits de la file d'entrée, avant de rejoindre (ou pas !) la file de sortie,

- soit une preuve que l'algorithme fournit bien une solution exacte ou optimale, soit un contre-exemple.

On peut proposer le code générique suivant, dans lequel F est la file d'entrée, R la file de sortie, et t et t' deux variables auxiliaires (les identificateurs des opérations ne véhiculent aucune hypothèse sur le type de file employé).

1. *InitFileEntrée*(F) ; /% *Création de la file d'entrée* %/
2. *InitFileSortie*(R) ; /% *Initialisation de la file de sortie* %/
3. **tant que non** *EstVideFileEntrée*(F) **faire**
4.   t $\leftarrow$ *TêteFileEntrée*(F) ;
5.   *SupprimerFileEntrée*(F) ;
6.   *TraitementÉlément*(t, t') ;
7.   *AjouterFileSortie*(R, t')
8. **fin tant que**

Cela ne constitue qu'un cadre général. Ainsi que nous l'avons déjà dit, la file d'entrée est le plus souvent une file de priorité mais, dans la suite, on rencontre des variantes où les priorités sont figées dès le départ, ou encore où l'on se limite à prendre en compte des entiers successifs, ou à supprimer d'un seul coup plusieurs éléments de la file. La file de sortie est en général une FIFO. Cependant, dans certains cas, il peut être nécessaire de modifier l'ordre ou la nature des éléments déjà introduits. Quant à la stratégie de traitement des éléments, elle est rarement aussi simple qu'un transfert de la file d'entrée vers la file de sortie : un calcul itératif, une ventilation ou une sélection des éléments est le plus souvent nécessaire. Le lecteur aura compris qu'une solution gloutonne à un problème particulier se présente comme une variation plus ou moins substantielle autour de cet algorithme.

7.3   Exercices

Exercice 74   À la recherche d'un algorithme glouton

Ce problème a déjà été étudié dans l'introduction du chapitre « essais successifs » (voir chapitre 5). Il s'agit ici de tester plusieurs stratégies gloutonnes.

On considère un tableau $T[1 .. n]$ d'entiers positifs, avec n pair, trié par ordre croissant. On désire recopier T dans deux sacs S_1 et S_2, de même taille $n/2$ et de sommes respectives Som1 et Som2, de sorte que l'on ait $(\text{Som1} \leqslant \text{Som2})$ et $(\text{Som2} - \text{Som1})$ minimal. Plus précisément, en supposant que T représente la file d'entrée, la postcondition de l'algorithme est constituée des quatre conjoints suivants :

1. Les sacs ont même cardinal : $|S_1| = |S_2|$.

2. Les sommes Som1 et Som2 sont telles que $(\text{Som1} \leqslant \text{Som2})$.

3. La différence $(\text{Som2} - \text{Som1})$ est minimale.

4. La file d'entrée T est vide.

5. $S_1 \sqcup S_2$ est le sac des valeurs initiales de T.

Question 1. Sur la base de cette postcondition, imaginer trois stratégies gloutonnes pour traiter ce problème et montrer qu'elles ne produisent pas de solutions optimales. | **74** - Q 1 |

Question 2. Cela prouve-t-il qu'il n'y a pas d'algorithme glouton pour ce problème ? | **74** - Q 2 |

La solution est en page 397.

Exercice 75   Arbres binaires de recherche

Le problème traité ci-dessous est repris selon une approche par programmation dynamique à l'exercice 134 page 696. Ici, on s'en tient à une démarche gloutonne.

On dispose d'un ensemble de n valeurs entières $\{x_1, \ldots, x_n\}$. À chacune d'elles est attachée une probabilité $p(x_i)$. Afin de faciliter une recherche positive (recherche d'un élément dont on sait qu'il est présent dans l'ensemble), ces n valeurs sont enregistrées dans un arbre binaire de recherche (abr en abrégé). On définit le *coût* d'un tel abr A par :

$$\text{coût}(A) = \sum_{k=1}^{n} p(x_k) \cdot (d_k + 1), \tag{7.1}$$

où d_k est la profondeur du nœud x_k dans l'arbre A. La valeur coût(A) est en fait l'espérance du nombre de comparaisons à effectuer pour trouver un élément présent dans l'arbre A. On cherche à construire, par une démarche gloutonne, l'abr de coût minimal.

Exemple   La figure ci-dessous montre d'une part une liste de cinq valeurs x_i pondérées chacune par une probabilité $p(x_i)$, d'autre part un abr construit à partir de ces cinq valeurs.

x_i	1	2	3	4	5	6
$p(x_i)$	0.15	0.19	0.17	0.18	0.14	0.17

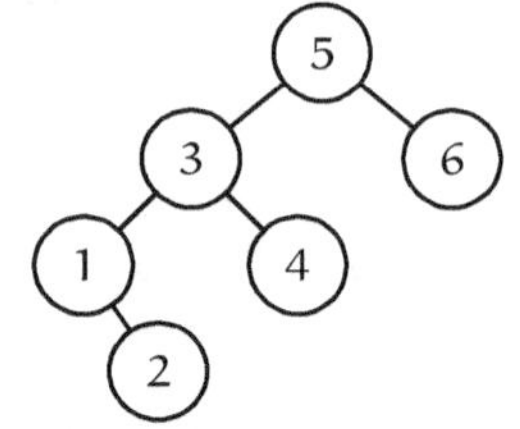

Selon la définition 7.1, page 365, le coût de cet arbre est de

$$1 \cdot p(5) + 2 \cdot p(3) + 2 \cdot p(6) + 3 \cdot p(1) + 3 \cdot p(4) + 4 \cdot p(2),$$

soit encore

$$1 \cdot 0.14 + 2 \cdot 0.17 + 2 \cdot 0.17 + 3 \cdot 0.15 + 3 \cdot 0.18 + 4 \cdot 0.19,$$

expression qui vaut 2.57.

75 - Q 1   **Question** 1.   L'idée de placer les valeurs les plus probables le plus haut possible dans l'arbre semble favorable à une recherche optimale. Elle peut s'obtenir de manière gloutonne, soit en construisant l'arbre par insertion aux feuilles à partir d'une liste des valeurs triée sur les probabilités croissantes, soit au contraire en réalisant une insertion à la racine à partir d'une liste des valeurs triée sur les probabilités décroissantes. Une insertion aux feuilles d'une valeur v dans un abr se fait en insérant v dans le sous-arbre gauche ou droit selon la position relative de v par rapport à la racine, jusqu'à atteindre un arbre vide. Une insertion à la racine se fait en ventilant les valeurs de l'arbre initial dans deux sous-arbres, selon la valeur à insérer, puis en enracinant ces deux sous-arbres sur v. Donner l'arbre obtenu à partir du jeu d'essai ci-dessus, en appliquant la première de ces stratégies (l'insertion aux feuilles). Quel est son coût ?

75 - Q 2   **Question** 2. En partant toujours du même jeu d'essai, montrer, par un contre-exemple, que cette stratégie n'est pas optimale.

La solution est en page 399.

Exercice 76   Les relais pour téléphones portables

Il s'agit d'un exercice voisin de l'exemple introductif (répartition des tâches sur un photocopieur). Il devrait donc être résolu sans difficulté par le lecteur.

On considère une longue route de campagne rectiligne, le long de laquelle sont dispersées des habitations. Chaque maison doit être reliée au réseau de téléphones portables par un opérateur. Une antenne-relais du réseau permet l'usage du téléphone dans une zone à distance fixe de $d/2$ autour du relais (toutes les antennes possèdent la même puissance). L'opérateur veut poser le moins d'antennes possibles pour « couvrir » toutes les maisons.

On peut formaliser le problème de la manière suivante. Un tableau T ($T \in 1..n \rightarrow \mathbb{R}_+$) représente la position de chaque maison sur le bord de la route. On cherche une liste S de valeurs réelles, ayant un nombre d'éléments p minimal, $S = \langle s_1, \ldots, s_p \rangle$, telle que pour toute valeur $T[i]$, il existe une valeur s_j vérifiant la contrainte ($|T[i] - s_j| \leqslant d$). S est une liste optimale de positions d'antennes-relais. Dans le schéma ci-dessous, la ligne T représente la position des maisons, la ligne O matérialise une couverture optimale, avec trois relais, tandis que la ligne Q couvre bien toutes les maisons, mais avec quatre relais (et un recouvrement des deux relais de droite).

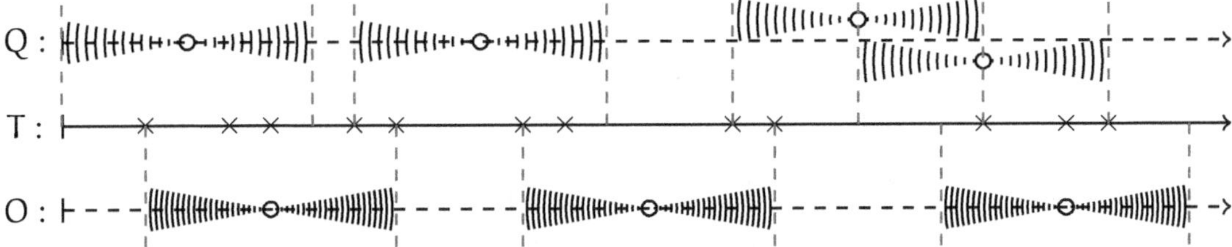

Question 1. Que peut-on dire des stratégies gloutonnes suivantes ? $\boxed{\textbf{76} \text{ - Q } 1}$

(a) On place un relais au niveau de chaque maison.

(b) En progressant de la gauche vers la droite, on place un relais au niveau de chaque maison qui n'est pas encore couverte par les relais déjà posés.

Question 2. Proposer une troisième stratégie gloutonne qui pourrait être optimale. $\boxed{\textbf{76} \text{ - Q } 2}$

Question 3. En développant une démarche du type « course en tête » (voir section 7.1.2, $\boxed{\textbf{76} \text{ - Q } 3}$ page 358), construire, sur la base de la stratégie gloutonne de la question précédente, un algorithme glouton exact résolvant le problème. Quelle est sa complexité (on pourra se référer à celle d'un tri) ?

Question 4. On suppose maintenant que l'optimalité de la solution n'a pas été prou- $\boxed{\textbf{76} \text{ - Q } 4}$ vée lors de la construction de l'algorithme. Montrer, par une méthode *a posteriori* (voir section 7.1.2, page 358), que la stratégie gloutonne précédente est optimale.

La solution est en page 400.

Exercice 77   Ordonner des achats dont le prix varie

> *Cet exercice est une illustration simple de la méthode de l'argument de l'échange. Le code de l'algorithme n'est pas demandé.*

Le propriétaire d'un club de football veut acheter des joueurs auprès d'un centre de formation. La législation lui interdit d'en acheter plus d'un par mois. Le prix des joueurs est le même au départ – il est noté s – mais ce prix varie dans le temps, différemment selon les joueurs. C'est ainsi que, puisque le joueur j vaut s au départ, il vaudra $(s \cdot r_j^t)$ t mois plus tard. Le taux r_j dépend de la vitesse de progression du joueur, mais il est toujours strictement supérieur à 1. On se base sur un taux de progression estimé, connu au temps $t = 0$. Pour simplifier, on suppose aussi que ce taux est différent pour chaque joueur. L'objectif est de définir une stratégie gloutonne qui permet d'acheter un joueur par mois et qui assure d'acquérir les joueurs convoités en dépensant le moins possible. On suppose enfin que l'acheteur n'a pas de concurrent.

77 - Q 1   **Question** 1. Donner deux stratégies simples susceptibles de servir de base à un algorithme glouton. Laquelle des stratégies semble être la meilleure ?

77 - Q 2   **Question** 2. Montrer, en appliquant l'argument de l'échange (voir section 7.1.2, page 358), qu'elle est optimale.

La solution est en page 403.

Exercice 78   Diffusion d'information à moindre coût
depuis une source : algorithmes de Prim et de Dijkstra

Les algorithmes de Prim et de Dijkstra présentent des similitudes : même date de publication (1959, même si le premier a été publié par V. Jarnik en 1930, puis oublié) ; même recherche de « coûts minimaux » dans des graphes (non orientés et connexes pour le premier, orientés pour le second) ; enfin ils sont tous deux gloutons exacts. Ces algorithmes sont des classiques de la littérature informatique, aussi bien dans la rubrique « graphe » que dans la rubrique « glouton ». Le présent énoncé met l'accent sur la correction de la boucle qui les constitue. L'algorithme de Prim est présenté ici sans faire appel à une file FIFO.

DEUX PROBLÈMES VOISINS

On dispose d'un réseau de communication constitué de n sites. On envisage un premier problème (dont l'algorithme de Prim est une solution) où les sites sont connectés entre eux par des liens bidirectionnels de sorte que tout site peut atteindre tout autre (au sens de l'acheminement d'information) en empruntant une suite de liens. On distingue un site appelé source à partir duquel on souhaite diffuser une information vers tous les autres. Cependant, chaque lien a un coût d'utilisation propre (entier positif) et on recherche un acheminement tel que la somme des coûts associés aux liens empruntés pour atteindre l'ensemble des sites soit minimale. Dans le second problème (résolu par l'algorithme de Dijkstra), les sites sont connectés par des liens orientés et il se peut qu'il n'existe pas de cheminement entre un ou plusieurs couples de sites. L'objectif est le même que précédemment, mais on recherche un acheminement dont l'optimalité porte sur la somme des coûts associés aux liens empruntés pour atteindre chaque site. Hormis la nature du réseau, ces deux problèmes diffèrent donc essentiellement par la fonction à minimiser.

De nombreux autres problèmes conduisent à ces mêmes paradigmes de recherche de solution optimale : par exemple, la détermination du trajet optimal de câblage d'un ensemble de bâtiments ou le choix d'un système optimal d'irrigation de parcelles étagées depuis un point d'eau les dominant.

Avant de poursuivre, illustrons ces deux problèmes. Dans la figure 7.2, on donne dans la partie (b) le trajet optimal de diffusion de l'information pour un réseau ayant cinq sites, décrit dans la partie (a). Dans la partie (a) de la figure 7.3, on considère un réseau orienté calqué sur le précédent et on fournit pour chacun des sites 2 à 5, d'une part, la valeur du plus court chemin depuis la source (site 1) dans la partie (b), d'autre part, l'arbre associé au cheminement optimal dans la partie (c).

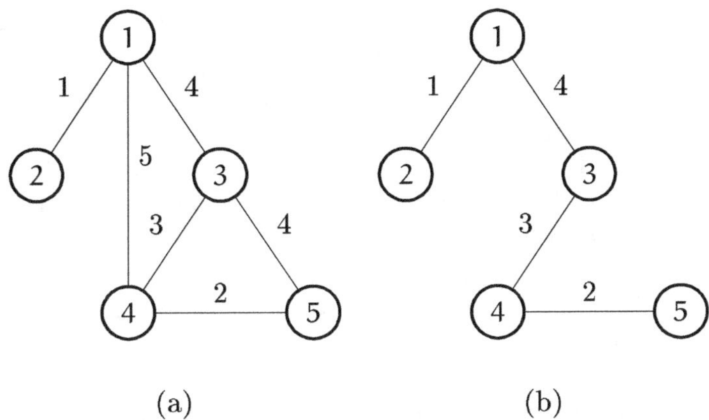

Fig. 7.2 – *Un réseau et le trajet globalement optimal associé*

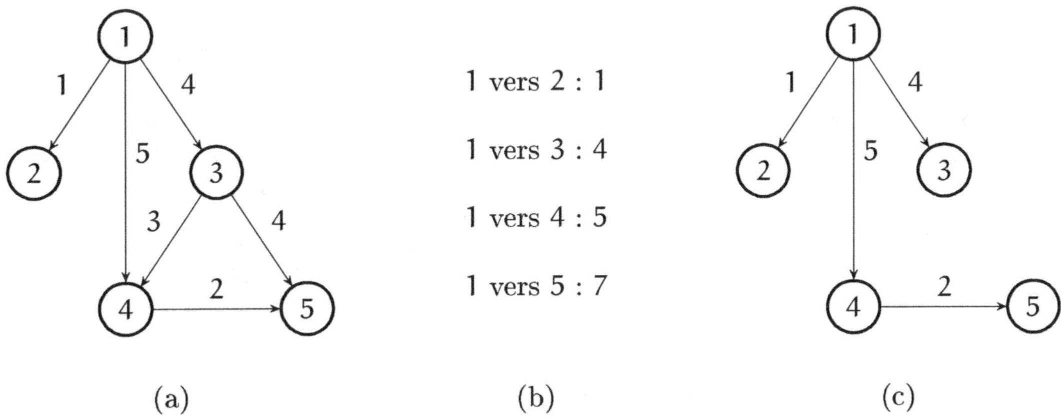

Fig. 7.3 – *Un réseau, les coûts minimaux de diffusion depuis le site 1 et l'arbre qui leur est associé*

Remarque   On observe que les résultats obtenus ne « coïncident » pas. En effet, selon la partie (b) du premier schéma, l'acheminement d'une information du site 1 au site 4 (resp. 5) coûte 7 (resp. 9) et n'est donc pas minimal, alors que le coût global d'acheminement (au sens du premier problème) pour le second schéma a pour valeur 12 (arcs $(1,2),(1,3),(1,4)$ et $(4,5)$) et n'est pas minimal lui non plus. Ceci justifie (s'il en était besoin) l'existence de deux problèmes bien distincts et donc d'algorithmes différents pour les résoudre.

ALGORITHME DE PRIM

Définitions et propriétés

Diverses notions et notations relatives aux graphes et aux arbres sont utilisées tout au long de cet exercice et nous renvoyons le lecteur aux sections 1.5, page 22 et 1.6, page 29. Dans la suite, $G = (N, A, P)$ désigne un graphe non orienté dont l'ensemble des sommets (resp. arêtes) est noté N (resp. A), valué sur les entiers positifs ($P \in A \to \mathbb{N}_1$) et connexe, c'est-à-dire tel qu'il existe une chaîne reliant tout couple de sommets distincts. De façon analogue, $T = (N, A, P)$ désigne un arbre non orienté composé de l'ensemble de sommets (resp. arêtes)

N (resp. A), valué sur les entiers positifs. On appelle poids d'un arbre la somme des valeurs de ses arêtes (ou branches). On remarque d'une part qu'un arbre ayant k sommets possède $(k-1)$ arêtes, d'autre part qu'une chaîne élémentaire unique relie toute paire de sommets distincts d'un arbre. On appelle arbre de recouvrement du graphe $G = (N, A, P)$ un arbre (*a priori* non enraciné) incluant tous les sommets de G. Un arbre de recouvrement de G de plus faible poids est appelé arbre de recouvrement de poids minimal (arpm) ou parfois arbre sous-tendant de poids minimal (astm). Il est aisé de montrer que tout graphe G (connexe) admet au moins un arpm et qu'un arbre est son propre arpm. En référence à un graphe $G = (N, A, P)$, on dit d'un arbre T qu'il est *prometteur* si c'est un sous-arbre (au sens large) d'un arpm.

Propriété L'adjonction à un arbre d'une arête joignant deux de ses sommets provoque l'apparition d'un cycle élémentaire.

78 - Q 1 **Question 1.** Démontrer la validité de la cette propriété.

L'idée sous-jacente à l'algorithme de Prim consiste à fixer un sommet comme source, sommet qui constitue un arbre prometteur (le sommet de numéro 1 par la suite) et à « faire grossir » un arbre prometteur en lui ajoutant une nouvelle arête (et donc un nouveau sommet) du graphe G que l'on veut recouvrir. En vertu de la propriété 78, un tel ajout ne peut se faire qu'avec une arête *mixte* constituée d'un sommet pré-existant de l'arbre initial (sommet *interne*) et d'un sommet n'en faisant pas encore partie (sommet *externe*). La question est donc de déterminer quelle arête de $G = (N, A, P)$ peut/doit être insérée dans un arbre prometteur pour que le nouvel arbre soit lui aussi prometteur.

Propriété Soit $G = (N, A, P)$ un graphe et $T = (N', A', P')$ avec $N' \subset N$ un sous-graphe de G qui est un arbre prometteur. L'adjonction à T de l'une des arêtes *mixtes* de G de valeur minimale conduit à un nouvel arbre prometteur.

78 - Q 2 **Question 2.** Démontrer la propriété précédente.

Construction de l'algorithme

On va construire l'algorithme de Prim comme un glouton exact en adoptant le principe de « la course en tête » (voir section 7.1.4, page 359). La postcondition du programme à réaliser peut s'énoncer : « $T = (N', A', P')$ est un arbre prometteur de $G = (N, A, P)$ et $\text{card}(A') = \text{card}(N') - 1 = \text{card}(N) - 1 = n - 1$ ». Il est donc naturel de poser :

Invariant $T = (N', A', P')$ est un arbre prometteur de G avec $N' \subseteq N$.

Condition d'arrêt $\text{card}(A') = n - 1$.

Progression En vertu de la propriété 1, on intègre dans l'arbre prometteur $T = (N', A', P')$ avec $N' \subset N$ l'une des arêtes *mixtes* de G de valeur minimale, c'est-à-dire une arête $(s1, s2)$ avec s1 un sommet externe et s2 un sommet interne $(s2 \in N')$.

Terminaison $n - 1 - \text{card}(A')$.

Initialisation On prend comme arbre prometteur l'arbre réduit au seul sommet 1 (la source).

L'ensemble des arêtes mixtes peut être représenté par une *fonction* totale aM associant à chaque sommet externe le sommet interne le plus proche au sens de la valeur des arêtes reliant les sommets ($aM \in 2..n \rightarrow 1..n$). Il convient donc de mettre à jour cette fonction après l'insertion d'une arête mixte dans la progression. Malgré l'orientation liée à aM, on continuera de parler d'arêtes par la suite.

Parmi les nombreuses façons de représenter l'arbre résultant, en cohérence avec aM, on choisit un arbre inverse enraciné sur la source (le sommet 1). En conséquence, la fonction *totale* aI va représenter les arêtes qui font partie intégrante de l'arbre (en cours d'élaboration) en associant à tout sommet, source exclue, son père dans cet arbre ($aI \in 2..n \rightarrow 1..n$).

L'ensemble des sommets externes et celui des sommets internes constituent une partition de l'ensemble N des sommets de G. C'est la signification qu'il faut accorder à la ligne 6 du code ci-dessous. Cette remarque sera pleinement exploitée plus tard, dans la mise en œuvre de l'algorithme.

On note P^T la matrice transposée de la matrice P et, puisque le graphe considéré est non orienté, on peut le représenter par une matrice P telle que $P = P^T$. Dans ces deux matrices, l'absence d'arête dans le graphe se traduit par la valeur conventionnelle $+\infty$.

Compte tenu de ces choix, la version abstraite de l'algorithme est présentée ci-dessous :

```
 1. constantes
 2.    n ∈ ℕ₁ et n = ... et P ∈ 1..n × 1..n → ℕ₁ et P = Pᵀ et P = [...] et
 3.    EstConnexe(G)
 4. variables
 5.    aI ∈ 2..n → 1..n et aM ∈ 2..n → 1..n et
 6.    dom(aI) ∪ dom(aM) = 2..n et dom(aI) ∩ dom(aM) = ∅
 7. début
 8.    aI ← ∅; aM ← 2..n × {1};
 9.    pour k ∈ 2..n faire
10.       soit e, i tel que
11.          (e, i) ∈ aM et P(e, i) = min ({P(l, j) | (l, j) ∈ aM})
12.       début
13.          aI ← aI ∪ {{e, i}}; aM ← aM − {(e, i)};
14.          /% mise à jour de aM pour le rétablissement complet de l'invariant,
             à savoir que, pour tout sommet externe e, aM(e) désigne le sommet
             interne le plus proche de e %/
15.          pour e' ∈ dom(aM) faire
16.             si P(e', e) < P(e', aM(e')) alors
17.                aM(e') ← e
18.             fin si
19.          fin pour
20.       fin
21.    fin pour;
22.    écrire(aI)
23. fin
```

Mise en œuvre

Concernant la mise en œuvre effective, on agrège les deux ensembles aI et aM en un seul tableau noté Arc. Ce tableau est défini sur l'intervalle $2..n$ (le sommet 1 est exclu, car il n'est l'origine d'aucun arc, mais il fait toujours partie des sommets internes) et à valeur dans $1..n$. La partition qui distingue les sommets externes des sommets internes est représentée par le tableau de booléens Externe, également défini sur l'intervalle $2..n$.

78 - Q 3   **Question 3.** Écrire la fonction *SommetExterneCoûtMin* qui raffine les lignes 10 et 11 de l'algorithme générique et effectue la recherche du sommet externe le plus proche d'un sommet interne. Quelle en est la complexité en termes de nombre de conditions évaluées ?

78 - Q 4   **Question 4.** Donner le code de l'algorithme de Prim dans le cadre de la mise en œuvre proposée et sa complexité (en nombre de conditions évaluées).

78 - Q 5   **Question 5.** Appliquer l'algorithme précédent au graphe ci-après :

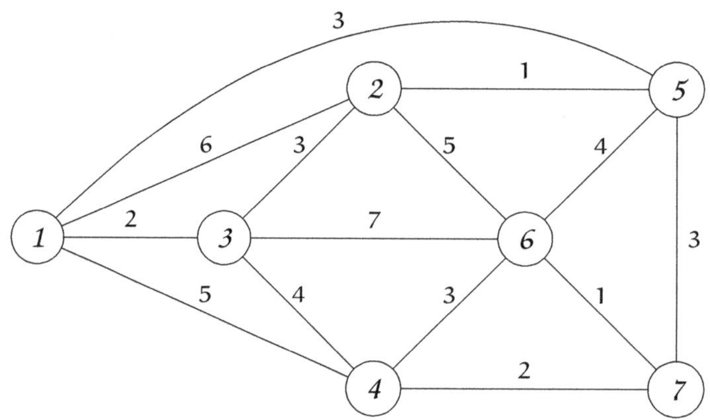

78 - Q 6   **Question 6.** On constate que l'approche de mise en œuvre proposée n'utilise ni file d'entrée ni file de sortie. Préciser ce qui leur est substitué.

Avec une mise en œuvre reposant sur une file de priorité F comme file d'entrée, la trame de l'algorithme devient :

1. **constantes**
2.   /% *déclaration de* n *et* P %/
3. **variables**
4.   /% *déclaration des variables dont* aI *et* F %/
5. **début**
6.   /% *initialisation de* aI *et* F %/ ;
7.   **pour** k ∈ 2 .. n **faire**
8.   /% *retrait de la tête de file de* F *et mise de l'arête associée dans* aI %/ ;
9.   /% *mise à jour de la file* F *pour le rétablissement complet de l'invariant* ; *on effectue une boucle parcourant* F *dans laquelle l'arête mixte relative à chaque sommet externe* e *est, le cas échéant, remplacée (suppression et insertion) par une de valeur moindre* %/
10.   **fin pour** ;
11.   **écrire**(aI)
12. **fin**

78 - Q 7   **Question 7.** En déduire une classe de complexité minimale (en termes de conditions évaluées) d'une telle solution et conclure quant à son intérêt.

Remarques sur l'algorithme de Prim

1. L'algorithme de Prim peut être facilement adapté à la recherche d'un arbre de recouvrement de poids *maximum*, ainsi qu'à des graphes de valuations de signe quelconque.

2. Le lecteur pourra vérifier que, appliqué à l'exemple de la figure 7.2, page 369, l'algorithme de Prim délivre (à l'inversion de l'orientation près) l'arbre de la partie c.

3. L'algorithme de Kruskal résout le même problème que celui de Prim. Sa complexité en $\Theta(m \cdot \log_2(m))$ avec $m = \text{card}(A)$ est due au tri préalable des arêtes du graphe $G = (N, A, P)$ selon leur valeur croissante. Il présente l'avantage de pouvoir traiter des graphes non connexes (en délivrant alors un arbre par composante connexe).

ALGORITHME DE DIJKSTRA

Soit $G = (N, V, P)$ un graphe orienté, où $\text{card}(N) = n$ et P est une valuation des arcs sur $\mathbb{N}_1$. Soit d un sommet particulier appelé source ($d = 1$ comme précédemment). Le problème que l'on se pose est de déterminer, pour tout sommet f de N, le coût minimum (appelé *distance* ci-dessous) pour aller de d à f. En l'absence de chemin entre d et f, la distance est notée de façon conventionnelle $+\infty$.

L'algorithme que l'on cherche à construire est fondé sur une itération telle que, pour un sous-graphe G' de G, les distances sont déjà connues et qui, à chaque étape, ajoute un nouveau sommet dans G'. Le résultat final se présente sous la forme d'un tableau L, défini sur l'intervalle $1..n$, tel que $L[i]$ est la distance de d à i (en particulier $L[d] = 0$). Le graphe de la figure 7.4 sert d'illustration dans la suite.

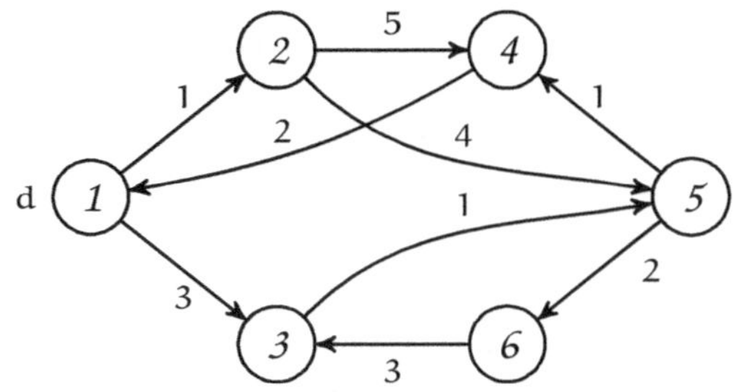

Fig. 7.4 – Exemple de graphe orienté valué

Notations

- Soit c un chemin dans G ; coût(c) est la somme des valuations des arcs qui composent ce chemin (si le chemin comporte des circuits, certains arcs sont comptés plusieurs fois).

- Soit f un sommet de G ($f \in N$) ; chem(f) est l'ensemble (possiblement infini) des chemins de d à f ; dist(f) est la distance de d à f, soit :

$$\text{dist}(f) \stackrel{\frown}{=} \min_{c \in \text{chem}(f)} (\text{coût}(c)).$$

Pour la figure 7.4 page 373, avec $d = 1$, nous avons :

- coût($\langle 1, 2, 4 \rangle$) = 6,
- chem(4) = $\{\langle 1, 2, 4 \rangle, \langle 1, 3, 5, 4 \rangle, \langle 1, 2, 4, 1, 2, 4 \rangle, \langle 1, 3, 5, 6, 3, 5, 4 \rangle, \ldots\}$,
- dist(5) = 4, dist(6) = 6.

Construction de l'algorithme – première version

Comme pour l'algorithme de Prim, nous recherchons une solution du type « course en tête » (voir section 7.1.4, page 359) ; il s'agit donc de construire une itération.

Invariant Nous appliquons la stratégie du « travail réalisé en partie » (voir section 3.4, page 105). Formulons l'hypothèse que le tableau L contient les distances de d à tous les sommets de N' ($N' \subseteq N$). Plus précisément :

$$I_1 \ \widehat{=} \ \forall f \cdot (f \in N' \Rightarrow L[f] = \text{dist}(f)).$$

En outre, si N' n'est pas vide, $d \in N'$:

$$I_2 \ \widehat{=} \ (N' \neq \varnothing \Rightarrow d \in N').$$

Nous introduisons la variable N'' ($N'' \widehat{=} N - N'$) et posons :

$$I_3 \ \widehat{=} \ (N = N' \cup N'') \text{ et } (N' \cap N'' = \varnothing).$$

Dans l'exemple de la figure 7.5, $d = 1$, $N' = \{1, 2, 3\}$ et les trois distances entre le sommet 1 et ces trois sommets sont connues. Elles sont notées dans la partie inférieure de chacun de ces sommets.

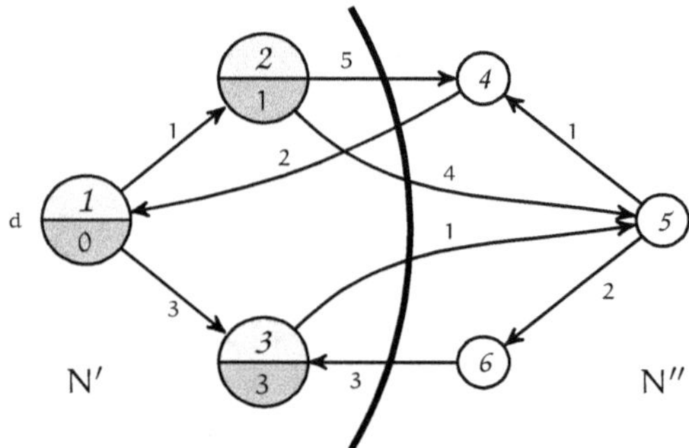

Fig. 7.5 – Situation après insertion de trois sommets dans N' (la valeur de L pour ces trois sommets apparaît dans la zone inférieure de ces sommets).

Condition d'arrêt

$$N'' = \varnothing.$$

On peut vérifier que la conjonction de l'invariant et de la condition d'arrêt implique bien le but : les distances de d à tous les sommets sont connues.

Progression Il s'agit de sélectionner un sommet de N'' et de le déplacer dans N' tout en s'assurant que l'invariant est bien préservé. Cependant, en l'absence d'informations complémentaires, il est difficile de choisir un sommet qui permettrait le rétablissement de l'invariant. Nous sommes conduits à proposer une seconde version qui est obtenue en renforçant l'invariant (I_1 **et** I_2 **et** I_3) par un quatrième conjoint I_4 destiné à faciliter la construction de la progression.

Construction de l'algorithme – seconde version

Invariant Une stratégie gloutonne consiste à attribuer à chaque sommet f de N″ une sur-estimation de la distance entre d et f et, à chaque pas de progression, à déplacer le meilleur sommet de N″ dans N′ (en espérant, pour avoir un glouton exact, que, pour ce sommet, l'estimation soit *exactement* la distance recherchée). Il faut s'attendre à ce que l'introduction de cette propriété de sur-estimation exige l'ajout d'un fragment de code pour son maintien. Avant d'apporter plus de précisions, il est nécessaire de compléter les notations précédentes.

- On appelle eChem(f) (pour e-chemin) l'ensemble de tous les chemins de la source d (d ∈ N′) à un sommet f de N″ dont tous les sommets sont dans N′, à l'exception de f.

- On note eDist(f) (pour e-distance) le coût le plus faible parmi ceux des e-chemins (eChem) de d à f :

$$\mathrm{eDist(f)} \;\widehat{=}\; \min_{c\in\mathrm{eChem(f)}} (\mathrm{co\hat{u}t(c)}).$$

Si eChem(f) = ∅ alors eDist(f) = +∞.

Le prédicat I_4 que nous adjoignons à l'invariant précédent (I_1 **et** I_2 **et** I_3) précise que, pour tout élément f de N″, L[f] est l'e-distance de d à f :

$$I_4 \;\widehat{=}\; \forall f \cdot (f \in N'' \Rightarrow L[f] = \mathrm{eDist(f)}).$$

La figure 7.6 complète la figure 7.5, avec L[4] = eDist(4) = 6, L[5] = eDist(5) = 4. En revanche, il n'y a pas (encore) de e-chemin qui aille de d vers le sommet 6 et donc L[6] = eDist(6) = +∞.

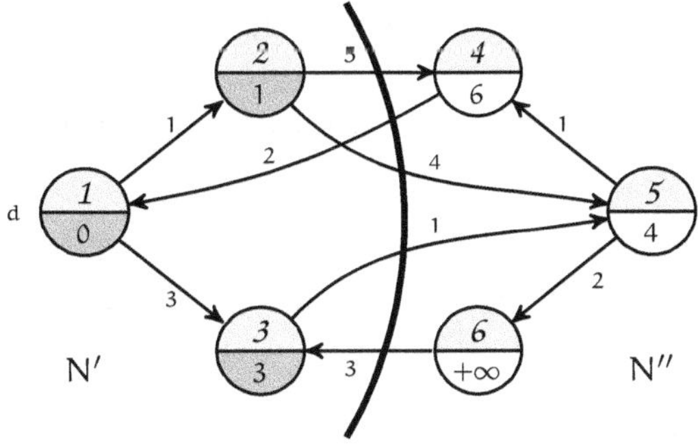

Fig. 7.6 – Situation après trois pas de progression. Les valeurs de dist(f)*, pour* f ∈ N′*, et de* eDist(f)*, pour* f ∈ N″*, sont notées dans la partie inférieure de chaque sommet. Elles correspondent à* L[f].

Dès lors que d ∈ N′, si f ∈ N″, tout chemin de d à f possède un e-chemin comme préfixe (lui-même le cas échéant). Soit le chemin ⟨d, a_1,..., a_p, f⟩. Son e-chemin est ⟨d, a_1,..., a_i⟩ tel que, pour tout j de l'intervalle 1 .. i, a_j ∈ N′ et a_{i+1} ∈ N″. Ainsi, le schéma ci-après montre un chemin de d à f et, en gras, le e-chemin qui lui correspond :

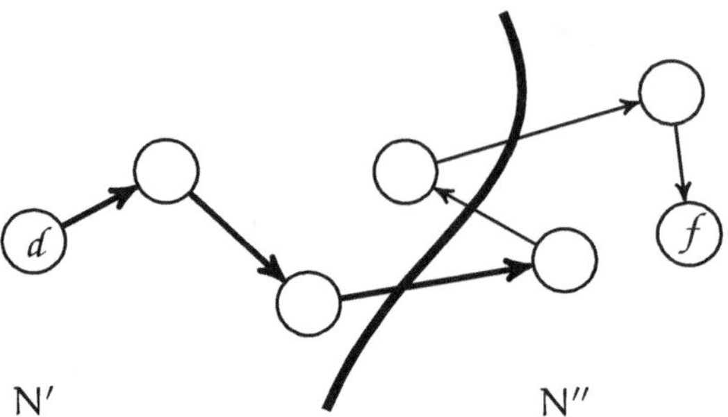

Un tel chemin n'est donc jamais moins coûteux que le e-chemin qui lui correspond, d'où la propriété suivante (qui n'est pas formellement démontrée) :

Propriété Soit $f \in N''$, $d \in N'$, c un chemin de d à f et c' le e-chemin correspondant. On a $\text{coût}(c') \leqslant \text{coût}(c)$.

Dans la figure 7.5 page 374, $c = \langle 1, 2, 5, 6 \rangle$ est un chemin de $d = 1$ à $f = 6$, qui a comme coût 7. Le e-chemin correspondant est $c' = \langle 1, 2, 5 \rangle$, qui a comme coût 5.

Condition d'arrêt La condition d'arrêt est inchangée par rapport à la première version.

Progression Ainsi que nous l'avons mentionné, on choisit, parmi tous les éléments de N'', celui qui, en termes de e-distance, est le plus proche de d. Il en existe obligatoirement au moins un, puisque, selon la précondition de la progression, N'' est non vide. Le code de la progression s'obtient alors en introduisant une « constante » locale g, la partie de code (C) reste à instancier :

1. **soit g tel que**
2. $g \in N''$ **et** $L[g] = \min\limits_{f \in N''} (L[f])$
3. **début**
4. $N'' \leftarrow N'' - \{g\}$; $N' \leftarrow N' \cup \{g\}$;
5. $\vdots$ (C)
6. **fin**

78 - Q 8 **Question 8.** Montrer que, si l'on parvient à achever sa construction, cet algorithme est un glouton exact (autrement dit, que pour le sommet g sélectionné $L[g] = \text{dist}(g)$). Sur l'exemple de la figure 7.6, quelle est la situation atteinte après l'exécution de la ligne 4 de la progression ?

78 - Q 9 **Question 9.** Compléter la construction de la progression (c'est-à-dire rédiger le fragment de code (C) qui rétablit le conjoint I_4 de l'invariant). Sur l'exemple de la figure 7.6, quelle est la situation atteinte après l'exécution de la progression ?

78 - Q 10 **Question 10.** Compléter la construction de l'algorithme et fournir son code.

78 - Q 11 **Question 11.** Qu'en serait-il de la propriété 7 si la précondition qui exige que la valuation P ne soit jamais négative était abandonnée ?

78 - Q 12 **Question 12.** On étudie un raffinement à l'algorithme fourni en réponse à la question 10 basé sur les éléments suivants : i) les ensembles N'/N'' sont représentés par un vecteur caractéristique W ($W \in 1..n \rightarrow \mathbb{B}$), ii) afin d'éviter une évaluation complexe de sa condition d'arrêt, la boucle **tantque** est remplacée par une boucle **pour**, dont le corps est exécuté n fois. Faire une description informelle de l'algorithme qui en résulte. Quelle est sa complexité en termes de conditions évaluées ?

Question 13. Dans la perspective d'un second raffinement, on considère les files de priorité de type tas (voir section 1.7, page 33). Sur cette base, décrire de façon informelle les différentes structures de données, ainsi que les étapes de l'algorithme, et fournir son code. Analyser sa complexité temporelle (en termes de conditions évaluées) et la comparer à celle obtenue en réponse à la question précédente.   `78 - Q 13`

Question 14. Dans ce qui précède, il a été suggéré que la boucle **pour** principale de l'algorithme soit exécutée n fois. Expliquer comment on pourrait limiter le nombre de pas à $(n-2)$ dans l'algorithme fondé sur une file de priorité.   `78 - Q 14`

Question 15. Jusqu'à présent, nous ne nous sommes préoccupés que des distances. En général, on souhaite également connaître un *chemin* optimal. L'ensemble des chemins optimaux de d vers chaque sommet peut se représenter par un arbre inverse (un fils désigne son père) dont la racine est d, comme le montre le schéma suivant pour l'exemple de la figure 7.4, page 373 :   `78 - Q 15`

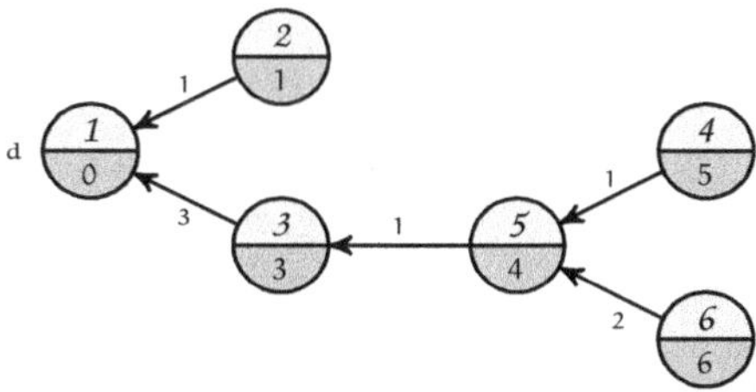

Indiquer quels changements sont à apporter à l'algorithme pour qu'il construise cet arbre.

Question 16. L'article original de E.W. Dijkstra porte sur la recherche de la distance entre deux sommets donnés quelconques d et s de G. Comment peut-on aménager l'algorithme fourni en réponse à la question 10 pour résoudre cette variante du problème traité ici ?   `78 - Q 16`

En conclusion

Le lecteur pourra vérifier que, appliqué au graphe de la partie (a) de la figure 7.3, page 369, l'algorithme de Dijkstra délivre le tableau L ci-après :

1	2	3	4	5
0	1	4	7	9

correspondant aux valeurs données dans l'arbre de la partie (b) de la figure 7.3, page 369.

L'algorithme de Dijkstra s'adapte à la recherche des chemins de valeur maximale depuis une source avec un graphe orienté dont les arcs portent des valeurs négatives ou nulles.

D'autres algorithmes de calcul de chemins de valeur minimale sont présentés dans les exercices 130, page 686, 131, page 688 et 132, page 691 au chapitre 9.

Pour comparer des algorithmes de Prim et de Dijkstra, on notera que :

1. Les valeurs portées par les arêtes ou les arcs ont été choisies entières, mais pourraient tout aussi bien être réelles.

2. Si l'algorithme de Prim peut fonctionner avec des valuations de signe quelconque, on a vu à la question 11 qu'il n'en va pas de même pour l'algorithme de Dijkstra (ce qui peut en limiter l'utilisation pour certains problèmes).

3. Les deux algorithmes se ressemblent, ayant comme structure générale une boucle, ce qui n'étonne pas puisque ce sont deux algorithmes gloutons. Mais la similitude va au-delà, car, dans les deux cas, on est amené à : i) partitionner l'ensemble des sommets du graphe considéré, ii) choisir à chaque étape un sommet constituant un choix optimal et enfin iii) effectuer une mise à jour relative aux sommets qui n'ont pas encore été choisis.

La solution est en page 405.

Exercice 79 Compression de données : l'algorithme de Huffman

> *L'objectif de cet exercice est de construire un algorithme qui fournit un code compactant des données (c'est-à-dire les compressant sans provoquer de perte d'information). Par de nombreux aspects, la solution étudiée ici occupe une place à part dans les exercices de cet ouvrage. Par son importance tout d'abord : malgré son âge (il a été publié en 1952), l'algorithme de Huffman occupe souvent l'un des étages des applications de compression de données. Par sa simplicité apparente d'autre part, qui se traduit par un algorithme d'une grande concision, qui contraste avec les efforts qu'il faut déployer pour prouver son optimalité. À son crédit, on pourrait ajouter son efficacité, sa couverture en termes de structures de données, etc., bref un excellent exercice.*

Introduction

Le codage binaire de symboles (typiquement des caractères typographiques) fait l'objet de normes internationales. Les codes ainsi définis sont le plus souvent de longueur fixe (huit bits pour le code Ascii, seize bits pour le code UTF-16, etc.). Cependant, de par leur vocation universelle, leur utilisation se révèle en général coûteuse (en termes de place pour le codage de fichiers, en temps pour leur transmission). Une amélioration substantielle peut être obtenue en utilisant à la place un code *ad hoc* (dépendant uniquement du texte considéré) de longueur *variable*, qui tient compte de la fréquence de chaque caractère dans le texte considéré. Considérons par exemple le texte t suivant, de 17 caractères :

$$t = \textit{elle}\textvisiblespace\textit{aime}\textvisiblespace\textit{le}\textvisiblespace\textit{miel}$$

exprimé sur le vocabulaire $V = \{a, e, i, l, m, \textvisiblespace\}$ (le caractère $\textvisiblespace$ représente l'espace). En utilisant un code de longueur fixe de huit bits, ce texte occupe $17 \cdot 8 = 136$ bits. Un code de longueur fixe de trois bits (c'est le mieux que l'on puisse faire ici, en utilisant un code de longueur fixe, pour un vocabulaire V de six symboles) exige $17 \cdot 3 = 51$ bits.

Un code de longueur variable peut améliorer la situation. C'est ce que montre celui de la table 7.1 qui code le texte t précédent par la chaîne de 49 (au lieu de 51) bits suivante (le point dénote l'opération de concaténation) :

$$10 \cdot 1111 \cdot 1111 \cdot 10 \cdot 110 \cdot 00 \cdot 1110 \cdot 01 \cdot 10 \cdot 110 \cdot 1111 \cdot 10 \cdot 110 \cdot 01 \cdot 1110 \cdot 10 \cdot 1111$$

Intuitivement, cela sera d'autant plus vrai que les mots de code les plus courts seront affectés aux caractères les plus fréquents.

symboles	a	i	m	␣	l	e
fréquences	1	2	2	3	4	5
mots de code	00	1110	01	110	1111	10

Tab. 7.1 – Exemple de code et de fréquences pour le vocabulaire $V = \{a, e, i, l, m, ␣\}$

L'objectif de l'exercice est de construire un algorithme (dû à D.A. Huffman, 1952) qui, pour un texte t donné (et donc un vocabulaire et une fréquence donnés), fournit un code optimal, c'est-à-dire qui code t avec le moins de bits possibles.

Dans la suite de cette introduction, on présente les concepts de code et d'arbre préfixes avant de définir les notions de code et d'arbre de Huffman.

Code/arbre préfixes Dans un code *préfixe*, par définition, il n'existe pas deux caractères dont le mot de code de l'un soit le préfixe de celui de l'autre. Ceci interdit par exemple de coder e par 1 et a par 1011. L'avantage d'un code préfixe réside dans la phase de décodage (passage de la chaîne de bits à la chaîne de caractères qui lui correspond), dans la mesure où cette étape peut s'effectuer de manière déterministe [1] : dès qu'un mot c est identifié au début de la chaîne à décoder b, il suffit de le traduire par le caractère correspondant, de le supprimer de b et de réappliquer le processus sur ce qui reste de b. Les codes de longueur fixe sont, par construction, préfixes ; le code de la table 7.1 l'est également.

Un code préfixe peut se représenter par un arbre binaire complet (c'est-à-dire sans point simple, voir section 1.6, page 29), dont les branches à gauche sont étiquetées par des 0 et les branches à droite par des 1, et dont les feuilles sont étiquetées par un caractère. Le code de la table 7.1 est représenté par l'arbre (a) de la figure 7.7.

Préfixe n'est cependant pas synonyme d'optimal : pour le texte t précédent (et donc pour le vocabulaire V et les fréquences de la table 7.1), le code représenté par l'arbre préfixe (b) de la figure 7.7 est meilleur que celui représenté par l'arbre (a) puisqu'il code le texte t en 42 bits au lieu de 49. En revanche, on sait (affirmation admise dans la suite) qu'un code optimal peut toujours se représenter par un code préfixe.

Le coût L(A) de l'arbre préfixe A se définit par la longueur de la chaîne de bits résultant du codage du texte t par A. Plus précisément, soit $V = \{v_1, \ldots, v_n\}$ ($n \geqslant 2$) un vocabulaire, f ($f \in V \rightarrow \mathbb{N}_1$) la fréquence des v_i dans le texte t (leur nombre d'occurrences) et A un arbre préfixe :

$$L(A) = \sum_{v \in V} f(v) \cdot l_A(v), \tag{7.2}$$

où $l_A(v)$ est la longueur du mot de code de v (ou la profondeur de la feuille v dans A) [2].

Code/arbre de Huffman Un arbre préfixe A représente un code de Huffman s'il n'existe pas d'arbre (préfixe) A' tel que $L(A') < L(A)$. En général, un arbre A de Huffman

---

1. On ne s'intéresse ici qu'aux codes déterministes, c'est-à-dire aux codes pour lesquels le processus de codage n'exige pas de retour arrière.
2. L(A) est aussi appelé « longueur de chemin pondéré » de l'arbre A.

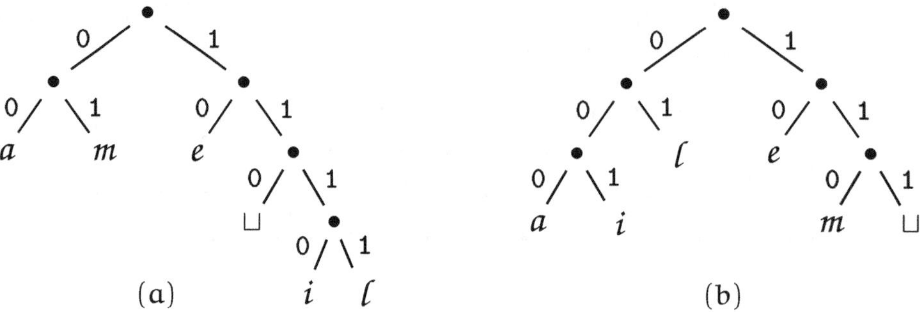

Fig. 7.7 – *Deux arbres préfixes pour le vocabulaire* $V = \{a, e, i, \ell, m, \sqcup\}$. *L'arbre* (a) *correspond au code du tableau 7.1, page 379, l'arbre* (b) *est un second arbre préfixe.*

n'est pas unique : il existe des arbres A' tels que $L(A') = L(A)$. Pour le couple (V, f) de la table 7.1 page 379, un arbre de Huffman A est tel que $L(A) = 42$.

79 - Q 1   **Question 1.** Vérifier qu'en utilisant le couple (V, f) cité précédemment, l'arbre (b) de la figure 7.7 est tel que $L(b) = 42$. Pour le même couple (V, f), proposer un second arbre de Huffman qui ne soit pas obtenu par de simples échanges de sous-arbres.

L'algorithme de Huffman

Les arbres produits par l'algorithme de Huffman ne sont pas parfaitement identiques aux arbres préfixes optimaux tels que définis précédemment. Ils sont enrichis (renforcés) par une information redondante, qui facilite leur construction : chaque nœud est complété par la somme des fréquences de toutes ses feuilles. En outre, pour ce qui nous concerne, nous renonçons à deux informations qui s'avèrent superflues lors de la construction de l'arbre : les caractères placés aux feuilles et les étiquettes apposées aux branches. Le schéma ci-dessous montre comment un arbre de Huffman (a) se transforme en un « arbre optimal » (c) en passant par un arbre « externe » (b) (c'est-à-dire un arbre où l'information non structurelle est portée uniquement par les feuilles).

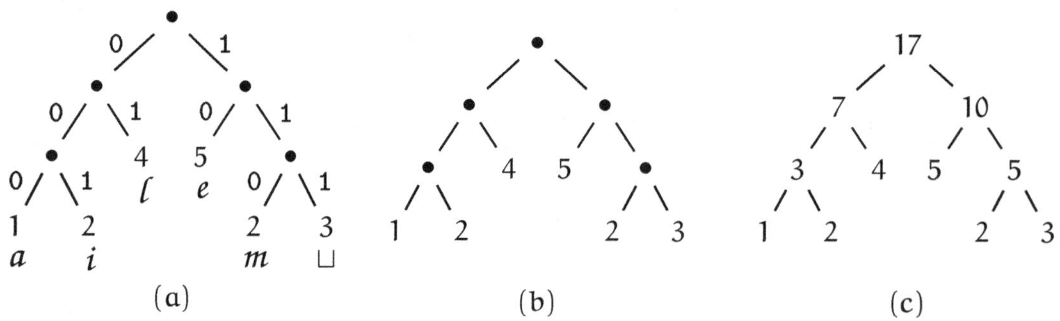

Arbres de fréquences

Définition 24 (Arbre de fréquences) :
Un arbre complet de fréquences est un élément de l'ensemble P *des arbres binaires complets, tel que chaque nœud est étiqueté par la somme des fréquences de ses feuilles.*

P *se définit par :*

$$P = \{(/, h, /) \mid h \in F\} \cup \{(g, h, d) \mid g \in P \ \textit{et} \ d \in P \ \textit{et} \ h = g.h + d.h\}.$$

L'opérande gauche de l'opérateur $\cup$ permet de n'obtenir que des arbres complets. F est le sac des valeurs prises par les feuilles (le sac des fréquences). L'arbre (c) de la page précédente est un arbre de fréquences défini sur le sac $[\![1, 2, 4, 5, 2, 3]\!]$.

Le coût L(A) d'un arbre de fréquence A sur le sac des fréquences F se définit par :

$$L(A) = \sum_{k \in F} k \cdot l_A(k), \tag{7.3}$$

où $l_A(k)$ est la profondeur de la feuille k dans A. Cette définition est compatible avec celle de la formule 7.2 page 379.

Propriété Soit G (resp. D) un arbre de fréquences défini sur le sac de fréquences F_G (resp. F_D), soit $A = (G, G.h + D.h, D)$ l'arbre de fréquences défini sur le sac de fréquences $F_G \sqcup F_D$. A vérifie la propriété suivante :

$$L(A) \;=\; L(G) + G.h + D.h + L(D). \tag{7.4}$$

Question 2. L'arbre (c) (page précédente) est un arbre de fréquences. Vérifier que les deux formules 7.3 et 7.4 fournissent bien le même coût pour cet arbre. Démontrer la propriété 79.   `79 - Q 2`

Arbres optimaux

Définition 25 (Arbre optimal) :
Un arbre de fréquences A (défini sur les fréquences F) est un arbre optimal, si et seulement s'il n'existe pas d'arbre (de fréquences sur F) A′ tel que $L(A') < L(A)$.

Question 3. En supposant que P représente l'ensemble des arbres de fréquences, définir formellement H ($H \subseteq P$), sous-ensemble des arbres optimaux de fréquences de P.   `79 - Q 3`

Construction d'un arbre optimal   Dans une première étape, on présente la construction d'un arbre optimal de manière intuitive, avant de se préoccuper de la construction de l'algorithme. La principale difficulté de cette construction réside dans la preuve de l'optimalité. Nous recherchons une solution du type « course en tête » (voir section 7.1.4, page 359).

Deux possibilités s'offrent à nous pour ce qui regarde la construction de l'arbre : descendante ou ascendante. Nous optons pour la seconde. Initialement, les différentes fréquences sont placées dans une liste B, puis, à chaque pas d'itération, deux fréquences sont enracinées en un arbre dont la racine porte la somme des deux fréquences. Quelles fréquences choisir dans la liste ? Nous sommes dans une logique gloutonne : nous retenons les deux fréquences les plus faibles. Le processus est réitéré. Chaque pas fait décroître d'une unité la longueur de la liste : l'algorithme s'achève quand la liste ne contient plus qu'un seul élément. C'est ce que montrent les six schémas suivants.

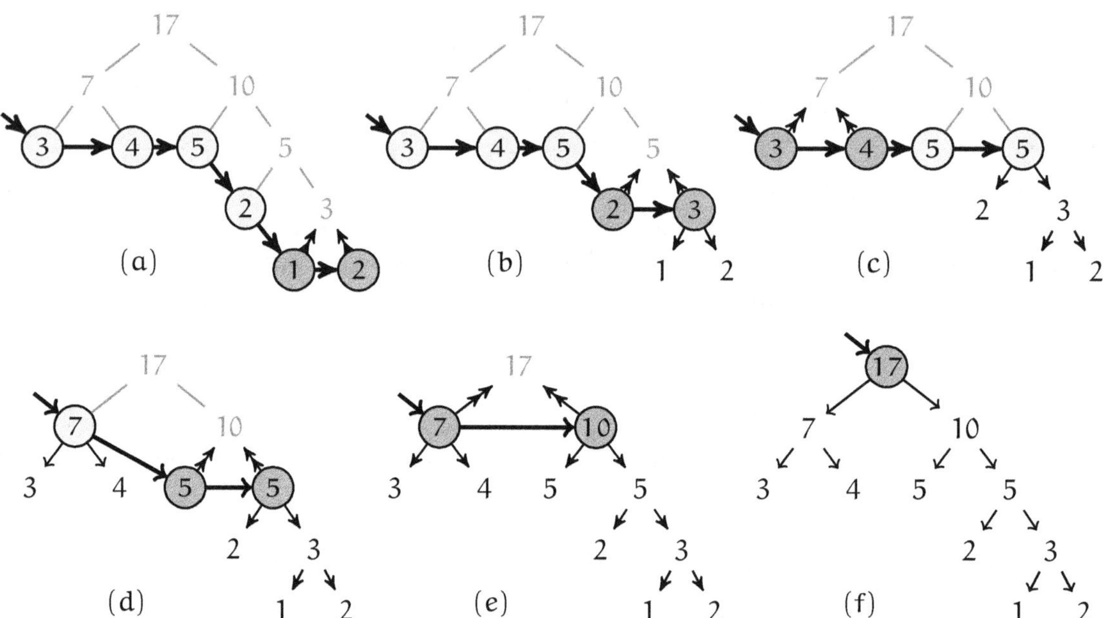

Ces six schémas montrent l'évolution de la liste B (en gras) et la construction ascendante de l'arbre optimal. À chaque étape, la liste contient une forêt (voir par exemple le schéma (d)) d'arbres optimaux qui est incluse dans l'arbre finalement construit par l'algorithme (schéma (f)). Cet exemple présente comme particularité que, dans la liste B, deux fréquences minimales sont toujours voisines. Le cas échéant, le processus de construction fournit toujours un arbre différent, mais toujours optimal. Concrètement, ainsi qu'il est précisé ci-après, l'algorithme représente B par une file de priorité.

Liste d'arbres   La section précédente nous conduit à définir les notions de liste d'arbres de fréquences et de liste optimale (d'arbres de fréquences).

Définition 26 (Liste de fréquences) :
Soit $A_1, \ldots, A_m$ *m arbres de fréquences sur respectivement* $F_1, \ldots, F_m$. $B = \langle A_1, \ldots, A_m \rangle$ *est une liste de fréquences sur* $F = F_1 \sqcup \ldots \sqcup F_m$.

Définition 27 (Coût d'une liste) :
Soit $B = \langle A_1, \ldots, A_m \rangle$ *une liste de fréquences. Son coût se définit par* $L(B) = \displaystyle\sum_{i=1}^{m} L(A_i)$.

Définition 28 (Liste optimale) :
B *est une liste optimale (de fréquences) sur* F *si, pour toute liste* B' *sur* F, $L(B) \leqslant L(B')$.

79 - Q 4   **Question 4.**   Montrer que si $B = \langle A_1, \ldots, A_m \rangle$ est une liste optimale, alors chaque A_i est un arbre optimal.

Construction de l'algorithme de Huffman   L'objectif est d'obtenir un arbre optimal sur le sac des fréquences $F = F_1 \sqcup \cdots \sqcup F_n$. Il s'agit d'un algorithme itératif basé sur une liste optimale triée (une file de priorité) d'arbres de fréquences. Nous proposons un invariant à partir duquel se construisent les autres constituants de la boucle.

Invariant $B = \langle A_1, \ldots, A_m \rangle$ ($m \in 1 \ldots n$) est une liste optimale sur les fréquences respectives $F_1, \ldots, F_m$ et $F_1 \sqcup \cdots \sqcup F_m = F$.

Question 5. Compléter la construction de la boucle. Fournir le texte de l'algorithme de Huffman. Calculer sa complexité. $\boxed{\textbf{79} \text{ - Q } 5}$

La solution est en page 413.

Exercice 80   Fusion de fichiers

> *On considère ici des fichiers séquentiels triés sur une clé. Contrairement à ce que suggère l'intuition, le coût de la fusion de n fichiers, en nombre de comparaisons de clés, dépend de l'ordre dans lequel les fusions deux à deux sont réalisées. Il existe un algorithme glouton qui détermine cet ordre.*

Il est conseillé de résoudre l'exercice 79, page 378 sur le codage d'Huffman, ainsi que l'exercice 87, page 443 sur le tri-fusion, avant d'aborder celui-ci.

La fusion est une opération qui permet par exemple, à partir de deux fichiers séquentiels triés F_1 et F_2, de produire un troisième F_3, trié lui aussi :

$$F_1 : \boxed{3 \mid 5 \mid 10 \mid 12 \mid \vdash} \quad \text{\Lambda\Lambda} \quad F_2 : \boxed{1 \mid 5 \mid 7 \mid \vdash} \quad = \quad F_3 : \boxed{1 \mid 3 \mid 5 \mid 5 \mid 7 \mid 10 \mid 12 \mid \vdash}$$

Dans la suite, on considère que fusionner deux fichiers de e_1 et e_2 enregistrements présente un coût de $e_1 + e_2$ unités (en nombre de conditions évaluées par exemple). Fusionner n ($n > 2$) fichiers peut se faire en fusionnant successivement des couples de fichiers jusqu'à l'obtention d'un seul fichier. Cependant, le coût total de l'opération dépend de l'ordre dans lequel on choisit les couples à traiter. Considérons, par exemple, les six fichiers de $3, 4, 6, 8, 12$ et 14 enregistrements traités dans la figure ci-après. Dans le schéma (a), les fichiers sont traités selon l'ordre croissant de la taille des six fichiers de départ (encadrés dans le schéma). Le coût résultant est de 121. En effet, la fusion des deux fichiers de trois et quatre éléments donne un fichier de sept éléments (avec un coût de 7) ; ces sept éléments viennent se fusionner avec le fichier de six éléments pour donner 13 éléments (avec un coût de 20), etc. Le coût total est la somme des valeurs encerclées, soit $7 + 13 + 21 + 33 + 47 = 121$.

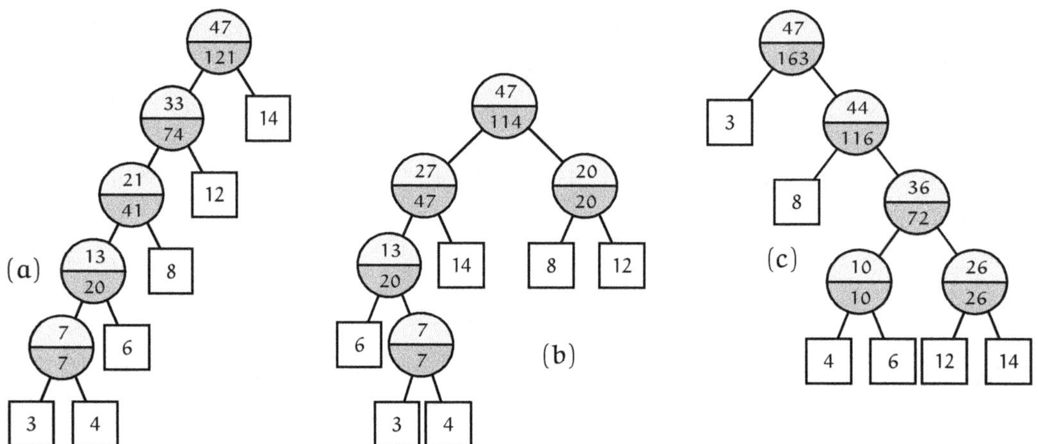

Pour le schéma (b), le coût s'élève à 114, et le traitement se caractérise par le fait que la fusion se fait systématiquement sur les deux fichiers les plus petits, indépendamment de leur origine. Quant au schéma (c), qui opère de manière aléatoire, son coût revient à 163.

L'objectif de l'exercice est de construire un algorithme glouton qui détermine un arbre de fusion optimal pour un ensemble de n fichiers quelconques.

80 - Q 1 **Question 1.** Sachant que pour un jeu de six fichiers dotés respectivement de $5, 6, 7, 8, 9$ et 10 enregistrements le coût optimal s'élève à 116 unités, fournir l'arbre optimal.

80 - Q 2 **Question 2.** Construire l'algorithme glouton qui détermine un arbre optimal pour tout jeu de n fichiers et démontrer son optimalité.

La solution est en page 415.

Exercice 81   Encore le photocopieur   ○ ⋮

> *Cet exercice est une variante du problème traité en introduction de ce chapitre. Il peut se décliner de nombreuses façons et être la source d'une variété d'exercices voisins, plus ou moins difficiles. On peut le vérifier en recherchant une permutation qui maximise le bénéfice d'une tâche, ou en ne considérant que les fins de tâches qui sont pénalisantes, etc. C'est son principal intérêt.*

Comme dans l'exemple introductif de ce chapitre, on doit réaliser un certain nombre de tâches de photocopies, mais les demandes des clients sont différentes. Il y a n tâches à réaliser, elles doivent toutes êtres accomplies et ne peuvent être fractionnées. Une tâche t_i exige une certaine durée $d(t_i)$. Chaque tâche t_i peut être placée n'importe où dans le planning de la photocopieuse à condition qu'elle n'entre pas en concurrence avec une autre tâche. L'heure de fin est notée $f(t_i)$. Chaque tâche s'accompagne d'une heure d'échéance $e(t_i)$ qui est telle que, si t_i se termine avant $e(t_i)$, le bénéfice est positif et s'élève à $(e(t_i) - f(t_i))$, si elle se termine après, le « bénéfice » est négatif et vaut (toujours) $(e(t_i) - f(t_i))$; enfin, si t_i se termine exactement à l'heure $e(t_i)$, le bénéfice de l'opération est nul.

L'objectif de l'exercice est d'obtenir un algorithme glouton exact, qui détermine un ordre d'exécution des n tâches qui optimise (maximise) le bénéfice. Plus précisément, le cœur de l'exercice consiste à montrer que la stratégie gloutonne proposée est optimale.

Dans la suite, on admet (la démonstration est aisée) qu'il existe une solution optimale qui occupe la photocopieuse sans temps mort. On recherche une solution de ce type.

Exemple   On considère les trois tâches a, b et c suivantes et leurs échéances :

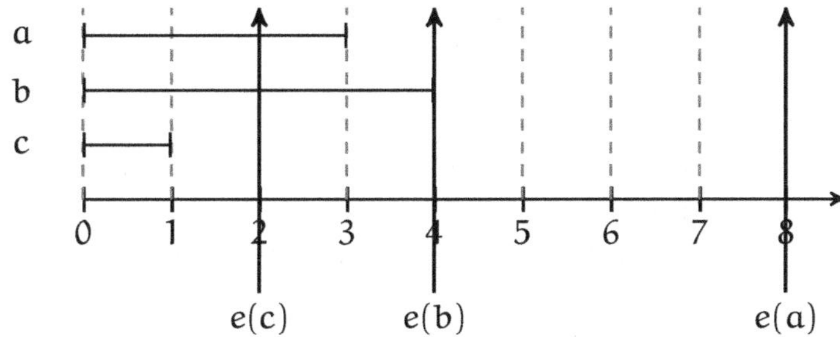

Les six permutations possibles sont représentées dans le schéma ci-après.

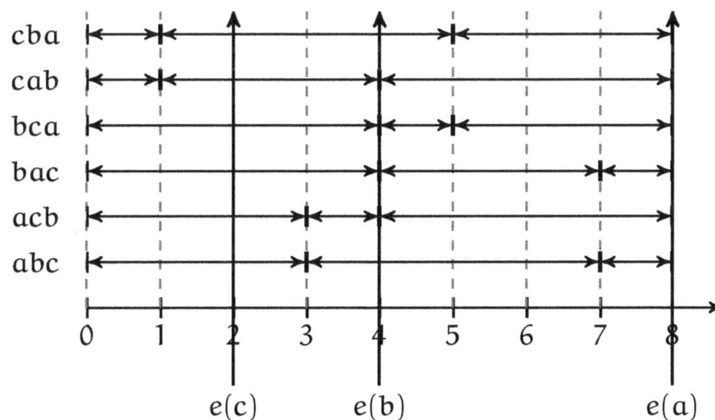

Le bénéfice obtenu par exemple pour la permutation abc se calcule de la manière suivante :

$$
\begin{aligned}
& (e(a) - f(a)) + (e(b) - f(b)) + (e(c) - f(c)) && \text{arithmétique} \\
= {} & (e(a) + e(b) + e(c)) - (f(a) + f(b) + f(c)) && \text{définition de } f(t_i) \\
= {} & (e(a) + e(b) + e(c)) - (d(t(a)) + (d(t(a)) + d(t(b))) + (d(t(a)) + d(t(b)) + d(t(c)))) && \text{arithmétique} \\
= {} & (e(a) + e(b) + e(c)) - (3 \cdot d(t(a)) + 2 \cdot d(t(b)) + 1 \cdot d(t(c))) && \text{application numérique} \\
= {} & (8 + 4 + 2) - (3 \cdot 3 + 2 \cdot 4 + 1 \cdot 1) = -4
\end{aligned}
$$

Question 1. Compléter le calcul pour les cinq autres permutations. En déduire que la stratégie gloutonne consistant à ordonner les tâches selon les échéances croissantes n'est pas optimale.   `81 - Q 1`

Question 2. Montrer, en utilisant une démonstration du type « argument de l'échange », que la stratégie gloutonne consistant à ordonner les tâches selon leur durée croissante est optimale. Quelle est la complexité de l'algorithme résultant ?   `81 - Q 2`

La solution est en page 416.

Exercice 82   Un problème d'épinglage

> *La difficulté principale de cet exercice réside dans la recherche d'une stratégie glou-*
> *tonne et dans la preuve de son optimalité. L'énoncé guide le lecteur dans la recherche*
> *d'une solution.*

On considère la demi-droite des réels positifs $\mathbb{R}_+^*$. Étant donné un ensemble fini I de n
($n \geqslant 0$) intervalles ouverts à gauche et fermés à droite, on dit qu'un ensemble de points T
épingle I si chaque intervalle de I contient au moins une fois un point de T. L'objectif est
de construire un programme glouton qui calcule un ensemble T de taille minimale [3].

Exemple   Dans l'exemple illustré ci-dessous, les douze intervalles sont épinglés par un
ensemble $T = \{1.5, 3.5, 6.5, 9.5, 11.5, 13.5, 16.5, 19.5\}$ de huit points.

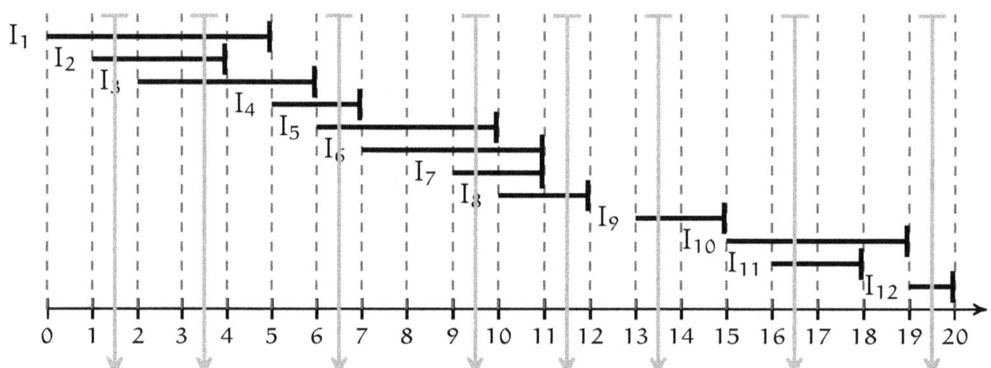

On s'aperçoit facilement que T n'est pas minimal. Par exemple, le point d'abscisse 1.5
épingle les intervalles I_1 et I_2, qui sont également épinglés par le point d'abscisse 3.5.
Puisqu'il n'épingle pas d'autres intervalles, le premier point de T est donc inutile.

Question 1. Peut-on enlever d'autres points de T tout en préservant son statut ?

Dans la perspective d'une démarche gloutonne, on envisage deux stratégies de placement
des points de T. Ces deux stratégies ont en commun qu'elles parcourent la file d'entrée
« de gauche à droite » et épinglent les intervalles sur l'extrémité fermée (sur la droite de
l'intervalle). Dans le premier cas, on considère que la file d'entrée F est triée sur les *origines*
croissantes, dans le second, elle est triée sur les *extrémités* croissantes.

Question 2. Quel est le résultat de l'application de ces deux stratégies sur l'exemple
donné ? Que peut-on en conclure ?

Question 3. Construire un programme glouton fondé sur la stratégie de votre choix parmi
les deux étudiées dans la seconde question. Montrer qu'elle est optimale. La technique de
la course en tête est préconisée. Quelle est la complexité de cette solution ?

Question 4. Planter une épingle peut se faire en n'importe quel point d'un intervalle
s'achevant à la position déterminée dans les questions précédentes sans altérer l'optimalité
de la solution. Comment cet intervalle se définit-il ?

La solution est en page 417.

---

3. Ce problème est aussi connu sous le nom anglais de *stabbing intervals*.

Exercice 83   Coloriage d'un graphe avec deux couleurs

> *Dans cet exercice, comme dans les suivants, on s'intéresse à la résolution d'un pro-blème dans lequel il n'est pas question d'optimalité. Nous étudions ici un algorithme de coloriage d'un graphe avec deux couleurs. Une version plus générale est étudiée dans l'exercice 59, page 251. Cependant, la présente version se révèle beaucoup plus efficace. En outre, elle est en relation étroite avec une catégorie de graphes qui possède de nombreuses applications : les graphes bipartites.*

Étant donné un graphe non orienté connexe $G = (N, V)$ (card(N) > 0), on cherche, *quand c'est possible,* à le colorier en noir et blanc de manière à ce que deux sommets adjacents ne soient jamais d'une même couleur. Un tel graphe est alors dit *bicolorié.* L'algorithme glouton que nous allons construire à cette fin est apparenté à l'algorithme de parcours d'un graphe « en largeur d'abord » qui est tout d'abord étudié.

Parcours de graphe en largeur d'abord : rappels

Introduction   Tout d'abord, nous définissons les notions de « distance entre deux sommets » et de « parcours en largeur d'abord » d'un graphe non orienté connexe.

Définition 29 (Distance entre deux sommets) :
Soit $G = (N, V)$ un graphe non orienté connexe, s et s' deux sommets de G. On appelle distance entre s et s' la longueur du plus court chemin entre s et s'.

Définition 30 (Parcours en largeur d'abord) :
Soit G un graphe non orienté connexe, s un sommet de G. On appelle « parcours en largeur d'abord » de G depuis s tout procédé qui rencontre les sommets de G selon les distances croissantes par rapport à s.

On peut conclure du schéma (b) de la figure 7.8 que la liste $\langle a, b, c, d, e, f, g, h \rangle$ correspond à un « parcours en largeur d'abord » depuis le sommet a. Il en est de même de la liste $\langle a, c, b, d, e, h, f, g \rangle$.

L'invariant de boucle   Nous souhaitons construire un algorithme itératif, glouton de surcroît, et nous nous limitons ici à rechercher un invariant de boucle, le reste de la construction étant laissé à la charge du lecteur. Imaginons qu'une partie du travail a été réalisée (voir section 3, page 99). Pour un graphe partiel $G' = (N', V')$ (sous-graphe de G induit par N', contenant le sommet de départ s), on dispose donc d'une liste associée au « parcours en largeur d'abord » de G', depuis s. Traditionnellement, cette liste est appelée CLOSE. Progresser consiste à allonger cette liste en y ajoutant un sommet, absent de CLOSE, le plus proche possible de s.

En l'absence d'autres hypothèses, la progression est possible, mais difficile à développer autant que coûteuse, puisque tout sommet absent de CLOSE est un candidat possible au transfert dans CLOSE. Nous proposons d'enrichir cette première version de l'invariant en

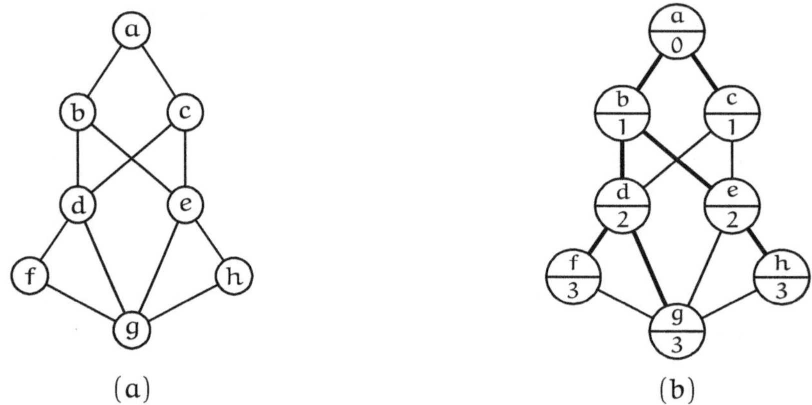

(a)   (b)

Fig. 7.8 – Exemple de graphe. Le schéma (a) présente le graphe qui illustre les exemples de l'énoncé. Le schéma (b) montre, en traits gras, pour le graphe (a), et pour chaque sommet, un plus court chemin depuis le sommet a vers tous les autres sommets. Dans le schéma (b), l'entier qui accompagne chaque sommet est la distance par rapport au sommet a.

lui ajoutant une structure de données (appelons-là OPEN), contenant tous les sommets absents de CLOSE à la condition qu'ils soient voisins d'au moins l'un des sommets de CLOSE. *A priori*, OPEN se présente comme une file de priorité gérée sur les distances de ses éléments par rapport à s, puisque l'élément à déplacer dans CLOSE est celui qui est le plus proche de s. Nous verrons ci-après qu'une version simplifiée d'une file de priorité est possible. Il suffit, pour maintenir cette nouvelle version de l'invariant, de déplacer la tête de la file OPEN en queue de la file CLOSE et – c'est la contrepartie du renforcement de l'invariant – d'introduire les « nouveaux » voisins de l'élément déplacé dans la file OPEN, ceux qui ne sont ni dans OPEN ni dans CLOSE (il s'agit d'un choix glouton).

Cependant, étant donné un élément e de OPEN, s'enquérir directement de la présence ou non de l'un de ses voisins dans OPEN ou dans CLOSE peut se révéler coûteux. Une meilleure solution consiste a effectuer un (nouveau) renforcement par la proposition suivante : dans la perspective du coloriage à venir, une « couleur » est attribuée à chaque sommet du graphe, blanc si le sommet est soit dans OPEN, soit dans CLOSE, et gris sinon (en fait, ici, les deux couleurs jouent le rôle de valeurs booléennes). De cette façon, à condition qu'un accès direct aux sommets soit possible, la mise à jour de OPEN est facilitée. Dans la progression, la préservation de ce complément de l'invariant s'obtient en peignant en blanc tout sommet qui rejoint OPEN.

Revenons sur la stratégie de gestion de la file OPEN. Est-il possible d'utiliser, au lieu d'une file de priorité, une simple file FIFO (voir section 1.8, page 34) ? Si c'est le cas, la gestion de OPEN s'en trouvera grandement simplifiée. Pour ce faire, lorsque le sommet e quitte OPEN pour rejoindre CLOSE, il faudrait que les voisins de e candidats à l'introduction dans OPEN soient à une distance supérieure ou égale à tous les éléments présents dans OPEN, ce qui permettrait de retrouver une file triée. Ceci revient à dire que, si e est à une distance k de s, tous les autres éléments de OPEN sont à une distance k ou $(k+1)$ de s, puisque les voisins « gris » de e sont à la distance $(k+1)$ de s. Nous ajoutons cette hypothèse à notre invariant. Le lecteur vérifiera qu'elle est bien instaurée par l'initialisation de la boucle. Restera à démontrer qu'elle est préservée par la progression.

Au final, nous proposons l'invariant suivant, constitué de quatre conjoints.

1. CLOSE est une file FIFO dont le contenu représente un « parcours en largeur d'abord » du sous-graphe de G induit par les sommets présents dans CLOSE.

2. OPEN est une file FIFO des sommets voisins des sommets présents dans CLOSE. L'intersection ensembliste de OPEN et de CLOSE est vide.

3. Si la tête de la file OPEN contient un sommet dont la distance à s est k, alors tous les autres éléments de OPEN sont à une distance k ou $(k+1)$ de s.

4. Dans le graphe G, les sommets présents, soit dans CLOSE soit dans OPEN, sont coloriés en blanc, les autres sont en gris.

La figure 7.9 page 390, montre les différentes étapes du « parcours en largeur d'abord » du graphe de la figure 7.8 page 388. Dans chaque graphe de la figure, les sommets présents dans CLOSE apparaissent en traits gras, ceux de OPEN sont en traits doubles. Les distances ne sont mentionnées que pour mémoire, l'algorithme ne les exploite pas. Commentons par exemple l'étape qui fait passer du schéma (e) au schéma (f). Dans le schéma (e), CLOSE contient la liste de « parcours en largeur d'abord » du sous-graphe induit par les sommets a, b, c et d. Le sommet e, tête de la file OPEN, va se déplacer en queue de la file CLOSE. Quels sont les voisins de e destinés à rejoindre la liste OPEN ? c et b sont déjà dans CLOSE, ils ne sont pas concernés. g est déjà dans OPEN, il n'est pas affecté. Reste le sommet h, qui va venir rejoindre la liste OPEN et se colorier en blanc.

Les structures de données   Deux types de structures de données sont utilisés dans cet algorithme. Le premier, les files FIFO, est décrit à la page 34. Le second concerne une variante « coloriée » des graphes.

La structure de données « graphe non orienté colorié »   Nous avons besoin de colorier les sommets d'un graphe, de consulter leur couleur et de parcourir la liste des voisins, d'où les définitions suivantes (l'ensemble $Couleurs$ est supposé défini).

- **procédure** $ColorierGr(G, s, coul)$: opération qui colorie le sommet s de G en utilisant la couleur coul.

- **fonction** $CouleurGr(G, s)$ **résultat** Couleurs : fonction qui délivre la couleur du sommet s de G.

- **procédure** $OuvrirVoisinsGr(G, s)$: opération qui initialise le parcours de la liste des voisins du sommet s du graphe G.

- **fonction** $FinListeVoisinsGr(G, s)$ **résultat** $\mathbb{B}$: fonction qui délivre **vrai**, si et seulement si le parcours dans le graphe G de la liste des voisins de s est terminé.

- **procédure** $LireVoisinsGr(G, s, s')$: opération qui délivre dans s' l'identité du sommet « sous la tête de lecture » de la liste des voisins de s, puis qui avance d'une position cette tête de lecture.

Pour cette application, le meilleur raffinement, en termes d'expression de l'algorithme et d'efficacité, est la représentation par liste d'adjacence (voir le schéma (d) de la figure 1.3 page 23 pour une représentation similaire dans le cas des graphes orientés). Le graphe est donc défini comme un *triplet* $(G = (N, V, R))$ où la composante R correspond aux couleurs (pour le moment « blanc » et « gris »).

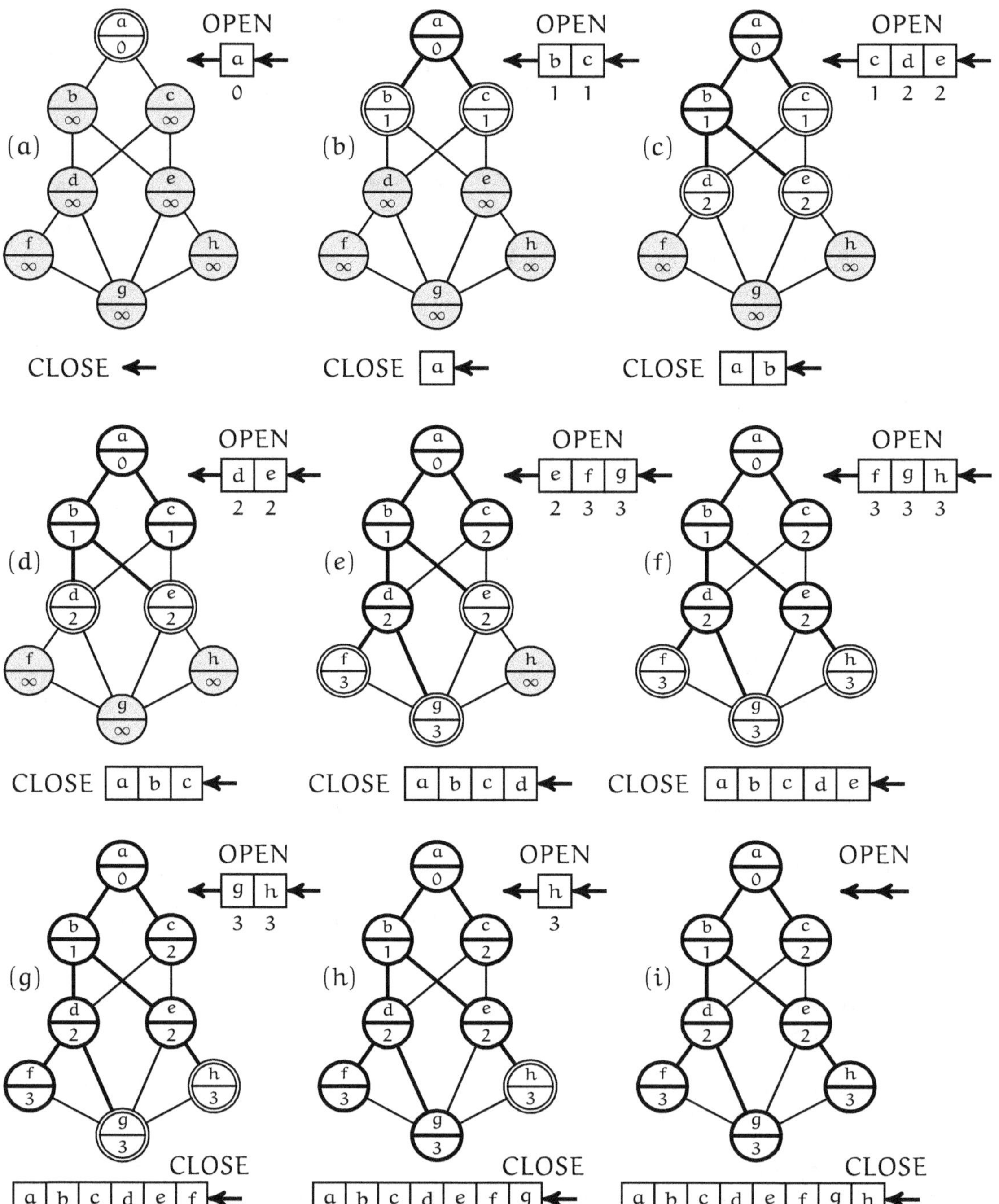

Fig. 7.9 – *Les différentes étapes du « parcours en largeur d'abord » du graphe du schéma* (a) *de la figure 7.8 page 388. Les sommets encerclés en traits gras sont ceux de* CLOSE; *les sommets doublement encerclés sont ceux de* OPEN. *La valeur entière qui accompagne chaque sommet est la distance connue par rapport au sommet* a. *Les deux files* OPEN *et* CLOSE *sont représentées respectivement au nord-est et au sud des graphes.*

L'algorithme   Outre le graphe G, cet algorithme utilise les variables sc (le sommet courant) et v pour parcourir la liste des voisins.

```
 1. constantes
 2.     n ∈ ℕ₁ et n = ... et N = 1..n et Couleurs = {gris, blanc} et
 3.     V ∈ N × N et V = {...}
 4. variables
 5.     R ∈ N → Couleurs et G = (N, V, R) et
 6.     s ∈ N et sc ∈ N et v ∈ N et CLOSE ∈ FIFO(N) et OPEN ∈ FIFO(N)
 7. début
 8.     /% coloriage en gris de tous les sommets : %/
 9.     pour w ∈ N faire
10.         ColorierGr(G, w, gris)
11.     fin pour ;
12.     InitFifo(CLOSE) ; InitFifo(OPEN) ;
13.     s ← ... ; /% choix du sommet initial : %/
14.     ColorierGr(G, s, blanc) ;
15.     AjouterFifo(OPEN, s) ;
16.     tant que non EstVideFifo(OPEN) faire
17.         sc ← TêteFifo(OPEN) ; SupprimerFifo(OPEN) ;
18.         AjouterFifo(CLOSE, sc) ;
19.         OuvrirVoisinsGr(G, sc) ;
20.         tant que non FinListeVoisinsGr(G, sc) faire
21.             LireVoisinsGr(G, sc, v) ;
22.             si CouleurGr(G, v) = gris alors
23.                 ColorierGr(G, v, blanc) ;
24.                 AjouterFifo(OPEN, v)
25.             fin si
26.         fin tant que
27.     fin tant que ;
28.     écrire(CLOSE)
29. fin
```

Question 1.   Quelle est la complexité asymptotique de cet algorithme en termes de conditions évaluées ?   83 - Q 1

Question 2. Expliciter le principe d'un algorithme glouton de coloriage s'appuyant sur cet algorithme.   83 - Q 2

L'algorithme de coloriage de graphe avec deux couleurs

Nous sommes à présent armés pour aborder le problème qui fait l'objet de l'exercice : le coloriage d'un graphe avec les deux couleurs noir et blanc. Il s'agit d'aménager la construction de l'algorithme précédent de façon à colorier alternativement en noir et blanc, selon la profondeur par rapport au sommet de départ, soit jusqu'à épuisement des sommets, soit jusqu'à la découverte d'une impossibilité.

Question 3. Construire l'algorithme de coloriage.   83 - Q 3

Question 4. Montrer, sur le graphe de la figure 7.8 page 388, les différentes étapes du coloriage à partir du sommet a.   83 - Q 4

83 - Q 5   **Question** 5.   Fournir le code de l'algorithme, ainsi que sa complexité.

83 - Q 6   **Question** 6. L'exercice 59 page 251 aborde le problème plus général de coloriage avec m ($m \geqslant 2$) couleurs. Discuter de la possibilité de généraliser l'algorithme fourni en réponse à la question 5, au cas $m > 2$.

Remarque   Il existe une propriété caractéristique intéressante : un graphe est bicoloriable si et seulement s'il ne contient aucun cycle de longueur impaire. Cependant, cette propriété n'est pas constructive : l'établir ne fournit pas le coloriage.

La solution est en page 420.

Exercice 84   D'un ordre partiel à un ordre total :
le tri topologique

> *Deux versions de l'algorithme du tri topologique sont étudiées. La première, naïve mais peu efficace, s'obtient sans difficulté. La seconde exige un renforcement d'invariant ; implantée en termes de pointeurs, elle constitue un excellent exercice de raffinement et de manipulation de structures dynamiques. L'algorithme construit ici s'apparente à celui de Marimont permettant la mise en niveau d'un graphe sans circuit.*

Pour aborder cet exercice, il faut au préalable avoir résolu l'exercice 2, page 35.

Soit $(E, \prec)$ un couple tel que E est un ensemble fini de n éléments et $\prec$ une relation d'ordre partiel sur E. On cherche à construire sur E une relation d'ordre total $\leqslant$ compatible avec $\prec$, c'est-à-dire telle que, pour tout couple (a, b) d'éléments de E, $(a \prec b) \Rightarrow (a \leqslant b)$. Un élément sans prédécesseur dans $(E, \prec)$ est appelé *minimum*.

Exemple   Dans le cadre d'un cursus informatique, on note $c_1 \prec c_2$ le fait que le module d'enseignement c_1 doit précéder le module c_2 afin de respecter les prérequis nécessaires à la compréhension de ce dernier. Considérons les six modules suivants :

a	Logique du premier ordre	b	Spécification et programmation impérative
c	Théorie des ensembles	d	Conception de systèmes d'informations
e	Bases de données	f	Structures de données

La relation $\prec$ est (par exemple) définie par :

$$a \prec b, a \prec c, b \prec d, c \prec b, c \prec d, c \prec e, c \prec f, e \prec d, f \prec e.$$

Elle peut se représenter par le graphe suivant :

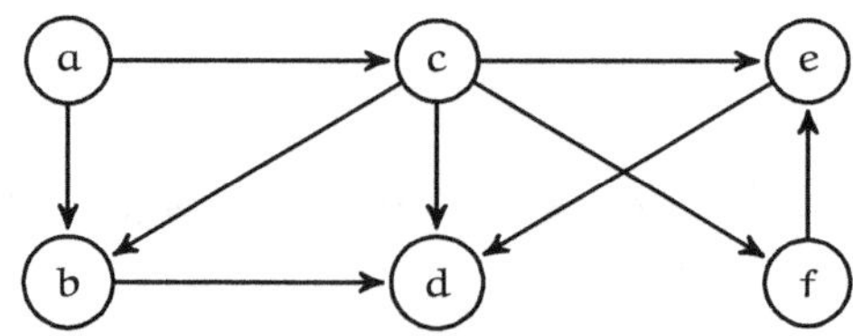

Ce type de graphe se caractérise par le fait qu'il est orienté et qu'il ne contient pas de circuit (en anglais "directed acyclic graph" ou DAG). Dans un tel graphe, un élément sans prédécesseur (un minimum de l'ordre partiel) est appelé *point d'entrée*.

L'exercice a pour objectif de construire un algorithme glouton qui propose un ordre total compatible avec l'ordre partiel fourni en entrée. Pour l'exemple précédent, une solution consiste à proposer l'ordre total a, c, b, f, e, d.

Question 1. Montrer qu'un DAG non vide, privé de l'un quelconque de ses points d'entrée, est encore un DAG.

> 84 - Q 1

Question 2. On note $G = (N, V)$ un graphe quelconque, et $n = \mathrm{card}(N)$. Montrer qu'il existe des DAG tels que $\mathrm{card}(V) \in \Theta(n^2)$.

> 84 - Q 2

Nous ébauchons à présent la construction de la boucle « gloutonne » de l'algorithme, avant de l'appliquer à l'exemple précédent. La méthode de construction utilisée se fonde sur la technique de « la course en tête ». La suite des questions porte sur l'algorithme, son raffinement et sa complexité.

Première tentative de construction

Soit $G = (E, V)$ le DAG de n sommets fourni en entrée.

Invariant Soit S la file de sortie contenant l'ensemble E_S ($E_S \subseteq E$) des sommets triés selon un ordre total compatible avec l'ordre $\prec$ et tel que tout sommet v de E n'appartenant pas à E_S ($v \in (E - E_S)$) est supérieur, selon l'ordre partiel, à tout sommet de E_S.

Condition d'arrêt Tous les sommets sont dans la file S, soit : $|S| = n$. La conjonction de l'invariant et de la condition d'arrêt implique bien que S est une liste triée selon un ordre total compatible avec l'ordre partiel.

Progression La progression consiste à insérer dans S l'un des sommets de $(E - E_S)$. Il en résulte que ce sommet est dans le sous-graphe $Induit(G, E - E_S)$. On va renforcer l'invariant dans ce sens.

Afin de choisir le sommet à déplacer en toute connaissance de cause, il faut introduire une structure de données apte à exploiter le sous-graphe $Induit(G, E - E_S)$.

Seconde tentative de construction

Le graphe G devient une variable.

Invariant On adjoint à la version précédente de l'invariant le prédicat : G est un DAG.

Condition d'arrêt Elle est inchangée.

Progression On recherche l'un des points d'entrée de G afin de déplacer ce sommet de $(E - E_S)$ vers la file S. On vérifie facilement que S satisfait alors la première version de l'invariant et que G, le nouveau sous-graphe induit, est bien un DAG (en vertu de la propriété établie en réponse à la question 1).

Remarquons que G joue le rôle de la file d'entrée des algorithmes gloutons et que la conjonction de l'invariant et de la condition d'arrêt implique bien l'objectif visé.

Initialisation L'invariant est instauré en partant d'une file S vide et d'un graphe G qui s'identifie au graphe initial.

Terminaison $n - |S|$ est une fonction de terminaison convenable puisque, à chaque pas de progression, un élément est déplacé de G vers S.

Notons que cet algorithme fournit par construction un résultat correct. Il fait naturellement « la course en tête ».

84 - Q 3   **Question 3.**   Appliquer l'algorithme ci-dessus à l'exemple introductif.

84 - Q 4   **Question 4.**   En supposant disponibles la fonction $d_G^-(s)$ qui délivre le demi-degré intérieur d'un sommet s dans un graphe G et la fonction *Induit* (voir section 1.5, page 22, pour les notions liées aux graphes), fournir le code de cet algorithme. Dans l'hypothèse d'une représentation de graphes par listes de successeurs (voir figure 1.3, page 23), montrer que la complexité de cet algorithme est en $\mathcal{O}(n^2)$ en termes de nombres de sommets visités.

84 - Q 5   **Question 5.** Dans la version obtenue en réponse à la question 4, le facteur pénalisant du point de vue de la complexité est la recherche d'un minimum parmi tous les sommets restant à considérer. Proposer, sur la base d'un renforcement de l'invariant, une solution plus efficace pour des graphes peu denses. Que peut-on en conclure quant à l'efficacité de cette solution ?

La solution est en page 424.

Exercice 85   Tournois et chemins hamiltoniens

> *Voici un bien étrange exercice glouton : une file d'entrée sans file et une file de sortie en perpétuelle modification. De surcroît, on constate une surprenante similitude avec le tri par insertion simple. Tous les ingrédients sont réunis pour piquer la curiosité du lecteur.*

Soit $G = (N, V)$ un graphe orienté sans boucle (on pose $\text{card}(N) = n$ et $n \geqslant 1$). G est appelé graphe de tournoi (ou plus simplement tournoi) si, pour tout couple de sommets u et v ($u \neq v$), l'un des deux arcs (u, v) ou (v, u) existe (soit $(u, v) \in V$, soit $(v, u) \in V$). L'objectif de l'exercice est de construire un algorithme glouton qui recherche un chemin hamiltonien dans un tournoi.

On rappelle (voir chapitre 1) qu'un chemin élémentaire dans un graphe orienté est un chemin qui ne passe pas deux fois par le même sommet et qu'un chemin hamiltonien est un chemin élémentaire qui passe par tous les sommets. Le graphe du schéma (a) de la figure 7.10 est un tournoi, tandis que le schéma (b) montre un chemin hamiltonien.

Nous allons tout d'abord montrer de façon constructive que tout tournoi possède au moins un chemin hamiltonien, puis exploiter cette preuve dans un algorithme glouton délivrant un tel chemin. Nous admettons la propriété suivante : « soit $N' \subset N$; le sous-graphe G' induit du tournoi G par N' est aussi un tournoi (la preuve se fait aisément par l'absurde) ».

85 - Q 1   **Question 1.** Cette première question concerne un lemme qui est utilisé pour démontrer l'existence d'un chemin hamiltonien dans un tournoi. Soit une chaîne binaire de longueur $m \geqslant 2$, qui commence par un *0* et finit par un *1*. Montrer qu'elle comporte au moins une fois la sous-chaîne *01*.

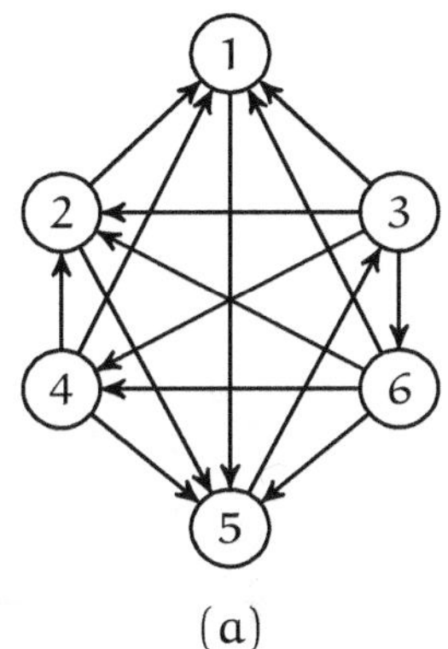 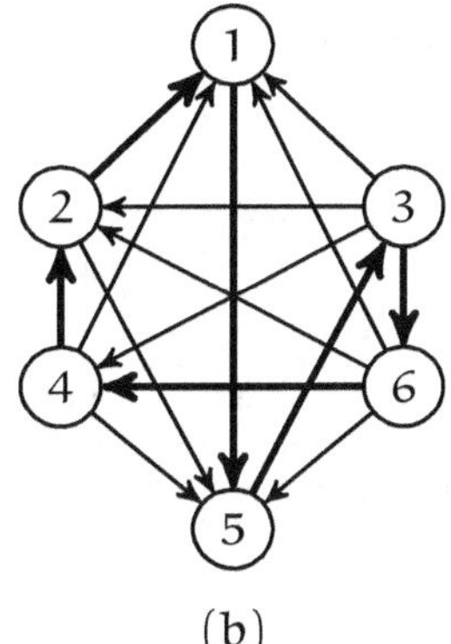

(a) (b)

Fig. 7.10 – Le schéma (a) *montre un tournoi de six sommets. Le schéma* (b) *met en évidence, dans le graphe* (a)*, le chemin hamiltonien* $\langle 3, 6, 4, 2, 1, 5 \rangle$.

Question 2. Montrer, par récurrence, que tout tournoi possède un chemin hamiltonien. 85 - Q 2

Question 3. Construire un algorithme glouton qui produit un chemin hamiltonien quelconque dans un tournoi. Quelle est sa complexité ? 85 - Q 3

La solution est en page 427.

Exercice 86 — Carrés magiques d'ordre impair 

> *Cet exercice présente de nombreuses singularités. Tout d'abord, il déroge à la démarche constructive prônée tout au long de cet ouvrage : on se borne à prouver a posteriori que l'algorithme de Bachet (XVIIe siècle !), dont on ignore tout de la genèse, délivre un résultat correct. De plus, ici, pas de file de priorité ni de file FIFO en entrée ou en sortie et donc pas de déplacements : la solution de ce problème à propos des carrés magiques appartient-elle bien à la catégorie des algorithmes gloutons ? Le lecteur jugera. Restent une démonstration et un exercice de programmation non triviaux.*

On s'intéresse à la construction de carrés magiques d'ordre impair. Un carré magique d'ordre n est une matrice $n \times n$ dans laquelle apparaît une fois et une seule chacun des entiers de l'intervalle $1 .. n^2$ et tel que la somme des valeurs des lignes, des colonnes et des diagonales principales est la même. Cette somme, notée M_n, est appelée « nombre magique d'ordre n ».

On étudie plus particulièrement la méthode dite de Bachet (d'après Claude-Gaspard Bachet dit de Méziriac, 1612). Cette méthode a comme point de départ un damier crénelé de $(n^2 + (n-1)^2)$ cellules (41 cellules pour $n = 5$), comme le montre le schéma de gauche ci-dessous pour $n = 5$. Dans un tel carré crénelé, il existe des diagonales sud-ouest/nord-est alternativement de n et $(n-1)$ cellules, appelées par la suite respectivement « grandes » diagonales et « petites » diagonales. L'étape suivante consiste à remplir successivement chacune des n « grandes diagonales » avec les n^2 valeurs, en remontant de leur coin inférieur gauche à leur coin supérieur droit. Une fois cette phase achevée, les « petites » diagonales sont vides, mais certaines valeurs sont déjà placées dans le carré central. Elles ne seront pas déplacées.

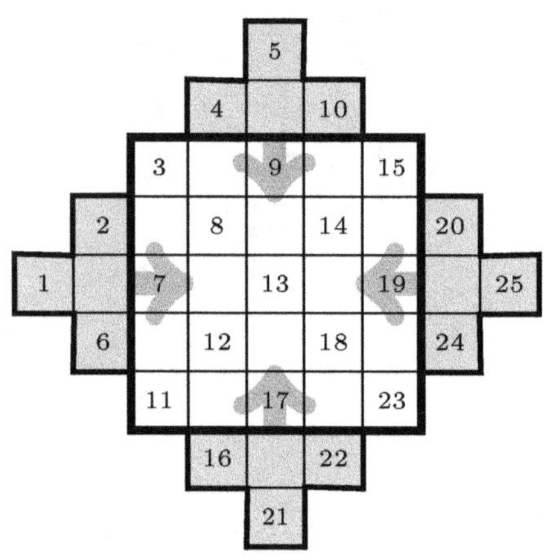

Au regard des autres valeurs (en gris sur le schéma de gauche), laissons la parole à C.-G. Bachet : « tu les mettras dans les places vides qui restent, usant seulement de transpositions, c'est à savoir que ceux d'en haut tu les mettras en bas, et ceux d'en bas tu les porteras en haut ; ceux du côté gauche passeront au côté droit, et ceux du côté droit iront au côté gauche. » Le résultat de cette dernière phase apparaît sur le schéma de droite (en gris les valeurs déplacées). C'est un carré magique.

86 - Q 1 **Question 1.** Calculer la formule qui fournit M_n, le nombre magique d'ordre n. Que valent M_5 et M_7 ?

86 - Q 2 **Question 2.** Construire, selon la méthode de Bachet, le carré magique d'ordre 7.

86 - Q 3 **Question 3.** Montrer que, pour tout n impair, cette méthode construit bien des carrés magiques. On pourra se limiter à montrer que la somme des valeurs situées sur les deux diagonales principales du carré, ainsi que celle d'une ligne quelconque est égale à M_n.

86 - Q 4 **Question 4.** Construire l'algorithme qui produit un carré magique d'ordre n selon la méthode de Bachet.

La solution est en page 429.

7.4   Solutions

Solution de l'exercice 74   À la recherche d'un algorithme glouton

Énoncé page 365.

Réponse 1. Nous avons vu dans l'introduction de ce chapitre (voir section 7.2) que les 74 - R 1 méthodes gloutonnes se caractérisent par trois ingrédients : i) les files (d'entrée et de sortie), ii) la stratégie de traitement des éléments retirés de la file d'entrée, iii) la preuve du caractère exact/optimal (ou non) de l'algorithme. Dans le présent exercice, la file d'entrée est représentée par le tableau T ; les sacs S_1 et S_2 représentent quant à eux les deux files de sortie FIFO nécessaires pour le traitement « glouton » de ce problème. Le choix du (des) prochain(s) élément(s) à traiter est (implicitement) imposé par l'énoncé : on sélectionne le plus petit élément restant puisque T est trié par ordre croissant. Il en résulte que notre marge de manœuvre se limite à déterminer le mode de traitement des éléments qui quittent la file d'entrée.

Pour construire la boucle « gloutonne », nous écartons le point 4 de la postcondition de l'énoncé, qui va constituer la condition d'arrêt et transformons le point 5 en 5' : « $S_1 \sqcup S_2 \sqcup$ " le sac des valeurs restant dans T " est le sac des valeurs initiales de T », afin de constituer l'invariant. L'observation attentive de ces quatre points nous convainc cependant qu'il sera difficile de les préserver conjointement à chaque pas de progression. On décide de fonder les trois stratégies demandées en affaiblissant cet invariant de trois façons différentes :

(a) Les éléments de la file d'entrée sont extraits un par un. On écarte les conjoints 2 et 3 et, puisqu'il est impossible de préserver le conjoint 1 tel quel, on le transforme en :

$$\big||S_1| - |S_2|\big| \leqslant 1.$$

De plus, on évite de violer le conjoint 2 quand c'est possible.

(b) Les éléments de la file de priorité sont toujours extraits un par un. On écarte les conjoints 1 et 3 pour ne conserver que les conjoints 5' et 2 ($\mathrm{Som}1 \leqslant \mathrm{Som}2$). On s'impose en outre d'éviter de violer le conjoint 1 quand c'est possible.

(c) Cette fois, on extrait les éléments de la file de priorité deux par deux. On écarte le conjoint 3 pour ne conserver que les conjoints 1, 2 et 5'. Quand c'est possible, on choisit la solution qui minimise la différence ($\mathrm{Som}2 - \mathrm{Som}1$).

Appliquons ces trois stratégies à l'exemple suivant, afin de mettre en évidence un contre-exemple pour chaque cas : $T = [1, 3, 5, 6, 9, 11]$. Notons au préalable qu'une solution au problème considéré consiste à choisir $S_1 = [\![3, 5, 9]\!]$ et $S_2 = [\![1, 6, 11]\!]$, sacs pour lesquels on a : $\mathrm{Som}2 - \mathrm{Som}1 = 18 - 17 = 1$.

Première stratégie Le déroulement de l'algorithme est présenté ci-dessous. Dans la seconde étape, on a le choix entre placer 1 dans S_1 ou dans S_2 ; conformément à l'heuristique énoncée précédemment, on place cette valeur dans S_2 de façon à satisfaire la propriété $\mathrm{Som}1 \leqslant \mathrm{Som}2$.

		Som_1/Som_2	T
S_1	[[ ]]	0	[1, 3, 5, 6, 9, 11]
S_2	[[ ]]	0	
S_1	[[ ]]	0	[3, 5, 6, 9, 11]
S_2	[[1]]	1	
S_1	[[3]]	3	[5, 6, 9, 11]
S_2	[[1]]	1	
S_1	[[3]]	3	[6, 9, 11]
S_2	[[1, 5]]	6	
S_1	[[3, 6]]	9	[9, 11]
S_2	[[1, 5]]	6	
S_1	[[3, 6]]	9	[11]
S_2	[[1, 5, 9]]	15	
S_1	[[3, 6, 11]]	20	[]
S_2	[[1, 5, 9]]	15	

Le résultat n'est pas conforme à l'attente, puisque Som1 est supérieure à Som_2 et que la différence n'est pas minimisée. Cet exemple montre que cette stratégie gloutonne n'est pas optimale.

Seconde stratégie La trace de l'exécution est présentée ci-après. Elle montre que la différence est bien minimisée et que (Som1 $\leqslant$ Som2). En revanche, la contrainte portant sur la cardinalité n'est pas satisfaite. C'est aussi un contre-exemple qui montre que cette stratégie n'est pas optimale.

		Som_1/Som_2	T
S_1	[[ ]]	0	[1, 3, 5, 6, 9, 11]
S_2	[[ ]]	0	
S_1	[[ ]]	0	[3, 5, 6, 9, 11]
S_2	[[1]]	1	
S_1	[[ ]]	0	[5, 6, 9, 11]
S_2	[[1, 3]]	4	
S_1	[[ ]]	0	[6, 9, 11]
S_2	[[1, 3, 5]]	9	
S_1	[[6]]	6	[9, 11]
S_2	[[1, 3, 5]]	9	
S_1	[[6]]	6	[11]
S_2	[[1, 3, 5, 9]]	18	
S_1	[[6, 11]]	17	[]
S_2	[[1, 3, 5, 9]]	18	

Troisième stratégie Le conjoint $5'$ est bien invariant et les propriétés 1 et 2 de la postcondition sont bien respectées, comme le montre le tableau ci-dessous (c'est normal puisqu'elles font partie de l'invariant de la boucle). Néanmoins la différence n'est pas minimale : elle vaut 3, on attend 1. Il s'agit également d'un contre-exemple.

		Som_1/Som_2	T
S_1	[[ ]]	0	
S_2	[[ ]]	0	[1, 3, 5, 6, 9, 11]
S_1	[[1]]	1	
S_2	[[3]]	3	[5, 6, 9, 11]
S_1	[[1, 6]]	7	
S_2	[[3, 5]]	8	[9, 11]
S_1	[[1, 6, 9]]	16	
S_2	[[3, 5, 11]]	19	[]

Remarque   Ces trois stratégies peuvent être vues comme le cœur d'algorithmes gloutons approchés, pour autant que les propriétés non satisfaites par leurs solutions respectives soient considérées non cruciales.

Réponse 2.   La réponse est négative, mais rien n'interdit de penser qu'une stratégie gloutonne optimale est ici possible. Étant donné une spécification, déterminer s'il existe ou non une stratégie gloutonne optimale est (à notre connaissance) un problème ouvert.   `74 - R 2`

Solution de l'exercice 75   Arbres binaires de recherche

Énoncé page 365.

Réponse 1.   La stratégie par insertion aux feuilles sur des valeurs triées selon les probabilités décroissantes donne le résultat suivant :   `75 - R 1`

x_i	2	4	3	6	1	5
$p(x_i)$	0.19	0.18	0.17	0.17	0.15	0.14

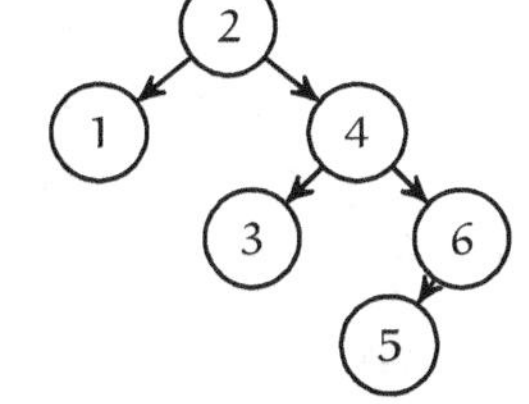

Le coût de cet arbre est de

$$1 \cdot 0.19 + 2 \cdot 0.15 + 2 \cdot 0.18 + 3 \cdot 0.17 + 3 \cdot 0.17 + 4 \cdot 0.14,$$

expression qui vaut 2.42 et cet arbre est donc meilleur que celui proposé dans l'énoncé, de coût 2.57.

Réponse 2.   La liste ci-dessous conduit, selon une insertion aux feuilles, à l'arbre de droite.   `75 - R 2`

x_i	4	2	6	1	3	5
$p(x_i)$	0.18	0.19	0.17	0.15	0.17	0.14

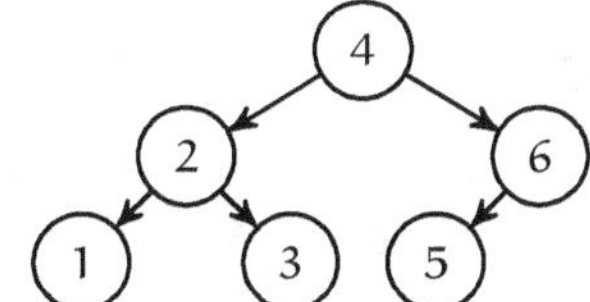

Le coût de cet arbre s'exprime par

$$1 \cdot 0.18 + 2 \cdot 0.19 + 2 \cdot 0.17 + 3 \cdot 0.15 + 3 \cdot 0.17 + 3 \cdot 0.14,$$

expression qui vaut 2.28. Cette solution est donc meilleure que celle obtenue en réponse à la question 1. On ne sait pas si elle est optimale, mais elle invalide la solution de la question 1 en tant que solution gloutonne optimale.

Remarques

- On ne connaît pas de stratégie gloutonne optimale pour ce problème.

- En revanche, l'exercice de programmation dynamique cité dans l'énoncé conduit à une solution optimale.

- L'ouvrage [44] fournit, à la section 6.2.2, une étude complète de ce problème, généralisé au cas d'une recherche pouvant échouer.

Solution de l'exercice 76 Les relais pour téléphones portables

Énoncé page 366.

76 - R 1 **Réponse 1.** À l'évidence, la première stratégie n'est pas optimale. En revanche, elle montre qu'il existe toujours au moins une couverture possible. Pour l'exemple de l'énoncé, la seconde stratégie fournit, en guise de contre-exemple, la couverture suivante :

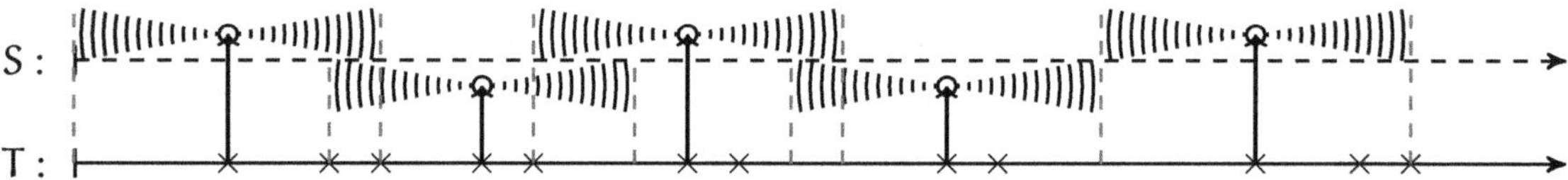

Cette couverture s'obtient avec cinq relais, alors que l'énoncé propose mieux (voir solutions O et Q de la page 367). Elle n'est donc pas optimale.

76 - R 2 **Réponse 2.** On procède de gauche à droite. Un relais est placé de sorte que la limite gauche de sa couverture coïncide avec la première maison pas encore couverte. Pour l'exemple de l'énoncé, on obtient ainsi :

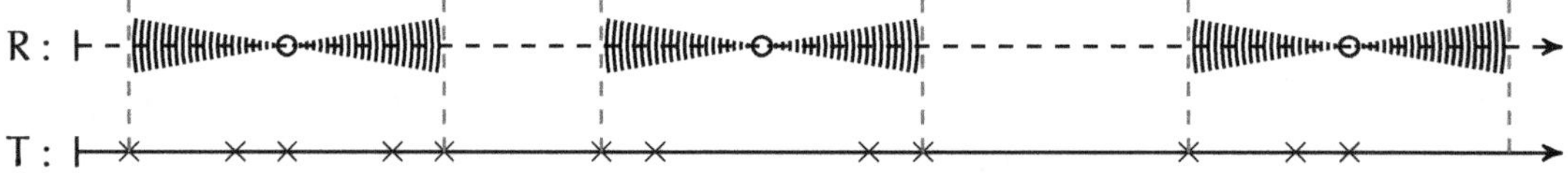

76 - R 3 **Réponse 3.** Les files d'entrée F et de sortie R peuvent toutes deux être mises en œuvre par des files FIFO. Les notations définies dans l'exemple introductif sont reprises ici (voir section 7.1.4, page 359). La partie difficile de la construction porte sur la preuve de l'optimalité de la solution. Abordons la construction de la boucle principale.

Invariant L'invariant retenu est la conjonction des trois propriétés suivantes :

- (a) Le couple (R_i, F_i) est tel que $R_i = \langle g_1, \ldots, g_k \rangle$ est la configuration de la file de sortie R lorsque la stratégie gloutonne est appliquée à la liste $\langle T_1, \ldots, T_i \rangle$ et $F_i = \langle T_{i+1}, \ldots, T_n \rangle$ est alors la configuration de F.
- (b) R est une solution optimale.
- (c) Toute autre solution optimale (R'_i, F_i), avec $R'_i = \langle o_1, \ldots, o_k \rangle$, est nécessairement telle que $(o_k \leqslant g_k)$ (R_i fait « la course en tête »). Cette dernière propriété est liée à l'optimalité de la solution gloutonne.

Condition d'arrêt On s'arrête lorsque la file F est vide, c'est-à-dire lorsque *EstVideFifo*(F).

Progression La précondition de la progression nous assure que l'invariant est satisfait alors que la condition d'arrêt ne l'est pas (il existe donc une habitation T_{i+1} qui n'est pas encore traitée). La progression se fait en plaçant dans la file de sortie R l'abscisse $(T_{i+1} + d/2)$ (soit ($T\hat{e}teFifo(F) + d/2$)), de sorte que la maison T_{i+1} soit couverte par le prochain relais. On supprime cette habitation de la file F et on élimine de F toutes les habitations couvertes par le relais qui vient d'être placé. Cette dernière opération est réalisée par une boucle qui n'est pas construite ici. Pour résumer : en partant de la configuration (R_i, F_i), on obtient la configuration (R_j, F_j), avec $j > i$, $R_j = \langle g_1, \ldots, g_k, g_{k+1} \rangle$ et $F_j = \langle T_{j+1}, \ldots, T_n \rangle$.

Démontrons l'optimalité de la solution gloutonne. La solution R_j obtenue après un pas de progression depuis la situation (R_i, F_i) couvre la maison d'abscisse T_{i+1}. Toute autre solution optimale R'_j doit également couvrir T_{i+1}. Ceci impose, comme le montrent les deux schémas ci-dessous, que $o_{k+1} \leqslant g_{k+1}$.

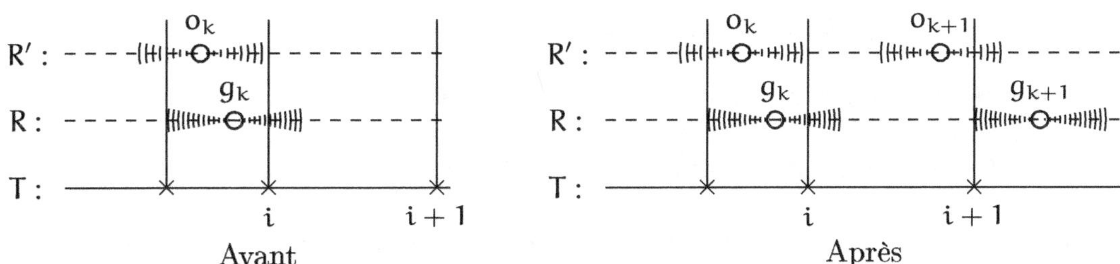

<table>
<tr><td align="center">Avant</td><td align="center">Après</td></tr>
</table>

Il s'ensuit qu'il n'existe pas de solution R'_j qui soit meilleure que R_j : la solution gloutonne est optimale. Sous réserve de la correction de l'initialisation et de la terminaison de l'algorithme, la solution R_n est donc optimale.

Initialisation F est la file FIFO contenant les intervalles triés sur les extrémités croissantes, et R est vide. À l'issue de ces opérations, l'invariant est établi.

Terminaison F voit sa longueur décroître d'au moins 1 à chaque pas de progression. $|F|$, la taille de F, est donc une fonction de terminaison recevable.

On en déduit l'algorithme suivant :

```
1.  constantes
2.     n ∈ ℕ₁ et n = ... et d ∈ ℝ₊ et d = ... et
3.     T ∈ 1..n → ℝ₊ et T = [...]  /% Position des maisons %/
4.  variables
5.     F ∈ FIFO(ℝ₊) et R ∈ FIFO(ℝ₊) et t ∈ ℝ₊
6.  début
7.     Tri(T) ; /% tri de T %/
8.     InitFifo(T, F) ; /% Création de la fdp F à partir du tableau T %/
9.     InitFifo(R) ;
10.    tant que non EstVideFifo(F) faire
11.       t ← TêteFifo(F) ; SupprimerFifo(F) ;
12.       AjouterFifo ( R, t + d/2 ) ;
13.       tant que non(EstVideFifo(F) ou sinon (TêteFifo(F) − t > d)) faire
14.          SupprimerFifo(F)
15.       fin tant que
16.    fin tant que
17. fin
```

Dans cet algorithme, l'opération la plus coûteuse en temps est le tri réalisé par la procédure *Tri* de la ligne 7, qui est $\mathcal{O}(n \cdot \log_2(n))$. C'est aussi la complexité de cet algorithme.

Réponse 4.   Conformément aux principes à la base de cette technique, nous supposons ici que l'algorithme est conçu sans tenir compte de l'optimalité et que la preuve de cette dernière est réalisée *a posteriori*. Considérons une succession T donnée d'habitations. Posons $T = \langle t_1, \ldots, t_i \rangle$. Soit $G = \langle g_1, \ldots, g_p \rangle$ la position des p relais sélectionnés par la stratégie gloutonne ci-dessus et $O = \langle o_1, \ldots, o_q \rangle$ la position des q relais qui seraient découverte par une solution optimale quelconque ($q \leqslant p$ puisque O est optimale) :

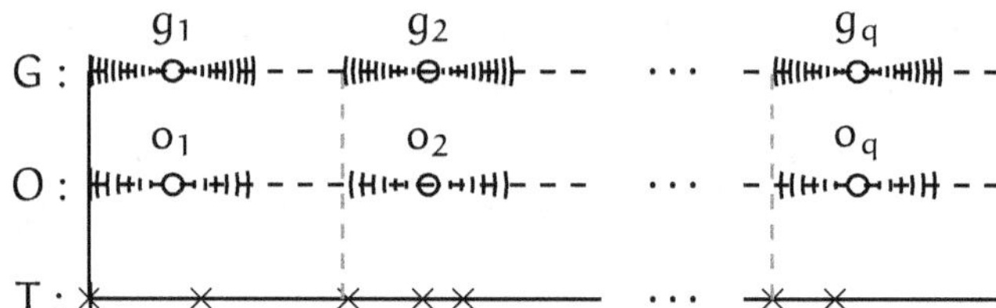

Nous allons montrer, par induction sur q, qu'il est possible de transformer la liste O en la liste G sans lui faire perdre son statut de solution optimale (ce qui montrera du même coup que G peut s'identifier à O et donc que la liste G est aussi optimale).

Base Pour $q = 0$, on a également $p = 0$. On en déduit dans ce cas que $G = O$ et que G est optimale.

Hypothèse d'induction Pour $q \geqslant 0$ les positions O et G sont identiques (on a remplacé tous les o_h par les g_h) et $p = q$:

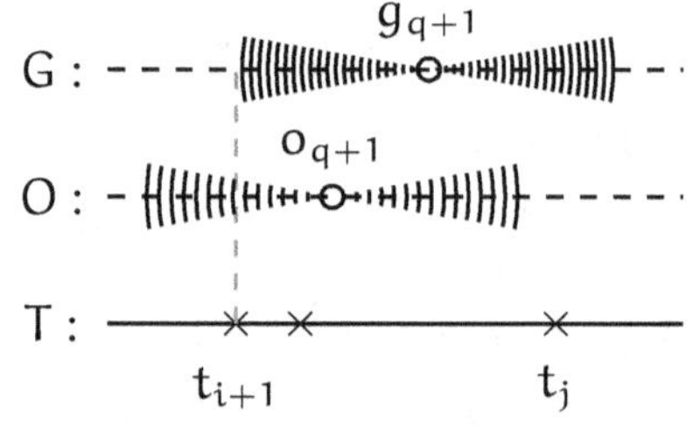

Induction Trois cas de figure sont à considérer.

(a) La couverture du relais o_{q+1} commence avant celle de g_{q+1} :

On doit distinguer deux sous-cas. Soit o_{q+1} couvre autant de maisons que g_{q+1}, soit il en couvre moins. Dans le premier cas, o_{q+1} peut être remplacé par g_{q+1}. En revanche, le second cas ne permet pas de rétablir l'hypothèse d'induction, puisque les deux listes des habitations couvertes sont différentes. Ce cas doit être écarté.

(b) La couverture du relais o_{q+1} commence après celle de g_{q+1} :

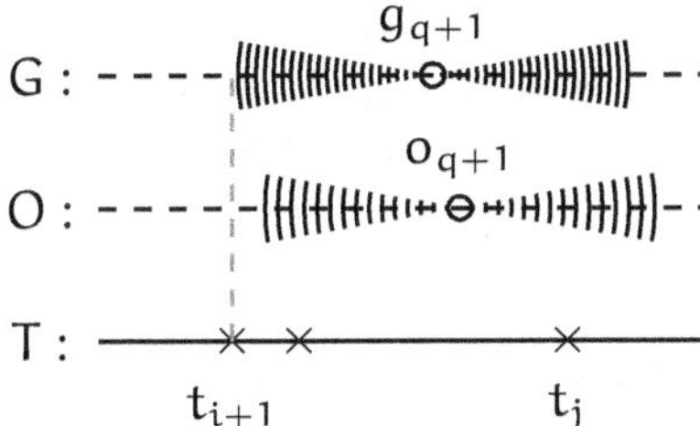

L'habitation t_{i+1} n'est pas couverte par o_{q+1}, ce qui ne permet pas de rétablir l'hypothèse d'induction. Ce cas doit être écarté.

(c) La couverture du relais o_{q+1} débute à la même position que celle de g_{q+1}. Ces deux relais couvrent la même zone. o_{q+1} peut alors être remplacé par g_{q+1} sans affecter l'optimalité de O.

Nous avons montré que, dans tous les cas, on peut transformer O en G tout en préservant son caractère optimal. On en conclut que G, solution gloutonne, était déjà optimale.

Solution de l'exercice 77 Ordonner des achats dont le prix varie

Énoncé page 367.

Réponse 1. Il y a deux façons simples d'ordonner les joueurs : par taux de progression croissant ou par taux décroissant. Un algorithme glouton choisira les joueurs un par un, selon l'un de ces deux ordres. Un exemple simple montre que l'une de ces méthodes semble meilleure que l'autre. S'il y a trois joueurs, avec des taux $r_1 = 2$, $r_2 = 3$ et $r_3 = 4$, la somme dépensée pour les acquérir est $s.(2 + 3^2 + 4^3) = 75s$ dans un cas, $s.(4 + 3^2 + 2^3) = 21s$ dans l'autre.   `77 - R 1`

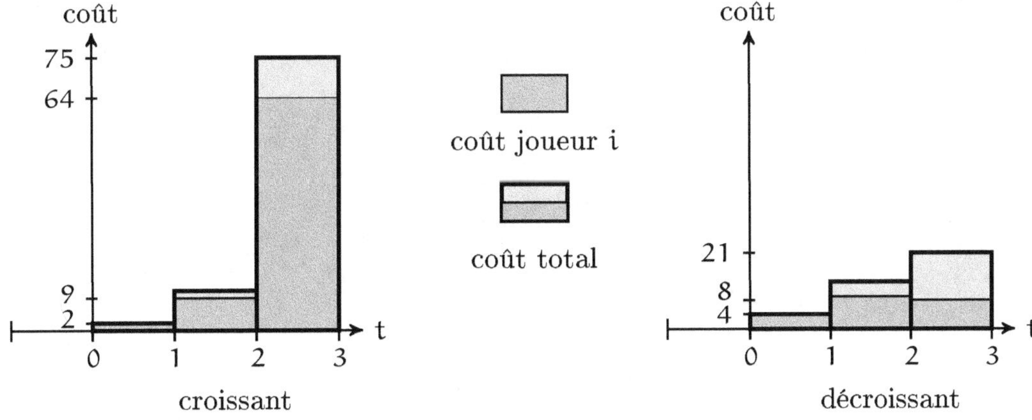

Sur cet exemple, acheter les joueurs par taux décroissant est la meilleure stratégie des deux, mais est-elle optimale ?

Réponse 2. Il faut montrer que la somme payée en ordonnant l'achat des joueurs selon l'ordre décroissant de leur taux r_j est inférieure à toute somme correspondant à un autre ordre. Autrement dit, que choisir n'importe quelle autre permutation de joueurs revient à les acheter plus cher.   `77 - R 2`

La démonstration se fait en deux étapes. La première consiste à montrer que, dans une permutation quelconque R' de l'ensemble des joueurs, si on échange deux éléments adjacents apparaissant dans un ordre croissant dans R' pour obtenir la permutation R'', on diminue le coût ($C(R'') < C(R')$).

La seconde consiste à montrer que trier un tableau d'entiers R par ordre décroissant peut toujours s'effectuer par une succession de transpositions (d'échanges) de deux éléments adjacents en ordre croissant. Cette propriété est facile à prouver (elle est en particulier utilisée dans le tri par bulle, voir [17]).

Exemple   Considérons l'ensemble $\{2, 3, 4, 6\}$ et la permutation $R' = [4, 2, 6, 3]$. Le tableau ci-dessous montre à la fois une succession d'échanges aboutissant au tableau trié par ordre décroissant, et le coût obtenu à l'issue de chaque étape. Au départ, le coût s'élève à $C([4, 2, 6, 3]) = 4^1 + 2^2 + 6^3 + 3^4 = 305$.

	permutation de départ	après échange	coût
1	$[4, \underline{2}, \underline{6}, 3]$	$[4, 6, 2, 3]$	$4^1 + 6^2 + 2^3 + 3^4 = 129$
2	$[\underline{4}, \underline{6}, 2, 3]$	$[6, 4, 2, 3]$	$6^1 + 4^2 + 2^3 + 3^4 = 111$
3	$[6, 4, \underline{2}, \underline{3}]$	$[6, 4, 3, 2]$	$6^1 + 4^2 + 3^3 + 2^4 = 65$

La première étape sera donc suffisante pour prouver que la permutation par ordre décroissant est optimale. Soit $R' = [r_1, \ldots, r_i, r_{i+1}, \ldots, r_n]$ tel que $r_i < r_{i+1}$ et soit la permutation $R'' = [r_1, \ldots, r_{i+1}, r_i, \ldots, r_n]$ obtenue après l'échange de r_i et de r_{i+1}. Nous avons :

$$C(R') = s \cdot \sum_{j=1}^{n} r_j^j$$

et

$$C(R'') = s \cdot \left(\sum_{j=1}^{i-1} r_j^j + r_{i+1}^i + r_i^{i+1} + \sum_{j=i+2}^{n} r_j^j \right).$$

Montrons que le coût diminue à chaque échange, autrement dit que $C(R'') - C(R') < 0$.

$$
\begin{aligned}
&\ C(R'') - C(R') & \\
=&\ s \cdot \left(\sum_{j=1}^{i-1} r_j^j + r_{i+1}^i + r_i^{i+1} + \sum_{j=i+2}^{n} r_j^j \right) - s \cdot \sum_{j=1}^{n} r_j^j && \text{définitions de } C(R'') \text{ et de } C(R') \\
=&\ s \cdot \left(r_{i+1}^i + r_i^{i+1} - r_i^i - r_{i+1}^{i+1} \right) && \text{arithmétique} \\
=&\ s \cdot \left(r_i^i \cdot (r_i - 1) - r_{i+1}^i \cdot (r_{i+1} - 1) \right) && \text{arithmétique} \\
<&\ s \cdot \left(r_i^i \cdot (r_i - 1) - r_{i+1}^i \cdot (r_i - 1) \right) && \text{majoration : } r_i < r_{i+1} \\
<&\ s \cdot \left(r_i^i \cdot (r_i - 1) - r_i^i \cdot (r_i - 1) \right) && \text{majoration : } r_i^i < r_{i+1}^i \\
=&\ 0. && \text{arithmétique}
\end{aligned}
$$

Par conséquent, $C(R'') - C(R') < 0$. Donc, plus on s'approche de la solution gloutonne, plus le coût diminue. L'algorithme proposé est bien un glouton exact.

Solution de l'exercice 78   Diffusion d'information à moindre coût depuis une source : algorithmes de Prim et de Dijkstra

Énoncé page 368.

Réponse 1. On a vu qu'une chaîne élémentaire unique relie toute paire de sommets (s_i, s_j) distincts d'un arbre T. Si on ajoute l'arête (s_i, s_j) à T, la chaîne élémentaire reliant s_i à s_j peut être prolongée et ainsi former un cycle élémentaire incluant notamment les sommets s_i et s_j.   `78 - R 1`

Réponse 2. On procède à une démonstration par l'absurde. Soit $T = (N', A', P')$ un arbre prometteur avec $N' \subset N$ (et donc $A' \subset A$) et $U = (M, B, Q)$ un arpm de G contenant T, mais n'incluant aucune des arêtes de valeur minimale joignant un sommet de N' (interne) et un sommet de $(N - N')$ (externe) constituant l'ensemble d'arêtes AVM. Soit a_1 de valeur v_1 une des arêtes de AVM. D'après la propriété 78, son ajout à U provoque l'apparition d'un cycle puisque U n'est plus un arbre (U possède card(N) sommets et card(N) arêtes). Dans ce cycle, il existe exactement deux arêtes ayant une extrémité dans N' et l'autre dans $(N - N')$: a_1 et une autre a_2 de valeur v_2 supérieure à v_1 puisque U ne contient aucune arête de AVM, donc de valeur minimale $v1$ (voir schéma ci-après). Considérons U' l'arbre issu de U en supprimant l'arête a_2 et en ajoutant l'arête a_1. U' est lui aussi un arbre couvrant de G et son poids est strictement inférieur à celui de U, d'où U ne peut être un arpm.   `78 - R 2`

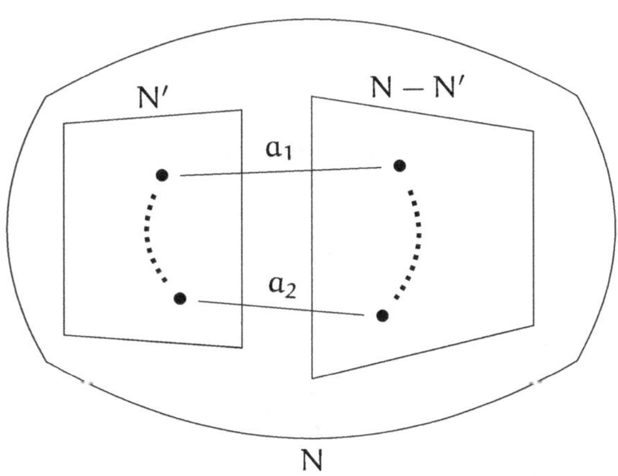

Réponse 3. La fonction *SommetExterneCoûtMin* recherche parmi toutes les arêtes mixtes de G (une de) celle(s) de valeur minimale et retourne le sommet externe associé. Elle procède donc à l'examen du tableau Arc filtré par Externe, ce que traduit le code suivant :   `78 - R 3`

```
 1. fonction SommetExterneCoûtMin résultat 2 .. n pré
 2.    vm ∈ ℕ₁ et sommet ∈ 2 .. n
 3. début
 4.    vm ← +∞ ;
 5.    pour i ∈ 2 .. n faire
 6.       si Externe[i] et alors P[i, Arc[i]] < vm alors
 7.          vm ← aM(i) ; sommet ← i
 8.       fin si
 9.    fin pour ;
10.    résultat sommet
11. fin
```

Le nombre de conditions évaluées est en temps constant dans la boucle **pour** et donc la complexité de cette fonction est en $\Theta(n)$.

Réponse 4.   Dans le cadre de la mise en œuvre choisie, le résultat final est donné par le tableau Arc, sous la forme d'un arbre inverse enraciné sur la source. Par suite, Arc[i] = j s'interprète par la présence de la branche (j, i) dans l'$arpm$ en cours de construction. L'algorithme de Prim s'écrit :

```
 1. constantes
 2.     n ∈ ℕ₁ et n = ... et P ∈ 1..n × 1..n → ℕ₁ et P = Pᵀ et P = [...] et
 3.     EstConnexe(G)
 4. variables
 5.     Arc ∈ 2..n → 1..n et Externe ∈ 2..n → 𝔹 et g ∈ 2..n
 6. début
 7.     Arc ← 2..n × {1}; Externe ← 2..n × {vrai};
 8.     pour k ∈ 2..n faire
 9.         g ← SommetExterneCoutMin;
10.         Externe(g) ← faux;
11.         pour a ∈ 2..n faire
12.             si Externe(a) et alors P(a, g) < P(a, Arc(a)) alors
13.                 Arc(a) ← g
14.             fin si
15.         fin pour
16.     fin pour;
17.     écrire(Arc)
18. fin
```

Le calcul de g (ligne 9) et la boucle **pour** interne (lignes 11 à 15) ont une complexité linéaire en termes de nombre de conditions évaluées, donc cet algorithme est en $\Theta(n^2)$.

Réponse 5.   Dans la figure 7.11, on présente l'évolution de la construction d'un $arpm$ du graphe proposé, sachant que :

- l'union des flèches (celles en traits pleins et celles en pointillés), à partir du schéma (b), représente le tableau Arc de l'algorithme ;
- le schéma (a) est un rappel du graphe considéré dans lequel les arêtes apparaissent en pointillés ;
- sur chaque schéma, la courbe grasse en noir délimite la frontière entre les sommets internes (la partie contenant le sommet 1) et les sommets externes (l'autre partie). Cette frontière n'a pas d'existence algorithmique ;
- les flèches grasses en pointillés représentent les arcs mixtes, tandis que les flèches grasses pleines matérialisent l'arbre inverse enraciné sur le nœud 1.

L'arbre de recouvrement résultant, composé des arêtes $(1, 3)$, $(3, 2)$, $(2, 5)$, $(5, 7)$, $(7, 6)$ et $(7, 4)$, a pour poids 12. On pourra remarquer qu'au second pas de l'itération (passage de (b) à (c) dans la figure 7.11), il y a le choix entres les arêtes $(2, 3)$ et $(5, 1)$, toutes deux de valeur 3. Cependant, l'algorithme, tel qu'il est écrit, conduit à prendre l'arête $(2, 3)$. Le lecteur pourra vérifier que l'autre possibilité conduit au résultat de la figure 7.12, correspondant à un $arpm$ également de poids 12.

Réponse 6.   Dans la solution proposée dans la question 4, le rôle de la file d'entrée (resp. de sortie) est tenu par le tableau Arc dans sa partie associée aux sommets externes (resp. internes). Il est à noter que l'ordre véhiculé par une file FIFO l'est ici par la représentation

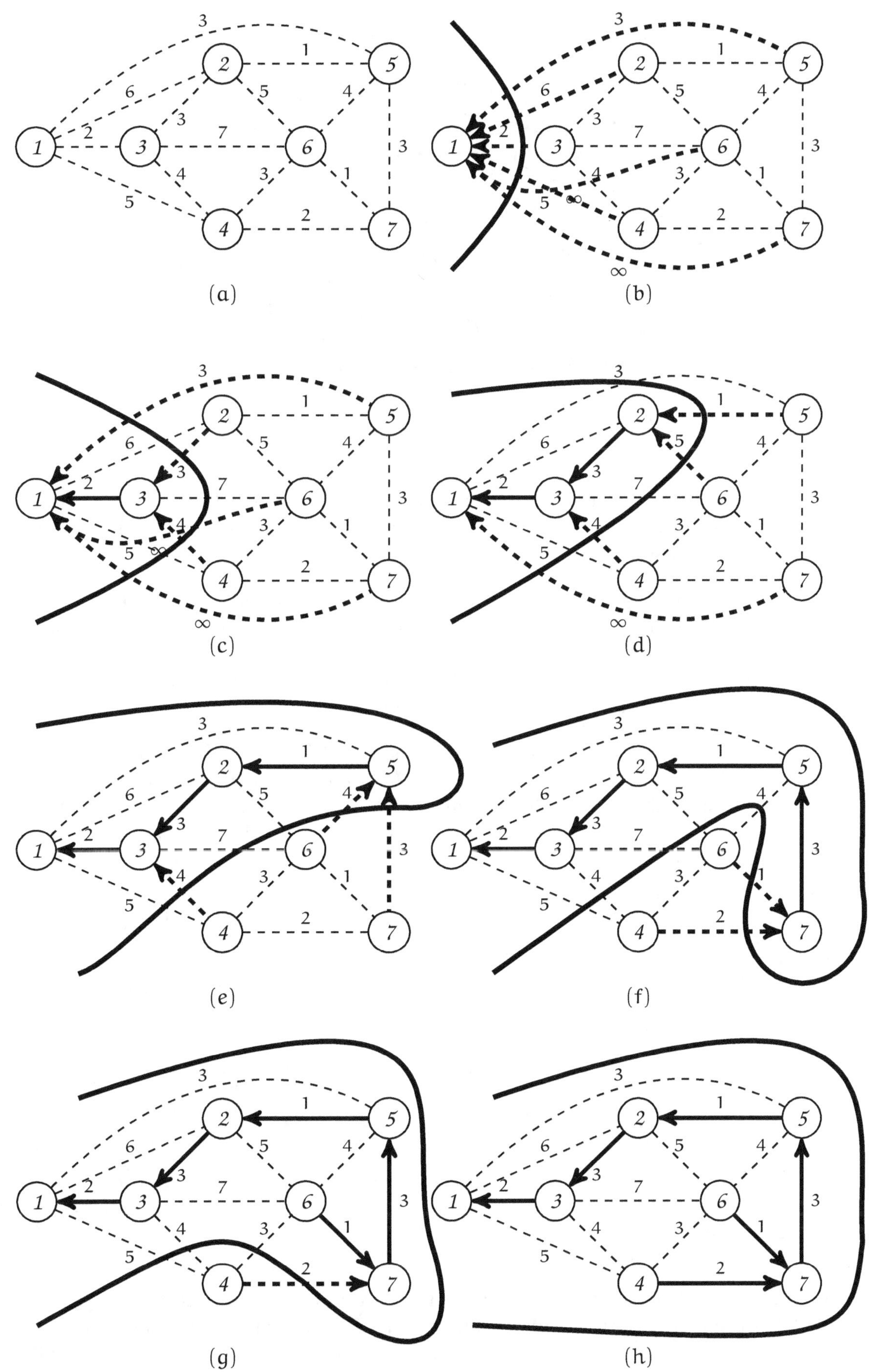
(a)
(b)
(c)
(d)
(e)
(f)
(g)
(h)

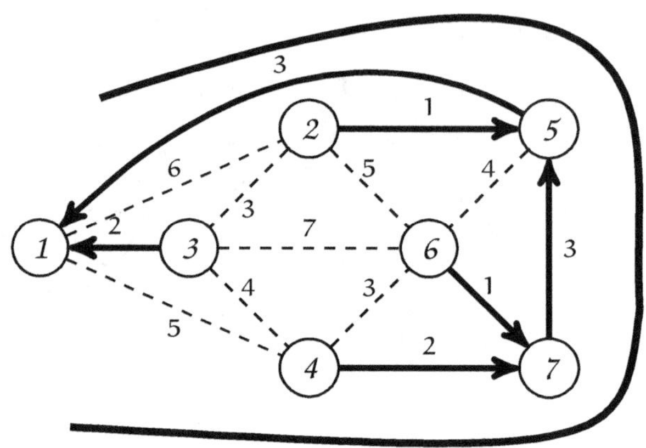

Fig. 7.12 – Autre arpm *pour le graphe de la question 5*

du résultat comme un arbre inversé. Par ailleurs, l'absence d'une file d'entrée explicite oblige à un parcours séquentiel pour la recherche de l'élément de valeur minimale (fonction *SommetExterneCoûtMin*).

78 - R 7 **Réponse 7.** Selon le canevas donné dans l'énoncé, il faut notamment évaluer la condition associée au contrôle de la boucle de mise à jour de la file F. Celle-ci contient successivement $(n-1)$, puis $(n-2)$, ..., 1 éléments, d'où un nombre total de conditions évaluées dans l'algorithme en $\Omega(n^2)$. Il apparaît donc que, asymptotiquement parlant, une telle approche ne peut être meilleure que celle développée à la question 4.

78 - R 8 **Réponse 8.** Deux cas sont à considérer selon que $d \in N'$ ou non. Si $d \notin N'$ (ce cas ne se présente qu'au départ), alors d est le sommet sélectionné ; il doit être déplacé dans N', puisque la distance de d à d est nulle et $L[d] = \text{dist}(d) = 0$. Pour le cas complémentaire $(d \in N')$, on part de la définition de L pour les sommets f de N'' à laquelle on ajoute l'hypothèse que $d \in N'$:

$$\forall f \cdot (f \in N'' \Rightarrow L[f] = eDist(f))$$

$\Leftrightarrow$
définition de eDist

$$\forall f \cdot (f \in N'' \Rightarrow L[f] = \min_{h \in eChem(f)} (\text{coût}(h)))$$

$\Rightarrow$
$N'' \neq \varnothing \Rightarrow \exists g \cdot (g \in N''$ et g réalise le double minimum)

$$L[g] = \min_{f \in N''} \left(\min_{h \in eChem(f)} (\text{coût}(h)) \right)$$

$\Rightarrow$
propriété 7, page 376 $(d \in N')$

$$L[g] \leqslant \min_{f \in N''} \left(\min_{h \in chem(f)} (\text{coût}(h)) \right)$$

$\Leftrightarrow$
définition de dist

$$L[g] \leqslant \min_{f \in N''} (\text{dist}(f))$$

$\Rightarrow$
pour $f = g$

$$L[g] = \text{dist}(g).$$

Remarque   Cette démonstration fait partie intégrante de la preuve de la correction de l'algorithme, puisqu'en son absence le rétablissement du prédicat I_1 serait impossible.

Sur la figure 7.6, page 375, le sommet 5 est celui qui possède la plus petite e-distance. Il est donc intégré à N′ :

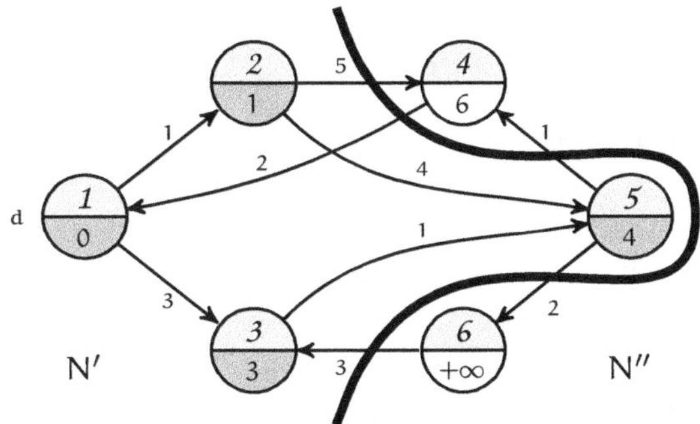

Réponse 9.   Soit G″ le sous-graphe de G induit par N″ (voir section 1.5, page 22). Si,   78 - R 9
en passant par le sommet g qui vient d'être déplacé dans N′, l'e-distance d'un élément h successeur de g dans G″ diminue, c'est que l'on est en présence d'une nouvelle valeur pour L[h]. Ceci rétablit le conjoint I_4 de l'invariant, d'où le fragment de code suivant pour (C) :

1. **pour** $h \in \mathrm{Succ}_{G''}(g)$ **faire**
2. $L[h] \leftarrow \min(\{L[h], L[g] + P[g, h]\})$
3. **fin pour**

Au regard de notre exemple, le passage par le sommet 5 permet de raccourcir les e-chemins de 1 à 4 et de 1 à 6. L'e-distance de 1 à 4 diminue de 6 à 5 et celle de 1 à 6 passe de $+\infty$ à 6, comme l'illustre le schéma ci-dessous :

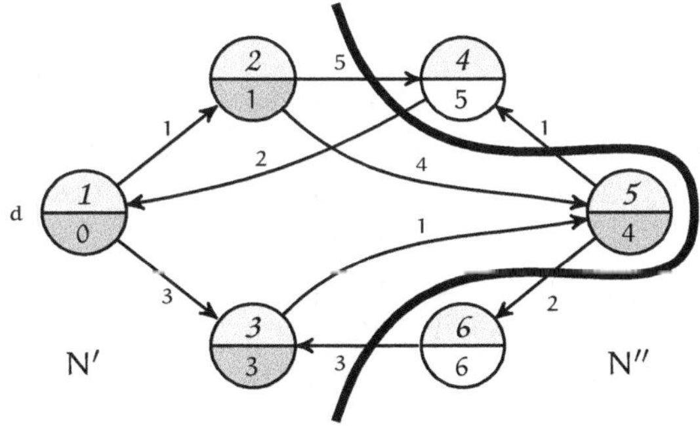

Réponse 10.   Il reste à construire les deux rubriques **Initialisation** et **Terminaison**.   78 - R 10

Initialisation Pour instaurer l'invariant, il faut initialiser L en y copiant la ligne d de P et initialiser N′ (resp. N″) à ∅ (resp. N) :

1. **pour** $k \in 1 \mathinner{..} n$ **faire**
2. $L[k] \leftarrow P[d, k]$;
3. **fin pour** ;
4. $N' \leftarrow \varnothing$; $N'' \leftarrow N$

On note que le conjoint I_4 de l'invariant est bien instauré par cette séquence.

Terminaison À chaque pas de progression, le cardinal de N″ diminue de 1. La fonction entière card(N″) est strictement décroissante et non négative, elle garantit la terminaison.

Le code de l'algorithme est le suivant (G″ étant le sous-graphe de G induit par N″) :

```
1.  constantes
2.      n ∈ ℕ₁ et n = ... et N = 1..n et P ∈ 1..n × 1..n → ℕ₁ et P = [...] et
3.      d ∈ 1..n et d = 1
4.  variables
5.      L ∈ 1..n → ℕ₁ et N' ⊆ N et N'' ⊆ N
6.  début
7.      pour k ∈ 1..n faire
8.          L[k] ← P[d, k]
9.      fin pour ;
10.     N' ← ∅ ; N'' ← N ;
11.     tant que N'' ≠ ∅ faire
12.         soit g tel que
13.             g ∈ N'' et L[g] = min (L[f])
                                  f∈N''
14.         début
15.             N'' ← N'' − {g} ; N' ← N' ∪ {g} ;
16.             pour h ∈ Succ_{G''}(g) faire
17.                 L[h] ← min({L[h], L[g] + P[g, h]})
18.             fin pour
19.         fin
20.     fin tant que ;
21.     écrire(L)
22. fin
```

 Réponse 11. Si la valuation d'un arc pouvait être négative, en s'allongeant, un chemin pourrait voir son coût diminuer et la propriété 7, page 376, ne pourrait être démontrée. Elle ne pourrait donc être utilisée dans la réponse à la question 8, qui montre que l'algorithme construit est un glouton exact.

 Réponse 12. En tenant compte de ces hypothèses, i) la ligne 13 se traduit par la recherche séquentielle d'un minimum en position g de L, ii) les lignes 16 à 18 se raffinent par une boucle **pour** qui parcourt la ligne g du tableau P à la recherche des successeurs h (filtrés par W) de g et par une mise à jour éventuelle de L[h]. Ces deux phases sont en $\Theta(n)$ conditions évaluées, de même que la boucle d'initialisation de L (lignes 7 à 9). Au total, cette version de l'algorithme est donc en $\Theta(n^2)$ en termes de conditions évaluées. On remarque que la densité du graphe (le cardinal de V) n'influe pas sur la complexité asymptotique.

 Réponse 13. Abordons à présent le raffinement fondé sur une file de priorité de type tas. Effectuons les renforcements suivants.

(a) Une file de priorité F vient en redondance avec la partie de L qui était précédemment filtrée par W. Une opération supplémentaire doit enrichir cette structure de données, à savoir *AugmenterPrio*(F, (id, prio)) qui modifie, en l'augmentant, la priorité de l'élément de la file F identifié par id. Sa nouvelle priorité devient prio. Cette nouvelle opération est supposée avoir une complexité en $\mathcal{O}(\log_2(n))$. Les aménagements nécessaires à l'introduction de cette opération dans une mise en œuvre par tas nécessite quelques développements, aspect laissé à la charge du lecteur.

(b) À la représentation matricielle P vient s'ajouter une représentation par un vecteur S de successeurs (pour un sommet g, la liste contient les successeurs de g dans G). Ceci permet de limiter le parcours de la boucle interne (lignes 16 à 18) aux seuls successeurs.

La figure 7.13 présente une configuration possible suite à ce renforcement.

Dans le code ci-dessous, FdP(ElmtPrio) représente l'ensemble des files de priorité de type tas (voir section 1.7, page 33) dont les éléments sont des « enregistrements » de type ElmtPrio. Les lignes 9 à 11 initialisent le tableau L et la file de priorité F en y copiant la ligne désignée par d du tableau P. Comme précédemment, la boucle principale **tant que** est remplacée par une boucle **pour** (lignes 12 à 20). La ligne 13 extrait l'élément prioritaire g en même temps que sa priorité prio. La ligne 14 supprime la tête de la file F et enregistre dans L la distance (maintenant connue) de d à g. La boucle interne débutant à la ligne 15 correspond à celle des lignes 16 à 18 de l'algorithme générique, complétée afin de prendre en compte l'éventuel changement de priorité des éléments de F. Son raffinement consisterait à parcourir la liste des successeurs du sommet g dans G'' (le sous-graphe de G induit par N''), débutant à l'entrée S[g]. L'alternative commençant à la ligne 16 met à jour les structures parallèles L et F dans le cas où un meilleur e-chemin de d à h est trouvé.

1. **constantes**
2. $n \in \mathbb{N}_1$ **et** $n = \dots$ **et** $P \in 1..n \times 1..n \to \mathbb{N}_1$ **et** $P = [\dots]$ **et**
3. $d \in 1..n$ **et** $d = 1$ **et**
4. $\text{ElmtPrio} = \{\text{Nœud}, \text{Prior} \mid \text{Nœud} \in \mathbb{N}_1 \text{ \textbf{et} Prior} \in \mathbb{R}_+\}$
5. **variables**
6. $L \in 1..n \to \mathbb{N}_1$ **et** $F \in \text{FdP(ElmtPrio)}$ **et** $g \in \mathbb{N}_1$ **et** $\text{prio} \in \mathbb{N}_1$
7. **début**
8.   *InitFdP*(F) ;
9.   **pour** $k \in 1..n$ **faire**
10.   *AjouterFdP*(F, (k, P[d, k])) ; $L[k] \leftarrow P[d, k]$
11.   **fin pour** ;
12.   **pour** $k \in 1..n$ **faire**
13. $g \leftarrow$ *TêteFdP*(F).Nœud ; prio $\leftarrow$ *TêteFdP*(F).Prior ;
14.   *SupprimerFdP*(F) ; $L[g] \leftarrow$ prio ;
15.   **pour** $h \in \text{Succ}_{G''}(g)$ **faire**
16.   **si** $L[g] + P[g, h] < L[h]$ **alors**
17. $L[h] \leftarrow L[g] + P[g, h]$; *AugmenterPrio*(F, (h, L[g] + P[g, h]))
18.   **fin si**
19.   **fin pour**
20.   **fin pour** ;
21.   **écrire**(L)
22. **fin**

Préoccupons-nous à présent de la complexité temporelle de cette solution en termes de conditions évaluées. D'abord, la boucle d'initialisation de la file de priorité a une complexité en $\mathcal{O}(n \cdot \log_2(n))$. Le corps de la boucle débutant à la ligne 12 est exécuté n fois sur un tas dont le poids décroît de 1 à chaque pas. Les n exécutions de *SupprimerFdP*(F), à la ligne 14, sont donc en : $\mathcal{O}(\log_2(n) + \log_2(n-1) + \cdots + \log_2(1)) = \mathcal{O}(\log_2(n!))$. Or on sait que $\log_2(n!)$ se comporte asymptotiquement, selon la formule de Stirling, comme $n \cdot \log_2(n)$.

Quant à la complexité du fragment de code compris entre les lignes 15 et 19, il faut d'abord remarquer que, si l'on pose $m = \text{card}(V)$, le nombre *total* de passages dans le corps de cette boucle est égal à m. L'appel de *AugmenterPrio*(F, (h, L[g] + P[g, h])), à la ligne 17, est donc effectué au plus m fois. Or, d'après l'hypothèse formulée dans l'énoncé, cet appel est en $\mathcal{O}(\log_2(n))$, soit au total pour la boucle un nombre de conditions évaluées en $\mathcal{O}(m \cdot \log_2(n))$. Cette solution est donc en :

$$\mathcal{O}(\max(\{m, n\}) \cdot \log_2(n)).$$

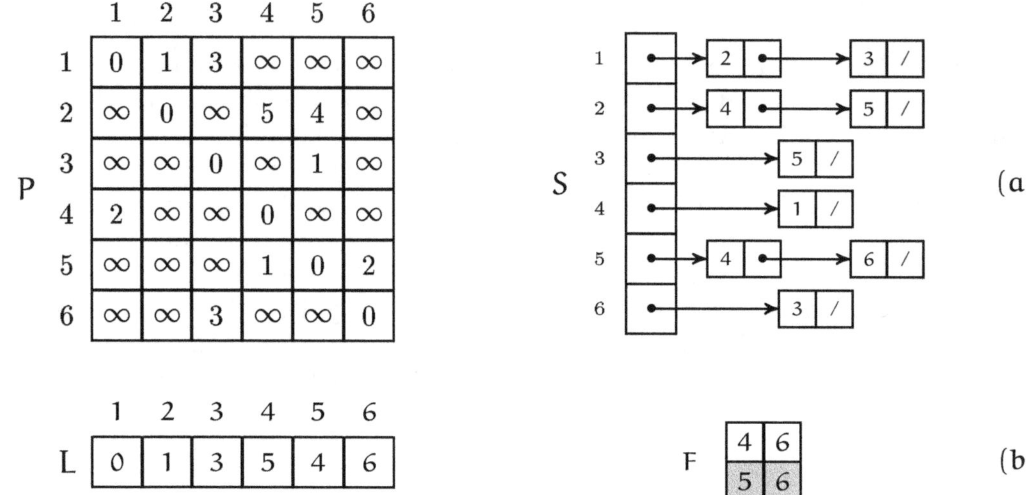

Fig. 7.13 – *Situation atteinte après la progression décrite à la réponse 9. Le graphe est représenté dans la partie* (a) *de la figure, avec à gauche la matrice* P *des distances et à droite* S *la représentation par liste de successeurs. La partie* (b) *représente les structures de données construites par l'algorithme.* L *est le tableau des distances connues* dist *(resp.* eDist*) pour les sommets 1, 2, 3 et 5 (resp. 4 et 6), et* F *la file de priorité.*

Dans le cas d'un graphe plein ou dense (intuitivement, pour lequel le demi-degré extérieur de tout nœud est en moyenne proche de n^2), cette solution peut se révéler moins bonne que la précédente puisqu'elle est alors en $\mathcal{O}(n^2 \cdot \log_2(n))$. En revanche, dans le cas de graphes creux (intuitivement, m est de l'ordre de $c \cdot n$ avec c une constante entière faible), cette solution est asymptotiquement meilleure puisqu'elle est alors en $\mathcal{O}(n \cdot \log_2(n))$.

78 - R 14 **Réponse 14.** On peut tout d'abord remarquer que l'initialisation réalisée dans l'algorithme proposé dans la réponse précédente part du principe qu'au départ on ne connaît que des e-distances. Cependant, le cas du sommet d (la source) est tel qu'on connaît également sa distance à la source (0). On peut donc remplacer les lignes 9 à 10 par :

1. $L[1] \leftarrow 0$;
2. **pour** $k \in 2 \mathinner{.\,.} n$ **faire**
3.   *AjouterFdP*$(F, (k, P[d, k]))$; $L[k] \leftarrow P[d, k]$
4. **fin pour** ;

et dans la boucle principale, remplacer « $k \in 1 \mathinner{.\,.} n$ » par « $k \in 2 \mathinner{.\,.} n$ ».

On notera également qu'à la fin de l'avant-dernier pas de la progression ($k = n-1$) il ne reste qu'un seul élément dans la file F. Celui-ci est choisi au pas suivant avec la certitude que son e-distance est en fait sa distance. On en déduit que le dernier pas est sans effet sur L. Au final, on peut donc n'effectuer la boucle principale que $(n-2)$ fois moyennant la modification de l'étape d'initialisation.

78 - R 15 **Réponse 15.** L'arbre inverse peut être représenté par un tableau A tel que, à l'issue du traitement, $A[j]$ désigne le prédécesseur de j dans le chemin optimal entre d et j. Pour obtenir un tel arbre, il faut en initialiser les éléments avec la valeur d (ou 1) puis, à chaque fois qu'un sommet s (qui vient d'être déplacé dans N') permet de mettre à jour l'e-distance d'un sommet g, la valeur de $A[g]$ est remplacée par s. On notera qu'un sommet dont le prédécesseur aura conservé la valeur d (ou 1) est en fait non atteignable si la valeur qui lui est associée dans L vaut $+\infty$.

Réponse 16. Lorsque l'on déplace un sommet de N'' vers N', on connaît alors sa distance $\boxed{\textbf{78 - R 16}}$
à la source. Par suite, si l'on cherche la distance entre la source d et un autre sommet s
fixé, il suffit de remplacer la condition d'arrêt par $s \in N'$.

Solution de l'exercice 79   Compression de données : l'algorithme de Huffman

Énoncé page 378.

Réponse 1. Pour l'arbre (b) de la figure 7.7, page 380, nous avons : $\boxed{\textbf{79 - R 1}}$

$$L(b)$$
$$= \qquad \text{définition 7.2 page 379}$$
$$f(a) \cdot l_b(a) + f(i) \cdot l_b(i) + f(m) \cdot l_b(m) + f(\sqcup) \cdot l_b(\sqcup) + f(\ell) \cdot l_b(\ell) + f(e) \cdot l_b(e)$$
$$= \qquad \text{table 7.1 page 379}$$
$$1 \cdot 3 + 2 \cdot 3 + 2 \cdot 3 + 3 \cdot 3 + 4 \cdot 2 + 5 \cdot 2$$
$$= \qquad \text{arithmétique}$$
$$42.$$

Un second arbre optimal est présenté ci-dessous :

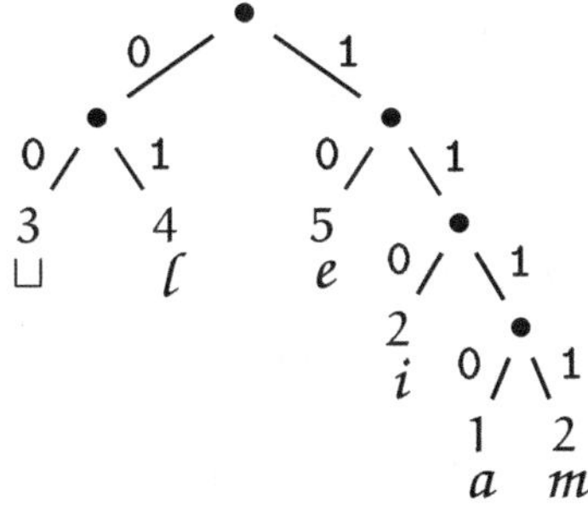

Réponse 2. La formule 7.3, page 381, fournit $L(c) = (1 \cdot 3 + 2 \cdot 3 + 4 \cdot 2) + (5 \cdot 2 + 2 \cdot 3 + 3 \cdot 3) = 42.$ $\boxed{\textbf{79 - R 2}}$
La formule 7.4 page 381 donne $L(c) = (1 \cdot 2 + 2 \cdot 2 + 4 \cdot 1) + 7 + 10 + (5 \cdot 1 + 2 \cdot 2 + 3 \cdot 2) = 42.$
On part de la définition de $L(A)$:

$$L(A)$$
$$= \qquad \text{définition de L, formule 7.3 page 381}$$
$$\sum_{k \in (F_G \sqcup F_D)} k \cdot l_A(k)$$
$$= \qquad \text{éclatement du quantificateur}$$
$$\sum_{k \in F_G} k \cdot l_A(k) + \sum_{k \in F_D} k \cdot l_A(k)$$
$$= \qquad \text{pour } k \in F_G, \; l_A(k) = l_G(k) + 1, \text{ idem pour } F_D$$
$$\sum_{k \in F_G} k \cdot (l_G(k) + 1) + \sum_{k \in F_D} k \cdot (l_D(k) + 1)$$
$$= \qquad \text{arithmétique}$$
$$\sum_{k \in F_G} k \cdot l_G(k) + \sum_{k \in F_G} k + \sum_{k \in F_D} k \cdot l_D(k) + \sum_{k \in F_G} k$$
$$= \qquad \text{propriété des arbres de fréquences}$$

$$\sum_{k \in F_G} k \cdot l_G(k) + G.h + \sum_{k \in F_D} k \cdot l_D(k) + D.h$$

$$= L(G) + G.h + D.h + L(D).$$

arithmétique et définition de L, formule 7.3, page 381

79 - R 3   **Réponse** 3. L'ensemble H des arbres optimaux se déduit de façon canonique de la définition de P :

$$H = \{A \mid A \in P \ \mathbf{et} \ \forall A' \cdot (A' \in P \Rightarrow L(A) \leqslant L(A'))\}.$$

79 - R 4   **Réponse** 4. Raisonnons par l'absurde. Si B n'est pas optimal, il doit certainement exister, dans $B = \langle A_1, \ldots, A_m \rangle$, (au moins) un A_i (sur les fréquences F_i) qui n'est pas optimal. Soit A_i' un arbre optimal (sur les fréquences F_i), soit $B' = \langle A_1, \ldots, A_i', \ldots, A_m \rangle$.

$$L(B)$$

définition 27 page 382

$$= L(A_1) + \cdots + L(A_i) + \cdots + L(A_m)$$

A_i n'est pas optimal

$$> L(A_1) + \cdots + L(A_i') + \cdots + L(A_m)$$

définition de B'

$$= L(B').$$

La liste B n'est donc pas optimale.

79 - R 5   **Réponse** 5. Les quatre rubriques de la construction de boucle restant à définir sont présentées ci-dessous.

Condition d'arrêt Elle se définit simplement par $|B| = 1$.

La conjonction de la réponse à la question 4, page 382, (tous les arbres de la liste B sont optimaux), de l'invariant (B est une liste optimale sur F) et de la condition d'arrêt (la liste ne contient qu'un seul élément) entraîne que l'(unique) arbre de B est un arbre optimal sur F. C'est l'objectif recherché.

Progression Nous avons vu, à la section 79 page 380 que, dans l'hypothèse où l'invariant et la négation de la condition d'arrêt sont satisfaits, la progression consiste à enraciner A_1 et A_2 sur la racine $A_1.h + A_2.h$, avant d'insérer ce nouvel arbre dans la file de priorité. Nous allons appliquer un raisonnement par l'absurde afin de montrer que, ce faisant, l'invariant est bien préservé. Montrons que, si l'on ne prend pas les deux plus petites racines pour effectuer l'enracinement, la liste obtenue n'est pas optimale. Soit $B = \langle A_1, \ldots, A_m \rangle$ la liste triée telle qu'elle se présente à l'entrée de la progression. La liste obtenue à la sortie est $B' = \langle A_3, \ldots, (A_1, A_1.h + A_2.h, A_2), \ldots, A_m \rangle$. Selon la propriété 79, page 381, le coût de B' est $L(B') = L(B) + A_1.h + A_2.h$. En revanche, si l'on enracine deux arbres A_i et A_j tels que $A_i.h + A_j.h > A_1.h + A_2.h$, la liste triée obtenue est $B'' = \langle A_1, \ldots, A_{i-1}, A_{i+1}, \ldots, A_{j-1}, A_{j+1}, \ldots, (A_i, A_i.h + A_j.h, A_j), \ldots, A_n \rangle$. On a alors :

$$L(B'')$$

propriété 79, page 381

$$= L(B) + A_i.h + A_j.h$$

hypothèse ci-dessus

$$> L(B) + A_1.h + A_2.h$$

définition de B'

$$= L(B').$$

L'arbre B'' n'est pas optimal.

Initialisation L'instauration de l'invariant s'obtient en plaçant les n constituants du sac de fréquences F dans la liste triée B. On vérifie facilement qu'il s'agit d'une liste optimale et que $F = F_1 \sqcup \ldots \sqcup F_n$.

Terminaison La longueur de la liste B décroît d'une unité à chaque pas de progression, tout en restant positive : $|B|$ est une fonction de terminaison convenable.

En supposant disponible la fonction de coût L et en admettant que la liste triée B est raffinée par une file de priorité d'arbres optimaux [4], le code de l'algorithme de Huffman s'écrit :

```
 1. constantes
 2.     P = {(/, h, /) | h ∈ ℕ₁} ∪ {(g, h, d) | g ∈ P et d ∈ P et h = g.h + d.h} et
 3.     H = {A | A ∈ P et ∀A' · (A' ∈ P ⇒ L(A) ⩽ L(A'))} et
 4.     n ∈ ℕ₁ et n = ... et F ∈ 1 .. n → ℕ₁ et F = [F₁, ..., Fₙ]
 5. variables
 6.     B ∈ FdP(H) et A1 ∈ H et A2 ∈ H
 7. début
 8.     InitFdP(B) ;
 9.     pour i ∈ 1 .. n faire
10.         AjouterFdP(B, F[i])
11.     fin pour ;
12.     tant que non(|B| = 1) faire
13.         A1 ← TêteFdP(B) ; SupprimerFdP(B) ;
14.         A2 ← TêteFdP(B) ; SupprimerFdP(B) ;
15.         AjouterFdP(B, (A1, A1.h + A2.h, A2))
16.     fin tant que ;
17.     écrire(TêteFdP(B))
18. fin
```

Complexité Le choix le plus simple pour raffiner la file de priorité consiste à opter pour un tas (voir section 1.7, page 33), pour lequel les opérations *AjouterFdP* et *SupprimerFdP* sont en $\mathcal{O}(\log_2(n))$ conditions évaluées, pour une file de longueur n. Pour la première boucle, le i^e passage coûte au pire $\log_2(i)$. Les n passages dans cette boucle reviennent à $\log_2(1) + \cdots + \log_2(n)$, soit $\log_2(n!)$. Or $\log_2(n!)$ se comporte comme $n \cdot \ln(n)$ (voir formule de Stirling, section 2.1.4 page 80). À un facteur multiplicatif près, le raisonnement vaut pour la seconde boucle. La complexité de l'algorithme est donc en $\mathcal{O}(n \cdot \log_2(n))$ conditions évaluées.

Solution de l'exercice 80   Fusion de fichiers   *Énoncé page 383.*

Réponse 1. La stratégie utilisée dans le schéma (b) de l'énoncé (parmi les fichiers disponibles, fusionner les deux fichiers les plus courts) est optimale. Pour un ensemble de fichiers de $5, 6, 7, 8, 9$ et 10 enregistrements, elle donne : $\boxed{\text{80 - R 1}}$

---

4. On considère ici que la structure de données *FdP* est aménagée afin d'enregistrer des arbres optimaux et que les priorités sont les racines de ces arbres.

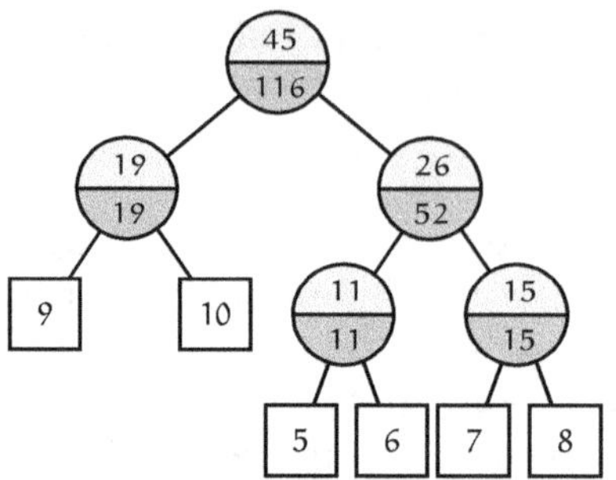

Le coût de cet arbre est bien de 116 unités.

80 - R 2 **Réponse 2.** Il s'agit de construire un arbre binaire de manière ascendante. C'est en fait un problème similaire à celui du codage de Huffman dont la construction de l'algorithme et la preuve de l'optimalité se trouvent en page 413.

Solution de l'exercice 81   Encore le photocopieur

Énoncé page 384.

81 - R 1 **Réponse 1.** Le calcul pour les cinq autres permutations fournit :

acb	$=$	$14 - (3 \cdot 3 + 2 \cdot 1 + 1 \cdot 4)$	$=$	-1
bac	$=$	$14 - (3 \cdot 4 + 2 \cdot 3 + 1 \cdot 1)$	$=$	-5
bca	$=$	$14 - (3 \cdot 4 + 2 \cdot 1 + 1 \cdot 3)$	$=$	-3
cab	$=$	$14 - (3 \cdot 1 + 2 \cdot 3 + 1 \cdot 4)$	$=$	1
cba	$=$	$14 - (3 \cdot 1 + 2 \cdot 4 + 1 \cdot 3)$	$=$	0

La permutation correspondant à l'ordonnancement des tâches selon les échéances croissantes est cba, pour laquelle le bénéfice est nul. Ce n'est pas le meilleur bénéfice, qui est atteint par la permutation cab. Cette stratégie gloutonne est à écarter.

81 - R 2 **Réponse 2.** Constatons tout d'abord que, pour l'exemple de l'énoncé, cette stratégie est bien optimale : la permutation cab fournit le meilleur bénéfice possible : 1. Il faut maintenant généraliser et montrer que le bénéfice retiré en ordonnant les tâches selon l'ordre croissant de leur durée est au moins égal à tout bénéfice qui serait obtenu en utilisant toute autre permutation. La démonstration se fait en deux étapes. La première consiste à montrer que, dans une permutation quelconque P' de P, si on échange deux éléments adjacents apparaissant dans un ordre décroissant dans P' pour obtenir la permutation P'', on augmente (au sens large) le bénéfice ($B(P'') \geqslant B(P')$). La seconde étape consiste à montrer que trier un tableau d'entiers P peut toujours s'effectuer par une succession de transpositions (d'échanges) de deux éléments adjacents. Nous admettons cette propriété très simple (utilisée par exemple dans le tri par bulle).

Démontrons la première étape. Soit $P' = [d(t_{i_1}), \ldots, d(t_{i_j}), d(t_{i_{j+1}}), \ldots, d(t_{i_n})]$ tel que $d(t_{i_j}) \geqslant d(t_{i_{j+1}})$ et soit $P'' = [d(t_{i_1}), \ldots, d(t_{i_{j+1}}), d(t_{i_j}), \ldots, d(t_{i_n})]$ la permutation obtenue après l'échange de $d(t_{i_j})$ et de $d(t_{i_{j+1}})$. Nous avons :

$$B(P') = \sum_{i=1}^{n} e(t_i) - \left(\begin{array}{l} n \cdot d(t_{i_1}) + \cdots + (n-j+2) \cdot d(t_{i_{j-1}}) + \\ (n-j+1) \cdot d(t_{i_j}) + (n-j) \cdot d(t_{i_{j+1}}) + \\ (n-j-1) \cdot d(t_{(i_{j+2})}) + \cdots + 1 \cdot d(t_{i_n}) \end{array} \right)$$

et

$$B(P'') = \sum_{i=1}^{n} e(t_i) - \left(\begin{array}{l} n \cdot d(t_{i_1}) + \cdots + (n-j+2) \cdot d(t_{i_{j-1}}) + \\ (n-j+1) \cdot d(t_{i_{j+1}}) + (n-j) \cdot d(t_{i_j}) + \\ (n-j-1) \cdot d(t(_{i_{j+2}})) + \cdots + 1 \cdot d(t_{i_n}) \end{array} \right).$$

Montrons que le bénéfice augmente (au sens large) pour cet échange, autrement dit que $B(P'') - B(P') \geqslant 0$:

$$
\begin{aligned}
& B(P'') - B(P') \\
= \quad & \qquad\qquad\qquad \text{définitions de } B(P'') \text{ et de } B(P') \text{ et arithmétique} \\
& -(n-j+1) \cdot d(t_{i_j}) + (n-j) \cdot d(t_{i_{j+1}}) + ((n-j+1) \cdot d(t_{i_{j+1}}) + (n-j) \cdot d(t_{i_j})) \\
= \quad & \qquad\qquad\qquad\qquad\qquad\qquad\qquad\qquad\qquad\qquad \text{arithmétique} \\
& d(t_{i_j}) - d(t_{i_{j+1}}) \\
\geqslant \quad & \qquad\qquad\qquad\qquad\qquad\qquad\qquad\qquad \text{hypothèses sur } P' \text{ et } P'' \\
& 0.
\end{aligned}
$$

Par conséquent, puisque $B(P'') - B(P') \geqslant 0$, plus on s'approche de la solution gloutonne, plus le bénéfice augmente (au sens large). La stratégie gloutonne étudiée est donc optimale. L'algorithme ne coûte que le tri des tâches par ordre croissant, il est donc en $\mathcal{O}(n \cdot \log_2(n))$.

Solution de l'exercice 82   Un problème d'épinglage

Énoncé page 386.

Réponse 1. On ne peut pas supprimer d'autres points de T : si on supprime le point 3.5, | 82 - R 1 |
I_1, I_2 et I_3 ne sont pas épinglés, si on supprime le point 6.5, I_4 n'est pas épinglé, etc. En revanche, on peut remplacer les points 9.5 et 11.5 par le point 10.5 pour obtenir un ensemble T de six points.

Réponse 2. La première stratégie fournit la solution suivante : | 82 - R 2 |

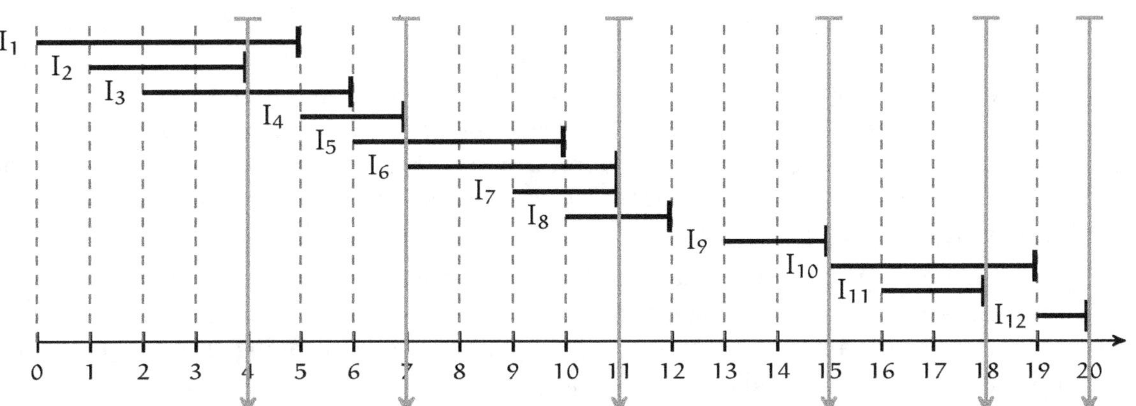

La seconde stratégie conduit à la solution :

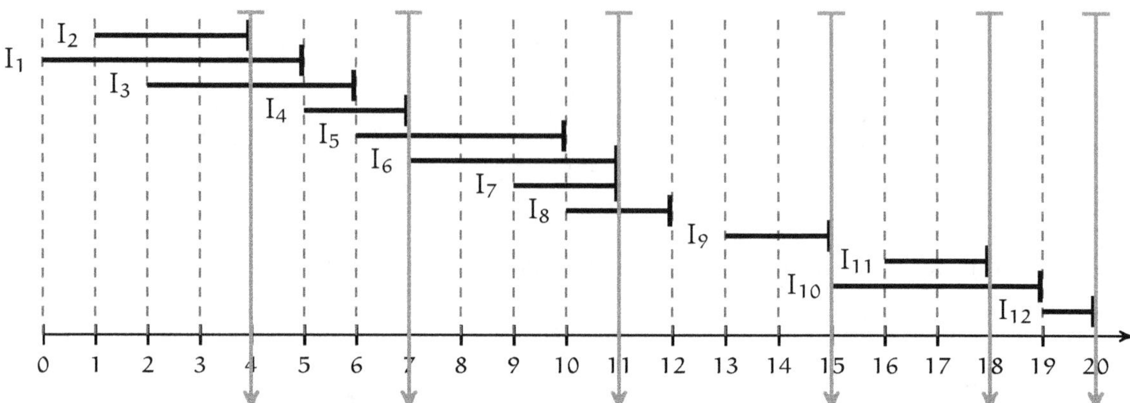

Les files de sortie T sont identiques dans chaque cas : $T = \langle 4, 7, 11, 15, 18, 20 \rangle$. En revanche, il est clair que la seconde stratégie (obtenue avec un tri sur les extrémités croissantes) est plus simple à mettre en œuvre, puisque l'on épingle le premier intervalle qui ne l'est pas encore. Ce n'est pas le cas pour la première stratégie où l'on doit mettre en attente certains intervalles afin d'être certain de ne pas en « laisser en route ». Ainsi par exemple, dans le premier schéma ci-dessus, on ne doit pas épingler I_1 à son extrémité puisque dans ce cas I_2 serait oublié. La seconde stratégie surmonte cette difficulté.

82 - R 3   **Réponse 3.** On effectue le développement en appliquant la seconde stratégie de l'énoncé. Les files d'entrée F et de sortie T peuvent toutes deux être mises en œuvre par des files FIFO. Les notations définies dans l'exemple introductif sont reprises ici (voir section 7.1.4, page 359). La partie difficile de la construction porte sur la preuve de l'optimalité de la solution.

Invariant L'invariant retenu est la conjonction des trois propriétés suivantes.

(a) Le couple (T_i, F_i) est tel que $T_i = \langle g_1, \ldots, g_k \rangle$ est la configuration de la file de sortie T lorsque la stratégie gloutonne est appliquée à la liste $\langle I_1, \ldots, I_i \rangle$ et la configuration de F est alors $F_i = \langle I_{i+1}, \ldots, I_n \rangle$.

(b) T est une solution optimale.

(c) Toute autre solution optimale (T_i', F_i), avec $T_i' = \langle o_1, \ldots, o_k \rangle$ est telle que $o_k \leqslant g_k$ (T_i fait « la course en tête »). Cette dernière propriété est liée à l'optimalité de la solution gloutonne.

Condition d'arrêt On s'arrête lorsque la file F est vide, c'est-à-dire lorsque *EstVideFifo*(F).

Progression La précondition de la progression nous assure que l'invariant est satisfait alors que la condition d'arrêt ne l'est pas (il existe donc un intervalle I_{i+1} qui n'est pas encore traité). La progression se fait en plaçant dans la file de sortie l'abscisse de l'extrémité de l'intervalle I_{i+1} (soit *TêteFifo*(F).f), tout en supprimant cet intervalle de la file F et en éliminant de F tous les intervalles qui possèdent une intersection commune avec I_{i+1}. Cette dernière opération est réalisée par une boucle qui n'est pas construite ici. En résumé, partant de la configuration (T_i, F_i), on obtient la configuration (T_j, F_j), avec $j > i$, $T_j = \langle g_1, \ldots, g_k, g_{k+1} \rangle$ et $F_j = \langle I_{j+1}, \ldots, I_n \rangle$.

Démontrons l'optimalité de la solution gloutonne. La solution gloutonne T_j obtenue après un pas de progression depuis la situation (T_i, F_i) épingle l'intervalle I_{i+1} en $I_{i+1}.f$. Toute autre solution optimale T_j' doit également épingler I_{i+1} (pas obligatoirement en $I_{i+1}.f$). Mais cette épingle peut être la $k+1^e$, la $k+2^e$, la $k+3^e$, etc. Les deux schémas ci-dessous illustrent la transition pour le cas où I_{i+1} est épinglé par o_{k+1} :

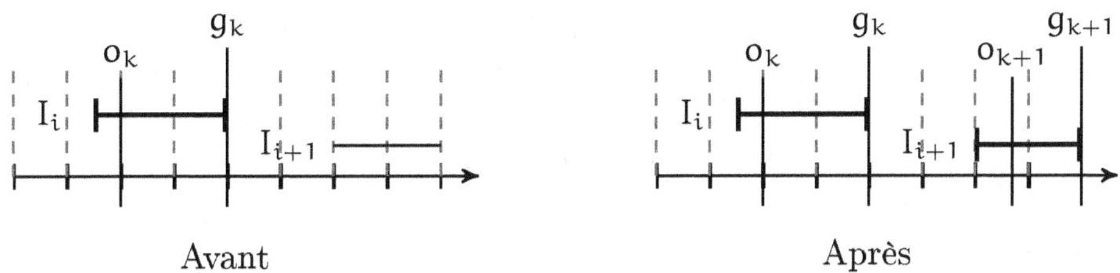

Avant   Après

On en conclut que T'_j est bien optimale et que le point c) de l'invariant est bien rétabli. Le cas où I_{i+1} est épinglé par o_{k+2} est illustré par les deux schémas suivants :

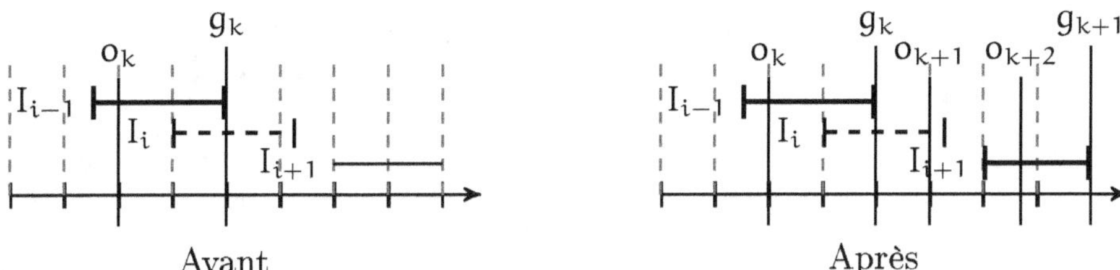

Avant   Après

Il s'ensuit que T'_j n'est alors plus une solution optimale ; elle possède un point de plus que la solution gloutonne. Les cas pour lesquels I_{i+1} est épinglé par o_{k+3}, o_{k+4}, etc. se traitent de la même façon. Sous réserve de la correction de l'initialisation et de la terminaison de l'algorithme, la solution T_n est donc optimale. Le cas où plusieurs intervalles s'achèvent au même point ne pose pas de problème particulier.

Initialisation F est la file FIFO contenant les intervalles triés sur les extrémités croissantes, et T est vide. À l'issue de ces opérations, l'invariant est établi.

Terminaison F voit sa longueur décroître d'au moins une unité à chaque pas de progression. $|F|$, la taille de F, est donc une fonction de terminaison convenable.

Le programme Les éléments de la construction ci-dessus se rassemblent pour constituer le programme suivant :

```
 1. constantes
 2.     Intervalle = {(d, f) | d ∈ ℝ*₊ et f ∈ ℝ*₊ et d ⩽ f} et
 3.     n ∈ ℕ₁ et n = … et I ∈ 1..n → Intervalle et I = […]
 4. variables
 5.     t ∈ Intervalle et T ∈ FIFO(ℝ*₊) et F ∈ FIFO(Intervalle)
 6. début
 7.     InitFifo(I, F) ; /% Init. de F et tri sur les extrémités croissantes %/
 8.     InitFifo(T) ;
 9.     tant que non(EstVideFifo(F)) faire
10.         t ← TêteFifo(F) ; SupprimerFifo(F) ;
11.         AjouterFifo(T, t.f) ;
12.         tant que non(EstVideFifo(F) ou sinon t.f ⩽ TêteFifo(F).d) faire
13.             SupprimerFifo(F)
14.         fin tant que
15.     fin tant que ;
16.     écrire(T)
17. fin
```

Complexité Chaque intervalle est pris en compte une fois. L'algorithme coûte ce que coûte le tri de la ligne 7. Il est donc en $\mathcal{O}(n \cdot \log_2(n))$.

82 - R 4 **Réponse 4.** Un percement peut s'effectuer en tout point de l'intervalle ouvert/fermé qui s'achève en t.f et qui débute sur l'origine ayant la plus grande abscisse parmi tous les intervalles supprimés lors d'un passage dans la boucle principale. C'est ce que montre, en gris, le schéma ci-dessous, pour l'exemple de l'énoncé :

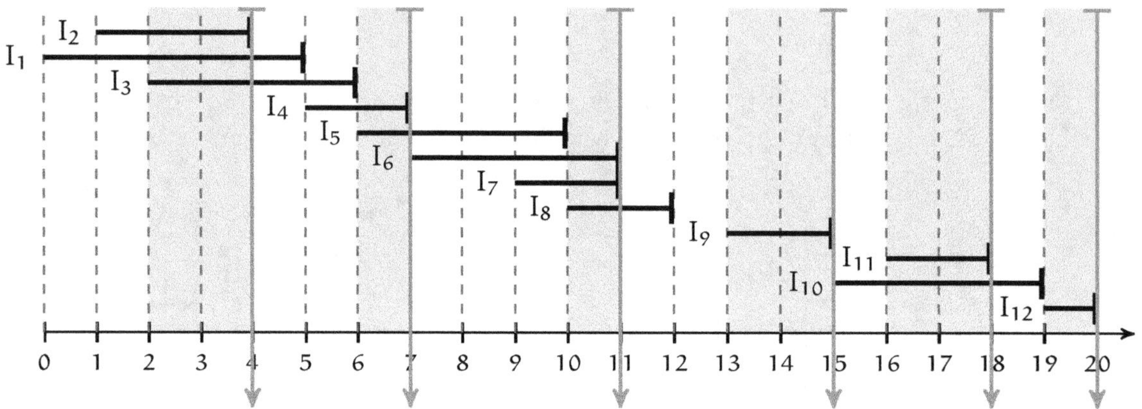

Solution de l'exercice 83 Coloriage d'un graphe avec 2 couleurs
Énoncé page 387.

83 - R 1 **Réponse 1.** Dans l'hypothèse d'une représentation du graphe par une matrice d'adjacence comme suggéré dans l'énoncé, la boucle principale (débutant à la ligne 16 de l'algorithme de la page 391) est parcourue card(N) fois, tandis que les card(N) exécutions cumulées de la boucle interne totalisent card(V) parcours. L'algorithme est donc en $\Theta(\text{card}(N) + \text{card}(V))$ conditions évaluées.

83 - R 2 **Réponse 2.** Notons tout d'abord que l'algorithme de coloriage va s'arrêter s'il est impossible de n'utiliser que deux couleurs, contrairement à l'algorithme de parcours en largeur d'abord qui, lui, produit toujours une liste associée à un parcours du graphe en largeur d'abord. Cependant, on peut fonder le coloriage (quand il est possible) sur les remarques suivantes : i) les sommets situés à la même distance du sommet initial du parcours (s) doivent avoir la même couleur, ii) le coloriage peut être effectué au moment où un sommet transite de la file OPEN vers la file CLOSE et iii) le coloriage d'un sommet n'est possible que si aucun de ses voisins ne possède déjà la même couleur que lui.

83 - R 3 **Réponse 3.** Nous construisons la boucle principale en présentant les cinq points traditionnels de la construction de boucles et en reprenant certains des conjoints de l'invariant de l'algorithme de parcours en largeur d'abord (voir page 387). Soit $G' = (N', V')$ le sous-graphe de G induit par les sommets présents dans CLOSE.

Invariant Il est constitué des conjoints ci-après :

(a) CLOSE est une file FIFO dont le contenu représente un « parcours en largeur d'abord » de G'.

(b) OPEN est une file FIFO des sommets voisins des sommets présents dans CLOSE. L'intersection ensembliste de OPEN et de CLOSE est vide.

(c) Si la tête de la file OPEN contient un sommet dont la distance à s est k, alors tous les autres sommets de OPEN sont à une distance de k ou de $(k+1)$ de s.

(d) La variable BiColor vaut **vrai** si et seulement si le graphe G' est bicolorié.

(e) Dans le graphe G, les sommets présents soit dans CLOSE soit dans OPEN sont blancs ou noirs, les autres sont en gris.

Condition d'arrêt L'arrêt se produit soit quand la file OPEN est vide, soit quand la variable BiColor vaut **faux**. La conjonction de l'invariant et de la condition d'arrêt entraîne bien que Bicolor est équivalent à la proposition « G est bicolorié ».

Progression D'après la précondition de la progression, la file OPEN n'est pas vide. On déplace sc, la tête de la file OPEN, en queue de file CLOSE (ce qui peut créer un graphe G' qui n'est pas bicoloriable). Il reste alors à parcourir la liste des voisins de sc dans G. Les voisins en gris sont introduits dans OPEN avec la couleur (blanche ou noire) opposée à celle de sc. Pour ce qui est des voisins de sc déjà présents dans la file CLOSE (qui sont donc déjà coloriés), ceux de la couleur opposée à celle de sc ne posent pas de problème. En revanche (voir réponse 2), les voisins de la même couleur que sc révèlent une incompatibilité qui se traduit par le passage à **faux** de la variable BiColor (elle valait **vrai**, d'après la précondition). Ci-dessous, nous mettons l'accent sur la double difficulté que constitue la préservation des propositions c) et d) de l'invariant.

Considérons tout d'abord le point c) de l'invariant. sc est à une distance k de s et OPEN ne contient pas de sommets à une distance autre que k ou (k+1). La progression va conduire à introduire dans OPEN des sommets dont la distance à s est exactement de $(k+1)$ puisqu'ils sont voisins de sc, ce qui achève la démonstration et montre que l'on peut utiliser pour OPEN une file simple au lieu d'une file de priorité.

Montrons à présent que le point d) de l'invariant est préservé. Si BiColor n'est pas modifié dans la progression, c'est que la couleur de sc n'est en conflit avec aucune autre couleur de son voisinage et en particulier avec aucune autre couleur de G'. G'', le nouveau sous-graphe induit par les sommets présents dans CLOSE est donc bicoloriable :

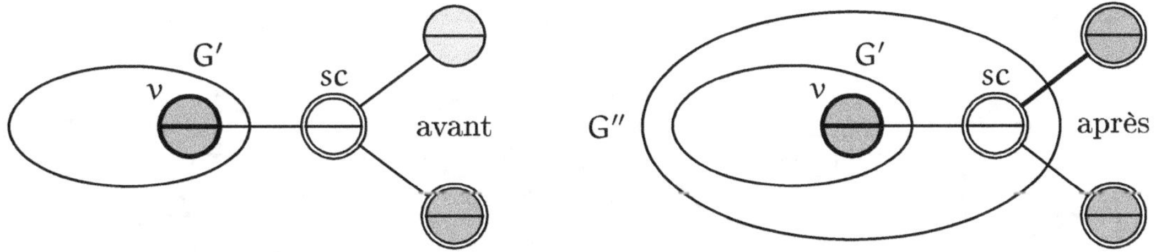

Si au contraire BiColor prend la valeur **faux**, c'est que l'un (au moins) des voisins de sc possède la même couleur que sc. Deux cas sont *a priori* possibles (ils sont illustrés par les schémas ci-dessous) :

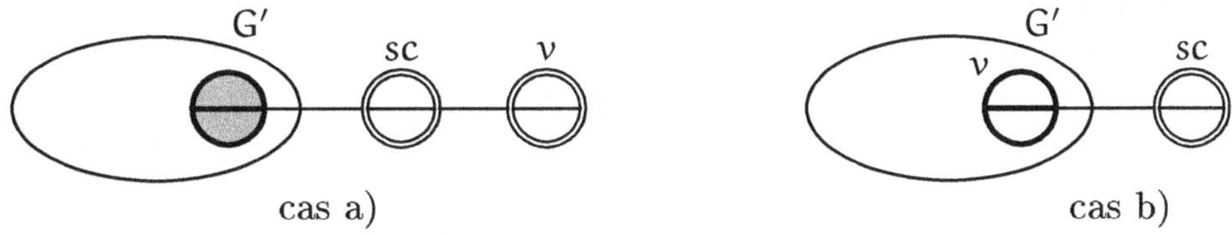

(a) Ce voisin, v, est dans OPEN. Dès que l'on envisagera de déplacer v dans CLOSE, sa couleur sera en conflit avec celle de sc : le sous-graphe induit ne sera pas bicoloriable.

(b) v est dans CLOSE (dans N' donc) : le nouveau sous-graphe induit suite au déplacement de sc dans CLOSE n'est pas bicoloriable. Cependant, ce cas ne peut survenir puisqu'il aura été anticipé par le cas a).

Initialisation Le sommet initial s est placé dans OPEN avec une couleur arbitraire (noir par exemple), tous les autres sommets sont gris : le sous-graphe induit est vide, il est donc bicoloriable. La file CLOSE est vide. La variable BiColor vaut **vrai**. Ceci instaure l'invariant.

Terminaison À chaque pas de progression, un nouveau sommet est transféré dans CLOSE. L'expression $(\text{card}(N) - \text{card}(CLOSE))$ est donc une fonction de terminaison recevable.

83 - R 4   **Réponse 4.** Dans le schéma ci-après, les conventions sont identiques à celles de la figure 7.9, page 390, à l'exception du coloriage. Les sommets qui n'ont pas encore été rencontrés sont toujours en gris clair. Cependant les sommets qui sont soit dans CLOSE soit dans OPEN sont coloriés soit en noir (ou plutôt en gris foncé), soit en blanc, selon leur profondeur. Lors de la transition entre les étapes (d) et (e), les sommets f et g sont coloriés en blanc. L'étape qui succède à l'étape (f) consiste à considérer tous les voisins déjà coloriés du sommet f afin de déterminer si leur couleur est compatible avec celui-ci. Ce n'est pas le cas pour le sommet g qui est lui aussi blanc, d'où l'échec du coloriage.

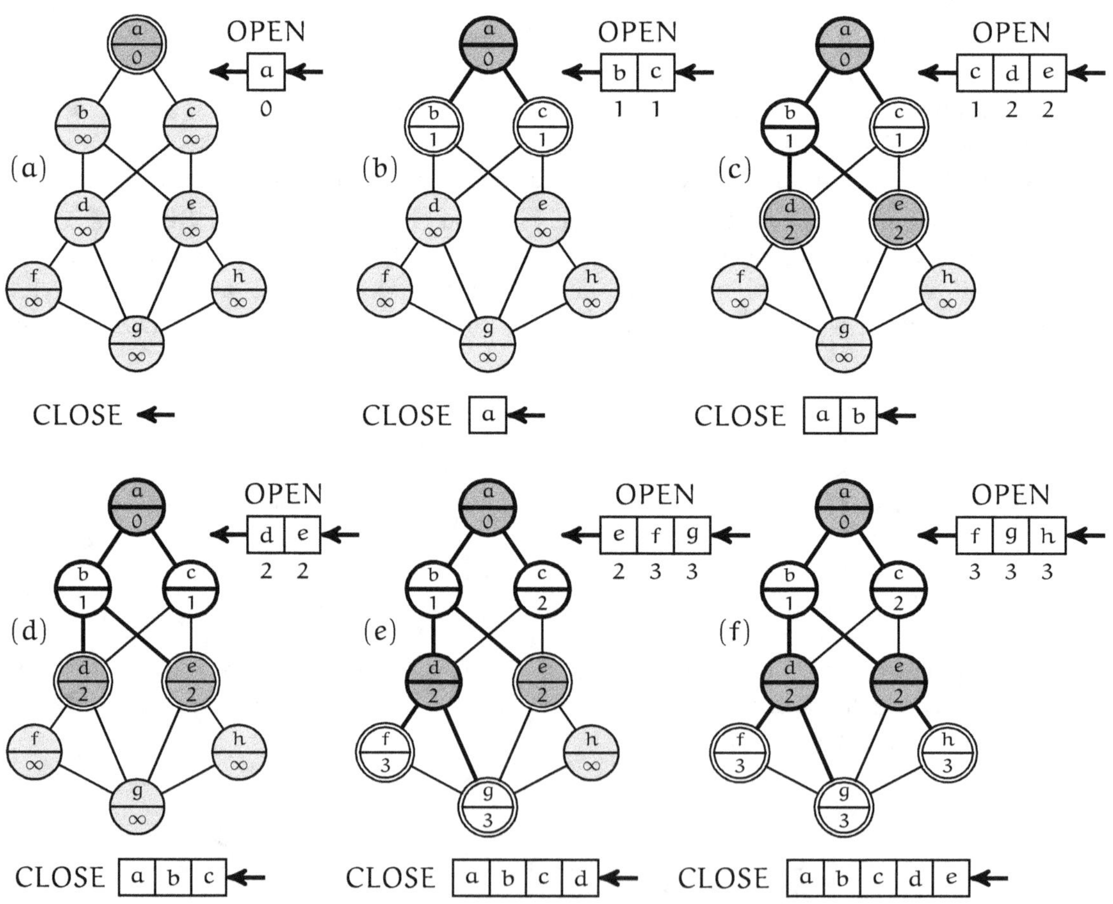

83 - R 5   **Réponse 5.** Le programme ci-dessous utilise les mêmes déclarations que celles du programme de l'énoncé. Il suppose en outre que la couleur noir est disponible. L'opération *InverserCoul* permet de commuter entre le noir et le blanc.

```
1.  constantes
2.     n ∈ ℕ₁ et n = ... et N = 1..n et
3.     Couleurs = {gris, blanc, noir} et V ∈ N × N et V = {...}
```

```
4. variables
5.      R ∈ N → Couleurs et G = (N, V, R) et
6.      s ∈ N et sc ∈ N et v ∈ N et BiColor ∈ 𝔹 et
7.      CLOSE ∈ FIFO(N) et OPEN ∈ FIFO(N)
8. début
9.      /% coloriage en gris de tous les sommets : %/
10.     pour w ∈ N faire
11.         ColorierGr(G, w, gris)
12.     fin pour ;
13.     InitFifo(CLOSE) ; InitFifo(OPEN) ;
14.     s ← ... ; /% choix du sommet initial : %/
15.     ColorierGr(G, s, noir) ;
16.     AjouterFifo(OPEN, s) ;
17.     BiColor ← vrai ;
18.     tant que non (EstVideFifo(OPEN) ou non BiColor) faire
19.         sc ← TêteFifo(OPEN) ; SupprimerFifo(OPEN) ;
20.         AjouterFifo(CLOSE, sc) ;
21.         OuvrirVoisinsGr(G, sc) ;
22.         tant que non (FinListeVoisinsGr(G, sc) ou non BiColor) faire
23.             LireVoisinsGr(G, sc, v) ;
24.             si CouleurGr(G, v) = CouleurGr(G, sc) alors
25.                 BiColor ← faux
26.             sinonsi CouleurGr(G, v) = gris alors
27.                 ColorierGr(G, v, InverserCoul(CouleurGr(G, sc))) ;
28.                 AjouterFifo(OPEN, v)
29.             fin si
30.         fin tant que
31.     fin tant que ;
32.     si BiColor alors
33.         écrire(G)
34.     sinon
35.         écrire(échec du bicoloriage)
36.     fin si
37. fin
```

Complexité   La différence par rapport à la réponse à la question 1 est que, pour un sommet donné, la liste des voisins n'est pas forcément complètement parcourue et, par ricochet, la liste de sommets non plus. Cet algorithme est donc en $\mathcal{O}(\mathrm{card}(N) + \mathrm{card}(V))$ et non plus en $\Theta(\mathrm{card}(N) + \mathrm{card}(V))$ conditions évaluées.

Remarque   Compte tenu de la démarche adoptée pour le construire, cet algorithme, quand c'est possible, fournit non seulement un graphe G colorié, mais aussi (dans CLOSE) un parcours en largeur d'abord de G.

Réponse 6.   Cette méthode ne convient pas pour m ($m > 2$) couleurs, puisque la couleur d'un sommet ne donne qu'une indication partielle et non déterminante sur la couleur à attribuer à chacun de ses voisins, contrairement au cas pour deux couleurs.

83 - R 6

Solution de l'exercice 84 D'un ordre partiel à un ordre total : le tri topologique

Énoncé page 392.

84 - R 1 **Réponse 1.** On raisonne par l'absurde. Si le nouveau graphe n'est pas un DAG, c'est qu'il existe un circuit. Ce circuit était déjà présent dans le graphe initial, qui n'était donc pas un DAG.

84 - R 2 **Réponse 2.** Posons $N = \{s_1, \ldots, s_n\}$. Un graphe G, tel que pour tout i et pour tout $j > i$, il existe un arc d'origine s_i et d'extrémité s_j, est un DAG :

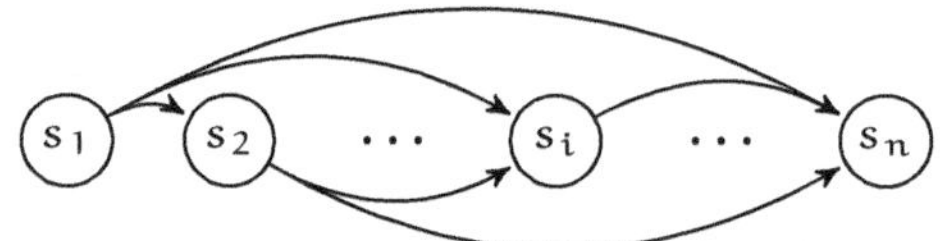

Sa représentation par une matrice d'adjacence (voir section 1.5, page 22) est une matrice triangulaire supérieure, qui contient $(1 + 2 + \cdots + (n-2) + (n-1)) = (n \cdot (n-1)/2)$ fois la valeur 1. Ce type de DAG vérifie donc la formule de l'énoncé.

84 - R 3 **Réponse 3.** Les six étapes de l'algorithme sont présentées à la figure 7.14. Les nœuds candidats sont en gris (clair ou foncé) ; les nœuds sélectionnés sont en gris foncé. Dans le graphe G, les sommets en gris sont candidats au transfert vers la file S. Dans la partie (c) du schéma, il existe deux sommets candidats : b et f. Le sommet b (en gris foncé) est choisi arbitrairement.

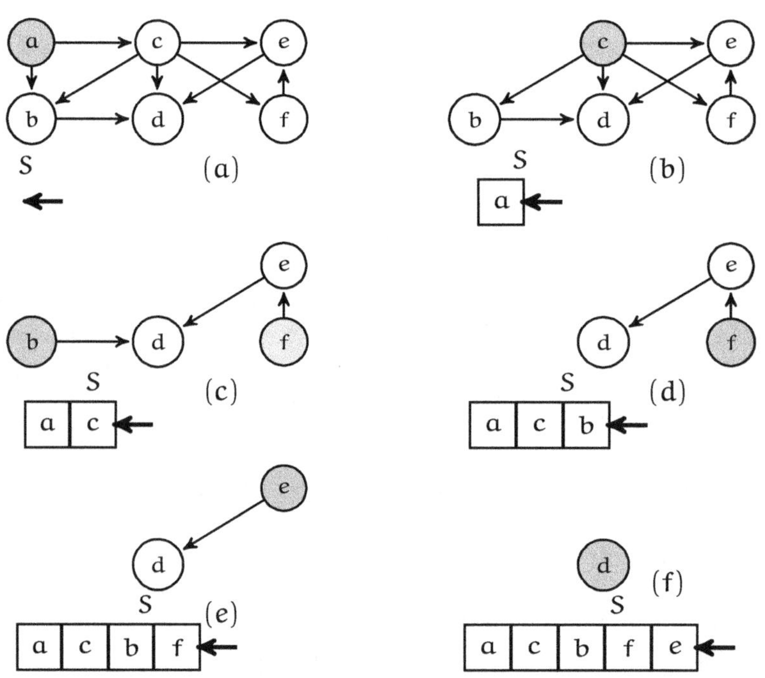

Fig. 7.14 – Les six étapes de l'algorithme en réponse à la question 3 de l'exercice 84

Le résultat atteint après l'étape (f) est une file S contenant les sommets a, c, b, f, e, d.

Réponse 4. L'algorithme ci-après considère que les sommets sont des entiers. Le prédicat $\boxed{\text{84 - R 4}}$
EstDAG s'assure que le graphe en argument est un DAG.

```
 1. constantes
 2.    EInit ⊂ ℕ₁ et EInit = {...} et n = card(EInit)
 3. variables
 4.    E ⊂ ℕ₁ et V ∈ E × E et G = (E, V) et EstDAG(G) et
 5.    S ∈ FIFO(EInit)
 6. début
 7.    E ← EInit; V ← {...};
 8.    InitFifo(S);
 9.    tant que |S| ≠ n faire
10.       soit s tel que
11.          s ∈ E et d⁻_G(s) = 0
12.       début
13.          AjouterFifo(S, s);
14.          E ← E − {s};
15.          G ← Induit(G, E)
16.       fin
17.    fin tant que;
18.    écrire(S)
19. fin
```

Complexité   Au premier passage, on parcourt au pire les n sommets afin de trouver un minimum. Au second passage, on parcourt au pire $(n-1)$ sommets, etc. Au total, cet algorithme est donc en $\mathcal{O}(n^2)$ visites de sommets ou conditions évaluées.

Réponse 5.   Le coût élevé de la solution précédente est en grande partie imputable à la $\boxed{\text{84 - R 5}}$ recherche d'un sommet doté d'un demi-degré intérieur nul (c'est-à-dire à la recherche d'un minimum). Le principe d'une possible meilleure solution consiste à renforcer l'invariant en associant à chaque sommet un champ qui représente le demi-degré intérieur de ce sommet. Par ailleurs, il est intéressant de placer les sommets dotés d'un demi-degré intérieur nul, et uniquement ceux-là, dans une file d'entrée F. La construction qui en résulte est la suivante :

Invariant   Soit S la file FIFO contenant l'ensemble E_S des sommets triés selon un ordre total compatible avec l'ordre $\prec$ et tel que tout sommet v de E n'appartenant pas à E_S ($v \in (E - E_S)$) est supérieur, selon l'ordre partiel, à tout sommet de E_S. Soit F la file d'entrée contenant les sommets de E n'appartenant pas à E_S et ayant un demi-degré intérieur nul. Soit enfin L une structure contenant l'ensemble des autres sommets auxquels sont associés leur demi-degré intérieur ainsi que l'ensemble de leurs successeurs.

Condition d'arrêt   On a à nouveau la condition $n = |S|$.

Progression   On extrait un élément t quelconque de la file d'entrée F, on place son identifiant dans la file de sortie S et, pour chaque successeur w de t, on décrémente son demi-degré intérieur de un. Si celui-ci atteint la valeur zéro, w est déplacé dans la file d'entrée.

Initialisation   La file de sortie S est vide; l'ensemble L des sommets est créé, à partir d'une représentation quelconque du graphe, puis on ventile les points d'entrée dans la file d'entrée F. Les autres sommets restent dans L.

Terminaison   À chaque pas de progression, un sommet est déplacé dans la file S : $n - |S|$ est une expression de terminaison convenable.

L'algorithme   Ci-dessous, chaque élément de l'ensemble L est constitué de trois champs : id est l'identifiant du sommet, di son demi-degré intérieur et suc la liste des sommets successeurs. La procédure *Construire* permet d'obtenir une représentation adaptée du graphe initial G dans la structure de données L. La file d'entrée F peut s'implanter par une file FIFO, puisque tous ses éléments ont la même priorité.

```
 1.  constantes
 2.     LL = {(id, di, suc) | id ∈ E et di ∈ ℕ₁ et suc ⊆ E} et
 3.     E ⊂ ℕ₁ et E = {...} et V ∈ E × E et V = {...} et
 4.     G = (E, V) et EstDAG(G) et n = card(E)
 5.  variables
 6.     S ∈ FIFO(E) et F ∈ FIFO(LL) et L ⊆ LL et t ∈ L
 7.  début
 8.     Construire(L, G) ; InitFifo(F) ;
 9.     pour v ∈ L faire
10.        si v.di = 0 alors
11.           L ← L − {v} ;
12.           AjouterFifo(F, v)
13.        fin si
14.     fin pour ;
15.     InitFifo(S) ;
16.     tant que |S| ≠ n faire
17.        t ← TeteFifo(F) ;
18.        SupprimerFifo(F) ;
19.        AjouterFifo(S, t.id) ;
20.        pour w ∈ t.suc faire
21.           w.di ← w.di − 1 ;
22.           si w.di = 0 alors
23.              t.suc ← t.suc − {w} ;
24.              AjouterFifo(F, w)
25.           fin si
26.        fin pour
27.     fin tant que ;
28.     écrire(F)
29.  fin
```

Un dernier raffinement, sur la base de pointeurs et de structures dynamiques, fournit, pour le schéma (b) de la réponse à la question 3, la représentation suivante :

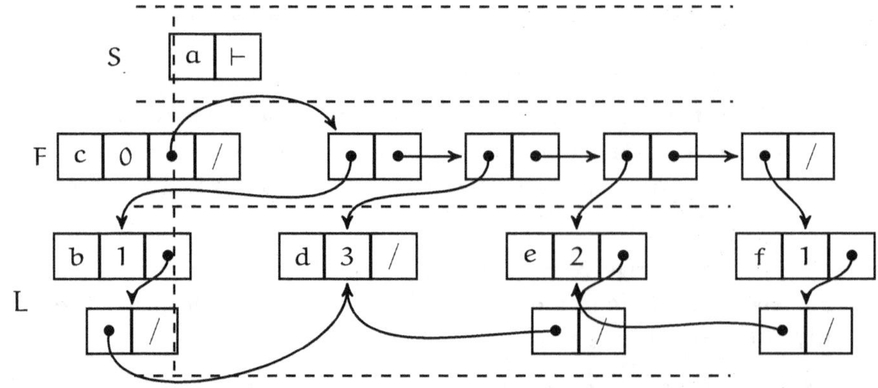

Complexité On peut raisonnablement faire l'hypothèse que la procédure *Construire* est en $\Theta(n + \mathrm{card}(V))$. C'est le cas si la représentation initiale se fait par listes des successeurs (voir figure 1.3, page 23). Dans ces conditions, il apparaît que, pour le reste de l'algorithme, chaque sommet et chaque arc sont pris en compte une fois et que les opérations sur les files sont en $\Theta(1)$. Par conséquent, la complexité de cette solution est en $\Theta(n + \mathrm{card}(V))$. Dans le pire des cas, cette solution n'est asymptotiquement pas meilleure que la précédente puisque, comme nous l'avons vu en réponse à la question 2, il peut y avoir de l'ordre de n^2 arcs dans un DAG. En revanche, dans le cas de graphes creux $(\mathrm{card}(V) \ll n^2)$, cette solution est meilleure que la précédente puisqu'elle est en $\mathcal{O}(n + \mathrm{card}(V))$.

Solution de l'exercice 85   Tournois et chemins hamiltoniens

Énoncé page 394.

Réponse 1. Soit $s = s_1 \ldots s_m$ $(m \geqslant 2)$ la chaîne binaire. Elle possède un plus long préfixe entièrement composé de 0, dont la longueur p est telle que $p \in 1 \mathinner{.\,.} m - 1$. La sous-chaîne $s_p s_{p+1}$ est la chaîne *01* (on pourrait également raisonner sur le plus long suffixe).   `85 - R 1`

Réponse 2. Ainsi que le demande l'énoncé, on procède à une démonstration par récurrence.   `85 - R 2`

Base Un tournoi d'un seul sommet u est tel que $\langle u \rangle$ est un chemin hamiltonien pour ce graphe.

Hypothèse d'induction Tout tournoi de i sommets $(i \geqslant 1)$ possède (au moins) un chemin hamiltonien. Soit $\langle u_1, \ldots, u_i \rangle$ l'un de ces chemins.

Induction On considère un $(i + 1)^e$ sommet v. Trois cas sont à prendre en compte selon le sens des arcs entre v et u_1 et/ou v et u_i.

- $(v, u_1) \in V$. Dans ce cas, $\langle v, u_1, \ldots, u_i \rangle$ est un chemin hamiltonien.
- $(u_i, v) \in V$. Dans ce cas, $\langle u_1, \ldots, u_i, v \rangle$ est un chemin hamiltonien.
- $(v, u_1) \notin V$ et $(u_i, v) \notin V$. Dans ce cas, il est impossible de placer v à l'une des extrémités. Le lemme de la première question va nous permettre de démontrer qu'il est alors toujours possible de placer v à l'intérieur de $\langle u_1, \ldots, u_i \rangle$. Notons au préalable que ce cas ne peut concerner la situation où $i = 1$; celle-ci est prise en compte par l'un des deux premiers cas. Nous allons associer une chaîne binaire s à la séquence des arcs entre chacun des sommets $u_1, \ldots, u_i$ et v. Notons $s_k = 0$ si $(u_k, v) \in V$ et $s_k = 1$ si $(v, u_k) \in V$. La séquence s est de longueur supérieure ou égale à 2 ; elle commence par *0* et se termine par *1*. Par conséquent, il existe une valeur p, avec $p \in 1 \mathinner{.\,.} i - 1$ telle que $s_p s_{p+1} = 01$. On en déduit que $(u_p, v) \in V$ et que $(v, u_{p+1}) \in V$. On constate alors que le chemin $\langle u_1, \ldots, u_p, v, u_{p+1}, \ldots, u_i \rangle$ est hamiltonien.

Réponse 3. Comme souvent dans le cas des algorithmes gloutons, deux boucles sont à construire. La première traite un par un les éléments de la file d'entrée, tandis que la seconde, la boucle interne, transfère chaque élément dans une file « de sortie ». On peut remarquer que la file d'entrée se présente sous une forme dégénérée puisqu'il est possible de traiter les sommets dans un ordre arbitraire. Le plus simple du point de vue algorithmique consiste à traiter successivement les valeurs de l'intervalle $1 \mathinner{.\,.} n$, en évitant ainsi de matérialiser la file. En revanche, la gestion de la file de sortie est plus complexe   `85 - R 3` qu'à l'accoutumée puisque, comme nous l'avons vu dans la réponse à la question 2, un élément quittant la file d'entrée peut venir s'insérer dans une position quelconque de la file de sortie. Nous choisissons de représenter cette file par un tableau T défini sur l'intervalle $1 .. n$ et à valeurs dans ce même intervalle. À l'issue du traitement, T doit représenter une permutation de l'intervalle $1 .. n$ représentant un chemin hamiltonien dans G. La représentation de G peut se limiter à celle de V sous la forme d'une matrice d'adjacence booléenne (voir chapitre 1).

Construction de la boucle externe   Nous présentons les cinq points classiques de la construction.

Invariant   Le sous-tableau $T[1 .. i]$ représente un chemin hamiltonien pour le sous-graphe induit de G par $N' = 1 .. i$.

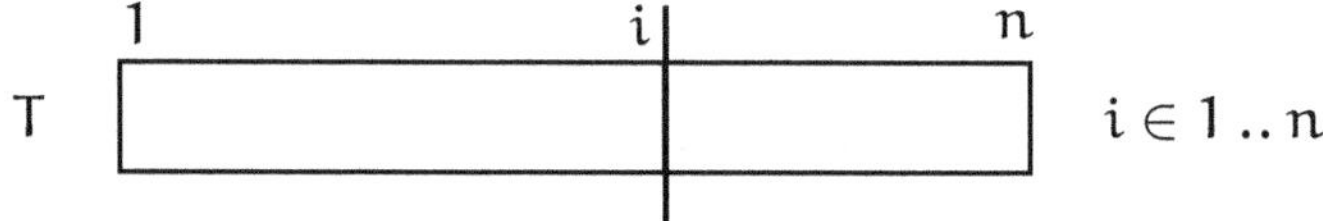

Condition d'arrêt   La condition $i = n$ est telle que sa conjonction avec l'invariant est bien le but visé.

Progression   La progression s'inspire de la réponse à la question 2. Elle vise, au moyen d'une boucle, à insérer la valeur $(i+1)$ dans T, de sorte que le sous-tableau $T[1..i+1]$ représente un chemin hamiltonien pour les $(i+1)$ premiers sommets. Il suffit alors de rétablir l'invariant par l'affectation $i \leftarrow i+1$. Le développement de cette seconde boucle est réalisé ci-dessous.

Initialisation   La séquence suivante instaure l'invariant.

> 1. $i \leftarrow 1$; $T[1] \leftarrow 1$

Terminaison   L'expression $(n - i)$ n'est jamais négative et décroît strictement à chaque pas de progression. C'est une expression de terminaison recevable.

Construction de la boucle interne   Le but de cette boucle interne est de déterminer la position j à laquelle sera insérée la valeur $(i+1)$.

Invariant   La zone grisée ci-dessous représente un « trou ». Abstraction faite de cette position, le sous-tableau $T[1 .. i + 1]$ représente un chemin hamiltonien pour les i premiers sommets du graphe.

T   1   j   i+1 $j \in 1 .. i + 1$

Condition d'arrêt   La condition d'arrêt est constituée des trois sous-conditions qui traduisent le résultat de la question 2. Elle est présentée dans le programme ci-après. Un raffinement de cette condition est possible, qui aboutit à une version plus concise.

Progression   Nous choisissons de faire progresser la variable j de « droite à gauche ». Nous obtenons la séquence suivante :

> 1. $T[j] \leftarrow T[j - 1]$; $j \leftarrow j - 1$

Initialisation   L'affectation suivante instaure l'invariant :

> 1. $j \leftarrow i + 1$

Terminaison   L'expression j est toujours positive et décroît strictement à chaque pas de progression. C'est une expression de terminaison convenable.

L'algorithme   Il se présente comme suit :

1. **constantes**
2. $n \in \mathbb{N}_1$ **et** $n = \ldots$ **et** $V \in 1..n \times 1..n \to \mathbb{B}$ **et** $V = [\ldots]$
3. **variables**
4. $T \in 1..n \to 1..n$ **et** $i \in 1..n$ **et** $j \in 1..i+1$
5. **début**
6. $i \leftarrow 1$; $T[1] \leftarrow 1$;
7.   **tant que** $i \neq n$ **faire**
8. $j \leftarrow i+1$;
9.   **tant que non** $\left(\begin{array}{l} (j = i \textbf{ et \ alors } V[i+1, T[j+1]]) \\ \textbf{ou sinon} \\ (j = i+1 \textbf{ et \ alors } V[T[j-1], i+1]) \\ \textbf{ou sinon} \\ (V[T[j-1], i+1] \textbf{ et \ alors } V[i+1, T[j+1]]) \end{array} \right)$ **faire**
10. $T[j] \leftarrow T[j-1]$; $j \leftarrow j-1$
11.   **fin tant que** ;
12. $T[j] \leftarrow i+1$; $i \leftarrow i+1$
13.   **fin tant que** ;
14.   **écrire**(T)
15. **fin**

Complexité   Cet algorithme présente une analogie très forte avec le tri par insertion simple. En particulier, sa complexité est également en $\mathcal{O}(n^2)$ en termes de conditions évaluées. Ceci suggère qu'il pourrait exister pour ce problème un algorithme (non glouton) similaire au tri-fusion (voir exercice 87, page 443), plus efficace que la version développée ci-dessus. C'est bien le cas, ce qui relègue la solution abordée ici au rang de simple exercice.

Solution de l'exercice 86   Carrés magiques d'ordre impair

Énoncé page 395.

Réponse 1.   La somme des n^2 valeurs d'un carré magique vaut $(n^2 \cdot (n^2+1)/2)$. La somme `86 - R 1`
de chaque ligne ou colonne vaut donc $M_n = n \cdot (n^2+1)/2$, d'où l'on calcule $M_5 = 65$ et $M_7 = 175$.

Réponse 2.   Pour $n = 7$, on obtient les schémas ci-après, qui aboutissent bien à un carré `86 - R 2`
magique d'ordre 7.

Réponse 3.   Nous débutons la preuve sur $n = 5$ avant de généraliser à une valeur n `86 - R 3`
quelconque.

Cas de la « grande » diagonale sud-ouest/nord-est du carré central   C'est le cas
le plus simple à prendre en compte. Pour $n = 5$, il s'agit de cumuler les cinq valeurs
centrales de l'intervalle $1..25$, soit $11+12+13+14+15 = 13 \cdot 5 = 65$. Plus généralement,
pour un n quelconque, nous avons :

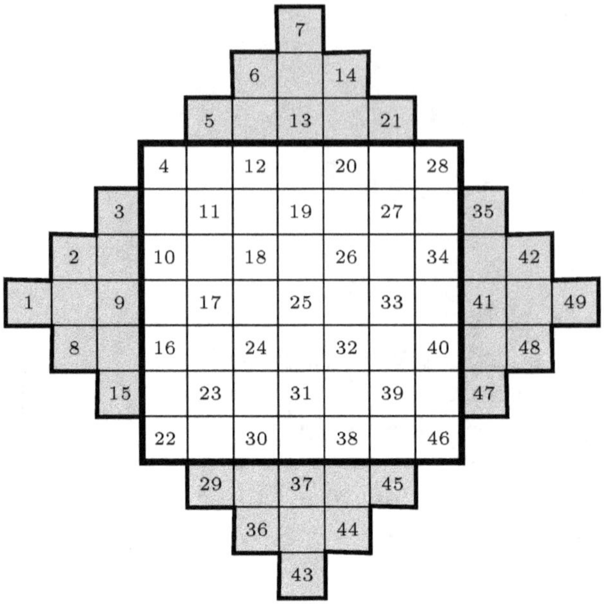

4	29	12	37	20	45	28
35	11	36	19	44	27	3
10	42	18	43	26	2	34
41	17	49	25	1	33	9
16	48	24	7	32	8	40
47	23	6	31	14	39	15
22	5	30	13	38	21	46

$$\left(\begin{array}{l}\left(\frac{n^2+1}{2}-\frac{n-1}{2}\right)+\left(\frac{n^2+1}{2}-\left(\frac{n-1}{2}-1\right)\right)+\cdots+\\ \left(\frac{n^2+1}{2}\right)+\cdots+\left(\frac{n^2+1}{2}+\left(\frac{n-1}{2}-1\right)\right)+\left(\frac{n^2+1}{2}+\frac{n-1}{2}\right)\end{array}\right)$$

$=$ arithmétique

$$n\cdot\left(\frac{n^2+1}{2}\right).$$

Il s'agit bien de M_n.

Cas de la diagonale principale (nord-ouest/sud-est) du carré central On cumule les valeurs médianes des diagonales sud-ouest/nord-est du damier crénelé.

Pour $n = 5$, on obtient $(5+1)/2+(6+10)/2+(11+15)/2+(16+20)/2+(21+25)/2$, soit 65. Dans le cas général, nous avons :

$$\left(\begin{array}{l}\frac{(0n+1)+n}{2}+\frac{(1n+1)+2n}{2}+\cdots+\frac{((i-1)\cdot n+1)+i\cdot n}{2}\\ +\cdots+\frac{((n-1)\cdot n+1)+n\cdot n}{2}\end{array}\right)$$

$=$ passage à la notation $\sum$

$$\sum_{i=1}^{n}\frac{((i-1)\cdot n+1)+i\cdot n}{2}$$

$=$ arithmétique

$$\frac{1}{2}\cdot\sum_{i=1}^{n}(2\cdot i\cdot n-n+1)$$

$=$ éclatement du quantificateur

$$\frac{1}{2}\cdot\left(2n\cdot\sum_{i=1}^{n}i\ -\ n\cdot\sum_{i=1}^{n}1+\sum_{i=1}^{n}1\right)$$

$=$ arithmétique

$$n\cdot\left(\frac{n^2+1}{2}\right).$$

Il s'agit toujours bien de M_n.

Cas d'une ligne quelconque Considérons par exemple la troisième ligne du carré magique d'ordre 5 de l'énoncé. Pour ce qui concerne les valeurs qui sont en place suite à la première phase, la valeur 7 correspond à la seconde valeur de la seconde diagonale, soit $1 \cdot 5 + 2$, la valeur 13 correspond à la troisième valeur de la troisième diagonale, soit $2 \cdot 5 + 3$ et la valeur 19 à la quatrième valeur de la quatrième diagonale, soit $3 \cdot 5 + 4$. Les valeurs placées lors de la dernière phase, 25 et 1, correspondent respectivement à la cinquième valeur de la cinquième diagonale $(4 \cdot 5 + 5)$ et à la première valeur de la première diagonale $(0 \cdot 5 + 1)$. Au total, en regroupant différemment les termes, on obtient $((0 \cdot 5 + 1 \cdot 5 + 2 \cdot 5 + 3 \cdot 5 + 4 \cdot 5) + (1 + 2 + 3 + 4 + 5))$. En procédant de même sur une autre ligne, on constate que l'on obtient les mêmes termes, initialement dans un autre ordre. La somme vaut bien 65. Pour un n quelconque, la formule se généralise comme suit :

$$\sum_{i=0}^{n-1} i \cdot n + \sum_{i=1}^{n} i$$

$$= \frac{n \cdot (n-1) \cdot n}{2} + \frac{n \cdot (n+1)}{2} \qquad\qquad \text{arithmétique}$$

$$= n \cdot \left(\frac{n^2 + 1}{2}\right). \qquad\qquad \text{arithmétique}$$

On retrouve à nouveau M_n. Le cas des colonnes se traite de manière similaire, ce qui achève la démonstration.

Réponse 4. Observons tout d'abord que, puisque nous avons démontré que le résultat de la méthode de Bachet produit bien un carré magique d'ordre n, il est inutile de refaire cette démonstration lors de la construction de l'algorithme. Un invariant affaibli suffira. Il existe (au moins) deux façons de procéder : soit on traduit littéralement la méthode de Bachet en termes informatiques, en réalisant deux phases successives, soit on fusionne ces deux phases en une seule. Nous optons pour la seconde méthode, qui est celle des deux qui se rapproche le plus de l'algorithme glouton générique (voir section 7.2, page 364). Notons que le coin nord-ouest du carré à construire a pour coordonnées $(1, 1)$ tandis que la cellule initiale de remplissage (là où est placée initialement la valeur 1, à la gauche du carré crénelé) a pour coordonnées $((n + 1)/2, -(n - 3)/2)$. $\boxed{\text{86 - R 4}}$

Invariant Pour $i \in 1\,..\,n^2 + 1$, les valeurs de l'intervalle $1\,..\,i - 1$ sont placées sur le carré central conformément à la méthode de Bachet.

Condition d'arrêt $i = (n^2 + 1)$. En conjonction avec l'invariant, cette proposition assure que le carré est bien rempli, et, compte tenu de la démonstration réalisée précédemment, c'est un carré magique.

Progression Les valeurs sont virtuellement placées sur le damier crénelé, à la position (l, c) et, pour celles qui sont extérieures au carré, glissées à l'intérieur du carré conformément à la seconde phase de la méthode de Bachet. Le couple (l, c) est mis à jour afin de parcourir les n grandes diagonales du damier.

Initialisation La séquence suivante :

$$1.\ i \leftarrow 1\,;\ l \leftarrow \frac{n+1}{2}\,;\ c \leftarrow -\frac{n-3}{2}$$

instaure l'invariant.

Terminaison L'expression $(n^2 + 1 - i)$ décroît à chaque pas de progression tout en restant non négative. Elle assure la terminaison.

Le programme   On en déduit le code suivant :

```
 1. constantes
 2.    n ∈ ℕ₁ et n = ...
 3. variables
 4.    cm ∈ 1..n × 1..n → 1..n² et /% cm : carré magique %/
 5.    i ∈ 1..n² + 1 et l ∈ ℤ et c ∈ ℤ
 6. début
 7.    i ← 1;
 8.    l ← (n+1)/2 ; c ← −(n−3)/2 ;
 9.    tant que i ≠ n² + 1 faire
10.       si l < 1 alors
11.          cm[l + n, c] ← i
12.       sinonsi l > n alors
13.          cm[l − n, c] ← i
14.       sinonsi c < 1 alors
15.          cm[l, c + n] ← i
16.       sinonsi c > n alors
17.          cm[l, c − n] ← i
18.       sinon
19.          cm[l, c] ← i
20.       fin si;
21.       l ← l − 1; c ← c + 1;
22.       i ← i + 1;
23.       si i mod n = 1 alors
24.          l ← l + (n + 1); c ← c − (n − 1)
25.       fin si
26.    fin tant que;
27.    écrire(cm)
28. fin
```

Tentons d'identifier ce programme avec le code générique glouton de la section 7.2, page 364. La file de priorité correspond à l'ensemble trié des valeurs de l'intervalle $1..n^2$. Compte tenu de ses caractéristiques, cette file n'a pas besoin d'être matérialisée. La file FIFO n'existe pas ici. Elle est remplacée par le carré cm. La ligne 7 représente l'initialisation de la file de priorité. La ligne 8 est en quelque sorte l'initialisation de la file FIFO. Le corps de la boucle joue le rôle de la suppression de l'élément de tête de la file de priorité, puis de son ajout dans la file FIFO. Comme nous l'avons signalé dans l'énoncé, il n'y a pas de fonction d'optimisation, bien qu'avec un peu d'imagination on puisse considérer que rechercher un ensemble de lignes, de colonnes et de diagonales de même somme constitue une minimisation par rapport à d'autres configurations.

CHAPITRE 8

Diviser pour Régner

> À force de ruminer des choses...
> voilà ce que nous découvrîmes:
> fallait diviser pour résoudre !...
> C'était l'essentiel !...
> Tous les emmerdeurs en deux
> classes !...
>
> L. F. Céline.

8.1 Les bases

8.1.1 PRÉSENTATION ET DÉMARCHE/PRINCIPE

La méthode Diviser pour Régner (*Divide and Conquer*), DpR en abrégé, a pour principe de casser un problème de taille n en plusieurs sous-problèmes identiques au (de même nature que le) problème initial, ayant des tailles strictement inférieures à celle du problème initial, de résoudre chaque sous-problème, puis de rassembler les résultats pour transformer les solutions des sous-problèmes en une solution globale. Il faut de plus connaître une ou des tailles pour lesquelles le problème n'a pas à être divisé, car il peut être résolu directement. Ces tailles correspondent à des problèmes dits *élémentaires*.

Cette démarche s'apparente à celle utilisée dans le chapitre 4 (« Diminuer pour résoudre, récursivité »), qu'elle généralise quant à la taille des sous-problèmes engendrés. Afin de s'assurer de la correction de la solution proposée, on va le plus souvent recourir à une construction inductive (récurrence forte sur $\mathbb{N}$, induction de partition ou raisonnement par induction à proprement parler) comportant quatre éléments : 1) la *base* dans laquelle on explicite le(s) cas élémentaire(s) et la(les) solution(s) associée(s), 2) l'*hypothèse d'induction* où il est supposé que l'on sait résoudre tout problème de taille $k < n$, 3) l'*induction* à proprement parler où l'on démontre comment résoudre le problème $Pb(n)$ de taille n en utilisant l'hypothèse d'induction et 4) la *terminaison* dans laquelle on vérifie que pour toute taille de départ on atteint le(s) cas traité(s) dans la base.

À partir d'une telle construction, on peut préciser le modèle (ou schéma) de résolution par division du problème considéré, en dériver une équation dont la solution donne la complexité temporelle de la solution et aussi procéder à son codage. Cette démarche méthodologique permet donc de procéder par étapes et d'aboutir à un algorithme « correct par construction ».

Dans la suite de cette introduction, on considèrera un problème générique Pb unidimensionnel, ce qui correspond à de nombreuses situations concrètes et permet une présentation simple et lisible. Cependant, certains exercices illustreront des problèmes bi-dimensionnels pour lesquels la démarche proposée reste applicable en adaptant les raisonnements, les calculs, le schéma de division et le codage décrits dans le cas unidimensionnel.

Comment cette technique peut-elle s'appliquer en pratique ? Illustrons-la tout d'abord à travers un exemple.

8.1.2   Un exemple : le tri par fusion

Pour présenter la méthode DpR, prenons le problème classique (et fondamental) du tri. Une de ses versions s'inspirant de l'approche DpR est appelée « tri par fusion », ou en raccourci le tri-fusion. Nous décrivons son principe ici ; quelques compléments feront l'objet de l'exercice 87, page 443.

Il s'agit donc de trier un tableau d'entiers de taille n ($n \geqslant 1$) par ordre croissant. Remarquons d'abord qu'il est facile de construire une méthode de tri dont la complexité est en $\Theta(n^2)$ ou en $\mathcal{O}(n^2)$ (l'opération élémentaire est la comparaison). Par exemple, on parcourt tout le tableau pour trouver son plus petit élément et on l'échange avec l'élément de rang 1. Puis on recommence sur les $(n-1)$ éléments non triés (de rang 2 à n) et ainsi de suite jusqu'à la fin. Cet algorithme exige exactement $(n-1)+(n-2)+\cdots+2 = (n\cdot(n-1)/2)-1$ comparaisons. Appelons $TriNaïf(1, n)$ cet algorithme qui trie les éléments de 1 à n d'un tableau. Essayons la méthode Diviser pour Régner pour trier ce tableau. Pour simplifier, nous supposerons que $n = 2^p$, même si cette hypothèse n'est pas indispensable comme on le verra dans l'exercice 87, page 443.

Coupons d'abord le tableau en deux moitiés et résolvons les deux sous-problèmes. On applique donc $TriNaïf(1, n/2)$ et $TriNaïf(n/2 + 1, n)$, ce qui demande exactement $2\cdot(n/2\cdot(n/2-1)/2-1) = n^2/4-n/2-2$ comparaisons. On a maintenant deux demi-tableaux triés qu'il faut rassembler.

Il est intéressant de constater que ce problème de rassemblement (ici appelé *fusion*) des deux demi-tableaux triés en un seul tableau trié est assez simple. Sans entrer dans les détails, il est aisé de voir qu'il suffit d'avancer pas à pas dans un demi-tableau ou dans l'autre (en comparant l'élément auquel on est arrivé dans chaque demi-tableau) afin d'aboutir à un tableau trié de taille n. L'exercice 87, page 443, permettra de voir sur un exemple comment fonctionne cet algorithme de fusion et de l'écrire précisément.

Cette phase de fusion prend certainement au plus $2\cdot n/2 = n$ comparaisons. Pour simplifier, on peut dire qu'elle en prend exactement n, une borne supérieure légèrement pessimiste (voir l'exercice 87, page 443).

Revenons à notre problème de départ : on sait que les deux tris prennent $n^2/4 - n/2 - 2$ comparaisons et que le rassemblement en prend n. Au total, on a trié le tableau original avec $(n^2/4 + n/2 - 2)$ comparaisons, ce qui est mieux que les $(n^2/2 - n/2 - 1)$ de départ. Par exemple, si $n = 128$, on a réalisé 4158 comparaisons au lieu de 8127. Ceci constitue un bon début.

Pourquoi s'arrêter en si bon chemin ? Calculons combien de comparaisons prendrait la technique suivante :

- diviser le tableau en quatre sous-tableaux de taille $n/4$,
- trier chaque sous-tableau,
- fusionner deux fois deux sous-tableaux triés de taille $n/4$,
- fusionner deux tableaux triés de taille $n/2$.

Le calcul donne : $(n^2/8 + n/2 - 4 + (2n/2 + n))$, soit $(n^2/8 + 3n/2 - 4)$, c'est-à-dire 2236 pour $n = 128$. Encore mieux !

Il ne reste plus qu'à pousser le raisonnement jusqu'au bout et à diviser jusqu'à ce qu'aucun tri ne soit nécessaire (au sens de l'utilisation de *TriNaïf*) et qu'il ne subsiste que les phases de rassemblement, puisqu'un tableau de taille 1 est par définition trié. En procédant de la sorte, on a construit un algorithme DpR de tri de tout tableau de taille $n = 2^p$ ($p \geqslant 0$) selon le schéma inductif suivant :

Base Un tableau de taille 1 est trié.

Hypothèse d'induction On admet que l'on sait trier tout tableau dont la taille m est puissance de 2 et $m < n$.

Induction Pour trier un tableau dont la taille n est une puissance de 2 ($n > 1$), on le partage en deux moitiés de taille $n/2$ que l'on trie tout d'abord (ce que l'on sait faire d'après l'hypothèse d'induction), puis qui sont fusionnées grâce à la procédure *Fusion*.

Terminaison La taille du tableau diminue strictement à chaque étape pour finalement atteindre 1 la valeur de la base.

Ce raisonnement peut se décrire à travers le *modèle de division* suivant :

$$
\begin{array}{ll}
\text{TriFusion}(1) \text{ élémentaire} & \\
\text{TriFusion}(n) \rightarrow 2 \cdot \text{TriFusion}\left(\dfrac{n}{2}\right) + \text{Fusion}\left(\dfrac{n}{2}\right) & \quad n > 1
\end{array}
$$

Il est important de remarquer qu'au fond construire un algorithme DpR suppose de ne pas chercher à comprendre ce qui se passe au-delà de la division, mais à raisonner par récurrence, en supposant les problèmes plus petits résolus. En pratique, il ne faut donc pas procéder comme dans l'exemple ci-dessus, mais chercher d'emblée un modèle de division du type de celui que l'on vient de donner.

Pour ce qui est du codage, l'algorithme qui se dessine se dérive de façon canonique du modèle de division. Plus précisément, il s'agit d'une procédure récursive dont la partie principale se compose de deux appels récursifs et d'un appel à la procédure *Fusion* (de profil « **procédure** *Fusion*(p, q, r) » qui fusionne les deux tableaux $T[p..q]$ et $T[q+1..r]$) étudiée plus en détail à l'exercice 87, page 443. Ici, le cas terminal est vide puisque le problème élémentaire consiste à ne rien faire. Notons que le fait d'avoir choisi $n = 2^p$ assure que les indices calculés lors des divisions par 2 sont toujours des valeurs entières. Si le tableau T à trier est une variable globale, on a donc la procédure ci-après et son code d'appel :

1. **procédure** *TriFusion*(i, j) **pré**

2. $i \in 1..n$ **et** $j \in i..n$
3. **début**
4.   **si** $i \neq j$ **alors**
5. $TriFusion\left(i, \dfrac{i+j}{2}\right)$;
6. $TriFusion\left(\dfrac{i+j}{2} + 1, j\right)$;
7. $Fusion\left(i, \dfrac{i+j}{2}, j\right)$
8.   **fin si**
9. **fin**

1. **constantes**
2. $n \in \mathbb{N}_1$ **et** $\exists p \cdot (p \in \mathbb{N}$ **et** $n = 2^p)$
       et $n = \ldots$
3. **variables**
4. $T \in 1 \mathbin{..} n \to \mathbb{N}$

5. **début**
6. $T \leftarrow [\ldots]$;
7.   *TriFusion*$(1, n)$
8. **fin**

Le calcul de la complexité de cet algorithme (l'opération élémentaire étant la comparaison) pour un tableau de taille $n = 2^p$ s'appuie sur l'équation récurrente suivante :

$$
\begin{aligned}
&C(1) = 0 \\
&C(n) = 2 \cdot C\left(\frac{n}{2}\right) + n \qquad\qquad\qquad n > 1.
\end{aligned}
$$

En effet, il est fait deux fois appel à la procédure *TriFusion* sur des données de taille $n/2$ et une fois à la procédure *Fusion* pour deux tableaux de taille $n/2$.

Pour calculer explicitement $C(n)$, on peut utiliser la méthode dite des « facteurs sommants » qui consiste à écrire la récurrence pour les valeurs n, $n/2$, $n/4$, $\ldots$, 1, ce qui est possible grâce à l'hypothèse selon laquelle $n = 2^p$:

$$
\begin{aligned}
C(n) &= 2 \cdot C\left(\frac{n}{2}\right) + n \\
C(\tfrac{n}{2}) &= 2 \cdot C\left(\frac{n}{4}\right) + \frac{n}{2} \\
&\cdots \\
C(1) &= 0
\end{aligned}
$$

Il y a $p = \log_2(n)$ lignes. En multipliant la première par 1, la seconde par 2, $\ldots$, la dernière par 2^p et en additionnant toutes ces égalités terme à terme, on trouve :

$$
C(n) = n + 2 \cdot \frac{n}{2} + 4 \cdot \frac{n}{4} + \cdots + 2^{p-1} \cdot \frac{n}{2^{p-1}} + 0 = n + n + \cdots + n + 0 = (p-1) \cdot n \leqslant n \cdot \log_2(n).
$$

Par la méthode DpR, on aboutit donc à un algorithme de complexité $\mathcal{O}(n \cdot \log_2(n))$ alors que l'algorithme de tri naïf est en $\Theta(n^2)$.

8.1.3   Schéma général de Diviser pour Régner

On s'intéresse maintenant à l'algorithme DpR générique de résolution d'un problème Pb de taille n, noté Pb(n). Comme il a été dit auparavant, le mécanisme de résolution s'appuie le plus souvent sur une étape de construction inductive aboutissant à un modèle de division ayant deux constituants :

Cas terminal Il répertorie les tailles pour lesquelles on connaît la solution directe du problème considéré (problèmes élémentaires).

Cas général La solution de Pb(n) s'exprime comme la composition des solutions de a (sous-)problèmes de même nature que Pb, de tailles strictement inférieures à n.

On a donc le modèle de division générique :

$$
\begin{array}{l}
\text{Pb}(m_1)\ \text{élémentaire},\ \cdots,\ \text{Pb}(m_k)\ \text{élémentaire}\\
\text{Pb}(n) \rightarrow a \cdot \text{Pb}(n_i) + \text{Rassembler}(n) \hspace{4cm} n\cdots
\end{array}
$$

où $n_i < n$, $a \geqslant 1$ et Rassembler(n) est la fonction qui rassemble les résultats des a sous-problèmes de taille $n_1,\ldots,n_a$ pour construire celui du problème Pb.

On en déduit ensuite (le plus souvent très aisément) un algorithme proprement dit dont la version générique s'écrit :

1. **procédure** $DpR(m; \text{ResG} : \textbf{modif})$ **pré**
2. $m \in \mathbb{N}$ **et** ResG... **et** ResP$_1$... **et** ... **et** ResP$_a$... **et**
3. $n_1 \in \mathbb{N}$ **et** ... **et** $n_a \in \mathbb{N}$
4. **début**
5.   **si** $m \in \{m_1,\ldots,m_k\}$ **alors**
6.   **si** $m = m_1$ **alors**
7.   ResG $\leftarrow$ solution du problème élémentaire
8. $\cdots$
9.   **sinonsi** $m = m_k$ **alors**
10.   ResG $\leftarrow$ solution du problème élémentaire
11.   **fin si**
12.   **sinon**
13. $DpR(n_1, \text{ResP}_1)$;
14. $\cdots$;
15. $DpR(n_a, \text{ResP}_a)$;
16.   ResG $\leftarrow$ $Rassembler(\text{ResP}_1,\ldots,\text{ResP}_a)$
17.   **fin si**
18. **fin**

dont l'appel se présente sous la forme :

1. **constantes**
2. $n \in \mathbb{N}_1$ **et** $n = \ldots$
3. **variables**
4.   R$\ldots$
5. **début**
6. $DpR(n, \text{R})$
7. **fin**

Ainsi, pour résoudre un problème de taille m, on le divise en a problèmes qui fournissent les résultats partiels ResP$_1,\ldots,$ResP$_a$. Ceux-ci sont ensuite utilisés par la procédure *Rassembler* pour la construction du résultat global ResG. Une étape non triviale d'explicitation et de construction des sous-problèmes peut être nécessaire dans certains problèmes, comme l'illustrent notamment les exercices 95 page 452, et 96 page 453. On l'a omise dans la procédure générique précédente afin de ne pas l'alourdir.

Notons enfin qu'une formule de récurrence (au sens usuel) constitue en elle-même un modèle de division pour des problèmes particuliers où on calcule une grandeur numérique (voir exercice 88, page 443). Dans ce genre de situation, *Rassembler* est constituée simplement de l'ensemble des calculs agrégeant les termes de la récurrence.

8.1.4   Une typologie des algorithmes Diviser pour Régner

Dans bon nombre d'algorithmes du type Diviser pour Régner, la division des données est faite « à la moitié », c'est-à-dire par exemple que dans le cas d'un tableau $T[1 .. n]$, la division se fait en *deux* sous-tableaux *contigus* $T\left[1..\lfloor n/2 \rfloor\right]$ et $T\left[\lfloor n/2 \rfloor + 1 .. n\right]$. Le procédé de division se répète alors régulièrement jusqu'à atteindre la taille 1 pour laquelle on connaît une solution directe ($Pb(1)$ est alors le seul problème élémentaire). En admettant que $n/2$ désigne indifféremment $\lfloor n/2 \rfloor$ ou $\lceil n/2 \rceil$, on aboutit alors à l'un des deux schémas suivants, selon que la résolution nécessite la solution des deux sous-problèmes ou d'un seul d'entre eux.

$$
\begin{array}{l}
Pb(1) \text{ élémentaire} \\
\left\{
\begin{array}{l}
Pb(n) \rightarrow 2 \cdot Pb\left(\dfrac{n}{2}\right) + \text{Rassembler}(n) \\[1ex]
\quad \text{ou} \\[1ex]
Pb(n) \rightarrow Pb\left(\dfrac{n}{2}\right)
\end{array}
\right.
\end{array}
\qquad n > 1
$$

Certains algorithmes relatifs à des tableaux ne divisent pas en 2, mais en un nombre *supérieur* de parties. Dans certains problèmes, il peut arriver que la division ne se fasse pas en sous-tableaux contigus, mais *entrelacés*. Dans ce cas, les données d'un tableau peuvent par exemple être divisées en données d'indice pair et en données d'indice impair (voir exercice 110, page 486). La division est parfois faite en deux tableaux contigus, mais pas à la moitié : l'indice de division est alors choisi de façon *non déterministe*, ou calculé par une méthode plus raffinée. Une autre possibilité est que la division se fasse à un endroit (pour la division contiguë) ou selon un procédé (pour la division entrelacée) qui *dépend des données* sur lesquelles on travaille, c'est-à-dire que l'algorithme ne choisira pas la même division selon qu'il s'applique à un tableau ou à un autre (voir exercice 115, page 501). Enfin, il existe un [1] algorithme DpR dont le nombre de divisions en sous-tableaux dépend pour partie de la *taille* du tableau. On le présente sous le nom de « lâchers d'œufs par la fenêtre » (exercice 113, page 494).

Pour illustrer cette grande variété, on a choisi de présenter les types d'algorithmes DpR, à la figure 8.1, sous la forme d'un arbre de décision (voir chapitre 1) dans lequel les critères précédents sont mis en évidence. Le résultat est que les feuilles de l'arbre, c'est-à-dire les familles distinctes selon notre typologie, sont de taille très variable. Il existe une variété foisonnante d'algorithmes du type 4, c'est-à-dire pour lesquels on opère une division en deux parties contiguës de tailles égales (ou différentes de 1). En revanche, on n'a rencontré que peu d'algorithmes où la division se fait aussi en deux parties contigües, mais qui dépendent des données ; de même, les algorithmes où la division est entrelacée sont exceptionnels [2].

D'autres algorithmes sont les seuls représentants (ou presque) de leur catégorie. Ce qui peut être dû soit à l'extrême singularité de l'énoncé (types 5 et 6), soit à l'art des inventeurs (types 2 et 7).

---

1. Les auteurs ne connaissent pas d'autres exemples que celui-là.
2. Pourtant, la *Fast Fourier Transform*, ou FFT, qui est de ce type, est l'un des quelques algorithmes les plus utilisés en pratique et se trouve même comme fonction intégrée au tableur Excel.

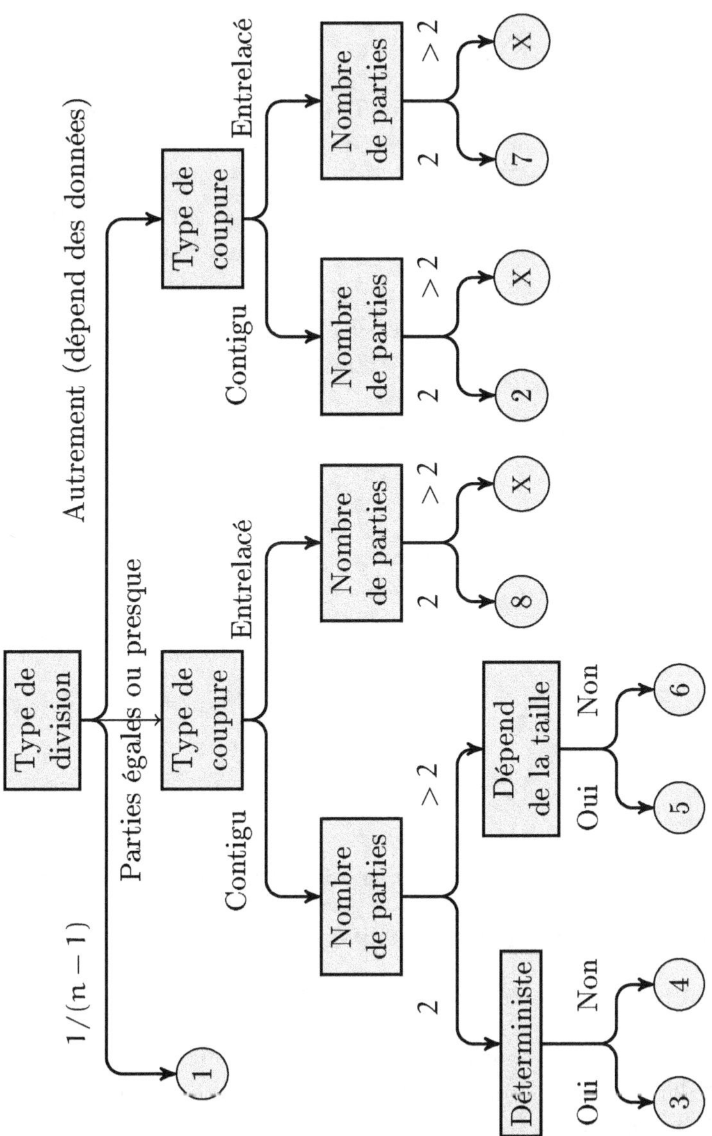

1. Algorithmes *Diminuer pour résoudre* (récursion classique : voir chapitre 4)

2. Algorithme de Hirschberg (exercice 107, page 473)

3. *Quicksort* de base. Le problème de la sélection (exercice 95, page 540)

4. Le tri fusion (exercice 87, page 443). Et beaucoup d'autres ...

5. Lâchers d'œufs par la fenêtre (exercice 113, page 494)

6. La pièce fausse (exercice 97, page 454)

7. La sous-séquence bègue (exercice 109, page 483)

8. La FFT (exercice 110, page 486)

Fig. 8.1 – Une typologie des algorithmes Diviser pour Régner. Les feuilles marquées X n'ont pas de représentant dans les exercices.

8.1.5   Complexité de Diviser pour Régner

Introduction au théorème maître

La complexité temporelle d'un algorithme DpR s'exprime en fonction d'(au moins) une opération élémentaire apparaissant dans l'instance du modèle de division. Le plus souvent, celle-ci est caractéristique du problème à traiter (condition évaluée pour une recherche dans une structure tabulaire, tracé élémentaire de segments dans la réalisation d'un dessin ou encore pesée pour la recherche d'une fausse pièce). Cette complexité dépend fortement du modèle de division utilisé pour résoudre le problème considéré. Cependant, vu sa fréquence élevée, le modèle de division suivant pour une donnée de taille n :

$$\text{Problème}(1) \text{ élémentaire}$$
$$\text{Problème}(n) \rightarrow a \cdot \text{Problème}\left(\frac{n}{b}\right) + \text{Rassembler}(n) \qquad\qquad n > 1$$

(n/b représente indifféremment $\lfloor n/b \rfloor$ ou $\lceil n/b \rceil$) mérite une attention toute particulière. Ce modèle est appelé *réduction logarithmique* puisque la taille du problème diminue d'un facteur b à chaque pas. Pour ce qui concerne l'évaluation de la complexité temporelle, ce modèle générique se traduit par une équation récurrente $C(n)$ du type :

$$\begin{cases} C(1) = c \\ C(n) = a \cdot C\left(\dfrac{n}{b}\right) + f(n) \end{cases} \qquad\qquad n > 1$$

où :

- c ($c \in \mathbb{N}$) représente le coût du traitement d'une donnée de taille 1,

- a ($a \in \mathbb{N}_1$) est le nombre de sous-problèmes traités récursivement,

- n/b ($n/b \in \mathbb{N}$) est l'entier représentant la taille de chaque sous-problème ($b > 1$),

- La fonction f étant positive ou nulle, $f(n)$ est le coût du traitement *Rassembler* mentionné précédemment et concerne le coût du rassemblement des solutions partielles pour obtenir la solution globale.

Remarques

1. La première équation, $C(1) = c$, ne joue aucun rôle particulier dans le théorème maître présenté plus loin. Celui-ci reste valable dès lors que cette équation se présente sous la forme $C(d) = c$, d étant une constante, pour autant que la récurrence s'exprime sur $n > d$. Cette équation est donc ignorée dans la suite.

2. Dans le cas où l'unité de mesure de la complexité est la condition (c'est-à-dire une expression booléenne contrôlant les boucles ou des alternatives), il conviendrait d'ajouter 1 à chaque partie droite de l'équation récurrente pour tenir compte de l'évaluation de la condition de l'alternative typique des algorithmes de type DpR. Cependant, asymptotiquement cette constante ne joue aucun rôle. Elle est donc souvent ignorée.

3. Dans le cas d'un passage de paramètres par valeur et selon l'opération élémentaire choisie, le coût de la copie peut devoir être pris en compte dans l'équation.

Théorème (Théorème maître) :

Soit $C(n) = a \cdot C(n/b) + f(n)$, *avec* $a \geqslant 1$, $b > 1$, $f(n)$ *une fonction positive ou nulle et* n/b *représentant indifféremment* $\lfloor n/b \rfloor$ *ou* $\lceil n/b \rceil$.

1. *Si* $f(n) \in \mathcal{O}(n^{\log_b(a) - \varepsilon})$ *pour une constante* $\varepsilon > 0$, *alors* $C(n) \in \Theta(n^{\log_b(a)})$.

2. *Si* $f(n) \in \Theta(n^{\log_b(a)})$, *alors* $C(n) \in \Theta(n^{\log_b(a)} \cdot \log_b(n))$.

3. *Si* $f(n) \in \Omega(n^{\log_b(a) + \varepsilon})$ *pour une constante* $\varepsilon > 0$ *et si* $a \cdot f(n/b) \leqslant k \cdot f(n)$ *pour une constante* $k < 1$ *et pour* n *suffisamment grand, alors* $C(n) \in \Theta(f(n))$.

Une démonstration de ce théorème (le *master theorem*) est présentée dans [17]. Il a pour corollaire le théorème suivant.

Corollaire du théorème maître Soit $C(n)$ la récurrence $C(n) = a \cdot C(n/b) + p(n)$ où a et b sont des constantes telles que $a \in \mathbb{N}_1$, $b \in \mathbb{N}_1$ **et** $b > 1$ et $p(n)$ un polynôme positif ou nul de degré k.

1. Si $a > b^k$, alors $C(n) \in \Theta(n^{\log_b(a)})$.

2. Si $a = b^k$, alors $C(n) \in \Theta(n^k \cdot \log_b(n))$.

3. Si $a < b^k$, alors $C(n) \in \Theta(n^k)$.

Ces théorèmes permettent de démontrer les cas particuliers suivants que l'on retrouve fréquemment dans la suite de ce chapitre :

$$C(n) = C\left(\frac{n}{2}\right) + p(n) \qquad \begin{cases} k = 0, \text{ cas 2 du corollaire : } C(n) \in \Theta(\log_2(n)) & (8.1) \\ k \geqslant 1, \text{ cas 3 du corollaire : } C(n) \in \Theta(n^k) & (8.2) \end{cases}$$

$$C(n) = 2 \cdot C\left(\frac{n}{2}\right) + p(n) \qquad \begin{cases} k = 0, \text{ cas 1 du corollaire : } C(n) \in \Theta(n) & (8.3) \\ k = 1, \text{ cas 2 du corollaire : } C(n) \in \Theta(n \cdot \log_2(n)) & (8.4) \\ k \geqslant 2, \text{ cas 3 du corollaire : } C(n) \in \Theta(n^k) & (8.5) \end{cases}$$

$$C(n) = 4 \cdot C\left(\frac{n}{2}\right) + p(n) \qquad \begin{cases} k \leqslant 1, \text{ cas 1 du corollaire : } C(n) \in \Theta(n^2) & (8.6) \\ k = 2, \text{ cas 2 du corollaire : } C(n) \in \Theta(n^2 \cdot \log_2(n)) & (8.7) \\ k \geqslant 3, \text{ cas 3 du corollaire : } C(n) \in \Theta(n^k) & (8.8) \end{cases}$$

$$C(n) = 3 \cdot C\left(\frac{n}{2}\right) + p(n) \qquad k \leqslant 1, \text{ cas 1 du corollaire : } C(n) \in \Theta(n^{\log_2(3)}) \qquad (8.9)$$

$$C(n) = 3 \cdot C\left(\frac{n}{4}\right) + p(n) \qquad k = 1, \text{ cas 3 du corollaire : } C(n) \in \Theta(n) \qquad (8.10)$$

Autres types d'équations de récurrence

En revanche, les théorèmes précédents ne permettent pas de conclure en ce qui concerne par exemple la récurrence suivante (où $c \in \mathbb{N}_1$) :

$$C(n) = 2 \cdot C\left(\frac{n}{2}\right) + c \cdot n \cdot \log_2(n).$$

Un exemple de ce type se retrouve dans l'exercice 106, page 468, où il fait l'objet de la question 3. Dans cet exercice, la démonstration est faite i) que le théorème maître ne permet pas de conclure, ii) que $C(n) \in \Theta(n \cdot (\log_2(n))^2)$ (pour n puissance de 2).

Il n'est pas rare de rencontrer des équations qui se présentent sous la forme :

$$C(n) = a \cdot C\left(\frac{n}{b} + k\right) + c \cdot n + g$$

avec $a \in \mathbb{N}_1$, $b \in \mathbb{N}_1$, $k \in \mathbb{N}_1$, $c \in \mathbb{N}_1$ et $g \in \mathbb{N}$. Strictement parlant, le théorème maître ne s'applique pas (ni son corollaire par conséquent). Une démonstration au cas par cas est possible. Ainsi, une instance du théorème ci-après (pour $k = 1$, $e = 2$ et $g = 2$), est utilisée et démontrée dans la solution de l'exercice 114, page 497.

Théorème :
Soit $C(n)$ *la récurrence* $C(n) = C(\lfloor n/2 \rfloor + k) + c \cdot n + g$ *avec* $k > 0$, $c \in \mathbb{N}_1$ *et* $g \in \mathbb{N}$. *Alors on a :*

$$C(n) \in \mathcal{O}(n).$$

On observe une grande variété de classes de complexité associées aux algorithmes DpR. Ceci nous conduit à étudier de façon systématique leur complexité dans les exercices qui suivent.

8.1.6   À propos de la taille du problème

De façon générale, l'objectif visé dans les exercices de ce chapitre consiste à élaborer au moins une solution « efficace » (au sens de la complexité temporelle) et valide pour toute taille n de problème. Il pourra arriver que l'on s'intéresse tout d'abord à une solution valable seulement pour des tailles particulières. C'est le cas, par exemple, pour le tri-fusion dans la version étudiée auparavant. Ceci permet de simplifier à la fois la présentation de la solution et le calcul de complexité associé, quitte à généraliser ensuite (voir l'exercice 87, page 443, pour ce qui concerne le tri-fusion). La complexité temporelle dépend elle aussi de la taille du problème et fera systématiquement l'objet de questions. Elle concernera donc soit des tailles particulières, soit le cas général selon la spécification de la solution recherchée. De façon exceptionnelle, dans le cadre d'une solution valide pour toute taille n, on se contentera de calculer la (classe de) complexité pour des tailles particulières, soit parce que cela suffira à caractériser la complexité de la solution considérée, soit pour éviter des développements trop longs.

8.2   Ce qu'il faut retenir de la démarche DpR

La démarche DpR est une brique essentielle de l'arsenal des méthodes à la disposition de l'informaticien. Elle apparaît souvent comme « miraculeuse » aux yeux du débutant. C'est que sa parfaite maîtrise passe par la compréhension des liens intimes qu'elle entretient avec l'induction mathématique. Cette relation étant acquise, son application à un problème particulier peut alors se voir comme un contournement de ce problème dans la mesure où le résoudre revient i) à composer deux ou plusieurs solutions, ii) à trouver une solution pour un problème de petite taille. Cependant, l'optimalité de la solution en termes de complexité n'étant pas systématique, il est en général nécessaire d'évaluer son efficacité. Là aussi les mathématiques (le théorème maître de la page 441) peuvent venir au secours du développeur. En synergie avec d'autres méthodes, comme la programmation dynamique (voir l'exercice 107, page 473) ou la transformation de domaine (voir l'exercice 110, page 486), la démarche DpR peut être à la base de joyaux algorithmiques aussi esthétiques qu'efficaces.

8.3 Exercices

Exercice 87   Le tri-fusion

> *L'aspect purement DpR de cet algorithme et l'intérêt de cette approche ont été abordés à la section 8.1.2, page 434. Le présent exercice est simplement destiné à approfondir quelques points laissés en suspens dans cette section introductive. C'est en particulier le cas de l'algorithme de fusion. Celui-ci est traité ici de manière purement itérative.*

Le lecteur est invité à reprendre les éléments de l'énoncé présentés à partir de la page 434.

Question 1. On considère que les sous-tableaux $T[p .. q]$ et $T[q+1 .. r]$ sont triés. Le tableau T étant supposé global, écrire l'algorithme $Fusion(p, q, r)$ qui accepte les indices p, q et r en entrée et fusionne les tranches $T[p .. q]$ et $T[q+1 .. r]$ en un tableau trié $T[p .. r]$.   `87 - Q 1`

Question 2. Combien de comparaisons entre éléments de T nécessite la fusion des tableaux $[3, 6, 7, 9]$ et $[4, 5, 10, 12]$? des tableaux $[3, 4, 5, 6]$ et $[7, 9, 10, 12]$? des tableaux $[3, 5, 7, 10]$ et $[4, 6, 9, 12]$? Combien de conditions doivent être évaluées au pire pour la fusion des tableaux $T[p .. q]$ et $T[q+1 .. r]$?   `87 - Q 2`

Question 3. Quelles adaptations faut-il apporter à la procédure $TriFusion$ si la taille de T n'est pas une puissance de 2 ?   `87 - Q 3`

La solution est en page 512.

Exercice 88   La suite de Fibonacci

> *Cet exercice illustre de façon spectaculaire comment l'application du principe DpR permet de réduire la complexité des solutions à un problème donné. Quatre versions sont étudiées depuis une première naïve, dont la complexité est exponentielle, jusqu'à deux versions DpR, de complexités logarithmiques.*

Soit la suite de Fibonacci :

$$\begin{cases} \mathcal{F}_0 = \mathcal{F}_1 = 1 \\ \mathcal{F}_n = \mathcal{F}_{n-1} + \mathcal{F}_{n-2} \qquad n \geqslant 2. \end{cases}$$

Le problème que l'on étudie dans cet exercice est celui du calcul de $\mathcal{F}_n$ pour n quelconque. La solution récursive triviale, celle dont la structure reflète exactement la définition ci-dessus, est très inefficace. Ainsi par exemple, le calcul de $\mathcal{F}_6$ conduit à calculer $\mathcal{F}_5$ et $\mathcal{F}_4$, celui de $\mathcal{F}_5$ exige le calcul de $\mathcal{F}_3$ et à nouveau celui de $\mathcal{F}_4$. Chacun des calculs de $\mathcal{F}_4$ conduit au calcul de $\mathcal{F}_3$, etc. On peut remarquer que, en nombre d'additions, ce calcul dépasse très vite n, n^2, n^3, etc. On montre que la complexité de cet algorithme (en nombre d'additions ou de conditions évaluées) est en fait exponentielle. Une solution plus efficace consiste à enregistrer dans un tableau les résultats déjà connus de façon à éviter de les recalculer. Ce principe, appelé « mémoïsation », fait partie des techniques appliquées en programmation dynamique (voir chapitre 9). Si M, initialisé à 0, est le tableau en question, ce principe se décline de la manière suivante pour ce qui concerne le calcul d'un élément de la suite de Fibonacci :

1. **fonction** *Fibo1*(n) **résultat** $\mathbb{N}_1$ **pré**
2. $\quad$ n $\in 0 .. \text{Maxi}$
3. **début**
4. $\quad$ **si** n $= 0$ **ou** n $= 1$ **alors**
5. $\quad\quad$ **résultat** 1
6. $\quad$ **sinon**
7. $\quad\quad$ **si** M[n] $= 0$ **alors**
8. $\quad\quad\quad$ M[n] $\leftarrow$ *Fibo1*(n $- 1$) $+$ *Fibo1*(n $- 2$)
9. $\quad\quad$ **fin si**;
10. $\quad\quad$ **résultat** M[n]
11. $\quad$ **fin si**
12. **fin**

Ainsi que le montre le contexte d'appel suivant, le tableau M doit être initialisé à 0 avant le premier appel à *Fibo1* :

1. **constantes**
2. $\quad$ $\text{Maxi} \in \mathbb{N}_1$ **et** $\text{Maxi} = \dots$ **et** n $\in 0 .. \text{Maxi}$ **et** n $= \dots$
3. **variables**
4. $\quad$ M $\in (2 .. \text{Maxi}) \rightarrow \mathbb{N}$
5. **début**
6. $\quad$ M $\leftarrow (2 .. \text{Maxi}) \times \{0\}$;
7. $\quad$ **écrire**(*Fibo1*(n))
8. **fin**

Cette solution est au pire (resp. au mieux) en $\Theta(n)$ (resp. $\Theta(1)$) additions ou conditions évaluées. En outre, elle s'accompagne d'une précondition restrictive sur la valeur de n. Peut-on améliorer la complexité au pire ? C'est ce que l'on va tenter de faire à travers deux méthodes de type DpR.

Face à une suite récurrente linéaire d'ordre 2 telle que $\mathcal{F}_n$, il est souvent intéressant de se ramener à une suite récurrente linéaire d'ordre 1. Le développement y gagne en simplicité. En revanche, si la suite initiale est une suite scalaire, la transformation conduit à une suite vectorielle. C'est ce principe que l'on va appliquer. On développe tout d'abord un algorithme pour la version vectorielle, avant de l'utiliser pour obtenir la version scalaire de $\mathcal{F}_n$.

Une première solution de type DpR

88 - Q 1 **Question** 1. On va montrer que la suite de Fibonacci peut se transformer en une suite vectorielle d'ordre 1. Pour ce faire, on note $\mathcal{V}_n = \begin{bmatrix} \mathcal{F}_{n-1} \\ \mathcal{F}_n \end{bmatrix}$ un vecteur colonne à deux éléments et F une matrice carrée (2×2). On demande de calculer la matrice F telle que :

$$\begin{cases} \mathcal{V}_1 = \begin{bmatrix} \mathcal{F}_0 \\ \mathcal{F}_1 \end{bmatrix} = \begin{bmatrix} 1 \\ 1 \end{bmatrix} \\ \mathcal{V}_n = F \times \mathcal{V}_{n-1} \end{cases} \qquad\qquad n > 1.$$

Question 2. Montrer que la solution de l'équation de récurrence correspondante peut s'écrire $\mathcal{V}_n = F^{n-1} \times \mathcal{V}_1$. $\boxed{\text{88 - Q 2}}$

Question 3. En supposant disponible la fonction de profil *ProduitMatrice*(A, B) (A et B sont des matrices carrées (2×2)) qui délivre la matrice A×B, construire, selon une démarche DpR, une fonction de profil *PuissanceMatrice*(M, n), qui délivre la matrice M^n pour tout $n \in \mathbb{N}_1$. En déduire la procédure *FiboV*(n; u, v : **modif**) qui, pour $n \in \mathbb{N}_1$ donné, délivre les valeurs u et v telles que $\mathcal{V}_n = \begin{bmatrix} u \\ v \end{bmatrix}$. $\boxed{\text{88 - Q 3}}$

Question 4. Montrer comment la procédure *FiboV* peut être utilisée pour définir la fonction *Fibo2*(n) qui délivre $\mathcal{F}_n$, pour $n \in \mathbb{N}$. En prenant la multiplication de matrices (2×2) comme opération élémentaire, fournir l'équation de récurrence de la complexité de cette fonction lorsque n est de la forme 2^k. Que dire de la complexité en nombre d'additions ? Conclure. $\boxed{\text{88 - Q 4}}$

Question 5. Donner un minorant et un majorant (en explicitant les cas où ils sont atteints) de la complexité exacte de la fonction *PuissanceMatrice* en termes de nombre de multiplications de matrices (2×2). Comment ces valeurs se traduisent-elles en nombre d'additions et de multiplications ? $\boxed{\text{88 - Q 5}}$

Question 6. Montrer à travers un contre-exemple que l'algorithme *PuissanceMatrice* d'élévation à la puissance n n'est pas systématiquement optimal. Pour ce faire, développer le calcul de *Fibo2*(15). $\boxed{\text{88 - Q 6}}$

Une seconde solution de type DpR

Cette solution se fonde également sur une transformation de la suite $\mathcal{F}_n$ en une suite vectorielle. Cependant, cette fois, cette suite n'est pas linéaire.

Question 7. Montrer par récurrence sur p que : $\boxed{\text{88 - Q 7}}$

$$\forall p \cdot (p \in \mathbb{N}_1 \Rightarrow \forall n \cdot (n \in \mathbb{N}_1 \Rightarrow \mathcal{F}_{n+p} = \mathcal{F}_n \cdot \mathcal{F}_p + \mathcal{F}_{n-1} \cdot \mathcal{F}_{p-1})).$$

Question 8. Appliquer la formule précédente pour $p = n$, $p = n - 1$ et $p = n + 1$, afin d'en déduire $\mathcal{F}_{2n}$, $\mathcal{F}_{2n-1}$ et $\mathcal{F}_{2n+1}$ en fonction de $\mathcal{F}_n$ et de $\mathcal{F}_{n-1}$. $\boxed{\text{88 - Q 8}}$

Question 9. En notant $\mathcal{W}_n$ le vecteur $\begin{bmatrix} \mathcal{F}_{n-1} \\ \mathcal{F}_n \end{bmatrix}$, en déduire que $\mathcal{W}_{2n}$ et $\mathcal{W}_{2n+1}$ se calculent en fonction de $\mathcal{F}_n$ et de $\mathcal{F}_{n-1}$. $\boxed{\text{88 - Q 9}}$

Question 10. On recherche une procédure *FiboW*(n; u, v : **modif**) de type DpR qui, pour n donné, délivre $\mathcal{W}_n = \begin{bmatrix} u \\ v \end{bmatrix}$. Construire cette procédure par application du principe DpR. En déduire le modèle de division qui s'applique. Fournir le code de la procédure *FiboW*. Montrer comment la procédure *FiboW* peut être utilisée pour définir la fonction *Fibo3*(n) qui délivre $\mathcal{F}_n$, pour $n \in \mathbb{N}$. $\boxed{\text{88 - Q 10}}$

88 - Q 11 **Question** 11. Donner et résoudre l'équation de récurrence de la complexité de la procédure *FiboW* sur la base du nombre d'additions effectuées. Comparer les deux solutions DpR.

La solution est en page 513.

Exercice 89   Recherches dichotomique, trichotomique et par interpolation

> *Cet exercice sur la recherche dichotomique est un classique de l'application du principe DpR. Cependant, une extension à la trichotomie (c'est-à-dire à la division récursive par 3) est proposée. Se pose alors le problème de la comparaison des complexités de ces deux solutions. Une solution complémentaire au problème de la recherche de l'existence d'une valeur dans un tableau fait l'objet de la dernière question : la recherche par interpolation. Bien que simple dans son principe, cet algorithme exige une grande rigueur pour obtenir une solution correcte.*

On considère un tableau $T[1..n]$ ($n \in \mathbb{N}_1$), d'entiers tous différents, trié par ordre croissant. On cherche à savoir si l'entier v s'y trouve. Les deux premières questions portent sur les algorithmes et leur construction, les questions 3, 4 et 5 sont consacrées à la comparaison des complexités exactes, la dernière question concerne la recherche par interpolation.

89 - Q 1 **Question** 1. On recherche une solution DpR fondée sur une division en deux sous-tableaux de tailles approximativement égales. Parmi les nombreuses versions possibles, on se focalise sur la version dite de Bottenbruch qui ne teste *l'égalité* entre v et un élément du tableau que si le tableau en question ne possède *qu'un seul* élément. Construire cette solution et en déduire le modèle de division puis le code.

89 - Q 2 **Question** 2. On s'intéresse maintenant à une solution trichotomique. Il existe plusieurs façons de diviser un tableau en trois sous-tableaux de tailles approximativement égales.

(a) On peut par exemple diviser le tableau (de longueur n) en trois sous-tableaux de tailles respectives $\lfloor n/3 \rfloor$, $\lfloor n/3 \rfloor$ et $(\lfloor n/3 \rfloor + (n \bmod 3))$. Montrer que la courbe qui dénombre les comparaisons pour la recherche de $v \geqslant T[n]$ n'est pas monotone. Conclusion ?

(b) Il existe également une solution dite « par nécessité », qui commence par considérer le premier sous-tableau de longueur $\lfloor n/3 \rfloor$ puis, si nécessaire, divise par 2 le résidu pour fournir un second sous-tableau de taille $\lfloor (n - \lfloor n/3 \rfloor)/2 \rfloor$ et un troisième de taille $\lceil (n - \lfloor n/3 \rfloor)/2 \rceil$. On s'impose à nouveau la contrainte de Bottenbruch : le test sur *l'égalité* entre v et un élément du tableau n'intervient que si le tableau ne possède pas plus de deux éléments. Montrer que les trois sous-tableaux ont des tailles respectives de $\lceil (n-2)/3 \rceil$, $\lceil (n-1)/3 \rceil$ et $\lceil n/3 \rceil$. Construire cette solution et fournir le modèle de division puis le code.

Dans les trois questions qui suivent, on s'intéresse à la complexité exacte au pire des deux algorithmes développés ci-dessus, complexité exprimée en nombre de comparaisons entre v et un élément du tableau. L'objectif annoncé est de montrer que, dans le pire des cas, la solution trichotomique n'est *jamais* meilleure que la solution dichotomique. Pour ce faire, on procède de la manière suivante. On cherche à déterminer $C_2(n)$, complexité au pire de la recherche dichotomique. On fait de même pour $C_3(n)$ et la recherche trichotomique, avant de comparer les fonctions $C_2(n)$ et $C_3(n)$.

Question 3. La solution la pire pour la recherche dichotomique[3] est atteinte quand $v \geqslant T[n]$. En conséquence, montrer que l'équation récurrente qui définit $C_2(n)$ est :

$$C_2(n) = \lceil \log_2(n) \rceil + 1. \tag{8.11}$$

`89 - Q 3`

Question 4. Pour la recherche trichotomique, on va mettre en évidence l'équation récurrente $C_3(n)$, avant d'en rechercher une solution.

`89 - Q 4`

(a) Pour une taille donnée n du tableau, l'ensemble des exécutions possibles de l'algorithme de recherche par trichotomie peut être représenté par un arbre de décision (voir chapitre 1 et exercice 96, page 453, pour un autre exemple utilisant les arbres de décision). Dans notre cas, l'arbre de décision est un arbre binaire dans lequel chaque nœud matérialise une comparaison (de type $\leqslant$, $>$, $\neq$ ou $=$) entre v et un élément $T[i]$. Fournir les arbres de décision A_n de la trichotomie pour $n \in 1..7$. Par quelle relation la hauteur $h(A_n)$ de l'arbre est-elle liée à la complexité au pire $C_3(n)$ de l'algorithme ?

(b) En adoptant la notation $\langle A_g, T[i], A_d \rangle$ pour représenter l'arbre de décision
$$\begin{array}{c} T[i] \\ \diagup \quad \diagdown \\ A_g \qquad A_d \end{array}$$
, fournir une définition inductive de A_n. En déduire une définition inductive de sa hauteur h. Montrer que la fonction h est monotone (au sens large). Que conclure ?

(c) Fournir l'équation récurrente définissant $C_3(n)$. Soit l'ensemble E ($E \subset \mathbb{N}_1$) défini par :

$$E = \{3^0\} \cup \bigcup_{p \geqslant 0} \left(2 \cdot 3^p + 1 .. 3^{p+1} \right)$$

et soit 1_E sa fonction caractéristique. Montrer que :

$$C_3(n) = 2 \cdot \lceil \log_3(n) \rceil + 1_E(n). \tag{8.12}$$

Question 5. Montrer, en utilisant pour C_2 et C_3 les représentations de votre choix, que pour tout $n \in \mathbb{N}_1$, $C_2(n) \leqslant C_3(n)$.

`89 - Q 5`

Question 6. Cette dernière question est consacrée à la recherche par interpolation. En général, la recherche d'une entrée dans un dictionnaire ne s'effectue pas par dichotomie, mais exploite l'estimation de la position de la valeur recherchée pour ouvrir le dictionnaire sur une page susceptible de contenir l'entrée en question. C'est le principe de la recherche par interpolation. Construire l'opération correspondante, fournir le modèle de division ainsi que le code de l'opération. Comparer avec la recherche dichotomique.

`89 - Q 6`

La solution est en page 518.

---

3. Le lecteur insatisfait par cette affirmation pourra s'inspirer de la question 4 pour la démontrer.

Exercice 90   Recherche d'un point fixe

Au premier abord, cet exercice n'est qu'un exemple de plus sur la recherche dichotomique (voir par exemple les exercices 89, page 446, et 91, page 448). On s'attend donc à obtenir un algorithme dont la complexité est en $\Theta(\log_2(n))$. Cependant, et c'est l'originalité de cet exercice, l'exploitation fine de sa spécification conduit à distinguer différents cas de figure. La seconde question se caractérise par une évaluation extrêmement simple de la complexité moyenne.

Soit $T[1..n]$ ($n \in \mathbb{N}_1$) un tableau, trié par ordre croissant, d'entiers *relatifs* tous distincts. On désire construire l'opération « **fonction** *PointFixe* **résultat** $\mathbb{B}$ » qui indique s'il existe au moins un point fixe dans T, c'est-à-dire s'il existe un indice p tel que $T[p] = p$ (on ne recherche pas la valeur de p).

90 - Q 1   **Question** 1. Construire une solution à ce problème. Fournir le code de l'opération *PointFixe* (T est un tableau global). Que peut-on dire de la complexité de cette opération ?

90 - Q 2   **Question** 2. On considère à présent que T est un tableau, trié par ordre croissant, d'entiers *naturels positifs* tous distincts. Construire la nouvelle version de l'opération « **fonction** *PointFixe* **résultat** $\mathbb{B}$ », fournir son code et sa complexité moyenne.

La solution est en page 529.

Exercice 91   Le pic

Cet exercice est l'un des nombreux exemples d'application du principe de la recherche dichotomique, qui se décline de manière itérative ou récursive. On se limite ici à la solution récursive.

Par définition, un tableau d'entiers $T[deb..fin]$ ($deb..fin \neq \varnothing$) présente un pic en position p si et seulement si : i) T est injectif (toutes les valeurs de T sont différentes), ii) $T[deb..p]$ est trié par ordre croissant, iii) $T[p..fin]$ est trié par ordre décroissant.

91 - Q 1   **Question** 1. Construire une solution DpR au problème de la recherche du pic $T[p]$ dans un tel tableau. On ne demande pas le code de l'opération.

91 - Q 2   **Question** 2. Donner le modèle de division de la construction précédente. Quel est l'ordre de grandeur de complexité de cette solution (l'opération élémentaire retenue est la comparaison) ?

La solution est en page 532.

Exercice 92   Tableau trié cyclique

> *Le principal atout de l'exercice est de montrer que l'on peut effectuer une recherche dans un tableau « presque trié » (dans le sens de « tableau cyclique » défini ci-dessous) avec (asymptotiquement parlant) une efficacité comparable à celle de la recherche dichotomique dans un tableau trié.*

Un tableau cyclique trié $T[1..n]$ ($n \in \mathbb{N}_1$) est un tableau d'entiers naturels (sans doublons), dans lequel il existe une frontière f ($f \in 1..n$) telle que les deux sous-tableaux $T[1..f]$ et $T[f+1..n]$ sont triés par ordre croissant et telle que tous les éléments de $T[1..f]$ sont supérieurs à ceux de $T[f+1..n]$.

Par exemple, le tableau T suivant :

i	1	2	3	4	5	6	7
$T[i]$	9	11	12	13	2	5	8

est trié cyclique, sa frontière f est en position 4. Remarquons que, puisque les doublons sont interdits, dans un tableau trié cyclique la frontière est unique et qu'un tableau trié non vide est un tableau trié cyclique.

Plus formellement, en généralisant aux tableaux sans doublons définis sur un intervalle $i..s$, on définit le prédicat $EstTriéCycl(T[i..s])$ par :

$$EstTriéCycl(T[i..s]) \mathrel{\hat{=}} i \leqslant s \textbf{ et } \exists f \cdot \left(f \in i..s \textbf{ et } \left(\begin{array}{l} EstTrié(T[i..f]) \textbf{ et} \\ EstTrié(T[f+1..s]) \textbf{ et} \\ \forall(j,k) \cdot (j \in i..f \textbf{ et} \\ k \in f+1..s \Rightarrow T[j] > T[k]) \end{array} \right) \right)$$

Question 1. Démontrer les propriétés suivantes :   `92 - Q 1`

Propriété 1   Si $EstTriéCycl(T[i..s])$, alors l'élément suivant (circulairement) la frontière f dans $T[i..s]$ est le plus petit élément de $T[i..s]$. Plus formellement, si f est la frontière, $T[((f-i+1) \mod (s-i+1))+i] = \min(\mathrm{codom}(T[i..s]))$.

Soit $T[i..s]$ ($i < s$) un tableau cyclique trié et $m \in i..s-1$. Les sous-tableaux $T[i..m]$ et $T[m+1..s]$ sont des tableaux cycliques triés et au moins l'un des deux est trié.

Propriété 2   Soit $T[i..s]$ ($i < s$) un tableau cyclique trié et $m \in i..s-1$. Si $T[m..s]$ est trié, alors le plus petit élément de $T[i..s]$ appartient au sous-tableau $T[i..m]$, sinon il appartient au sous-tableau $T[m+1..s]$.

Propriété 3   Soit $T[i..s]$ ($i \leqslant s$) un tableau cyclique trié ; $T[i..s]$ est trié si et seulement si $T[i] \leqslant T[s]$.

Question 2. Construire, selon une approche DpR, l'opération « **fonction** $PlusPetit(i,s)$ **résultat** $\mathbb{N}$ » qui détermine le plus petit élément du tableau trié cyclique $T[i..s]$ (T est supposé être un tableau global). On montrera dans la partie inductive du raisonnement comment on peut déduire des propriétés précédentes le critère sur lequel on peut décider du demi-tableau dans lequel rechercher le plus petit élément d'un tableau cyclique trié T. Quel est le modèle de division qui s'applique ? Fournir le code de l'opération. Quelle est, en nombre de conditions évaluées, la complexité de cette fonction ?   `92 - Q 2`

92 - Q 3

Question 3. On cherche à obtenir selon une approche DpR l'opération « **fonction** *Appartient*(i, s, v) **résultat** $\mathbb{B}$ », qui décide si la valeur v est présente ou non dans T[i .. s]. Construire cette opération. Pour le cas inductif, décrire avec précision les conditions qui orientent la recherche dans l'un ou l'autre demi-tableau. On vise un ordre de grandeur de complexité en $\Theta(\log_2(n))$. Cet objectif est-il atteint ?

La solution est en page 533.

Exercice 93   Minimum local dans un arbre binaire   ○ ●

> *Il s'agit de l'un des seuls exercices de l'ouvrage qui traitent d'une structure de données inductive (les arbres binaires). Comme souvent dans cette situation, la forme des raisonnements qui y sont développés s'inspire de celle de la structure de données. C'est le principal enseignement à retenir ici.*

On dispose d'un arbre binaire *plein* (voir chapitre 1) de poids n ($n > 0$) : tous les nœuds ont zéro ou deux fils, jamais un seul fils, et toutes les feuilles sont à la même profondeur. n est de la forme $2^p - 1$ et $p - 1$ est la hauteur de l'arbre. À chaque nœud est affectée une valeur entière différente. Un nœud est un *minimum local* s'il est (du point de vue de sa valeur) plus petit que son père et que ses deux fils (s'il en a). Dans les exemples ci-dessous, les minima locaux sont encerclés.

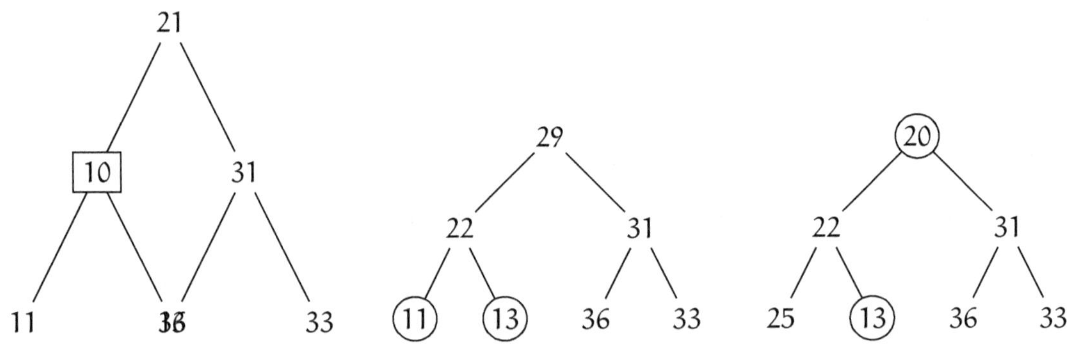

93 - Q 1

Question 1.   Montrer qu'il y a toujours (au moins) un minimum local dans un tel arbre.

93 - Q 2

Question 2.   Construire l'opération « **fonction** MinLoc(a) **résultat** $\mathbb{Z}$ » qui délivre l'un des minima locaux (on vise une complexité en $\mathcal{O}(\log_2(n))$ conditions évaluées). Donner le modèle de division. Fournir le code de l'opération ainsi qu'une séquence d'appel. L'opération a-t-elle bien la complexité souhaitée ?

93 - Q 3

Question 3. La méthode proposée est-elle applicable à un arbre binaire quelconque ?

La solution est en page 536.

Exercice 94   Diamètre d'un arbre binaire

> *Trois enseignements peuvent être tirés de cet exercice qui traite d'arbres binaires. Le premier concerne l'amélioration de la complexité qui résulte d'un renforcement d'une hypothèse d'induction. On y trouve ici un nouvel exemple. Le second porte sur la forme des raisonnements qui y sont développés. Elle peut avec profit s'inspirer de celle de la structure de données. Le troisième enseignement se rapporte à l'usage qui est fait de la structure d'arbre pour évaluer la complexité. Lorsque le traitement à réaliser sur chaque nœud est en $\Theta(1)$ (c'est le cas ici), il suffit – quand cela est possible – de dénombrer les nœuds rencontrés lors du calcul.*

Les principales définitions ainsi que les éléments de vocabulaire les plus fréquents portant sur les arbres binaires sont regroupés à la section 1.6, page 29. Dans la suite, on considère que le type ab pour les arbres binaires finis non étiquetés se définit par :

$$ab = \{/\} \cup \{(l, r) \mid l \in ab \textbf{ et } r \in ab\}$$

Un élément de ab est donc soit $/$ (qui *représente* l'arbre vide) soit un couple (l, r) dont chaque constituant est un arbre binaire (ab).

Question 1. Montrer par un exemple que, dans un arbre non vide, un chemin dont la longueur est le diamètre de l'arbre ne passe pas nécessairement par la racine de l'arbre. `94 - Q 1`

Question 2. La hauteur h d'un arbre binaire n'est pas définie pour un arbre vide. Cependant, dans un souci de concision, on accepte la définition inductive suivante : `94 - Q 2`

$$\left\{ \begin{array}{lcl} h(/) & = & -1 \\ h((l, r)) & = & \max(\{h(l), h(r)\}) + 1 \end{array} \right.$$

En prenant comme base le nombre de nœuds rencontrés lors du calcul, quelle est la complexité C_h de la fonction associée pour un arbre de poids n (c'est-à-dire de n nœuds) ? Définir de façon analogue le diamètre d d'un arbre binaire. Fournir le code de l'opération « **fonction** $d(a)$ **résultat** $\mathbb{N} \cup \{-1\}$ » qui calcule le diamètre de l'arbre binaire a. En terme de complexité, les arbres filiformes constituent les cas les plus défavorables. En effet, chaque arc de l'arbre fait alors partie du diamètre. Montrer que dans le cas d'un arbre filiforme de poids n la complexité C_d, évaluée en nombre de nœuds rencontrés, est en $\Theta(n^2)$.

Question 3. La version précédente du calcul du diamètre peut être améliorée en utilisant une heuristique classique. Celle-ci consiste, plutôt que de *calculer* une valeur nécessaire à un instant donné, à *supposer cette valeur disponible*. On renforce ainsi l'hypothèse d'induction à la base de la construction. Appliquer cette technique pour la construction d'une nouvelle version du calcul du diamètre et montrer (en supposant la hauteur disponible) qu'en dénombrant les nœuds rencontrés on obtient une solution en $\Theta(n)$. `94 - Q 3`

La solution est en page 538.

Exercice 95 Sélection et recherche de l'élément médian

L'originalité de cet exercice réside dans l'utilisation d'un raisonnement du type « induction de partition » (voir section 1.1.4, page 7) non standard. En outre, cet exercice montre (une nouvelle fois) que pour résoudre un certain problème (celui de l'élément médian), il est souvent intéressant de résoudre un problème plus général (celui de la sélection) et donc a priori plus difficile. Cet exercice est posé (et résolu) dans un formalisme ensembliste. On diffère ainsi les aspects techniques liés à l'implantation.

On se donne un sous-ensemble fini non vide E de $\mathbb{N}$, de cardinal n. On cherche à résoudre le problème de la *sélection du k^e plus petit élément* $(1 \leqslant k \leqslant n)$: v est le k^e plus petit élément de E s'il existe $(k-1)$ éléments inférieurs à v dans E. Quand k vaut 1 ou n, ce problème se résout facilement en $\Theta(n)$, avec la comparaison pour opération élémentaire. Dans quelle mesure peut-on atteindre la même performance pour k quelconque ?

95 - Q 1 **Question 1.** Cette première question concerne un algorithme auxiliaire itératif utilisé pour résoudre le problème de la sélection du k^e plus petit élément par une approche DpR. La procédure correspondante est nommée *Éclater*(E, E^-, E^+, a). On choisit aléatoirement un élément de l'ensemble E (tous les éléments sont supposés équiprobables). Cet élément, noté a, est appelé le *pivot*. La procédure *Éclater*(E, E^-, E^+, a) sépare les éléments de l'ensemble $E - \{a\}$ en deux autres ensembles E^- et E^+, le premier contenant tous les éléments de E strictement inférieurs au pivot, le second tous ceux strictement supérieurs au pivot.

(a) Fournir les constituants d'une construction itérative de la procédure *Éclater*.

(b) Pour raffiner cette procédure, montrer comment les ensembles peuvent être implantés sous forme de tableaux. En déduire que la complexité d'*Éclater* est en $\Theta(n)$.

95 - Q 2 **Question 2.** Soit « **fonction** *Sélection*(E, k) **résultat** $\mathbb{N}$ » l'opération qui délivre le k^e plus petit élément de l'ensemble E. Cette opération est préconditionnée par $k \in 1 \mathinner{..} \mathrm{card}(E)$.

(a) Soit a un élément quelconque de E. Quelle relation liant E, k et a permet-elle d'affirmer que a est l'élément recherché ?

(b) En supposant disponible la procédure *Éclater*, construire une solution DpR au problème de la sélection. Quel modèle de division s'applique-t-il ?

(c) En déduire le code de la fonction *Sélection*.

(d) Quelles sont les spécificités de cette solution par rapport au modèle standard DpR ?

(e) Fournir les éléments d'un raffinement algorithmique.

(f) Quelle est la complexité au mieux de la fonction *Sélection* ? Quel ordre de grandeur de complexité obtient-on si la procédure *Éclater* coupe à chaque étape l'ensemble E en deux sous-ensembles E^- et E^+ de tailles égales ou différant de 1 ? Quelle est la complexité au pire de la fonction *Sélection* ? Et, à votre avis, la complexité moyenne ?

95 - Q 3 **Question 3.** Comment peut-on adapter la solution au problème de la sélection pour obtenir une solution au problème de l'élément médian, c'est-à-dire celui de la recherche du $\lfloor \mathrm{card}(E)/2 \rfloor^e$ élément de E ?

La solution est en page 540.

Exercice 96   Écrous et boulons   ○   ⦂

> *Cet exercice s'apparente à un tri dans la mesure où l'on recherche une bijection dotée de certaines propriétés (un tri est une permutation, donc une bijection). Il n'est donc pas surprenant que l'on retrouve ici les procédés algorithmiques et les techniques de calcul de complexité proches de ceux utilisés dans les problèmes de tri.*

Dans une boîte à outils, il y a en vrac un ensemble E de n ($n > 0$) écrous de diamètres tous différents et l'ensemble B des n boulons correspondants. La différence de diamètre est si faible qu'il est impossible de comparer visuellement la taille de deux écrous ou de deux boulons entre eux. Pour savoir si un boulon correspond à un écrou, la seule façon est d'essayer de les assembler. La tentative d'appariement boulon-écrou est l'opération élémentaire choisie pour l'évaluation de la complexité de ce problème. Elle fournit l'une des trois réponses suivantes : soit l'écrou est plus large que le boulon, soit il est moins large, soit ils ont exactement le même diamètre. Le problème consiste à établir la bijection qui, à chaque écrou, associe son boulon.

Question 1. Fournir le principe d'un algorithme naïf. Quelle est sa complexité la meilleure ? La pire ?   `96 - Q 1`

Question 2. Construire un algorithme DpR qui assemble chaque boulon avec son écrou. Quel est le modèle de division qui s'applique ?   `96 - Q 2`

Question 3. Fournir une version ensembliste de l'opération « **procédure** *Apparier*(E, B) » qui assemble les n écrous de l'ensemble E aux n boulons de l'ensemble B. Montrer que la complexité au pire est en $\Theta(n^2)$.   `96 - Q 3`

Question 4. On cherche à présent à déterminer, en utilisant la méthode des arbres de décision (voir chapitre 1), une borne inférieure à la complexité du problème des écrous et des boulons dans le cas le plus défavorable. Un arbre de décision pour un algorithme résolvant le problème considéré est un arbre ternaire complet qui représente les comparaisons effectuées entre écrous et boulons (voir exercice 89 page 446, pour un autre exemple utilisant les arbres de décision). Dans un tel arbre, un sous-arbre gauche (resp. central, droit) prend en compte la réponse > (resp. =, <) à la comparaison. À chaque feuille de l'arbre est associée l'une des bijections possibles entre E et B.   `96 - Q 4`

Fournir l'arbre de décision pour la méthode naïve dans le cas où $E = \{1, 2, 3\}$ et $B = \{a, b, c\}$. Sachant que $\log_3(n!) \in \Omega(n \cdot \log_3(n))$ (d'après la formule de Stirling), montrer que tout algorithme qui résout le problème des écrous et des boulons a une complexité au pire qui est en $\Omega(n \cdot \log_3(n))$.

La solution est en page 543.

Exercice 97   La fausse pièce – division en trois et quatre tas

Nous abordons ici un problème classique de pesée, pour lequel de nombreuses variantes existent. Strictement parlant, il ne s'agit pas d'un problème informatique (d'ailleurs, aucun algorithme n'est demandé). En dépit de cela, il s'agit bien d'un problème DpR. L'une de ses caractéristiques est le contraste qui se manifeste entre la simplicité de l'énoncé et la difficulté d'une solution rigoureuse et exhaustive.

Considérons un ensemble de $n \geqslant 1$ pièces de même apparence, dont $(n-1)$ sont en or et une en métal léger plaqué or. Nous disposons d'une balance à deux plateaux qui indique, à chaque pesée, si le poids placé sur le plateau de gauche est inférieur, supérieur ou égal au poids mis sur le plateau de droite. Notons qu'il n'est possible d'exploiter le résultat d'une pesée que si le nombre de pièces est identique sur chaque plateau.

Le but de l'exercice est de trouver la pièce fausse avec le moins de pesées possible dans le cas le plus défavorable (au pire). Deux stratégies sont étudiées.

Stratégie de la division en trois tas

Considérons la stratégie suivante (dite stratégie à trois tas), pour laquelle on sépare les n pièces en deux tas de même cardinal k et un troisième (éventuellement vide) qui contient le reliquat de pièces (donc k peut varier de 0 à $\lfloor n/2 \rfloor$). La fonction $C_3(n)$ fournit le nombre de pesées nécessaires (dans le cas le plus défavorable).

Base Si $n = 1$ (k vaut alors 0), nous sommes face à une seule pièce, c'est la fausse pièce. Aucune pesée n'est nécessaire : $C_3(1) = 0$.

Hypothèse d'induction Pour tout m tel que $1 \leqslant m < n$, on sait déterminer $C_3(m)$.

Induction Soit $k \in 1..\lfloor n/2 \rfloor$. Le principe de cette stratégie consiste à séparer les n pièces en trois tas, deux tas de k pièces et un tas de $n - 2k$ pièces. Une pesée est réalisée en plaçant un tas de k pièces dans chaque plateau de la balance. Il y a deux cas.

> **Premier cas** La balance est déséquilibrée. La fausse pièce se trouve dans le tas le plus léger. Le nombre de pesées restant à réaliser est donc $C_3(k)$.

> **Second cas** La balance est équilibrée. La fausse pièce se trouve donc dans le troisième tas. Le nombre de pesées restant à réaliser est donc $C_3(n - 2k)$ [4].

Dans les deux cas, par l'hypothèse d'induction, on sait trouver la valeur cherchée.

Terminaison Le nombre de pièces pesées à chaque étape diminue. Ceci assure la terminaison de ce procédé.

97 - Q 1 **Question 1.** Fournir l'équation récurrente de $C_3(n)$, pour $n > 0$.

97 - Q 2 **Question 2.** Nous allons à présent tenter de simplifier cette équation. Montrer tout d'abord (par induction sur n) que $C_3(n)$ est croissante. En déduire que l'équation obtenue dans la première question est équivalente à l'équation récurrente suivante :

---

4. Notons que, si n est pair et $k = \lfloor n/2 \rfloor$, $C_3(n - 2k) = C_3(0)$, mais la pièce est alors dans l'un des deux tas de k pièces. Nous retombons alors dans le premier cas. Du point de vue des calculs, pour contourner cet écueil, nous admettons dans la suite que $C_3(0) = 0$.

$$C_3(1) = 0$$
$$C_3(n) = 1 + C_3\left(\left\lceil\frac{n}{3}\right\rceil\right) \qquad\qquad n > 1.$$

Question 3. Résoudre cette équation. En déduire que la détection de la fausse pièce se fait au pire en $\lceil\log_3(n)\rceil$ pesées. $\boxed{\textbf{97} \text{ - Q } 3}$

Stratégie de la division en quatre tas

La stratégie de la division en trois tas peut s'étendre de différentes manières au cas des quatre tas. Nous nous intéressons à l'une d'entre elles pour laquelle, si $n \geqslant 3$, le tas initial est séparé en trois tas *de même cardinal* k, plus un tas de $(n - 3k)$ pièces.

Question 4. Refaire le développement précédent pour cette stratégie.

La solution est en page 548.

Exercice 98   La valeur manquante

Cet exercice porte certes sur l'application du principe DpR, mais on traite d'abord le problème selon des méthodes itératives. C'est l'occasion de rappeler que les meilleurs algorithmes de tri ne sont pas toujours au pire en $n \cdot \log_2(n)$: ils peuvent par exemple être linéaires ! Cela dépend de la précondition.

On dispose d'un tableau constant $T[1..n]$ ($n \in \mathbb{N}_1$) contenant tous les entiers de l'intervalle $1..n+1$, sauf un. On veut déterminer quel est l'entier absent de T. Les calculs de complexité se feront sur la base de l'évaluation de conditions.

Question 1. Construire un algorithme qui résout le problème en temps linéaire, sans utiliser de tableau auxiliaire. $\boxed{\textbf{98} \text{ - Q } 1}$

Question 2. Le tableau est maintenant supposé variable. On cherche *simultanément* à déterminer la valeur manquante et à trier le tableau. On peut supposer qu'une cellule supplémentaire de T est disponible à la position $n + 1$. Construire une solution itérative qui résout le problème en temps linéaire. $\boxed{\textbf{98} \text{ - Q } 2}$

Question 3. Le tableau $T[1..n]$ est à présent supposé trié. Construire une solution DpR basée sur la recherche dichotomique. Fournir le modèle de division ainsi que l'algorithme. Quelle est sa complexité au pire ? $\boxed{\textbf{98} \text{ - Q } 3}$

Question 4. Reprendre les trois questions précédentes quand le tableau contient tous les entiers de l'intervalle $1..n + 2$, sauf deux. $\boxed{\textbf{98} \text{ - Q } 4}$

La solution est en page 554.

Exercice 99   Le meilleur intervalle

> *Cet énoncé propose d'étudier une version DpR d'un problème également traité par programmation dynamique à l'exercice 117, page 667. Cette version constitue un exemple simple d'amélioration de l'efficacité des solutions trouvées à un problème donné, améliorations obtenues tout d'abord par une application du principe DpR puis par un renforcement approprié de la postcondition. Sur le plan de la complexité temporelle, le résultat est comparable à la programmation dynamique.*

On dispose d'un tableau constant $T[1..n]$ ($n \geqslant 1$) dont les valeurs sont réelles non négatives ($T \in 1..n \to \mathbb{R}_+$). Il existe au moins deux indices, i et j, définissant l'intervalle $i..j$, avec $1 \leqslant i \leqslant j \leqslant n$, tels que la valeur de l'expression $T[j] - T[i]$ soit maximale. On cherche cette valeur maximale (la valeur du *meilleur* intervalle). Le cas particulier où $i = j$ caractérise un tableau monotone strictement décroissant : la valeur cherchée est alors nulle.

Un exemple d'application de cet algorithme : le tableau T comporte les valeurs quotidiennes de l'action de la société Machin le mois dernier. On se demande aujourd'hui quel aurait été le gain optimal en achetant et revendant une action le mois dernier.

99 - Q 1 **Question 1.** Soit l'opération « **procédure** *MeilleurIntervalle1*(deb, fin; mi : **modif**) » qui délivre la valeur du meilleur intervalle mi pour le tableau $T[deb..fin]$.

(a) En appliquant le principe de l'induction de partition (voir section 1.1.4, page 7) construire la procédure *MeilleurIntervalle1*.

(b) Sur quel modèle de division cette solution s'appuie-t-elle ? En déduire sa complexité en nombre de conditions évaluées.

99 - Q 2 **Question 2.** La version DpR ci-dessus conduit à des calculs superflus.

(a) Lesquels ? La mise en œuvre d'une amélioration passe par un renforcement de la postcondition, qui se traduit par l'ajout de paramètres dans la procédure. Spécifier informellement cette nouvelle procédure *MeilleurIntervalle2*.

(b) Construire cette procédure. Fournir le modèle de division correspondant, ainsi que le code de la procédure. En déduire la complexité de cette solution. Que peut-on en dire par rapport à celle de *MeilleurIntervalle1* ?

La solution est en page 560.

Exercice 100   Le sous-tableau de somme maximale

> *L'intérêt principal de cet exercice réside dans la succession de renforcements de l'hypothèse d'induction exigée par la recherche d'une solution efficace et dans leur caractère constructif (montrant que le développement peut le plus souvent se faire de manière rationnelle et que le travail déjà réalisé guide celui à venir).*
>
> *Il existe cependant des exceptions à cette règle, comme celle de l'exercice 105 page 465.*

Soit un tableau $T[1..n]$ ($n \geqslant 1$) de nombres réels. On appelle *somme* d'un sous-tableau de T la somme des éléments de ce sous-tableau. On cherche la valeur maximale prise par la somme lorsque l'on considère tous les sous-tableaux de T (y compris les sous-tableaux vides et le tableau T au complet). Par exemple, dans le tableau suivant :

i	1	2	3	4	5	6	7	8
T[i]	3.	1.	−4.	3.	−1.	3.	−0.5	−1.

la valeur maximale prise par la somme est atteinte pour le sous-tableau T[4 .. 6] et vaut 5. En revanche, dans le tableau suivant :

i	1	2	3	4	5	6	7	8
T[i]	−5.	−4.	−4.	−3.	−1.	−8.	−0.5	−15.

n'importe quel sous-tableau de longueur nulle (comme par exemple T[4 .. 3]) fournit la solution. La somme maximale vaut alors 0.0.

Question 1. Une solution naïve, dans laquelle on considère explicitement *tous* les sous-tableaux, est possible. Elle est cependant coûteuse en termes de complexité temporelle (avec l'addition comme opération élémentaire). On recherche une solution de type DpR qui se présente sous la forme $SousTabMax1$ (deb, fin; sm : **modif**) (où deb et fin – paramètres d'entrée – sont les bornes du tableau considéré et sm – paramètre de sortie – la somme maximale atteinte si l'on considère tous les sous-tableaux de T[deb .. fin]).

(a) Caractériser le cas élémentaire.

(b) Formuler l'hypothèse d'induction à la base du cas général. Décrire le traitement à réaliser pour rassembler les deux solutions partielles obtenues. En déduire le modèle de division puis le code de la procédure $SousTabMax1$.

(c) Quelle est la complexité de cette solution ?

Question 2. Dans la solution précédente, l'existence de calculs répétitifs présents dans le rassemblement laisse présager une solution de type DpR plus efficace que celle construite.

(a) Quel renforcement de l'hypothèse d'induction est-il raisonnable de formuler ? Spécifier l'en-tête de la nouvelle version $SousTabMax2$ de cette procédure.

(b) Décrire le traitement à réaliser pour le rassemblement des résultats obtenus dans le cas inductif. Quel est le modèle de division associé ?

(c) En déduire l'ordre de grandeur de complexité qui en résulte. Conclusion ?

Question 3. Les réponses à la question 2 fournissent une suggestion sur la possibilité d'un nouveau renforcement.

(a) Quel renforcement de l'hypothèse d'induction est-il raisonnable de formuler ? Spécifier l'en-tête de la nouvelle version $SousTabMax3$ de cette procédure.

(b) Comment le rassemblement décrit dans la question 2.b) peut-il être aménagé pour prendre en compte la nouvelle hypothèse d'induction ? Quel est le modèle de division associé ? En déduire le code de la procédure $SousTabMax3$.

(c) Quelle est l'ordre de grandeur de complexité qui en résulte ?

La solution est en page 563.

Exercice 101   Pavage d'un échiquier par des triminos   ○ ●

> *Il s'agit de l'un des seuls exercices pour lesquels le problème initial s'éclate en quatre sous-problèmes. De plus, l'étape de base est vide, ainsi que l'étape de rassemblement. L'équation fournissant la complexité fait partie du répertoire qui accompagne le théorème maître (voir page 441). Cependant, l'énoncé exige ici de résoudre exactement cette équation.*

On considère un échiquier $n \times n$ tel que $n = 2^m$ et $m \geqslant 0$, ainsi que les quatre types de triminos ci-après composés chacun d'un carré 2×2 auquel une cellule a été enlevée :

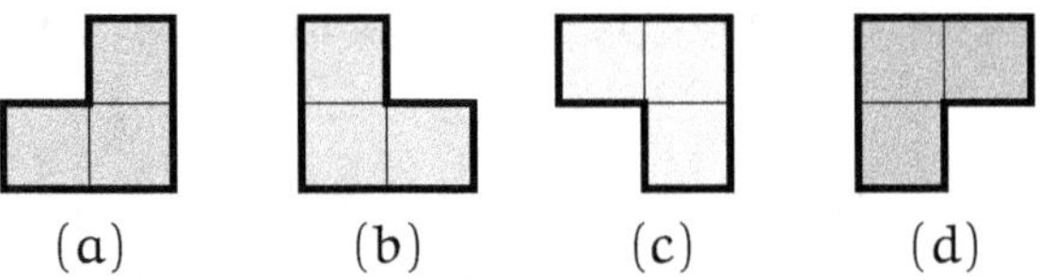

$$(a) \qquad (b) \qquad (c) \qquad (d)$$

On se pose le problème de recouvrir intégralement l'échiquier, à l'exception d'une cellule particulière donnée (le « trou ») de coordonnées (lt, ct) (*ligne du trou* et *colonne du trou*), à l'aide des motifs ci-dessus, de sorte que chaque cellule soit recouverte par un seul motif.

Exemple   On dispose d'un échiquier de huit lignes et de huit colonnes, le trou est en $(2, 6)$: deuxième ligne, sixième colonne.

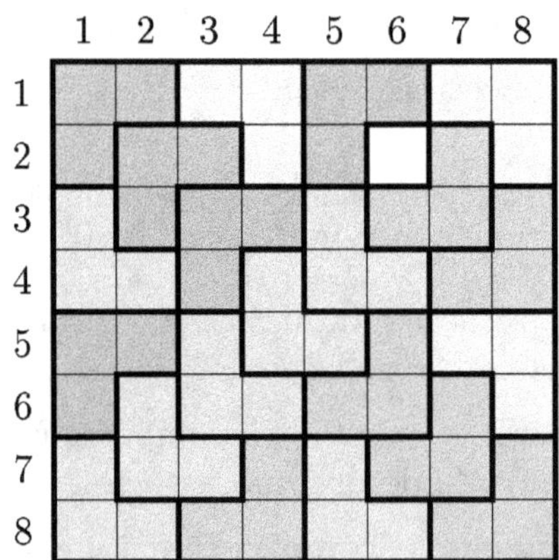

Le but de l'exercice est de concevoir une solution de type DpR au problème posé.

101 - Q 1   **Question 1.** Démontrer par récurrence que pour m entier (avec $m \geqslant 0$), l'expression $(2^{2m} - 1)$ est divisible par 3. Conclusion ?

101 - Q 2   **Question 2.** Construire par induction l'opération « **procédure** *Pavage*(l, c, n, lt, ct) » qui pave un échiquier de $n \times n$ cellules (n est une puissance de 2), dont le coin nord-ouest est situé à la ligne l et à la colonne c et pour lequel le trou est situé à la ligne lt et à la colonne ct.

101 - Q 3   **Question 3.** Fournir le modèle de division qui s'applique.

101 - Q 4   **Question 4.** Donner le code de la procédure *Pavage*. L'opération « **procédure** *Poser*(l, c, td) » (qui place un trimino de type td (td $\in (a) .. (d)$) de sorte que sa cellule manquante soit située en (l, c)) est supposée disponible. Établir que la complexité exacte de cette opération est égale à $((n^2 - 1)/3)$ si on prend comme opération élémentaire la pose d'un trimino.

La solution est en page 567.

Exercice 102   La bâtière

> *Outre son intérêt intrinsèque lié à l'exploitation de l'ordre sur les lignes et les colonnes d'une matrice, cet exercice met en évidence l'incidence du caractère strict ou non de cet ordre sur le problème à résoudre.*

On considère un tableau à deux dimensions de valeurs entières positives telles que les valeurs d'une même ligne et celles d'une même colonne sont ordonnées, *non forcément strictement*. Un tel tableau est appelé *bâtière*.

Exemple   Le tableau ci-dessous est une bâtière à quatre lignes et cinq colonnes.

2	14	25	30	69
3	15	28	30	81
7	15	32	43	100
20	28	36	58	101

Il est à noter que tout sous-tableau d'une bâtière est lui-même une bâtière ; cette propriété est utilisée implicitement dans la suite.

On étudie la recherche d'une valeur v fixée dans une bâtière B. Plus précisément, si v est présent, on souhaite connaître les coordonnées d'une de ses occurrences, sinon on délivre $(0, 0)$.

Diviser pour Régner $(1, n - 1)$ = Diminuer pour résoudre

Une première solution consiste en un balayage séquentiel de B par ligne (ou par colonne) jusqu'à trouver v.

Question 1. Décrire le principe de cette première stratégie en termes de méthode DpR.   `102 - Q 1`

Question 2. Quelle est sa classe de complexité au pire (en termes de nombre de comparaisons), si m est le nombre de lignes et n le nombre de colonnes de B ? Peut-on l'améliorer en utilisant le fait que les lignes et les colonnes sont triées ?   `102 - Q 2`

Diviser pour Régner $(n/2, n/2)$

Dans l'approche précédente, on n'a pas exploité (double recherche séquentielle), ou alors pas totalement (recherche séquentielle sur les lignes et dichotomique dans une ligne) le fait que B est une bâtière. Pour tirer parti de cette propriété, on envisage maintenant une solution dans le cas particulier où la bâtière est un carré de côté $n = 2^k$ ($k \geqslant 1$), et on distingue les deux valeurs : $x = B[n/2, n/2]$, $y = B[n/2 + 1, n/2 + 1]$.

102 - Q 3 | **Question** 3. Montrer que, si la valeur recherchée v est telle que $v > x$, on peut éliminer une partie (à préciser) de la bâtière pour poursuivre la recherche. Préciser ce qu'il est possible de faire quand $v < y$.

102 - Q 4 | **Question** 4. En déduire un modèle de résolution de type DpR en réduction logarithmique et donner la procédure associée.

102 - Q 5 | **Question** 5. Établir l'ordre de complexité au pire de cette méthode (en termes de nombre de comparaisons).

102 - Q 6 | **Question** 6. Comment adapter cette stratégie au cas d'une bâtière quelconque ?

De plus en plus fort

On considère maintenant la recherche d'une valeur v dans une bâtière B de dimension quelconque (m lignes, n colonnes) en distinguant la valeur $z = B[1, n]$.

102 - Q 7 | **Question** 7. Que convient-il de faire selon que z est égal, supérieur, ou inférieur à v ?

102 - Q 8 | **Question** 8. En déduire un modèle de résolution de type DpR de la forme :

$$\text{Pb}(m, n) \rightarrow \text{test relatif à la valeur } z \ + \ \text{Pb}(m', n')$$

en précisant les valeurs de m' et n'.

102 - Q 9 | **Question** 9. Écrire la procédure récursive correspondante, qui a pour en-tête **procédure** *Bâtière3*($lDeb, cFin; lig, col$: **modif**) et est appelée du programme principal par *Bâtière3*($1, n, l, c$), où les paramètres de sortie l (resp. c) reçoivent l'indice de ligne (resp. de colonne) d'une case de la bâtière $B[1..m, 1..n]$ contenant la valeur v recherchée, ou $(0, 0)$ si celle-ci n'apparaît pas dans la bâtière.

102 - Q 10 | **Question** 10. Établir la classe de complexité au pire de cette dernière méthode (en termes de nombre de comparaisons) et conclure sur la démarche à adopter pour résoudre le problème de la recherche d'une valeur donnée dans une bâtière.

Un problème voisin : le dénombrement des zéros

102 - Q 11 | **Question** 11. On suppose maintenant que la bâtière $B[1..m, 1..n]$ contient des entiers relatifs, et l'on veut compter le nombre de zéros. L'approche développée précédemment pour rechercher la présence d'une valeur fondée sur l'élimination de lignes ou colonnes peut-elle servir de base à la résolution de ce problème ? Qu'en serait-il si l'ordre était strict dans les lignes et colonnes ?

La solution est en page 571.

Exercice 103   Nombre d'inversions dans une liste de nombres

> *Cet exercice est un nouvel exemple de problème qui montre que l'application du principe DpR n'est pas systématiquement un gage d'amélioration de la complexité d'un algorithme. Il confirme également que renforcer la postcondition de la spécification (c'est-à-dire chercher à en faire « plus » que demandé initialement) peut parfois être la clé de l'amélioration recherchée.*

Le but de cet exercice est de construire un algorithme rapide pour compter le nombre d'*inversions* présentes dans une liste sans doublon. Pour fixer les idées, on travaille sur des *permutations* des n ($n \geqslant 1$) premiers entiers positifs, donc sur l'intervalle $1 .. n$. Une liste de valeurs sans doublons est rangée dans le tableau $T[1 .. n]$, et l'on dit que les nombres i et j, tels que $1 \leqslant i < j \leqslant n$, forment une inversion si $T[i] > T[j]$.

Par exemple, pour $n = 8$, le nombre d'inversions de la liste suivante vaut 13 :

i	1	2	3	4	5	6	7	8
$T[i]$	3	5	2	8	6	4	1	7

Écrites en tant que liste des couples d'indices (i, j) tels que $i < j$ et $T[i] > T[j]$, les inversions sont les suivantes :

$$\langle (1,3), (1,7), (2,3), (2,6), (2,7), (3,7), (4,5), (4,6), (4,7), (4,8), (5,6), (5,7), (6,7) \rangle$$

Question 1. Construire un algorithme itératif naïf qui calcule le nombre d'inversions dans une liste sans doublons. Donner l'ordre de grandeur de complexité de cet algorithme en prenant l'évaluation de conditions comme opération élémentaire.   `103 - Q 1`

On va supposer maintenant que $n = 2^k$, pour k entier supérieur ou égal à 1. Pour $k > 1$, on peut partitionner les inversions en trois catégories :

- celles dont les deux termes sont dans la première moitié de T, par exemple : $(2,3)$ dans l'exemple ci-dessus,

- celles dont les deux termes sont dans la seconde moitié de T, par exemple : $(6,7)$,

- celles qui ont le premier terme dans la première moitié de T et le second dans la seconde moitié, par exemple : $(2,6)$.

Question 2. Construire l'opération « **fonction** $NbInv1(i,s)$ **résultat** $0 .. (n \cdot (n+1))/2$ », qui est telle que l'appel $NbInv1(1, n)$ calcule, selon une approche DpR, le nombre d'inversions présentes dans le tableau $T[1 .. n]$ (T est une variable globale). Quel est le modèle de division qui s'applique ? Fournir le code de cette fonction. Donner l'ordre de grandeur de complexité de cette solution. Que peut-on en conclure par rapport à la première question ?   `103 - Q 2`

Question 3. Pour améliorer l'efficacité de la solution, il faut trouver un moyen de ne pas comparer tous les couples possibles. On propose de renforcer la postcondition, non seulement en recherchant le nombre d'inversions, mais également en triant le tableau T. Étudions tout d'abord le cœur de cette solution en considérant un tableau dont chaque moitié est triée comme dans l'exemple suivant :   `103 - Q 3`

i	1	2	3	4	5	6	7	8
$T[i]$	2	3	5	8	1	4	6	7

(a) Montrer que dans une configuration telle que :

$$T \qquad \begin{array}{c|c|c|c|c} 1 & j & mil & k & n \end{array}$$

où $T[1..mil]$ et $T[mil+1..n]$ sont triés par ordre croissant, si $T[j] > T[k]$, alors, pour tout $l \in j..mil$, $T[l] > T[k]$. Que peut-on en conclure ?

(b) En déduire un algorithme itératif qui, dans ce cas, compte les inversions en un temps linéaire.

103 - Q 4   **Question 4.** Construire (en s'inspirant de la question précédente ainsi que de l'exercice 87, page 443, qui porte sur le tri-fusion) l'opération de type DpR « **procédure** *NbInv2*$(i, s; nb : $**modif**$)$ » qui est telle que l'appel *NbInv2*$(1, n, nbi)$ à la fois trie le tableau $T[1..n]$ (T est une variable globale) et comptabilise, dans nbi, les inversions présentes dans la configuration initiale de $T[1..n]$. On cherche à améliorer l'ordre de grandeur de complexité par rapport à la solution de la question 2. Fournir le modèle de division ainsi que le code.

103 - Q 5   **Question 5.** Peut-on adapter les algorithmes de la question précédente dans le cas où n n'est pas une puissance de 2 ?

La solution est en page 574.

La solution est en page 574.

Exercice 104   Le dessin du skyline

> *L'une des stratégies classiques pour améliorer l'efficacité des algorithmes consiste à changer la structure de données sous-jacente. Dans cet exercice, on débute le développement sur la base d'une structure de données « naïve » avant d'optimiser celle-ci en éliminant une forme de redondance. Cet exercice montre que l'amélioration attendue par le recours à une démarche DpR n'est pas toujours au rendez-vous.*

On s'intéresse au dessin du *skyline* d'un centre-ville construit avec des immeubles rectangulaires, au bord de la mer. Le *skyline* (en pointillés dans les schémas ci-dessous) est la ligne qui sépare le ciel des immeubles, quand on se place assez loin en mer et que l'on regarde en direction de la ville. La partie (a) de la figure 8.2 montre la projection à deux dimensions d'un centre-ville composé de trois immeubles, et la partie (b) donne le *skyline* correspondant.

On suppose que toutes les dimensions sont entières et que les immeubles sont construits entre les abscisses 0 et n ($n \geqslant 1$). L'ajout d'un quatrième immeuble se concrétise comme le montrent les parties (a) et (b) de la figure 8.3.

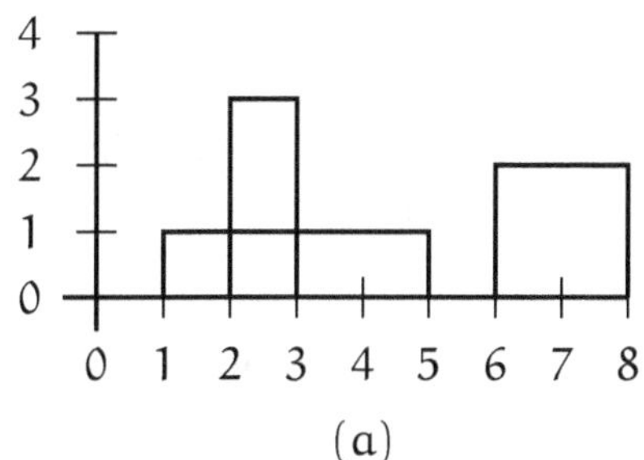 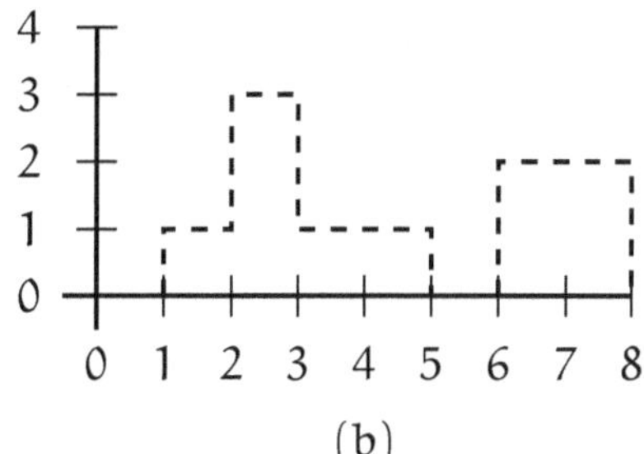

(a) (b)

Fig. 8.2 – *Trois immeubles :* (a) *par projection* – (b) *le* skyline *correspondant*

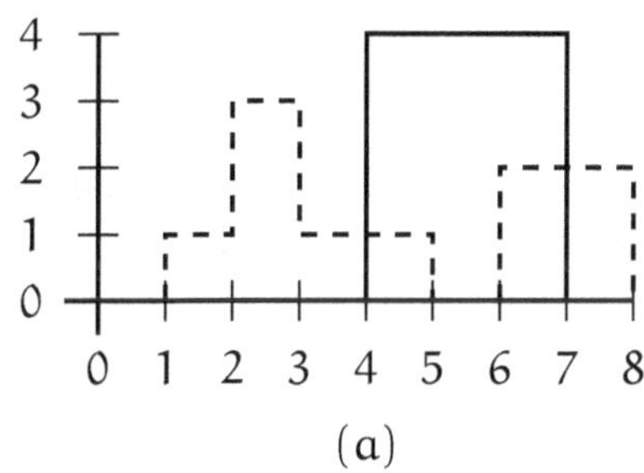 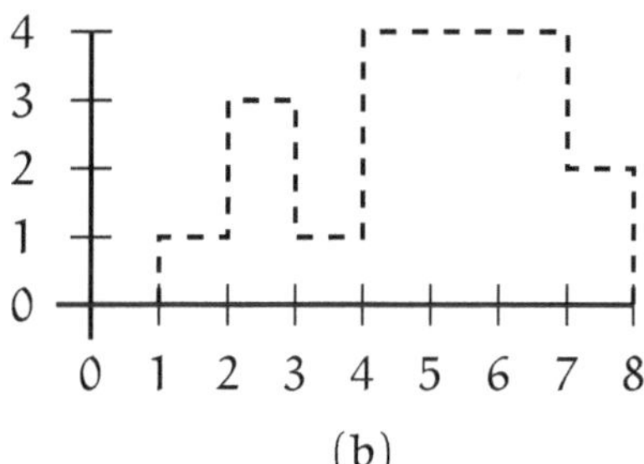

(a) (b)

Fig. 8.3 – *Ajout d'un immeuble :* (a) *le nouvel immeuble* – (b) *le nouveau* skyline

Une première approche

Un *skyline* est représenté dans cette première partie par un tableau $S[1 .. n]$, dont la composante i indique la hauteur du *skyline* entre les abscisses $i - 1$ et i. Pour l'exemple de la partie (a) de la figure 8.2, le *skyline* se représente donc par :

i	1	2	3	4	5	6	7	8
$S[i]$	0	1	3	1	1	0	2	2

On choisit de représenter un immeuble par le *skyline* qu'il aurait s'il était tout seul. La représentation du troisième immeuble de la figure 8.2 (l'immeuble le plus à droite) est donc :

i	1	2	3	4	5	6	7	8
$I_3[i]$	0	0	0	0	0	0	2	2

Un algorithme itératif de construction On cherche à obtenir le *skyline* d'un ensemble [5] I de m ($m \geqslant 0$) immeubles ($I = \{I_1, \ldots, I_m\}$).

Question 1. Construire l'algorithme en supposant que l'ensemble des immeubles I est défini par $I \in 1 .. m \to (1 .. n \to \mathbb{N})$ (I est un tableau de m immeubles ; chaque immeuble est un tableau de n hauteurs). `104 - Q 1`

Question 2. Quelle est la complexité exacte en nombre de conditions du calcul du *skyline* de I, en fonction de n et m ? `104 - Q 2`

5. Ou d'un multiensemble, s'il existe des immeubles identiques.

Un algorithme DpR   Dans la perspective d'une amélioration de l'efficacité de l'algorithme, on souhaite appliquer une démarche DpR pour calculer le *skyline* de l'ensemble d'immeubles I[1 .. m]. Le profil de la procédure associée est *SkyLine1*(deb, fin; S : **modif**), où l'ensemble d'immeubles considéré est celui représenté par I[deb .. fin] et où S est le *skyline* qui lui correspond.

104 - Q 3   **Question** 3.   Construire la procédure *SkyLine1*. En déduire le modèle de division qui s'applique. Fournir le code de la procédure.

104 - Q 4   **Question** 4. Poser l'équation récurrente qui caractérise la complexité de cette procédure, sur la base du nombre de conditions évaluées. En déduire la classe de complexité. Conclusion ?

Une seconde approche

Une voie alternative pour tenter d'améliorer l'efficacité d'un algorithme consiste à choisir une meilleure représentation pour les entités manipulées (ici les immeubles et les *skylines*). On peut constater que la représentation précédente est redondante, dans la mesure où l'échantillonnage concerne *la totalité* des n points. En se basant sur le *skyline* de la figure 8.3 redessiné de la manière suivante :

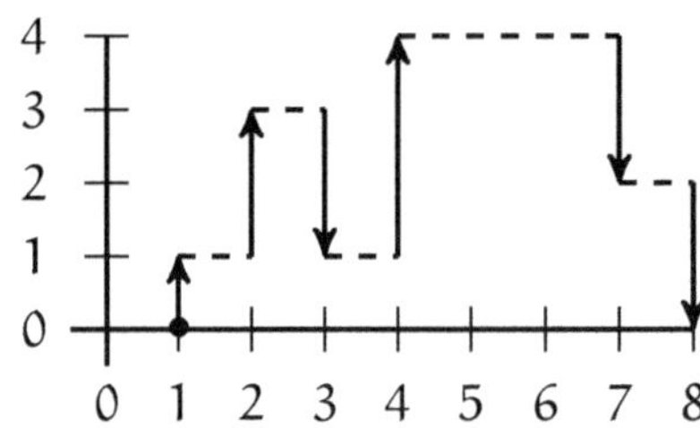

il est possible de redéfinir une représentation dans laquelle seules les coordonnées de l'extrémité des vecteurs verticaux sont conservées. On obtient une liste de couples à laquelle on ajoute le couple $(n + 1, 0)$ en guise de sentinelle et complétée si nécessaire par des couples $(0, 0)$ jusqu'à la position $n + 1$. Le tout est enregistré dans un tableau défini sur l'intervalle $0 .. n + 1$. Ainsi, pour l'exemple ci-dessus, la nouvelle représentation est :

$$T[0 .. n + 1] = [(0,0), (1,1), (2,3), (3,1), (4,4), (7,2), (8,0), (9,0), (0,0), (0,0)]$$

La liste de couples est triée sur la première coordonnée, qui constitue un identifiant. Cette nouvelle représentation préserve toute l'information tout en garantissant l'absence de redondance. Dans la suite, cette représentation est caractérisée par le prédicat EstSkyLine.

104 - Q 5   **Question** 5. Fournir la représentation du *skyline* de la figure 8.2, page 463.

Un algorithme itératif

104 - Q 6   **Question** 6. Une solution itérative prenant en compte cette nouvelle représentation peut s'inspirer de la réponse à la question 1. Les boucles externes sont identiques dans les deux cas. En revanche, le traitement qui réalise la fusion de deux *skylines* est inédit. Deux solutions peuvent être envisagées. La première opère une fusion grossière présentant des redondances qui doivent être éliminées dans une phase ultérieure. Cette solution est assez facile à construire, mais elle est assez coûteuse et peu élégante. La seconde solution consiste à obtenir le résultat en un seul passage sur les deux *skylines*. C'est celle qui fait l'objet de la question et dont on demande la construction sous la forme d'une procédure au profil suivant : « *FusionSkyLines*(S1, S2; F : **modif**) » (S1 et S2 sont les deux *skylines* dont on veut obtenir la fusion et F est le *skyline* résultant).

Suggestion La principale difficulté de l'algorithme réside dans l'identification de la cascade de cas et de sous-cas qui se présente dans la progression de la boucle. On conseille au lecteur de bien séparer deux phases, celle de la mise en évidence des différents cas et celle de l'optimisation (factorisation des cas identiques).

Question 7. En se fondant sur le nombre de conditions évaluées, quelle est, en fonction de m, la complexité au pire de la procédure *FusionSkyLines* ?   `104 - Q 7`

Question 8. En déduire une solution itérative utilisant la procédure *FusionSkyLines*. Quelle est l'ordre de grandeur de complexité au pire (en nombre de conditions évaluées) de ce calcul itératif en fonction de m ?   `104 - Q 8`

Un algorithme DpR   Toujours avec la même représentation, on recherche à présent une solution DpR. Le profil de la procédure est *SkyLine2*(deb, fin; S : **modif**).

Question 9. Construire la procédure *SkyLine2*. En déduire le modèle de division qui s'applique. Fournir le code de la procédure.   `104 - Q 9`

Question 10. Donner l'équation récurrente qui caractérise la complexité de cette procédure, sur la base du nombre de conditions évaluées. Conclusion ?   `104 - Q 10`

La solution est en page 580.

Exercice 105   Élément majoritaire (le retour)

> *Déjà abordé à l'exercice 40, page 126, cet exercice passe en revue trois solutions DpR au problème de la recherche d'un élément majoritaire dans un sac. Si la première solution est classique, les deux autres font appel à une technique plus originale. En effet, dans cet ouvrage et dans ce chapitre en particulier, on a fréquemment exploité l'heuristique éprouvée qui consiste à renforcer la postcondition afin d'obtenir une bonne efficacité temporelle ; ici au contraire, on affaiblit la postcondition. D'un côté, cette dernière heuristique permet d'obtenir un algorithme simple (mais ne répondant que partiellement à la spécification), de l'autre elle oblige à adjoindre un algorithme complémentaire dont le but est de s'assurer que le résultat obtenu dans la première étape est (ou non) conforme à la spécification initiale. Cette technique peut avec profit enrichir le bagage de tout développeur. La dernière solution s'apparente à celle développée à l'exercice 40, page 126.*

On considère un sac S de n éléments (n $\geqslant$ 1), d'entiers strictement positifs. S est dit *majoritaire* s'il existe un entier x tel que :

$$\operatorname{mult}(x, S) \geqslant \left\lfloor \frac{n}{2} \right\rfloor + 1$$

$\operatorname{mult}(x, S)$ désignant la fonction délivrant le nombre d'occurrences de x dans S ; x est alors appelé *élément majoritaire* de S et est unique. Le problème posé est celui de la recherche d'un élément majoritaire dans S. La détermination d'un candidat ayant obtenu la majorité absolue lors d'un scrutin ou la conception d'algorithmes tolérants aux fautes sont des applications possibles de ce problème.

Par la suite, la complexité sera exprimée en nombre de conditions évaluées.

Dans les trois solutions ci-après, nous raffinons le sac S par un tableau d'entiers positifs $T[1 .. n]$ ($n \geqslant 1$). Il est difficile d'imaginer que l'on puisse identifier, s'il existe, l'élément majoritaire, sans connaître sa multiplicité. C'est pourquoi on renforce d'emblée la postcondition, en transformant la recherche de l'élément majoritaire en la recherche du couple (x, nbx) (x étant l'élément majoritaire et nbx sa multiplicité).

Un algorithme DpR en $\Theta(n \cdot \log_2(n))$

Pour $T[1 .. n]$, on va calculer le couple (x, nbx) tel que :

- si $T[1 .. n]$ n'est pas majoritaire, on renvoie le couple $(0, 0)$,

- si $T[1 .. n]$ est majoritaire, on renvoie (x, nbx), où x est l'élément majoritaire et nbx sa multiplicité.

On applique une technique DpR travaillant sur deux « moitiés » de $T[1 .. n]$ de tailles égales ou différant de 1. Le couple (x, nbx) est alors calculé à partir de $(xg, nbxg)$ (issu de la moitié gauche de T) et de $(xd, nbxd)$ (issu de la moitié droite de T), en dénombrant si nécessaire la valeur majoritaire d'une certaine moitié dans la moitié opposée.

Exemple Dans le tableau ci-dessous, le couple $(1, 8)$ calculé pour l'intervalle $1 .. 13$ apparaît en bas de la figure, entre les indices 6 et 7. Il signifie que 1 est élément majoritaire et que sa multiplicité est 8. Ce résultat est obtenu en « rassemblant » (d'une manière qui reste à préciser) le couple $(0, 0)$ obtenu pour l'intervalle $1 .. 6$ et le couple $(1, 5)$ obtenu pour l'intervalle $7 .. 13$.

1	2	3	4	5	6	7	8	9	10	11	12	13
2	1	1	3	1	2	3	1	1	1	1	2	1

```
2,1   1,1   1,1   3,1   1,1   2,1   3,1   1,1   1,1   1,1   1,1   2,1   1,1
         (1,2)             (0,0)             (1,2)       (1,2)       (0,0)
    (1,2)             (0,0)             (1,2)                   (1,3)
              (0,0)                                 (1,5)
                            (1,8)
```

Dans le cas général d'un tableau $T[d .. f]$ de longueur t ($t = f - d + 1$), on va considérer deux demi-tableaux contigus, $T[d .. d + \lfloor t/2 \rfloor - 1]$ pour lequel on calcule $(xg, nbxg)$, et $T[d + \lfloor t/2 \rfloor .. d + t - 1]$ pour lequel on calcule $(xd, nbxd)$.

Question 1. Construire, par un raisonnement de type induction de partition (voir section 1.1.4, page 7), l'opération « **procédure** *Majoritaire1*$(d, t; x, nbx : \mathbf{modif})$ » où d et t identifient le sous-tableau $T[d .. d + t - 1]$ et (x, nbx) est le couple recherché. L'appel *Majoritaire1*$(1, n, em, nbem)$ calcule donc le couple $(em, nbem)$ pour le tableau $T[1 .. n]$. Donner le modèle de division utilisé, puis le code de la procédure.

Question 2. Quelle est la classe de complexité au pire de cette solution ? Comparer avec la solution itérative de l'exercice 40, page 126.

Un algorithme DpR plus efficace (linéaire)

La théorie (voir section 3.3.1, page 102) nous apprend que si X et Y sont des programmes corrects pour les spécifications respectives (P, R) et (R, Q) alors X ;Y est un programme correct pour la spécification (P, Q). Une utilisation particulièrement intéressante de cette propriété de séquentialité apparaît quand R est un prédicat *plus faible* que Q $(Q \Rightarrow R)$. Appliquée à notre situation, plutôt que de rechercher directement l'éventuel élément majoritaire, cette propriété permet de rechercher simplement un *candidat* (à être élément majoritaire). C'est le rôle de X. Si le résultat s'avère satisfaisant pour ce qui concerne la complexité, il reste alors à construire le fragment Y qui vérifie si ce candidat est (ou non) l'élément majoritaire du tableau T.

Définition   On dira que le couple (x, mx) est candidat majoritaire (CM) dans le tableau T (constitué de t éléments positifs) si et seulement si :

1. mx est un majorant du nombre d'occurrences de x dans T : $\mathrm{mult}(x, T) \leqslant mx$,

2. mx est strictement supérieur à la demi-longueur par défaut de T : $mx > \lfloor t/2 \rfloor$,

3. pour tout y différent de x, le nombre d'occurrences de y dans T est inférieur ou égal à $t - mx$: $\forall y \cdot (y \in \mathbb{N}_1 \textbf{ et } y \neq x \;\Rightarrow\; \mathrm{mult}(y, T) \leqslant t - mx)$.

Par abus de langage, on dira aussi que x est CM dans T s'il existe (au moins) un mx tel que le couple (x, mx) est CM dans T.

Exemples

a) Dans $T = [1, 1, 1, 6, 6]$, le couple $(1, 3)$ est CM. En effet :

1. 3 est un majorant du nombre d'occurrences de 1 dans T,

2. $\lfloor \dfrac{5}{2} \rfloor < 3 \leqslant 5$,

3. 6 n'est présent que deux fois et $2 \leqslant 5 - 3$.

b) Dans le tableau $T = [1, 1, 5, 5]$, le couple $(1, 3)$ n'est pas CM. En effet :

(a) 3 est un majorant du nombre d'occurrences de 1 dans T,

(b) $\lfloor \dfrac{4}{2} \rfloor < 3 \leqslant 4$,

(c) mais 5 est présent deux fois et $2 \not\leqslant 4 - 3$.

c) En revanche, le couple $(1, 3)$ est CM dans $T = [1, 1, 4, 5]$ mais T *n'est pas* majoritaire.

d) Les couples $(1, 3)$ et $(1, 4)$ sont tous deux CM dans le tableau $T = [1, 1, 1, 6, 5]$.

Question 3. On cherche à construire la procédure $CandMaj1(d, t; x, mx : \textbf{modif})$ qui cal-cule un couple (x, mx) pour la tranche $T[d \mathrel{..} d + t - 1]$. Ce couple (x, mx) possède la signification suivante :

105 - Q 3

(a) si l'on est *certain*, au vu de la situation courante, que le sous-tableau considéré *n'est pas* majoritaire, alors la procédure délivre $(0, 0)$,

(b) sinon (on a obligatoirement un CM) la procédure délivre le couple (x, mx) comme CM.

Construire cette procédure par un raisonnement de type induction de partition (voir section 1.1.4, page 7). Donner le modèle de division utilisé ainsi que le code de la procédure *CandMaj1*. Quelle est sa complexité ?

105 - Q 4 **Question** 4. Quel traitement complémentaire doit-on faire pour obtenir le résultat attendu (la valeur de l'élément majoritaire s'il en existe un) ? Quelle est alors la complexité du traitement global ?

105 - Q 5 **Question** 5. Appliquer la solution proposée aux tableaux suivants :
$T1 = [1, 2, 1, 3, 2, 1, 1, 3, 3, 2, 3, 1, 1, 1]$, $T2 = [2, 1, 1, 3, 1, 2, 3, 1, 1, 1, 1, 2, 1]$ et
$T3 = [1, 1, 2, 1, 3, 1, 3, 2, 2]$.

Une seconde solution DpR linéaire, simple et originale

On va maintenant mettre en évidence un algorithme de complexité linéaire applicable à un tableau T de taille quelconque, fondé sur un autre type de division de T. Cet algorithme vise lui aussi à déterminer un CM pour le tableau T ; il est construit à partir de la seule propriété suivante :

Propriété Si x est élément majoritaire de $T[1..n]$ et si $T[1..i]$ n'est pas majoritaire, alors x est élément majoritaire de $T[i+1..n]$.

105 - Q 6 **Question** 6. Démontrer la propriété ci-dessus.

105 - Q 7 **Question** 7. Donner le principe d'une solution de type DpR fondée sur la propriété ci-dessus. Donner le modèle de division utilisé, le(s) problème(s) élémentaire(s) et la complexité globale.

105 - Q 8 **Question** 8. Écrire la fonction *CandMaj2* correspondante de profil $CandMaj2(d, t)$ **résultat** $\mathbb{N}$ rendant 0, si $T[d..d+t-1]$ n'a à coup sûr pas d'élément majoritaire et x ($x > 0$) si x est CM de $T[d..d+t-1]$. Traiter les exemples :

$$T1 = [1, 2, 1, 3, 2, 1, 1, 3, 3, 2, 3, 1, 1, 1], \qquad T3 = [1, 1, 2, 1, 3, 1, 3, 2, 2],$$
$$T2 = [2, 1, 1, 3, 1, 2, 3, 1, 1, 1, 1, 2, 1], \qquad T4 = [1, 2, 1, 1, 2, 3].$$

La solution est en page 586.

Exercice 106   Les deux points les plus proches
dans un plan

Cet exercice illustre deux points essentiels du développement d'algorithmes : le raffinement et le renforcement. Partant d'une spécification ensembliste, on effectue tout d'abord un choix pour la représentation des ensembles. Une solution naïve pour ce raffinement ne donnant pas satisfaction du point de vue de la complexité, on renforce la postcondition d'une étape de l'algorithme afin d'obtenir une solution en $\Theta(n \cdot \log_2(n))$.

On cherche un algorithme du type DpR pour résoudre le problème suivant : on dispose d'un ensemble fini E de n ($n \geqslant 2$) points dans un plan. Quelle est la distance qui sépare les deux points les plus proches [6] ?

Plus formellement : soit l'espace $\mathbb{R}^2$, muni de la métrique euclidienne notée Δ. Soit E un ensemble fini de n points dans $\mathbb{R}^2$. Soit $p = (p_x, p_y)$ et $q = (q_x, q_y)$ deux points de $\mathbb{R}^2$. On note $\Delta(p, q)$ la distance euclidienne entre p et q, soit $\Delta(p, q) = \sqrt{(p_x - q_x)^2 + (p_y - q_y)^2}$. On recherche le réel positif d défini par

$$d = \min\left(\{a \in E \text{ et } b \in E \text{ et } a \neq b \mid \Delta(a, b)\}\right)$$

Exemple Pour l'ensemble de points ci-dessous :

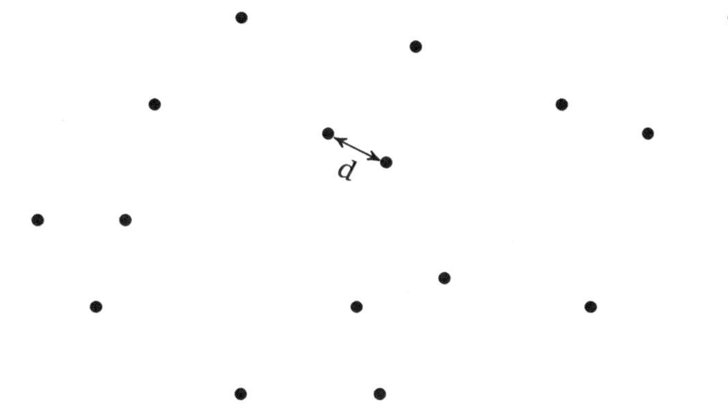

d est la valeur recherchée.

Dans la suite, la complexité sera exprimée en nombre de conditions évaluées.

Question 1. Quel est l'ordre de complexité de l'algorithme naïf de calcul de d ? 106 - Q 1

Dans la suite, n est une puissance de 2. L'opération « **fonction** *PlusProches1*(S) **résultat** $\mathbb{R}_+$ » délivre la distance entre les voisins les plus proches dans l'ensemble des points S. Dans le contexte d'appel suivant :

1. **constantes**
2.   Coord $= \{x, y \mid x \in \mathbb{R} \text{ et } y \in \mathbb{R}\}$ **et** $E \subset$ Coord **et** $E = \{\dots\}$
3. **début**
4.   **écrire**(*PlusProches1*(E))
5. **fin**

la fonction *PlusProches1* ci-dessous fournit une première ébauche :

1. **fonction** *PlusProches1*(S) **résultat** $\mathbb{R}_+$ **pré**
2. $S \subset$ Coord **et** $\exists k \cdot \left(k \in \mathbb{N}_1 \text{ et } \mathrm{card}(S) = 2^k\right)$ **et** $S_1 \subset S$ **et** $S_2 \subset S$ **et**
3. $(S_1 \cap S_2) = \varnothing$ **et** $(S_1 \cup S_2) = S$ **et** $\mathrm{card}(S_1) = \mathrm{card}(S_2)$ **et**
4. $d \in \mathbb{R}_+^*$ **et** $d_1 \in \mathbb{R}_+^*$ **et** $d_2 \in \mathbb{R}_+^*$
5. **début**
6.   **si** $\mathrm{card}(S) = 2$ **alors**
7.   **soit** a, b **tel que**

---

6. Il n'y a jamais unicité de ce couple de points puisque si (a, b) est un tel couple, c'est aussi le cas de (b, a). La question de l'identification de *l'ensemble* de tels couples conduit à un aménagement trivial des programmes développés ici. Cette question n'est pas abordée.

```
 8.         a ∈ S et b ∈ S et a ≠ b
 9.       début
10.          résultat Δ(a, b)
11.       fin
12.     sinon
13.       d₁ ← PlusProches1(S₁) ;
14.       d₂ ← PlusProches1(S₂) ;
15.       d ← min({d₁, d₂}) ;
16.       Rassembler1(...) ;
17.       résultat ...
18.     fin si
19.  fin
```

La quantification existentielle précise que le nombre d'éléments de S est une puissance de 2. La valeur d_1 (resp. d_2) est la plus petite distance trouvée dans le sous-ensemble S_1 (resp. S_2).

106 - Q 2

Question 2. Donner les quatre points clés de la construction inductive de la fonction *PlusProches1* (il s'agit ici de faire du « reverse engineering »).

106 - Q 3

Question 3. Quel est l'ordre de complexité de la fonction *PlusProches1* si la procédure *Rassembler1* est en $\Theta(n^2)$? en $\Theta(n \cdot \log_2(n))$? en $\Theta(n)$?

On cherche à présent à raffiner la représentation des ensembles S, S_1 et S_2. Il existe en général de nombreuses façons de partitionner un ensemble S de taille paire en deux sous-ensembles de même taille. Il est intéressant, pour des raisons de calcul de distances, de réaliser cette partition par une *droite* séparatrice. Le choix d'une droite qui soit verticale ou horizontale est raisonnable dans la mesure où la distance entre un point et la droite en question se limite alors à un calcul sur *une seule* des coordonnées du point. Dans la suite, on considère arbitrairement que cette droite est verticale. Le raffinement de l'ensemble S peut alors se faire par un tableau de couples $T[i..s]$ ($T[1..n]$ pour l'ensemble initial E, de sorte que, si Coord est l'ensemble des couples (x, y) de réels, alors $T[1..n] \in 1..n \to$ Coord), trié sur les abscisses croissantes (ceci assure que la proximité des points avec la droite séparatrice se traduit par une proximité dans le tableau). Si $mil = \lfloor (i + s)/2 \rfloor$, les ensembles S_1 et S_2 se raffinent par les sous-tableaux $T[i.. mil]$ et $T[mil + 1 .. s]$. d_1 et d_2 sont raffinés par dg et dd (distances gauche et droite). Le point $T[mil]$ appartient à la droite séparatrice. C'est aussi le cas de tous les points qui ont la même abscisse que $T[mil]$, qu'ils appartiennent à S_1 ou à S_2. La fonction *PlusProches1* se raffine alors de la manière suivante (T est ici une structure globale, seules les bornes i et s sont passées en paramètres) :

```
 1. fonction PlusProches2(i, s) résultat ℝ₊ pré
 2.    i ∈ 1..n et s ∈ i+1..n et ∃k · (k ∈ ℕ₁ et s − i + 1 = 2ᵏ) et
 3.    EstTriéX(T[i.. s]) et mil ∈ i.. s − 1 et d ∈ ℝ₊* et dg ∈ ℝ₊* et dg ∈ ℝ₊*
 4. début
 5.    si s − i + 1 = 2 alors
 6.       résultat Δ(T[i], T[s])
 7.    sinon
 8.       mil ← ⌊(i + s)/2⌋ ;
 9.       dg ← PlusProches2(i, mil) ;
10.       dd ← PlusProches2(mil + 1, s) ;
11.       d ← min({dg, dd}) ;
```

12.   *Rassembler2*(...) ;
13.   **résultat** ...
14.   **fin si**
15. **fin**

Le conjoint *EstTriéX*(T[i..s]) exprime que le (sous-)tableau T[i..s] est trié sur les abscisses croissantes.

Exemple   Le schéma ci-dessous reprend l'exemple précédent. On remarque que le point T[mil] est situé sur la droite séparatrice et que sept points sont à sa gauche et huit à sa droite.

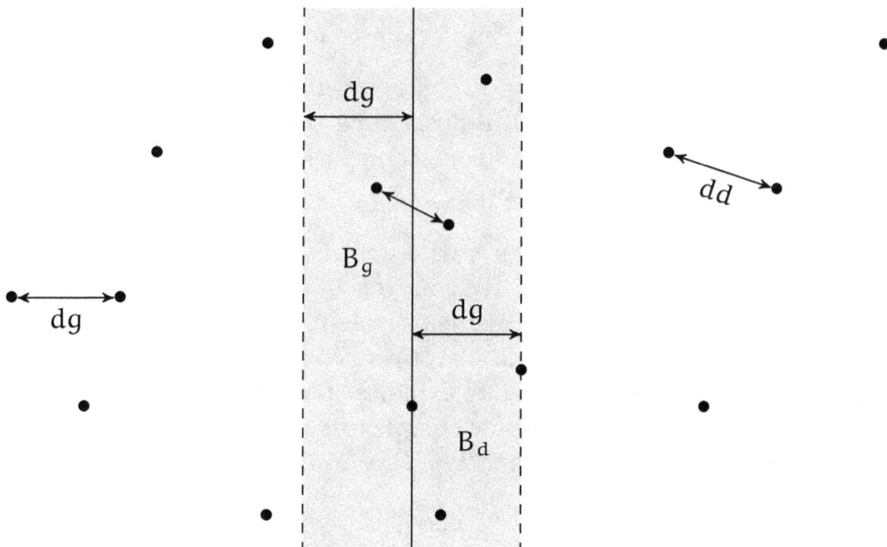

La valeur dg (resp. dd) est la meilleure distance trouvée dans la moitié de gauche (resp. de droite). La valeur d est la plus petite des deux valeurs dg et dd (c'est le d de la ligne 11 du code de *PlusProches2*).

Posons T[mil] = (m_x, m_y). On appelle B$_g$ (resp. B$_d$) l'ensemble des points situés dans la bande verticale délimitée par les droites d'équation $x = m_x - d$ et $x = m_x$ (resp. $x = m_x$ et $x = m_x + d$). Par conséquent, si deux points p_1 et p_2 sont tels que $p_1 \in$ T[i..mil] **et** $p_2 \in$ T[mil + 1..s] **et** $\Delta(p_1, p_2) \leqslant d$ alors $p_1 \in$ B$_g$ et $p_2 \in$ B$_d$.

Question 4. Montrer que toute fenêtre carrée ouverte sur l'une des deux bandes B$_g$ ou B$_d$ contient au plus quatre points : | **106** - Q 4 |

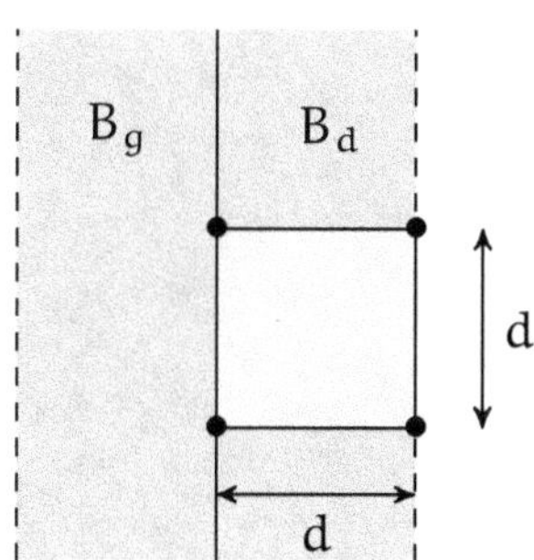

Il est facile d'en conclure (puisque S est un *ensemble* de points) qu'il existe au plus six points sur un rectangle de longueur 2d et de hauteur d s'étalant sur toute la largeur de la bande :

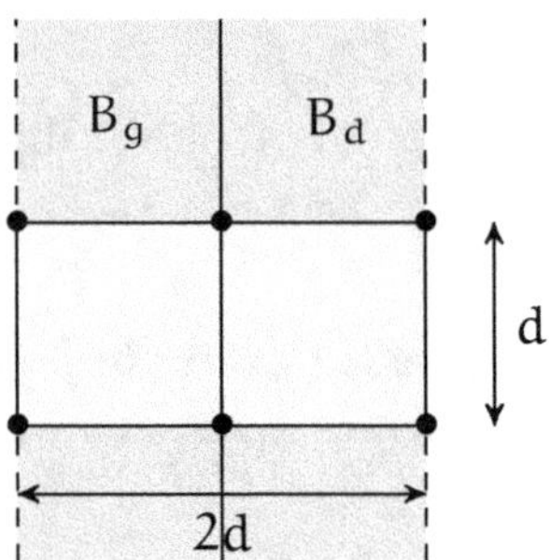

Question 5. | 106 - Q 5 | Dans l'hypothèse où les points appartenant aux bandes B_g et B_d sont enregistrés dans un tableau Y, que faut-il imposer à ce tableau pour que la recherche d'un meilleur voisin pour Y[j] se fasse dans un sous-tableau de Y, *de taille bornée*, débutant en Y[j + 1] ? Donner un majorant à cette borne.

Question 6. | 106 - Q 6 | Construire une version itérative de l'opération « **procédure** *Rassembler2*(deb, fin; md : **modif**) », où deb et fin sont tels que T[deb..fin] représente l'ensemble de points S, et où md est, en entrée, la meilleure valeur trouvée dans S_1 ou dans S_2 et, en sortie, la meilleure valeur trouvée dans S. Cette procédure commence par construire le tableau Y de la question précédente avant de l'exploiter pour rechercher un éventuel meilleur couple. Quelle est l'ordre de grandeur de complexité de cette procédure ? Expliciter le modèle de division de la solution utilisant *PlusProches2*. Quelle est sa complexité ?

Question 7. | 106 - Q 7 | La solution précédente n'est pas entièrement satisfaisante sur le plan de la complexité : on aurait espéré une complexité en $\Theta(n \cdot \log_2(n))$. Cet objectif n'est pas atteint. Peut-on identifier l'origine du surcoût observé ? Dans un souci de meilleure efficacité, on propose de renforcer l'hypothèse d'induction de la manière suivante : l'opération *PlusProches3* délivre non seulement la distance entre les voisins les plus proches dans T[i .. s] mais aussi une version R[1..s−i+1] de T[i..s] triée sur les ordonnées croissantes. Construire l'opération « **procédure** *PlusProches3*(i, s; d, R : **modif**) ». En donner la complexité.

Question 8. | 106 - Q 8 | Comment peut-on traiter le cas n quelconque ($n \geqslant 2$) ?

La solution est en page 595.

Exercice 107   Distance entre séquences : l'algorithme de Hirschberg

> *La compréhension de l'énoncé de cet exercice exige d'avoir assimilé au préalable l'introduction au chapitre portant sur la programmation dynamique (voir chapitre 9). Celle-ci porte sur un algorithme de recherche de l'une des plus longues sous-séquences communes (en général il n'y a pas unicité), dénommé* WFlg *et sur un algorithme de recherche de la longueur des plus longues sous-séquences communes (*WFLgAvant*).*

Dans sa version la plus simple, l'algorithme de Hirschberg recherche l'une des plus longues sous-séquences communes (plssc) à deux chaînes. Il est fondé sur une technique DpR, mais l'étape de division utilise le principe de programmation dynamique. L'avantage proclamé de cette méthode est le gain de place par rapport aux méthodes fondées uniquement sur le principe de la programmation dynamique. D.S. Hirschberg l'ayant imaginé dans les années 70, cet argument avait alors plus de force que de nos jours (encore que si l'on traite des séquences biologiques de milliers de lettres, si on l'exploite pour faire la correction de dictées ou pour des recherches de similarité sur le Web, il présente encore une certaine utilité). Mais c'est surtout un exemple extraordinaire, à notre connaissance unique, de l'association de deux techniques si différentes. Enfin, cet algorithme s'appuie sur un théorème d'optimalité qui montre, s'il en était besoin, qu'il est souvent nécessaire de disposer d'un bagage minimal en mathématiques discrètes pour être à même de construire méthodiquement des applications informatiques. Compte tenu de son objectif visant à optimiser la ressource mémoire, cet exercice est l'un des seuls où le souci d'une bonne complexité spatiale conditionne le développement.

Soit x et y deux chaînes sur un alphabet Σ. Soit m et n les longueurs respectives de x et de y ($m = |x|$ et $n = |y|$). On recherche une sous-séquence commune à x et y de longueur maximale. L'ensemble des plus longues sous-séquences communes de x et y est noté $PLSSC(x, y)$. Cet ensemble n'est jamais vide, puisque la chaîne vide ε est une sous-séquence de toute chaîne. L'ensemble des sous-séquences communes à x et à y est noté $SSC(x, y)$. Dans la suite de cet exercice, Σ est implicitement l'alphabet latin de 26 lettres : $\Sigma = \{a, b, \ldots, z\}$.

Exemple   Considérons l'alphabet Σ et les deux chaînes $u = attentat$ et $v = tante$. La chaîne *teta* est une sous-séquence de u. La chaîne *tnte* est une sous-séquence de v mais *n'est pas* une sous-séquence de u (les symboles ne s'y rencontrent pas dans le même ordre). Les chaînes ε, *tt*, *at* et *tnt* sont des sous-séquences communes à u et à v ; elles appartiennent donc à $SSC(u, v)$. On a ici $PLSSC(u, v) = \{ant, ate, tat, tnt, tte\}$.

Notations

- Si c (resp. $c[i \mathbin{..} s]$) est une séquence, on note $\overline{c}$ (resp. $\overline{c[i \mathbin{..} s]}$) la séquence miroir. Si C est un ensemble de séquences, on note $\overline{C}$ l'ensemble des séquences miroirs de C. On remarque que $\overline{\overline{c}} = c$ et que $\overline{PLSSC(\overline{x}, \overline{y})} = PLSSC(x, y)$.

- Pour un ensemble $PLSSC(x, y)$ donné, tous ses éléments sont, par définition, de même longueur, que l'on note $lg(PLSSC(x, y))$.

Le principe général à la base de l'algorithme d'Hirschberg pour la recherche d'un élément de l'ensemble $PLSSC(x, y)$ consiste à diviser x en deux sous-chaînes et, pour chaque partie

x_1 et x_2, à rechercher un préfixe y_1 et un suffixe y_2 de y (avec $y_1 \cdot y_2 = y$), tels que si $c_1 \in PLSSC(x_1, y_1)$ et $c_2 \in PLSSC(x_2, y_2)$ alors

$$c_1 \cdot c_2 \in PLSSC(x, y).$$

On peut ensuite appliquer le même principe sur les couples de chaînes (x_1, y_1) et (x_2, y_2). La principale difficulté de l'algorithme réside dans la découverte de sous-chaînes y_1 et y_2 appropriées.

Exemple   Pour $u = attentat$, $u_1 = atte$, $u_2 = ntat$ et $v = tante$, la table 8.1 répertorie les ensembles $PLSSC(u_1, v_1)$ et $PLSSC(u_2, v_2)$ pour tous les couples (v_1, v_2) possibles (tels que $v_1 \cdot v_2 = v$). L'avant-dernière colonne fournit toutes les concaténations possibles entre les éléments de $PLSSC(u_1, v_1)$ et ceux de $PLSSC(u_2, v_2)$. Les plus longues sous-séquences sont obtenues pour les couples $(v_1, v_2) = (tante, \varepsilon)$, $(v_1, v_2) = (ta, nte)$,

$(v_1, v_2) = (t, ante)$ et $(v_1, v_2) = (\varepsilon, tante)$. On note que l'ensemble des plus longues sous-séquences apparaissant dans la colonne « Concat. » de la table 8.1 (celles de longueur 3) est égal à l'ensemble $PLSSC(u, v)$. Faisons temporairement l'hypothèse qu'il en est toujours ainsi : le résultat ne dépend pas de la position à laquelle on coupe x. La confirmation est une conséquence du théorème de la page 476.

	$u_1 = atte$			$u_2 = ntat$			
v_1	(1)	$lg_1()$	v_2	(2)	$lg_2()$	Concat.	(3)
$tante$	$\{ate,\ tte\}$	3	ε	$\{\varepsilon\}$	0	$\{ate,\ tte\}$	3
$tant$	$\{at,\ tt\}$	2	e	$\{\varepsilon\}$	0	$\{at,\ tt\}$	2
tan	$\{a,\ t\}$	1	te	$\{t\}$	1	$\{at,\ tt\}$	2
ta	$\{a,\ t\}$	1	nte	$\{nt\}$	2	$\{ant,\ tnt\}$	3
t	$\{t\}$	1	$ante$	$\{at,\ nt\}$	2	$\{tat,\ tnt\}$	3
ε	$\{\varepsilon\}$	0	$tante$	$\{tat\}$	3	$\{tat\}$	3

Tab. 8.1 – Sous-séquences communes et plus longues sous-séquences communes. La colonne (1) (resp. (2) et (3)) représente $PLSSC(u_1, v_1)$ *(resp.* $PLSSC(u_2, v_2)$ *et* $lg_1() + lg_2()$*).*

Détaillons à présent cette partie de l'algorithme d'Hirschberg. Rappelons tout d'abord que l'algorithme de programmation dynamique *WFlg* mentionné dans l'introduction fournit, dans un tableau de m colonnes et de n lignes et pour chaque préfixe x' de x et y' de y, la longueur des plssc à x' et à y' (voir schéma (a) de la figure 8.4). En particulier, la dernière colonne fournit la longueur de la plssc de x et de *tous* les préfixes y' de y ; le coin nord-est (grisé sur le schéma) est la longueur de la plssc de x et de y. On peut en déduire que chaque ligne et chaque colonne du tableau sont triées (au sens large) par ordre croissant (le tableau est une bâtière, voir exercice 102, page 459). Dans la suite, la colonne de la position j est notée P_j et se définit par :

$$P_j[i] = lg(PLSSC(x[1 .. j], y[1 .. i])) \text{ pour } i \in 0 .. n.$$

De manière symétrique, l'algorithme dual qui traite les séquences miroirs fournit, pour chaque préfixe x' de $\overline{x}$ et y' de $\overline{y}$, la longueur de la plssc à x' et à y' (voir schéma (b) de la figure 8.4). Dans ce cas de figure, la colonne de gauche, lue de haut en bas, fournit la longueur de la plssc entre $\overline{x}$ et tous les préfixes de $\overline{y}$. Le coin sud-ouest du tableau (grisé sur le schéma) est la longueur de la plssc de $\overline{x}$ et de $\overline{y}$ (cette longueur est bien sûr la même que celle trouvée entre x et y). La colonne de la position j est notée P_j^*, elle se définit par :

$$P_j^*[i] = lg(PLSSC(\overline{x[j \,..\, m]}, \overline{y[n-i+1 \,..\, n]})) \text{ pour } i \in 0 \,..\, n.$$

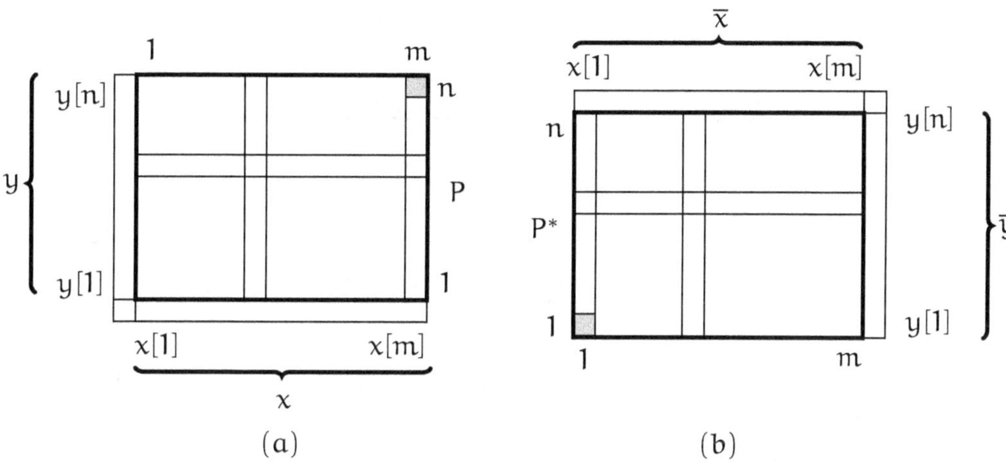

Fig. 8.4 – Recherche de la longueur de la plus longue sous-séquence commune par programmation dynamique. Schéma (a) : tableau P pour les chaînes x et y. Schéma (b) : tableau P pour les chaînes $\overline{x}$ et $\overline{y}$.*

On suppose à présent que l'on coupe arbitrairement x en deux parties x_1 ($x_1 = x[1 \,..\, j]$) et x_2 ($x_2 = x[j+1 \,..\, m]$) ($x = x_1 \cdot x_2$) et y en y_1 ($y_1 = y[1 \,..\, i]$) et y_2 ($y_2 = y[i+1 \,..\, n]$) ($y = y_1 \cdot y_2$), avant de calculer le tableau « avant » pour le couple (x_1, y_1) et le tableau « arrière » pour le couple $(\overline{x_2}, \overline{y_2})$. C'est ce que montre le schéma (a) de la figure 8.5. Soit $c_1 \in PLSSC(x_1, y_1)$ et $c_2 \in \overline{PLSSC}(\overline{x_2}, \overline{y_2})$. On a donc $|c_1| = P_j[i]$ et $|c_2| = P_{j+1}^*[n-i]$. Si on pose $c = c_1 \cdot c_2$ on a $|c| = P_j[i] + P_{j+1}^*[n-i]$. Rechercher la plssc de x et de y est équivalent à rechercher la plus grande valeur prise par l'expression $P_j[i] + P_{j+1}^*[n-i]$ lorsque i varie entre 0 et n. C'est ce que suggère la partie (b) de la figure 8.5.

Un algorithme DpR fondé sur ces seules considérations aurait une complexité spatiale en $\Omega(m \cdot n)$, ce qui n'est pas compatible avec nos ambitions. L'introduction du chapitre consacré à la programmation dynamique, page 655, fournit une solution puisqu'elle montre qu'il est possible de « linéariser » l'algorithme *WFlg* de façon à obtenir une version (dénommée *WFLgAvant*) dont la complexité spatiale est en $\Theta(n)$. La partie (c) de la figure 8.5 montre comment la linéarisation permet de réduire l'espace utilisé.

Exemple Dans l'exemple de la figure 8.6, page 477, les colonnes grisées fournissent les vecteurs P_4 et P_5^* pour les appels *WFLgAvant*(***atte***, ***tante***, P_4) et de *WFLgArrière*(***ntat***, ***tante***, P_5^*). Les autres colonnes ne sont présentes que pour la clarté de l'exposé.

Pour le cas de la figure 8.6, page 477, appelons M_4 (en référence au théorème qui suit) la plus grande valeur trouvée parmi les six sommes $P_4[0] + P_5^*[5]$, $P_4[1] + P_5^*[4]$, $P_4[2] + P_5^*[3]$, $P_4[3] + P_5^*[2]$, $P_4[4] + P_5^*[1]$, $P_4[5] + P_5^*[0]$. M_4 vaut 3 et c'est aussi la valeur de $lg(PLSSC(x, y))$. Cette valeur est atteinte avec quatre des six sommes : la première, la seconde, la troisième et la sixième.

Question 1. On a vu ci-dessus que l'on a besoin de l'opération « **procédure** *WFLgArrière* $(x, y; Q : \textbf{modif})$ », qui fournit, dans le vecteur Q, la longueur des plus longues sous-séquences communes à $x[1 \,..\, m]$ et à $y[i+1 \,..\, n]$, pour $i \in 0 \,..\, n$. Aménager le code de la

107 - Q 1

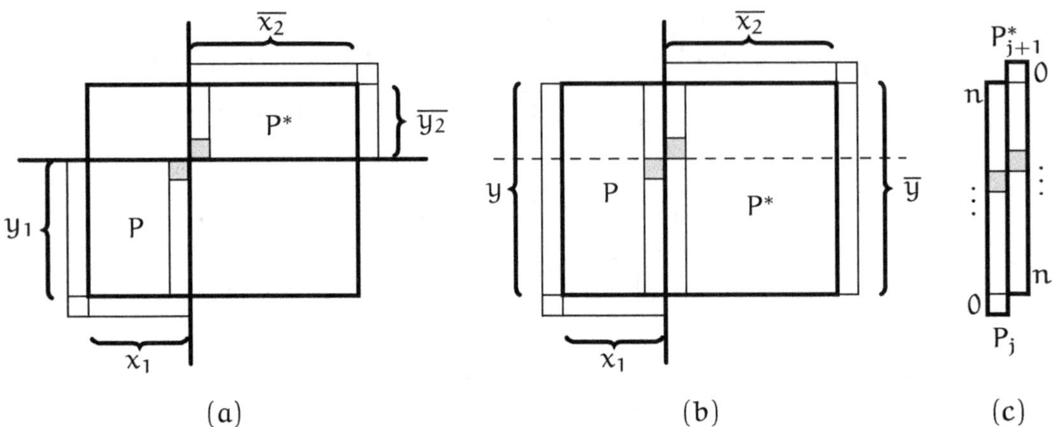

Fig. 8.5 – *Principe de l'algorithme d'Hirschberg*

procédure *WFLgAvant* (voir section 9.2 page 659) de façon à obtenir celui de la procédure *WFLgArrière*. Que peut-on dire des complexités temporelle (en nombre de conditions évaluées liées aux procédures *WFLgAvant* et *WFLgArrière*) et spatiale de cet algorithme ?

Le développement réalisé ci-dessus se formalise par le théorème suivant :

Théorème (d'optimalité d'Hirschberg) :
Si

$$M_j = \max_{i \in 0..n} \left(P_j[i] + P^*_{j+1}[n-i] \right)$$

alors

$$M_j = P_m[n]$$

pour $j \in 0..m$.

Autrement dit, en se reportant à l'exemple de la figure 8.6, page 477, si, pour une certaine colonne j donnée, M_j est la plus grande valeur obtenue en ajoutant les valeurs $P_j[i]$ et $P^*_{j+1}[n-i]$ ($i \in 0..n$), alors j est un candidat possible pour trouver un bon découpage de y. Ce théorème est la clé de voûte de l'algorithme d'Hirschberg.

107 - Q 2 **Question 2.** Calculer la valeur de M_5 pour $u = $ *esclandre* et $v = $ *scandale*. Pour quel unique indice k de P_5 cette valeur est-elle atteinte ? Rechercher « à la main » les ensembles $PLSSC(u[1..5], v[1..k])$ et $\overline{PLSSC}(\overline{u[6..9]}, \overline{v[k+1..8]})$. En déduire $PLSSC(u, v)$.

107 - Q 3 **Question 3.** Que penser de la suggestion suivante : on peut calculer le vecteur P^*_{j+1} en utilisant l'algorithme *WFLgAvant* appliqué aux suffixes x_2 et y_2 ?

107 - Q 4 **Question 4.** Démontrer le théorème d'optimalité d'Hirschberg. Suggestion : démontrer d'une part que $M_j \leqslant P_m[n]$ et d'autre part que $M_j \geqslant P_m[n]$.

107 - Q 5 **Question 5.** Décrire le raisonnement DpR qui permet de construire l'opération « **procédure** *HirschPLSSC*(x, y; c : **modif**) » qui, à condition que le paramètre effectif d'entrée-sortie correspondant à c soit préalablement initialisé à la chaîne vide, délivre dans ce paramètre l'une quelconque des chaînes de l'ensemble $PLSSC(x, y)$. Quel est le modèle de division qui s'applique ? Sachant que l'on vise une complexité spatiale en $\mathcal{O}(\min(\{m, n\}))$,

		0	1	2	3	4	4	3	2	1	0			
		P_0	P_1	P_2	P_3	P_4	P_5^*	P_6^*	P_7^*	P_8^*	P_9^*	v		
			a	*t*	*t*	*e*	*n*	*t*	*a*	*t*				u
							0	0	0	0	0			0
5	*e*	0	1	2	2	3	0	0	0	0	0	*e*		1
4	*t*	0	1	2	2	2	1	1	1	1	0	*t*		2
3	*n*	0	1	1	1	1	2	1	1	1	0	*n*		3
2	*a*	0	1	1	1	1	2	2	2	1	0	*a*		4
1	*t*	0	0	1	1	1	3	3	2	1	0	*t*		5
0		0	0	0	0	0								
v			*a*	*t*	*t*	*e*	*n*	*t*	*a*	*t*				
	u	P_0	P_1	P_2	P_3	P_4	P_5^*	P_6^*	P_7^*	P_8^*	P_9^*			
		0	1	2	3	4	5	6	7	8				

Fig. 8.6 – Appels de WFLgAvant *et* WFLgArrière. *Les deux vecteurs* P_4 *et* P_5^* *se lisent en sens inverse, de bas en haut pour* P_4, *de haut en bas pour* P_5^*.

fournir le code cette opération. Que peut-on dire de la complexité temporelle de cet algorithme ? Pour simplifier les calculs, on peut se limiter au cas où m est une puissance de 2.

On s'intéresse à présent à l'aménagement de l'algorithme d'Hirschberg afin d'obtenir non plus une chaîne mais une trace. Cette notion est définie dans l'exercice 138, page 702. On se limite ici à la présentation d'un exemple. Considérons à nouveau les chaînes $u = $ *attentat* et $v = $ *tante*. Une trace possible entre u et v est fournie par :

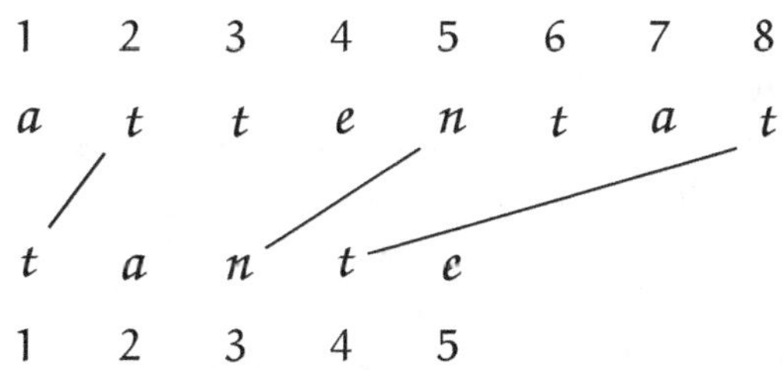

Cette structure peut se matérialiser par la liste triée des couples de la relation trace : $\langle (2,1), (5,3), (8,4) \rangle$. La recherche d'une trace oblige à disposer des indices « absolus » des symboles dans les chaînes. Pour ce faire, on décide d'identifier les chaînes x et y et leurs sous-chaînes par l'indice de leurs extrémités (respectivement ix, sx, iy et sy).

Disposer d'une trace entre deux chaînes permet d'obtenir facilement la plus longue sous-séquence commune, ainsi que l'alignement correspondant, la trace d'édition (c'est-à-dire la liste optimale des opérations d'édition permettant de transformer la première chaîne en la seconde), le coût de la transformation ou encore la distance entre les deux chaînes (voir exercice 138, page 702).

L'objectif de cette question est d'adapter l'algorithme d'Hirschberg de façon à calculer une trace entre deux chaînes. On se focalise tout d'abord sur la partie inductive de l'algorithme et plus particulièrement sur l'étape de rassemblement. Cette fois, il ne s'agit plus simplement de concaténer les séquences optimales de gauche et de droite, mais – si la situation l'exige – de prendre en considération les coordonnées d'un symbole commun à x et à y. Contrairement à la version développée à la question 5, il faut se donner les moyens de comparer le symbole qui se trouve au milieu de x au symbole de y situé sur la ligne qui sépare y en deux parties. L'indice q séparateur de y étant supposé disponible, trois situations sont à distinguer (voir figure 8.7, page 478).

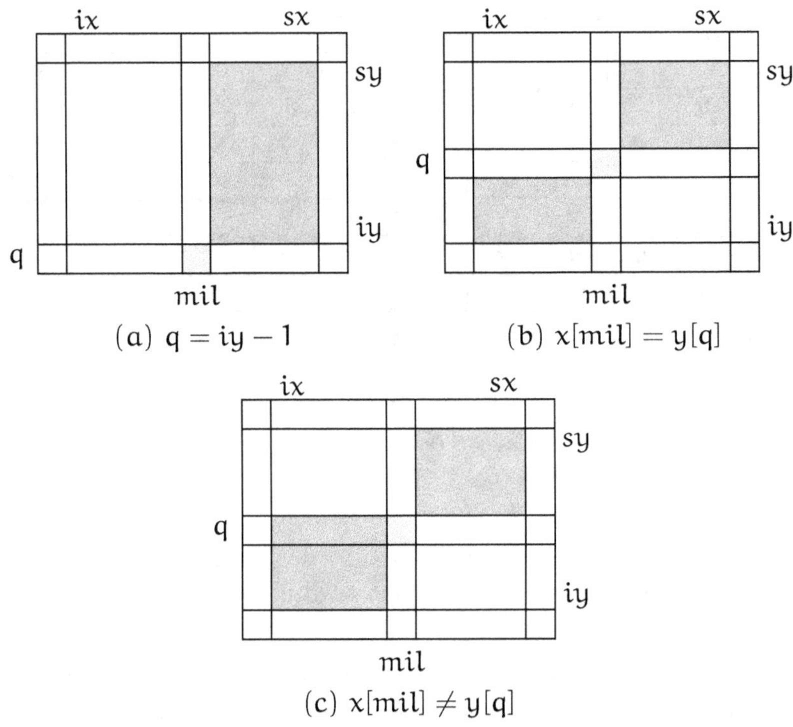

Fig. 8.7 – Calcul de la trace – les trois cas à considérer

Le premier cas (voir partie (a) de la figure 8.7) est celui où l'indice séparateur q est égal à $iy - 1$. Dans ce cas, la trace est à rechercher uniquement sur le rectangle allant du coin $(mil+1, iy)$ au coin (sx, sy) (le rectangle en gris foncé de la figure). Ce cas se retrouve à la figure 8.6 si l'on choisit comme indice séparateur $q = 0$. Le second cas (voir partie (b) de la figure 8.7) est celui où $x[mil] = y[q]$. Le couple (mil, q) doit être inséré dans la trace, et la recherche doit se poursuivre sur les deux rectangles grisés. Ce cas se retrouve à la figure 8.6 si l'on choisit $q = 5$. Enfin, le troisième cas (voir partie (c) de la figure 8.7) est celui où $x[mil] \neq y[q]$. Le symbole $x[mil]$ n'est aligné avec aucun élément de la chaîne $y[ix..q]$: on peut éliminer la colonne mil pour poursuivre la recherche sur les deux rectangles grisés. Ce cas correspond, sur la figure 8.6, soit à $q = 1$, soit à $q = 2$.

107 - Q 6 **Question** 6. Construire la procédure *HirschTrace* (pour simplifier, on s'affranchira des contraintes liées à la complexité spatiale). Fournir le modèle de division qui s'applique, ainsi que le code de la procédure. Pour ce faire, on suppose disponible le type Trace, liste de couples de naturels, doté de l'opérateur de concaténation · et du constructeur « $ct(a, b)$ » (resp. *tv*) qui crée une trace constituée du couple (a, b) (resp. une trace vide).

La solution est en page 600.

Exercice 108   L'enveloppe convexe

> *L'intérêt de cet exercice réside principalement dans les trois points suivants : i) le choix de la structure de données pour représenter une enveloppe convexe, qui conditionne largement l'efficacité du résultat, ii) la phase de rassemblement qui se met en œuvre par une itération non triviale et iii) le renforcement de l'hypothèse d'induction (objet de la quatrième question), qui simplifie la première solution et la rend plus efficace.*

L'objectif de l'exercice est de rechercher l'enveloppe convexe d'un ensemble E fini non vide de n points du plan. L'enveloppe convexe de E est un polygone convexe P tel que tous les sommets de P appartiennent à E et tous les autres points de E sont situés « à l'intérieur » du polygone. Dans la suite, on considère que trois points de E ne sont jamais alignés [7].

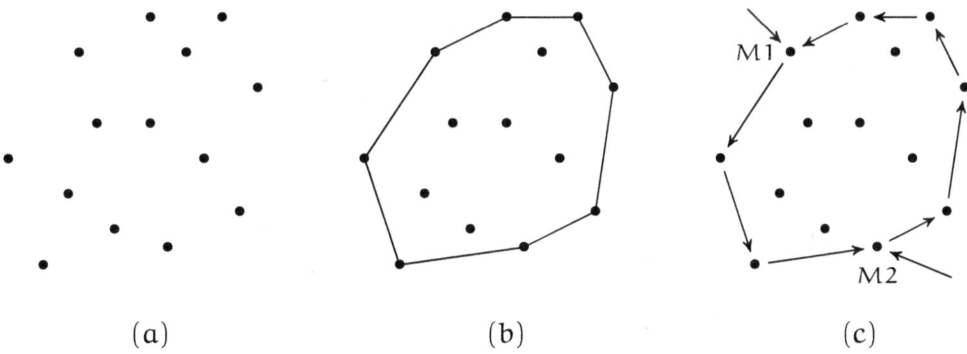

Fig. 8.8 – (a) *L'ensemble de points* E *–* (b) *L'enveloppe convexe de* E *–* (c) *L'enveloppe orientée de* E

De nombreux algorithmes existent pour résoudre ce problème. On s'intéresse à un algorithme DpR particulier connu sous le nom de « fusion des enveloppes ». La principale difficulté réside dans sa partie « rassemblement ». Obtenir un algorithme de rassemblement efficace (en $\mathcal{O}(n)$ conditions évaluées si on souhaite une solution en $\mathcal{O}(n \cdot \log_2(n))$) exige de disposer d'une structure de données bien adaptée.

Principe de la solution

On suppose (cas de base) que l'on sait trouver l'enveloppe convexe d'un ensemble d'un ou de deux points. Le cas inductif consiste à diviser l'ensemble des points en deux sous-ensembles gauche et droit ayant approximativement le même cardinal. Tous les points du sous-ensemble gauche (resp. droit) ont des abscisses strictement inférieures (resp. strictement supérieures) à tous les points du sous-ensemble droit (resp. gauche). Pour parvenir à une solution efficace, cette contrainte exige que l'ensemble E soit raffiné par un tableau T trié sur les abscisses croissantes. Elle a aussi une incidence sur l'algorithme de séparation, puisque deux points de même abscisse doivent appartenir au même sous-ensemble [8].

---

7. Dans le cas contraire, il suffirait (si l'on peut dire) de ne conserver que les deux points les plus éloignés pour obtenir l'enveloppe recherchée.
8. C'est pour cette raison que le cas de base doit prendre en considération le cas d'un ensemble de *deux* points. En effet, dans le cas contraire, on ne pourrait exclure que couper un ensemble de deux

Si, selon l'hypothèse d'induction, on sait calculer l'enveloppe convexe des sous-ensembles gauche et droit, il reste – phase de rassemblement – à rechercher les deux segments tangents à chacune des deux enveloppes afin de fusionner le tout en une seule enveloppe (voir figure 8.9, page 481).

Définitions – Notations – Structure de données – Propriétés

On présente ici plusieurs notions nécessaires à la compréhension et à la mise en œuvre de la solution. Plutôt que de considérer une enveloppe convexe P comme un ensemble de segments, on décide de représenter P comme une *succession* de *vecteurs*, ce qui dote P d'une orientation. Dans la suite, on choisit l'orientation directe (c'est-à-dire selon le sens trigonométrique), comme dans la partie (c) de la figure 8.8 page 479.

Une enveloppe convexe en tant que telle ne présente que peu d'intérêt si l'on ne dispose pas (d'au moins) un sommet par lequel y accéder.

Définition et notation 1 (Enveloppe convexe à clé) :
Soit P *une enveloppe convexe orientée. Si* M *est un sommet de cette enveloppe, on note* $\widehat{\mathrm{M}}$ *le couple* (P, M). M *est la clé (d'entrée) de l'enveloppe* P.

Cette définition présuppose qu'un sommet n'appartient qu'à une seule enveloppe, ce qui se trouve être toujours le cas par la suite. La partie (c) de la figure 8.8, page 479, montre $\widehat{\mathrm{M1}}$ et $\widehat{\mathrm{M2}}$, deux enveloppes à clé de la même enveloppe convexe. Dans la suite, le contexte permet de déterminer s'il est question d'une enveloppe simple ou d'une enveloppe à clé.

La structure de données   Le raffinement de la structure de données « enveloppe » peut par exemple se faire en utilisant une liste doublement chaînée. L'identificateur EnvConv dénote l'ensemble des enveloppes convexes à clé possibles. Les opérations suivantes sont supposées définies sur cette structure de données :

- **fonction** *CréerEnvConv1* (M) **résultat** EnvConv : fonction qui crée l'enveloppe $\widehat{\mathrm{M}}$ à partir d'un ensemble constitué du seul point M.

- **fonction** *CréerEnvConv2* (M1, M2) **résultat** EnvConv : fonction qui crée l'enveloppe $\widehat{\mathrm{M1}}$ à partir d'un ensemble constitué des deux seuls points M1 et M2.

- **fonction** *Succ* $(\widehat{\mathrm{M}})$ **résultat** point : fonction qui délivre le point qui suit M dans l'enveloppe $\widehat{\mathrm{M}}$.

- **fonction** *Pred* $(\widehat{\mathrm{M}})$ **résultat** point : fonction qui délivre le point qui précède M dans l'enveloppe $\widehat{\mathrm{M}}$.

- **fonction** *Fusion* $(\mathrm{GD_N}, \mathrm{GD_S})$ **résultat** EnvConv : si $\mathrm{GD_N} = (\widehat{\mathrm{G_N}}, \widehat{\mathrm{D_N}})$ et $\mathrm{GD_S} = (\widehat{\mathrm{G_S}}, \widehat{\mathrm{D_S}})$, : cette fonction fusionne les deux enveloppes afin d'en former une troisième, selon le principe illustré par la figure 8.9, page 481.

  Cette opération exige comme préconditions i) que les deux enveloppes soient situées de part et d'autre d'une ligne verticale, ii) que la ligne support du vecteur $\overrightarrow{\mathrm{D_N G_N}}$

points donne d'une part l'ensemble vide et d'autre part l'ensemble en question.

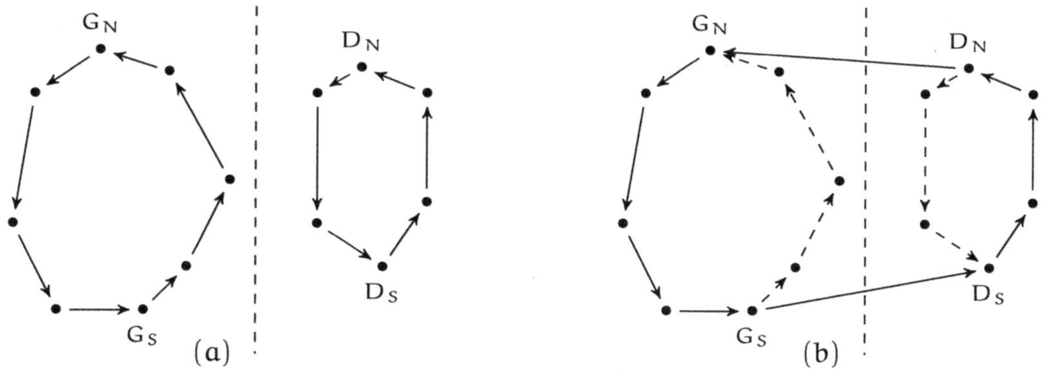

Fig. 8.9 – (a) Avant la fusion – (b) Après la fusion

(resp. $\overrightarrow{G_S D_S}$) soit une tangente inférieure (resp. supérieure)[9] commune aux deux enveloppes.

Par ailleurs, l'ensemble point des points du plan est supposé défini par l'identificateur point qui est tel que point $= \{x, y \mid x \in \mathbb{R} \textbf{ et } y \in \mathbb{R}\}$.

Définition 31 (Déterminant de deux vecteurs, figure 8.10.) :

Soit deux vecteurs $\vec{v} = \begin{pmatrix} x \\ y \end{pmatrix}$ et $\vec{v'} = \begin{pmatrix} x' \\ y' \end{pmatrix}$ du plan orienté. Le déterminant de $\vec{v}$ et de $\vec{v'}$, noté $\det(\vec{v}, \vec{v'})$ se définit par le scalaire $x \cdot y' - x' \cdot y$. Si ce déterminant est positif, l'angle que font les deux vecteurs a la même orientation que celle du plan, s'il est nul, les deux vecteurs sont colinéaires, s'il est négatif l'angle a une orientation opposée à celle du plan.

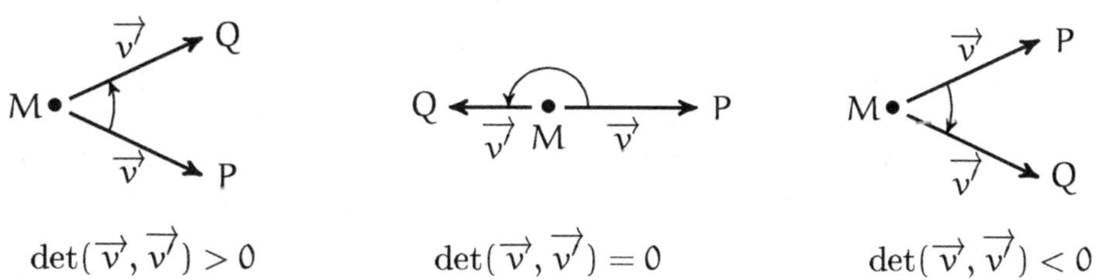

Fig. 8.10 – Signe du déterminant de deux vecteurs

La notion de déterminant permet de savoir si un point est ou non situé à l'extérieur d'un polygone convexe. Plus intéressant pour nous, tout en évitant des calculs explicites d'angles (coûteux et sujets aux erreurs d'arrondis), elle permet également de décider si d'un point extérieur on « voit » ou non un côté donné d'une enveloppe convexe. Le côté PQ d'une enveloppe est visible du point M si $\det(\overrightarrow{MP}, \overrightarrow{MQ}) < 0$, et non visible si $\det(\overrightarrow{MP}, \overrightarrow{MQ}) > 0$. C'est ce qu'illustre la figure 8.11, page 482. Le cas $\det(\overrightarrow{MP}, \overrightarrow{MQ}) = 0$ ne peut se présenter que si les trois points sont alignés, ce qui par hypothèse est exclu ici, ou si au moins

---

9. La tangente d'un polygone convexe est une droite qui a un et un seul point commun avec la surface délimitée par le polygone.

deux d'entre eux sont confondus. Ce dernier cas est à prendre en compte dans la fonction *TangenteSup* de la question 2.

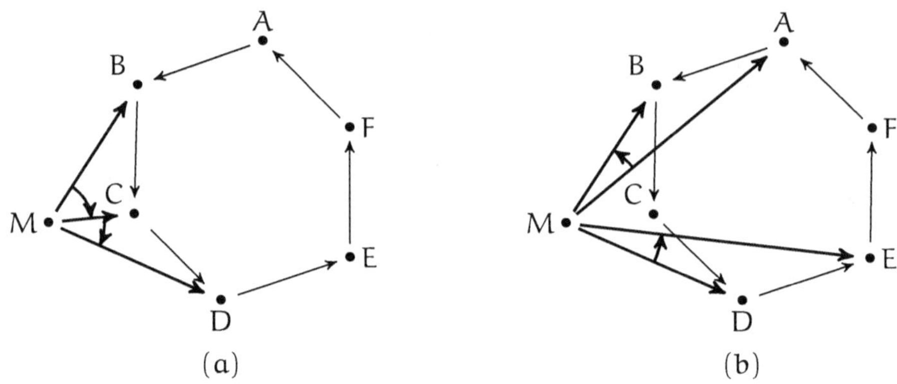

Fig. 8.11 – Visibilité. Schéma (a) : $\overrightarrow{BC}$ *et* $\overrightarrow{CD}$ *sont visibles depuis* M : $\det(\overrightarrow{MB}, \overrightarrow{MC}) < 0$ *et* $\det(\overrightarrow{MC}, \overrightarrow{MD}) < 0$ – *Schéma* (b) : $\overrightarrow{AB}$ *et* $\overrightarrow{DE}$ *ne sont pas visibles depuis* M : $\det(\overrightarrow{MA}, \overrightarrow{MB}) > 0$ *et* $\det(\overrightarrow{MD}, \overrightarrow{ME}) > 0$

Définition 32 (Pont entre deux enveloppes) :
Soit deux enveloppes G *et* D *situées de part et d'autre d'une droite verticale. Un pont entre* G *et* D *est un segment joignant un sommet de* G *et un sommet de* D, *dont tous les points (à l'exception des extrémités) sont extérieurs à* G *et à* D.

La partie (a) de la figure 8.12, page 483, répertorie les dix ponts existant entre les deux enveloppes. Un segment tel que BI n'est pas un pont : il est en partie à l'intérieur de l'enveloppe gauche. Trois ponts (en gras) peuvent en général être distingués : DI, qui rejoint le point le plus à droite de l'enveloppe gauche et le point le plus à gauche de l'enveloppe droite. C'est le seul pont qui puisse être identifié directement à partir de la connaissance des enveloppes. AG (resp. CJ) est un pont particulier – la tangente supérieure (resp. la tangente inférieure) commune aux deux enveloppes – qui se caractérise par le fait qu'aucun point de E n'est *au-dessus* (resp. *au-dessous*) de la droite support du segment. Ces tangentes revêtent une grande importance : ce sont elles qu'il faut prendre en compte pour, lors de la fusion, obtenir une véritable enveloppe (voir figure 8.9, page 481).

La partie (b) de la figure 8.12, page 483, met l'accent sur les points d'intersection entre une verticale séparatrice et les différents ponts. Ces points – en nombre fini – sont utiles dans la suite pour démontrer la terminaison de l'algorithme de fusion.

 Question 1. La recherche des tangentes supérieure et inférieure se fait à partir du seul pont identifiable directement, celui qui lie le sommet le plus à droite de l'enveloppe de gauche et le sommet le plus à gauche de l'enveloppe de droite, en progressant de pont en pont. Les coordonnées de ces deux sommets sont connues suite à la coupure. Mais pour progresser, il faut aussi avoir accès aux nœuds successeurs et prédécesseurs. Il faut donc connaître leurs situations *au sein des enveloppes*. L'opération « **fonction** *Recherche*($\widehat{e}, v$) **résultat** EnvConv » prend en compte l'enveloppe $\widehat{e}$ (enveloppe désignée par le point e), le point d'abscisse v, et délivre la même enveloppe mais cette fois désignée par v. Construire cette fonction sur la base d'une recherche séquentielle. Que peut-on dire de sa complexité

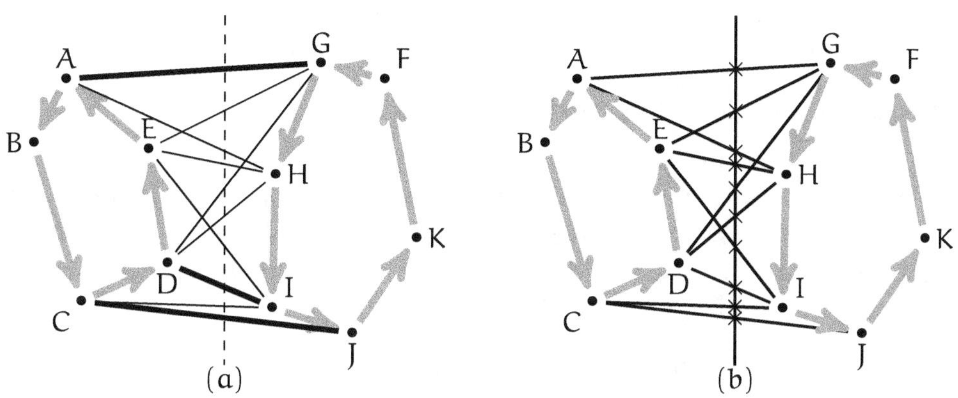

Fig. 8.12 – (a) *Ensemble des ponts entre* $\widehat{D}$ *et* $\widehat{I}$ *–* (b) *Intersection entre une verticale et les ponts*

en nombre de conditions évaluées ?

Question 2. On cherche à présent à construire une version itérative de l'opération « **fonction** *TangenteSup*$(\widehat{g}, \widehat{d}, i)$ **résultat** EnvConv $\times$ EnvConv » qui, à partir de deux enveloppes $\widehat{g}$ et $\widehat{d}$ (séparées verticalement) et de l'indice i désignant dans T le point le plus à gauche de $\widehat{d}$, délivre le couple $(\widehat{L}, \widehat{R})$ tel que le segment LR est la tangente supérieure de $\widehat{g}$ et de $\widehat{d}$. Que peut-on dire de la complexité de cette fonction ?

$\boxed{\text{108 - Q 2}}$

Question 3. L'opération « **fonction** *Coupure*(bi, bs) **résultat** $\mathbb{N}_1$ » est supposée disponible. Elle est telle que si m est le résultat délivré, T[bi .. m − 1] et T[m .. bs] sont les deux ensembles de points à partir desquels se font les recherches d'enveloppes gauche et droite. Quel est le modèle de division qui s'applique ? Fournir le code de l'opération « **fonction** *EnveloppeConvexe*(bi, bs) **résultat** EnvConv », qui délivre l'enveloppe convexe des points de T[bi .. bs] en employant la méthode DpR décrite ci-dessus. Que peut-on dire de la complexité de cette solution par rapport à n ?

$\boxed{\text{108 - Q 3}}$

Question 4. Bien que n'intervenant pas sur la complexité, les appels à la fonction *Recherche* peuvent se révéler pénalisants. Fournir le principe d'une solution dans laquelle cette fonction devient inutile.

$\boxed{\text{108 - Q 4}}$

La solution est en page 608.

Exercice 109   La sous-séquence bègue

> *Deux solutions de type DpR sont développées ici. La principale originalité de cet exercice réside dans la seconde solution, où l'étape d'éclatement est plus ingénieuse que la simple division par 2 pratiquée en général. Le bénéfice en retour est une meilleure efficacité.*

Soit un alphabet Σ de cardinal s ($s \geqslant 1$). Soit x une séquence sur Σ de longueur n ($n \geqslant s$) et $y = a_1 \ldots a_m$ une séquence sur Σ de longueur m ($m \geqslant s$). Si a^i représente la chaîne

$\underbrace{a \ldots a}_{i \text{ fois}}$, on note $\overset{i}{y}$ la séquence $a_1^i \ldots a_m^i$. Dans la suite, on suppose, sans perte de généralité, que x et y utilisent *tous* les symboles de Σ.

On cherche la valeur la plus grande de i, notée $Maxi(x, y)$ pour laquelle $\overset{i}{y}$ est une sous-séquence de x. i est aussi appelé *degré de bégaiement* de y dans x. Rappelons que les symboles d'une sous-séquence ne sont pas forcément contigus dans la séquence.

Par exemple, pour $\Sigma = \{a, b, c\}$, $y = abc$ et $x = cbbabaacbbabbcbbacccbac$, on trouve un degré de bégaiement $Maxi(x, y)$ de 4 ($\overset{4}{y} = aaaabbbbcccc$).

En effet, $x = cbbabaacbbabbcbbacccbac$ et $\overset{5}{y}$ n'est pas une sous-séquence de x.

109 - Q 1 **Question** 1. Construire une version itérative de l'opération « **fonction** *Scan*(x, y, i) **résultat** $\mathbb{B}$ » qui retourne **vrai** si et seulement si $\overset{i}{y}$ est une sous-séquence de x. En choisissant l'évaluation de conditions comme opération élémentaire, montrer que sa complexité asymptotique est en $\mathcal{O}(n + m)$.

109 - Q 2 **Question** 2. Montrer que $Maxi(x, y) \in 0 \, .. \, \lfloor n/m \rfloor$.

109 - Q 3 **Question** 3. On dispose à présent d'un intervalle fini sur lequel $Maxi(x, y)$ prend sa valeur. Différentes techniques peuvent être appliquées afin de déterminer cette valeur. La recherche séquentielle en est une. La recherche dichotomique se prête également bien à la résolution de ce problème. C'est la solution à laquelle on s'intéresse dans cette question. Décrire le raisonnement DpR permettant de construire la fonction $Maxi0(x, y, bi, bs)$ qui délivre la valeur de $Maxi(x, y)$ sur l'intervalle $bi \, .. \, bs$ ($bi \, .. \, bs \subseteq 0 \, .. \, \lfloor n/m \rfloor$). Quel est le modèle de division qui s'applique ? Quel est, en nombre de conditions évaluées, l'ordre de grandeur de la complexité de cette solution ? On pourra limiter les calculs au cas où $\lfloor n/m \rfloor$ est une puissance de 2.

Le paradigme DpR, appliqué différemment, permettrait-il d'améliorer le résultat précédent ? Ci-dessus, DpR a été appliqué sur un intervalle d'entiers. Existe-t-il une alternative à ce choix ? On peut penser à appliquer DpR sur la séquence x. Cependant – le lecteur pourra le vérifier – couper x par le milieu est une tentative vaine s'agissant de la recherche d'une meilleure complexité.

Il existe un autre problème, traité ci-après : le calcul de la transformée de Fourier discrète rapide (voir exercice 110, page 486), dans lequel l'éclatement se fait non pas en coupant par le milieu mais en ventilant les éléments selon la parité de leurs indices. Le principe que l'on applique ici s'apparente à celui-ci, les éléments de x étant ventilés selon la parité des indices *de chaque élément de l'alphabet* Σ. L'exemple suivant illustre ce principe (les symboles sont indicés pour faciliter la lecture) :

$x = c_1 \, b_1 \, b_2 \, a_1 \, b_3 \, a_2 \, a_3 \, c_2 \, b_4 \, b_5 \, a_4 \, b_6 \, b_7 \, c_3 \, b_8 \, b_9 \, a_5 \, c_4 \, c_5 \, c_6 \, b_{10} \, a_6 \, c_7$

$\mathrm{Impair}(x) = c_1 \, b_1 \, a_1 \, b_3 \, a_3 \, b_5 \, b_7 \, c_3 \, b_9 \, a_5 \, c_5 \, c_7$

$\mathrm{Pair}(x) = b_2 \, a_2 \, c_2 \, b_4 \, a_4 \, b_6 \, b_8 \, c_4 \, c_6 \, b_{10} \, a_6$

Il serait alors possible, en démontrant au préalable que :

$$Maxi(x, y) \in \left(\begin{array}{l} Maxi(\mathrm{Impair}(x), y) + Maxi(\mathrm{Pair}(x), y) - 1 \\ .. \\ Maxi(\mathrm{Impair}(x), y) + Maxi(\mathrm{Pair}(x), y) + 1 \end{array} \right)$$

de développer une solution DpR. Celle-ci présenterait cependant l'inconvénient de nécessiter un double appel récursif (sur $\mathrm{Impair}(x)$ et sur $\mathrm{Pair}(x)$) qui, d'après le corollaire du théorème maître et son cas particulier 8.4, page 441, conduirait à une solution en $n \cdot \log_2(n)$, comparable à la solution dichotomique précédente du point de vue de la complexité. Dans la suite, on cherche à éviter ce double appel récursif.

Question 4. Fournir le principe de l'algorithme de la fonction *Impair*(x) et montrer que sa complexité est en $\Theta(n)$ conditions évaluées.

109 - Q 4

Question 5. On veut montrer que $Maxi(x, y)$ varie sur un certain intervalle et que toutes les valeurs de cet intervalle peuvent être atteintes.

109 - Q 5

On présente au préalable, à travers un exemple, la notion $S(x, y)$ de segmentation de x par rapport à y et de segmentation induite (par $S(x, y)$) de Impair(x) par rapport à y. On pose $X = Maxi(x, y)$ et $I = Maxi(Impair(x), y)$. Pour $x = a_1 b_1 a_2 a_3 a_4 a_5 a_6 b_2 c_1 c_2 a_7 c_3 c_4 c_5 c_6 c_7$ et $y = bac$, $S(x, y)$ est constitué de trois segments puisqu'il y a trois symboles dans y. On a par exemple :

$$S(x, y) = \sigma_1, \sigma_2, \sigma_3$$

$$x = \| \underbrace{a_1 \boldsymbol{b_1} a_2 a_3 a_4 a_5 a_6 \boldsymbol{b_2}}_{2b} \| \underbrace{c_1 c_2 \boldsymbol{a_7}}_{1a} \| \underbrace{\boldsymbol{c_3 c_4 c_5 c_6 c_7}}_{5c} \|$$

$$y' = \boldsymbol{bbaccccc}, \quad X = \min(\{2, 1, 5\})$$

y' est la sous-séquence de x apparaissant en gras. Il n'y a pas unicité de la segmentation. En effet, en reprenant l'exemple ci-dessus, on a également :

$$S(x, y) = \sigma_1, \sigma_2, \sigma_3$$

$$x = \| \underbrace{a_1 \boldsymbol{b_1}}_{1b} \| \underbrace{a_2 a_3 a_4 a_5 a_6 b_2 c_1 c_2 \boldsymbol{a_7}}_{6a} \| \underbrace{\boldsymbol{c_3 c_4 c_5 c_6 c_7}}_{5c} \|$$

$$y' = \boldsymbol{baaaaaaccccc}, \quad X = \min(\{1, 6, 5\})$$

En revanche, dans les deux cas $X = 1$. Concernant la segmentation induite (par $S(x, y)$) de Impair(x) par rapport à y, le premier exemple donne :

$$x = \| \overbrace{a_1 \boldsymbol{b_1} a_2 a_3 a_4 a_5 a_6 \boldsymbol{b_2}}^{\sigma_1} \| \overbrace{c_1 c_2 \boldsymbol{a_7}}^{\sigma_2} \| \overbrace{\boldsymbol{c_3 c_4 c_5 c_6 c_7}}^{\sigma_3} \|$$

$$S(Impair(x), y) = \sigma'_1, \sigma'_2, \sigma'_3$$

$$Impair(x) = \| \overbrace{a_1 \boldsymbol{b_1} a_3 a_5}^{\sigma'_1} \| \overbrace{c_1 \boldsymbol{a_7}}^{\sigma'_2} \| \overbrace{\boldsymbol{c_3 c_5 c_7}}^{\sigma'_3} \|$$

La relation qui lie X et I ne dépend pas bien sûr des segmentations choisies. Montrer que, dans le cas où X est pair, $2I = X$ et que, dans le cas où X est impair, on a soit $2I + 1 = X$, soit $2I - 1 = X$. En déduire que :

$$Maxi(x, y) \in (2 \cdot Maxi(Impair(x), y) - 1) \, .. \, (2 \cdot Maxi(Impair(x), y) + 1)$$

et que les trois valeurs de l'intervalle peuvent être atteintes par $Maxi(x, y)$.

Question 6. Sur la base du principe DpR, construire l'opération « **fonction** $Maxi1(x, y)$ **résultat** $\mathbb{N}$ » fondée sur les deux questions précédentes. Quel est le modèle de division qui s'applique ? Fournir le code de l'opération $Maxi1$. Démontrer la terminaison de l'algorithme. Que peut-on dire de sa complexité ? Comparer les deux solutions DpR.

La solution est en page 612.

Exercice 110   La transformée de Fourier rapide (FFT)

À cet algorithme sont associés bien des superlatifs. Utile, il l'est sans aucun doute au plus haut point. Il suffit d'énumérer quelques-unes de ses applications : reconnaissance de parole, filtrage, analyse de spectre, produit de polynômes, compression de données, etc. Efficace, il l'est assurément, à telle enseigne qu'il faut y rechercher l'une des clés historiques de la prééminence des ordinateurs sur les calculateurs analogiques et, indirectement, de la révolution numérique que l'on connaît. Intelligent, fondé certes sur le principe DpR, mais de manière très ingénieuse. Bref, un algorithme remarquable et un excellent exercice. Pour citer C. Villani (Médaille Fields 2010, dans [60] : « l'influence de Fourier est maintenant bien plus importante que celle de Hugo lui-même ; son "grand poème mathématique" (W. T. Kelvin), enseigné dans tous les pays du monde, est utilisé chaque jour par des milliards d'humains qui ne s'en rendent même pas compte. »

Définition de la transformée de Fourier discrète

Une *transformée de Fourier discrète* est une transformation linéaire de $\mathbb{C}^n$ dans $\mathbb{C}^n$ que l'on définit de la manière suivante. Soit x un vecteur de nombres complexes défini sur l'intervalle $0\mathinner{..}n-1$. Pour tout entier k, $k \in 0\mathinner{..}n-1$, la valeur $X[k]$ de la transformée de Fourier discrète du vecteur x se définit par :

$$X[k] \quad = \quad \sum_{j=0}^{n-1} x[j] \cdot e^{-\frac{2\pi \cdot i}{n} \cdot j \cdot k} \tag{8.13}$$

où e est la base du logarithme naturel et i le nombre complexe tel que $i^2 = -1$.

Question 1. À partir de cette définition, construire un algorithme qui calcule la transformée de Fourier discrète X d'un vecteur x de n nombres complexes. Quelle est sa complexité en nombre d'exponentiations et en nombre de multiplications ?

Propriétés des racines n^e de l'unité – Rappels

On cherche à présent à améliorer l'efficacité de la solution précédente par une approche DpR. Pour ce faire, on va exploiter les propriétés des racines n^e complexes de l'unité. Dans la suite, par hypothèse, n est toujours une puissance de 2. Une racine n^e complexe de l'unité est un nombre complexe w_n tel que $w_n^n = 1$. Il existe n racines n^e de l'unité qui sont, pour $k \in 0..n-1 : e^{-\frac{2\pi \cdot i}{n} \cdot k}$. La racine particulière obtenue pour $k = 1$, $e^{-\frac{2\pi \cdot i}{n}}$ est appelée racine principale (ou n-racine principale s'il est nécessaire de préciser). Elle est notée W_n. Les n racines de l'unité sont des puissances de $W_n : W_n^0, W_n^1, W_n^2, \ldots, W_n^{n-1}$.

La figure 8.13 représente, dans le plan complexe, les racines n^e de l'unité pour $n = 8$. Ces racines sont situées à des positions équidistantes sur le cercle complexe unité.

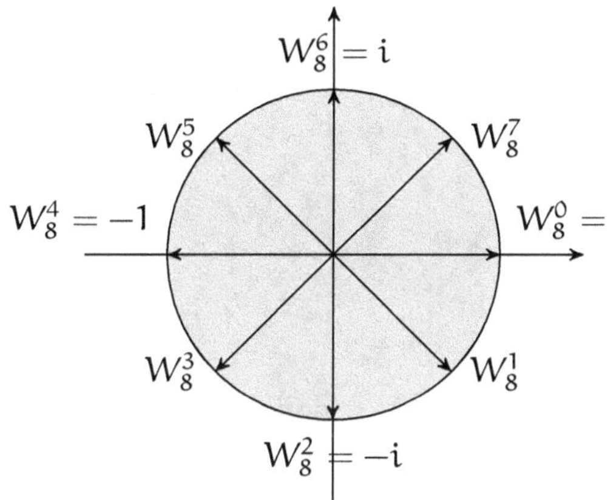

Fig. 8.13 – Racines n^e de l'unité dans le plan complexe, pour $n = 8$

Propriétés   (non démontrées)

1. Pour tout $n > 0$ pair, la puissance $(n/2)^e$ de toute racine n^e de l'unité est égale à -1 :

$$w_n^{\frac{n}{2}} = -1 \quad (n > 0 \text{ pair}). \tag{8.14}$$

2. Pour tout $n > 0$ pair et pour tout $k \geqslant 0$, le carré de la n-racine principale élevée à la puissance k est égal à la $(n/2)$-racine principale élevée à la puissance k :

$$(W_n^k)^2 = W_{\frac{n}{2}}^k \quad (\text{pour } n > 0 \text{ pair}). \tag{8.15}$$

Transformée de Fourier discrète rapide (DFT)

Le principe du calcul rapide de la Transformée de Fourier Discrète par l'algorithme *DFT* (Discrete Fourier Transform) s'appuie sur les propriétés des carrés des racines de l'unité. L'application la plus directe du principe DpR consisterait à couper le vecteur x en son milieu :

$$
\begin{aligned}
X[k] & \\
= & \qquad\qquad\qquad\qquad\qquad \text{définition 8.13 et définition de } W_n \\
& \sum_{j=0}^{n-1} x[j] \cdot W_n^{j \cdot k} \\
= & \qquad\qquad\qquad\qquad\qquad \text{coupure de } x \text{ par le milieu} \\
& \sum_{j=0}^{\frac{n}{2}-1} x[j] \cdot W_n^{j \cdot k} + \sum_{j=\frac{n}{2}}^{n-1} x[j] \cdot W_n^{j \cdot k}.
\end{aligned}
$$

Cependant (le lecteur est invité à le vérifier), cette démarche conduit à une impasse pour ce qui concerne l'amélioration de la complexité. Il faut rechercher une autre stratégie de coupure. Une solution consiste à placer d'un côté les éléments d'indices pairs de x et de l'autre ceux d'indices impairs (utilisé en indice, i signifie *impair* et ne doit pas être confondu avec l'unité imaginaire également notée i). Pour ce faire, on pose :

$$x_p = \begin{bmatrix} x[0], & x[2], & \cdots, & x[2p], & \cdots, & x[n-2] \end{bmatrix}, \tag{8.16}$$

$$x_i = \begin{bmatrix} x[1], & x[3], & \cdots, & x[2p+1], & \cdots, & x[n-1] \end{bmatrix}. \tag{8.17}$$

Pour $k \in 0..n/2-1$, nous avons donc $x_p[k] = x[2k]$ et $x_i[k] = x[2k+1]$. La transformée de Fourier X_p de x_p (pour $k \in 0..n/2-1$) donne lieu au calcul suivant :

$$
\begin{aligned}
& X_p[k] && \text{définition 8.13} \\
=\; & \sum_{j=0}^{\frac{n}{2}-1} x_p[j] \cdot e^{-\frac{2\pi i}{\frac{n}{2}} \cdot j \cdot k} && \text{définition de } W_n \ (W_n = e^{-\frac{2\pi i}{n}}) \text{ et substitution} \\
=\; & \sum_{j=0}^{\frac{n}{2}-1} x_p[j] \cdot W_{\frac{n}{2}}^{j \cdot k}. && \tag{8.18}
\end{aligned}
$$

Pour les indices impairs et toujours pour $k \in 0..n/2-1$, nous avons une formule similaire :

$$X_i[k] = \sum_{j=0}^{\frac{n}{2}-1} x_i[j] \cdot W_{\frac{n}{2}}^{j \cdot k}. \tag{8.19}$$

La définition de la transformée de Fourier pour $k \in 0..n-1$ donne lieu au développement suivant :

$$
\begin{aligned}
& X[k] && \text{définition 8.13} \\
=\; & \sum_{j=0}^{n-1} x[j] \cdot e^{-\frac{2\pi i}{n} \cdot j \cdot k} && \text{définition de } W_n \ (W_n = e^{-\frac{2\pi i}{n}}) \\
=\; & \sum_{j=0}^{n-1} x[j] \cdot W_n^{j \cdot k} && \text{séparation entre indices pairs et impairs} \\
=\; & \sum_{j=0}^{\frac{n}{2}-1} x[2j] \cdot W_n^{2j \cdot k} + \sum_{j=0}^{\frac{n}{2}-1} x[2j+1] \cdot W_n^{(2j+1) \cdot k} && \text{définitions 8.16 et 8.17} \\
=\; & \sum_{j=0}^{\frac{n}{2}-1} x_p[j] \cdot W_n^{2j \cdot k} + \sum_{j=0}^{\frac{n}{2}-1} x_i[j] \cdot W_n^{(2j+1) \cdot k} && \text{calculs sur les indices de } W_n \text{ et factorisation} \\
=\; & \sum_{j=0}^{\frac{n}{2}-1} x_p[j] \cdot (W_n^{j \cdot k})^2 + W_n^k \cdot \sum_{j=0}^{\frac{n}{2}-1} x_i[j] \cdot (W_n^{j \cdot k})^2 && \text{propriété 8.15} \\
=\;
\end{aligned}
$$

$$\sum_{j=0}^{\frac{n}{2}-1} x_p[j] \cdot W_{\frac{n}{2}}^{j \cdot k} + W_n^k \cdot \sum_{j=0}^{\frac{n}{2}-1} x_i[j] \cdot W_{\frac{n}{2}}^{j \cdot k}. \tag{8.20}$$

La formule 8.20 est définie pour $k \in 0..n-1$. Elle est *a fortiori* valable pour $k \in 0..n/2-1$. Nous pouvons alors poursuivre le développement en nous limitant à ce dernier intervalle et en faisant intervenir les formules 8.18 et 8.19 :

$$\sum_{j=0}^{\frac{n}{2}-1} x_p[j] \cdot W_{\frac{n}{2}}^{j \cdot k} + W_n^k \cdot \sum_{j=0}^{\frac{n}{2}-1} x_i[j] \cdot W_{\frac{n}{2}}^{j \cdot k}$$

$=$ formules 8.18 et 8.19 pour $k \in 0 .. \dfrac{n}{2} - 1$

$$X_p[k] + W_n^k \cdot X_i[k],$$

ce qui définit par DpR les $n/2$ premiers éléments du vecteur X. Il faut à présent compléter le calcul sur l'intervalle $n/2 .. n-1$ afin d'obtenir les $n/2$ derniers éléments de X sous une forme analogue En repartant de la formule 8.20, pour $k \in 0 .. n/2-1$, nous avons :

$$X\left[k + \frac{n}{2}\right]$$

$=$ expression 8.20 pour la substitution $k \leftarrow k + \dfrac{n}{2}$

$$\sum_{j=0}^{\frac{n}{2}-1} x_p[j] \cdot W_n^{2(k+\frac{n}{2}) \cdot j} + W_n^{k+\frac{n}{2}} \cdot \sum_{j=0}^{\frac{n}{2}-1} x_i[j] \cdot W_n^{2(k+\frac{n}{2}) \cdot j}$$

$=$ propriété 8.14 : $W_n^{k+\frac{n}{2}} = W_n^k \cdot W_n^{\frac{n}{2}} = -W_n^k$

$$\sum_{j=0}^{\frac{n}{2}-1} x_p[j] \cdot W_n^{2(k+\frac{n}{2}) \cdot j} - W_n^k \cdot \sum_{j=0}^{\frac{n}{2}-1} x_i[j] \cdot W_n^{2(k+\frac{n}{2}) \cdot j}$$

$=$ définition de W_n^n : $W_n^{2(k+\frac{n}{2}) \cdot j} = (W_n^n)^j \cdot W_n^{2k \cdot j} = 1 \cdot W_n^{2k \cdot j} = (W_n^{k \cdot j})^2$

$$\sum_{j=0}^{\frac{n}{2}-1} x_p[j] \cdot (W_n^{k \cdot j})^2 - W_n^k \cdot \sum_{j=0}^{\frac{n}{2}-1} x_i[j] \cdot (W_n^{k \cdot j})^2$$

$=$ propriété 8.15

$$\sum_{j=0}^{\frac{n}{2}-1} x_p[j] \cdot W_{\frac{n}{2}}^{k \cdot j} - W_n^k \cdot \sum_{j=0}^{\frac{n}{2}-1} x_i[j] \cdot W_{\frac{n}{2}}^{k \cdot j}$$

$=$ formules 8.18 et 8.19, pour $k \in 0 .. \dfrac{n}{2} - 1$

$$X_p[k] - W_n^k \cdot X_i[k].$$

Pour résumer, on a montré que, dans l'hypothèse (d'induction) où l'on sait calculer $X_p[k]$ et $X_i[k]$ à partir des deux demi-vecteurs x_p et x_i, on sait composer les deux résultats partiels pour obtenir la transformée de Fourier X de x, en appliquant les deux formules :

$$\begin{aligned}
X[k] &= X_p[k] + W_n^k \cdot X_i[k] \\
X\left[k + \frac{n}{2}\right] &= X_p[k] - W_n^k \cdot X_i[k]
\end{aligned}$$

et ceci pour $k \in 0 .. n/2-1$.

Question 2. On suppose disponible la fonction $Pair(m, A)$ (resp. $Impair(m, A)$) qui, pour un vecteur A de longueur m paire, délivre le sous-vecteur de A contenant les éléments d'indices pairs (resp. d'indices impairs). Fournir le modèle de division qui s'applique pour le calcul de la DFT par DpR. En déduire la fonction $DFT(n, x)$ calculant X, la DFT d'un vecteur x, $x \in (0..n-1) \to \mathbb{C}$, pour n puissance de 2. En supposant que les opérations élémentaires sont la multiplication (de nombres) et l'exponentiation, quelle est la complexité de cette opération ? Conclusion ?

La solution est en page 620.

Exercice 111   Le produit de polynômes

> *Cet exercice montre que l'application du principe DpR ne conduit pas systématiquement à une solution plus efficace qu'une solution itérative. Mais son principal intérêt réside dans une application remarquable de la transformée de Fourier rapide (voir exercice 110, page 486).*

On cherche à multiplier deux polynômes sur $\mathbb{Z}$:

$$A(x) = a_{n-1} \cdot x^{n-1} + a_{n-2} \cdot x^{n-1} + \cdots + a_1 \cdot x + a_0 \quad \text{et}$$
$$B(x) = b_{m-1} \cdot x^{m-1} + b_{m-2} \cdot x^{m-2} + \cdots + b_1 \cdot x + b_0.$$

Ainsi par exemple, en s'inspirant de la présentation traditionnelle pour la multiplication d'entiers, on a :

$$
\begin{array}{rrrrrrrrrrr}
 & & 2x^4 & - & 3x^3 & + & & 4x & + & 5 \\
\times & & & & & & 2x^2 & + & 3 \\
\hline
 & & 6x^4 & - & 9x^3 & + & 0x^2 & + & 12x & + & 15 \\
+ & 4x^6 & - & 6x^5 & + & 0x^4 & + & 8x^3 & + & 10x^2 \\
\hline
 & 4x^6 & - & 6x^5 & + & 6x^4 & - & x^3 & + & 10x^2 & + & 12x & + & 15
\end{array}
$$

Plus généralement, si $A(x)$ se définit par $\sum_{k=0}^{n-1} a_k \cdot x^k$ et $B(x)$ par $\sum_{k=0}^{m-1} b_k \cdot x^k$, le polynôme $C(x)$, produit de $A(x)$ et de $B(x)$, se définit par :

$$C(x) = \sum_{k=0}^{m+n-2} c_k \cdot x^k \quad \text{avec} \quad c_k = \sum_{\substack{i+j=k \\ i \in 0..n-1 \\ j \in 0..m-1}} a_i \cdot b_j. \tag{8.21}$$

Une solution naïve pour calculer les coefficients c_k de $C(x)$ consiste à utiliser les formules quantifiées ci-dessus. Si l'opération élémentaire pour mesurer la complexité est la multiplication des coefficients a_i et b_j, le coût de cette méthode est en $\Theta(n \cdot m)$. Peut-on améliorer cette situation ? C'est l'objectif que l'on se fixe, en utilisant pour ce faire la technique DpR. Dans la suite, on appelle *taille* d'un polynôme le nombre de monômes qu'il contient.

Question 1. Dans cette question, on suppose d'une part que tous les coefficients sont différents de 0 et d'autre part que $n = m = 2^k$ ($k \geqslant 0$). Comment le principe DpR se décline-t-il pour aboutir au calcul de $C(x)$? Quels sont les critères à retenir pour obtenir une « bonne » représentation d'un polynôme ? En déduire le modèle de division qui s'applique. Fournir le code sous la forme de l'opération « **fonction** *MultPolyn4*(A, B) **résultat** *polynôme* ». Quelle est alors la complexité de cette solution en termes de multiplications (de nombres) ? Conclusion ?

Question 2. À partir de la solution précédente et en conservant les mêmes hypothèses, trouver une variante qui réduise la complexité en utilisant l'identité : $\boxed{\text{111 - Q 2}}$

$$a \cdot d \; + \; b \cdot c \; = \; (a + b)(c + d) - (a \cdot c) - (b \cdot d)$$

Question 3. Que faire quand les coefficients peuvent être nuls et quand n et m sont quelconques ? L'efficacité de la variante précédente est-elle conservée ? $\boxed{\text{111 - Q 3}}$

Question 4. (Pour aborder cette question, il est nécessaire d'avoir au préalable répondu à l'exercice 110, page 486, sur la transformée de Fourier.) Une solution plus efficace existe. Elle se présente comme une application directe de la transformée de Fourier. Elle est fondée sur un paradigme scientifique classique consistant à effectuer un changement d'espace de représentation afin de simplifier les traitements [10]. Son principe se base sur l'existence de deux types de représentation pour les polynômes – la représentation traditionnelle par co-efficients (utilisée ci-dessus) et la représentation par échantillons – et à effectuer le produit dans la représentation la plus efficace (la représentation par échantillons), précédé et suivi des conversions nécessaires. La représentation par coefficients considère le vecteur des co-efficients. La représentation par échantillons consiste quant à elle, pour un polynôme $P(x)$ de degré inférieur ou égal à $(n-1)$, à évaluer $P(x)$ sur (au moins) n abscisses x_i différentes. $\boxed{\text{111 - Q 4}}$

Exemple   Considérons les deux polynômes $D(x) = 2x + 1$ et $E(x) = x + 2$, leurs repré-sentations par coefficients sont $[2, 1]$ pour $D(x)$ et $[1, 2]$ pour $E(x)$. La représentation par échantillons passe tout d'abord par le choix des n abscisses différentes. Prenons $x_0 = 0$ et $x_1 = 1$. $D(x)$ est alors représenté par $[(0, D(0)), (1, D(1))]$, soit encore $[(0, 1), (1, 3)]$, tandis que $E(x)$ est représenté par $[(0, 2), (1, 3)]$.

Cette représentation possède l'avantage de faciliter certaines opérations ; c'est notamment le cas du produit, puisqu'il suffit alors de multiplier les différentes valeurs prises par les polynômes sur tous les échantillons. Le calcul du produit exige cependant que, dans le cas de la représentation par échantillons, les abscisses d'échantillonnage soient identiques pour les deux polynômes à multiplier. Une difficulté ne doit pas nous échapper. Le produit de deux polynômes de degré $(n-1)$ est un polynôme de degré $(2n-2)$. Il est donc nécessaire de disposer de $(2n-1)$ échantillons pour chacun des deux polynômes à multiplier.

Pour l'exemple ci-dessus, on convient de compléter l'échantillonnage de $D(x)$ et de $E(x)$ sur l'abscisse 2. On a alors :

$$D(x) = [(0, 1), (1, 3), (2, 5)] \quad \text{et} \quad E(x) = [(0, 2), (1, 3), (2, 4)]$$

Le résultat $R(x) = D(x) \cdot E(x)$ est obtenu en multipliant les ordonnées respectives, soit :

$$R(x) = [(0, 1 \cdot 2), (1, 3 \cdot 3), (2, 5 \cdot 4)]$$

On est donc face au problème suivant. Étant donnés deux polynômes représentés par leurs coefficients, la meilleure solution que l'on connaît pour obtenir leur produit est en $\Theta(n^{\log_2(3)})$ (voir par exemple [53]). En revanche, avec une représentation par échan-tillons, la solution est en $\Theta(n)$. Est-il possible de faire mieux que $\Theta(n^{\log_2(3)})$, en réalisant un changement de représentation ? Si c'est le cas, le schéma du traitement se présente comme le montre la figure 8.14.

---

10.   Un exemple classique est celui de la multiplication de nombres effectuée par l'addition de leurs logarithmes.

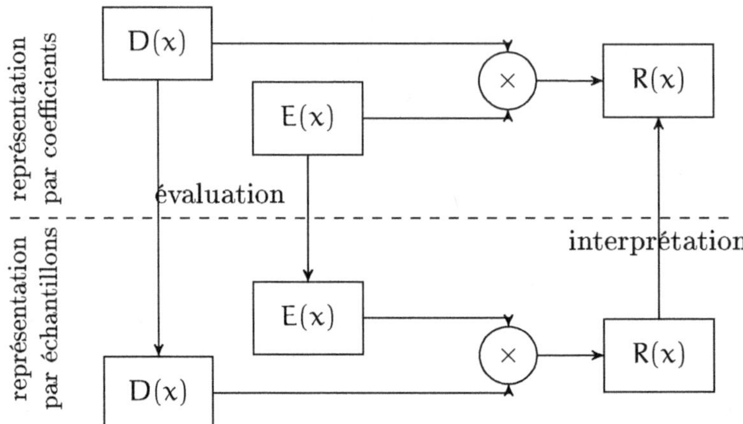

Fig. 8.14 – Produit de polynômes par changement de représentation. La partie supérieure du schéma illustre le produit classique, totalement effectué dans la représentation par coefficients. La partie inférieure est son homologue pour la représentation par échantillons. La partie gauche montre le changement de représentation des deux arguments (l'évaluation) et la partie droite schématise le changement de représentation du résultat (l'interprétation).

La conversion entre la représentation par coefficients et celle par échantillons est, du point de vue algorithmique, aisée (en utilisant par exemple le schéma de Horner). En revanche, son coût est élevé (de l'ordre de $\Theta(n^2)$). La conversion inverse, entre la représentation par échantillons et celle par coefficients, revient à résoudre un système d'équations linéaire.

Ainsi, pour l'exemple ci-dessus, pour retrouver les trois coefficients a, b et c du polynôme $R(x) = a \cdot x^2 + b \cdot x + c$, il faut résoudre le système linéaire suivant :

$$\begin{bmatrix} 0^2 & 0 & 1 \\ 1^2 & 1 & 1 \\ 2^2 & 2 & 1 \end{bmatrix} \begin{bmatrix} a \\ b \\ c \end{bmatrix} = \begin{bmatrix} 2 \\ 9 \\ 20 \end{bmatrix}$$

dont la solution est $a = 2$, $b = 5$ et $c = 2$. Cependant, là aussi la complexité est élevée (de l'ordre de $\Theta(n^2)$). En apparence, on se trouve face à une voie sans issue. Pourtant ...

Une porte de sortie : la transformée de Fourier On a vu que le choix des abscisses d'échantillonnage est arbitraire. Il est en particulier possible d'évaluer chacun des deux polynômes à multiplier sur les racines $2n^e$ complexes de l'unité. C'est justement ce que réalise la transformée de Fourier, de manière efficace si l'on utilise l'algorithme DFT traité à l'exercice 110, page 486, (complexité de l'orde de $\Theta(n \cdot \log_2(n))$). Pour ce qui est de la transformation réciproque, l'interpolation, il faut alors utiliser la DFT inverse, qui calcule x à partir de X. Celle-ci se définit, pour n points, par :

$$x[k] \quad = \quad \frac{1}{n} \cdot \sum_{j=0}^{n-1} X[j] \cdot e^{\frac{2\pi \cdot i}{n} \cdot j \cdot k}$$

où e la base du logarithme naturel et i le nombre complexe tel que $i^2 = -1$. L'algorithme correspondant est aussi en $\Theta(n \cdot \log_2(n))$.

En résumé, on a décrit une solution au problème du produit de polynômes en $\Theta(n \cdot \log_2(n))$ multiplications (de nombres). Elle se présente en trois principaux points :

(a) phase d'évaluation : conversion des deux polynômes de la représentation par coefficients à la représentation par échantillons (complexité en $\Theta(n \cdot \log_2(n))$),

(b) phase de multiplication (complexité en $\Theta(n)$),

(c) phase d'interpolation : conversion du résultat en sa représentation par coefficients (complexité en $\Theta(n \cdot \log_2(n))$).

C'est ce que présente le schéma de la figure 8.14, page 492. Le travail demandé dans cette question est de mettre en œuvre cette solution sous la forme de la fonction *ProdPolynDFT*(n, P, Q), sachant que les deux polynômes P et Q sont représentés par leurs coefficients et qu'ils ont la même taille n, n étant une puissance de 2.

La solution est en page 623.

Exercice 112   Loi de Coulomb   ○ ⁝

> *Strictement parlant, cet exercice ne comporte aucune question de type DpR. Cependant, le résoudre complètement exige d'exploiter les réponses fournies aux questions de l'exercice 111, page 490, (sur la multiplication de polynômes) et indirectement celles de l'exercice sur le calcul de la transformée de Fourier (exercice 110, page 486). Ces deux exercices doivent donc être traités avant d'aborder celui-ci.*

En électrostatique, la loi de Coulomb exprime la force électrique $F_{1 \to 2}$ exercée par une charge électrique q_1 placée en un point M_1 sur une charge q_2 placée en un point M_2. Cette loi s'exprime sous forme vectorielle par la formule suivante :

$$\overrightarrow{F}_{1 \to 2} = \frac{q_1 \cdot q_2}{4\pi\epsilon_0 \|\overrightarrow{r}_{12}\|^2} \cdot \overrightarrow{u},$$

où $\overrightarrow{u}$ est le vecteur unité de la droite D, support des deux charges, et $\overrightarrow{r}_{12} = \overrightarrow{M_1 M_2}$ est le vecteur qui relie le premier corps au deuxième. ϵ_0 est une constante.

Considérons à présent un ensemble de n charges $\{q_1, q_2, \ldots, q_n\}$ disposées à intervalles réguliers (de longueur d) sur la droite D :

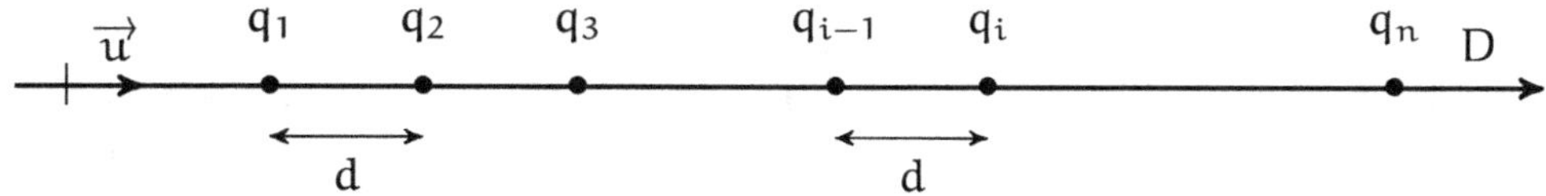

Notons $\overrightarrow{F}_{\bullet i}$ la somme des forces exercées par les $(n-1)$ autres charges sur la charge q_i.

Question 1. Montrer que l'on a la relation suivante (C est une constante) : $\boxed{112 \text{ - } Q\,1}$

$$\|\overrightarrow{F}_{\bullet i}\| = |C \cdot q_i| \cdot \left| \sum_{j=1}^{i-1} \frac{q_j}{(i-j)^2} - \sum_{j=i+1}^{n} \frac{q_j}{(i-j)^2} \right|$$

Question 2. Montrer que l'on peut calculer $\|\overrightarrow{F}_{\bullet i}\|$ (pour $i \in 1 \,..\, n$) en $\Theta(n \cdot \log_2(n))$ $\boxed{112 \text{ - } Q\,2}$
multiplications. *Suggestion :* s'inspirer de la question 4 de l'exercice 111.

La solution est en page 628.

Exercice 113   Lâchers d'œufs par la fenêtre

Dans la plupart des algorithmes DpR, la division se fait en s sous-problèmes (approximativement) de même taille, où s est un nombre fixé à l'avance (typiquement 2). C'est là que réside l'intérêt de cet exercice puisque, dans la deuxième partie (la radixchotomie), s dépend de la taille n du problème. Dans la troisième partie (la méthode triangulaire), s dépend toujours de n et de plus les sous-problèmes sont de tailles variables. L'optimisation de tests destructeurs d'échantillons constitue une application possible des algorithmes développés ici. L'exercice 129, page 683, envisage une variante de ce problème sous l'angle de la « programmation dynamique ».

Quand on laisse tomber un œuf par la fenêtre d'un immeuble, il peut se casser ou non : cela dépend de la hauteur de la chute. On cherche à connaître la résistance des œufs, c'est-à-dire la hauteur, exprimée en nombre f d'étages, à partir de laquelle un œuf se casse si on le laisse tomber par la fenêtre. Il est entendu que tous les œufs sont identiques et qu'un œuf se casse toujours s'il tombe d'un étage de rang supérieur ou égal à f et jamais s'il tombe d'un étage de rang inférieur à f.

Quand un œuf tombe sans se casser, on peut le ramasser et le réutiliser. S'il est cassé, on ne peut plus s'en servir. Les étages sont numérotés à partir de 1. Étant donné un immeuble de n ($n \geqslant 1$) étages et un certain nombre k ($k \geqslant 1$) d'œufs, on cherche à trouver f. Si le dernier étage n'est pas assez haut pour briser cette sorte d'œuf, le résultat attendu est $(n + 1)$. L'objectif est de minimiser le nombre de lâchers pour n et k donnés.

On suppose disponible la fonction $Casse(h)$ qui laisse tomber un œuf du h^e étage et délivre la valeur **vrai** si l'œuf se casse et **faux** sinon. Si l'œuf se casse, le quota d'œufs disponibles décroît de 1, sinon il reste inchangé. Cette fonction a comme pré-condition qu'il reste encore au moins un œuf disponible et que $h \in 1 .. n$.

Une première technique : la recherche séquentielle

113 - Q 1   **Question** 1. On ne dispose que d'un œuf ($k = 1$). Donner le principe de l'opération « **fonction** *Œuf1*(bi, bs) **résultat** $\mathbb{N}_1$ » qui délivre le résultat pour la section de l'immeuble comprise entre les étages bi et bs et tel que l'appel **fonction** *Œuf1*$(1, n)$ fournit le résultat attendu pour tout l'immeuble. En déduire que la complexité au pire $S_1(n)$ (pour séquentiel avec un œuf), exprimée en nombre de lâchers, est égale à n.

Une deuxième technique : la radixchotomie

113 - Q 2   **Question** 2. On prend maintenant $k = 2$. Ce choix vise à améliorer la complexité. Si on veut être sûr de conclure, il faut conserver un œuf pour (en général) terminer par une recherche séquentielle. Avec le premier œuf, une stratégie possible consiste à diviser le nombre d'étages en s segments de longueur e de sorte que le nombre de lâchers associé à cette division ajouté à celui de la recherche séquentielle soit minimal dans le pire des cas. Il existe en général un segment résiduel de r étages. Ces trois valeurs entières sont liées par la relation :

$$s \cdot e + r = n \text{ et } r \in 0 .. e - 1$$

qui n'est autre que la définition de la division euclidienne de n par e. Pour e donné, on a donc $s = \lfloor n/e \rfloor$ et $r = n - e \cdot \lfloor n/e \rfloor$. Du point de vue algorithmique, la première phase de la recherche est une recherche séquentielle qui s'effectue avec un pas de e, tandis que la seconde phase est une recherche séquentielle (avec un pas de 1) similaire à celle effectuée dans la première question, ainsi que le montre la figure 8.15.

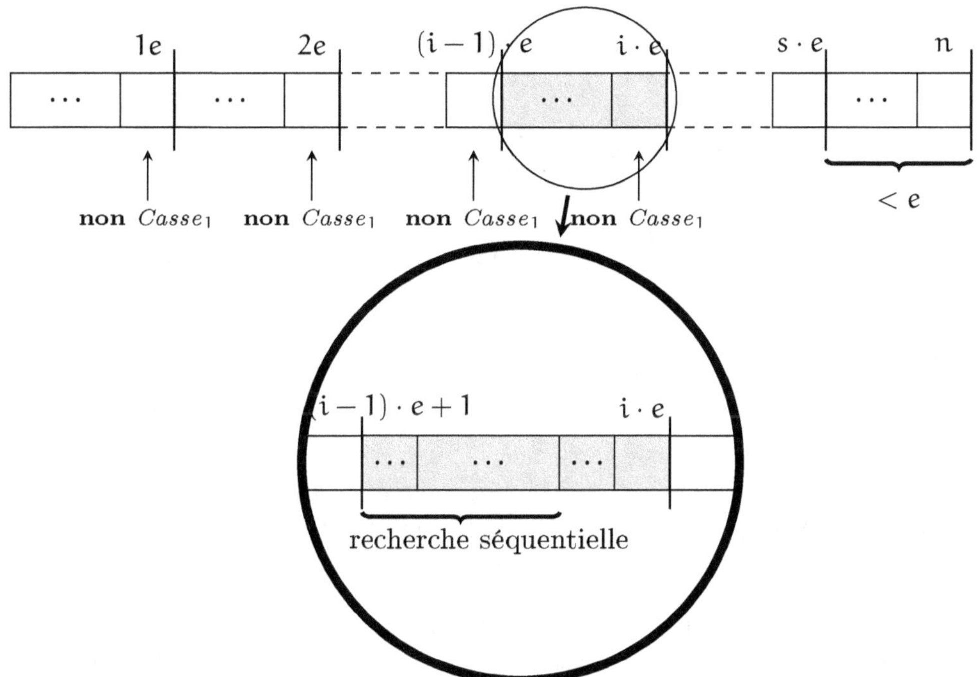

Fig. 8.15 – *La radixchotomie : les deux étapes de la recherche dans le cas où l'on dispose de deux œufs*

La pire des situations (en nombre de lâchers) est atteinte pour $f = s \cdot e$ ou $f = s \cdot e - 1$: la première phase s'arrête à la position $s \cdot e$, tandis que la seconde phase explore le dernier segment complet jusqu'à la position $s \cdot e - 1$. Le cas de la recherche dans le segment résiduel n'est jamais pire que la recherche pour $f = s \cdot e - 1$ ou $f = s \cdot e$; on peut donc, dans le calcul qui suit, considérer que n est un multiple de e. Dans ce cas, on effectue au pire $R_2(n)$ (pour radixchotomie avec deux œufs) lâchers. $R_2(n)$ est tel que :

$$R_2(n) = \frac{n}{e} + (e - 1). \qquad \left(\begin{array}{l} s \text{ lâchers pour la première étape (soit } n/e \\ \text{lâchers) et } e - 1 \text{ lâchers pour la seconde} \end{array}\right)$$

Il faut à présent déterminer une valeur acceptable pour e. Transformons temporairement le problème de la manière suivante : soit $g(e) = (e-1)+n/e$ une fonction réelle d'une variable réelle. On recherche une solution qui minimise $g(e)$. On s'impose en outre la contrainte que e est de la forme n^x. Par conséquent, les segments ont la même longueur. On a donc $g(e) = f(x) = (n^x - 1) + n/n^x$. La dérivée $f'(x) = n^x \cdot \ln(n) - n^{1-x} \cdot \ln(n)$ s'annule pour $x = 0.5$, qui constitue le résultat recherché. Puisque, dans la réalité, on recherche une solution *entière* pour e, on peut prendre $e = \lfloor \sqrt{n} \rfloor$. On a donc[11]

---

11. D'où le terme (est-ce un néologisme ?) de *radixchotomie* : la division d'une donnée de taille n se

$$R_2(n) = \lfloor \sqrt{n} \rfloor - 1 + \frac{n}{\lfloor \sqrt{n} \rfloor}.$$

Montrons que $R_2(n) \in \Theta(\sqrt{(n)})$.

$$\sqrt{n} \in \Theta(\sqrt{n}) \ \ \text{et} \ \ \text{pour } n \geqslant 10 \ \ \frac{1}{2} \cdot \frac{n}{\sqrt{n}} \leqslant \left\lfloor \frac{n}{\lfloor \sqrt{n} \rfloor} \right\rfloor \leqslant 2 \cdot \frac{n}{\sqrt{n}}$$

$\Rightarrow$ $\qquad\qquad\qquad\qquad\qquad\qquad\qquad\qquad\qquad\qquad\qquad$ $\lfloor x \rfloor \in \Theta(x)$ **et définition de** Θ

$$\lfloor \sqrt{n} \rfloor \in \Theta(\sqrt{n}) \ \ \text{et} \ \ \left\lfloor \frac{n}{\lfloor \sqrt{n} \rfloor} \right\rfloor \in \Theta\left(\frac{n}{\sqrt{n}} \right)$$

$\Rightarrow$ $\qquad\qquad\qquad\qquad\qquad\qquad\qquad\qquad\qquad\qquad\qquad\qquad$ calcul

$$\left(\lfloor \sqrt{n} \rfloor - 1 \in \Theta(\sqrt{n}) \right) \ \ \text{et} \ \ \left(\frac{n}{\lfloor \sqrt{n} \rfloor} \in \Theta\left(\sqrt{n} \right) \right)$$

$\Rightarrow$ $\qquad\qquad\qquad\qquad\qquad\qquad\qquad\qquad\qquad\qquad$ règle de l'addition

$$\lfloor \sqrt{n} \rfloor - 1 + \left\lfloor \frac{n}{\lfloor \sqrt{n} \rfloor} \right\rfloor \in \Theta\left(\max\left(\{ \sqrt{n}, \sqrt{n} \} \right) \right)$$

$\Rightarrow$ $\qquad\qquad\qquad\qquad\qquad\qquad\qquad\qquad$ définition de R_2 et de max

$$R_2(n) \in \Theta\left(\sqrt{n} \right).$$

Construire, sur la base de la démarche ci-dessus et en utilisant *Œuf1*, la fonction *Œuf2Radix* qui implante un algorithme itératif en $\mathcal{O}(\sqrt{n})$ lâchers pour calculer f. Donner son déroulement pour le jeu d'essai suivant : $n = 34$, $f = 29$.

113 - Q 3 **Question** 3. On généralise au cas où l'on dispose initialement de k œufs. Construire l'opération« **fonction** *ŒufkRadix*(bi, bs) **résultat** $\mathbb{N}_1$ » qui est telle que *ŒufkRadix*(1, n) calcule f avec une complexité en $\mathcal{O}(\sqrt[k]{n})$ pour un immeuble de n étages. Montrer que sa complexité est bien celle attendue. Suggestion : prendre un pas e de $\lfloor \sqrt[k]{n^{k-1}} \rfloor$.

Une troisième technique : la méthode triangulaire

On se place pour l'instant dans l'hypothèse où l'on dispose de deux œufs ($k = 2$). Dans la méthode précédente, on s'est appuyé sur l'hypothèse d'un découpage de l'immeuble en segments de longueur uniforme. Il est parfois possible d'obtenir une meilleure solution dans les pires cas en réalisant un découpage en segments de longueurs décroissantes. Prenons l'exemple d'un immeuble de 36 étages. Si l'on utilise la radixchotomie et si l'étage f recherché est le 36e, on réalise 11 lâchers. Avec un découpage en segments consécutifs de $8, 7, 6, 5, 4, 3, 2$ et 1 étages on effectuera des lâchers aux étages $8, 15, 21, 26, 30, 33, 35$ et enfin 36, soit un total de huit lâchers. On note également que, quel que soit le segment retenu, si l'étage recherché est le dernier du segment, il faut exactement huit lâchers à chaque fois. Cette propriété est due au fait que 36 est le 8e nombre triangulaire. Un nombre triangulaire t_i est un nombre de la forme $\sum_{k=1}^{i} k$, où i est appelé le *germe* de t_i.

113 - Q 4 **Question** 4. Comment peut-on procéder si le nombre d'étages n'est pas un nombre triangulaire ? Développer l'exemple avec $n = 29$ et $f = 29$.

113 - Q 5 **Question** 5. Soit $T_2(n)$ (pour triangulaire avec deux œufs) la complexité au pire en nombre de lâchers de cette méthode. Montrer par récurrence sur n et i que si $t_{i-1} < n \leqslant t_i$ alors $T_2(n) = i$. Autrement dit, si t_i est le nombre triangulaire le plus proche de n supérieurement, alors la stratégie décrite ci-dessus exige au pire exactement i lâchers (dans la

---

fait en $\sqrt{n}$ parties, de tailles $\sqrt{n}$ ou presque.

suite, par abus de langage, i est aussi appelé le *germe* de n). En déduire que cette méthode est en $\mathcal{O}(\sqrt{n})$ lâchers.

Question 6. Dans la suite, on généralise la méthode à k quelconque ($k \geqslant 2$). La mise en œuvre de l'algorithme DpR correspondant requiert la disponibilité de l'opération « **fonction** *Germe*(v) **résultat** $\mathbb{N}_1$ » qui, pour un entier naturel positif v, délivre le germe de v. Fournir le principe d'une solution pour cette opération en $\Theta(1)$ lâchers.

113 - Q 6

Question 7. De même qu'avec la radixchotomie, dès qu'un segment est identifié, on peut entamer une nouvelle phase de recherche sur le même principe, ou, s'il ne reste qu'un seul œuf, par une recherche séquentielle. L'opération « **fonction** *ŒufkTriangle*(bi, bs) **résultat** $\mathbb{N}_1$ » est telle que l'expression *ŒufkTriangle*($1, n$) délivre le résultat recherché. Préciser le développement inductif sur lequel se fonde cette opération. En déduire le modèle de division qui s'applique ainsi que le code de la fonction *ŒufkTriangle*. Fournir son équation de complexité au pire, en nombre de lâchers.

113 - Q 7

Question 8. En utilisant le langage de programmation de votre choix, comparez expérimentalement les temps d'exécution des deux méthodes pour $n \in 1..500$, pour $f \in 1..n+1$ et pour $k < \lceil \log_2(n) \rceil$ (si $k \geqslant \lceil \log_2(n) \rceil$, une recherche dichotomique est possible et l'emporte sur les méthodes étudiées ci-dessus).

113 - Q 8

Remarque   Lorsque $k < \lceil \log_2(n) \rceil$, une solution alternative consiste à débuter par une recherche dichotomique pour terminer, lorsqu'il ne reste plus qu'un seul œuf, par une recherche séquentielle. On montre que cette solution est en $\mathcal{O}(k + n/2^{k-1})$ lâchers.

La solution est en page 630.

Exercice 114   Recherche d'un doublon dans un sac

> *La principale difficulté, mais aussi le principal intérêt de l'exercice, résident dans la compréhension et la mise en œuvre de l'étape de séparation en sous-problèmes. Celle-ci est fondée sur une heuristique qui contribue au bon comportement de l'algorithme en termes de complexité. La boucle qui lui correspond doit être construite avec beaucoup de rigueur. Le raisonnement inductif qui permet l'application du principe DpR est quant à lui très simple.*

Soit (c'est la précondition) un sac S de n éléments, $n \geqslant 2$, prenant ses valeurs sur l'intervalle $bi .. bs$ ($bi \leqslant bs$) et tel que $n > \text{card}(bi .. bs)$. En outre, les valeurs extrêmes bi et bs appartiennent au sac. Selon le principe dit des « cases de courrier » ou des « nids de pigeon » (voir exercice 2 page 35), un tel sac contient au moins un doublon. L'objectif de l'exercice est de construire un algorithme qui délivre l'un quelconque des doublons présents dans S.

Ainsi, pour l'intervalle $bi .. bs = 12 .. 19$ et le sac $[\![14, 17, 12, 19, 14, 16, 12, 14, 15]\!]$ composé de neuf éléments, il existe deux doublons (12 et 14). Le résultat fourni pourra être indifféremment l'un ou l'autre. Une solution triviale existe. Elle consiste, pour chaque valeur v du sac S, à vérifier si elle existe déjà dans $S \doteq [\![v]\!]$. Elle conduit à un algorithme en $\mathcal{O}(n^2)$.

On se focalise sur une solution de type DpR visant une meilleure efficacité. Insistons sur le fait que la précondition ci-dessus ne correspond pas à une caractérisation générale de

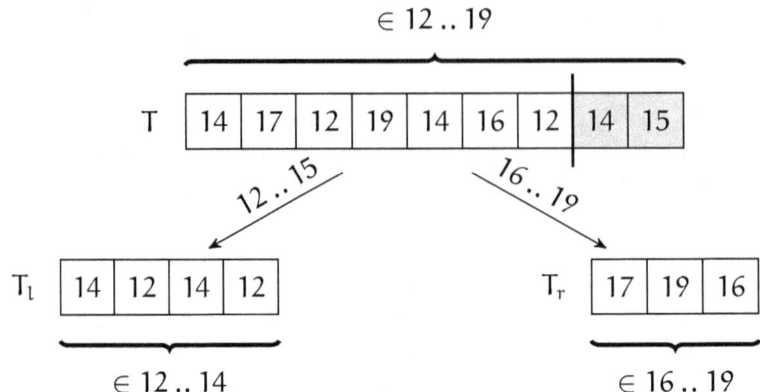

Fig. 8.16 – Division du problème de la recherche d'un doublon dans un sac.

la présence d'un doublon dans un sac. Par exemple, le sac $[\![14, 16, 12, 12, 14]\!]$ contient des doublons sans que sa taille (5) n'excède celui de l'intervalle des valeurs y apparaissant (5 également).

Dans la suite, S est raffiné par un tableau $T[1 .. n]$ à valeurs dans l'intervalle $bi .. bs$. Le tableau T est une variable globale dont les sous-tableaux sont identifiés par leurs bornes (bg borne gauche et bd borne droite).

Le principe DpR s'applique ici sur l'intervalle $bi .. bs$. La phase de séparation mentionnée ci-dessus consiste à ventiler les valeurs de T dans deux tableaux T_l et T_r par rapport à la valeur mil, milieu de l'intervalle $bi .. bs$, tout en tenant à jour l'intervalle $bil .. bsl$ des valeurs de T_l et l'intervalle $bir .. bsr$ des valeurs de T_r jusqu'à ce que l'on soit sûr que l'un de ces deux tableaux contienne un doublon, auquel cas, si sa longueur excède 2, on peut alors lui ré-appliquer le même procédé.

Exemple Reprenons l'exemple ci-dessus. mil vaut $\lfloor (12 + 19)/2 \rfloor = 15$. T_l reçoit donc les valeurs de T appartenant à l'intervalle $12 .. 15$, tandis que T_r reçoit celles de l'intervalle $16 .. 19$ (voir la figure 8.16).

Après avoir ventilé les sept premiers éléments de T dans T_l et dans T_r, on constate que T_l contient quatre éléments, qui appartiennent à l'intervalle $12 .. 14$ de longueur 3. On en conclut que T_l contient (au moins) un doublon et il devient inutile de poursuivre la ventilation ; on peut alors se limiter à poursuivre la recherche dans T_l.

Plutôt que d'utiliser deux tableaux auxiliaires T_l et T_r, on va ventiler « sur place » (c'est-à-dire déplacer les valeurs destinées à T_l et T_r aux extrémités de T) en utilisant l'opération « **procédure** *Échange*(j, k) » qui échange les valeurs de T situées aux positions j et k.

L'opération *Ventiler* a comme profil :

procédure *Ventiler*$(bi, bs, bg, bd; nbi, nbs, nbg, nbd : \mathbf{modif})$

Schématiquement, cette procédure part d'un sous-tableau $T[bg .. bd]$ contenant un doublon et fournit un sous-tableau $T[nbg .. nbs]$ strictement plus petit contenant également un doublon. Afin d'être opérationnelle, cette spécification doit être renforcée conformément à la précondition et à la postcondition suivante (voir chapitre 3, page 104, et suivantes) :

Précondition P :

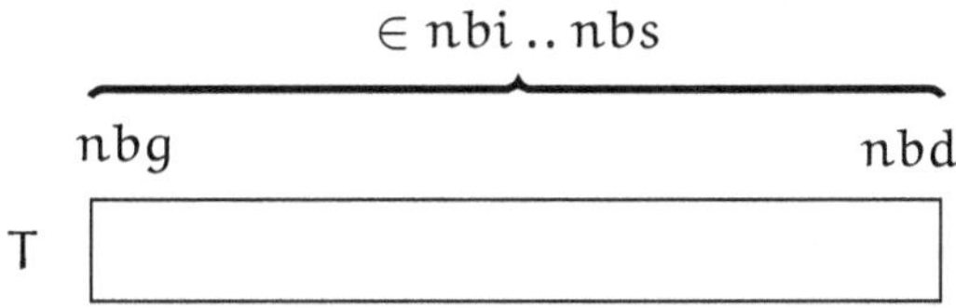

1. Le tableau $T[bg..bd]$ prend ses valeurs dans l'intervalle $bi..bs$.

2. $card(bg..bd) > 2$ (ce tableau possède au moins trois éléments, le cas d'un tableau ayant deux éléments et un doublon étant trivial).

3. $bi \in T[bg..bd]$ et $bs \in T[bg..bd]$ (les valeurs extrêmes possibles appartiennent bien au tableau).

4. $card(bg..bd) > card(bi..bs)$ (il y a plus de places dans $T[bg..bd]$ (soit $card(bg..bd)$) que de valeurs possibles dans l'ensemble $bi..bs$ (soit $card(bi..bs)$) : il existe donc au moins un doublon).

Postcondition Q :

1. $nbg..nbd \subset bg..bd$ (le tableau $T[nbg..nbd]$ est strictement plus petit que le tableau $T[bg..bd]$).

2. Le tableau $T[nbg..nbd]$ prend ses valeurs dans l'intervalle $nbi..nbs$.

3. $card(nbg..nbd) \geqslant 2$ (le tableau possède au moins deux éléments).

4. $card(nbg..nbd) = card(bi..bs) + 1$ (il y a exactement une place de plus que de valeurs possibles : il existe donc au moins un doublon).

5. $nbi \in T[nbg..nbd]$ et $nbs \in T[nbg..nbd]$ (les valeurs extrêmes possibles appartiennent bien au tableau).

6. $T[nbg..nbd] \sqsubseteq T[bg..bd]$ (le sac des valeurs du tableau $T[nbg..nbd]$ est inclus dans le sac des valeurs du tableau $T[bg..bd]$).

Cependant, la postcondition Q ne se prête pas directement à la construction d'une boucle. Nous devons insérer entre les situations P et Q une situation intermédiaire R, qui va constituer la postcondition de la boucle. Le programme A spécifié par $\{R\} A \{Q\}$ sera quant à lui constitué d'une alternative.

Situation intermédiaire R :

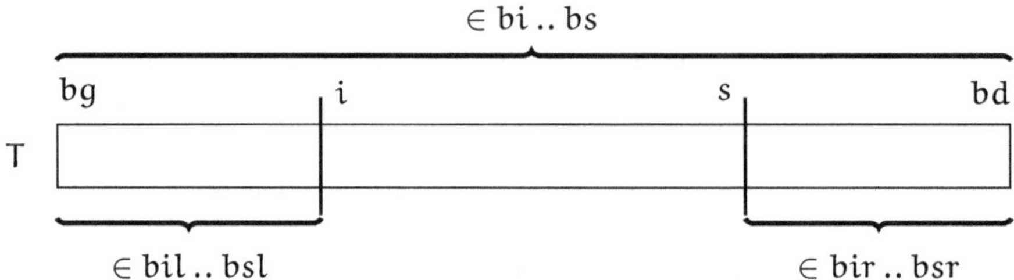

Nous allons distinguer quatre sortes de conjoints : les conjoints généraux (portant sur le tableau complet $T[bg .. bd]$), les conjoints spécifiques au sous-tableau $T[bg .. i-1]$, ceux spécifiques au sous-tableau $T[s+1 .. bd]$, et enfin le conjoint commun aux deux sous-tableaux.

Conjoints généraux.

1. $mil = \lfloor (bi + bs)/2 \rfloor$.

2. $T[bg .. bd]$ est une permutation multiensembliste des valeurs initiales. Il existe donc toujours au moins un doublon dans le tableau. Ce tableau est modifié uniquement par des appels à la procédure *Échange*, le présent conjoint peut donc être oublié.

Conjoints spécifiques au sous-tableau $T[bg .. i-1]$**.**

1. $i \in bg .. bd - 1$ (le sous-tableau n'est jamais le tableau complet).

2. $bil .. bsl \subseteq bi .. mil$.

3. Le sous-tableau prend ses valeurs dans l'intervalle $bil .. bsl$.

4. $bil .. bsl \neq \varnothing \Rightarrow bil \in T[bg .. i-1]$ **et** $bsl \in T[bg .. i-1]$ (si l'intervalle des valeurs du sous-tableau n'est pas vide, les valeurs extrêmes de cet intervalle sont présentes dans le tableau).

5. $card(bg .. i-1) \in 0 .. card(bil .. bsl) + 1$ (le nombre de places dans le sous-tableau est compris entre 0 et le nombre de valeurs possibles plus 1. Ce dernier cas implique l'existence d'au moins un doublon).

Conjoints spécifiques au sous-tableau $T[s+1 .. bd]$**.** Ils sont similaires à ceux du sous-tableau $T[bg .. i-1]$.

Conjoint commun aux deux sous-tableaux. Dans l'un des deux sous-tableaux, il y a plus de places que de valeurs possibles : deux emplacements contiennent la même valeur. Ce sous-tableau contient au moins un doublon. En termes formels : $card(bg .. i-1) = card(bil .. bsl) + 1$ **ou** $card(s+1 .. bs) = card(bir .. bsr) + 1$

114 - Q 1 **Question** 1.

(a) Construire, pour la procédure *Ventiler*, la boucle B répondant à la spécification $\{P\} B \{R\}$.

(b) Compléter le code de la procédure *Ventiler*.

(c) Fournir une trace d'exécution des principales variables pour l'exemple introductif.

(d) Fournir un majorant du nombre de conditions évaluées. En déduire la complexité au pire de la procédure *Ventiler*.

(e) Montrer que la taille du sous-tableau de sortie $T[nbg..nbd]$ ne dépasse pas la moitié de la taille du tableau d'entrée $T[bg..bd]$ plus 1, autrement dit que :

$$\text{card}(nbg..nbd) \leqslant \left\lfloor \frac{\text{card}(bg..bd)}{2} \right\rfloor + 1. \tag{8.22}$$

Cette formule est à utiliser pour démontrer la terminaison de la procédure *Ventiler*.

Question 2. En déduire le raisonnement par induction qui permet de construire l'opération « **fonction** *CherchDoubl*(bg, bd) **résultat** $bi..bs$ » et d'en prouver la terminaison. Cette opération délivre l'un quelconque des doublons du tableau $T[bg..bd]$. Quel est le modèle de division qui s'applique ? Fournir le code de cette opération. Montrer qu'elle est au pire en $\mathcal{O}(n)$ conditions évaluées. $\boxed{114\text{ - }Q\,2}$

La solution est en page 636.

Exercice 115   Le plus grand carré et le plus grand rectangle sous un histogramme

> *Il s'avère que cet exercice est remarquable à de nombreux points de vue.*
>
> - *Les deux problèmes abordés (carré et rectangle) présentent des spécifications proches. Cependant, les techniques utilisées sont différentes et difficilement transposables de l'un vers l'autre.*
>
> - *Le second problème (rectangle) est abordé selon trois approches (DpR, méthode purement itérative et méthode mariant récursivité et itération).*
>
> - *La solution DpR (dans sa version la plus élaborée) conduit à l'étude d'une structure de données originale et efficace, basée sur des arbres.*
>
> - *La solution itérative utilise explicitement une pile qui exige, pour atteindre une solution efficace et élégante, un raffinement ingénieux.*
>
> - *Cerise sur le gâteau, la dernière solution étudiée est un antidote à l'empirisme et à la « bidouille ». Le résultat, d'une concision et d'une pureté rare, ne peut être atteint qu'en appliquant scrupuleusement les préceptes défendus dans cet ouvrage.*
>
> *En outre, il ne s'agit pas d'un exercice purement « gratuit ». De simples extensions trouvent des applications au traitement d'images. De par la grande variété des solutions abordées, le placement de cet exercice dans ce chapitre est quelque peu arbitraire.*

Le problème

Définition 33 (Histogramme d'un tableau de naturels) :
Soit t *un tableau défini sur l'intervalle* $a..b$ *et à valeurs dans l'intervalle* $i..s$. *Le tableau* h *défini sur l'intervalle* $i..s$ *et à valeurs dans l'intervalle* $0..b-a+1$ *est l'histogramme*

de t *si, pour chaque valeur* v *de l'intervalle* i .. s, h[v] *comptabilise le nombre de fois où* v *apparaît dans* t.

Cette définition se formalise comme suit. Soit :

$$t \in a..b \rightarrow i..s \quad \text{et} \quad h \in i..s \rightarrow 0..b-a+1.$$

Le tableau h est l'histogramme de t si :

$$\forall k \cdot (k \in i..s \;\Rightarrow\; h[k] = \#j \cdot (j \in a..b \mid t[j] = k)).$$

Exemple Soit le tableau t suivant, défini sur l'intervalle 1..25 et à valeurs dans l'intervalle 1 .. 7 :

1	2	3	4	5	6	7	8	9	10	11	12	13	14	15	16	17	18	19	20	21	22	23	24	25
1	3	2	1	4	5	4	3	2	1	6	1	5	3	7	6	3	4	5	6	1	4	6	1	3

Son histogramme h, défini sur l'intervalle 1 .. 7 et à valeurs dans l'intervalle 0 .. 25, se présente comme suit :

	1	2	3	4	5	6	7
h	6	2	5	4	3	4	1

Un tel tableau est souvent représenté comme le montre la figure 8.17 ci-dessous.

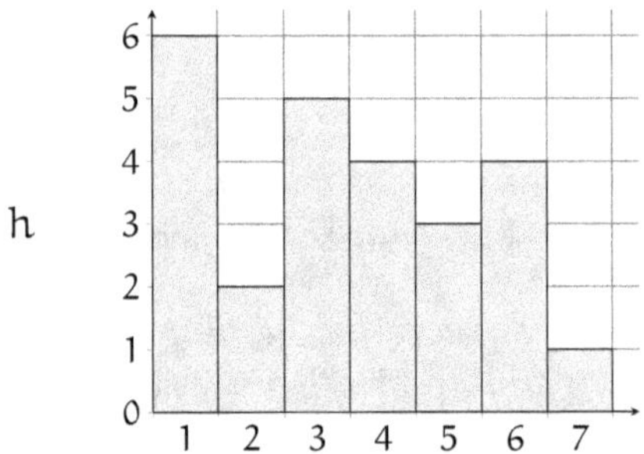

Fig. 8.17 – Un exemple d'histogramme

On peut noter (remarque exploitée ci-après) qu'il est possible de définir l'histogramme d'un histogramme. Ainsi, l'histogramme h′ de h est défini sur l'intervalle 0..25 et à valeurs dans l'intervalle 0 .. 7. Il se présente de la manière suivante :

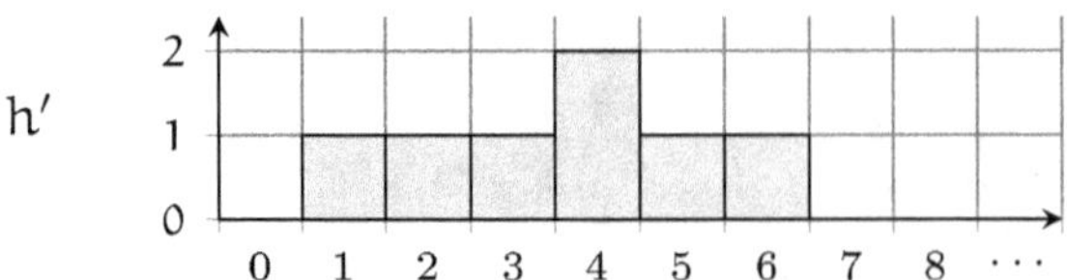

L'objectif de l'exercice est double. Il s'agit tout d'abord de rechercher le côté du plus grand *carré* sous l'histogramme, puis, dans une seconde étape, de rechercher l'aire du plus grand *rectangle* sous un histogramme. Dans chacun des cas, plusieurs solutions sont étudiées. L'exercice s'achève par une application aux images noir et blanc. La complexité des différentes solutions se mesure en nombre de conditions évaluées.

Recherche du côté du plus grand carré sous un histogramme

Pour l'exemple de la figure 8.17, la valeur recherchée est 3. Elle est atteinte par deux carrés différents :

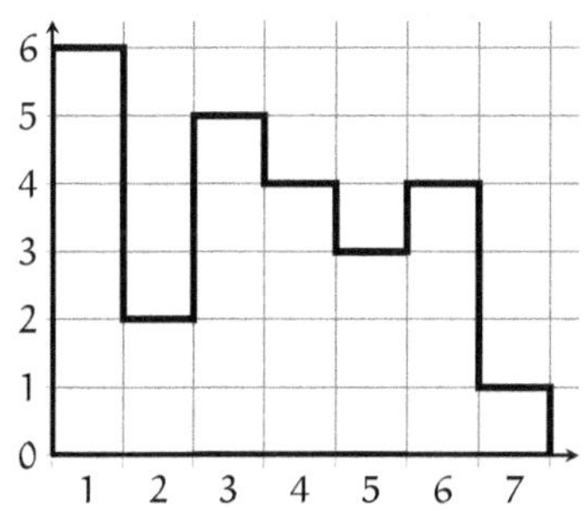 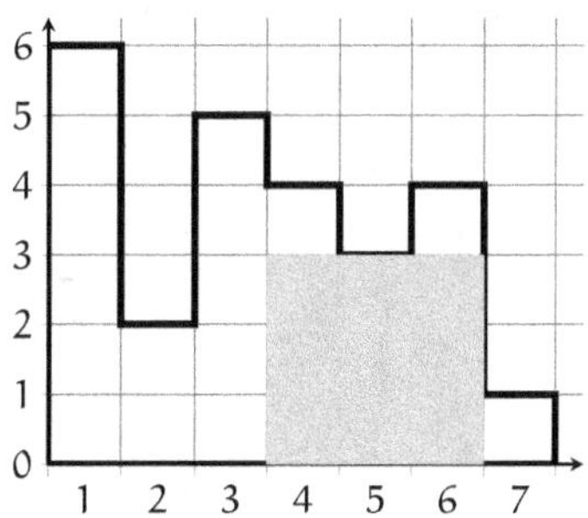

Deux solutions sont étudiées. La première est une version itérative, en $\mathcal{O}(n^2)$, la seconde, en $\Theta(n)$, est une optimisation de la précédente.

Question 1. Nous avons vu qu'il n'y a pas en général unicité de la solution. Une situation pour laquelle plusieurs solutions sont alignées verticalement peut exister, comme le montre le schéma ci-dessous :

115 - Q 1

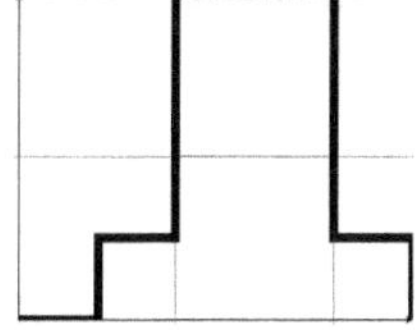 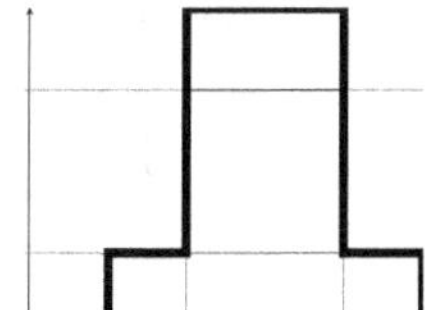 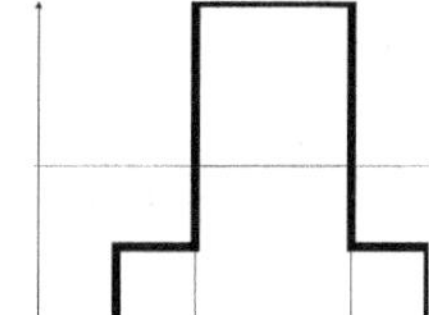

Montrer qu'il est toujours possible de ne considérer, dans la résolution de ce problème, que les carrés qui touchent l'axe des abscisses. Cette propriété est appliquée systématiquement dans la suite.

Remarque Pour ce qui concerne plus particulièrement la recherche du plus grand carré sous un histogramme h défini sur l'intervalle $i..s$ et à valeurs dans l'intervalle $0..b-a+1$, il est facile de constater qu'il est impossible d'y placer un carré dont le côté serait supérieur à $s-i+1$. Dans la suite, nous supposons – sans perte de généralité – que les histogrammes concernés par la recherche du plus grand carré sont écrêtés au-delà de $(s-i+1)$, comme le montre le schéma suivant :

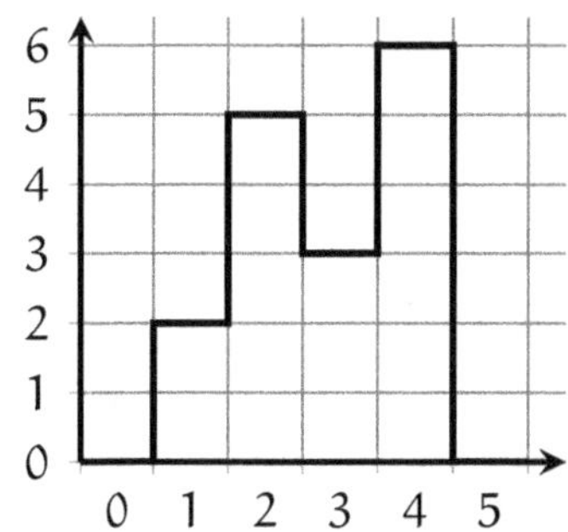 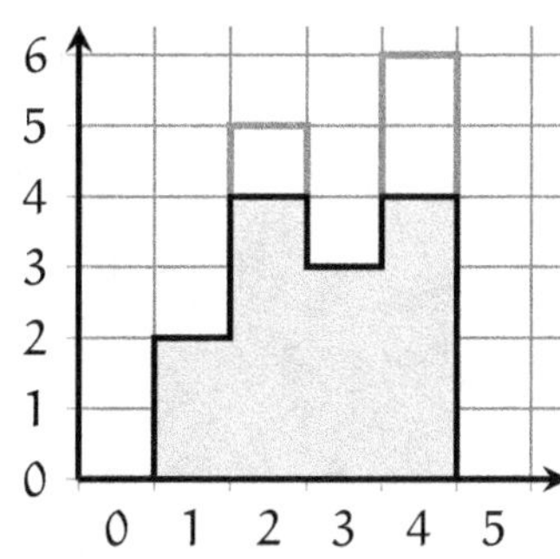

Histogramme original   Histogramme écrêté (en gris)

Le prétraitement nécessaire à la satisfaction de cette contrainte n'est pas réalisé ici.

Plus grand carré sous un histogramme, version itérative naïve

Question 2. Construire une solution itérative fondée sur l'invariant suivant : r est le côté du plus grand carré contenu dans l'histogramme $h[1..i-1]$; le plus grand carré jouxtant la position i – le seul qui puisse encore s'agrandir – a comme côté $(i-a)$, avec $1 \leqslant a \leqslant i \leqslant n+1$.

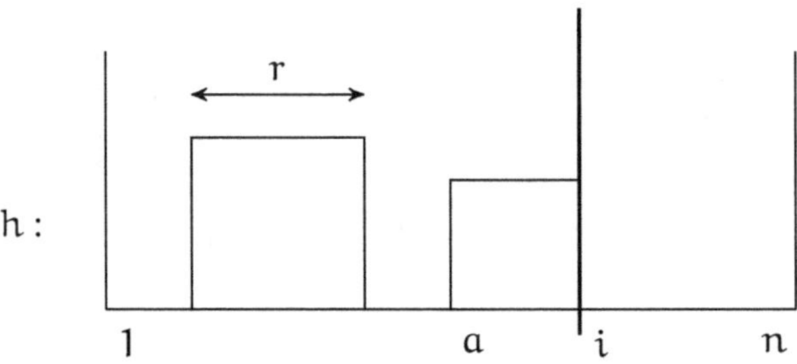

Vérifier que la complexité est en $\mathcal{O}(n^2)$.

Plus grand carré sous un histogramme, version itérative optimale

Du point de vue complexité, le problème que pose la solution naïve précédente réside dans le calcul d'une expression quantifiée, calcul pour lequel la solution la plus simple se fonde sur une boucle. On sait déjà que dans l'intervalle $a..i-1$, aucune valeur de h n'est inférieure à $a-i$ (dans le cas contraire le carré considéré n'existerait pas). Si on disposait de f, histogramme de $h[a..i-1]$, le raffinement de l'expression conditionnelle $\min(h[a..i-1]) \geqslant i-a+1$ se réduirait à $f[i-a] = 0$ (en effet $f[i-a] = 0$ signifie qu'aucune valeur de $h[a..i-1]$ n'est égale à $i-a$; on savait déjà qu'aucune d'entre elles n'est inférieure à $i-a$).

Exemple Considérons l'histogramme $h[a..i-1]$ suivant :

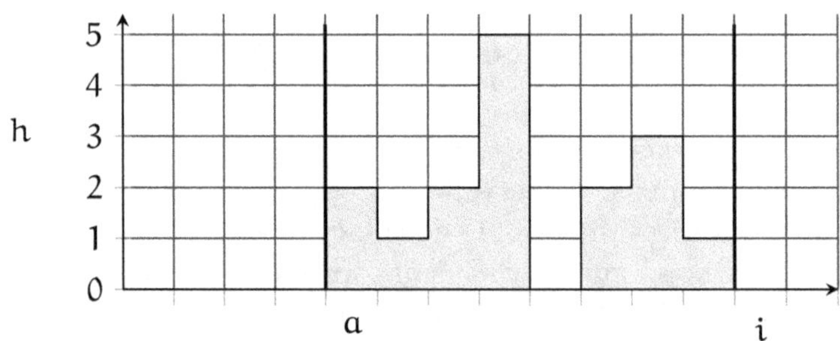

L'histogramme f de $h[a..i-1]$ est alors :

	0	1	2	3	4	5
f	1	2	3	1	0	1

Soit encore :

Ainsi, dans $h[a \mathinner{.\,.} i-1]$, il existe trois positions qui valent 2 (d'où $f[2]=3$).

Question 3. Construire une nouvelle solution basée sur l'observation ci-dessus. Fournir le code. Vérifier que cette solution est bien en $\Theta(n)$.

115 - Q 3

Recherche de l'aire du plus grand rectangle sous un histogramme

L'objectif de cette partie de l'exercice est de construire un programme qui détermine l'aire du plus grand rectangle sous l'histogramme. De manière plus formelle, étant donnée une matrice booléenne $T[1 \mathinner{.\,.} m, 1 \mathinner{.\,.} n]$ représentant une image, on cherche la valeur de a, l'aire du plus grand rectangle noir contenu dans T. Pour l'exemple de la figure 8.17, page 502, cette valeur vaut 12. Elle est atteinte par deux rectangles différents :

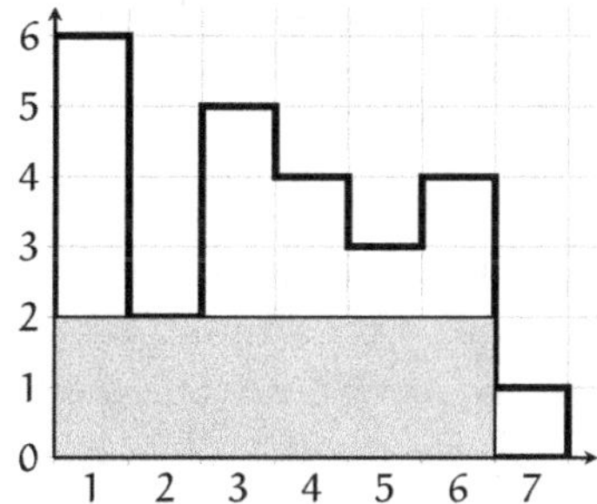 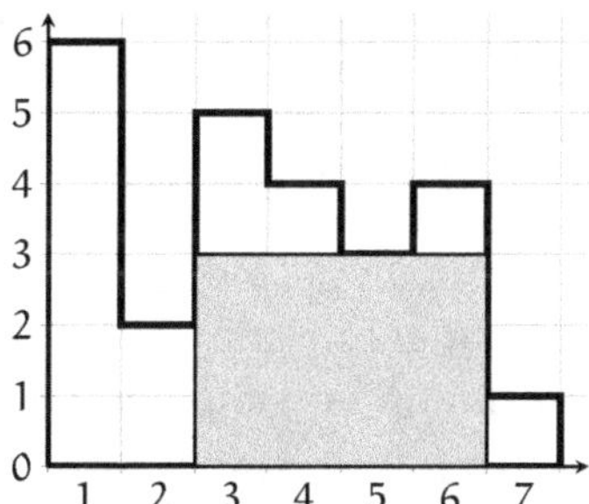

Trois solutions sont étudiées. La première est du type DpR (deux variantes sont proposées), la seconde est une solution itérative, enfin la troisième, de facture originale, panache efficacement itération et récursivité.

Définition 34 (am : aire maximale) :
Pour $1 \leqslant i \leqslant j \leqslant n+1$, $am(i,j)$ est l'aire du plus grand rectangle sous la portion de l'histogramme dont les abscisses appartiennent à l'intervalle $i \mathinner{.\,.} j-1$.

Pour l'exemple de la figure 8.17, page 502, $am(2,5)$ vaut 8 :

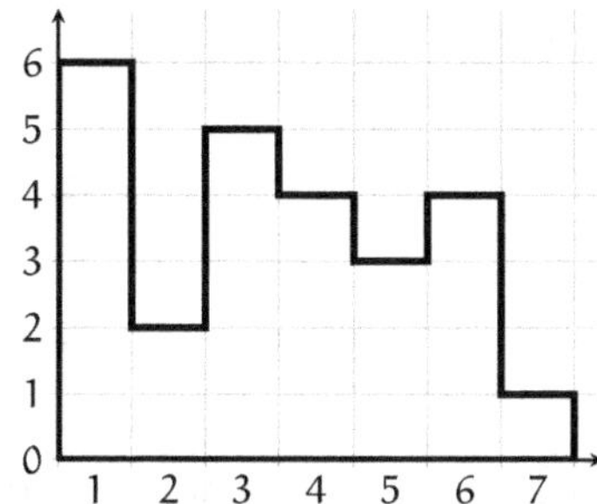

Plus grand rectangle sous un histogramme, version DpR naïve

Propriété

- $am(i,i)=0$ pour $1 \leqslant i \leqslant n+1$
- si $i \leqslant k < j$ et $h[k]=\min(h[i \mathinner{.\,.} j-1])$
  alors $am(i,j)=\max(\{am(i,k), (j-i) \cdot h[k], am(k+1,j)\})$.

Cette propriété simple exprime qu'il est possible de déterminer l'aire du plus grand rectangle sous un histogramme, à condition de connaître d'une part la position d'une occurrence du minimum de l'histogramme, d'autre part l'aire des plus grands rectangles situés de part et d'autre du minimum en question.

Exemple Pour l'histogramme suivant :

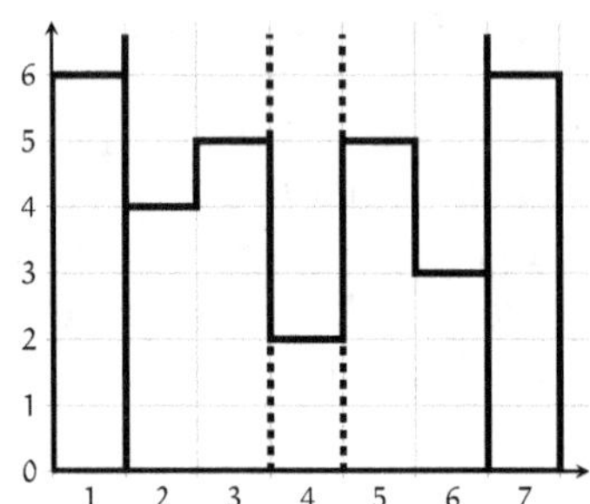 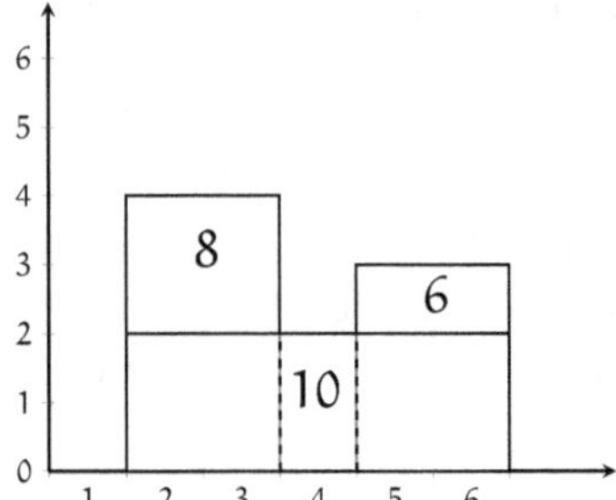

$k = 4$ et la valeur de $am(2,7)$ est $\max(\{8, 6, 10\})$, soit 10.

<table><tr><td>115 - Q 4</td></tr></table>

Question 4. On suppose disponible la fonction $PosMin(i, s)$ qui délivre l'une quelconque des positions du minimum de $h[i .. s - 1]$. En appliquant directement la propriété 115 ci-dessus, fournir la version DpR de l'opération **fonction** $AmHDpR(i, s)$ **résultat** $\mathbb{N}$ qui délivre l'aire du plus grand rectangle présent sous l'histogramme $h[i .. s - 1]$. Quelle est la complexité de cette opération dans l'hypothèse où la fonction $PosMin$ est mise en œuvre par une recherche séquentielle ?

Plus grand rectangle sous un histogramme, version DpR et arbres de segments minimaux   La solution précédente est basée sur une recherche linéaire standard (en $\Theta(n)$) du minimum d'un histogramme. Il existe cependant une solution plus efficace pour ce problème : celle qui utilise les arbres de segments minimaux. Les principales définitions, ainsi que les éléments de vocabulaire les plus fréquents portant sur les arbres binaires, sont regroupés au chapitre 1.

Les arbres de segments minimaux (arbres de segments pour la recherche du minimum)   Soit $h \in i .. s \to \mathbb{N}$ un tableau. Un arbre de segments minimal pour h est un arbre binaire tel que chaque nœud est constitué de :

- la position p du (d'un) minimum de $h[i .. s]$,

- l'intervalle $i .. s$ en question,

- le sous-arbre de segments minimal gauche correspondant à la première moitié de l'intervalle $i .. s$,

- le sous-arbre de segments minimal droit correspondant à la seconde moitié de l'intervalle $i .. s$.

Dans la suite, pour des raisons de lisibilité, on se limite à des tableaux dont la taille est une puissance de 2 ($n = 2^k$). Les résultats obtenus se transposent à des valeurs n quelconques.
Exemple Soit h défini par :

1	2	3	4	5	6	7	8
2	6	1	5	9	3	8	4

L'arbre de segments minimal A correspondant est le suivant :

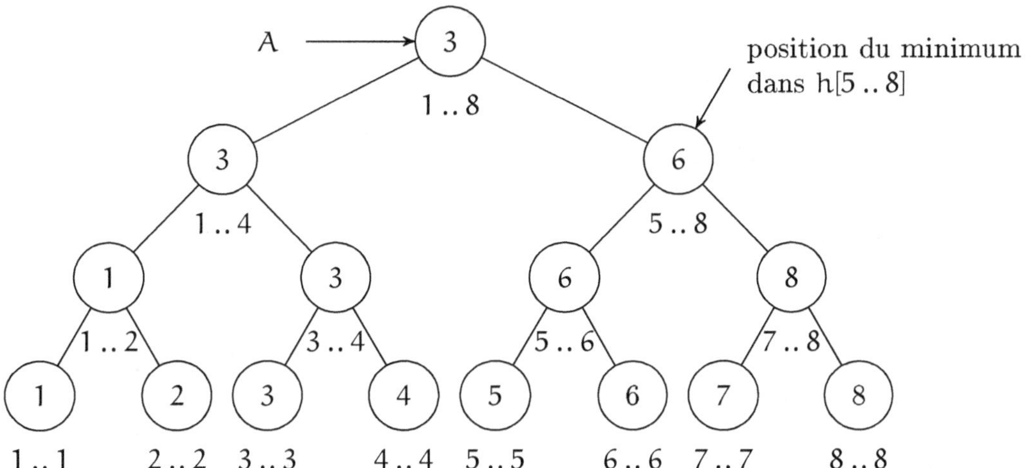

Un tel arbre est représenté par la structure

$$\text{asm} = \{/\} \cup \{(g, (m, i, s), d) \mid g \in \text{asm et } d \in \text{asm et } m \in \mathbb{N}_1 \text{ et } i \in \mathbb{N}_1 \text{ et } s \in \mathbb{N}_1\}$$

où $i \mathbin{..} s$ est l'intervalle d'entiers du nœud considéré et m la position du minimum pour le tableau ainsi représenté. Soit « **fonction** $PosMinAux(a, p, q)$ **résultat** $\mathbb{N}$ » l'opération qui délivre la (l'une des) position(s) du minimum de $h[p \mathbin{..} q]$ dans l'arbre de segments minimal a.

Question 5. Construire cette opération, fournir son code et calculer sa complexité en nombre de nœuds visités d'abord, de conditions évaluées ensuite. En déduire la complexité de la nouvelle version de l'opération $AmHDpR$.

115 - Q 5

Plus grand rectangle sous un histogramme, version itérative Le principe de cette version s'apparente à celui appliqué dans les versions itératives de la recherche du plus grand carré. Cependant, il s'en démarque par le fait qu'il existe ici en général *plusieurs* rectangles candidats à l'élargissement vers la droite. Cet ensemble de candidats est dénommé « ensemble des rectangles ouverts », il est noté O et $k = \text{card}(O)$. Dans la suite, on suppose que h est étendu en 0 et en $n + 1$ par 0. Nous décidons de représenter un rectangle ouvert par le couple (g, ht), où g est l'abscisse la plus à gauche du rectangle et ht sa hauteur. Formellement, pour i fixé, un rectangle ouvert (g, ht) se définit par :

$$g \in 0 \mathbin{..} i - 1 \text{ et } ht = \min(h[g \mathbin{..} i - 1]) \text{ et } h[g - 1] < ht.$$

À la figure 8.18, pour $i = 10$, nous avons $O = \{(0, 0), (1, 1), (4, 3), (6, 4)\}$. L'extension de h en 0 permet de disposer en permanence, dans la pile O, du rectangle « neutre » de coordonnées $(0, 0)$ et d'aire 0 (zéro).

Question 6. Démontrer la propriété suivante :

115 - Q 6

Lemme 1 :
Soit $P = \; < (g_1, ht_1), \ldots, (g_k, ht_k) > \;$ *la liste des rectangles ouverts triée sur les g_j croissants. La liste* $< ht_1, \ldots, ht_k >$ *est également strictement croissante.*

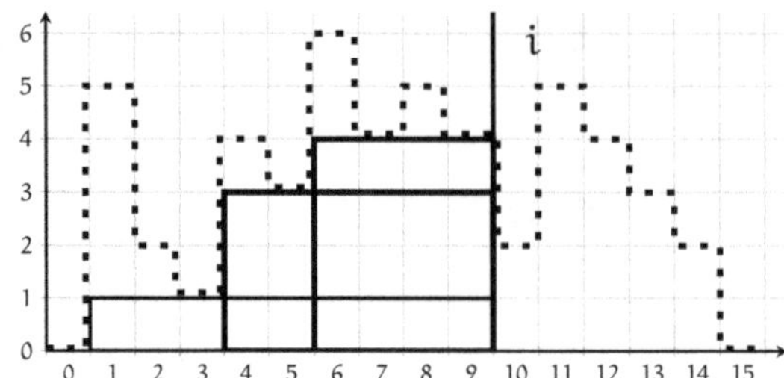

Fig. 8.18 – Un histogramme et les quatre rectangles ouverts pour $i = 10$

Sans entrer dans le détail de ce qui constitue la question suivante, lors de la progression, soit on supprime de la liste P le rectangle ayant la hauteur la plus grande (c'est-à-dire le dernier élément de la liste), soit on allonge la largeur des rectangles ouverts, en créant éventuellement, à la queue de la liste P, un nouveau rectangle dont la hauteur est supérieure à celles de tous les rectangles présents dans P. La liste P se comporte donc comme une *pile*. L'extension de h en $(n+1)$ permet, lorsque i atteint cette valeur, de dépiler tous les rectangles ouverts à l'exception de celui de coordonnées $(0, 0)$, puis de faire progresser i jusqu'à $n + 2$.

Les informations présentes dans P sont redondantes. En effet, les hauteurs ht_j peuvent être retrouvées à partir des abscisses g_j. Afin de supprimer cette redondance, on décide de raffiner la pile P par la pile P' qui se présente comme suit : $P' = \; < g_1 - 1, \ldots, g_k - 1, s >$, où le sommet s de la pile P' est l'abscisse la plus à droite telle que $s \in g_k + 1 \,..\, i - 1$ et $(g_k, h[s])$ est le sommet de la pile P (P' contient un élément de plus que P). Ainsi, si $P = \; < (0, 0), (1, 1), (4, 3), (6, 4) >$ (voir figure 8.18), $P' = \; < -1, 0, 3, 5, 9 >$.

115 - Q 7 **Question** 7. Montrer que cette représentation P' permet de retrouver toutes les informations présentes dans P.

115 - Q 8 **Question** 8. En supposant disponibles les opérations suivantes sur la pile P' :

initPile procédure qui vide la pile,

sommetPile fonction qui délivre le sommet de la pile sans modifier celle-ci (précondition : la pile est supposée non vide),

empiler(v) procédure qui empile l'entier v,

dépiler procédure qui supprime le sommet de pile (précondition : la pile est supposée non vide),

construire la boucle sur laquelle est fondée cet algorithme. Quelle est sa complexité ?

Plus grand rectangle sous un histogramme, version Morgan   Face à la solution précédente utilisant explicitement une pile, il est légitime de se demander s'il n'est pas possible d'utiliser implicitement (à la place) la pile d'exécution. La solution étudiée ici répond à cette interrogation, même s'il ne s'agit pas d'une adaptation de la solution précédente, mais d'une approche originale due à l'informaticien australien C. Morgan qui l'utilise comme exemple de construction d'un programme à partir d'une spécification formelle (voir [52], pages 209-216).

L'histogramme est étendu en 0 et $n + 1$ de sorte que $h[0] = h[n + 1] = -1$. Ces valeurs servent de sentinelles dans la suite.

Soit $P(k) = k \in 0..n$ un prédicat. Soit la procédure $AmHMorg(i, b, j)$ (où i est un paramètre d'entrée et b et j sont des paramètres de sortie) spécifiée en pré/post par :

Précondition : $P(i)$.

Postcondition : Q défini par $Q \mathrel{\widehat{=}} Q_1$ **et** Q_2 **et** Q_3 **et** Q_4 avec

$$Q_1 \mathrel{\widehat{=}} i < j \leqslant n + 1$$
$$Q_2 \mathrel{\widehat{=}} h[i] \leqslant \min(h[i + 1 .. j - 1])$$
$$Q_3 \mathrel{\widehat{=}} h[i] \geqslant h[j]$$
$$Q_4 \mathrel{\widehat{=}} b = am(i + 1, j).$$

Pour une abscisse i donnée, l'appel $AmHMorg(i, b, j)$ fournit deux résultats, j et b. Le premier est la plus petite abscisse (j) supérieure à i telle que d'une part $h[j] \leqslant h[i]$ et d'autre part la portion de l'histogramme $h[i + 1 .. j - 1]$ est supérieure ou égale à $h[i]$. Notons que la spécification garantit l'existence de j. En effet, il est toujours possible de trouver un tel j puisqu'il existe une abscisse j telle que $h[j]$ est inférieure ou égale à toutes les valeurs précédentes de l'histogramme – c'est $(n + 1)$ $(h[n + 1] = -1)$ – et que, dans le cas où l'intervalle $i + 1 .. j - 1$ est vide, l'expression $\min(h[i + 1 .. j - 1])$ devient $\min(\varnothing)$, qui vaut $+\infty$ $(h[i] \leqslant +\infty)$. Le second résultat, b, est l'aire du plus grand rectangle présent sous la portion de l'histogramme délimitée par l'intervalle $i + 1 .. j - 1$.

Exemple   Reprenons l'exemple de la figure 8.17, page 502, pour évaluer $AmHMorg(2, b, j)$:

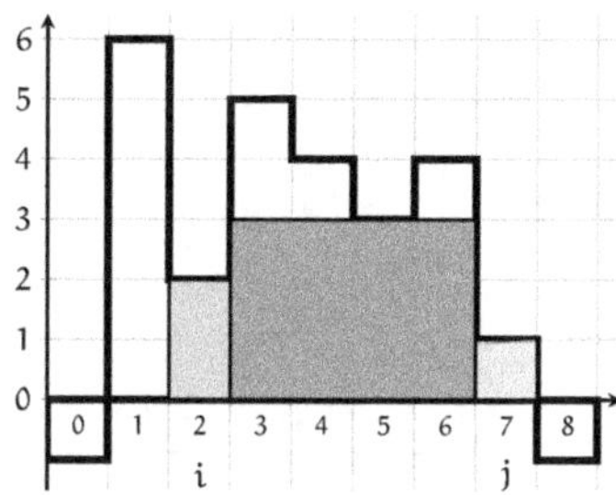

Cet appel délivre $j = 7$ et $b = 12$.
Prenons à nouveau l'exemple de la figure 8.17, page 502, pour évaluer $AmHMorg(3, b, j)$:

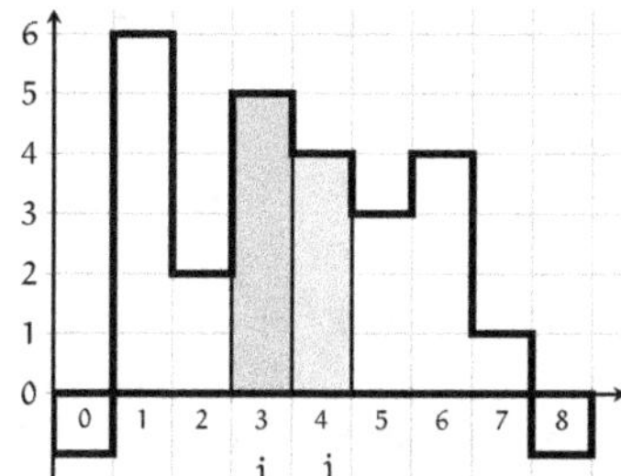

Cette fois, l'intervalle $i + 1 .. j - 1$ est vide. L'aire b du plus grand rectangle sous la portion $h[4 .. 3]$ est nulle. Cet appel délivre donc $j = 4$ et $b = 0$.

Question 9. Posons $Q_5 \mathrel{\widehat{=}} h[j] \leqslant \min(h[i + 1 .. j - 1])$. Montrer que $Q \Rightarrow Q_5$. Dans la suite, le prédicat $(Q$ **et** $Q_5)$ est noté Q'. $\boxed{\text{115 - Q 9}}$

115 - Q 10 **Question** 10. Montrer qu'au retour de l'appel $AmHMorg(0, b, j)$ j vaut $(n+1)$ et b est l'aire du plus grand rectangle sous l'histogramme $h[1 .. n]$.

Nous recherchons une solution récursive de la forme

```
 1. procédure AmHMorg(i; b, j : modif) pré
 2.    i ∈ ℕ et b ∈ ℕ et j ∈ ℕ₁ et
 3.    c ∈ ℕ et k ∈ ℕ
 4. début
 5.    Initialisation ;
 6.    tant que non CA faire
 7.       AmHMorg(j, c, k) ;
 8.       FinProgression
 9.    fin tant que
10. fin
```

Si $I(i, b, j)$ et $CA(i, b, j)$ représentent respectivement l'invariant de la boucle et la condition d'arrêt, la version annotée de la procédure $AmHMorg$ se présente comme suit :

```
 1. procédure AmHMorg(i; b, j : modif) pré
 2.    i ∈ ℕ et b ∈ ℕ et j ∈ ℕ₁ et
 3.    c ∈ ℕ et k ∈ ℕ
 4. début
 5.    │ P(i) │
 6.    Initialisation ;
 7.    │ I(i, b, j) │
 8.    tant que │ non CA(i, b, j) │ faire
 9.       │ I(i, b, j) et non CA(i, b, j) │
10.       AmHMorg(j, c, k) ;
11.       │ Q'(j, c, k) et I(i, b, j) et non CA(i, b, j) │
12.       FinProgression
13.       │ I(i, b, j) │
14.    fin tant que
15.    │ I(i, b, j) et CA(i, b, j) │
16.    │ Q'(i, b, j) │
17. fin
```

Remarques

1. Puisque i est un paramètre d'entrée, $P(i)$ est un prédicat toujours satisfait.

2. Ces annotations résultent des éléments théoriques fondamentaux de la programmation séquentielle (voir chapitre 3).

3. Dans l'annotation de la ligne 11, le conjoint $Q'(j, c, k)$ est la postcondition résultant de l'appel récursif de la ligne 10. Le reste de la formule ($I(i, b, j)$ **et non** $CA(i, b, j)$) est hérité directement de la précondition de la progression. En effet, l'appel de la ligne 10, $AmHMorg(j, c, k)$, ne modifie pas la valeur des variables d'état de la boucle (i, b et j).

4. La ligne 15 est la postcondition « naturelle » de la boucle, tandis que la ligne 16 est la postcondition de la procédure. Nous pouvons logiquement en conclure que

$$I(i, b, j) \textbf{ et } CA(i, b, j) \Rightarrow Q'(i, b, j). \tag{8.23}$$

5. P et Q' sont des prédicats connus (donnés) ; I et CA sont en revanche inconnus. *Initialisation* et *FinProgression* sont des fragments de code inconnus, à construire à partir de leurs spécifications. Celle de *FinProgression* est le couple de prédicats des lignes 11 (pour la précondition) et 13 (pour la postcondition). Une solution triviale serait de choisir l'action « vide », puisque la postcondition est déjà un conjoint de la précondition. Cependant, ce choix est à exclure car il ne permet pas de montrer que le programme se termine. Il faut rechercher un fragment de code qui « rétablit » l'invariant $I(i, b, j)$.

Dans les questions suivantes, nous allons développer progressivement cette boucle en appliquant les principes classiques de construction d'itérations (voir chapitre 3).

Question 11. Ces principes préconisent de déterminer tout d'abord l'invariant I et la condition d'arrêt CA. En partant de la formule 8.23, faire une proposition pour I et pour CA. `115 - Q 11`

Question 12. Montrer qu'il est légal d'appeler la procédure $AmHMorg(j, c, k)$ à la ligne 10 (autrement dit, que la précondition $P(j)$ est impliquée par le prédicat de la ligne 9). `115 - Q 12`

Question 13. Nous cherchons à présent à déterminer le code correspondant à *FinProgression*. `115 - Q 13`

(a) Si la configuration suivante

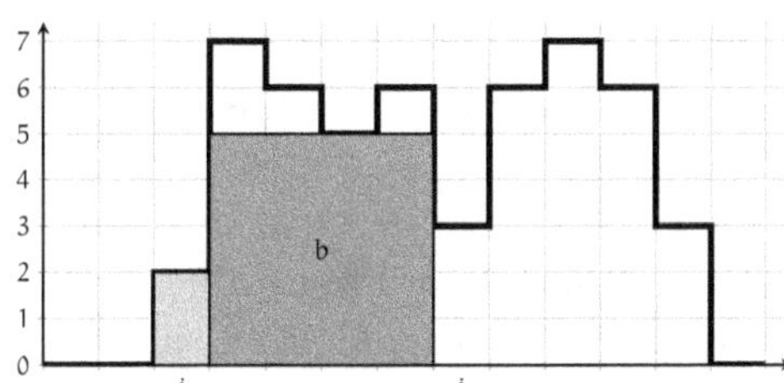

est une instance du prédicat de la ligne 9, quelle est la situation atteinte à la ligne 11 ?

(b) Fournir une solution pour le fragment de code *FinProgression*. Quelle est, sur l'exemple considéré, la situation atteinte à la ligne 13 ?

(c) Que se serait-il passé si, au lieu d'utiliser la postcondition Q', nous avions simplement utilisé Q ?

Question 14. Fournir une solution pour le fragment de code *Initialisation*. `115 - Q 14`

Question 15. Montrer que la procédure se termine. `115 - Q 15`

Question 16. Fournir le code de la procédure. `115 - Q 16`

Question 17. Dans cette question, nous cherchons à montrer que la complexité de cette solution est en $\Theta(n)$. Nous décidons de dénombrer les appels à la procédure $AmHMorg$. Cette décision est (asymptotiquement) compatible avec le choix initial de dénombrer les conditions puisque, s'il y a a appels récursifs à la procédure, il y a $(a + 1)$ évaluations de la condition de la boucle. Démontrer par induction la propriété suivante : l'exécution de $AmHMorg(i, c, j)$ entraîne $(j - i)$ appels récursifs à $AmHMorg$. `115 - Q 17`

Application : recherche de l'aire du plus grand rectangle noir dans une image noir et blanc

Soit une image rectangulaire composée de pixels noirs (1) et blancs (0). On cherche la plus grande sous-image rectangulaire complètement noire. De manière plus formelle, étant donnée une matrice booléenne $T[1..m, 1..n]$ représentant une image, on cherche la valeur de a, aire du plus grand rectangle noir contenu dans T.

Exemple

Dans l'image ci-dessous, l'aire du plus grand rectangle est 6.

Question 18. Montrer comment appliquer les algorithmes étudiés auparavant pour résoudre ce problème. On précisera la complexité temporelle de la solution proposée.

> 115 - Q 18

La solution est en page 641.

8.4 Solutions

Solution de l'exercice 87 Le tri-fusion

Énoncé page 443.

> 87 - R 1

Réponse 1. L'algorithme se compose de deux parties. La première consiste à interclasser les deux sous-tableaux $T[p..q]$ et $T[q+1..r]$ dans le tableau auxiliaire $S[p..r]$. Une solution itérative convient parfaitement. À l'issue de ce traitement, l'un des deux sous-tableaux a été totalement transféré dans S, l'autre ne l'a été que partiellement. La seconde partie de l'algorithme consiste à compléter S avec les valeurs restant à déplacer. Les cinq constituants de la construction de la boucle sont présentés ici :

Invariant Les deux sous-tableaux $T[p..i-1]$ et $T[q+1..j-1]$ sont interclassés dans $S[p..k-1]$. Par ailleurs, $i \in (p..q+1)$, $j \in (q+1..r+1)$ et $(k = i+j-q-1)$.

Condition d'arrêt L'un des deux sous-tableaux $T[p..i-1]$ ou $T[q+1..j-1]$ est traité, soit :
$$(i = q+1) \;\textbf{ou}\; (j = r+1).$$

On note que la conjonction de l'invariant et de la condition d'arrêt entraîne que la portion qui n'est pas encore traitée peut simplement être transférée à la fin de S.

Progression On copie dans S la plus petite valeur entre $T[i]$ et $T[j]$, puis on rétablit l'invariant en mettant à jour les indices i ou j et k.

Initialisation La séquence :
$$i \leftarrow p \;;\; j \leftarrow q+1 \;;\; k \leftarrow p$$

instaure l'invariant.

Terminaison k, indice de parcours de S, augmente d'une unité à chaque pas de progression. L'expression $(r+1-k)$ est une fonction de terminaison convenable.

L'algorithme suivant s'en déduit :

1. **procédure** *Fusion*(p, q, r) **pré**
2. $p \in \mathbb{N}$ et $q \in \mathbb{N}$ et $r \in \mathbb{N}$ et $p - 1 \leqslant q \leqslant r + 1$ et
3.   *EstTrié*(T[p .. q]) **et** *EstTrié*(T[q + 1 .. r]) **et**
4. $S \in p .. r \rightarrow \mathbb{N}$ et $i \in p .. q + 1$ et $j \in q + 1 .. r + 1$ et $k \in p .. r + 1$
5. **début**
6.   */% Première partie : interclassement %/*
7. $i \leftarrow p$; $j \leftarrow q + 1$; $k \leftarrow p$;
8.   **tant que non**$(i = q + 1$ **ou** $j = r + 1)$ **faire**
9.   **si** $T[i] < T[j]$ **alors**
10. $S[k] \leftarrow T[i]$; $i \leftarrow i + 1$
11.   **sinon**
12. $S[k] \leftarrow T[j]$; $j \leftarrow j + 1$
13.   **fin si** ;
14. $k \leftarrow k + 1$
15.   **fin tant que** ;
16.   */% Seconde partie : transfert des éléments restants %/*
17. $S[k .. k + (q - i)] \leftarrow T[i .. q]$;
18. $S[k .. k + (r - j)] \leftarrow T[j .. r]$;
19. $T \leftarrow S$
20. **fin**

Concernant la seconde partie, on remarque que, contrairement à ce que l'on rencontre parfois, il est inutile de choisir, par une alternative, le sous-tableau de T qui est à transférer dans S. En effet, l'autre sous-tableau est vide, il peut donc sans inconvénient être également copié dans S.

Réponse 2. La fusion des tableaux [3, 6, 7, 9] et [4, 5, 10, 12] demande six comparaisons ($3 <> 4$, $6 <> 4$, $6 <> 5$, $6 <> 10$, $7 <> 10$, $9 <> 10$), la fusion des tableaux [3, 4, 5, 6] et [7, 9, 10, 12] seulement quatre ($3 <> 7$, $4 <> 7$, $5 <> 7$, $6 <> 7$) tandis que celle des tableaux [3, 5, 7, 10] et [4, 6, 9, 12] se fait avec sept comparaisons ($3 <> 4$, $5 <> 4$, $5 <> 6$, $7 <> 6$, $7 <> 9$, $10 <> 9$, $10 <> 12$). La fusion des tableaux T[p .. q] et T[q + 1 .. r] requiert au plus $(q - p + 4)$ comparaisons. Cette valeur est atteinte quand l'une des deux tranches est épuisée et que l'on est arrivé au dernier élément de l'autre (voir par exemple le cas des tableaux [3, 5, 7, 10] et [4, 6, 9, 12]). Une évaluation exhaustive de la complexité ne peut s'en tenir à cette formule ; il faudrait lui ajouter les conditions implicites des lignes 17 à 19 de la procédure *Fusion*.   `87 - R 2`

Réponse 3. Si la taille de T est quelconque, la seule adaptation à faire dans la procédure *TriFusion* concerne la dénotation de l'indice « milieu », qui doit s'écrire $\lfloor (i + j)/2 \rfloor$ et non plus $(i + j)/2$ dans les deux appels récursifs, ainsi que dans l'appel à la procédure *Fusion*.   `87 - R 3`

Solution de l'exercice 88 La suite de Fibonacci

Énoncé page 443.

Réponse 1. Considérons la matrice suivante $F = \begin{bmatrix} a & b \\ c & d \end{bmatrix}$ où a, b, c et d sont des inconnues. On a :   `88 - R 1`

$$\mathcal{V}_n = F \times \mathcal{V}_{n-1}$$

$$\Leftrightarrow \qquad \begin{bmatrix} \mathcal{F}_{n-1} \\ \mathcal{F}_n \end{bmatrix} = \begin{bmatrix} a & b \\ c & d \end{bmatrix} \times \begin{bmatrix} \mathcal{F}_{n-2} \\ \mathcal{F}_{n-1} \end{bmatrix} \qquad \text{définitions}$$

$$\Leftrightarrow \qquad \begin{bmatrix} \mathcal{F}_{n-1} \\ \mathcal{F}_n \end{bmatrix} = \begin{bmatrix} a \cdot \mathcal{F}_{n-2} + b \cdot \mathcal{F}_{n-1} \\ c \cdot \mathcal{F}_{n-2} + d \cdot \mathcal{F}_{n-1} \end{bmatrix} \qquad \text{produit matriciel}$$

d'où, d'après la définition de $\mathcal{F}_n$ et par identification :

$$F = \begin{bmatrix} 0 & 1 \\ 1 & 1 \end{bmatrix}.$$

88 - R 2 **Réponse 2.**   On a donc $\mathcal{V}_n = F \times \mathcal{V}_{n-1} = F \times (F \times \mathcal{V}_{n-2}) = \ldots = F^{n-1} \times \mathcal{V}_1$.

88 - R 3 **Réponse 3.**   On construit l'opération « **fonction** *PuissanceMatrice*(M, n) **résultat** $(1 \mathinner{.\,.} 2) \times (1 \mathinner{.\,.} 2) \to \mathbb{N}$ », qui délivre la matrice M^n pour tout $n \in \mathbb{N}_1$.

Base Pour $n = 1$, le résultat est M.

Hypothèse d'induction On sait calculer M^m pour $1 \leqslant m < n$.

Induction On sait que :

$$n = \begin{cases} \left\lfloor \dfrac{n}{2} \right\rfloor + \left\lfloor \dfrac{n}{2} \right\rfloor & \text{si } n \text{ est pair} \\[2ex] \left\lfloor \dfrac{n}{2} \right\rfloor + \left\lfloor \dfrac{n}{2} \right\rfloor + 1 & \text{si } n \text{ est impair} \end{cases}$$

On en déduit que :

$$M^n = \begin{cases} M^{\lfloor \frac{n}{2} \rfloor} \times M^{\lfloor \frac{n}{2} \rfloor} & \text{si } n \text{ est pair} \\[2ex] M^{\lfloor \frac{n}{2} \rfloor} \times M^{\lfloor \frac{n}{2} \rfloor} \cdot M & \text{si } n \text{ est impair} \end{cases}$$

D'après l'hypothèse d'induction, on sait calculer $M^{\lfloor \frac{n}{2} \rfloor}$, donc également M^n.

Terminaison La puissance n est un entier positif qui décroît à chaque étape. Ceci assure la terminaison de l'algorithme.

Le code de la fonction *PuissanceMatrice* est immédiat :

```
1.  fonction PuissanceMatrice(M, n) résultat (1 .. 2) × (1 .. 2) → ℕ pré
2.     M ∈ (1 .. 2) × (1 .. 2) → ℕ et n ∈ ℕ₁ et
3.     T ∈ (1 .. 2) × (1 .. 2) → ℕ
4.  début
5.     si n = 1 alors
6.        résultat M
7.     sinon
8.        T ← PuissanceMatrice(M, ⌊n/2⌋) ;
9.        si Pair(n) alors
10.          résultat ProduitMatrice(T, T)
11.       sinon
12.          résultat ProduitMatrice(ProduitMatrice(T, T), M)
13.       fin si
14.    fin si
15. fin
```

On en déduit la procédure *FiboV*$(n; u, v : \textbf{modif})$:

1. **procédure** $FiboV(n; u, v : \textbf{modif})$ **pré**
2. $n \in \mathbb{N}_1$ **et** $(u, v) \in \mathbb{N}_1 \times \mathbb{N}_1$ **et**
3. $T \in (1\mathinner{.\,.}2) \times (1\mathinner{.\,.}2) \rightarrow \mathbb{N}$
4. **début**
5.   **si** $n = 1$ **alors**
6. $u \leftarrow 1 \,; v \leftarrow 1$
7.   **sinon**
8. $T \leftarrow PuissanceMatrice(F, n - 1)\,;$
9. $u \leftarrow T[1, 1] + T[1, 2]\,; v \leftarrow T[2, 1] + T[2, 2]$
10.   **fin si**
11. **fin**

Réponse 4. La fonction $Fibo2$ s'écrit alors :

88 - R 4

1. **fonction** $Fibo2(n)$ **résultat** $\mathbb{N}_1$ **pré**
2. $n \in \mathbb{N}$ **et**
3. $(y, z) \in \mathbb{N}_1 \times \mathbb{N}_1$
4. **début**
5. $FiboV(n + 1, y, z)\,;$
6.   **résultat** y
7. **fin**

Notons que l'appel de $FiboV$ se fait avec la valeur $(n + 1)$ comme premier paramètre effectif, ceci afin que la précondition de $FiboV$ soit satisfaite ($n \in \mathbb{N}_1$) et que le résultat délivré y soit égal à $\mathcal{F}_n$ (en effet $y = \mathcal{F}_{(n+1)-1} = \mathcal{F}_n$). L'appel de cette fonction se fait dans un contexte où la matrice F est convenablement initialisée :

1. **constantes**
2. $F \in (1\mathinner{.\,.}2) \times (1\mathinner{.\,.}2) \rightarrow \mathbb{N}$ **et** $F = \begin{bmatrix} 0 & 1 \\ 1 & 1 \end{bmatrix}$ **et** $n \in \mathbb{N}$ **et** $n = \ldots$
3. **début**
4.   **écrire**($Fibo2(n)$)
5. **fin**

Complexité Si n est de la forme 2^k, la fonction $FiboV$ est appelée avec $2^k + 1$ comme premier argument, tandis que la fonction $PuissanceMatrice$ est appelée avec $2^k + 1 - 1$ comme second paramètre. Dans ce cas, l'équation récurrente de complexité pour $Puissan\text{-}ceMatrice$ s'écrit :

$$\left| \begin{array}{ll} C(1) = 0 \\ C(n) = C\left(\dfrac{n}{2}\right) + 1 & n > 1. \end{array} \right.$$

Cette équation s'identifie au cas particulier 8.1 du corollaire du théorème maître, page 441. La complexité est donc en $\Theta(\log_2(n))$. C'est également celle de $Fibo2$ qui ne comporte pas d'autres multiplications de matrices que celles imputables à $PuissanceMatrice$. Cette solution permet de passer d'une complexité linéaire à une complexité logarithmique.

Réponse 5. On étudie la complexité exacte de $PuissanceMatrice$. Le meilleur cas est 88 - R 5 atteint pour $n = 2^k$: il suffit à chaque étape de faire un seul produit de matrices, d'où au total exactement k produits de matrices. Pour $n > 1$, le pire cas est celui où $n = 2^k - 1$: il faut à chaque étape faire deux produits de matrices, d'où au total $2(k - 1)$. Les premières valeurs du nombre de produits de deux matrices sont répertoriées dans le tableau ci-dessous (la ligne N représente le nombre de produits matriciels) :

n	0	1	2	3	4	5	6	7	8	...	15	16	...
N	0	0	1	2	2	3	3	4	3	...	6	4	...

On peut montrer que $N = \lfloor \log_2(n) \rfloor + \nu(n) - 1$ où $\nu(m)$ est le nombre de 1 apparaissant dans l'écriture en base 2 de m.

Un produit de matrices (2×2) exige quatre additions et huit multiplications. On a donc le tableau suivant qui fournit le nombre minimum et maximum d'opérations additives et multiplicatives pour *PuissanceMatrice* :

Opération :	Additions	Multiplications
Minimum, pour $n = 2^k$	4k	8k
Maximum, pour $n = 2^k - 1$	8k − 8	16k − 16

88 - R 6 **Réponse 6.** *Fibo2*(15) exige de calculer F^{15}. Ainsi que le montre le tableau, la méthode employée ci-dessus requiert six produits matriciels. Or, pour 15, on peut calculer la puissance 3 d'une matrice en deux appels : $M^3 = (M \times M) \times M$, puis calculer successivement : $M^6 = M^3 \times M^3$, $M^{12} = M^6 \times M^6$, $M^{15} = M^{12} \times M^3$. Au total, on aboutit à cinq produits matriciels. Cette technique s'appuie sur la décomposition en facteurs premiers de l'exposant de M. Selon la valeur de n, elle est parfois meilleure, parfois moins bonne que le DpR (cette dernière méthode est connue sous le nom de *chaîne chinoise*, voir [44]).

88 - R 7 **Réponse 7.** Posons $Q(p) = \forall n \cdot (n \in \mathbb{N} \Rightarrow \mathcal{F}_{n+p} = \mathcal{F}_n \cdot \mathcal{F}_p + \mathcal{F}_{n-1} \cdot \mathcal{F}_{p-1})$. On doit donc démontrer la proposition $\forall p \cdot (p \in \mathbb{N}_1 \Rightarrow Q(p))$.

Base Puisque $\mathcal{F}_0 = 1$ et $\mathcal{F}_1 = 1$, le corps de $Q(1)$ se réduit à $\mathcal{F}_{n+1} = \mathcal{F}_n \cdot 1 + \mathcal{F}_{n-1} \cdot 1$, qui lui-même se simplifie en $\mathcal{F}_{n+1} = \mathcal{F}_n + \mathcal{F}_{n-1}$; ce qui établit la proposition $Q(1)$.

Hypothèse d'induction C'est la proposition $Q(p)$.

Induction On cherche à prouver $Q(p+1)$ sous l'hypothèse d'induction. Partons du second membre de l'égalité pour aboutir au premier membre :

$$\mathcal{F}_n \cdot \mathcal{F}_{p+1} + \mathcal{F}_{n-1} \cdot \mathcal{F}_p$$
$$= \qquad \text{définition de } \mathcal{F}_{p+1}$$
$$\mathcal{F}_n \cdot (\mathcal{F}_p + \mathcal{F}_{p-1}) + \mathcal{F}_{n-1} \cdot \mathcal{F}_p$$
$$= \qquad \text{arithmétique}$$
$$(\mathcal{F}_n + \mathcal{F}_{n-1}) \cdot \mathcal{F}_p + \mathcal{F}_n \cdot \mathcal{F}_{p-1}$$
$$= \qquad \text{définition de } \mathcal{F}_{n+1}$$
$$\mathcal{F}_{n+1} \cdot \mathcal{F}_p + \mathcal{F}_n \cdot \mathcal{F}_{p-1}$$
$$= \qquad \text{hypothèse d'induction, substitution } n \leftarrow n + 1 \text{ et arithmétique}$$
$$\mathcal{F}_{n+p+1}$$

88 - R 8 **Réponse 8.**

(a) Pour $p = n$: $\mathcal{F}_{2n} = (\mathcal{F}_n)^2 + (\mathcal{F}_{n-1})^2$.

(b) Pour $p = n - 1$:

$$\mathcal{F}_{2n-1}$$
$$= \qquad \text{propriété ci-dessus}$$

$$= \frac{\mathcal{F}_n \cdot \mathcal{F}_{n-1} + \mathcal{F}_{n-1} \cdot \mathcal{F}_{n-2}}{\mathcal{F}_{n-1} \cdot (2\mathcal{F}_n - \mathcal{F}_{n-1}).} \qquad \mathcal{F}_{n-2} = \mathcal{F}_n - \mathcal{F}_{n-1}$$

(c) Pour $p = n + 1$: $\mathcal{F}_{2n+1} = \mathcal{F}_n \cdot (\mathcal{F}_n + 2\mathcal{F}_{n-1})$.

Réponse 9.

88 - R 9

(a)
$$\mathcal{W}_{2n} = \begin{bmatrix} \mathcal{F}_{2n-1} \\ \mathcal{F}_{2n} \end{bmatrix} = \begin{bmatrix} \mathcal{F}_{n-1} \cdot (2\mathcal{F}_n - \mathcal{F}_{n-1}) \\ (\mathcal{F}_n)^2 + (\mathcal{F}_{n-1})^2 \end{bmatrix}.$$

(b)
$$\mathcal{W}_{2n+1} = \begin{bmatrix} \mathcal{F}_{2n} \\ \mathcal{F}_{2n+1} \end{bmatrix} = \begin{bmatrix} (\mathcal{F}_n)^2 + (\mathcal{F}_{n-1})^2 \\ \mathcal{F}_n \cdot (\mathcal{F}_n + 2\mathcal{F}_{n-1}) \end{bmatrix}.$$

Réponse 10. On construit l'opération « **procédure** $Fibo\,W(n; u, v : \textbf{modif})$ » selon le schéma inductif qui suit.

88 - R 10

Base Le cas de base se présente lorsque $n = 1$, cas pour lequel $\mathcal{W}_1 = \begin{bmatrix} 1 \\ 1 \end{bmatrix}$.

Hypothèse d'induction L'hypothèse d'induction suppose connu $\mathcal{W}_{\lfloor n/2 \rfloor} = \begin{bmatrix} w \\ z \end{bmatrix} = \begin{bmatrix} \mathcal{F}_{\lfloor n/2 \rfloor - 1} \\ \mathcal{F}_{\lfloor n/2 \rfloor} \end{bmatrix}.$

Induction Le résultat $\mathcal{W}_n$ dépend de la parité de n et s'obtient par application de l'hypothèse d'induction à partir des formules de la question précédente. Si n est pair, on a $\mathcal{W}_n = \begin{bmatrix} w \cdot (2z - w) \\ w \cdot w + z \cdot z \end{bmatrix}$ et dans le cas contraire $\mathcal{W}_n = \begin{bmatrix} w \cdot w + z \cdot z \\ z \cdot (z + 2w) \end{bmatrix}.$

Terminaison Le paramètre n est un entier positif qui décroît à chaque étape. Ceci assure la terminaison de l'algorithme.

Le modèle de division sous-jacent est :

$$\begin{array}{|l r|} \hline \text{FiboW}(1) \text{ élémentaire} & \\ \text{FiboW}(m) \to \text{FiboW}\left(\dfrac{m}{2}\right) + \text{calcul de } u \text{ et } v \text{ à partir de } w \text{ et } z & m > 1 \\ \hline \end{array}$$

Le code de la procédure $Fibo\,W$ est alors :

```
1.  procédure FiboW(n; u, v : modif) pré
2.      n ∈ ℕ₁ et (u, v) ∈ ℕ₁ × ℕ₁ et
3.      (w, z) ∈ ℕ₁ × ℕ₁
4.  début
5.      si n = 1 alors
6.          u ← 1 ; v ← 1
7.      sinon
8.          FiboW(⌊n/2⌋, w, z) ;
9.          si Pair(n) alors
10.             u ← w · (2z − w) ; v ← w · w + z · z
```

11.   **sinon**
12. $u \leftarrow w \cdot w + z \cdot z \,;\, v \leftarrow z \cdot (z + 2w)$
13.   **fin si**
14. **fin si**
15. **fin**

La fonction $Fibo3(n)$ appelle la procédure auxiliaire $FiboW$:

1. **fonction** $Fibo3(n)$ **résultat** $\mathbb{N}_1$ **pré**
2. $n \in \mathbb{N}$ **et**
3. $(s, t) \in \mathbb{N}_1 \times \mathbb{N}_1$
4. **début**
5. $FiboW(n + 1, s, t)\,;$
6.   **résultat** s
7. **fin**

Notons que l'appel de $FiboW$ se fait avec la valeur $(n + 1)$ comme premier paramètre effectif, ceci afin de satisfaire la précondition et afin que le résultat délivré s soit égal à $\mathcal{F}_n$ (en effet $s = \mathcal{F}_{(n+1)-1} = \mathcal{F}_n$).

88 - R 11

Réponse 11. En termes d'additions, l'équation récurrente de complexité pour $FiboW$ s'écrit :

$$\left\vert\begin{aligned} &C(1) = 0 \\ &C(n) = C\left(\frac{n}{2}\right) + 2 \end{aligned}\right. \qquad\qquad n > 1.$$

Le cas particulier 8.1 du corollaire du théorème maître, page 441, permet d'en déduire que la complexité de cette opération est en $\Theta(\log_2(n))$ additions. C'est également celle de $Fibo3$. Pour aller plus loin dans la comparaison entre les deux méthodes DpR sur la base d'opérations arithmétiques, on peut constater que dans le meilleur des cas la première méthode exige quatre additions et huit multiplications à chaque étape de la fonction clé $PuissanceMatrice$ alors que la seconde méthode exige systématiquement deux opérations additives et quatre multiplications [12] à chaque étape de la procédure clé $FiboW$. La seconde méthode est donc meilleure dans tous les cas.

Solution de l'exercice 89 Recherches dichotomique, trichotomique et par interpolation

Énoncé page 446.

89 - R 1

Réponse 1. On construit l'opération « **fonction** $RechDichot(i, s, v)$ **résultat** $\mathbb{B}$ » qui délivre **vrai** si et seulement si v appartient au sous-tableau trié $T[i \mathinner{..} s]$.

Base Si $i = s$, le résultat est celui que délivre l'évaluation de l'expression $v = T[i]$.

Hypothèse d'induction Soit le sous-tableau $T[i' \mathinner{..} s']$ tel que $s' - i' + 1 \geqslant 1$ et $i' \mathinner{..} s' \subset i \mathinner{..} s$. On sait déterminer par dichotomie si v est ou non présent dans $T[i' \mathinner{..} s']$.

---

12. En considérant que les multiplications par 2 ne sont pas réalisées par des décalages et qu'une soustraction équivaut à une addition.

Induction Soit $s - i + 1 > 1$ et $mil = \lfloor (i + s)/2 \rfloor$. Dans le cas où $v \leqslant T[mil]$, la valeur v est présente dans $T[i .. s]$ si et seulement si elle est présente dans $T[i .. mil]$. L'hypothèse d'induction permet de déterminer si v est présent dans $T[i .. mil]$. De manière symétrique, si $v > T[mil]$, la valeur v est présente dans $T[i .. s]$ si et seulement si elle est présente dans $T[mil + 1 .. s]$. L'hypothèse d'induction permet de déterminer si v est présente dans $T[mil + 1 .. s]$.

Terminaison L'intervalle de recherche diminue à chaque étape tout en restant positif. Ceci assure la terminaison de l'algorithme.

Le modèle de division peut donc se formuler par :

$$
\begin{aligned}
&\texttt{RechDichot}(1) \ \text{élémentaire} \\
&\texttt{RechDichot}(n) \rightarrow \left\{ \begin{array}{l} \text{Comparer la valeur } v \text{ à celle du milieu du tableau} \\ + \\ \texttt{RechDichot}\left(\dfrac{n}{2}\right) \end{array} \right. \qquad n > 1
\end{aligned}
$$

On en déduit le code suivant :

```
1.  fonction RechDichot(i, s, v) résultat B pré
2.      i ∈ 1 .. n et s ∈ i .. n et v ∈ N et
3.      mil ∈ i .. s et EstTrié(T[i .. s])
4.  début
5.      si i = s alors
6.          résultat v = T[i]
7.      sinon
8.          mil ← ⌊ (i + s) / 2 ⌋ ;
9.          si v ⩽ T[mil] alors
10.             résultat RechDichot(i, mil, v)
11.         sinon
12.             résultat RechDichot(mil + 1, s, v)
13.         fin si
14.     fin si
15. fin
```

On obtiendrait une version légèrement différente de la version de Bottenbruch ci-dessus en testant l'égalité entre v et $T[mil]$ dès la disponibilité de la valeur mil. Dans le pire des cas (recherche de $T[n]$), cette version est toujours pire que la solution ci-dessus. Cependant, la recherche d'une valeur v telle que $v > T[n]$ se fait en temps constant, ce qui n'est pas le cas de la solution ci-dessus. Pour des raisons expliquées ci-après, ce type de solution est appliqué dans la réponse à la question 6. Le programme suivant présente un exemple d'appel à la fonction *RechDichot* :

```
1.  constantes
2.      n ∈ N₁ et n = ... et
3.      T ∈ 1 .. n → N et T = [...] et EstTrié(T[1 .. n]) et w ∈ N et w = ...
4.  début
5.      écrire(RechDichot(1, n, w))
6.  fin
```

$\boxed{89 - \text{R } 2}$ **Réponse 2.**

(a) Pour $n = 4, 5, 6, 7$, le nombre de comparaisons pour la recherche de $v \geqslant T[n]$ est respectivement de $4, 5, 4, 5$. La courbe correspondante n'est donc pas monotone. Par conséquent, cette solution n'offre pas la garantie *a priori* que la recherche de $v \geqslant T[n]$ est la pire en termes de complexité. En effet, un tableau de longueur $\lfloor n/3 \rfloor$ pourrait exiger plus de comparaisons qu'un tableau de longueur $\lfloor n/3 \rfloor + n \bmod 3$.

(b) Il faut donc montrer que $\lfloor n/3 \rfloor = \lceil (n-2)/3 \rceil$, que $\lfloor (n - \lfloor n/3 \rfloor)/2 \rfloor = \lceil (n-1)/3 \rceil$ et enfin que $\lceil (n - \lfloor n/3 \rfloor)/2 \rceil = \lceil n/3 \rceil$. Par construction, on a :

$$n = \left\lfloor \frac{n}{3} \right\rfloor + \left\lfloor \frac{n - \lfloor \frac{n}{3} \rfloor}{2} \right\rfloor + \left\lceil \frac{n - \lfloor \frac{n}{3} \rfloor}{2} \right\rceil .$$

La propriété (voir [32]) :

$$n = \left\lceil \frac{n - m + 1}{m} \right\rceil + \cdots + \left\lceil \frac{n-1}{m} \right\rceil + \left\lceil \frac{n}{m} \right\rceil \qquad \text{pour } m > 0$$

permet d'affirmer que

$$n = \left\lceil \frac{n-2}{3} \right\rceil + \left\lceil \frac{n-1}{3} \right\rceil + \left\lceil \frac{n}{3} \right\rceil .$$

Il suffit donc de démontrer par exemple que :

$$\left\lfloor \frac{n}{3} \right\rfloor = \left\lceil \frac{n-2}{3} \right\rceil \qquad \text{et} \qquad \left\lceil \frac{n - \lfloor \frac{n}{3} \rfloor}{2} \right\rceil = \left\lceil \frac{n}{3} \right\rceil ,$$

la troisième égalité s'en déduira immédiatement. Démontrons ces deux propriétés.

$$\left\lfloor \frac{n}{3} \right\rfloor$$
$$= \qquad \text{propriété de } \lfloor \ \rfloor \text{ et } \lceil \ \rceil : \text{pour } m > 0, \ \left\lfloor \frac{n}{m} \right\rfloor = \left\lceil \frac{n - m + 1}{m} \right\rceil$$
$$\left\lceil \frac{n-2}{3} \right\rceil .$$

Pour la seconde propriété, on réalise une analyse par cas selon la valeur de $(n \bmod 3)$, afin de faire disparaître l'opérateur $\lfloor \ \rfloor$. La démonstration est effectuée seulement pour $n \bmod 3 = 1$. Observons tout d'abord que sous cette condition $\lfloor n/3 \rfloor = (n-1)/3$.

$$\left\lceil \frac{n - \lfloor \frac{n}{3} \rfloor}{2} \right\rceil$$
$$= \qquad \text{hypothèse } n \bmod 3 = 1$$
$$\left\lceil \frac{n - \frac{n-1}{3}}{2} \right\rceil$$
$$= \qquad \text{arithmétique}$$
$$\left\lceil \frac{2n+1}{2 \cdot 3} \right\rceil$$
$$= \qquad \text{arithmétique}$$
$$\left\lceil \frac{n}{3} + \frac{1}{6} \right\rceil$$
$$= \qquad \text{hypothèse } n \bmod 3 = 1$$
$$\left\lceil \frac{n}{3} \right\rceil .$$

On construit à présent l'opération « **fonction** *RechTrichot*(i, s, v) **résultat** $\mathbb{B}$ », qui délivre **vrai** si et seulement si v appartient au sous-tableau trié $T[i \mathbin{..} s]$.

Base Si la longueur $(s - i + 1)$ du sous-tableau est inférieure ou égale à 2, on compare directement v à $T[i]$ puis si nécessaire à $T[s]$.

Hypothèse d'induction Soit le sous-tableau $T[i' \mathbin{..} s']$ tel que $s' - i' + 1 \geqslant 1$ et $i' \mathbin{..} s' \subset i \mathbin{..} s$. On sait déterminer par trichotomie si v est ou non présent dans $T[i' \mathbin{..} s']$.

Induction Soit un sous-tableau $T[i..s]$ de longueur supérieure à 2 $(s - i + 1 > 2)$, lg sa longueur $(lg = s - i + 1)$ et Tiers la fin du premier tiers $(\text{Tiers} = i + \lceil (lg - 2)/3 \rceil - 1)$. Dans le cas où $v \leqslant T[\text{Tiers}]$, la valeur v est présente dans $T[i \mathbin{..} s]$ si et seulement si elle est présente dans $T[i \mathbin{..} \text{Tiers}]$. L'hypothèse d'induction permet de déterminer si v est présente dans $T[i \mathbin{..} \text{Tiers}]$. Sinon, nous posons $\text{DeuxTiers} = (s - \lceil lg/3 \rceil)$. Si $v \leqslant T[\text{DeuxTiers}]$, v est présente dans $T[i..s]$ si et seulement si elle est présente dans $T[\text{Tiers} + 1 \mathbin{..} \text{DeuxTiers}]$. L'hypothèse d'induction permet de déterminer si v est présente dans $T[\text{Tiers} + 1 \mathbin{..} \text{DeuxTiers}]$. Enfin, le cas échéant, v est présente dans $T[i..s]$ si et seulement si elle est présente dans $T[\text{DeuxTiers}+1..s]$. L'hypothèse d'induction permet de savoir si la valeur v est présente dans $T[\text{DeuxTiers} + 1 \mathbin{..} s]$.

Terminaison L'intervalle de recherche diminue à chaque étape (il est approximativement divisé par 3) tout en restant positif, ce qui assure la terminaison de l'algorithme.

Le modèle de division peut donc se formuler par :

$$
\text{RechTrichot}(1) \text{ élémentaire} \begin{pmatrix} \text{l'élément du tableau de taille 1} \\ \text{est ou non la valeur } v \text{ recherchée} \end{pmatrix}
$$

$$
\text{RechTrichot}(2) \text{ élémentaire (la valeur } v \text{ est recherchée dans } T[i \mathbin{..} i + 1])
$$

$$
\text{RechTrichot}(n) \rightarrow \begin{pmatrix} \text{Comparer la valeur } v \text{ à celle située au tiers} \\ \text{du tableau} \\ + \text{ si nécessaire :} \\ \text{Comparer la valeur } v \text{ à celle située aux} \\ \text{deux tiers du tableau} \\ + \\ \text{RechTrichot}\left(\dfrac{n}{3}\right) \end{pmatrix} \quad n > 2
$$

On en déduit le code suivant :

```
1. fonction RechTrichot(i, s, v) résultat B pré
2.     i ∈ 1..n et s ∈ i..n et v ∈ ℕ et
3.     lg ∈ 1..i et Tiers ∈ i..s et DeuxTiers ∈ Tiers..s et EstTrié(T[i..s])
4. début
5.     si s − i + 1 ⩽ 2 alors
6.         si v = T[i] alors
7.             résultat vrai
8.         sinon
9.             résultat s > i et alors v = T[s]
10.        fin si
11.    sinon
12.        lg ← s − i + 1; Tiers ← i + ⌈(lg − 2)/3⌉ − 1;
```

```
13.        si v ⩽ T [Tiers] alors
14.            résultat RechTrichot (i, Tiers, v)
15.        sinon
16.            DeuxTiers ← s − ⌈lg/3⌉ ;
17.            si v ⩽ T[DeuxTiers] alors
18.                résultat RechTrichot (Tiers + 1, DeuxTiers, v)
19.            sinon
20.                résultat RechTrichot (DeuxTiers + 1, s, v)
21.            fin si
22.        fin si
23.    fin si
24. fin
```

89 - R 3 **Réponse** 3. Notons tout d'abord que, dans le meilleur des cas, la recherche trichotomique n'est jamais pire que la recherche dichotomique (pour le premier cas, on effectue la recherche dans seulement un tiers du tableau, et pour l'autre, dans la moitié).

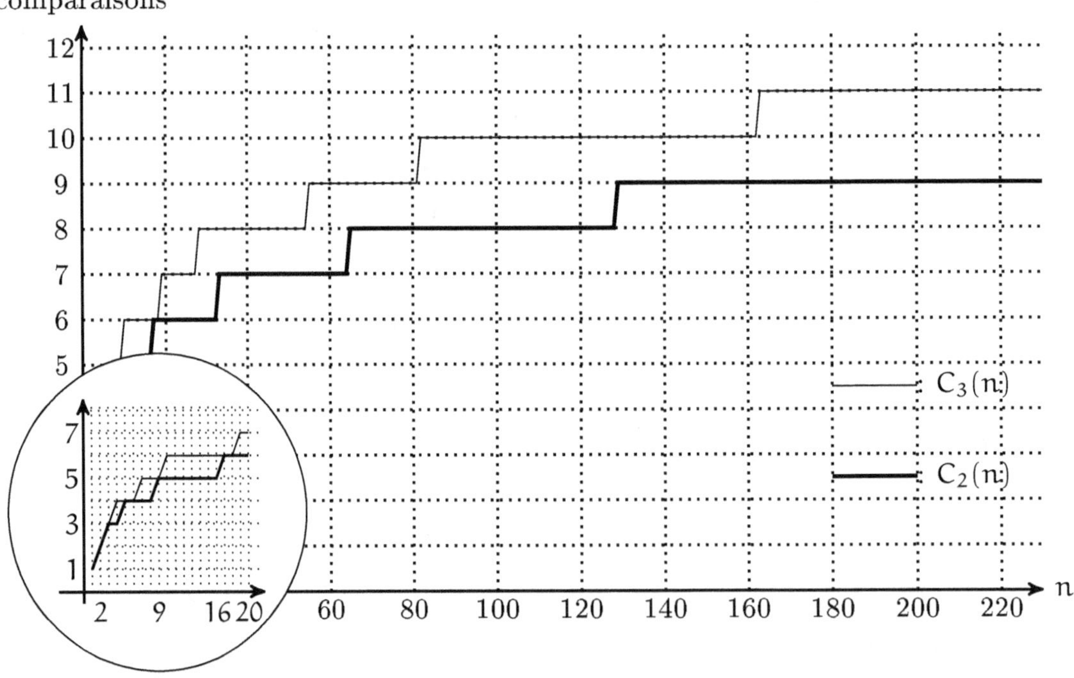

Fig. 8.19 – *Complexité de la dichotomie et de la trichotomie pour la recherche de* $v > T[n]$, *avec effet de loupe sur le début des courbes*

La complexité au pire de la dichotomie est atteinte lorsque l'on traite systématiquement le plus long des deux sous-tableaux (celui de taille $\lceil n/2 \rceil$). L'équation $C_2(n)$ correspondante est la suivante :

$$
\begin{cases}
C_2(1) = 1 \\
C_2(n) = C_2\left(\left\lceil \dfrac{n}{2} \right\rceil \right) + 1 & n > 1.
\end{cases}
$$

Montrons par induction sur n que la formule 8.11, page 447, est une solution exacte de cette équation.

Base Pour $n = 1$, on a d'une part $C_2(1) = 1$, et d'autre part $\lceil \log_2(1) \rceil + 1 = 1$.

Hypothèse d'induction On suppose que $C_2(m) = \lceil \log_2(m) \rceil + 1$, pour tout m tel que $1 \leqslant m < n$.

Induction

$$
\begin{aligned}
&\quad C_2(n) \\
&= \qquad\qquad\qquad\qquad\qquad\qquad\qquad\qquad\text{définition de } C_2 \\
&\quad C_2\left(\left\lceil \frac{n}{2} \right\rceil\right) + 1 \\
&= \qquad\qquad\qquad\qquad\qquad\qquad\qquad\qquad\text{hypothèse d'induction} \\
&\quad \left(\left\lceil \log_2\left(\left\lceil \frac{n}{2} \right\rceil\right) \right\rceil + 1 \right) + 1 \\
&= \qquad\text{analyse par cas :} \left\{ \begin{aligned} n \bmod 2 = 0 &\Rightarrow \left\lceil \frac{n}{2} \right\rceil = \frac{n}{2} \\ n \bmod 2 = 1 &\Rightarrow \left\lceil \frac{n}{2} \right\rceil = \frac{n+1}{2} \end{aligned} \right\} \\
&\quad \left\{ \begin{aligned} &\left\lceil \log_2\left(\frac{n}{2}\right) \right\rceil + 2 && \text{pour } n \text{ pair} \\ &\left\lceil \log_2\left(\frac{n+1}{2}\right) \right\rceil + 2 && \text{pour } n \text{ impair} \end{aligned} \right. \\
&= \qquad\qquad\qquad\text{propriété du } \log_2 \text{ et } \lceil x + q \rceil = \lceil x \rceil + q \\
&\quad \left\{ \begin{aligned} &(\lceil \log_2(n) \rceil - 1) + 2 && \text{pour } n \text{ pair} \\ &(\lceil \log_2(n+1) \rceil - 1) + 2 && \text{pour } n \text{ impair} \end{aligned} \right. \\
&= \qquad\text{arithmétique et } (q \bmod 2 = 1) \Rightarrow \left(\lceil \log_2(q) \rceil = \lceil \log_2(q+1) \rceil \right) \\
&\quad \left\{ \begin{aligned} &\lceil \log_2(n) \rceil + 1 && \text{pour } n \text{ pair} \\ &\lceil \log_2(n) \rceil + 1 && \text{pour } n \text{ impair.} \end{aligned} \right.
\end{aligned}
$$

La figure 8.19, page 522, fournit le graphe de la fonction $C_2(n)$.

Réponse 4. 89 - R 4

(a) La figure 8.20, page 524, montre les sept arbres de décision pour $n \in 1 \mathbin{..} 7$.

Puisque chaque nœud matérialise une comparaison entre v et un élément du tableau, la complexité au pire $C_3(n)$ est donnée par la hauteur h de l'arbre $A_n : C_3(n) = h(A_n)$.

(b) L'interprétation de la fonction *RechTrichot* fournit la définition inductive suivante de A_n :

$$
\left\{ \begin{aligned}
A_1 &= \langle /, T[1], / \rangle \\
A_2 &= \langle /, T[1], \langle /, T[2], / \rangle \rangle \\
A_n &= \left\langle A_{\lceil \frac{n-2}{3} \rceil}, T[\text{Tiers}], \left\langle A_{\lceil \frac{n-1}{3} \rceil}, T[\text{DeuxTiers}], A_{\lceil \frac{n}{3} \rceil} \right\rangle \right\rangle \qquad n > 2.
\end{aligned} \right.
$$

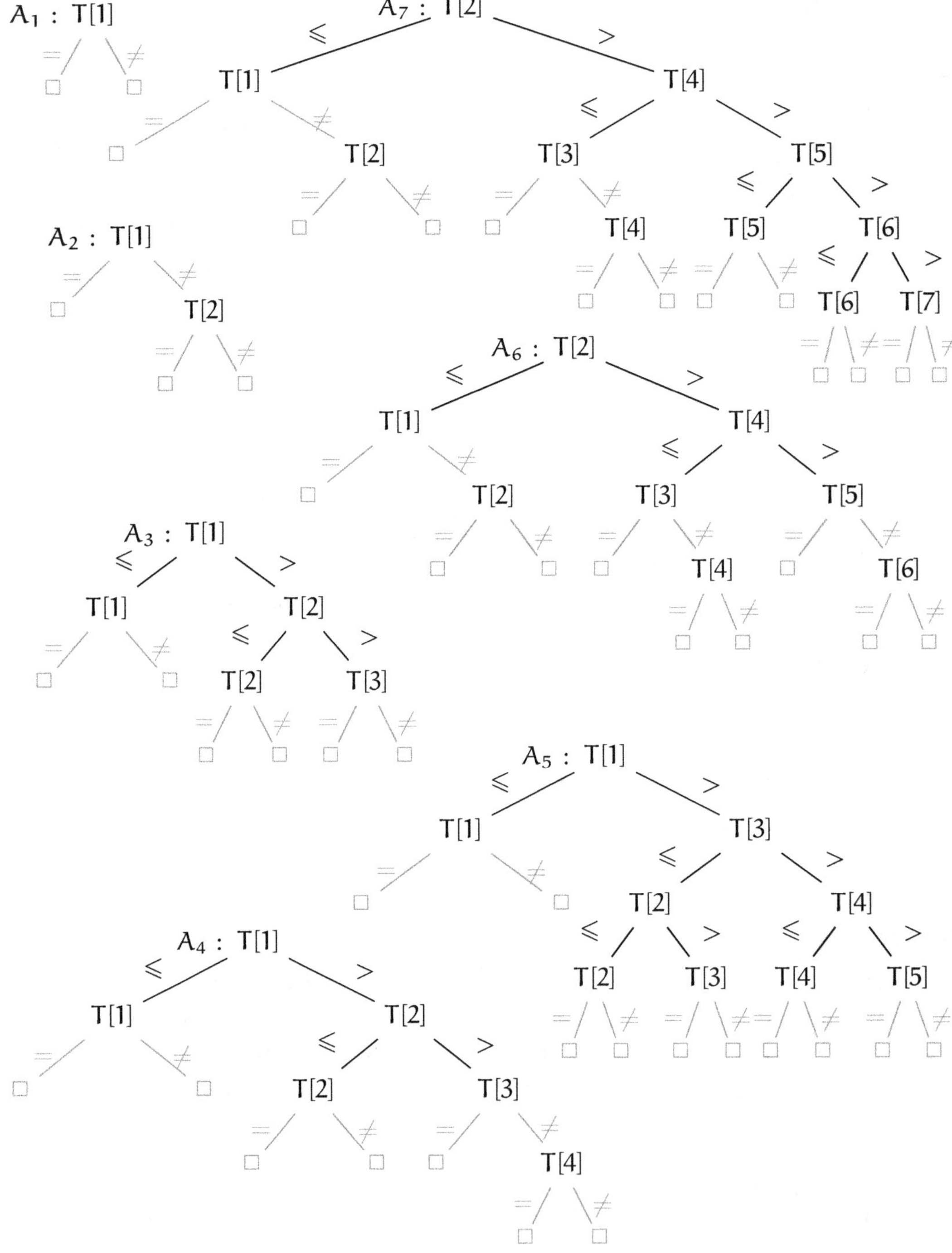

Fig. 8.20 – *Arbres de décision* A₁ *à* A₇ *pour la trichotomie*

La définition inductive de $h(A_n)$ est immédiate :

$$
\begin{cases}
h(A_1) = 1 \\
h(A_2) = 2 \\
h(A_n) = \max\left(\left\{ \begin{array}{l} h\left(A_{\left\lceil \frac{n-2}{3} \right\rceil}\right), \\[2mm] h\left(\left\langle A_{\left\lceil \frac{n-1}{3} \right\rceil}, T[DeuxTiers], A_{\left\lceil \frac{n}{3} \right\rceil} \right\rangle\right) \end{array} \right\} \right) + 1 & n > 2.
\end{cases}
$$

La troisième formule se simplifie en :

$$
h(A_n) = \max\left(\left\{ h\left(A_{\left\lceil \frac{n-2}{3} \right\rceil}\right), h\left(A_{\left\lceil \frac{n-1}{3} \right\rceil}\right) + 1, h\left(A_{\left\lceil \frac{n}{3} \right\rceil}\right) + 1 \right\} \right) + 1.
$$

Montrons à présent que la fonction h est monotone. Il suffit de montrer que pour tout $n \in \mathbb{N}_1$, $h(A_n) \leqslant h(A_{n+1})$. Cette propriété est équivalente à « pour tout $n \in \mathbb{N}_1$ et pour tout $p \geqslant n$, $h(A_n) \leqslant h(A_p)$ ». La démonstration est faite par induction sur n. On admet (sans démonstration) que $\lceil (n-2)/3 \rceil \leqslant \lceil (n-1)/3 \rceil \leqslant \lceil n/3 \rceil$.

Base On a bien $h(1) \leqslant h(2)$ $(1 \leqslant 2)$ et $h(2) \leqslant h(3)$ $(2 \leqslant 3)$.

Hypothèse d'induction On suppose que, pour tout m tel que $1 \leqslant m < n$, on a $h(A_m) \leqslant h(A_{m+1})$. On suppose également que, pour tout m tel que $1 \leqslant m < n$ et pour tout $p \geqslant m$, $h(A_m) \leqslant h(A_p)$.

Induction

$$h(A_n) \leqslant h(A_p)$$

$\Leftrightarrow$ définition et propriété de h

$$
\begin{cases}
\max\left(\left\{ h\left(A_{\left\lceil \frac{n-2}{3} \right\rceil}\right), h\left(A_{\left\lceil \frac{n-1}{3} \right\rceil}\right) + 1, h\left(A_{\left\lceil \frac{n}{3} \right\rceil}\right) + 1 \right\} \right) + 1 \\
\leqslant \\
\max\left(\left\{ h\left(A_{\left\lceil \frac{p-2}{3} \right\rceil}\right), h\left(A_{\left\lceil \frac{p-1}{3} \right\rceil}\right) + 1, h\left(A_{\left\lceil \frac{p}{3} \right\rceil}\right) + 1 \right\} \right) + 1
\end{cases}
$$

$\Leftrightarrow$ hypothèse d'induction appliquée sur chaque max

$$h\left(A_{\left\lceil \frac{n}{3} \right\rceil}\right) + 2 \leqslant h\left(A_{\left\lceil \frac{p}{3} \right\rceil}\right) + 2$$

$\Leftrightarrow$ hypothèse d'induction

vrai

On en déduit que, dans un arbre de décision, la branche droite est la plus longue ou, si l'on préfère, que la complexité la pire est atteinte lorsque l'on recherche un v tel que $v \geqslant T[n]$.

(c) Compte tenu de l'équivalence entre la hauteur de l'arbre de décision et le nombre maximum de comparaisons, l'équation $C_3(n)$ qui fournit la complexité au pire de la recherche trichotomique (pour $v \geqslant T[n]$) est la suivante :

$$
\begin{cases}
C_3(1) = 1 \\
C_3(2) = 2 \\
C_3(n) = C_3\left(\left\lceil \dfrac{n}{3} \right\rceil \right) + 2 & n > 2.
\end{cases}
$$

La figure 8.19, page 522, fournit le graphe de la fonction $C_3(n)$.

L'ensemble E se présente comme suit : $E = 1..1 \cup 3..3 \cup 7..9 \cup 19..27 \cup 55..81 \cup \cdots$ Montrons à présent la propriété 8.12, page 447, par induction sur n.

Base $C_3(1) = 1$ et $2 \cdot \lceil \log_3(1) \rceil + 1 = 1$, $C_3(2) = 2$ et $2 \cdot \lceil \log_3(2) \rceil + 0 = 2 \cdot \lceil 0.63 \ldots \rceil + 0 = 2$.

Hypothèse d'induction On suppose que $C_3(m) = (2 \cdot \lceil \log_3(m) \rceil + 1_E(m))$, pour tout m tel que $1 \leqslant m < n$.

Induction Pour $n > 2$:

$$C_3(n)$$
$$= \quad\quad\quad \text{définition de } C_3(n) \text{ pour } n > 2$$
$$C_3\left(\left\lceil \frac{n}{3} \right\rceil\right) + 2$$
$$= \quad\quad\quad \left\lceil \frac{n}{3} \right\rceil < n : \text{l'hypothèse d'induction s'applique}$$
$$2 \cdot \left\lceil \log_3\left(\left\lceil \frac{n}{3} \right\rceil\right)\right\rceil + 1_E\left(\left\lceil \frac{n}{3} \right\rceil\right) + 2.$$

À ce stade de la démonstration, il est tentant d'éliminer l'opérateur $\lceil \ \rceil$ dans l'argument du logarithme. Pour ce faire, on réalise une analyse par cas sur la valeur de $(n \bmod 3)$. On admet tout d'abord, sans les démontrer, les résultats suivants :

$$n \bmod 3 = 0 \Rightarrow \left\lceil \frac{n}{3} \right\rceil = \frac{n}{3} \tag{8.24}$$

$$n \bmod 3 = 1 \Rightarrow \left(\left\lceil \frac{n}{3} \right\rceil = \frac{n+2}{3} \quad \text{et} \quad \lceil \log_3(n+2) \rceil = \lceil \log_3(n) \rceil\right) \tag{8.25}$$

$$n \bmod 3 = 2 \Rightarrow \left(\left\lceil \frac{n}{3} \right\rceil = \frac{n+1}{3} \quad \text{et} \quad \lceil \log_3(n+1) \rceil = \lceil \log_3(n) \rceil\right) \tag{8.26}$$

$$1_E(n) = 1_E\left(\left\lceil \frac{n}{3} \right\rceil\right). \tag{8.27}$$

On n'effectue le reste de la démonstration que pour $(n \bmod 3) = 2$, les deux autres cas étant similaires :

$$2 \cdot \left\lceil \log_3\left(\left\lceil \frac{n}{3} \right\rceil\right)\right\rceil + 1_E\left(\left\lceil \frac{n}{3} \right\rceil\right) + 2$$
$$= \quad\quad\quad \text{propriétés 8.26 et 8.27}$$
$$2 \cdot \left\lceil \log_3\left(\frac{n+1}{3}\right)\right\rceil + 1_E(n) + 2$$
$$= \quad\quad\quad \text{propriété de } \log_3 \text{ et arithmétique}$$
$$2 \cdot \lceil \log_3(n+1) - 1 \rceil + 1_E(n) + 2$$
$$= \quad\quad\quad \text{propriété de } \lceil \ \rceil : \lceil x + q \rceil = \lceil x \rceil + q$$
$$2 \cdot \lceil \log_3(n+1) \rceil - 2 + 1_E(n) + 2$$
$$= \quad\quad\quad \text{arithmétique et propriété 8.26}$$
$$2 \cdot \lceil \log_3(n) \rceil + 1_E(n).$$

89 - R 5 **Réponse 5.** Il reste à démontrer que $C_3(n) \geqslant C_2(n)$ pour tout $n \in \mathbb{N}_1$. On choisit d'utiliser d'une part l'équation récurrente de C_3, d'autre part la formule 8.11, page 447.

Base Pour $n = 1$: $\lceil \log_2(1) \rceil + 1 = 1$ et $C_3(1) = 1$. Pour $n = 2$: $\lceil \log_2(2) \rceil + 1 = 2$ et $C_3(2) = 2$.

Hypothèse d'induction Pour tout m tel que $1 \leqslant m < n$, $\lceil \log_2(m) \rceil + 1 \leqslant C_3(m)$.

Induction

$$C_3(n)$$
$$= \quad\quad\quad \text{définition de } C_3$$
$$C_3\left(\left\lceil \frac{n}{3} \right\rceil\right) + 2$$

$$\geqslant$$

$$\left(\left\lceil \log_2 \left(\left\lceil \frac{n}{3} \right\rceil \right) \right\rceil + 1 \right) + 2$$

$\left\lceil \frac{n}{3} \right\rceil < n$, l'hypothèse d'induction s'applique

$$=$$

$$\left(\left\lceil \log_2 \left(\left\lceil \frac{n}{3} \right\rceil \right) \right\rceil + 2 \right) + 1$$

commutativité de l'opérateur $+$

$$=$$

$$\left(\left\lceil \log_2 \left(\left\lceil \frac{n}{3} \right\rceil \right) + 2 \right\rceil \right) + 1$$

propriété de $\lceil\ \rceil : \lceil x + q \rceil = \lceil x \rceil + q$

$$=$$

$$\left\lceil \log_2 \left(4 \cdot \left\lceil \frac{n}{3} \right\rceil \right) \right\rceil + 1$$

propriété du $\log_2$

$$\geqslant$$

$$\lceil \log_2 n \rceil + 1$$

$4 \cdot \left\lceil \frac{n}{3} \right\rceil > n$, monotonie du log

$$=$$

$$C_2(n).$$

définition

On en déduit que, dans le pire des cas, la recherche trichotomique n'est jamais meilleure que la recherche dichotomique.

Réponse 6. On commence par préciser le principe de la recherche par interpolation avant d'effectuer la construction de l'opération. Considérons d'abord le cas d'un tableau $T[i \mathinner{.\,.} s]$ dans lequel les valeurs progressent linéairement de la position i à la position s (c'est le cas (a) de la figure 8.21). Pour déterminer la présence d'un élément v dans T, il suffit de considérer la position p définie par :

$$\frac{p - i}{s - i} = \frac{v - T[i]}{T[s] - T[i]},$$

89 - R 6

soit encore $p = i + \lfloor ((s - i) \cdot (v - T[i])) / (T[s] - T[i]) \rfloor$, avant de comparer v et $T[p]$. En général, T ne satisfait pas exactement la condition de linéarité supposée ci-dessus : sans préjuger de la présence ou non de v dans $T[i \mathinner{.\,.} s]$, on peut avoir $v \neq T[p]$. C'est ce que montrent les cas (b) et (c) de la figure 8.21. Le cas (b) est quasi-linéaire, tandis que le cas (c) s'en éloigne largement. Construisons l'opération « **fonction** *RechInterp*(i, s, v) **résultat** $\mathbb{B}$ » qui détermine la présence de v dans le tableau $T[i \mathinner{.\,.} s]$.

Première tentative (on s'inspire de la construction de la recherche dichotomique) :

Base Si $i = s$, le résultat est celui que délivre l'évaluation de l'expression $v = T[i]$.

Hypothèse d'induction Soit le sous-tableau $T[i' \mathinner{.\,.} s']$ tel que $s' - i' + 1 \geqslant 1$ et $i' \mathinner{.\,.} s' \subset i \mathinner{.\,.} s$. On sait déterminer par interpolation si v est ou non présent dans $T[i' \mathinner{.\,.} s']$.

Induction Soit $s - i + 1 > 1$ et $p = i + \lfloor ((s - i) \cdot (v - T[i])) / (T[s] - T[i]) \rfloor$. Dans le cas où $v \leqslant T[p]$, la valeur v est présente dans $T[i \mathinner{.\,.} s]$ si et seulement si elle est présente dans $T[i \mathinner{.\,.} p]$. Mais l'hypothèse d'induction exige que $i \mathinner{.\,.} p \subset i \mathinner{.\,.} s$, condition qui n'est pas garantie puisque s et p peuvent désigner la même position.

Il faut donc s'assurer que le nouvel intervalle de recherche décroît par rapport à $i \mathinner{.\,.} s$. Une solution consiste à examiner séparément le cas $v = T[p]$; en cas d'échec, les intervalles situés de part et d'autre de p sont alors de longueurs inférieures à celle de $i \mathinner{.\,.} s$ et l'hypothèse

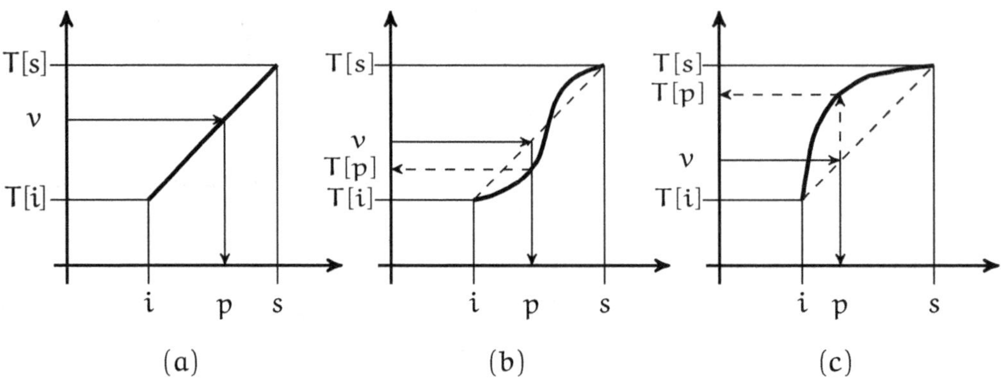

Fig. 8.21 – Principe de la recherche par interpolation

d'induction peut s'appliquer. Une nouvelle base est nécessaire. On envisage la construction par induction suivante.

Base Si $v \notin T[i] \mathbin{..} T[s]$, v est absent du tableau.

Hypothèse d'induction Inchangée.

Induction Soit $(s - i + 1) > 1$ et $p = (i + \lfloor ((s - i) \cdot (v - T[i])) / (T[s] - T[i]) \rfloor)$. Si $v = T[p]$, v est présent dans le tableau. Sinon, pour le cas où $v < T[p]$, la valeur v est présente dans $T[i..s]$ si et seulement si elle est présente dans $T[i..p-1]$. L'hypothèse d'induction permet de déterminer par interpolation si v est présent dans $T[i .. p - 1]$. Le cas où $v > T[p]$ est symétrique.

Terminaison Pour un tableau de longueur n, la longueur du nouvel intervalle de recherche est comprise entre $(n - 1)$ et $\lfloor n/2 \rfloor$ [13]. L'intervalle de recherche décroît donc strictement à chaque étape tout en restant positif. Ceci assure la terminaison.

Le modèle de division peut se formuler par :

$$
\texttt{RechInterp(n)} \rightarrow
\begin{cases}
\text{élémentaire} & \text{si } v \notin T[i] \mathbin{..} T[s] \\
\text{Calculer } p\ + \\
\quad \text{Comparer } v \text{ et } T[p]
\begin{cases}
\text{élémentaire} & \text{si } v = T[p] \\
\texttt{RechInterp(m)} \\
\text{avec } \lfloor n/2 \rfloor \leqslant & \text{si } v \neq T[p] \\
m \leqslant n - 1
\end{cases}
\end{cases}
$$

On en déduit le code suivant :

1. **fonction** *RechInterp*(i, s, v) **résultat** $\mathbb{B}$ **pré**
2. $i \in 1 \mathbin{..} n$ **et** $s \in i \mathbin{..} n$ **et** $v \in \mathbb{N}$ **et**
3. $p \in i \mathbin{..} s$ **et** *EstTrié*$(T[i \mathbin{..} s])$
4. **début**
5.   **si** $v \notin T[i] \mathbin{..} T[s]$ **alors**
6.   **résultat faux**
7.   **sinon**
8. $p \leftarrow i + \left\lfloor \dfrac{(s - i) \cdot (v - T[i])}{T[s] - T[i]} \right\rfloor$;

---

13. Le cas où v est situé à l'extérieur des bornes $T[i] \mathbin{..} T[s]$ ne fait pas l'objet d'une nouvelle recherche, c'est le cas traité par la base.

9.   **si** $v = \mathsf{T}[p]$ **alors**
10.   **résultat vrai**
11.   **sinonsi** $v < \mathsf{T}[p]$ **alors**
12.   **résultat** $RechInterp\,(i, p-1, v)$
13.   **sinon**
14.   **résultat** $RechInterp\,(p+1, s, v)$
15.   **fin si**
16.   **fin si**
17. **fin**

Bien que s'apparentant à la recherche dichotomique, la recherche par interpolation s'en démarque par au moins deux points : elle exige un calcul sur les valeurs du tableau (ce qui limite son champ d'application) et elle est d'autant plus efficace en termes de complexité que le tableau est « linéaire » (on peut au pire atteindre une complexité en $\Theta(n)$ dans des situations s'apparentant au cas (c) de la figure 8.21, page 528). Dans le cas d'une distribution uniforme des valeurs du tableau T, on démontre que la complexité est en $\mathcal{O}(\log_2(\log_2(n)))$, ce qui est remarquable. Cependant, des essais empiriques montrent qu'en termes de complexité l'interpolation ne surpasse la dichotomie que pour de très grandes valeurs de n. On peut alors envisager un panachage des deux méthodes.

Solution de l'exercice 90   Recherche d'un point fixe

Énoncé page 448.

Réponse 1.   La figure 8.22, page 530, montre les principaux cas à envisager (ou à écarter). On note (schéma (b)) que dès que $\mathsf{T}[1] > 1$ il ne peut y avoir de point fixe puisque la fonction représentée par T est strictement croissante et ne peut donc croiser la fonction identité. Par conséquent, il existe une infinité de cas pour lesquels on peut conclure directement (c'est-à-dire en temps constant) par la négative. De même le schéma (c) est un autre cas pour lequel on peut également conclure par la négative. Il se caractérise simplement par le fait que $\mathsf{T}[n] < n$. En revanche, le schéma (d) exige d'effectuer une recherche : T n'étant pas une fonction continue, elle peut ou non posséder un (ou plusieurs) point(s) fixe(s). En d'autres termes, on ne considère que les fonctions T susceptibles de croiser « en montant » (ou de se superposer à) la fonction identité ; les autres ne peuvent contenir de point fixe.

On propose de structurer la solution de la manière suivante. L'opération « **fonction** *PointFixe* **résultat** $\mathbb{B}$ » recherchée prend tout d'abord en compte les cas pour lesquels la conclusion est immédiate ; elle ne fait appel à l'opération de recherche que si nécessaire. Cette dernière opération, dont l'en-tête est « **fonction** *PointFixeAux*(i, s) **résultat** $\mathbb{B}$ », applique le principe DpR pour effectuer une recherche de point fixe dans $\mathsf{T}[i \mathinner{..} s]$. On fournit le code de l'opération *PointFixe* avant de construire l'opération *PointFixeAux*.

1. **fonction** *PointFixe* **résultat** $\mathbb{B}$
2. **début**
3.   */% On ne fait appel à* PointFixeAux *que si nécessaire : %/*
4.   */% cas (d) de la figure 8.22, page 530 %/*
5.   **résultat** $(\mathsf{T}[1] \leqslant 1$ **et** $\mathsf{T}[n] \geqslant n)$ **et alors** $PointFixeAux(1, n)$
6. **fin**

La construction de l'opération « **fonction** *PointFixeAux*(i, s) **résultat** $\mathbb{B}$ » s'effectue ainsi :

Base Si $i = s$, le tableau possède un point fixe si et seulement si $\mathsf{T}[i] = i$.

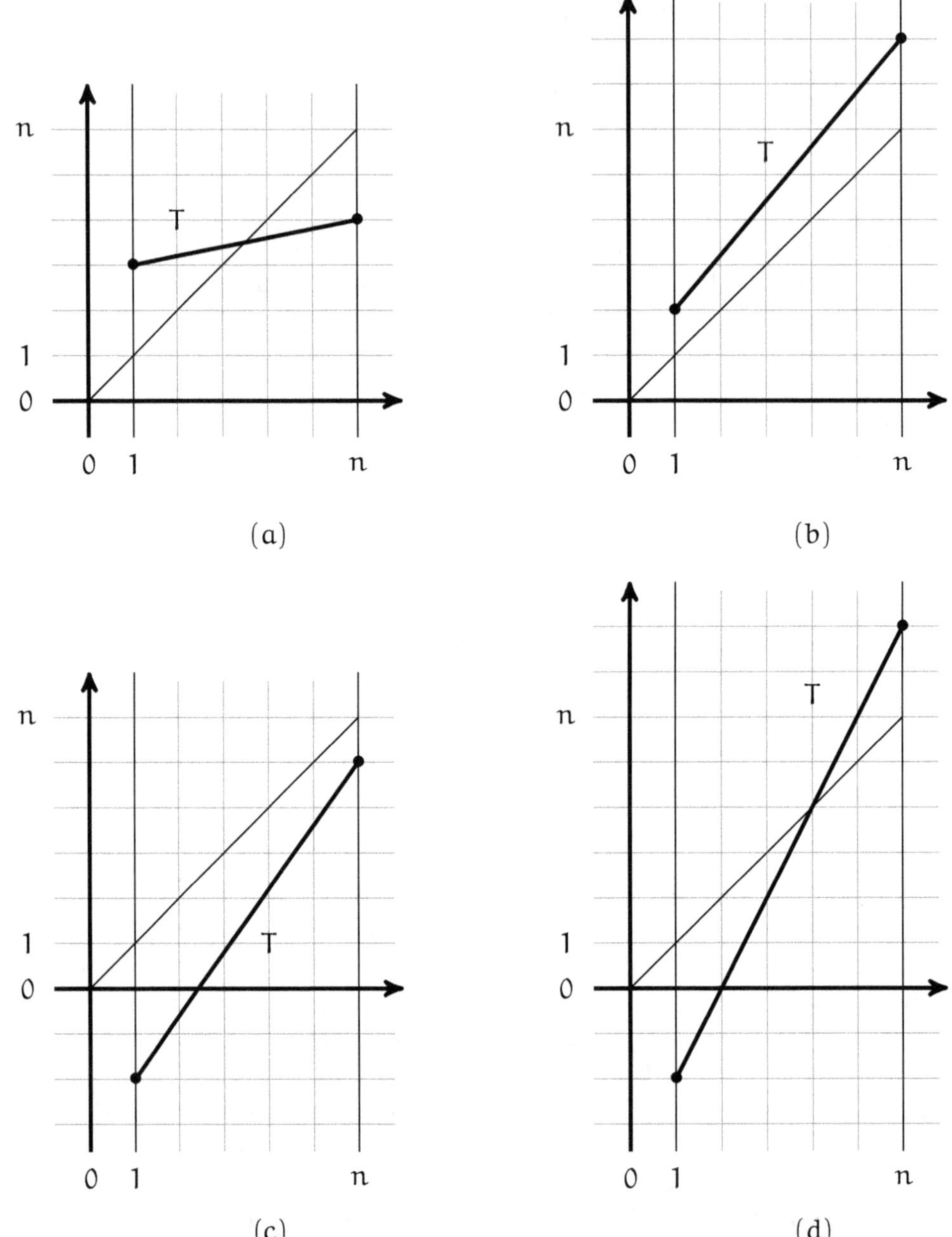

Fig. 8.22 – Situation de T *par rapport à la fonction identité : les principaux cas à envisager. Cette figure assimile (abusivement)* T *à une fonction continue. Le schéma* (a) *est impossible :* T *doit avoir une pente supérieure ou égale à celle de l'identité. Dans le schéma* (b)*,* T[1] > 1 *:* T *ne peut croiser la fonction identité, il ne peut y avoir de point fixe. Dans le schéma* (c)*, puisque* T[n] < n*,* T *reste sous la fonction identité : il ne peut y avoir de point fixe. Enfin, dans le schéma* (d)*, l'origine de* T *est en dessous ou sur la fonction identité et son extrémité est sur ou au-dessus de la fonction identité : il peut y avoir un point fixe.*

Hypothèse d'induction Soit $T[i' .. s']$ tel que $i' .. s' \subset i .. s$ et que $i' \neq s' \Rightarrow T[i'] \leqslant i'$ et $T[s'] \geqslant s'$. On sait déterminer si $T[i' .. s']$ possède ou non (au moins) un point fixe.

Induction Si $T\big[\lfloor (i+s)/2 \rfloor\big] \geqslant \lfloor (i+s)/2 \rfloor$, s'il y a un point fixe dans T, il y en a un dans $T\big[i .. \lfloor (i+s)/2 \rfloor\big]$. De plus, ce dernier sous-tableau vérifie les conditions de l'hypothèse d'induction (et en particulier $i \neq \lfloor (i+s)/2 \rfloor \Rightarrow T[i] \leqslant i$ et $T\big[\lfloor (i+s)/2 \rfloor\big] \geqslant \lfloor (i+s)/2 \rfloor$). On sait donc déterminer s'il possède ou non un point fixe. Le cas $T\big[\lfloor (i+s)/2 \rfloor\big] < \lfloor (i+s)/2 \rfloor$ est analogue.

Terminaison La longueur du sous-tableau considéré décroît à chaque étape tout en restant positive. Ceci assure la terminaison de l'algorithme.

Le modèle de division de cette opération est celui que l'on rencontre dans toutes les recherches dichotomiques :

$$
\boxed{
\begin{array}{ll}
\texttt{PointFixeAux}(1) \ \text{élémentaire} & \\[2mm]
\texttt{PointFixeAux}(n) \rightarrow \left(
\begin{array}{l}
\text{Comparer la valeur du milieu du tableau} \\
\text{et la valeur de l'indice de cet élément } + \\
\texttt{PointFixeAux}\left(\left\lfloor \dfrac{n}{2} \right\rfloor\right)
\end{array}
\right) & n > 1
\end{array}
}
$$

Le code de l'opération s'en déduit :

1. **fonction** *PointFixeAux*(i, s) **résultat** $\mathbb{B}$ **pré**
2. $\quad i \in 1 .. n$ **et** $s \in i .. n$ **et**
3. $\quad i \neq s \ \Rightarrow \ T[i] \leqslant i$ **et** $T[s] \geqslant s$
4. **début**
5. $\quad$ **si** $i = s$ **alors**
6. $\qquad$ **résultat** $i = T[i]$
7. $\quad$ **sinon**
8. $\qquad$ **si** $T\left[\left\lfloor \dfrac{i+s}{2} \right\rfloor\right] \geqslant \left\lfloor \dfrac{i+s}{2} \right\rfloor$ **alors**
9. $\qquad\quad$ **résultat** *PointFixeAux*$\left(i, \left\lfloor \dfrac{i+s}{2} \right\rfloor\right)$
10. $\qquad$ **sinon**
11. $\qquad\quad$ **résultat** *PointFixeAux*$\left(\left\lfloor \dfrac{i+s}{2} \right\rfloor + 1, s\right)$
12. $\qquad$ **fin si**
13. $\quad$ **fin si**
14. **fin**

Complexité Les seuls cas conduisant à une recherche dichotomique (dont on sait qu'elle est en $\Theta(\log_2(n))$) sont ceux pour lesquels $T[1] \leqslant 1$ et $T[n] \geqslant n$. Dans tous les autres cas, la complexité (en nombre de conditions évaluées) est en temps constant. La complexité $C(n)$ pour un tableau de n éléments s'exprime donc par :

$$
C(n) \in \left\{
\begin{array}{l}
\Theta(\log_2(n)) \\
\Theta(1)
\end{array}
\right.
\qquad
\begin{array}{l}
\text{si } T[1] \leqslant 1 \text{ et } T[n] \geqslant n \\
\text{sinon.}
\end{array}
$$

90 - R 2

Réponse 2. Puisque T[1] $\geqslant$ 1, T est toujours sur ou au-dessus de la fonction identité. Si l'ensemble des points fixes de T n'est pas vide, 1 est l'un d'eux. Il suffit donc de comparer T[1] à 1 :

1. **fonction** *PointFixe* **résultat** $\mathbb{B}$
2. **début**
3.   **résultat** T[1] = 1
4. **fin**

Complexité La complexité moyenne de cette solution est trivialement en temps constant.

Solution de l'exercice 91 Le pic   *Énoncé page 448.*

91 - R 1

Réponse 1. Compte tenu de la définition, le pic existe et est unique. On cherche à construire l'opération « **fonction** *Pic*(i, s) **résultat** $\mathbb{N}$ » qui délivre le pic T[p] de T[i .. s] (T est un tableau global). Le pic de T[deb .. fin] est le résultat de l'appel *Pic*(deb, fin).

Base Si i = s, T[i .. s] est trivialement doté d'un pic qui est T[i].

Hypothèse d'induction Soit i < s. En raison de l'existence et de l'unicité du pic T[p], pour tout m tel que m $\in$ i .. s − 1, on a soit p $\in$ i .. m, soit p $\in$ m + 1 .. s. Dans les deux cas, on sait déterminer p (et donc le pic T[p] de T[i .. s]).

Induction Notons tout d'abord que si i < s alors i $\leqslant$ $\lfloor (i + s)/2 \rfloor$ < s. Nous posons mil = $\lfloor (i+s)/2 \rfloor$. Deux cas sont à considérer selon la position relative de T[mil] et de T[mil + 1]. Si T[mil] > T[mil + 1], p est dans l'intervalle i .. mil. D'après l'hypothèse d'induction, on sait trouver T[p]. Le cas symétrique où T[mil] < T[mil + 1] se traite de façon analogue.

Terminaison L'intervalle i .. s n'est jamais vide et diminue strictement de taille à chaque étape. Ceci assure la terminaison.

91 - R 2

Réponse 2. De la réponse ci-dessus on déduit le modèle de division :

$$
\begin{array}{l}
\text{Pic}(1) \text{ élémentaire} \left(\begin{array}{l} \text{le pic recherché se trouve dans la position associée à} \\ \text{la valeur courante qui constitue le pic lui-même} \end{array} \right) \\[2ex]
\text{Pic}(n) \rightarrow \text{Comparer la valeur T[mil] à sa voisine de droite} + \text{Pic}\left(\dfrac{n}{2}\right) \qquad n > 1
\end{array}
$$

L'équation de récurrence qui définit la complexité se présente sous la forme :

$$
\left|
\begin{array}{l}
C(1) = 1 \\
C(n) = C\left(\dfrac{n}{2}\right) + 2
\end{array}
\right. \qquad n \geqslant 2.
$$

D'après le cas particulier 8.1 du corollaire du théorème maître, page 441, la solution est en $\Theta(\log_2(n))$. Il s'agit d'un cas classique de réduction logarithmique.

Solution de l'exercice 92   Tableau trié cyclique   *Énoncé page 449.*

Réponse 1.   *Démonstration de la propriété 11*   92 - R 1

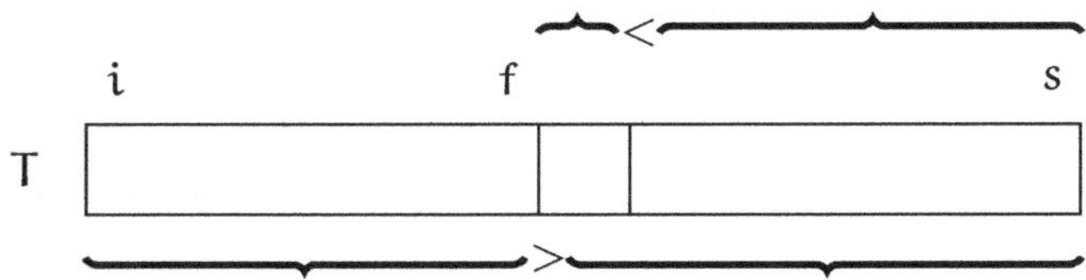

Le cas $f = s$ est trivial : $T[i .. s]$ est trié et $T[i]$ est donc le plus petit élément. Concernant le cas général où $f \in i .. s - 1$, on pose :

$$m = \min(\mathrm{codom}(T[i .. f]))$$
$$m' = \min(\mathrm{codom}(T[f + 1 .. s]))$$
$$M' = \max(\mathrm{codom}(T[f + 1 .. s]))$$

qui représentent trois des *extrema* de chaque tranche. On a d'une part :

     $EstTriéCycl(T[i .. s])$ **et** f est frontière

$\Rightarrow$

     $m' \leqslant M'$ **et** $M' < m$

et d'autre part :

     $EstTriéCycl(T[i .. s])$ **et** f est une frontière

$\Rightarrow$

     $EstTrié(T[f + 1 .. s])$

$\Rightarrow$

     $T[f + 1] = m'.$

On a donc :

$$T[f + 1] = m' \leqslant M' < m$$

$T[f + 1]$ est inférieur ou égal aux deux minima : $T[f + 1]$ est donc le plus petit élément de $T[i .. s]$.

Démonstration de la propriété 11. Si $f \leqslant m$ on a :

     $EstTriéCycl(T[i .. s])$

$\Rightarrow$ f est frontière

     $EstTrié(T[f + 1 .. s])$

$\Rightarrow$ hypothèse $f \leqslant m$

     $EstTrié(T[m + 1 .. s]).$

Donc $T[m + 1 .. s]$ est un tableau cyclique trié. Pour ce qui concerne $T[i .. m]$, $T[i .. f]$ est trié, de même que $T[f + 1 .. m]$ et tous les éléments de $T[i .. f]$ sont supérieurs à ceux de $T[f + 1 .. m]$. $T[i .. m]$ est donc un sous-tableau cyclique trié. Si $m \leqslant f$, par une démarche analogue, on montre que $T[i .. m]$ est trié et que $T[m + 1 .. s]$ est cyclique trié, ce qui achève la démonstration de la propriété.

Démonstration de la propriété 12. Effectuons une analyse par cas, en débutant par le cas où $T[m .. s]$ est trié :

     $EstTrié(T[m .. s])$

$\Rightarrow$ f est frontière

     $f \in i .. m - 1$

534   CONCEPTION D'ALGORITHMES – PRINCIPES ET 150 EXERCICES CORRIGÉS

$$\Rightarrow \qquad\qquad\qquad\qquad\qquad\qquad\qquad\qquad \text{propriété 11}$$
$$T[f+1] = \min(\text{codom}(T[i\,..\,s]))$$
$$\Rightarrow \qquad\qquad\qquad\qquad\qquad\qquad\qquad\qquad\qquad f < m$$
$$\min(\text{codom}(T[i\,..\,s])) \in \text{codom}(T[i\,..\,m]).$$

Le plus petit élément de $T[i\,..\,s]$ appartient donc à $T[i\,..\,m]$. Traitons à présent le cas où $T[m\,..\,s]$ n'est pas trié.

$$\textbf{non}\ \ \textit{EstTrié}(T[m\,..\,s])$$
$$\Rightarrow \qquad\qquad\qquad f \text{ est frontière et } f = s \Rightarrow \textit{EstTrié}(T[m\,..\,s])$$
$$f \in m\,..\,s-1$$
$$\Rightarrow \qquad\qquad\qquad\qquad\qquad\qquad\qquad\qquad \text{propriété 11}$$
$$T[f+1] = \min(\text{codom}(T[i\,..\,s]))$$
$$\Rightarrow \qquad\qquad\qquad\qquad\qquad f \in m\,..\,s-1 \Rightarrow f+1 \in m+1\,..\,s$$
$$\min(\text{codom}(T[i\,..\,s])) \in \text{codom}(T[m+1\,..\,s])).$$

Le plus petit élément de $T[i\,..\,s]$ appartient donc à $T[m+1\,..\,s]$.

Démonstration de la propriété 13. La partie directe de la démonstration est simple et résulte immédiatement des propriétés d'un tableau trié. Pour la réciproque, effectuons une analyse par cas, en distinguant les cas $f = s$ et $f < s$. Si $f = s$ d'après la définition d'un tableau cyclique trié, $T[i\,..\,s]$ est trié. Le cas $f < s$ peut se démontrer comme suit :

$$\textit{EstTriéCycl}(T[i\,..\,s])$$
$$\Rightarrow$$
$$\min(\text{codom}(T[i\,..\,f])) > \max(\text{codom}(T[f+1\,..\,s]))$$
$$\Rightarrow \qquad\qquad \textit{EstTriéCycl}(T[i\,..\,s]),\ \textit{EstTrié}(T[i\,..\,f]) \text{ et } \textit{EstTrié}(T[f+1\,..\,s])$$
$$T[i] > T[s]$$

ce qui contredit l'hypothèse $T[i] \leqslant T[s]$. Le cas $f < s$ est donc impossible.

92 - R 2 **Réponse** 2. On effectue un raisonnement de type induction de partition (voir section 1.1.4, page 7).

Base Le cas de base ($i = s$) est trivial.

Hypothèse d'induction Soit p tel que $1 \leqslant p < n$. On sait trouver le plus petit élément de tout tableau cyclique trié de p éléments.

Induction Soit $T[i\,..\,s]$ un tableau de n éléments. On prend la valeur $m = \lfloor (i+s)/2 \rfloor$ pour diviser le tableau en deux. D'après la propriété 11, page 449, les deux sous-tableaux $T[i\,..\,m]$ et $T[m+1\,..\,s]$ sont des tableaux cycliques triés et, d'après la propriété 12, page 449, si le sous-tableau $T[m\,..\,s]$ n'est pas trié (autrement dit si $T[m] > T[s]$), $T[m+1\,..\,s]$ contient le plus petit élément. Sinon c'est $T[i\,..\,m]$ qui contient le plus petit élément. Dans tous les cas, l'hypothèse d'induction assure que l'on sait trouver le plus petit élément de $T[i\,..\,s]$.

Terminaison La taille du tableau traité diminue à chaque étape tout en restant positive. Ceci assure la terminaison de l'algorithme.

Le modèle de division qui s'applique pour un tableau de taille n est alors :

$$\text{PlusPetit}(1) \text{ élémentaire}$$
$$\text{PlusPetit}(n) \to \text{évaluer } \textit{EstTrié}(T[m\,..\,s]) + \text{PlusPetit}\left(\frac{n}{2}\right) \qquad\qquad n > 1$$

Le code de cette fonction est :

1. **fonction** *PlusPetit*(i, s) **résultat** $\mathbb{N}$ **pré**
2. $\quad i \in 1 .. n$ **et** $s \in i .. n$ **et** *EstTriéCycl*$(T[i .. s])$ **et** $m \in i .. s - 1$
3. **début**
4. $\quad$ **si** $i = s$ **alors**
5. $\quad\quad$ **résultat** $T[i]$
6. $\quad$ **sinon**
7. $\quad\quad m \leftarrow \left\lfloor \dfrac{i + s}{2} \right\rfloor;$
8. $\quad\quad$ **si** $T[m] > T[s]$ **alors**
9. $\quad\quad\quad$ **résultat** *PlusPetit*$(m + 1, s)$
10. $\quad\quad$ **sinon**
11. $\quad\quad\quad$ **résultat** *PlusPetit*(i, m)
12. $\quad\quad$ **fin si**
13. $\quad$ **fin si**
14. **fin**

Complexité L'équation de complexité, pour un tableau de taille n, est (exprimée en nombre de conditions évaluées) :

$$
\begin{cases}
C(1) = 1 \\
C(n) = C\left(\dfrac{n}{2}\right) + 2
\end{cases}
\qquad n > 1.
$$

D'où, d'après la formule 8.1 page 441, $C(n) \in \Theta(\log_2(n))$.

Réponse 3. On effectue un raisonnement de type induction de partition (voir section 1.1.4, $\boxed{\text{92 - R 3}}$ page 7).

Base Le cas de base $(i = s)$ est trivial.

Hypothèse d'induction Soit p tel que $1 \leqslant p < n$. Pour tout tableau cyclique trié de p éléments, on sait déterminer si v est ou non présent dans T.

Induction La meilleure information dont on dispose pour une telle recherche porte sur le caractère, trié ou non, des tableaux considérés. Si un tableau est trié et si la valeur v est comprise entre ses bornes, la recherche doit se faire dans ce tableau. Si le tableau est trié et si la valeur v n'est pas comprise entre les bornes du sous-tableau, il est inutile d'effectuer la recherche dans ce sous-tableau. Soit $T[i .. s]$ un tableau de n éléments. Appliquons ce principe aux deux sous-tableaux $T[i .. m]$ et $T[m + 1 .. s]$, avec $m = \lfloor (i+s)/2 \rfloor$. La recherche s'effectue dans $T[i .. m]$ si l'une des deux conditions suivantes est satisfaite :

$$EstTrié(T[i .. m]) \textbf{ et } v \in T[i] .. T[m]$$

ou alors si

$$EstTrié(T[m + 1 .. s]) \textbf{ et } v \notin T[m + 1] .. T[s].$$

Dans tous les cas, l'hypothèse d'induction assure que l'on sait décider de la présence de v dans l'un des sous-tableaux, et donc dans $T[i .. s]$.

Terminaison La taille du tableau traité diminue à chaque étape tout en restant positive. Ceci assure la terminaison de l'algorithme.

D'où l'ébauche suivante de la fonction *Appartient* :

1. **fonction** *Appartient*(i, s, v) **résultat** $\mathbb{B}$ **pré**
2. $i \in 1 .. n$ **et** $s \in i .. n$ **et** $v \in \mathbb{N}$ **et** *EstTriéCycl*$(T[i .. s])$ **et** $m \in i .. s - 1$
3. **début**
4.   **si** $i = s$ **alors**
5.   **résultat** $T[i] = v$
6.   **sinon**
7. $m \leftarrow \left\lfloor \dfrac{i + s}{2} \right\rfloor ;$
8.   **si** $\left(\begin{array}{c} (EstTrié(T[i .. m]) \textbf{ et } v \in T[i] .. T[m]) \\ \textbf{ou} \\ (EstTrié(T[m + 1 .. s]) \textbf{ et } v \notin T[m + 1] .. T[s]) \end{array} \right)$ **alors**
9.   **résultat** *Appartient*(i, m, v)
10.   **sinon**
11.   **résultat** *Appartient*$(m + 1, s, v)$
12.   **fin si**
13.   **fin si**
14. **fin**

La condition de l'alternative interne se raffine facilement (en utilisant en particulier la propriété 13, page 449) sous la forme suivante :

$$(T[i] \leqslant v \textbf{ et } v \leqslant T[m]) \textbf{ ou } (T[m + 1] \leqslant T[s] \textbf{ et } \textbf{non } (T[m + 1] \leqslant v \textbf{ et } v \leqslant T[s])).$$

Le modèle de division ainsi que l'équation de complexité sont semblables à ceux de la seconde question. On a donc une solution qui est en $\Theta(\log_2(n))$; l'objectif visé est atteint.

Solution de l'exercice 93 Minimum local dans un arbre binaire

Énoncé page 450.

93 - R 1 **Réponse 1.** L'arbre n'étant pas vide, il contient certainement un nœud qui possède la plus petite valeur. Ce nœud est donc un minimum global et *a fortiori* un minimum local.

93 - R 2 **Réponse 2.** Effectuons une construction inductive de l'opération *MinLoc* :

Base Deux cas sont à considérer :

  (a) Dans un arbre plein réduit à sa racine, celle-ci est un minimum local.

  (b) Dans un arbre plein non réduit à sa racine, dont la racine est inférieure à ses deux fils, la racine est un minimum local.

Hypothèse d'induction On sait trouver un minimum local dans un arbre plein possédant $((n - 1)/2)$ nœuds.

Induction On considère un arbre plein a doté de deux sous-arbres non vides g et d possédant chacun une racine. L'une (au moins) des deux racines est inférieure à la racine de a (sinon on serait dans le second des cas de base). Soit s le sous-arbre correspondant ($s = g$ ou $s = d$). s possède un minimum local (voir question 1) que l'on sait déterminer d'après l'hypothèse d'induction, puisque les sous-arbres de a ont chacun $((n - 1)/2)$ nœuds. S'il s'agit de la racine de s, c'est aussi un minimum local de a (puisque cette valeur est inférieure à la racine de a), sinon c'est encore un minimum local de a. Dans tous les cas, la valeur recherchée est un minimum local de s.

Terminaison Dans la partie inductive, la recherche s'effectue dans un arbre de poids inférieur, ce qui assure la terminaison.

Le modèle de division présente (comme la construction ci-dessus) deux cas pour la base :

MinLoc(1) élémentaire	l'arbre est réduit à sa racine.
MinLoc(n) élémentaire	$\left(\begin{array}{l}n > 1 \text{ et la valeur de la racine est} \\ \text{inférieure à celle de ses deux fils.}\end{array}\right)$
$\text{MinLoc}(n) \rightarrow \text{MinLoc}\left(\dfrac{n-1}{2}\right)$	$\left(\begin{array}{l}n > 1 \text{ et la racine est supérieure à} \\ \text{l'un des deux fils.}\end{array}\right)$

Le code de la fonction *MinLoc* se présente comme suit :

```
1.  fonction MinLoc(a) résultat ℤ pré
2.     a ∈ ap et a ≠ /
3.  début
4.     si (a.g = /) ou sinon (a.g.v > a.v et a.d.v > a.v) alors
5.        résultat a.v
6.     sinon
7.        si a.g.v < a.v alors
8.           résultat MinLoc(a.g)
9.        sinon
10.          résultat MinLoc(a.d)
11.       fin si
12.    fin si
13. fin
```

Voici un exemple d'appel de la fonction *MinLoc* pour le premier arbre de l'énoncé :

```
1.  constantes
2.     /% h(a) : hauteur d'un arbre binaire a – voir chap. 1 %/
3.     ap = {/} ∪ {(g, v, d) | g ∈ ap et v ∈ ℤ et d ∈ ap et h(g) = h(d)}
4.  variables
5.     t ∈ ap
6.  début
7.     t ← (((/, 11, /), 10, (/, 13, /)), 21, ((/, 36, /), 31, (/, 33, /)));
8.     écrire(MinLoc(t))
9.  fin
```

Complexité La complexité au pire de la fonction *MinLoc* en nombre de conditions évaluées est donnée par l'équation récurrente suivante :

$$\left|\begin{array}{l} C(1) = 1 \\ C(n) = C\left(\dfrac{n}{2}\right) + 2 \end{array}\right. \qquad\qquad n > 1.$$

Le pire cas se présente lorsque l'on trouve une feuille comme minimum local. D'après le cas particulier 8.3 du corollaire du théorème maître (voir page 441), on a $C(n) \in \mathcal{O}(\log_2(n))$ (il s'agit d'une réduction logarithmique).

93 - R 3 | **Réponse** 3. La méthode proposée s'adapte facilement au cas d'un arbre binaire quelconque. Il suffit de transformer l'induction en induction forte et d'étendre le raisonnement au cas où un nœud peut avoir 0, 1 ou 2 descendant(s). Effectuons le raisonnement par induction.

Base Deux cas sont à considérer :

    (a) Dans un arbre binaire réduit à sa racine, celle-ci est un minimum local.

    (b) Dans un arbre binaire non réduit à sa racine, dont la valeur de la racine est inférieure à celle de ses deux fils, la racine est un minimum local.

Hypothèse d'induction Pour $n \geqslant 2$, on sait trouver un minimum local dans un arbre binaire de moins de n nœuds.

Induction Deux cas sont à considérer, celui d'un arbre binaire a doté de deux sous-arbres non vides et celui d'un arbre binaire a doté d'un seul sous-arbre non vide. Le premier cas est identique à l'induction présente dans la question 2, sauf que l'on fait usage de l'hypothèse d'induction étendue. Le second cas est quant à lui un cas particulier du premier.

Terminaison Dans la partie inductive, la recherche s'effectue dans un arbre de poids inférieur, ce qui assure la terminaison.

Solution de l'exercice 94 Diamètre d'un arbre binaire

Énoncé page 451.

94 - R 1 | **Réponse** 1. Ci-dessous, on présente deux exemples de diamètres qui ne passent pas par la racine.

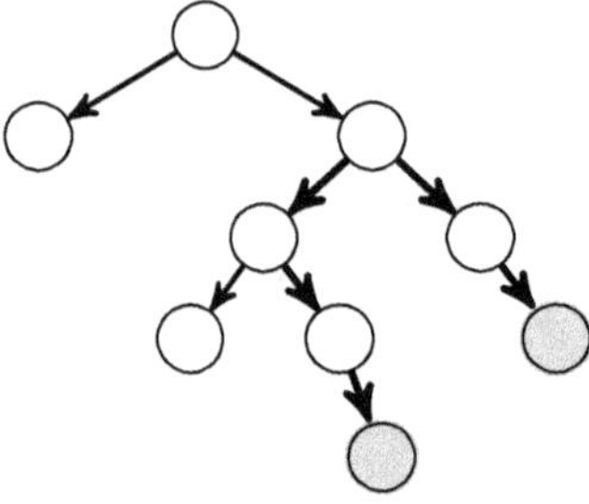

(a) diamètre de cinq arcs

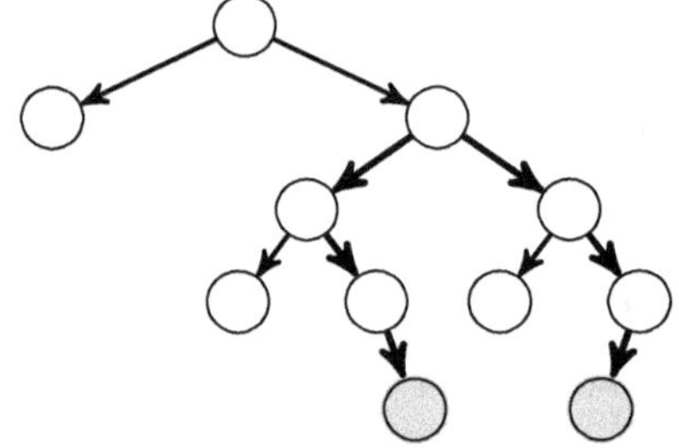

(b) diamètre de six arcs

Dans le schéma (a), il existe aussi un diamètre qui passe par la racine, alors que dans le schéma (b) ce n'est pas le cas.

94 - R 2 | **Réponse** 2. Chaque nœud est rencontré une et une seule fois. On a donc $C_h(n) = n$, d'où $C(n) \in \Theta(n)$.

Dans la première question, on a vu qu'un diamètre ne passe par forcément par la racine. On va donc considérer deux cas pour définir la fonction d.

    (a) Si le diamètre peut passer par la racine, c'est la hauteur du sous-arbre gauche plus la hauteur du sous-arbre droit, plus 2 (pour comptabiliser chacun des deux arcs qui relie un sous-arbre à la racine).

    (b) Si aucun diamètre ne passe par la racine, le diamètre est le plus grand des deux diamètres des sous-arbres de la racine.

On a donc :

$$\begin{cases} d(/) & = & -1 \\ d((l,r)) & = & \max(\{h(l) + h(r) + 2, d(l), d(r)\}). \end{cases}$$

Le code de cette fonction s'obtient directement à partir de la définition ci-dessus :

1. **fonction** $d(a)$ **résultat** $\mathbb{N} \cup \{-1\}$ **pré**
2. $a \in ab$
3. **début**
4.   **si** $a = /$ **alors**
5.   **résultat** -1
6.   **sinon**
7.   **résultat** $\max(\{h(a.l) + h(a.r) + 2, d(a.l), d(a.r)\})$
8.   **fin si**
9. **fin**

On peut noter qu'en général, lors d'un calcul, un nœud donné est rencontré plusieurs fois.

Complexité   Dans le cas d'un arbre filiforme, l'équation de récurrence est la suivante :

$$\begin{array}{l} C_d(0) = 0 \\ C_d(n) = C_d(n-1) + C_h(n-1) + 1 \end{array} \qquad\qquad n > 0.$$

Pour un arbre non vide, on consulte la racine (une fois) et deux fois son (seul) sous-arbre (une fois pour la hauteur et une fois pour le diamètre). Commençons par simplifier la seconde formule :

$$\begin{aligned} & C_d(n) = C_d(n-1) + C_h(n-1) + 1 \\ \Leftrightarrow \quad & \\ & C_d(n) = C_d(n-1) + n - 1 + 1 \\ \Leftrightarrow \quad & \\ & C_d(n) = C_d(n-1) + n \end{aligned} \qquad\qquad \begin{aligned} & T_h(n) = n \\ & \\ & \text{arithmétique} \end{aligned}$$

Par sommation, on montre aisément que $C_d(n) = (n \cdot (n+1))/2$, et donc que $C_d(n) \in \Theta(n^2)$.

Réponse 3.   Il suffit de transformer la fonction d en une fonction dh qui calcule *simultanément* le diamètre et la hauteur d'un arbre binaire. On suppose disponible l'ensemble DiamHaut tel que DiamHaut = $\{$Diam, Haut $\mid$ Diam $\in \mathbb{N} \cup \{-1\}$ **et** Haut $\in \mathbb{N} \cup \{-1\}\}$. La construction de l'opération « **fonction** $dh(a)$ **résultat** DiamHaut » qui délivre le couple (diamètre, hauteur) se fait comme suit :   94 - R 3

Base   Dans le cas d'un arbre vide, le résultat est le couple $(-1, -1)$.

Hypothèse d'induction   On sait calculer le diamètre et la hauteur de tout arbre binaire de poids inférieur à n.

Induction   Soit $a = (l, r)$ un arbre binaire de poids n ($n > 0$). Soit respectivement dhl et dhr les couples (diamètre, hauteur) pour les arbres l et r. D'après l'hypothèse d'induction, on sait calculer ces couples.

Le diamètre de a est égal à $\max(\{$dhl.Haut + dhr.Haut + 2, dhl.Diam, dhr.Diam$\})$ et sa hauteur vaut $\max(\{$dhl.Haut + dhr.Haut$\}) + 1$.

Terminaison   Les arbres considérés étant finis, le poids des sous-arbres $a.l$ et $a.r$ est strictement inférieur à celui de a. Ceci assure la terminaison de l'algorithme.

Le modèle de division qui en résulte est le suivant :

$$
\begin{array}{l}
dh(/) \text{ élémentaire (arbre vide)} \\
dh((l, r)) \rightarrow dh(l) + dh(r) + \text{composition des résultats}
\end{array}
$$

Le code de cette fonction se présente comme suit :

1. **fonction** $dh(a)$ **résultat** DiamHaut **pré**
2. $a \in ab$ **et**
3. $dhr \in$ DiamHaut **et** $dhl \in$ DiamHaut
4. **début**
5.   **si** $a = /$ **alors**
6.   **résultat** $(-1, -1)$ /% arbre vide %/
7.   **sinon**
8. $dhl \leftarrow dh(a.l)\,;\ dhr \leftarrow dh(a.r)\,;$
9.   **résultat** $\left(\begin{array}{l} \max(\{dhl.\text{Haut} + dhr.\text{Haut} + 2, dhl.\text{Diam}, dhr.\text{Diam}\}), \\ \max(\{dhl.\text{Haut}, dhr.\text{Haut}\}) + 1 \end{array} \right)$
10.   **fin si**
11. **fin**

De même que dans le cas de la fonction h, chaque nœud est rencontré une et une seule fois. La complexité est donc en $\Theta(n)$ en termes de nœuds visités. Cette solution est donc meilleure que la précédente.

Solution de l'exercice 95 médian   Sélection et recherche de l'élément

Énoncé page 452.

95 - R 1   **Réponse 1.**

(a) Le problème peut être résolu de manière itérative avec une boucle fondée sur :

Invariant E' et E'' sont deux sous-ensembles qui constituent une partition de $E - \{a\}$ ($E - \{a\} = E' \cup E''$ et $E' \cap E'' = \varnothing$) tels que tous les éléments de E' inférieurs (resp. supérieurs) à a sont ventilés dans E^- (resp. E^+). $E' - \{a\} = E^- \cup E^+$ (aucun des éléments de E'' n'a encore été consulté).

Condition d'arrêt $E'' = \varnothing$ (tous les éléments de E'' ont été consultés).

Progression Si a est le pivot mentionné dans l'énoncé :

1. **soit** v **tel que**
2. $v \in E''$
3. **début**
4.   /% si $v = a$, v ne doit pas être pas ventilé, de par la spécification %/
5.   **si** $v < a$ **alors**
6. $E^- \leftarrow E^- \cup \{v\}$
7.   **sinonsi** $v > a$ **alors**
8. $E^+ \leftarrow E^+ \cup \{v\}$
9.   **fin si** ;
10. $E' \leftarrow E' \cup \{v\}\,;\ E'' \leftarrow E'' - \{v\}$
11. **fin**

Initialisation $E' \leftarrow \varnothing$; $E'' \leftarrow E$; $E^- \leftarrow \varnothing$; $E^+ \leftarrow \varnothing$.

Terminaison $\mathrm{card}(E'')$. Cette expression entière décroît strictement à chaque pas de progression tout en restant positive ou nulle.

(b) Un ensemble est représenté par un tableau accompagné de sa longueur utile. Une mise en œuvre naïve de cet algorithme consiste à parcourir séquentiellement le tableau qui raffine l'ensemble E, d'où une complexité en $\Theta(n)$.

Réponse 2.   `95 - R 2`

(a) Il suffit que le nombre d'éléments inférieurs à a dans E soit égal à $(k-1)$ pour affirmer que a est la solution recherchée ; formellement : $\#w \cdot (w \in E \text{ et } w < a) = k-1$.

(b) On effectue un raisonnement par récurrence forte.

   Base $\#w \cdot (w \in E \text{ et } w < a) = k-1$. Si cette condition est satisfaite, a est l'élément recherché.

   Hypothèse d'induction On sait sélectionner le k^e plus petit élément de tout ensemble de cardinal m, pour $1 \leqslant m < n$.

   Induction Si, après appel de la procédure $\textit{Éclater}(E, E^-, E^+, a)$, le nombre d'éléments de E^- est supérieur ou égal à k, le k^e élément de E est le k^e élément de E^-. Dans le cas contraire, l'élément recherché se situe dans E^+ et c'est son $(k-1-\mathrm{card}(E^-))^e$ élément. Dans les deux cas, l'hypothèse d'induction permet d'obtenir le résultat recherché.

   Terminaison Le cardinal de l'ensemble considéré décroît à chaque étape tout en restant positif. Ceci garantit la terminaison de l'algorithme.

   On en déduit le modèle de division ci-après (a est une valeur quelconque de l'ensemble E) :

$$\text{Sélection}(n) \rightarrow \begin{cases} \text{élémentaire s'il y a } (k-1) \text{ éléments plus petits que } a \text{ dans E} \\ \text{Éclater} + \text{Sélection}(n'), \text{ avec } k \leqslant n' < n \text{ sinon.} \end{cases}$$

(c) La version « ensembliste » de l'algorithme se présente de la manière suivante :

```
 1. fonction Sélection(E, k) résultat ℕ pré
 2.    E ⊂ ℕ et E ≠ ∅ et k ∈ 1 .. card(E) et
 3.    E⁻ ⊂ ℕ et E⁺ ⊂ ℕ
 4. début
 5.    soit a tel que
 6.       a ∈ E
 7.    début
 8.       si #w · (w ∈ E et w < a) = k − 1 alors
 9.          résultat a
10.       sinon
11.          Éclater(E, E⁻, E⁺, a) ;
12.          si card(E⁻) ⩾ k alors
13.             résultat Sélection(E⁻, k)
14.          sinon
15.             résultat Sélection(E⁺, k − 1 − card(E⁻))
16.          fin si
17.       fin si
18.    fin
19. fin
```

Remarque La structure de contrôle **soit** et l'expression $a \in E$ représentent le choix *non déterministe* d'un élément de E [14]. Cependant, un raffinement par tirage aléatoire (comme précisé dans l'énoncé) est immédiat si l'on dispose de la fonction appropriée. Un raffinement déterministe et également possible.

(d) Cette solution se démarque de la construction DpR classique par les points suivants :

    i. La coupure ne se fait pas à une position fixée à l'avance (la moitié le plus souvent), ce qui exige de déterminer au préalable l'endroit où elle s'effectue. C'est précisément le rôle de la procédure préparatoire *Éclater*.

    ii. L'arrêt ne se fait pas forcément sur un ensemble de cardinal 1, mais dès que le cardinal de E^- est $(k-1)$.

Remarque Pour chaque appel de la procédure *Sélection*, seul l'un des appels récursifs est réalisé. La récursivité terminale qui en résulte laisse présager une traduction aisée sous forme itérative (voir section 1.3 page 15).

(e) Trois points sont à souligner pour le raffinement de cette fonction.

i) Le choix non déterministe doit être traduit en choix aléatoire (voir remarque ci-dessus).

ii) Il suffit de reprendre le raffinement des ensembles adopté dans la partie b) de la première question (raffinement par un tableau accompagné de sa longueur utile).

iii) La condition de l'alternative externe, qui représente le comptage du nombre d'éléments de E plus petits que le pivot a, doit également être raffinée. Plutôt que de coder séparément cette condition, il est possible – et plus efficace – de déplacer l'appel de la procédure *Éclater* au début de la partie impérative de la fonction afin de profiter de la disponibilité de l'ensemble E^-, puisque le cardinal de E^- est justement le nombre d'éléments de E plus petits que le pivot.

(f) La complexité au mieux de la fonction *Sélection* est obtenue lorsque le premier appel à la procédure *Sélection* montre que le pivot choisi est la valeur recherchée, soit $(n-1)$ comparaisons.

Si la procédure *Éclater* coupe à chaque étape l'ensemble E en deux sous-ensembles E^- et E^+ de tailles égales ou différant de 1, on a le modèle de division :

$$
\begin{array}{ll}
\text{Sélection}(1) \text{ élémentaire} & \\
\text{Sélection}(n) \rightarrow \text{Éclater} + \text{Sélection}\left(\dfrac{n}{2}\right) & n > 1
\end{array}
$$

d'où un modèle de division en réduction logarithmique avec une fonction $f(n)$ de complexité linéaire et une classe de complexité en $\Theta(n)$ pour la fonction *Sélection* (voir corollaire du théorème maître, page 441, cas 3 avec $a < b$).

La complexité au pire de la fonction *Sélection* est atteinte quand la procédure *Éclater* produit un couple d'ensembles E^- et E^+ dont l'un est vide et que l'on ne s'arrête pas (il y a nécessité de poursuivre par un appel récursif). On a alors le modèle de division :

$$
\begin{array}{ll}
\text{Sélection}(1) \text{ élémentaire} & \\
\text{Sélection}(n) \rightarrow \text{Éclater} + \text{Sélection}(n-1) & n > 1
\end{array}
$$

---

14. C'est-à-dire un choix pour lequel *aucune hypothèse* (en particulier de nature probabiliste) n'est faite sur l'élément sélectionné. Il ne s'agit donc pas d'un choix aléatoire.

La complexité en nombre de comparaisons est donnée par :

$$\left|\begin{array}{l} C(1) = 0 \\ C(n) = C(n-1) + n - 1 \end{array}\right. \qquad n > 1.$$

et donc $C(n) \in \Theta(n^2)$. Ici, une solution fondée sur un tri est préférable.

On peut montrer que la complexité moyenne est en $\Theta(n)$ (voir [17], page 185). Il existe aussi des variantes de cet algorithme, toujours avec un choix aléatoire, dont la complexité au pire est aussi en $\Theta(n)$ (voir par exemple [17], page 189).

Réponse 3. Qui peut le plus peut le moins. Le problème de la recherche de la médiane (c'est-à-dire du $\lfloor \mathrm{card}(E)/2 \rfloor^e$ élément de E) est une application directe du problème résolu ici. En revanche, si l'on avait abordé directement le problème de la médiane, on aurait été amené à constater qu'une bonne solution consiste à résoudre le problème de la recherche du k^e élément. Ceci constitue un nouvel exemple (voir également l'exercice 40, page 126) de l'intérêt de généraliser un problème. La généralisation s'effectue en *affaiblissant* la précondition puisque, pour passer du problème de l'élément médian au problème du k^e élément, on supprime le conjoint qui précise que k est la position du milieu. `95 - R 3`

Solution de l'exercice 96 Écrous et boulons *Énoncé page 453.*

Réponse 1. On ne peut pas utiliser un algorithme de tri pour trier d'abord les boulons, puis les écrous – et résoudre ainsi le problème – puisqu'il est interdit de comparer deux boulons entre eux ou deux écrous entre eux. Les solutions à ce problème peuvent cependant s'inspirer des méthodes de tri, puisque dans le problème des écrous et des boulons, il s'agit de trouver la bonne bijection, alors que dans le cas des tris l'objectif est de trouver une bonne permutation. Une méthode naïve (inspirée du tri par insertion simple) consiste à prendre un écrou, à tenter de le visser successivement à tous les boulons jusqu'à découvrir le boulon qui convient, puis à réitérer le processus sur les deux ensembles privés des pièces appariées. Si pour un écrou il ne reste plus qu'un seul boulon à considérer, la comparaison est inutile. `96 - R 1`

Complexités La complexité la meilleure est obtenue quand chaque écrou se visse sur le premier boulon essayé. On a l'équation récurrente suivante :

$$\left|\begin{array}{l} C(1) = 0 \\ C(n) = C(n-1) + 1 \end{array}\right. \qquad n > 1$$

d'où, par sommation, $C(n) = n - 1$ et $C(n) \in \Theta(n)$.

La complexité la pire est atteinte lorsque chaque écrou s'apparie avec le dernier boulon restant à prendre en compte. L'équation correspondante est :

$$\left|\begin{array}{l} C(1) = 0 \\ C(n) = C(n-1) + n - 1 \end{array}\right. \qquad n > 1.$$

Le terme $(n-1)$ provient de ce que l'on compare un écrou avec les $(n-1)$ premiers boulons. Par la méthode des facteurs sommants, on montre facilement que $C(n) \in \Theta(n^2)$.

96 - R 2

Réponse 2. La méthode DpR ci-dessous s'inspire du tri *quicksort*. Cet algorithme de tri est supposé connu du lecteur.

Base Si les deux ensembles E et B sont vides, ils sont appariés.

Hypothèse d'induction On sait apparier deux ensembles E et B de cardinal inférieur ou égal à n.

Induction Soit E et B de cardinal $n+1$. On sélectionne (de manière non déterministe) un écrou pivot $ePiv$ et on essaie successivement d'assembler tous les boulons avec lui. Ceci permet de trouver le boulon pivot $bPiv$ qui correspond à $ePiv$, mais aussi de diviser l'ensemble $B - \{bPiv\}$ des boulons en deux sous-ensembles : celui des boulons qui ont un plus petit diamètre que $bPiv$ ($Binf$) et celui de plus grand diamètre ($Bsup$). Ensuite, on essaie tous les écrous sauf $ePiv$ sur le boulon $bPiv$, ce qui permet de diviser l'ensemble $E - \{ePiv\}$ des écrous en deux sous-ensembles : celui des écrous de plus petit diamètre que $ePiv$ ($Einf$) et celui de plus grand diamètre ($Esup$). Le résultat est double : d'une part on a trouvé une paire ($ePiv, bPiv$) qui correspond, de l'autre, on a divisé le problème en deux sous-problèmes de tailles inférieures à $n+1$. On sait les résoudre d'après l'hypothèse d'induction.

Terminaison La taille des sous-problèmes est positive ou nulle et décroît strictement à chaque étape. Ceci assure la terminaison.

Le modèle de division se présente comme suit :

$$
\begin{array}{l}
\text{Apparier}(\varnothing, \varnothing) \text{ élémentaire puisqu'alors il n'y a rien à faire, les ensembles sont vides} \\[1em]
\text{Apparier}(E, B) \rightarrow \begin{array}{c} \text{déterminer les quatre} \\ \text{sous-ensembles} \end{array} \begin{pmatrix} Binf, \\ Bsup, \\ Einf, \\ Esup \end{pmatrix} + \begin{pmatrix} \text{Apparier}(Einf, Binf) \\ + \\ \text{Apparier}(Esup, Bsup) \end{pmatrix}
\end{array}
$$

96 - R 3

Réponse 3. Ci-dessous, l'opération « **procédure** *Visser*(e, b) » visse l'écrou e sur le boulon b.

```
 1. procédure Apparier(E, B) pré
 2.    E ⊆ ℕ₁ et B ⊆ ℕ₁ et E = B et
 3.    Einf ⊆ E et Esup ⊆ E et Einf ∩ Esup = ∅ et
 4.    card(Einf ∪ Esup) = card(E) − 1 et Binf = Einf et Bsup = Esup et
 5.    bPiv ∈ B
 6. début
 7.    si E ≠ ∅ alors
 8.       soit ePiv tel que
 9.       /% Sélection non déterministe d'un élément ePiv de E %/
10.       /% comme pivot pour E : %/
11.       ePiv ∈ E
12.    début
13.       Binf ← ∅ ; Bsup ← ∅ ;
14.       pour b ∈ B faire
15.          si ePiv = b alors
16.             bPiv ← b ; Visser(ePiv, bPiv)
17.          sinonsi ePiv < b alors
18.             Bsup ← Bsup ∪ {b}
```

```
19.          sinon
20.              Binf ← Binf ∪ {b}
21.          fin si
22.      fin pour ;
23.      Einf ← ∅ ; Esup ← ∅ ;
24.      pour e ∈ E − {ePiv} faire
25.          si bPiv < e alors
26.              Esup ← Esup ∪ {e}
27.          sinon
28.              Einf ← Einf ∪ {e}
29.          fin si
30.      fin pour
31.    fin ;
32.    Apparier(Einf, Binf) ;
33.    Apparier(Esup, Bsup)
34.  fin si
35. fin
```

Complexité   Pour la complexité au pire, une solution consiste à montrer que celle-ci est en $\mathcal{O}(n^2)$, puis à montrer qu'il existe une solution en $\Theta(n^2)$. On pourra alors en conclure que la complexité au pire est en $\Theta(n^2)$. Si l'on considère le nombre de tentatives d'assemblage, la complexité au pire $C(n)$ est solution de l'équation récurrente suivante :

$$\begin{cases} C(0) = 0 \\ C(n) = \max_{q \in 0..n-1} (C(q) + C(n - q - 1)) + f(n) & n > 0 \end{cases}$$

où $f(n) \in \Theta(n)$. La fonction f énumère les tentatives d'assemblage qui apparaissent dans les deux boucles. Il existe donc une constante d positive telle que $f(n) \leqslant d \cdot n$. Par ailleurs, $card(Einf) + card(Esup) = n - 1$. Pour montrer que $C(n) \in \mathcal{O}(n^2)$, il suffit de montrer qu'il existe une constante c positive telle que $C(n) \leqslant c \cdot n^2$.

Base   On a trivialement $C(0) \in \mathcal{O}(n^2)$.

Hypothèse d'induction $C(q) \leqslant c \cdot q^2$ et $C(n - q - 1) \leqslant c \cdot (n - q - 1)^2$, pour tout $q \in 0..n-1$.

Induction

$$\begin{aligned}
&C(n) \\
=\ & \qquad\qquad\qquad\qquad\qquad\qquad\qquad\qquad\text{définition} \\
&\max_{q \in 0..n-1} (C(q) + C(n - q - 1)) + f(n) \\
\leqslant\ & \qquad\qquad\qquad\qquad\qquad\text{hypothèse d'induction et propriété de f} \\
&\max_{q \in 0..n-1} \left(c \cdot q^2 + c \cdot (n - q - 1)^2\right) + d \cdot n \\
=\ & \qquad\qquad\qquad\qquad\qquad\qquad\qquad\qquad\text{calcul} \\
&c \cdot \max_{q \in 0..n-1} \left(2q^2 - 2(n - 1) \cdot q + (n - 1)^2\right) + d \cdot n
\end{aligned}$$

$=$
$\begin{cases}
\text{La fonction réelle } g(q) = 2q^2 - 2(n-1) \cdot q + (n-1)^2 \text{ est une parabole} \\
\text{dont le minimum est atteint pour } q = (n-1)/2.0. \text{ L'arc de parabole} \\
\text{délimité par } q = 0 \text{ et } q = n-1 \text{ décroît de } q = 0 \text{ à } q = (n-1)/2.0 \text{ et} \\
\text{croît de } q = (n-1)/2.0 \text{ à } q = n-1. \text{ Aux abscisses } q = 0 \text{ et } q = n-1, \\
\text{il atteint le même maximum, à savoir } (n-1)^2.
\end{cases}$

$$
\begin{aligned}
&\quad c \cdot (n-1)^2 + d \cdot n \\
&= \\
&\quad c \cdot n^2 - c \cdot (2n-1) + d \cdot n \\
&\leqslant \\
&\quad c \cdot n^2
\end{aligned}
\qquad
\begin{aligned}
&\text{arithmétique} \\
\\
&\text{pour } c \text{ assez grand } c \cdot (2n-1) \geqslant d \cdot n
\end{aligned}
$$

On a donc bien $C(n) \in \mathcal{O}(n^2)$. Montrons à présent qu'il existe une solution en $\Theta(n^2)$. Intuitivement, la situation où l'un des sous-ensembles (Einf par exemple) est vide et l'autre (Esup) contient $(n-1)$ éléments peut relever de ce cas. C'est en effet une situation de déséquilibre extrême qui mérite d'être considéré. L'équation récurrente est alors :

$$
\left|
\begin{aligned}
&C(0) = 0 \\
&C(n) = C(0) + C(n-1) + f(n) \qquad\qquad n > 0.
\end{aligned}
\right.
$$

(avec toujours $f(n) \in \Theta(n)$.) Cette équation est à rapprocher de celle rencontrée dans le cas le plus défavorable de la question 1. On a donc également $C(n) \in \Theta(n^2)$. D'où le résultat recherché pour le cas le plus défavorable :

$$
C(n) \in \Theta(n^2).
$$

96 - R 4 **Réponse 4.** L'arbre de décision pour la méthode de la première question dans le cas où $E = \{1, 2, 3\}$ et $B = \{a, b, c\}$ est présenté à la figure 8.23, page 547. Les cellules grisées matérialisent la progression de l'appariement, tandis que les cellules blanches représentent les tentatives d'assemblage.

Soit a un arbre de décision pour le problème des écrous et des boulons. Sa hauteur h correspond au nombre maximum de tentatives d'assemblage écrou-boulon effectuées par l'algorithme qu'il représente. Puisque l'énoncé demande de montrer que tout algorithme qui résout ce problème présente une complexité au pire en $\Omega(n \cdot \log_3(n))$, il suffit de montrer que h, nombre maximum de tentatives d'appariement, est aussi en $\Omega(n \cdot \log_3(n))$. Le nombre de feuilles f d'un arbre ternaire satisfait la relation $f \leqslant 3^h$. D'autre part, il y a $n!$ façons d'apparier les écrous et les boulons des ensembles E et B de même cardinal n. À chaque feuille de a correspond l'une de ces $n!$ possibilités et les $n!$ possibilités sont couvertes (la relation feuille-bijection est une fonction surjective : il peut y avoir plus de feuilles que d'appariements possibles, comme le montre la figure 8.23, page 547, où par exemple l'appariement $\begin{smallmatrix}123\\acb\end{smallmatrix}$ apparaît deux fois sur la partie centrale de l'arbre), donc $f \geqslant n!$. D'où le développement suivant :

$$
\begin{aligned}
&\quad 3^h \geqslant f \geqslant n! \\
&\Rightarrow \\
&\quad 3^h \geqslant n! \\
&\Leftrightarrow \\
&\quad h \geqslant \log_3(n!) \\
&\Rightarrow \\
&\quad h \in \Omega(n \cdot \log_3(n)).
\end{aligned}
\qquad
\begin{aligned}
&\text{arithmétique} \\
\\
&\text{passage au logarithme en base 3} \\
\\
&\text{énoncé (formule de Stirling)}
\end{aligned}
$$

On en conclut que la solution la plus défavorable au problème des écrous et boulons a une complexité qui ne peut être meilleure qu'en $n \cdot \log_3(n)$.

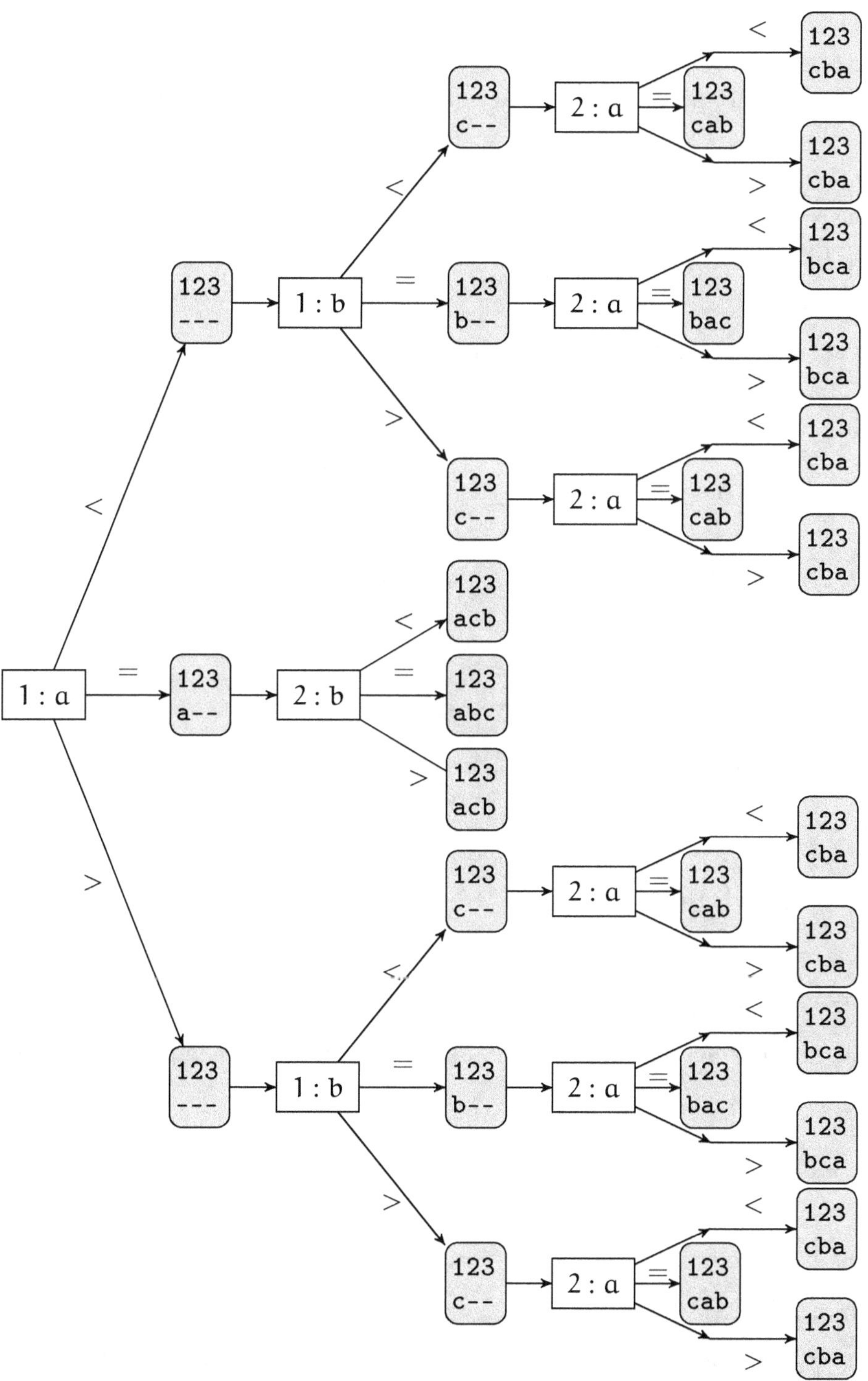

Fig. 8.23 – *Écrous et boulons : l'arbre de décision pour une solution naïve*

Solution de l'exercice 97 La fausse pièce – division en trois et quatre tas

Énoncé page 454.

$\boxed{\textbf{97 - R 1}}$ **Réponse** 1. Dans le pire des cas, le nombre de pesées ultérieures s'évalue à :

$$\max(\{C_3(n-2k), C_3(k)\}).$$

Nous devons tenir compte du fait que l'on cherche un k qui *minimise* le nombre de pesées dans le pire des cas :

$$\min_{k \in 1..\lfloor \frac{n}{2} \rfloor} (\max(\{C_3(n-2k), C_3(k)\})), \tag{8.28}$$

soit, en comptabilisant la pesée déjà réalisée :

$$C_3(n) = 1 + \min_{k \in 1..\lfloor \frac{n}{2} \rfloor} (\max(\{C_3(n-2k), C_3(k)\})). \tag{8.29}$$

Nous obtenons donc l'équation récurrente suivante :

$$\left| \begin{array}{l} C_3(1) = 0 \\ C_3(n) = 1 + \min_{k \in 1..\lfloor \frac{n}{2} \rfloor} (\max(\{C_3(n-2k), C_3(k)\})) \end{array} \right. \qquad n > 1.$$

$\boxed{\textbf{97 - R 2}}$ **Réponse** 2. Nous admettons tout d'abord le résultat suivant.

Propriété La solution de l'équation récurrente

$$\left| \begin{array}{l} f(1) = 0 \\ f(n) = 1 + f\left(\left\lfloor \dfrac{n}{2} \right\rfloor\right) \end{array} \right. \qquad n > 1$$

est $f(n) = \lfloor \log_2(n) \rfloor$.

La démonstration de la croissance de C_3 se fait en utilisant le lemme suivant :

Lemme 2 :
Pour tout n, $n \in \mathbb{N}_1$, $C_3(n) \leqslant \lfloor \log_2(n) \rfloor$.

Démontrons ce lemme par induction sur n.

Base Pour $n = 1$, $C_3(1) = 0 = \lfloor \log_2(1) \rfloor$.

Hypothèse d'induction Pour tout m tel que $1 \leqslant m < n$, $C_3(m) \leqslant \lfloor \log_2(m) \rfloor$.

Induction Démontrons la propriété pour n :

$$\begin{aligned} & C_3(n) & & \text{définition de } C_3 \\ = \; & 1 + \min_{k \in 1..\lfloor \frac{n}{2} \rfloor} (\max(\{C_3(n-2k), C_3(k)\})) & & \\ \leqslant \; & & & \text{propriété du min} \end{aligned}$$

$$1 + \min\left(\left\{\begin{array}{c}\min\limits_{k\in 1..\lfloor\frac{n}{2}\rfloor-1}(\max(\{C_3(n-2k), C_3(k)\})), \\ \min\limits_{k=\lfloor\frac{n}{2}\rfloor}(\max(\{C_3(n-2k), C_3(k)\}))\end{array}\right\}\right)$$

$$\leqslant \qquad\qquad\qquad\qquad\qquad\qquad\qquad\qquad \min(a, b) \leqslant a$$

$$1 + \min\limits_{k=\lfloor\frac{n}{2}\rfloor}(\max(\{C_3(n-2k), C_3(k)\}))$$

$$= \qquad\qquad\qquad\qquad\qquad\qquad \text{propriété du min et substitution}$$

$$1 + \max\left(\left\{C_3\left(n - 2\left\lfloor\frac{n}{2}\right\rfloor\right), C_3\left(\left\lfloor\frac{n}{2}\right\rfloor\right)\right\}\right).$$

À ce stade de la démonstration, il est nécessaire de réaliser une analyse par cas, selon la parité de n.

Cas n pair

$$1 + \max\left(\left\{C_3\left(n - 2\left\lfloor\frac{n}{2}\right\rfloor\right), C_3\left(\left\lfloor\frac{n}{2}\right\rfloor\right)\right\}\right)$$

$$= \qquad\qquad\qquad\qquad\qquad\qquad \text{pour } n \text{ pair, } 2 \cdot \left\lfloor\frac{n}{2}\right\rfloor = n$$

$$1 + \max\left(\left\{C_3(0), C_3\left(\left\lfloor\frac{n}{2}\right\rfloor\right)\right\}\right)$$

$$= \qquad\qquad \text{on admet que } C_3(0) = 0 \text{ et } C_3 \text{ est une fonction positive ou nulle}$$

$$1 + C_3\left(\left\lfloor\frac{n}{2}\right\rfloor\right)$$

$$= \qquad\qquad\qquad\qquad\qquad\qquad\qquad \text{propriété 2, page 548}$$

$$\lfloor\log_2(n)\rfloor.$$

Cas n impair

$$1 + \max\left(\left\{C_3\left(n - 2\left\lfloor\frac{n}{2}\right\rfloor\right), C_3\left(\left\lfloor\frac{n}{2}\right\rfloor\right)\right\}\right).$$

$$= \qquad\qquad\qquad\qquad\qquad\qquad \text{pour } n \text{ impair, } 2 \cdot \left\lfloor\frac{n}{2}\right\rfloor = n - 1$$

$$1 + \max\left(\left\{C_3(1), C_3\left(\left\lfloor\frac{n}{2}\right\rfloor\right)\right\}\right)$$

$$= \qquad\qquad\qquad\qquad C_3(1) = 0 \text{ et } C_3 \text{ est une fonction positive ou nulle}$$

$$1 + C_3\left(\left\lfloor\frac{n}{2}\right\rfloor\right)$$

$$= \qquad\qquad\qquad\qquad\qquad\qquad\qquad \text{propriété 2, page 548}$$

$$\lfloor\log_2(n)\rfloor.$$

Revenons à la démonstration par induction de la croissance de la fonction C_3. Il s'agit de montrer que, pour tout $n \in \mathbb{N}_1$, $C_3(n + 1) \geqslant C_3(n)$.

Base Montrons que $C_3(2) \geqslant C_3(1)$.

$$C_3(2)$$

$$= \qquad\qquad\qquad\qquad\qquad\qquad\qquad\qquad \text{définition de } C_3$$

$$1 + \min\limits_{k\in 1..\lfloor\frac{2}{2}\rfloor}(\max(\{C_3(2 - 2k), C_3(k)\}))$$

$$= \qquad\qquad\qquad\qquad\qquad\qquad\qquad\qquad\qquad k = 1$$

$$1 + \max(\{C_3(0), C_3(1)\})$$
$$=$$
en admettant que $C_3(0) = 0$
$$1 + C_3(1)$$
$$\geqslant$$
arithmétique
$$C_3(1).$$

Hypothèse d'induction Pour tout m tel que $1 \leqslant m < n$, $C_3(m) \leqslant C_3(n)$.

Induction Montrons que $C_3(n + 1) \geqslant C_3(n)$. Nous procédons à une analyse par cas selon la parité de n. Nous savons que n pair $\Rightarrow 1 \mathinner{..} \lfloor (n+1)/2 \rfloor = 1 \mathinner{..} \lfloor n/2 \rfloor$ et que n impair $\Rightarrow 1 \mathinner{..} \lfloor (n+1)/2 \rfloor = (1 \mathinner{..} \lfloor n/2 \rfloor) \cup \{(n+1)/2\}$.

Cas n pair

$$C_3(n + 1)$$
$$=$$
définition de $C_3(n + 1)$ et substitution
$$1 + \min_{k \in 1 \mathinner{..} \lfloor \frac{n+1}{2} \rfloor} (\max(\{C_3(n + 1 - 2k), C_3(k)\}))$$
$$=$$
propriété ci-dessus pour n pair
$$1 + \min_{k \in 1 \mathinner{..} \lfloor \frac{n}{2} \rfloor} (\max(\{C_3(n + 1 - 2k), C_3(k)\}))$$
$$\geqslant$$
hypothèse d'induction : $C_3(n + 1 - 2k) \geqslant C_3(n - 2k)$
$$1 + \min_{k \in 1 \mathinner{..} \lfloor \frac{n}{2} \rfloor} (\max(\{C_3(n - 2k), C_3(k)\}))$$
$$=$$
définition de $C_3(n)$
$$C_3(n).$$

Cas n impair

$$C_3(n + 1)$$
$$=$$
définition de $C_3(n + 1)$ et substitution
$$1 + \min_{k \in 1 \mathinner{..} \lfloor \frac{n+1}{2} \rfloor} (\max(\{C_3(n + 1 - 2k), C_3(k)\}))$$
$$=$$
propriété ci-dessus pour n impair
$$1 + \min_{k \in (1 \mathinner{..} \lfloor \frac{n}{2} \rfloor) \cup \{\frac{n+1}{2}\}} (\max(\{C_3(n + 1 - 2k), C_3(k)\}))$$
$$=$$
propriété du min
$$1 + \min \left(\left\{ \begin{array}{l} \min\limits_{k \in 1 \mathinner{..} \lfloor \frac{n}{2} \rfloor} (\max(\{C_3(n + 1 - 2k), C_3(k)\})), \\ \min\limits_{k = \frac{n+1}{2}} (\max(\{C_3(n + 1 - 2k), C_3(k)\})) \end{array} \right\} \right)$$
$$=$$
substitution de k par $\left\lfloor \dfrac{n+1}{2} \right\rfloor \left(= \dfrac{n+1}{2} \right)$ dans la seconde expression min
$$1 + \min \left(\left\{ \begin{array}{l} \min\limits_{k \in 1 \mathinner{..} \lfloor \frac{n}{2} \rfloor} (\max(\{C_3(n + 1 - 2k), C_3(k)\})), \\ \max \left(\left\{ C_3(0), C_3 \left(\left\lfloor \dfrac{n+1}{2} \right\rfloor \right) \right\} \right) \end{array} \right\} \right)$$
$$=$$
propriétés du min

$$\min\left(\left\{\begin{array}{l} 1 + \min\limits_{k\in 1..\lfloor\frac{n}{2}\rfloor}\left(\max(\{C_3(n+1-2k), C_3(k)\})\right), \\[2mm] 1 + \max\left(\left\{C_3(0), C_3\left(\left\lfloor\dfrac{n+1}{2}\right\rfloor\right)\right\}\right) \end{array}\right\}\right)$$

$$\geqslant \qquad \text{hypothèse d'induction : } C_3(n+1-2k) \geqslant C_3(n-2k)$$

$$\min\left(\left\{\begin{array}{l} 1 + \min\limits_{k\in 1..\lfloor\frac{n}{2}\rfloor}\left(\max(\{C_3(n-2k), C_3(k)\})\right), \\[2mm] 11 + \max\left(\left\{C_3(0), C_3\left(\left\lfloor\dfrac{n+1}{2}\right\rfloor\right)\right\}\right) \end{array}\right\}\right)$$

$$= \qquad (\text{avec } C_3(0) = 0) \text{ la fonction } C_3 \text{ est positive et définition de } C_3(n)$$

$$\min\left(\left\{C_3(n), 1 + C_3\left(\left\lfloor\dfrac{n+1}{2}\right\rfloor\right)\right\}\right)$$

$$= \qquad\qquad\qquad\qquad\qquad\qquad\qquad\qquad\qquad\qquad \text{propriété 2, page 548}$$

$$\min\left(\{C_3(n), \lfloor\log_2(n+1)\rfloor\}\right)$$

$$\geqslant \qquad\qquad\qquad\qquad\qquad\qquad\qquad\qquad \text{log est une fonction croissante}$$

$$\min\left(\{C_3(n), \lfloor\log_2(n)\rfloor\}\right)$$

$$= \qquad\qquad\qquad\qquad\qquad\qquad\qquad\qquad\qquad\qquad \text{lemme 2, page 548}$$

$$C_3(n).$$

La fonction $C_3(n)$ est donc croissante par rapport à n.

Nous nous focalisons à présent sur l'expression 8.28, page 548. Dans une première étape, nous nous intéressons à la sous-expression max avant de rechercher une valeur de k qui minimise cette sous-expression. Compte tenu de la nature des deux arguments de l'expression max, si les courbes arguments du max se « croisent », le graphe de la fonction max est tout d'abord décroissant puis croissant sur l'intervalle $1 .. \lfloor n/2 \rfloor$. Elle possède alors (au moins) un minimum. L'abscisse de celui-ci est l'un des entiers les plus proches de la solution de l'équation $C_3(n-2k) = C_3(k)$, soit $k = n/3$. Si $n/3$ est entier (dans ce cas $n/3 = \lceil n/3 \rceil$) c'est la solution, sinon les deux entiers candidats sont $k = \lceil n/3 \rceil - 1$ et $k = \lceil n/3 \rceil$. Montrons que $k = \lceil n/3 \rceil$ est toujours la solution recherchée.

En $k = \lceil n/3 \rceil - 1$, la fonction $C_3(n-2k)$ s'évalue à $C_3(n - 2 \cdot (\lceil n/3 \rceil - 1))$. En $k = \lceil n/3 \rceil$, la fonction $C_3(k)$ s'évalue à $C_3(\lceil n/3 \rceil)$. Nous laissons au lecteur le soin de démontrer[15] que pour tout n $(n - 2 \cdot (\lceil n/3 \rceil - 1)) \geqslant \lceil n/3 \rceil$, avant d'exploiter cette propriété :

$$n - 2 \cdot \left(\left\lceil\dfrac{n}{3}\right\rceil - 1\right) \geqslant \left\lceil\dfrac{n}{3}\right\rceil$$

$$\Rightarrow \qquad\qquad\qquad\qquad\qquad\qquad\qquad\qquad\qquad\qquad C_3 \text{ est croissante}$$

$$C_3\left(n - 2 \cdot \left(\left\lceil\dfrac{n}{3}\right\rceil - 1\right)\right) \geqslant C_3\left(\left\lceil\dfrac{n}{3}\right\rceil\right).$$

Pour le second cas, $\lceil n/3 \rceil$ est également l'abscisse du minimum. Nous avons du même coup montré que les courbes se « croisent » bien. La figure 8.24, page 552, montre les différentes courbes obtenues pour $n = 30$.

---

15.   Par exemple, en effectuant une analyse par cas sur les trois valeurs possibles de $(n \bmod 3)$.

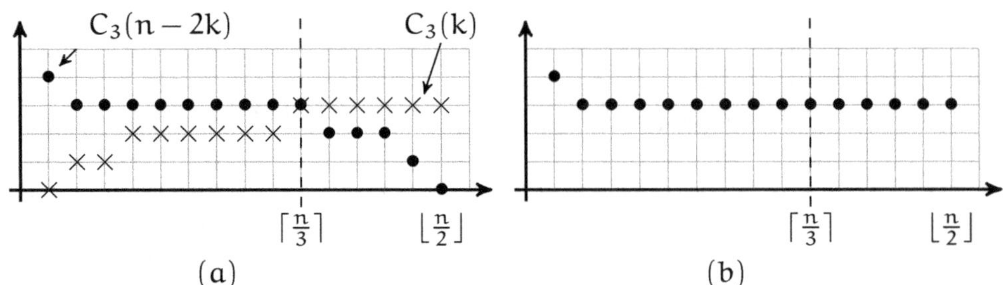

Fig. 8.24 – Cette figure concerne le cas $n = 30$. *Le schéma* (a) *montre le graphe des deux courbes* $C_3(n-2k)$ *et* $C_3(k)$, *tandis que le schéma* (b) *fournit le maximum des deux courbes.*

Remarque   La fonction C_3 n'étant pas *strictement* croissante, il peut exister plusieurs instances (consécutives) du minimum. La valeur $\lceil n/3 \rceil$ est toujours l'une d'elles.

L'expression max étant minimale lorsque $k = \lceil n/3 \rceil$, dans la formule 8.29 page 548, il est donc possible de remplacer l'expression min par $C_3(\lceil n/3 \rceil)$. Nous obtenons bien l'équation simplifiée de l'énoncé.

97 - R 3   **Réponse** 3.   Il s'agit à présent de résoudre cette équation. Nous optons pour la méthode des facteurs sommants [16].

$$
\begin{aligned}
& C_3\left(\left\lceil \frac{n}{3^0} \right\rceil\right) && = && 1 + C_3\left(\left\lceil \frac{n}{3^1} \right\rceil\right) \\
+\ & C_3\left(\left\lceil \frac{n}{3^1} \right\rceil\right) && = && 1 + C_3\left(\left\lceil \frac{n}{3^2} \right\rceil\right) \\
+\ & C_3\left(\left\lceil \frac{n}{3^2} \right\rceil\right) && = && 1 + C_3\left(\left\lceil \frac{n}{3^3} \right\rceil\right) \\
+\ & \quad\vdots \\
+\ & C_3\left(\left\lceil \frac{n}{3^{\lceil \log_3(n) \rceil}} \right\rceil\right) && = && C_3(1) \quad (= 0)
\end{aligned}
$$

soit au total :

$$ C_3(n) = \lceil \log_3(n) \rceil \qquad n \neq 0. $$

Pour la stratégie considérée, le nombre minimum de pesées dans le pire des cas est atteint en séparant les pièces en trois tas de respectivement $\lceil n/3 \rceil$, $\lceil n/3 \rceil$ et $(n - 2 \cdot \lceil n/3 \rceil)$ pièces.

Remarque   La stratégie « dichotomique », qui consisterait à séparer en deux tas de taille maximale plus un éventuel résidu d'une seule pièce, est un cas particulier de la stratégie à trois tas, avec $k = \lfloor n/2 \rfloor$. Nous avons montré que cette stratégie n'est en général pas optimale. Ainsi, pour $n = 17$, la dichotomie exige au pire quatre pesées, alors que la stratégie élaborée ci-dessus n'en requiert que trois.

97 - R 4   **Réponse** 4.   Le développement est simplement ébauché. Les démonstrations sont similaires à celles de la stratégie à trois tas, mais une difficulté supplémentaire se présente sur laquelle nous insistons maintenant.

---

16. Rappelons que $\lceil \lceil n/a \rceil / b \rceil = \lceil n/(a \cdot b) \rceil$.

Le raisonnement par induction

Base Si $n = 1$, nous sommes face à la fausse pièce et dans ce cas aucune pesée n'est nécessaire : $C_4(1) = 0$. Si $n = 2$, une seule pesée est nécessaire : $C_4(2) = 1$.

Hypothèse d'induction Pour tout m tel que $1 \leqslant m < n$, on sait déterminer $C_4(m)$.

Induction Soit $k \in 1..\lfloor n/3 \rfloor$. On sépare les n pièces en quatre tas ($T1, T2, T3$ et $T4$), trois tas de k pièces et un tas de $n - 3k$ pièces. Une première pesée est réalisée entre $T1$ et $T2$. Deux cas peuvent alors se présenter :

> **Premier cas** La balance est déséquilibrée. La fausse pièce se trouve donc dans le tas le plus léger. Le nombre de pesées restant à réaliser est $C_4(k)$. On sait déterminer $C_4(k)$ d'après l'hypothèse d'induction.

> **Second cas** La balance est équilibrée. La fausse pièce se trouve donc dans $T3$ ou dans $T4$. Une seconde pesée est réalisée en comparant $T1$ (ou $T2$) à $T3$. Deux sous-cas sont à considérer.

>> **Premier sous-cas** La balance est déséquilibrée : la fausse pièce est donc dans $T3$. Il reste $C_4(k)$ pesées à réaliser. On sait déterminer $C_4(k)$ d'après l'hypothèse d'induction.

>> **Second sous-cas** La balance est équilibrée : la fausse pièce est donc dans $T4$. Il reste $C_4(n - 3k)$ pesées à réaliser. On sait déterminer $C_4(n - 3k)$ d'après l'hypothèse d'induction. (Ce cas ne peut survenir que si $n \neq 3k$.)

Terminaison Le nombre de pièces pesées à chaque étape diminue. Ceci assure la terminaison du procédé.

Un développement similaire à celui réalisé pour la stratégie à trois tas conduit à l'équation récurrente suivante, qui fournit, pour cette stratégie, le nombre minimum de pesées à réaliser dans le pire des cas :

$$\left|\begin{array}{l} C_4(1) = 0 \\ C_4(2) = 1 \\ C_4(n) = 2 + \min_{k \in 1..\lfloor \frac{n}{3} \rfloor} (\max(\{C_4(n - 3k), C_4(k)\})) \end{array}\right. \qquad n > 2.$$

(Si $n = 3k$ on admet que $C_4(0) = 0$.)

Croissance de C_4 La démonstration de la croissance de C_4 est similaire à la démonstration de la croissance de C_3.

Valeur du minimum et simplification Adapter aveuglément le raisonnement appliqué pour la stratégie à trois tas conduirait à affirmer que le minimum est ici atteint pour $\lceil n/4 \rceil$, et donc que l'équation récurrente C_4 se simplifie en :

$$\left|\begin{array}{l} C_4(1) = 0 \\ C_4(2) = 1 \\ C_4(n) = 2 + C_4\left(\left\lceil \dfrac{n}{4} \right\rceil\right) \end{array}\right. \qquad n > 2.$$

En toute rigueur, ce raisonnement est erroné. En effet, pour $n = 5$:

$$\left\lceil \frac{n}{4} \right\rceil \notin 1..\left\lfloor \frac{n}{3} \right\rfloor \qquad (2 \notin 1..1).$$

L'entier naturel 5 est par ailleurs le seul entier supérieur à 2 possédant cette propriété (démonstration non développée et réalisable par induction, avec $n \in 6 \mathinner{.\,.} 11$ comme base, et une induction sur les intervalles de la forme $n \in 12k \mathinner{.\,.} 12k + 11$, pour $k \geqslant 1$). L'intervalle sur lequel s'applique l'expression du minimum ($k \in 1 \mathinner{.\,.} \lfloor n/3 \rfloor$) se réduit alors à $1 \mathinner{.\,.} 1$. Le minimum ne peut être atteint pour $k = \lceil n/4 \rceil (= 2)$. Évaluons l'expression min en tenant compte de cette remarque :

$$
\begin{aligned}
&\min_{k \in 1 \mathinner{.\,.} \lfloor \frac{5}{3} \rfloor} \left(\max(\{C_4(5 - 3k), C_4(k)\}) \right) \\
={}& \min_{k=1} \left(\max(\{C_4(5 - 3k), C_4(k)\}) \right) && \text{pour } k = 1 \\
={}& \max(\{C_4(5 - 3 \cdot 1), C_4(1)\}) && \text{propriété du min et substitution} \\
={}& \max(\{C_4(2), C_4(1)\}) && \text{arithmétique} \\
={}& \max(\{1, 0\}) && \text{définition de } C_4 \\
={}& 1. && \text{définition de max}
\end{aligned}
$$

Nous pouvons en déduire que $C_4(5) = 2 + 1 = 3$. Il faut donc modifier la définition de C_4 pour obtenir l'équation C'_4 suivante :

$$
\left|
\begin{aligned}
&C'_4(1) = 0 \\
&C'_4(2) = 1 \\
&C'_4(5) = 3 \\
&C'_4(n) = 2 + C'_4\left(\left\lceil \frac{n}{4} \right\rceil \right) && n > 2 \text{ et } n \neq 5.
\end{aligned}
\right.
$$

On constate cependant que $C'_4(5) = C_4(5)$. La version C_4 ci-dessus convient donc.

Forme close pour C_4 La solution de l'équation $C_4(n)$ est donnée par :

$$
C_4(n) = 2 \cdot \lceil \log_4(n) \rceil + \begin{cases} -1 & \text{si } n \in 2^{2i} + 1 \mathinner{.\,.} 2^{2i+1} \\ 0 & \text{sinon} \end{cases}.
$$

Il est facile de montrer que cette valeur est toujours supérieure ou égale à $\lceil \log_3(n) \rceil$. La stratégie (optimale) à quatre tas proposée ici n'est donc jamais meilleure que la stratégie optimale à trois tas.

Solution de l'exercice 98 La valeur manquante   *Énoncé page 455.*

98 - R 1   **Réponse 1.** Puisque $\sum_{i=1}^{m} i = (m \cdot (m + 1))/2$, l'entier x manquant est tel que :

$$
x = \frac{(n + 1) \cdot (n + 2)}{2} - \sum_{i=1}^{n} T[i].
$$

Le calcul itératif de la somme se fait en évaluant $(n + 1)$ fois la condition de la boucle. L'algorithme est donc exactement en $\Theta(n)$.

Réponse 2. Il existe un théorème[17] qui établit que tous les algorithmes de tri *fondés sur la comparaison entre les éléments à trier* sont en $\Omega(n \cdot \log_2(n))$. Beaucoup d'informaticiens retiennent « qu'il est impossible de faire mieux que $n \cdot \log_2(n)$ ». C'est oublier un peu vite la restriction notée en italique. On peut rencontrer certaines situations où l'existence d'une précondition particulière permet d'aboutir à des algorithmes plus efficaces. Sans aller jusqu'au cas trivial du tri d'un tableau déjà trié (en $\Theta(1)$), on peut par exemple considérer le cas où $T[1 .. n]$ contient une permutation quelconque de l'ensemble $1 .. n$. La séquence suivante réalise alors le tri en temps linéaire :

1. **pour** $i \in 1 .. n$ **faire**
2. $\quad$ $T[i] \leftarrow i$
3. **fin pour**

Notre cas de figure n'est pas très éloigné de cette situation. Il est légitime de rechercher un algorithme *ad hoc* efficace. Voici comment on peut procéder. Dans une première étape, on construit une boucle qui a comme précondition que $T[1 .. n+1]$ est une permutation des valeurs de l'intervalle $0 .. n$ et comme postcondition le fait que $T[1 .. n+1]$ est une permutation des valeurs initiales telle que pour tout j soit $T[j] = 0$, soit $T[j] = j$. Il est alors facile d'en déduire que la valeur manquante i est celle qui vérifie $T[i] = 0$. La seconde étape consiste à identifier la valeur manquante par une itération (non construite ici), puis à décaler vers la gauche toutes les valeurs situées à la droite de la position i.

La postcondition de la première étape se formalise comme suit :

$$Permut(T, T_i) \quad \textbf{et} \quad \forall j \cdot (j \in 1 .. n+1 \Rightarrow T[j] = 0 \textbf{ ou } T[j] = j).$$

Le prédicat $Permut(T, T_i)$ exprime que T est une permutation de ses valeurs initiales T_i. Cependant, comme on ne modifie T que par l'intermédiaire d'échanges, ce conjoint peut être oublié dans la suite.

Invariant Un invariant possible s'obtient en remplaçant dans la postcondition l'expression constante $(n+1)$ par l'expression $k-1$ (k étant une variable fraîche) :

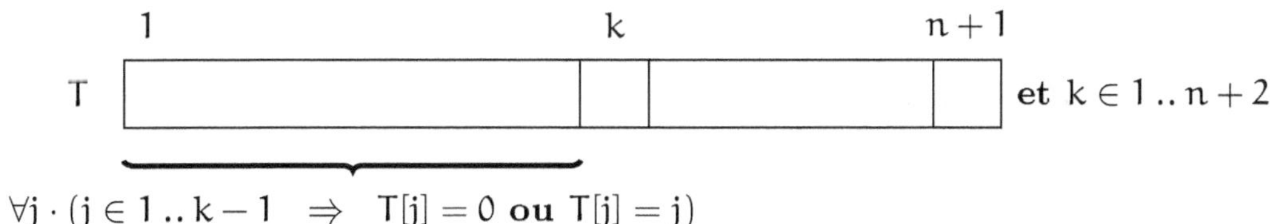

Condition d'arrêt L'expression $k = n+1$ convient (en principe on a $k = n+2$, mais $\forall j \cdot (j \in 1 .. n \Rightarrow T[j] = 0 \textbf{ ou } T[j] = j) \Rightarrow \forall j \cdot (j \in 1 .. n+1 \Rightarrow T[j] = 0 \textbf{ ou } T[j] = j))$.

Progression Deux cas sont à considérer. Si $(T[k] = 0 \textbf{ ou } T[k] = k])$ l'élément situé à la position k est correctement placé, l'instruction $k \leftarrow k+1$ rétablit l'invariant mais fait décroître (uniquement) le premier terme de l'expression de terminaison (voir ci-dessous). Dans le cas contraire ($T[k]$ n'est pas correctement placé), on échange simplement les valeurs situées aux positions k et $T[k]$ de façon à accroître le nombre d'éléments correctement placés. L'invariant n'est pas affecté ; en revanche, le second terme de l'expression de terminaison décroît.

Initialisation L'invariant est établi par l'affectation $k \leftarrow 1$.

---

[17]. Voir les exercices 96 page 453 (question 4), et 97 page 454, (question 2) pour avoir une idée de la démonstration de ce théorème d'optimalité.

Terminaison La progression réalise l'un ou l'autre des traitements suivants : soit on fait progresser l'indice k si T[k] est correctement placé, soit on échange deux éléments du tableau de façon à augmenter le nombre d'éléments correctement placés. Ces deux cas se reflètent dans la fonction de terminaison qui se décompose en deux termes : soit la longueur du sous-tableau restant à traiter $(n + 1 - k + 1)$ décroît de 1 à chaque étape (premier cas de la progression), soit c'est le nombre d'éléments tels que $T[j] = j$ qui s'accroît de 1 (second cas de la progression).

La terminaison de la boucle est donc assurée par l'expression :

$$(n + 1 - k) \;+\; (n - \#j \cdot (j \in 1 \mathinner{\ldotp\ldotp} n + 1 \text{ et } T[j] = j)).$$

Le code de cet algorithme se présente comme suit :

```
 1. constantes
 2.    n ∈ ℕ₁ et n = ...
 3. variables
 4.    T ∈ 1 .. n + 1 → 0 .. n et
 5.    i ∈ ℕ₁ et k ∈ ℕ₁ et aux ∈ 0 .. n
 6. début
 7.    lire(T[1 .. n]); T[n + 1] ← 0; /% codom(T[1 .. n + 1]) = 0 .. n %/
 8.    /% Première étape : %/
 9.    k ← 1;
10.    tant que non(k = n + 1) faire
11.       si T[k] = 0 ou T[k] = k alors
12.          k ← k + 1
13.       sinon
14.          aux ← T[k]; T[k] ← T[aux]; T[aux] ← aux
15.       fin si
16.    fin tant que;
17.    /% Seconde étape : %/
18.    i ← 1;
19.    tant que T[i] = i faire
20.       i ← i + 1
21.    fin tant que;
22.    pour j ∈ i .. n faire
23.       T[j] ← j + 1
24.    fin pour;
25.    écrire(i)
26. fin
```

Complexité   Il s'agit à présent de montrer que la solution ci-dessus est bien en temps linéaire. La seconde étape est à l'évidence en $\Theta(n)$. Concernant la première étape, la solution la plus favorable en termes de complexité est celle obtenue lorsque l'on passe systématiquement dans la branche **alors** de l'alternative. La situation la moins favorable est celle qui effectue tout d'abord n échanges pour placer correctement les n éléments, avant de terminer par n passages dans la branche **alors**. Quoi qu'il en soit, le problème est résolu en un temps de l'ordre de $\Theta(n)$.

---

98 - R 3   **Réponse 3.**   Construisons « **fonction** *ValeurManquante*(i, s) **résultat** $(i \mathinner{\ldotp\ldotp} s + 1)$ », l'opération qui considère le sous-tableau $T[i \mathinner{\ldotp\ldotp} s]$ trié contenant toutes les valeurs de l'intervalle $i \mathinner{\ldotp\ldotp} s + 1$ sauf l'une d'entre elles, et qui délivre cette valeur manquante.

Base Si $i = s$, deux cas sont à considérer. Soit $T[i] = i$, auquel cas la valeur manquante est $i + 1$, soit $T[i] = i + 1$, la valeur manquante étant alors i.

Hypothèse d'induction Soit un tableau trié $T[i' .. s']$ de longueur supérieure ou égale à 1 tel que $i' .. s' \subset i .. s$ contenant toutes les valeurs de l'intervalle $i' .. s' + 1$ à l'exception de l'une d'elles. On sait trouver la valeur manquante dans ce tableau.

Induction On suppose que $(s - i + 1) > 1$. Posons $mil = \lfloor (i+s)/2 \rfloor$. Si $T[mil] = mil$, d'une part $T[i .. mil]$ est un tableau trié contenant toutes les valeurs de l'intervalle $i .. mil$, et d'autre part $T[mil+1 .. s]$ est un tableau trié contenant toutes les valeurs de l'intervalle $mil + 1 .. s + 1$ sauf une. On sait retrouver la valeur manquante d'après l'hypothèse d'induction. Par ailleurs, $T[mil] \neq mil$ implique que $T[mil] = mil + 1$. Ce second cas se traite de manière symétrique.

Terminaison La taille du sous-tableau traité décroît à chaque étape tout en restant positive. Ceci assure la terminaison de l'algorithme.

Le modèle de division qui s'applique est le suivant :

$$
\begin{array}{ll}
\text{ValeurManquante}(1) \text{ élémentaire} & \\[1em]
\text{ValeurManquante}(n) \rightarrow \left(\begin{array}{l} \text{comparaison de la valeur du} \\ \text{milieu et de son indice} \\ + \\ \text{ValeurManquante}\left(\dfrac{n}{2}\right) \end{array} \right) & n > 1.
\end{array}
$$

Le code de la procédure associée est :

```
 1. fonction ValeurManquante(i, s) résultat (i .. s + 1) pré
 2.     i ∈ 1 .. n et s ∈ i .. n et
 3.     mil ∈ i .. s et ∃x · (x ∈ i .. s + 1 et T[i .. s] = i .. s + 1 − {x})
 4. début
 5.     si i = s alors
 6.         si T[i] = i + 1 alors
 7.             résultat i
 8.         sinon
 9.             résultat i + 1
10.         fin si
11.     sinon
12.         mil ← ⌊ (i + s) / 2 ⌋ ;
13.         si T[mil] = mil alors
14.             résultat ValeurManquante(mil + 1, s)
15.         sinon
16.             résultat ValeurManquante(i, mil)
17.         fin si
18.     fin si
19. fin
```

Complexité L'équation $C_1(n)$ qui fournit la complexité au pire en nombre de conditions évaluées est la suivante :

$$\left|\begin{array}{l} C_1(1) = 2 \\[2mm] C_1(n) = C_1\left(\left\lceil \dfrac{n}{2} \right\rceil\right) + 2 \end{array}\right. \hspace{6cm} n > 1.$$

La formule 8.1 (page 441) permet d'affirmer que la complexité au pire est en $\Theta(\log_2(n))$.

98 - R 4   **Réponse** 4. L'algorithme de la première question peut s'adapter de la manière suivante. Soit x et y les deux valeurs manquantes. Il s'agit d'entiers naturels satisfaisant l'inégalité $1 \leqslant x < y \leqslant n + 2$. Posons :

$$v = x + y.$$

L'application de l'identité remarquable $\sum_{i=1}^{m} i = (m \cdot (m+1))/2$ conduit à l'équation :

$$v \;=\; \frac{(n+2) \cdot (n+3)}{2} - \sum_{i=1}^{n} T[i].$$

Cette équation n'est pas suffisante pour déterminer x et y. Une seconde équation *indépendante* de la première peut être obtenue à partir de la somme des carrés des deux inconnues :

$$x^2 + y^2 = w.$$

L'identité remarquable $\sum_{i=1}^{m} i^2 = (m \cdot (m+1) \cdot (2m+1))/6$ permet d'affirmer que :

$$w = \frac{(n+2) \cdot (n+3) \cdot (2 \cdot (n+2) + 1)}{6} - \sum_{i=1}^{n} (T[i])^2.$$

On dispose alors du système :

$$\left\{\begin{array}{lll} v & = & x + y \\ w & = & x^2 + y^2 \end{array}\right.$$

qui, en appliquant la substitution $y = v - x$, se transforme en une équation du second degré en x (équation contrainte par la formule $x \in 1 \,..\, n + 1$) :

$$2x^2 - 2v \cdot x + (v^2 - w) = 0 \,^{18}$$

dont la solution satisfaisant la contrainte en question est donnée par (cas du coefficient du terme en x pair) :

$$x = \frac{v - \sqrt{2w - v^2}}{2}$$

d'où, pour la seconde inconnue :

$$y = \frac{v + \sqrt{2w - v^2}}{2}.$$

Si l'on considère une évaluation en nombre de conditions, le calcul des deux sommes est en $\Theta(n)$. Celui de la racine carrée du discriminant $2w - v^2$ peut s'effectuer dans ce cas précis par une recherche dichotomique. La valeur du discriminant étant bornée par $4n^2 + 12n + 1$ (ce calcul n'est pas réalisé ici), la recherche de sa racine carrée est en $\Theta(\log_2(n))$. Les autres opérations ne comportent pas de conditions. La complexité de cette solution est donc en $\Theta(n)$.

Concernant la deuxième question, celle de la recherche simultanée des deux valeurs manquantes et du tri du tableau, la méthode précédente s'adapte sans difficulté (à condition de disposer de deux cellules supplémentaires) et le résultat est encore en $\Theta(n)$.

---

18. La nature du problème garantit l'existence de deux solutions entières, différentes, appartenant à l'intervalle $1 \,..\, n + 2$, et donc d'une solution appartenant à l'intervalle $1 \,..\, n + 1$.

Reprenons la troisième question dans le cas de deux valeurs manquantes. Construisons l'opération « **fonction** *DeuxValeursManquantes*(i, s) **résultat** $(i..s+1) \times (i+1..s+2)$ », qui considère le sous-tableau $T[i..s]$ trié contenant toutes les valeurs de l'intervalle $i..s+2$ sauf deux d'entre elles et qui calcule les deux valeurs manquantes.

Base Si $i = s$, le tableau $T[i..s]$ contient les valeurs de l'intervalle $i..(i+2)$ à l'exception de deux d'entre elles. Par conséquent, si $T[i] = i$, les deux valeurs manquantes sont $(i+1)$ et $(i+2)$. Si $T[i] = (i+2)$, les deux valeurs manquantes sont i et $(i+1)$. Enfin, si $T[i] = (i+1)$, les valeurs manquantes sont i et $(i+2)$. On verra cependant que ce dernier cas ne peut se présenter.

Hypothèse d'induction Soit un tableau trié $T[i'..s']$ de longueur supérieure ou égale à 1 tel que $i'..s' \subset i..s$ contenant toutes les valeurs de l'intervalle $i'..s'+2$ à l'exception de deux d'entre elles. On sait trouver les deux valeurs manquantes dans ce tableau.

Induction Soit $T[i..s]$ un tableau de longueur supérieure à 1 contenant toutes les valeurs de l'intervalle $i..s+2$ à l'exception de deux d'entre elles. Posons $mil = \lfloor (i+s)/2 \rfloor$. Trois cas sont à considérer.

    (a) $T[mil] = mil$. Les deux valeurs manquantes sont situées dans le sous-tableau $T[mil+1..s]$. On sait les retrouver d'après l'hypothèse d'induction.

    (b) $T[mil] = (mil+2)$. Les deux valeurs manquantes sont situées dans le sous-tableau $T[i..mil]$. On sait les retrouver d'après l'hypothèse d'induction.

    (c) $T[mil] = (mil+1)$. L'une des valeurs manquantes est à rechercher dans le sous-tableau $T[i..mil]$. On retrouve le cas de la question 3, que l'on sait résoudre. La seconde valeur manquante est à rechercher dans le sous-tableau $T[mil+1..s]$. Ce sous-tableau contient toutes les valeurs de l'intervalle $mil+2..s+2$ à l'exception de l'une d'entre elles. Le problème à résoudre est différent de celui de la question 3 (mais cependant très proche). Pour y parvenir, on peut par exemple adapter la fonction *ValeurManquante* de façon à déterminer la valeur manquante sur l'intervalle $i+1..s+2$. Nous appelons « **fonction** *ValeurManquanteDroite*(i, s) **résultat** $i+1..s+2$ » cette opération (elle n'est pas développée ici). Elle présente une complexité en $\mathcal{O}(\log_2(n))$. Remarquons par ailleurs que le cas considéré ici ($T[mil] = (mil+1)$) se traite sans utiliser l'hypothèse d'induction. C'est ce qui explique que ce cas n'a pas à être pris en compte dans la base.

Terminaison La longueur du sous-tableau diminue à chaque étape tout en restant positive. Cela assure la terminaison de l'algorithme.

Du point de vue modélisation du processus de résolution, on a le modèle de division suivant :

$$
\begin{array}{l}
\mathrm{DeuxValeursManquantes}(1) \ \text{élémentaire} \\
\mathrm{DeuxValeursManquantes}(n) \rightarrow \text{test sur la valeur « milieu »} \ + \\
\left(
\begin{array}{l}
\mathrm{DeuxValeursManquantes}\left(\dfrac{n}{2}\right) \text{ ou} \\
\mathrm{ValeurManquante}\left(\dfrac{n}{2}\right) + \mathrm{ValeurManquanteDroite}\left(\dfrac{n}{2}\right)
\end{array}
\right) \qquad n > 1.
\end{array}
$$

Le code de la fonction *DeuxValeursManquantes* est présenté ci-dessous :

```
1. fonction DeuxValeursManquantes(i, s) résultat (i..s+1)×(i+1..s+2) pré
2.    i ∈ 1..n et s ∈ i..n et
3.    mil ∈ i..s et ∃(x, y)·(x ∈ i..s+1 et y ∈ i+1..s+2 et T[i..s] = i..s+2−{x, y})
4. début
```

```
 5.    si i = s alors
 6.       si T[i] = i alors
 7.          résultat (i + 1, i + 2)
 8.       sinon
 9.          résultat (i, i + 1)
10.       fin si
11.    sinon
12.       mil ← ⌊(i + s)/2⌋ ;
13.       si T[mil] = mil alors
14.          résultat DeuxValeursManquantes(mil + 1, s)
15.       sinonsi T[mil] = mil + 2 alors
16.          résultat DeuxValeursManquantes(i, mil)
17.       sinon
18.          résultat (ValeurManquante(i, mil), ValeurManquanteDroite(mil+1, s))
19.       fin si
20.    fin si
21. fin
```

Complexité   On se limite ici au cas où n est une puissance de 2. La complexité au pire $C_2(n)$ est représentée par :

$$\left|\begin{array}{l} C_2(1) = 2 \\[4pt] C_2(n) = \max\left(\left\{C_2\left(\left\lceil \dfrac{n}{2} \right\rceil\right), 2 \cdot C_1\left(\left\lceil \dfrac{n}{2} \right\rceil\right)\right\}\right) + 3 \end{array}\right. \qquad n > 1.$$

On va montrer que, quel que soit le cas considéré, $C_2(n) \in \Theta(\log_2(n))$. On est donc soit dans le cas :

$$\left|\begin{array}{l} C_2(1) = 2 \\[4pt] C_2(n) = C_2\left(\left\lceil \dfrac{n}{2} \right\rceil\right) + 3 \end{array}\right. \qquad n > 1,$$

soit dans le cas :

$$\left|\begin{array}{l} C_2(1) = 2 \\[4pt] C_2(n) = 2C_1\left(\left\lceil \dfrac{n}{2} \right\rceil\right) + 3 \end{array}\right. \qquad n > 1.$$

Dans le premier cas, la formule 8.1 (page 441) permet d'affirmer que $C_2(n) \in \Theta(\log_2(n))$. En ce qui concerne le second cas on a $c_1 \cdot \log_2(n) \leqslant C_1(n) \leqslant c_2 \cdot \log_2(n)$ pour c_1 et c_2 donnés et pour tout n supérieur ou égal à un n_1 fixé, puisque $C_1(n) \in \Theta(\log_2(n))$. On peut donc en conclure qu'ici également $C_2(n) \in \Theta(\log_2(n))$.

Solution de l'exercice 99 Le meilleur intervalle   *Énoncé page 456.*

| 99 - R 1 | **Réponse 1.**

(a) **Base** Le cas élémentaire est celui où $deb = fin$. Le résultat est alors $mi = 0$.

Hypothèse d'induction On sait déterminer la valeur du meilleur intervalle pour tout tableau de m éléments tel que $1 \leqslant m < n$.

Induction Soit un tableau $T[deb \mathbin{..} fin]$ de n $(n > 1)$ éléments et définissons $mil = \lfloor (deb{+}fin)/2 \rfloor$. L'hypothèse d'induction permet d'affirmer que l'on sait déterminer la valeur du meilleur intervalle mig (resp. mid) pour le sous-tableau de gauche (resp. de droite) $T[deb \mathbin{..} mil]$ (resp. $T[mil + 1 \mathbin{..} fin]$).

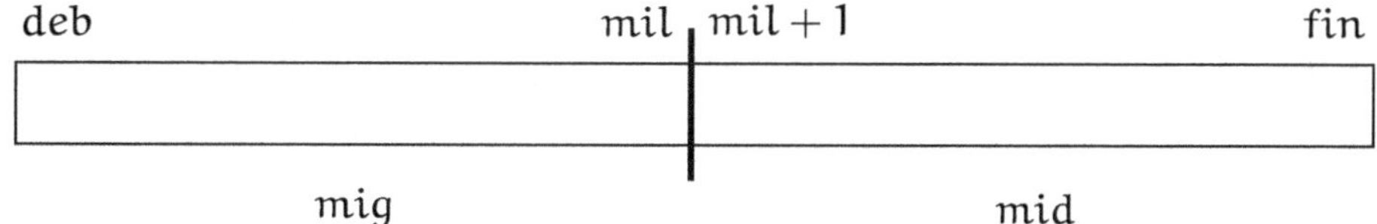

Le meilleur intervalle mi pour $T[deb \mathbin{..} fin]$ est la plus grande valeur entre mig, mid et $(SupD - InfG)$ si $SupD$ (resp. $InfG$) est le maximum (resp. le minimum) du sous-tableau droit (resp. gauche).

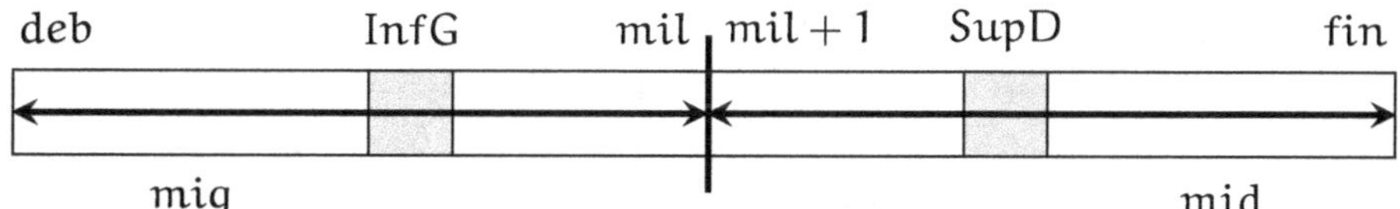

Ainsi que le suggère le schéma ci-dessus, les valeurs $InfG$ et $SupD$ sont calculées par un parcours séquentiel de chacun des deux sous-tableaux.

Terminaison Chaque étape fait décroître la taille des tableaux considérés, qui reste positive. Cela garantit la terminaison de l'algorithme.

(b) On a alors le modèle de division :

$$
\begin{aligned}
&\text{MeilleurIntervalle1}(1)\ \text{élémentaire} \\[4pt]
&\text{MeilleurIntervalle1}(n) \rightarrow
\left(
\begin{aligned}
&2\cdot\text{MeilleurIntervalle1}\left(\tfrac{n}{2}\right) \\
&+\ \text{boucle pour le calcul de } \left\{\begin{aligned}&InfG,\\&SupD\end{aligned}\right\} \\
&+\ \text{calcul (par max) de } mi
\end{aligned}
\right)
\quad n > 1
\end{aligned}
$$

La complexité en nombre de conditions évaluées est donnée par l'équation de récurrence suivante (dans laquelle on assimile $\lfloor n/2 \rfloor$ et $\lceil n/2 \rceil$ à $n/2$, comme dans le théorème maître page 441) :

$$
\left|
\begin{aligned}
&C(1) = 1 \\
&C(n) = 2 \cdot C\left(\tfrac{n}{2}\right) + n + 1 \qquad\qquad n > 1.
\end{aligned}
\right.
$$

Le terme n correspond au coût des deux recherches séquentielles. Selon le cas particulier 8.4 du corollaire du théorème maître page 441, $C(n) \in \Theta(n \cdot \log_2(n))$.

Réponse 2.   `99 - R 2`

(a) Le calcul effectif des valeurs $InfG$ et $SupD$ doit pouvoir être évité. Renforçons l'hypothèse d'induction de la question précédente, en supposant connus non seulement la valeur du meilleur intervalle, mais aussi – dans les deux sous-tableaux – leurs extrema :

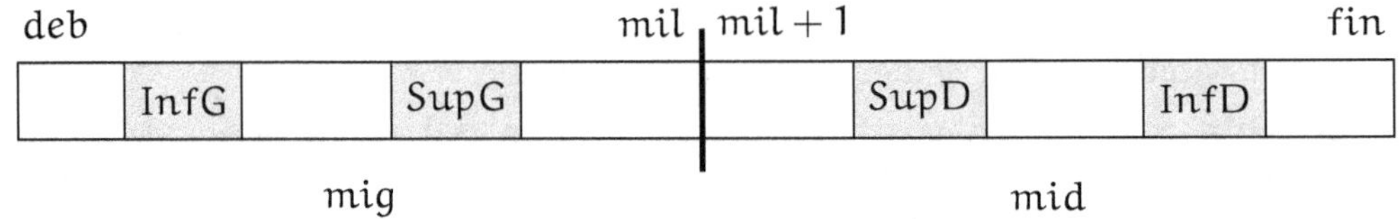

La nouvelle version possède deux paramètres de sortie supplémentaires, inf et sup, qui représentent les extrema du tableau T[deb .. fin]. On a maintenant l'en-tête :
MeilleurIntervalle2 (deb, fin; mi, inf, sup : **modif**)

(b) **Base** Le cas élémentaire se caractérise toujours par deb = fin, mais il doit se soucier d'affecter les deux nouveaux paramètres de sortie inf et sup (avec indifféremment T[deb] ou T[fin] puisqu'il n'y a qu'un seul élément).

Hypothèse d'induction On sait déterminer le meilleur intervalle, le plus petit et le plus grand élément pour tout tableau de m éléments tel que $1 \leqslant m < n$.

Induction Soit un tableau T[deb .. fin] de n (n > 1) éléments et sa demi-longueur mil = $\lfloor$(deb + fin)/2$\rfloor$. L'hypothèse d'induction permet d'affirmer que l'on sait déterminer la valeur du meilleur intervalle ainsi que les valeurs extrêmes pour le sous-tableau de gauche (resp. de droite) T[inf .. mil] (resp. T[mil + 1 .. fin]). La variable mi prend la meilleure des trois valeurs mig, mid et (SupD − InfG). Mais cette fois, nul besoin de parcourir les sous-tableaux pour obtenir les valeurs de inf et de sup : il suffit de choisir entre InfG et InfD (resp. SupG et SupD) pour obtenir inf (resp. sup).

Terminaison Voir la question 1.

Le modèle de division correspondant est alors :

$$
\begin{aligned}
&\text{MeilleurIntervalle2(1) élémentaire} \\
&\text{MeilleurIntervalle2(n)} \rightarrow \left(\begin{array}{l} 2 \cdot \text{MeilleurIntervalle2}\left(\dfrac{n}{2}\right) \\ + \text{ calcul (par max) de } \left\{ \begin{array}{l} \text{mi,} \\ \text{InfG,} \\ \text{SupD} \end{array} \right\} \end{array} \right) \quad n > 1
\end{aligned}
$$

Dans l'hypothèse où T et n sont des identificateurs globaux, le programme s'écrit :

```
 1. procédure MeilleurIntervalle2(deb, fin; mi, inf, sup : modif) pré
 2.    deb ∈ 1..n et fin ∈ deb..n et mi ∈ ℝ₊ et inf ∈ ℝ₊ et sup ∈ ℝ₊ et
 3.    mig ∈ ℝ₊ et mid ∈ ℝ₊ et InfG ∈ ℝ₊ et
 4.    SupG ∈ ℝ₊ et InfD ∈ ℝ₊ et SupD ∈ ℝ₊ et Milieu ∈ 1..n
 5. début
 6.    si deb = fin alors
 7.       mi ← 0.0; inf ← T[deb]; sup ← T[fin]
 8.    sinon
 9.       Milieu ← ⌊(deb + fin)/2⌋;
10.       MeilleurIntervalle2(deb, Milieu, mig, InfG, SupG);
11.       MeilleurIntervalle2(Milieu + 1, fin, mid, InfD, SupD);
12.       mi ← max({mig, mid, SupD − InfG});
13.       inf ← min({InfG, InfD});
14.       sup ← max({SupG, SupD})
15.    fin si
16. fin
```

La phase de rassemblement est la séquence constituée des appels aux opérateurs max et min (lignes 12, 13 et 14).

Voici un exemple d'appel de la procédure *MeilleurIntervalle2* :

1. **constantes**
2. $n \in \mathbb{N}_1$ **et** $n = \dots$ **et** $T \in 1 \mathbin{..} n \;\to\; \mathbb{R}_+$ **et** $T = [\dots]$
3. **variables**
4. $m \in \mathbb{R}_+$ **et** $i \in \mathbb{R}_+$ **et** $j \in \mathbb{R}_+$
5. **début**
6.   *MeilleurIntervalle2*$(1, n, m, i, j)$;
7.   **écrire**(*Le meilleur intervalle a pour valeur*, m, *et ses bornes sont*, $i, \mathbin{..}, j$)
8. **fin**

La complexité en nombre de conditions évaluées est donnée par l'équation récurrente (avec les mêmes hypothèses que dans la question précédente) :

$$\left|\begin{array}{l} C(1) = 1 \\[4pt] C(n) = 2 \cdot C\left(\dfrac{n}{2}\right) + 4 \end{array}\right. \qquad\qquad n > 1.$$

On a donc, d'après le cas particulier 8.3 du corollaire du théorème maître, page 441, $C(n) \in \Theta(n)$. On observe que la nouvelle procédure fait changer de classe de complexité : on passe de $\Theta(n \cdot \log_2(n))$ à $\Theta(n)$.

Solution de l'exercice 100   Le sous-tableau de somme maximale

Énoncé page 456.

Réponse 1.   `100 - R 1`

(a) Le cas élémentaire est atteint lorsque $deb = fin$. Dans ce cas, le résultat recherché est la plus grande des valeurs entre 0.0 et $T[deb]$.

(b) Pour un tableau $T[deb \mathbin{..} fin]$ ($fin > deb$) et pour $mil = \lfloor (deb + fin)/2 \rfloor$, on connaît (hypothèse d'induction) smg, somme maximale pour $T[deb \mathbin{..} mil]$ et smd, somme maximale pour $T[mil + 1 \mathbin{..} fin]$. Le résultat recherché pour $T[deb \mathbin{..} fin]$ est soit smg, soit smd, soit la somme d'un sous-tableau de $T[deb \mathbin{..} fin]$ dont la partie gauche est située à la droite de $T[deb \mathbin{..} mil]$ et dont la partie droite est à la gauche de $T[mil+1 \mathbin{..} fin]$. Le calcul de ces valeurs s'effectue en parcourant $T[deb \mathbin{..} mil]$ de droite à gauche pour trouver la somme maximale $smgr$ et, de manière similaire, en parcourant $T[mil+1 \mathbin{..} fin]$ de gauche à droite pour trouver $smdl$. Pour finir, on prend la meilleure des trois valeurs smg, smd et $smgr + smdl$.

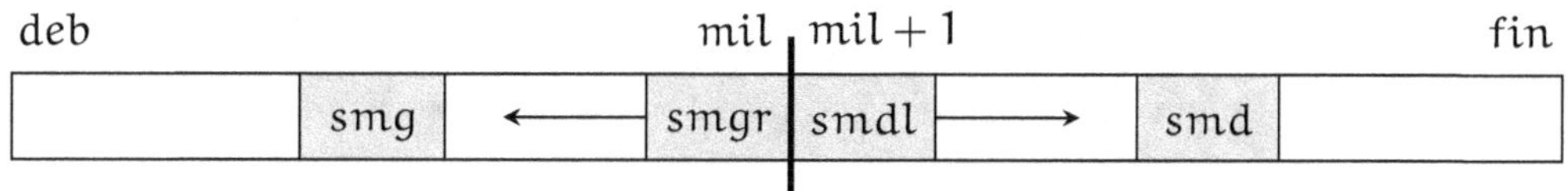

On a alors le modèle de division :

$$
\begin{aligned}
&SousTabMax1(1) \text{ élémentaire} \\
&SousTabMax1(n) \rightarrow 2 \cdot SousTabMax1\left(\frac{n}{2}\right) + \left(\begin{array}{l}\text{calcul de smgr et de}\\ \text{smdl puis de sm}\end{array}\right) \quad n > 1
\end{aligned}
$$

On obtient l'algorithme suivant :

1. **procédure** *SousTabMax1* (deb, fin; sm : **modif**) **pré**
2.   deb $\in 1\mathbin{..} n$ **et** fin $\in$ deb $\mathbin{..} n$ **et** sm $\in \mathbb{R}_+$ **et**
3.   smg $\in \mathbb{R}_+$ **et** smd $\in \mathbb{R}_+$ **et** smgr $\in \mathbb{R}_+$ **et** smdl $\in \mathbb{R}_+$ **et**
4.   sdl $\in \mathbb{R}_+$ **et** sgr $\in \mathbb{R}_+$ **et** mil $\in 1\mathbin{..} n$
5. **début**
6.   **si** deb $=$ fin **alors**
7.   sm $\leftarrow \max(\{T[deb], 0.0\})$
8.   **sinon**
9.   mil $\leftarrow \left\lfloor \dfrac{deb + fin}{2} \right\rfloor$;
10.   *SousTabMax1*(deb, mil, smg) ;
11.   *SousTabMax1*(mil $+ 1$, fin, smd) ;
12.   smgr $\leftarrow 0.0$; sgr $\leftarrow 0.0$;
13.   **pour** k **parcourant inverse** deb $\mathbin{..}$ mil **faire**
14.   sgr $\leftarrow$ sgr $+ T[k]$; smgr $\leftarrow \max(\{smgr, sgr\})$
15.   **fin pour** ;
16.   smdl $\leftarrow 0.0$; sdl $\leftarrow 0.0$;
17.   **pour** k **parcourant** mil $+ 1\mathbin{..}$ fin **faire**
18.   sdl $\leftarrow$ sdl $+ T[k]$; smdl $\leftarrow \max(\{smdl, sdl\})$
19.   **fin pour** ;
20.   sm $\leftarrow \max(\{smg, smgr + smdl, smd\})$
21.   **fin si**
22. **fin**

Un exemple d'appel de cette procédure est :

1. **constantes**
2. $n \in \mathbb{N}_1$ **et** $n = \ldots$ **et** $T \in 1\mathbin{..} n \rightarrow \mathbb{R}$ **et** $T = [\ldots]$
3. **variables**
4.   vm $\in \mathbb{R}_+$
5. **début**
6.   *SousTabMax1*$(1, n, vm)$;
7.   **écrire**(vm)
8. **fin**

(c) La complexité de cet algorithme répond à l'équation récurrente :

$$
\left|\begin{aligned}
&C(1) = 0 \\
&C(n) = 2 \cdot C\left(\frac{n}{2}\right) + n
\end{aligned}\right. \qquad n > 1.
$$

et donc $C(n) \in \Theta(n \cdot \log_2(n))$.

Réponse 2.

(a) Le calcul réalisé par les deux boucles pour l'obtention des valeurs $smgr$ et $smdl$ peut être évité. Pour ce faire, on suppose disponibles ces deux valeurs pour les deux sous-tableaux $T[deb \mathbin{..} mil]$ et $T[mil+1 \mathbin{..} fin]$ (ainsi que leurs homologues $smgl$ et $smdr$ situés aux deux autres extrémités) :

deb				mil	mil + 1		fin
smgl		smg		smgr	smdl	smd	smdr

La procédure acquiert deux nouveaux paramètres de sortie, smg et smd :

deb			fin
smg		sm	smd

d'où l'en-tête $SousTabMax2(deb, fin; smg, smd, sm : \textbf{modif})$.

(b) Comment obtenir la valeur de smg (le cas de smd est symétrique) à partir des résultats provenant du traitement de $T[deb..mil]$ et de $T[mil+1..fin]$? Il est tentant d'affirmer que smg hérite simplement la valeur de $smgl$. Ce n'est pas le cas. Pour s'en convaincre, prenons l'exemple du tableau $[50, -10, -10, 50]$. Pour ce tableau $smgl = 50$. Pourtant $smg = 80$ $(50-10-10+50)$. La somme du sous-tableau maximum gauche de $T[deb..fin]$ peut donc capter des éléments situés dans le sous-tableau droit $T[mil+1 \mathbin{..} fin]$! De manière générale, la limite droite du sous-tableau maximum gauche de $T[deb..fin]$ ne peut être que l'une des deux positions suivantes :

- la limite droite du sous-tableau maximum gauche de $T[deb \mathbin{..} mil]$, ou
- la limite droite du sous-tableau maximum gauche de $T[mil+1 \mathbin{..} fin]$.

En effet, la limite droite du sous-tableau maximum gauche de $T[deb..fin]$ ne peut pas se situer :

- à droite de l'ancienne limite dans le sous-tableau de gauche, car cela contredirait le fait que $smgl$ est bien la somme maximale gauche du sous-tableau $T[deb..mil]$,
- à l'intérieur du sous-tableau maximal gauche du sous-tableau droit $T[mil+1..fin]$, car il suffirait alors de faire glisser cette limite vers la droite pour obtenir une meilleure valeur,
- dans le sous-tableau droit $T[mil+1 \mathbin{..} fin]$, à droite du sous-tableau maximum gauche de ce dernier, car cela contredirait le fait que $smdl$ est bien la somme maximale gauche du sous-tableau droit.

La nouvelle valeur ne peut donc être que la somme du sous-tableau $T[deb \mathbin{..} mil]$ plus la valeur $smdl$ ou l'ancienne valeur $smgl$. C'est bien sûr la plus grande des deux. En l'état, cette solution exige deux itérations pour le calcul des sommes de $T[deb \mathbin{..} mil]$ et de $T[mil+1 \mathbin{..} fin]$. On a alors le modèle de division :

$$
\boxed{
\begin{array}{l}
\text{SousTabMax2}(1) \text{ élémentaire} \\[1em]
\text{SousTabMax2}(n) \rightarrow 2 \cdot \text{SousTabMax2}\left(\dfrac{n}{2}\right) + \begin{pmatrix} \text{calcul des sommes de} \\ T[deb \mathbin{..} mil] \text{ et de} \\ T[mil+1 \mathbin{..} fin] \text{ puis} \\ \text{de } smg, smd \text{ et } sm \end{pmatrix} \quad n > 1.
\end{array}
}
$$

(c)

Complexité   La complexité de cet algorithme est identique à celle de *SousTabMax1* :

$$\left| \begin{array}{l} C(1) = 0 \\ C(n) = 2 \cdot C\left(\dfrac{n}{2}\right) + n \end{array} \right. \qquad\qquad n > 1$$

et donc $C(n) \in \Theta(n \cdot \log_2(n))$. On n'a rien gagné sur la première version. En revanche, on dispose d'une piste pour améliorer cette seconde solution : considérer que les sommes des deux sous-tableaux sont disponibles.

100 - R 3 **Réponse** 3.

(a) On suppose connues les sommes sg et sd des deux sous-tableaux T[deb .. mil] et T[mil + 1 .. fin] :

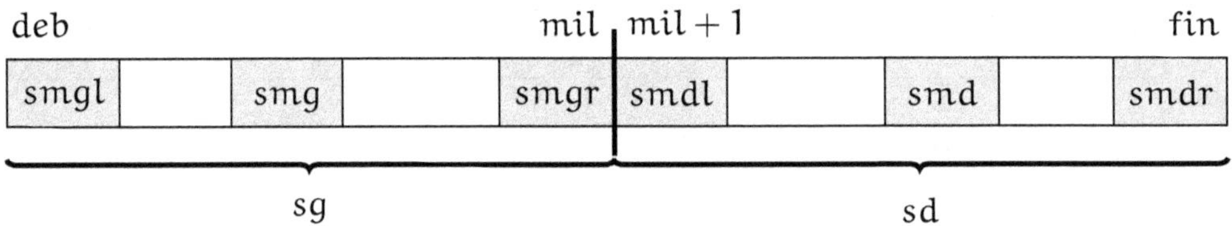

Il faut alors ajouter aux paramètres de sortie existants (smg, sm et smd) le paramètre s qui représente la somme du tableau T[deb .. fin] :

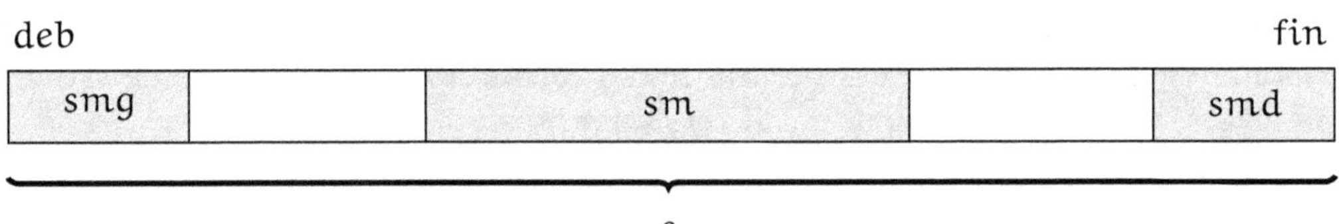

d'où l'en-tête *SousTabMax3*(deb, fin; smg, smd, s, sm : **modif**).

(b) Cette fois, le rassemblement s'effectue sans nécessiter de calculs itératifs, en utilisant directement les valeurs sg et sd et en affectant à s la somme de sg et de sd. Le modèle de division et le code de la procédure *SousTabMax3* sont comme suit :

$$\boxed{\begin{array}{l} \text{SousTabMax3}(1) \text{ élémentaire} \\[4pt] \text{SousTabMax3}(n) \rightarrow 2 \cdot \text{SousTabMax3}\left(\dfrac{n}{2}\right) + \left(\begin{array}{l}\text{calcul de smg et de} \\ \text{smd puis de sm et s}\end{array}\right) \qquad n > 1. \end{array}}$$

```
 1.  procédure SousTabMax3(deb, fin; smg, smd, s, sm : modif) pré
 2.     deb ∈ 1 .. n et fin ∈ deb .. n et
 3.     smg ∈ ℝ₊ et smd ∈ ℝ₊ et s ∈ ℝ et sm ∈ ℝ₊ et
 4.     smgl ∈ ℝ₊ et smgr ∈ ℝ₊ et sg ∈ ℝ₊ et
 5.     smdl ∈ ℝ₊ et smdr ∈ ℝ₊ et sd ∈ ℝ₊ et mil ∈ deb .. fin
 6.  début
 7.     si deb = fin alors
 8.        smg ← max({T[deb], 0.0}) ; smd ← max({T[fin], 0.0}) ;
 9.        s ← T[deb] ; sm ← max({T[deb], 0.0})
10.     sinon
11.        mil ← ⌊(deb + fin)/2⌋ ;
```

> 12.   *SousTabMax3*(deb, mil, smgl, smgr, sg, smg) ;
> 13.   *SousTabMax3*(mil + 1, fin, smdl, smdr, sd, smd) ;
> 14. $smg \leftarrow \max(\{smgl, sg + smdl\})$; $smd \leftarrow \max(\{smdr, sd + smgr\})$;
> 15. $s \leftarrow sg + sd$; $sm \leftarrow \max(\{smg, smgr + smdl, smd\})$
> 16.   **fin si**
> 17. **fin**

Voici un exemple d'appel de cette procédure :

> 1. **constantes**
> 2. $n \in \mathbb{N}_1$ **et** $n = \ldots$ **et** $T \in 1..n \to \mathbb{R}$ **et** $T = [\ldots]$
> 3. **variables**
> 4. $mxg \in \mathbb{R}_+$ **et** $mxd \in \mathbb{R}_+$ **et** $tot \in \mathbb{R}$ **et** $mx \in \mathbb{R}_+$
> 5. **début**
> 6.   *SousTabMax3*(1, n, mxg, mxd, tot, mx) ;
> 7.   **écrire**(mx)
> 8. **fin**

(c) La complexité de cet algorithme est fournie par l'équation récurrente :

$$
\left|
\begin{aligned}
&C(1) = 0 \\
&C(n) = 2 \cdot C\left(\frac{n}{2}\right) + 3
\end{aligned}
\right. \qquad\qquad n > 1,
$$

et donc $C(n) \in \Theta(n)$.

Solution de l'exercice 101   Pavage d'un échiquier par des triminos

Énoncé page 458.

Réponse 1.   Il faut montrer que pour tout m il existe un entier p tel que $(2^{2m} - 1) = 3p$ $\boxed{\text{101 - R 1}}$

Base Pour $m = 0$, l'expression vaut $2^0 - 1$, soit encore $3 \cdot 0$.

Hypothèse de récurrence Il existe un entier p tel que, pour $m \geqslant 0$, $2^{2m} - 1 = 3p$.

Récurrence   On doit montrer que l'égalité est vraie lorsque l'on substitue $(m+1)$ à m.
On instancie l'expression pour $m + 1$:

$$
\begin{aligned}
&2^{2(m+1)} - 1 \\
= \quad &\qquad\qquad\qquad\qquad\qquad\qquad\qquad\qquad \text{arithmétique} \\
&2^2 \cdot 2^{2m} - 1 \\
= \quad &\qquad\qquad\qquad\qquad\qquad\qquad\qquad \text{hypothèse de récurrence} \\
&4 \cdot (3p + 1) - 1 = 3 \cdot (4p + 1).
\end{aligned}
$$

Cette expression représente bien un multiple de 3. Ce prédicat est une précondition à l'existence d'une solution au problème considéré. En effet, pour que l'on puisse couvrir toutes les cases d'un échiquier de $2^m \cdot 2^m$ cases, à l'exception d'une case, avec des triminos de trois cellules, il faut que $(2^m \cdot 2^m - 1)$ soit divisible par 3. De plus, $((2^{2m} - 1)/3)$ (ou si l'on préfère $((n^2 - 1)/3)$) est le nombre de triminos nécessaires au pavage.

---

101 - R 2   **Réponse 2.**

Base Si $m = 0$, l'échiquier est réduit à une cellule, qui ne peut être que le trou. On sait donc couvrir l'échiquier avec zéro trimino.

Hypothèse d'induction On sait couvrir de triminos un échiquier $2^m \times 2^m$ (pour $m \geqslant 0$), à l'exception d'une cellule choisie arbitrairement.

Induction Il faut montrer que l'on sait couvrir de triminos un échiquier $2^{m+1} \times 2^{m+1}$, à l'exception d'une cellule quelconque.

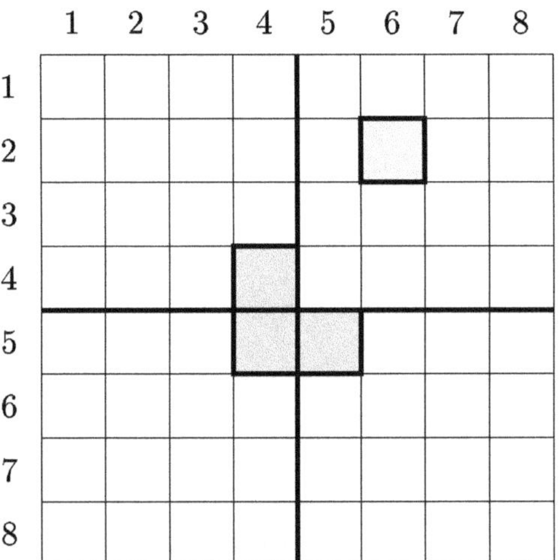

On localise le trou, on place le trimino adéquat au centre de l'échiquier, de sorte qu'il n'empiète pas sur le quartier où est situé le trou. L'échiquier est alors divisé en quatre quartiers $2^m \times 2^m$. Chacun d'eux possède une cellule qui ne doit pas être recouverte, soit parce qu'elle l'est déjà par l'une des cases du trimino « central » qui vient d'être posé, soit parce qu'il s'agit du trou « initial » (voir schéma ci-dessus). D'après l'hypothèse d'induction, on sait paver chacun des quartiers par des triminos.

Terminaison Le côté du carré est divisé par 2 à chaque étape. Ceci assure la terminaison.

---

101 - R 3   **Réponse 3.**   On a le modèle de division ci-après :

$$
\begin{aligned}
&\text{Pavage}(1) \text{ élémentaire} \\
&\text{Pavage}(2^m) \rightarrow 4 \cdot \text{Pavage}(2^{m-1}) + \text{pose d'un trimino} \qquad\qquad m > 0
\end{aligned}
$$

---

101 - R 4   **Réponse 4.**   Le schéma suivant fournit les différentes coordonnées utiles lorsque l'on divise un échiquier quelconque en ses quatre quartiers.

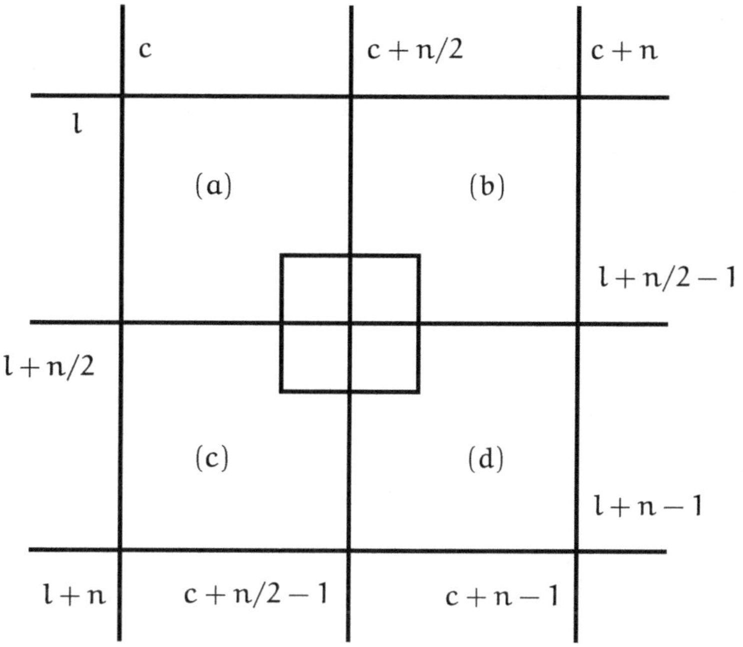

La procédure *Pavage* se présente comme suit :

1. **procédure** *Pavage*(l, c, n, lt, ct) **pré**
2. $l \in \mathbb{N}$ **et** $c \in \mathbb{N}$ **et** $n \in \mathbb{N}_1$ **et** $\exists m \cdot (m \in \mathbb{N}$ **et** $n = 2^m)$ **et**
3. $lt \in l..l + n - 1$ **et** $ct \in c..c + n - 1$ **et**
4.   */% coordonnées des quatre trous dans chaque quartier : %/*
5. $lt1 \in l..l + \dfrac{n}{2} - 1$ **et** $ct1 \in c..c + \dfrac{n}{2} - 1$ **et**
6. $lt2 \in l..l + \dfrac{n}{2} - 1$ **et** $ct2 \in c + \dfrac{n}{2}..c + n - 1$ **et**
7. $lt3 \in l + \dfrac{n}{2}..l + n - 1$ **et** $ct3 \in c..c + \dfrac{n}{2} - 1$ **et**
8. $lt4 \in l + \dfrac{n}{2}..l + n - 1$ **et** $ct4 \in c + \dfrac{n}{2}..c + n - 1$
9. **début**
10.   **si** $n \neq 1$ **alors**
11.   */% Valeurs par défaut des trous (cellules du centre) : %/*
12. $lt1 \leftarrow l + \dfrac{n}{2} - 1; ct1 \leftarrow c + \dfrac{n}{2} - 1;$
13. $lt2 \leftarrow l + \dfrac{n}{2} - 1; ct2 \leftarrow c + \dfrac{n}{2};$
14. $lt3 \leftarrow l + \dfrac{n}{2}; ct3 \leftarrow c + \dfrac{n}{2} - 1;$
15. $lt4 \leftarrow l + \dfrac{n}{2}; ct4 \leftarrow c + \dfrac{n}{2};$
16.   **si** $lt \in l..l + \dfrac{n}{2} - 1$ **et** $ct \in c..c + \dfrac{n}{2} - 1$ **alors**
17.   */% Le trou est dans le premier quartier %/*
18. $Poser\left(l + \dfrac{n}{2} - 1, c + \dfrac{n}{2} - 1, 1\right);$
19. $lt1 \leftarrow lt; ct1 \leftarrow ct$
20.   **sinonsi** $lt \in l..l + \dfrac{n}{2} - 1$ **et** $ct \in c + \dfrac{n}{2}..c + n - 1$ **alors**
21.   */% Le trou est dans le second quartier %/*
22. $Poser\left(l + \dfrac{n}{2} - 1, c + \dfrac{n}{2}, 2\right);$

```
23.            lt2 ← lt ; ct2 ← ct
24.       sinonsi lt ∈ l + n/2 .. l + n − 1 et ct ∈ c .. c + n/2 − 1 alors
25.            /% Le trou est dans le troisième quartier %/
26.            Poser (l + n/2, c + n/2 − 1, 3) ;
27.            lt3 ← lt ; ct3 ← ct
28.       sinon
29.            /% Le trou est dans le quatrième quartier %/
30.            Poser (l + n/2, c + n/2, 4) ;
31.            lt4 ← lt ; ct4 ← ct
32.       fin si ;
33.       Pavage (l, c, n/2, lt1, ct1) ;
34.       Pavage (l, c + n/2, n/2, lt2, ct2) ;
35.       Pavage (l + n/2, c, n/2, lt3, ct3) ;
36.       Pavage (l + n/2, c + n/2, n/2, lt4, ct4)
37.    fin si
38. fin
```

Complexité Si $C(n)$ désigne la complexité de cette procédure pour un échiquier $n \times n$, le nombre de triminos posés est fourni par l'équation de récurrence suivante :

$$
\left|
\begin{array}{l}
C(1) = 0 \\
C(n) = 4 \cdot C\left(\dfrac{n}{2}\right) + 1
\end{array}
\right. \qquad\qquad n > 1.
$$

Le cas 8.6 du corollaire du théorème maître (page 441) permet ici de conclure quant à l'ordre de grandeur de complexité : il est en $\Theta(n^2)$. Cependant, la question porte sur la complexité exacte. Puisque $n = 2^m$, on peut effectuer un changement de variable en posant $C(2^m) = C'(m)$. On obtient l'équation récurrente suivante :

$$
\left|
\begin{array}{l}
C'(0) = 0 \\
C'(m) = 4 \cdot C'(m − 1) + 1
\end{array}
\right. \qquad\qquad m > 0.
$$

La méthode des facteurs sommants permet d'obtenir $C'(m) = \sum_{i=0}^{m-1} 4^i$. Le développement suivant :

$$
\begin{aligned}
&\sum_{i=0}^{m-1} 4^i \\
={}& \\
&\frac{4^m − 1}{3} \\
={}& \\
&\frac{n^2 − 1}{3}
\end{aligned}
\qquad\qquad
\text{identité remarquable : } \sum_{i=p}^{q} m^i = \frac{m^{q+1} − m^p}{m − 1}
\qquad\qquad n = 2^m
$$

conduit au résultat escompté :

$$C(n) = \frac{n^2 - 1}{3}.$$

On remarque que cette valeur (qui, on le rappelle, représente le nombre de triminos posés) est égale au nombre d'emplacements à couvrir de triminos. Cela confirme *a posteriori* que la solution proposée est correcte (toute case sauf une est couverte par un et un seul trimino). En outre, on retrouve le résultat attendu : $C(n) \in \Theta(n^2)$.

Solution de l'exercice 102   La bâtière

Énoncé page 459.

Réponse 1. Le but de cette question est de mettre en évidence le fait qu'une recherche séquentielle peut être vue comme un mécanisme de type DpR $(1, n-1)$, c'est-à-dire du type « Diminuer pour résoudre » (voir chapitre 4). On prend la première ligne et on y effectue une recherche séquentielle (qui est elle-même de type « Diminuer pour résoudre »). Si on n'a pas trouvé la valeur recherchée, on itère sur le tableau amputé de la première ligne (pour autant qu'il reste au moins une ligne). On a donc le modèle de résolution suivant :

| 102 - R 1 |

$$\text{RechBat1}(m, n) \rightarrow \text{RechBatLigne}(m) \qquad\qquad m > 0 \text{ ou } n > 0$$

$$\text{RechBatLigne}(0, n) \text{ élémentaire} \qquad\qquad n \geqslant 1$$
$$\text{RechBatLigne}(m, n) \rightarrow \begin{pmatrix} \text{RechBatCol}(n) + \text{éventuellement} \\ \text{RechBatLigne(m-1,n)} \end{pmatrix}$$

On peut inverser le rôle des lignes et des colonnes.

Réponse 2. Ce procédé requiert au pire $m \cdot n$ comparaisons. Cependant, on peut l'améliorer en faisant une recherche dichotomique (voir exercice 89, page 446) dans une ligne plutôt qu'une recherche séquentielle, auquel cas on aura une complexité au pire égale à $m \cdot \log_2(n)$.

| 102 - R 2 |

Réponse 3. Si $v > x$, on peut éliminer le quart supérieur gauche de la bâtière B, puisque par définition toute valeur de cette partie est inférieure ou égale à x. Si $v < y$, on peut supprimer le quart inférieur droit de la bâtière B.

| 102 - R 3 |

Réponse 4. On effectue un test sur x et y si nécessaire ; puis, s'il le faut (dans le cas où ni x, ni y ne vaut v), on poursuit avec les trois bâtières de dimension $n/2$ convenables, d'où le modèle de division :

| 102 - R 4 |

$$\text{RechBat2}(1) \text{ élémentaire}$$
$$\text{RechBat2}(n) \rightarrow \text{test}(x, y, v) + 3 \cdot \text{RechBat2}\left(\frac{n}{2}\right) \qquad\qquad n > 1$$

Remarque Si $x < v < y$, on a à la fois $v > x$ et $v < y$; v ne peut donc se trouver que dans l'une des deux bâtières en haut à droite ou en bas à gauche.

La solution proposée met en œuvre une forme d'« appel par nécessité » : un appel récursif n'est réalisé que lorsque l'appel précédent n'a pas permis de conclure.

1. **procédure** $Bâtière2(v, i_1, j_1, i_2, j_2; lig, col : \textbf{modif})$ **pré**
2. $v \in \mathbb{N}_1$ **et** $i_1 \in 1..n$ **et** $i_2 \in 1..n$ **et** $j_1 \in 1..n$ **et** $j_2 \in 1..n$ **et**
3. $i_2 - i_1 = j_2 - j_1$ **et** /% *On considère une bâtière carrée* %/
4. $\exists p \cdot (p \in \mathbb{N}_1$ **et** $i_2 - i_1 + 1 = 2^p)$ **et** /% *le côté est une puiss. de 2* %/
5. $lig \in 0..n$ **et** $col \in 0..n$ **et** $k \in i_1..i_2$ **et** $l \in j_1..j_2$
6.   /%

<table>
<tr><td></td><td>j_1</td><td>j_2</td></tr>
<tr><td>i_1</td><td>1</td><td>2</td></tr>
<tr><td>i_2</td><td>3</td><td>4</td></tr>
</table>

   %/
7.   /% *lig et col représentent les coord. d'une cellule de la bâtière* %/
8.   /% *contenant la valeur recherchée v ((0, 0) si la valeur est absente)* %/
9. **début**
10.   **si** $i_1 = i_2$ **alors**
11.   **si** $v = B[i_1, j_1]$ **alors**
12. $lig \leftarrow i_1$; $col \leftarrow j_1$
13.   **sinon**
14. $lig \leftarrow 0$; $col \leftarrow 0$
15.   **fin si**
16.   **sinon**
17. $k \leftarrow \dfrac{i_1 + i_2 - 1}{2}$; $l \leftarrow \dfrac{j_1 + j_2 - 1}{2}$;
18. $Bâtière2(v, k + 1, j_1, i_2, l, lig, col)$; /% *sous-bâtière 3* %/
19.   **si** $lig = 0$ **alors**
20. $Bâtière2(v, i_1, l + 1, k, j_2, lig, col)$; /% *sous-bâtière 2* %/
21.   **si** $lig = 0$ **alors**
22.   **si** $v \leqslant B[k, l]$ **alors**
23. $Bâtière2(v, i_1, j_1, k, l, lig, col)$ /% *sous-bâtière 1* %/
24.   **sinon**
25. $Bâtière2(v, k + 1, l + 1, i_2, j_2, lig, col)$ /% *sous-bâtière 4* %/
26.   **fin si**
27.   **fin si**
28.   **fin si**
29.   **fin si**
30. **fin**

Un exemple d'appel de cette procédure est donné par :

1. **constantes**
2. $n \in \mathbb{N}_1$ **et** $n = \ldots$ **et**
3. $B \in 1..n \times 1..n \rightarrow \mathbb{N}_1$ **et** $EstBatière(B)$ **et** $B = [\ldots]$ **et**
4. $w \in \mathbb{N}_1$ **et** $w = \ldots$
5. **variables**
6. $l \in 0..n$ **et** $c \in 0..n$
7. **début**
8. $Bâtière2(w, 1, 1, n, n, l, c)$
9. **fin**

Réponse 5. D'après le modèle de résolution établi auparavant et le cas particulier 8.1 du corollaire du théorème maître page 441, on déduit que la complexité est en $\mathcal{O}(n^{\log_2(3)})$.

$\boxed{102\text{ - R }5}$

Réponse 6. Dans le cas d'une bâtière quelconque, on la complète avec une valeur conventionnelle très grande pour arriver à une bâtière carrée de côté $n = 2^k$.

$\boxed{102\text{ - R }6}$

Réponse 7. Si $z = v$, on a trouvé une occurrence de v et la recherche s'arrête. Si $z > v$ (resp. $z < v$), on peut éliminer la colonne m (resp. ligne 1) avant de poursuivre la recherche par le même procédé.

$\boxed{102\text{ - R }7}$

Réponse 8. Le modèle de résolution de type « Diminuer pour résoudre » est donc :

$\boxed{102\text{ - R }8}$

RechBat3(0, k) élémentaire	$k > 0$
RechBat3(k, 0) élémentaire	$k > 0$
RechBat3(m, n) $\rightarrow$ comparaison de v et z + RechBat3(m − 1, n)	$m > 1, n \geqslant 1$
RechBat3(m, n) $\rightarrow$ comparaison de v et z + RechBat3(m, n − 1)	$m \geqslant 1, n > 1$

Réponse 9. La procédure associée est donnée ci-après :

$\boxed{102\text{ - R }9}$

```
 1. procédure Bâtière3(v, lDeb, cFin; lig, col : modif) pré
 2.    v ∈ ℕ et lDeb ∈ 1..m et cFin ∈ 1..n et lig ∈ 0..m et col ∈ 0..n
 3.    /% lDeb : ligne supérieure de la bâtière, cFin : sa dernière colonne %/
 4.    /% lig et col représentent les coordonnées d'une des cases %/
 5.    /% de la bâtière contenant la valeur recherchée v ((0,0) si aucune) %/
 6. début
 7.    si lDeb = m + 1 ou cFin = 0 alors
 8.       lig ← 0 ; col ← 0
 9.    sinon
10.       si v = B[lDeb, cFin] alors
11.          lig ← lDeb ; col ← cFin
12.       sinon
13.          si v < B[lDeb, cFin] alors
14.             Bâtière3(lDeb, cFin − 1, lig, col)
15.          sinon
16.             Bâtière3(lDeb + 1, cFin, lig, col)
17.          fin si
18.       fin si
19.    fin si
20. fin
```

Un exemple d'appel de la procédure *Bâtière3* est :

```
1. constantes
2.    m ∈ ℕ₁ et m = ... et n ∈ ℕ₁ et n = ... et
3.    B ∈ 1..n × 1..n → ℕ₁ et EstBatière(B) et B = [...] et
4.    w ∈ ℕ et w = ...
5. variables
6.    l ∈ 0..m et c ∈ 0..n
7. début
8.    Bâtière3(w, 1, n, l, c)
9. fin
```

102 - R 10

Réponse 10.   Au pire, il faut éliminer toutes les colonnes et toutes les lignes sauf une, soit une complexité en $\mathcal{O}(m + n)$.

On est donc passé successivement d'une complexité en $\mathcal{O}(m \cdot n)$ avec une double recherche séquentielle (ou en $\min\left(\mathcal{O}(n \cdot \log_2(m)), m \cdot \log_2(n)\right)$) en combinant recherche séquentielle et dichotomique), à une complexité en $\mathcal{O}(n^{\log_2(3)})$ (soit environ $\mathcal{O}(n^{1,58})$), puis en $\mathcal{O}(m+n)$, donc linéaire. Cette dernière approche est donc à préconiser, puisqu'elle s'applique sur toute bâtière et présente la plus faible complexité.

102 - R 11

Réponse 11.   Dans le cas d'une bâtière, la méthode fondée sur l'élimination des lignes et colonnes ne peut servir de base à la solution du problème de dénombrement des zéros. En effet, les lignes et les colonnes ne sont pas strictement croissantes, et on ne peut supprimer une ligne ou colonne que si le coin supérieur droit contient une valeur différente de zéro. Quand on trouve un zéro, il peut y en avoir d'autres dans la ligne et dans la colonne associée ; il faut donc les examiner de manière séquentielle pour effectuer le dénombrement.

Si, en revanche, l'ordre est strict dans les lignes et les colonnes, rien n'empêche de s'inspirer de la méthode de suppression de ligne ou colonne, puisqu'alors la présence d'un zéro dans le coin supérieur droit garantit qu'il est le seul de la ligne et de la colonne associée. On pourra alors supprimer la ligne *et* la colonne d'ailleurs !

Solution de l'exercice 103   Nombre d'inversions dans une liste de nombres

Énoncé page 461.

103 - R 1

Réponse 1.   Une première solution est basée sur l'imbrication de deux boucles **pour**. Nous optons ici pour une solution différente, où seule une boucle est construite [19]. Pour cet exemple, le seul avantage de cette solution est de mettre l'accent sur une technique qui, en d'autres occasions, peut se révéler quasi-indispensable (ça serait par exemple le cas dans le problème de la recherche de l'existence d'une certaine valeur dans un tableau rectangulaire, version itérative, comme dans l'exercice 32, page 118). Construisons cette solution.

Invariant La variable nbi dénombre les inversions. Dans la configuration suivante :

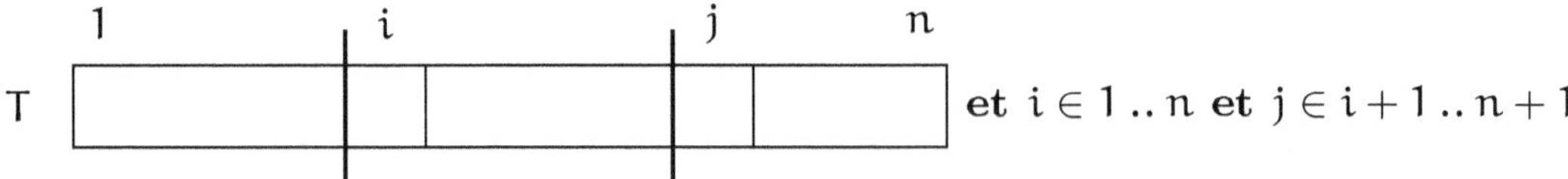

nbi est la somme du nombre d'inversions entre d'une part chaque élément $T[k]$ de $T[1 \mathinner{..} i - 1]$ et le sous-tableau $T[k + 1 \mathinner{..} n]$, et d'autre part $T[i]$ et le sous-tableau $T[i + 1 \mathinner{..} j - 1]$.

Condition d'arrêt Lorsque ($i = n$ **et** $j = n + 1$), nbi est bien le nombre total d'inversions. Notons que $i = n \Rightarrow j = n + 1$. La condition d'arrêt se simplifie donc en $i = n$

Progression La précondition de la progression est la conjonction de l'invariant et de la négation de la condition d'arrêt. i et j sont donc dans l'intervalle $1 \mathinner{..} n$. Par conséquent,

---

19.   Tout algorithme peut se coder avec une seule boucle. Pour s'en convaincre, il suffit simplement de constater que la machine virtuelle qui interprète un « bytecode » est elle-même constituée d'une seule boucle.

T[j] existe bien. Il est donc possible de comparer T[i] et T[j] et mettre à jour nbi si nécessaire. Il reste alors à rétablir l'invariant (voir le code ci-après).

Initialisation La séquence suivante :

  1. $nbi \leftarrow 0$; $i \leftarrow 1$; $j \leftarrow 2$

établit l'invariant.

Terminaison Dénombrons les passages restant à effectuer dans le corps de la boucle. La valeur $(n - j + 1)$ représente le nombre de passages dans la boucle nécessaires pour confronter T[i] aux éléments de T[j..n]. La valeur $((n - i) \cdot (n - i - 1))/2$ dénombre les passages dans la boucle qui permettent de comparer chacun des éléments au-delà de T[i] à ceux qui les suivent. Au total, l'expression $((n - j + 1) + ((n - i) \cdot (n - i - 1))/2$ constitue une expression de terminaison valide : elle décroît à chaque étape tout en restant positive ou nulle.

On obtient le code suivant :

```
 1. constantes
 2.     n ∈ ℕ₁ et n = ... et T ∈ 1..n → 1..n et T = [...]
 3.     /% T représente une bijection %/
 4. variables
 5.     nbi ∈ ℕ et i ∈ 1..n et j ∈ i..n + 1
 6. début
 7.     nbi ← 0 ; i ← 1 ; j ← 2 ;
 8.     tant que i ≠ n faire
 9.        si T[i] > T[j] alors
10.           nbi ← nbi + 1
11.        fin si ;
12.        j ← j + 1 ;
13.        si j = n + 1 alors
14.           i ← i + 1 ; j ← i + 1
15.        fin si
16.     fin tant que
17. fin
```

Remarque Le nombre maximum d'inversions possible est atteint lorsque le tableau est trié par ordre décroissant. Pour un tableau de n éléments, c'est $((n \cdot (n - 1))/2$. Dans le programme ci-dessus, on pourrait donc déclarer nbi par : $nbi \in 0..((n \cdot (n - 1))/2$.

Complexité Pour évaluer la complexité, il suffit de dénombrer les passages dans la boucle. Les conditions des alternatives n'ont pas d'incidence sur l'ordre de grandeur de complexité. Il y a $((n - 1) \cdot n)/2$ passages dans la boucle ; la complexité est donc en $\Theta(n^2)$.

Réponse 2. La construction se fait par « induction de partition » (voir section 1.1.4, page 7) sur la taille $s - i + 1$ du tableau. 103 - R 2

Base Si $i = s$, le tableau T[i..s] ne compte qu'un seul élément, il n'y a pas d'inversion.

Hypothèse d'induction Soit $m = 2^{k-1}$ $(k \geqslant 1)$ le nombre d'éléments du tableau T[i..s].
On sait calculer le nombre d'inversions présentes dans T[i..s].

Induction Soit $n = 2^k$ le nombre d'éléments du tableau T[i..s] et sa demi-longueur $mil = \lfloor (i + s)/2 \rfloor$. Les sous-tableaux T[i..mil] et T[mil+1..s] possèdent 2^{k-1} éléments.

D'après l'hypothèse d'induction, on sait donc calculer le nombre d'inversions présentes dans chacun d'eux. Le nombre d'inversions « croisées » entre ces deux sous-tableaux se calcule en considérant tous les couples (v, w) tels que $v \in T[i..mil]$ et $w \in T[mil+1..s]$. Ceux qui sont tels que $T[v] > T[w]$ sont à porter au crédit des inversions.

Terminaison La longueur du tableau considéré est divisée par 2 à chaque étape, tout en restant positive. Cela assure la terminaison de l'algorithme.

Le modèle de division qui s'applique est le suivant :

$$\begin{aligned} &nbInv1(1) \text{ élémentaire} \\ &nbInv1(n) \rightarrow 2 \cdot nbInv1\left(\frac{n}{2}\right) + \begin{pmatrix} \text{comparaison croisée dans} \\ \text{les deux demi-tableaux} \end{pmatrix} \qquad n > 1 \end{aligned}$$

Le code de l'opération *NbInv1* se présente comme suit :

```
1.  fonction NbInv1(i, s) résultat ℕ pré
2.      i ∈ 1..n et s ∈ i..n et ∃k · (k ∈ ℕ₁ et s − i + 1 = 2^k) et
3.      mil ∈ i..s et NbiGd ∈ ℕ
4.  début
5.      si i = s alors
6.          résultat 0
7.      sinon
8.          mil ← ⌊(i + s) / 2⌋;
9.          NbiGd ← 0;
10.         pour j parcourant i..mil faire
11.             pour k parcourant mil + 1..s faire
12.                 si T[i] > T[j] alors
13.                     NbiGd ← NbiGd + 1
14.                 fin si
15.             fin pour
16.         fin pour;
17.         résultat NbInv1(i, mil) + NbInv1(mil + 1, s) + NbiGd
18.     fin si
19. fin
```

Complexité L'équation de récurrence C_1 qui fournit le nombre de conditions évaluées par cet algorithme en fonction de la taille n du tableau est de la forme :

$$\begin{cases} C_1(1) = 1 \\ C_1(n) = C_1\left(\frac{n}{2}\right) + g(n) \quad \text{avec } g(n) \in \Theta(n^2) \end{cases} \qquad n > 1.$$

Le cas particulier 8.2 du corollaire du théorème maître, page 441, permet d'en déduire que cette solution est en $\Theta(n^2)$. Asymptotiquement parlant, elle n'améliore donc pas la solution itérative de la première question. On constate une nouvelle fois que l'application du paradigme DpR ne conduit pas systématiquement à une meilleure efficacité.

103 - R 3 | **Réponse 3.**

(a) Le sous-tableau $T[j..mil]$ est trié. Puisque $T[j] > T[k]$, par transitivité on en conclut que chaque élément de $T[j..mil]$ est supérieur à $T[k]$. Dès que l'on trouve une inversion entre $T[j]$ et $T[k]$ on peut en déduire qu'il existe $(\text{mil} - j + 1)$ inversions entre les éléments de $T[j .. \text{mil}]$ et $T[k]$; ceci est obtenu « gratuitement » (sans effectuer d'autres comparaisons). C'est la clé de l'amélioration recherchée.

(b) Construisons la boucle correspondante.

Invariant On considère le schéma de l'énoncé. $T[1 .. \text{mil}]$ et $T[\text{mil}+1 .. n]$ sont triés. nbi est le nombre d'inversions entre $T[p]$ et $T[q]$ pour $p \in 1 .. j - 1$ et $q \in \text{mil} + 1 .. k - 1$, plus, pour chaque $p \in 1 .. j - 1$ tel que $T[p] > T[q]$, le nombre d'inversions entre $T[p']$ et $T[q]$ pour $p' \in p + 1 .. \text{mil}$ (cette dernière valeur est égale à $(\text{mil} - p)$ d'après la question précédente). Reprenons l'exemple de l'énoncé :

	1	2	3	4	5	6	7	8
T	2	3	5	8	1	4	6	7

j   k

On obtient le résultat (partiel) suivant :

Compar. effective	Résultat induit	total inv.
$T[1] > T[5]$	$T[2] > T[5]$, $T[3] > T[5]$ et $T[4] > T[5]$	4
$T[3] > T[6]$	$T[4] > T[6]$	2

$$\text{nbi} = 6$$

Le cœur de l'invariant se formalise par (rappel : $\#$ est le quantificateur de comptage) :

$$\text{nbi} = \left(\begin{array}{l} \#(p,q) \cdot \left(\begin{array}{l} p \in 1 .. j - 1 \textbf{ et} \\ q \in \text{mil} + 1 .. k - 1 \textbf{ et} \\ T[p] > T[q] \end{array} \right) \\ \qquad + \\ \#(p,q,r) \cdot \left(\begin{array}{l} p \in 1 .. j - 1 \textbf{ et} \\ q \in \text{mil} + 1 .. k - 1 \textbf{ et} \\ r \in p + 1 .. \text{mil} \textbf{ et } T[r] > T[q] \end{array} \right) \end{array} \right).$$

Condition d'arrêt On s'arrête quand soit j soit k dépasse la limite droite de son sous-tableau respectif, soit : $(j = \text{mil} + 1 \textbf{ ou } k = n + 1)$.

Progression Une alternative compare $T[j]$ et $T[k]$ et, selon le résultat, met à jour j, k et nbi pour rétablir l'invariant (voir le code ci-dessous).

Terminaison L'expression $(\text{mil} - j + 1)$ (resp. $(k + 1 - s + 1)$) représente le nombre de cellules restant à comparer dans le premier (resp. second) sous-tableau. L'expression $((\text{mil} - j + 1) + (k + 1 - s + 1))$ assure donc la terminaison de l'itération.

On obtient le code suivant :

```
 1.  constantes
 2.     n ∈ ℕ₁ et n = ... et ∃k · (k ∈ ℕ₁ et n = 2ᵏ) et
 3.     T ∈ 1 .. n → ℕ et EstInjectif(T) et T = [...]
 4.     EstTrié(T[1 .. mil]) et EstTrié(T[mil + 1 .. n])
 5.  variables
 6.     mil ∈ 1 .. n et nbi ∈ 0 .. n·(n−1)/2 et
 7.     j ∈ 1 .. mil et k ∈ mil + 1 .. n
 8.  début
 9.     mil ← ⌊(n+1)/2⌋ ;
```

10. $nbi \leftarrow 0$; $j \leftarrow 1$; $k \leftarrow mil + 1$;
11.   **tant que non** $(j = mil + 1$ **ou** $k = n + 1)$ **faire**
12.   **si** $T[j] < T[k]$ **alors**
13. $j \leftarrow j + 1$
14.   **sinon**
15. $k \leftarrow k + 1$; $nbi \leftarrow nbi + (mil - j + 1)$
16.   **fin si**
17.   **fin tant que**
18. **fin**

Complexité   Dans le corps de la boucle, on incrémente soit j soit k. Cet algorithme est donc bien en $\Theta(n)$ conditions évaluées.

103 - R 4 **Réponse 4.**   Construisons cette solution en débutant par la procédure *NbInv2*. Elle fait appel à l'opération « **procédure** *NbInvFusion*$(i, s; nb : $**modif**$)$ », qui – à partir des deux demi-tableaux triés de $T[i..s]$ – calcule le nombre d'inversions de part et d'autre du milieu tout en fusionnant les deux sous-tableaux.

Base   Si $i = s$, le tableau $T[i..s]$ ne compte qu'un seul élément, il n'y a pas d'inversion et il est trié.

Hypothèse d'induction   Soit $m = 2^{k-1}$ $(k \geqslant 1)$ le nombre d'éléments du tableau trié $T[i..s]$. On sait calculer le nombre d'inversions présentes dans $T[i..s]$.

Induction   Soit $n = 2^k$, le nombre d'éléments du tableau $T[i..s]$ et soit $mil = \lfloor (i + s)/2 \rfloor$. Les sous-tableaux $T[i..mil]$ et $T[mil + 1..s]$ sont triés et possèdent 2^{k-1} éléments. D'après l'hypothèse d'induction, on sait calculer le nombre d'inversions présentes dans chacun d'eux. Il reste alors à calculer le nombre d'inversions présentes de part et d'autre du milieu tout en fusionnant les deux moitiés en un seul tableau trié. Ceci est réalisé par la procédure *NbInvFusion* sus-citée, qui intègre dans la procédure de fusion (voir exercice 87, page 443) la technique de calcul présentée à la question 4.

Terminaison   La longueur du tableau considéré est divisée par 2 à chaque étape tout en restant positive. Ceci assure la terminaison de l'algorithme.

Le modèle de division qui s'applique est le suivant :

$$
\begin{array}{ll}
nbInv2(1) \text{ élémentaire} & \\
nbInv2(n) \rightarrow 2 \cdot nbInv2\left(\dfrac{n}{2}\right) + nbInvFusion(n) & \qquad n > 1
\end{array}
$$

Le code de cette procédure est :

1. **procédure** *NbInv2*$(i, s; nb : $**modif**$)$ **pré**
2. $i \in 1..n$ **et** $s \in i..n$ **et** $\exists k \cdot \left(k \in \mathbb{N}_1 \text{ **et** } s - i + 1 = 2^k\right)$ **et**
3. $mil \in i..s$ **et** $NbiG \in \mathbb{N}$ **et** $NbiD \in \mathbb{N}$ **et** $NbiGd \in \mathbb{N}$
4. **début**
5.   **si** $i = s$ **alors**
6. $nb \leftarrow 0$
7.   **sinon**
8. $mil \leftarrow \left\lfloor \dfrac{i + s}{2} \right\rfloor$;
9. $NbInv2(i, mil, NbiG)$;

10. $NbInv2(\text{mil} + 1, s, \text{NbiD})$;
11. $NbInvFusion(i, s, \text{NbiGd})$;
12. $\text{nb} \leftarrow \text{NbiG} + \text{NbiD} + \text{NbiGd}$;
13. **fin si**
14. **fin**

La procédure *NbInvFusion* est fondée sur une itération construite à partir des cinq constituants suivants (A est un tableau auxiliaire destiné à recevoir le résultat de la fusion des deux moitiés de T) :

Invariant À l'invariant proposé en réponse à la question 3, vient s'ajouter le conjoint suivant :

$$A[i\mathbin{..}l] = EstFusion(T[i\mathbin{..}j-1], T[\text{mil}+1\mathbin{..}k-1]),$$

qui précise que le sous-tableau $A[i\mathbin{..}l]$ est bien la fusion des sous-tableaux $T[i\mathbin{..}j-1]$ et $T[\text{mil}+1\mathbin{..}k-1]$.

Condition d'arrêt Elle est inchangée par rapport à la réponse à la question 3.

Progression S'ajoute à la progression de la réponse à la question 3 la mise à jour du tableau A.

Initialisation Il suffit d'ajouter à la séquence d'initialisation produite en réponse à la question 3 l'affectation $l \leftarrow i$ pour instaurer l'invariant.

Terminaison L'expression de terminaison est inchangée par rapport à la réponse à la question 3.

1. **procédure** *NbInvFusion*$(i, s; \text{nb} : \textbf{modif})$ **pré**
2. $i \in 1\mathbin{..}n$ **et** $s \in i\mathbin{..}n$ **et** $\exists k \cdot \left(k \in \mathbb{N}_1 \text{ et } s - i + 1 = 2^k\right)$ **et** $\text{nbi} \in \mathbb{N}$ **et**
3. $\text{mil} \in i\mathbin{..}s$ **et** $j \in i\mathbin{..}\text{mil}+1$ **et** $k \in \text{mil}+1\mathbin{..}s+1$ **et** $l \in i\mathbin{..}s$ **et**
4.   *EstTrié*$(T[i\mathbin{..}\text{mil}])$ **et** *EstTrié*$(T[\text{mil}+1\mathbin{..}s])$ **et** $A \in i\mathbin{..}s \to 1\mathbin{..}n$
5. **début**
6. $\text{mil} \leftarrow \left\lfloor \dfrac{i+s}{2} \right\rfloor$;
7. $j \leftarrow i$; $k \leftarrow \text{mil}+1$; $\text{nbi} \leftarrow 0$; $l \leftarrow i$;
8.   **tant que non**$(j = \text{mil}+1 \text{ ou } k = n+1)$ **faire**
9.   **si** $T[j] < T[k]$ **alors**
10. $A[l] \leftarrow T[j]$; $j \leftarrow j+1$
11.   **sinon**
12. $A[l] \leftarrow T[k]$; $k \leftarrow k+1$; $\text{nbi} \leftarrow \text{nbi} + (\text{mil}-j+1)$
13.   **fin si** ;
14. $l \leftarrow l+1$
15.   **fin tant que** ;
16. $A[l\mathbin{..}l+\text{mil}-j] \leftarrow T[j\mathbin{..}\text{mil}]$;
17. $A[l\mathbin{..}l+s-k] \leftarrow T[k\mathbin{..}s]$
18. **fin**

Complexité L'évaluation de la complexité de la procédure *NbInvFusion* se fait de la même manière qu'à la question 3. Cette procédure est donc en $\Theta(n)$ conditions évaluées. L'équation de récurrence C_2 de la procédure *NbInv2* se présente comme suit :

$$\begin{aligned}
&C_2(1) = 1 \\
&C_2(n) = 2 \cdot C_2\left(\frac{n}{2}\right) + g(n) \quad \text{avec } g(n) \in \Theta(n) \qquad\qquad n > 1.
\end{aligned}$$

Selon le cas particulier 8.4 du corollaire du théorème maître, page 441, cette solution est donc en $\Theta(n \cdot \log_2(n))$ conditions évaluées.

103 - R 5

Réponse 5.   La réponse à la question est positive. Les algorithmes sont corrects pour toute valeur de n, puisque la propriété d'égalité de la taille des tableaux n'est jamais exploitée. La seule conséquence est la difficulté que cela pourrait entraîner dans les calculs de complexité. Mais on sait, d'après le théorème maître (voir page 441), qu'en général il n'y a pas d'incidences sur la solution des équations de récurrence.

Solution de l'exercice 104   Le dessin du skyline   *Énoncé page 462.*

104 - R 1

Réponse 1.   Cette construction ne pose pas de problème particulier. On laisse au lecteur le soin d'expliciter la condition d'arrêt, l'initialisation et la fonction de terminaison. L'itération est fondée sur l'invariant suivant : S est le *skyline* des immeubles I[1] à I[j − 1], pour $j \in 1 .. m + 1$. La progression est elle-même une itération dont l'invariant est : S est le résultat de la fusion entre le fragment du j^e immeuble allant de la position 1 à la position $k − 1$ et le fragment homologue du *skyline* S. La progression de cette itération imbriquée consiste à enregistrer dans S[k] le plus grand élément entre S[k] et I[j][k] (puis à rétablir l'invariant en mettant à jour k). Ces itérations s'expriment aisément par des boucles **pour** :

```
 1. constantes
 2.     m ∈ ℕ et m = ... et n ∈ ℕ et n = ... et I ∈ 1..m → (1..n → ℕ) et I =
        [...]
 3. variables
 4.     S ∈ 1..n → ℕ
 5. début
 6.     S ← (1..n) × {0}; /% initialisation à 0 du skyline S %/
 7.     pour j parcourant 1..m faire
 8.        pour k parcourant 1..n faire
 9.           S[k] ← max({S[k], I[j][k]})
10.        fin pour
11.     fin pour ;
12.     écrire(S)
13. fin
```


104 - R 2

Réponse 2.   La complexité en nombre de conditions évaluées est de $((m + 1) \cdot (2n + 1))$. En effet, si l'on considère que l'évaluation d'un max requiert une condition, la boucle externe (resp. interne) exige l'évaluation de $m + 1$ (reps. $(n + 1)$) conditions, soit au total $((m + 1) \cdot (2n + 1))$. n étant constant, la complexité est donc en $\Theta(m)$.

104 - R 3

Réponse 3.   On construit la procédure *SkyLine1* (deb, fin; S : **modif**) par induction forte sur le nombre d'immeubles. Soit $p = (\text{fin} - \text{deb} + 1)$ ce nombre.

Base Le cas élémentaire est celui où $p = 1$, c'est-à-dire celui où l'ensemble se réduit à un seul immeuble. Le *skyline* est alors I[deb].

Hypothèse d'induction On sait calculer le *skyline* d'un ensemble de q immeubles, pour tout q tel que $1 \leqslant q < p$.

Induction Soit $p > 1$ et $mil = \lfloor(deb + fin)/2\rfloor$. D'après l'hypothèse d'induction, on sait calculer les *skylines* S1 de I[deb..mil] et S2 de I[mil+1..fin]. Le résultat recherché est alors la fusion de S1 et de S2 (c'est-à-dire la plus grande des deux hauteurs entre S1[j] et S2[j] lorsque j parcourt l'intervalle $1..n$).

Terminaison Le nombre d'immeubles considérés est divisé par 2 à chaque étape tout en restant positif. Ceci assure la terminaison de l'algorithme.

On a alors le modèle de division suivant :

$$
\begin{array}{ll}
\text{SkyLine1}(1) \text{ élémentaire} & \\
\text{SkyLine1}(m) \rightarrow 2 \cdot \text{SkyLine1}\left(\dfrac{m}{2}\right) + \text{fusion de S1 et de S2} & \quad m > 1
\end{array}
$$

Le code de la procédure *SkyLine1* se présente comme suit :

```
1.  procédure SkyLine1(deb, fin; S : modif) pré
2.     deb ∈ 1..m et fin ∈ deb..m et S ∈ 1..n → ℕ et
3.     mil ∈ deb..fin et S1 ∈ 1..n → ℕ et S2 ∈ 1..n → ℕ
4.  début
5.     si deb = fin alors
6.        S ← I[deb]
7.     sinon
8.        mil ← ⌊ (deb + fin)/2 ⌋ ;
9.        SkyLine1(deb, mil, S1) ;
10.       SkyLine1(mil + 1, fin, S2) ;
11.       pour j ∈ 1..n faire
12.          S[j] ← max({S1[j], S2[j]})
13.       fin pour
14.    fin si
15. fin
```

Cette procédure peut être appelée de la manière suivante :

```
1.  constantes
2.     m ∈ ℕ et m = ... et n ∈ ℕ et n = ... et
3.     I ∈ 1..m → (1..n → ℕ) et I = [...]
4.  variables
5.     T ∈ 1..n → ℕ
6.  début
7.     SkyLine1(1, m, T) ;
8.     écrire(T)
9.  fin
```

Réponse 4. Si l'on considère n comme une constante, l'équation récurrente qui rend 104 - R 4 compte de la complexité en m se présente ainsi :

$$
\begin{array}{ll}
C(1) = 1 & \\
C(m) = 2 \cdot C\left(\dfrac{m}{2}\right) + g(n) \text{ avec } g(n) \in \Theta(n) & \quad m > 1.
\end{array}
$$

Le cas particulier 8.3 du théorème maître, page 441, permet d'affirmer que $C(m) \in \Theta(m)$ ($g(n)$ est constant par rapport à m). Asymptotiquement parlant, la complexité n'a pas été améliorée !

104 - R 5   **Réponse 5.**   La représentation du *skyline* de la figure 8.2, page 463, est la suivante :
$$T[0 .. n + 1] = [(0,0), (1,1), (2,3), (3,1), (5,0), (6,2), (8,0), (9,0), (0,0), (0,0)].$$

104 - R 6   **Réponse 6.**   La boucle se fonde sur les cinq constituants suivants.

Invariant L'invariant naturel constitue une base de départ pour la construction de l'itération. Il est représenté par le schéma ci-dessous :

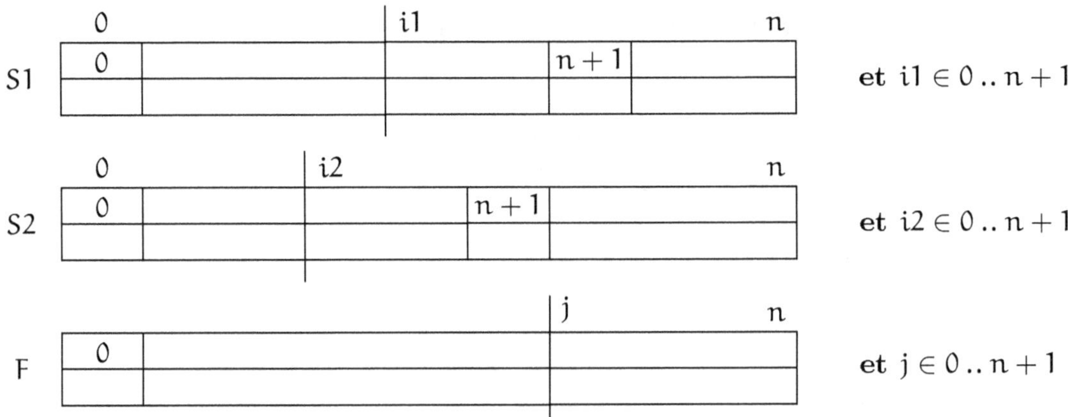

$F[0 .. j - 1]$ est le *skyline* résultant de la fusion de $S1[0 .. i1 - 1]$ et $S2[0 .. i2 - 1]$ (moins les sentinelles $(n + 1, 0)$). Les propositions suivantes (liées à six variables fraîches $hts1, hts2, p1, p2, h1$ et $h2$), viennent renforcer cet invariant :

(a) $hts1$ est la hauteur (seconde composante) du couple $S1[i1 - 1]$ si $i1 \in 1 .. n + 1$, -1 si $i1 = 0$,

(b) $hts2$ est la hauteur du couple $S2[i2 - 1]$ si $i2 \in 1 .. n + 1$, -1 si $i2 = 0$,

(c) $p1$ (resp. $p2$) est la première composante du couple $S1[i1]$ (resp. $S2[i2]$),

(d) $h1$ (resp. $h2$) est la seconde composante du couple $S1[i1]$ (resp. $S2[i2]$).

Condition d'arrêt La condition d'arrêt exprime que les deux sentinelles sont atteintes par les indices $i1$ et $i2$ ($p1 = n + 1$ **et** $p2 = n + 1$). Il faut donc, à l'issue de la boucle, écrire une sentinelle sur F.

Progression La progression est la partie la plus délicate de la construction. Elle peut se faire en envisageant trois cas, selon la position relative de $p1$ et $p2$:

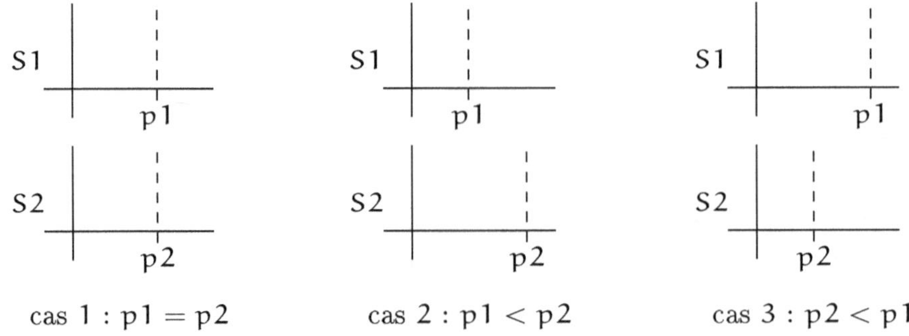

Ci-dessous, seul le premier cas ($p1 = p2$) est détaillé. Soit m la plus grande valeur entre $h1$ et $h2$. Deux sous-cas peuvent être considérés : $hts1 > hts2$ et $hts2 \geqslant hts1$.

Arrêtons-nous sur le premier. Cinq (sous-)sous-cas sont alors à prendre en compte selon la position relative de m, hts1 et hts2. Ci-dessous, les schémas de gauche montrent la position relative des trois variables (hts1 représente l'extrémité courante du *skyline* F), tandis que les schémas de droite montrent comment, sur F, le *skyline* se prolonge :

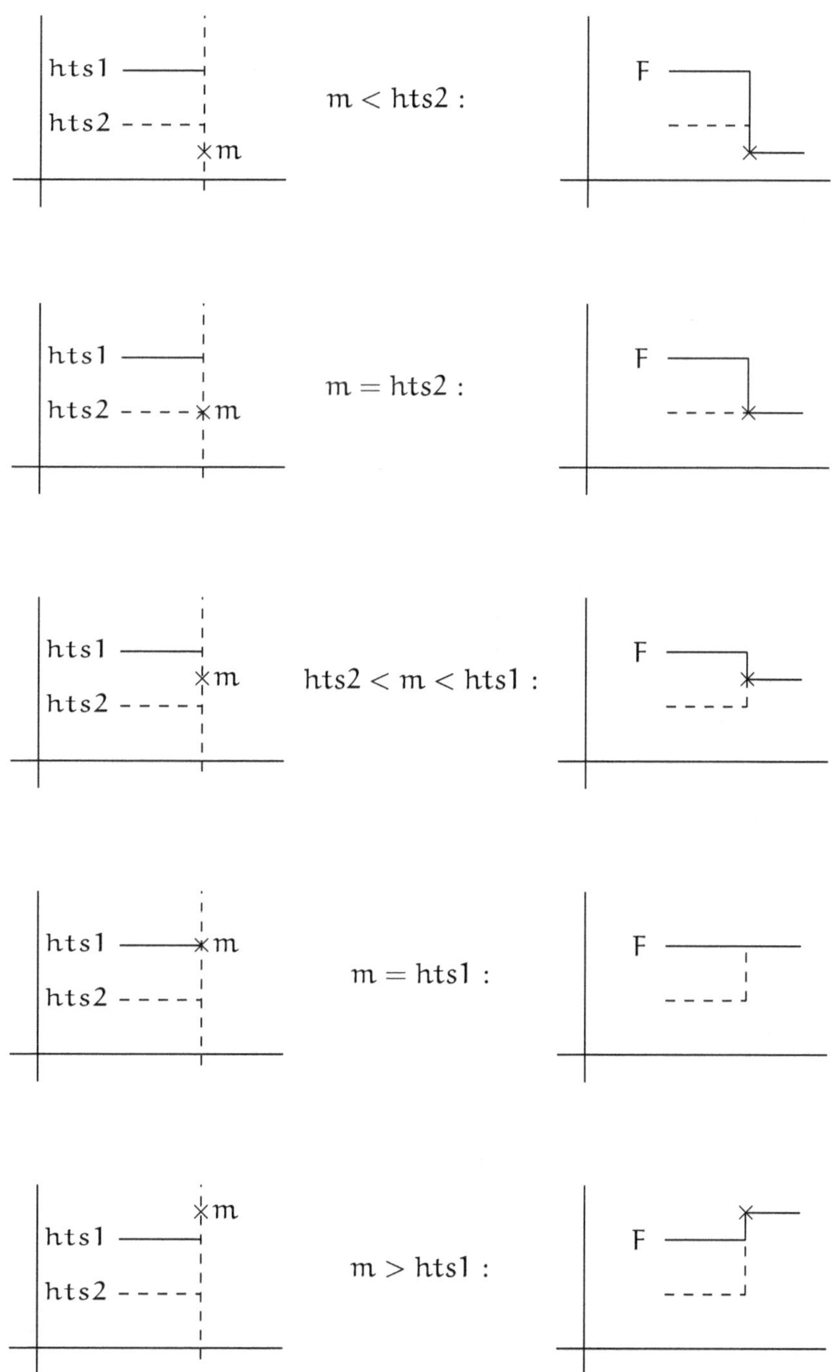

Notons que, dans le cas $m = \text{hts1}$, il n'y a pas création d'un nouveau couple pour F, puisque la hauteur courante n'évolue pas. L'étude de ces cinq cas fait apparaître que, compte tenu de la similarité de certaines situations après le traitement, des factorisations sont possibles. La procédure présentée ci-après en tient compte.

Initialisation L'initialisation de la boucle est triviale (pour autant que les variables hts1 et hts2 soient correctement affectées).

Terminaison L'expression $((n + 2 - i1) + (n + 2 - i2))$ constitue une expression de terminaison convenable.

On en déduit la procédure suivante :

```
1.  procédure FusionSkyLines(S1, S2; F : modif) pré
2.     Coord = {x, y | x ∈ ℕ et y ∈ ℕ} et
3.     S1 ∈ (0 .. n + 1) → Coord et EstSkyLine(S1) et
4.     S2 ∈ (0 .. n + 1) → Coord et EstSkyLine(S2) et
5.     F ∈ (0 .. n + 1) → Coord et
6.     i1 ∈ 0 .. n + 1 et i2 ∈ 0 .. n + 1 et j ∈ 0 .. n + 1 et
7.     hts1 ∈ ℕ ∪ {−1} et hts2 ∈ ℕ ∪ {−1} et (p1, p2) ∈ (ℕ × ℕ) et (h1, h2) ∈
        (ℕ × ℕ)
8.  début
9.     i1 ← 0; i2 ← 0; j ← 0; hts1 ← −1; hts2 ← −1;
10.    p1 ← S1[i1].x ; p2 ← S2[i2].x ; h1 ← S1[i1].y ; h2 ← S2[i2].y ;
11.    tant que non (p1 = n + 1 et p2 = n + 1) faire
12.       si p1 = p2 alors
13.          si max({hts1, hts2}) ≠ max({h1, h2}) alors
14.             F[j] ← (p1, max({h1, h2})) ; j ← j + 1
15.          fin si ;
16.          hts1 ← h1 ; hts2 ← h2 ; i1 ← i1 + 1 ; i2 ← i2 + 1
17.       sinonsi p1 < p2 alors
18.          si hts1 > hts2 alors
19.             F[j] ← (p1, max({h1, hts2})) ; j ← j + 1
20.          sinonsi h1 > hts2 alors
21.             F[j] ← S1[i1] ; j ← j + 1
22.          fin si ;
23.          hts1 ← h1 ; i1 ← i1 + 1
24.       sinonsi p2 < p1 alors
25.          si hts2 > hts1 alors
26.             F[j] ← (p2, max({h2, hts1})) ; j ← j + 1
27.          sinon
28.             si h2 > hts1 alors
29.                F[j] ← S2[i1] ; j ← j + 1
30.             fin si
31.          fin si ;
32.          hts2 ← h2 ; i1 ← i2 + 1
33.       fin si ;
34.       p1 ← S1[i1].x ; p2 ← S2[i2].x ; h1 ← S1[i1].y ; h2 ← S2[i2].y
35.    fin tant que ;
36.    F[j] ← (n + 1, 0)
37. fin
```

 Réponse 7. Il y a au plus $(n+1)$ éléments utiles dans chaque liste. Puisque n est constant, la complexité au pire est en $\Theta(1)$.

 Réponse 8. La boucle interne est réalisée dans la procédure *FusionSkyLines*. L'initialisation doit placer la sentinelle dans S. Notons par ailleurs que S ne peut être à la fois le premier paramètre d'entrée de la procédure et le paramètre de sortie, d'où l'utilisation d'un tableau auxiliaire V.

```
 1.  constantes
 2.     m ∈ ℕ et m = ... et n ∈ ℕ et n = ... et
 3.     I ∈ 1 .. m → (1 .. n → ℕ) et I = [...]
 4.  variables
 5.     S ∈ 1 .. n → ℕ et V ∈ 1 .. n → ℕ
 6.  début
 7.     /% création de la sentinelle sur S : %/
 8.     S ← (0 ↦ (n + 1, 0)) ∪ (1 .. n) × (0, 0) ;
 9.     pour j parcourant 1 .. m faire
10.        FusionSkyLines(S, I[j], V) ;
11.        S ← V
12.     fin pour ;
13.     écrire(S)
14. fin
```

De même que la version itérative précédente, cette version est en $\Theta(m)$.

Réponse 9. Si l'on excepte la phase de rassemblement, qui utilise la procédure *SkyLine2*, la construction de cette solution ainsi que son modèle de division sont similaires à ceux de la question 3. Le code de la procédure est le suivant : $\boxed{\text{104 - R 9}}$

```
 1.  procédure SkyLine2(deb, fin; S : modif) pré
 2.     deb ∈ 1 .. m et fin ∈ deb .. m et S ∈ (0 .. n + 1) → (ℕ × ℕ) et
 3.     mil ∈ deb..fin et S1 ∈ (0..n+1) → (ℕ × ℕ) et S2 ∈ (0..n+1) → (ℕ × ℕ)
 4.  début
 5.     si deb = fin alors
 6.        S ← I[deb]
 7.     sinon
 8.        mil ← ⌊ (deb + fin) / 2 ⌋ ;
 9.        SkyLine2(deb, mil, S1) ;
10.        SkyLine2(mil + 1, fin, S2) ;
11.        FusionSkyLines(S1, S2, S)
12.     fin si
13. fin
```

Réponse 10. L'équation de la complexité est identique à celle de la fonction *SkyLine1*. On a donc toujours un algorithme en $\Theta(m)$. Asymptotiquement parlant, l'utilisation d'une structure de données plus sophistiquée ne se traduit pas par une solution meilleure. C'est un résultat facilement compréhensible dans la mesure où le gain apporté par la nouvelle structure de données est, au pire, nul. En outre, l'algorithme se révèle plus difficile à construire. L'amélioration serait à rechercher du côté de la complexité moyenne. $\boxed{\text{104 - R 10}}$

Solution de l'exercice 105   Élément majoritaire (le retour)

Énoncé page 465.

Les démonstrations qui vont suivre utilisent la proposition suivante (dont la démonstration est laissée aux soins du lecteur) portant sur l'opérateur « plancher » $\lfloor\ \rfloor$, pour des réels positifs x et y :

$$\lfloor x \rfloor + \lfloor y \rfloor \leqslant \lfloor x + y \rfloor \leqslant \lfloor x \rfloor + \lfloor y \rfloor + 1. \tag{8.30}$$

105 - R 1 **Réponse 1.**   La solution présentée se fonde sur le raisonnement inductif suivant.

Base   Le cas de base est celui où le tableau à traiter possède un seul élément $T[d..d]$ (qui est donc majoritaire), et le résultat est alors $(T[d], 1)$.

Hypothèse d'induction   On sait calculer le couple (x, mbx) pour tout tableau de taille m telle que $1 \leqslant m < t$.

Induction   Dans cette partie du raisonnement on considère le tableau $T[d..d+t-1]$ de taille t supérieure à 1. Afin d'alléger les notations, on convient de noter T le tableau $T[d..d+t-1]$. Le demi-tableau de gauche $T[d..d+\lfloor t/2 \rfloor - 1]$ (resp. le demi-tableau de droite $T[d+\lfloor t/2 \rfloor..d+t-1]$) est noté Tg (resp. Td) et sa taille $\lfloor t/2 \rfloor$ (resp. $\lceil t/2 \rceil$) est notée tg (resp. td). On a $tg + td = t$. D'après l'hypothèse d'induction, on sait calculer les couples $(xg, nbxg)$ et $(xd, nbxd)$ pour chacun de ces deux tableaux. Cinq cas sont à distinguer :

(a) $xg > 0, xd > 0$ et $xg = xd$: la valeur xg/xd possède $nbxg$ $(nbxg \geqslant (\lfloor tg/2 \rfloor + 1))$ occurrences dans Tg et $nbxd$ $(nbxd \geqslant (\lfloor td/2 \rfloor + 1))$ occurrences dans Td. Or :

$$\left\lfloor \frac{tg}{2} \right\rfloor + 1 + \left\lfloor \frac{td}{2} \right\rfloor + 1$$
$$\geqslant \qquad \text{formule 8.30 page 586}$$
$$\left\lfloor \frac{tg}{2} + \frac{td}{2} \right\rfloor + 1$$
$$= \qquad \text{arithmétique}$$
$$\left\lfloor \frac{t}{2} \right\rfloor + 1.$$

xg/xd est donc majoritaire dans T et le résultat est $(xg, nbxg + nbxd)$.

(b) $xg = 0, xd = 0$: toute valeur y a un nombre d'occurrences au plus égal à $\lfloor tg/2 \rfloor$ (resp. $\lfloor td/2 \rfloor$) dans Tg (resp. Td). Or :

$$\left\lfloor \frac{tg}{2} \right\rfloor + \left\lfloor \frac{td}{2} \right\rfloor$$
$$\leqslant \qquad \text{formule 8.30 page 586}$$
$$\left\lfloor \frac{tg}{2} + \frac{td}{2} \right\rfloor$$
$$= \qquad \text{arithmétique}$$
$$\left\lfloor \frac{t}{2} \right\rfloor.$$

T n'est donc pas majoritaire et l'on rend comme résultat $(0, 0)$, soit encore $(xg, nbxg + nbxd)$. Ce dernier s'identifie donc au résultat précédent.

(c) $xg > 0, xd > 0, xg \neq xd$: on calcule le nombre d'occurrences $ndxg$ de xg dans Td. Si $nbxg + ndxg > \lfloor t/2 \rfloor$ on rend $(xg, nbxg + ndxg)$, sinon on calcule le nombre d'occurrences $ngxd$ de xd dans Tg et l'on rend $(xd, nbxd + ngxd)$ si $(nbxg + ngxd) > \lfloor t/2 \rfloor$, sinon le résultat est $(0, 0)$.

(d) $xg > 0$ et $xd = 0$: on calcule le nombre d'occurrences $ndxg$ de xg dans Td et on rend $(xg, nbxg + ndxg)$ si $(nbxg + ndxg) > \lfloor t/2 \rfloor$, $(0, 0)$ sinon.

(e) $xd > 0$ et $xg = 0$: ce cas est symétrique du précédent.

Terminaison La taille des tableaux traités décroît à chaque étape tout en restant positive. Ceci assure la terminaison de l'algorithme.

Le modèle de division utilisé est :

$$
\begin{array}{l}
\text{Majoritaire1}(1)\ \text{élémentaire} \\[2ex]
\text{Majoritaire1}(t) \rightarrow \left(\begin{array}{l} \text{Majoritaire1}\left(\left\lfloor \dfrac{t}{2} \right\rfloor \right) + \text{Majoritaire1}\left(\left\lceil \dfrac{t}{2} \right\rceil \right) + \\[2ex] \text{calcul du résultat à partir de } (xg, nbxg) \text{ et } (xd, nbxd) \end{array} \right) \quad t > 1
\end{array}
$$

Le code associé est donné ci-dessous :

```
 1.  procédure Majoritaire1(d, t; x, nbx : modif) pré
 2.      d ∈ ℕ₁ et t ∈ ℕ₁ et x ∈ ℕ et nbx ∈ ℕ et
 3.      xg ∈ ℕ et xd ∈ ℕ et nbxg ∈ ℕ et nbxd ∈ ℕ et ndxg ∈ ℕ et ngxd ∈ ℕ
 4.  début
 5.      si t = 1 alors
 6.          x ← T[d] ; nbx ← 1
 7.      sinon
 8.          Majoritaire1( d, ⌊t/2⌋ , xg, nbxg ) ;
 9.          Majoritaire1( d + ⌊t/2⌋ , ⌈t/2⌉ , xd, nbxd ) ;
10.          si xg = xd alors
11.              x ← xg ; nbx ← nbxg + nbxd
12.          sinonsi xg > 0 et xd > 0 et xg ≠ xd alors
13.              ndxg ← mult( xg, T[ d + ⌊t/2⌋ .. d + t − 1 ] ) ;
14.              si ndxg + nbxg > ⌊t/2⌋ alors
15.                  x ← xg ; nbx ← nbxg + ndxg
16.              sinon
17.                  ngxd ← mult( xd, T[ d .. d + ⌊t/2⌋ − 1 ] ) ;
18.                  si ngxd + nbxd > ⌊t/2⌋ alors
19.                      x ← xd ; nbx ← nbxd + ngxd
20.                  sinon
21.                      x ← 0 ; nbx ← 0
22.                  fin si
23.              fin si
24.          sinonsi xg ≠ 0 et xd = 0 alors
25.              ndxg ← mult( xg, T[ d + ⌊t/2⌋ .. d + t − 1 ] ) ;
26.              si ndxg + nbxg > ⌊t/2⌋ alors
```

```
27.              x ← xg ; nbx ← nbxg + ndxg
28.          sinon
29.              x ← 0 ; nbx ← 0
30.          fin si
31.      sinon
```

$$32.\qquad ngxd \leftarrow mult\left(xd, T\left[d\mathbin{..}d+\left\lfloor\frac{t}{2}\right\rfloor-1\right]\right);$$

$$33.\qquad \textbf{si } ngxd+nbxd > \left\lfloor\frac{t}{2}\right\rfloor \textbf{ alors}$$

```
34.              x ← xd ; nbx ← nbxd + ngxd
35.          sinon
36.              x ← 0 ; nbx ← 0
37.          fin si
38.      fin si
39.  fin si
40. fin
```

105 - R 2 **Réponse** 2. La procédure *Majoritaire1* fait appel à la fonction mult de complexité linéaire. En dénombrant tous les tests, la complexité au pire de *Majoritaire1* est donc solution de l'équation récurrente :

$$\left| \begin{aligned} &C(1) = 1 \\ &C(t) = 2 \cdot C\left(\frac{t}{2}\right) + t + 4 \end{aligned} \right. \qquad\qquad t > 1.$$

La formule 8.4, page 441, permet d'en déduire que $C(t) \in \Theta(t \cdot \log_2(t))$. On obtient donc une solution dont la complexité temporelle est moins bonne que celle de la version itérative.

105 - R 3 **Réponse** 3. La solution proposée se fonde sur le raisonnement inductif suivant.

Base Comme précédemment, le cas de base est celui où le tableau à traiter ne possède qu'un seul élément $T[d\mathbin{..}d]$; le résultat est le couple $(T[d], 1)$.

Hypothèse d'induction On sait calculer le couple (x, mbx) pour tout tableau de taille m telle que $1 \leqslant m < t$.

Induction Dans le cas inductif (tableau $T[d\mathbin{..}d+t-1]$ de taille t, $t > 1$), plusieurs sous-cas sont à étudier. On utilise les mêmes notations qu'auparavant $(T, Tg, Td, tg$ et $td)$ et l'on a (proposition non démontrée) :

$$\left\lfloor\frac{tg}{2}\right\rfloor + \left\lceil\frac{td}{2}\right\rceil \geqslant \left\lfloor\frac{t}{2}\right\rfloor. \tag{8.31}$$

Sept cas (ou sous-cas) sont à considérer. Les sept propriétés qui suivent les prennent en compte. Elles sont à la base du traitement qui est à réaliser suite aux appels récursifs, afin de rétablir l'hypothèse d'induction. Les démonstrations associées s'appuient sur les propositions suivantes (non démontrées) des opérateurs $\lfloor\ \rfloor$ et $\lceil\ \rceil$ pour des réels positifs x et y :

$$\lfloor x \rfloor \leqslant \lceil x \rceil \tag{8.32}$$

$$\lfloor x \rfloor + \lceil y \rceil \leqslant \lfloor x + y \rfloor \tag{8.33}$$

$$\lfloor y \rfloor \geqslant 2 \cdot \left\lfloor \frac{y}{2} \right\rfloor \tag{8.34}$$

et sur la proposition suivante, où m et n sont des entiers naturels :

$$2m \leqslant n \Rightarrow m \leqslant \left\lfloor \frac{n}{2} \right\rfloor. \tag{8.35}$$

Propriété 1 Si Tg et Td ne sont pas majoritaires, alors T n'est pas majoritaire.

Cette propriété a été démontrée dans la réponse à la question 1.

Propriété 2 Si (xg, mxg) est CM dans Tg, si (xd, mxd) est CM dans Td et si $xg = xd$, alors $(xg, mxg + mxd)$ est CM dans T.

Démonstration. Il faut montrer que sous les trois hypothèses « (xg, mxg) est CM dans Tg », « (xd, mxd) est CM dans Td » et « $xg = xd$ », $(xg, mxg + mxd)$ est CM dans T. Les trois clauses de la définition d'un CM sont à considérer.

Clause 1. Il faut montrer que $\mathrm{mult}(xg, T) \leqslant mxg + mxd$. On part de la formule $(\mathrm{mult}(xg, Tg) \leqslant mxg$ **et** $\mathrm{mult}(xd, Td) \leqslant mxd)$ qui est la conjonction de l'hypothèse d'induction à gauche et à droite.

$$\mathrm{mult}(xg, Tg) \leqslant mxg \quad \textbf{et} \quad \mathrm{mult}(xd, Td) \leqslant mxd$$
$$\Rightarrow \qquad\qquad\qquad\qquad\qquad\qquad\qquad \text{arithmétique et calcul propositionnel}$$
$$\mathrm{mult}(xg, Tg) + \mathrm{mult}(xd, Td) \leqslant mxg + mxd$$
$$\Leftrightarrow \qquad\qquad\qquad\qquad\qquad\qquad\qquad\qquad \text{hypothèse } xg = xd$$
$$\mathrm{mult}(xg, Tg) + \mathrm{mult}(xg, Td) \leqslant mxg + mxd$$
$$\Leftrightarrow \qquad\qquad\qquad\qquad\qquad\qquad\qquad \text{définition de } T,\ Tg \text{ et } Td$$
$$\mathrm{mult}(xg, T) \leqslant mxg + mxd.$$

Clause 2. Il faut montrer que $\lfloor t/2 \rfloor < mxg + mxd$. On a tout d'abord :

$$mxd > \left\lfloor \frac{td}{2} \right\rfloor \qquad\qquad\qquad\qquad \text{hypothèse d'induction à droite}$$
$$\Rightarrow \qquad\qquad\qquad\qquad\qquad\qquad\qquad\qquad \text{arithmétique entière}$$
$$mxd \geqslant \left\lfloor \frac{td}{2} \right\rfloor + 1.$$

À partir de ce résultat on a :

$$mxg + mxd$$
$$> \qquad\qquad\qquad \text{hypothèse d'induction à gauche et résultat précédent}$$
$$\left\lfloor \frac{tg}{2} \right\rfloor + \left(\left\lfloor \frac{td}{2} \right\rfloor + 1 \right)$$
$$\geqslant \qquad\qquad\qquad\qquad \text{propriété de } \lfloor\ \rfloor, \text{ proposition 8.30, page 586}$$
$$\left\lfloor \frac{tg + td}{2} \right\rfloor$$
$$= \qquad\qquad\qquad\qquad\qquad\qquad\qquad\qquad\qquad\qquad t = tg + td$$
$$\left\lfloor \frac{t}{2} \right\rfloor.$$

Clause 3. Il faut montrer que, pour tout y différent de xg, $\mathrm{mult}(y, T) \leqslant t - (mxg + mxd)$. On part de l'hypothèse d'induction à gauche et à droite :

$$\mathrm{mult}(y, \mathsf{Tg}) \leqslant \mathsf{tg} - \mathsf{mxg} \quad \textbf{et} \quad \mathrm{mult}(z, \mathsf{Td}) \leqslant \mathsf{td} - \mathsf{mxd}$$

$\Rightarrow$ en particulier pour $y = z$

$$\mathrm{mult}(y, \mathsf{Tg}) + \mathrm{mult}(y, \mathsf{Td}) \leqslant \mathsf{tg} + \mathsf{td} - (\mathsf{mxg} + \mathsf{mxd})$$

$\Leftrightarrow$ définitions de $\mathsf{T}, \mathsf{Tg}, \mathsf{Td}$ et de $\mathsf{t}, \mathsf{tg}, \mathsf{td}$

$$\mathrm{mult}(y, \mathsf{T}) \leqslant \mathsf{t} - (\mathsf{mxg} + \mathsf{mxd})$$

Propriété 3 Si $(\mathsf{xg}, \mathsf{mxg})$ est CM dans Tg, si $(\mathsf{xd}, \mathsf{mxd})$ est CM dans Td, si $(\mathsf{xg} \neq \mathsf{xd})$ et si $(\mathsf{mxg} + (\mathsf{td} - \mathsf{mxd})) = (\mathsf{mxd} + (\mathsf{tg} - \mathsf{mxg}))$, alors T n'est pas majoritaire.

Autrement dit, si on a deux candidats majoritaires différents dans Tg et Td et si le nombre d'éléments majoritaires à gauche plus le nombre d'éléments non majoritaires à droite est égal au nombre d'éléments majoritaires à droite plus le nombre d'éléments non majoritaires à gauche, alors T n'est pas majoritaire.

Propriété 4 Si $(\mathsf{xg}, \mathsf{mxg})$ est CM dans Tg, si $(\mathsf{xd}, \mathsf{mxd})$ est CM dans Td, si $\mathsf{xg} \neq \mathsf{xd}$ et si $(\mathsf{mxg} + (\mathsf{td} - \mathsf{mxd})) > (\mathsf{mxd} + (\mathsf{tg} - \mathsf{mxg}))$, alors $(\mathsf{xg}, \mathsf{mxg} + (\mathsf{td} - \mathsf{mxd}))$ est CM dans T.

Propriété 5 Si $(\mathsf{xg}, \mathsf{mxg})$ est CM dans Tg, si $(\mathsf{xd}, \mathsf{mxd})$ est CM dans Td, si $\mathsf{xg} \neq \mathsf{xd}$ et si $(\mathsf{mxg} + (\mathsf{td} - \mathsf{mxd})) < (\mathsf{mxd} + (\mathsf{tg} - \mathsf{mxg}))$, alors $(\mathsf{xd}, \mathsf{mxd} + (\mathsf{tg} - \mathsf{mxg}))$ est CM dans T.

Propriété 6 Si $(\mathsf{xd}, \mathsf{mxd})$ est CM dans Td et si Tg n'est pas majoritaire, alors $(\mathsf{xd}, \mathsf{mxd} + \lceil \mathsf{tg}/2 \rceil)$ est CM dans T.

Propriété 7 Si $(\mathsf{xg}, \mathsf{mxg})$ est CM dans Tg et si Td n'est pas majoritaire, alors $(\mathsf{xg}, \mathsf{mxg} + \lceil \mathsf{td}/2 \rceil)$ est CM dans T.

Terminaison La taille des tableaux traités décroît à chaque étape tout en restant positive. Cela assure la terminaison de l'algorithme.

Le modèle de division utilisé est :

$$
\begin{array}{l}
\mathsf{CandMaj1}(1) \ \text{élémentaire} \\[2ex]
\mathsf{CandMaj1}(\mathsf{t}) \rightarrow \left(\begin{array}{l} \mathsf{CandMaj1}\left(\left\lfloor \dfrac{\mathsf{t}}{2} \right\rfloor \right) + \mathsf{CandMaj1}\left(\left\lceil \dfrac{\mathsf{t}}{2} \right\rceil \right) + \\[1ex] \text{calcul de } (\mathsf{x}, \mathsf{mx}) \text{ à partir de } (\mathsf{xg}, \mathsf{mxg}) \text{ et } (\mathsf{xd}, \mathsf{mxd}) \end{array} \right) \qquad \mathsf{t} > 1
\end{array}
$$

Le code de la procédure *CandMaj1* résulte immédiatement des propriétés énoncées ci-dessus :

1. **procédure** *CandMaj1*$(\mathsf{d}, \mathsf{t}; \mathsf{x}, \mathsf{mx} : \textbf{modif})$ **pré**
2. $\quad$ $\mathsf{d} \in 1..\mathsf{n}$ **et** $\mathsf{t} \in 1..\mathsf{n} - \mathsf{d} + 1$ **et** $\mathsf{x} \in \mathbb{N}$ **et** $\mathsf{mx} \in 0..\mathsf{t}$ **et**
3. $\quad$ $\mathsf{xg} \in \mathbb{N}$ **et** $\mathsf{xd} \in \mathbb{N}$ **et** $\mathsf{mxg} \in 0.. \left\lfloor \dfrac{\mathsf{t}}{2} \right\rfloor$ **et** $\mathsf{mxd} \in 0.. \left\lceil \dfrac{\mathsf{t}}{2} \right\rceil$ **et**
4. $\quad$ $\mathsf{tg} \in \mathbb{N}$ **et** $\mathsf{td} \in \mathbb{N}$
5. **début**
6. $\quad$ **si** $\mathsf{t} = 1$ **alors**
7. $\quad\quad$ $\mathsf{x} \leftarrow \mathsf{T}[\mathsf{d}] \,;\ \mathsf{mx} \leftarrow 1$
8. $\quad$ **sinon**
9. $\quad\quad$ $\mathsf{tg} \leftarrow \left\lfloor \dfrac{\mathsf{t}}{2} \right\rfloor \,;\ \mathsf{td} \leftarrow \left\lceil \dfrac{\mathsf{t}}{2} \right\rceil \,;$
10. $\quad\quad$ *CandMaj1*$(\mathsf{d}, \mathsf{tg}, \mathsf{xg}, \mathsf{mxg}) \,;$

11. $CandMaj1(d + tg, td, xd, mxd)$;
12.   **si** $xg = 0$ **et** $xd = 0$ **alors**
13. $x \leftarrow 0$; $mx \leftarrow 0$ /% *propriété 3? %/*
14.   **sinonsi** $xg \neq 0$ **et** $xd \neq 0$ **alors**
15.   **si** $xg = xd$ **alors**
16. $x \leftarrow xg$; $mx \leftarrow mxg + mxd$ /% *propriété 3? %/*
17.   **sinon**
18.   **si** $mxg + (td - mxd) = mxd + (tg - mxg)$ **alors**
19. $x \leftarrow 0$; $mx \leftarrow 0$ /% *propriété 3? %/*
20.   **sinonsi** $mxg + (td - mxd) > mxd + (tg - mxg)$ **alors**
21. $x \leftarrow xg$; $mx \leftarrow mxg + (td - mxd)$ /% *propriété 3? %/*
22.   **sinonsi** $mxg + (td - mxd) < mxd + (tg - mxg)$ **alors**
23. $x \leftarrow xd$; $mx \leftarrow mxd + (tg - mxg)$ /% *propriété 3? %/*
24.   **fin si**
25.   **fin si**
26.   **sinonsi** $xg = 0$ **et** $xd \neq 0$ **alors**
27. $x \leftarrow xd$; $mx \leftarrow mxd + \left\lceil \dfrac{tg}{2} \right\rceil$ /% *propriété 3? %/*
28.   **sinonsi** $xg \neq 0$ **et** $xd = 0$ **alors**
29. $x \leftarrow xg$; $mx \leftarrow mxg + \left\lceil \dfrac{td}{2} \right\rceil$ /% *propriété 3? %/*
30.   **fin si**
31.   **fin si**
32. **fin**

Complexité   Le rétablissement de l'hypothèse d'induction (autrement dit le calcul du couple (x, mx)) s'effectue en temps constant. En effet, au plus six conditions sont évaluées à la suite des appels récursifs. L'équation de récurrence qui fournit la complexité s'écrit :

$$\left\{ \begin{array}{l} C(1) = 1 \\ C(t) = 2 \cdot C\left(\dfrac{t}{2}\right) + e \end{array} \right. \qquad t > 1 \text{ et } 1 \leqslant e \leqslant 6.$$

La formule 8.3, page 441, permet d'en déduire que $C(t) \in \Theta(t)$.

Réponse 4.   Tout appel à la procédure $CandMaj1$ doit être complété par un fragment de $\boxed{\text{105 - R 4}}$ programme qui vérifie si l'éventuel candidat trouvé est bien un élément majoritaire :

1. **constantes**
2. $n \in \mathbb{N}_1$ **et** $n = \dots$ **et** $T \in 1 \, .. \, n \rightarrow \mathbb{N}_1$ **et** $T = [\dots]$
3. **variables**
4. $v \in \mathbb{N}$ **et** $MajV \in 0 \, .. \, n$
5. **début**
6. $CandMaj1(1, n, v, MajV)$;
7.   **si** $v = 0$ **ou sinon** $mult(v, T) \leqslant \left\lfloor \dfrac{n}{2} \right\rfloor$ **alors**
8.   écrire(*Pas d'élément majoritaire dans ce tableau*)
9.   **sinon**
10.   écrire(v, *est élément majoritaire de ce tableau*)
11.   **fin si**
12. **fin**

Complexité La complexité du programme succédant à l'appel de la procédure *Cand-Maj1*, qui vérifie si le candidat v est ou non élément majoritaire, est en $\Theta(n)$ (complexité du raffinement de l'expression $\mathrm{mult}(v, T) \leqslant \lfloor n/2 \rfloor$). La complexité de l'ensemble de l'algorithme est donc en $\Theta(n)$.

105 - R 5 **Réponse** 5. Application aux tableaux proposés dans l'énoncé.

(a) Pour le tableau T1 :

1	2	3	4	5	6	7	8	9	10	11	12	13	14
1	2	1	3	2	1	1	3	3	2	3	1	1	1
1,1	2,1	1,1	3,1	2,1	1,1	1,1	3,1	3,1	2,1	3,1	1,1	1,1	1,1

$$
\begin{array}{l}
(0,0) \quad\quad 0,0 \quad\quad (1,2) \quad\quad\quad (0,0) \quad\quad 0,0 \quad\quad (1,2) \\
(1,2) \quad\quad\quad\quad (1,3) \quad\quad\quad (3,2) \quad\quad\quad\quad (1,3) \\
\quad\quad (1,5) \quad\quad\quad\quad\quad\quad\quad\quad\quad (1,4) \\
\quad\quad\quad\quad\quad\quad (1,9)
\end{array}
$$

La valeur 1 n'a en fait que sept occurrences dans T1, qui n'est pas majoritaire.

(b) Pour le tableau T2 :

1	2	3	4	5	6	7	8	9	10	11	12	13
2	1	1	3	1	2	3	1	1	1	1	2	1
2,1	1,1	1,1	3,1	1,1	2,1	3,1	1,1	1,1	1,1	1,1	2,1	1,1

$$
\begin{array}{l}
(1,2) \quad\quad\quad (0,0) \quad\quad\quad (1,2) \quad\quad\quad 1,2 \quad\quad (0,0) \\
(1,2) \quad\quad (3,2) \quad\quad\quad (1,2) \quad\quad\quad\quad (1,3) \\
\quad\quad (0,0) \quad\quad\quad\quad\quad\quad\quad (1,5) \\
\quad\quad\quad\quad (1,8)
\end{array}
$$

La valeur 1 a effectivement huit occurrences dans T2, qui est donc majoritaire.

(c) Pour le tableau T3 :

1	2	3	4	5	6	7	8	9
1	1	2	1	3	1	3	2	2
1,1	1,1	2,1	1,1	3,1	1,1	3,1	2,1	2,1

$$
\begin{array}{l}
(1,2) \quad\quad (0,0) \quad\quad (0,0) \quad\quad\quad (2,2) \\
\quad\quad (1,3) \quad\quad\quad\quad\quad (2,3) \\
\quad\quad\quad\quad (0,0)
\end{array}
$$

Le tableau T3 est déclaré non majoritaire sans exiger un appel à la fonction $\mathrm{mult}(v, T)$.

105 - R 6 **Réponse** 6. La propriété 105, page 468, se démontre de la manière suivante. Si $T[1 .. i]$ n'est pas majoritaire, x n'est pas un élément majoritaire de $T[1 .. i]$:

$$
\mathrm{mult}(x, T) \geqslant \left\lfloor \frac{n}{2} \right\rfloor + 1 \quad \textbf{et} \quad i \in 1 .. n - 1 \quad \textbf{et} \quad \mathrm{mult}(x, T[1 .. i]) < \left\lfloor \frac{i}{2} \right\rfloor + 1
$$

$\Leftrightarrow$ $\hfill$ propriété de la fonction mult

$$
\left(
\begin{array}{l}
\mathrm{mult}(x, T[1 .. i]) + \mathrm{mult}(x, T[i + 1 .. n]) \geqslant \left\lfloor \dfrac{n}{2} \right\rfloor + 1 \\
\textbf{et } i \in 1 .. n - 1 \textbf{ et} \\
\mathrm{mult}(x, T[1 .. i]) < \left\lfloor \dfrac{i}{2} \right\rfloor + 1
\end{array}
\right)
$$

$\Rightarrow$ $\hfill$ arithmétique

$$\left\lfloor \frac{i}{2} \right\rfloor + 1 + \text{mult}(x, T[i+1\,..\,n]) > \left\lfloor \frac{n}{2} \right\rfloor + 1 \quad \textbf{et} \quad i \in 1\,..\,n-1$$

$\Rightarrow$ \hfill arithmétique

$$\left\lfloor \frac{i}{2} \right\rfloor + 1 + \text{mult}(x, T[i+1\,..\,n]) > \left\lfloor \frac{n-i+i}{2} \right\rfloor + 1 \quad \textbf{et} \quad i \in 1\,..\,n-1$$

$\Rightarrow$ \hfill propriété de l'opérateur $\lfloor\ \rfloor : \left\lfloor \frac{m+n}{2} \right\rfloor \geqslant \left\lfloor \frac{m}{2} \right\rfloor + \left\lfloor \frac{n}{2} \right\rfloor$

$$\left\lfloor \frac{i}{2} \right\rfloor + \text{mult}(x, T[i+1\,..\,n]) > \left\lfloor \frac{n-i}{2} \right\rfloor + \left\lfloor \frac{i}{2} \right\rfloor \quad \textbf{et} \quad i \in 1\,..\,n-1$$

$\Leftrightarrow$ \hfill arithmétique

$$\text{mult}(x, T[i+1\,..\,n]) \geqslant \left\lfloor \frac{n-i}{2} \right\rfloor + 1 \quad \textbf{et} \quad i \in 1\,..\,n-1.$$

Ce résultat signifie que x est élément majoritaire de $T[i+1\,..\,n]$.

Réponse 7. De la propriété 105, page 468, on peut déduire que l'algorithme DpR suivant est correct. On recherche un sous-tableau débutant T n'ayant pas d'élément majoritaire, sachant que l'on part du premier élément qui est majoritaire dans le sous-tableau de taille 1. Si le second élément diffère du premier, le (sous-)tableau contenant les deux premiers éléments n'a pas d'élément majoritaire : on recommence avec le tableau amputé de ces deux éléments. Dans le cas contraire, on poursuit en cumulant le nombre d'occurrences du premier élément jusqu'à soit détecter qu'il n'est pas majoritaire (on recommence avec le tableau amputé de la tranche sans élément majoritaire), soit avoir traité la totalité du tableau de départ. Le CM de T est celui de la dernière tranche examinée. Comme dans la solution précédente (après l'exécution de *CandMaj1*), on est alors amené à vérifier s'il est effectivement majoritaire ou non.

Le modèle de division utilisé est donc le suivant :

$$
\begin{array}{l}
\text{CandMaj2}(0) \text{ élémentaire (} T \text{ n'a pas d'élément majoritaire à coup sûr)} \\[4pt]
\text{CandMaj2}(1) \text{ élémentaire (la valeur } T[d\,..\,d] \text{ est CM de } T\text{)} \\[4pt]
\text{CandMaj2}(t) \rightarrow \text{CandMaj2}(t-k) + \left(\begin{array}{l}
\text{élimination d'une tranche de taille k} \\
\text{débutant le (sous-)tableau de T} \\
\text{traité n'ayant pas d'élément majori-} \\
\text{taire ou détection d'un élément ma-} \\
\text{joritaire candidat}
\end{array} \right) \quad t > 1
\end{array}
$$

Il est à noter que ce modèle illustre le cas d'une division originale avec coupure « dynamique » pour trouver un sous-problème de même nature que le problème initial. Par ailleurs, on notera que cette approche est beaucoup plus simple à spécifier que la solution précédente dont la validité requiert la démonstration (assez technique) de sept propriétés.

Complexité La complexité globale de cette solution est linéaire, puisque l'on effectue $(n-1)$ comparaisons avant de conclure. On effectue donc au pire un appel qui consomme tout le tableau T initial et l'on a alors $(n-1)$ comparaisons ou au mieux $\lceil n/2 \rceil$ appels, au cours desquels une seule comparaison est réalisée (on ne rencontre jamais de succession de la même valeur).

105 - R 8

Réponse 8.   La fonction associée à cette recherche d'élément majoritaire est la suivante :

```
 1. fonction CandMaj2(d, t) résultat N pré
 2.    d ∈ N₁ et t ∈ N et i ∈ N₁ et eMajC ∈ N₁ et nbo ∈ N
 3. début
 4.    si t = 0 alors
 5.       résultat 0
 6.    sinonsi t = 1 alors
 7.       résultat T[d]
 8.    sinon
 9.       i ← d + 1 ; eMajC ← T[d] ; nbo ← 1 ;
10.       tant que i ⩽ d + t − 1 et nbo > 0 faire
11.          si T[i] = eMajC alors
12.             nbo ← nbo + 1
13.          sinon
14.             nbo ← nbo − 1
15.          fin si ;
16.          i ← i + 1
17.       fin tant que ;
18.       si nbo = 0 alors
19.          résultat CandMaj2(i, t − (i − d))
20.       sinon
21.          résultat eMajC
22.       fin si
23.    fin si
24. fin
```

L'appel de *CandMaj2* se fait par :

```
 1. constantes
 2.    n ∈ N₁ et n = ... et T ∈ 1 .. n → N₁ et T = [...]
 3. variables
 4.    v ∈ N
 5. début
 6.    v ← CandMaj2(1, n) ;
 7.    si mult(v, T) ⩽ ⌊n/2⌋ alors
 8.       écrire(Pas d'élément majoritaire dans ce tableau)
 9.    sinon
10.       écrire(v, est élément majoritaire de ce tableau)
11.    fin si
12. fin
```

Le traitement du tableau $T1 = [1, 2, 1, 3, 2, 1, 1, 3, 3, 2, 3, 1, 1, 1]$ conduit à l'élimination de la tranche $[1, 2]$, puis $[1, 3]$, puis $[2, 1]$, puis $[1, 3]$, puis $[3, 2]$, puis $[3, 1]$ et $[1, 1]$ épuise T1 avec 1 comme candidat majoritaire, qui n'est finalement pas élément majoritaire de T1.

Avec le tableau $T2 = [2, 1, 1, 3, 1, 2, 3, 1, 1, 1, 1, 2, 1]$, il y a élimination successive des tranches $[2, 1]$, $[1, 3]$, $[1, 2]$, $[3, 1]$. La tranche $[1, 1, 1, 2, 1]$ dans laquelle 1 est élément majoritaire courant conduit à retourner 1 comme candidat majoritaire, qui se révèle être effectivement élément majoritaire de T2.

Avec $T3 = [1, 1, 2, 1, 3, 1, 3, 2, 2]$, la tranche $[1, 1, 2, 1, 3, 1, 3, 2]$ est éliminée et 2 (seul dans sa tranche et donc arrêt avec $t = 1$) est retourné comme candidat majoritaire qui n'est pas élément majoritaire de T3.

Enfin, avec T4 $= [1, 2, 1, 1, 2, 3]$, les tranches $[1, 2]$, puis $[1, 1, 2, 3]$ sont successivement éliminées, sans que l'on ait trouvé d'élément majoritaire (arrêt avec $t = 0$) et la valeur 0 est renvoyée, indiquant avec certitude qu'il n'y a pas d'élément majoritaire dans T4.

Solution de l'exercice 106　Les deux points les plus proches dans un plan

Énoncé page 468.

Réponse 1.　L'algorithme naïf requiert de l'ordre de $\Theta(n^2)$ conditions évaluées. En effet, le premier point doit être comparé aux $(n-1)$ suivants, le i^e point doit être comparé aux $(n-i)$ suivants, etc.

　　　　　　　　　　　　　　　　　　　　　　　　　　　　　　　　　 106 - R 1

Réponse 2.　　Les quatre constituants de la construction sont les suivants :

　　　　　　　　　　　　　　　　　　　　　　　　　　　　　　　　　 106 - R 2

Base Si S possède deux éléments, le résultat est la distance entre ces deux points.

Hypothèse d'induction Soit p le cardinal de S ($2 \leqslant p < n$ et p est une puissance de 2). On sait calculer la distance qui sépare les deux points les plus proches de S.

Induction On partitionne S en deux sous-ensembles S1 et S2 de même cardinal 2^{n-1}. D'après l'hypothèse d'induction, on sait calculer la distance d_1 (resp. d_2) qui sépare les deux points les plus proches de S1 (resp. S2). Le calcul de la distance qui sépare les deux points les plus proches de S (étape de rassemblement) se fait en prenant, d'une part, la plus petite des trois valeurs d_1, d_2, et, d'autre part, la plus petite distance entre les couples dont un point est dans S1 et le second dans S2.

Terminaison Chaque étape divise par 2 le cardinal des ensembles considérés, qui reste positif. Cela assure la terminaison de l'algorithme.

Réponse 3.　Si la procédure *Rassembler1* est en ordre de complexité $\Theta(n^2)$, la formule 8.5 (voir page 441) permet de conclure que l'algorithme DpR est en $\Theta(n^2)$. Il a donc la même complexité que l'algorithme naïf. Pour l'améliorer, *Rassembler1* doit être en ordre de complexité inférieur à $\Theta(n^2)$. Dans le cas où on dispose d'une version de *Rassembler1* en $\Theta(n \cdot \log_2(n))$, le théorème maître (voir page 441) ne permet pas de conclure. En effet, on a alors (cas 3 du théorème maître) $a = 2, b = 2, f(n) = n \cdot \log_2(n)$ et $n^{\log_b(a)} = n$. Puisque $f(n) \in \Omega(n^{\log_b(a)})$, $f(n)$ est asymptotiquement supérieure à n mais, pour tout $\epsilon > 0$, $f(n) \notin \Omega(n^{\log_b(a)+\epsilon})$. La première condition du cas 3 est violée, le théorème maître ne s'applique pas. Il est cependant possible de résoudre directement l'équation récurrente qui dénombre les conditions évaluées. Puisque n est une puissance de 2, cette équation se présente comme suit (en ignorant le terme 1 correspondant à la condition qui est évaluée dans le cas récursif) :

　　　　　　　　　　　　　　　　　　　　　　　　　　　　　　　　　 106 - R 3

$$C(2) = 1$$
$$C(n) = 2 \cdot C\left(\frac{n}{2}\right) + n \cdot \log_2(n) \qquad \text{pour } n > 2.$$

Une stratégie de résolution consiste à procéder à un changement de variable avant d'appliquer la technique des facteurs sommants. Posons $n = 2^m$ (d'où $m = \log_2 n$). La seconde équation devient :

$$C(2^m) = 2 \cdot C(2^{m-1}) + m \cdot 2^m$$

Posons à présent $S(m) = C(2^m)$. On obtient la nouvelle équation récurrente :

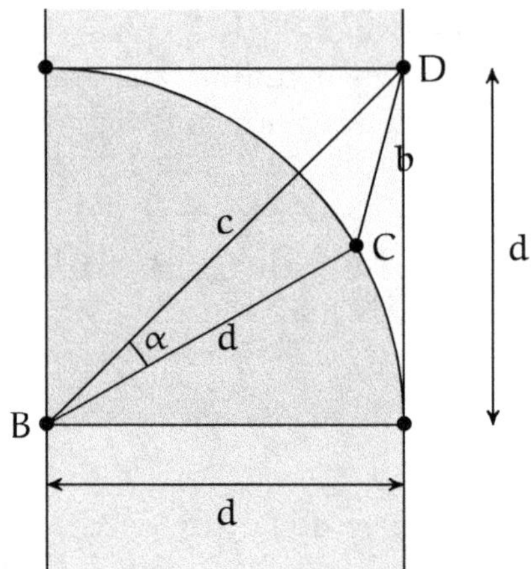

Fig. 8.25 – Figure pour la réponse 4

$$\left|\begin{array}{l} S(1) = 1 \\ S(m) = 2 \cdot S(m-1) + m \cdot 2^m \end{array}\right. \qquad\qquad m > 1,$$

équation sur laquelle on peut (par exemple) appliquer la méthode des facteurs sommants, en multipliant chaque ligne par le facteur 2^{m-i} :

$$\sum_{i=1}^{m} 2^{m-i} \cdot S(i) \;=\; 2^{m-1} + \sum_{i=2}^{m} \left(2^{m-i+1} \cdot S(i-1) + i \cdot 2^m\right)$$

$\Leftrightarrow$ arithmétique

$$S(m) = 2^{m-1} + 2^m \cdot \sum_{i=2}^{m} i$$

$\Leftrightarrow$ arithmétique $\left(\displaystyle\sum_{i=2}^{m} i = \frac{m^2}{2} + \frac{m}{2} - 1\right)$

$$S(m) = 2^{m-1} \cdot m^2 \;+\; 2^{m-1} \cdot m \;-\; 2^{m-1}.$$

D'où, en effectuant le changement de variable inverse pour retrouver $C(n)$:

$$C(n) = \frac{n}{2}(\log_2(n))^2 + \frac{n}{2}\log_2(n) - \frac{n}{2}$$

et donc $C(n) \in \Theta(n \cdot (\log_2(n))^2)$.

Si *Rassembler1* est en $\Theta(n)$, alors, selon la formule 8.4 page 441, l'algorithme est en $\Theta(n \cdot \log_2(n))$.

106 - R 4 **Réponse 4.** Il est évident que l'on peut placer quatre points aux quatre coins du carré. Raisonnons par l'absurde. On va montrer que s'il existe un cinquième point (différent des quatre autres) situé à une distance d' supérieure à d d'un coin B, alors ce point est à une distance d'' inférieure à d du coin D opposé à B dans le carré. Dans la figure 8.25, le triangle BCD est tel que BC = d. La fonction qui exprime la distance b entre les points C et D lorsque $0 \leqslant \alpha < \pi/4$ s'exprime par :

$$b = d\sqrt{3 - 2\sqrt{2} \cdot \cos \alpha}$$

(cette équation est une conséquence élémentaire du théorème de Pythagore généralisé qui exprime les relations entre un angle α et les trois côtés d'un triangle quelconque :

$b^2 = c^2 + d^2 - 2 \cdot c \cdot d \cdot \cos \alpha$). La fonction $b(\alpha)$ est continue et strictement croissante sur $0 \leqslant \alpha < \pi/4 : (1 - \sqrt{2})d \leqslant b < d$. Il s'ensuit que tout point du carré situé au-delà du point C par rapport à B est situé à une distance de D inférieure à d, et donc que d n'est pas la distance minimale entre deux points de la bande considérée, d'où la contradiction.

Réponse 5. Il faut que le tableau Y soit trié sur les ordonnées. En effet, s'il est parcouru selon les ordonnées croissantes, le point représenté par Y[j] doit être confronté aux (au plus) cinq points qui le suivent dans le tableau (six points au plus par rectangle moins le point considéré, soit cinq). Au-delà de cette limite, il est impossible de trouver un point à une distance inférieure à d de Y[j]). Si l'un d'eux améliore le score de d, la distance est mise à jour. Cependant, le parcours du tableau n'exige pas de consulter les (au plus) cinq éléments suivants. Il suffit en effet d'arrêter la recherche dès que la distance verticale entre les deux points considérés atteint ou dépasse d.

`106 - R 5`

Réponse 6. Le traitement de la procédure *Rassembler2* s'effectue en trois étapes : la construction de la bande Y, le tri de Y et l'exploitation de Y à la recherche d'une distance meilleure que d. La première étape consiste à considérer chaque point de S et à ne conserver dans Y que les points qui sont à une distance de la droite séparatrice inférieure à d. Dans le schéma ci-après seuls les points B et C sont conservés.

`106 - R 6`

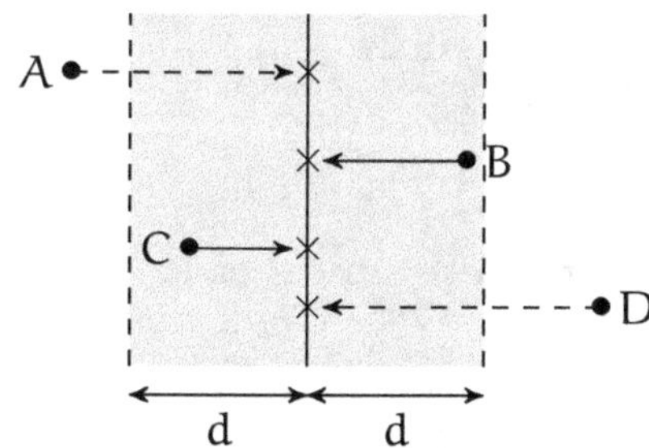

La deuxième étape, le tri de Y selon les ordonnées croissantes, n'est pas développée ici et on admet que l'on fait usage d'un tri en $\mathcal{O}(n \cdot \log_2(n))$ au pire. La troisième étape consiste à parcourir le tableau Y à la recherche d'une solution améliorant la meilleure solution connue. Pour ce faire, deux boucles imbriquées sont nécessaires. La première, une boucle **pour** (qui n'est pas construite ici) prend en compte chacun des éléments Y[j] de Y dans l'ordre des indices croissants. La seconde, une boucle **tant que**, évalue la distance entre chaque Y[j] et les points qui suivent Y[j] et conserve la plus petite valeur md. Cette boucle se construit de la manière suivante :

Invariant Il se présente comme suit :

$$j+1 \leqslant k \leqslant \min(\{j+5, ly+1\}) \text{ \textbf{et} } md = \min \left(\left\{ \begin{array}{l} \textit{meilleure valeur dans } T[i \mathbin{..} m], \\ \textit{dans } T[m+1 \mathbin{..} s] \textit{ et} \\ \textit{dans } Y[1 \mathbin{..} k-1] \end{array} \right\} \right).$$

La variable ly est la longueur utile du tableau Y construit dans la première étape de la procédure Rassembler2 (construction de la bande). La variable j contrôle la boucle **pour** externe, tandis que la variable k joue ce même rôle pour la boucle interne. $j+1$ est la borne inférieure du domaine de variation de k tandis que sa borne supérieure est le minimum entre $j+5$ (le nombre maximum de point à considérer) et $ly+1$ (la longueur de Y plus 1).

Condition d'arrêt La boucle s'arrête à la rencontre, soit de la fin du tableau Y, soit d'un point dont on est sûr qu'il est à une distance supérieure ou égale à la meilleure valeur déjà trouvée (voir question 5).

Progression On sélectionne la meilleure valeur entre md et la distance euclidienne entre Y[j] et Y[k], avant de rétablir l'invariant en mettant k à jour.

Initialisation Elle est assurée par les deux étapes qui précèdent la boucle proprement dite.

Terminaison L'expression $\min(\{j + 5, ly + 1\}) - k$ garantit la terminaison.

La procédure $Rassembler2(\text{deb}, \text{fin}; \text{md} : \textbf{modif})$ se présente alors comme suit (l'ensemble Coord des points du plan est défini dans l'énoncé) :

1. **procédure** $Rassembler2(\text{deb}, \text{fin}; \text{md} : \textbf{modif})$ **pré**
2. $\text{deb} \in 1 .. n$ **et** $\text{fin} \in \text{deb} + 1 .. n$ **et** $\text{md} \in \mathbb{R}$ **et**
3. $Y \in 1 .. \text{fin} - \text{deb} + 1 \;\rightarrow\; \text{Coord}$ **et** $ly \in 0 .. \text{fin} - \text{deb} + 1$ **et**
4. $m \in \text{deb} .. \text{fin}$ **et** $k \in 1 .. \text{fin} - \text{deb} + 2$
5. **début**
6. $/\%$ *première étape : construction de la bande Y :* $\%/$
7. $m \leftarrow \left\lfloor \dfrac{\text{deb} + \text{fin}}{2} \right\rfloor ;$
8. $ly \leftarrow 0 ;$
9.   **pour** $j \in \text{deb} .. \text{fin}$ **faire**
10.   **si** $|T[j].x - T[m].x| < \text{md}$ **alors**
11. $ly \leftarrow ly + 1 ; Y[ly] \leftarrow T[j]$
12.   **fin si**
13.   **fin pour**
14. $/\%$ *deuxième étape : tri de Y sur les ordonnées croissantes :* $\%/$
15. $TriY(Y[1 .. ly]) ;$
16. $/\%$ *troisième étape : recherche d'une solution meilleure pour* md $:$ $\%/$
17.   **pour** j **parcourant** $1 .. ly$ **faire**
18. $k \leftarrow j + 1 ;$
19.   **tant que non** $(k = ly + 1$ **ou alors** $Y[k].y - Y[j].y \geqslant \text{md})$ **faire**
20. $\text{md} \leftarrow \min(\{\text{md}, \Delta(Y[j], Y[k])\}) ; k \leftarrow k + 1$
21.   **fin tant que**
22.   **fin pour**
23. **fin**

À la ligne 10 de la procédure $Rassembler2$, la valeur absolue représente la distance entre le point T[j] et la droite séparatrice. Le code de la fonction $PlusProches2$ est alors à compléter en remplaçant les lignes 12 et 13 par :

12. $Rassembler2(i, s, d) ;$
13. **résultat** d

Si n est le cardinal de S, la première étape de cette procédure est en $\Theta(n)$, la seconde, le tri, est en $\Theta(n \cdot \log_2(n))$ et la troisième (puisque la boucle interne est bornée) est en $\Theta(n)$. $Rassembler2$ est donc en $\Theta(n \cdot \log_2(n))$. Le modèle de division est donc le suivant :

$$
\begin{array}{ll}
PlusProches2(2) \text{ élémentaire} & \\
PlusProches2(n) \rightarrow 2 \cdot PlusProches2\left(\dfrac{n}{2}\right) + Rassembler2(n) & n > 2
\end{array}
$$

D'après la réponse à la question 3, on conclut que cette solution est en $\Theta(n \cdot (\log_2(n))^2)$.

Réponse 7. Le problème provient du tri réalisé à l'intérieur de la procédure *Rassembler2*, dont le coût est en $\Theta(n \cdot \log_2(n))$. Le renforcement de la postcondition permet de récupérer au retour d'un appel une version *triée sur les ordonnées* de l'ensemble S (ou si l'on préfère du tableau $T[i..s]$). La nouvelle version de *Rassembler* est l'opération **procédure** *Rassembler3*(deb, fin, Zg, Zd; md, Z : **modif**). Les paramètres deb, fin et md sont inchangés, Zg (resp. Zd) est une version de $T[i..mil]$ (resp. $T[mil+1..s]$) triée sur les ordonnées, et Z, paramètre de sortie, est une version de $T[i..s]$ également triée sur les ordonnées. L'opération « **procédure** *Rassembler3*(deb, fin, Zg, Zd; md, Z : **modif**) » se décompose en deux parties. La première consiste à fusionner les deux tableaux Zg et Zd sur les ordonnées tout en construisant la bande Y. La fusion proprement dite s'effectue dans le tableau Z qui contient alors le même ensemble de valeurs que $T[i..s]$. L'opération de fusion a été étudiée dans le détail (voir section 8.1.2 et exercice 87, page 443), celle de la construction de la bande également. On n'y revient pas ici. On rappelle simplement que cette première partie est en $\Theta(n)$. Enfin, la seconde partie, la recherche d'une solution meilleure pour md, est identique à celle construite dans la version *Rassembler2* ci-dessus. Le modèle de division est le même que dans la question précédente, mais ici *Rassembler3* est en $\Theta(n)$. La procédure *PlusProches3* se présente comme ci-dessous :

106 - R 7

```
 1. procédure PlusProches3(i, s; d, R : modif) pré
 2.     ∃k · (k ∈ ℕ₁ et s − i + 1 = 2ᵏ) et
 3.     i ∈ 1..n et s ∈ i+1..n et d ∈ ℝ⁺* et R ∈ 1..s−i+1 → Coord et
 4.     EstTriéX(T[i..s]) et dg ∈ ℝ⁺* et dd ∈ ℝ⁺* et
 5.     Rg ∈ 1..(s−i+1)/2 → Coord et Rd ∈ 1..(s−i+1)/2 → Coord et mil ∈ i..s
 6. début
 7.     si s − i + 1 = 2 alors
 8.         d ← Δ(T[i], T[s]) ;
 9.         si T[i].y < T[s].y alors
10.             R ← T
11.         sinon
12.             R[1] ← T[s] ; R[2] ← T[i]
13.         fin si
14.     sinon
15.         mil ← ⌊(i+s)/2⌋ ;
16.         PlusProches3(i, mil, dg, Rg) ;
17.         PlusProches3(mil + 1, s, dd, Rd) ;
18.         d ← min({dg, dd}) ;
19.         Rassembler3(i, s, Rg, Rd, d, R)
20.     fin si
21. fin
```

Compte tenu de ces modifications, la procédure *PlusProches3* est en $\Theta(n \cdot \log_2(n))$.

Ci-dessous est présenté un exemple d'appel à la procédure *PlusProches3* :

```
1. constantes
2.     Coord = {x, y | x ∈ ℝ et y ∈ ℝ} et
3.     n ∈ ℕ₁ et n ⩾ 2 et n = ... et ∃k · (k ∈ ℕ₁ et n = 2ᵏ)
4. variables
5.     T ∈ 1..n → Coord et V ∈ 1..n → Coord et dist ∈ ℝ⁺*
6. début
7.     T ← [...] ;
8.     TriX(T) ; /% pour établir la précondition de PlusProches3 %/
```

9.   *PlusProches3*$(1, n, \text{dist}, V)$;
10.   **écrire**(dist)
11. **fin**

106 - R 8 **Réponse 8.** L'extension à un n quelconque est sans difficulté, mais il faut s'assurer que tout ensemble considéré contient au moins deux points. Cela se traduit dans l'algorithme par le fait que le cas de base doit traiter aussi bien un tableau de trois que de deux éléments (en effet, la division successive par 2 de tout entier supérieur à 3 aboutit aux valeurs 2 et 3).

Solution de l'exercice 107 Distance entre séquences : l'algorithme de Hirschberg

Énoncé page 473.

107 - R 1 **Réponse 1.** Conformément à l'énoncé, la procédure *WFLgArrière* est conçue pour parcourir les chaînes x et y de l'extrémité vers l'origine. Les appels à cette procédure n'exigent donc pas d'inverser au préalable les chaînes.

```
 1.  procédure WFLgArrière(x, y; Q : modif) pré
 2.     x ∈ chaîne(Σ) et y ∈ chaîne(Σ) et Q ∈ 0..|y| → ℕ et h ∈ 0..|y| × 0..
            1 → ℕ
 3.  début
 4.     soit m, n tel que
 5.        m ∈ ℕ et m = |x| et n ∈ ℕ et n = |y|
 6.     début
 7.        pour j ∈ 0..n faire
 8.           h[j, 1] ← 0
 9.        fin pour ;
10.        pour i parcourant inverse 1..m faire
11.           /% Décalage des colonnes de h : %/
12.           pour j ∈ 0..n faire
13.              h[j, 0] ← h[j, 1]
14.           fin pour ;
15.           pour j parcourant inverse 1..n faire
16.              si x[i] = y[j] alors
17.                 h[j − 1, 1] ← h[j, 0] + 1
18.              sinon
19.                 h[j − 1, 1] ← max({h[j, 1], h[j − 1, 0]})
20.              fin si
21.           fin pour
22.        fin pour ;
23.        pour k ∈ 0..n faire
24.           Q[n − k] ← h[k, 1]
25.        fin pour
26.     fin
27.  fin
```

De même que pour *WFLgAvant*, la complexité temporelle de *WFLgArrière* est en $\Theta(m \cdot n)$. La complexité spatiale est en $\Theta(n)$.

		0	1	2	3	4	5	4	3	2	1	0		
		P_0	P_1	P_2	P_3	P_4	P_5	P_6^*	P_7^*	P_8^*	P_9^*	P_{10}^*	v	
			e	s	c	l	a	n	d	r	e			u
9								0	0	0	0	0		0
8	e	0	1	1	2	3	3	1	1	1	1	0	e	1
7	l	0	0	1	2	3	3	1	1	1	1	0	l	2
6	a	0	0	1	2	2	3	1	1	1	1	0	a	3
5	d	0	0	1	2	2	3	2	2	1	1	0	d	4
4	n	0	0	1	2	2	3	3	2	1	1	0	n	5
3	a	0	0	1	2	2	3	3	2	1	1	0	a	6
2	c	0	0	1	2	2	2	3	2	1	1	0	c	7
1	s	0	0	1	1	1	1	3	2	1	1	0	s	8
0		0	0	0	0	0	0							
v			e	s	c	l	a	n	d	r	e			
	u	P_0	P_1	P_2	P_3	P_4	P_5	P_6^*	P_7^*	P_8^*	P_9^*	P_{10}^*		
		0	1	2	3	4	5	6	7	8	9	10		

Fig. 8.26 – Calcul des vecteurs pour la réponse 2

Réponse 2. La figure 8.26 fournit les vecteurs P_5 et P_6^*, à partir desquels on calcule la meilleure somme entre $0+3$, $1+3,\dots,3+0$. Il s'agit de $3+3$, valeur qui est atteinte uniquement pour $i=3$. On a donc $lg(PLSSC(esclandre, scandale))=6$.

On dispose maintenant de l'information qui permet de diviser y en deux parties $y_1 = sca$ et $y_2 = ndale$. On est à même de rechercher $PLSSC(escla, y_1)$ et $\overline{PLSSC}(erdn, \overline{y_2})$. On obtient respectivement $\{sca\}$ et $\{nde\}$ qui permettent de conclure que $PLSSC(scandale, esclandre) = \{scande\}$.

Réponse 3. En termes de complexité temporelle, c'est une solution maladroite puisqu'elle oblige à invoquer $(n+1)$ fois *WFLgAvant* pour calculer les $(n+1)$ valeurs de P_{j+1}^*. En revanche, il serait possible d'utiliser *WFLgAvant* sur des séquences miroirs. On a opté pour un autre choix.

Réponse 4. Effectuons la première partie de la démonstration : $M_j \leqslant P_m[n]$.

Soit $i_0 \in 0\,..\,n$ l'un des indices tel que $M_j = P_j[i_0] + P_{j+1}^*[n-i_0]$.

Soit $c_1 \in PLSSC(x[1\,..\,j], y[1\,..\,i_0])$ et $c_2 \in \overline{PLSSC}(\overline{x[j+1\,..\,m]}, \overline{y[i_0+1\,..\,n]})$. On a tout d'abord :

$$c_1 \in PLSSC(x[1\,..\,j], y[1\,..\,i_0]) \textbf{ et } c_2 \in \overline{PLSSC}(\overline{x[j+1\,..\,m]}, \overline{y[i_0+1\,..\,n]})$$

$\Rightarrow$ $\begin{cases} \text{Pour } c_1 : P_j \text{ est croissant au sens large, donc } P_j[i_0] \text{ est la longueur} \\ \text{de la plssc de } x[1\,..\,j] \text{ et de } y[1\,..\,i_0]. \text{ Idem pour } c_2. \end{cases}$

$$|c_1| = P_j[i_0] \textbf{ et } |c_2| = P_{j+1}^*[n-i_0]$$

$\Rightarrow$ arithmétique

$$|c_1| + |c_2| = P_j[i_0] + P_{j+1}^*[n-i_0]$$

$\Rightarrow$ propriété de la concaténation et définition de i_0 et de M_j

$$|c_1 \cdot c_2| = M_j. \tag{8.36}$$

On a également :

$$c_1 \in PLSSC(x[1..j], y[1..i_0]) \text{ et } c_2 \in \overline{PLSSC}(\overline{x[j+1..m]}, \overline{y[i_0+1..n]})$$
$$\Rightarrow \quad c_1 \in SSC(x[1..j], y[1..i_0]) \text{ et } c_2 \in SSC(x[j+1..m], y[i_0+1..n])$$
$$c_1 \cdot c_2 \in SSC(x, y)$$

$$\Rightarrow \qquad\qquad\qquad\qquad\qquad \text{définition de } lg(PLSSC(x, y))$$
$$|c_1 \cdot c_2| \leqslant lg(PLSSC(x, y))$$

$$\Leftrightarrow \qquad\qquad\qquad\qquad\qquad P_m \text{ est croissant au sens large}$$
$$|c_1 \cdot c_2| \leqslant P_m[n]. \tag{8.37}$$

En rapprochant les formules 8.36 et 8.37, on obtient :

$$|c_1 \cdot c_2| = M_j \text{ et } |c_1 \cdot c_2| \leqslant P_m[n]$$
$$\Rightarrow \qquad\qquad\qquad\qquad\qquad \text{transitivité}$$
$$M_j \leqslant P_m[n]. \tag{8.38}$$

Effectuons à présent la seconde partie de la démonstration : $M_j \geqslant P_m[n]$.

Soit $c \in PLSSC(x, y)$. Il existe $j \in 0..m$ et deux chaînes c_1 et c_2 telles que $c = c_1 \cdot c_2$, $c_1 \in SSC(x[1..j], y)$ et $c_2 \in SSC(x[j+1..m], y)$. Soit i_0 tel que $c_1 \in SSC(x[1..j], y[1..i_0])$ et $c_2 \in SSC(x[j+1..m], y[i_0+1..n])$. On a alors :

$$\left(\begin{array}{l} |c_1| \leqslant lg(PLSSC(x[1..j], y[1..i_0])) \\ \mathbf{et} \\ |c_2| \leqslant lg(PLSSC(x[j+1..m], y[i_0+1..n])) \end{array} \right)$$

$$\Rightarrow \qquad\qquad\qquad\qquad\qquad \text{arithmétique}$$

$$\left(\begin{array}{l} |c_1| + |c_2| \\ \leqslant \\ lg(PLSSC(x[1..j], y[1..i_0])) + lg(PLSSC(x[j+1..m], y[i_0+1..n])) \end{array} \right)$$

$$\Rightarrow \qquad\qquad\qquad\qquad\qquad \text{propriété de la concaténation}$$

$$\left(\begin{array}{l} |c_1 \cdot c_2| \\ \leqslant \\ lg(PLSSC(x[1..j], y[1..i_0])) + lg(\overline{PLSSC}(\overline{x[j+1..m]}, \overline{y[i_0+1..n]})) \end{array} \right)$$

$$\Rightarrow \qquad \text{propriété de l'opération miroir, définition de } c_1 \text{ de } c_2 \text{ et de } lg(C)$$
$$|c| \leqslant P_j[i_0] + P^*_{j+1}[n-i_0]$$

$$\Leftrightarrow \qquad\qquad\qquad\qquad\qquad P_m \text{ est croissant au sens large}$$
$$P_m[n] \leqslant P_j[i_0] + P^*_{j+1}[n-i_0]$$

$$\Leftrightarrow \qquad \text{définition de } M_j \text{ et de } i_0 : P_j[i_0] + P^*_{j+1}[n-i_0] \leqslant M_j$$
$$P_m[n] \leqslant M_j. \tag{8.39}$$

Les deux formules 8.38 et 8.39 établissent la démonstration du théorème de la page 476.

107 - R 5 **Réponse** 5. Le raisonnement DpR qui permet de construire l'opération « **procédure** $HirschPLSSC(x, y; c : \mathbf{modif})$ » est le suivant :

Base Le cas de base se caractérise par une situation où la chaîne x est de taille inférieure ou égale à 1. La solution la plus simple consiste alors à calculer $lg(PLSSC(x, y))$. Si cette valeur est nulle, le paramètre d'entrée-sortie c n'est pas modifié, sinon, c'est que la chaîne x est réduite à un seul symbole et que ce symbole est présent dans l'autre chaîne ; ce symbole vient allonger la chaîne c.

Hypothèse d'induction On sait calculer par l'algorithme d'Hirschberg l'un des éléments de $PLSSC(x[1 .. \lfloor m/2 \rfloor], y[1 .. q])$, ainsi que de $\overline{PLSSC}(x[\lfloor m/2 \rfloor + 1 .. m], y[q + 1 .. n])$, pour $m > 1$ et $q \in 0 .. n$.

Induction L'étape de séparation a principalement pour objectif de découvrir un indice q permettant de découper la chaîne y en deux sous-chaînes. On se fonde pour ce faire sur le travail réalisé dans les questions précédentes et sur le théorème d'optimalité d'Hirschberg, page 476. Les procédures $WFLgAvant$ et $WFLgArrière$ calculent les vecteurs $P_{\lfloor m/2 \rfloor}$ et $P^*_{\lfloor m/2 \rfloor + 1}$ (dénommés Pav et Par dans l'algorithme ci-dessous). Il reste alors à choisir un indice q parmi tous les indices qui maximisent la somme $Pav[i] + Par[i + 1]$. L'étape de rassemblement est réduite à sa plus simple expression, puisque chacun des deux appels récursifs va allonger convenablement la chaîne c.

Terminaison La taille du premier paramètre (x) diminue à chaque étape, celle du second n'augmente pas : cela assure la terminaison de l'algorithme.

Le modèle de division se décrit ainsi :

$$
\begin{array}{ll}
\text{HirschPLSSC}(m, n) \to \text{éventuel allongement de la plssc par } x[1] & \text{si } m \leqslant 1 \\[2ex]
\text{HirschPLSSC}(m, n) \to \left(\begin{array}{l} \text{recherche d'un indice } q \text{ pour couper } y + \\ \text{HirschPLSSC}\left(\left\lceil \dfrac{m}{2} \right\rceil, q \right) + \\ \text{HirschPLSSC}\left(\left\lfloor \dfrac{m}{2} \right\rfloor, n - q \right) \end{array} \right) & \text{si } m > 1
\end{array}
$$

Le code de l'opération $HirschPLSSC$ est présenté ci-dessous.

```
 1.  procédure HirschPLSSC(x, y; c : modif) pré
 2.     x ∈ chaîne(Σ) et y ∈ chaîne(Σ) et c ∈ chaîne(Σ)
 3.  début
 4.     soit m, n, q, mil, Pav, Par, som tel que
 5.        m ∈ ℕ et m = |x| et n ∈ ℕ et n = |y| et
 6.        q ∈ 0 .. n et mil ∈ 1 .. m et
 7.        Pav ∈ 0 .. n → ℕ et Par ∈ 0 .. n → ℕ et som ∈ ℕ
 8.     début
 9.        si m ≤ 1 alors
10.           WFLgAvant(x, y, Pav) ;
11.           si Pav[n] ≠ 0 alors
12.              c ← c · x[1]
13.           fin si
14.        sinon
15.           mil ← ⌊ m/2 ⌋ ;
16.           WFLgAvant(x[1 .. mil], y, Pav) ;
17.           WFLgArrière(x[mil + 1 .. m], y, Par) ;
18.           /% choix d'un indice qui maximise Pav[i] + Par[i + 1] : %/
19.           q ← 0 ; som ← 0 ;
20.           pour i ∈ 0 .. n faire
21.              si som < Pav[i] + Par[n − i] alors
22.                 som ← Pav[i] + Par[n − i] ; q ← i
23.              fin si
24.           fin pour ;
25.           HirschPLSSC(x[1 .. mil], y[1 .. q], c) ;
```

```
26.              HirschPLSSC(x[mil + 1 .. m], y[q + 1 .. n], c)
27.         fin si
28.     fin
29. fin
```

Ci-dessous on présente une séquence d'appel possible.

```
1. constantes
2.     u ∈ chaîne(Σ) et u = ... et v ∈ chaîne(Σ) et v = ...
3. variables
4.     plssc ∈ chaîne(Σ)
5. début
6.     plssc ← ε ;
7.     HirschPLSSC(u, v, plssc) ;
8.     écrire(plssc)
9. fin
```

Plusieurs remarques importantes concernant ce code et liées aux complexités spatiale et temporelle sont présentées ci-dessous.

Complexités   On se préoccupe tout d'abord de la complexité spatiale. L'analyse fait l'hypothèse que les chaînes en entrée (x et y et les paramètres effectifs correspondants) sont gérées par la position de leurs extrémités et non en passant ces chaînes en paramètres. On suppose également que x est la chaîne la plus longue (dans le cas contraire, il suffit d'inverser les arguments dans l'appel de l'opération). Rappelons que, pour simplifier les calculs, on admet que m est une puissance de 2. $S(m, n)$, l'équation de complexité spatiale, est définie par :

$$
\begin{array}{ll}
S(m, n) = S'(m, n) + f(n) & \text{avec } f(n) \in \mathcal{O}(n) \\[6pt]
S'(m, n) = S'\left(\left\lceil \dfrac{m}{2} \right\rceil, i \right) + S'\left(\left\lfloor \dfrac{m}{2} \right\rfloor, n - i \right) & m > 1 \\[6pt]
S'(m, n) = 0 & m \leqslant 1.
\end{array}
$$

$S'(m, n)$ est la complexité spatiale de l'opération obtenue en faisant abstraction des blocs **soit** présents dans le code. La fonction $f(n)$ tient spécifiquement compte de l'espace occupé par les deux vecteurs Pav et Par localisés dans un bloc **soit**. Ces deux vecteurs sont alloués en entrée de bloc et désalloués en sortie, ils doivent donc être comptabilisés séparément. La seconde équation rend compte de l'espace occupé par les deux appels récursifs, qui se font sur un rectangle de hauteur respective i et $n - i$ (i disparaît lors des calculs). Les variables ou constantes scalaires présentes dans l'algorithme ne sont pas comptabilisées. La troisième équation concerne le cas de base. Montrons, par induction sur m, que $S'(m, n)$ est en $\mathcal{O}(n)$. Il sera alors facile d'en conclure que $S(m, n)$ est aussi en $\mathcal{O}(n)$. Il faut montrer qu'il existe une constante d positive telle que :

$$S'(m, n) \leqslant d \cdot n.$$

Base   L'équation de base est satisfaite pour tout $d \geqslant 1$.

Hypothèse d'induction   Pour tout m' tel que $m' < m$, $S'(m', n) \leqslant d \cdot n$.

Induction   Il faut montrer que $S'(m, n) \leqslant d \cdot n$:

$$
\begin{array}{ll}
S'(m, n) & \\
= & \hspace{4cm} m \text{ est une puissance de 2}
\end{array}
$$

$$S'\left(\frac{m}{2},i\right) + S'\left(\frac{m}{2},n-i\right)$$

$$\leqslant \quad d \cdot i + d \cdot (n-i)\cdot \qquad \text{hypothèse d'induction}$$

$$= \quad d \cdot n. \qquad \text{arithmétique}$$

On a donc $S'(m,n) \in \mathcal{O}(n)$ (ainsi que $S(m,n) \in \mathcal{O}(n)$ puisque S et S' ne diffèrent que par un terme en $\mathcal{O}(n)$). x étant supposée être la chaîne la plus longue, on a plus généralement :

$$S(m,n) \in \mathcal{O}(\min(\{m,n\})).$$

Abordons à présent le calcul de la complexité temporelle au pire en termes de conditions évaluées. En négligeant le coût de l'itération (en $\mathcal{O}(n)$), l'équation récurrente s'écrit :

$$\begin{aligned} C(m,n) &= m \cdot n & m \leqslant 1 \\ C(m,n) &= C\left(\left\lceil \frac{m}{2} \right\rceil, i\right) + C\left(\left\lfloor \frac{m}{2} \right\rfloor, n-i\right) + n \cdot \left\lfloor \frac{m}{2} \right\rfloor + n \cdot \left\lceil \frac{m}{2} \right\rceil & m > 1. \end{aligned}$$

Les deux termes $n \cdot \lfloor m/2 \rfloor$ et $n \cdot \lceil m/2 \rceil$ proviennent des appels de *WFLgAvant* et de *WFLgArrière*. Montrons par induction que $C(m,n) \in \mathcal{O}(m \cdot n)$. On doit démontrer qu'il existe une constante positive d telle que

$$C(m,n) \leqslant d \cdot n \cdot m.$$

Base L'équation de base est satisfaite pour $d = 2$.

Hypothèse d'induction Pour tout m' tel que $m' < m$, $C(m',n) \leqslant d \cdot n \cdot m'$.

Induction $C(m,n)$

$$= \qquad \qquad \text{m est une puissance de 2}$$

$$C\left(\frac{m}{2},i\right) + C\left(\frac{m}{2},n-i\right) + n \cdot \frac{m}{2} + n \cdot \frac{m}{2}$$

$$\leqslant \quad d \cdot \frac{m}{2} \cdot n + m \cdot n \qquad \qquad \text{calcul}$$

$$= \quad d \cdot \frac{m}{2} \cdot n + d \cdot \frac{m}{2} \cdot n \qquad \qquad \text{pour } d = 2$$

$$= \quad 2 \cdot m \cdot n. \qquad \qquad \text{substitution, } d = 2$$

On a donc montré que :

$$C(m,n) \in \mathcal{O}(n \cdot m).$$

En outre, puisque $d = 2$, au moins pour m puissance de 2, le coût en temps de calcul n'est « que (au plus) doublé » par rapport à l'algorithme de Wagner et Fischer de recherche de la plus longue sous-séquence commune. On a en quelque sorte échangé un peu de temps contre beaucoup de place.

Remarques

(a) Ainsi qu'on l'a observé sur l'exemple de la figure 8.6, page 477, plusieurs indices peuvent être candidats à la coupure de y. L'algorithme ci-dessus, de par la nature non déterministe de la boucle **pour** utilisée, ne permet aucune prédiction sur l'indice obtenu. Un raffinement de cette partie de l'algorithme devrait sélectionner l'indice le plus proche du milieu de l'intervalle $0 \mathinner{.\,.} n$, afin qu'y soit coupé en deux chaînes minimisant la différence de taille.

(b) Que se passerait-il si l'on avait déclaré les variables Pav et Par localement à la procédure $HirschPLSSC$ plutôt que dans un bloc **soit** ? Il aurait fallu comptabiliser la taille n de ces vecteurs dans l'équation récurrente $S'(m, n)$, qui serait devenue $S'(m, n) = S'(\lceil m/2 \rceil, i) + S'(\lfloor m/2 \rfloor, n - i) + 2n$. Cette équation a une solution en $\mathcal{O}(n \cdot \log_2(m))$, mais pas en $\mathcal{O}(n)$. Une alternative à notre solution aurait été de déclarer ces vecteurs en tant que variables globales.

(c) Le choix de transmettre le résultat (la plus longue sous-séquence commune) par un paramètre *d'entrée-sortie* est essentiel. En effet, il permet de ne pas comptabiliser la taille de ce résultat dans l'équation récurrente (puisque ce résultat est situé dans l'espace du programme appelant). Une solution alternative moins élégante serait d'utiliser pour ce faire une chaîne globale. En revanche, une solution dans laquelle le paramètre d'entrée-sortie serait remplacé par un paramètre de sortie conduirait à l'équation récurrente $S'(m, n) = S'(\lceil m/2 \rceil, i) + S'(\lfloor m/2 \rfloor, n - i) + n$, équation dont on connaît les inconvénients. Le choix d'une fonction au lieu d'une procédure présenterait le même défaut. Rares sont les auteurs attentifs à ce détail. Les solutions présentées dans la littérature sont pour la plupart annoncées comme linéaires en espace, alors qu'elles sont en fait en $\mathcal{O}(n \cdot \log_2(m))$.

En résumé, pour obtenir une solution linéaire en espace, on conseille i) de ne passer que *les bornes* des chaînes x et y en paramètres (contrairement à ce qui est fait à des fins de lisibilité dans la version ci-dessus de la procédure $HirschPLSSC$, mais qui en revanche est réalisé dans la procédure $HirschTrace$ ci-après), ii) de déclarer les vecteurs Pav et Par le plus localement possible, mais en aucune manière localement à la procédure $HirschPLSSC$, iii) de transmettre le résultat *via* un paramètre de mode entrée-sortie.

107 - R 6 **Réponse 6.**   La construction de la procédure $HirschTrace$ se fonde sur le raisonnement par induction suivant :

Base Cette étape est similaire à celle de la procédure $HirschPLSSC$, mais au lieu d'enregistrer si nécessaire le symbole, on enregistre sa position dans chacune des chaînes.

Hypothèse d'induction Là aussi, cette étape est similaire à celle de la procédure $HirschPLSSC$.

Induction Il s'agit du développement présenté dans l'énoncé.

Terminaison La largeur des rectangles restant à traiter diminue strictement à chaque étape (la hauteur n'augmente pas), ce qui assure la terminaison.

Le modèle de division se décrit ainsi :

$$
\begin{aligned}
\text{HirschTrace}(m, n) &\to \left(\begin{array}{l} \text{éventuel allongement de la trace} \\ \text{par un couple } (mil, py) \end{array} \right) & m \leqslant 1 \\[2em]
\text{HirschTrace}(m, n) &\to \left(\begin{array}{l} \text{recherche d'un indice } q \text{ pour couper } y\ + \\ \text{HirschTrace}\left(\left\lceil \dfrac{m}{2} \right\rceil, q \right) + \text{si nécessaire :} \\ \text{allongement de la trace par le couple} \\ (mil, q) + \text{HirschTrace}\left(\left\lfloor \dfrac{m}{2} \right\rfloor, n - q \right) \end{array} \right) & m > 1
\end{aligned}
$$

Le code de l'opération $HirschTrace$ est présenté ci-dessous (u et v sont des chaînes globales sur le vocabulaire Σ).

1.   **procédure** $HirschTrace(\text{ix}, \text{sx}, \text{iy}, \text{sy}; \text{t} : \textbf{modif})$ **pré**
2. $\text{ix} \in 1 .. |u|$ **et** $\text{sx} \in 1 .. |u|$ **et** $\text{iy} \in 1 .. |v|$ **et** $\text{sy} \in 1 .. |v|$ **et**
3. $\text{t} \in \text{Trace}$ **et** $\text{som} \in \mathbb{N}$
4. **début**
5.   **soit** $\text{m}, \text{n}, \text{Pav}, \text{Par}, \text{mil}, \text{q}$ **tel que**
6. $\text{m} \in \mathbb{N}$ **et** $\text{m} = \text{sx} - \text{ix} + 1$ **et** $\text{n} \in \mathbb{N}$ **et** $\text{n} = \text{sy} - \text{iy} + 1$ **et**
7. $\text{Pav} \in 0 .. \text{n} \rightarrow \mathbb{N}$ **et** $\text{Par} \in 0 .. \text{n} \rightarrow \mathbb{N}$ **et** $\text{mil} \in \text{ix} .. \text{sx}$ **et** $\text{q} \in 0 .. \text{n}$
8.   **début**
9.   **si** $\text{m} \leqslant 1$ **alors**
10. $WFLgAvant(\text{ix}, \text{sx}, \text{iy}, \text{sy}, \text{Pav})$;
11.   **si** $\text{Pav}[\text{n}] \neq 0$ **alors**
12.   **soit** py **tel que** $v[\text{py}] = u[\text{sx}]$ **début** $\text{t} \leftarrow \text{t} \cdot ct(\text{sx}, \text{py})$ **fin**
13.   **fin si**
14.   **sinon**
15. $\text{mil} \leftarrow \left\lfloor \dfrac{\text{ix} + \text{sx}}{2} \right\rfloor$;
16. $WFLgAvant(\text{ix}, \text{mil}, \text{iy}, \text{sy}, \text{Pav})$;
17. $WFLgArrière(\text{mil} + 1, \text{sx}, \text{iy}, \text{sy}, \text{Par})$;
18. $/\%$ *choix d'un indice qui maximise* $\text{Pav}[i] + \text{Par}[i + 1]$: $\%/$
19. $\text{q} \leftarrow 0$; $\text{som} \leftarrow 0$;
20.   **pour** $i \in 0 .. \text{n}$ **faire**
21.   **si** $\text{som} < \text{Pav}[i] + \text{Par}[\text{n} - i]$ **alors**
22. $\text{som} \leftarrow \text{Pav}[i] + \text{Par}[\text{n} - i]$; $\text{q} \leftarrow i$
23.   **fin si**
24.   **fin pour** ;
25. $\text{q} \leftarrow \text{iy} + \text{q} - 1$;
26.   **si** $\text{q} = \text{iy} - 1$ **alors**
27. $HirschTrace(\text{mil} + 1, \text{sx}, \text{q} + 1, \text{sy}, \text{t})$
28.   **sinonsi** $u[\text{mil}] = v[\text{q}]$ **alors**
29. $HirschTrace(\text{ix}, \text{mil} - 1, \text{iy}, \text{q} - 1, \text{t})$;
30. $\text{t} \leftarrow \text{t} \cdot ct(\text{mil}, \text{q})$;
31. $HirschTrace(\text{mil} + 1, \text{sx}, \text{q} + 1, \text{sy}, \text{t})$
32.   **sinon**
33. $HirschTrace(\text{ix}, \text{mil} - 1, \text{iy}, \text{q}, \text{t})$;
34. $HirschTrace(\text{mil} + 1, \text{sx}, \text{q} + 1, \text{sy}, \text{t})$
35.   **fin si**
36.   **fin si**
37.   **fin**
38. **fin**

Le bloc **soit** de la branche **alors** détermine une position py dans $v[\text{iy} .. \text{sy}]$ telle que $v[\text{py}]$ est égal au (seul) caractère de la chaîne $u[\text{ix} .. \text{sx}]$ ($\text{ix} = \text{sx}$ dans ce cas), puis allonge la trace t avec le couple (sx, py). Reste, pour obtenir une solution linéaire en temps, à « localiser » la déclaration des vecteurs Pav et Par. Ci-dessous, on présente une séquence d'appel possible.

1. **constantes**
2. $u = \ldots$ **et** $v = \ldots$
3. **variables**
4. $\text{tr} \in \text{Trace}$
5. **début**

6.   tr $\leftarrow$ tv; /% *Initialisation à la trace vide* %/
7.   *HirschTrace*$(1, |u|, 1, |v|, \text{tr})$;
8.   **écrire**(tr)
9. **fin**

Solution de l'exercice 108 L'enveloppe convexe

Énoncé page 479.

108 - R 1 **Réponse 1.** Il s'agit d'une recherche séquentielle non bornée classique. Les éléments de la construction de la boucle sont les suivants :

Invariant v n'est l'abscisse d'aucun des sommets situés entre e et $Pred(\hat{\imath})$

Condition d'arrêt La boucle s'arrête quand $i.x = v$.

Progression Le sommet suivant i devient le sommet i courant.

Initialisation Si $\hat{e}$ est l'enveloppe considérée, l'affectation $i \leftarrow e$ instaure l'invariant.

Terminaison Le nombre de sommets entre i et e constitue une expression de terminaison convenable.

1. **fonction** *Recherche* $(\hat{e}, v)$ **résultat** EnvConv **pré**
2. $\hat{e} \in$ EnvConv **et** $v \in \mathbb{R}$ **et**
3.   *il existe dans $\hat{e}$ au moins un sommet d'abscisse v* **et**
4. $\hat{\imath} \in$ EnvConv
5. **début**
6. $i \leftarrow e$;
7.   **tant que non**$(i.x = v)$ **faire**
8. $i \leftarrow Succ\left(\hat{\imath}\right)$
9.   **fin tant que**;
10.   **résultat** $\hat{\imath}$
11. **fin**

Une version alternative pourrait tout aussi bien utiliser *Pred* à la place de *Succ*. Si n est le nombre de points de l'ensemble E, la complexité de cet algorithme est en $\mathcal{O}(n)$ conditions évaluées.

108 - R 2 **Réponse 2.** Le segment LR est la tangente supérieure entre l'enveloppe gauche $\hat{g}$ et l'enveloppe droite $\hat{d}$, si et seulement si, d'une part LR est un pont, d'autre part le point L *ne voit pas* le prédécesseur de R et, réciproquement, le point R *ne voit pas* le successeur de L (voir segment AG de la figure 8.12, page 483). On applique une stratégie classique de construction de boucle en décomposant cette définition en deux parties, lesquelles vont constituer l'invariant et la condition d'arrêt.

Invariant Le segment LR est un pont entre $\hat{g}$ et $\hat{d}$.

Condition d'arrêt Le point L ne voit pas le prédécesseur de R dans $\hat{d}$; le point R ne voit pas le successeur de L dans $\hat{g}$.

Progression Comment obtenir un nouveau pont qui soit « plus proche » de la tangente supérieure ? Puisqu'au moins l'une des conditions élémentaires de la condition d'arrêt n'est pas satisfaite, on peut remonter vers l'une des extrémités visibles, comme le montre le schéma suivant :

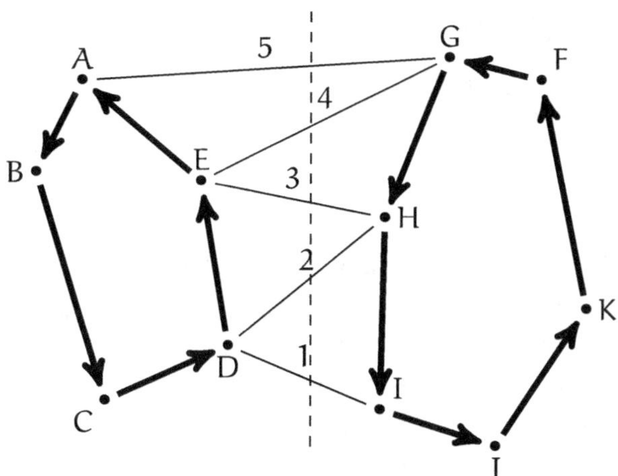

Il est intéressant de noter qu'en général seule une partie des ponts situés entre le pont initial (DI ci-dessus) et la tangente (AG ci-dessus) est prise en compte dans cette progression : les ponts EI et AH sont ignorés. Mais quelle que soit la façon de procéder, on aboutit bien à la tangente supérieure AG.

Initialisation Le seul pont calculable directement est obtenu en appliquant deux fois la fonction *Recherche*.

Terminaison La liste F des intersections entre les ponts et une verticale séparatrice est finie (voir schéma (b) de la figure 8.12, page 483). Pour la recherche de la tangente supérieure, les points d'intersection obtenus lors de la progression sont rencontrés selon les ordonnées strictement croissantes. Ils constituent une sous-liste de F. Le nombre de points entre l'intersection courante et celle de la tangente constitue une fonction de terminaison convenable.

On peut facilement vérifier que i) la conjonction de l'invariant et de la condition d'arrêt est identique au but (et donc l'implique comme l'exige la théorie), ii) la progression est une solution à la spécification pré-post définie par le couple (invariant **et** négation de la condition d'arrêt, invariant), iii) l'initialisation instaure l'invariant, iv) la progression fait décroître la fonction de terminaison. La traduction algorithmique de la condition d'arrêt se fait en utilisant la notion de déterminant (voir figures 8.10 page 481, et 8.11 page 482). Dans cette condition, le cas de l'égalité permet de prendre en compte les enveloppes constituées d'un seul sommet, pour lesquelles ce sommet est lui-même son propre successeur et son propre prédécesseur. On obtient l'algorithme suivant :

1. **fonction** $TangenteSup\left(\widehat{g}, \widehat{d}, i\right)$ **résultat** EnvConv $\times$ EnvConv **pré**

2. $\widehat{g} \in$ EnvConv **et** $\widehat{d} \in$ EnvConv **et** $i \in \mathrm{dom}(T)$ **et**

3. $T[i-1]$ *est le point de* $\widehat{g}$ *d'abscisse maximale* **et**

4. $T[i]$ *est le point de* $\widehat{d}$ *d'abscisse minimale* **et**

5. $\widehat{L} \in$ EnvConv **et** $\widehat{R} \in$ EnvConv

6. **début**

7. $\widehat{L} \leftarrow Recherche\left(\widehat{g}, T[i-1].x\right)$; $\widehat{R} \leftarrow Recherche\left(\widehat{d}, T[i].x\right)$;

8.   **tant que non** $\left(\det\left(\overrightarrow{\mathrm{RL}}, \overrightarrow{\mathrm{R}\,Succ(\mathrm{L})}\right) \geqslant 0 \text{ **et** } \det\left(\overrightarrow{\mathrm{LR}}, \overrightarrow{\mathrm{L}\,Pred(\mathrm{R})}\right) \leqslant 0\right)$ **faire**

9.   **si** $\det\left(\overrightarrow{\mathrm{RL}}, \overrightarrow{\mathrm{R}\,Succ(\mathrm{L})}\right) < 0$ **alors**

10. $\mathrm{L} \leftarrow Succ\left(\widehat{\mathrm{L}}\right)$

11.   **sinon**

12.　　　　$R \leftarrow Pred\left(\widehat{R}\right)$
13.　　**fin si**
14.　　**fin tant que** ;
15.　　**résultat** $\left(\widehat{L}, \widehat{R}\right)$
16. **fin**

Il est bien sûr possible d'éviter le calcul répété des déterminants en factorisant le calcul de l'expression $\det(\overrightarrow{RL}, \overrightarrow{R\,Succ(L)})$, qui est réalisé à la fois dans la condition de la boucle et dans celle de l'alternative (ce raffinement n'est pas réalisé ici). Pour ce qui concerne la complexité (en termes de conditions évaluées), l'initialisation, où la fonction *Recherche* est appelée à deux occasions, est en $\mathcal{O}(n)$; la boucle est exécutée au plus $\mathrm{card}(\widehat{g}) + \mathrm{card}(\widehat{d})$ fois. Or, $\mathrm{card}(\widehat{g}) + \mathrm{card}(\widehat{d}) \leqslant n$. L'algorithme est donc en $\mathcal{O}(n)$ conditions évaluées.

108 - R 3　　**Réponse 3.** Le cas de l'opération « **fonction** $TangenteInf(\widehat{g}, \widehat{d}, i)$ **résultat** EnvConv $\times$ EnvConv » est similaire à celui de *TangenteSup*. Le modèle de division d'*EnveloppeConvexe* est le suivant :

$$\boxed{\begin{array}{l} \text{EnveloppeConvexe}(1) \text{ et EnveloppeConvexe}(2) \text{ élémentaires} \\[4pt] \text{EnveloppeConvexe}(n) \rightarrow \left(\begin{array}{l} 2 \cdot \text{EnveloppeConvexe}\left(\dfrac{n}{2}\right) + \\ \text{calcul des tangentes puis fusion} \end{array} \right) \qquad n > 2 \end{array}}$$

Le principe de l'algorithme a été largement détaillé. On se limite donc à la présentation du code :

```
 1.  fonction EnveloppeConvexe(bi,bs) résultat EnvConv pré
 2.     bi ∈ 1 .. n et bs ∈ 1 .. n et bi ⩽ bs et
 3.     EnvG ∈ EnvConv et EnvD ∈ EnvConv et mil ∈ bi .. bs et
 4.     TgtNord ∈ EnvConv × EnvConv et TgtSud ∈ EnvConv × EnvConv
 5.  début
 6.     si bs − bi ⩽ 1 alors
 7.        si bi = bs alors
 8.           résultat CréerEnvConv1(T[bi])
 9.        sinon
10.           résultat CréerEnvConv2(T[bi], T[bs])
11.        fin si
12.     sinon
13.        mil ← Coupure(bi, bs) ;
14.        EnvG ← EnveloppeConvexe(bi, mil − 1) ;
15.        EnvD ← EnveloppeConvexe(mil, bs) ;
16.        TgtNord ← TangenteSup(EnvG, EnvD, mil) ;
17.        TgtSud ← TangenteInf(EnvG, EnvD, mil) ;
18.        résultat Fusion(TgtNord, TgtSud)
19.     fin si
20.  fin
```

Ci-dessous, on présente un contexte d'appel :

```
 1.  constantes
 2.     EnvConv = {...} et n ∈ ℕ₁ et n = ... et
 3.     T ∈ 1 .. n → ℝ × ℝ et T = [...] et
 4.     Pas3PointsAlignés(T) et EstTriéSurAbscisse(T)
```

5. **début**
6.   **écrire**($EnveloppeConvexe(1, n)$)
7. **fin**

Complexité   L'inéquation de complexité (en nombre de conditions évaluées) est :

$$\begin{cases} C(n) = 1 & n \leqslant 2 \\ C(n) \leqslant 2 \cdot C\left(\dfrac{n}{2}\right) + f(n) & \text{avec } f(n) \in \mathcal{O}(n) \text{ et } n > 2. \end{cases}$$

d'où $C(n) \in \mathcal{O}(n \cdot \log_2(n))$.

Réponse 4.   On procède à un renforcement de l'hypothèse d'induction pour la fonction $\boxed{108 \text{ - R } 4}$ *EnveloppeConvexe* (qui devient *EnveloppeConvexeBis*). Comme à l'accoutumée, le principe consiste à faire l'hypothèse que les informations qui nous manquent sont disponibles. La nouvelle hypothèse d'induction affirme que cette opération délivre l'enveloppe convexe, avec comme points d'accès le point le plus à gauche et le point le plus à droite. De cette façon, en passant les arguments appropriés aux opérations de calcul de tangentes, il devient inutile de rechercher explicitement les points en question. Certains paramètres deviennent alors redondants. On peut les supprimer.

L'opération *EnveloppeConvexeBis* est une procédure qui délivre dans $\widehat{g}$ et dans $\widehat{d}$ l'enveloppe convexe recherchée, avec g et d comme points d'accès le plus à gauche et le plus à droite. Les appels au calcul des tangentes se font avec les deux enveloppes (résultant de l'induction) nommées par les points d'accès les plus à droite (resp. à gauche) pour l'enveloppe de gauche (resp. droite), soit $\widehat{gr}$ (resp. $\widehat{dl}$). Les opérations *CréerEnvConv1*, *CréerEnvConv2* et *Fusion* sont transformées en procédures (et renommées respectivement *CréerEnvConv1Bis*, *CréerEnvConv2Bis* et *FusionBis*).

1. **procédure** $EnveloppeConvexeBis\left(\text{bi}, \text{bs}; \widehat{g}, \widehat{d} : \textbf{modif}\right)$ **pré**
2. $\text{bi} \in 1..n$ **et** $\text{bs} \in 1..n$ **et** $\text{bi} \leqslant \text{bs}$ **et** $\widehat{g} \in \text{EnvConv}$ **et** $\widehat{d} \in \text{EnvConv}$ **et**
3. $\widehat{gr} \in \text{EnvConv}$ **et** $\widehat{dl} \in \text{EnvConv}$ **et** $\text{mil} \in \text{bi}..\text{bs}$ **et**
4. $\text{TgtNord} \in \text{EnvConv} \times \text{EnvConv}$ **et** $\text{TgtSud} \in \text{EnvConv} \times \text{EnvConv}$
5. **début**
6.   **si** $\text{bs} - \text{bi} \leqslant 1$ **alors**
7.   **si** $\text{bi} = \text{bs}$ **alors**
8. $CréerEnvConv1Bis\left(\text{T[bi]}, \widehat{g}, \widehat{d}\right)$
9.   **sinon**
10. $CréerEnvConv2Bis\left(\text{T[bi]}, \text{T[bs]}, \widehat{g}, \widehat{d}\right)$
11.   **fin si**
12.   **sinon**
13. $\text{mil} \leftarrow Couper(\text{bi}, \text{bs})$;
14. $EnveloppeConvexeBis(\text{bi}, \text{mil} - 1, \widehat{g}, \widehat{gr})$;
15. $EnveloppeConvexeBis\left(\text{mil}, \text{bs}, \widehat{dl}, \widehat{d}\right)$;
16. $\text{TgtNord} \leftarrow TangenteSupBis\left(\widehat{gr}, \widehat{dl}\right)$;
17. $\text{TgtSud} \leftarrow TangenteInfBis\left(\widehat{gr}, \widehat{dl}\right)$;
18. $FusionBis(\text{TgtNord}, \text{TgtSud})$
19.   **fin si**
20. **fin**

La fonction *TangenteSup* (ainsi que *TangenteInf*) est modifiée en conséquence : l'initialisation de la boucle ne nécessite plus de recherche séquentielle pour découvrir le pont à partir duquel se fait la progression (ces deux points sont passés en paramètres). C'est la seule modification par rapport à la version initiale. L'opération *Recherche* devient inutile mais l'opération *TangenteSupBis*, bien que plus efficace, reste en $\mathcal{O}(n)$ conditions évaluées.

1. **fonction** $TangenteSupBis(\widehat{g}, \widehat{d})$ **résultat** $\mathsf{EnvConv} \times \mathsf{EnvConv}$ **pré**
2. $\widehat{g} \in \mathsf{EnvConv}$ **et** $\widehat{d} \in \mathsf{EnvConv}$ **et**
3. $\widehat{L} \in \mathsf{EnvConv}$ **et** $\widehat{R} \in \mathsf{EnvConv}$
4. **début**
5. $\widehat{L} \leftarrow \widehat{g}$; $\widehat{R} \leftarrow \widehat{d}$;
6. $\vdots$ *Idem lignes 8 à 15 de TangenteSup*
7. **fin**

Le contexte d'appel est également à modifier légèrement pour tenir compte du changement de statut de l'opération et du rôle des paramètres :

1. **constantes**
2. $\mathsf{EnvConv} = \ldots$ **et** $n \in \mathbb{N}_1$ **et** $n = \ldots$ **et**
3. $T \in 1 .. n \rightarrow \mathbb{R} \times \mathbb{R}$ **et** $T = [\ldots]$ **et**
4. $\mathsf{Pas3PointsAlignés}(T)$ **et** $\mathsf{EstTriéSurAbscisse}(T)$
5. **variables**
6. $\widehat{l} \in \mathsf{EnvConv}$ **et** $\widehat{r} \in \mathsf{EnvConv}$
7. **début**
8. $EnveloppeConvexeBis\left(1, n, \widehat{l}, \widehat{r}\right)$;
9.   **écrire** $\left(\widehat{l}\right)$
10. **fin**

Solution de l'exercice 109 La sous-séquence bègue

Énoncé page 483.

109 - R 1 **Réponse 1.** Si $y = a_1 \ldots a_m$, la fonction $Scan(x, y, i)$ est destinée à s'assurer que, dans la séquence x, il y a bien (au moins) i occurrences de a_1, puis (au moins) i occurrences de a_2, etc. Ci-dessous, la séquence x (resp. y) est représentée par la chaîne de caractères x (resp. y) définie sur le domaine $1 .. n$ (resp. $1 .. m$). Les cinq points de la construction de la boucle sont présentés ci-après. La variable j (resp. k) parcourt x (resp. y).

Invariant Il répond à l'expression : $k \in 1 .. m + 1$ **et** $j \in 1 .. n + 1$ **et** $cpt \in 0 .. i$ **et**
$$(k \leqslant m \Rightarrow \overbrace{y_1 \ldots y_{k-1}}^{i} \overbrace{y_k}^{cpt} \text{ est une sous-séquence de } x_1 \ldots x_{j-1}) \text{ et } (k = m + 1 \Rightarrow \overset{i}{y} \text{ est}$$
une sous-séquence de $x_1 \ldots x_{j-1}$).

Condition d'arrêt Elle s'exprime par : $(k = m + 1$ **ou** $j = n + 1$ **ou** $(k = m$ **et** $cpt = i))$.

Progression Voir le code ci-dessous.

Initialisation La séquence $k \leftarrow 1$; $j \leftarrow 1$; $cpt \leftarrow 0$ instaure l'invariant.

Terminaison L'expression $((n + 1) - j + 1 + (m + 1) - k + 1)$ assure la terminaison.

Le résultat délivré en sortie de boucle mérite quelques explications. Dans le cas où la boucle se termine par la condition $(k = m + 1)$, l'invariant permet d'affirmer que $\overset{i}{y}$ est une sous-séquence de $x_1 \ldots x_{j-1}$, et donc de x. Dans le cas contraire, $\overset{i}{y}$ n'est une sous-séquence de x que si d'une part k a atteint l'extrémité de y et d'autre part le compteur d'occurrences cpt vaut i.

```
 1. fonction Scan(x, y, i) résultat B pré
 2.     x ∈ chaîne et y ∈ chaîne et i ∈ N₁
 3. début
 4.     soit n, m, j, k, cpt tel que
 5.         n = |x| et m = |y| et j ∈ 1 .. n + 1 et k ∈ 1 .. m + 1 et cpt ∈ 0 .. i
 6.     début
 7.         k ← 1 ; j ← 1 ; cpt ← 0 ;
 8.         tant que non(k = m + 1 ou j = n + 1 ou (k = m et cpt = i)) faire
 9.             si cpt < i alors
10.                 si y[k] = x[j] alors
11.                     cpt ← cpt + 1
12.                 fin si ;
13.                 j ← j + 1
14.             sinon
15.                 k ← k + 1 ; cpt ← 0
16.             fin si
17.         fin tant que ;
18.         résultat k = m + 1 ou (k = m et cpt = i)
19.     fin
20. fin
```

Le corps de la boucle est exécuté au plus $(n+m)$ fois ; la condition d'arrêt est donc évaluée au plus $(n+m+1)$ fois. La complexité asymptotique est en $\mathcal{O}(n+m)$ (donc en $\max(\{m, n\})$) conditions évaluées.

Réponse 2. La borne inférieure que peut atteindre $Maxi(x, y)$ est celle où y n'est pas une sous-séquence de x. On a alors $Maxi(x, y) = 0$. En général, on a donc $0 \leqslant Maxi(x, y)$. La borne supérieure est celle où $x = \overset{i}{y}$.

$$x = \overset{i}{y}$$
$$\Rightarrow \qquad \text{conséquence sur la longueur des séquences}$$
$$n = m \cdot i$$
$$\Leftrightarrow \qquad \text{arithmétique } (m > 0)$$
$$i = \left\lfloor \frac{n}{m} \right\rfloor.$$

De manière générale, on a donc $i \leqslant \lfloor n/m \rfloor$. D'où $Maxi(x, y) \in 0 .. \lfloor n/m \rfloor$. En outre, on remarquera que l'intégralité des valeurs de l'intervalle $0 .. \lfloor n/m \rfloor$ peut être atteinte.

Réponse 3. Le raisonnement DpR pour la construction de la fonction $Maxi0(x, y, bi, bs)$ se fonde sur les éléments suivants :

Base Si $bi = bs$, l'intervalle est de longueur 1. Il suffit alors de s'assurer (en invoquant $Scan(x, y, bi)$) que $\overset{bi}{y}$ est une sous-séquence de x, auquel cas on délivre la valeur bi. Le cas échéant, on délivre la valeur 0.

Hypothèse d'induction Soit $mil = \lfloor (bi + bs)/2 \rfloor$. On suppose que l'on sait évaluer $Maxi0(x, y, bi, mil)$, ainsi que $Maxi0(x, y, mil + 1, bs)$.

Induction On évalue $Scan(x, y, mil + 1)$ et, selon le résultat, on évalue soit $Maxi0(x, y, mil + 1, bs)$, soit $Maxi0(x, y, bi, mil)$.

Le modèle de division se décrit par :

$$
\begin{array}{l}
\text{Maxi0(1)} \rightarrow \text{Scan avec la valeur courante (au choix bi ou bs)} \\[2ex]
\text{Maxi0}(q) \rightarrow \text{Maxi0}\left(\dfrac{q}{2}\right) + \left(\begin{array}{l}\text{Scan pour déterminer} \\ \text{quelle moitié de l'inter-} \\ \text{valle est à traiter}\end{array}\right) \qquad q > 1 \text{ et } q = bi\mathbin{..}bs
\end{array}
$$

Complexité   Concernant l'équation de complexité, on a :

$$
\begin{aligned}
C(1) &= (n + m + 1)_{Scan} + 1 \\
C(q) &= C\left(\frac{q}{2}\right) + (n + m + 1)_{Scan} + 1 \qquad\qquad q > 1.
\end{aligned}
$$

La première partie de l'équation comptabilise les conditions évaluées lors de l'appel de la fonction $Scan$ (soit $n + m + 1$) et la condition qui détermine que la longueur de l'intervalle considéré est 1. La seconde partie comptabilise le nombre de conditions évaluées par l'appel récursif, l'évaluation de la fonction $Scan$ et la condition de l'alternative. Le résultat recherché est $C(\lfloor n/m \rfloor)$ (ou $C(\lfloor n/m + 1 \rfloor)$) pour être plus précis). Cette équation semble relever du théorème maître (voir page 441). En réalité, ce n'est pas le cas, car les « constantes » $m + n$ ne sont pas indépendantes de la variable q. On peut cependant la résoudre directement quand n/m est une puissance de 2 (et donc $n \geqslant m$). Posons $n/m = 2^p$; par additions, on obtient :

$$
C\left(\frac{n}{m}\right) = (n + m + 2) \cdot p + (n + m + 2).
$$

Le développement suivant en découle :

$$
\begin{aligned}
& C\left(\frac{n}{m}\right) = (n + m + 2) \cdot p + (n + m + 2) \\
\Leftrightarrow \quad & \qquad\qquad\qquad\qquad\qquad\qquad\qquad\qquad p = \log_2\left(\frac{n}{m}\right) \\
& C\left(\frac{n}{m}\right) = (n + m + 2) \cdot \log_2\left(\frac{n}{m}\right) + (n + m + 2) \\
\Rightarrow \quad & \qquad\qquad\qquad\qquad\qquad\qquad\qquad\qquad \text{définition de } \mathcal{O} \\
& C\left(\frac{n}{m}\right) \in \mathcal{O}\left((n + m) \cdot \log_2\left(\frac{n}{m}\right)\right) \\
\Rightarrow \quad & \qquad\qquad\qquad\qquad\qquad\qquad\qquad\qquad n \geqslant m,\ \text{majoration} \\
& C\left(\frac{n}{m}\right) \in \mathcal{O}\left(n \cdot \log_2\left(\frac{n}{m}\right)\right) \\
\Rightarrow \quad & \qquad\qquad\qquad\qquad\qquad\qquad\qquad\qquad \text{majoration} \\
& C\left(\frac{n}{m}\right) \in \mathcal{O}\left(n \cdot \log_2(n)\right). \qquad\qquad\qquad\qquad (8.40)
\end{aligned}
$$

| 109 - R 4 | **Réponse 4.** Pour chaque symbole de Σ, on maintient une variable booléenne initialisée à **faux**. Une seule passe sur x suffit. Pour chaque lettre rencontrée dans x, on commute la valeur de sa variable booléenne, on conserve l'occurrence de cette lettre si sa variable booléenne est à **vrai**, sinon on la rejette. La suite des lettres conservées constitue la chaîne $Impair(x)$. Le tableau de booléens est à accès direct ($\Theta(1)$ pour chaque accès), on parcourt

une seule fois la chaîne x, la complexité de cette fonction est donc en $\Theta(n)$ conditions évaluées. Notons la propriété suivante de $Impair(x)$: tous les symboles présents dans x (c'est-à-dire tous les symboles de Σ) sont également présents dans la chaîne $Impair(x)$. Cette propriété n'est pas partagée par $Pair(x)$.

Réponse 5. Soit $S(x, y)$ une segmentation de x et soit σ_j l'une des séquences de $S(x, y)$ telle que a_j apparaît exactement X fois (a_j^X est une sous-séquence optimale de σ_j). Posons $\alpha = a_j$. On effectue une analyse par cas selon la parité de X. 109 - R 5

Cas où X est pair

Débutons par le cas où X est pair et posons $X = 2k$. Puisque l'on prélève un α sur deux, la séquence σ_j' contient $I = k$ symboles α. On en déduit que $2I = X$. Illustrons ce cas en considérant que, dans la séquence σ_j, le premier α est situé à une position p d'indice impair ($p = 2q + 1$). On a donc la configuration suivante pour x et $Impair(x)$:

$$x = \| \ldots\ldots \| \underbrace{\underbrace{\ldots\ldots}_{\neq \alpha} \underbrace{\alpha_{2q+1} \ldots\ldots\ldots \alpha_{2q+2k}}_{X = 2k \text{ occ. de } \alpha} \underbrace{\ldots\ldots}_{\neq \alpha}}_{\sigma_j} \| \ldots\ldots \|$$

$$Impair(x) = \| \ldots \| \underbrace{\underbrace{\ldots\ldots}_{\neq \alpha} \underbrace{\alpha_{2q+1} \ldots \alpha_{2q+2k-1}}_{I = k \text{ occ. de } \alpha} \underbrace{\ldots\ldots}_{\neq \alpha}}_{\sigma_j'} \| \ldots \|.$$

Cas où X est impair

Considérons à présent le cas où X est impair. Il faut alors distinguer deux sous-cas selon que, dans x, le premier symbole α du segment σ_j est doté d'un indice pair ou impair. Commençons par le cas pair. Posons $X = 2k + 1$:

$$x = \| \ldots\ldots \| \underbrace{\underbrace{\ldots\ldots}_{\neq \alpha} \underbrace{\alpha_{2q} \ldots\ldots\ldots\ldots \alpha_{2q+2k}}_{X = 2k+1 \text{ occ. de } \alpha} \underbrace{\ldots\ldots}_{\neq \alpha}}_{\sigma_j} \| \ldots\ldots \|$$

$$Impair(x) = \| \ldots \| \underbrace{\underbrace{\ldots\ldots}_{\neq \alpha} \underbrace{\alpha_{2q+1} \ldots\ldots \alpha_{2q+2k-1}}_{I = \lfloor (2k+1)/2 \rfloor \text{ occ. de } \alpha} \underbrace{\ldots\ldots}_{\neq \alpha}}_{\sigma_j'} \| \ldots \|.$$

On a alors $2I + 1 = X$. Toujours dans l'hypothèse où X est impair, si dans x le premier symbole α du segment σ_j est doté d'un indice impair, on est placé dans la situation schématisée par :

$$x = \| \ldots\ldots \| \underbrace{\underbrace{\ldots\ldots}_{\neq \alpha} \underbrace{\alpha_{2q+1} \ldots\ldots\ldots\ldots \alpha_{2q+2k+1}}_{X = 2k+1 \text{ occ. de } \alpha} \underbrace{\ldots\ldots}_{\neq \alpha}}_{\sigma_j} \| \ldots\ldots \|$$

$$Impair(x) = \| \ldots\ldots \| \underbrace{\underbrace{\ldots\ldots}_{\neq \alpha} \underbrace{\alpha_{2q+1} \ldots\ldots \alpha_{2q+2k+1}}_{I = \lfloor (2k+1)/2 \rfloor + 1 \text{ occ. de } \alpha} \underbrace{\ldots\ldots}_{\neq \alpha}}_{\sigma_j'} \| \ldots\ldots \|.$$

On a alors $2I - 1 = X$.

Dans ce qui précède, on a un peu rapidement considéré que si la valeur X provient du segment σ_j de $S(x, y)$, alors la valeur I provient du segment σ_j' de $S(Impair(x), y)$. Ne serait-il pas possible de découvrir un « meilleur » I sur un autre segment de $S(Impair(x), y)$?

L'exemple suivant, toujours avec $y = bac$, suggère que ce n'est pas le cas.

$$x = \| \overbrace{c_1\, b_1\, b_2\, b_3}^{\sigma_1} \| \overbrace{a_1\, a_2\, a_3\, a_4}^{\sigma_2} \| \overbrace{c_2\, c_3\, c_4\, c_5\, c_6}^{\sigma_3} \|$$
$$\underset{X_1=3}{} \quad \underset{X_2=4}{} \quad \underset{X_3=5}{}$$

$$\mathrm{Impair}(x) = \| \overbrace{c_1\, b_1\, b_3}^{\sigma'_1} \| \overbrace{a_1\, a_3}^{\sigma'_2} \| \overbrace{c_3\, c_5}^{\sigma'_3} \|.$$
$$\underset{I_1=2}{} \quad \underset{I_2=2}{} \quad \underset{I_3=2}{}$$

En effet, X_2 (X évalué sur le segment σ_2) et X_3 sont tous deux supérieurs à X_1. Compte tenu de ce qui vient d'être démontré, I_2 et I_3 ne peuvent être inférieurs à I_1. La démonstration complète est laissée à la charge du lecteur.

On a donc montré que :

$$\mathrm{Maxi}(x,y) \in (2 \cdot \mathrm{Maxi}(\mathrm{Impair}(x),y) - 1) \,..\, (2 \cdot \mathrm{Maxi}(\mathrm{Impair}(x),y) + 1)$$

et que les trois valeurs de l'intervalle peuvent être atteintes par $\mathrm{Maxi}(x,y)$.

109 - R 6 **Réponse 6.** Le cas de base se caractérise par le fait que la séquence x est de longueur inférieure ou égale à la séquence y. Dans cette situation, si les deux longueurs sont égales, il suffit de comparer x à y pour savoir si le degré de bégaiement de y dans x est de 1 ou de 0. Sinon (on a alors $|x| < |y|$), le degré de bégaiement est zéro.

L'hypothèse d'induction suppose que l'on sait déterminer le degré de bégaiement i de y dans toute chaîne de longueur strictement inférieure à n. Il suffit alors d'appliquer le résultat de la question précédente pour délivrer soit $2i + 1$, soit $2i$, soit $2i - 1$ (puisque $Scan(x,y,2i+1) \Rightarrow Scan(x,y,2i)$, l'ordre dans lequel se font les appels à cette fonction n'est pas indifférent).

On a le modèle de division suivant :

$$\mathrm{Maxi1}_m(n) \to \begin{pmatrix} \text{détermination du degré de bé-} \\ \text{gaiement (0 ou 1) de } y \text{ dans } x \end{pmatrix} \qquad n \leqslant m$$

$$\mathrm{Maxi1}_m(n) \to \mathrm{Maxi1}_m\left(\left\lfloor \frac{n+s-1}{2} \right\rfloor \right) + \begin{pmatrix} \text{détermination du degré de bé-} \\ \text{gaiement de } y \text{ dans } x \text{ par (au} \\ \text{plus) deux appels de } Scan \end{pmatrix} \qquad n > m$$

La justification de l'argument ($\lfloor (n + s - 1)/2 \rfloor$) dans la première formule (et non de ($\lfloor n/2 \rfloor$)) est apportée plus loin. L'algorithme se présente alors comme suit :

```
 1.  fonction Maxi1(x, y) résultat ℕ pré
 2.      x ∈ chaîne et y ∈ chaîne et
 3.      i ∈ ℕ
 4.  début
 5.      si |x| ⩽ |y| alors
 6.          si x = y alors
 7.              résultat 1
 8.          sinon
 9.              résultat 0
10.          fin si
11.      sinon
```

```
12.        i ← Maxi1(Impair(x), y) ;
13.        si Scan(x, y, 2i + 1) alors
14.            résultat 2i + 1
15.        sinonsi Scan(x, y, 2i) alors
16.            résultat 2i
17.        sinon
18.            résultat 2i − 1
19.        fin si
20.    fin si
21. fin
```

Afin de garantir la terminaison de l'algorithme, il faut à présent s'assurer que, dans la branche **sinon**, l'appel récursif s'applique sur une chaîne (la chaîne $Impair(x), y)$) de longueur *strictement inférieure* à n. Puisque s est le cardinal de Σ, on a :

$$s \leqslant m < n \tag{8.41}$$

La première inégalité rend compte de ce que y utilise tous les caractères de Σ au moins une fois, la seconde inégalité résulte du fait que l'on se trouve dans la branche **sinon** de l'alternative. Dans x, certains symboles peuvent être présents un nombre impair de fois (c'est par exemple le cas de a, b et c dans $a_1 b_1 b_2 b_3 c_1 d_1 d_2$). Soit x' la chaîne obtenue à partir de x en ajoutant autant de symboles que nécessaire pour avoir systématiquement un nombre pair de chaque symbole et telle que $Impair(x) = Impair(x')$ (pour l'exemple, $x' = a_1 b_1 b_2 b_3 c_1 d_1 d_2 a_2 b_4 c_2$). La longueur de x' est majorée par $n + s - 1$, car dans x il y a au moins un symbole doté d'un indice pair (sinon on aurait $m \geqslant n$) ; la complétion se fait donc avec au plus $(s - 1)$ symboles). On a alors :

$$|x'| \leqslant n + s - 1$$
$$\Rightarrow \qquad \text{division par 2, } card(x') \text{ est pair par construction}$$
$$|Impair(x')| \leqslant \left\lfloor \frac{n + s - 1}{2} \right\rfloor$$
$$\Leftrightarrow \qquad Impair(x) = Impair(x')$$
$$|Impair(x)| \leqslant \left\lfloor \frac{n + s - 1}{2} \right\rfloor \tag{8.42}$$
$$\Rightarrow \qquad \text{inégalité 8.41 et } \lfloor a \rfloor \leqslant a$$
$$|Impair(x)| < \frac{n + n}{2}$$
$$\Leftrightarrow \qquad \text{arithmétique}$$
$$|Impair(x)| < n.$$

Dans la fonction $Maxi1$, l'appel récursif se fait donc avec une chaîne strictement plus courte, ce qui assure la terminaison de l'algorithme.

Complexité　　En supposant que le raffinement de la fonction $|\ldots|$ appliqué à toute chaîne est en $\Theta(1)$, la complexité au pire est représentée par l'équation récurrente suivante (le coût de la condition $|x| \leqslant |y|$ est ignoré) :

$$C_m(n) = n \qquad\qquad\qquad\qquad\qquad m \geqslant n$$
$$C_m(n) = C_m\left(\left\lfloor \frac{n + s}{2} \right\rfloor \right) + 3n + 2m \qquad\qquad n > m.$$

La première partie de l'équation exprime le coût de la condition $x = y$. Cette condition exige au pire n comparaisons élémentaires [20]. La seconde partie tient compte de l'évaluation de la fonction $Impair(x)$ (pour un coût de n), des deux évaluations de la fonction $Scan$ (pour un coût de $2 \cdot (n + m)$), ainsi que du coût de l'appel récursif. Celui-ci opère sur une chaîne d'au plus $\lfloor (n + s - 1)/2 \rfloor$ caractères (ainsi que le montre la formule 8.42), que l'on majore par $\lfloor (n + s)/2 \rfloor$ pour simplifier les calculs.

On conjecture le résultat suivant :

$$C_m(n) \in \mathcal{O}(n + m \cdot \log_2(n)).$$

Cette conjecture est justifiée, pour le terme n, par la parenté de l'équation de complexité avec celle du cas particulier 8.2 du corollaire du théorème maître (page 441), dont la solution est en $\Theta(n)$. Pour ce qui concerne le second terme, $m \cdot \log_2(n)$, le dépliement de $C_m(n)$, fait apparaître le terme $2m$ à chaque étape (à l'exception de la dernière). Il faut donc le moduler par un facteur dépendant de n. La présence de la division par 2 incite à introduire le facteur $\log_2(n)$ pour proposer $m \cdot \log_2(n)$.

La démonstration se fait par induction. On doit démontrer qu'il existe une constante positive c telle que

$$C_m(n) \leqslant c \cdot (n + m \cdot \log_2(n)).$$

Pour ce faire, on démontre (partie inductive de la démonstration) que si (c'est l'hypothèse d'induction)

$$C_m\left(\left\lfloor \frac{n + s}{2} \right\rfloor\right) \leqslant c \cdot \left(\left\lfloor \frac{n + s}{2} \right\rfloor + m \cdot \log_2\left(\left\lfloor \frac{n + s}{2} \right\rfloor\right)\right), \tag{8.43}$$

alors $C_m(n) \leqslant c \cdot (n + m \cdot \log_2(n))$. On réussit à démontrer simplement cette implication pour $c \geqslant 11$ et pour tout $n \geqslant n_0$ (avec $n_0 = c \cdot s$). Dans la suite, on retient $c = 11$. Dans ces conditions, il reste à démontrer (c'est la base) que l'hypothèse d'induction est satisfaite pour n_0, soit :

$$C_m\left(\left\lfloor \frac{n_0 + s}{2} \right\rfloor\right) \leqslant c \cdot \left(\left\lfloor \frac{n_0 + s}{2} \right\rfloor + m \cdot \log_2\left(\left\lfloor \frac{n_0 + s}{2} \right\rfloor\right)\right).$$

Effectuons à présent la démonstration complète.

Hypothèse d'induction Il existe un $c > 0$ tel que la formule 8.43 est satisfaite.

Induction

$$C_m(n)$$
$$\leqslant \qquad \text{définition, arithmétique, hypothèse d'induction et } \lfloor a \rfloor \leqslant a$$
$$c \cdot \frac{n}{2} + c \cdot \frac{s}{2} + c \cdot m \cdot \log_2\left(\frac{n + s}{2}\right) + 3n + 2m$$
$$\leqslant \qquad s \leqslant m < n$$
$$c \cdot \frac{n}{2} + c \cdot \frac{s}{2} + c \cdot m \cdot \log_2\left(\frac{2n}{2}\right) + 5n$$
$$= \qquad \text{arithmétique}$$
$$c \cdot \frac{n}{2} + c \cdot \frac{s}{2} + c \cdot m \cdot \log_2(n) + 5n. \tag{8.44}$$

---

20. Compte tenu du coût de la comparaison de deux chaînes, il est nécessaire de considérer les conditions élémentaires sous-jacentes.

Il serait intéressant de majorer l'expression $(c \cdot s/2 + 5n)$ par $(c \cdot n/2)$. À quelle condition est-ce possible ?

$$c \cdot \frac{s}{2} + 5n \leqslant c \cdot \frac{n}{2}$$
$$\Leftrightarrow \qquad \text{arithmétique}$$
$$c \cdot s \leqslant (c - 10) \cdot n$$

Une solution consiste à choisir $c = 11$. Ce choix impose que $n \geqslant 11s$. Posons $n_0 = 11s$. Sous cette condition, en repartant de la formule 8.44 :

$$c \cdot \frac{n}{2} + c \cdot \frac{s}{2} + c \cdot m \cdot \log_2(n) + 5n$$
$$\leqslant \qquad c = 11 \text{ et } n \geqslant 11s$$
$$c \cdot \frac{n}{2} + c \cdot \frac{n}{2} + c \cdot m \cdot \log_2(n)$$
$$= \qquad \text{arithmétique}$$
$$c \cdot (n + m \cdot \log_2(n)),$$

ce qui achève la partie inductive de la démonstration.

Base Il faut démontrer la formule 8.43 avec $c = 11$ et $n = n_0$:

$$C_m\left(\left\lfloor \frac{11s + s}{2} \right\rfloor\right) \leqslant 11 \cdot \left(\left\lfloor \frac{11s + s}{2} \right\rfloor + m \cdot \log_2\left(\left\lfloor \frac{11s + s}{2} \right\rfloor\right)\right)$$
$$\Leftrightarrow \qquad \text{arithmétique}$$
$$C_m(6s) \leqslant 11 \cdot (6s + m \cdot \log_2(6s)) \qquad (8.45)$$

Recherchons par sommation la valeur de $C_m(6s)$ (on fait l'hypothèse que $2s > m$ afin d'appliquer la base $(C_m(n) = n)$ sur s :

$$
\begin{aligned}
C_m(6s) &= C_m\left(\left\lfloor \frac{6s + s}{2} \right\rfloor\right) + 18s + 2m \\
+ \quad C_m(3s) &= C_m\left(\left\lfloor \frac{3s + s}{2} \right\rfloor\right) + 9s + 2m \\
+ \quad C_m(2s) &= C_m\left(\left\lfloor \frac{2s + s}{2} \right\rfloor\right) + 6s + 2m \\
+ \quad C_m(s) &= s \\
\hline
C_m(6s) &= 34s + 6m
\end{aligned}
$$

Cherchons à établir la proposition 8.45 par une majoration de son premier membre :

$$C_m(6s)$$
$$= \qquad \text{calcul ci-dessus}$$
$$34s + 6m$$
$$\leqslant \qquad \text{arithmétique}$$
$$66s + 11m$$
$$\leqslant \qquad s \geqslant 1$$
$$11 \cdot (6s + m \cdot \log_2(6s))$$
$$= \qquad \text{pour } c = 11 \text{ et } n = 6s$$
$$c \cdot (n + m \cdot \log_2(n)).$$

D'où on conclut que :

$$C_m(n) \in \mathcal{O}(n + m \cdot \log_2(n)). \tag{8.46}$$

Les formules 8.40, page 614, et 8.46, qui évaluent la complexité des deux solutions, sont *a priori* incomparables. La première dépend du seul argument n/m (bien que la fonction correspondante soit indépendante de m) et la seconde des deux arguments m et n. Afin de tenter malgré tout une comparaison, formulons l'hypothèse que m est constant (et $n \gg m$). Pour la formule 8.40 posons $C'(n) = n \cdot \log_2(n)$. On a alors :

$$\begin{aligned} C'(n) &\in & \mathcal{O}(n \cdot \log_2(n)) \\ C\left(\frac{n}{m}\right) &\in & \mathcal{O}(C'(n)). \end{aligned}$$

Pour ce qui concerne la formule 8.46, posons $C''(n) = n + m \cdot \log_2(n)$. On a :

$$\begin{aligned} C''(n) &\in & \mathcal{O}\left(n + m \cdot \log_2(n)\right) \\ C_m(n) &\in & \mathcal{O}(C''(n)). \end{aligned}$$

Les règles de calcul sur l'opérateur $\mathcal{O}$ nous autorisent à écrire que :

$$C''(n) \in \mathcal{O}(n).$$

Sous l'hypothèse considérée, la première solution est en $\mathcal{O}(n \cdot \log_2(n))$, alors que la seconde est en $\mathcal{O}(n)$.

Solution de l'exercice 110 La transformée de Fourier rapide (FFT)

Énoncé page 486.

110 - R 1   **Réponse 1.** La version naïve du calcul de la transformée de Fourier discrète est :

1. **constantes**
2. $n \in \mathbb{N}_1$ **et** $n = \ldots$ **et**
3. $x \in (0 .. n - 1) \to \mathbb{C}$ **et** $x = [\ldots]$ **et**
4. $W \in \mathbb{C}$ **et** $W = e^{-\frac{2\pi \cdot i}{n}}$
5. **variables**
6. $X \in (0 .. n - 1) \to \mathbb{C}$
7. **début**
8.   **pour** l **parcourant** $0 .. n - 1$ **faire**
9. $X[l] \leftarrow 0$;
10.   **pour** c **parcourant** $0 .. n - 1$ **faire**
11. $X[l] \leftarrow X[l] + W^{l \cdot c} \cdot x[c]$
12.   **fin pour**
13.   **fin pour**
14. **fin**

Cet algorithme exige $2n^2$ multiplications et n^2 exponentiations complexes. Il est donc en $\Theta(n^2)$. Il est cependant facile de diminuer le facteur multiplicatif sous-jacent (la complexité asymptotique restant inchangée) en renforçant convenablement les invariants des deux boucles (la boucle externe par $wl = W^l$ et la boucle interne par $wlc = wl^c$). On obtient :

1. **constantes**
2. $\cdots$
3. **variables**
4. $\cdots$
5. **début**

6. $wl \leftarrow 1$;
7.   **pour** l **parcourant** $0 \mathinner{.\,.} n - 1$ **faire**
8. $X[l] \leftarrow 0$;
9. $wlc \leftarrow 1$;
10.   **pour** c **parcourant** $0 \mathinner{.\,.} n - 1$ **faire**
11. $X[l] \leftarrow X[l] + wlc \cdot x[c]$;
12. $wlc \leftarrow wlc \cdot wl$
13.   **fin pour** ;
14. $wl \leftarrow wl \cdot W$
15.   **fin pour**
16. **fin**

Cette version exige $(2n^2 + n)$ multiplications complexes et aucune exponentiation. Elle est donc également en $\Theta(n^2)$. Ce qu'il faut retenir ici c'est que, comme bien souvent, des aménagements « locaux » ne font en général pas décroître la complexité asymptotique. Il faut tenter un autre paradigme. Ce sera DpR.

Réponse 2.   Le modèle de division est le suivant : $\boxed{110 \text{ - R } 2}$

$$
\begin{array}{ll}
\text{DFT}(1) \text{ élémentaire} & \\
\text{DFT}(m) \to 2 \cdot \text{DFT}\left(\dfrac{m}{2}\right) + \begin{pmatrix} \text{composition des résultats} \\ \text{selon le schéma de l'énoncé} \end{pmatrix} & m > 1
\end{array}
$$

Il faut cependant insister sur le fait qu'il ne s'agit pas d'une banale division par 2 du vecteur initial, mais de l'utilisation de deux sous-vecteurs entrelacés dans le vecteur initial.

1.   **fonction** $DFT(n, x)$ **résultat** $(0 \mathinner{.\,.} (n - 1) \to \mathbb{C})$ **pré**
2. $n \in \mathbb{N}_1$ **et** $\exists k \cdot \left(k \in \mathbb{N}_1 \text{ **et** } n = 2^k\right)$ **et** $x \in (0 \mathinner{.\,.} n - 1) \to \mathbb{C}$ **et**
3. $Xp \in \left(0 \mathinner{.\,.} \dfrac{n}{2} - 1\right) \to \mathbb{C}$ **et** $Xi \in \left(0 \mathinner{.\,.} \dfrac{n}{2} - 1\right) \to \mathbb{C}$ **et**
4. $X \in (0 \mathinner{.\,.} n - 1) \to \mathbb{C}$
5. **début**
6.   **soit** W **tel que**
7. $W \in \mathbb{C}$ **et** $W = e^{-\frac{2\pi \cdot i}{n}}$
8.   **début**
9.   **si** $n = 1$ **alors**
10.   **résultat** x
11.   **sinon**
12. $Xp \leftarrow \text{DFT}\left(\dfrac{n}{2}, Pair(n, x)\right)$;
13. $Xi \leftarrow \text{DFT}\left(\dfrac{n}{2}, Impair(n, x)\right)$;
14.   **pour** $j \in 0 \mathinner{.\,.} \dfrac{n}{2} - 1$ **faire**
15. $X[j] \leftarrow Xp[j] + W^j \cdot Xi[j]$;
16. $X\left[j + \dfrac{n}{2}\right] \leftarrow Xp[j] - W^j \cdot Xi[j]$
17.   **fin pour** ;
18.   **résultat** X
19.   **fin si**
20.   **fin**
21. **fin**

Ci-dessous, on présente un exemple d'appel à la fonction DFT.

    1. écrire $\left(DFT\left(8, \left[1.0 + 8i, \pi i, e + 9.4i, 6 + 0.8i, 0.07, 12 + 9.6i, i, 0.6 + 0.7i\right]\right)\right)$

Complexité   Si l'on note e une exponentiation et p un produit, l'équation récurrente qui fournit la complexité de cet algorithme est :

$$
\begin{array}{l}
C(1) = 1 \\
C(n) = 2 \cdot C\left(\dfrac{n}{2}\right) + n \cdot e + n \cdot p
\end{array}
\qquad\qquad n > 1 \text{ puissance de } 2
$$

d'où, d'après la formule 8.4, page 441, une complexité en $\Theta(n \cdot \log_2(n))$ pour les deux types d'opération. Il s'agit d'une amélioration notable par rapport à la solution de la question 1. Historiquement, de nombreuses autres améliorations ont été apportées à cet algorithme, mais, jusqu'à présent, aucune n'a permis de franchir le « mur » du $\Theta(n \cdot \log_2(n))$. Une amélioration simple à mettre en œuvre consiste d'une part à factoriser le double calcul de $W^j \cdot Xi[j]$, d'autre part à supprimer les exponentiations présentes dans la boucle en renforçant son invariant (par le conjoint $Wj = W^j$). La branche **sinon** de l'alternative devient alors :

    1. $Xp \leftarrow DFT\left(\dfrac{n}{2}, Pair(n, x)\right)$;
    2. $Xi \leftarrow DFT\left(\dfrac{n}{2}, Impair(n, x)\right)$;
    3. $Wj \leftarrow 1$;
    4. **pour** j **parcourant** $0\mathinner{..}\dfrac{n}{2} - 1$ **faire**
    5. $aux \leftarrow Wj \cdot Xi[j]$;
    6. $X[j] \leftarrow Xp[j] + aux$;
    7. $X\left[j + \dfrac{n}{2}\right] \leftarrow Xp[j] - aux$;
    8. $Wj \leftarrow Wj \cdot W$
    9. **fin pour** ;
    10. **résultat** X

L'équation récurrente se transforme en :

$$
\begin{array}{l}
C(1) = 1 \\
C(n) = 2 \cdot C\left(\dfrac{n}{2}\right) + n \cdot p
\end{array}
\qquad\qquad n > 1 \text{ puissance de } 2.
$$

La complexité en nombre d'exponentiations tombe à $\Theta(1)$, tandis que la complexité en nombre de multiplications reste en $\Theta(n \cdot \log_2(n))$.

S'affranchir de la contrainte d'une taille n qui est une puissance de 2 peut se faire en utilisant des variantes de l'algorithme ci-dessus. Il en existe en particulier dans le cas où le vecteur x est constitué de réels (et non de complexes), ou encore lorsque n est premier ou le produit de deux entiers premiers entre eux. La solution de « bourrage par des 0 » du vecteur x altère le résultat et doit, si possible, être évitée. De nombreuses autres solutions existent. Leur étude va au-delà des objectifs de cet exercice.

Solution de l'exercice 111 Le produit de polynômes

Énoncé page 490.

Réponse 1. On effectue une induction sur la taille n ($n > 0$) des polynômes A et B. $\boxed{111 \text{ - R } 1}$

Base Si A et B sont des polynômes de degré 0 (de taille 1), le résultat est $(a_0 \cdot b_0) \cdot x^0$.

Hypothèse d'induction On sait multiplier deux polynômes de taille $n/2$ ($1 \leqslant n/2$).

Induction Soit $n > 1$. Le polynôme $A(x) = a_{n-1} \cdot x^{n-1} + a_{n-2} \cdot x^{n-2} + \cdots + a_1 \cdot x + a_0$ peut se mettre sous la forme

$$A(x) = \left(a_{n-1} \cdot x^{\frac{n}{2}-1} + \cdots + a_{\frac{n}{2}} \right) \cdot x^{\frac{n}{2}} + \left(a_{\frac{n}{2}-1} \cdot x^{\frac{n}{2}-1} + \cdots + a_0 \right)$$

Il en est de même de $B(x) = b_{n-1} \cdot x^{n-1} + b_{n-2} \cdot x^{n-2} \cdots + b_1 \cdot x + b_0$. En posant :

$$A1 = \quad a_{n-1} \cdot x^{\frac{n}{2}-1} + \cdots + a_{\frac{n}{2}}$$
$$A0 = \quad a_{\frac{n}{2}-1} \cdot x^{\frac{n}{2}-1} + \cdots + a_0$$

on a $A(x) = A1 \cdot x^{\frac{n}{2}} + A0$; de même $B(x) = B1 \cdot x^{\frac{n}{2}} + B0$. Le produit des deux polynômes $A(x)$ et $B(x)$ peut alors se réécrire :

$$A(x) \cdot B(x) = (A1 \cdot B1) \cdot x^n + (A0 \cdot B1 + A1 \cdot B0) \cdot x^{\frac{n}{2}} + (A0 \cdot B0). \qquad (8.47)$$

D'après l'hypothèse d'induction, on sait multiplier des polynômes de taille $n/2$. Le problème initial de la multiplication de deux polynômes de degré $(n-1)$ s'est donc transformé en un problème de quatre multiplications (plus trois additions et deux multiplications d'un polynôme par un monôme de la forme $1 \cdot x^i$) de polynômes de degré $(n/2 - 1)$.

L'obtention d'une représentation efficace d'un polynôme doit prendre en considération les critères suivants :

(a) couper en deux polynômes de même taille un polynôme donné doit être immédiat,

(b) multiplier un polynôme par un monôme de type x^i ne doit pas exiger d'opérations coûteuses.

Le premier point exclut une représentation par liste chaînée. Une solution par tableaux peut être retenue. Le second point exige de ne pas lier les bornes au degré du polynôme. On opte pour la solution suivante : un polynôme est un quadruplet constitué i) d'un tableau de taille suffisante, où sont enregistrés les coefficients, ii) des deux bornes du tableau délimitant le sous-tableau contenant les coefficients, et iii) d'une variable représentant le degré du polynôme. Ainsi, le schéma suivant (P est le tableau, ia et sa les deux bornes délimitant le sous-tableau et da le degré du polynôme) :

		ia			sa			da
P		1	5	-3	2			$\boxed{3}$
		7	8	9	10			

est une représentation possible pour le polynôme $2x^3 - 3x^2 + 5x + 1$.

Disposer d'une représentation explicite du degré n'apparaît pas utile *a priori* puisqu'il semble que $da = sa - ia$. Cependant, la formule 8.47 ci-dessus montre qu'il est nécessaire d'augmenter le degré d'un polynôme sans pour autant modifier sa taille, ce que la représentation proposée avec un degré explicite rend possible de façon simple.

Terminaison La taille des polynômes est positive. Elle est divisée par 2 à chaque étape. Cela assure la terminaison de l'algorithme.

On a le modèle de division suivant :

$$
\begin{array}{ll}
\text{MultPolyn}(1) \text{ élémentaire} & \\
\text{MultPolyn}(n) \rightarrow 4 \cdot \text{MultPolyn}\left(\dfrac{n}{2}\right) + \begin{pmatrix} \text{composition des quatre} \\ \text{solutions selon la for-} \\ \text{mule } 8.47 \end{pmatrix} & n > 1
\end{array}
$$

En admettant que $P + Q$ représente la somme des deux polynômes P et Q et que $P \uparrow i$ représente la multiplication du polynôme P par le monôme x^i, une mise en œuvre possible de cet algorithme est donnée par :

1. **fonction** *MultPolyn4*(A, B) **résultat** polynôme **pré**
2. $A \in$ polynôme et $B \in$ polynôme **et** /% *voir ci-dessous pour le type* polynôme %/
3. $A.da = B.da$ **et** /% *polynômes de même degré* %/
4. $A.sa - A.ia = B.sa - B.ia$ **et** /% *polynômes de même taille* %/ **et**
5. $P11, P10, P01, P00 \in$ polynôme $\times$ polynôme $\times$ polynôme $\times$ polynôme **et**
6. $MilA \in \mathbb{N}$ **et** $MilB \in \mathbb{N}$ **et** $dd \in \mathbb{N}$ /% *milieux et demi-degré* %/
7. **début**
8.   **si** $A.ia = A.sa$ **alors**
9.   **résultat** $([A.Ta[A.sa] \cdot B.Tb[B.sa], 0, 0, 0, 0, 0, 0, 0], 0, 0, 0)$
10.   **sinon**
11. $MilA \leftarrow \left\lfloor \dfrac{A.ia + A.sa}{2} \right\rfloor$; $MilB \leftarrow \left\lfloor \dfrac{B.ia + B.sa}{2} \right\rfloor$;
12. $dd \leftarrow \left\lfloor \dfrac{A.da}{2} \right\rfloor$;
13. $P11 \leftarrow MultPolyn4((A.Ta, MilA + 1, A.sa, dd), (B.Ta, MilB + 1, B.sa, dd))$;
14. $P10 \leftarrow MultPolyn4((A.Ta, MilA + 1, A.sa, dd), (B.Ta, B.ia, MilB, dd))$;
15. $P01 \leftarrow MultPolyn4((A.Ta, A.ia, MilA, dd), (B.Ta, MilB + 1, B.sa, dd))$;
16. $P00 \leftarrow MultPolyn4((A.Ta, A.ia, MilA, dd), (B.Ta, B.ia, MilB, dd))$;
17.   **résultat** $(P11 \uparrow (A.da + 1)) + ((P10 + P01) \uparrow (dd + 1)) + P00$
18.   **fin si**
19. **fin**

La précondition de la fonction *MultPolyn4* précise que les deux arguments A et B sont des polynômes de même degré et de même taille. L'ensemble polynôme, défini ci-dessous, est constitué de quadruplets représentant respectivement le tableau des coefficients, la borne inférieure, la borne supérieure et le degré. La taille d'un polynôme est une puissance de 2, et son degré est de la forme $(2^k - 1)$. Un exemple d'appel (ici les polynômes ont un degré maximum de sept) est présenté ci-dessous :

1.   **constantes**
2.   /% *tableau des coefficients, borne inférieure, supérieure, degré :* %/
3. $aux = (0..7 \rightarrow \mathbb{Z}) \times 0..7 \times 0..7 \times 0..7$
4.   polynôme $=$
5. $\left\{ (Ta, ia, sa, da) \;\middle|\; (Ta, ia, sa, da) \in aux \text{ et } \begin{pmatrix} \exists k \cdot \begin{pmatrix} k \in \mathbb{N} \text{ et} \\ da = 2^k - 1 \end{pmatrix} \\ \text{et} \\ \exists k \cdot \begin{pmatrix} k \in \mathbb{N} \text{ et} \\ sa - ia = 2^k - 1 \end{pmatrix} \end{pmatrix} \right\}$

6. **début**
7.   /% *produit de* $5x^3 + 3x^2 - 2x + 4$ *et de* $2x^3 - 4x^2 - 3x + 1$: %/
8.   **écrire**($MultPolyn4(([4, -2, 3, 5, 0, 0, 0, 0], 0, 3, 3), ([1, -3, -4, 2, 0, 0, 0, 0], 0, 3, 3))$))
9. **fin**

Complexité Concernant la complexité en nombre de multiplications de coefficients, on peut constater que ce type d'opération n'intervient que dans le cas de base (branche **alors**) et, indirectement, dans les quatre appels récursifs à la fonction *MultPolyn4*. D'où, si n est la taille de chacun des polynômes en argument, l'équation suivante :

$$\begin{cases} C(1) = 1 \\ C(n) = 4 \cdot C\left(\dfrac{n}{2}\right) \end{cases} \qquad\qquad n > 1.$$

Le terme $n/2$ provient de ce que l'on a divisé chacun des tableaux en 2 tandis que le facteur 4 est lié au nombre de sous-problèmes générés et donc d'appels récursifs. La formule 8.6, page 441, permet d'affirmer que $C(n) \in \Theta(n^2)$. On constate que cette solution DpR n'est pas meilleure que la solution naïve évoquée au début de l'énoncé ! Le lecteur peut vérifier que la prise en compte du nombre d'opérations additives (incluant la multiplication par un monôme de type x^i) ne change pas ce résultat. Une amélioration possible passe par la diminution du nombre de sous-problèmes engendrés. C'est l'objet de la question suivante.

Réponse 2. La solution ci-dessous est fondée sur le fait que les trois valeurs $A0 \cdot B0$, $(A0 \cdot B1 + A1 \cdot B0)$ et $A1 \cdot B1$ se calculent avec trois multiplications de polynômes. Si l'on constate, conformément à la suggestion de l'énoncé, que :

$$A0 \cdot B1 + A1 \cdot B0 = (A0 + A1) \cdot (B0 + B1) - A0 \cdot B0 - A1 \cdot B1$$

on peut en conclure que la séquence suivante (où l'opérateur $-$ représente la soustraction de polynômes) :

1. $P00 \leftarrow A0 \cdot B0$;
2. $P11 \leftarrow A1 \cdot B1$;
3. $R \leftarrow (A0 + A1) \cdot (B0 + B1) - P00 - P11$

fournit les trois valeurs recherchées dans respectivement P00, R et P11. Appliquée à l'algorithme précédent, cette technique permet de remplacer les lignes 13 à 17 de l'alternative de l'opération précédente (renommée *MultPolyn3*) par :

15. $P11 \leftarrow MultPolyn3((Ta, MilA + 1, sa, dd), (Tb, MilB + 1, sb, dd))$;
16. $P00 \leftarrow MultPolyn3((Ta, ia, MilA, dd), (Tb, ib, MilB, dd))$;
17. $Y \leftarrow MultPolyn3\left(\begin{array}{l}(Ta, ia, MilA, dd) + (Ta, MilA + 1, sa, dd), \\ (Tb, ib, MilB, dd) + (Tb, MilB + 1, sb, dd)\end{array}\right)$;
18. **résultat** $(P11 \uparrow (da + 1)) + ((Y - P00 - P11) \uparrow (dd + 1)) + P00$

Complexité Si n est la taille de chacun des polynômes en argument, l'équation de la complexité, en nombre de produits de polynômes, est alors :

$$\begin{cases} C(1) = 1 \\ C(n) = 3 \cdot C\left(\dfrac{n}{2}\right) \end{cases} \qquad\qquad n > 1.$$

D'après la formule 8.9, page 441, la solution de cette équation est telle que
$C(n) \in \Theta(n^{\log_2(3)})$. Il s'agit donc bien d'une amélioration puisque $\log_2(3) \approx 1,585\ (< 2)$.

111 - R 3 **Réponse 3.** En algèbre, on appelle traditionnellement *degré* d'un polynôme
$P(x) = a_{n-1} \cdot x^{n-1} + \cdots a_0 \cdot x^0$ le plus grand indice i pour lequel $a_i \neq 0$ (le cas échéant, il
s'agit du polynôme zéro). Dans la suite, on appelle *degré explicite* d'un polynôme
$Q(x) = a_{n-1} \cdot x^{n-1} + a_{n-2} \cdot x^{n-1} + \cdots + a_1 \cdot x + a_0$ la valeur $n-1$ et ceci quelle que soit la
valeur du coefficient a_{n-1}. Ainsi, si $R(x) = 3x^2 + 5$ et $R'(x) = 0x^4 + 3x^2 + 5$, les polynômes R
et R' ont même degré ; cependant le degré explicite de R est 2, tandis que celui de R' est 4.

Une première solution au problème de la multiplication de polynômes quelconques abordé
dans cette question est celle du « bourrage » : afin de satisfaire aux conditions des deux premières questions, il suffit d'ajouter autant de monômes de coefficients nuls que nécessaire
afin que :

(a) les degrés explicites $(n-1)$ et $(m-1)$ soient identiques,

(b) n soit une puissance de 2.

Considérons par exemple les polynômes $A(x) = 3x^8 - 2x$ et $B(x) = x^4 + 3x$. La solution
présentée ci-dessus consiste à travailler sur les deux représentations suivantes :

$$A(x) = 0x^{15} + \cdots + 0x^9 + 3x^8 + 0x^7 + 0x^6 + 0x^5 + 0x^4 + 0x^3 + 0x^2 - 2x + 0$$
$$B(x) = 0x^{15} + \cdots + 0x^9 + 0x^8 + 0x^7 + 0x^6 + 0x^5 + 1x^4 + 0x^3 + 0x^2 + 3x + 0.$$

Il est clair, cependant, que cette solution peut conduire à des calculs inutiles imputables à
la présence de monômes de bourrage.

Une seconde solution se fonde sur le respect des conditions suivantes :

(a) les deux polynômes sont de même taille,

(b) les deux polynômes ont même degré explicite,

(c) les deux conditions ci-dessus s'appliquent récursivement sur tout couple de polynômes
    obtenu en séparant en deux les polynômes d'origine.

Une conséquence de ces conditions est que la taille des deux polynômes doit être une
puissance de 2. Considérons à nouveau les deux polynômes $A(x) = 3x^8 - 2x$ et $B(x) = x^4 + 3x$.
Comment peut-on les transformer afin qu'ils satisfassent aux conditions ci-dessus ? On
commence par ajouter des monômes de coefficients nuls afin d'avoir les mêmes puissances
explicitées dans chaque polynôme. On obtient :

$$A(x) = 3x^8 + 0x^4 - 2x$$
$$B(x) = 0x^8 + 1x^4 + 3x.$$

On complète enfin de façon à atteindre une taille (4 est ici un minimum) qui soit une
puissance de 2 :

$$A(x) = 0x^9 + 3x^8 + 0x^4 - 2x$$
$$B(x) = 0x^9 + 0x^8 + 1x^4 + 3x.$$

Le principe des deux algorithmes développés dans les questions précédentes reste valable,
mais la structure de données choisie pour représenter les polynômes doit être revue. En
effet, les degrés des monômes représentés ne sont en général pas contigus ; chaque coefficient
doit donc être accompagné de son degré. Cependant, pour des polynômes satisfaisant aux
conditions des deux premières questions, les complexités asymptotiques restent inchangées.

Les conditions a) à c) ci-dessus constituent – outre la précondition – des conditions minimales à satisfaire pour garantir le fonctionnement correct des deux algorithmes. En particulier, tout couple de polynômes satisfaisant aux conditions des deux premières questions satisfait à ces trois dernières conditions. La réciproque est fausse.

Réponse 4. La fonction demandée, $ProdPolynDFT(n, P, Q)$, fait appel aux fonctions $DFT(n, x)$ et $DFTInv(n, X)$ qui calculent respectivement la DFT du vecteur complexe x et la DFT inverse du vecteur complexe X. La première est étudiée à l'exercice 110, page 486. La seconde fait appel à fonction auxiliaire $DFTInvAux$ qui effectue le calcul spécifiquement DpR. La fonction $DFTInvAux$, dans sa version optimisée, se présente comme suit :

111 - R 4

```
 1. fonction DFTInvAux(n, X) résultat (0 .. (n − 1) → ℂ) pré
 2.     n ∈ ℕ₁ et ∃k · (k ∈ ℕ₁ et n = 2ᵏ) et X ∈ (0 .. (n − 1)) → ℂ et
 3.     Xp ∈ (0 .. n/2 − 1) → ℂ et Xi ∈ (0 .. n/2 − 1) → ℂ et
 4.     x ∈ (0 .. n − 1) → ℂ et
 5.     Wj ∈ ℂ et aux ∈ ℂ
 6. début
 7.     soit W tel que
 8.         W ∈ ℂ et W = e^(2π·i/n)
 9.     début
10.         si n = 1 alors
11.             résultat X
12.         sinon
13.             Xp ← DFTInvAux(n/2, Pair(n, X)) ;
14.             Xi ← DFTInvAux(n/2, Impair(n, X)) ;
15.             Wj ← 1 ;
16.             pour j parcourant 0 .. n/2 − 1 faire
17.                 aux ← Wj · Xi[j] ; x [j] ← Xp[j] + aux ;
18.                 x [j + n/2] ← Xp[j] − aux ;
19.                 Wj ← Wj · W
20.             fin pour ;
21.             résultat x
22.         fin si
23.     fin
24. fin
```

Conformément à la définition de la DFT inverse, la fonction $DFTInv$ divise simplement par n le (chaque élément du) vecteur délivré par un appel à $DFTInvAux$:

```
 1. fonction DFTInv(n, X) résultat (0 .. n − 1) → ℂ pré
 2.     n ∈ ℕ₁ et ∃k · (k ∈ ℕ₁ et n = 2ᵏ) et X ∈ (0 .. n − 1) → ℂ
 3. début
 4.     résultat 1/n · DFTInvAux(n, X)
 5. fin
```

La fonction $ProdPolynDFT(n, P, Q)$ considère deux polynômes P et Q de degré $(n - 1)$, en représentation par coefficients, et effectue leur produit par la méthode DFT. Bien que représentés par des coefficients réels, les polynômes P et Q sont les arguments de la fonction DFT, qui traite un vecteur de complexes. Cette conversion est supposée réalisée.

```
1. fonction ProdPolynDFT(n, P, Q) résultat (0 .. n − 1) → ℂ pré
2.     n ∈ ℕ₁ et ∃k · (k ∈ ℕ₁ et n = 2ᵏ) et
3.     P ∈ 0 .. (n − 1) → ℂ et Q ∈ (0 .. n − 1) → ℂ
4. début
5.     résultat DFTInv(n, DFT(n, P) · DFT(n, Q))
6. fin
```

L'appel à la fonction $ProdPolynDFT(n, P, Q)$ se fait comme dans l'exemple suivant. La fonction $Doubler(n, P)$ a pour rôle de permettre d'obtenir une représentation par $(2n − 1)$ échantillons comme indiqué dans l'exemple de l'énoncé. Cette fonction prend en compte le polynôme P, de degré $(n − 1)$, en représentation par coefficients (selon les puissances croissantes), et double son degré en le complétant par des coefficients nuls. Cette fonction n'est pas fournie. L'exemple est illustré par les polynômes $D(x)$ et $E(x)$ définis dans l'énoncé.

```
1. constantes
2.     n ∈ ℕ₁ et n = 2 et
3.     D ∈ (0 .. n − 1) → ℂ et D = [1 + 0i, 2 + 0i] et
4.     E ∈ (0 .. n − 1) → ℂ et E = [2 + 0i, 1 + 0i]
5. variables
6.     D1 ∈ (0 .. 2n − 1) → ℂ et E1 ∈ (0 .. 2n − 1) → ℂ
7. début
8.     D1 ← Doubler(n, D) ; /% D1 = [1 + 0i, 2 + 0i, 0 + 0i, 0 + 0i] %/
9.     E1 ← Doubler(n, E) ; /% E1 = [2 + 0i, 1 + 0i, 0 + 0i, 0 + 0i] %/
10.    écrire(ProdPolynDFT(2n, D1, E1))
11. fin
```

Le résultat se présente comme un vecteur de complexes. Cependant, compte tenu du problème traité, la partie imaginaire est nulle[21].

Solution de l'exercice 112   Loi de Coulomb   *Énoncé page 493.*

112 - R 1

Réponse 1.   On a $d = \|\vec{r}_{12}\|$. Posons $C = \dfrac{1}{4\pi\epsilon_0 d^2}$. On a alors :

$$\vec{F}_{1 \to 2} = C \cdot q_1 \cdot q_2 \cdot \vec{u}.$$

On cherche à présent à exprimer $\vec{F}_{j \to i}$ pour $j \in 1 .. i − 1$. D'après la définition, on a :

$$\vec{F}_{j \to i} = \frac{q_j \cdot q_i}{4\pi\epsilon_0 \|\vec{r}_{ji}\|^2} \cdot \vec{u}.$$

Or $\vec{r}_{ji} = \overrightarrow{M_j M_i}$ et donc $\|\overrightarrow{M_j M_i}\| = d \cdot (i − j)$. On a alors :

$$\vec{F}_{j \to i} = C \cdot \frac{q_j \cdot q_i}{(i − j)^2} \cdot \vec{u}.$$

Le cas où $j \in i + 1 .. n$ se traite de manière analogue (voir figure 8.27) :

$$\vec{F}_{j \to i} = C \cdot \frac{q_j \cdot q_i}{(i − j)^2} \cdot -\vec{u}.$$

En sommant les $(n − 1)$ vecteurs, on a le développement suivant :

---

21. Si l'on fait abstraction des erreurs d'arrondis inhérentes à l'arithmétique flottante.

$$\vec{F}_{\bullet i} = \sum_{j \in (1..n)-\{i\}} \vec{F}_{j \to i}$$

$\Leftrightarrow$ développement sous le quantificateur

$$\vec{F}_{\bullet i} = \sum_{j=1}^{i-1} \frac{C \cdot q_i \cdot q_j}{(i-j)^2} \cdot \vec{u} + \sum_{j=i+1}^{n} \frac{C \cdot q_i \cdot q_j}{(i-j)^2} \cdot -\vec{u}$$

$\Rightarrow$ passage au module ($\|\vec{u}\| = 1$)

$$\|\vec{F}_{\bullet i}\| = \left| \sum_{j=1}^{i-1} \frac{C \cdot q_i \cdot q_j}{(i-j)^2} - \sum_{j=i+1}^{n} \frac{C \cdot q_i \cdot q_j}{(i-j)^2} \right|$$

$\Leftrightarrow$ propriété de l'opérateur $|\,|$

$$\|\vec{F}_{\bullet i}\| = |C \cdot q_i| \cdot \left| \sum_{j=1}^{i-1} \frac{q_j}{(i-j)^2} - \sum_{j=i+1}^{n} \frac{q_j}{(i-j)^2} \right| .$$

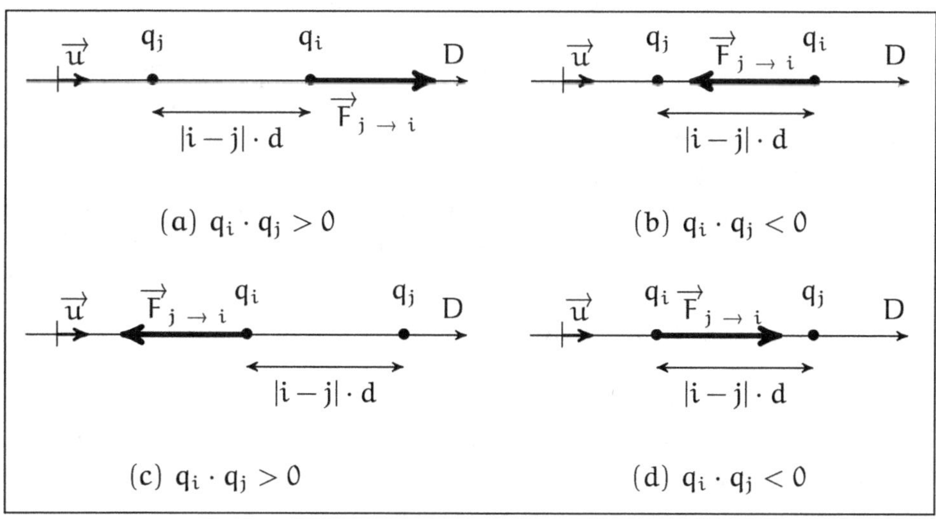

Fig. 8.27 – Loi de Coulomb – Les quatre cas d'action de q_j sur q_i

Réponse 2. Posons $G[i] = \left(\sum_{j=1}^{i-1} \frac{q_j}{(i-j)^2} - \sum_{j=i+1}^{n} \frac{q_j}{(i-j)^2} \right)$ pour $i \in 1..n$. On a alors $\boxed{112 - R\ 2}$ $\|\vec{F}_{\bullet i}\| = |C \cdot q_i| \cdot |G[i]|$. On se focalise à présent sur le calcul du vecteur G. Si on pose $q = [q[1], \ldots, q[n]]$ et f, défini sur l'intervalle $-(n-1)..(n-1)$, par

$$f = [-1/(n-1)^2, -1/(n-2)^2, \ldots, -1/2^2, -1/1^2, 0, 1^2, 1/2^2, \ldots, 1/(n-1)^2]$$

on obtient :

$$G[i] = \sum_{\substack{k+j=i \\ k \in 1..n \\ j \in -(n-1)..(n-1)}} q[k] \cdot f[j]. \tag{8.48}$$

Il est possible de vérifier qu'en développant la formule 8.48 on obtient bien la définition de G. On reconnaît en 8.48 une formule similaire à la formule 8.21 de l'énoncé de l'exercice 111, page 490, sur le produit de polynômes, formule qui fournit le coefficient de chaque monôme du produit. Dans la quatrième question de l'exercice sur le produit de polynômes, on a montré que l'on peut effectuer ce produit en $\Theta(n \cdot \log_2(n))$ multiplications par la FFT. On en déduit que G se calcule aussi en $\Theta(n \cdot \log_2(n))$ multiplications. Il en est de même de $\|\vec{F}_{\bullet i}\|$, pour $i \in 1..n$.

Remarque   On peut également montrer que $G[i] = \sum_{k=1}^{n} q[k] \cdot f[i-k]$ pour $i \in 1 \mathrel{..} n$.

Cette formule s'apparente au produit de convolution de q et f (restreint à son calcul sur l'intervalle $1 \mathrel{..} n$). Elle suggère que chaque $G[i]$ peut simplement être calculé par une itération.

Solution de l'exercice 113   Lâchers d'œufs par la fenêtre

Énoncé page 494.

113 - R 1   **Réponse 1.**   Il s'agit d'une application directe de la recherche linéaire bornée (voir section 3.5, page 113). Du point de vue opérationnel, l'exécution de **fonction** $\textit{Œuf1}(1, n)$ peut se décrire de la manière suivante : on lâche l'œuf du premier étage. S'il se brise, on délivre 1. Sinon, on le ramasse et on passe au second étage, et ainsi de suite. On lâche l'œuf au pire n fois, d'où $S_1(n) = n$.

113 - R 2   **Réponse 2.**   Si e représente la taille des différents fragments, la première étape est, comme dans la question précédente, une recherche linéaire bornée qui se matérialise par une boucle ayant comme pas de progression $e = \lfloor \sqrt{n} \rfloor$ (exception faite du cas du résidu), comme invariant $i \in 1 \mathrel{..} s + 1$ et $\forall h \cdot (h \in 1 \mathrel{..} \min(\{(i-1) \cdot e, n\}) \Rightarrow \textbf{non } \textit{Casse}(h))$ et dont la terminaison est assurée par l'expression $(s + 1 - i)$. La seconde étape est similaire à celle décrite dans la réponse à la première question, d'où l'appel à la fonction $\textit{Œuf1}$ avec les arguments appropriés.

```
 1. fonction Œuf2Radix résultat ℕ₁
 2. début
 3.    soit e, s, i tel que
 4.       /% e : nombre d'étages par segments ; s : nombre de segments : %/
 5.       e = ⌊√n⌋ et s = ⌊n/e⌋ et i ∈ ℕ₁
 6.    début
 7.       i ← 1 ;
 8.       tant que non (i · e > n ou sinon Casse (i · e)) faire
 9.          i ← i + 1
10.       fin tant que ;
11.       résultat Œuf1 (1 + (i − 1) · e, min ({i · e − 1, n}))
12.    fin
13. fin
```

On peut remarquer que la réponse à la première question est un cas particulier de la seconde pour un pas de $\lfloor \sqrt[1]{n^0} \rfloor$ (au lieu de $\lfloor \sqrt[2]{n^1} \rfloor$). Cette remarque est généralisée et exploitée dans la question suivante. Pour $n = 34$ (et $f = 29$), la longueur des segments est de $\lfloor \sqrt{34} \rfloor$ étages (soit cinq étages), il y a six segments auxquels s'ajoute un segment résiduel de quatre étages. L'étage du lâcher est indicé par le numéro de l'œuf utilisé : $5_1, 10_1, 15_1, 20_1, 25_1$ et 30_1 (le premier œuf se casse), puis $26_2, 27_2, 28_2$ et 29_2 (le second œuf se casse). La réponse est 29, pour un total de dix lâchers.

113 - R 3   **Réponse 3.**   La construction de la fonction $\textit{ŒufkRadix}(bi, bs)$ se fonde sur un raisonnement de type DpR, qui trouve son originalité dans le fait que la réduction n'est pas logarithmique mais porte sur un radical de la taille du problème[22]. Soit $l = (bs - bi + 1)$

---

22. Dans l'équation de complexité, le quotient ne sera donc pas constant ; on peut d'ores et déjà prédire que le théorème maître ne pourra pas s'appliquer.

la taille du problème et k le nombre d'œufs.

Base Si $(bs + 1) = bi$, l'intervalle est de longueur nulle (ce cas peut notamment survenir quand $f = (bs + 1)$). Le résultat est bi.

Hypothèse d'induction On sait résoudre le problème pour tout segment de taille inférieure à l, $l \geqslant 0$.

Induction La division consiste à rechercher (par une itération de pas $\lfloor \sqrt[k]{l^{k-1}} \rfloor$) le segment de longueur $e = (\lfloor \sqrt[k]{l^{k-1}} \rfloor - 1)$ permettant de conclure, avant d'appeler la fonction *ŒufkRadix* sur ce segment.

Le modèle de division se décrit par :

$$\text{ŒufkRadix}_k(0) \text{ élémentaire puisque l'intervalle est de longueur nulle.} \qquad \text{pour tout } k$$

$$\text{ŒufkRadix}_k(l) \rightarrow \text{ŒufkRadix}_{k-1}\left(\left\lfloor \sqrt[k]{l^{k-1}} \right\rfloor - 1\right) + \begin{pmatrix} \text{Itération} \\ \text{pour dé-} \\ \text{terminer le} \\ \text{segment à} \\ \text{traiter.} \end{pmatrix} \qquad l > 0 \text{ et } k > 1$$

L'itération se fonde sur l'invariant suivant :

$$\left(i \in 1 .. \left\lfloor \frac{n}{e} \right\rfloor + 1 \text{ et } \forall h \cdot \left(\begin{array}{l} h \in bi .. \min(\{bi + (i - 1) \cdot e - 1, bs\}) \\ \Rightarrow \textbf{non } Casse(h) \end{array} \right) \right).$$

L'expression $(\lfloor n/e \rfloor + 1 - i)$ assure sa terminaison. Le code de la fonction *ŒufkRadix* se présente alors comme ci-dessous :

```
 1. fonction ŒufkRadix(bi, bs) résultat ℕ₁ pré
 2.     bi ∈ 1 .. n + 1 et bs ∈ 1 .. n + 1 et bs − bi + 1 ⩾ 0 et
 3.     e ∈ ℕ et i ∈ ℕ
 4. début
 5.     soit l tel que
 6.         l − bs − bi + 1
 7.     début
 8.        si bs + 1 = bi alors
 9.           résultat bi
10.        sinon
11.           i ← 1; e ← ⌊ᵏ√(lᵏ⁻¹)⌋;
12.           tant que non(bi + i·e − 1 > bs ou sinon Casse(bi + i·e − 1)) faire
13.              i ← i + 1
14.           fin tant que;
15.           résultat ŒufkRadix(bi + (i − 1)·e, min({bi + i·e − 2, bs}))
16.        fin si
17.     fin
18. fin
```

Le code suivant représente un contexte d'appel (k, variable globale modifiée par la fonction *Casse* est le nombre d'œufs disponibles au départ) :

1. **variables**
2. $k \in \mathbb{N}_1$
3. **début**
4. $k \leftarrow 4$;
5.   **écrire**(*ŒufkRadix*$(1, 56)$)
6. **fin**

Complexité   Dans le pire des cas, un œuf est cassé à chaque étape. $T_k(l)$ est un majorant du nombre de lâchers pour k œufs disponibles et pour une section de l étages :

$$T_1(0) = 0$$

$$T_k(l) \leqslant T_{k-1}\left(\left\lfloor \sqrt[k]{l^{k-1}} \right\rfloor - 1 \right) + \left\lfloor \frac{l}{\left\lfloor \sqrt[k]{l^{k-1}} \right\rfloor} \right\rfloor \qquad l > 0 \text{ et } k > 1.$$

L'inégalité a pour origine le fait que si une certaine étape se déroule dans la pire situation, ça ne sera pas nécessairement le cas de l'étape suivante. En effet, si un œuf se casse sur l'avant-dernière position (cas le pire), on ne prend que les $(e - 1)$ premiers étages de ce dernier segment et l'œuf se cassera donc sur le dernier étage, et non plus sur l'avant-dernier. Pour résoudre cette inéquation, on prend comme hypothèse d'induction la suggestion de l'énoncé, soit $T_q(h) \in \mathcal{O}(\sqrt[q]{h})$. Après avoir vérifié cette hypothèse sur la base $(T_1(0) \in \mathcal{O}(\sqrt[1]{0}))$, le développement qui suit permet effectivement de conclure. On admet pour le second terme que $\left\lfloor l/\left\lfloor \sqrt[k]{l^{k-1}} \right\rfloor \right\rfloor \in \mathcal{O}(\sqrt[k]{l})$. Dans la suite, c' et c'' sont des constantes positives et l est « assez grand ». On part de l'hypothèse de récurrence :

$$T_{k-1}(l) \in \mathcal{O}(\sqrt[k-1]{l})$$
$$\Leftrightarrow \qquad\qquad\qquad\qquad\qquad\qquad\qquad\qquad\qquad \text{définition de } \mathcal{O}$$
$$T_{k-1}(l) \leqslant c' \cdot \sqrt[k-1]{l}$$
$$\Rightarrow \qquad\qquad\qquad\qquad\qquad \text{substitution de l par } \left\lfloor \sqrt[k]{l^{k-1}} \right\rfloor - 1$$
$$T_{k-1}\left(\lfloor \sqrt[k]{l^{k-1}} \rfloor - 1 \right) \leqslant c' \cdot \sqrt[k-1]{\lfloor \sqrt[k]{l^{k-1}} \rfloor - 1}$$
$$\Rightarrow \qquad\qquad\qquad \sqrt[k-1]{\lfloor \sqrt[k]{l^{k-1}} \rfloor - 1} \in \mathcal{O}(\sqrt[k]{l}) \text{ et transitivité}$$
$$T_{k-1}\left(\lfloor \sqrt[k]{l^{k-1}} \rfloor - 1 \right) \leqslant c'' \cdot \sqrt[k]{l}$$
$$\Leftrightarrow \qquad\qquad\qquad\qquad\qquad\qquad\qquad\qquad\qquad \text{définition de } \mathcal{O}$$
$$T_{k-1}\left(\lfloor \sqrt[k]{l^{k-1}} \rfloor - 1 \right) \in \mathcal{O}(\sqrt[k]{l}).$$

Les deux termes de l'inéquation sont en $\mathcal{O}(\sqrt[k]{l})$, on en conclut que $T_k(l) \in \mathcal{O}(\sqrt[k]{l})$.

113 - R 4   **Réponse 4.**   On recherche le nombre triangulaire le plus proche supérieurement (ici c'est toujours 36), et le découpage se fait comme pour 36 jusqu'au sommet (29) de l'immeuble :

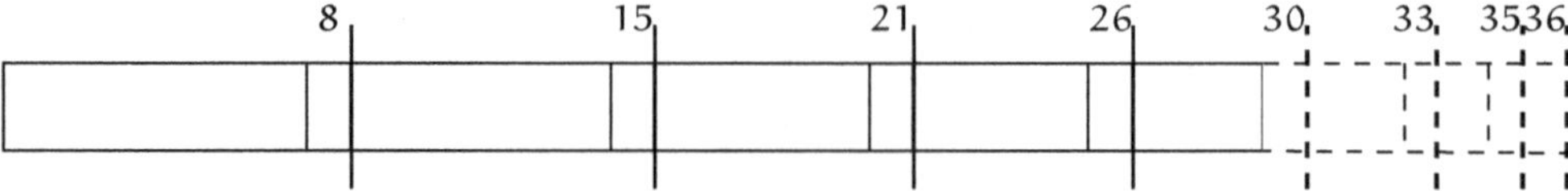

Les lâchers se font alors comme suit (en indice le numéro de l'œuf) : 8_1, 15_1, 21_1, 26_1, 29_1, le premier œuf se casse. On réalise la phase séquentielle sur l'intervalle $27 .. 28 : 27_2, 28_2$, le second œuf ne se casse pas pour fournir le résultat $f = 29$ en sept lâchers. Le lecteur pourra vérifier que prendre le nombre triangulaire le plus proche *inférieurement* (26 ici) exige plus de lâchers (huit ici).

Réponse 5. Démontrons par récurrence sur i et n que $t_{i-1} < n \leqslant t_i \Rightarrow T_2(n) = i$.

113 - R 5

Base Pour $n = 1$ et $i = 1$, on a $t_0(= 0) < n \leqslant t_1(= 1)$. Un seul lâcher permet effectivement de conclure.

Hypothèse de récurrence

$$\forall\, (m, j) \cdot (m < n \textbf{ et } j \leqslant i \Rightarrow (t_{j-1} < m \leqslant t_j \Rightarrow T_2(m) = j))$$

Récurrence Il faut montrer que si $t_i < n \leqslant t_{i+1}$, alors $T_2(n) = i + 1$. En accord avec la stratégie adoptée, le premier lâcher s'effectue à l'étage $i + 1$. Deux cas sont alors à considérer.

(a) L'œuf casse. Il faut au pire $1_1 + i_2$ lâchers pour conclure, soit $i + 1$ lâchers au total.

(b) L'œuf ne casse pas. Le problème avec n étages devient alors un problème avec $n - (i + 1)$ étages.

$$t_i < n \leqslant t_{i+1}$$
$$\Leftrightarrow \qquad\qquad\qquad\qquad\qquad\qquad \text{définition de } t_i \text{ et } n - (i + 1) > 0$$
$$\sum_{j=1}^{i} j - (i + 1) < n - (i + 1) \leqslant \sum_{j=1}^{i+1} j - (i + 1)$$
$$\Leftrightarrow \qquad\qquad\qquad\qquad\qquad\qquad\qquad\qquad\qquad \text{arithmétique}$$
$$\left(\sum_{j=1}^{i-1} j \right) - 1 < n - (i + 1) \leqslant \sum_{j=1}^{i} j$$
$$\Leftrightarrow \qquad\qquad\qquad\qquad\qquad\qquad \text{définition de } t_i \text{ et arithmétique}$$
$$t_{i-1} \leqslant n - (i + 1) \leqslant t_i$$

Deux sous-cas sont à considérer. Si $t_{i-1} = (n - (i + 1))$, $(i - 1)$ lâchers suffisent pour $(n - (i + 1))$ étages et donc i lâchers pour n. Sinon, l'hypothèse d'induction s'applique et i lâchers sont nécessaires pour $(n - (i + 1))$ étages et donc $(i + 1)$ lâchers pour n étages.

Complexité On a donc bien $T_2(n) = i$. Dans le cas où $n = t_i$ $(t_i = i \cdot (i + 1)/2)$, on déduit facilement (c'est la solution positive de l'équation $i^2 + i - 2n = 0$) que $i = (-1 + \sqrt{8n + 1})/2$, d'où $i \in \Theta(\sqrt{2n})$ ou encore $T_2(n) \in \Theta(\sqrt{2n})$. La méthode triangulaire pour $k = 2$ est donc toujours en $\mathcal{O}(\sqrt{n})$ lâchers.

Réponse 6. Pour un entier v donné, il s'agit de rechercher le germe g vérifiant la double

113 - R 6

inéquation $t_{g-1} < v \leqslant t_g$. Si v est exactement un nombre triangulaire, alors g est l'entier $((-1 + \sqrt{8v + 1})/2)$ (voir question précédente) ; sinon, l'équation $h^2 + h - 2v = 0$ a pour solution h telle que $((-1 + \sqrt{8v + 1})/2 - 1) < h < ((-1 + \sqrt{8v + 1})/2)$. g est alors le « plafond » de h, soit $\lceil (-1 + \sqrt{8v + 1})/2 \rceil$. Cette formule convient dans tous les cas et le calcul du germe $g = \lceil (-1 + \sqrt{8v + 1})/2 \rceil$ se fait en temps constant.

Réponse 7. On débute par la présentation de l'induction, puis on détaille la construction

113 - R 7

de l'itération contenue dans la partie inductive proprement dite.

Base Deux cas sont à considérer. Soit il ne reste plus qu'un seul œuf, soit la hauteur l du segment en cours d'analyse est nulle ($l = bs - bi + 1$). Dans le premier cas, on réalise une recherche séquentielle en utilisant la fonction *Œuf1* de la première question. Le second cas survient lorsque l n'est pas un nombre triangulaire et que la recherche a été menée jusqu'à l'extrémité. Le résultat est alors bi (soit le dernier étage plus un).

Hypothèse d'induction On sait résoudre le problème pour tout segment de taille inférieure à l.

Induction La phase de division consiste à rechercher, par une boucle de pas décroissant de 1 à chaque itération, un segment permettant de conclure, avant en général d'appliquer la fonction *ŒufkTriangle* sur ce segment.

La construction de la boucle se fonde sur les éléments suivants :

Invariant

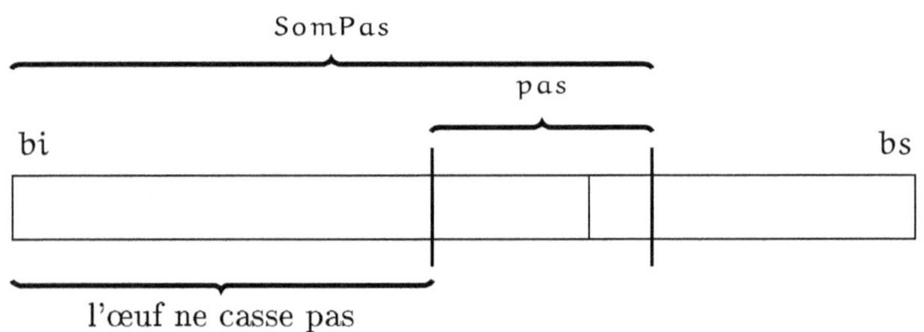

$$\left(\begin{array}{c} bi \in \mathbb{N}_1 \text{ et } bs \in \mathbb{N}_1 \text{ et } l = (bs - bi + 1) \text{ et } l \geqslant 0 \text{ et} \\ pas \in 0 \mathrel{..} Germe(l) \text{ et } SomPas \in Germe(l) \mathrel{..} l \text{ et } SomPas = \displaystyle\sum_{j=pas}^{Germe(l)} j \end{array} \right)$$

Condition d'arrêt (et traitement en sortie de boucle) Trois cas sont à considérer pour la condition d'arrêt :

  (a) $pas = 0$. Ce cas survient lorsque l est un nombre triangulaire et que l'on a atteint l'extrémité bs. Dans le code en sortie de boucle, on peut alors au choix délivrer directement la valeur $bs+1$ ou faire un appel récursif avec les bornes $bi+SomPas$ et bs. C'est cette seconde solution qui est mise en œuvre ci-dessous.

  (b) $bi + SomPas - 1 > bs$. Ce cas survient lorsque l n'est pas un nombre triangulaire et que le segment à traiter est le dernier. On effectue un appel récursif avec les bornes $bi + SomPas - pas$ et bs.

  (c) $Casse(bi + SomPas - 1)$. Ce cas doit être évalué par court-circuit afin d'éviter des lâchers superflus. L'œuf se casse sur le dernier étage du segment à traiter. On effectue un appel récursif avec les bornes $(bi+SomPas-pas)$ et $(bi+SomPas-2)$ (l'étage $(bi + SomPas - 1)$ vient d'être testé, inutile de le prendre en compte à nouveau).

Progression Les variables pas et $SomPas$ sont mises à jour.

Initialisation Les variables pas et $SomPas$ prennent la valeur du germe de l.

Terminaison Le pas décroît strictement à chaque itération tout en restant positif ou nul. L'expression pas convient donc comme fonction de terminaison.

Le modèle de division se décrit par :

$$
\text{ŒufkTriangle}_1(l) \rightarrow \left(\begin{array}{l} \text{cas élémentaire, étape} \\ \text{séquentielle sur un seg-} \\ \text{ment de longueur } l \end{array} \right)
$$

$$
\text{ŒufkTriangle}_k(l) \rightarrow \text{ŒufkTriangle}_{k-1}(g') + \left(\begin{array}{l} \text{Boucle de} \\ g'' \quad \text{itéra-} \\ \text{tions pour} \\ \text{déterminer} \\ \text{le segment à} \\ \text{traiter} \end{array} \right) \quad \begin{array}{l} l > 0, k > 1 \text{ et } g' + \\ g'' = Germe(l) \end{array}
$$

Le code de la fonction *ŒufkTriangle* se présente comme suit :

```
 1. fonction ŒufkTriangle(bi, bs) résultat ℕ₁ pré
 2.    bi ∈ 1..n+1 et bs ∈ 1..n+1 et bs − bi + 1 ⩾ 0 et
 3.    pas ∈ ℕ et SomPas ∈ 1..n
 4. début
 5.    soit l tel que
 6.       l = bs − bi + 1
 7.    début
 8.       si k = 1 ou sinon bi = bs + 1 alors
 9.          si k = 1 alors
10.             résultat Œuf1(bi, bs)
11.          sinon
12.             résultat bi
13.          fin si
14.       sinon
15.          pas ← Germe(l) ; SomPas ← pas ;
16.          tant que non ( pas = 0 ou sinon
                            bi + SomPas − 1 > bs ou sinon
                            Casse(bi + SomPas − 1) )          faire
17.             pas ← pas − 1 ;
18.             SomPas ← SomPas + pas
19.          fin tant que ;
20.          si pas = 0 ou bi + SomPas − 1 > bs alors
21.             résultat ŒufkTriangle(bi + SomPas − pas, bs)
22.          sinon
23.             résultat ŒufkTriangle(bi + SomPas − pas, bi + SomPas − 2)
24.          fin si
25.       fin si
26.    fin
27. fin
```

Complexité   On se préoccupe à présent de la complexité de cette fonction. Pour simplifier, on suppose que l est un nombre triangulaire. Ce cas se généralise facilement à tout entier naturel. Les deux équations de base sont $T_1(l) = l$ $(l \geqslant 0)$ et $T_k(0) = 0$ $(k \geqslant 1)$. La première équation trouve sa justification dans le fait que s'il ne reste qu'un seul œuf, une recherche séquentielle s'impose. La seconde est triviale : s'il n'y a pas d'étage, il n'y a pas de lâcher. Le cas inductif $T_k(l)$ est plus complexe. Il faut *a priori* prendre la plus grande valeur entre $T_{k-1}(Germe(l)-1)+1$, $T_{k-1}(Germe(l)-2)+2$, ..., $T_{k-1}(0)+Germe(l)$. L'expression $T_{k-1}(Germe(l)-i)+i$ exprime que l'on applique la démarche avec un œuf de moins sur le i^e segment triangulaire moins son dernier élément (qui a déjà fait l'objet d'un lâcher).

En y regardant de plus près, on s'aperçoit que, pour tout i, chaque $T_{k-1}(Germe(l)-i)+i$ vaut au pire $Germe(l)$ [23]. On a donc l'équation simplifiée suivante :

$$
\begin{array}{ll}
T_1(l) = l & l \geqslant 0 \\
T_k(0) = 0 & k \geqslant 1 \\
T_k(l) = Germe(l) & l > 0 \text{ et } k > 1.
\end{array}
$$

Cette équation n'est pas une équation récurrente. Lorsque $k > 1$, $Germe(l)$ se comporte comme $2 \cdot \sqrt{l}$. On obtient :

$$
T_k(l) \in \mathcal{O}(\sqrt{l}) \qquad k > 1.
$$

113 - R 8 **Réponse 8.** Pour $k = 2$, les deux méthodes fournissent des temps d'exécution comparables dans 9% des cas, la méthode triangulaire est meilleure dans 50% des cas et la radixchotomie dans 41% des cas. Pour $k \in 3..10$, la radixchotomie surclasse sensiblement la méthode triangulaire. Au-delà de 10, les tests n'ayant pas été réalisés, nous en sommes réduits à extrapoler ce résultat.

Solution de l'exercice 114 Recherche d'un doublon dans un sac

Énoncé page 497.

114 - R 1 **Réponse 1.**

(a) La spécification de la boucle étant fournie dans l'énoncé, il reste à développer ses différents constituants.

Invariant Appliquons l'heuristique classique de découverte d'un invariant (voir chapitre 3), en séparant la postcondition en deux parties. On écarte le conjoint le plus difficile à établir, celui qui est commun aux deux sous-tableaux, pour conserver les autres conjoints, soit :

   i. $mil = \lfloor (bi + bs)/2 \rfloor$.

   ii. $T[bg..bd]$ est une permutation multiensembliste des valeurs initiales.

   iii. $i \in bg..bd - 1$.

   iv. $bil..bsl \subseteq bi..mil$.

   v. Le sous-tableau prend ses valeurs dans l'intervalle $bil..bsl$.

   vi. $(bil..bsl \neq \varnothing) \Rightarrow (bil \in T[bg..i-1]$ et $bsl \in T[bg..i-1])$.

   vii. $card(bg..i-1) \in 0..card(bil..bsl) + 1$.

   viii. Les conjoints similaires à ceux du sous-tableau $T[bg..i-1]$ pour le sous-tableau $T[s+1..bd]$.

---

23. Prenons par exemple l'équation $T_{k-1}(Germe(l)-1)+1$. Si $k = 1$, $Germe(l)$ lâchers sont nécessaires. En revanche, s'il y a toujours assez d'œufs, on va réaliser moins de $Germe(l)$ lâchers. On peut le vérifier par exemple pour $l = 36$ et $k = 10$, valeurs pour lesquelles on évalue $T_{10}(36)$, $T_9(7)$, $T_8(3)$, $T_7(1)$ et $T_6(0)$ lâchers, soit quatre lâchers au total.

Condition d'arrêt Comme indiqué ci-dessus, on retient le conjoint écarté :

$$\text{card}(\text{bg}..\,i-1) = \text{card}(\text{bil}..\,\text{bsl}) + 1 \ \textbf{ou} \ \text{card}(s+1..\,\text{bs}) = \text{card}(\text{bir}..\,\text{bsr}) + 1.$$

Par construction, la conjonction de l'invariant et de la condition d'arrêt implique bien la postcondition de la boucle.

Progression Ainsi que nous le rappelle la théorie, elle consiste à préserver l'invariant sous l'hypothèse de la négation de la condition d'arrêt. Ceci se fait en comparant l'élément $T[i]$ à mil et en mettant à jour soit $T[\text{bg}..\,i-1]$, soit $T[s+1..\,\text{bd}]$ et ses attributs (voir code ci-dessous).

Initialisation Les sous-tableaux $T[\text{bg}..\,i-1]$ et $T[s+1..\,\text{bd}]$ doivent être vides. Pour ce faire, les variables i et s prennent respectivement les valeurs bg et bd. Les intervalles $\text{bil}..\,\text{bsl}$ et $\text{bir}..\,\text{bsr}$ doivent être initialisés à $\varnothing$, ce qui est exprimé dans les lignes 6 et 7 dans le code ci-après.

Terminaison $s+1-i$ est une expression non négative qui décroît strictement à chaque pas de progression, ce qui assure la terminaison de la boucle.

(b) À l'issue de la boucle, l'un au moins des deux sous-tableaux $T[\text{bg}..i-1]$ ou $T[s+1..\text{bs}]$ est le tableau $T[\text{nbg}..\text{nbd}]$ recherché. Cette remarque permet de compléter la construction de la procédure *Ventiler* par la rédaction du code de l'alternative finale :

```
 1. procédure Ventiler(bi, bs, bg, bd; nbi, nbs, nbg, nbd : modif) pré
 2.    bi, bs ∈ ℤ × ℤ et bg, bd ∈ 1..n × 1..n et
 3.    nbi, nbs ∈ ℤ × ℤ et nbg, nbd ∈ 1..n × 1..n et
 4.    /% voir prédicat P de l'énoncé %/
 5. début
 6.    i ← bg ; bil ← mil + 1 ; bsl ← bi − 1 ;
 7.    s ← bd ; bir ← bs + 1 ; bsr ← mil ;
 8.    tant que non ( card(bg .. i − 1) = card(bil .. bsl) + 1 ou
                      card(s + 1 .. bd) = card(bir .. bsr) + 1 ) faire
 9.       si T[i] ⩽ mil alors
10.          bil ← min({bil, T[i]}) ; bsl ← max({bsl, T[i]}) ;
11.          i ← i + 1
12.       sinon
13.          bir ← min({bir, T[i]}) ; bsr ← max({bsr, T[i]}) ;
14.          Échange(i, s) ;
15.          s ← s − 1
16.       fin si
17.    fin tant que ;
18.    si card(bg .. i − 1) = card(bil .. bsl) + 1 alors
19.       nbi ← bil ; nbs ← bsl ; nbg ← bg ; nbd ← i − 1
20.    sinon
21.       nbi ← bir ; nbs ← bsr ; nbg ← s + 1 ; nbd ← bd
22.    fin si
23. fin
```

(c) On présente en figure 8.28 une trace de cet algorithme sur l'exemple de l'énoncé. Initialement, on a : $\text{bi} = 12, \text{bs} = 19, \text{bg} = 1, \text{bd} = 9$ et $\text{mil} = 15$.

À la fin du pas 7, on a seulement quatre valeurs (12 à 15) dans le sous-tableau $T[1..5]$ et la condition d'arrêt est satisfaite ($\text{card}(\text{bg}..\,i-1) = \text{card}(1..5) = 5$, alors que $\text{card}(\text{bil}..\,\text{bsl}) = \text{card}(12..15) = 4$). On procède aux affectations associées pour obtenir $\text{nbi} = 12, \text{nbs} = 15, \text{nbg} = 1, \text{nbd} = 5$.

pas	0	1	2	3	4	5	6	7
T[1]	14	14	14	14	14	14	14	14
T[2]	17	17	**15**	15	15	15	15	15
T[3]	12	12	12	12	12	12	12	12
T[4]	19	19	19	19	19	**14**	14	14
T[5]	14	14	14	14	14	14	14	14
T[6]	16	16	16	16	16	16	16	16
T[7]	12	12	12	12	12	12	12	12
T[8]	14	14	14	14	14	**19**	19	19
T[9]	15	15	**17**	17	17	17	17	17
i	1	**2**	2	**3**	**4**	4	**5**	**6**
s	9	9	**8**	8	8	**7**	7	7
bil	16	**14**	14	14	**12**	12	12	12
bsl	11	**14**	14	**15**	15	15	15	15
bir	20	20	**17**	17	17	17	17	17
bsr	15	15	**17**	17	17	**19**	19	19
cond. arrêt	**faux**	**faux**	**faux**	**faux**	**faux**	**faux**	**faux**	**vrai**

Fig. 8.28 – Trace de l'algorithme sur l'exemple de l'énoncé

(d) Le nombre d'itérations est borné par $n = \text{card}(bg \mathbin{..} bd)$; la progression contient une alternative. Au pire, $2n + 1$ conditions sont évaluées. La complexité de cette opération est donc en $\mathcal{O}(n)$.

(e) Concernant la formule 8.22, page 501, on distingue deux cas selon que l'on quitte la procédure par la branche **alors** ou par la branche **sinon**. Pour la branche **alors**, on a le développement suivant :

$$
\begin{aligned}
&\left\lfloor \frac{\text{card}(bg \mathbin{..} bd)}{2} \right\rfloor \\
\geqslant\ &\left\lfloor \frac{\text{card}(bi \mathbin{..} bs)}{2} \right\rfloor && \text{précondition } \text{card}(bg \mathbin{..} bd) > \text{card}(bi \mathbin{..} bs) \\
=\ &\text{card}(bi \mathbin{..} mil) && \text{définition de } mil \\
\geqslant\ &\text{card}(bil \mathbin{..} bsl) && bil \mathbin{..} bsl \subseteq bi \mathbin{..} mil \text{ (invariant de la boucle)} \\
=\ &\text{card}(bg \mathbin{..} i - 1) - 1 && \text{condition de sortie de la boucle} \\
=\ &\text{card}(nbg \mathbin{..} nbd) - 1. && \text{affectation de la branche } \textbf{alors}
\end{aligned}
$$

Par transitivité, on en déduit la formule 8.22 pour la branche **alors**. Le cas de la branche **sinon** se traite de la même façon.

---

114 - R 2   **Réponse 2.** Les principaux éléments de la construction ont été présentés ci-dessus. Soit $n = \text{card}(bg \mathbin{..} bd)$.

Base Si $T[bg..bd]$ contient un doublon et possède exactement deux éléments, le doublon est l'un deux, $T[bg]$ par exemple.

Hypothèse d'induction On sait découvrir un doublon dans tout tableau de taille inférieure ou égale à $(\lfloor n/2 \rfloor + 1)$ (pour $n \geqslant 2$).

Induction On ventile les éléments selon la méthode de la première question. On obtient un tableau de taille inférieure ou égale à $(\lfloor n/2 \rfloor + 1)$. On sait le traiter d'après l'hypothèse d'induction.

Terminaison La formule 8.22 garantit que la taille du nouveau sous-tableau est inférieure ou égale à $(\lfloor n/2 \rfloor + 1)$. En outre, pour $n > 2$, $(\lfloor n/2 \rfloor + 1) < n$. La taille du nouveau sous-tableau est donc strictement plus petite que celle de l'ancien. Ceci assure la terminaison de l'algorithme.

Le modèle de division se décrit par :

$$
\begin{array}{ll}
\text{CherchDoubl}(2) \text{ cas trivial} & \\[2ex]
\text{CherchDoubl}(n) \rightarrow \text{CherchDoubl}(m) + \begin{pmatrix} \text{Itération pour} \\ \text{construire} \quad \text{et} \\ \text{déterminer} \quad \text{le} \\ \text{sous-tableau} \quad \text{à} \\ \text{traiter} \end{pmatrix} & \begin{array}{l} n > 2 \text{ et} \\ m \leqslant \lfloor n/2 \rfloor + 1 \end{array}
\end{array}
$$

Le code de la fonction *CherchDoubl* se présente comme suit :

```
1.  fonction CherchDoubl(bi, bs, bg, bd) résultat bi .. bs pré
2.     bi, bs ∈ ℤ × ℤ et bg, bd ∈ 1 .. n × 1 .. n et
3.     /% voir prédicat P de l'énoncé sans le conjoint card(bg .. bd) > 2 %/
4.  début
5.     si card(bg .. bd) = 2 alors
6.        résultat T[bg]
7.     sinon
8.        Ventiler(bi, bs, bg, bd, nbi, nbs, nbg, nbd) ;
9.        résultat CherchDoubl(nbi, nbs, nbg, nbd)
10.    fin si
11. fin
```

On remarque que la structure de cette opération (fondée sur une récursivité terminale) se prête à une transformation sous forme itérative (transformation non réalisée ici).

Complexité L'équation de la complexité au pire en termes de conditions évaluées se présente sous la forme suivante :

$$
\left|
\begin{array}{ll}
C(2) = 1 & \\[2ex]
C(n) = C\left(\left\lfloor \dfrac{n}{2} \right\rfloor + 1 \right) + 2n + 2 & \qquad n > 2.
\end{array}
\right.
$$

Cette équation n'entre pas dans le répertoire des solutions fournies par le théorème maître (voir page 441). Elle s'approche cependant suffisamment de son corollaire pour que l'on envisage une solution en $\mathcal{O}(n)$. La démonstration se fait par induction. On doit démontrer qu'il existe une constante positive c telle que :

$$
C(n) \leqslant c \cdot n.
$$

Pour ce faire, on démontre (partie inductive de la démonstration) que si (c'est l'hypothèse d'induction) :

$$C\left(\left\lfloor \frac{n}{2} \right\rfloor + 1\right) \leqslant c \cdot \left(\left\lfloor \frac{n}{2} \right\rfloor + 1\right) \tag{8.49}$$

alors $C(n) \leqslant c \cdot n$. On réussit simplement à démontrer cette implication pour $c \geqslant 5$ et pour tout $n \geqslant n_0$ (avec $n_0 = 2c + 4$). Dans la suite, on retient $c = 5$. Dans ces conditions, il reste à démontrer (c'est la base) que l'hypothèse d'induction est satisfaite pour n_0, soit :

$$C\left(\left\lfloor \frac{n_0}{2} \right\rfloor + 1\right) \leqslant c \cdot \left(\left\lfloor \frac{n_0}{2} \right\rfloor + 1\right).$$

Effectuons à présent la démonstration complète.

Hypothèse d'induction Il existe un $c > 0$ tel que la formule 8.49 est satisfaite.

Induction

$$\begin{aligned} & C(n) \\ \leqslant \quad & \qquad\qquad\qquad\qquad \text{définition, arithmétique, hypothèse d'induction et } \lfloor x \rfloor \leqslant x \\ & c \cdot \frac{n}{2} + c + 2n + 2 \end{aligned} \tag{8.50}$$

Il serait intéressant de majorer l'expression $(c+2n+2)$ par $(c \cdot n/2)$. À quelle condition est-ce possible ?

$$\begin{aligned} & c + 2n + 2 \leqslant c \cdot \frac{n}{2} \\ \Leftrightarrow \quad & \qquad\qquad\qquad\qquad\qquad\qquad\qquad\qquad \text{arithmétique} \\ & 2c + 4 \leqslant c \cdot n - 4n \end{aligned}$$

Une solution consiste à choisir $c = 5$. Ce choix impose que $n \geqslant 14$. Posons $n_0 = 14$. Sous cette condition, en repartant de la formule 8.50, on a :

$$\begin{aligned} & c \cdot \frac{n}{2} + c + 2n + 2 \\ \leqslant \quad & \qquad\qquad\qquad\qquad\qquad\qquad\qquad\qquad \text{pour } c = 5 \text{ et } n \geqslant 14 \\ & c \cdot \frac{n}{2} + c \cdot \frac{n}{2} \\ = \quad & \qquad\qquad\qquad\qquad\qquad\qquad\qquad\qquad \text{arithmétique} \\ & c \cdot n \end{aligned}$$

ce qui achève la partie inductive de la démonstration.

Base Il faut démontrer la formule 8.49 avec $c = 5$ et $n = n_0$:

$$\begin{aligned} & C\left(\left\lfloor \frac{14}{2} \right\rfloor + 1\right) \leqslant 5 \cdot \left(\left\lfloor \frac{14}{2} \right\rfloor + 1\right) \\ \Leftrightarrow \quad & \qquad\qquad\qquad\qquad\qquad\qquad\qquad\qquad \text{arithmétique} \\ & C(8) \leqslant 40 \end{aligned} \tag{8.51}$$

Recherchons par sommation la valeur de $C(8)$ afin de vérifier la proposition précédente :

$$C(8) \;=\; C\!\left(\left\lfloor\frac{8}{2}\right\rfloor + 1\right) + 2\cdot 8 + 2$$

$$+ \quad C(5) \;=\; C\!\left(\left\lfloor\frac{5}{2}\right\rfloor + 1\right) + 2\cdot 5 + 2$$

$$+ \quad C(3) \;=\; C\!\left(\left\lfloor\frac{3}{2}\right\rfloor + 1\right) + 2\cdot 3 + 2$$

$$+ \quad C(2) \;=\; \qquad\qquad\qquad\qquad 1$$

$$\overline{ C(8) \;=\; \qquad\qquad\qquad\qquad 39}$$

La formule 8.51 est donc satisfaite. On en conclut que $C(n) \in \mathcal{O}(n)$.

Solution de l'exercice 115   Le plus grand carré et le plus grand rectangle sous un histogramme

Énoncé page 501.

Réponse 1. Vu la nature d'un histogramme, l'existence d'un carré qui ne touche pas l'axe des abscisses implique l'existence d'un autre carré de même taille « plus bas » dans l'histogramme (la réciproque est fausse). $\boxed{\textbf{115 - R 1}}$

Réponse 2. Sur la base de l'invariant proposé dans l'énoncé, la construction de l'itérative se poursuit de la manière suivante : $\boxed{\textbf{115 - R 2}}$

Condition d'arrêt La conjonction de la condition $(i = n + 1)$ et de l'invariant implique la postcondition. C'est donc une condition d'arrêt correcte.

Progression Trois cas sont à considérer.

(a) Le carré jouxtant i peut s'élargir d'une unité vers i et peut également s'agrandir d'une unité en hauteur :

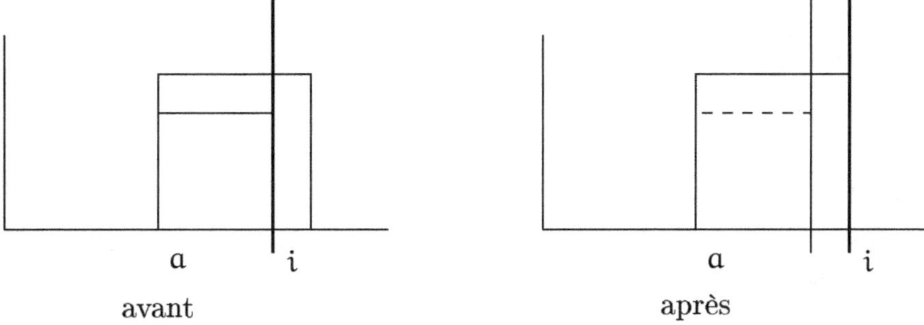

La condition qui détermine ce cas se formule par une conjonction. Tout d'abord, $h[i] \geqslant (i - a + 1)$ exprime qu'il y a de la place dans la colonne i pour *élargir* le carré vers la droite. Ensuite, $\min(h[a .. i - 1]) \geqslant i - a + 1$ traduit le fait qu'il y a de la place au-dessus de l'ancien carré pour *l'agrandir en hauteur*. La valeur de r doit alors éventuellement être mise à jour. Notons dès à présent que l'expression $\min(h[a .. i - 1])$ ne peut rester en l'état, il faut la raffiner. Nous y reviendrons.

(b) La hauteur de la colonne i ne permet pas au carré existant de s'élargir :

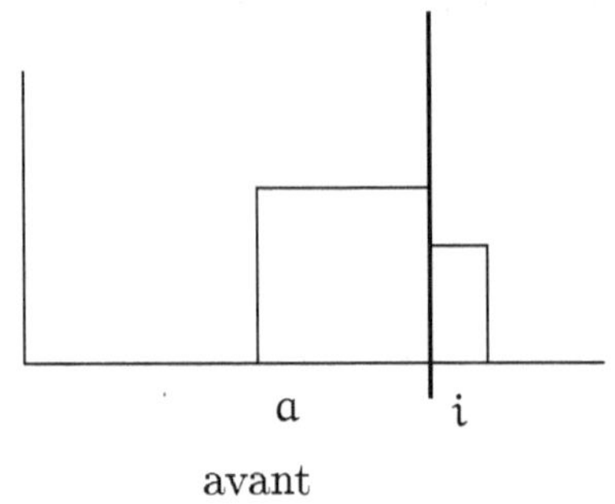

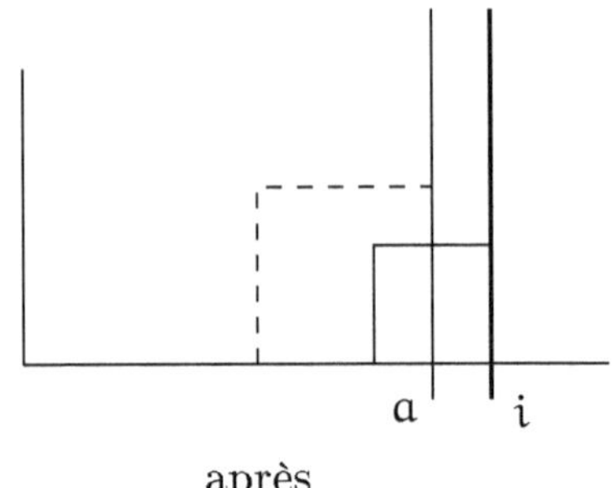

La condition correspondante s'exprime par $h[i] < (i - a + 1)$. La valeur de a doit être mise à jour (voir ci-dessous) mais la meilleure solution connue ne change pas puisque le nouveau carré jouxtant le nouvel i diminue de surface.

(c) La hauteur de la colonne i permettrait d'élargir le carré existant, mais il n'y a pas de place au dessus de ce carré. Le mieux que l'on puisse faire est de décaler le carré vers la « droite » :

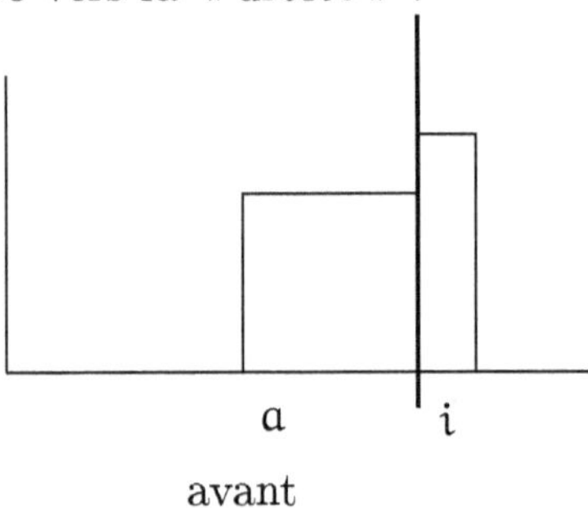

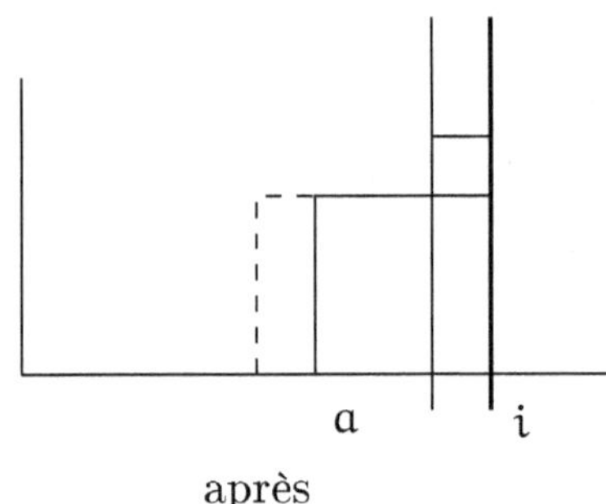

La condition qui détermine ce cas peut s'exprimer par $h[i] \geqslant (i - a + 1)$ **et** $\min(h[a .. i - 1]) < (i - a + 1)$. La valeur de a doit être mise à jour, mais celle de r ne change pas.

Le code correspondant à cette progression est le suivant (la mise à jour de i est factorisée après l'alternative) :

```
1. si h[i] ⩾ i − a + 1 et  min(h[a .. i − 1]) ⩾ i − a + 1 alors
2.     r ← max(r, i − a + 1)
3. sinonsi h[i] < i − a + 1 alors
4.     a ← i − h[i] + 1
5. sinon
6.     a ← a + 1
7. fin si ;
8. i ← i + 1
```

Initialisation   1. $a \leftarrow 1$; $i \leftarrow 1$; $r \leftarrow 0$

Terminaison La valeur de i augmente à chaque pas, l'expression $(n + 1 - i)$ assure la terminaison.

Complexité L'expression min présente dans la progression doit être raffinée. La première idée venant à l'esprit consiste à renforcer l'invariant par l'expression $m = \min(h[a .. i - 1])$. Cependant, sans faire le développement, il est facile de voir que la valeur de m ne peut être mise à jour efficacement : le second cas de l'alternative exigerait pour ce faire une boucle. Une solution naïve consiste à faire précéder l'alternative par le calcul de la valeur du min. Cette solution est facile à mettre en œuvre (celle-ci est laissée à la charge du lecteur).

Du point de vue complexité, dans le pire des cas (celui où la valeur de a ne change pas), les différents calculs de l'expression min se font sur des longueurs $0, 1, \ldots, n-1$, d'où une complexité en $\mathcal{O}(n^2)$ conditions évaluées. Nous allons voir qu'il est possible d'améliorer ce résultat.

Réponse 3. Il s'agit de reprendre la solution naïve en renforçant convenablement l'invariant à partir des considérations présentées dans l'énoncé. $\boxed{\text{115 - R 3}}$

Invariant On renforce l'invariant en lui adjoignant la proposition suivante : f est l'histogramme de $h[a \mathinner{..} i-1]$.

Condition d'arrêt Elle est inchangée.

Progression Nous avons déjà vu que le raffinement de l'expression min se fait facilement, à condition que l'histogramme f soit disponible. Il ne faut cependant pas perdre de vue que, dans chacun des trois cas de la progression, il faut rédiger un fragment de code pour rétablir la partie de l'invariant qui a été ajoutée. Dans les trois cas répertoriés lors de la première version, la « fenêtre » $h[a \mathinner{..} i-1]$ se déplace globalement vers la droite exigeant une mise à jour concomitante de f. Dans le premier cas, seul i progresse (de 1). Il suffit de mettre à jour $f[h[i]]$. Dans le troisième cas, i et a progressent (de 1) de la même façon. C'est un cas similaire au précédent. Le second cas est plus délicat puisque, si i progresse toujours de 1, la nouvelle valeur de a est $i - h[i] + 1$. La mise à jour correspondant à f exige une boucle pour mettre à jour l'ensemble des positions affectées. Le code présenté ci-dessous précise ces traitements. Certaines factorisations sont réalisées.

Initialisation Il faut ajouter à l'initialisation existante celle de f : $f \leftarrow 0 \mathinner{..} n \times \{0\}$.

Terminaison La fonction proposée précédemment convient.

Le code correspondant est :

```
 1.  constantes
 2.    n ∈ ℕ₁ et n = ... et h ∈ 1..n → 0..n et h = [...]
 3.  variables
 4.    f ∈ 0..n → 0..n et a ∈ 1..n+1 et i ∈ a..n+1 et r ∈ 0..n
 5.  début
 6.    a ← 1 ; i ← 1 ; r ← 0 ;
 7.    f ← 0..n × {0} ;
 8.    tant que i ≠ n+1 faire
 9.      si h[i] ⩾ i-a+1 et f[i-a] = 0 alors
10.        r ← max({r, i-a+1})
11.      sinonsi h[i] < i-a+1 alors
12.        pour k ∈ a..i-h[i] faire
13.          f[h[k]] ← f[h[k]] - 1
14.        fin pour ;
15.        a ← i-h[i]+1
16.      sinon
17.        f[h[a]] ← f[h[a]] - 1 ;
18.        a ← a+1
19.      fin si ;
20.      f[h[i]] ← f[h[i]] + 1 ;
21.      i ← i+1
22.    fin tant que
23.  fin
```

Complexité   L'imbrication de deux boucles comme dans ce code est souvent à l'origine d'une complexité quadratique. Pourtant, ce n'est pas le cas ici car nous observons que :

(a) la boucle interne est telle que, si l'on alignait par la pensée toutes ses exécutions, la variable k parcourrait *au pire* l'intervalle $1 .. n$, sans aucun recouvrement,

(b) la variable i quant à elle parcourt exactement l'intervalle $1 .. n$,

(c) chaque élément de h est traité au plus deux fois pour ce qui concerne sa relation avec le tableau f : une fois pour incrémenter l'un des f[k] et au plus une autre fois pour le décrémenter.

Nous pouvons en déduire que la complexité de cette solution est en $\Theta(n)$ conditions évaluées. Cette solution est bien asymptotiquement optimale : il est à l'évidence impossible de résoudre le problème sans prendre en considération la totalité des n valeurs de h.

---

115 - R 4   **Réponse 4.**   Le code ci-dessous résulte directement de l'application de la propriété 115, page 505.

```
 1. fonction AmHDpR(i, s) résultat ℕ pré
 2.    i ∈ ℕ et s ∈ ℕ et s ⩾ i et
 3.    k ∈ i .. s − 1 et gch ∈ ℕ et drt ∈ ℕ
 4. début
 5.    si i = s alors
 6.       résultat 0
 7.    sinon
 8.       k ← PosMin(i, s) ;
 9.       gch ← AmHDpR(i, k) ;
10.       drt ← AmHDpR(k + 1, s) ;
11.       résultat max({gch, (s − i) · h[k], drt})
12.    fin si
13. fin
```

Le résultat est obtenu par l'appel principal $AmHDpR(1, n + 1)$.

Complexité   On considère le nombre de conditions évaluées. Si l'opération *PosMin* est implantée par une recherche linéaire, de fonction de complexité $f(n)$, la complexité la pire de cette version DpR est solution de l'équation récurrente suivante :

$$\left|\begin{array}{l} T(0) = 1 \\ T(n) = T(n - 1) + f(n) \end{array}\right. \qquad n \geqslant 1, \text{ avec } f(n) \in \mathcal{O}(n),$$

soit $T(n) \in \mathcal{O}(n^2)$.

---

115 - R 5   **Réponse 5.**   La fonction $PosMinAux(a, p, q)$ est fondée sur la construction inductive suivante :

Base   Si $p .. q = a.i .. a.s$, alors le minimum de $h[p .. q]$ est $a.m$.

Hypothèse d'induction   Pour tout intervalle $a.i' .. a.s'$ tel que $a.i' .. a.s' \subseteq a.i .. a.s$ et pour tout couple (p, q) tels que $p .. q \subseteq a.i' .. a.s'$, on sait trouver la position du (de l'un des) minimum du tableau $h[p .. q]$.

Induction   Puisque l'on n'est pas dans le cas de base et que $p .. q \subseteq a.i .. a.s$, c'est que $p .. q \subseteq (a.i + 1) .. a.s$ (et) ou $p .. q \subseteq a.i .. (a.s - 1)$. Soit mil le milieu de l'intervalle a.i..a.s. Trois cas sont à considérer. i) Soit p et q sont de part et d'autre de mil (plus précisément mil $\in$ p..q-1) ; dans ce cas il faut rechercher la position du minimum de h[p..mil] dans le sous-arbre gauche (on sait le faire d'après l'hypothèse d'induction) et la position du minimum de h[mil$+1$..q] dans le sous-arbre droit (on sait le faire d'après l'hypothèse d'induction) et retenir la position qui désigne la plus petite valeur. ii) Soit p et q sont dans la première moitié de l'intervalle a.i..a.s (autrement dit q $\leqslant$ mil), auquel cas le résultat à fournir est la position du minimum de h[p..q] dans le sous-arbre gauche (on sait le faire d'après l'hypothèse d'induction). iii) Soit p et q sont dans la seconde moitié de l'intervalle a.i..a.s (autrement dit p $>$ mil). Ce cas est symétrique du précédent. Dans tous les cas, les nouvelles valeurs de p, q, a.i, a.s sont telles que p..q $\subseteq$ a.i..a.s.

Terminaison La hauteur des arbres (ou de l'arbre selon les cas) considérés décroît de 1 à chaque étape tout en restant positive. Ceci assure la terminaison de l'algorithme.

Le code de la fonction *PosMinAux* se présente comme suit :

```
 1. fonction PosMinAux(a, p, q) résultat ℕ₁ pré
 2.     a ∈ asm et p..q ⊆ a.i..a.s et
 3.     mil ∈ a.i..a.s et mg ∈ a.i..a.s et md ∈ a.i..a.s
 4. début
 5.     si p..q = a.i..a.s alors
 6.        résultat a.m
 7.     sinon
 8.        mil ← ⌊(a.i + a.s)/2⌋ ;
 9.        si mil ∈ p..q − 1 alors
10.           mg ← PosMinAux(a.g, p, mil) ;
11.           md ← PosMinAux(a.d, mil + 1, q) ;
12.           si h[mg] < h[md] alors
13.              résultat mg
14.           sinon
15.              résultat md
16.           fin si
17.        sinonsi q ⩽ mil alors
18.           résultat PosMinAux(a.g, p, q)
19.        sinon
20.           résultat PosMinAux(a.d, p, q)
21.        fin si
22.     fin si
23. fin
```

L'arbre A étant supposé construit à partir de l'histogramme h, l'opération « **fonction** *PosMin*(p, q) **résultat** $\mathbb{N}_1$ » appelée dans la fonction *AmHDpR* se présente quant à elle ainsi :

```
 1. fonction PosMin(p, q) résultat ℕ₁ pré
 2.     p..q − 1 ⊆ A.i..A.s
 3. début
 4.     résultat PosMinAux(a, p, q − 1)
 5. fin
```

Complexité de l'opération *PosMinAux* On choisit de dénombrer les nœuds consultés dans l'arbre a construit à partir d'un tableau de $n = 2^k$ éléments lors d'une recherche sur un intervalle $p \mathinner{.\,.} q$. Une évaluation grossière consiste à considérer la complexité au pire et à observer que si, à chaque étape de l'algorithme, on exécutait la branche qui effectue deux appels récursifs (lignes 10 et 11 du texte de l'algorithme), on consulterait *tous* les nœuds de l'arbre soit $(2n - 1)$ nœuds. On en déduit que $PosMinAux(a, p, q) \in \mathcal{O}(n)$.

En y regardant de plus près, on s'aperçoit que ce résultat est pessimiste puisqu'il n'existe aucune configuration recourant systématiquement à cette séquence des deux appels. En effet, considérons les exemples fournis par la figure 8.29, page 647. Les nœuds de forme carrée sont ceux qui achèvent l'induction (les nœuds *sélectionnés*), les nœuds ronds grisés sont quant à eux ceux qui sont *consultés* lors de la recherche. Soit $\mathcal{S}(p, q)$ l'ensemble des nœuds sélectionnés et $\mathcal{C}(p, q)$ l'ensemble des nœuds consultés. Prenons l'exemple (c) de la figure 8.29, page 647, où nous identifions un nœud à l'intervalle qu'il représente. Il correspond à la recherche du minimum de l'intervalle $1 \mathinner{.\,.} 6$. À la racine de l'arbre, la recherche est dédoublée vers les deux fils $1 \mathinner{.\,.} 4$ et $5 \mathinner{.\,.} 7$. L'intervalle $1 \mathinner{.\,.} 4$ est le cas de base, c'est un nœud sélectionné. Pour cette branche, la recherche s'arrête là. Pour l'intervalle $5 \mathinner{.\,.} 7$, la recherche se fait à gauche, dans le nœud $5 \mathinner{.\,.} 7$ qui est également un cas de base. Au total, les nœuds $1 \mathinner{.\,.} 4$ et $5 \mathinner{.\,.} 6$ sont les nœuds *sélectionnés*, tandis que les nœuds $1 \mathinner{.\,.} 8$, $1 \mathinner{.\,.} 4$, $5 \mathinner{.\,.} 7$ et $5 \mathinner{.\,.} 6$ sont les nœuds *consultés*. On observe que :

1) quel que soit $m \in \mathcal{S}(p, q)$, aucun des ascendants ni des descendants de m n'appartient à $\mathcal{S}(p, q)$,

2) deux frères ne peuvent appartenir à $\mathcal{S}(p, q)$ (si c'était le cas, c'est leur père qui devrait appartenir à $\mathcal{S}(p, q)$),

3) l'union des intervalles représentés dans l'ensemble $\mathcal{S}(p, q)$ constitue l'intervalle $p \mathinner{.\,.} q$ (il n'existe pas de « trous »),

4) l'ensemble $\mathcal{C}(p, q)$ est l'union de $\mathcal{S}(p, q)$ et des ascendants des nœuds de $\mathcal{S}(p, q)$.

Considérons le schéma (b) de la figure 8.30, page 647. Il concerne la recherche du minimum sur l'intervalle $2 \mathinner{.\,.} 15$. Celle-ci se fait en consultant 13 nœuds. Si l'on augmente la taille de l'intervalle, en prenant par exemple $1 \mathinner{.\,.} 15$, la consultation s'effectue sur uniquement huit nœuds. Si au contraire on diminue la taille de l'intervalle, en se limitant par exemple à l'intervalle $3 \mathinner{.\,.} 15$, la recherche exige de ne consulter que 11 nœuds. Il semble que la configuration étudiée soit un maximum quant au nombre de nœuds à consulter. Nous admettons le résultat suivant : le maximum de $\mathrm{card}(\mathcal{C}(p, q))$ lorsque p et q varient est atteint uniquement pour $\mathcal{C}(2, n - 1)$, c'est-à-dire lorsque l'on recherche la position du minimum du tableau privé de ses deux extrémités (voir figure 8.30, page 647, pour des exemples). Notre objectif est de montrer que $\mathrm{card}(\mathcal{C}(p, q)) \in \mathcal{O}(\log_2(n))$.

Théorème :
Soit $n = 2^k$, *avec* $k \geqslant 2$. *Pour un arbre de* $2^{k+1} - 1$ *nœuds issu d'un tableau de* n *éléments,*
$\mathrm{card}(\mathcal{C}(2, n - 1)) = 4k - 3$.

Comme le montre la figure 8.30, page 647, le passage de $n = 2^k$ à $n = 2^{k+1}$ se fait en « accrochant » 2^{k+1} feuilles aux 2^k feuilles existantes.

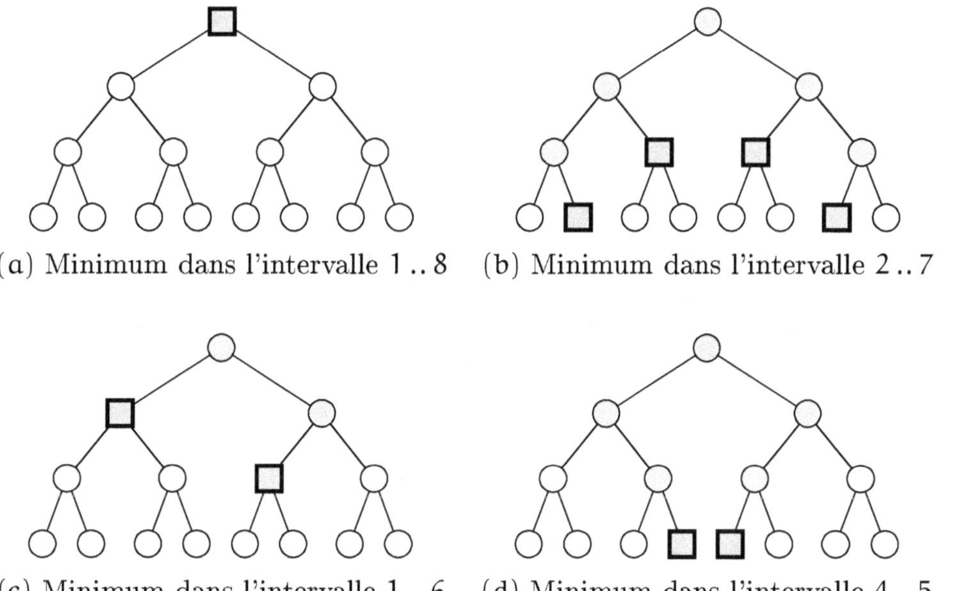

(a) Minimum dans l'intervalle $1..8$ (b) Minimum dans l'intervalle $2..7$

(c) Minimum dans l'intervalle $1..6$ (d) Minimum dans l'intervalle $4..5$

Fig. 8.29 – Exemples de recherche du minimum pour un tableau défini sur l'intervalle $1..8$. Les nœuds sélectionnés sont de forme carrée, les nœuds consultés sont grisés.

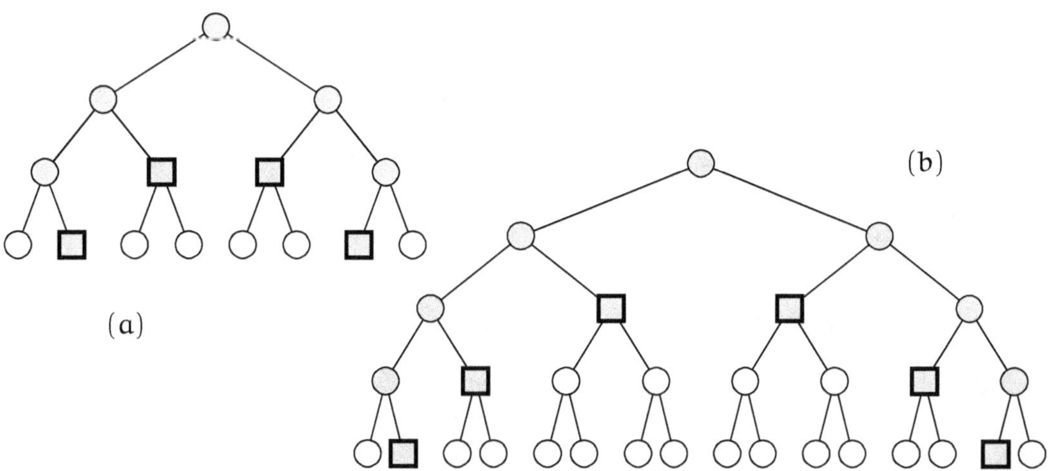

Fig. 8.30 – Recherche du minimum de $h[2..n-1]$ pour $n = 2^3$ et pour $n = 2^4$.

Soit c_k la suite qui fournit le cardinal de l'ensemble $\mathcal{C}(2, n-1)$ pour $n = 2^k$ et $k \geqslant 2$. La suite récurrente c_k s'écrit :

$$\begin{cases} c_2 = 5 \\ c_k = c_{k-1} + 4 \end{cases} \qquad\qquad k > 2.$$

En effet, quand k augmente de 1, le nombre de nœuds consultés augmente de 4. La solution est donc :

$$c_k = 4k - 3 \qquad\qquad \text{pour } k \geqslant 2.$$

Puisque $k = \log_2(n)$, le nombre de nœuds consultés par l'opération *PosMinAux* est en $\mathcal{O}(\log_2(n))$. C'est aussi la complexité de *PosMinAux* en nombre de *conditions* évaluées puisque, pour un nœud donné, le nombre de conditions évaluées est borné. Il s'ensuit que la version DpR du problème du plus grand rectangle sous un histogramme est en $\mathcal{O}(n \cdot \log_2(n))$.

Remarques

(a) La structure de données « arbre de segments minimal » peut être raffinée par une représentation implicite (sans pointeurs). On économise de ce fait l'espace occupé dans chaque nœud par les intervalles, ainsi que par les pointeurs (voir [36] page 331 pour les arbres implicites). Cette étape est laissée en exercice.

(b) Inclure le coût de la construction de l'arbre de segments minimal dans la complexité de l'opération *PosMinAux* est asymptotiquement sans conséquence puisque cette construction est en $\mathcal{O}(n \cdot \log_2(n))$.

---

115 - R 6 **Réponse 6.**   Soit $j \in 1 \mathbin{..} k - 1$:

$$\begin{aligned} & ht_j = \min(h[g_j \mathbin{..} i - 1]) && \text{définition des rectangles ouverts} \\ \Rightarrow\ & && \min(h[g_j \mathbin{..} i - 1]) \leqslant h[g_{j+1}] \text{ et transitivité} \\ & ht_j \leqslant h[g_{j+1}] && \\ \Rightarrow\ & && h[g_{j+1}] < ht_{j+1} \text{ (définition des rectangles ouverts) et transitivité} \\ & ht_j < ht_{j+1}. && \end{aligned}$$

---

115 - R 7 **Réponse 7.**   Si P' est donné, P s'obtient par la formule ci-dessous :

$$P = {<}\, (P'[1] + 1, h[P'[2]]), (P'[2] + 1, h[P'[3]]), \ldots, (P'[k] + 1, h[P'[k+1]])\, {>},$$

soit pour l'exemple : $P = {<} (0,0), (1,1), (4,3), (6,4) {>}$. On retrouve bien la configuration attendue.

---

115 - R 8 **Réponse 8.**   La boucle se construit de la manière suivante.

Invariant m est la superficie du plus grand rectangle dans la portion de l'histogramme $h[0 \mathbin{..} i - 1]$, $i \in 0 \mathbin{..} n + 1$, $k \in 1 \mathbin{..} n + 1$ et $P' = {<} g_1 - 1, \ldots, g_k - 1, s {>}$ est la pile représentant les rectangles ouverts. Cette pile n'est jamais vide : $g_1 - 1 = -1$.

Progression Trois cas sont à considérer selon la situation relative de $h[i]$ et de $h[sommetPile]$.

Premier cas Si $h[i] < h[sommetPile]$, l'invariant est rétabli en dépilant P', puis en mettant à jour m.

Exemple

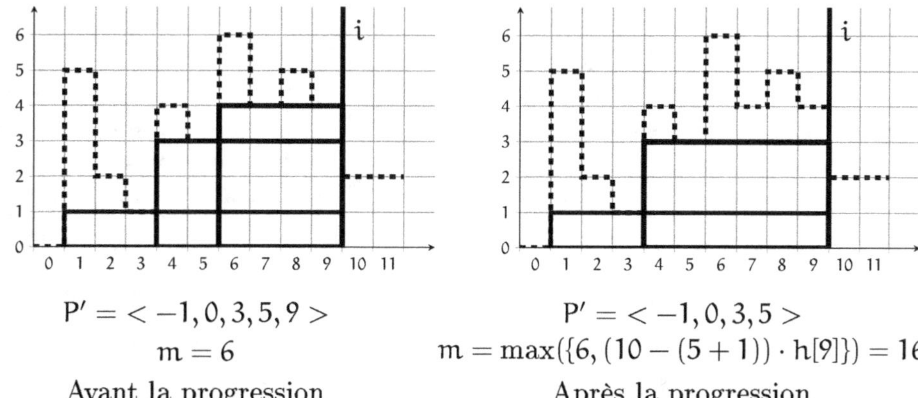

$$P' = \; < -1, 0, 3, 5, 9 >$$
$$m = 6$$

Avant la progression

$$P' = \; < -1, 0, 3, 5 >$$
$$m = \max(\{6, (10 - (5 + 1)) \cdot h[9]\}) = 16$$

Après la progression

Dans le schéma de gauche, la valeur 6 provient du rectangle (fermé) constitué par la colonne 6. Le carré débutant à la colonne 6 ne peut s'étendre, il se ferme et son aire devient la meilleure : m prend la valeur 16. La nouvelle valeur de P' satisfait bien l'invariant. En particulier, le sommet de la pile P' (qui vaut 5) est bien l'abscisse s la plus à droite telle que $(4, h[s])$ serait le sommet de la pile P. Lors de l'itération suivante, le rectangle ouvert $(4, 3)$ se fermera et m prendra la valeur 18.

Deuxième cas Si $h[i] = h[\text{sommetPile}]$, l'invariant est rétabli en remplaçant le sommet de pile par i avant de faire progresser i.

Exemple

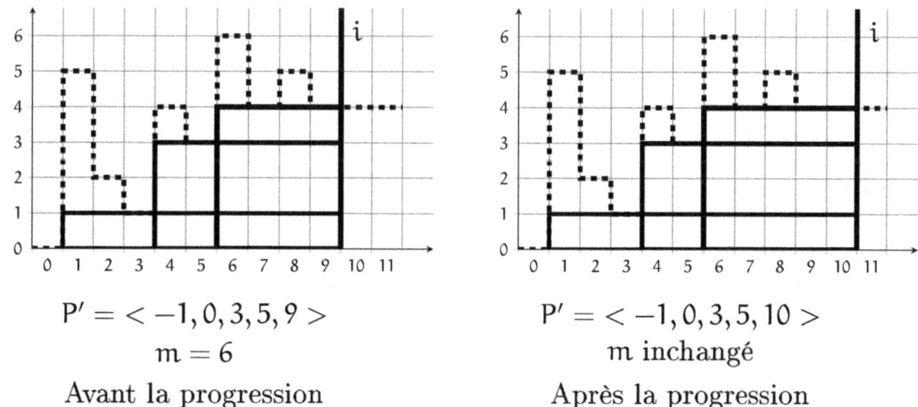

$$P' = \; < -1, 0, 3, 5, 9 >$$
$$m = 6$$

Avant la progression

$$P' = \; < -1, 0, 3, 5, 10 >$$
$$m \text{ inchangé}$$

Après la progression

La valeur de m n'est pas affectée, puisqu'aucun rectangle ouvert ne se ferme. La nouvelle valeur de P' satisfait bien l'invariant. En particulier, le sommet de la pile P' (qui vaut 10) est bien l'abscisse s la plus à droite telle que $(6, h[s])$ serait le sommet de la pile P.

Troisième cas Si $h[i] > h[\text{sommetPile}]$, tous les rectangles ouverts peuvent s'étendre et un nouveau rectangle ouvert est créé (en sommet de pile). m est inchangé puisqu'aucun rectangle ouvert ne se ferme. La frontière i progresse d'une unité vers la droite.

Exemple

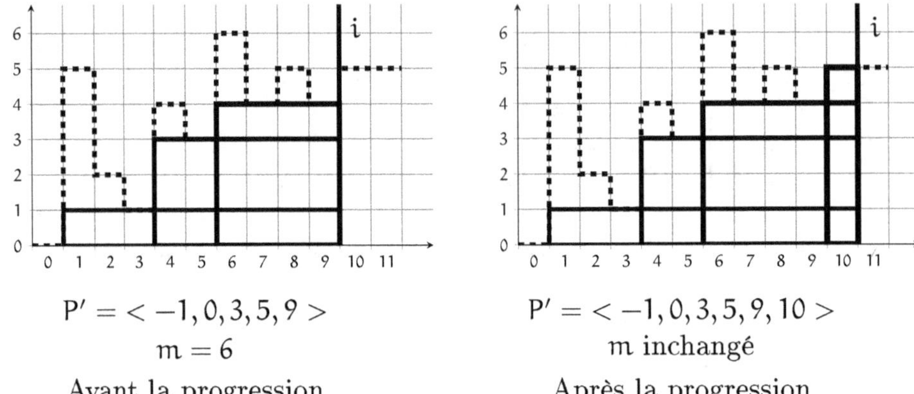

$$P' = \, <-1, 0, 3, 5, 9> \qquad\qquad P' = \, <-1, 0, 3, 5, 9, 10>$$
$$m = 6 \qquad\qquad\qquad m \text{ inchangé}$$

Avant la progression   Après la progression

La nouvelle valeur de P' satisfait bien l'invariant. En particulier, le sommet de la pile P' (qui vaut 10) est bien l'abscisse s la plus à droite telle que $(10, h[s])$ serait le sommet de la pile P.

Condition d'arrêt Rappelons que nous avons placé la valeur 0 en $h[n+1]$ en guise de sentinelle. D'autre part, le rectangle ouvert de hauteur 0 est toujours à la base de la pile. Lorsque i atteint la valeur $(n+1)$, $(k-1)$ itérations sont réalisées, qui ont notamment pour effet de fermer tous les rectangles ouverts de hauteur positive (par application du premier cas de la progression). Ne reste plus sur la pile que le rectangle de hauteur 0. L'application du deuxième cas de la progression a alors pour effet d'augmenter de 1 la largeur de ce rectangle – sans affecter la valeur de m – et de faire prendre à i la valeur $n+2$. L'algorithme est terminé.

Initialisation L'extension de l'histogramme en 0 par 0 conduit à initialiser la pile P' à $<-1, 0>$. Par ailleurs, i prend la valeur 1 et m la valeur 0. Ces affectations instaurent bien l'invariant.

Terminaison Cet aspect est abordé ci-dessous.

La pile P' est supposée globale. L'algorithme peut se coder de la manière suivante :

```
 1. constantes
 2.     n ∈ ℕ₁ et n = ...
 3. variables
 4.     h ∈ 0 .. n + 1 → ℕ et i ∈ 1 .. n + 2 et m ∈ ℕ et ht ∈ ℕ₁
 5. début
 6.     lire(h[1 .. n]) ;
 7.     h[0] ← 0 ; h[n + 1] ← 0 ;
 8.     initPile ; empiler(−1) ; empiler(0) ; m ← 0 ; i ← 1 ;
 9.     tant que i ≠ n + 2 faire
10.         si h[i] < h[sommetPile] alors
11.             ht ← h[sommetPile] ;
12.             dépiler ;
13.             m ← max({m, (i − (sommetPile + 1)) · ht})
14.         sinonsi h[i] = h[sommetPile] alors
15.             dépiler ;
16.             empiler(i) ;
17.             i ← i + 1
18.         sinon
```

```
19.          empiler(i) ;
20.          i ← i + 1
21.       fin si
22.    fin tant que ;
23.    écrire(m)
24. fin
```

Terminaison et complexité La lecture du code permet de constater que, dans la progression, soit i augmente, soit au contraire la hauteur de la pile diminue. Si d est le nombre d'appels à l'opération *dépiler* dans la branche **alors** de l'alternative (dans la branche **sinonsi** les opérations *empiler* et *dépiler* « s'annulent »), alors la valeur de l'expression $(2n - (i + d))$ décroît à chaque étape, tout en restant positive ou nulle. Ceci assure la terminaison de l'algorithme.

Concernant la complexité de cet algorithme, dans le corps de la boucle on empile une fois chaque valeur de l'intervalle $1 .. n + 1$. Comme seules des valeurs préalablement empilées peuvent être dépilées, nous en déduisons que l'algorithme est en $\Theta(n)$ conditions évaluées. Il s'agit d'une amélioration non négligeable de la version précédente. Il est facile de remarquer que le problème ne peut se résoudre sans prendre en considération toutes les valeurs de l'histogramme : il s'agit d'une solution asymptotiquement optimale.

Réponse 9. Partons de Q_3 et Q_2 : 115 - R 9

$$
\begin{aligned}
&\quad Q_3 \text{ et } Q_2 \\
&= \qquad\qquad\qquad\qquad\qquad\qquad\qquad\qquad\qquad\qquad \text{définition}\\
&\quad h[j] \leqslant h[i] \text{ et } h[i] \leqslant \min(h[i + 1 .. j - 1]) \\
&\Rightarrow \qquad\qquad\qquad\qquad\qquad\qquad\qquad\qquad\qquad\quad \text{transitivité}\\
&\quad h[j] \leqslant \min(h[i + 1 .. j - 1]).
\end{aligned}
$$

Réponse 10. La *seule* abscisse j supérieure à $i(= 0)$ qui satisfasse à la fois $h[0] \leqslant \min(h[1 .. 115 - R 10
j - 1]), h[j] \leqslant \min(h[1 .. j - 1])$ et $h[0] \geqslant h[j]$ est $(n + 1)$. Par substitution, on obtient $b = am(1, n + 1)$, qui est le résultat attendu.

Réponse 11. Nous appliquons l'heuristique classique de l'éclatement du but (c'est-à-dire 115 - R 11
du prédicat $Q'(i, b, j)$) pour découvrir un invariant et une condition d'arrêt. En outre, l'invariant doit être facile à instaurer et la condition d'arrêt ne doit pas contenir de quantificateur. Une solution possible consiste à prendre $I(i, b, j) \mathrel{\widehat{=}} Q_1$ **et** Q_2 **et** Q_4 **et** Q_5 et $CA(i, b, j) \mathrel{\widehat{=}} Q_3$, soit encore :

$$
\begin{aligned}
I(i, b, j) \quad &\mathrel{\widehat{=}} \quad \begin{cases}
i < j \leqslant n + 1 \text{ **et**} \\
h[i] \leqslant \min(h[i + 1 .. j - 1]) \text{ **et**} \\
b = am(i + 1, j) \text{ **et**} \\
h[j] \leqslant \min(h[i + 1 .. j - 1])
\end{cases} \\
CA(i, b, j) \quad &\mathrel{\widehat{=}} h[i] \geqslant h[j].
\end{aligned}
$$

Réponse 12. Il faut montrer que $(I(i, b, j)$ **et non** $CA(i, b, j)) \Rightarrow P(j)$: 115 - R 12

$$
\begin{aligned}
&\quad I(i, b, j) \text{ **et non** } CA(i, b, j) \\
&\Leftrightarrow \qquad\qquad\qquad\qquad\qquad\qquad\qquad P(i) \text{ est toujours satisfait}\\
&\quad I(i, b, j) \text{ **et non** } CA(i, b, j) \text{ **et** } P(i) \\
&\Rightarrow \qquad\qquad\qquad\qquad\qquad \text{définition des prédicats } I, CA \text{ et } P\\
&\quad i < j \leqslant n + 1 \text{ **et** } h[i] < h[j] \text{ **et** } i \in 0 .. n \\
&\Rightarrow \qquad\qquad\qquad\qquad\qquad\qquad\qquad\qquad h[i] < h[j] \Rightarrow j \neq n + 1\\
&\quad i < j < n + 1 \text{ **et** } i \in 0 .. n
\end{aligned}
$$

$$\Rightarrow \qquad\qquad\qquad\qquad\qquad \text{arithmétique et calcul propositionnel}$$
$$0 \leqslant i < j < n+1$$
$$\Rightarrow \qquad\qquad\qquad\qquad\qquad \text{arithmétique et calcul propositionnel}$$
$$j \in 1\mathbin{..}n$$
$$\Rightarrow \qquad\qquad\qquad\qquad\qquad\qquad\qquad \text{définition de P}$$
$$P(j).$$

115 - R 13	**Réponse** 13.

(a) Pour l'exemple considéré, la situation atteinte à la ligne 12 est la suivante :

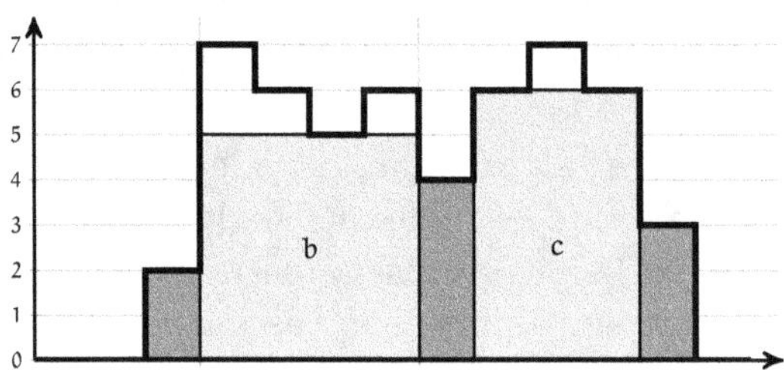

(b) L'invariant de la boucle est rétabli pour peu que l'on effectue les deux opérations suivantes :

- l'affectation $j \leftarrow k$,
- le calcul de la nouvelle valeur de b, soit $\max(\{b, c, (k - i - 1) \cdot h[j]\})$. En effet, la propriété 115 page 505 est applicable, puisque $h[j]$ est un minimum de h sur l'intervalle $i + 1 \mathbin{..} k - 1$ et que l'on connaît les aires maximales (b et c) de part et d'autre de j.

La situation atteinte est alors la suivante :

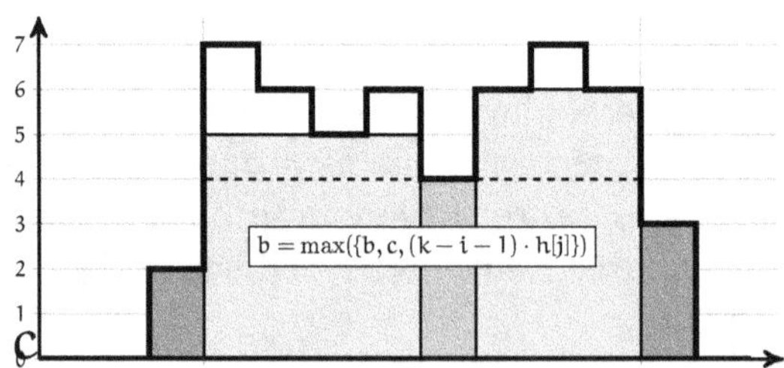

(c) Si nous avions utilisé Q au lieu de Q', il aurait été impossible de montrer que le code proposé pour *FinProgression* rétablit l'invariant, puisque nous n'aurions aucune information sur la position de $h[j]$ par rapport à $\min(h[i + 1 \mathbin{..} j - 1])$.

115 - R 14	**Réponse** 14. La séquence :

$$1. \quad b \leftarrow 0 \,;\, j \leftarrow i + 1$$

instaure l'invariant. C'est donc un bon candidat pour le fragment de code *Initialisation*.

115 - R 15	**Réponse** 15. La valeur de l'expression $n + 1 - j$ décroît strictement à chaque pas de

progression tout en restant positive ou nulle. Ceci assure la terminaison de l'algorithme.

Réponse 16. Le code suivant se déduit de la construction réalisée auparavant :

115 - R 16

```
1.  procédure AmHMorg(i ; b, j : modif) pré
2.    i ∈ ℕ et b ∈ ℕ et j ∈ ℕ₁ et
3.    c ∈ ℕ et k ∈ ℕ
4.  début
5.    b ← 0 ; j ← i + 1 ;
6.    tant que h[j] > h[i] faire
7.      AmHMorg(j, c, k) ;
8.      b ← max({b, c, (k − i − 1) · h[j]}) ;
9.      j ← k
10.   fin tant que
11. fin
```

Réponse 17. La complexité de cette solution est évaluée en nombre d'appels à la procédure *AmHMorg*.

115 - R 17

Base L'initialisation de la boucle est constituée de l'appel « principal » $AmHMorg(i', b', j')$, suivi de $b \leftarrow 0$; $j \leftarrow i + 1$. Cette séquence établit bien la propriété (soit $i + 1 - i = 1$ appel à $AmHMorg$).

Hypothèse d'induction Avant une étape quelconque de la progression, on est dans la situation suivante :

$$0 \qquad i \qquad j \qquad n+1$$

L'hypothèse d'induction affirme qu'atteindre cette situation a exigé $(j - i)$ appels à la procédure *AmHMorg*.

Induction Après l'exécution de l'appel $AmHMorg(j, c, k)$ apparaissant dans le corps de la boucle, on est dans la situation suivante :

$$0 \qquad i \qquad j \qquad k \qquad n+1$$

qui, d'après l'hypothèse d'induction, a exigé d'une part $(j - i)$ appels à $AmHMorg$, d'autre part $(k - j)$ appels à cette même procédure, soit au total $(k - i)$ appels à $AmHMorg$. L'affectation $j \leftarrow k$ permet de retrouver la propriété à démontrer.

Puisque l'appel principal est de la forme $AmHMorg(0, b', j')$ et que le paramètre effectif j' prend la valeur $n + 1$, il est facile de conclure que cet algorithme est en $\Theta(n)$.

Réponse 18. Il suffit de traiter l'histogramme correspondant à chaque ligne (par exemple) et de prendre le meilleur rectangle trouvé parmi tous les histogrammes construits.

115 - R 18

Pour l'exemple de la figure 8.18, page 508, nous devons considérer successivement les histogrammes suivants (en traitant l'image de bas en haut) :

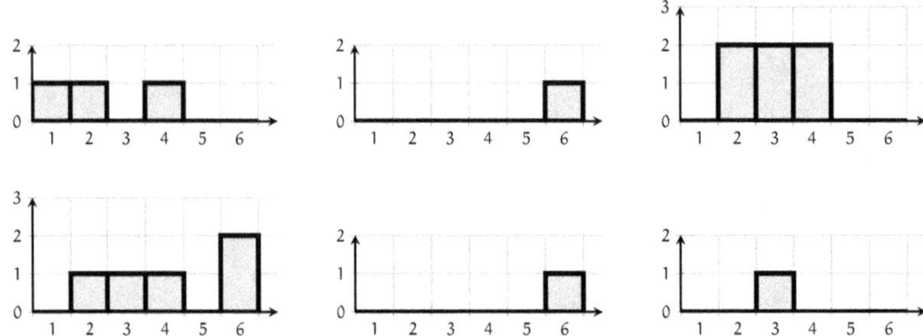

Pour une image de m lignes et n colonnes, il faut réaliser un prétraitement permettant d'obtenir, dans un tableau auxiliaire $TA[1..m, 1..n]$, les m histogrammes avant de traiter chacun d'eux. En faisant abstraction du prétraitement, les meilleurs algorithmes (avec pile explicite ou approche de Morgan) pour ce problème sont donc en $\Theta(n \cdot m)$ conditions évaluées.

Pour obtenir cette classe de complexité, il importe que la construction du tableau TA conduise à évaluer de l'ordre de $\mathcal{O}(n \cdot m)$ conditions. Une méthode de remplissage de TA à partir de T, requérant d'évaluer $\Theta(n \cdot m)$ conditions (liées au contrôle des boucles), consiste à utiliser un algorithme fondé sur la récurrence suivante :

$$
\begin{aligned}
TA[m, j] &= T[m, j] & 1 \leqslant j \leqslant n \\
TA[i, j] &= T[i, j] \cdot (1 + TA[i+1, j]) & 1 \leqslant j \leqslant n \text{ et } 1 \leqslant i \leqslant m - 1.
\end{aligned}
$$

CHAPITRE 9

Programmation dynamique

> Se rappeler quelque chose est
> encore le meilleur moyen de ne pas
> l'oublier.

P. Dac

9.1   Les bases

Comme la méthode « Diviser pour Régner », la « Programmation Dynamique » permet
de résoudre des problèmes en combinant les solutions de sous-problèmes. Une différence
essentielle entre ces deux approches réside dans le fait que la programmation dynamique
ne concerne que des problèmes de calcul de valeur optimale d'une grandeur numérique.
Par conséquent, la division en sous-problèmes *doit* se traduire par une équation de récurrence. Cette méthode est avantageuse lorsque les sous-problèmes ont eux-mêmes des
sous-problèmes en commun (on parle aussi de recouvrement de sous-problèmes) et qu'un
sous-problème n'est évalué qu'une seule fois, sa solution étant stockée explicitement (technique de mémoïsation). Une autre différence entre « Diviser pour Régner » et « Programmation Dynamique » tient à la nature des programmes qui leur sont associés : récursifs
(en général) dans le premier cas, itératifs dans l'autre.

À titre d'illustration simple, considérons la pyramide de nombres entiers suivante :

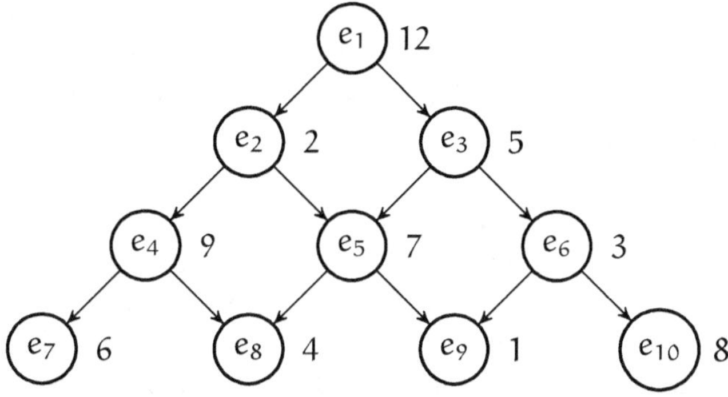

représentée par un graphe orienté (voir section 1.5, page 22), dont chacun des sommets
étiquetés de e_1 à e_{10} porte la valeur figurant à sa droite. On cherche le chemin allant
de e_1 (sommet de la pyramide) à l'un quelconque des éléments de la base (e_7, e_8, e_9 ou
e_{10}) traversant des nombres dont la somme est maximale. Le calcul du chemin de valeur
maximale associé à l'élément e_8 noté $\mathrm{sopt}(e_8)$ est donné par :

$$\mathrm{sopt}(e_8) = 4 + \max(\{\mathrm{sopt}(e_4), \mathrm{sopt}(e_5)\}).$$

De même, pour e_9, on aura :

$$\text{sopt}(e_9) = 1 + \max(\{\text{sopt}(e_5), \text{sopt}(e_6)\})$$

et à leur tour, les calculs de $\text{sopt}(e_4)$, $\text{sopt}(e_5)$ et $\text{sopt}(e_6)$ font appel à des valeurs communes ($\text{sopt}(e_2)$ et $\text{sopt}(e_3)$). On observe donc que des calculs identiques sont requis pour en effectuer d'autres, ce qui correspond à la présence de sous-problèmes communs.

C'est un des points forts de la programmation dynamique de n'effectuer ces calculs qu'une seule fois grâce à l'utilisation d'une table mémorisant la solution de chaque sous-problème. Dans l'exemple précédent, on stockera dans un tableau V[1 .. 10] les valeurs associées à la récurrence sopt. Remarquons que, dans ce problème particulier, si l'on est certain que la valeur recherchée se trouve bien dans V, elle n'est pas localisée *a priori*, mais doit être déterminée comme le maximum du sous-tableau V[7 .. 10].

D'une façon générale, la structure tabulaire choisie va être remplie grâce à une récurrence préalablement établie. Mais il est *indispensable* de procéder de sorte que la valeur de toute cellule relevant d'un terme récurrent puisse être calculée exclusivement à partir de cellules *déjà remplies*. Il faut donc définir une *progression* ou *évolution* du calcul offrant cette garantie. Dans l'exemple précédent, on *doit* faire évoluer le calcul en considérant les éléments par lignes successives de la pyramide, puisque le calcul associé à un élément de la ligne l ($l > 1$) fait appel à un ou deux éléments de la ligne $(l-1)$.

Un autre aspect de la programmation dynamique est que l'on cherche à résoudre un problème d'optimisation, c'est-à-dire qu'elle vise à trouver une solution qui minimise un coût ou maximise un gain, ce qui est le cas dans l'exemple de la pyramide.

Les problèmes à résoudre doivent cependant satisfaire le *principe d'optimalité* de Bellman [1], selon lequel la [2] solution optimale d'un problème peut s'obtenir à partir des solutions optimales de sous-problèmes. Ce principe s'énonce ainsi :

> Toute *sous-politique* d'une *politique* optimale est elle-même optimale.

Le terme de « politique » est évidemment propre à chaque problème. On peut dès lors procéder selon deux schémas : i) s'assurer d'abord (en général par une démonstration par l'absurde) que le *principe d'optimalité* s'applique à sa solution optimale et rend raisonnable le recours à la programmation dynamique (mais rien n'est garanti malgré tout), ou ii) rechercher une récurrence dont le terme correspond à la grandeur optimale recherchée. Dans les exercices proposés par la suite, à de rares exceptions près, nous nous placerons dans cette seconde approche, puisque l'établissement de la récurrence prouve *de facto* que le principe d'optimalité s'applique.

Nous illustrons maintenant le principe de Bellman. Tout d'abord, nous allons nous interroger sur son applicabilité à deux problèmes « assez proches » de calcul de plus court chemin (au sens de leur longueur) dans un graphe orienté non valué (voir section 1.5, page 22). Un premier exemple (classique) consiste à calculer le plus court chemin entre deux sommets quelconques d'un graphe orienté G. Il est facile de montrer par l'absurde qu'un chemin est de longueur minimale si et seulement si ses sous-chemins sont de longueur minimale. Soit en effet un graphe orienté G et un chemin de a à d de longueur minimale, qui passe par b et c (arcs en trait plein sur la figure 9.1). La longueur de ce chemin est la somme des longueurs des sous-chemins de a à b, de b à c et de c à d. Supposons qu'il existe dans le graphe G un chemin de b à c de coût moindre (en pointillé sur la figure) que le chemin de

---

1. Richard Bellman, chercheur à la Rand Corporation, a choisi en 1950 le terme de « programmation dynamique » pour éviter les mots « recherche » et « mathématiques ». Voir [50].
2. Un problème n'a pas nécessairement une solution optimale unique.

b à c choisi ; il existe alors un chemin plus court de a à d, ce qui est contraire au fait que le chemin de a à d est de longueur minimale.

Fig. 9.1 – Application du principe d'optimalité à la recherche du plus court chemin dans un graphe

Prenons maintenant un second exemple, la recherche du plus long chemin *sans circuit* entre deux sommets quelconques d'un graphe orienté. Soit le graphe de la figure 9.2. Le plus long chemin sans circuit de a à c est de longueur 2 $\langle a, b, c \rangle$, le plus long chemin sans circuit de a à b est de longueur 2 $\langle a, c, b \rangle$ et le plus long chemin sans circuit de b à c est de longueur 1. Le plus long chemin sans circuit de a à c ne s'obtient donc pas par composition de chemins sans circuit, ce qui montre que le principe d'optimalité n'est pas vérifié dans ce cas.

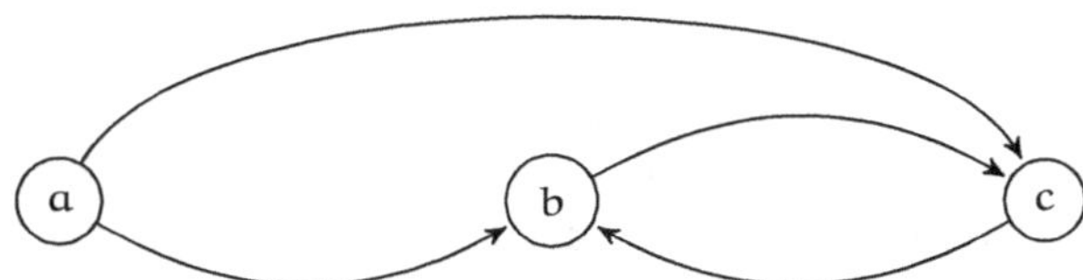

Fig. 9.2 – Un (contre-)exemple où le principe d'optimalité ne s'applique pas.

Cependant, les considérations ci-dessus ne *prouvent* pas que la programmation dynamique ne peut pas s'appliquer. En effet, il pourrait exister une autre façon de définir une politique. Néanmoins, les indices sont forts pour penser que l'on ne peut traiter ce problème que par essais successifs (voir chapitre 5), donc au prix d'une complexité élevée.

Reprenons maintenant le problème de la recherche du meilleur chemin (au sens défini auparavant) dans une pyramide de nombres. Ici, au lieu de vérifier l'applicabilité du principe de Bellman *a priori*, nous allons d'emblée chercher à établir une récurrence. Soit la pyramide de hauteur h ayant $n = \left(\sum_{k=1}^{h+1} k \right)$ éléments (figure 9.3). Appelons $v(i)$ la valeur de l'élément e_i, $\mathrm{prg}(i)$ et $\mathrm{prd}(i)$ les numéros des (au plus) deux prédécesseurs possibles (gauche et droit) de e_i sur tout chemin de e_1 à e_i. La valeur $\mathrm{sopt}(i)$ dépend en général de celles de ses deux prédécesseurs et le cas des éléments n'ayant qu'un ou pas de prédécesseur doit être traité séparément, d'où la récurrence :

$$\begin{array}{ll}
\mathrm{sopt}(1) = v(1) & \\
\mathrm{sopt}(i) = v(i) + \mathrm{sopt}(\mathrm{prd}(i)) & i \in I_g \\
\mathrm{sopt}(i) = v(i) + \mathrm{sopt}(\mathrm{prg}(i)) & i \in I_d \\
\mathrm{sopt}(i) = v(i) + \max\left(\left\{ \begin{array}{l} \mathrm{sopt}(\mathrm{prg}(i)), \\ \mathrm{sopt}(\mathrm{prd}(i)) \end{array} \right\} \right) & 1 < i < n \text{ et } i \notin I_d \text{ et } i \notin I_g
\end{array}$$

où I_d (resp. I_g) désigne l'ensemble des indices de la branche la plus à droite (resp. gauche)

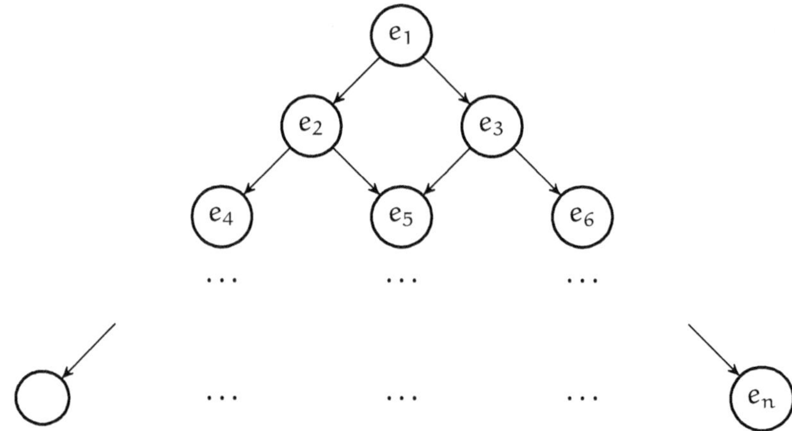

Fig. 9.3 – Une pyramide de nombres

de la pyramide. $I_d = \{3, 6, 10, 15, 21, \ldots\}$ est l'ensemble des nombres (entiers) triangulaires (c'est-à-dire de la forme $i = \sum_{k=1}^{j} k$, voir aussi exercice 113, page 494) de l'intervalle $2 \ldots n$. $I_g = \{2, 4, 7, 16, 22, \ldots\}$ est quant à lui l'ensemble des entiers successeurs d'un nombre triangulaire de ce même intervalle. Ici, le fait d'avoir pu définir sopt de façon récurrente fait que le principe de Bellman est appliqué.

De façon générale, l'écriture d'un algorithme de programmation dynamique nécessite donc d'exprimer le problème en termes de sous-problèmes de taille inférieure et d'établir une relation de récurrence entre ces derniers (comme dans l'exemple de la pyramide). Souvent, plusieurs récurrences sont possibles (approches correctes différentes, récurrence avant ou arrière pour un même point de vue), que des considérations d'efficacité de mise en œuvre peuvent éventuellement départager.

Une fois la récurrence établie, on détermine une structure tabulaire dans laquelle seront stockées les valeurs associées aux sous-problèmes (donc aux éléments de la récurrence). Cette dernière peut être un vecteur ou une table d'un nombre quelconque de dimensions (en pratique, on dépasse rarement la dimension 2). Le remplissage de cette table va se faire alors de façon itérative en exploitant la relation de récurrence. On voit ainsi que la construction d'un algorithme de programmation dynamique est en fait celle d'un algorithme itératif particulier, dont les éléments constitutifs reposent sur la récurrence et l'exploitation qui en est faite pour progresser dans le remplissage du tableau. Il importe de remarquer qu'un algorithme de programmation dynamique remplit un tableau contenant les coûts ou gains des solutions optimales des sous-problèmes (et finalement du problème) et non la solution elle-même. Ainsi, dans l'exemple de la pyramide de nombres, un élément du tableau sert à stocker le coût optimal associé à un sommet e_i et non le chemin optimal allant du sommet de la pyramide à e_i. Afin de construire une solution optimale[3], il est nécessaire d'enrichir la table au cours de sa construction ; nous parlerons alors de « la méthode du Petit Poucet », puisqu'on laisse « une trace » du choix fait pour obtenir l'optimal de chacun des sous-problèmes. La solution optimale est obtenue en parcourant la table dans un ordre approprié, une fois sa construction terminée. Par abus de langage, nous emploierons dans la suite le terme « coût de *la* solution optimale », même si le problème considéré peut admettre plusieurs solutions de même coût optimal. Enfin, il est à noter que la faible complexité (polynomiale) des algorithmes obtenus tient précisément au fait que l'on ne

---

3. S'il y a plusieurs solutions optimales, les retrouver toutes est un peu plus compliqué. En général, trouver une solution optimale quelconque est suffisant.

cherche pas à calculer toutes les solutions afin d'en extraire la (une) meilleure (comme le fait la démarche des « Essais Successifs », voir chapitre 5), la programmation dynamique réduisant l'espace de recherche par l'application du principe d'optimalité.

Les algorithmes de programmation dynamique utilisant une structure tabulaire explicite, on complète l'étude de la complexité temporelle des solutions proposées par celle de leur complexité spatiale. Concernant la première, elle s'exprime le plus souvent en termes de conditions évaluées du fait qu'un algorithme relevant de la programmation dynamique recherche une valeur optimale et, à cet effet, repose sur une comparaison de coûts. Dans les exercices où elle n'est pas précisée, l'opération élémentaire est donc l'évaluation de conditions.

9.2 Un exemple : la plus longue sous-séquence commune à deux séquences

Intérêts de cet exemple   La recherche de la plus longue sous-séquence commune à deux séquences illustre la démarche décrite précédemment sur un exemple de difficulté moyenne quant à l'établissement de la récurrence. Par ailleurs, il sert de base à l'exercice 107, page 473, figurant dans le chapitre 8.

Le problème   Étant données deux séquences x et y, le problème est de trouver la longueur de leur(s) plus longue(s) sous-séquence(s) commune(s). Par exemple, pour les chaînes *altitude* et *piteux*, cette longueur vaut 3 car *ite* et *itu* sont leurs plus longues sous-séquences communes.

Comme une séquence x possède $2^{|x|}$ sous-séquences, en y incluant x elle-même et le mot vide ε, une manière « simpliste » de trouver la plus longue sous-séquence commune à deux séquences x et y consiste à calculer et à comparer tous les couples de sous-séquences, ce qui est en complexité $\mathcal{O}(2^{|x|+|y|})$ (l'opération élémentaire étant la comparaison de deux symboles). On va voir que la programmation dynamique procure un moyen de faire très nettement mieux.

Par exemple, reprenons $u\ (=x) = $ *altitude* et $v\ (=y) = $ *piteux*, dont l'une des deux plus longues sous-séquences communes est *itu*. Son préfixe *it* est certainement la plus longue sous-séquence commune à au moins un préfixe de u et un préfixe de v, par exemple à *altit* et *pite*. Pouvons-nous utiliser cette remarque de manière systématique ?

La décomposition en sous-problèmes   La solution consiste à définir une famille de sous-problèmes sur lesquels on saura construire une relation de récurrence. Dans notre cas, en appelant « sous-problème » la recherche de la plus longue sous-séquence commune à un préfixe de x et à un préfixe de y, on se ramènerait à un nombre de comparaisons en $\mathcal{O}(|x| \cdot |y|)$ (car $|x|$ (resp. $|y|$) est le nombre de préfixes de x (resp. y), à supposer que la résolution de cet ensemble de sous-problèmes soit suffisante pour résoudre le problème de départ). C'est ici la difficulté : il faut montrer par récurrence comment cette décomposition permet de résoudre le problème initial.

Notons $|x| = m$ la longueur de x et $|y| = n$ la longueur de y. Commençons par définir $\mathrm{lssc}(i, j)$, avec $i \in 0\,..\,n$ et $j \in 0\,..\,m$, comme la longueur de la (d'une) plus longue sous-séquence commune au préfixe de longueur i de y et au préfixe de longueur j de x. Si cette construction peut aller correctement jusqu'à son terme, en augmentant la longueur des préfixes, la solution sera calculée par $\text{lssc}(n, m)$. Par exemple, pour $u\ (= x) = \textit{altitude}$ et $v\ (= y) = \textit{piteux}$, on a : $\text{lssc}(1, 6) = \text{lssc}(2, 3) = 0$ et $\text{lssc}(2, 5) = 1$.

Le traitement complet du problème   Le problème est maintenant traité de manière complète sous la forme de questions-réponses. La première question a pour but de mettre en évidence que le problème fait appel à trois sous-problèmes de même nature que le problème initial. La seconde est l'étape qui permet de démontrer par récurrence que cette décomposition est suffisante. La troisième concerne la réalisation informatique et l'utilisation de la méthode du « Petit Poucet » pour récupérer la solution optimale. On y aborde aussi les aspects liés à la complexité de l'algorithme *WFlg* obtenu. La dernière question vise à obtenir une version appelée *WFLgAvant* de l'algorithme *WFlg* améliorant la complexité spatiale, mais se limitant au seul calcul de la longueur de la (d'une) plus longue sous-séquence commune à deux séquences. Cet algorithme est utilisé dans l'exercice 107, page 473.

Question 1. Soit $z = z[1 .. k]$ une plus longue sous-séquence commune à x et y. Montrer que :

- soit $x[m] = y[n]$ et alors : i) $z[k] = x[m] = y[n]$, et ii) $z[1 .. k - 1]$ est une plus longue sous-séquence commune à $x[1 .. m - 1]$ et $y[1 .. n - 1]$,

- soit $x[m] \neq y[n]$ et alors z est la plus longue entre d'une part la plus longue sous-séquence commune à $x[1 .. m-1]$ et y, de l'autre la plus longue sous-séquence commune à x et $y[1 .. n - 1]$.

Réponse 1. On examine successivement les deux cas évoqués dans la question. Prenons tout d'abord le cas $x[m] = y[n] = g$. Appelons w une plus longue sous-séquence commune à $x[1 .. m - 1]$ et $y[1 .. n - 1]$. La séquence $w \cdot g$ est une sous-séquence commune à x et y, de longueur supérieure de 1 à celle de w et donc maximale.

Supposons maintenant que $x[m] \neq y[n]$. La plus longue sous-séquence commune à x et y, notée w, ne peut être construite que de deux façons, et on prendra la meilleure. Le premier choix consiste à partir de z, la plus longue sous-séquence commune à $x[1 .. m - 1]$ et $y[1 .. n - 1]$, et à regarder ce que provoque l'ajout du dernier symbole de x, $x[m]$. L'autre choix est offert par le cas symétrique, à savoir partir de z et regarder ce que provoque l'ajout de $y[n]$ le dernier symbole de y. Prenons le premier cas : le symbole $x[m]$ trouve ou non un symbole dans y au-delà du dernier ($y[n]$), ayant servi à construire z. Autrement dit, la séquence candidate w est la plus longue sous-séquence commune à x et $y[1 .. n - 1]$. De façon symétrique, la séquence candidate w est la plus longue sous-séquence commune à $x[1 .. m - 1]$ et y.

Question 2. En déduire la formule qui permet dans le cas général de calculer $\text{lssc}(i, j)$ en fonction de $\text{lssc}(i-1, j-1)$, $\text{lssc}(i-1, j)$ et $\text{lssc}(i, j-1)$, puis donner la récurrence complète de calcul de lssc.

Réponse 2. Pour le cas général, on peut s'appuyer sur ce qui a été établi à la question précédente en considérant des préfixes $x[1 .. j]$ d'une part et $y[1 .. i]$ d'autre part, non vides. Si $x[j] = y[i]$, une plus longue sous-séquence commune à $x[1 .. j]$ et $y[1 .. i]$ est construite comme une plus longue sous-séquence commune à $x[1 .. j - 1]$ et $y[1 .. i - 1]$ rallongée de

$x[j] = y[i]$. Sinon, on doit résoudre deux sous-problèmes : trouver une plus longue sous-séquence commune à $x[1 .. j]$ et $y[1 .. i - 1]$ et une plus longue sous-séquence commune à $x[1..j-1]$ et $y[1..i]$. Ensuite, il suffit de choisir la plus longue des deux, ou l'une quelconque des deux si elles ont la même longueur.

Si on remarque que la plus longue sous-séquence commune à la séquence ε de longueur nulle et toute autre séquence est elle-même ε, on peut déduire la récurrence :

$$
\begin{array}{ll}
\text{lssc}(0, j) = 0 & 0 \leqslant j \leqslant m \\
\text{lssc}(i, 0) = 0 & 1 \leqslant i \leqslant n \\
\text{lssc}(i, j) = \text{lssc}(i - 1, j - 1) + 1 & x[j] = y[i] \text{ et } 1 \leqslant i \leqslant n \text{ et } 1 \leqslant j \leqslant m \\
\text{lssc}(i, j) = \max\left(\left\{\begin{array}{l} \text{lssc}(i, j - 1), \\ \text{lssc}(i - 1, j) \end{array}\right\}\right) & x[j] \neq y[i] \text{ et } 1 \leqslant i \leqslant n \text{ et } 1 \leqslant j \leqslant m.
\end{array}
$$

Question 3. Proposer une évolution du calcul de la récurrence précédente, puis écrire l'algorithme de programmation dynamique appelé *WFlg* qui, étant données deux séquences x et y de longueurs respectives m et n, calcule la longueur de leur(s) plus longue(s) sous-séquence(s) commune(s) et permet de retrouver une des plus longues sous-séquences communes. Préciser où se trouve la longueur de la solution optimale calculée. Quelles sont les complexités spatiale et temporelle de cet algorithme en prenant l'évaluation de conditions comme opération élémentaire ? Traiter les séquences $u = abcbdab$ et $v = bdcaba$.

Réponse 3. On va remplir une structure tabulaire $\text{LSSC}[0..n, 0..m]$ en lien avec les m symboles de x et les n symboles de y. La longueur d'une des plus longues sous-séquences communes aux séquences x et y se trouvera dans la cellule $\text{LSSC}[n, m]$.

Les deux premiers termes de la récurrence se traduisent par l'initialisation à 0 de la ligne et de la colonne d'indice 0 de LSSC. On observe que tout autre élément $\text{LSSC}[i, j]$ avec i et j strictement positifs dépend soit de son voisin de la colonne précédente et de la ligne précédente selon le dernier terme de la récurrence, soit de son voisin de la diagonale précédente selon le troisième terme de la récurrence. On peut donc procéder à un calcul colonne par colonne et de bas en haut dans chaque colonne. Il est à noter que l'on pourrait tout aussi bien procéder à un remplissage par ligne ou par diagonale et que ces trois types de remplissage sont les plus communs pour les tableaux à deux dimensions.

Pour retrouver une des plus longues sous-séquences communes par la méthode du « Petit Poucet » (semant des cailloux pour retrouver son chemin), on double le tableau $\text{LSSC}[0..n, 0..m]$ par un tableau $\text{CH}[0..n, 0..m]$ de « cailloux blancs » construit en parallèle. Chaque case de ce tableau contient une information (1, 2 ou 3) indiquant laquelle des trois possibilités de la récurrence a créé la valeur retenue dans l'élément de LSSC de mêmes indices. Parcourir CH à partir de $\text{CH}[n, m]$ permet de retrouver de manière déterministe une plus longue sous-séquence commune à x et y en allant jusqu'à $\text{CH}[0, 0]$ (ou toute case d'indice ligne ou colonne égal à 0). S'il y plusieurs possibilités, la sous-séquence retenue dépend de l'ordre des tests effectués dans le programme. On déduit de ce qui précède l'algorithme *WFlg* suivant, qui affiche la valeur de $\text{lssc}(n, m)$:

1. **constantes**
2. $x \in$ **chaîne**(Σ) et $x = \ldots$ et $y \in$ **chaîne**(Σ) et $y = \ldots$ et $m = |x|$ et $n = |y|$
3. **variables**
4. $\text{LSSC} \in 0..n \times 0..m \rightarrow \mathbb{N}$ et $\text{CH} \in 0..n \times 0..m \rightarrow \{1, 2, 3\}$
5. **début**

6.   **pour** $j \in 0..m$ **faire**
7. $LSSC[0, j] \leftarrow 0$; $CH[0, j] \leftarrow 2$
8.   **fin pour** ;
9.   **pour** $i \in 1..n$ **faire**
10. $LSSC[i, 0] \leftarrow 0$; $CH[i, 0] \leftarrow 3$
11.   **fin pour** ;
12.   **pour** j **parcourant** $1..m$ **faire**
13.   **pour** i **parcourant** $1..n$ **faire**
14.   **si** $x[j] = y[i]$ **alors**
15. $LSSC[i, j] \leftarrow LSSC[i-1, j-1] + 1$; $CH[i, j] \leftarrow 1$
16.   **sinon**
17.   **si** $LSSC[i-1, j] > LSSC[i, j-1]$ **alors**
18. $LSSC[i, j] \leftarrow LSSC[i-1, j]$; $CH[i, j] \leftarrow 3$
19.   **sinon**
20. $LSSC[i, j] \leftarrow LSSC[i, j-1]$; $CH[i, j] \leftarrow 2$
21.   **fin si**
22.   **fin si**
23.   **fin pour**
24.   **fin pour** ;
25.   **écrire**$(LSSC[n, m])$
26. **fin**

La structure tabulaire utilisée requiert $(n+1)$ lignes et $(m+1)$ colonnes ; on a donc une complexité spatiale en $\Theta(m \cdot n)$. Le nombre de comparaisons effectuées est au minimum de $m \cdot n$ et au maximum de $2 \cdot m \cdot n$ (en négligeant le contrôle des boucles). La complexité temporelle est donc elle aussi en $\Theta(m \cdot n)$.

6	a	0 ↓	1 ↙	2 ↓	2 ←	3 ↓	3 ←	4 ↙	4 ←
5	b	0 ↓	1 ↓	2 ↙	2 ←	3 ↙	3 ←	3 ←	4 ↙
4	a	0 ↓	1 ↙	1 ←	2 ↓	2 ←	2 ←	3 ↙	3 ←
3	c	0 ↓	0 ←	1 ↓	2 ↙	2 ←	2 ←	2 ←	2 ←
2	d	0 ↓	0 ←	1 ↓	1 ←	1 ←	2 ↙	2 ←	2 ←
1	b	0 ↓	0 ←	1 ↙	1 ←	1 ↙	1 ←	1 ←	1 ↙
0	ε	0 ←	0 ←	0 ←	0 ←	0 ←	0 ←	0 ←	0 ←
i	v/u	ε	a	b	c	b	d	a	b
	j	0	1	2	3	4	5	6	7

La plus longue sous-séquence commune à $u = abcbdab$ et $v = bdcaba$ trouvée par l'algorithme précédent est $bcba$. Il y en a aussi deux autres : $bcab$ et $bdab$. Le tableau de calcul est donné ci-dessus. La récupération de la plus longue sous-séquence commune se fait en partant de la cellule nord-est du tableau. On en suit les indications de cheminement ($\swarrow$ (resp. $\leftarrow, \downarrow$) correspondant à 1 (resp. 2, 3) dans l'algorithme), ce qui conduit au chemin dont les cellules sont grisées. En conservant les valeurs des symboles associés aux cellules comportant l'indication $\swarrow$, on obtient $abcb$ qui est la séquence miroir de celle recherchée.

Question 4. Expliquer pourquoi on peut envisager une version de l'algorithme précédent de complexité spatiale moindre, pour autant que l'on ne soit intéressé que par la longueur de la plus longue sous-séquence commune et non par la reconstitution de la sous-séquence associée. Écrire le code de l'opération « **procédure** *WFLgAvant*$(x, y; P : \text{modif})$ » fournissant dans le vecteur P la longueur de la plus longue sous-séquence commune à $x[0..m]$ et $y[0..i]$ pour $i \in 0..n$. Préciser sa complexité spatiale.

Réponse 4. Comme il a été mentionné, le calcul associé à la cellule (i, j) du tableau LSSC ne fait appel qu'au contenu de ses trois voisines $LSSC[i-1, j-1]$, $LSSC[i-1, j]$ et $LSSC[i, j-1]$. On peut donc faire un calcul utilisant un tableau à deux colonnes, $h[0..n, 0..1]$. Le code de la procédure *WFLgAvant* associée est le suivant :

```
 1.  procédure WFLgAvant(x, y; P : modif) pré
 2.      x ∈ chaîne(Σ) et y ∈ chaîne(Σ) et const m = |x| et const n = |y| et
 3.      P ∈ 0..n → ℕ et h ∈ 0..n × 0..1 → ℕ
 4.  début
 5.      pour i ∈ 0..n faire
 6.          h[i, 1] ← 0
 7.      fin pour
 8.      pour j parcourant 1..m faire
 9.          pour i ∈ 0..n faire
10.              h[i, 0] ← h[i, 1]
11.          fin pour ;
12.          pour i parcourant 1..n faire
13.              si x[j] = y[i] alors
14.                  h[i, 1] ← h[i − 1, 0] + 1
15.              sinon
16.                  h[i, 1] ← max({h[i − 1, 1], h[i, 0]})
17.              fin si
18.          fin pour
19.      fin pour
20.      pour k ∈ 0..n faire
21.          P[k] ← h[k, 1]
22.      fin pour
23.  fin
```

Grâce à l'utilisation des tableaux h et P, la complexité spatiale de cette procédure est en $\Theta(n)$.

9.3 Ce qu'il faut retenir pour appliquer la programmation dynamique

Comme pour les autres démarches vues auparavant, la construction d'un algorithme de programmation dynamique s'inscrit dans une démarche méthodologique qui en guide l'élaboration. Celle-ci peut être synthétisée par les étapes suivantes :

1. identifier la grandeur numérique g qui va être calculée (celle-ci peut « s'écarter » quelque peu de celle apparaissant initialement dans le problème, voir par exemple les exercices 117, page 667, et 136, page 701),

2. établir une relation de récurrence permettant le calcul de g qui soit complète, c'est-à-dire qui couvre toutes les valeurs admissibles des indices qu'elle comporte,

3. définir la structure tabulaire T associée au calcul (dimensions et taille de chacune des valeurs admissibles) et vérifier que la solution au problème posé s'y trouvera (l'emplacement de la valeur optimale est généralement connu *a priori*, mais il arrive que ce ne soit pas le cas – voir le problème de la pyramide – et il est alors déterminé au moyen d'un traitement complémentaire),

4. déterminer une évolution du calcul de g qui garantisse la compatibilité avec la programmation dynamique, c'est-à-dire assurant que le calcul d'un élément ne fait appel qu'à des valeurs déjà calculées,

5. si besoin, introduire les éléments nécessaires au calcul de la solution optimale elle-même (« Petit Poucet ») en complétant la structure tabulaire T, afin d'enregistrer le choix permettant d'obtenir la valeur optimale pour chaque cellule de T (le principe de l'algorithme exploitant ensuite cette information afin de construire la (une) solution optimale doit être explicité),

6. préciser la complexité spatiale (liée à la structure tabulaire) et temporelle de la solution proposée (quand cette dernière est exprimée en termes de comparaisons, ce qui est le plus fréquent, les conditions relevant du contrôle des boucles qui n'introduisent qu'un facteur multiplicatif ne seront pas prises en compte),

7. le cas échéant, procéder à des améliorations (limitation du calcul aux seuls éléments nécessaires, réduction de la taille (voire suppression) de la structure tabulaire, etc. . .),

8. produire le code associé.

9.4   Exercices

Les exercices qui suivent proposent une variété de sujets pour lesquels la programmation dynamique se révèle pertinente. Ils ont été classés selon différents thèmes : découpe ou partage, problèmes relatifs aux séquences, arbres ou graphes, problèmes liés aux images, jeux, et enfin l'illustration d'un problème pseudo-polynomial. Compte tenu du caractère systématique de la production de l'algorithme à partir de la récurrence et de la stratégie de remplissage de la structure tabulaire choisie, le code de l'algorithme n'est demandé que de façon occasionnelle quand un intérêt particulier le justifie. Enfin, sauf mention contraire explicite, la complexité temporelle se mesure en termes de nombre de conditions évaluées en lien avec les opérations « minimum » et « maximum » de la récurrence.

9.4.1 DÉCOUPE - PARTAGE : PROBLÈMES À UNE DIMENSION

Exercice 116   Approximation d'une fonction échantillonnée par une ligne brisée

> *Cet exercice illustre la notion d'approximation optimale au moyen de la programmation dynamique. Il montre la réduction très importante que cette méthode apporte au plan de la complexité par rapport à une approche naïve de type « Essais Successifs ».*

Soit un ensemble P de n points du plan, avec $n \geqslant 1$, dont les abscisses valent $1, 2, \ldots, n$ et dont les ordonnées sont des entiers naturels quelconques. On cherche la meilleure approximation de cet ensemble par une ligne brisée définie comme une suite de segments de droite dont les extrémités sont des points de P. Elle peut se représenter par la suite des abscisses des points sur lesquels elle s'appuie. On impose que le premier nombre vaille 1 et le dernier n, autrement dit que le premier point de P soit le départ du premier segment de droite et son dernier point l'arrivée du dernier segment de droite. Dans les quatre exemples ci-après, les lignes brisées sont successivement : $(1, 4, 8)$, $(1, 5, 8)$, $(1, 4, 7, 8)$ et $(1, 3, 4, 8)$.

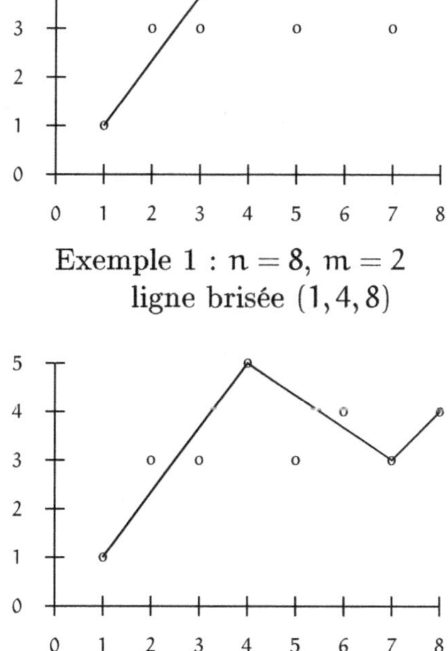

Exemple 1 : $n = 8$, $m = 2$
ligne brisée $(1, 4, 8)$

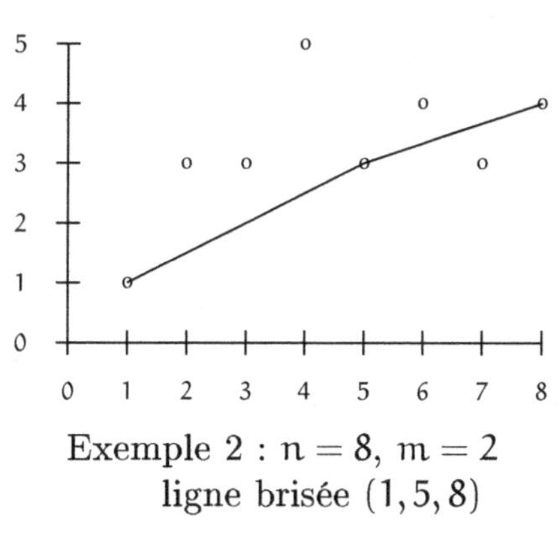

Exemple 2 : $n = 8$, $m = 2$
ligne brisée $(1, 5, 8)$

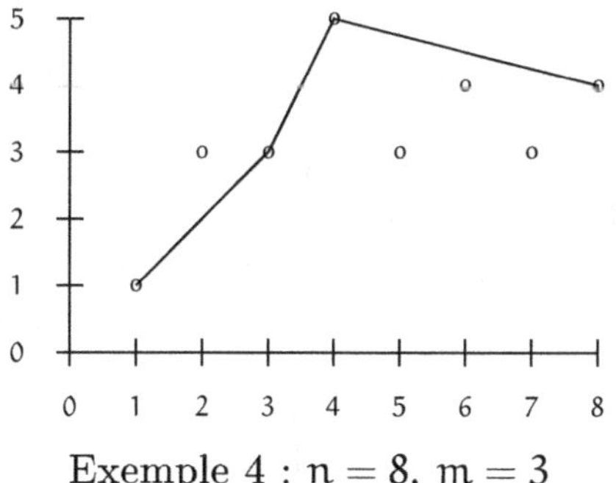

Exemple 3 : $n = 8$, $m = 3$
ligne brisée $(1, 4, 7, 8)$

Exemple 4 : $n = 8$, $m = 3$
ligne brisée $(1, 3, 4, 8)$.

La qualité de l'approximation de P par une ligne brisée se mesure *pour partie* en calculant la somme sde des distances euclidiennes de chaque point de P au segment de droite dont les extrémités l'encadrent. Par suite, tout point origine ou extrémité d'un segment de l'approximation induit une distance nulle. Pour la première figure, cette somme est composée de deux parties :

- la distance des points $1, 2, 3$ et 4 au segment construit sur les points 1 et 4, soit $(0 + 0.4 + 0.4 + 0) = 0.8$,

- la distance des points $4, 5, 6, 7$ et 8 au segment construit sur les points 4 et 8, soit environ $(0 + 1.75 + 0.5 + 1.25 + 0) = 3.5$.

On ajoute à cette somme un terme positif $(m - 1) \cdot C$, proportionnel au nombre m de segments de droite de la ligne brisée. Dans l'exemple de la première figure, si l'on choisit $C = 2$, ce terme vaut 2, puisque $m = 2$. L'approximation réalisée est d'autant meilleure que le coût $(sde + (m - 1) \cdot C)$ est petit.

Dans le premier exemple, ce coût vaut donc à peu près $0.8 + 3.5 + 2 = 6.3$. On calcule de la même manière, pour l'exemple 3, $sde = (0 + 0.4 + 0.4 + 0) + (0 + 1.1 + 0.3 + 0) + (0 + 0) = 2.2$; le coût de l'approximation est $2.2 + 2 \cdot 2 = 6.2$. Cette seconde approximation est donc un peu meilleure que la précédente. Les deuxième et quatrième exemples conduisent à des approximations de coûts respectifs, environ 7.9 et 8.1, moins bonnes que la première. La meilleure des quatre approximations considérées est donc la troisième. Cependant, l'approximation constituée des deux segments $(1, 2)$ et $(2, 8)$ fait encore mieux que celle-ci, puisqu'elle a un coût d'environ 5.4.

Étant donnés un ensemble P de n points et C, le problème général posé est de trouver la ligne brisée optimale, c'est-à-dire celle qui minimise le coût $(sde + m \cdot C)$.

Question 1. Que peut-on dire des approximations quand $n \cdot C$ est très petit (et donc C aussi) ou C très grand ?

Question 2. Supposons que la ligne brisée de valeur optimale corresponde à la suite croissante d'abscisses $(a_1, a_2, \ldots, a_{m-1}, a_m)$, avec $a_1 = 1$ et $a_m = n$. Notons $appopt(i)$ la valeur optimale que l'on obtient pour approcher l'ensemble des points d'abscisses $(1, \ldots, i)$ par une ligne brisée. Maintenant, notons $k = a_{m-1}$ l'abscisse de départ du dernier segment de la ligne brisée optimale pour l'ensemble P des n points et $sde(k, n)$ la somme des distances des points d'abscisses $(k, \ldots, n)$ à la droite passant par les deux points de P ayant pour abscisses k et n. Montrer que $appopt(n) = sde(k, n) + C + appopt(k)$. Comment calculer $appopt(n)$ sans connaître k, mais en supposant connus $appopt(1) = 0$, $appopt(2)$, $\ldots$, $appopt(n - 1)$?

Question 3. Établir une formule de récurrence pour calculer $appopt(i)$ $(1 \leqslant i \leqslant n)$ en fonction de $appopt(1), \ldots, appopt(i - 1)$, de $sde(j, i)$ et de C.

Question 4. On suppose qu'il existe une fonction $Distance(j, i, k)$, avec $j \leqslant k \leqslant i$, qui calcule la distance du point d'abscisse k à la droite construite sur les points j et i. Quels sont les calculs à faire, et dans quel ordre, pour calculer $appopt(n)$? Où le résultat recherché se trouve-t-il dans la structure tabulaire utilisée ?

Question 5. En déduire un algorithme qui calcule la valeur $appopt(n)$ de l'approximation optimale d'un ensemble P quelconque de n points par une ligne brisée. Quel est sa complexité temporelle en nombre d'appels à la fonction $Distance$? Que faut-il en penser ?

Question 6. Comment faudrait-il modifier cet algorithme pour qu'il produise aussi les abscisses des points de la ligne brisée optimale ?

La solution est en page 722.

Exercice 117 Le meilleur intervalle (le retour)

Cet exercice propose une solution alternative à celle élaborée par la démarche DpR dans l'exercice 99, page 456. Il illustre un cas limite (rare) où il existe une solution ne nécessitant aucune structure tabulaire de mémorisation, et donc de complexité spatiale constante.

Rappelons le problème, déjà présenté dans l'exercice 99, page 456. On dispose d'un tableau $T[1 .. n]$ ($n \geqslant 1$) de valeurs positives réelles. Il existe (au moins) deux indices i et j, définissant l'intervalle $i .. j$, avec $1 \leqslant i \leqslant j \leqslant n$, tels que la valeur $T[j] - T[i]$ est maximale. On cherche cette valeur maximale appelée valeur du (d'un) meilleur intervalle. Par exemple, si $T = [9, 15, 10, 12, 8, 18, 20, 7]$, le meilleur intervalle de valeur 12 est unique et obtenu pour $i = 5$ et $j = 7$.

Remarque Si le tableau est monotone décroissant, cette valeur est nulle et correspond à n'importe quel intervalle de type $i .. i$ pour $1 \leqslant i \leqslant n$.

On a trouvé une solution de complexité linéaire (en termes de conditions évaluées) dans l'exercice 99, page 456 et l'on souhaite en élaborer une en programmation dynamique de même ordre de complexité si possible (tenter de faire mieux est illusoire).

Question 1. On appelle $vmi(k)$ la valeur du (d'un) meilleur intervalle se terminant *exactement* en position k. Préciser comment obtenir la valeur du (d'un) meilleur intervalle du tableau T à partir de $vmi(1), \ldots, vmi(n)$. Établir une relation de récurrence permettant le calcul de $vmi(k)$.

> 117 - Q 1

Question 2. Déduire de la récurrence précédente une stratégie de remplissage d'une structure tabulaire appropriée. Quelles en sont les complexités temporelle et spatiale ? Vérifier que la complexité temporelle répond bien à l'objectif fixé.

> 117 - Q 2

Question 3. Comment peut-on procéder pour déterminer le meilleur intervalle lui-même, autrement dit ses bornes ?

> 117 - Q 3

Question 4. Donner le code du programme associé.

> 117 - Q 4

Question 5. Appliquer cet algorithme au tableau d'entiers :
$$T[1 .. 14] = [14, 11, 16, 12, 20, 7, 3, 3, 19, 24, 24, 3, 5, 16].$$

> 117 - Q 5

Question 6. Proposer une variante (principe et code) de la solution précédente qui améliore la complexité spatiale.

> 117 - Q 6

Question 7. Comparer les deux solutions pour ce problème : (a) version DpR de l'exercice 99, page 456, et (b) celle donnée en réponse à la question précédente.

> 117 - Q 7

La solution est en page 724.

Exercice 118   Installation de stations-service   ∘ •

Cet exercice illustre un problème assez simple pour lequel la valeur associée à la solution optimale recherchée se trouve dans un emplacement prédéterminé de la structure tabulaire. Une attention particulière est portée à l'étape de reconstitution de la solution optimale elle-même.

On obtient la concession de stations-service le long d'une autoroute en construction. La règle est la suivante : la compagnie gestionnaire de l'autoroute indique les n emplacements envisagés pour implanter les stations-service. Chaque emplacement est numéroté par un entier i, et sa position est donnée par son kilométrage à partir de l'entrée de l'autoroute. Pour chaque emplacement possible, la compagnie donne le montant que va rapporter chaque année une station-service placée à cet endroit (en M€). Elle indique également la « distance à préserver » en kilomètres au sens suivant : si l'on décide d'installer une station-service à un emplacement, on n'a pas le droit d'en installer une autre (en direction de l'entrée de l'autoroute) à une distance inférieure ou égale à la distance à préserver. On suppose que les emplacements sont numérotés par distance croissante par rapport à l'entrée de l'autoroute. Par exemple, avec les données suivantes :

Emplacement	Position	Gain annuel	Distance à préserver
1	40	5	0
2	90	7	70
3	130	1	50
4	200	5	120

si l'on choisit d'installer une station à l'emplacement 4, les emplacements 3 et 2 ne peuvent plus être équipés, puisque ces stations-service seraient à une distance inférieure à 120 km. On peut donc seulement réaliser les combinaisons suivantes d'emplacements pour installer les stations-service : $\langle 1 \rangle$, $\langle 2 \rangle$, $\langle 3 \rangle$, $\langle 4 \rangle$, $\langle 1, 3 \rangle$ et $\langle 1, 4 \rangle$.

118 - Q 1 **Question** 1. Parmi les six configurations possibles de cet exemple, quelle est celle qui rapporte le plus ?

Le problème est de placer les stations-service parmi les n emplacements envisagés, de façon à ce que le rapport (gain) soit maximal. On note $\text{gopt}(i)$ le gain maximal que peuvent rapporter des stations-service si l'on considère seulement les emplacements 1 à i ($\text{gopt}(n)$ est par suite la valeur finale recherchée). Par ailleurs, $e(i)$ désigne le numéro de l'emplacement le plus proche (dans la direction de l'entrée) où il est possible d'implanter une station-service s'il y en a une à l'emplacement i (compte tenu de la distance à préserver). Si on ne peut mettre aucune station-service avant celle en position i, $e(i)$ vaut 0. Enfin, on note $g(i)$ le gain annuel de la station-service implantée à l'emplacement i.

118 - Q 2 **Question** 2. Expliquer pourquoi on doit introduire un emplacement « virtuel » de numéro 0 et préciser la valeur de $g(0)$.

118 - Q 3 **Question** 3. Établir la récurrence de calcul de $\text{gopt}(i)$, gain maximal associé à une implantation optimale relative aux emplacements 0 à i.

Question 4. Préciser les principaux éléments du programme implantant cette récurrence (structure tabulaire et progression de son remplissage, localisation de la valeur optimale recherchée, complexités spatiale et temporelle en nombre de conditions évaluées).

`118 - Q 4`

Question 5. Expliciter le principe de reconstitution de la configuration optimale.

`118 - Q 5`

Question 6. L'appliquer à l'exemple :

`118 - Q 6`

Emplacement	Position	Gain annuel	Distance à préserver
1	20	6	0
2	80	7	70
3	170	2	100
4	200	3	50
5	260	1	80
6	280	5	100
7	340	2	90

La solution est en page 726.

Exercice 119 — Le voyageur dans le désert

Cet exercice montre que, selon la fonction de coût considérée, une simple solution gloutonne (voir chapitre 7) suffit ou qu'il faut, au contraire, recourir à une solution faisant appel à une récurrence, demandant donc une spécification un peu plus élaborée. Ici encore, le coût de la solution optimale se trouve à un emplacement prédéterminé de la structure tabulaire.

Un voyageur veut aller d'une oasis à une autre sans mourir de soif. Il connaît la position des puits sur la route (numérotés de 1 à n, le puits numéro 1 (resp. n) étant l'oasis de départ (resp. d'arrivée)). Le voyageur sait qu'il consomme exactement un litre d'eau au kilomètre. Il est muni d'une gourde pleine à son départ. Quand il arrive à un puits, il choisit entre deux possibilités : a) poursuivre sa route, ou b) remplir sa gourde. S'il fait le second choix, il vide sa gourde dans le sable avant de la remplir entièrement au puits afin d'avoir de l'eau fraîche. À l'arrivée, il vide la gourde.

Question 1. Le voyageur veut faire le moins d'arrêts possible. Mettre en évidence une stratégie gloutonne (voir chapitre 7) optimale atteignant cet objectif.

`119 - Q 1`

Question 2. Le voyageur veut verser dans le sable le moins de litres d'eau possible. Montrer que la stratégie gloutonne précédente est toujours optimale.

`119 - Q 2`

Question 3. À chaque puits, y compris celui de l'oasis d'arrivée, un gardien lui fait payer autant d'unités de la monnaie locale que le carré du nombre de litres d'eau qu'il vient de verser à l'arrivée du tronçon qu'il a parcouru. Le problème est de choisir les puits où il doit s'arrêter pour payer le moins possible. Montrer avec les données de l'exemple de la question 5 que la stratégie gloutonne précédente n'est plus optimale.

`119 - Q 3`

119 - Q 4

Question 4. Construire une solution fondée sur la programmation dynamique dont les éléments sont :

- popt(i) : somme minimale payée au total depuis le puits numéro 1 (l'oasis de départ) jusqu'au puits numéro i, étant donné que le voyageur vide sa gourde au puits numéro i,
- d(i, j) : nombre de kilomètres entre le puits numéro i et le puits numéro j,
- D : volume de la gourde

dont on donnera la récurrence, la structure tabulaire utilisée, l'évolution de son remplissage et les complexités temporelle (en nombre de conditions évaluées) et spatiale du programme qui en résulte (le code n'est pas demandé).

119 - Q 5

Question 5. Appliquer cette solution avec une gourde de dix litres et des puits situés à 8, 9, 16, 18, 24 et 27 km de l'oasis de départ, l'arrivée étant située à 32 km de l'oasis de départ.

La solution est en page 727.

Exercice 120   Formatage d'alinéa   ○   ●

> *Cet exercice illustre une application de la programmation dynamique à un problème simple de formatage de texte pour lequel on veut minimiser un coût associé aux espaces apparaissant dans les lignes. On pourra noter de fortes analogies avec l'exercice précédent, en particulier dans la forme de la récurrence.*

Pour un logiciel de traitement de texte, on cherche à disposer la suite des mots qui forment un alinéa de manière à répartir au mieux les espaces dans un sens qui sera précisé ultérieurement. Pour simplifier, on considère un texte sans signes de ponctuation, donc constitué uniquement de mots (suites de lettres) et d'espaces. On se donne les règles suivantes :

- chaque mot – insécable – a une longueur égale à son nombre de caractères et inférieure ou égale à celle d'une ligne,
- les mots d'une ligne sont séparés par une espace,
- toute ligne commence par un mot calé à gauche,
- chaque espace a la longueur d'une lettre,
- on ne peut pas dépasser la longueur d'une ligne.

Par exemple, pour des lignes de taille égale à 26 caractères, on a les deux possibilités suivantes, parmi un grand nombre (les espaces sont représentées par le caractère « = ») :

```
Ce=court=texte=est=formaté        Ce=court=texte=est========
de=deux=façons============        formaté=de=deux=façons====
différentes===============        différentes===============
```

Le premier formatage compte 4 espaces sur la première ligne, 14 sur la seconde ligne et 15 sur la troisième. Le second compte 11 espaces sur la première ligne, 7 sur la seconde et 15 sur la dernière ligne. Ils comptent tous les deux 33 espaces, et l'on souhaite départager ce genre d'égalité. À cette fin, on mesure la qualité d'un formatage par son *coût* cf donné comme la somme des carrés du nombre total d'espaces sur chacune des lignes. Le coût du premier formatage vaut $4^2 + 14^2 + 15^2 = 437$, celui du second $11^2 + 7^2 + 15^2 = 395$ et, en conséquence, le second est meilleur que le premier.

Le but de cet exercice est de trouver, pour un texte et une longueur de ligne donnés, un (le) formatage de coût minimal.

Question 1. Que dire de deux formatages d'un même texte utilisant le même nombre de lignes, si l'on prend comme coût cf′ le nombre d'espaces et non pas cf ? | 120 - Q 1 |

Question 2. On considère les deux formatages suivants (la longueur de ligne est égale à 26) du texte : « `Ce court texte est formaté de deux façons très différentes` ». | 120 - Q 2 |

```
Ce=court=texte=est=formaté        Ce=court=texte=est========
de=deux=façons=très=======        formaté=de=deux=façons====
différentes===============        très=différentes=========
```

Que dire d'un algorithme glouton consistant à remplir chaque ligne le plus possible ?

Question 3. On prend des lignes de longueur 10. Donner toutes les façons de formater la phrase « `Racine est un musicien` ». | 120 - Q 3 |

Question 4. On considère les N mots $m_1, \ldots, m_N$ du texte à formater, leur longueur $lg(m_1), \ldots, lg(m_N)$ et L la longueur de la ligne. On note $ml(i,j)$ le coût qui résulte de l'écriture des mots $m_i, \ldots, m_j$ sur la même ligne. Compte tenu des principes évoqués précédemment, on distingue deux cas : | 120 - Q 4 |

- on peut mettre $m_i, \ldots, m_j$ sur une ligne ($\sum_{k=i}^{j} lg(m_k) + (j-i) \leqslant L$), alors $ml(i,j) = (L - \sum_{k=i}^{j} lg(m_k))^2$, le carré du nombre total d'espaces de la ligne,
- les mots $m_i, \ldots, m_j$ ne tiennent pas sur une ligne ($\sum_{k=i}^{j} lg(m_k) + (j-i) > L$), alors $ml(i,j)$ prend une valeur arbitrairement grande, dénotée $+\infty$.

On appelle $fopt(i)$ le coût optimal de l'écriture des mots $m_i, \ldots, m_N$ sous la contrainte que m_i soit au début d'une ligne. Donner la formule de récurrence qui calcule $fopt(i)$.

Question 5. En déduire le principe d'un programme qui, connaissant les valeurs de ml, calcule le formatage d'un texte de coût minimal et permet de l'écrire ultérieurement. On en précisera les complexités spatiale et temporelle. | 120 - Q 5 |

Question 6. Traiter l'exemple de la question 3. | 120 - Q 6 |

Question 7. Dans la démarche proposée, on est parti de $fopt(i)$, le coût optimal de l'écriture de $m_i, \ldots, m_N$. Aurait-on pu procéder autrement ? | 120 - Q 7 |

Question 8. On pourrait faire d'autres choix concernant la comptabilisation des espaces, par exemple prendre pour une ligne la somme des carrés des nombres d'espaces. Quel impact cela aurait-il sur la solution proposée précédemment ? | 120 - Q 8 |

La solution est en page 728.

Exercice 121   Codage optimal

> *Cet exercice illustre une application de compression optimale de texte étant données des séquences de symboles définissant le code employé. L'établissement de la récurrence est un peu plus ardu que dans les exercices précédents. De plus, on s'intéresse ici à l'explicitation de la procédure de reconstitution du codage optimal.*

On dispose d'un ensemble $\mathcal{C}$ de m mots sur un alphabet Σ, tous de longueur inférieure ou égale à k ($\mathcal{C}$ est appelé le *code*). On a d'autre part un autre mot D de longueur n sur l'alphabet Σ, que l'on cherche à coder en utilisant le moins possible d'occurrences de mots de $\mathcal{C}$. Par exemple, si $\mathcal{C} = \{a,\ b,\ ba,\ abab\}$ et $D = bababbaababa$, un codage possible de D est $ba\ ba\ b\ ba\ abab\ a$, utilisant six occurrences de $\mathcal{C}$. Il peut ne pas exister de solution, comme pour le codage de $D = abbc$ avec le code $\mathcal{C} = \{a,\ bc\}$. Une condition suffisante pour que toute chaîne puisse être codée (et donc admette un codage optimal) est que Σ soit inclus (au sens large) dans $\mathcal{C}$.

121 - Q 1   **Question** 1. Donner une récurrence pour calculer le nombre minimum d'occurrences de mots du code $\mathcal{C}$ nécessaires au codage de D. Par convention, ce nombre minimum vaut $+\infty$ si D ne peut être codé avec $\mathcal{C}$.

121 - Q 2   **Question** 2. L'opération élémentaire étant la comparaison des lettres de l'alphabet Σ, écrire un algorithme en $\mathcal{O}(n \cdot m \cdot k)$ qui trouve le coût du codage optimal et permette de le produire ultérieurement (s'il existe).

121 - Q 3   **Question** 3. Expliciter l'algorithme permettant de reconstituer le codage optimal quand il existe.

121 - Q 4   **Question** 4. Appliquer cet algorithme pour : i) le code $\mathcal{C} = \{a,\ b,\ ba,\ abab\}$ et le mot $D = bababbaababa$, ii) le code $\mathcal{C} = \{a,\ bc\}$ et le mot $D = abbc$.

La solution est en page 730.

Exercice 122   Découpe d'une barre

> *Le seul point de cet exercice méritant une attention particulière concerne l'établissement des récurrences.*

Étant données une barre de métal de longueur n (centimètres) et une table des prix de vente unitaires PU croissants des segments de métal pour les longueurs $i = 1,\ldots,n$, on cherche à découper la barre en segments de façon à maximiser son prix de vente. Le tableau qui suit constitue un exemple de table de prix de vente pour des longueurs allant de 1 à 7.

Longueur i du segment	1	2	3	4	5	6	7
Prix de vente PU[i]	3	7	10	13	16	20	24

Question 1. Sur cet exemple, quelle est la découpe optimale d'une barre de longueur 4 ?   122 - Q 1

Question 2. Donner une formule de récurrence pour le prix optimal pvopt(n) de la découpe d'une barre de longueur n.   122 - Q 2

Question 3. En déduire le principe d'un algorithme de programmation dynamique qui calcule ce prix. En préciser les complexités temporelle (en nombre de conditions évaluées) et spatiale.   122 - Q 3

Question 4. Comment connaître non seulement le prix optimal, mais aussi la longueur des segments qui composent la découpe optimale ?   122 - Q 4

Question 5. Traiter le cas d'une barre de longueur 7 avec le tableau de prix donné auparavant.   122 - Q 5

Question 6. Comment faire qu'en cas de prix de vente optimal identique entre une possibilité avec découpe et une autre sans découpe, cette dernière soit choisie par l'algorithme ?   122 - Q 6

On suppose maintenant que les segments ne peuvent être produits (et vendus) que pour un certain nombre m de longueurs $LG[1] = 1$ à $LG[m] = p$ avec $p > m$, dont on connaît le prix de vente unitaire $PU[i]$ ($1 \leqslant i \leqslant m$). Par exemple, pour $m = 4$, on aura
$LG[1] = 1, LG[2] = 3, LG[3] = 4, LG[4] = 6$ et $PU[1] = 3, PU[2] = 8, PU[3] = 13, PU[4] = 20$.
De façon générale, toute barre de longueur supérieure à p doit être découpée, ce qui est toujours possible puisque $LG[1] = 1$.

Question 7. Donner la nouvelle récurrence de calcul de pvopt(n), le prix de vente optimal d'une barre de longueur n (entier positif) quelconque. Quelle est la complexité temporelle (en nombre de conditions évaluées) de l'algorithme associé ?   122 - Q 7

Question 8. Comment obtenir maintenant la longueur de chacun des segments constituant la (une) découpe optimale ?   122 - Q 8

Question 9. Traiter le cas d'une barre de longueur 11 à découper avec les données suivantes :   122 - Q 9

Numéro i du segment	1	2	3	4	5	6
Longueur LG[i] du segment i	1	2	4	6	7	9
Prix de vente PU[i] du segment i	2	5	11	15	17	24

La solution est en page 732.

9.4.2 Découpe - Partage : problèmes à deux dimensions

Exercice 123 Affectation d'effectifs à des tâches   ○ ⋮

Le principal intérêt de cet exercice réside dans l'attention qui doit être portée à l'établissement de la récurrence qui révèle quelques particularités.

On considère n tâches $T_1, \ldots, T_n$, à réaliser en parallèle, chacune pouvant être effectuée avec différents effectifs d'employés (nombres entiers de 1 à k). Tout employé est apte à contribuer à toute tâche T_i, mais une fois affecté à l'une d'elles, il s'y consacre jusqu'à son terme et cesse ensuite son activité. La durée de chaque tâche varie en fonction de l'effectif qui lui est affecté ; $d(i, e)$ la durée de la tâche i réalisée avec e employés est exprimée en unités de temps (nombres entiers de 10 à 200). Pour chaque tâche T_i, la durée $d(i, e)$ diminue au fur et à mesure que l'effectif e qui lui est affecté augmente, sauf si la tâche n'est pas réalisable pour l'effectif imparti, auquel cas elle ne l'est pas non plus pour tout effectif supérieur. À titre d'exemple, avec $n = 4$ et $k = 5$, on peut avoir le tableau de durées ci-dessous :

effectif e		1	2	3	4	5
$i =$	1	110	90	65	55	$+\infty$
	2	120	90	70	50	40
	3	90	70	65	60	$+\infty$
	4	65	60	55	$+\infty$	$+\infty$

la valeur $+\infty$ indique que la tâche ne peut pas être réalisée avec cet effectif. Ici, les tâches $1, 3$ et 4 ne peuvent être effectuées avec cinq employés et la tâche 4 ne peut même pas l'être avec quatre.

Le problème à résoudre consiste à trouver une affectation optimale d'effectif à chacune des tâches considérées au sens suivant : pour un effectif global E fixé disponible pour l'ensemble des tâches à effectuer, e_i désignant l'effectif affecté à la tâche t_i ($E = \sum_{i=1}^{n} e_i$), la somme des durées $SD = \sum_{i=1}^{n} d(i, e_i)$ est minimale. On suppose que l'effectif global E ne permet pas d'attribuer à chaque tâche l'effectif lui assurant la durée minimale, sinon la solution est triviale. Ainsi, dans l'exemple précédent, on supposera $E < 16$. On appelle $sdopt(i, e)$ le coût associé à l'affectation optimale de e employés aux tâches T_1 à T_i.

---

123 - Q 1   **Question 1.** Donner la récurrence complète de calcul de $sdopt(i, e)$.

123 - Q 2   **Question 2.** Préciser la structure tabulaire utilisée et l'évolution du calcul permettant de la remplir.

123 - Q 3   **Question 3.** Établir que la complexité spatiale de l'algorithme associé est en $\Theta(n \cdot E)$ et que sa complexité temporelle est en $\mathcal{O}(k^2 \cdot n^2)$ conditions évaluées.

123 - Q 4   **Question 4.** Donner le résultat obtenu pour l'exemple donné auparavant en prenant $E = 10$.

La solution est en page 734.

Exercice 124   Produit chaîné de matrices

Cet exercice se situe dans le domaine du calcul numérique et résout de façon élégante et efficace la question cruciale du choix de l'ordre dans lequel effectuer une succession de produits de matrices. La solution fait appel à une récurrence à deux éléments, le coût optimal se trouvant dans un emplacement prédéfini de la structure tabulaire utilisée. L'objectif final n'est pas tant de trouver le coût et le parenthésage optimal que de pouvoir utiliser ces éléments pour construire un programme efficace réalisant le produit de matrices considéré.

On s'intéresse au produit des matrices réelles $M_1 \times M_2 \times \cdots \times M_n$ et on souhaite l'obtenir en effectuant le moins possible de multiplications de nombres réels. Les dimensions de ces matrices sont décrites dans un tableau $D[0 \mathbin{..} n]$, avec $M_i[1 \mathbin{..} D[i-1], 1 \mathbin{..} D[i]]$. On appelle $\text{propt}(i, j)$ le nombre minimal de multiplications pour réaliser le produit de la chaîne partielle de matrices $(M_i \times \cdots \times M_{i+j})$. On cherche donc la valeur $\text{propt}(1, n-1)$.

Question 1. Soit les matrices $M_1[10, 20]$, $M_2[20, 50]$, $M_3[50, 1]$ et $M_4[1, 100]$. Comparer le nombre de multiplications quand on fait les opérations dans l'ordre donné par le parenthésage $(M_1 \times (M_2 \times (M_3 \times M_4)))$ avec celui qui découle du parenthésage $((M_1 \times (M_2 \times M_3)) \times M_4)$.   `124 - Q 1`

Question 2. Donner le nombre de parenthésages possibles pour le produit $M_1 \times \cdots \times M_n$.   `124 - Q 2`

Question 3. Proposer une récurrence de calcul de $\text{propt}(i, j)$.   `124 - Q 3`

Question 4. Construire le programme calculant $\text{propt}(1, n)$ (et permettant de trouver le parenthésage optimal associé) après avoir mis en évidence la structure tabulaire utilisée et l'évolution de son remplissage. Quel est l'ordre de grandeur de complexité spatiale et temporelle (en nombre de conditions évaluées) de ce programme ? Comparer la complexité temporelle à celle de la méthode naïve comparant tous les parenthésages.   `124 - Q 4`

Question 5. Appliquer ce programme sur l'exemple des quatre matrices $M_1[10, 20]$, $M_2[20, 50]$, $M_3[50, 1]$ et $M_4[1, 100]$ pour calculer le nombre minimal de multiplications nécessaires au produit $M_1 \times M_2 \times M_3 \times M_4$.   `124 - Q 5`

Question 6. Expliciter le principe du programme reconstituant le (un) parenthésage optimal. L'illustrer avec l'exemple précédent.   `124 - Q 6`

La solution est en page 736.

Exercice 125   Découpe de planche

Bien qu'apparemment voisin du problème de découpe de barre, celui-ci se révèle plus compliqué en ce qui concerne l'établissement de la récurrence. Il faut en effet spécifier ici une récurrence à deux variables.

On dispose d'une planche de longueur entière N que l'on veut découper en n segments de longueurs entières $l_1, l_2, \ldots, l_n$ avec $\sum_{i=1}^{n} l_i = N$. Les segments doivent découper la planche de gauche à droite selon leur indice. Par exemple, si $N = 10$, $l_1 = 2$, $l_2 = 5$ et $l_3 = 3$, les découpes doivent se faire aux abscisses 2 et 7 sur la planche.

On cherche à minimiser le coût de la découpe, fondé sur le principe suivant : découper en 2 un segment de taille m coûte m unités (il faut transporter le segment de taille m vers la scie). On cherche dans quel ordre pratiquer les découpes pour minimiser le coût total. Dans l'exemple précédent, il n'y a que deux manières de faire :

- Couper d'abord la planche à l'abscisse 7, puis à l'abscisse 2, ce qui coûte $10 + 7 = 17$ unités. Ceci se représente par le schéma de découpe suivant :

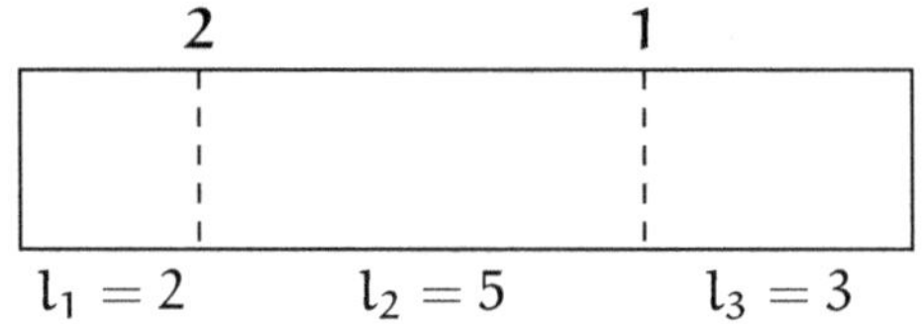

ou par le parenthésage $((l_1\ l_2)\ l_3)$.

- Procéder en sens inverse, ce qui coûte $10 + 8 = 18$ unités et se représente par le schéma de découpe suivant ou par le parenthésage $(l_1\ (l_2\ l_3))$.

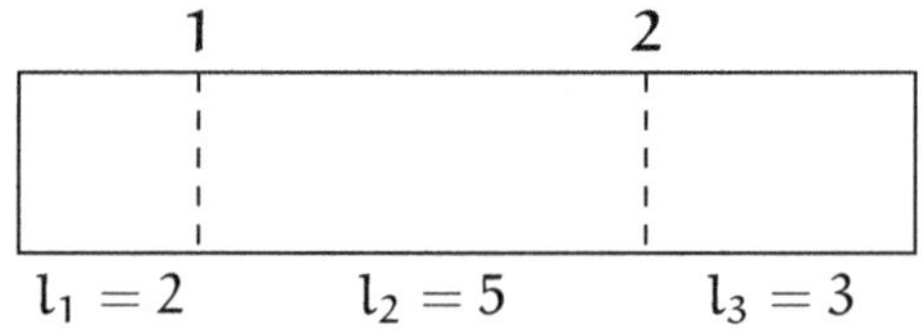

<table><tr><td>**125 - Q 1**</td></tr></table>

Question 1. Quel est le nombre de découpes distinctes possibles ? À quel autre problème celui-ci fait-il penser en termes de combinatoire ?

125 - Q 2

Question 2. Donner la récurrence qui calcule la valeur de la découpe optimale et préciser la complexité de la procédure associée (qui n'est pas demandée). L'appliquer à l'exemple de l'énoncé.

125 - Q 3

Question 3. Traiter le problème (récurrence, complexité notamment) quand la planche est circulaire (un beignet plat), comme sur l'exemple ci-dessous :

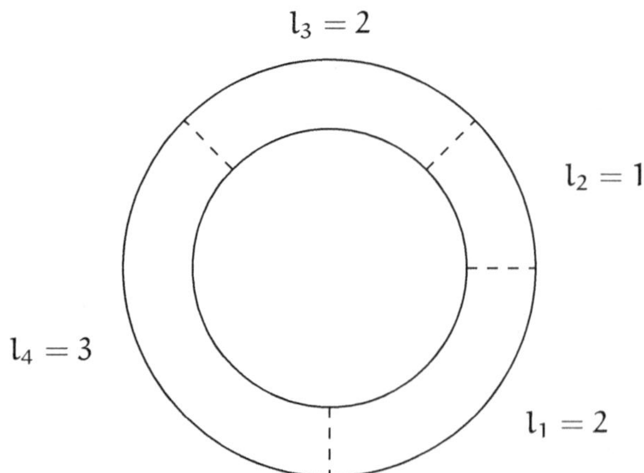

La solution est en page 738.

Exercice 126   Les pilleurs de coffres

> *L'établissement de la récurrence associée à ce problème repose sur un raisonnement analogue à celui développé dans l'exercice 116, page 665, selon lequel une liste finie non vide possède forcément un dernier élément. Cependant, compte tenu d'une propriété du problème traité ici, on va pouvoir simplifier les calculs, ce qui constitue l'intérêt majeur de cet exercice.*

Des voleurs rentrent dans la salle forte de la banque, où les coffres sont alignés le long du mur. Ces voleurs veulent ouvrir tous les coffres en un minimum de temps. Le problème est que les coffres proviennent de fabricants différents, ce qui fait qu'ils ne prennent pas tous le même temps à ouvrir. Chaque coffre est affecté à un voleur et les voleurs sont tous aussi habiles à la tâche. Ils décident de diviser le mur en secteurs composés de coffres contigus et d'affecter un secteur à chacun d'entre eux.

Exemple   Pour illustrer, disons qu'il y a trois voleurs et neuf coffres, que l'on peut numéroter de gauche à droite le long du mur et dont le temps d'ouverture, en minutes, se répartit ainsi :

Numéro du coffre	1	2	3	4	5	6	7	8	9
Temps d'ouverture	5	7	3	5	6	3	2	5	3

Question 1. On considère la stratégie consistant à affecter le secteur $(1, 2, 3)$ au premier voleur, le secteur $(4, 5, 6)$ au second et le secteur $(7, 8, 9)$ au troisième. Les voleurs repartent après 15 minutes, le temps mis par le voleur le plus lent (le premier). Mettre en évidence une solution meilleure que celle qui repose sur cette stratégie.

$\boxed{126 \text{ - } Q\,1}$

Question 2. Dans le cas général, on a N coffres et p voleurs. On appelle $TOC(i)$ le temps nécessaire à l'ouverture du i^e coffre par l'un quelconque des voleurs et $tgopt(n, k)$ le temps global optimal, c'est-à-dire le temps minimum nécessaire à l'ouverture de n coffres $(1 \leqslant k \leqslant N)$ par k voleurs $(1 \leqslant k \leqslant p)$. Que vaut $tgopt(n, k)$ quand : i) $n = 1$ (il n'y a qu'un coffre à ouvrir), ii) $k = 1$ (un seul voleur doit ouvrir tous les coffres), iii) $k > n$ (le nombre de voleurs est supérieur au nombre de coffres à ouvrir), iv) $k \leqslant n$?

$\boxed{126 \text{ - } Q\,2}$

Question 3. En déduire la récurrence permettant le calcul de $tgopt(N, p)$, le temps minimum nécessaire à l'ouverture de N coffres par p voleurs.

$\boxed{126 \text{ - } Q\,3}$

Question 4. Décrire la structure tabulaire utilisée par l'algorithme associé, ainsi que la stratégie de son remplissage. Quelles sont les complexités spatiale et temporelle de cet algorithme ?

$\boxed{126 \text{ - } Q\,4}$

Question 5. L'appliquer à l'exemple.

$\boxed{126 \text{ - } Q\,5}$

La solution est en page 740.

Exercice 127   Trois problèmes d'étagères

On s'intéresse à trois problèmes de rangement de livres dans une étagère, avec des contraintes différentes de rangement selon que l'on fixe le nombre de rayons ou la hauteur ou encore la largeur de l'étagère.

Une étagère sert à ranger des livres d'épaisseurs et hauteurs variées. La profondeur des livres, ainsi que celle de l'étagère, ne jouent aucun rôle ici, elles sont donc ignorées par la suite. L'étagère est constituée d'un ou plusieurs rayons de hauteur fixe ou variable ayant une certaine largeur, sur lesquels sont posés les livres. Pour simplifier, on admet que les planches qui forment les rayons ont une épaisseur nulle. Le rayon du haut est surmonté d'une planche qui définit la hauteur totale de l'étagère.

On va considérer différents problèmes de rangement selon les paramètres fixés au départ (nombre et hauteur(s) des rayons, largeur de l'étagère, ordre des livres en particulier). Dans la première partie, on se donne N livres $B_1, \ldots, B_N$ de différentes hauteurs à ranger dans cet ordre, une largeur donnée de rayon L et l'on cherche le nombre de rayons (et la hauteur totale minimale) de l'étagère permettant de ranger tous les livres. Dans la partie suivante, on cherche à nouveau à ranger l'intégralité des livres $B_1, \ldots, B_N$ dans cet ordre, dans un nombre fixé K de rayons. Ceux-ci ont même hauteur, ainsi que les livres et l'on cherche la largeur minimale de l'étagère (et de ses rayons). Dans la troisième et dernière partie, on considère N livres $B_1, \ldots, B_N$ de même hauteur et une étagère ayant K rayons de largeur L donnée. Le problème est ici de déterminer le nombre maximal de livres qui peuvent être rangés en respectant leur ordre.

L'étagère de hauteur minimale

On dispose de N livres $B_1, \ldots, B_N$ que l'on souhaite ranger sur l'étagère avec les contraintes suivantes :

- l'ordre dans lequel les livres sont disposés est fixé : B_1 doit se trouver à l'extrême gauche dans le rayon du haut, B_2 est accolé à B_1 ou, à défaut, à l'extrême gauche du rayon du dessous et ainsi de suite,

- l'étagère (et donc chacun de ses rayons) a une largeur fixe L, mais le nombre de rayons est réglable de même que la hauteur de chaque rayon,

- chaque livre B_i est caractérisé par sa hauteur h_i et son épaisseur e_i.

Avec des livres d'épaisseur e_i et de hauteur h_i suivantes :

i	1	2	3	4	5
e_i	3	3	2	3	2
h_i	5	7	9	3	10

la figure ci-après donne deux façons différentes de ranger N = 5 livres sur une étagère de largeur L = 10.

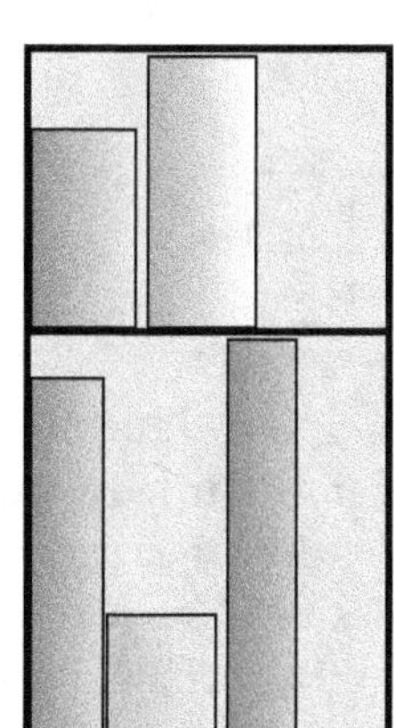 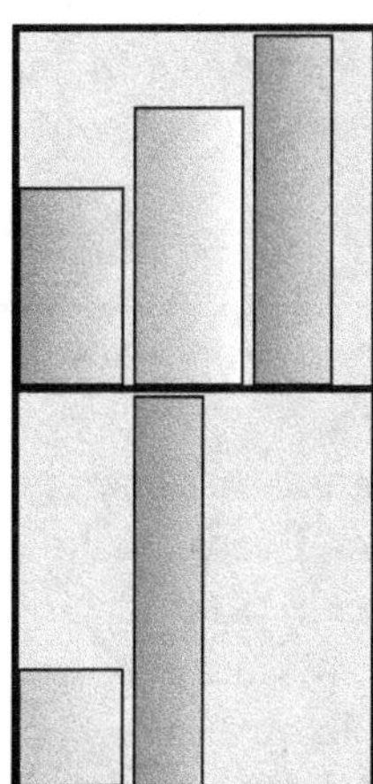

La hauteur totale de la première étagère est $7 + 10 = 17$, celle de la seconde $9 + 10 = 19$. Le problème est de trouver comment disposer les rayons de l'étagère pour qu'elle ait une hauteur totale minimale (peu importe le nombre de rayons).

Question 1. On note $\mathtt{hgmin(i)}$ la hauteur globale minimale d'une étagère de largeur L sur laquelle sont rangés les livres $B_i, \ldots, B_N$ ($1 \leqslant i \leqslant N$), avec la convention $\mathtt{hgmin}(N+1) = 0$ pour la hauteur de l'étagère dans laquelle on ne met aucun livre. On note $\mathtt{hr(i,j)}$ la hauteur du rayon où est rangée la suite de livres commençant par B_i et se terminant par B_j (avec $j \geqslant i$). On a :   `127 - Q 1`

$$hr(i,j) = \begin{cases} \max_{k \in i..j} (h_k) & \textbf{si } \sum_{k=i}^{j} e_k \leqslant L \\ +\infty & \textbf{sinon.} \end{cases}$$

Trouver une relation de récurrence descendante (ou arrière) définissant $\mathtt{hgmin(i)}$.

Question 2. En déduire les caractéristiques d'un algorithme de programmation dynamique pour calculer $\mathtt{hgmin(1)}$. En donner la complexité temporelle.   `127 - Q 2`

Question 3. Appliquer cet algorithme sur l'exemple suivant :   `127 - Q 3`

i	1	2	3	4	5	6
e_i	1	2	1	1	2	1
h_i	1	2	5	4	3	1

avec $L = 4$.

L'étagère de largeur minimale

On veut maintenant ranger la totalité des livres $B_1, \ldots, B_N$ dans une étagère ayant K (fixé) rayons de largeur L réglable. L'ordre dans lequel les livres sont disposés est imposé comme précédemment (B_1 doit se trouver à l'extrême gauche du rayon du haut, B_2 est serré à droite de B_1 ou à l'extrême gauche du rayon du dessous, etc...). Chaque livre B_i est caractérisé par son épaisseur e_i et, sans perte de généralité, tous les livres sont supposés de même hauteur.

On cherche la valeur L la plus petite possible qui permet de ranger tous les livres $B_1, \ldots, B_N$. Autrement dit, il s'agit de partitionner $B_1, \ldots, B_N$ en K sections de telle sorte que la largeur de la plus large des sections soit la plus petite possible. Par exemple, avec $K = 3$ rayons et $N = 6$ livres dont les largeurs sont les suivantes :

i	1	2	3	4	5	6
e_i	5	3	4	1	3	2

le rangement optimal est obtenu en mettant le premier livre sur le rayon du haut, les deuxième et troisième livres sur le suivant et les trois derniers sur le rayon du bas. La largeur du rayon le plus large vaut 7. Notons que si l'ordre des livres n'avait pas d'importance, un rangement sur trois étagères de largeur 6 serait possible, par exemple en mettant les livres B_1 et B_4 sur la première étagère, les livres B_2 et B_5 sur la deuxième et, enfin, les livres B_3 et B_6 sur la dernière.

On note $\mathrm{lgmin}(n, k)$, avec $1 \leqslant n \leqslant N$ la largeur minimale qui permet de ranger les n premiers livres $B_1, \ldots, B_n$ dans une étagère composée de k rayons (qui sont donc de largeur $\mathrm{lgmin}(n, k)$). On note $\mathrm{ep}(i, j) = e_i + \cdots + e_j$ la somme des épaisseurs des livres $B_i, \ldots, B_j$.

127 - Q 4   **Question 4.** Montrer que, pour tout n, avec $1 \leqslant n \leqslant N$, on a $\mathrm{lgmin}(n, 1) = \mathrm{ep}(1, n)$.

127 - Q 5   **Question 5.** Soit une situation où l'on a n livres et k rayons, avec $n \leqslant k$. Montrer que l'on peut faire en sorte qu'il n'y ait qu'un seul livre par rayon. Établir que par conséquent $\mathrm{lgmin}(n, k) = \max(\{e_1, \ldots, e_n\})$.

127 - Q 6   **Question 6.** On considère maintenant un rangement optimal de n livres sur k rayons, avec $n > k$, le dernier rayon contenant les livres $B_m, \ldots, B_n$. Montrer qu'alors on a soit $\mathrm{lgmin}(n, k) = \mathrm{lgmin}(m - 1, k - 1)$, soit $\mathrm{lgmin}(n, k) = \mathrm{ep}(m, n)$.

127 - Q 7   **Question 7.** Déduire des questions précédentes une relation de récurrence pour calculer $\mathrm{lgmin}(N, K)$.

127 - Q 8   **Question 8.** Préciser l'évolution du calcul effectué par l'algorithme de programmation dynamique associé et montrer que sa complexité temporelle est en $\mathcal{O}(K \cdot N^2)$.

127 - Q 9   **Question 9.** Traiter l'exemple donné précédemment, où $N = 6$ (livres) et $K = 3$ (rayons).

Un maximum de livres dans une étagère

On dispose d'une étagère de largeur L composée de K rayons de la même hauteur (L et K fixés) et de N livres $B_1, \ldots, B_N$ d'épaisseur $e_1, \ldots, e_N$, tous de la même hauteur (légèrement inférieure à celle des rayons de la bibliothèque). Les livres sont numérotés de 1 à N, par ordre alphabétique des auteurs.

On suppose que tous les livres ne peuvent tenir sur l'étagère (notamment si $\sum_{i=1}^{N} e_i > K \cdot L$) et on désire ranger dans l'étagère un maximum M de livres parmi les N, en préservant leur ordre alphabétique.

Prenons par exemple quatre livres, de largeurs données ci-après :

i	1	2	3	4
e_i	3	3	2	2

Pour $L = 5$ et $K = 2$, on ne peut ranger que trois ($M = 3$) des quatre livres, ceci de l'une des façons suivantes :

- B_1 sur la première étagère, B_2 et B_3 sur la seconde,
- B_1 sur la première étagère, B_2 et B_4 sur la seconde,
- B_1 sur la première étagère, B_3 et B_4 sur la seconde,
- B_2 sur la première étagère, B_3 et B_4 sur la seconde,
- B_1 et B_3 sur la première étagère, B_4 sur la seconde,
- B_2 et B_3 sur la première étagère, B_4 sur la seconde.

Pourtant, l'épaisseur totale des livres est 10 et, si l'on avait le droit de changer leur ordre, on pourrait tous les ranger en mettant par exemple B_1 et B_3 sur la première étagère et B_2 et B_4 sur la seconde.

Notons $\mathtt{lgnec}(i, j)$ la largeur minimale nécessaire au rangement d'un sous-ensemble ordonné de j livres parmi i livres. Si ces j livres sont répartis sur plusieurs étagères, il faut prendre en compte dans $\mathtt{lgnec}(i, j)$ l'éventuelle place perdue à la fin des premières rangées (mais pas celle perdue sur la dernière). En reprenant l'exemple précédent, la valeur 7 est obtenue pour $\mathtt{lgnec}(4, 3)$ avec les deux derniers placements de la liste ci-dessus.

Question 10. On suppose tout d'abord que l'on a un seul rayon dans l'étagère ($K = 1$). Quelle est la combinatoire *a priori* du problème ?

127 - Q 10

Question 11. Donner une formule de récurrence pour calculer $\mathtt{lgnec}(i, j)$. En déduire le principe de l'algorithme de programmation dynamique associé, la façon de déterminer la valeur M cherchée et la complexité temporelle de cet algorithme. Traiter l'exemple précédent avec les quatre livres d'épaisseurs $3, 3, 2$ et 2 et $L = 5$.

127 - Q 11

Question 12. On considère maintenant le cas où l'on a $K = 2$. Donner une formule de récurrence pour calculer $\mathtt{lgnec}(i, j)$. En déduire le principe de l'algorithme de programmation dynamique associé, la façon de déterminer la valeur M cherchée et la complexité temporelle de cet algorithme. Traiter l'exemple précédent avec les quatre livres d'épaisseurs $3, 3, 2$ et 2, et $L = 5$.

127 - Q 12

Question 13. Écrire un algorithme pour K quelconque ($K \geqslant 1$). Préciser la façon de déterminer la valeur M recherchée. Donner les complexités temporelle et spatiale de cet algorithme. L'appliquer avec $L = 5$ et $K = 3$ aux huit livres dont l'épaisseur est donnée ci-dessous :

127 - Q 13

i	1	2	3	4	5	6	7	8
e_i	3	3	1	2	4	2	3	4

La solution est en page 743.

Exercice 128   Distribution de skis

> *Cet exercice traite d'un problème d'affectation optimale de ressources avec deux critères d'optimalité « voisins ». La clé de l'optimalité réside dans une propriété simple de la fonction d'attribution des paires de skis aux skieurs. Dans le cas particulier où l'on a autant de skieurs que de paires de skis, il s'avère que la solution peut être atteinte par un procédé glouton (voir chapitre 7). Dans le cas général d'une résolution par programmation dynamique, une simplification des calculs est étudiée.*

On dispose de m paires de skis qu'il faut attribuer à n skieurs, avec $m \geqslant n \geqslant 1$. Une paire de skis – et une seule – doit être attribuée à chaque skieur et on désire maximiser la satisfaction globale des skieurs, sachant qu'un skieur est d'autant plus satisfait que la longueur de la paire de skis qu'on lui attribue est proche de sa taille.

Plus formellement, notons $h_1, \ldots, h_n$ les tailles de skieurs et $s_1, \ldots, s_m$ les longueurs de skis. Il s'agit de trouver une fonction injective $fa \in 1 \mathbin{..} n \to 1 \mathbin{..} m$ optimale. Elle doit maximiser la valeur de la satisfaction globale associée à l'attribution définie par fa, donc minimiser la somme des écarts (en valeur absolue) :

$$sde(n, m, fa) = \sum_{k=1}^{n} |h_k - s_{fa(k)}|.$$

Sans perte de généralité, on supposera ordonnées les longueurs de skis ($s_1 \leqslant \ldots \leqslant s_m$) et les tailles de skieurs ($h_1 \leqslant \ldots \leqslant h_n$).

128 - Q 1 **Question 1.** Donner la combinatoire *a priori* de ce problème.

128 - Q 2 **Question 2.** Montrer qu'une fonction fa monotone permet toujours d'atteindre une affectation optimale.

128 - Q 3 **Question 3.** En déduire qu'en présence d'autant de skieurs que de paires de skis ($n = m$), un procédé glouton (à expliciter) permet de résoudre le problème.

128 - Q 4 **Question 4.** Notons $affopt(i, j)$ la somme des écarts (en valeur absolue) correspondant à l'affectation optimale qui utilise les skis de rang 1 à j pour équiper les skieurs de rang 1 à i, avec $1 \leqslant i \leqslant j$. Soit la paire de skis de rang j est attribuée à un skieur, soit elle n'a pas été attribuée. Montrer que, dans le premier cas, c'est obligatoirement au skieur de rang i que la paire de skis de rang j doit être attribuée.

128 - Q 5 **Question 5.** En déduire la récurrence complète définissant $affopt(i, j)$.

128 - Q 6 **Question 6.** Donner le principe d'un algorithme de programmation dynamique mettant en œuvre ce calcul. Quelles en sont les complexités spatiale et temporelle (nombre de conditions évaluées) ? Préciser comment peut être déterminée la (une) fonction fa optimale.

128 - Q 7 **Question 7.** Résoudre le problème avec $m = 5$, $n = 3$, les longueurs de skis valant $s_1 = 158, s_2 = 179, s_3 = 200, s_4 = 203, s_5 = 213$ et les tailles de skieurs étant $h_1 = 170$, $h_2 = 190$, $h_3 = 210$.

128 - Q 8 **Question 8.** Proposer une stratégie remplissant le tableau associé à $affopt$ de façon partielle.

Question 9. On considère maintenant un nouveau critère d'optimalité. Il s'agit de trouver une fonction injective $fa \in 1 \mathrel{..} n \to 1 \mathrel{..} m$ optimale, au sens de la minimisation du plus grand des écarts entre la taille du skieur et la longueur de la paire de skis qui lui est attribuée, soit :

$$pgde(n, m, fa) = \max_{k \in 1 .. n} \left(|h_k - s_{fa(k)}| \right).$$

La solution précédente peut-elle être adaptée ?

La solution est en page 749.

Exercice 129   Lâchers d'œufs par la fenêtre (le retour)   8

> *Cet exercice revient sur le problème traité dans l'exercice 113, page 494, au chapitre « Diviser pour Régner ». Cependant, on le renforce ici en exigeant que la garantie de déterminer la résistance des œufs soit obtenue avec le moins de lâchers possible dans le pire cas. Après avoir examiné deux approches fondées sur des récurrences, on les compare entre elles et à la solution de type « Diviser pour Régner » appelée* radixchotomie. *Enfin, on établit un lien entre le problème de lâchers d'œufs et celui de l'identification de tout nombre d'un intervalle d'entiers par un nombre fixé de questions et un nombre limité de réponses négatives.*

Rappelons tout d'abord le problème *Lâchers1*, présenté dans l'exercice 113, page 494. On dispose d'œufs tous identiques et on cherche à connaître leur résistance, c'est-à-dire la hauteur (nombre f d'étages) à partir de laquelle ils se cassent si l'on les laisse tomber par la fenêtre d'un immeuble. Un œuf qui ne s'est pas cassé peut être réutilisé, alors que, s'il s'est cassé, on l'écarte définitivement. Étant donnés un immeuble de n ($n \geqslant 1$) étages et un nombre initial k ($k \geqslant 1$) d'œufs, on cherche la valeur de f. Si les œufs ne se brisent pas même lâchés du dernier étage, la valeur de f est fixée à $n + 1$, ce qui revient à considérer que les œufs se cassent forcément avec un immeuble ayant un étage de plus que réellement. L'un des objectifs de l'exercice 113 page 494, était aussi de limiter le nombre de lâchers pour n et k donnés, tout en garantissant la détermination de f puisque le nombre de lâchers était l'opération élémentaire considérée.

On considère maintenant le problème *Lâchers2* très voisin du précédent. On souhaite toujours garantir la détermination de f pour un couple (n, k) fixé, mais avec un nombre de lâchers d'œufs minimal *dans le pire cas*. Ainsi, après avoir lâché un des œufs disponibles du quatrième des dix étages d'un immeuble, on considèrera le plus grand des nombres de lâchers nécessaires à l'exploration des trois premiers étages d'une part, des six derniers de l'autre, selon qu'il y a casse ou non de l'œuf. De plus, à des fins de simplification, on étend le traitement au cas des immeubles de taille nulle ($n = 0$).

Une approche « directe »

Question 1. Appelons $nblmin(i, j)$ le nombre minimum de lâchers nécessaires à la détermination de f dans le *pire cas*, sachant que l'on dispose de i œufs et que l'immeuble possède j étages. Montrer que $nblmin$ peut être défini par la récurrence :

$$
\begin{array}{ll}
\mathrm{nblmin}(i, 0) = 0 & 1 \leqslant i \leqslant k \\
\mathrm{nblmin}(i, 1) = 1 & 1 \leqslant i \leqslant k \\
\mathrm{nblmin}(1, j) = j & 1 < j \leqslant n \\
\end{array}
$$

$$
\mathrm{nblmin}(i, j) = 1 + \min_{p \in 1..j} \left(\max \left(\left\{ \begin{array}{l} \mathrm{nblmin}(i-1, p-1), \\ \mathrm{nblmin}(i, j-p) \end{array} \right\} \right) \right)
\qquad \left\{ \begin{array}{c} 1 < i \leqslant k \\ \text{et} \\ 1 < j \leqslant n \end{array} \right. .
$$

129 - Q 2   **Question 2.** Proposer le principe d'un algorithme *LâchDyn1* dérivé de façon canonique de la récurrence précédente stockant les valeurs de nblmin dans le tableau $\mathrm{NBLM}[1..k, 0..n]$. Quelle en est la complexité temporelle ?

129 - Q 3   **Question 3.** Utiliser cet algorithme pour calculer $\mathrm{nblmin}(3, 8)$. Vérifier que $\mathrm{nblmin}(i, j)$ est croissant avec j sur cet exemple, et le montrer dans le cas général. En déduire le principe d'un algorithme *LâchDyn2* calculant $\mathrm{nblmin}(k, n)$ en $\mathcal{O}(k \cdot n \cdot \log_2(n))$. Qu'en conclut-on quant à l'intérêt de l'algorithme *LâchDyn1* ?

129 - Q 4   **Question 4.** Afin de déterminer une séquence de lâchers associée à toute valeur $\mathrm{NBLM}[i, j]$ (ou tout couple (i, j), tel que $i \geqslant 1, j \geqslant 0$), on double NBLM d'un tableau $\mathrm{CH}[1..k, 0..n]$ dans lequel $\mathrm{CH}[i, j]$ vaut :

- la (une) valeur de p associée à la valeur optimale $\mathrm{NBLM}[i, j]$, pour $2 \leqslant i \leqslant k$ et $2 \leqslant j \leqslant n$,
- la valeur 1 pour $j = 1$ et $1 \leqslant i \leqslant k$ d'une part, $1 < j \leqslant n$ et $i = 1$ d'autre part.

Remarque   Les cellules $\mathrm{CH}[i, 0]$ ne présentent pas d'intérêt puisqu'alors il ne reste pas d'étages à examiner.

Expliquer comment le tableau CH est utilisé pour la détermination d'une séquence de lâchers correspondant à un couple (i, j) fixé.

Par la suite, on prend le tableau $\mathrm{CH}[1..3, 0..8]$ ci-après :

j	0	1	2	3	4	5	6	7	8
$i = 1$	/	1	1	1	1	1	1	1	1
2	/	1	1	2	1	2	3	1	2
3	/	1	1	2	1	2	3	4	1

Donner la séquence de lâchers pour : i) $k = 2, n = 8, f = 5$, ii) $k = 2, n = 6, f = 3$, iii) $k = 2, n = 4, f = 5$, iv) $k = 2, n = 5, f = 1$.

Une solution passant par un problème « voisin »

129 - Q 5   **Question 5.** On considère maintenant le problème *Lâchers3* du calcul de la hauteur maximale d'immeuble (exprimée en nombre d'étages) $\mathrm{himax}(i, j)$, pour laquelle la valeur de f peut être identifiée à coup sûr avec au plus i œufs et j lâchers. Établir la récurrence calculant $\mathrm{himax}(k, \mathrm{nbl})$. Quelle différence y a-t-il entre celle-ci et celle proposée pour le problème *Lâchers2* ? Calculer la valeur $\mathrm{himax}(4, 12)$.

Question 6. Discuter la cohérence des valeurs $\text{nblmin}(i, j)$ (ou $\text{NBLM}[i, j]$) et $\text{himax}(i, l)$ (ou $\text{HIM}[i, l]$), où i est le nombre d'œufs, j le nombre d'étages de l'immeuble et l le nombre de lâchers.

129 - Q 6

Question 7. Montrer comment utiliser himax pour résoudre le problème *Lâchers2* (identification de f à coup sûr en un nombre minimal de lâchers au pire avec k œufs pour un immeuble de n étages). Expliciter le principe de l'algorithme *LâchDyn3* réalisant le calcul et en donner la complexité temporelle.

129 - Q 7

Question 8. Expliciter le principe de l'algorithme de reconstitution de la séquence de lâchers associée à un nombre k d'œufs et à un immeuble de n étages à partir du tableau HIM.

129 - Q 8

Question 9. Appliquer cet algorithme pour : i) $k = 2, n = 9, f = 5$, ii) $k = 2, n = 7, f = 3$, ces deux cas correspondant à ceux de la question 4 . Que constate-t-on quant aux séquences de lâchers produites ? L'appliquer également à $k = 3, n = 42, f = 4$.

129 - Q 9

Un calcul alternatif de $\text{himax}(i, j)$

Question 10. Montrer que l'on a la propriété suivante :

129 - Q 10

$$\text{himax}(i, j) = \sum_{p=0}^{i} C_j^p \quad 1 \leqslant j \leqslant n, 1 \leqslant i \leqslant k.$$

Question 11. En déduire le principe de l'algorithme *LâchDyn4* calculant le nombre minimal de lâchers *au pire* avec k œufs et un immeuble de n étages (au sens du problème *Lâchers2*) de complexité temporelle $\Theta(k \cdot \log_2(n))$, sachant que l'on a d'une part l'identité $C_n^{p+1} = (C_n^p \cdot (n - p))/(p + 1)$ pour $0 \leqslant p \leqslant n$ et $n \geqslant 0$, d'autre part $\text{himax}(i, r) \geqslant \text{hmax}(i, r - 1)$ pour tout $r \geqslant 1$ (qui se déduit de $C_r^p \geqslant C_{r-1}^p$).

129 - Q 11

Question 12. Expliciter la phase de reconstitution de la séquence de lâchers associée à $\text{himax}(i, j)$. Préciser sa complexité et la comparer à celle de la procédure donnée pour la question 8.

129 - Q 12

Synthèse : choix d'une méthode

Question 13. On va maintenant confronter les différentes méthodes de résolution du problème de lâcher d'œufs : approche DpR appelée *radixchotomie* dans l'exercice 113, page 494, et algorithmes fondés sur la programmation dynamique *LâchDyn2*, *LâchDyn3* ou *LâchDyn4*. Argumenter le choix d'une de ces approches (on pourra ignorer l'aspect lié au calcul de la séquence de lâchers).

129 - Q 13

Question 14. On considère les configurations $k = 2, n = 3, 1 \leqslant f \leqslant 4$. Donner la séquence de lâchers obtenue d'une part au moyen du tableau CH donné en question 4, pour l'algorithme *LâchDyn2*, d'autre part avec la *radixchotomie*. Qu'en conclut-on quant au nombre de lâchers nécessaires à la détermination de f ?

129 - Q 14

Identification exhaustive des éléments d'un intervalle

129 - Q 15   **Question** 15. On considère l'intervalle $1 .. N$ et on veut pouvoir identifier tout nombre x de cet intervalle avec au plus Q questions du type « x est-il supérieur à v ? » et au plus RN réponses négatives. Quel lien ce problème, appelé *IdentInterv*, entretient-il avec le problème *Lâchers3* ? Quand admet-il (au moins) une solution ? Quand c'est le cas, comment identifie-t-on la (une) séquence de questions répondant au problème ?

129 - Q 16   **Question** 16. On choisit de représenter la solution au problème *IdentInterv* par un arbre binaire dont chaque nœud est étiqueté par la valeur v de la question posée et chaque feuille est la valeur identifiée. Compléter (étiqueter) l'arbre partiel ci-dessous pour le cas $N = 299, Q = 12, RN = 3$, la racine correspondant à la première question à poser.

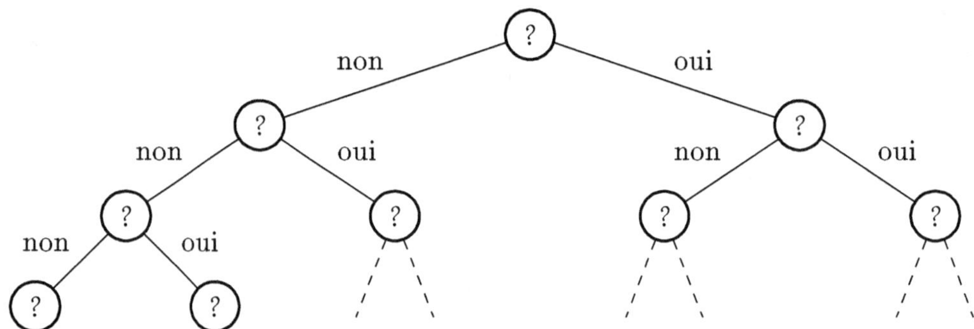

129 - Q 17   **Question** 17. Si on considère non plus l'intervalle $1 .. 299$, mais $1 .. 296$, quelle est la première question à poser ?

129 - Q 18   **Question** 18. Caractériser les longueurs d'intervalle pour lesquelles l'arbre des questions est unique.

La solution est en page 752.

9.4.3   GRAPHES - ARBRES

On traite maintenant d'un certain nombre de problèmes liés aux graphes et arbres. Les définitions et notions associées sont données dans les sections 1.5, page 22, et 1.6, page 29.

Exercice 130   Chemin de valeur minimale dans un graphe particulier

Cet exercice aborde le problème du cheminement dans un graphe orienté valué spécifique : un graphe sans circuit n'ayant qu'un seul point d'entrée et un seul point de sortie. On cherche un chemin de valeur minimale entre ces deux sommets. L'intérêt de l'exercice réside dans l'absence de restrictions sur la valuation du graphe, mais aussi dans la faible complexité de la solution qui est construite.

Soit un graphe G non valué ayant les caractéristiques suivantes :

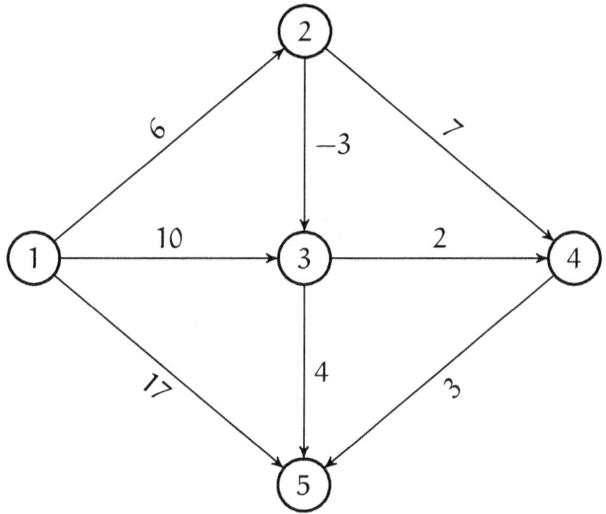

Fig. 9.4 – Un graphe conforme

- il n'y a pas de boucle,
- les n nœuds de G sont étiquetés par les entiers de 1 à n,
- si l'arc (i,j) existe dans G, alors $i < j$.

Le graphe G est dit « de numérotation conforme » ou encore « conforme ».

Question 1. Montrer qu'un graphe conforme G ne comporte aucun circuit et qu'il possède   130 - Q 1
nécessairement *au moins* un point d'entrée (sommet sans prédécesseur) et un point de
sortie (sommet sans successeur).

Dans la suite, on considère un graphe orienté valué $GV = (N, V, P)$ ayant en outre les
propriétés suivantes :

- le sommet 1 est point d'entrée et le sommet n est point de sortie,
- tout autre sommet possède au moins un prédécesseur et un successeur,
- chaque arc possède une valeur réelle *quelconque*, GV étant représenté par une
  matrice MGV, à n lignes et n colonnes, dans laquelle la valeur de l'élément
  $MGV[i,j]$ correspond à celle de l'arc (i,j) ($+\infty$ est la valeur conventionnelle
  utilisée si cet arc n'existe pas).

Question 2. Donner la récurrence de calcul du nombre de chemins de 1 à n dans un   130 - Q 2
graphe valué GV respectant les conditions précédentes, en définissant $nbchm(j)$ comme le
nombre de chemins de 1 à j. Donner la valeur de $nbchm(5)$ pour le graphe de la figure 9.4.

Question 3. Donner les caractéristiques (récurrence, structure tabulaire, stratégie de rem-   130 - Q 3
plissage) d'un algorithme de programmation dynamique qui calcule la valeur du (d'un)
chemin de valeur minimale entre les nœuds 1 et n. Quelles sont ses complexités temporelle
et spatiale ?

Question 4. Traiter l'exemple du graphe de la figure 9.4.   130 - Q 4

La solution est en page 764.

Exercice 131 — Chemins de valeur minimale depuis une source – Algorithme de Bellman-Ford

> *L'algorithme de Bellman-Ford est un des grands classiques des algorithmes de programmation dynamique relatifs aux graphes orientés valués, dont il existe de nombreuses variantes. Il traite un problème plus général que le précédent, puisqu'ici on cherche la valeur des chemins optimaux entre un sommet origine donné et tout autre sommet. Son principal intérêt est d'être moins contraignant que celui de Dijkstra (voir exercice 78, page 368) quant aux valeurs portées par les arcs. Dans cet exercice, on prend le parti initial d'une construction d'algorithme issue de la programmation dynamique. D'autres algorithmes, plus efficaces ou résolvant un problème « voisin », sont également abordés.*

Dans la suite, le graphe valué (sur $\mathbb{R}$) $GV = (N, V, P)$ considéré ne possède aucune boucle, et ses sommets sont étiquetés de 1 à n. Le sommet 1 joue un rôle particulier et est appelé *source*, aussi dénoté sc. On recherche la valeur du (d'un) chemin de valeur minimale entre sc et tout autre sommet du graphe GV ($+\infty$ s'il n'existe pas de chemin). La présence éventuelle d'un circuit de valeur positive ne gêne pas, puisqu'un chemin de valeur minimale ne peut inclure un tel circuit (il existe un chemin sans ce circuit de valeur moindre). Il en va de même d'un circuit de valeur négative dont les sommets ne sont pas atteignables à partir de sc comme dans le graphe de la figure 9.5.

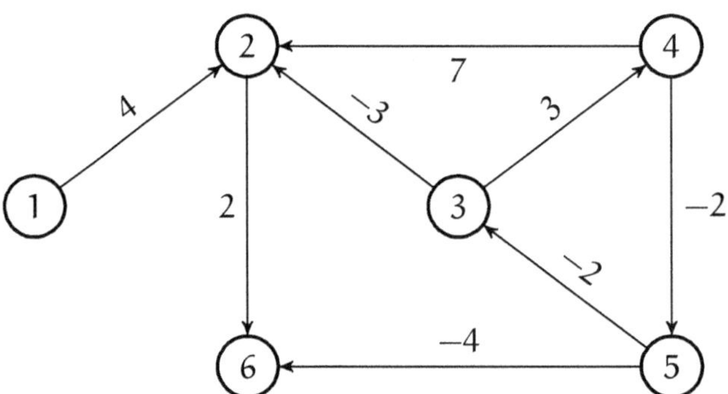

Fig. 9.5 – Exemple de graphe possédant un circuit ($\langle 3, 4, 5, 3 \rangle$) de valeur négative ($-1$) non atteignable depuis le sommet 1.

Ici, il n'existe pas de chemin du sommet 1 aux sommets $3, 4$ et 5 et la valeur du chemin optimal de 1 à $3, 4$ et 5 est $+\infty$. Le seul cas problématique est celui d'un circuit de valeur négative atteignable depuis sc, puisqu'alors la valeur du chemin optimal de sc à tout sommet du circuit est asymptotiquement $-\infty$ (cas apparaissant en remplaçant l'arc $(5, 6)$ par $(6, 5)$ dans le graphe de la figure 9.5).

Pour le moment, on suppose le graphe GV exempt de circuit(s) de valeur négative atteignable(s) depuis la source. S'il existe (au moins) un chemin élémentaire de la source à un autre sommet s_{i_p}, alors il existe (au moins) un chemin de valeur minimale de sc à s_{i_p}. Soit $ch_1 = \langle sc, s_{i_1}, \ldots, s_{i_p} \rangle$ ($p \geqslant 1$) un chemin optimal de sc à s_{i_p}, alors $ch_2 = \langle sc, s_{i_1}, \ldots, s_{i_{p-1}} \rangle$ est un chemin optimal de sc à $s_{i_{p-1}}$ (principe d'optimalité de Bellman) qui a la propriété d'avoir un arc de moins que ch_1. De ce constat, vient l'idée de définir une récurrence portant sur le nombre d'arcs des chemins optimaux. On note

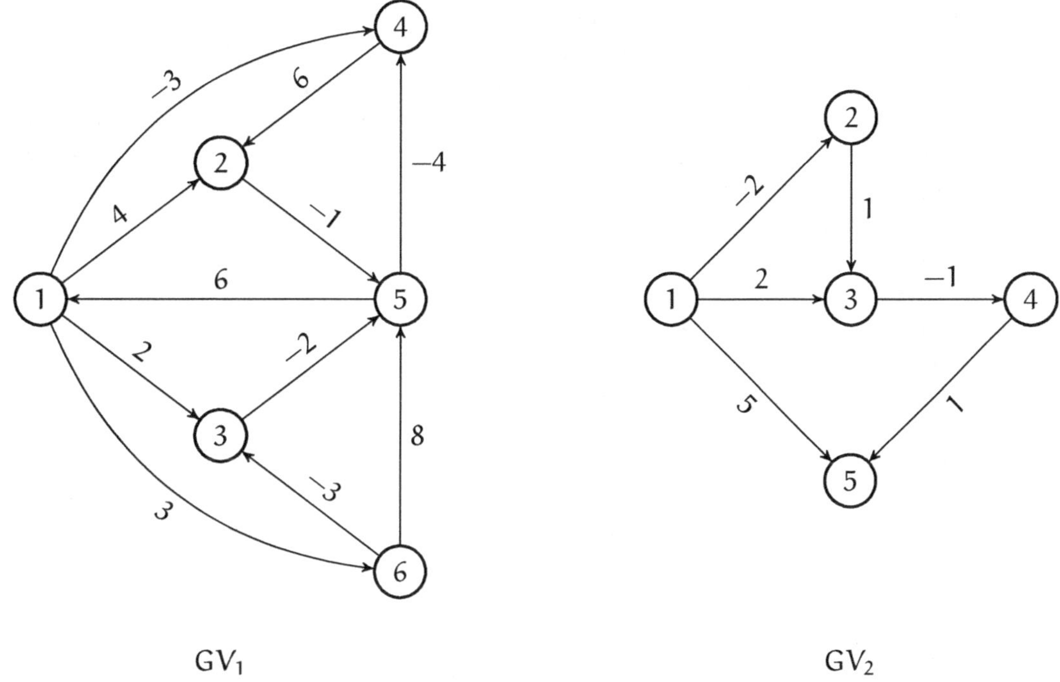

Fig. 9.6 – Deux graphes pour la question 3

valchvmin(s, i) la valeur du (d'un) chemin optimal de la source au sommet s comportant au plus i arcs.

Question 1. Donner la formule de récurrence définissant valchvmin(s, i).   `131 - Q 1`

Première version de l'algorithme

Question 2. On considère un graphe valué GV ayant n sommets et m arcs représenté par   `131 - Q 2` la table de ses arcs AGV$[1 .. m, 1 .. 2]$ et le vecteur de ses valeurs PGV$[1 .. m]$. AGV$[p, 1]$ est l'origine de l'arc p et AGV$[p, 2]$ son extrémité, alors que PGV$[p]$ est la valeur de l'arc p. En déduire la version de l'algorithme de Bellman-Ford utilisant la structure tabulaire VCHVMIN$[1..n, 1..2]$. Donner sa complexité temporelle en termes de nombre de conditions évaluées.

Question 3. Appliquer cet algorithme aux deux graphes de la figure 9.6.   `131 - Q 3`

Question 4. Expliciter le principe d'une solution permettant de reconstruire le (un) che-   `131 - Q 4` min optimal de la source sc à tout autre sommet. L'illustrer sur le graphe GV$_1$ de la figure 9.6.

Variante avec calcul « sur place »

Question 5. On envisage l'algorithme suivant :   `131 - Q 5`

    1. **constantes**
    2. $n \in \mathbb{N}_1$ **et** $n = \ldots$ **et** $m \in \mathbb{N}_1$ **et** $m = \ldots$ **et**
    3. $AGV \in 1 .. m \times 1 .. 2 \rightarrow \mathbb{N}_1$ **et** $AGV = [\ldots]$ **et** $PGV \in 1 .. m \rightarrow \mathbb{R}$ **et**

4.   PGV = [...] **et** EstSansCircuitNégatif(GV)
5.   /% AGV *est la matrice associée aux arcs du graphe GV considéré et VGV le vecteur donnant leur valeur; l'arc* (t, s) *de valeur* v *est représenté par* $AGV[k, 1] = t, AGV[k, 2] = s, PGV[k] = v$; *VCHVMIN est le vecteur des valeurs de chemin de valeur minimale de la source (sommet 1) à tout autre sommet; EstSansCircuitNégatif(GV) indique que GV est exempt de circuit de valeur négative* %/
6. **variables**
7. $VCHVMIN \in 1 .. n \rightarrow \mathbb{R}$
8. **début**
9. $VCHVMIN[1] \leftarrow 0$;
10.   **pour** s **parcourant** $2 .. n$ **faire**
11. $VCHVMIN[s] \leftarrow +\infty$
12.   **fin pour**;
13.   **pour** i **parcourant** $1 .. n - 1$ **faire**
14.   /% *calcul (mise à jour) de la valeur du chemin de valeur minimale pour tout sommet autre que* 1 %/
15.   **pour** $a \in 1 .. m$ **faire**
16. $VCHVMIN[AGV[a, 2]] \leftarrow$
17. $\min\left(\left\{ \begin{array}{l} VCHVMIN[AGV[a, 2]], \\ VCHVMIN[AGV[a, 1]] + PGV[a] \end{array} \right\}\right)$
18.   **fin pour**
19.   **fin pour**;
20.   **écrire**(VCHVMIN)
21. **fin**

Quel est le principal avantage de cette version ?

131 - Q 6 **Question 6.** Expliquer pourquoi cet algorithme résout lui aussi le problème des chemins de valeur minimale de la source (sommet 1) à tout autre sommet. Le vérifier sur les graphes GV_1 et GV_2 en prenant dans l'ordre les arcs $(5, 1)$, $(1, 2)$, $(4, 2)$, $(1, 3)$, $(6, 3)$, $(1, 4)$, $(5, 4)$, $(2, 5)$, $(3, 5)$, $(6, 5)$, $(1, 6)$ pour GV_1 et $(1, 2)$, $(1, 3)$, $(2, 3)$, $(3, 4)$, $(1, 5)$, $(4, 5)$ pour GV_2.

131 - Q 7 **Question 7.** En prenant les arcs dans l'ordre $(1, 2)$, $(3, 2)$, $(4, 3)$, $(1, 4)$, $(5, 4)$, $(1, 5)$, appliquer cet algorithme au graphe GV_3 suivant :

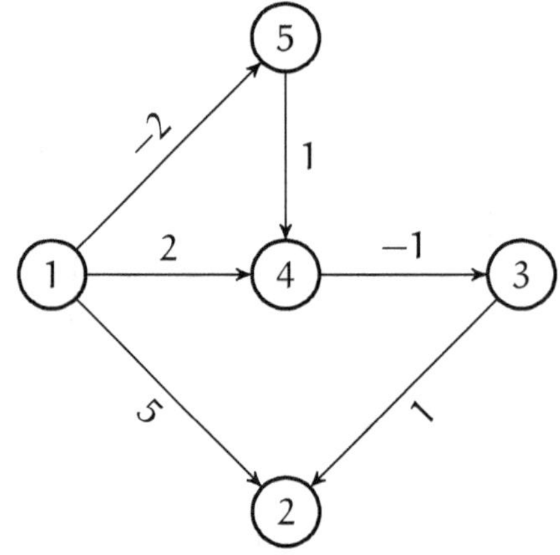

Quel(s) commentaire(s) l'utilisation de cet algorithme sur les graphes GV_1, GV_2 et GV_3 inspire-t-elle ?

Question 8. Pourrait-on améliorer cet algorithme ? `131 - Q 8`

Question 9. Comparer l'interprétation de la valeur VCHVMIN[s] après son calcul au `131 - Q 9`
pas j avec son homologue dans l'algorithme donné en réponse à la question 2.

Aspects complémentaires

Question 10. Comment pourrait-on compléter ces algorithmes pour qu'ils puissent aussi `131 - Q 10`
rendre un booléen précisant s'il y a ou non (au moins) un circuit de valeur négative
atteignable depuis la source ?

Question 11. Comment résoudre le problème de recherche du (d'un) chemin de valeur `131 - Q 11`
minimale entre tout sommet et un sommet donné appelé *puits* (par opposition à source) ?

Question 12. Que penser du problème de recherche du (d'un) chemin de valeur maximale `131 - Q 12`
d'une source donnée à tout sommet ?

La solution est en page 766.

Exercice 132   Chemins de valeur minimale – Algorithme de Roy-Warshall et algorithme de Floyd – Algèbres de chemins

> *L'algorithme de Floyd est lui aussi l'un des grands classiques des algorithmes de programmation dynamique relatifs aux graphes orientés valués. Il concerne un problème de cheminement plus général que celui de l'exercice précédent, puisqu'ici on considère les chemins optimaux pour tous les couples de sommets. L'intérêt de cet exercice est double : 1) l'algorithme de Floyd est construit comme une adaptation de l'algorithme de Roy-Warshall, qui calcule la fermeture transitive d'un graphe (mais ne relève pas de la programmation dynamique à proprement parler puisqu'il n'y a pas recherche d'optimum) et 2) il sert de base à une famille d'algorithmes de calcul de chemins optimaux à des sens divers : le plus court, le plus long, celui de probabilité ou de capacité minimale (ou maximale), etc...*

Préliminaire : existence de chemins, fermeture transitive et algorithme de Roy-Warshall

On considère un graphe non valué $G = (N, V)$ où :

- il n'y a pas de boucle,
- les sommets sont étiquetés de 1 à n.

On s'intéresse tout d'abord au calcul de la fermeture transitive G^+ de G, c'est-à-dire au graphe G^+ tel que l'existence d'un chemin $\langle x * y \rangle$ dans G s'y traduit par la présence de l'arc (x, y). L'algorithme de Roy-Warshall réalisant ce calcul repose sur une récurrence portant sur le numéro maximal des sommets *intermédiaires* apparaissant dans les chemins construits à une étape donnée. À l'étape i, on introduit l'arc (x, y) dans G^+ si les deux arcs (x, i) et (i, y) sont présents dans G^+. Ceci exprime le fait que, si dans G il y a un chemin de x à i et un chemin de i à y avec des sommets intermédiaires de numéro au plus égal à $(i - 1)$, on a bien un chemin $\langle x * i * y \rangle$ dont le numéro des sommets intermédiaires n'excède pas i. En notant $\text{chemin}(x, y, i)$ le prédicat représentant l'existence dans G d'un tel chemin, on a la récurrence :

$$
\begin{array}{ll}
\text{chemin}(x, y, 0) = (x, y) \in V & 1 \leqslant x \leqslant n \text{ et } 1 \leqslant y \leqslant n \\
\text{chemin}(x, y, i) = \left(\begin{array}{l} \text{chemin}(x, y, i - 1) \textbf{ ou} \\ \left(\begin{array}{l} \text{chemin}(x, i, i - 1) \textbf{ et} \\ \text{chemin}(i, y, i - 1) \end{array} \right) \end{array} \right) & \left\{ \begin{array}{l} 1 \leqslant i \leqslant n \text{ et} \\ 1 \leqslant x \leqslant n \text{ et} \\ 1 \leqslant y \leqslant n \end{array} \right. .
\end{array}
$$

132 - Q 1 **Question** 1. Montrer que cette récurrence prend en compte (on dit aussi « voit ») *tous* les chemins et circuits *élémentaires*, même si au final elle se limite à leurs origines et extrémités.

132 - Q 2 **Question** 2. Concernant les chemins *non élémentaires*, certains sont « vus », mais leur prise en compte dépend de la numérotation des sommets. Les graphes G_1 et G_2 :

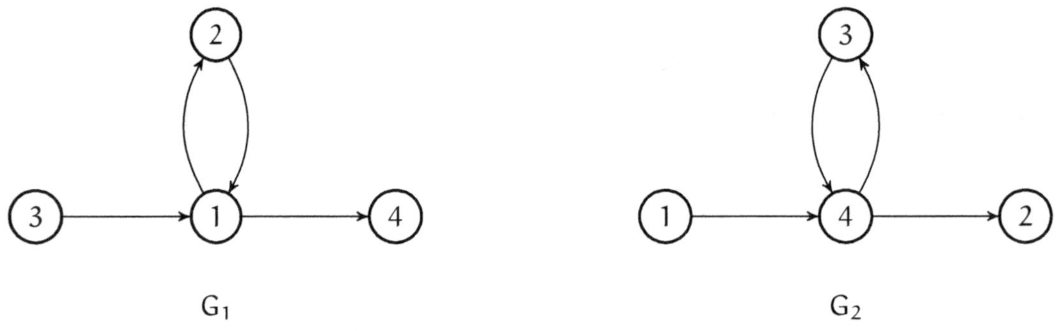

sont identiques, à la numérotation des sommets près. Expliquer pourquoi on « voit » le chemin $\langle 3, 1, 2, 1, 4 \rangle$ dans G_1, mais pas son homologue $\langle 1, 4, 3, 4, 2 \rangle$ dans G_2.

132 - Q 3 **Question** 3. Écrire le code de l'algorithme dérivé de façon canonique de cette récurrence, en adoptant la représentation matricielle MG (resp. MG^+) du graphe $G = (N, V)$ (resp. $G^+ = (N, V^+)$). Quelles en sont les complexités spatiale et temporelle en prenant l'accès aux graphes G et G^+ comme opération élémentaire ?

132 - Q 4 **Question** 4. Vu que le calcul de $\text{chemin}(x, y, i)$ n'utilise que des éléments de dernier indice $(i - 1)$, on peut se contenter de deux tableaux à deux dimensions $1..n \times 1..n$, l'un relatif à i et l'autre à $(i - 1)$. Mais, en fait, l'algorithme de Roy-Warshall n'utilise qu'un tableau $1..n \times 1..n$ et effectue un calcul « sur place ». Expliquer pourquoi une telle structure suffit au calcul et établir la nouvelle récurrence résultant de cette simplification.

132 - Q 5 **Question** 5. On peut aussi améliorer la complexité temporelle en se débarrassant de la disjonction présente dans la récurrence et en remarquant que l'absence d'un chemin de x à i induit celle d'un chemin de x à y passant par i. Donner l'algorithme final (de Roy-Warshall) tenant compte de toutes les remarques précédentes et en préciser les complexités spatiale et temporelle (en nombre d'accès aux graphes).

L'algorithme de Floyd

Le problème résolu par l'algorithme de Floyd est le calcul de la valeur du (d'un) chemin optimal, c'est-à-dire de valeur minimale pour tout couple de sommets d'un graphe orienté valué $GV = (N, V, P)$. Autrement dit, si dans GV on a plusieurs chemins d'origine s_i et d'extrémité s_j, on conservera la valeur de celui de moindre valeur pour le couple (s_i, s_j).

Question 6. Le principe de l'algorithme de Floyd consiste à tirer parti de l'algorithme de Roy-Warshall, en l'adaptant, pour autant que le problème puisse être résolu sur l'espace des chemins élémentaires. Que dire de la présence de circuits de valeur positive, nulle ou négative dans le graphe GV ?

132 - Q 6

Question 7. Proposer une récurrence permettant de calculer la valeur du (d'un) chemin optimal pour tout couple de sommets (x, y) du graphe valué GV ne possédant aucun circuit posant problème.

132 - Q 7

Question 8. En déduire le code de l'algorithme de Floyd. Préciser ses complexités spatiale et temporelle.

132 - Q 8

Question 9. Appliquer cet algorithme sur les graphes GV_1 et GV_2 donnés plus loin. L'appliquer également au graphe GV_3 ci-après en relâchant la précondition sur les circuits de valeur négative. Dans ce contexte, comment caractériser la présence de circuit(s) de valeur négative ?

132 - Q 9

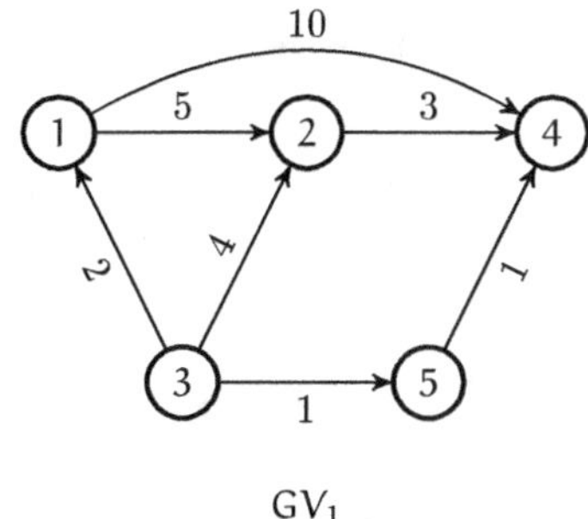

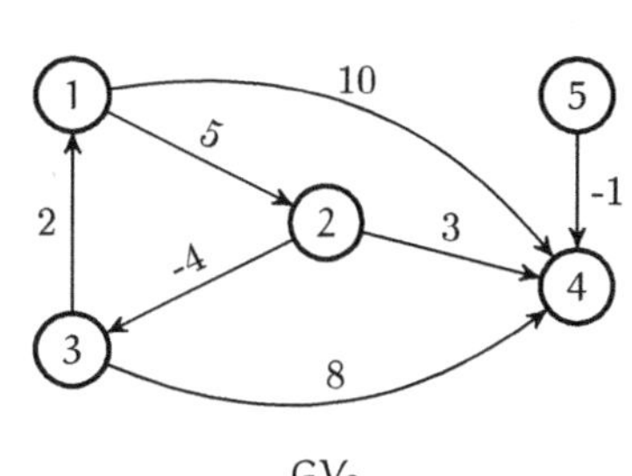

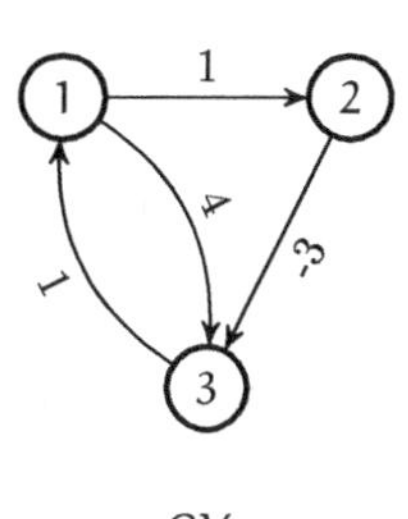

Question 10. Donner deux façons différentes, fondées sur le principe du « Petit Poucet », permettant d'identifier un (le) chemin optimal pour tout couple de sommets. Les appliquer au graphe GV_2.

132 - Q 10

Algèbres de chemins

On vient de traiter une adaptation de l'algorithme de Roy-Warshall et on peut en imaginer d'autres qui soient « intéressantes ». Par analogie avec l'algorithme de Floyd, une telle adaptation est envisageable à deux conditions :

- Le problème considéré consiste à rechercher une valeur optimale relative à tous les couples de sommets d'un graphe valué. Ceci permet, le cas échéant, de répondre au problème posé pour des couples spécifiques de sommets, par exemple : i) d'un sommet fixé à tout autre sommet, ii) de tout sommet $x \neq s_k$ à un sommet fixé s_k, ou encore iii) d'un sommet fixé s_i à un autre sommet fixé s_j.

- Le problème peut être résolu sur l'espace des chemins élémentaires, c'est-à-dire qu'aucun circuit n'est susceptible de compromettre le résultat délivré par le programme adapté.

Dans l'algorithme de Roy-Warshall, on « manipule » les chemins au moyen de deux opérations, la disjonction (« ou » logique) et la conjonction (« et » logique), comme l'illustre la récurrence donnée dans l'énoncé. Ces opérateurs ont été remplacés dans l'algorithme de Floyd par deux autres (minimum et addition) qui permettent le calcul approprié des chemins de valeur minimale. On parle d'*algèbre de chemins* associée au problème traité.

132 - Q 11   **Question** 11. Pour chacun des problèmes suivants, discuter la possibilité d'adapter l'algorithme de Roy-Warshall en précisant : 1) le couple d'opérateurs s'appliquant aux chemins, 2) l'initialisation du graphe utilisé pour calculer le résultat recherché et 3) les types de circuit posant problème :

- la valeur du chemin de valeur maximale pour tout couple de sommets,
- la longueur du chemin le plus court pour tout couple de sommets (la longueur d'un chemin étant le nombre d'arcs qui le composent),
- la longueur du chemin le plus long pour tout couple de sommets,
- sachant que la valeur d'un arc représente une probabilité et que celle du chemin correspondant à la concaténation de plusieurs arcs est le produit des probabilités qui leur sont attachées, la probabilité du chemin de probabilité minimale (resp. maximale) pour tout couple de sommets,
- sachant que la valeur d'un arc représente une capacité (la capacité d'un chemin est celle de l'arc de moindre capacité le composant)
  - (a) la capacité du chemin de capacité minimale pour tout couple de sommets,
  - (b) la capacité du chemin de capacité maximale pour tout couple de sommets.

132 - Q 12   **Question** 12. Donner le principe de l'algorithme calculant le nombre de chemins pour tout couple de sommets, puis son code.

Deux variantes du problème des chemins de valeur minimale

132 - Q 13   **Question** 13. Pour tout couple de sommets, on souhaite calculer la valeur du (d'un) chemin de valeur minimale n'empruntant pas le *sommet intermédiaire* de numéro k donné. Préciser à quelle condition ce problème peut être résolu par un algorithme adapté de celui de Floyd, puis donner la récurrence associée.

132 - Q 14   **Question** 14. Pour tout couple de sommets (x, y), on souhaite calculer la valeur du (d'un) chemin de valeur minimale passant par le *sommet intermédiaire* de numéro k donné. Que penser d'une adaptation de l'algorithme de Floyd ?

La solution est en page 770.

Exercice 133   Chemin de coût minimal dans un tableau   ○   ●

Dans cet exercice, on s'intéresse à un problème de cheminement dans un tableau carré. On va voir qu'il se reformule comme un problème de cheminement dans un graphe valué, ce qui justifie cette place dans le chapitre sur la programmation dynamique. La solution développée ici sera comparée aux autres algorithmes de cheminement dans les graphes étudiés précédemment dans ce chapitre.

On considère un tableau $TJ[1 \mathbin{..} n, 1 \mathbin{..} n]$ $(n > 1)$ et on s'intéresse au calcul du meilleur chemin allant de la case $(n, 1)$ à la case $(1, n)$ de TJ sachant que :

- chaque case est dotée d'une valeur (un entier positif, négatif ou nul), appelée pénalité par la suite, et que le coût d'un chemin du tableau est la somme des valeurs des cases qu'il emprunte,

- un meilleur chemin est un chemin de coût minimal,

- sans perte de généralité, on suppose les lignes numérotées de 1 à n du haut vers le bas et de la gauche vers la droite,

- on autorise les déplacements suivants :
  a) $(i, j) \longrightarrow (i, j + 1)$ $(\rightarrow)$ si la pré-condition $(j + 1 \leqslant n)$ est satisfaite,
  b) $(i, j) \longrightarrow (i - 1, j - 1)$ $(\nwarrow)$ si la pré-condition $((1 \leqslant i - 1 \leqslant n)$ **et** $(1 \leqslant j - 1 \leqslant n))$ est vérifiée,
  c) $(i, j) \longrightarrow (i - 1, j + 1)$ $(\nearrow)$ si la pré-condition $((1 \leqslant i - 1 \leqslant n)$ **et** $(1 \leqslant j + 1 \leqslant n))$ est valide.

On notera qu'avec ces déplacements, aucun chemin de la case $(n, 1)$ à la case $(1, n)$ ne peut comporter de circuits.

Exemple de tableau et de cheminement.

	1	2	3	4	5	6
1	−1	−1	5	2	1	3
2	1	1	−1	0	0	0
3	−1	−2	−3	7	0	6
4	0	−5	2	0	0	6
5	1	−2	3	1	5	−3
6	2	5	4	0	−2	7

Le chemin emprunté ci-dessus est : $\langle (6, 1), (6, 2), (6, 3), (6, 4), (5, 5), (4, 4), (4, 5), (3, 6), (2, 5), (1, 4), (1, 5), (1, 6) \rangle$. Son coût est de 28.

On veut calculer par programmation dynamique la valeur $\mathrm{ccm}(n, 1)$ représentant le coût d'un chemin de coût minimal allant de la case $(n, 1)$ à la case $(1, n)$.

133 - Q 1 **Question 1.** Reformuler le problème comme la recherche d'un chemin de valeur minimale dans un graphe orienté valué particulier. Expliciter le graphe associé au tableau TJ ci-après :

	1	2	3	4
1	2	−4	1	0
2	−6	2	−1	3
3	5	−2	−3	3
4	0	10	2	7

133 - Q 2 **Question 2.** Connaissant les valeurs associées aux cases du tableau TJ, établir la formule de récurrence pour calculer $ccm(i, j)$, le coût associé au (à un) meilleur chemin allant de la case (i, j) à la case $(1, n)$ avec $1 \leqslant i \leqslant n, 1 \leqslant j \leqslant n$.

133 - Q 3 **Question 3.** Expliciter l'évolution du calcul effectué par l'algorithme mettant en œuvre ces formules. Quelles sont les complexités spatiale et temporelle (en nombre de conditions évaluées) de l'algorithme de calcul de $ccm(i, j)$. Comparer la complexité temporelle à celle des algorithmes « généraux » de cheminement dans un graphe valué vus dans les exercices 131, page 688, et 132, page 691.

133 - Q 4 **Question 4.** Préciser comment pourra être reconstitué le meilleur chemin.

133 - Q 5 **Question 5.** Donner les valeurs de ccm, ainsi que le chemin optimal, dans le cas du tableau TJ de la question 1.

133 - Q 6 **Question 6.** Qu'aurait-on obtenu si les valeurs des cases $(4, 1)$ et $(1, 4)$ de TJ avaient été respectivement 9 et $−5$?

133 - Q 7 **Question 7.** Sur quelle autre récurrence aurait pu être fondée la solution de ce problème ?

La solution est en page 779.

Exercice 134   Arbres binaires de recherche pondérés

*Les arbres binaires de recherche (*abr*) sont une structure de données (voir chapitre 1) permettant de gérer l'ordre sur les valeurs portées par les nœuds de l'arbre, par exemple les valeurs inférieures (resp. supérieures) à celle de la racine dans le sous-arbre gauche (resp. droit). On étudie ici un problème particulier de recherche de valeur dans un* abr*, avec une hypothèse probabiliste sur les valeurs qui s'y trouvent. On met en évidence une certaine similitude entre cet exercice et le produit chaîné de matrices (exercice 124, page 675).*

On s'intéresse aux *arbres binaires de recherche* (abr) dont les valeurs sont les entiers $x_1, x_2, \ldots, x_n$ tels que $x_1 < x_2 < \cdots < x_n$. Il existe de nombreuses manières différentes de procéder pour les construire. Par exemple, dans le cas particulier où pour tout i de 1 à 5, $x_i = i$, au moins deux abr sont possibles (voir figure 9.7).

Pour simplifier, on assimile tout nœud d'un tel abr à la valeur x_i qu'il renferme. Toute valeur x_i a la probabilité $p(x_i)$ d'être recherchée. On appelle *coût* d'un abr A la valeur

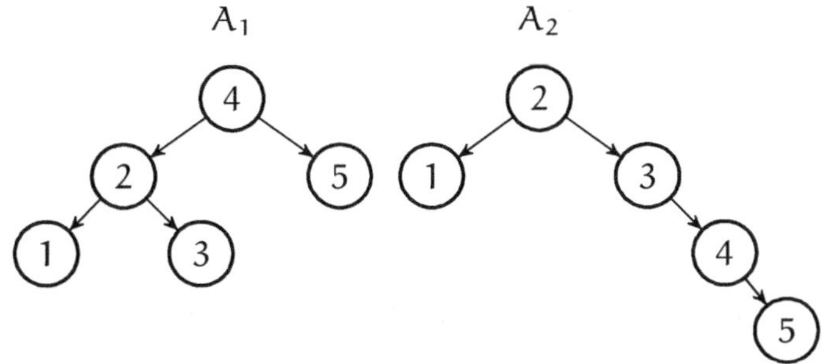

Fig. 9.7 – A_1 *et* A_2, *deux* abr *possibles avec les valeurs* $1, 2, 3, 4, 5$

$\mathrm{cabr}(A) = \sum_{k=1}^{n} p(x_k) \cdot (d_k + 1)$, où d_k est la profondeur de x_k dans l'abr A (la profondeur de la racine étant 0). La valeur $\mathrm{cabr}(A)$ est en fait l'espérance du nombre de comparaisons à effectuer pour trouver un élément existant dans l'abr A. On cherche à construire l'abr de coût minimal, connaissant les couples $(x_i, p(x_i))$. Pour les abr de la figure 9.7, les coûts respectifs valent :

$$3 \cdot p(1) + 2 \cdot p(2) + 3 \cdot p(3) + p(4) + 2 \cdot p(5) \text{ pour } A_1,$$
$$2 \cdot p(1) + p(2) + 2 \cdot p(3) + 3 \cdot p(4) + 4 \cdot p(5) \text{ pour } A_2.$$

Question 1. Quel est le nombre d'abr contenant les valeurs $x_1, \ldots, x_n$? $\qquad$ $\boxed{\textbf{134} \text{ - Q 1}}$

Question 2. Soit $\mathrm{sag}(A)$ (resp. $\mathrm{sad}(A)$) le sous-arbre gauche (resp. droit) d'un abr A et $\quad$ $\boxed{\textbf{134} \text{ - Q 2}}$
$\mathrm{spr}(A)$ la somme des probabilités associées aux valeurs des nœuds de A. Si A est vide, on pose $\mathrm{spr}(A) = 0$. Montrer que :

$$\mathrm{cabr}(A) = \mathrm{cabr}(\mathrm{sag}(A)) + \mathrm{cabr}(\mathrm{sad}(A)) + \mathrm{spr}(A).$$

Le vérifier sur les abr A_1 et A_2 de la figure 9.7. En déduire que les sous-arbres gauche et droit d'un abr de coût minimal sont eux-mêmes de coût minimal, ce qui valide le principe d'optimalité de Bellman.

Question 3. On remarquera que, dans le contexte de cet exercice, le sous-arbre gauche $\quad$ $\boxed{\textbf{134} \text{ - Q 3}}$
(resp. droit) de tout abr contient des valeurs d'indices consécutifs. On appelle $A_{i,t}$ l'abr dont les valeurs sont $x_i, \ldots, x_{i+t-1}$, et on pose la notation $\mathrm{sp}(i, t) = \mathrm{spr}(A_{i,t})$. Donner la récurrence complète de calcul de $\mathrm{copt}(1, n)$, le coût de l'abr $A_{1,n}$ optimal.

Question 4. Expliciter le principe de l'algorithme de programmation dynamique mettant $\quad$ $\boxed{\textbf{134} \text{ - Q 4}}$
en œuvre le calcul de $\mathrm{copt}(1, n)$. Donner les complexités spatiale et temporelle de cet algorithme. Commenter le gain apporté par cette solution par rapport à la question 1.

Question 5. On considère les couples de valeurs (x_i, p_i) figurant dans le tableau suivant : $\quad$ $\boxed{\textbf{134} \text{ - Q 5}}$

i	1	2	3	4	5
x_i	1	2	3	4	5
p_i	0.05	0.1	0.2	0.15	0.5

Calculer $\mathrm{copt}(1, 5)$ et fournir l'abr $A_{1,5}$ optimal.

134 - Q 6

Question 6. Situer ce problème vis-à-vis du produit chaîné de matrices (exercice 124, page 675).

La solution est en page 781.

Exercice 135   Ensemble indépendant de poids maximal dans un arbre

Cet exercice se situe dans le cadre de l'exploration d'un arbre. Il présente plusieurs singularités par rapport à la quasi-totalité de ceux du chapitre : i) les éléments de la récurrence ne seront pas stockés dans une structure tabulaire, mais directement dans l'arbre, ii) l'algorithme construit n'est pas itératif mais récursif et iii) la construction de la solution optimale se fait en même temps que le calcul de la valeur qui lui est associée.

Soit un arbre a non vide, non ordonné (dont les fils d'un nœud sont considérés comme un ensemble de nœuds). Chaque nœud u (feuilles comprises) possède un poids (entier positif) noté $pds(u)$. On définit le poids $P(S)$ d'un sous-ensemble S de nœuds de a comme la somme des poids des nœuds qui le composent :

$$P(S) = \sum_{u \in S} pds(u).$$

On dit que deux nœuds u et v sont *adjacents* quand u est le père de v ou quand v est le père de u. Un ensemble de deux nœuds ou plus est dit *indépendant* s'il ne contient aucun couple de nœuds adjacents. On recherche S^*, un sous-ensemble indépendant de poids maximal des nœuds de a et son poids $P(S^*)$. La figure 9.8 donne un exemple d'arbre et de sous-ensemble indépendant.

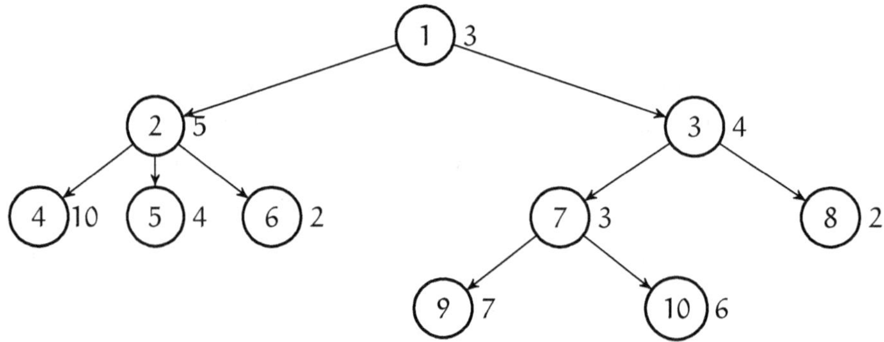

Fig. 9.8 – *Un exemple d'arbre. Le poids d'un nœud figure à côté de son identifiant qui est encerclé. L'ensemble indépendant* $\{1, 4, 5, 6, 7, 8\}$ *a pour poids 24.*

Dans la suite, on considère des arbres non ordonnés quelconques où chaque nœud u a la structure suivante :

1. identifiant id,

2. poids pds,

3. valeur optimale vso du sous-arbre de racine u,

4. ensemble eso des identifiants des nœuds du sous-ensemble indépendant de poids maximal de racine u,

5. ensemble fls des identifiants des fils de u.

Ce type d'arbre est défini de façon inductive, comme les arbres binaires (voir section 1.6, page 29). Le programme qui suit illustre l'utilisation de l'arbre de la figure 9.9 :

```
 1. constantes
 2.    aqe = {/} ∪ {(id, pds, vso, eso, fls) | id ∈ ℕ₁ et pds ∈ ℕ₁ et
 3.                       vso ∈ ℕ₁ et eso ⊂ ℕ₁ et fls ⊂ aqe}
 4. variables
 5.    t ∈ aqe
 6. début
 7.    t ← (1, 7, 15, {1, 6},
 8.       {(2, 1, 1, {2}, /), (3, 4, 8, {6}, {(6, 8, 8, {6}, /)}), (4, 2, 2, {4}, /), (5, 2, 2, {5}, /)}) ;
 9.    pour e ∈ t.fls faire
10.       écrire(le nœud d'identité, e.id, a le poids, e.pds)
11.    fin pour
12. fin
```

Ainsi, aqe étant l'ensemble de tous les arbres ayant la structure retenue, ce programme écrit l'identifiant et le poids de chacun des fils de la racine de l'arbre t de la figure 9.9.

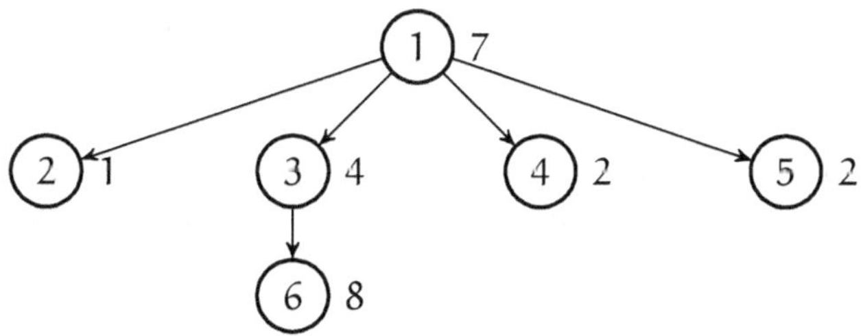

Fig. 9.9 – L'arbre du programme exemple où ne figurent que les identifiants et les poids des différents nœuds.

Soit u un nœud de a dont les fils sont $v_1, \ldots, v_c$ et les petits-fils $w_1, \ldots, w_g$. On note $\mathcal{S}_u^*$ un ensemble indépendant de poids maximal pour le sous-arbre de racine u.

Question 1. Montrer que :   135 - Q 1

- si $u \notin \mathcal{S}^*$, alors $\mathcal{S}_u^* = \mathcal{S}_{v_1}^* \cup \cdots \cup \mathcal{S}_{v_c}^*$, où $\mathcal{S}_{v_i}^*$ est un ensemble indépendant de poids maximal pour l'arbre de racine v_i,

- si $u \in \mathcal{S}^*$, alors $\mathcal{S}_u^* = \{u\} \cup \mathcal{S}_{w_1}^* \cup \cdots \cup \mathcal{S}_{w_g}^*$, où $\mathcal{S}_{w_i}^*$ est un ensemble indépendant de poids maximal pour l'arbre de racine w_i.

Question 2. En déduire une relation de récurrence permettant de calculer le poids de $S^* = S_r^*$, le sous-ensemble indépendant de poids maximal de l'arbre a de racine r.

Question 3. On suppose disponible l'opération « **procédure** *Collecte*$(a; \ $: **modif** vof, vopf, eof, eopf) » délivrant pour l'arbre a de racine r :

- vof la valeur $\sum_{u \in \text{fils}(r)} P(S_u^*)$,
- vopf la valeur $\sum_{u \in \text{petits-fils}(r)} P(S_u^*)$,
- eof les identifiants des nœuds de l'ensemble indépendant de poids maximal de chacun des fils de r,
- eopf les identifiants des nœuds de l'ensemble indépendant de poids maximal de chacun des petits-fils de r.

Cette procédure doit être appelée sur un arbre, dont les cinq composants num, pds, vso, eso et fls sont renseignés pour tout nœud autre que la racine. Ainsi, cette procédure se limite à extraire les valeurs qu'elle doit rendre, sans calcul à proprement parler.

Exemple Avec l'arbre suivant :

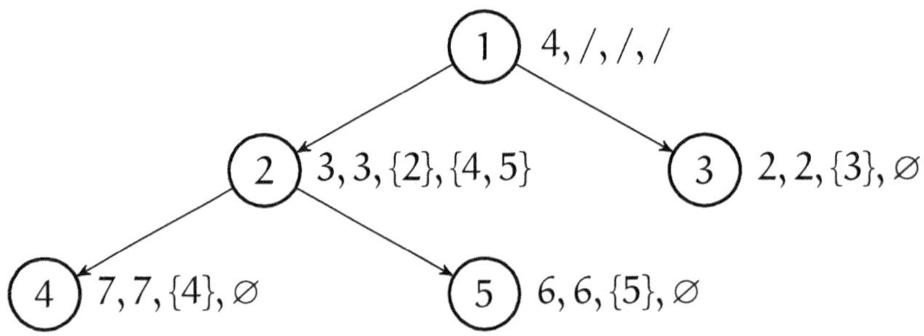

où tout nœud est étiqueté par son identifiant et complété par ses quatre autres composants ; l'appel de *Collecte* retourne 5 pour vof, 13 pour vopf, $\{2, 3\}$ pour eof et $\{4, 5\}$ pour eopf.

Expliciter un algorithme de programmation dynamique pour calculer simultanément S^* et son poids. Quelle en est la complexité temporelle en prenant la visite d'un nœud comme opération élémentaire ?

Question 4. Appliquer cet algorithme à l'arbre de la figure 9.8, page 698, pour en déterminer le (un) sous-ensemble indépendant de poids maximal.

La solution est en page 785.

9.4.4 Séquences

Exercice 136   Plus longue sous-séquence croissante

Outre le fait qu'il s'agit d'un problème classique sur les séquences, cet exercice illustre un cas où la valeur optimale recherchée ne se trouve pas à un emplacement prédéterminé de la structure tabulaire utilisée.

On travaille sur des séquences de nombres entiers positifs de longueur au moins égale à 2. Par exemple, une telle séquence est $u = \langle 11, 5, 2, 8, 7, 3, 1, 6, 4, 2 \rangle$, de longueur 10. On note de manière générale $x = \langle x[1], \ldots, x[i], \ldots, x[n] \rangle$ une séquence de longueur $n \geqslant 1$. On appelle *sous-séquence croissante* (SSC) de x une séquence de longueur inférieure ou égale à n, dont :

- les éléments sont pris de gauche à droite dans x,
- les éléments croissent strictement de gauche à droite.

Par exemple, $\langle 2, 3, 4 \rangle$ et $\langle 1, 6 \rangle$ sont des SSC de u. La première est particulière, puisque ses éléments se suivent dans u. On dit qu'elle est une sous-séquence croissante *contiguë* (SSCC) de u.

Le but de cet exercice est de trouver la longueur des plus longues SSCC et SSC d'une séquence quelconque x, notées $\mathrm{lsscc}(x)$ et $\mathrm{lssc}(x)$. Par exemple, les plus longues SSCC de u sont $\langle 2, 8 \rangle$ et $\langle 1, 6 \rangle$, donc $\mathrm{lsscc}(u) = 2$. Les plus longues SSC de u sont $\langle 2, 3, 4 \rangle$ et $\langle 2, 3, 6 \rangle$, ce qui conduit à $\mathrm{lssc}(u) = 3$. L'opération élémentaire pour l'évaluation de la complexité est la comparaison des nombres de la séquence x considérée.

Question 1. Montrer que, pour toute séquence x, on a : $\mathrm{lssc}(x) \geqslant \mathrm{lsscc}(x)$.

136 - Q 1

Question 2. Donner le principe d'un algorithme en $\Theta(n)$ pour calculer $\mathrm{lsscc}(x)$.

136 - Q 2

Question 3. Pourquoi n'est-il pas possible de calculer $\mathrm{lssc}(x)$ en $\Theta(n)$ avec un algorithme analogue au précédent ?

136 - Q 3

Question 4. On va construire un algorithme de programmation dynamique qui calcule $\mathrm{lssct}(i)$ la longueur de la plus longue sous-séquence de x dont *le dernier élément* est $x[i]$. Dans l'exemple précédent, on a :

136 - Q 4

i	1	2	3	4	5	6	7	8	9	10
$u[i]$	11	5	2	8	7	3	1	6	4	2
$\mathrm{lssct}(i)$	1	1	1	2	2	2	1	3	3	2

Connaissant $\mathrm{lssct}(1), \ldots, \mathrm{lssct}(n)$, le calcul de $\mathrm{lssc}(x)$ est immédiat par une boucle recherchant le maximum de $\mathrm{lssct}(i)$ pour $i \in 1 .. n$. Donner la récurrence définissant $\mathrm{lssct}(i)$. En déduire le programme de calcul de $\mathrm{lssc}(x)$ pour toute séquence x de longueur n, permettant de plus d'identifier ultérieurement une sous-séquence de cette longueur. On en précisera les complexités spatiale et temporelle.

Question 5. Appliquer cet algorithme sur la séquence $u = \langle 11, 5, 2, 8, 7, 3, 1, 6, 4, 2 \rangle$.

136 - Q 5

La solution est en page 787.

Exercice 137   Plus courte sur-séquence commune

Cet exercice est assez semblable à celui traité en exemple dans l'introduction de ce chapitre et peut être vu comme « son inverse ». L'intérêt principal porte sur l'établissement de la récurrence et de la propriété liant la longueur d'une plus longue sous-séquence et d'une plus courte sur-séquence communes à deux séquences.

En début de chapitre, on a étudié le problème de la recherche de la plus longue sous-séquence commune à deux séquences et on s'intéresse maintenant à celui de la détermination de la plus courte sur-séquence commune à deux séquences. Par exemple, si $u = \textit{actuel}$ et $v = \textit{actionne}$, la séquence $\textit{anticonstitutionnellement}$ est une sur-séquence qui leur est commune de longueur 25. Cependant, une de leurs plus courtes sur-séquences communes est $\textit{actuionnel}$ de longueur 10 et leur unique plus longue sous-séquence commune est $\textit{acte}$ de longueur 4.

Soit x et y deux séquences. On note $\mathrm{lssc}(i, j)$ (resp. $\mathrm{cssc}(i, j)$ la longueur de la (d'une) plus longue sous-séquence (resp. plus courte sur-séquence) commune aux préfixes de longueur j de x et de longueur i de y.

137 - Q 1   **Question** 1. En s'inspirant de celle établie dans l'exercice traité en début de chapitre, donner une récurrence complète de calcul de cssc.

137 - Q 2   **Question** 2. En déduire le principe d'un algorithme calculant la longueur de la plus courte sur-séquence commune aux séquences x et y (et cette sur-séquence elle-même). En préciser les complexités spatiale et temporelle.

137 - Q 3   **Question** 3. Appliquer cet algorithme aux séquences $u = \textit{vache}$ et $v = \textit{veau}$.

137 - Q 4   **Question** 4. Montrer que pour tout couple de séquences x, y tel que $|x| = m$ et $|y| = n$, on a :

$$\mathrm{lssc}(n, m) + \mathrm{cssc}(n, m) = m + n.$$

Le vérifier pour $u = \textit{vache}$ ($n = |u| = 5$) et $v = \textit{veau}$ ($m = |v| = 4$).

La solution est en page 789.

Exercice 138   Distance entre séquences : algorithme de Wagner et Fischer

Cet exercice peut être vu comme une variante de celui abordé dans l'introduction de ce chapitre. Il trouve son application dans le domaine des traitements de chaînes de caractères et du génome.

Définitions

On admet que l'on peut insérer autant de symboles ε que l'on veut dans une séquence x sans en changer la signification, à savoir celle de la séquence sans symboles ε ; on appelle « super-séquence » de x la séquence x' avec de telles insertions. Par exemple, si $u = bcaa$, une super-séquence de u est $\varepsilon bc\varepsilon\varepsilon aa$. Par abus de langage, on dira que la longueur de cette super-séquence est 7.

Soit deux séquences x et y et deux super-séquences de x et de y de mêmes longueurs construites sur l'alphabet Σ. On appelle « alignement » entre x et y la mise en correspondance lettre à lettre des deux super-séquences. Par exemple, entre les séquences $u = bcaa$ et $v = acbca$, on peut créer l'alignement :

$$
\begin{array}{cccccc}
\varepsilon & \varepsilon & b & c & a & a \\
| & | & | & | & | & | \\
a & c & b & \varepsilon & c & a
\end{array}
$$

avec $u' = \varepsilon\varepsilon bcaa$ et $v' = acb\varepsilon ca$.

Une formulation alternative de l'alignement entre deux séquences est celle de « trace », dans laquelle on utilise les séquences sans y insérer de caractère ε. La trace correspondant à l'exemple précédent est :

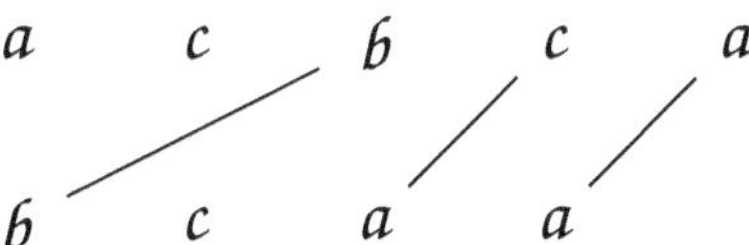

Une trace doit être telle que deux traits d'association entre lettres ne se croisent jamais. Sous cette contrainte, on peut construire un[4] alignement équivalent à une trace et construire de façon unique un alignement à partir d'une trace. Un alignement ou une trace peut s'interpréter comme une suite d'*opérations élémentaires d'édition* entre séquences : insertions, suppressions et transformations de lettres pour former la seconde séquence à partir de la première. Dans l'exemple précédent, l'alignement s'interprète comme la suite de transformations suivante :

1. insertion de a

2. insertion de c

3. transformation de b en b

4. suppression de c

5. transformation de a en c

6. transformation de a en a

Pour donner une valeur aux coûts des insertions, des suppressions et des transformations, on utilise une matrice δ de nombres réels positifs ou nuls définie sur $(|\Sigma| + 1) \times (|\Sigma| + 1)$ qui correspond à une distance : elle est symétrique, de diagonale nulle et vérifie l'inégalité triangulaire. La valeur d'un élément de cette matrice peut s'interpréter comme le coût pour transformer un symbole en l'autre ou comme le coût de suppression et d'insertion pour chaque symbole. Par exemple, sur l'alphabet Σ constitué des trois lettres a, b et c, une telle matrice pourrait être :

---

4. Parfois plusieurs, mais ils ont la même interprétation.

	ε	a	b	c
ε	0	1	1	1
a	1	0	1.5	1.2
b	1	1.5	0	1.7
c	1	1.2	1.7	0

Dans cet exemple, le coût de suppression de a est 1 ($\delta[a, \varepsilon] = 1$), le coût d'insertion de b est 1 ($\delta[\varepsilon, b] = 1$) et le coût de transformation de a en c est 1.2 ($\delta[a, c] = 1.2$).

On appelle *coût d'un alignement* la somme des coûts élémentaires des opérations qui le constituent. Le coût de l'alignement :

$$
\begin{array}{cccccc}
\varepsilon & \varepsilon & b & c & a & a \\
| & | & | & | & | & | \\
a & c & b & \varepsilon & c & a
\end{array}
$$

est donc : 1 (insertion de a) + 1 (insertion de c) + 0 (transformation de b en b) + 1 (suppression de c) + 1.2 (transformation de a en c) + 0 (transformation de a en a) = 4.2. Un autre alignement entre les mots $u = bcaa$ et $v = acbca$ est par exemple :

$$
\begin{array}{ccccc}
b & c & a & \varepsilon & a \\
| & | & | & | & | \\
a & c & b & c & a
\end{array}
$$

pour un coût (moindre) de 1.5 (transformation de b en a) + 0 (transformation de c en c) + 1.5 (transformation de a en b) + 1 (insertion de c) + 0 (transformation de a en a) = 4.

On remarquera qu'un alignement associant des paires de symboles ε ne présente pas d'intérêt. En effet, un tel alignement $algn$ est équivalent au sens du coût à un autre alignement $algn'$ privé des paires de symboles ε, puisque, pour toute matrice δ, on a $\delta(\varepsilon, \varepsilon) = 0$. Par exemple, l'alignement $algn$:

$$
\begin{array}{ccccccc}
\varepsilon & \varepsilon & \varepsilon & b & c & a & \varepsilon & a \\
| & | & | & | & | & | \\
\varepsilon & a & c & b & \varepsilon & c & \varepsilon & a
\end{array}
$$

a le même coût que l'alignement $algn'$:

$$
\begin{array}{cccccc}
\varepsilon & \varepsilon & b & c & a & a \\
| & | & | & | & | & | \\
a & c & b & \varepsilon & c & a
\end{array}
$$

Dans la suite, on ne considère que des alignements n'associant aucune paire de symboles ε.

Le problème

Le problème est de trouver le coût d'un alignement optimal, c'est-à-dire le moins coûteux, entre deux séquences x et y. On appelle $\Delta(x, y)$ le coût d'un (de l')alignement optimal entre les séquences x et y, et $\text{calopt}(i, j)$ le coût de l'alignement optimal entre le préfixe de longueur i de y et le préfixe de longueur j de x. On cherche donc la valeur $\Delta(x, y) = \text{calopt}(|y|, |x|) = \text{calopt}(n, m)$.

Question 1. Cette question vise à établir une relation de récurrence du calcul de $\text{calopt}(i, j)$. | **138** - Q 1 |
Pour ce faire, on va reformuler la question comme un problème de recherche de chemin de valeur minimale dans un graphe. Cependant, compte tenu de la forme particulière du graphe à traiter, on va développer une solution spécifique (adaptée à la « topologie » particulière du graphe), comme cela a déjà été fait dans l'exercice 133, page 695. On remarque en effet qu'un alignement peut s'interpréter comme un chemin dans un graphe, ainsi que l'illustre l'exemple qui suit. Le chemin entre le nœud étiqueté (0/0) et le nœud étiqueté (4/5) (arcs en gras) dans le graphe ci-après représente l'alignement :

$$
\begin{array}{cccccc}
a & c & b & \varepsilon & c & a \\
| & | & | & | & | & | \\
\varepsilon & \varepsilon & b & c & a & a
\end{array}
$$

entre les séquences $u = acbca$ et $v = bcaa$.

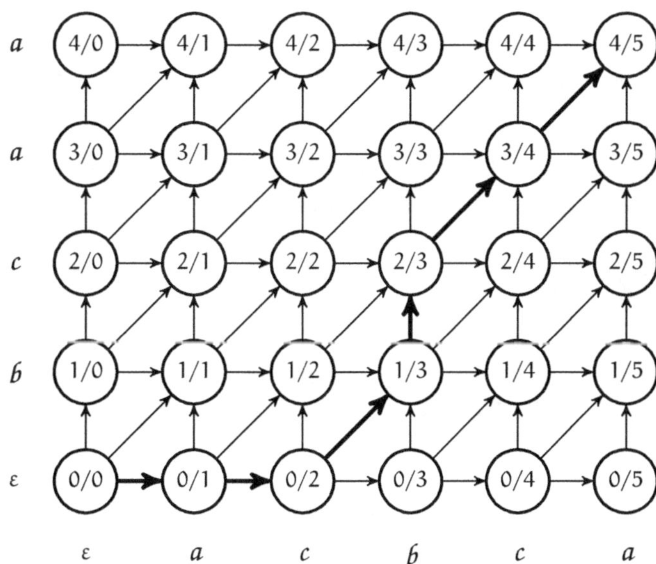

(a) Définir dans le cas général un tel graphe pour deux séquences quelconques x et y (donner en particulier la valeur attribuée aux arcs) et montrer qu'un alignement optimal entre deux séquences correspond au calcul d'un chemin de valeur minimale dans ce graphe.

(b) Calculer le nombre d'alignements différents entre deux séquences x et y.

(c) Compte tenu de la forme particulière du graphe, donner une relation de récurrence pour calculer $\text{calopt}(i, j)$ comme la valeur d'un chemin de valeur minimale entre le nœud (0/0) et le nœud (i/j) de ce graphe.

138 - Q 2

Question 2. Donner l'algorithme (dit de Wagner et Fischer – *WF*) qui calcule le coût $\Delta(x, y)$ de l'(un des) alignement(s) de coût minimal entre deux séquences quelconques, connaissant la matrice δ. Quelles en sont les complexités spatiale et temporelle en fonction de $m = |x|$ et $n = |y|$? Quels algorithmes « standards » de calcul de plus court chemin aurait-on pu envisager d'utiliser ? Situer leur complexité temporelle par rapport à celle de l'algorithme *WF*.

138 - Q 3

Question 3. On prend l'alphabet du français, avec :

- pour toute lettre α : $\delta[\alpha,\ \varepsilon] = \delta[\varepsilon, \alpha] = 2$;
- pour toute lettre α : $\delta[\alpha, \alpha] = 0$;
- si α et β sont deux consonnes ou deux voyelles différentes, alors $\delta[\alpha, \beta] = \delta[\beta, \alpha] = 1$;
- si α est une consonne et β une voyelle : $\delta[\alpha, \beta] = \delta[\beta, \alpha] = 3$.

Calculer $\Delta(coquine, malin)$.

138 - Q 4

Question 4. Comment est-il possible de reconstituer un alignement optimal ? Expliciter un (l') alignement optimal pour l'exemple précédent, ainsi que pour les chaînes $u = est$ et $v = rien$.

138 - Q 5

Question 5. Montrer que l'on peut trouver une solution où la complexité en espace est réduite à $\Theta(n)$. Écrire le programme correspondant, appelé Wagner et Fischer « linéaire » (*WFL*).

138 - Q 6

Question 6. Si $\bar{x}$ et $\bar{y}$ désignent les séquences miroirs de x et y, comment calculer un alignement optimal entre $\bar{x}$ et $\bar{y}$ en fonction d'un alignement optimal entre x et y ?

138 - Q 7

Question 7. Montrer que, puisque δ définit une distance, alors Δ définit aussi une distance (d'où le titre de cet exercice). Comment tirer parti de la propriété de symétrie pour améliorer la complexité spatiale de l'algorithme *WFL* ?

La solution est en page 790.

Exercice 139   Dissemblance entre chaînes   ☺ ⋮

> *Cet exercice est un problème classique sur les séquences, dans lequel on cherche à déterminer un coût optimal de transformation d'une séquence en une autre. La base des associations entre symboles des séquences diffère quelque peu de celle de l'exercice précédent, ce qui constitue en partie l'originalité de cet exercice.*

On cherche à calculer une association optimale entre deux chaînes définies sur un alphabet Σ. À cet effet, on dispose d'une distance δ sur Σ qui se représente par une matrice définie sur $|\Sigma| \times |\Sigma|$, symétrique, de diagonale nulle et vérifiant l'inégalité triangulaire. On appelle « association » entre deux chaînes $x = x[1], \ldots, x[m]$ et $y = y[1], \ldots, y[n]$ une suite de couples (k, l), où k indice un symbole de x et l un symbole de y, qui doit respecter les contraintes suivantes :

- aucun symbole ne peut être détruit ou inséré ; à chaque symbole de x doit donc en correspondre au moins un dans y et réciproquement,

- si plusieurs symboles de x (respectivement y) correspondent à un symbole de y (respectivement x), ils doivent être contigus,

- le couple (k, l) est suivi du couple (k', l') tel que $k' = k + 1$ ou (non exclusif) $l' = l + 1$.

Par exemple, entre les séquences u $=bcaa$ et v $=acbca$, on peut établir, parmi beaucoup d'autres, l'association :

$$\langle (b,\, a),\, (b,\, c),\, (b,\, b),\, (c,\, b),\, (c,\, c),\, (a,\, a),\, (a,\, a) \rangle$$

qui se décrit sur les indices par :

$$\langle (1,1), (1,2), (1,3), (2,3), (2,4), (3,5), (4,5) \rangle$$

ou par la figure qui suit :

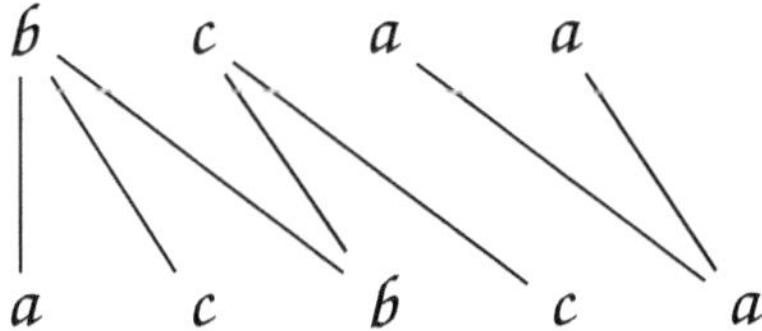

De manière plus formelle, une association est une suite de couples d'indices telle que :

- le premier terme de la suite est le couple $(1, 1)$,

- le dernier terme de la suite est le couple (m, n) ,

- le terme (k, l), à l'exception de (m, n), ne peut être suivi que de l'un des trois termes $(k, l+1)$, $(k+1, l)$ ou $(k+1, l+1)$.

À chaque couple (k, l) composant une association correspond une valeur de la matrice δ : la distance entre les lettres de rang k (x[k]) et l (y[l]) dans Σ. Le *coût de l'association* est défini comme la somme des valeurs de tous ses couples. Par exemple, pour la matrice δ suivante définie sur $\Sigma = \{a,\, b,\, c\}$:

	a	b	c
a	0	2	1.5
b	2	0	1
c	1.5	1	0

l'association vue auparavant entre les séquences u $=bcaa$ et v $= acbca$:

$$\langle (1,1), (1,2), (1,3), (2,3), (2,4), (3,5), (4,5) \rangle$$

a comme coût :

$$\delta[b,\, a] + \delta[b,\, c] + \delta[b,\, b] + \delta[c,\, b] + \delta[c,\, c] + \delta[a,\, a] + \delta[a,\, a] =$$
$$2 + 1 + 0 + 1 + 0 + 0 + 0 = 4.$$

La *dissemblance entre deux séquences* est définie comme le coût de l'association qui a le coût le plus faible parmi toutes les associations possibles entre ces deux séquences. On cherche un algorithme *efficace* pour la calculer.

139 - Q 1 **Question** 1. Quelle est la dissemblance entre les séquences $u = a$ et $v = aa$ pour la matrice δ donnée précédemment ? Entre les séquences $u = aab$ et $v = abb$? Entre les séquences $u = ab$ et $v = bac$? Donner un exemple non trivial d'un couple de séquences de dissemblance nulle.

139 - Q 2 **Question** 2. Proposer une relation de récurrence calculant la dissemblance entre deux séquences x et y. *Indication* : utiliser le fait que, pour tout couple de séquences, le dernier symbole de la première est associé au dernier symbole de la seconde.

139 - Q 3 **Question** 3. Définir la structure de données à utiliser et la progression de son remplissage, puis écrire le programme effectuant le calcul de la dissemblance entre deux séquences. Quels en sont les complexités spatiale et temporelle ?

139 - Q 4 **Question** 4. Appliquer l'algorithme avec $u = acbca$ et $v = bcaa$ pour la matrice δ donnée auparavant.

139 - Q 5 **Question** 5. Expliquer comment reconstituer une (l')association optimale. En donner une pour l'exemple précédent.

139 - Q 6 **Question** 6. Comment un tel programme pourrait-il servir dans un correcteur orthographique de traitement de texte (dont on mettra en évidence les limites) ?

La solution est en page 796.

Exercice 140   Plus lourd et moins balourd

Cet exercice présente deux intérêts principaux. Le premier réside dans le fait qu'il peut être résolu en le reformulant comme un problème de séquences. Le second a trait à la progressivité des questions amenant de la résolution d'un cas restreint à celle du cas général.

On considère un ensemble E de n ($n \geqslant 2$) éléphants. Outre son numéro i ($i \in 1 .. n$), chaque éléphant est représenté par un triplet $(pds(i), int(i), val(i))$ où $pds(i)$ est le poids de l'éléphant i, $int(i)$ est une mesure de son intelligence (plus son intelligence est grande, moins l'éléphant est balourd) et $val(i)$ est sa valeur marchande. On cherche le (l'un des) sous-ensemble(s) S de E qui satisfait aux conditions suivantes :

1. pour tout couple (i, j) de S, $(pds(i) < pds(j)) \Leftrightarrow (int(i) < int(j))$,

2. il n'existe pas de couple (i, j) de S avec $i \neq j$, tel que $pds(i) = pds(j)$ **et** $int(i) = int(j)$,

3. la valeur $\sum_{i \in S} val(i)$ est maximale (autrement dit, pour tout sous-ensemble T qui vérifie les deux conditions ci-dessus : $\sum_{i \in S} val(i) \geqslant \sum_{i \in T} val(i)$).

Par exemple, pour l'ensemble $E = \{(1, 2300, 7, 10), (2, 2000, 14, 80), (3, 2800, 13, 40),$ $(4, 2100, 11, 50), (5, 2500, 6, 20), (6, 2600, 9, 15), (7, 2000, 17, 50)\}$, on a huit sous-ensembles d'au moins deux éléphants vérifient les deux premières conditions : $\{1, 3\}, \{1, 6\}, \{3, 4\}, \{3, 5\}, \{3, 6\},$ $\{5, 6\}, \{1, 3, 6\}, \{3, 5, 6\}$. Parmi eux, le meilleur est $\{3, 4\}$ pour une valeur de 90 (qui excède la valeur de tout éléphant pris isolément, en particulier $\{2\}$).

Question 1. Donner le principe d'une solution par essais successifs. Quelle en est la complexité au pire en nombre de conditions évaluées ?

140 - Q 1

On envisage de ramener la résolution de ce problème d'ensembles (et sous-ensembles) à la recherche d'une sous-séquence optimale commune à deux séquences d'éléphants x et y. Plus précisément, x et y ont même longueur n et sont construites de façon appropriée (voir questions ultérieures) à partir de l'ensemble d'éléphants E. Au final, la sous-séquence commune résultat est vue comme un raffinement du sous-ensemble S initialement désiré.

Question 2. Énoncer une condition nécessaire (resp. suffisante) sur l'ordre dans lequel doivent apparaître les éléphants i et j dans les séquences x et y pour qu'ils puissent tous deux (resp. pour qu'un seul au plus puisse) appartenir à une sous-séquence commune à x et y.

140 - Q 2

On va tout d'abord traiter le cas particulier où tous les éléphants présents dans E ont des intelligences et des poids différents.

Question 3. Exprimer le problème posé comme l'identification d'une sous-séquence optimale (dans un sens à préciser) commune aux séquences d'éléphants x et y (que l'on explicitera).

140 - Q 3

Question 4. En déduire le principe d'une solution fondée sur la programmation dynamique permettant de résoudre ce problème en mettant en évidence la récurrence utilisée. On précisera la structure tabulaire retenue et l'évolution de son remplissage.

140 - Q 4

Question 5. Donner les complexités temporelle (en nombre de conditions évaluées) et spatiale de l'algorithme résultant (algorithme qui n'est pas demandé), puis comparer sa complexité temporelle à celle de la solution obtenue par essais successifs.

140 - Q 5

Pour les questions à suivre, on impose que l'algorithme s'applique à deux séquences de taille n, c'est-à-dire relatives à l'intégralité des éléphants de l'ensemble E. Ces séquences résulteront d'un pré-traitement fondé sur des tris appropriés dont il y aura lieu de préciser les critères (ou clés de tri).

On considère maintenant le cas d'un ensemble E pouvant contenir un sous-ensemble (de cardinal supérieur ou égal à 2) d'éléphants de type E_{mpid} de même poids, mais d'intelligences différentes (on pourrait aussi bien s'intéresser au cas symétrique d'un sous-ensemble de type E_{mipd} d'éléphants de même intelligence, mais de poids différents).

Question 6. Comment doivent être construites les deux séquences d'éléphants issues de E pour que la méthode développée dans les questions 3 et 4 conduise à un résultat correct ?

140 - Q 6

On prend maintenant en compte une situation où E peut contenir un sous-ensemble d'éléphants de type E_{mpi} ayant même poids et même intelligence (mais aucun sous-ensemble de type E_{mpid} ou E_{mipd}). En vertu de la seconde condition d'appartenance à l'ensemble solution S, au plus un éléphant de E_{mpi} peut y être intégré.

Question 7. Comment résoudre alors le problème posé ?

Question 8. Synthétiser le traitement d'un ensemble E quelconque d'éléphants et en préciser la complexité temporelle en nombre de conditions évaluées.

Question 9. Traiter l'exemple constitué de l'ensemble d'éléphants E = {(1, 1500, 15, 32), (2, 1200, 25, 27), (3, 1400, 22, 17), (4, 1000, 20, 20), (5, 1500, 15, 10), (6, 1800, 26, 15), (7, 1500, 15, 8), (8, 1400, 12, 23)}.

On révise maintenant les contraintes imposées à l'ensemble solution S en abandonnant la seconde condition. On peut donc désormais trouver dans S plusieurs éléphants de mêmes poids et intelligence. On adopte ainsi une acception plus « large » en autorisant aussi les éléphants « aussi lourds que balourds ».

Question 10. Comment procéder pour résoudre le problème posé en présence d'un ensemble E quelconque d'éléphants ?

Question 11. Traiter l'exemple de la question 9.

La solution est en page 799.

9.4.5 IMAGES

Exercice 141   Triangulation optimale d'un polygone convexe

> *Cet exercice traite d'une question dont une application se situe dans le domaine de l'imagerie 3D. L'établissement de la récurrence nécessite au préalable de trouver une « bonne » stratégie de triangulation, ce qui constitue un des points clés de la résolution.*

Un polygone $\mathcal{P}$ du plan possédant n sommets ($n \geqslant 3$) est par définition *convexe* si et seulement si, quand on construit une droite sur deux sommets consécutifs quelconques, les $(n-2)$ sommets restants sont du même côté de cette droite. Une *corde* de polygone convexe est définie comme le segment joignant deux sommets non adjacents. Une *triangulation* d'un polygone convexe $\mathcal{P}$ est un ensemble de cordes tel que :

- deux cordes ne se coupent pas,
- les cordes divisent complètement le polygone en triangles.

À partir des coordonnées des n sommets d'un polygone convexe $\mathcal{P}$, on définit la *longueur* d'une triangulation de $\mathcal{P}$ comme la somme des longueurs des cordes qui la composent. Le problème est le suivant : étant donné un polygone convexe $\mathcal{P}$, trouver une *triangulation minimale* de $\mathcal{P}$, c'est-à-dire une triangulation de $\mathcal{P}$ de longueur minimale. Nous supposerons par la suite que le polygone étudié possède n sommets étiquetés dans le sens des aiguilles

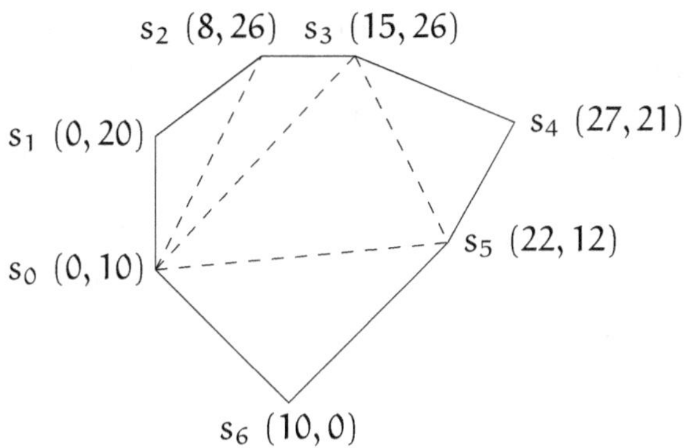

Fig. 9.10 – Un heptagone et une triangulation de valeur approximativement égale à 77.56

d'une montre (appelé aussi sens rétrograde ou contraire du sens trigonométrique) notés $s_0, s_1, \ldots, s_{n-1}$.

Une première stratégie de triangulation (appelée *UnTrUnPol*) venant assez naturellement à l'esprit consiste à séparer un polygone à n côtés ($n > 3$) en un triangle et un polygone ayant $(n-1)$ côtés. Une telle approche présente l'inconvénient majeur d'amener à considérer plusieurs fois la même triangulation. Par exemple, avec l'heptagone de la figure 9.10, la triangulation partielle de la figure 9.11 est obtenue : i) en séparant le polygone initial en un triangle de sommets s_0, s_1 et s_2 et un polygone de sommets $s_0, s_2, s_3, s_4, s_5, s_6$, puis en séparant ce dernier en un triangle de sommets s_3, s_4 et s_5 et un polygone de sommets s_0, s_2, s_3, s_5, s_6, mais aussi ii) en procédant à l'inverse en séparant le polygone initial en un triangle de sommets s_3, s_4 et s_5 et un polygone de sommets $s_0, s_1, s_2, s_3, s_5, s_6$, puis en séparant ce dernier en un triangle de sommets s_0, s_1 et s_2 et un polygone de sommets s_0, s_2, s_3, s_5, s_6. Avec cette démarche, le nombre de triangulations $\mathrm{nbtr1}(n)$ examinées pour un polygone de n côtés est donné par :

$$
\begin{aligned}
&\mathrm{nbtr1}(3) = 1 \\
&\mathrm{nbtr1}(4) = 2 \\
&\mathrm{nbtr1}(n) = n \cdot \mathrm{nbtr1}(n - 1) \qquad\qquad n \geqslant 5
\end{aligned}
$$

soit $\mathrm{nbtr1}(n) = n!/12$ pour $n > 3$, ce qui est « pire » qu'exponentiel.

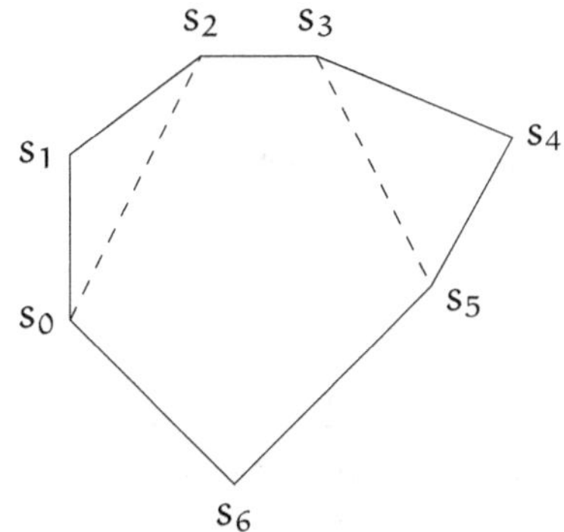

Fig. 9.11 – Une triangulation partielle de l'heptagone de la figure 9.10

Il faut donc chercher une stratégie alternative à *UnTrUnPol* évitant l'écueil précédent, c'est-à-dire prenant toujours en compte *toutes* les triangulations possibles (complétude), mais sans doublons (minimalité). On remarque tout d'abord que tout côté du polygone initial appartient à un et un seul des triangles d'une triangulation. On se fixe un côté noté (s_i, s_{i+1}) et on considère la stratégie *UnTrDeuxPol* consistant à tracer depuis tout sommet autre que s_i et s_{i+1}, un triangle dont (s_i, s_{i+1}) est un côté, ce qui est résumé dans la figure 9.12. Nous laissons au lecteur le soin de vérifier que l'ensemble des triangulations obtenues possède bien les deux propriétés voulues (complétude et minimalité).

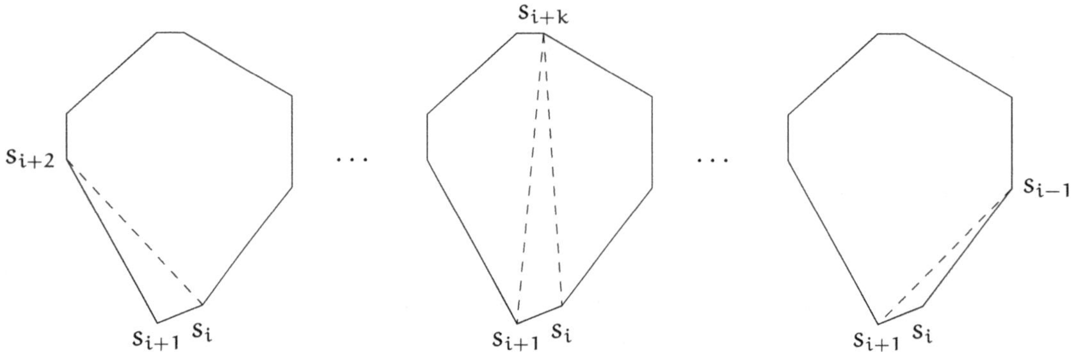

Fig. 9.12 – La stratégie de triangulation retenue

141 - Q 1   **Question 1.** Calculer le nombre $\mathrm{nbtr2}(n)$ de triangulations engendrées par la stratégie *UnTrDeuxPol* pour un polygone ayant n côtés. L'exprimer comme un nombre de Catalan (voir page 10) et le comparer à $\mathrm{nbtr1}(n)$, le nombre de triangulations obtenu avec la stratégie *UnTrUnPol*. À quels autres problèmes de ce chapitre $\mathrm{nbtr2}(n)$ fait-il penser ?

141 - Q 2   **Question 2.** La stratégie *UnTrDeuxPol* proposée vaut en particulier si l'on choisit comme côté de référence (s_{n-1}, s_0) qui décompose le polygone initial en :

- un triangle de sommets s_0, s_j ($j \in 1\,..\,n-2$) et s_{n-1},

- un polygone de sommets s_0 à s_j (inexistant pour $j = 1$),

- un polygone de sommets s_j à s_{n-1} (inexistant pour $j = n-2$).

Les deux polygones ainsi engendrés ayant des sommets de numéros croissants, on est libéré de la gestion de questions liées à la circularité du problème. Donc, de façon générale, on va considérer la triangulation minimale du polygone de sommets $s_i, \ldots, s_{i+t-1}$ ayant t côtés tel que $i + t - 1 < n$, en prenant le côté de référence (s_i, s_{i+t-1}), comme le montre la figure suivante :

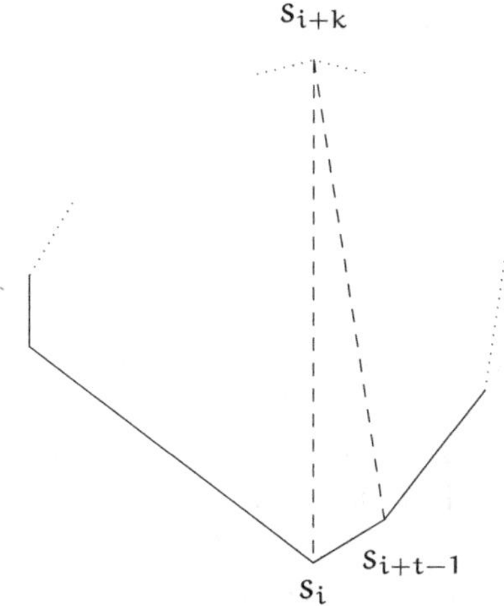

où k varie de 2 à $(t-2)$. Expliquer pourquoi le polygone $\mathcal{P}$ doit être convexe pour que cette stratégie soit convenable.

Question 3. On appelle $\mathrm{lgtrmin}(i, t)$ la longueur de la (d'une) triangulation optimale du polygone de sommets $s_i, \ldots, s_{i+t-1}$ avec $i + t - 1 < n$. Établir la récurrence de calcul de $\mathrm{lgtrmin}(i, t)$.   141 - Q 3

Question 4. Donner les éléments (structure tabulaire, stratégie de remplissage, emplacement de la solution recherchée) d'un algorithme découlant de la formule précédente. En préciser les complexités spatiale et temporelle.   141 - Q 4

Question 5. Traiter l'exemple du polygone ci-dessous :   141 - Q 5

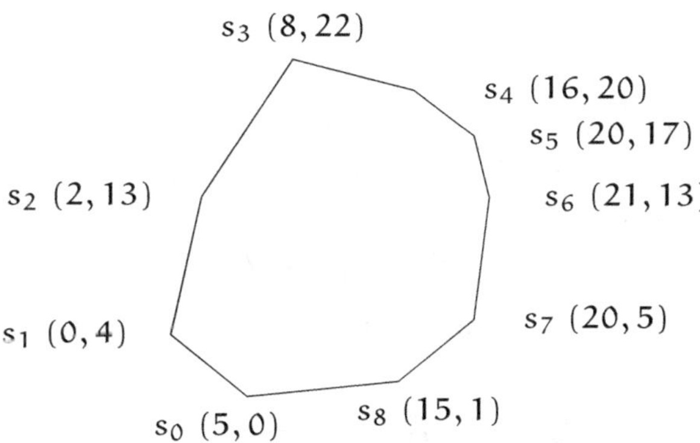

en calculant non seulement la valeur de la triangulation optimale, mais aussi l'identification des cordes la composant.

La solution est en page 802.

Exercice 142   Plus grand carré noir

L'intérêt de cet exercice réside dans la comparaison entre deux approches pour résoudre le problème posé, l'une itérative, l'autre fondée sur la programmation dynamique.

Soit une image rectangulaire de largeur n et de hauteur m composée de pixels noirs (1) et blancs (0) représentée par la matrice $IMG[1..m, 1..n]$. On cherche le côté c de la plus grande sous-image carrée de IMG complètement noire. Par exemple, dans l'image de la figure 9.13, où $m = 6$ et $n = 8$, le plus grand carré noir est unique. Il a pour côté 3 et s'étend sur les lignes 2 à 4 et les colonnes 2 à 4 (avec la convention de numérotation des lignes de bas en haut et des colonnes de gauche à droite qui est utilisée tout au long de l'exercice).

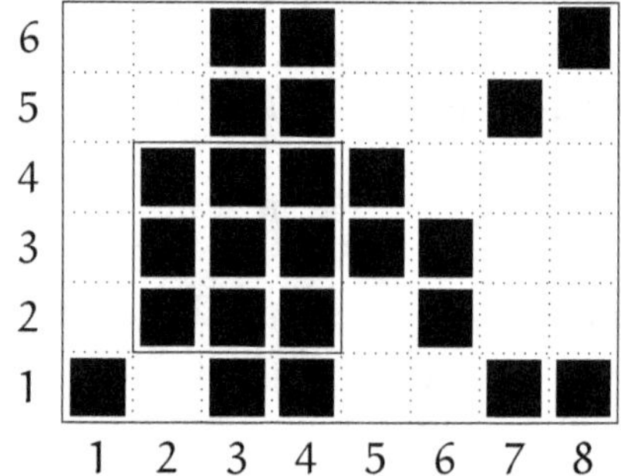

Fig. 9.13 – *Une image noir et blanc* 6×8 *et son plus grand carré noir (encadré)*

142 - Q 1 **Question 1.** On va tout d'abord construire une solution itérative en utilisant la procédure définie dans l'exercice 115, page 501, calculant le côté du plus grand carré sous un histogramme. Préciser le principe de cette solution et en déterminer la complexité temporelle en termes de nombre de conditions évaluées. L'appliquer à l'image de la figure 9.14.

142 - Q 2 **Question 2.** On entreprend maintenant la résolution du problème dans le cadre de la

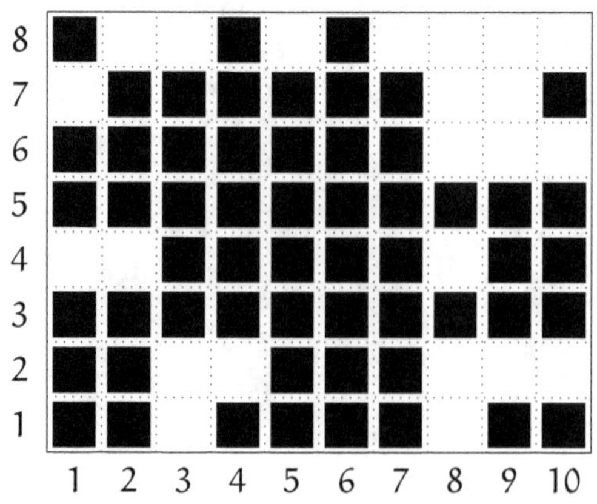

Fig. 9.14 – *Une image noir et blanc* 8×10

  715

programmation dynamique. On appelle cpgcn(i, j) le côté du plus grand carré noir de coin nord-ouest de coordonnées (i, j). Établir la récurrence calculant cpgcn.

Question 3. Expliciter la structure tabulaire à utiliser pour la mise en œuvre et la stratégie permettant de la remplir.

142 - Q 3

Question 4. Donner l'algorithme de programmation dynamique correspondant, en précisant ses complexités spatiale et temporelle. Comparer la complexité temporelle à celle de la solution itérative.

142 - Q 4

Question 5. Appliquer cet algorithme à l'image de la figure 9.14.

142 - Q 5

La solution est en page 805.

Exercice 143   Segmentation d'une image

> *L'originalité de cet exercice réside dans le fait qu'il est le seul de cet ouvrage dans lequel les complexités spatiale et temporelle d'un algorithme de programmation dynamique sont certes polynomiales, mais de degré supérieur à 3.*

On dispose d'une image binaire sous forme de matrice de pixels IMG[1..m, 1..n] (m lignes, n colonnes), dont les éléments valent 0 (blanc) ou 1 (noir). On cherche à partitionner (ou segmenter) l'image en un ensemble de rectangles entièrement noirs ou entièrement blancs. La technique utilisée est celle de la « guillotine », dont la règle est la suivante : étant donné un rectangle, on a le droit de le partager en deux rectangles plus petits soit par un trait horizontal, soit par un trait vertical. Le problème est de trouver le nombre minimal de coups de guillotine pour séparer complètement les pixels noirs des pixels blancs.

Dans l'exemple ci-après d'une image 4×5, la segmentation proposée (qui n'est pas réputée optimale) requiert sept coups de guillotine (traits repérés par une flèche).

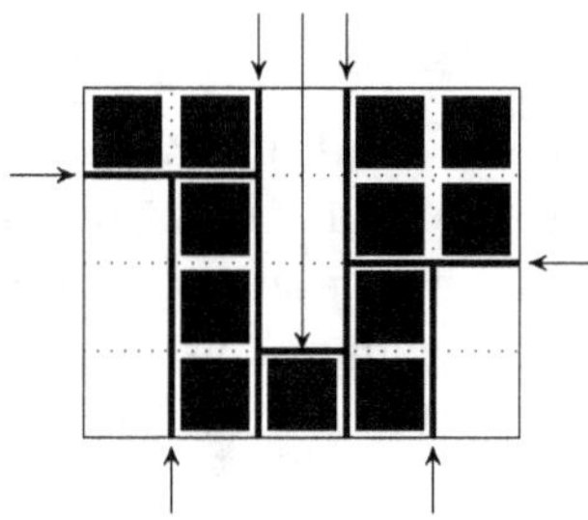

Question 1. Représenter la segmentation précédente par un arbre dont chaque nœud (feuilles comprises) est associé à l'un des rectangles (par exemple en coordonnées cartésiennes). L'arbre est-il unique ? Combien de nœuds internes (non feuilles) possède-t-il ? Quelle propriété ont les feuilles ?

143 - Q 1

Question 2. Comment peut-on introduire dans cet arbre une numérotation des coups de guillotine ?

143 - Q 2

143 - Q 3 **Question** 3. Établir une relation de récurrence pour calculer le nombre minimal de coups de guillotine nécessaires pour segmenter une image quelconque de m lignes et n colonnes ($m, n \geqslant 1$).

143 - Q 4 **Question** 4. Proposer une structure tabulaire et expliciter la stratégie gouvernant son remplissage.

143 - Q 5 **Question** 5. Donner le code de l'algorithme de segmentation optimale. Quelles en sont les complexités spatiale et temporelle ?

143 - Q 6 **Question** 6. Appliquer l'algorithme à l'image 3×4 ci-après :

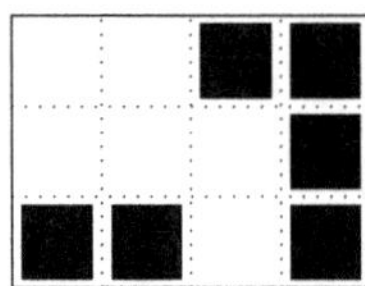

La solution est en page 811.

9.4.6   Jeux

Exercice 144   Empilement de briques

> *Cet exercice, comme quelques autres, nécessite une étape préalable d'analyse menant à une nouvelle formulation du problème. En effet, le problème initial considère un nombre infini de briques, qui ne peut donc être géré d'un point de vue algorithmique. Après avoir identifié un nombre utile fini de briques, il devient assez aisé d'établir la récurrence servant de base à la résolution.*

On dispose de briques de n types différents et, pour chaque type, d'un nombre illimité d'exemplaires. Une brique de type i est un parallélépipède rectangle dont les côtés ont pour longueur c_i^1, c_i^2 et c_i^3, avec $c_i^1 \leqslant c_i^2 \leqslant c_i^3$.

On cherche à faire un empilement de hauteur maximale. On commence par poser une brique sur une de ses faces, puis une seconde sur la première, *les côtés parallèles*, puis une troisième, etc. La contrainte est que l'on ne peut poser une brique sur le tas en construction que si la face que l'on pose est strictement incluse dans les deux dimensions dans la face supérieure de la brique précédente. Autrement dit, à chaque nouvelle brique, l'empilement rétrécit *strictement*.

144 - Q 1 **Question** 1. Montrer qu'il y a au plus trois façons réellement différentes de poser une nouvelle brique sur une brique déjà posée.

144 - Q 2 **Question** 2. Montrer que, dans un empilement, il ne peut y avoir au plus que deux briques d'un type donné.

144 - Q 3 **Question** 3. Reformuler le problème comme un empilement optimal, avec un choix non plus parmi un nombre illimité de briques, mais parmi $3n$ objets différents.

Question 4. Donner la formule de récurrence permettant de construire l'empilement le plus haut. Préciser la structure tabulaire utilisée dans l'algorithme associé et la progression du calcul. Donner la complexité temporelle de cet algorithme en nombre de conditions évaluées.
144 - Q 4

Question 5. Traiter la situation avec les trois briques B1, B2 et B3 de dimensions respectives $10 \times 12 \times 16$, $8 \times 9 \times 18$ et $4 \times 6 \times 25$.
144 - Q 5

La solution est en page 817.

Exercice 145　　Gain maximum au jeu patagon　　　○　　●

> *Dans cet exercice, on revient sur le jeu patagon déjà abordé dans l'exercice 18, page 45. L'objectif de ce jeu est de maximiser le gain du joueur qui choisit des valeurs dans un tableau de façon successive (ou tire des cartes « valuées » disposées face exposée), sans pouvoir en prendre deux consécutives.*

On a vu à l'exercice 18, page 45, la définition du jeu patagon. Sous une forme un peu différente, on peut dire qu'il consiste, étant donné un tableau $T[1 .. n]$ d'entiers strictement positifs, à trouver la valeur maximale, $sopt(n) = \sum_{i \in I} T[i]$, obtenue à partir d'un ensemble I d'indices entre 1 et n ($n > 1$) tel que I ne contient pas deux indices consécutifs.

Dans l'exercice 18, page 45, on a étudié le nombre de façons « raisonnables » de jouer noté nfr, autrement dit la combinatoire du jeu. Celle-ci se révèle exponentielle puisque, avec un tableau T de taille n, nfr est l'entier le plus proche de $(1.324\cdots)^{n-1}/1.045\cdots$. On va montrer que l'on peut trouver la valeur $sopt(n)$ sans examiner l'ensemble exhaustif de ces candidats.

Question 1. Que penser de l'algorithme glouton qui procède par paire de valeurs de T et choisit, pour autant que la contrainte soit satisfaite, la plus grande valeur ?
145 - Q 1

Question 2. Établir une relation de récurrence complète de calcul de $sopt(n)$.
145 - Q 2

Question 3. En déduire un algorithme de programmation dynamique qui calcule sopt et permet de produire ultérieurement un ensemble I associé. Quelle en est la complexité temporelle ? La situer par rapport à nfr.
145 - Q 3

Question 4. Expliciter le calcul de l'ensemble d'indices I optimal.
145 - Q 4

Question 5. Traiter l'exemple $n = 9$, $T = [2, 5, 7, 3, 1, 4, 1, 8, 4]$.
145 - Q 5

La solution est en page 819.

Exercice 146   Vaporisation des robots   ○   ●

> *Dans ce jeu de stratégie, le but est d'éliminer un maximum de robots arrivant par vagues successives. L'outil de destruction dont on dispose est d'autant plus puissant que le temps de charge est long, mais quand il est déclenché, il ne détruit que des robots de la vague venant d'arriver.*

Dans ce jeu, il s'agit d'éliminer un maximum des robots ennemis qui attaquent une planète. Les robots arrivent par groupes, chaque groupe de robots étant espacé d'une unité de temps (ou instant). On sait combien vont arriver et à quels instants. Par exemple, à l'instant 1 va arriver un robot, suivi de dix à l'instant 2, de dix autres à l'instant 3 et d'un dernier robot qui arrivera seul à l'instant 4.

La défense de la planète est constituée d'une machine à vaporiser les robots (MVR). Quand, à l'instant t, la MVR est chargée au niveau M, elle est capable de faire disparaître dans l'atmosphère M des N robots arrivant à cet instant (tous, si $M \geqslant N$). Ainsi, si dans l'exemple d'attaque décrit précédemment la MVR est déclenchée à l'instant 3 avec un niveau de charge $M = 4$, elle fera disparaître quatre des dix robots arrivant à l'instant 3. Si elle n'est déclenchée qu'à l'instant 4, le seul robot arrivant à cet instant sera vaporisé.

Il est à noter que la MVR se décharge complètement à chaque tir, quelle que soit la taille du groupe de robots venant d'arriver. Il faut alors la laisser se recharger ; son niveau de charge est une fonction croissante du temps. La fonction de chargement de la machine dont on dispose, est par exemple la suivante :

i	1	2	3	4	5
f(i)	1	2	4	8	14

Dans cet exemple, il faut trois unités de temps à la MVR pour se recharger au niveau 4, quatre unités pour se recharger au niveau 8, etc...

Plusieurs solutions s'offrent au joueur pour gérer le rechargement et la mise en action de la MVR. Toujours dans l'exemple précédent, on peut choisir de déclencher la vaporisation à chaque instant. Au départ (instant 0), la machine n'a aucune capacité. À l'instant 1, la machine est rechargée au niveau 1, déclenchée et vaporise l'unique robot venant d'arriver. Ensuite, elle vaporise un des dix robots arrivés à l'instant 2, puis un des dix robots arrivés à l'instant 3, et enfin le seul robot arrivant à l'instant 4. Au total, avec cette stratégie, seulement quatre robots sont détruits. Si on avait attendu l'instant 3 pour le premier tir, la MVR aurait été rechargée au niveau 4 et aurait éliminé quatre robots. En la déclenchant encore à l'instant 4 (auquel la MVR est chargée au niveau 1), elle vaporise le robot arrivant à cet instant. Au total, cinq robots sont détruits, ce qui est mieux que les quatre de la première option.

Le problème est de trouver la tactique optimale de recharge et de déclenchement de la MVR qui permet, étant donnée une attaque de robots, d'en vaporiser le maximum. Pour formaliser, notons qrob(i) la quantité strictement positive de robots qui arrivent à chaque instant i et $f(j)$ le niveau de rechargement de la MVR quand on attend j instants. Si la machine est déclenchée à l'instant i avec un niveau M, le nombre de robots vaporisés est égal à $\min(\{qrob(i), M\})$. Notons $nbrvopt(j)$ le nombre de robots vaporisés en suivant la tactique optimale, en supposant que la séquence des robots s'arrête à l'instant j. On cherche donc $nbrvopt(n)$, où n est l'instant d'arrivée du dernier groupe de robots.

Question 1. Commenter la situation où la fonction de chargement de la MVR est $f(i) = i$. | 146 - Q 1 |

Question 2. Définir $nbrvopt(j)$ $(j > 0)$ en fonction de $nbrvopt(i)$ pour $0 \leqslant i < j$, $qrob(j)$ et f. En déduire la récurrence complète permettant le calcul de $nbrvopt(n)$. | 146 - Q 2 |

Question 3. Spécifier la structure tabulaire à utiliser par un algorithme de programmation dynamique résolvant ce problème et la progression de son remplissage. Quelles sont les complexités temporelle et spatiale de cet algorithme ? | 146 - Q 3 |

Question 4. L'appliquer à l'exemple suivant : | 146 - Q 4 |

$n = 6$, $qrob(1) = 3$, $qrob(2) = 5$, $qrob(3) = 2$, $qrob(4) = 4$, $qrob(5) = 3$, $qrob(6) = 2$, $f(1) = 1$, $f(2) = 2$, $f(3) = 4$, $f(4) = 6$, $f(5) = 9$, $f(6) = 12$.

La solution est en page 821.

Exercice 147   Jeu des extrêmes

Cet exercice concerne un jeu à deux joueurs pour lequel deux stratégies sont successivement étudiées. La première vise à déterminer le gain maximal du joueur commençant en premier. Ce gain constitue une borne supérieure à celui qui peut être atteint dans l'autre stratégie (classique) dans laquelle chaque joueur cherche à amasser un gain maximal. Les algorithmes obtenus dans chacun des cas se révèlent simples et assez voisins.

On a deux joueurs et, sur une table, une ligne de $2n$ $(n \geqslant 1)$ cartes avec un nombre écrit sur chacune d'elles. L'ensemble des cartes est à tout moment visible des deux joueurs. Chaque joueur, à tour de rôle, prend une des deux cartes situées aux extrémités de la ligne. La carte disparaît alors du jeu et le gain du joueur augmente du nombre écrit sur la carte.

Approche collaborative

On se pose d'abord la question de savoir quel gain maximal pourrait récupérer le joueur qui joue le premier, ce qui revient à supposer que son adversaire collabore au maximum avec lui.

Question 1. Montrer sur un exemple que le gain maximal n'est pas toujours égal à la somme des n plus grandes valeurs des cartes. | 147 - Q 1 |

Question 2. Donner une récurrence qui permet de calculer le gain final maximal du joueur qui joue le premier. | 147 - Q 2 |

147 - Q 3   **Question 3.** En déduire un algorithme de complexités spatiale et temporelle en $\Theta(n^2)$ pour calculer cet optimum.

147 - Q 4   **Question 4.** Fournir une trace de l'exécution de cet algorithme avec la ligne de cartes :

12	7	6	10	8	5

147 - Q 5   **Question 5.** Montrer que, dans cette approche, le joueur jouant en premier ne peut faire moins bien que match nul avec l'autre joueur.

Approche compétitive

On suppose maintenant que chacun des deux joueurs cherche à gagner.

147 - Q 6   **Question 6.** Donner une récurrence qui permet de calculer le gain final maximal du joueur qui joue le premier, en tenant compte du fait que chaque joueur cherche à maximiser son propre gain.

147 - Q 7   **Question 7.** Décrire le principe de l'algorithme calculant cet optimum. Préciser où se trouvent, dans la structure tabulaire utilisée, le gain maximal du joueur débutant le jeu et celui de son adversaire. Situer l'algorithme par rapport à celui de la question 3.

147 - Q 8   **Question 8.** Appliquer cet algorithme sur la ligne de six cartes donnée précédemment.

147 - Q 9   **Question 9.** Proposer une stratégie gloutonne selon laquelle le joueur jouant en premier gagne ou fait match nul. En déduire qu'il en va de même avec la stratégie fondée sur la programmation dynamique. La stratégie gloutonne conduit-elle au gain maximal ?

La solution est en page 823.

9.4.7   PROBLÈMES PSEUDO-POLYNOMIAUX

Exercice 148   Le petit commerçant   8   ⁚

> *Dans cet exercice qui est un standard, on étudie la composition d'une somme fixée avec un système monétaire donné. On cherche principalement à construire une solution de type programmation dynamique telle que le nombre de pièces rendu est minimal, et ce pour un système monétaire quelconque. Cette solution se révèle simple et efficace pour autant que l'on reste « raisonnable » quant aux montants considérés.*

On s'intéresse au rendu de monnaie (avec des pièces uniquement) lorsqu'un client paie un petit commerçant avec une somme supérieure au montant de son achat. Le problème est d'arriver exactement à une somme N donnée en choisissant dans la caisse un multiensemble de pièces dont chacune possède une valeur fixée. Par exemple, dans le système numéraire de la zone euro, si le client effectue un achat de 8€10 et donne 10€, le problème consiste pour le commerçant à composer un multiensemble de pièces qui totalise 1€90. Il y a un grand nombre de solutions, parmi lesquelles :

- une pièce de 1€, une pièce de 50c, deux pièces de 20c,

- deux pièces de 50c, quatre pièces de 20c, deux pièces de 5c,

- 19 pièces de 10c, etc...

On appelle $\mathcal{C} = \{c_1, \dots, c_n\}$ l'ensemble des pièces du système monétaire utilisé comportant n pièces différentes. On suppose que le commerçant dispose d'un nombre illimité de chacune d'entre elles. La pièce c_i a pour valeur d_i. Dans la zone euro, on a l'ensemble $\mathcal{C}$ de taille 8, avec les valeurs : $d_1 = 2€$, $d_2 = 1€$, $d_3 = 50c$, $d_4 = 20c$, $d_5 = 10c$, $d_6 = 5c$, $d_7 = 2c$, $d_8 = 1c$, ou, en centimes : $d_1 = 200$, $d_2 = 100$, $d_3 = 50$, $d_4 = 20$, $d_5 = 10$, $d_6 = 5$, $d_7 = 2$, $d_8 = 1$. Pour reprendre l'exemple précédent, la première solution peut se noter par le multiensemble $[\![c_2, c_3, c_4, c_4]\!]$ ou encore par un vecteur de dimension n indiquant combien de pièces de chaque type ont été prises pour la solution, ici $[0, 1, 1, 2, 0, 0, 0, 0]$.

Pour achever de définir le problème, on va supposer que le commerçant cherche à redonner le moins de pièces possibles. On peut donc l'appeler RLMMO comme « rendre la monnaie de manière optimale » et l'énoncer comme suit. On se donne un ensemble $\mathcal{C}$. À chaque élément c_i de $\mathcal{C}$ est associée une valeur d_i, un nombre entier strictement positif, tout comme N, la somme à rendre. Trouver un multiensemble S composé d'éléments de $\mathcal{C}$ tel que :

- la somme des valeurs des éléments de S vaille exactement N,

- le nombre des éléments de S soit minimum.

S'il n'existe aucun multiensemble répondant au premier des deux critères ci-dessus, le problème est déclaré insoluble. Cette situation peut survenir notamment si le système monétaire ne comporte pas de pièce de valeur unitaire.

Un algorithme glouton rapide, mais pas toujours exact

La méthode employée en général par un commerçant peut se décrire ainsi : utiliser les pièces par valeur décroissante, en prenant le plus possible de chacune d'elles. C'est cet algorithme glouton qui, dans l'exemple introductif, produit la première solution $[\![c_2, c_3, c_4, c_4]\!]$.

Question 1. Montrer qu'il ne résout pas le problème RLMMO quand $\mathcal{C} = \{c_1, c_2, c_3\}$, avec $d_1 = 6$, $d_2 = 4$, $d_3 = 1$ et $N = 8$. Trouver un autre couple $(\mathcal{C}, N)$ non trivialement déduit de celui-ci pour lequel cet algorithme ne convient pas non plus.

$\boxed{\textbf{148 - Q 1}}$

Note On peut montrer que cet algorithme résout le problème RLMMO seulement quand $\mathcal{C}$ présente certaines propriétés que possède en particulier le système de pièces européen ou les systèmes du type $\{1, 2, 4, 8, \dots\}$. On ne s'intéresse pas ici à ces propriétés.

Un algorithme exact

En s'inspirant de la méthode utilisée dans l'exercice 20, page 47, relatif aux pièces jaunes, on définit $\mathrm{nbpmin}(i, j)$ comme le nombre minimal de pièces nécessaires pour former la somme j en ne s'autorisant que le sous-ensemble des pièces $\{c_1, \dots, c_i\}$. Si c'est impossible, $\mathrm{nbpmin}(i, j)$ prend une valeur arbitrairement grande. On cherche donc $\mathrm{nbpmin}(n, N)$. Les pièces de $\mathcal{C}$ ne sont pas supposées rangées par ordre décroissant (ou croissant).

148 - Q 2 **Question** 2. Donner la récurrence complète définissant nbpmin.

148 - Q 3 **Question** 3. En déduire le principe d'un algorithme pseudo-polynomial (voir section 2.1.8, page 84) dont on précisera la complexité temporelle, fondé sur la programmation dynamique, déterminant le nombre de pièces que comporte la solution optimale.

148 - Q 4 **Question** 4. L'appliquer pour $N = 12$ avec le système monétaire $\mathcal{C} = \{c_1, c_2, c_3\}$, avec $d_1 = 4, d_2 = 5, d_3 = 1$.

148 - Q 5 **Question** 5. Comment compléter l'algorithme pour savoir quelles pièces sont rendues et en quelles quantités ?

La solution est en page 827.

9.5   Solutions

Solution de l'exercice 116   Approximation d'une fonction échantillonnée par une ligne brisée
Énoncé page 665.

116 - R 1 **Réponse** 1. Si $n \cdot C$ est très petit, $m \cdot C$ l'est aussi puisque $m < n$. La meilleure ligne brisée s'appuie sur les n points. Elle a $(n-1)$ segments et un coût très petit. Quand C est très grand, on aurait envie de minimiser $m \cdot C$, donc de prendre $m = 1$, et de construire une ligne brisée avec un seul segment qui s'appuie sur les points 1 et n. Cependant, cette technique ne produit pas forcément la segmentation optimale. Par exemple, pour trois points d'abscisses 1, 2 et 3 et d'ordonnées 0, h et 0, la ligne brisée à un seul segment a le coût $h + C$, celle à deux segments le coût $2C$. Si $h > C$, la seconde est meilleure. Il n'y a donc pas d'évidence dans le cas où C est très grand.

116 - R 2 **Réponse** 2. Toute ligne brisée approchant les n points de l'ensemble P est composée de deux parties : une première ligne brisée (éventuellement vide) se terminant en k, suivie d'un dernier segment. Dans le cas particulier de la ligne brisée optimale, par définition, le coût associé est : $\mathrm{appopt}(n) = \mathrm{appopt}(k) + \mathrm{sde}(k, n) + C$. Si on ne connaît pas k, mais que l'on connaît les valeurs $\mathrm{appopt}(1), \ldots, \mathrm{appopt}(n-1)$, on peut cependant écrire :

$$\mathrm{appopt}(n) = \min_{j \in 1..n-1}\big(\mathrm{sde}(j, n) + C + \mathrm{appopt}(j)\big).$$

La valeur de j pour laquelle le minimum est réalisé est k, qui correspond au début du dernier segment (qui se termine en n).

116 - R 3 **Réponse** 3. Le calcul de $\mathrm{appopt}(i)$ est fondé sur l'application du raisonnement de la question précédente. La relation de récurrence est donc la suivante :

$$\left|\begin{array}{l} \mathrm{appopt}(1) = 0 \\ \mathrm{appopt}(i) = \displaystyle\min_{j \in 1..i-1}\big(\mathrm{sde}(j, i) + C + \mathrm{appopt}(j)\big) \end{array}\right. \qquad 1 < i \leqslant n.$$

Réponse 4. On applique la récurrence pour remplir un tableau $AO[1..n]$, dans lequel on met dans l'ordre les valeurs $appopt(1)$, $appopt(2)$, $\ldots$, $appopt(n)$. Le résultat recherché se trouvera en $AO[n]$.

116 - R 4

Réponse 5. L'algorithme associé est le suivant :

116 - R 5

```
 1. constantes
 2.     n ∈ ℕ₁ et n = ... et C ∈ ℝ₊ et C = ...
 3. variables
 4.     sde ∈ ℝ₊ et AO ∈ 1..n → ℝ₊
 5. début
 6.     AO[1] ← 0 ;
 7.     pour i parcourant 2..n faire
 8.         AO[i] ← +∞ ;
 9.         pour j parcourant 1..i−1 faire
10.             sde ← 0 ;
11.             pour k parcourant j..i faire
12.                 sde ← sde + Distance(j, i, k)
13.             fin pour ;
14.             AO[i] ← min({AO[i], sde + C + AO[j]})
15.         fin pour
16.     fin pour ;
17.     écrire(AO[n])
18. fin
```

La complexité en nombre d'appels à *Distance* est :

$$\sum_{i=2}^{n}\sum_{j=1}^{i}\sum_{k=j}^{i} 1 = \sum_{i=2}^{n}\sum_{j=1}^{i}(i-j+1) = \sum_{i=2}^{n}\frac{i\cdot(i+1)}{2} \in \Theta(n^3)$$

puisque $\displaystyle\sum_{i=1}^{n} i^2 = (n\cdot(n+1)\cdot(2n+1))/6$.

La combinatoire de ce problème est exponentielle, puisque le nombre de lignes brisées possibles pour un ensemble P de n points est 2^{n-2} et qu'il faut faire appel au moins une fois à la fonction *Distance* pour chacune d'elles (sauf celle passant par les n points). On voit donc que la résolution par programmation dynamique apporte un gain très substantiel (passage d'une complexité exponentielle à une complexité polynomiale).

Réponse 6. Pour connaître la ligne brisée optimale, on utilise la technique du « Petit Poucet ». Pour chaque cellule $AO[i]$, on mémorise dans $IND[i]$ l'indice j ayant permis d'atteindre l'optimal (le segment d'origine j et d'extrémité i termine l'approximation optimale des points 1 à i). Le tableau IND sera parcouru ultérieurement depuis $IND[n]$ de façon chaînée jusqu'à trouver la valeur 1 correspondant au premier point de la ligne brisée optimale (c'est-à-dire que l'on parcourt la liste $\langle IND[n], IND[IND[n]], \ldots, 1\rangle$).

116 - R 6

Solution de l'exercice 117 Le meilleur intervalle (le retour)

Énoncé page 667.

117 - R 1   **Réponse 1.** La valeur du (d'un) meilleur intervalle du tableau T s'obtient en prenant le maximum des valeurs $vmi(1), \ldots, vmi(n)$, ce qui a une complexité en $\Theta(n)$.

On a bien sûr $vmi(1) = 0$. Soit l $(1 \leqslant l \leqslant k - 1)$ l'indice de début du meilleur intervalle se terminant exactement en $k - 1$. On a :

$$T[k] - T[l] = (T[k] - T[k-1]) + (T[k-1] - T[l]) = T[k] - T[k-1] + vmi(k-1).$$

Si $T[k] - T[k-1] + vmi(k-1)$ est négatif, l'intervalle $k \ldots k$ est le meilleur intervalle se terminant en k et sa valeur 0. On en déduit la récurrence :

$$\left| \begin{array}{l} vmi(1) = 0 \\ vmi(k) = \max\left(\left\{ \begin{array}{l} 0, \\ T[k] - T[k-1] + vmi(k-1) \end{array} \right\} \right) \end{array} \right. \qquad 1 < k \leqslant n.$$

117 - R 2   **Réponse 2.** Le calcul de la récurrence précédente se fait en remplissant un tableau MI de taille n. Dans le cas général (second terme de la récurrence), le calcul d'un élément ne dépend que de la valeur de son prédécesseur et on peut donc remplir MI par valeurs croissantes d'indice, après avoir procédé à l'initialisation du premier élément grâce au premier terme de la récurrence. Le nombre de conditions évaluées (y compris le contrôle de la boucle) est en $\Theta(n)$; on a donc une procédure de complexités temporelle et spatiale en $\Theta(n)$. On notera que la phase complémentaire de recherche de la valeur du meilleur intervalle du tableau T considéré, c'est-à-dire la recherche du maximum de MI, ne modifie pas la complexité temporelle linéaire de la solution complète. Au final, on a bien une solution de complexité temporelle linéaire comme désiré.

117 - R 3   **Réponse 3.** Si on veut pouvoir retrouver le (un) meilleur intervalle lui-même, on utilise la technique du « Petit Poucet ». On mémorise dans un tableau $CH[1..n]$ l'indice de début dans T du (d'un) meilleur intervalle se terminant en k pour chaque valeur de k (1 pour $k = 1$ et ensuite k si $MI[k]$ vaut 0, l'indice associé à $k - 1$ sinon).

117 - R 4   **Réponse 4.** Le code associé est le suivant :

```
1.  constantes
2.     n ∈ ℕ₁ et n = ... et T ∈ 1..n → ℝ₊ et T = [...]
3.  variables
4.     vmi ∈ ℝ et i ∈ 1..n et j ∈ 1..n et MI ∈ 1..n → ℝ₊ et CH ∈ 1..n → ℕ₁
5.  début
6.     MI[1] ← 0 ; CH[1] ← 1 ;
7.     pour k parcourant 2..n faire
8.        MI[k] ← max({0, MI[k-1] + T[k] - T[k-1]}) ;
9.        si MI[k] = 0 alors
10.          CH[k] ← k
11.       sinon
12.          CH[k] ← CH[k-1]
13.       fin si
14.    fin pour ;
```

15.   /% *phase complémentaire de recherche de la valeur du meilleur intervalle et de ses bornes %/*
16. $vmi \leftarrow MI[1]$; $i \leftarrow 1$; $j \leftarrow 1$;
17.   **pour** $k \in 2..n$ **faire**
18.   **si** $MI[k] > vmi$ **alors**
19. $vmi \leftarrow MI[k]$; $i \leftarrow CH[k]$; $j \leftarrow k$
20.   **fin si**
21.   **fin pour** ;
22.   **écrire(** *le meilleur intervalle a pour valeur* , vmi , *et ses bornes sont* ,
23. i , .., j)
24. **fin**

Réponse 5.   Avec l'exemple proposé, on obtient :

117 - R 5

k	1	2	3	4	5	6	7	8	9	10	11	12	13	14
T[k]	14	11	16	12	20	7	3	3	19	24	24	3	5	16
MI[k]	0	0	5	1	9	0	0	0	16	21	21	0	2	13
CH[k]	1	2	2	2	2	6	7	8	8	8	8	12	12	12

En parcourant MI et CH, on trouve que la valeur du meilleur intervalle est 21, correspondant à l'intervalle $8..10$ (il y en a trois autres d'ailleurs).

Réponse 6.   Puisque d'une part le calcul d'un élément ne fait appel qu'à son prédécesseur et que d'autre part la phase complémentaire vise à trouver la valeur maximale du tableau $MI[1..n]$ et les bornes du meilleur intervalle, on peut conserver ces valeurs « au fil de l'eau » (variables Meill, i et j), ce qui conduit à l'algorithme :

117 - R 6

1. **constantes**
2. $n \in \mathbb{N}_1$ **et** $n = \ldots$ **et** $T \in 1..n \rightarrow \mathbb{R}_+$ **et** $T = [\ldots]$
3. **variables**
4. $Cour \in \mathbb{R}_+$ **et** $Meill \in \mathbb{R}_+$ **et** $Bicour \in 1..n$ **et** $i \in 1..n$ **et** $j \in 1..n$
5. **début**
6. $Cour \leftarrow 0$; $Bicour \leftarrow 1$; $Meill \leftarrow 0$; $i \leftarrow 1$; $j \leftarrow 1$;
7.   **pour** $k \in 2..n$ **faire**
8. $Cour \leftarrow \max(\{0, Cour + T[k] - T[k-1]\})$;
9.   **si** $Cour = 0$ **alors**
10. $Bicour \leftarrow k$
11.   **sinonsi** $Cour > Meill$ **alors**
12. $Meill \leftarrow Cour$; $i \leftarrow Bicour$; $j \leftarrow k$
13.   **fin si**
14.   **fin pour** ;
15.   **écrire(** *le meilleur intervalle a pour valeur* , $Meill$, *et ses bornes sont* ,
16. i , .., j)
17. **fin**

Réponse 7.   Comme on l'a vu, dans les deux paradigmes de conception utilisés, on aboutit à une solution de complexité temporelle linéaire et de complexité spatiale « réelle » constante. De plus, les deux approches conduisent à un code concis. Si l'approche par invariant semble « naturelle » pour ce problème d'exploration de tableau, la solution recourant à la programmation dynamique est assez simple à concevoir grâce à son caractère systématique.

117 - R 7

Solution de l'exercice 118   Installation de stations-service

Énoncé page 668.

118 - R 1   **Réponse 1.**   Parmi les six possibles, la configuration $\langle 1,4 \rangle$, qui rapporte 10 M€, est la meilleure.

118 - R 2   **Réponse 2.**   Puisque l'on ne peut mettre une station-service avant celle en position 1, $e(1)$ vaut 0 et on doit donc considérer les emplacements 0 à n par la suite. La station-service « virtuelle » de numéro 0 a un gain annuel nul ($g(0) = 0$).

118 - R 3   **Réponse 3.**   Dans le cas général, pour un emplacement i donné différent de 0 et 1, on n'a que deux choix :

- y implanter une station-service ; le gain global est alors celui de la station i augmenté du gain optimal associé à l'emplacement le plus proche autorisé,
- ne pas y mettre de station ; le gain optimal est alors identique à celui de l'emplacement précédent $(i-1)$.

Ceci se traduit par la récurrence :

$$\left|\begin{array}{l} gopt(0) = 0 \\ gopt(1) = g(1) \\ gopt(i) = \max\left(\left\{\begin{array}{l} gopt(e(i)) + g(i), \\ gopt(i-1) \end{array}\right\}\right) \end{array}\right. \qquad 1 < i \leqslant n.$$

118 - R 4   **Réponse 4.**   La structure tabulaire de l'algorithme de programmation dynamique associé est un vecteur GOPT$[0 .. n]$, dont le remplissage s'effectue par valeurs croissantes d'indice grâce à la récurrence ci-dessus. Le gain rapporté par la configuration optimale se trouve en fin d'exécution en GOPT$[n]$. La complexité spatiale de l'algorithme associé est donc en $\Theta(n)$, de même que le nombre de conditions évaluées.

118 - R 5   **Réponse 5.**   Afin de reconstituer la configuration optimale, on peut utiliser le tableau CH$[0 .. n]$ initialisé à 0. La cellule CH$[i]$ est mise à 1 si, lors du calcul de GOPT$[i]$, le maximum a été obtenu en implantant une station à l'emplacement i (première alternative du calcul du maximum). Le parcours ultérieur de CH se fait en débutant par la fin. Si CH$[j]$ vaut 1, une station est implantée à l'emplacement j et on passe à l'examen de CH$[e(j)]$ (sauf si $e(j)$ vaut 0 auquel cas on s'arrête). Si CH$[j]$ vaut 0, aucune station n'est implantée à l'emplacement j et on cherche le prédécesseur de j tel que CH$[j] = 1$ (on s'arrête si l'on atteint l'indice 1 sans en avoir trouvé).

118 - R 6   **Réponse 6.**   L'application de cette méthode à l'exemple proposé conduit au tableau ci-dessous. On en déduit que la solution optimale rapporte 13 M€ ; elle correspond à la configuration d'emplacements $(1, 3, 6)$.

i	0	1	2	3	4	5	6	7
$e(i)$	0	0	0	1	2	3	3	4
$g(i)$	0	6	7	2	3	1	5	2
GOPT$[i]$	0	6	7	8	10	10	13	13
CH$[i]$		1	1	1	1	0	1	0

Solution de l'exercice 119 Le voyageur dans le désert

Énoncé page 669.

Réponse 1. Une stratégie gloutonne consiste à aller à chaque fois remplir la gourde au puits le plus éloigné sans toutefois mourir de soif. Pourquoi cette stratégie est-elle optimale ? On applique la méthode de « la course en tête » (voir section 7.1.4, page 359) et on compare les numéros des puits (ou, ce qui revient au même, la distance parcourue depuis l'oasis de départ) pour le même nombre d'arrêts i entre la stratégie gloutonne et une stratégie non gloutonne. Soit gl(i) et ngl(i) ces valeurs. Il y a forcément un i pour lequel ngl(i) < gl(i), sinon la stratégie non gloutonne serait gloutonne. Passée cette étape, il est impossible de trouver un j > i tel que ngl(j) > gl(j). S'il existait une étape telle que ngl(j − 1) < gl(j − 1) et ngl(j) > gl(j), cela voudrait dire qu'avec la stratégie gloutonne le puits choisi n'était pas celui situé le plus loin possible, ce qui est contraire à la définition même de cette stratégie. La stratégie gloutonne peut éventuellement se faire « rattraper », autrement dit, on peut avoir gl(j) = ngl(j), mais pas « dépasser ». La stratégie gloutonne est donc optimale. Cependant, ce n'est peut-être pas la seule, puisqu'elle peut se faire « rattraper ». Ainsi, avec des puits situés à 8, 9, 16, 18, 24, 27 et 32 km de l'oasis de départ, la stratégie gloutonne conduit aux arrêts aux oasis 2, 4, 6 et 7, la stratégie non gloutonne avec arrêts aux oasis 1, 4, 5 et 7, faisant aussi bien en termes de nombre d'arrêts et « rattrapant » deux fois la stratégie gloutonne.

119 - R 1

Réponse 2. Le nombre total de litres vidés est égal au nombre total de litres mis dans la gourde moins le nombre de litres consommés. Le premier est proportionnel au nombre d'arrêts, le second est constant quelle que soit la stratégie. Minimiser le nombre de litres vidés revient donc à minimiser le nombre d'arrêts.

119 - R 2

Réponse 3. Sur l'exemple de la question suivante, la stratégie gloutonne implique que le voyageur remplisse sa gourde aux puits situés à 9, 18 et 27 km. Il vide $1 + 1 + 1 + 5 = 8$ litres et paye $1 + 1 + 1 + 25 = 28$ unités. Une autre stratégie consiste à s'arrêter aux puits situés à 8, 16 et 24 km. Il vide $2 + 2 + 2 + 2 = 8$ litres et paye $4 + 4 + 4 + 4 = 16$ unités. On constate donc que la stratégie gloutonne peut être surpassée par une autre non gloutonne.

119 - R 3

Réponse 4. Par définition, popt(i) est le prix minimal à payer si le voyageur vide la gourde au puits i, donc popt(n) est la valeur recherchée. Arrivé au puits i où il vide sa gourde, ce que le voyageur peut donc avoir fait de mieux est de s'être arrêté à un puits antérieur j de sorte que : i) il a pu rejoindre le puits i (il n'est pas mort de soif), et ii) le prix minimal associé au puits j augmenté de ce qu'il paye au puits i est le plus faible possible. On choisit donc la valeur de j minimisant $(popt(j) + (D − d(j, i))^2)$, pour autant que $d(j, i)$ ne dépasse pas D. On en déduit la récurrence :

119 - R 4

$$
\left|
\begin{aligned}
&popt(1) = 0 \\
&popt(i) = \min_{\substack{j \in 1..i-1 \\ \text{et } d(j,i) \leqslant D}} \left(popt(j) + (D − d(j, i))^2 \right) && 1 < i \leqslant n.
\end{aligned}
\right.
$$

La mise en œuvre informatique passe par un tableau PO[1..n] associé à popt, qui est rempli par valeurs croissantes d'indice après initialisation de son premier élément PO[1] grâce au premier terme de la récurrence. La complexité temporelle du programme correspondant est en $O(n^2)$ conditions évaluées et la complexité spatiale en $\Theta(n)$.

119 - R 5

Réponse 5. Pour l'exemple, on aura les valeurs suivantes :

$PO[1] = 0$; j optimal $= 1$
$PO[2] = 4$ car $PO[1] + d(1, 2) = 0 + (2 - 0)^2$; j optimal $= 1$

$$PO[3] = \min \left\{ \begin{array}{lll} j = 1 & d(1, 3) = 9 & PO[1] + (10 - 9)^2 = 1 \\ j = 2 & d(2, 3) = 1 & PO[2] + (10 - 1)^2 = 4 + 81 \end{array} \right\} = 1 \,;$$

j optimal $= 1$
$$PO[4] = \min \left\{ \begin{array}{lll} j = 2 & d(2, 4) = 8 & PO[2] + (10 - 8)^2 = 4 + 4 \\ j = 3 & d(3, 4) = 7 & PO[3] + (10 - 7)^2 = 1 + 9 \end{array} \right\} = 8 \,;$$

j optimal $= 2$
$$PO[5] = \min \left\{ \begin{array}{lll} j = 2 & d(2, 5) = 10 & PO[2] + (10 - 10)^2 = 4 + 0 \\ j = 3 & d(3, 5) = 9 & PO[3] + (10 - 9)^2 = 1 + 1 \\ j = 4 & d(4, 5) = 2 & PO[4] + (10 - 2)^2 = 8 + 64 \end{array} \right\} = 2 \,;$$

j optimal $= 3$
$$PO[6] = \min \left\{ \begin{array}{lll} j = 4 & d(4, 6) = 9 & PO[4] + (10 - 8)^2 = 8 + 4 \\ j = 5 & d(5, 6) = 2 & PO[5] + (10 - 6)^2 = 2 + 16 \end{array} \right\} = 12 \,;$$

j optimal $= 4$
$$PO[7] = \min \left\{ \begin{array}{lll} j = 5 & d(5, 7) = 9 & PO[5] + (10 - 9)^2 = 2 + 1 \\ j = 6 & d(6, 7) = 3 & PO[6] + (10 - 3)^2 = 12 + 49 \end{array} \right\} = 3 \,;$$

j optimal $= 5$
$$PO[8] = \min \left\{ \begin{array}{lll} j = 6 & d(6, 8) = 8 & PO[6] + (10 - 8)^2 = 12 + 4 \\ j = 7 & d(7, 8) = 5 & PO[7] + (10 - 5)^2 = 3 + 25 \end{array} \right\} = 16 \,;$$

j optimal $= 6$.

On peut reconstituer la suite optimale d'arrêts à partir de la valeur j associée à chaque étape, ce qui conduit à la séquence d'arrêts aux puits de numéros 2, 4, 6 et 8, pour un coût total de 16 unités (comme attendu).

Solution de l'exercice 120 Formatage d'alinéa   *Énoncé page 670.*

120 - R 1

Réponse 1. Deux formatages d'un même texte utilisant le même nombre de lignes ont même coût avec cf' comme l'illustre l'exemple initial de l'énoncé, ainsi que le cas traité dans la seconde question.

120 - R 2

Réponse 2. Le premier de ces deux formatages, résultant de l'application de la stratégie gloutonne suggérée, a comme coût :

$$(1 + 1 + 1 + 1)^2 + (1 + 1 + 1 + 7)^2 + 15^2 = 341,$$

alors que le coût du second vaut :

$$(1 + 1 + 1 + 8)^2 + (1 + 1 + 1 + 4)^2 + (1 + 10)^2 = 291.$$

On observe sur cet exemple que la stratégie gloutonne consistant à remplir les lignes au maximum ne fournit pas forcément la meilleure solution.

Réponse 3. Il y a trois façons de disposer les quatre mots, deux sur trois lignes et une 120 - R 3
(triviale) sur quatre lignes :

`Racine=est`	`Racine====`	`Racine====`
`un========`	`est=un====`	`est=======`
`musicien==`	`musicien==`	`un========`
		`musicien==`

Réponse 4. Les possibilités de formatage de la succession de mots $m_i, \ldots, m_N$, sous 120 - R 4
réserve que cela soit possible, sont :

- mettre m_i seul sur une première ligne et formater les autres mots sur les lignes suivantes de façon optimale,
- mettre m_i et m_{i+1} sur une première ligne et formater les autres mots sur les lignes suivantes de façon optimale,
- ...
- mettre $m_i, m_{i+1}, \ldots, m_{N-1}$ sur une première ligne et m_N seul sur la dernière ligne,
- mettre $m_i, m_{i+1}, \ldots, m_N$ sur une même ligne.

Le coût associé au terme générique est donc $ml(i,j) + fopt(j+1)$ (ce dernier terme devant être nul quand j vaut N) et on aboutit à la récurrence :

$$\begin{cases} fopt(N+1) = 0 \\ fopt(i) = \min_{j \in i..N} (ml(i,j) + fopt(j+1)) \end{cases} \qquad 1 \leqslant i \leqslant N.$$

Réponse 5. Pour écrire un programme, on suppose disponible le tableau ML[1..N, 1..N] 120 - R 5
permettant de stocker les valeurs de ml. On associe le tableau FO[1..N+1] à la récurrence
précédente et on utilise le tableau CH[1..N] tel que CH[i] mémorise le choix effectué
(valeur de j) pour le calcul de la valeur optimale de FO[i] (le lecteur pourra aisément
se convaincre que CH[N+1] est sans objet pour reconstituer le formatage optimal). La
réponse recherchée correspond à FO[1], qui est le coût optimal associé à l'écriture des
mots m_1 à m_N. Dans le terme général de la récurrence définissant fopt(i), on observe
que l'élément d'indice i référence des éléments d'indice supérieur et on remplit FO par
valeurs décroissantes de l'indice en commençant par FO[N+1] grâce au premier terme de
la récurrence. Ce programme a une complexité spatiale en $\Theta(N^2)$ (tableaux ML et FO). Sa
complexité temporelle est en $\Theta(N^2)$ conditions évaluées, à la fois pour remplir ML et FO.

Réponse 6. Pour l'exemple proposé, on a $N = 4$; le tableau ML est donné ci-après : 120 - R 6

j	1	2	3	4
$i = 1$	$4^2 = 16$	$1^2 = 1$	$+\infty$	$+\infty$
2		$7^2 = 49$	$5^2 = 25$	$+\infty$
3			$8^2 = 64$	$+\infty$
4				$2^2 = 4$

Les valeurs de FO et CH sont les suivantes :

$$FO[5] = 0$$
$$FO[4] = 4\,;\ CH[4] = 4$$
$$FO[3] = \min(\{ml(3,3) + FO[4], ml(3,4) + FO[5]\}) = \min(\{64 + 4, +\infty + 4\})$$
$$= 68\,;\ CH[3] = 3$$
$$FO[2] = \min(\{ml(2,2) + FO[3], ml(2,3) + FO[4], ml(2,4) + FO[5]\})$$
$$= \min(\{49 + 68, 25 + 4, +\infty + 5\}) = 29;\ CH[2] = 3$$
$$FO[1] = \min(\{ml(1,1) + FO[2], ml(1,2) + FO[3], ml(1,3) + FO[4], ml(1,4) + FO[5]\})$$
$$= \min(\{16 + 29, 1 + 68, +\infty + 29, +\infty + 4\}) = 45;\ CH[1] = 1.$$

Pour un coût de 45, la solution optimale est donc :

ligne 1	m_1	...	$m_{CH[1]=1}$	`Racine====`
ligne 2	m_2	...	$m_{CH[2]=3}$	`est=un====`
ligne 3	m_4	...	$m_{CH[4]=4}$	`musicien==`

120 - R 7   **Réponse 7.** Dans ce qui précède, on a pris comme grandeur de calcul de récurrence $fopt(i)$ le coût optimal de l'écriture de $m_i, \ldots, m_N$ et on a cherché sa valeur pour $i = 1$ (récurrence arrière). On aurait aussi pu choisir $fopt'(i)$ le coût optimal de l'écriture de $m_1, \ldots, m_i$ et chercher sa valeur pour $i = N$ (récurrence avant).

120 - R 8   **Réponse 8.** Dans l'approche proposée, le coût des espaces est pris en compte dans ml. Changer le coût des espaces revient à modifier en conséquence le calcul de ml et n'impacte pas l'algorithme de programmation dynamique lui-même.

Solution de l'exercice 121 Codage optimal   *Énoncé page 672.*

121 - R 1   **Réponse 1.** On va traiter ce problème en considérant les suffixes des mots, mais il est également possible de procéder avec les préfixes. Soit donc le suffixe $D[i..n]$ dont on cherche le codage optimal. Ce suffixe peut être codé à l'aide du code $\mathcal{C}$ à deux conditions : i) il débute par un mot de $\mathcal{C}$ de longueur j et ii) le nouveau suffixe $D[i+j..n]$ peut lui aussi être codé à l'aide du code $\mathcal{C}$. Quand il existe plusieurs façons de coder $D[i..n]$, on choisit le (un) codage utilisant un nombre minimal de mots du code. Plus formellement, en appelant $codopt(i)$ le nombre minimal d'occurrences de mots de $\mathcal{C}$ pour coder $D[i..n]$, $S[1..m]$ le tableau contenant les mots du code $\mathcal{C}$ et $LG[1..m]$ le tableau des longueurs de chacun d'eux, on cherche le mot de longueur j de $\mathcal{C}$ minimisant : $1 + codopt(i+j)$. Pour répondre à la première condition mentionnée précédemment, il faut s'assurer d'une part que l'on ne dépasse pas la longueur du mot à coder $((i + LG[j] - 1) \leqslant n)$, puis alors que le mot choisi corresponde au début du suffixe $D[i..n]$ $(D[i..(i+LG[j]-1)] = S[j])$. Finalement, on a la récurrence :

$$\left|\begin{array}{l} \text{codopt}(n+1) = 0 \\ \text{codopt}(i) = \min_{\substack{(j\in 1..m)\ \textbf{et} \\ ((i+\text{LG}[j]-1\leqslant n)\ \textbf{et alors} \\ (D[i..(i+\text{LG}[j]-1)]=S[j]))}} (1 + \text{codopt}(i+\text{LG}[j])) \qquad 1\leqslant i\leqslant n. \end{array}\right.$$

Si aucun codage n'est possible pour le suffixe $D[i..n]$ (autrement dit, aucune valeur de j ne convient dans le second terme de la récurrence), l'ensemble opérande du minimum est vide et donc $\text{codopt}(i) = +\infty$. Par suite, si $D[1..n]$ ne peut être codé, la valeur de $\text{codopt}(1)$ est elle aussi $+\infty$.

Réponse 2. La réalisation du programme fait appel à un tableau $CO[1..n+1]$ associé au calcul de codopt. La cellule $CO[i]$ sert à stocker l'élément $\text{codopt}(i)$ et on enregistre à chaque fois le choix correspondant à la valeur optimale dans le tableau CH. Le nombre minimal d'occurrences de mots du code $\mathcal{C}$ permettant de coder la chaîne $D[1..n]$ est contenu dans la cellule $CO[1]$. La récurrence montre que le calcul peut se fonder sur un remplissage par valeurs décroissantes de l'indice du tableau CO (ainsi que de CH). L'algorithme ci-après calcule et écrit $CO[1]$ le coût du codage optimal :

$\boxed{\textbf{121 - R 2}}$

```
 1. constantes
 2.     n ∈ ℕ₁ et n = ... et m ∈ ℕ₁ et m = ... et D ∈ 1..n → car et D =
        ... et
 3.     S ∈ 1..m → chaîne(Σ) et S = ... et LG ∈ 1..m → ℕ et LG = [...]
 4. variables
 5.     CO ∈ 1..n+1 → ℕ et CH ∈ 1..n+1 → ℕ
 6. début
 7.     CO[n+1] ← 0 ; CH[n+1] ← 0 ;
 8.     pour i parcourant inverse 1..n faire
 9.         CO[i] ← +∞ ;
10.         pour str parcourant 1..m faire
11.             si ( i + LG[str] − 1) ⩽ n et alors
                   D[i..(i + LG[str] − 1)] = S[str] et alors    alors
                   (1 + CO[i + LG[str]]) < CO[i]
12.                 CO[i] ← 1 + CO[i + LG[str]] ;
13.                 CH[i] ← str
14.             fin si
15.         fin pour
16.     fin pour ;
17.     si CO[1] ≠ +∞ alors
18.         écrire(le nombre minimal d'occurrences d'éléments du code néces-
            saires au codage du mot considéré est , CO[1])
19.     sinon
20.         écrire(le mot considéré ne peut être codé avec le code proposé)
21.     fin si
22. fin
```

La complexité temporelle de ce programme est en $\mathcal{O}(n \cdot m \cdot k)$, puisque la boucle externe (resp. interne) comprend n (resp. m) pas, alors que l'alternative débutant la boucle interne requiert jusqu'à k comparaisons de caractères de l'alphabet Σ.

121 - R 3   **Réponse** 3.   Le programme ci-dessous recompose le codage optimal grâce au tableau $CH[1\mathinner{..}n+1]$ qui a servi à mémoriser les cailloux du « Petit Poucet ». On suppose qu'il n'est exécuté que si la valeur rendue par le précédent est différente de $+\infty$.

```
 1. constantes
 2.    n ∈ ℕ₁ et n = … et S ∈ 1 .. m  →  chaîne et S = … et
 3.    LG ∈ 1 .. m  →  ℕ et LG = […]
 4. variables
 5.    CH ∈ 1 .. n + 1  →  ℕ et i ∈ ℕ
 6. début
 7.    i ← 1 ;
 8.    tant que CH[i] ≠ 0 faire
 9.       écrire(S[CH[i]]) ; i ← i + LG[CH[i]]
10.    fin tant que
11. fin
```

121 - R 4   **Réponse** 4.   Pour le premier exemple proposé, on a : $n = 12, m = 4, S[1] = a$, $S[2] = b$, $S[3] = ba$, $S[4] = abab$, $LG[1] = LG[2] = 1, LG[3] = 2, LG[4] = 4$. Les résultats, à l'issue de l'exécution du premier programme, sont :

i	1	2	3	4	5	6	7	8	9	10	11	12	13
D[i]	b	a	b	a	b	b	a	a	b	a	b	a	
CO[i]	5	4	5	5	4	3	3	2	2	2	1	1	0
CH[i]	2	4	3	1	2	3	1	4	3	1	3	1	0

Le codage optimal obtenu suite à l'exécution du second programme utilise cinq occurrences de mots du code $\mathcal{C}$, soit : $b\ abab\ ba\ abab\ a$, faisant ainsi mieux que le codage mentionné dans l'énoncé page 672.

Pour le second exemple, on a : $n = 4, m = 2, S[1] = a$, $S[2] = bc$, $LG[1] = 1, LG[2] = 2$. Les résultats de l'exécution du programme calculant le coût minimal du codage de $abbc$ avec le code $\mathcal{C} = \{a, bc\}$ sont :

i	1	2	3	4	5
D[i]	a	b	b	c	
CO[i]	$+\infty$	$+\infty$	1	$+\infty$	0

ce qui traduit que $abbc$ ne peut être codé avec le code $\mathcal{C} = \{a, bc\}$.

Solution de l'exercice 122   Découpe d'une barre

Énoncé page 672.

122 - R 1   **Réponse** 1.   Il y a une seule manière de découper la barre de longueur 4 en quatre segments : $(1, 1, 1, 1)$ qui rapporte $3 + 3 + 3 + 3 = 12$. Il y a trois manières de découper cette barre en trois segments : $(1, 2, 1)$, $(1, 1, 2)$ et $(2, 1, 1)$ qui rapportent toutes $3 + 3 + 7 = 13$. Il y a trois manières de découper cette barre en deux segments : $(3, 1)$ et $(1, 3)$ qui rapportent $3 + 10 = 13$ et $(2, 2)$ qui rapporte $7 + 7 = 14$. Enfin, il y a une seule manière de découper cette barre en un segment (ne pas la découper en fait), qui rapporte 13. La découpe optimale consiste donc à découper la barre en deux segments de longueur 2.

Réponse 2. En général et comme l'illustre l'exemple de la question précédente, on peut soit d'abord couper une barre de longueur i (entier positif) en un segment de longueur 1 (et il reste une barre de longueur $(i-1)$ à découper), soit couper la barre en un segment de longueur 2 (et il reste une barre de longueur $(i-2)$ à découper)... soit couper la barre en un segment de longueur i, c'est-à-dire ne pas la couper en réalité. Donc, on peut dire que la découpe optimale d'une barre est constituée d'un segment de longueur j et d'une découpe optimale de la barre restante de longueur $(i-j)$. Il faut donc trouver l'indice j maximisant le prix de vente de la découpe réalisée, sachant que j peut valoir au minimum 1 et au maximum i. Il faut introduire le prix de vente optimal d'une barre de longueur nulle (associée au choix $j = i$) et on déduit la récurrence :

$$
\begin{aligned}
&\text{pvopt}(0) = 0 \\
&\text{pvopt}(i) = \max_{j \in 1..i} (\text{PU}[j] + \text{pvopt}(i-j)) \qquad\qquad 1 \leqslant i \leqslant n.
\end{aligned}
$$

Réponse 3. L'algorithme associé utilise le vecteur PVO[0..n] où PVO[i] contient le prix maximal pvopt(i) de la découpe de la barre de longueur i et donc le résultat recherché se trouve en PVO[n]. Compte tenu de la forme de la récurrence, le remplissage du vecteur se fait par valeur croissante d'indice. La complexité spatiale de cet algorithme est en $\Theta(n)$ et le nombre de conditions évaluées en $\Theta(n^2)$.

Réponse 4. Pour déterminer la découpe elle-même, il faut conserver dans un tableau CH associé à PVO la valeur de j pour laquelle le maximum a été trouvé. Le parcours ultérieur de ce tableau explorant CH[n], CH[n − CH[n]], CH[n − CH[n] − CH[n − CH[n]]], ..., s'arrêtant dès que l'on trouve CH[i] = i (exprimant que la barre de longueur i n'a pas à être découpée), permet de trouver la découpe optimale.

Réponse 5. Avec les données proposées, en supposant que l'on effectue la boucle sur j (calculant le maximum) par valeurs croissantes (de 1 à i) et que l'on ne conserve un choix que s'il est strictement meilleur que l'optimal courant, on obtient :

Longueur i	0	1	2	3	4	5	6	7
PU[i]		3	7	10	13	16	20	24
PVO[i]	0	3	7	10	14	17	21	24
CH[i]		1	2	1	2	1	2	1

i étant la longueur de la barre à découper. La découpe optimale de la barre de longueur 7 rapporte donc 24 et correspond à un segment de longueur 1 (CH[7] = 1), puis la barre de longueur 6 restante découpée en un segment de longueur 2 (CH[6] = 2), puis la barre restante de longueur 4 découpée en un segment de longueur 2 (CH[4] = 2) et enfin un dernier segment de longueur 2 non découpé puisque CH[2] = 2.

Réponse 6. Il suffit (par exemple) d'effectuer la boucle sur j par valeurs de j décroissantes (donc de i à 1) et de ne conserver un nouveau choix que s'il fait strictement mieux que l'optimal courant. Ainsi, dans l'exemple proposé auparavant, la barre de longueur 7 ne serait pas découpée puisqu'on aurait alors CH[7] = 7 (ce qui correspond à une autre stratégie optimale avec PVO[7] = PU[7] = 24). Il en est de même pour les barres de longueurs 2 et 3.

Réponse 7. Le principe de la découpe optimale est le même que précédemment, sauf que : i) le segment produit doit posséder l'une des m longueurs admises (et il faut ensuite découper la barre restante de façon optimale) et ii) un segment ne peut être choisi que si sa longueur n'excède pas celle de la barre à découper. La récurrence de calcul de $pvopt(n)$ découle de ce qui précède :

$$pvopt(0) = 0$$
$$pvopt(i) = \max_{\substack{j \in 1..m \\ \text{et } LG[j] \leqslant i}} (PU[LG[j]] + pvopt(i - LG[j])) \qquad 1 \leqslant i \leqslant n.$$

On en déduit que l'algorithme la mettant en œuvre (construisant lui aussi un vecteur PVO rempli par indice croissant) évalue un nombre de conditions en $\mathcal{O}(m \cdot n)$.

122 - R 8 **Réponse 8.** Pour obtenir la découpe elle-même, on conserve dans le tableau CH associé à PVO la longueur du segment ayant conduit à l'optimal. On procède ensuite comme décrit dans la réponse 4. On pourrait aussi stocker dans CH le numéro du segment, mais il faudrait alors aménager le mécanisme de construction de la découpe optimale, LG[CH[i]] remplaçant CH[i].

122 - R 9 **Réponse 9.** Avec les données proposées et les mêmes hypothèses de calcul que dans la réponse 5, on obtient :

Longueur i	0	1	2	3	4	5	6	7	8	9	10	11
PU[i]		2	5		11		15	17		24		
PVO[i]	0	2	5	7	11	13	16	18	22	24	27	29
CH[i]		1	2	1	4	1	2	1	4	1	2	1

La découpe optimale de la barre de longueur 11 rapporte donc 29 et correspond à un premier segment de longueur 1 (CH[11] = 1), un second de longueur 2 (CH[10] = 2), un troisième de longueur 4 (CH[8] = 4) et un dernier de longueur 4 également puisque CH[4] = 4.

Solution de l'exercice 123 Affectation d'effectifs à des tâches
Énoncé page 674.

123 - R 1 **Réponse 1.** Si on dispose de e employés et si l'on en affecte j ($1 \leqslant j \leqslant k$) à la tâche i, il en reste $(e - j)$ pour les tâches 1 à $(i - 1)$. Cependant, on peut faire deux remarques :

- i tâches ne peuvent se dérouler avec moins de i employés, ni avec plus de $\min(\{E, i \cdot k\})$ employés, donc si $e < i$ ou $e > \min(\{E, i \cdot k\})$, il n'est pas possible d'affecter e employés aux tâches T_1 à T_i,
- puisque toute tâche requiert au moins un employé pour sa réalisation, si $(e - j) < (i - 1)$, il n'est pas possible d'affecter $(e - j)$ employés aux tâches T_1 à T_{i-1}.

Sous l'hypothèse de satisfaction des deux contraintes établies ci-dessus, la valeur optimale de $sdopt(i, e)$ est obtenue en prenant comme valeur de j ($1 \leqslant j \leqslant k$) celle qui minimise l'expression $d(i, j) + sdopt(i - 1, e - j)$, exprimant notamment que les tâches 1 à $(i - 1)$ doivent elles aussi être l'objet de l'affectation optimale des $(e - j)$ employés qui leur sont globalement dévolus. On aboutit donc à la récurrence suivante définissant $sdopt(i, e)$:

$$
\left|
\begin{array}{l}
\text{sdopt}(1, e) = d(1, e) \\[4pt]
\text{sdopt}(1, e) = +\infty \\[4pt]
\text{sdopt}(i, e) = \displaystyle\min_{\substack{(j \in 1..k)\ \text{et} \\ ((i-1) \leqslant (e-j))}} (d(i, j) + \text{sdopt}(i-1, e-j)) \\[10pt]
\text{sdopt}(i, e) = +\infty
\end{array}
\right.
\qquad
\begin{array}{l}
1 \leqslant e \leqslant k \\[4pt]
k < e \leqslant E \\[4pt]
\left\{
\begin{array}{l}
1 < i \leqslant n\ \text{et} \\
i \leqslant e \leqslant \min(\{E, i \cdot k\})
\end{array}
\right. \\[10pt]
\left\{
\begin{array}{l}
((1 < i \leqslant n)\ \text{et} \\
(1 \leqslant e < i\ \text{ou}\ (e \leqslant E\ \text{et}\ e > i \cdot k)))
\end{array}
\right.
\end{array}
\;\cdot
$$

Réponse 2. La structure tabulaire intervenant dans le programme de calcul de sdopt est un tableau SDO[1..n, 1..E]. Vu que le calcul de la cellule SDO[i, e] ne dépend que des valeurs de cellules d'indice (i−1), le remplissage se fait par valeurs croissantes de l'indice de ligne (la première ligne est calculée grâce aux deux premiers termes de la récurrence et les suivantes grâce aux deux derniers). Dans une ligne, l'ordre de remplissage est indifférent. Le résultat final, à savoir la durée optimale de réalisation des n tâches avec E employés, se trouve dans la cellule SDO[n, E]. Compte tenu des remarques émises auparavant, on sait que pour toute ligne i, seules les cellules d'indice colonne i à i · k sont à remplir, d'où la structure générale de SDO :

                                            `123 - R 2`

	1	...	k	k+1	...	p	...	p·k	p·k+1	...	E
1	...	...	...	$+\infty$	$+\infty$	$+\infty$	$+\infty$	$+\infty$	$+\infty$	$+\infty$	$+\infty$
...	$+\infty$	...	...	...	...	...	...	...	...	...	...
p	$+\infty$	$+\infty$	$+\infty$	$+\infty$	$+\infty$	...	...	...	$+\infty$	$+\infty$	$+\infty$
...	$+\infty$	$+\infty$	$+\infty$	$+\infty$	$+\infty$	$+\infty$	...	...	...	...	...

Réponse 3. La complexité spatiale de l'algorithme est en $\Theta(n \cdot E)$, correspondant au tableau SDO. Pour ce qui est de sa complexité temporelle, un majorant du nombre de conditions évaluées pour une cellule de SDO est $k + 2$ (3 pour le contrôle des boucles et $(k - 1)$ pour les comparaisons liées à la boucle la plus interne relative à j). Le nombre de cellules à remplir est borné par celui de SDO, soit au plus $n \cdot E$. Si on remarque que $E \leqslant n \cdot k$, on en arrive au fait que la complexité temporelle de l'algorithme est en $\mathcal{O}(k^2 \cdot n^2)$.   `123 - R 3`

Réponse 4. Avec l'exemple proposé ($E = 10$), on obtient le tableau SDO ci-après :   `123 - R 4`

	1	2	3	4	5	6	7	8	9	10
1	110	90	65	55	$+\infty$	$+\infty$	$+\infty$	$+\infty$	$+\infty$	$+\infty$
2	$+\infty$	230	200	180	155	135	115	105	95	$+\infty$
3	$+\infty$	$+\infty$	320	290	270	245	225	205	185	175
4	$+\infty$	$+\infty$	$+\infty$	385	355	335	310	290	270	250

La durée optimale est donc 250. On pourra vérifier qu'une affectation d'effectifs permettant d'atteindre cette valeur est : 1 pour la tâche 4, 2 pour la tâche 3, 4 pour la tâche 2 et enfin 3 pour la tâche 1.

Solution de l'exercice 124   Produit chaîné de matrices

Énoncé page 675.

124 - R 1   **Réponse 1.**   Le parenthésage $(M_1 \times (M_2 \times (M_3 \times M_4)))$ conduit à évaluer :

- $(M_3 \times M_4)$ donnant $M_{34}[50, 100]$ avec 5000 multiplications,
- $(M_2 \times M_{34})$ donnant $M_{234}[20, 100]$ avec 100000 multiplications,
- $(M_1 \times M_{234})$ donnant le résultat final M_{1234} avec 20000 multiplications,

soit au total 125000 multiplications. Le parenthésage $((M_1 \times (M_2 \times M_3)) \times M_4)$ passe par :

- $(M_2 \times M_3)$ donnant $M_{23}[20, 1]$ avec 1000 multiplications,
- $(M_1 \times M_{23})$ donnant $M_{123}[10, 1]$ avec 200 multiplications,
- $(M_{123} \times M_4)$ donnant le résultat final M_{1234} avec 1000 multiplications,

soit 2200 multiplications en tout. On voit donc que selon la façon d'opérer le nombre de multiplications varie grandement.

124 - R 2   **Réponse 2.**   Un parenthésage de $M_1 \times \cdots \times M_n$ est obtenu en « coupant » la chaîne de matrices pour former deux sous-chaînes, puis en parenthésant à nouveau chacune d'elles. Sachant qu'une chaîne constituée de la seule matrice M_1 admet l'unique parenthésage (M_1), on déduit que le nombre $nbp(n)$ de parenthésages possibles de $M_1 \times \cdots \times M_n$ est donné par la récurrence :

$$\left| \begin{aligned} &nbp(1) = 1 \\ &nbp(n) = \sum_{k=1}^{n-1} nbp(k) \cdot nbp(n-k) \end{aligned} \right. \qquad n > 1.$$

On a donc $nbp(2) = 1, nbp(3) = 2, nbp(4) = 5, \ldots$. Cette définition correspond exactement à celle des nombres de Catalan donnée page 10. On a donc :

$$nbp(n) = Cat(n) = \frac{1}{n}\, C_{2n-2}^{n-1} \approx \frac{4^{n-1}}{n\sqrt{\pi n}}.$$

124 - R 3   **Réponse 3.**   Pour trouver $propt(i, j)$, il faut trouver le parenthésage le moins coûteux parmi :

$$(M_i) \times (M_{i+1} \times \cdots \times M_{i+j})$$
$$\cdots$$
$$(M_i \times \cdots \times M_{i+k}) \times (M_{i+k+1} \times \cdots \times M_{i+j})$$
$$\cdots$$
$$(M_i \times \cdots \times M_{i+j-1}) \times (M_{i+j}).$$

Le terme générique conduit à faire de façon optimale le produit $(M_i \times \cdots \times M_{i+k})$ de coût $propt(i, k)$ délivrant une matrice MI_1 ayant $D[i-1]$ lignes et $D[i+k]$ colonnes, ainsi que le produit $(M_{i+k+1} \times \cdots \times M_{i+j})$ de coût $propt(i+k+1, j-k-1)$ donnant une matrice MI_2 de $D[i+k]$ lignes et $D[i+j]$ colonnes et enfin le produit de MI_1 et MI_2 qui requiert $D[i-1] \cdot D[i+k] \cdot D[i+j]$ multiplications. On a donc la récurrence :

$$\left|\begin{array}{l} \text{propt}(i,0) = 0 \\[2mm] \text{propt}(i,j) = \min_{k \in 0..j-1} \left(\begin{array}{l} \text{propt}(i,k) + \\ \text{propt}(i+k+1,j-k-1) + \\ D[i-1] \cdot D[i+k] \cdot D[i+j] \end{array} \right) \end{array}\right. \qquad \left\{ \begin{array}{c} 1 \leqslant i \leqslant n \\ 1 \leqslant j \leqslant n-1 \\ \text{et} \\ 1 \leqslant i \leqslant n-j \end{array} \right. .$$

Réponse 4. Pour le calcul demandé, on associe à propt un tableau $PO[1..n, 0..n-1]$. On constate que le calcul de $PO[i,j]$ fait appel à des cellules de second indice strictement inférieur à j et on choisit de faire progresser le calcul par colonne de numéro croissant après initialisation de la colonne 0 grâce au premier terme de la récurrence. Dans une colonne, on peut effectuer un remplissage par valeurs croissantes de l'indice de ligne. Afin de reconstituer le (un) parenthésage optimal, on conserve pour chaque cellule de PO la valeur de k associée au choix optimal dans le tableau $CH[1..n, 0..n-1]$. On obtient :   124 - R 4

```
1.  constantes
2.      n ∈ ℕ₁ et n = ... et D ∈ 0..n → ℕ₁ et D = [...]
3.  variables
4.      PO ∈ 1..n × 0..n-1 → ℕ et CH ∈ 1..n × 0..n-1 → ℕ et vc ∈ ℕ
5.  début
6.      pour i parcourant 1..n faire
7.          PO[i,0] ← 0 ; CH[i,0] ← 0
8.      fin pour ;
9.      pour j parcourant 1..n-1 faire
10.         pour i parcourant 1..n-j faire
11.             PO[i,j] ← +∞ ; CH[i,j] ← 0 ;
12.             pour k parcourant 0..j-1 faire
13.                 vc ← PO[i,k] + PO[i+k+1,j-k-1] + D[i-1]·D[i+k]·D[i+j] ;
14.                 si vc < PO[i,j] alors
15.                     PO[i,j] ← vc ; CH[i,j] ← k
16.                 fin si
17.             fin pour
18.         fin pour
19.     fin pour ;
20.     écrire(PO[1,n-1])
21. fin
```

La complexité spatiale de ce programme est en $\Theta(n^2)$ et sa complexité temporelle en $\Theta(n^3)$ conditions évaluées. La méthode naïve comparant les coûts de tous les parenthésages requiert un nombre exponentiel de comparaisons (dû au nombre exponentiel de parenthésages – voir réponse 2). Le gain apporté par la programmation dynamique est là encore très substantiel par rapport à une solution naïve.

Réponse 5. On a $D[0..4] = [10, 20, 50, 1, 100]$. En plaçant les valeurs de PO et CH dans la même cellule, on obtient le tableau ci-dessous :   124 - R 5

j	0		1		2		3	
i = 1	0	0	10000	0	1200	0	2200	2
2	0	0	1000	0	3000	1		
3	0	0	5000	0				
4	0	0						

 Réponse 6.   De façon générale, $CH[i, j]$ est la valeur de l'indice k ayant conduit au résultat optimal du produit $M_i \times \cdots \times M_{i+j}$. En particulier, si $CH[1, n-1] = k$, on sait que le parenthésage optimal du produit de matrices initial $M_1 \times \cdots \times M_{i+k} \times M_{i+k+1} \times \cdots \times M_n$ est $(M_1 \times \cdots \times M_{i+k}) \times (M_{i+k+1} \times \cdots \times M_n)$. La reconstitution du (d'un) parenthésage optimal est donc fondée sur un programme récursif composant le parenthésage optimal d'un produit de matrices $(M_i \times \ldots \times M_{i+j})$ par un double appel récursif pour les produits $(M_i \times \cdots \times M_{i+CH[i,j]})$ et $(M_{i+CH[i,j]+1} \times \cdots \times M_{i+j})$. Le premier (resp. second) appel récursif n'est effectué que si $CH[i, j] \neq 0$ (resp. $CH[i, j] \neq (i + j - 1)$), c'est-à-dire si l'on a un produit d'au moins deux matrices.

Dans le cas de l'exemple proposé, la cellule $CH[1, 3]$ vaut 2, dont on tire le parenthésage $(M_1 \times M_2 \times M_3) \times (M_4)$. Le second produit n'étant composé que d'une matrice, seul le parenthésage du premier produit est à réaliser (un seul appel récursif a lieu). On procède à l'identique en partant de la cellule $CH[1, 2] = 0$ qui mène au parenthésage $(M_1) \times (M_2 \times M_3)$. Ici encore, un seul appel récursif est déclenché pour parenthéser le produit $M_2 \times M_3$. La valeur de $CH[2, 1]$ valant 0, on a le parenthésage $(M_2) \times (M_3)$ et le programme s'arrête. Au final, le parenthésage optimal : $((M_1) \times (M_2 \times M_3)) \times (M_4)$ a été produit et on peut vérifier que son coût est $(20 \cdot 50 \cdot 1) + (10 \cdot 20 \cdot 1) + (10 \cdot 1 \cdot 100) = 2200$ comme attendu.

Solution de l'exercice 125 Découpe de planche   *Énoncé page 675.*

 Réponse 1.   Les découpes possibles d'un segment devant être partagé en $(k + 1)$ morceaux sont obtenues par coupures successives en deux morceaux. Le nombre de découpes distinctes possibles $nbdec(k)$ est donné par :

$$
\left|
\begin{aligned}
& nbdec(1) = 1 \\
& nbdec(k) = \sum_{i=1}^{k-1} nbdec(i) \cdot nbdec(k - i) \qquad\qquad k > 1.
\end{aligned}
\right.
$$

On a $nbdec(k) = Cat(k)$ (k^e nombre de Catalan) ; on voit donc qu'en termes de combinatoire ce problème est analogue au produit chaîné de matrices (exercice 124, page 675), vu auparavant.

 Réponse 2.   On numérote les extrémités et les points de découpe de 0 à n. De la sorte, le segment de rang i et de longueur l_i se trouve entre les points de découpe $(i - 1)$ et i, d'abscisses respectives $x(i-1)$ et $x(i)$. Considérons la découpe optimale du segment compris entre les points de découpe i et j ($j > i$) et notons $mdec(i, j)$ son coût. Son coût de transport $CT(i, j)$ correspond à sa longueur, soit $l_{i+1} + \cdots + l_j = x(j) - x(i+1)$. On peut commencer à le couper au point $(i + 1)$ – et il reste à découper de façon optimale le segment compris entre les points $(i + 1)$ et j – ou au point $(i + 2)$ – et il reste à découper de façon optimale le segment compris entre les points i et $(i + 2)$ d'une part et le segment compris entre les points $(i + 2)$ et j de l'autre – ou ... ou au point $(j - 1)$ – et il reste à découper de façon optimale le segment compris entre les points i et $(j - 1)$. Parmi ces possibilités, on choisit le cas induisant le coût minimal.

En remarquant que pour $i \in 0..n-1$, on a : $\mathrm{mdec}(i, i+1) = 0$, on obtient la récurrence :

$$
\left|
\begin{array}{l}
\mathrm{mdec}(i, i+1) = 0 \\[2mm]
\mathrm{mdec}(i, j) = \displaystyle\min_{k \in i+1..j-1}
\left(
\begin{array}{l}
\mathrm{mdec}(i, k) + \\
\mathrm{mdec}(k, j) + \\
CT(i, j)
\end{array}
\right)
\end{array}
\right.
\qquad
\begin{array}{c}
0 \leqslant i \leqslant n-1 \\[2mm]
\left\{
\begin{array}{c}
0 \leqslant i \leqslant (n-2) \\
\text{et} \\
(i+2) \leqslant j \leqslant n
\end{array}
\right.
\end{array}
.
$$

On explicite maintenant les calculs effectués pour traiter l'exemple proposé.

Initialisation $\mathrm{mdec}(0,1) = 0$; $\mathrm{mdec}(1,2) = 0$; $\mathrm{mdec}(2,3) = 0$.

Récurrence $\mathrm{mdec}(0,2) = \mathrm{mdec}(0,1) + \mathrm{mdec}(1,2) + CT(0,2) = 0 + 0 + 7 = 7$,
$$\mathrm{mdec}(1,3) = \mathrm{mdec}(1,2) + \mathrm{mdec}(2,3) + CT(1,3) = 0 + 0 + 8 = 8,$$
$$\mathrm{mdec}(0,3) = \min\left(\left\{
\begin{array}{l}
\mathrm{mdec}(0,1) + \mathrm{mdec}(1,3) + CT(0,3), \\
\mathrm{mdec}(0,2) + \mathrm{mdec}(2,3) + CT(0,3)
\end{array}
\right\}\right)$$
$$\min(\{0 + 8 + 10, 7 + 0 + 10\}) = 17.$$

La complexité spatiale de la procédure associée à cette récurrence est en $\Theta(n^2)$ (tableau $MD[0..n-1, 1..n]$) et la complexité temporelle en $\Theta(n^3)$ puisque, dans le cas général, calculer $\mathrm{mdec}(i, j)$ requiert une boucle pour évaluer le minimum.

Réponse 3. Si on a un beignet plat à découper, le point nouveau concerne la circularité $\boxed{\text{125 - R 3}}$ du problème. En effet, il faut exprimer le coût de la meilleure découpe de tout arc de longueur inférieure ou égale à n. Ainsi, dans l'exemple proposé où les numéros des points de découpe (de 0 à 3) sont ajoutés en italique :

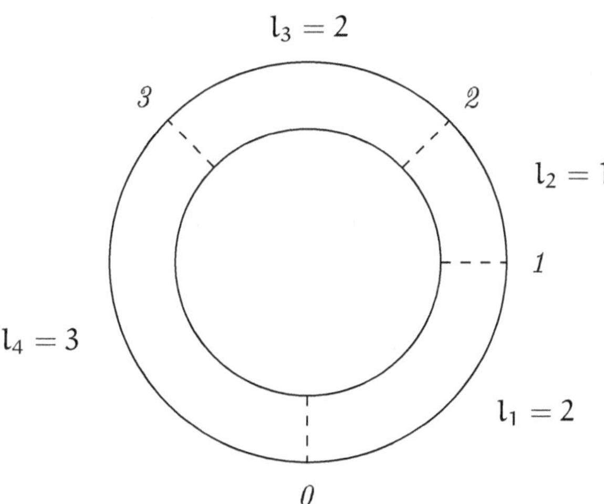

il faut pouvoir parler du segment $(0, 3)$, mais aussi de $(2, 0)$ ou de $(3, 2)$. Une façon simple de procéder consiste à associer au beignet une « double planche », c'est-à-dire la juxtaposition de deux segments identiques correspondant au beignet « déplié ». Dans l'exemple ci-dessus, on aura :

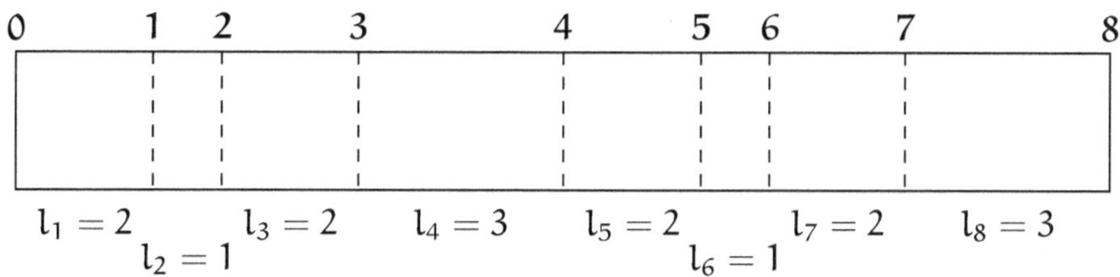

On va calculer la meilleure découpe du segment (i, j), comme le choix du meilleur coup de scie (point de découpe de numéro k optimal) découpant ce segment en deux morceaux qui seront eux aussi découpés de façon optimale. Le résultat final sera obtenu en prenant la découpe de longueur n de valeur minimale parmi celles démarrant à chacun des points de découpe $(0, 1, \ldots, n-1)$. La récurrence utilisée est exactement la même que précédemment et la complexité temporelle du calcul reste en $\Theta(n^3)$, puisque la phase complémentaire qui vient s'ajouter au remplissage de la structure tabulaire $M[0..n-1, 1..2n]$ pour déterminer la valeur minimale parmi $M[0, n-1], M[1, n], \ldots, M[n-2, 1], M[n-1, 0]$, est de complexité linéaire en nombre de conditions évaluées.

Solution de l'exercice 126 Les pilleurs de coffres

Énoncé page 677.

126 - R 1 **Réponse 1.**   On a vu dans l'énoncé que si chaque voleur prend en charge trois coffres, ils seront sortis au bout de 15 minutes. En attribuant les coffres 1 et 2 au premier voleur, les coffres 3, 4 et 5 au deuxième et les quatre autres au troisième, celui des voleurs qui termine le dernier est le deuxième, en 14 minutes seulement.

126 - R 2 **Réponse 2.**   S'il n'y a qu'un coffre à ouvrir ($n = 1$), $tgopt(1, k)$ est donné par le temps d'ouverture de ce coffre, soit $tgopt(1, k) = TOC(1)$. Lorsqu'un seul voleur doit ouvrir n coffres, il les ouvre l'un après l'autre donc on a $tgopt(n, 1) = \sum_{i=1}^{n} TOC(i)$.

Lorsque le nombre k de voleurs est supérieur au nombre n de coffres à ouvrir, $(k - n)$ voleurs sont inactifs. Chacun des voleurs actifs se charge d'ouvrir l'un des coffres et le temps minimum nécessaire à l'ouverture de l'ensemble des coffres est

$$tgopt(n, k) = \max(\{TOC(1), \ldots, TOC(n)\}).$$

Enfin, dans le cas où il y a au moins autant de coffres à ouvrir que de voleurs ($n \geqslant k$), $(k - 1)$ voleurs ouvrent j coffres ($j < n$ pour qu'il reste au moins un coffre à ouvrir) et le dernier voleur se charge des $(n - j)$ coffres restants. La meilleure façon d'opérer est obtenue en ouvrant les j coffres de façon optimale et en choisissant la valeur de j minimisant l'expression :

$$\max\left(\left\{tgopt(j, k - 1), \sum_{i=j+1}^{n} TOC(i)\right\}\right).$$

On a donc :

$$tgopt(n, k) = \min_{j \in 1..n-1}\left(\max\left(\left\{tgopt(j, k - 1), \sum_{i=j+1}^{n} TOC(i)\right\}\right)\right).$$

Cette expression peut être raffinée, car en la développant, on obtient :

$$
\text{tgopt}(n, k) = \min \left(\left\{ \begin{array}{c} \max \left(\left\{ \text{tgopt}(1, k-1), \sum_{i=2}^{n} \text{TOC}(i) \right\} \right), \\ \cdots \\ \max \left(\left\{ \text{tgopt}(k-1, k-1), \sum_{i=k}^{n} \text{TOC}(i) \right\} \right), \\ \cdots \\ \max \left(\left\{ \text{tgopt}(n-1, k-1), \sum_{i=n}^{n} \text{TOC}(i) \right\} \right) \end{array} \right\} \right).
$$

Or, pour $m > 1$:

$$
\max \left(\left\{ \text{tgopt}(k-m, k-1), \sum_{i=k-m+1}^{n} \text{TOC}(i) \right\} \right) \geqslant
$$
$$
\max \left(\left\{ \text{tgopt}(k-1, k-1), \sum_{i=k}^{n} \text{TOC}(i) \right\} \right)
$$

car d'une part $\text{tgopt}(k-m, k-1) = \text{tgopt}(k-1, k-1) = \max_{i=1}^{k-1} \text{TOC}(i)$, d'autre part $\sum_{i=k-m+1}^{n} \text{TOC}(i) \geqslant \sum_{i=k}^{n} \text{TOC}(i)$.

Donc, tout terme $\max \left(\left\{ \text{tgopt}(k-m, k-1), \sum_{i=k-m+1}^{n} \text{TOC}(i) \right\} \right)$ avec $m > 1$ ne saurait produire une nouvelle valeur du minimum recherché, puisque l'on affecte à $(k-1)$ voleurs strictement moins de $(k-1)$ coffres. On peut donc omettre les valeurs de j inférieures à $(k-1)$; on a donc au final :

$$
\text{tgopt}(n, k) = \min_{j \in k-1 .. n-1} \left(\max \left(\left\{ \text{tgopt}(j, k-1), \sum_{i=j+1}^{n} \text{TOC}(i) \right\} \right) \right).
$$

Réponse 3. Afin de calculer $\text{tgopt}(N, p)$, le temps minimal d'ouverture de N coffres par p voleurs, on reprend dans la récurrence les quatre cas traités dans la question précédente (qui couvrent toutes les situations pouvant survenir) et donc : $\boxed{\textbf{126 - R 3}}$

$$
\begin{array}{lll}
\text{tgopt}(1, k) = \text{TOC}(1) & & 1 \leqslant k \leqslant p \\[2mm]
\text{tgopt}(n, 1) = \displaystyle\sum_{i=1}^{n} \text{TOC}(i) & & 1 < n \leqslant N \\[2mm]
\text{tgopt}(n, k) = \text{tgopt}(n, n) & & 1 < n \leqslant N \text{ et } 1 < k \leqslant p \text{ et } k > n \\[2mm]
\text{tgopt}(n, k) = \min_{j \in k-1 .. n-1} \left(\max \left(\left\{ \begin{array}{c} \text{tgopt}(j, k-1), \\ \sum_{i=j+1}^{n} \text{TOC}(i) \end{array} \right\} \right) \right) & & \left\{ \begin{array}{l} k \leqslant n \text{ et} \\ 1 < n \leqslant N \text{ et} \\ 1 < k \leqslant p \end{array} \right.
\end{array}
$$

Réponse 4. L'algorithme réalisant ce calcul utilise un tableau $\text{TGO}[1..N, 1..p]$, d'où une complexité spatiale en $\Theta(p \cdot N)$; la valeur recherchée se trouve dans la cellule $\text{TGO}[N, p]$. Ce tableau est rempli par valeurs croissantes d'indice de colonne, puisque, selon le terme général de la récurrence, le calcul d'une cellule fait appel aux valeurs de cellules de la colonne précédente. La première colonne est initialisée grâce au second terme de la récurrence. $\boxed{\textbf{126 - R 4}}$

Dans une colonne donnée, on procède par indice de ligne de valeur croissante, sachant que le premier élément est rempli grâce au premier terme de la récurrence et les autres grâce à l'un des deux derniers selon que l'indice de ligne (n) dépasse ou non l'indice de colonne (k). À des fins d'optimisation, on pré-calcule (en $\Theta(N^2)$ additions et comparaisons) les sommes partielles $\sum_{i=j+1}^{n} TOC(i)$ et on les stocke dans un tableau annexe.

Dans le cas général, le remplissage d'une cellule conduit à au plus $(N-1)$ opérations « maximum » et $(N-2)$ opérations « minimum » ; le nombre total de comparaisons effectuées pour remplir TGO est donc en $\mathcal{O}(p \cdot N^2)$. On peut établir que le nombre d'opérations « maximum » et « minimum » est :

$$\left(\sum_{i=1}^{N-1} i^2\right) - \left(\sum_{i=1}^{N-p} i^2\right) = (p-1) \cdot \left(N^2 - p \cdot N + \frac{p \cdot (2p-1)}{6}\right).$$

Cette expression vaut 0 quand $p = 1$ (en accord avec le premier terme de la récurrence) ; elle est de l'ordre de $p \cdot N^2$ quand p est petit devant N ou quand p est voisin de N.

| 126 - R 5 |

Réponse 5. Dans l'exemple de l'énoncé, on a $N = 9$ et $p = 3$. On a donc le tableau $TGO[1..9, 1..3]$ suivant :

k	1	2	3
$i = 1$	5	5	5
2	12	7	7
3	15	10	7
4	20	12	8
5	26	14	11
6	29	15	12
7	31	16	12
8	36	20	14
9	39	20	14

À titre d'illustration, on détaille le calcul de $TGO[7, 3]$:

$$TGO[7, 3] = \min\left(\left\{\begin{array}{l} \max\left(\left\{TGO[2, 2], \sum_{i=3}^{7} TOC(i)\right\}\right), \\ \max\left(\left\{TGO[3, 2], \sum_{i=4}^{7} TOC(i)\right\}\right), \\ \max\left(\left\{TGO[4, 2], \sum_{i=5}^{7} TOC(i)\right\}\right), \\ \max\left(\left\{TGO[5, 2], \sum_{i=6}^{7} TOC(i)\right\}\right), \\ \max\left(\left\{TGO[6, 2], \sum_{i=7}^{7} TOC(i)\right\}\right) \end{array}\right\}\right)$$

$$= \min\left(\left\{\begin{array}{l} \max(\{7, 19\}), \max(\{10, 16\}), \max(\{12, 11\}), \\ \max(\{14, 5\}), \max(\{15, 2\}) \end{array}\right\}\right)$$

$$= \min(\{19, 16, 12, 14, 15\}) = 12.$$

On voit que le temps minimal nécessaire à l'ouverture des neuf coffres (donné par la cellule $(9,3)$) est de 14 minutes. La solution avancée en réponse à la première question (deux premiers coffres attribués au premier voleur, coffres 3, 4 et 5 affectés au second et les quatre derniers coffres ouverts par le troisième voleur) est bien optimale et conduit à ce résultat.

Solution de l'exercice 127 Trois problèmes d'étagères

Énoncé page 678.

Réponse 1. L'idée de la récurrence est fondée sur le fait que $hr(i,j)$ permet par définition de vérifier s'il est possible de placer les livres B_i à B_j sur le même rayon. Ranger de façon optimale les livres B_i à B_N consiste à envisager la meilleure façon (valeur j optimale) de constituer un rayon commençant avec B_i et se terminant en B_j, puis à ranger de façon optimale les livres B_{j+1} à B_N. La relation de récurrence est donc la suivante : `127 - R 1`

$$\left|\begin{array}{l} \mathrm{hgmin}(N+1) = 0 \\ \mathrm{hgmin}(i) = \min_{j \in i..N}\big(\mathrm{hr}(i,j) + \mathrm{hgmin}(j+1)\big) \end{array}\right. \qquad 1 \leqslant i \leqslant N.$$

La récurrence proposée est bien descendante (ou arrière) puisqu'elle part de $\mathrm{hgmin}(N+1)$ et « descend » vers $\mathrm{hgmin}(1)$; les rayons sont donc construits du bas (rayon de numéro le plus élevé) vers le haut (rayon de numéro 1).

Réponse 2. L'algorithme associé au calcul de $\mathrm{hmin}(1)$ se compose de deux étapes. La première vise à calculer dans $HR[1..N, 1..N]$ les valeurs de $hr(i,j)$ telles que définies précédemment à partir des épaisseurs et hauteurs des livres $B_1,\ldots,B_N$. Dans la seconde phase, on remplit le tableau $HGM[1..N+1]$. La progression du calcul se fait par valeurs décroissantes de l'indice (initialisation de $HGM[N+1]$ grâce au premier terme de la récurrence, puis de $HGM[N]$ à $HGM[1]$ en utilisant le second terme), le résultat étant dans $HGM[1]$. La première (resp. seconde) étape de cet algorithme requiert $(N(N-1))/2$ (resp. $(N(N+1))/2$) comparaisons (sans tenir compte du contrôle des boucles). On a donc une complexité en $\Theta(N^2)$ comparaisons. `127 - R 2`

Réponse 3. Dans l'exemple considéré, le tableau $HR[1..6, 1..6]$ prend les valeurs suivantes : `127 - R 3`

j	1	2	3	4	5	6
$i=1$	1	2	5	$+\infty$	$+\infty$	$+\infty$
2		2	5	5	$+\infty$	$+\infty$
3			5	5	5	$+\infty$
4				4	4	4
5					3	3
6						1

On initialise avec $HGM(7) = 0$ et on a les calculs suivants :

$$HGM[6] = \min(\{HR[6,6] + HGM[7] = 1 + 0\}) = 1$$

$$HGM[5] = \min\left(\left\{\begin{array}{l} HR[5,5] + HGM[6] = 3 + 1 \\ HR[5,6] + HGM[7] = 3 + 0 \end{array}\right\}\right) = 3$$

$$HGM[4] = \min\left(\left\{\begin{array}{l} HR[4,4] + HGM[5] = 4 + 3 \\ HR[4,5] + HGM[6] = 4 + 1 \\ HR[4,6] + HGM[7] = 4 + 0 \end{array}\right\}\right) = 4$$

$$HGM[3] = \min\left(\left\{\begin{array}{l} HR[3,3] + HGM[4] = 5 + 4 \\ HR[3,4] + HGM[5] = 5 + 3 \\ HR[3,5] + HGM[6] = 5 + 1 \\ HR[3,6] + HGM[7] = +\infty + 0 \end{array}\right\}\right) = 6$$

$$HGM[2] = \min\left(\left\{\begin{array}{l} HR[2,2] + HGM[3] = 2 + 6 \\ HR[2,3] + HGM[4] = 5 + 4 \\ HR[2,4] + HGM[5] = 5 + 3 \\ HR[2,5] + HGM[6] = +\infty + 1 \\ HR[2,6] + HGM[7] = +\infty + 0 \end{array}\right\}\right) = 8$$

$$HGM[1] = \min\left(\left\{\begin{array}{l} HR[1,1] + HGM[2] = 1 + 8 \\ HR[1,2] + HGM[3] = 2 + 6 \\ HR[1,3] + HGM[4] = 5 + 4 \\ HR[1,4] + HGM[5] = +\infty + 3 \\ HR[1,5] + HGM[6] = +\infty + 1 \\ HR[1,6] + HGM[7] = +\infty + 0 \end{array}\right\}\right) = 8.$$

Ici, l'étagère optimale est de hauteur 8. Si on veut connaître sa composition en termes de rayons, il faut conserver à chaque pas la valeur j pour laquelle l'optimal a été atteint. Dans cet exemple, on observe que pour HGM[1] $j = 2$, pour HGM[3] la valeur de j réalisant l'optimal est 5 et qu'enfin HGM[6] $= 1$ est atteint avec $j = 6$. On en déduit que le rayon supérieur (de hauteur 2) contient les livres B_1 et B_2, que le second rayon, de hauteur 5, comprend B_3, B_4 et B_5, B_6 étant seul sur le rayon inférieur (de hauteur 1) conformément au schéma suivant :

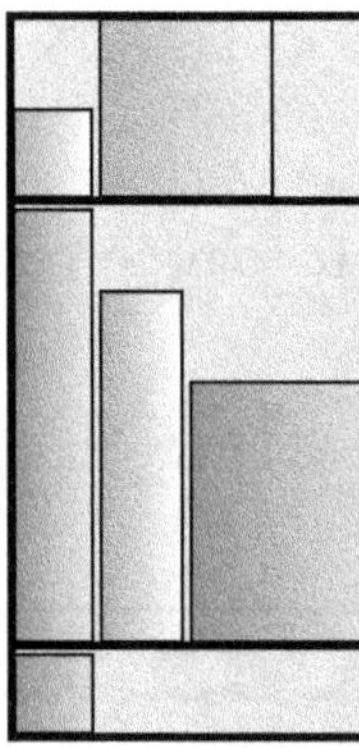

127 - R 4   **Réponse** 4. Si on a un seul rayon ($K = 1$), il faut y mettre tous les livres et donc, pour $1 \leqslant n \leqslant N$, on a : $L = \text{lgmin}(n, 1) = \text{ep}(1, n)$.

127 - R 5   **Réponse** 5. Si on a au moins autant de rayons que de livres ($n \leqslant k$), il est possible de placer au plus un livre dans chaque rayon (en laissant vacants certains rayons si $n < k$) ; la largeur minimale de l'étagère est donc celle du livre le plus épais, soit $\text{lgmin}(n, k) = \max(\{e_1, \ldots, e_n\})$. On remarque donc que le calcul de $L = \text{lgmin}(N, K)$ (la largeur de l'étagère à K rayons permettant de ranger les livres B_1 à B_N) est non trivial seulement si $N > K$.

127 - R 6   **Réponse** 6. Lorsque $n > k$ (cas général), soit le dernier rayon qui contient les livres $B_m, \ldots, B_n$ est le plus large et dans ce cas $\text{lgmin}(n, k) = \text{ep}(m, n)$, soit le rayon le plus large est de rang strictement inférieur à k et alors on a : $\operatorname{lgmin}(n, k) = \operatorname{lgmin}(m-1, k-1)$.

Réponse 7. Dans la question précédente, on a établi que pour m fixé et $n > k$: &boxed{127 - R 7}

$$\operatorname{lgmin}(n, k) = \max(\{\operatorname{lgmin}(m - 1, k - 1), \operatorname{ep}(m, n)\}).$$

L'étagère de largeur minimale s'obtient en prenant le m qui minimise $\operatorname{lgmin}(n, k)$. Si m varie *a priori* de 1 à n, il s'avère que seules les valeurs de l'intervalle $k \mathrel{..} n$ peuvent conduire à l'optimal. En effet, intuitivement, un rangement avec plus d'étagères que de livres ($k > m$) aboutit à laisser vacant au moins un rayon, avec les livres $B_m, \ldots, B_n$ sur le dernier rayon occupé et $m - k$ rayons inférieurs vides. Le lecteur intéressé pourra montrer aisément que le rangement obtenu en mettant le livre B_m sur le m^e rayon et les livres $B_{m+1}, \ldots, B_n$ sur le $(m + 1)^e$ rayon fait jeu égal ou mieux (en termes de largeur) que le rangement initial. En conclusion, il suffit de faire varier m de k à n, d'où la récurrence de calcul de $\operatorname{lgmin}(n, k)$ ci-après :

$$
\begin{aligned}
\operatorname{lgmin}(n, 1) &= \sum_{i=1}^{n} e_i = \operatorname{ep}(1, n) \\
\operatorname{lgmin}(n, k) &= \max_{i \in 1 .. n} (e_i) && 1 < n \leqslant k \leqslant K \\
\operatorname{lgmin}(n, k) &= \min_{m \in k .. n} \left(\max \left(\left\{ \begin{array}{l} \operatorname{lgmin}(m - 1, k - 1), \\ \operatorname{ep}(m, n) \end{array} \right\} \right) \right) && 2 \leqslant k \leqslant K \text{ et } k < n \leqslant N.
\end{aligned}
$$

Réponse 8. L'algorithme de programmation dynamique effectuant le calcul effectif uti- &boxed{127 - R 8}
lise les tableaux $\operatorname{LGM}[1 .. N, 1 .. K]$ et $\operatorname{EP}[1 .. N, 1 .. N]$ associés respectivement à lgmin et ep. Le remplissage de EP est trivial et celui de LGM peut se faire par valeurs croissantes de valeur d'indice de colonne puisque, le calcul d'un élément de la colonne k ne fait appel qu'à des valeurs situées en colonne $(k - 1)$. La première colonne est remplie grâce au premier terme de la récurrence en utilisant EP. Dans toute autre colonne d'indice k, les éléments d'indice ligne n supérieur à 1 et inférieur ou égal à k sont calculés à l'aide du second terme de la récurrence, puis les suivants (d'indice ligne n supérieur à k) avec le dernier terme.

Si l'on considère le nombre de comparaisons effectuées (liées aux opérations min et max), on observe que la première colonne n'en requiert aucune. Le nombre de comparaisons pour les cellules des colonnes $k = 2$ à 4 est explicité ci-dessous :

i	1	2	3	4	5	...	N
k = 2	0	1	3	5	7	...	$2N - 3$
3	0	1	2	3	5	...	$2N - 5$
4	0	1	2	3	3	...	$2N - 7$

Le nombre de comparaisons est maximal pour $k = 2$ et, pour le calcul de $\operatorname{LGM}[N, K]$, on peut majorer le nombre total de comparaisons par $((K-1) \cdot \sum_{i=1}^{N-1}(2i-1)) = (K-1) \cdot (N-1)^2$, d'où un ordre de grandeur de complexité temporelle en $\mathcal{O}(K \cdot N^2)$.

127 - R 9 **Réponse** 9. Sur l'exemple proposé, on a les tableaux EP et LGM ainsi :

j	1	2	3	4	5	6
i = 1	5	8	12	13	16	18
2		3	7	8	11	13
3			4	5	8	10
4				1	4	6
5					3	5
6						2

k	1	2	3
n = 1	5	5	5
2	8	5	5
3	12	7	5
4	13	8	5
5	16	8	7
6	18	10	7

On a donc ici $LGM[N, K] = LGM[6, 3] = 7$, ce qui signifie qu'il faut une étagère de largeur 7 pour ranger les six livres sur trois rayons, conformément à l'affirmation de l'énoncé. En utilisant la technique du « Petit Poucet » (non développée ici), on trouve le rangement ci-après :

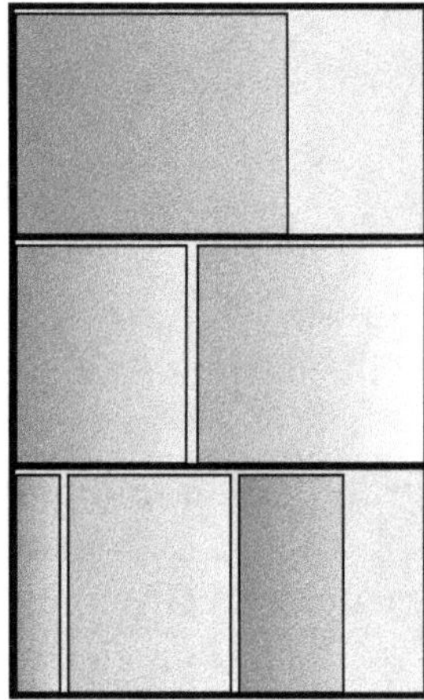

Remarque   Cet algorithme peut être utilisé pour déterminer s'il est possible de stocker N livres de même hauteur et d'épaisseurs données dans une étagère à K rayons de largeur L (N, K et L fixés).

127 - R 10 **Réponse** 10. Si on a une étagère à rayon unique ($K = 1$), une solution naïve (de type essais successifs, voir chapitre 5) consiste à étudier tous les sous-ensembles des N livres afin de trouver lequel est optimal (au sens du nombre maximal de livres et d'une place occupée inférieure ou égale à L), d'où une complexité en $\mathcal{O}(2^N)$.

127 - R 11 **Réponse** 11. En présence d'une étagère à rayon unique, le cas $j = i$ conduit à une place nécessaire égale à la somme des épaisseurs des i livres ; si l'on ne prend qu'un livre ($j = 1$) parmi i, on gardera celui d'épaisseur minimale. Dans le cas général, pour avoir j livres parmi i ($1 < j < i$), à partir d'une situation avec ($i - 1$) livres, on prend le livre numéro i et la place nécessaire augmente de son épaisseur e_i ou on le laisse et il faut prendre j livres parmi les ($i - 1$) premiers. On en déduit la récurrence :

$$
\begin{array}{ll}
\mathrm{lgnec}(i, 1) = \min_{j \in 1..i} (e_j) & 1 \leqslant i \leqslant N \\[2mm]
\mathrm{lgnec}(i, i) = \sum_{j=1}^{i} e_i & 2 \leqslant i \leqslant N \\[2mm]
\mathrm{lgnec}(i, j) = \min \left(\left\{ \begin{array}{l} \mathrm{lgnec}(i-1, j-1) + e_i, \\ \mathrm{lgnec}(i-1, j) \end{array} \right\} \right) & 2 \leqslant j < i \leqslant N.
\end{array}
$$

L'algorithme associé remplit le tableau $LGN[1..N, 1..N]$ correspondant à lgnec par valeurs croissantes de l'indice de ligne. Grâce au premier (resp. second) terme de la récurrence, on remplit le premier (resp. i^e) élément de la ligne i. Les autres cellules (d'indices colonne 2 à $i-1$) sont quant à elles remplies en utilisant le dernier terme de la récurrence. Il est à noter que les cellules du triangle supérieur droit du tableau LGN sont sans objet puisque correspondant au cas $j > i$ qui n'a pas de sens.

Pour déterminer la valeur M recherchée représentant le nombre maximum de livres pouvant être stockés dans l'étagère, il suffit de rechercher dans la dernière ligne (indice N) l'indice j (donnant le nombre maximal M de livres pouvant être rangés sur le seul rayon de l'étagère) maximal tel que $LGN[N, j]$ est inférieur ou égal à L.

On effectue donc une comparaison pour les première et deuxième lignes, deux pour la troisième ligne, ..., $N-1$ pour les calculs de la dernière ligne, d'où un algorithme en $\Theta(N^2)$.

L'application de ce qui précède à l'exemple conduit au tableau $LGN[1..4, 1..4]$ ci-dessous :

j	1	2	3	4
i = 1	3			
2	3	6		
3	2	5	8	
4	2	4	7	10

En examinant la dernière ligne, on observe que $LGN[4, 2] = 4$ (< 5) et $LGN[4, 3] = 7$ (> 5), d'où $M = 2$, ce qui était attendu, puisqu'avec une étagère à rayon unique de largeur 5, on peut mettre au choix deux livres d'épaisseur 2 ou un d'épaisseur 2 et un d'épaisseur 3.

Réponse 12.   Avec une étagère possédant deux rayons, la différence essentielle par rap-   127 - R 12
port au cas précédent tient au fait qu'il faut gérer la place vide éventuelle sur le premier rayon. Le changement de rayon doit se produire quand, dans la récurrence précédente, le terme $lgnec(i-1, j-1) + e_i$ dépasse la longueur L. Dans ce cas, on ne peut pas envisager de mettre le livre sur le même rayon que son prédécesseur et l'addition « classique » dans les équations devient inappropriée. Une solution consiste à définir une addition particulière associative et non commutative, notée $\oplus$, de la façon suivante :

$$a \oplus b = \begin{cases} L + b & \textbf{si } a < L \text{ et } a + b > L \\ a + b & \textbf{sinon.} \end{cases}$$

Le premier cas correspond au changement de rayon ; dans ce cas, la largeur du premier rayon est fixée à L. Comme pour $K = 1$, on suppose que le dernier rayon est de largeur aussi grande que l'on veut. La récurrence devient :

$$lgnec(i, 1) = \min_{j \in 1..i} (e_j) \qquad\qquad 1 \leqslant i \leqslant N$$
$$lgnec(i, i) = lgnec(i, i) = e_1 \oplus \cdots \oplus e_i \qquad\qquad 2 \leqslant i \leqslant N$$
$$lgnec(i, j) = \min \left(\left\{ \begin{array}{l} lgnec(i-1, j-1) \oplus e_i, \\ lgnec(i-1, j) \end{array} \right\} \right) \qquad 2 \leqslant j < i \leqslant N.$$

L'algorithme de programmation dynamique obéit au même principe qu'auparavant et sa complexité est du même ordre en termes de nombre de comparaisons. La détermination de M se fait en cherchant l'indice j (donnant le nombre maximal M de livres pouvant être rangés sur les deux rayons de l'étagère) maximal tel que $LGN[N, j] \leqslant 2 \cdot L$.

Le traitement de l'exemple conduit au tableau LGN :

j	1	2	3	4
i = 1	3			
2	3	8		
3	2	5	10	
4	2	4	7	12

La valeur 8 de la cellule $LGN[2, 2]$ résulte de l'opération $3 \oplus 3$. Au final, la valeur de M, le nombre maximal de livres pouvant être rangés, est 3. Ceci correspond à mettre sur le premier rayon un livre d'épaisseur 3 (B_1 ou B_2) et B_3 d'épaisseur 2, et le livre B_4 seul sur le second rayon. Ces deux solutions figurent dans la liste (exhaustive) donnée dans l'énoncé (voir page 680).

127 - R 13   **Réponse** 13.   Pour tenir compte d'un nombre K quelconque de rayons, il faut généraliser l'opération $\oplus$ en posant $p = \lceil a/L \rceil$, de la manière suivante :

$$a \oplus b = \begin{cases} p \cdot L + b & \textbf{si } (a \bmod L) + b > L \textbf{ et } p < K \\ a + b & \textbf{sinon.} \end{cases}$$

Il est aisé de vérifier que, dans le cas où $K = 2$, le résultat de cette expression coïncide avec celui donné pour la question précédente. En effet, si $K = 2$, p ne peut prendre que la valeur 1 et donc a/L vaut 0, ce qui signifie que a est inférieur à L. Si $K = 1$, la seule possibilité est de faire l'addition classique comme cela apparaissait dans la réponse à la question dévolue à ce cas.

La récurrence demeure inchangée par rapport au cas $K = 2$ et, en notant E le tableau contenant les épaisseurs e_i des livres, on aboutit à l'algorithme suivant pour K quelconque :

```
 1. constantes
 2.    N ∈ ℕ₁ et N = ... et L ∈ ℕ₁ et L = ... et E ∈ 1..N → ℕ₁ et
 3.    E = [...] et K ∈ ℕ₁ et K = ... et ∑ᵢ₌₁ⁿ E[i] > K · L
 4. variables
 5.    LGN ∈ 1..N × 1..N → ℕ₁
 6. début
 7.    /% remplissage de la première colonne et de la diagonale %/
 8.    LGN[1, 1] ← E[1] ;
 9.    pour i parcourant 2..N faire
10.       LGN[i, 1] ← min({LGN[i − 1, 1], E[i]}) ;
11.       LGN[i, i] ← LGN[i − 1, i − 1] ⊕ E[i]
12.    fin pour ;
13.    /% remplissage des autres cellules de chaque ligne %/
14.    pour i parcourant 2..N faire
15.       pour j parcourant 2..i − 1 faire
16.          LGN[i, j] ← min({LGN[i − 1, j − 1] ⊕ E[i], LGN[i − 1, j]})
```

```
17.        fin pour
18.        fin pour ;
19.        j ← 1 ;
20.        tant que LGN[N, j] ⩽ K · L faire
21.            j ← j + 1
22.        fin tant que ;
23.        si j > 1 alors
24.            écrire( on peut mettre , LGN[N, j − 1], livres sur l'étagère)
25.        sinon
26.            écrire( on ne peut mettre aucun livre sur l'étagère)
27.        fin si
28. fin
```

La détermination de la valeur de M se fait en recherchant l'indice j (donnant le nombre maximal M de livres pouvant être rangés sur les K rayons de l'étagère) maximal tel que $\text{LGN}[N, j] \leqslant K \cdot L$, ce qui généralise les cas particuliers traités dans les deux questions précédentes ($K = 1$ et $K = 2$). La complexité spatiale de cet algorithme est en $\Theta(N^2)$ (tableau LGN), de même que sa complexité temporelle en termes de conditions évaluées. Le traitement de l'exemple avec huit livres, $K = 3$ et $L = 5$, conduit au tableau LGN :

j	1	2	3	4	5	6	7	8
$i = 1$	3							
2	3	8						
3	1	4	9					
4	1	3	7	12				
5	1	3	7	12	16			
6	1	3	5	9	14	18		
7	1	3	5	8	13	17	21	
8	1	3	5	8	13	17	21	25

Par exemple, les valeurs $\text{LGN}[5, 4]$ et $\text{LGN}[8, 7]$ sont calculées comme suit :

$$\text{LGN}[5, 4] = \min(\{\text{LGN}[4, 3] \oplus E[5], \text{LGN}[4, 4]\}) = \min(\{7 \oplus 4, 12\}) = \min(\{14, 12\}) = 12,$$
$$\text{LGN}[8, 7] = \min(\{\text{LGN}[7, 6] \oplus E[8], \text{LGN}[7, 7]\}) = \min(\{17 \oplus 4, 25\}) = \min(\{21, 25\}) = 21.$$

Au final, la valeur de M est 5, correspondant au livre B_1 d'épaisseur 3 sur le premier rayon, aux livres B_2 et B_3 sur le second rayon et enfin aux livres B_4 et B_6 sur le dernier rayon (utilisation de la méthode du « Petit Poucet » non détaillée ici).

Solution de l'exercice 128   Distribution de skis   *Énoncé page 682.*

Réponse 1. Le nombre d'affectations d'une paire de skis parmi m à chacun des n skieurs correspond au choix de n éléments parmi m. C'est donc le nombre d'arrangements de n éléments parmi m, soit $m!/(m − n)!$ (voir aussi page 217 du chapitre 5).   `128 - R 1`

Réponse 2. Considérons deux affectations qui ne diffèrent que sur les paires de skis de rangs i et j. Dans la première, s_i (resp. s_j) est associé à h_p (resp. h_q), alors que dans la seconde s_i (resp. s_j) est associé à h_q (resp. h_p), avec $p < q$ et donc $h_p \leqslant h_q$. Remarquons tout d'abord que si $s_i = s_j$ ou $h_p = h_q$, ces deux affectations donnent la même satisfaction   `128 - R 2` globale des skieurs. Si on examine les six cas pouvant survenir avec $s_i < s_j$ et $h_p < h_q$, il apparaît que la somme e_1 des écarts $|s_i - h_p|$ et $|s_j - h_q|$ est toujours inférieure ou égale à la somme e_2 des écarts $|s_i - h_q|$ et $|s_j - h_p|$. Autrement dit, la première affectation de skis fait toujours au moins aussi bien que la seconde. Par exemple, si $s_i \leqslant h_p < h_q \leqslant s_j$, on a :

$$e_1 = |s_i - h_p| + |s_j - h_q| = h_p - s_i + s_j - h_q$$
$$e_2 = |s_i - h_q| + |s_j - h_p| = h_q - s_i + s_j - h_p$$

d'où $e_2 - e_1 = 2 \cdot (h_q - h_p) > 0$.

On en déduit qu'une affectation avec une fonction fa croissante est préférable à une affectation dans laquelle l'ordre (au sens de la longueur) sur les paires de skis contient au moins une inversion par rapport à l'ordre (au sens des tailles) des skieurs.

128 - R 3 | **Réponse 3.** Quand on dispose d'autant de skieurs que de paires de skis ($n = m$), toute paire de skis est attribuée à un skieur. En vertu du résultat établi à la question précédente, une fonction d'affectation fa monotone ne peut qu'attribuer la plus petite paire de skis au plus petit skieur, la seconde plus petite paire de skis au second plus petit skieur et ainsi de suite. Cette stratégie d'assignation peut être vue comme un procédé glouton, où $fa(k) = k$ pour tout $k \in 1 .. n$.

128 - R 4 | **Réponse 4.** Considérons le cas où les skieurs de rang 1 à i (h_1 à h_i) sont équipés de paires de skis prises dans $s_1, \ldots, s_j$. Si la dernière paire de ski (de rang j) est attribuée à un autre skieur que le dernier (h_i), la fonction d'affectation fa est non monotone. D'après le résultat établi précédemment, une telle affectation est en général non optimale et ne doit pas être opérée pour maximiser la satisfaction globale des skieurs.

128 - R 5 | **Réponse 5.** La question précédente est la clé de la stratégie à adopter, puisqu'en présence de i skieurs et j paires de skis ($j \geqslant i$), on a seulement le choix entre attribuer la paire de skis de rang j au skieur de rang i et effectuer une affectation optimale des $(j - 1)$ paires de skis restantes aux $(i - 1)$ premiers skieurs ou ne l'attribuer à personne en opérant une affectation optimale des $(j - 1)$ paires de skis restantes à l'ensemble des i skieurs. On choisit la plus favorable de ces deux possibilités, c'est-à-dire celle associée à la plus petite des deux valeurs obtenues. Ceci correspond au cas général, quand $j > i$ et $i > 1$. On a deux cas particuliers quand $i = 1$ (on attribue alors au skieur unique la paire de skis de longueur la plus proche de sa taille) et $i = j$ (cas traité dans la question 3). On en déduit la récurrence :

$$
\begin{cases}
affopt(1, j) = \min_{k \in 1..j} (|h_1 - s_k|) & 1 \leqslant j \leqslant m \\[2ex]
affopt(i, i) = \sum_{k=1}^{i} |h_k - s_k| & 1 < i \leqslant n \\[2ex]
affopt(i, j) = \min \left(\begin{cases} affopt(i, j{-}1), \\ affopt(i{-}1, j{-}1) + |h_i - s_j| \end{cases} \right) & \begin{cases} i < j \text{ et} \\ 1 < i \leqslant n \text{ et} \\ 1 < j \leqslant m \end{cases}
\end{cases}
$$

128 - R 6 | **Réponse 6.** Le principe de l'algorithme de programmation dynamique associé au calcul de $affopt(n, m)$ consiste à remplir un tableau $AFF[1 .. n, 1 .. m]$. On y trouvera au final dans la cellule $AFF[n, m]$ la valeur de satisfaction globale optimale pour la distribution de m paires de skis à n skieurs ($m \geqslant n$). La progression du calcul peut s'opérer par valeurs croissantes de l'indice de ligne (par exemple), sachant que la première est remplie grâce au premier terme de la récurrence. Dans toute ligne d'indice i compris entre 2 et n, la cellule

$AFF[i, i]$ est remplie en utilisant le second terme de la récurrence et les cellules $AFF[i, j]$ avec $1 < j \leqslant m$ et $i < j$ le sont avec le dernier terme.

La complexité spatiale de cet algorithme est en $\Theta(m \cdot n)$ (en raison du tableau AFF), tout comme sa complexité temporelle en nombre de conditions évaluées (pour autant que le calcul des cellules de la première ligne soit effectué de façon optimisée et donc en $\Theta(m)$ au lieu de $\Theta(m^2)$ avec un calcul « naïf »).

On applique la méthode du « Petit Poucet » pour déterminer les valeurs de la fonction fa optimale. On remplit le tableau $F[1 .. n, 1 .. m]$ « en parallèle » de AFF de la façon suivante, en fonction du terme de la récurrence utilisé :

- lors de l'utilisation du premier terme de la récurrence, la valeur $FA[1, j]$ se voit affecter la valeur de k ayant réalisé le minimum de $AFF[1, j]$,

- le remplissage de la cellule $AFF[i, i]$ $(1 < i \leqslant n)$ conduit à $FA[i, i] = i$,

- quand le dernier terme de la récurrence est utilisé, la valeur de $FA[i, j]$ est $FA[i, j-1]$ ou j selon que le minimum est réalisé par la première ou la seconde expression.

La reconstitution de l'affectation optimale s'effectue en partant de la valeur $FA[n, m]$ et en remontant en diagonale jusqu'à se trouver en ligne d'indice 1.

Réponse 7. Avec les trois skieurs de tailles $h_1 = 170, h_2 = 190, h_3 = 210$ et les cinq paires de skis de longueurs $s_1 = 158, s_2 = 179, s_3 = 200, s_4 = 203, s_5 = 213$, on obtient les résultats suivants en rassemblant dans la même cellule de $A[1 .. 3, 1 .. 5]$ les valeurs de $affopt$ et fa : `128 - R 7`

	$j=1$ $s_1 = 158$	$j=2$ $s_2 = 179$	$j=3$ $s_3 = 200$	$j=4$ $s_4 = 203$	$j=5$ $s_5 = 213$
$i=1$ $h_1 = 170$	12 1	9 2	9 2	9 2	9 2
$i=2$ $h_2 = 190$		23 2	19 3	19 3	19 3
$i=3$ $h_3 = 210$			33 3	26 4	22 5

Ici, la reconstitution de l'affectation optimale donne $fa(3) = 5, fa(2) = 3$ et enfin $fa(1) = 2$, ce qui correspond à la solution optimale : $h_1 - s_2, h_2 - s_3, h_3 - s_5$, dont la valeur de satisfaction globale est 22.

Réponse 8. On a vu que les cellules du « triangle inférieur gauche » (cellules $AFF[i, j]$ telles que $j < i$) n'ont pas à être remplies puisqu'elles correspondent à des situations où le problème posé n'a pas de solution (plus de skieurs que de paires de skis). De plus, on remarque que le calcul de la valeur de la cellule $AFF[n, m]$ requiert la connaissance de $AFF[n-1, m-1]$ et $AFF[n, m-1]$, mais pas de $AFF[n-1, m]$ dont le calcul est donc inutile. Pour la même raison, les calculs de $AFF[n-1, m]$ et $AFF[n-2, m-1]$ peuvent aussi être omis et, de façon plus générale, ceux des valeurs des cellules du « triangle supérieur droit », c'est-à-dire $AFF[i, j]$ avec $j > m - n + i$. Pour $m = 9$ et $n = 6$, le tableau AFF obtenu est de la forme : `128 - R 8`

j	1	2	3	4	5	6	7	8	9
i = 1	×	×	×	×					
2		×	×	×	×				
3			×	×	×	×			
4				×	×	×	×		
5					×	×	×	×	
6						×	×	×	×

où seules les cellules marquées d'une croix, formant une diagonale d'épaisseur $(m-n+1)$, sont à remplir.

On pourra vérifier que, bien qu'intéressante, cette simplification ne change pas l'ordre de grandeur de la complexité temporelle.

128 - R 9

Réponse 9. Par analogie avec ce qui a été fait auparavant, on va d'abord montrer que pour ce nouveau critère d'optimisation, la fonction fa doit aussi être monotone. Considérons à nouveau (voir la réponse 2, page 749) deux affectations qui ne diffèrent que sur les paires de skis de rangs i et j. Dans la première, s_i (resp. s_j) est associé à h_p (resp. h_q), alors que dans la seconde, s_i (resp. s_j) est associé à h_q (resp. h_p) avec $p < q$ et donc $h_p \leqslant h_q$. Si $s_i = s_j$ ou $h_p = h_q$, ces deux affectations donnent la même satisfaction globale des skieurs. Dans les six autres cas pouvant se présenter, sachant que $s_i < s_j$ et $h_p < h_q$, il s'avère que le maximum e_1 des écarts $|s_i - h_p|$ et $|s_j - h_q|$ est toujours inférieur ou égal au maximum e_2 des écarts $|s_i - h_q|$ et $|s_j - h_p|$. Par exemple, pour $s_i < s_j \leqslant h_p < h_q$, on a :

$$e_1 = \max(\{|s_i - h_p|, |s_j - h_q|\}) = \max(\{h_p - s_i, h_q - s_j\})$$
$$e_2 = \max(\{|s_i - h_q|, |s_j - h_p|\}) = h_q - s_i.$$

Or, $h_q - s_i > h_p - s_j$ et $h_q - s_i > h_q - s_j$, donc $e_1 < e_2$. On en déduit la récurrence :

$$\begin{aligned}
&affopt(1,j) = \min_{k \in 1..j} (|h_1 - s_k|) && 1 \leqslant j \leqslant m \\[2mm]
&affopt(i,i) = \sum_{k=1}^{i} |h_k - s_k| && 1 < i \leqslant n \\[2mm]
&affopt(i,j) = \min \left(\left\{ \begin{array}{l} affopt(i,j{-}1), \\ \max \left(\left\{ \begin{array}{l} affopt(i{-}1,j{-}1), \\ |h_i - s_j| \end{array} \right\} \right) \end{array} \right\} \right) && \left\{ \begin{array}{l} i < j \ \text{ et} \\ 1 < i \leqslant n \ \text{ et} \\ 1 < j \leqslant m \end{array} \right.
\end{aligned}$$

dont les deux premiers termes sont inchangés par rapport à la récurrence initiale. Par suite, l'algorithme obtenu est très semblable au précédent, notamment quant aux cellules à remplir et à la complexité temporelle.

Solution de l'exercice 129   Lâchers d'œufs par la fenêtre (le retour)

Énoncé page 683.

129 - R 1

Réponse 1. Considérons le cas général d'un lâcher avec au moins deux œufs et un immeuble ayant plus d'un étage. Quand on lâche l'un des i œufs disponibles d'un étage p, soit il se casse et on continue avec $(i-1)$ œufs pour explorer les $(p-1)$ étages « inférieurs » (éventuellement aucun si $p = 1$), soit il ne se casse pas et on explore les $(j-p)$ étages

« supérieurs » (éventuellement aucun si $p = j$) avec les mêmes i œufs. Puisque l'on se place dans la situation au pire, on prend le maximum des lâchers nécessaires dans chacune de ces deux situations et on cherche la valeur de p minimisant ce maximum. En présence d'un immeuble ayant un unique (resp. aucun) étage, un seul lâcher suffit pour autant que l'on ait au moins un œuf (resp. aucun lâcher n'est nécessaire $-$ $f = 1$). Enfin, si l'on ne dispose que d'un œuf, il faut examiner les étages l'un après l'autre en montant afin d'assurer la détermination de f à coup sûr. On en déduit la récurrence :

$$
\begin{array}{ll}
nblmin(i, 0) = 0 & 1 \leqslant i \leqslant k \\
nblmin(i, 1) = 1 & 1 \leqslant i \leqslant k \\
nblmin(1, j) = j & 1 < j \leqslant n \\
nblmin(i, j) = 1 + \min_{p \in 1..j} \left(\max \left(\left\{ \begin{array}{l} nblmin(i-1, p-1), \\ nblmin(i, j-p) \end{array} \right\} \right) \right) & \left\{ \begin{array}{c} 1 < i \leqslant k \\ \text{et} \\ 1 < j \leqslant n \end{array} \right.
\end{array}
$$

Réponse 2. L' algorithme implantant de façon canonique la récurrence établie auparavant utilise le tableau $NBLM[1..k, 0..n]$ rempli comme suit : 129 - R 2

    (a) la première ligne ($i = 1$) est initialisée grâce aux premier et troisième termes de la récurrence,

    (b) dans toute ligne i de 2 à k, on met le premier élément $NBLM[i, 0]$ à 0, le deuxième $NBLM[i, 1]$ à 1 et les suivants ($NBLM[i, j]$, j variant de 2 à n) sont calculés au moyen du terme général de la récurrence.

Le calcul de $NBLM[i, j]$ du cas général requiert $2j$ comparaisons (liées aux opérations de calcul de minimum et maximum) ; la ligne i entière en demande donc $\sum_{j=2}^{n} 2j$. Il en résulte que la complexité temporelle de l'algorithme est en $\Theta(k \cdot n^2)$ comparaisons.

Réponse 3. Les éléments du calcul de $nblmin(3, 8)$ sont rassemblés dans le tableau $NBLM[1..3, 0..8]$ ci-après : 129 - R 3

j	0	1	2	3	4	5	6	7	8
$i = 1$	0	1	2	3	4	5	6	7	8
2	0	1	2	2	3	3	3	4	4
3	0	1	2	2	3	3	3	3	4

On observe que $nblmin(i, j)$ croît (non strictement) avec le nombre d'étages j, alors qu'il décroît (non strictement) avec le nombre d'œufs i, ce qui est conforme à l'intuition.

On démontre maintenant la monotonie de $nblmin(i, j)$ sur j. La récurrence établie dans la question précédente amène à distinguer les cas $i = 1$ et $i > 1$.

Quand $i = 1$, $nblmin(1, j) = j$ croît (strictement) avec j.

Le cas $i > 1$, qui s'appuie sur le dernier terme de la récurrence, est moins simple et on va d'abord établir deux lemmes avant d'entreprendre la preuve du résultat principal.

Notons $t1(p) = \max(\{nblmin(i-1, p-1), nblmin(i, m+1-p)\})$ et $t2(p) = \max(\{nblmin(i-1, p-1), nblmin(i, m-p)\})$ et prenons l'hypothèse H selon laquelle $nblmin(i, j)$ est croissant sur j pour tout j entre 1 et m.

Lemme 3 :
$t1(p) \geqslant t2(p)$ *pour tout* $p \in 1 .. m$.

Démonstration. On a :

$$
\begin{aligned}
& t2(p) & \text{définition} \\
= {}& \max(\{nblmin(i-1, p-1), nblmin(i, m-p)\}) & \text{hypothèse H} \\
\leqslant {}& \max(\{nblmin(i-1, p-1), nblmin(i, m+1-p)\}) & \text{définition} \\
= {}& t1(p).
\end{aligned}
$$

Lemme 4 :
$t1(m+1) \geqslant t1(m)$.

Démonstration. On a d'une part :

$$
\begin{aligned}
& t1(m+1) & \text{définition} \\
= {}& \max(\{nblmin(i-1, m), nblmin(i, 0)\}) & nblmin(i, 0) = 0 \\
= {}& nblmin(i-1, m)
\end{aligned}
$$

et d'autre part :

$$
\begin{aligned}
& t1(m) & \text{définition} \\
= {}& \max(\{nblmin(i-1, m-1), nblmin(i, 1)\}) & nblmin(i, 1) = 1 \\
= {}& \max(\{nblmin(i-1, m-1), 1\}).
\end{aligned}
$$

Or :

$$
\begin{aligned}
& nblmin(i-1, m) & \text{hypothèse H} \\
\geqslant {}& nblmin(i-1, m-1)
\end{aligned}
$$

et

$$
\begin{aligned}
& nblmin(i-1, m) & m \geqslant 1 \\
\geqslant {}& 1
\end{aligned}
$$

donc, au final $t1(m+1) \geqslant t1(m)$.

Montrons maintenant que $\mathrm{nblmin}(i,j)$ croît avec j pour $i > 1$, en procédant par induction sur $\mathbb{N}_1$ (récurrence forte).

Base Pour tout $i > 1$, $\mathrm{nblmin}(i,0) = 0$ et $\mathrm{nblmin}(i,1) = 1$ d'après la récurrence établie dans la première question ; la croissance (ici stricte) de $\mathrm{nblmin}(i,j)$ est donc vérifiée.

Hypothèse d'induction Pour tout $j \in 1..m$, la propriété est vérifiée, donc : $\mathrm{nblmin}(i,j) \geqslant \mathrm{nblmin}(i,j-1)$ pour tout $i > 1$. Il s'agit de l'hypothèse H rendant possible l'utilisation des deux lemmes démontrés auparavant.

Induction On cherche à établir la propriété pour $j = m + 1$. On a :

$$
\begin{aligned}
&\mathrm{nblmin}(i, m+1) \\
={} &1 + \min_{p \in 1..m+1}(t1(p)) && \text{définition} \\
={} &1 + \min(\{\min_{p \in 1..m}(t1(p)), t1(m+1)\}) && \text{éclatement du quantificateur } (m \neq 0) \\
\geqslant{} &1 + \min(\{\min_{p \in 1..m}(t2(p)), t1(m+1)\}) && \text{lemme 1} \\
\geqslant{} &1 + \min(\{\min_{p \in 1..m}(t2(p)), t1(m)\}) && \text{lemme 2} \\
\geqslant{} &1 + \min(\{\min_{p \in 1..m}(t2(p)), t2(m)\}) && \text{lemme 1} \\
={} &1 + \min_{p \in 1..m}(t2(p)) && t2(m) \text{ apparaît deux fois} \\
={} &\mathrm{nblmin}(j, m). && \text{définition}
\end{aligned}
$$

Notons $f1(p) = \mathrm{nblmin}(i-1, p-1)$ et $f2(p) = \mathrm{nblmin}(i, i-p)$. D'après la propriété précédente de monotonie, $f1(p)$ (resp. $f2(p)$) croît (resp. décroît) avec p. Ces deux courbes « se croisent » et le calcul de $\mathrm{nblmin}(i,j)$ revient à chercher le minimum local de leur maximum. Ce problème est l'analogue de la recherche du pic traité dans l'exercice 91, page 448, ce qui se fait par dichotomie. On en déduit donc un remplissage possible du tableau NBLM en $\mathcal{O}(k \cdot n \cdot \log_2(n))$ comparaisons au lieu de $\mathcal{O}(k \cdot n^2)$ initialement.

Par conséquent, l'algorithme *LâchDyn2* est préférable à l'algorithme *LâchDyn1*, puisque sa complexité (asymptotique) est moindre.

Réponse 4. Dans le cas général, $CH[i,j]$ contient une valeur p ayant produit le minimum | 129 - R 4 |
de l'expression $\max(\{\mathrm{nblmin}(i-1, p-1), \mathrm{nblmin}(i, j-p)\})$, donc l'étage à partir duquel doit être lâché le premier œuf quand on dispose de i œufs et que l'on considère l'immeuble ayant les étages 1 à j. Dans le cas particulier où l'on a un seul œuf ($i = 1$), il faut effectuer le premier lâcher du premier étage pour assurer que la valeur de f sera déterminée à coup sûr ; $CH[1,j]$ a donc la valeur 1 pour tout j de l'intervalle $1..n$. Enfin, au cas où l'on a un seul étage ($j = 1$), on effectue le lâcher depuis cet étage et $CH[i,1]$ prend aussi la valeur 1.

Remarque Il importe de noter que puisque l'on considère un immeuble dont les étages sont $1, 2, \ldots, n$, l'examen d'une portion d'immeuble dont les étages sont $\mathrm{deb}, \ldots, \mathrm{fin}$ impose de « translater » la valeur de $CH[i,j]$ pour obtenir la valeur correcte de l'étage d'où doit être effectué le lâcher. Cette remarque est utilisée dans la suite.

On décrit maintenant le principe de l'algorithme de détermination d'une séquence de lâchers. De façon générale, on doit déterminer une séquence de lâchers correspondant à l'examen d'une tranche d'étages $deb..fin$, soit $j = fin - deb + 1$ étages avec i œufs garantissant la détermination de f avec au plus $NBLM[i, j]$ lâchers (au départ, $deb = 1, fin = n, i = k$). On effectue le lâcher depuis l'étage $(CH[i, j] + deb - 1)$. Si l'œuf se casse, on itère avec l'intervalle $deb .. CH[i, j] + deb - 2$ avec $(i - 1)$ œufs. Si l'œuf ne se casse pas, on itère avec l'intervalle $CH[i, j] + deb .. fin$ et i œufs. L'arrêt survient lorsque le nombre d'œufs disponibles est nul ou quand l'intervalle à traiter est vide.

On applique l'algorithme précédent aux quatre cas proposés et les résultats sont présentés dans les tableaux qui suivent.

$k = 2, n = 8, f = 5$ $\qquad$ $NBLM[2, 8] = 4$ donc quatre lâchers au pire

rang du lâcher	intervalle à traiter	lâcher depuis l'étage	casse
1	$1..8$	$CH[2, 8] + 1 - 1 = 2$	non
2	$3..8$	$CH[2, 6] + 3 - 1 = 5$	oui
3	$3..4$	$CH[1, 2] + 3 - 1 = 3$	non
4	$4..4$	$CH[1, 1] + 4 - 1 = 4$	non

Conclusion : $f = 5$, la détermination de f se fait avec quatre lâchers, et il reste un œuf.

$k = 2, n = 6, f = 3$ $\qquad$ $NBLM[2, 6] = 3$ donc trois lâchers au pire

rang du lâcher	intervalle à traiter	lâcher depuis l'étage	casse
1	$1..6$	$CH[2, 6] + 1 - 1 = 3$	oui
2	$1..2$	$CH[1, 2] + 1 - 1 = 1$	non
3	$2..2$	$CH[1, 1] + 2 - 1 = 2$	non

Conclusion : $f = 3$, la détermination de f se fait avec trois lâchers et il reste un œuf.

$k = 2, n = 4, f = 5$ $\qquad$ $NBLM[2, 4] = 3$ donc trois lâchers au pire

rang du lâcher	intervalle à traiter	lâcher depuis l'étage	casse
1	$1..4$	$CH[2, 4] + 1 - 1 = 1$	non
2	$2..4$	$CH[2, 3] + 2 - 1 = 3$	non
3	$4..4$	$CH[2, 1] + 4 - 1 = 4$	non

Conclusion : $f = 5$, la détermination de f se fait avec trois lâchers sans casser aucun œuf.

$k = 2, n = 5, f = 1$ $\qquad$ $NBLM[2, 5] = 3$ donc trois lâchers au pire

rang du lâcher	intervalle à traiter	lâcher depuis l'étage	casse
1	$1..5$	$CH[2, 5] + 1 - 1 = 2$	oui
2	$1..1$	$CH[1, 1] + 1 - 1 = 1$	oui

Conclusion : $f = 1$, la détermination de f se fait avec seulement deux lâchers en cassant les deux œufs initialement disponibles.

Réponse 5. Supposons que l'on dispose de i œufs ($i > 1$) et que l'on ait droit à j lâchers $\boxed{\text{129 - R 5}}$ ($j > 1$). Quand on lâche un œuf (peu importe l'étage), soit il se casse et il en reste $(i - 1)$ pour les $(j - 1)$ lâchers ultérieurs, soit il ne se casse pas et on peut procéder aux $(j - 1)$ lâchers futurs avec le même nombre i d'œufs. La capacité d'identification de l'étage de casse est donc la somme de ce que l'on peut identifier dans chacun de ces deux cas. Si on a un seul œuf, on ne peut assurer la détermination d'un étage de casse qu'en procédant de façon séquentielle, en épuisant le nombre j de lâchers autorisés. Enfin, avec un seul lâcher et au moins un œuf, on ne peut garantir la détermination à coup sûr que si l'on est en présence de deux étages. On en déduit la récurrence suivante pour le calcul de $\text{himax}(k, \text{nbl})$:

$$
\left|
\begin{aligned}
&\text{himax}(1, j) = j + 1 && 1 \leqslant j \leqslant \text{nbl} \\
&\text{himax}(i, 1) = 2 && 1 \leqslant i \leqslant k \\[1ex]
&\text{himax}(i, j) = \text{himax}(i - 1, j - 1) + \text{himax}(i, j - 1) &&
\begin{cases}
1 < i \leqslant k \\
\quad\text{et} \\
1 < j \leqslant \text{nbl}
\end{cases}
\end{aligned}
\right. .
$$

Une différence entre cette récurrence et celle vue dans la première question réside dans le fait que le calcul de himax ne cherche pas une valeur optimale (ni opération $\min$, ni opération $\max$ dans le terme général de la récurrence).

Le tableau ci-dessous rassemble les calculs conduisant à celui de $\text{himax}(4, 12)$:

j	1	2	3	4	5	6	7	8	9	10	11	12
$i = 1$	2	3	4	5	6	7	8	9	10	11	12	13
2	2	4	7	11	16	22	29	37	46	56	67	79
3	2	4	8	15	26	42	64	93	130	176	232	299
4	2	4	8	16	31	57	99	163	256	386	562	794

Réponse 6. De prime abord, on s'attend à ce que, si $\text{nblmin}(i, j)$ vaut l, alors la valeur $\boxed{\text{129 - R 6}}$ de $\text{himax}(i, l)$ soit égale à j. Or, on constate par exemple que $\text{nblmin}(2, 6) = 3$, alors que $\text{himax}(2, 3) = 7$. Ce « décalage » s'explique par le fait que le nombre d'étages pris en compte dans le problème *Lâchers2* n'inclut pas l'étage virtuel supplémentaire pour lequel l'œuf se casse nécessairement s'il ne s'est pas cassé avant. La propriété liant nblmin et himax est :

$$\text{himax}(i, l) = j \Rightarrow \text{nblmin}(i, j - 1) = l,$$

et ces deux grandeurs sont donc cohérentes.

Réponse 7. La résolution du problème *Lâchers3* suppose connus le nombre d'œufs et de $\boxed{\text{129 - R 7}}$ lâchers, alors que celle de *Lâchers2* part du nombre d'œufs et d'étages de l'immeuble. Pour i donné, j est le nombre minimal de lâchers permettant d'identifier f à coup sûr pour des immeubles ayant entre $\text{himax}(i, j - 1) + 1$ et $\text{himax}(i, j)$ étages.

La résolution du problème *Lâchers2* peut être vue comme l'utilisation de la récurrence himax résolvant le problème *Lâchers3* pour calculer nbl, le plus petit x tel que $\text{himax}(k, x) > n$. La supériorité stricte provient de ce qui a été dit dans la réponse précédente quant à la différence de 1 entre le nombre d'étages pris en compte dans les problèmes *Lâchers2* et *Lâchers3*.

Plus précisément, le principe de l'algorithme *LâchDyn3* calculant la valeur nbl consiste à remplir un tableau $HIM[1 .. k, 1 .. n]$ jusqu'à trouver dans la ligne d'indice k une valeur supérieure à n. Le remplissage de HIM est opéré de la façon suivante :

(a) on affecte la valeur $(j + 1)$ à chaque cellule d'indice colonne j de la première ligne selon le premier terme de la récurrence,

(b) on remplit successivement chacune des lignes suivantes, la première cellule avec la valeur 2 d'après le deuxième terme de la récurrence, les suivantes (2 à n) grâce au terme général.

L'algorithme résultant est donc en $\mathcal{O}(k \cdot n)$ additions et comparaisons (contrôle de boucle).

129 - R 8   **Réponse 8.**   D'après ce qui a été dit précédemment, dans le cas général, on sait que f est identifiable à coup sûr avec k œufs pour un immeuble ayant n étages avec au pire nbl lâchers, nbl étant le plus petit x tel que $HIM[k, x] > n$.

Effectuons un premier lâcher depuis l'étage $HIM[k-1, nbl-1]$. Si l'œuf se casse, on sait que l'on peut identifier f à coup sûr avec $(k-1)$ œufs pour un immeuble ayant $HIM[k-1, nbl-1]$ étages avec au pire $(nbl - 1)$ lâchers. De même, si l'œuf ne se casse pas, on sait que l'on peut identifier f à coup sûr avec k œufs pour un immeuble ayant $HIM[k, nbl - 1]$ étages avec au pire $(nbl - 1)$ lâchers.

On est donc assuré qu'avec ce premier lâcher on sait identifier la valeur de f à coup sûr, avec k œufs pour un immeuble possédant jusqu'à $HIM[k, nbl - 1] + HIM[k - 1, nbl - 1] = HIM[k, nbl]$ étages.

On en déduit que l'algorithme déterminant la séquence de lâchers sur cette base procède de la manière suivante. On considère que l'on dispose de i œufs $(i > 1)$ pour examiner l'intervalle deb .. fin, avec au pire j lâchers $(j > 1)$. Au départ, on a $i = k$, $j = nbl$, $deb = 1$, $fin = n$. On effectue un lâcher depuis l'étage $HIM[i - 1, j - 1] + deb - 1$. Si l'œuf se casse, on considère l'intervalle $deb .. HIM[i - 1, j - 1] + deb - 2$, que l'on examinera avec $(i - 1)$ œufs et au pire $(j - 1)$ lâchers. Dans le cas contraire, on considère l'intervalle $HIM[i - 1, j - 1] + deb .. fin$ que l'on examinera avec i œufs et au pire $(j - 1)$ lâchers.

Les deux familles de cas particuliers $(i = 1, j \geqslant 1)$ et $(i > 1, j = 1)$ sont traitées maintenant. Pour la première, on ne dispose que d'un œuf. On le lâche depuis l'étage deb. S'il se casse, on arrête en concluant que $f = deb$, sinon on itère avec l'intervalle $deb + 1 .. fin$. Dans le second type de cas particulier, on a droit à un seul lâcher avec un intervalle de type $deb .. deb + 1$. On effectue ce lâcher depuis l'étage deb et on conclut que $f = deb$ (resp. $deb + 1$) s'il y a casse (resp. non casse).

129 - R 9   **Réponse 9.**   On applique cet algorithme sur chacune des deux situations proposées et les résultats sont présentés dans les tableaux qui suivent.

$k = 2, n = 9, f = 5$ $HIM[2, 4] = 11 > 9$ donc quatre lâchers au pire

rang du lâcher	intervalle à traiter	lâcher depuis l'étage	casse
1	1 .. 9	$HIM[1, 3] + 1 - 1 = 4$	non
2	5 .. 9	$HIM[1, 2] + 5 - 1 = 7$	oui
3	5 .. 6	$deb = 5$	oui

Conclusion : $f = 5$, la détermination de f se fait avec seulement trois lâchers en cassant les deux œufs.

$k = 2, n = 7, f = 3 \qquad$ HIM$[2, 3] = 7$ donc trois lâchers au pire

rang du lâcher	intervalle à traiter	lâcher depuis l'étage	casse
1	$1..7$	HIM$[1, 2] + 1 - 1 = 3$	oui
2	$1..2$	$deb = 1$	non
3	$2..2$	$deb = 2$	non

Conclusion : $f = 3$, la détermination de f se fait avec trois lâchers et il reste un œuf.

On constate que, pour le premier exemple, on obtient ici la séquence de trois lâchers $\langle 4, 7, 5 \rangle$ alors qu'à la question 4, page 684, on avait une séquence de quatre lâchers $\langle 2, 5, 3, 4 \rangle$. Ceci n'est pas surprenant car : i) la valeur CH$[2, 8] = 2$ utilisée dans la question 4, page 684, n'est qu'une de celles possibles et ii) la valeur 4 convient également puisque $1 + \max(\{\text{nblmin}(1, 3), \text{nblmin}(2, 4)\}) = 1 + \max(\{3, 3\}) = 1 + \max(\{\text{nblmin}(1, 1), \text{nblmin}(2, 6)\}) = 1 + \max(\{1, 3\}) = 4$. En prenant les valeurs appropriées dans le tableau CH, on obtiendrait donc la même séquence de trois lâchers.

Pour le second exemple, les séquences de lâchers obtenues coïncident $(3 - 1 - 2)$.

On traite maintenant le troisième exemple.

$k = 3, n = 42, f = 4 \qquad$ HIM$[3, 6] = 42$ donc six lâchers au pire

rang du lâcher	intervalle à traiter	lâcher depuis l'étage	casse
1	$1..42$	HIM$[2, 5] + 1 - 1 = 16$	oui
2	$1..15$	HIM$[1, 4] + 1 - 1 = 5$	oui
3	$1..4$	$deb = 1$	non
4	$2..4$	$deb = 2$	non
5	$3..4$	$deb = 3$	non
4	$4..4$	$deb = 4$	oui

Conclusion : $f = 4$, la détermination de f se fait avec exactement six lâchers et tous les œufs sont cassés.

Réponse 10. On montre que l'expression utilisant les nombres de combinaisons s'identi- $\boxed{129 \text{ - R } 10}$ fie à chacun des termes de la récurrence définissant himax.

Pour tout $i \geqslant 1$, on a :

$$\sum_{p=0}^{i} C_1^p$$

$$= C_1^0 + C_1^1 + \cdots + C_1^i \qquad \text{expansion}$$

$$= \qquad \text{définition de } C_n^p$$

$$1 + 1 + 0 + \cdots + 0 = 2$$

$$= \quad \text{définition de } \mathtt{himax}$$

$$\mathtt{himax}(i, 1).$$

De même, pour tout $j \geqslant 1$, on a :

$$\sum_{p=0}^{1} C_j^p$$

$$= \quad \text{expansion}$$

$$C_j^0 + C_j^1$$

$$= \quad \text{définition de } C_n^p$$

$$1 + j$$

$$= \quad \text{définition de } \mathtt{himax}$$

$$\mathtt{himax}(1, j).$$

On traite maintenant l'expression $\sum_{p=0}^{i} C_j^p$ pour i et j strictement supérieurs à 1. On a :

$$\sum_{p=0}^{i} C_j^p$$

$$= \quad \text{expansion partielle}$$

$$C_j^0 + \sum_{p=1}^{i} C_j^p$$

$$= \quad \text{définition de } C_j^0$$

$$1 + \sum_{p=1}^{i} C_j^p$$

$$= \quad \text{identité } C_j^p = C_{j-1}^p + C_{j-1}^{p-1}$$

$$1 + \sum_{p=1}^{i} (C_{j-1}^p + C_{j-1}^{p-1})$$

$$= \quad \text{propriété de l'addition}$$

$$1 + \sum_{p=1}^{i} C_{j-1}^p + \sum_{p=1}^{i} C_{j-1}^{p-1}$$

$$= \quad C_{j-1}^0 = 1$$

$$\sum_{p=0}^{i} C_{j-1}^p + \sum_{p=1}^{i} C_{j-1}^{p-1}$$

$$= \quad \text{changement de variable : } p - 1 \text{ devient } p$$

$$\sum_{p=0}^{i} C_{j-1}^p + \sum_{p=0}^{i-1} C_{j-1}^p.$$

Posons $g(i, j) = \sum_{p=0}^{i} C_j^p$. D'après l'égalité précédente, il vient :

$$g(i, j) = g(i, j - 1) + g(i - 1, j - 1)$$

et par identification $\mathtt{himax}(i, j) = g(i, j) = \sum_{p=0}^{i} C_j^p$.

Réponse 11. On a :

$$\mathrm{himax}(k, r) = \sum_{p=0}^{k} C_r^p = C_r^0 + \cdots + C_r^k$$

et :

$$C_r^{p+1} = \frac{(C_r^p \cdot (n - p))}{(p + 1)}.$$

On en déduit que, pour k et r fixés, on peut calculer $\mathrm{himax}(k, r) = \sum_{p=0}^{k} C_r^p$ par une boucle dont le corps effectue une multiplication et une division. Au total, le calcul de $\mathrm{himax}(k, r)$ demande k multiplications, divisions et comparaisons (dues au contrôle de boucle).

Comme indiqué dans l'énoncé, $C_r^p \geqslant C_{r-1}^p$ et donc $\mathrm{himax}(k, r) \geqslant \mathrm{himax}(k, r - 1)$; autrement dit, $\mathrm{himax}(k, r)$ est croissant sur son second argument. On a aussi $\mathrm{himax}(k, n) > n$ (preuve laissée au soin du lecteur). On peut donc envisager un algorithme *LâchDyn4* de calcul de nbl, le plus petit x tel que $\mathrm{himax}(k, x) > n$ par dichotomie, en utilisant le schéma inductif suivant sur l'intervalle de recherche $deb \mathbin{..} fin$ (au départ $deb = 1, fin = n$).

Base Quand l'intervalle est de longueur 1, si $\mathrm{himax}(k, deb) > n$ (resp. $\leqslant n$), la valeur recherchée nbl est deb (resp. $deb + 1$).

Hypothèse d'induction On admet que l'on sait calculer par dichotomie la valeur nbl pour tout intervalle $deb' \mathbin{..} fin'$ tel que $fin' - deb' + 1 \geqslant 1$ et $deb' \mathbin{..} fin' \subset deb \mathbin{..} fin$.

Induction Soit $fin - deb + 1 > 1$ et $mil = \lfloor (deb + fin)/2 \rfloor$. Dans le cas où $\mathrm{himax}(k, mil) > n$, la valeur nbl se trouve dans $deb \mathbin{..} mil$ et d'après l'hypothèse d'induction, on sait la trouver. De manière symétrique, si $\mathrm{himax}(k, mil) \leqslant n$, nbl se trouve dans $mil + 1 \mathbin{..} fin$ et l'hypothèse d'induction assure que l'on sait la calculer.

Terminaison La longueur de l'intervalle décroît strictement à chaque étape pour finalement atteindre 1 la valeur de la base.

On a $\lceil \log_2(n) \rceil$ étapes pour trouver nbl, chacune ayant une complexité en k (comparaisons), soit au total une complexité du calcul de $\mathrm{himax}(k, nbl)$ en $\Theta(k \cdot \log_2(n))$ comparaisons.

Réponse 12. La reconstitution de la séquence de lâchers associée au couple (i, j) obéit au principe décrit dans la réponse 8, page 758. Cependant, et c'est le point nouveau, il est nécessaire d'effectuer à chaque étape le calcul de $\mathrm{himax}(i - 1, j - 1)$ (correspondant à la cellule $HIM[i - 1, j - 1]$ quand on disposait du tableau HIM) donnant l'étage duquel doit être effectué le lâcher. On a donc ici une complexité en $\mathcal{O}(i \cdot nbl)$ comparaisons, alors que dans la réponse à la question 8 page 685, la complexité était en $\Theta(nbl)$ comparaisons, nbl étant la valeur du nombre de lâchers trouvée pour i œufs et j étages.

Réponse 13. Avant de pouvoir valablement procéder à la comparaison sur la complexité, il importe de remarquer que si celle des solutions par programmation dynamique s'exprime en nombre de comparaisons, la solution par *radixchotomie* est construite en prenant le nombre de lâchers comme opération élémentaire. Cependant, il est aisé de voir que, dans cette approche, le nombre de lâchers est du même ordre que le nombre de comparaisons induites par le contrôle des boucles, ce qui rend comparables les complexités de toutes ces approches.

On rassemble les caractéristiques des quatre algorithmes dans le tableau ci-dessous (k nombre d'œufs, n nombre d'étages de l'immeuble et nbl nombre de lâchers effectués) :

méthode / algorithme	minimalité du nombre de lâchers au pire	classe de complexité asymptotique
radixchotomie	non	$\mathcal{O}(\sqrt[k]{n})$
LâchDyn2	oui	$\mathcal{O}(k \cdot n \cdot \log_2(n))$
LâchDyn3	oui	$\mathcal{O}(k \cdot n)$
LâchDyn4	oui	$\Theta(k \cdot \log_2(n))$

Ces éléments montrent que :

1) si l'on veut absolument garantir la minimalité du nombre de lâchers au pire, l'algorithme *LâchDyn4* est le meilleur,

2) si l'on veut un algorithme efficace sans se soucier de la minimalité du nombre de lâchers au pire, la *radixchotomie* s'impose,

3) plus on a d'œufs et plus la *radixchotomie* est efficace, ce qui est intuitif, alors que les algorithmes fondés sur la programmation dynamique pâtissent de l'augmentation du nombre d'œufs. On est ici dans un cas peu habituel, où la programmation dynamique fait très sensiblement moins bien en termes de complexité, du fait même de l'utilisation d'une structure tabulaire dont le nombre d'œufs est une des dimensions. C'est là le prix à payer pour la garantie de l'optimalité de la solution fournie ! !

129 - R 14 **Réponse** 14. Dans chacun des tableaux suivants, on étudie successivement ce qu'il advient dans les deux approches pour les valeurs de f de 1 à 4.

f = 1

			LachDyn2	radixchotomie
lâcher 1	étage		2	1
	casse		oui	oui
lâcher 2	étage		1	/
	casse		oui	/

f = 2

			LachDyn2	radixchotomie
lâcher 1	étage		2	1
	casse		oui	non
lâcher 2	étage		1	2
	casse		non	oui

f = 3

			LachDyn2	radixchotomie
lâcher 1	étage		2	1
	casse		non	non
lâcher 2	étage		3	2
	casse		oui	non
lâcher 2	étage		/	3
	casse		/	oui

		LachDyn2	*radixchotomie*
lâcher 1	étage	2	1
	casse	non	non
lâcher 2	étage	3	2
	casse	non	non
lâcher 2	étage	/	3
	casse	/	non

f = 4

On observe qu'ici la programmation dynamique requiert systématiquement deux lâchers, alors que la *radixchotomie* amène à un, deux ou même trois lâchers. Donc, *dans le pire cas*, comme attendu, la programmation dynamique est optimale en nombre de lâchers. Après avoir procédé à des expérimentations, les auteurs conjecturent que, dans le pire cas, la *radixchotomie*, bien que non optimale, fait jeu égal avec la solution optimale ou demande seulement un lâcher de plus qu'elle.

Réponse 15. Considérons le problème *IdentInterv2* suivant : déterminer la longueur maximale d'intervalle dont tout nombre x peut être identifié (à coup sûr) avec au plus Q questions du type « x est-il supérieur à v ? » et au plus RN réponses négatives. Le problème *IdentInterv* admet (au moins) une réponse si la solution au problème *IdentInterv2* est une valeur au moins égale à N. Or, il apparaît que *IdentInterv2* est isomorphe à *Lâchers3* en établissant les correspondances suivantes : `129 - R 15`

- longueur de l'intervalle (N) $\longleftrightarrow$ nombre d'étages de l'immeuble (n),
- poser une question $\longleftrightarrow$ effectuer un lâcher d'œuf,
- réponse négative à une question $\longleftrightarrow$ casse de l'œuf.

Remarque   On notera que les problèmes *IdentInterv* et *IdentInterv2* n'ont pas de sens quand le nombre de réponses négatives (RN) est supérieur au nombre de questions (Q), alors que le problème de lâchers d'œufs en a même si le nombre d'œufs (k) est supérieur au nombre d'étages (n).

Pour savoir si le problème *IdentInterv* admet (au moins) une solution, il suffit donc de résoudre le problème *Lâchers3* avec l'algorithme *LâchDyn3* ou *LâchDyn4*. On conclut positivement (resp. négativement) si la valeur de `himax(RN, Q)` est supérieure (resp. inférieure ou égale) à N.

Quand le problème *IdentInterv* admet (au moins) une solution, construire une séquence de questions à poser consiste à trouver la valeur v associée à chacune d'elles. Par isomorphisme, cela revient à identifier l'étage à partir duquel est effectué un lâcher dans le problème *Lâchers3*. On pourra donc reconstituer une séquence de questions à poser en appliquant l'algorithme *LâchDyn3* (resp. *LâchDyn4*), puis la stratégie décrite dans la réponse à la question 8 (resp. 12).

129 - R 16   **Réponse** 16.   Avec $N = 299, Q = 12, RN = 3$, l'arbre partiel est le suivant :

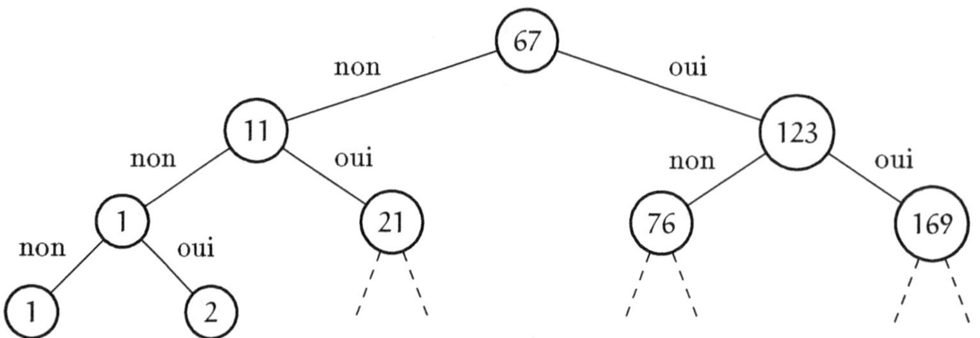

129 - R 17   **Réponse** 17.   Pour l'intervalle $1\mathinner{.\,.}296$, on peut bien entendu poser la même première question que pour l'intervalle $1\mathinner{.\,.}299$. En effet, on peut à coup sûr identifier tout élément de chacun des intervalles en résultant ($1\mathinner{.\,.}67$ et $68\mathinner{.\,.}296$), avec au pire 11 questions et deux (resp. trois) réponses négatives pour le premier (resp. second). Cependant, on peut aussi poser la question « x est-il supérieur à 66 ? », puisque tout élément des intervalles $1\mathinner{.\,.}66$ et $67\mathinner{.\,.}296$ (de largeur 230) peut lui aussi être identifié à coup sûr avec au pire 11 questions et deux (resp. trois) réponses négatives pour le premier (resp. second), comme le montre le tableau de la réponse à la question 5, page 684. Pour la même raison, on peut aussi poser comme première question : « x est-il supérieur à 65 ? » ou encore « x est-il supérieur à 64 ? ».

129 - R 18   **Réponse** 18.   Compte tenu de ce qui a été dit dans la question précédente, les intervalles pour lesquels l'arbre des questions est unique sont ceux dont la longueur correspond à une valeur de $\mathtt{himax}(RN, Q)$, étant donc entendu que l'on pose Q questions avec au plus RN réponses négatives. C'est en particulier le cas pour tout intervalle $1\mathinner{.\,.}N$ avec un seul œuf. Mais c'est aussi le cas par exemple pour les intervalles : i) $1\mathinner{.\,.}299$, avec trois réponses négatives et douze questions, ii) $1\mathinner{.\,.}46$, avec deux réponses négatives et neuf questions, ou iii) $1\mathinner{.\,.}16$, avec deux réponses négatives et cinq questions ou quatre réponses négatives et quatre questions.

Solution de l'exercice 130   Chemin de valeur minimale dans un graphe particulier

Énoncé page 686.

130 - R 1   **Réponse** 1.   Raisonnons par l'absurde. Considérons un graphe conforme G ayant n sommets ($n \geqslant 2$) et supposons qu'il comporte le circuit $\langle k, j_1, \ldots, j_p, k \rangle$ ($p \geqslant 1$ puisqu'il n'y a pas de boucle). On a :

$$k < j_1 < \ldots < j_p < k$$

ce qui est impossible. Un graphe conforme ne peut donc pas avoir de circuit.

Supposons maintenant que le graphe conforme G n'a pas de point d'entrée (resp. de sortie). Prenons un sommet quelconque k, il a au moins un prédécesseur (resp. successeur) j_1. On peut répéter le raisonnement qui conduit à trouver un prédécesseur (resp. successeur) j_2 à j_1 et ainsi de suite puisque tout sommet a au moins un prédécesseur (resp. successeur). Cependant, les sommets $j_1, j_2, \ldots$ ainsi exhibés sont tous différents, puisque G ne possède pas de circuit et qu'il a un nombre fini n de sommets. Il n'est donc pas possible de construire une suite de prédécesseurs (resp. successeurs) aussi longue que voulu. On a une contradiction, ce qui permet d'affirmer que le graphe conforme G a au moins un point d'entrée et au moins un point de sortie.

Réponse 2. On appelle $Pred(i)$ l'ensemble des prédécesseurs de i. Tous les sommets de $Pred(i)$ ont un numéro strictement inférieur à i, puisque G est conforme. Soit k un des prédécesseurs de i ($k \in Pred(i)$) pour lequel il existe p ($p \geqslant 1$) chemins depuis le sommet 1 ($nbchm(k) = p$). On peut « prolonger » ces p chemins en leur adjoignant le sommet terminal i ; on construit ainsi p chemins de 1 à i. Ceci peut être fait pour tout sommet k de $Pred(i)$, d'où on déduit que le nombre de chemins d'origine 1 et d'extrémité i est donné par :

$$\left| \begin{array}{l} nbchm(1) = 1 \\ nbchm(i) = \displaystyle\sum_{k=1}^{i-1} nbchm(k) \end{array} \right. \qquad 2 \leqslant i \leqslant n.$$

En prenant le graphe proposé, on obtient :

$$nbchm(1) = 1; nbchm(2) = nbchm(1) = 1;$$
$$nbchm(3) = nbchm(1) + nbchm(2) = 2;$$
$$nbchm(4) = nbchm(2) + nbchm(3) = 3;$$
$$nbchm(5) = nbchm(1) + nbchm(3) + nbchm(4) = 6.$$

On peut vérifier que les chemins allant de 1 à 5 sont : $\langle 1,5 \rangle$, $\langle 1,2,3,5 \rangle$, $\langle 1,2,4,5 \rangle$, $\langle 1,2,3,4,5 \rangle$, $\langle 1,3,5 \rangle$ et $\langle 1,3,4,5 \rangle$.

Réponse 3. Soit $cvmin(i)$ la valeur du chemin de valeur minimale d'origine 1 et d'extrémité i. Le raisonnement utilisé à la question précédente s'applique encore et conduit à :

$$\left| \begin{array}{l} cvmin(1) = 0 \\ cvmin(i) = \displaystyle\min_{k \in 1..i-1} (cvmin(k) + MGV[k,i]) \end{array} \right. \qquad 1 < i \leqslant n.$$

On associe à $cvmin$ le vecteur $CVM[1..n]$ et la valeur recherchée (celle du (d'un) chemin de valeur minimale d'origine 1 et d'extrémité n) se trouve en $CVM[n]$. Compte tenu de la forme de la récurrence définissant $cvmin$, on fait progresser le remplissage de gauche à droite (indice i croissant) en commençant par $CVM[1]$ grâce au premier terme de la récurrence et en utilisant le second terme pour calculer la valeur des éléments suivants ($CVM[2..n]$). La complexité spatiale de cet algorithme est en $\Theta(n^2)$ correspondant à la matrice MGV représentant le graphe considéré, de même que sa complexité temporelle en termes de nombre de conditions évaluées.

Remarque On rappelle que les valeurs associées aux arcs du graphe GV sont quelconques.

Réponse 4. Appliqué au graphe donné en exemple, cet algorithme produit le vecteur $CVM = [0, 6, 3, 5, 7]$; le chemin $\langle 1,2,3,5 \rangle$ de valeur minimale d'origine 1 et d'extrémité 5 a donc pour valeur 7.

Solution de l'exercice 131 Chemins de valeur minimale depuis une source – Algorithme de Bellman-Ford
Énoncé page 688.

131 - R 1   **Réponse 1.** Dans le cas général, soit le chemin optimal entre la source et le sommet s utilise moins de i arcs et sa valeur est $valchvmin(s, i-1)$, soit il comprend exactement i arcs et alors sa valeur est $valchvmin(t, i-1)$, celle du meilleur chemin de la source au sommet t prédécesseur de s sur le chemin optimal de la source à s, augmentée de la valeur $P(t, s)$ de l'arc (t, s). On a donc la récurrence :

$$\left|\begin{array}{l} valchvmin(1, 0) = 0 \\ valchvmin(s, 0) = +\infty \\ valchvmin(s, i) = \min\left(\left\{\begin{array}{l} valchvmin(s, i-1), \\ \min\limits_{t \in Pred(s)} \left(\begin{array}{l} valchvmin(t, i-1) + \\ P(t, s) \end{array}\right) \end{array}\right\}\right) \end{array}\right. \begin{array}{l} 1 < s \leqslant n \\ 1 < s \leqslant n \\ \textbf{et} \\ 1 \leqslant i \leqslant n-1 \end{array}$$

$Pred(s)$ dénotant l'ensemble des prédécesseurs du sommet s.

131 - R 2   **Réponse 2.** On pourrait construire un algorithme dérivé de façon directe de la récurrence ci-dessus. Cependant, on peut remarquer que le parcours de l'ensemble des prédécesseurs de chaque sommet revient à traiter l'ensemble des arcs de GV. On peut dès lors exploiter la représentation du graphe GV par la table de ses arcs. De plus, au lieu de remplir une structure $VCHVMIN[1..n, 0..n-1]$, on se contente du tableau $VCHVMIN[1..n, 1..2]$, puisque dans la récurrence le calcul de l'élément de second indice i ne fait appel qu'à des éléments de second indice $(i-1)$. On en déduit l'algorithme :

```
 1. constantes
 2.     n ∈ ℕ₁ et n = ... et m ∈ ℕ₁ et m = ... et AGV ∈ 1..m × 1..2 → ℕ₁ et
 3.     AGV = [...] et PGV ∈ 1..m → ℝ et PGV = [...] et
 4.     EstSansCircuitNégatif(GV)
 5.     /% AGV est la matrice associée aux arcs du graphe GV considéré et PGV le
        vecteur donnant leur valeur ; EstSansCircuitNégatif(GV) est un prédicat
        qui indique que GV est exempt de circuit de valeur négative %/
 6. variables
 7.     VCHVMIN ∈ 1..n × 1..2 → ℝ
 8.     /% VCHVMIN est la matrice donnant la valeur du chemin de valeur
        minimale de la source (sommet 1) à tout autre sommet %/
 9. début
10.     VCHVMIN[1, 1] ← 0 ; VCHVMIN[1, 2] ← 0 ;
11.     pour s ∈ 2..n faire
12.         VCHVMIN[s, 1] ← +∞
13.     fin pour ;
14.     pour i parcourant 1..n-1 faire
15.         /% calcul (mise à jour de la valeur du chemin de valeur minimale pour
            tout sommet autre que la source) %/
16.         pour s ∈ 2..n faire
17.             VCHVMIN[AGV[a, 2], 2] ← +∞
18.         fin pour ;
19.         pour a ∈ 1..m faire
20.             VCHVMIN[AGV[a, 2], 2] ←
```

$$\min \left(\left\{ \begin{array}{l} \text{VCHVMIN}[\text{AGV}[a,2],2], \\ \text{VCHVMIN}[\text{AGV}[a,2],1], \\ \text{VCHVMIN}[\text{AGV}[a,1],1] + \text{PGV}[a] \end{array} \right\} \right)$$

21.   **fin pour** ;
22.   */% remplacement de la colonne 1 par la colonne 2 %/*
23.   **pour** $s \in 1 .. n$ **faire**
24. $\text{VCHVMIN}[s,1] \leftarrow \text{VCHVMIN}[s,2]$
25.   **fin pour**
26.   **fin pour** ;
27.   **pour** s **parcourant** $1 .. n$ **faire**
28.   écrire(VCHVMIN$[s,2]$)
29.   **fin pour**
30. **fin**

La complexité temporelle de cet algorithme est $\Theta(m \cdot n)$ en termes de conditions évaluées.

Remarque   Une mise en œuvre directe de la récurrence avec une représentation matricielle MGV de GV conduirait à la même complexité en termes de nombre de conditions évaluées, mais requerrait $\Theta(n^3)$ accès à MGV, puisque la recherche des prédécesseurs d'un sommet nécessite alors n accès à MGV.

Réponse 3.   L'application de cet algorithme sur le graphe GV_1 conduit à la succession des matrices VCHVMIN suivantes :   `131 - R 3`

	1	2
1	0	0
2	$+\infty$	4
3	$+\infty$	2
4	$+\infty$	-3
5	$+\infty$	$+\infty$
6	$+\infty$	3

	1	2
1	0	0
2	4	3
3	2	0
4	-3	-3
5	$+\infty$	0
6	3	3

	1	2
1	0	0
2	3	3
3	0	0
4	-3	-4
5	0	-2
6	3	3

	1	2
1	0	0
2	3	2
3	0	0
4	-4	-6
5	-2	-2
6	3	3

	1	2
1	0	0
2	2	0
3	0	0
4	-6	-6
5	-2	-2
6	3	3

Avec le graphe GV_2, on obtient :

	1	2
1	0	0
2	$+\infty$	-2
3	$+\infty$	2
4	$+\infty$	$+\infty$
5	$+\infty$	5

	1	2
1	0	0
2	-2	-2
3	2	-1
4	$+\infty$	1
5	5	5

	1	2
1	0	0
2	-2	-2
3	-1	-1
4	1	-2
5	5	2

	1	2
1	0	0
2	-2	-2
3	-1	-1
4	-2	-2
5	2	-1

Réponse 4.   Afin de pouvoir reconstruire les chemins optimaux eux-mêmes, l'idée est de mémoriser le numéro du prédécesseur pour lequel l'optimal est atteint (technique du   `131 - R 4` « Petit Poucet »). Ceci est effectué lors de chaque mise à jour effective de VCHVMIN (ligne 20 de l'algorithme). Pour le graphe GV_1, on aura les informations de cheminement : $2 \to 4$, $3 \to 6$, $4 \to 5$, $5 \to 3$ et enfin $6 \to 1$. Si on veut reconstituer le chemin optimal de 1 à 2, on procède en « remontant » le chemin de l'extrémité vers l'origine à l'aide de ces informations de cheminement, soit le chemin optimal : $\langle 1, 6, 3, 5, 4, 2 \rangle$.

131 - R 5

Réponse 5. La différence entre cette variante et la version donnée en réponse à la question 2 réside dans l'utilisation d'un vecteur VCHVMIN[1 .. n] au lieu d'une matrice VCHVMIN[1..n, 1..2], car le calcul des valeurs des chemins optimaux se fait « sur place ». Il y a donc un gain d'espace mémoire avec une complexité spatiale divisée par 2.

131 - R 6

Réponse 6. Dans cette version, la valeur de VCHVMIN[s] résultant du calcul au pas d'itération i peut être utilisée pour d'autres sommets au cours de ce même pas i. On peut dire que les mises à jour sont potentiellement « accélérées » en dissociant le pas d'itération et le nombre d'arcs maximum apparaissant dans le chemin optimal (à ce stade). Ceci est parfaitement légal, puisque l'utilisation de la valeur VCHVMIN$[s_i]$ pour le calcul de VCHVMIN$[s_j]$ repose sur l'existence d'un chemin optimal (pour le moment) entre les sommets 1 et s_i. Puisque l'on calcule une valeur minimale, le résultat serait le même si l'on attendait un pas d'itération ultérieur. Ce qui vient d'être dit est illustré sur les graphes GV_1 et GV_2, pour lesquels on donne ci-après le vecteur résultant des pas d'itération successifs en considérant les arcs dans l'ordre prescrit :

$$GV_1$$

sommet	init.	$i = 1$	$i = 2$	$i = 3$	$i = 4$	$i = 5$
1	0	0	0	0	0	0
2	$+\infty$	4	3	2	0	0
3	$+\infty$	2	0	0	0	0
4	$+\infty$	-3	-4	-6	-6	-6
5	$+\infty$	0	-2	-2	-2	-2
6	$+\infty$	3	3	3	3	3

$$GV_2$$

sommet	init.	$i = 1$	$i = 2$	$i = 3$	$i = 4$
1	0	0	0	0	0
2	$+\infty$	-2	-2	-2	-2
3	$+\infty$	-1	-1	-1	-1
4	$+\infty$	-2	-2	-2	-2
5	$+\infty$	-1	-1	-1	-1

131 - R 7

Réponse 7. Si on applique cet algorithme au graphe GV_3 selon l'ordre des arcs donné, on obtient la succession de vecteurs :

sommet	init.	$i = 1$	$i = 2$	$i = 3$	$i = 4$
1	0	0	0	0	0
2	$+\infty$	5	5	2	-1
3	$+\infty$	$+\infty$	1	-2	-2
4	$+\infty$	2	-1	-1	-1
5	$+\infty$	-2	-2	-2	-2

Trois points peuvent être mis en évidence : i) comme attendu, on obtient les mêmes résultats finaux pour GV_1 et GV_2, quel que soit l'algorithme utilisé, ii) on obtient les mêmes valeurs de chemins optimaux pour GV_2 et GV_3 en corrélant les numérotations, iii) le second algorithme appliqué au graphe GV_1 met en évidence l'inutilité du dernier pas ($i = 5$) ; en revanche, avec GV_2 toutes les valeurs des chemins optimaux sont calculées dès la fin du premier pas d'itération (1), alors qu'avec GV_3 il faut attendre le dernier pas d'itération (4) pour les obtenir.

Réponse 8. On constate qu'avec cet algorithme il peut être inutile d'aller jusqu'au bout de l'itération sur i. On pourrait donc s'arrêter dès lors qu'aucun changement n'a lieu à un pas d'itération donné par rapport au précédent. 131 - R 8

Réponse 9. Avec l'algorithme donné en réponse à la question 2, à l'issue du pas j, la valeur VCHVMIN[s, 2] s'interprète comme la valeur du chemin optimal entre la source et le sommet s ayant au plus j arcs. Avec la variante proposée, la valeur VCHVMIN[s] à la fin du j^e pas d'itération est une borne supérieure de la valeur du chemin optimal entre la source et s (il n'y a plus de corrélation entre le pas d'itération et le nombre d'arcs). 131 - R 9

Réponse 10. S'il existe dans le graphe valué GV un circuit de valeur négative atteignable depuis la source, un pas d'itération supplémentaire ($i = n$) va provoquer des changements de la valeur du chemin optimal de la source à chacun des sommets de ce circuit. Pour détecter un tel circuit, il suffit donc d'ajouter un pas d'itération après la ligne 18 de l'algorithme donné dans l'énoncé de la question 5, puis de vérifier s'il y a eu ou non changement de la valeur minimale associée à (au moins) un sommet. 131 - R 10

Exemple. Soit le graphe :

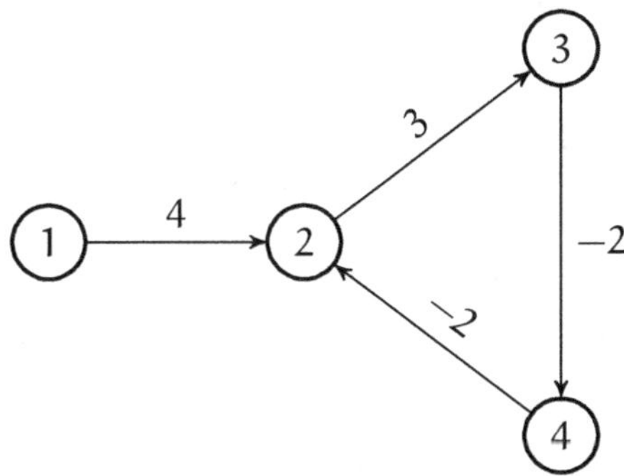

En ajoutant le pas d'itération 4 et en relâchant la pré-condition sur les circuits, la succession des valeurs du vecteur VCHVMIN est :

sommet	init.	$i = 1$	$i = 2$	$i = 3$	$i = 4$ pas supplémentaire
1	0	0	0	0	0
2	$+\infty$	3	2	1	0
3	$+\infty$	7	6	5	4
4	$+\infty$	5	4	3	2

On observe (comme attendu) que la valeur associée aux sommets $1, 2$ et 3 a changé entre les pas d'itération 3 et 4 ; donc le graphe considéré possède (au moins) un circuit de valeur négative.

Réponse 11. Trouver la valeur du chemin de valeur minimale de tout sommet au sommet 1 (puits) d'un graphe GV est aisé (à condition que le puits ne soit atteignable par 131 - R 11 aucun circuit de valeur négative). En effet, il suffit de construire le graphe GVTR transposé de GV (l'arc (s_i, s_j) de GV devient l'arc (s_j, s_i) dans GVTR en conservant sa valeur). On applique alors l'algorithme de Bellman-Ford au graphe GVTR et la valeur du chemin optimal entre les sommets s et 1 dans GV est la valeur optimale trouvée dans GVTR entre 1 et s.

131 - R 12   **Réponse 12.**   Le calcul de la valeur maximale d'une source sc à tout autre sommet s d'un graphe valué GV peut être envisagé selon le raisonnement suivi pour le calcul de la valeur minimale. Les deux différences principales portent sur : i) la nécessité d'absence de circuit(s) de valeur *positive* atteignable(s) depuis sc et ii) le remplacement dans la récurrence des deux instances de l'opérateur minimum par l'opérateur maximum (et par suite, cette même substitution dans les algorithmes dérivés).

Solution de l'exercice 132   Chemins de valeur minimale – Algorithme de Roy-Warshall et algorithme de Floyd – Algèbres de chemins.

Énoncé page 691.

132 - R 1   **Réponse 1.**   On effectue une preuve par induction (récurrence forte sur $\mathbb{N}_1$).

Base La récurrence « voit » tout chemin sans sommet intermédiaire, puisqu'au départ elle intègre les arcs du graphe G.

Hypothèse d'induction La récurrence « voit » tout chemin dont les sommets intermédiaires sont de numéro $i < k$.

Induction Soit $\langle x, s_{i_1}, \ldots, s_{i_p}, y \rangle$ un chemin élémentaire de x à y dans G tel que k est le numéro le plus grand parmi $\{i_1, \ldots, i_p\}$. Ce chemin est pris en compte dans la récurrence pour $i = k$, puisque les chemins élémentaires $\langle x, s_{i_1}, \ldots, s_k \rangle$ d'une part et $\langle s_k, \ldots, s_{i_p}, y \rangle$ d'autre part ont été pris en compte auparavant d'après l'hypothèse d'induction. On remarque qu'aucune hypothèse particulière ne portant sur les sommets x et y, le cas des circuits élémentaires est implicitement traité dans cette démonstration.

132 - R 2   **Réponse 2.**   Dans G_1, le chemin $\langle 3, 1, 2, 1, 4 \rangle$ est « vu » à l'étape $i = 2$, puisqu'il résulte de la concaténation des chemins $\langle 3, 1, 2 \rangle$ et $\langle 2, 1, 4 \rangle$ ayant tous deux un seul sommet intermédiaire de numéro 1 (< 2). En revanche, le même chemin dans G_2, $\langle 1, 4, 3, 4, 2 \rangle$, ne se décompose ni en $\langle 1, 4 \rangle$ et $\langle 4, 3, 4, 2 \rangle$ (puisque 4 est un sommet intermédiaire de ce dernier chemin), ni en $\langle 1, 4, 3 \rangle$ et $\langle 3, 4, 2 \rangle$ (puisque le sommet intermédiaire de numéro 4 (> 3) appartient à ces deux chemins), ni en $\langle 1, 4, 3, 4 \rangle$ et $\langle 4, 2 \rangle$ (le premier chemin ayant le sommet intermédiaire de numéro 4). Donc, le chemin $\langle 1, 4, 3, 4, 2 \rangle$ n'est pas pris en compte.

132 - R 3   **Réponse 3.**   L'algorithme associé à la récurrence proposée est donné ci-dessous :

```
1. constantes
2.    n ∈ ℕ₁ et n = ... et MG ∈ 1..n × 1..n → 𝔹 et MG = [...]
3.    /% MG est la matrice d'adjacence carrée associée au graphe G étudié %/
4. variables
5.    MG⁺ ∈ 1..n × 1..n × 0..n → 𝔹
6.    /% MG⁺ est la matrice tridimensionnelle telle que en fin d'exécution
      MG⁺[i, j, n] vaut vrai s'il existe un chemin de i à j dans G, faux sinon
      %/
```

```
 7. début
 8.    pour i ∈ 1 .. n faire
 9.       pour j ∈ 1 .. n faire
10.          MG⁺[i, j, 0] ← MG[i, j]
11.       fin pour
12.    fin pour ;
13.    pour i parcourant 1 .. n faire
14.       pour x ∈ 1 .. n faire
15.          pour y ∈ 1 .. n faire
16.             MG⁺[x, y, i] ← MG⁺[x, y, i−1] ou sinon ( MG⁺[x, i, i − 1] et
                                                         MG⁺[i, y, i − 1] )
17.          fin pour
18.       fin pour
19.    fin pour ;
20.    écrire(MG⁺)
21. fin
```

Compte tenu du caractère tridimensionnel de la matrice MG^+, la complexité spatiale de cet algorithme est en $\Theta(n^3)$. La phase d'initialisation (lignes 8 à 12) requiert n^2 accès aux matrices MGV et MGV$^+$ tandis que l'étape principale de calcul (lignes 13 à 19) en demande entre $2n^3$ et $4n^3$. La complexité temporelle de cet algorithme est donc en $\Theta(n^3)$ accès aux graphes.

Réponse 4. En observant la récurrence, on constate qu'au pas i, les seuls éléments « réutilisés » sont $\mathrm{chemin}(x, i, i - 1)$ et $\mathrm{chemin}(i, y, i - 1)$. Le fait que ces éléments soient remplacés respectivement par $\mathrm{chemin}(x, i, i)$ et $\mathrm{chemin}(i, y, i)$ peut sembler hasardeux, mais il s'avère que : $\boxed{132 - \text{R } 4}$

$$
\begin{aligned}
\bullet\ \mathrm{chemin}(x, i, i) &= \mathrm{chemin}(x, i, i - 1) \text{ ou} \\
&\quad (\mathrm{chemin}(x, i, i - 1) \text{ et } \mathrm{chemin}(i, i, i - 1)) \\
&= \mathrm{chemin}(x, i, i - 1) \\
\bullet\ \mathrm{chemin}(i, y, i) &= \mathrm{chemin}(i, y, i - 1) \text{ ou} \\
&\quad (\mathrm{chemin}(i, i, i - 1) \text{ et } \mathrm{chemin}(i, y, i - 1)) \\
&= \mathrm{chemin}(i, y, i - 1).
\end{aligned}
$$

Par conséquent, on peut simplifier la récurrence comme suit :

$$
\left|
\begin{aligned}
\mathrm{chemin}(x, y) &= (x, y) \in V &&
\begin{cases}
1 \leqslant x \leqslant n \text{ et} \\
1 \leqslant y \leqslant n
\end{cases} \\[2ex]
\mathrm{chemin}(x, y) &=
\left(
\begin{array}{c}
\mathrm{chemin}(x, y) \text{ ou} \\
\left(\begin{array}{c} \mathrm{chemin}(x, i) \text{ et} \\ \mathrm{chemin}(i, y)) \end{array} \right)
\end{array}
\right) &&
\begin{cases}
1 \leqslant i \leqslant n \text{ et} \\
1 \leqslant x \leqslant n \text{ et} \\
1 \leqslant y \leqslant n
\end{cases}.
\end{aligned}
\right.
$$

Réponse 5. Dans le programme, on peut effectivement supprimer la disjonction apparaissant dans le terme général de la récurrence, en mettant la valeur de $MG^+[x, y]$ à **vrai** quand on trouve un chemin de x à y au pas i. Par ailleurs, plutôt que de tenter de trouver un chemin de x à tout y passant par i dans la boucle la plus interne, on peut ne le faire que si un chemin $\langle x * i \rangle$ existe en introduisant une alternative, d'où l'algorithme final suivant (dit de Roy-Warshall) : $\boxed{132 - \text{R } 5}$

```
1.  constantes
2.      n ∈ ℕ₁ et n = … et MG ∈ 1..n × 1..n → 𝔹 et MG = [...]
3.      /% MG est la matrice carrée associée au graphe G considéré %/
4.  variables
5.      MG⁺ ∈ 1..n × 1..n → 𝔹
6.      /% MG⁺ est la matrice représentant le graphe résultat, c'est-à-dire la
            fermeture transitive G⁺ de G %/
7.  début
8.      MG⁺ ← MG ;
9.      pour i parcourant 1..n faire
10.         pour x ∈ 1..n faire
11.             si MG⁺[x, i] alors
12.                 pour y ∈ 1..n faire
13.                     si MG⁺[i, y] alors
14.                         MG⁺[x, y] ← vrai
15.                     fin si
16.                 fin pour
17.             fin si
18.         fin pour
19.     fin pour
20. fin
```

La complexité spatiale de cet algorithme est en $\Theta(n^2)$ (matrices MGV et MGV⁺) et sa complexité temporelle en $\mathcal{O}(n^3)$ accès aux graphes.

132 - R 6 **Réponse 6.** On considère d'une part le chemin élémentaire $ch_1 = \langle x * z * y \rangle$ de valeur vch_1 et d'autre part le chemin non élémentaire $ch_2 = \langle x * z, s_{i_1}, \ldots, s_{i_p}, z * y \rangle$ identique à ch_1 au circuit $c = \langle z, s_{i_1}, \ldots, s_{i_p}, z \rangle$ « autour de z » près, de valeur vch_2. On étudie les trois cas de valeur $valc$ du circuit c :

- Si $valc > 0$, il est clair que $vch_2 > vch_1$. On peut donc affirmer qu'un chemin de valeur minimale entre deux sommets x et y ne saurait inclure un circuit de valeur positive. Le fait qu'un tel circuit puisse ne pas être « vu » par l'algorithme ne gêne donc en rien.

- Si $valc = 0$, les valeurs vch_1 et vch_2 sont identiques et là encore le fait que le circuit puisse être ignoré n'a pas d'incidence.

- Si $valc < 0$, la valeur du chemin de valeur minimale entre x et y est asymptotiquement $-\infty$. Si le circuit c n'est pas pris en compte, le résultat retourné par l'algorithme est vch_1 ; s'il l'est, l'algorithme rendra $vch_2 = vch_1 + valc < vch_1$. Dans les deux cas, cette réponse est erronée, d'où l'on conclut que l'algorithme de Floyd adapté de celui de Roy-Warshall délivre un résultat incorrect en présence de circuit(s) de valeur négative.

132 - R 7 **Réponse 7.** Pour tout couple de sommets (x, y), l'idée est de comparer la valeur du « nouveau » chemin $\langle x * y \rangle$ obtenu par concaténation de $\langle x * i \rangle$ et $\langle i * y \rangle$, *quand il existe*, avec celle du chemin optimal de x à y connu jusqu'alors. On admet que le graphe $GV = (N, V, P)$ est tel que, si l'arc (x, y) n'existe pas, $P(x, y)$ prend la valeur conventionnelle $+\infty$ (élément neutre pour le minimum). On a la récurrence :

$$\text{Chvalmin}(x, y, 0) = P(x, y) \qquad \left\{ \begin{array}{l} 1 \leqslant x \leqslant n \text{ et} \\ 1 \leqslant y \leqslant n \end{array} \right.$$

$$\text{Chvalmin}(x, y, i) = \min \left(\left\{ \begin{array}{l} \text{Chvalmin}(x, y, i-1), \\ \left(\begin{array}{l} \text{Chvalmin}(x, i, i-1) + \\ \text{Chvalmin}(i, y, i-1) \end{array} \right) \end{array} \right\} \right) \qquad \left\{ \begin{array}{l} 1 \leqslant i \leqslant n \text{ et} \\ 1 \leqslant x \leqslant n \text{ et} \\ 1 \leqslant y \leqslant n \end{array} \right. .$$

Réponse 8. L'algorithme de Floyd se déduit aisément de cette récurrence, puisqu'il suit $\boxed{\text{132 - R 8}}$ la structure de celui de Roy-Warshall avec, ici encore, un calcul « sur place » dont la justification est semblable à celle développée dans la réponse à la question 3 :

1. **constantes**
2. $n \in \mathbb{N}_1$ **et** $n = \dots$ **et** $MGV \in 1..n \times 1..n \to \mathbb{R}$ **et** $MGV = [\dots]$ **et**
3. $\quad$ EstSansCircuitNégatif(GV)
4. $\quad$ /% *MGV est la matrice carrée associée au graphe valué GV considéré et* EstSansCircuitNégatif(GV) *est un prédicat indiquant l'absence de circuit de valeur négative dans GV* %/
5. **variables**
6. $\quad$ $MGVVMIN \in 1..n \times 1..n \to \mathbb{R}$
7. $\quad$ /% *MGVVMIN est la matrice résultant du calcul des valeurs des chemins de valeur minimale* %/
8. **début**
9. $\quad$ $MGVVMIN \leftarrow MGV$;
10. $\quad$ **pour** i **parcourant** $1..n$ **faire**
11. $\quad\quad$ **pour** $x \in 1..n$ **faire**
12. $\quad\quad\quad$ **si** $MGVVMIN[x, i] \neq \infty$ **alors**
13. $\quad\quad\quad\quad$ **pour** $y \in 1..n$ **faire**
14. $\quad\quad\quad\quad\quad$ **si** $MGVVMIN[i, y] \neq \infty$ **alors**
15. $\quad\quad\quad\quad\quad\quad$ $MGVVMIN[x, y] \leftarrow$
16. $\quad\quad\quad\quad\quad\quad\quad$ $\min \left(\left\{ \begin{array}{l} MGVVMIN[x, y], \\ MGVVMIN[x, i] + MGVVMIN[i, y] \end{array} \right\} \right)$
17. $\quad\quad\quad\quad\quad$ **fin si**
18. $\quad\quad\quad\quad$ **fin pour**
19. $\quad\quad\quad$ **fin si**
20. $\quad\quad$ **fin pour**
21. $\quad$ **fin pour** ;
22. $\quad$ **écrire**(MGVVMIN)
23. **fin**

La complexité spatiale de cet algorithme est en $\Theta(n^2)$ (matrices MGV et MGVVMIN). Sa complexité temporelle – comme celle de l'algorithme de Roy-Warshall – est en $\mathcal{O}(n^3)$ en termes de conditions évaluées.

Réponse 9. On commence par l'application de l'algorithme de Floyd au graphe GV_1 $\boxed{\text{132 - R 9}}$ (sans circuit) pour lequel on détaille les itérations successives (en se limitant à celles qui produisent un changement, les nouvelles valeurs apparaissant en italique), puis la représentation sagittale des graphes de départ et résultat. Les nouveaux arcs apparaissent en gras et ceux de valeur $+\infty$ sont omis (ces conventions s'appliquent également aux deux autres exemples).

	1	2	3	4	5
1	$+\infty$	5	$+\infty$	10	$+\infty$
2	$+\infty$	$+\infty$	$+\infty$	3	$+\infty$
3	2	4	$+\infty$	$+\infty$	1
4	$+\infty$	$+\infty$	$+\infty$	$+\infty$	$+\infty$
5	$+\infty$	$+\infty$	$+\infty$	1	$+\infty$

GV_1 : représentation matricielle (MGV_1)

	1	2	3	4	5
1	$+\infty$	5	$+\infty$	10	$+\infty$
2	$+\infty$	$+\infty$	$+\infty$	3	$+\infty$
3	2	4	$+\infty$	*12*	1
4	$+\infty$	$+\infty$	$+\infty$	$+\infty$	$+\infty$
5	$+\infty$	$+\infty$	$+\infty$	1	$+\infty$

$MGVVMIN_1$ après l'itération 1

	1	2	3	4	5
1	$+\infty$	5	$+\infty$	*8*	$+\infty$
2	$+\infty$	$+\infty$	$+\infty$	3	$+\infty$
3	2	4	$+\infty$	*7*	1
4	$+\infty$	$+\infty$	$+\infty$	$+\infty$	$+\infty$
5	$+\infty$	$+\infty$	$+\infty$	1	$+\infty$

$MGVVMIN_1$ après l'itération 2

	1	2	3	4	5
1	$+\infty$	5	$+\infty$	8	$+\infty$
2	$+\infty$	$+\infty$	$+\infty$	3	$+\infty$
3	2	4	$+\infty$	*2*	1
4	$+\infty$	$+\infty$	$+\infty$	$+\infty$	$+\infty$
5	$+\infty$	$+\infty$	$+\infty$	1	$+\infty$

$MGVVMIN_1$ après l'itération 5

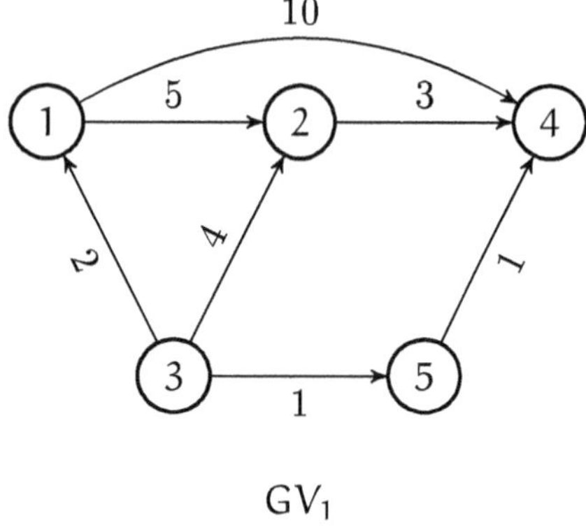

GV_1

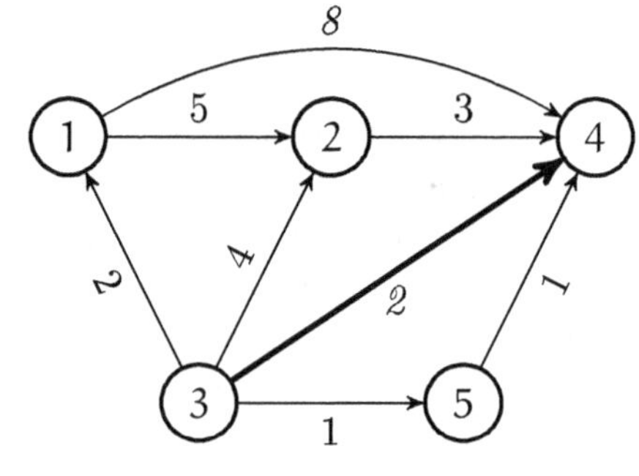

graphe final

Les pas d'itération pour $i = 3$ et $i = 4$ ne produisent aucun changement, puisque le sommet 3 n'a pas de prédécesseur (point d'entrée) et que le sommet 4 n'a pas de successeur (point de sortie).

On passe maintenant au graphe GV_2 (comportant le circuit de valeur positive $\langle 1, 2, 3, 1 \rangle$). On donne dans la figure 9.15 (resp. 9.16) la représentation matricielle (resp. sagittale) du graphe initial et du graphe résultant de l'application de l'algorithme de Floyd.

	1	2	3	4	5
1	$+\infty$	5	$+\infty$	10	$+\infty$
2	$+\infty$	$+\infty$	-4	3	$+\infty$
3	2	$+\infty$	$+\infty$	8	$+\infty$
4	$+\infty$	$+\infty$	$+\infty$	$+\infty$	$+\infty$
5	$+\infty$	$+\infty$	$+\infty$	-1	$+\infty$

	1	2	3	4	5
1	*3*	5	*1*	*8*	$+\infty$
2	*-2*	*3*	-4	3	$+\infty$
3	2	*7*	*3*	*8*	$+\infty$
4	$+\infty$	$+\infty$	$+\infty$	$+\infty$	$+\infty$
5	$+\infty$	$+\infty$	$+\infty$	-1	$+\infty$

Fig. 9.15 – Les matrices représentant le graphe GV_2 ($MGVVMIN_2$ initial) et le graphe résultant de l'algorithme de Floyd ($MGVVMIN_2$ final)

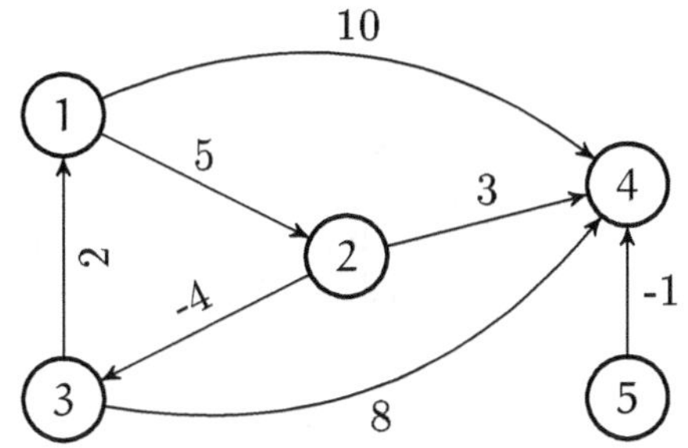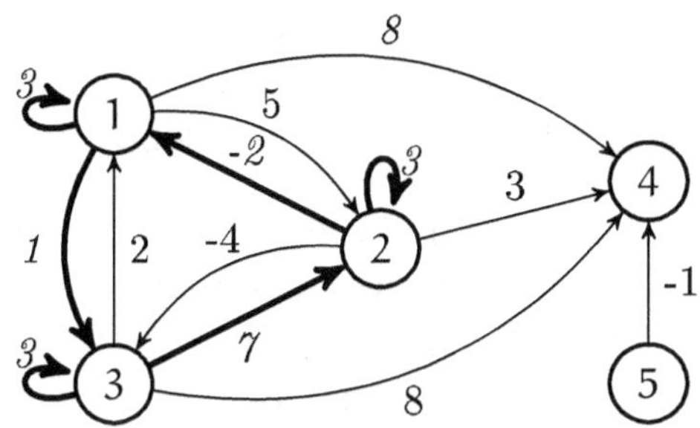

Fig. 9.16 – Le graphe GV$_2$ *(MGVVMIN$_2$ initial) et le graphe résultant de l'algorithme de Floyd (MGVVMIN$_2$ final)*

On notera que les pas d'itération pour $i = 4$ et $i = 5$ ne produisent aucun changement, puisque le sommet 4 n'a pas de successeur (point de sortie) et que le sommet 5 n'a pas de prédécesseur (point d'entrée).

On termine par le graphe GV$_3$, en supposant relâchée la pré-condition relative aux circuits. On donne les matrices et les représentations sagittales initiales et finales :

	1	2	3
1	$+\infty$	1	4
2	$+\infty$	$+\infty$	-3
3	1	$+\infty$	$+\infty$

	1	2	3
1	-1	0	-3
2	-2	-1	-4
3	0	1	-2

GV$_3$: représentation matricielle (MGV$_3$)　　　　MGVVMIN$_3$ après l'itération 3

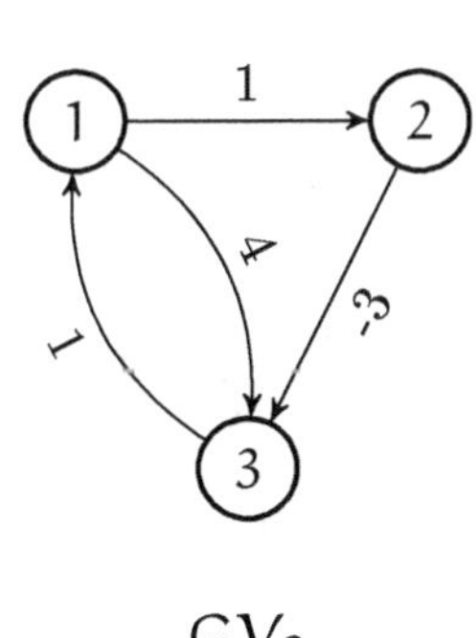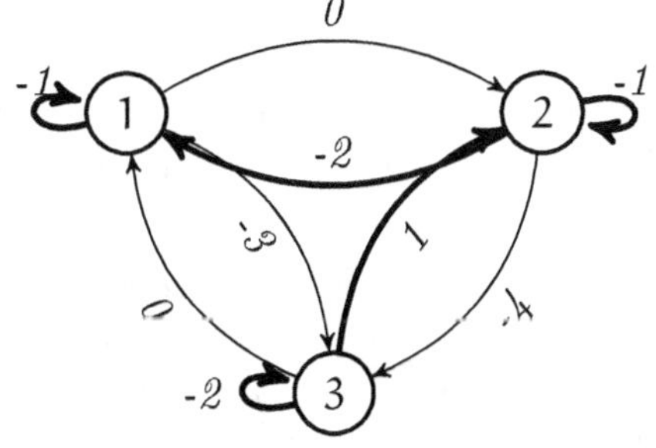

GV$_3$　　　　　　　　　　　　　　　　graphe final

On observe que les valeurs sur la diagonale de la matrice MGVVMIN$_1$ finale valent toutes $+\infty$, ce qui garantit l'absence de circuit dans ce graphe. On remarque que les trois premières valeurs de la diagonale de la matrice MGVVMIN$_2$ finale sont positives et différentes de $+\infty$, ce qui témoigne du fait que les sommets $1, 2$ et 3 appartiennent à un circuit (le même en fait). Cependant, ce circuit étant de valeur positive, il ne contribue pas à « construire » un chemin de valeur minimale et ne gêne pas, comme établi dans la réponse à la question 4. Quant à GV$_3$, il comporte le circuit de valeur négative $\langle 1, 2, 3, 1 \rangle$ et on sait que le résultat de l'algorithme est inexact (un des objectifs étant de le mettre en évidence avec ce graphe « simple »). Les valeurs figurant sur la diagonale de MGVVMIN$_3$ sont toutes négatives, car les sommets $1, 2$ et 3 appartiennent à un même circuit de valeur négative (-1). Comme prévu, les valeurs retournées par l'algorithme sont erronées, puisqu'ici la valeur « exacte » de tout chemin est (asymptotiquement) $-\infty$. Dans le cas de graphes de grande taille où la présence de circuit(s) de valeur négative n'est pas aisément détectable, on peut appliquer l'algorithme de Floyd et examiner la diagonale de la matrice résultante. En effet, la présence de valeurs négatives révèle l'existence d'au moins un circuit de valeur négative et indique donc que le résultat obtenu est inexact.

132 - R 10 **Réponse** 10. Pour connaître non seulement la valeur du (d'un) chemin optimal, mais aussi ce chemin lui-même, on applique la technique du « Petit Poucet ». On double donc la matrice MGVVMIN d'une matrice similaire CHVMIN$[1 .. n, 1 .. n]$.

Une première approche consiste à remplir CHVMIN$[x, y]$ avec le sommet i (au sens de l'algorithme) pour lequel la valeur optimale a été trouvée. On initialise à 0 les éléments associés aux arcs de GV_2. On a donc :

	1	2	3	4	5
1	$+\infty$	0	$+\infty$	0	$+\infty$
2	$+\infty$	$+\infty$	0	0	$+\infty$
3	0	$+\infty$	$+\infty$	0	$+\infty$
4	$+\infty$	$+\infty$	$+\infty$	$+\infty$	$+\infty$
5	$+\infty$	$+\infty$	$+\infty$	0	$+\infty$

CHVMIN$_2$ initiale

	1	2	3	4	5
1	3	0	2	2	$+\infty$
2	3	3	0	0	$+\infty$
3	0	1	2	0	$+\infty$
4	$+\infty$	$+\infty$	$+\infty$	$+\infty$	$+\infty$
5	$+\infty$	$+\infty$	$+\infty$	0	$+\infty$

CHVMIN$_2$ finale

La valeur 8 du chemin optimal entre les sommets 1 et 4 (voir figure 9.15, page 774) est trouvée pour $i = 2$. Le chemin optimal entre ces deux sommets consiste donc à aller de façon optimale de 1 à 2 et de 2 à 4. On applique récursivement le mécanisme sur ces deux chemins (de façon analogue à ce qui est décrit page 738 dans la réponse à la question 6 de l'exercice 124), pour lesquels on s'arrête immédiatement puisque CHVMIN$_2[1, 2] =$ CHVMIN$_2[2, 4] = 0$. Le chemin optimal pour aller de 1 à 4 est $\langle 1, 2, 4 \rangle$. La valeur 3 du chemin optimal entre les sommets 2 et 2 (voir figure 9.15) est trouvée pour $i = 3$. Le chemin optimal entre 2 et 3 est l'arc $(2, 3)$ et celui entre 3 et 2 se décompose en $(3, 1)$ et $(1, 2)$ (puisque CHVMIN$_2[3, 2] = 1$). Le chemin optimal de 2 à 2 est $\langle 2, 3, 1, 2 \rangle$.

Une autre façon de procéder consiste à mettre dans CHVMIN$[x, y]$ un (le) successeur de x sur un (le) chemin optimal reliant x à y. Pour tout arc (x, y), on initialise CHVMIN$[x, y]$ à y et lorsque le chemin $\langle x * i * y \rangle$ est optimal, on met à jour CHVMIN$[x, y]$ en lui affectant la valeur CHVMIN$[x, i]$. Appliquée au graphe GV_2, cette stratégie conduit aux tableaux de valeurs CHVMIN$[x, i]$ initial et final suivants :

	1	2	3	4	5
1	$+\infty$	2	$+\infty$	4	$+\infty$
2	$+\infty$	$+\infty$	3	4	$+\infty$
3	1	$+\infty$	$+\infty$	4	$+\infty$
4	$+\infty$	$+\infty$	$+\infty$	$+\infty$	$+\infty$
5	$+\infty$	$+\infty$	$+\infty$	4	$+\infty$

	1	2	3	4	5
1	2	2	2	2	$+\infty$
2	3	3	3	4	$+\infty$
3	1	1	1	4	$+\infty$
4	$+\infty$	$+\infty$	$+\infty$	$+\infty$	$+\infty$
5	$+\infty$	$+\infty$	$+\infty$	4	$+\infty$

Pour le chemin optimal entre les sommets 1 et 4, on trouve 2 dans CHVMIN$_2[1, 4]$. Le chemin optimal est donc $\langle 1, 2, \dots \rangle$. On poursuit le parcours par CHVMIN$_2[2, 4]$, qui vaut 4 (l'extrémité à atteindre) ; on a donc terminé en trouvant le même chemin $\langle 1, 2, 4 \rangle$ qu'avec l'autre méthode. Le même procédé appliqué au chemin optimal entre les sommets 2 et 2 conduit d'abord à 3, puis à 1 et enfin à 2. On identifie ici encore le chemin optimal $\langle 2, 3, 1, 2 \rangle$.

Il est à noter qu'une méthode « symétrique » consisterait à mettre dans CHVMIN$[x, y]$ un (le) prédécesseur de y sur un chemin optimal de x à y.

Réponse 11.   Calculer le chemin de valeur maximale entre tout couple de sommets est un problème voisin de celui résolu par l'algorithme de Floyd. Le « ou logique » de la récurrence initiale devient le maximum, au lieu du minimum pour l'algorithme de Floyd, et le « et logique » est remplacé par la somme comme pour l'algorithme de Floyd. On initialise la matrice MGV associée au graphe GV considéré (et donc la matrice qui va être calculée), de sorte que, si l'arc (x, y) n'existe pas dans GV, sa valeur est $-\infty$ (*élément neutre pour le maximum*). Dans ce cadre, tout circuit de valeur positive pose problème et l'algorithme ne doit alors pas être utilisé.

132 - R 11

La recherche du plus court (resp. long) chemin entre tout couple de sommets constitue un cas particulier du calcul de la valeur du chemin de valeur minimale (resp. maximale). Les algèbres utilisées sont inchangées (minimum, $+$) pour les plus courts chemins et (maximum, $+$) pour les plus longs. Dans la matrice MGV associée au graphe GV, la valeur d'un arc est 1 s'il existe et $+\infty$ ou $-\infty$ sinon. Pour les plus courts chemins, aucun circuit ne pose problème puisqu'ils sont tous de valeur positive. *A contrario*, tout circuit pose problème pour les plus longs chemins, puisque, si l'on peut construire un chemin entre x et y avec un circuit, on peut en construire une infinité et la longueur du chemin le plus long entre x et y est donc (asymptotiquement) $+\infty$.

Dans le cas de chemins où les arcs véhiculent des probabilités, l'algèbre est (minimum, $\cdot$) pour les chemins de probabilité minimale et (maximum, $\cdot$) pour ceux de probabilité maximale. Dans la matrice MGV associée au graphe GV, la valeur associée à un arc n'existant pas est $+\infty$ pour les chemins de probabilité minimale et $-\infty$ pour ceux de probabilité maximale. Tout circuit de probabilité différente de 1 pose problème pour les chemins de probabilité minimale (puisque le passage par un tel circuit fait diminuer la probabilité du chemin « passant par » ce circuit), alors qu'aucun circuit ne pose problème pour les chemins de probabilité maximale.

Quand les arcs représentent des capacités, l'algèbre est (minimum, minimum) pour les chemins de capacité minimale et (maximum, minimum) pour ceux de capacité maximale. Dans la matrice MGV associée au graphe GV, la valeur associée à un arc n'existant pas est $+\infty$ pour les chemins de capacité minimale et $-\infty$ pour ceux de capacité maximale. Les circuits ne gênent pas pour les chemins de capacité maximale. En effet, si la capacité du chemin élémentaire $\langle x * k * y \rangle$ est c_1, celle c_2 du chemin non élémentaire $\langle x * k * k * y \rangle$ est telle que $c_1 \geqslant c_2$. Le cas des chemins de capacité minimale est plus délicat. Considérons les deux graphes G_1 et G_2 ci-après :

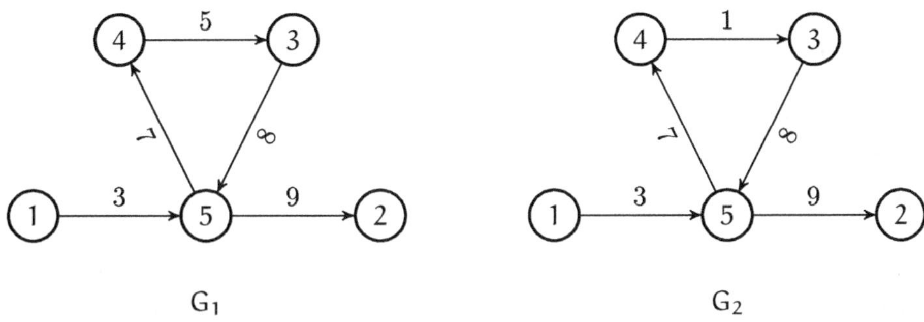

Dans G_1, les chemins $\langle 1, 5, 2 \rangle$ et $\langle 1, 5, 4, 3, 5, 2 \rangle$ ont même capacité 3, celle-ci étant due à celle de l'arc $(1, 5)$. En revanche, dans G_2, la capacité du chemin $\langle 1, 5, 2 \rangle$ est 3, alors que celle du chemin $\langle 1, 5, 4, 3, 5, 2 \rangle$ est 1. Il suffirait que le circuit $\langle 5, 4, 3, 5 \rangle$ soit « vu » une fois pour que le résultat soit correct, car tout chemin de type $\langle 1, 5, \{4, 3, 5\}^+, 2 \rangle$ a la même capacité 1.

Or, le chemin $\langle 1, 5, 4, 3, 5, 2 \rangle$ n'est pas « vu ». En effet, $\langle 1, 5, 4, 3, 5, 2 \rangle$ ne se décompose ni en $\langle 1, 5 \rangle$ et $\langle 5, 4, 3, 5, 2 \rangle$, ni en $\langle 1, 5, 4 \rangle$ et $\langle 4, 3, 5, 2 \rangle$, ni en $\langle 1, 5, 4, 3 \rangle$ et $\langle 3, 5, 2 \rangle$, ni en $\langle 1, 5, 4, 3, 5 \rangle$ et $\langle 5, 2 \rangle$ (voir question 2). On peut conclure en disant que certains circuits posent problème pour les chemins de capacité minimale et qu'une adaptation de l'algorithme de Floyd ne s'applique donc de façon « sûre » qu'en l'absence de circuits.

132 - R 12 **Réponse 12.**   Bien qu'il ne s'agisse pas du calcul d'une valeur optimale, le dénombrement de chemins entre tout couple de sommets peut se faire grâce à une adaptation de l'algorithme de Roy-Warshall pour autant que le graphe G concerné ne possède pas de circuit(s). Le graphe G initial n'est pas valué et, pour l'initialisation de l'algorithme adapté, on lui associe un graphe valué $GV' = (N, V, P')$ où $P' \in V \to 0\,..\,1$. L'algèbre $(+, \cdot)$ remplace l'algèbre (ou, et) et cet algorithme ne fournit un résultat correct que si G est exempt de circuits. On a donc la récurrence :

$$
\begin{array}{ll}
\mathrm{nbchem}(x, y, 0) = P'(x, y) & 1 \leqslant x \leqslant n \text{ et } 1 \leqslant y \leqslant n \\[2mm]
\mathrm{nbchem}(x, y, i) = \left(\begin{array}{l} \mathrm{nbchem}(x, y, i-1) + \\ \mathrm{nbchem}(x, i, i-1) \cdot \mathrm{nbchem}(i, y, i-1) \end{array} \right) & \left\{ \begin{array}{l} 1 \leqslant i \leqslant n \text{ et} \\ 1 \leqslant x \leqslant n \text{ et} \\ 1 \leqslant y \leqslant n \end{array} \right.
\end{array}
$$

dont on déduit l'algorithme :

```
 1. constantes
 2.    n ∈ ℕ et n = ... et MGV ∈ 1..n × 1..n → 0..1 et MGV = [...] et
 3.    EstSansCircuit(GV)
 4.    /% MGV est la matrice carrée associée au graphe valué GV' considéré,
       EstSansCircuit(GV) stipule que le graphe GV n'a pas de circuit(s) %/
 5. variables
 6.    MGVNBC ∈ 1..n × 1..n → ℕ
 7.    /% MGVNBC est la matrice résultant du calcul du dénombrement des
       chemins entre tout couple de sommets %/
 8. début
 9.    MGVNBC ← MGV ;
10.    pour i ∈ 1..n faire
11.       pour x ∈ 1..n faire
12.          si MGVNBC[x, i] ≠ 0 alors
13.             pour y ∈ 1..n faire
14.                MGVNBC[x, y] ← MGVNBC[x, y]+MGVNBC[x, i]·MGVNBC[i, y]
15.             fin pour
16.          fin si
17.       fin pour
18.    fin pour ;
19.    écrire(MGVNBC)
20. fin
```

132 - R 13 **Réponse 13.**   Le problème posé peut se voir comme une version contrainte de celui résolu par l'algorithme de Floyd (la valeur du (d'un) chemin de valeur minimale pour tous les couples de sommets). Il est donc clair que tout circuit de valeur négative ne passant pas par le sommet k pose problème. Les autres circuits (de valeur non négative ou de valeur négative passant par k) ne gênent pas. Sous l'hypothèse de l'absence de circuit de valeur négative passant par le sommet k, on peut adapter l'algorithme de Floyd en remarquant que :

- tout arc initial est un chemin ne passant pas par le sommet intermédiaire k,
- un chemin de x à y obtenu par concaténation de $\langle x * i \rangle$ et $\langle i * y \rangle$ ne passe pas par le sommet intermédiaire k ($k \neq i$), si et seulement si aucun des deux chemins $\langle x * i \rangle$ et $\langle i * y \rangle$ ne passe par le sommet intermédiaire k.

La récurrence permettant de construire l'algorithme adapté est donc la suivante :

$$
\left|
\begin{array}{ll}
\text{chvmpk}(x, y, 0) = P'(x, y) & 1 \leqslant x \leqslant n \text{ et } 1 \leqslant y \leqslant n \\[2ex]
\text{chvmpk}(x, y, i) = \min \left(\left\{
\begin{array}{l}
\text{chvmpk}(x, y, i-1), \\
\left(\begin{array}{l} \text{chvmpk}(x, i, i-1) + \\ \text{chvmpk}(i, y, i-1) \end{array} \right)
\end{array}
\right\} \right)
&
\left\{
\begin{array}{l}
1 \leqslant i \leqslant n \text{ et} \\
i \neq k \text{ et} \\
1 \leqslant x, y \leqslant n
\end{array}
\right. \; .
\end{array}
\right.
$$

Réponse 14. Le calcul de la valeur du (d'un) chemin de valeur minimale passant par le sommet intermédiaire k donné par un algorithme adapté de celui de Floyd n'est envisageable que si l'on peut se restreindre aux seuls chemins élémentaires. Ce n'est pas le cas avec le graphe GV suivant :   `132 - R 14`

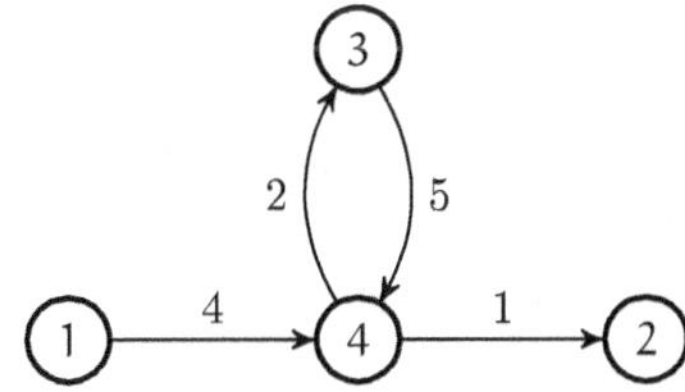

dans lequel il n'existe pas de chemin élémentaire allant de 1 à 2 en passant par 3. En revanche, il existe un chemin entre 1 et 2 passant par le sommet intermédiaire 3 de valeur minimale, à savoir $\langle 1, 4, 3, 4, 2 \rangle$, mais il est *non élémentaire*. Or, ce chemin n'est pas « vu » par l'algorithme de Floyd. En effet, le chemin $\langle 1, 4, 3, 4, 2 \rangle$ ne se décompose ni en $\langle 1, 4 \rangle$ et $\langle 4, 3, 4, 2 \rangle$, ni en $\langle 1, 4, 3 \rangle$ et $\langle 3, 4, 2 \rangle$, ni en $\langle 1, 4, 3, 4 \rangle$ et $\langle 4, 2 \rangle$. En conclusion, une adaptation de l'algorithme de Floyd n'est envisageable que pour des graphes exempts de circuits. Notons au passage qu'il faut alors maintenir à la fois les chemins entre tous les couples de sommets et les chemins passant par le sommet intermédiaire k. En effet, lors de la prise en compte du chemin $\langle x * i * y \rangle$ (par concaténation), il faut que les chemins $\langle x * i \rangle$ et $\langle i * y \rangle$ existent *tous deux* et il suffit qu'au moins *l'un d'eux* passe par le sommet intermédiaire k ou que i soit égal à k.

Solution de l'exercice 133   Chemin de coût minimal dans un tableau
Énoncé page 695.

Réponse 1. On peut reformuler le problème dans le cadre des graphes de la façon suivante (par exemple). Toute case c du tableau TJ est un sommet s du graphe GV. Si la case c_2 est atteignable depuis la case c_1 par un des déplacements autorisés, on place un arc entre les sommets s_1 et s_2 correspondants de G. La valeur de l'arc (s_1, s_2) est celle de la case c_1 associée à s_1, sauf si s_1 correspond à la case $(n, 1)$ de TJ, auquel cas la valeur de l'arc est la somme des valeurs des cases associées à s_1 et s_2. Le problème devient alors une affaire de cheminement entre les deux sommets correspondant aux cases $(n, 1)$ et $(1, n)$ dans le graphe orienté valué GV.   `133 - R 1`

Le graphe GV associé au tableau TJ du début d'énoncé est alors :

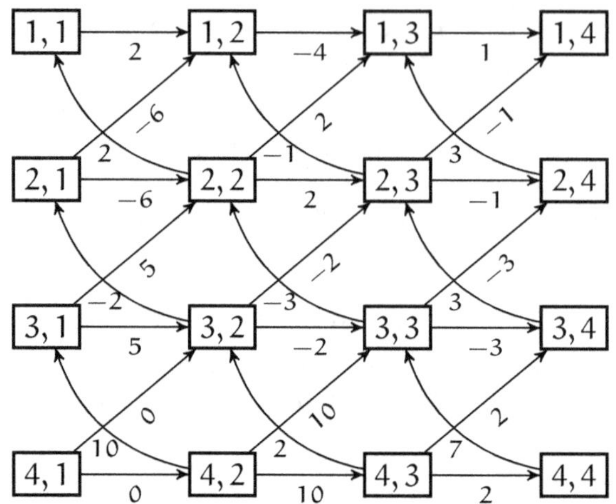

133 - R 2 **Réponse 2.** Le principe de calcul du coût associé au (à un) meilleur chemin allant de la case (i, j) à la case $(1, n)$ est maintenant décrit. Lorsque l'on se trouve en case (i, j), il faut payer la pénalité associée ($TJ[i, j]$) et choisir, parmi les trois cases où l'on peut se rendre (dans le cas général), celle à partir de laquelle la valeur du chemin de coût minimal est la plus faible. Les cas particuliers concernent les cases (i, j) telles que $i = 1$ (seul le premier déplacement est autorisé), $j = 1$ (les premier et troisième déplacements sont seuls autorisés) et $j = n$ (seul le deuxième déplacement est possible). On en déduit donc la récurrence :

$$
\left|
\begin{aligned}
&ccm(1, n) = TJ[1, n] \\
&ccm(1, j) = TJ[1, j] + ccm(1, j + 1) && 1 \leqslant j < n \\
&ccm(i, n) = TJ[i, n] + ccm(i - 1, n - 1) && 1 < i \leqslant n \\
&ccm(i, 1) = TJ[i, 1] + \min\left(\left\{ \begin{aligned} &ccm(i, 2), \\ &ccm(i - 1, 2) \end{aligned} \right\}\right) && 1 < i \leqslant n \\
&ccm(i, j) = TJ[i, j] + \min\left(\left\{ \begin{aligned} &ccm(i, j + 1), \\ &ccm(i - 1, j - 1), \\ &ccm(i - 1, j + 1) \end{aligned} \right\}\right) && \left\{ \begin{aligned} &1 < i \leqslant n \\ &\quad\textbf{et} \\ &1 < j < n \end{aligned} \right.
\end{aligned}
\right.
$$

133 - R 3 **Réponse 3.** Le calcul se fait en utilisant un tableau $CO[1 .. n, 1 .. n]$ dont on initialise la ligne supérieure grâce aux deux premiers termes de la récurrence. Ensuite, pour toute ligne, l'élément de la colonne n peut être calculé à partir de celui de la colonne $(n - 1)$ de la ligne précédente (3e terme) ; tout autre élément à l'exception du premier peut être calculé à partir de son voisin supérieur gauche, son voisin supérieur droit et son voisin de droite (5e terme) ; le premier élément de la ligne peut être calculé à partir de son voisin supérieur droit et de son voisin de droite (4e terme). En résumé, on peut faire un calcul par ligne de haut en bas et dans une ligne de droite à gauche. La complexité spatiale de l'algorithme est en $\Theta(n^2)$ et la complexité temporelle en nombre de conditions évaluées également, puisque l'on réalise au plus deux comparaisons pour remplir toute cellule de CO.

Les algorithmes de calcul de chemin de valeur minimale étudiés dans les exercices 131, page 688, et 132, page 691, peuvent être appliqués au graphe GV associé au tableau TJ puisqu'il ne comporte aucun circuit. L'algorithme de Bellman-Ford a une complexité temporelle en $\Theta(M \cdot N)$, où N (resp. M) est le nombre de sommets (resp. d'arcs) du graphe traité. Or, le graphe GV associé à TJ possède n^2 sommets et $(3n^2 - 5n + 2)$ arcs, n étant le côté du tableau (carré) TJ. Par suite, l'utilisation de l'algorithme de Bellman-Ford aurait une complexité en $\Theta(n^4)$. Pour sa part, l'algorithme de Floyd a une complexité en $\mathcal{O}(N^3)$, où N est le nombre de sommets du graphe traité. Son application conduirait donc à une complexité en $\mathcal{O}(n^6)$. Il ressort de cette comparaison que le calcul spécifique développé auparavant pour trouver le parcours optimal dans le tableau TJ surpasse de loin les algorithmes « généraux » de Bellman-Ford et de Floyd.

Réponse 4.   Pour permettre la reconstitution ultérieure du (d'un) chemin optimal, on [133 - R 4] utilise le tableau CH rempli en même temps que CO. La cellule $CH[i, j]$ se voit affecter le choix qui a été effectué quant au déplacement suivant (« $\nwarrow$ », « $\nearrow$ » ou « $\rightarrow$ »), lors du calcul de la valeur de $CO[i, j]$. La reconstitution à proprement parler du (d'un) chemin optimal a lieu dans un second temps. Elle s'effectue de la façon suivante : on démarre avec $CH[n, 1]$ et on passe à $CH[i, j + 1]$, $CH[i - 1, j + 1]$ ou $CH[i - 1, j - 1]$ selon que l'on trouve « $\rightarrow$ », « $\nearrow$ » ou « $\nwarrow$ » dans la cellule $CH[i, j]$. L'arrêt se produit quand on atteint la cellule $CH[1, n]$.

Réponse 5.   Avec le tableau donné, on trouve le résultat suivant (une cellule regroupant [133 - R 5] les valeurs de CO et de CH) :

j	1		2		3		4	
$i = 1$	-1	$\rightarrow$	-3	$\rightarrow$	1	$\rightarrow$	0	$/$
2	-9	$\nearrow$	-2	$\rightarrow$	-4	$\nwarrow$	4	$\nwarrow$
3	-6	$\rightarrow$	-11	$\nwarrow$	-5	$\nwarrow$	-1	$\nwarrow$
4	-11	$\nearrow$	1	$\rightarrow$	-9	$\nwarrow$	2	$\nwarrow$

En appliquant la stratégie décrite dans la réponse précédente, on obtient le chemin optimal : $\langle (4, 1), (3, 2), (2, 1), (1, 2), (1, 3), (1, 4) \rangle$ de valeur -11.

Réponse 6.   Puisque les deux cases $(1, n)$ et $(n, 1)$ appartiennent à tout chemin, leurs [133 - R 6] valeurs n'influent pas sur la détermination du chemin optimal. Avec les valeurs alternatives proposées, le chemin optimal serait le même, mais aurait la valeur -7 au lieu de -11.

Réponse 7.   Dans la question 2, il est demandé d'établir la récurrence calculant la valeur [133 - R 7] $ccm(i, j)$ du chemin optimal de la case (i, j) à la case $(1, n)$ du tableau TJ. De ce fait, la valeur du chemin optimal allant de $(n, 1)$ à $(1, n)$ correspond à $ccm(n, 1)$. Une autre façon de procéder consisterait à calculer la valeur de $ccm'(i, j)$, valeur du chemin optimal de la case $(n, 1)$ à la case (i, j), $ccm'(1, n)$ correspondant alors à la valeur recherchée.

Solution de l'exercice 134   Arbres binaires de recherche pondérés
Énoncé page 696.

Réponse 1.   Pour construire un abr A composé des valeurs $x_1, \ldots, x_n$, on choisit x_k [134 - R 1] comme racine et on met $x_1, \ldots, x_{k-1}$ dans le sous-arbre gauche et $x_{k+1}, \ldots, x_n$ dans le sous-arbre droit. Le nombre $nbabr(n)$ d'abr possédant n valeurs est donc donné par :

$$\left|\begin{array}{l} nbabr(0) = 1 \\ nbabr(n) = \displaystyle\sum_{k=1}^{n} nbabr(k - 1) \cdot nbabr(n - k) \qquad\qquad n > 0 \end{array}\right.$$

dont la solution est un nombre de Catalan (voir page 10) :

$$\mathrm{nbabr}(n) = \mathrm{Cat}(n+1) = \frac{1}{n+1} \cdot C_{2n}^{n} \approx \frac{4^n}{(n+1)\sqrt{\pi(n+1)}}.$$

134 - R 2   **Réponse** 2. Si l'abr A est vide, ses sous-arbres gauche ($\mathrm{sag}(A)$) et droit ($\mathrm{sad}(A)$) le sont aussi, on a donc :

$$\mathrm{cabr}(\mathrm{sag}(A)) = 0 ; \mathrm{cabr}(\mathrm{sad}(A)) = 0 ; \mathrm{spr}(A) = 0 ; \mathrm{cabr}(A) = 0$$

et l'égalité est vérifiée.

Considérons maintenant un abr A non vide. Les valeurs contenues dans A se partitionnent en r, celle de la racine de probabilité $p(r)$ et celles se trouvant dans les sous-arbres gauche $\mathrm{sag}(A)$ et droit $\mathrm{sad}(A)$ (le cas échéant vides). On note $\mathrm{ensNd}(\mathrm{sag}(A))$ (resp. $\mathrm{ensNd}(\mathrm{sad}(A))$) l'ensemble des nœuds de $\mathrm{sag}(A)$ (resp. $\mathrm{sad}(A)$). On a :

$$\mathrm{cabr}(A) = \sum_{k=1}^{n} p(x_k) \cdot (d_k + 1)$$

$$= p(r) + \sum_{k|x_k \in \mathrm{ensNd}(\mathrm{sag}(A))} p(x_k) \cdot (d_k + 1) + \sum_{k|x_k \in \mathrm{ensNd}(\mathrm{sad}(A))} p(x_k) \cdot (d_k + 1)$$

$$= p(r) + \sum_{k|x_k \in \mathrm{ensNd}(\mathrm{sag}(A))} p(x_k) + \sum_{k|x_k \in \mathrm{ensNd}(\mathrm{sad}(A))} p(x_k) +$$

$$\sum_{k|x_k \in \mathrm{ensNd}(\mathrm{sag}(A))} p(x_k) \cdot d_k + \sum_{k|x_k \in \mathrm{ensNd}(\mathrm{sad}((A))} p(x_k) \cdot d_k.$$

Or, d'une part :

$$p(r) + \sum_{k|x_k \in \mathrm{ensNd}(\mathrm{sag}((A))} p(x_k) + \sum_{k|x_k \in \mathrm{ensNd}(\mathrm{sad}((A))} p(x_k) = \mathrm{spr}(A),$$

d'autre part, si le nœud de valeur x_k est à la profondeur d_k dans A, sa profondeur d_k' est $d_k - 1$ dans $\mathrm{sag}(A)$ ou $\mathrm{sad}(A)$. D'où :

$$\sum_{k|x_k \in \mathrm{ensNd}(\mathrm{sag}(A))} p(x_k) \cdot d_k = \sum_{k|x_k \in \mathrm{ensNd}(\mathrm{sag}(A))} p_k \cdot (d_k' + 1) = \mathrm{cabr}(\mathrm{sag}(A))$$

$$\sum_{k|x_k \in \mathrm{ensNd}(\mathrm{sad}((A))} p_k \cdot d_k = \sum_{k|x_k \in \mathrm{ensNd}(\mathrm{sad}(A))} p_k \cdot (d_k' + 1) = \mathrm{cabr}(\mathrm{sad}(A))$$

et au final : $\mathrm{cabr}(A) = \mathrm{spr}(A) + \mathrm{cabr}(\mathrm{sag}(A)) + \mathrm{cabr}(\mathrm{sad}(A))$.

Pour l'abr A_1 de la figure 9.7, page 697, la définition initiale du coût d'un abr donne :

$$\mathrm{cabr}(A_1) = 3 \cdot p(1) + 2 \cdot p(2) + 3 \cdot p(3) + p(4) + 2 \cdot p(5)$$
$$= 1 + 2 \cdot p(1) + p(2) + 2 \cdot p(3) + p(5)$$

En appliquant la formule précédemment établie, il vient :

$$\mathrm{spr}(A_1) = 1 ; \mathrm{cabr}(\mathrm{sag}(A_1)) = p(2) + 2 \cdot p(1) + 2 \cdot p(3) ; \mathrm{cabr}(\mathrm{sad}(A_1)) = p(5)$$

d'où : $\mathrm{cabr}(A_1) = \mathrm{spr}(A_1) + \mathrm{cabr}(\mathrm{sag}(A_1)) + \mathrm{cabr}(\mathrm{sad}(A_1))$.

De même, avec A_2, l'autre abr de la figure 9.7, on a :

$$cabr(A_2) = 2 \cdot p(1) + p(2) + 2 \cdot p(3) + 3 \cdot p(4) + 4 \cdot p(5)$$
$$= 1 + p(1) + p()3 + 2 \cdot p(4) + 3 \cdot p(5)$$
$$spr(A_2) = 1; cabr(sag(A_2)) = p(1); cabr(sad(A_2)) = p(3) + 2 \cdot p(4) + 3 \cdot p(5)$$

et l'égalité est ici aussi vérifiée.

Compte tenu du caractère additif de la formule liant le coût d'un abr A et de ses sous-arbres gauche $sag(A)$ et droit $sad(A)$, il est trivial de prouver par l'absurde que $cabr(A)$ ne peut être minimal si $cabr(sag(A))$ ou $cabr(sad(A))$ ne l'est pas.

Réponse 3. Étudions les diverses organisations possibles des t valeurs $x_i, \ldots, x_{i+t-1}$ en un abr $A_{i,t}$. En présence d'une seule valeur ($t = 1$), l'organisation est unique ; sinon, l'organisation des valeurs $x_i, \ldots, x_{i+t-1}$ s'opère de la façon suivante. On choisit une racine de valeur x_{i+k} ($k \in 0..t-1$), et le sous-arbre gauche (resp. droit) de $A_{i,t}$ contient les valeurs $x_i, \ldots, x_{i+k-1}$ (resp. $x_{i+k+1}, \ldots, x_{i+t-1}$). D'après la formule de coût établie en question 2, le coût $cabr(A_{i,t})$ s'exprime ainsi :   134 - R 3

- $cabr(A_{i,t}) = cabr(sad(A_{i,t})) + sp(i,t)$ si $k = 0$ (sous-arbre gauche vide),
- $cabr(A_{i,t}) = cabr(sag(A_{i,t})) + sp(i,t)$ si $k = t - 1$ (sous-arbre droit vide),
- $cabr(A_{i,t}) = cabr(sag(A_{i,t})) + cabr(sad(A_{i,t})) + sp(i,t)$ si $k \in 1..t - 2$.

Il faut donc rechercher la valeur de k optimale – c'est-à-dire celle produisant la valeur minimale de $cabr(A_{i,t})$ – en supposant les sous-arbres gauche et droit eux-mêmes optimaux. En remarquant qu'il n'existe pas d'abr $A_{n,2}$ (ce qui induit que la borne supérieure de variation de i vaut $(n-1)$), on aboutit à la récurrence :

$$
\left|
\begin{array}{ll}
copt(i,1) = p_i & 1 \leqslant i \leqslant n \\[2ex]
copt(i,t) = \min\left(\left\{ \begin{array}{l} copt(i+1,t-1), \\ copt(i,t-1), \\ \displaystyle\min_{k \in 1..t-2} \left(\begin{array}{l} copt(i,k) + \\ copt(i+k+1,t-k-1) \end{array} \right) \end{array} \right\} \right) & \\[2ex]
\quad\quad + sp(i,t) & \left\{ \begin{array}{l} 1 \leqslant i \leqslant n-1 \text{ et} \\ 2 \leqslant t \leqslant n-i+1 \end{array} \right.
\end{array}
\right.
$$

Réponse 4. La mise en œuvre de la récurrence précédente requiert tout d'abord de calculer les valeurs de sp stockées dans le tableau $SP[1..n, 1..n]$. On peut ensuite remplir le tableau $CO[1..n, 1..n]$ pour stocker les valeurs de $copt$. On observe que le remplissage de la cellule $CO[i,t]$ fait appel à des valeurs de cellules d'indice colonne inférieur à t et d'indice ligne supérieur à $(i-1)$. On choisit de faire progresser le calcul par valeurs décroissantes d'indice de ligne (mais ce n'est pas la seule possibilité) et, dans une ligne, par valeurs croissantes de l'indice de colonne. Pour la ligne d'indice i, on remplit $CO[i,1]$ grâce au premier terme de la récurrence et chacune des valeurs suivantes (de 2 à $n-i+1$) au moyen de son second terme. On remarque que la dernière ligne ne contient qu'une valeur, $CO[n,1]$; l'avant-dernière en a deux, $CO[n-1,1]$ et $CO[n-1,2]$, et ainsi de suite jusqu'à la première ligne qui est totalement remplie. Le résultat recherché est $CO[1,n]$, la dernière cellule calculée.   134 - R 4

La complexité spatiale de cet algorithme est en $\Theta(n^2)$ (tableaux SP et CO), et sa complexité temporelle en $\Theta(n^3)$ en termes de conditions évaluées.

Le gain apporté par cette solution est conséquent puisque l'on a vu dans la question 1 qu'une solution naïve explorant tous les abr à n valeurs est exponentielle, alors que la programmation dynamique offre une solution de complexité polynomiale.

134 - R 5 **Réponse 5.** Le tableau SP est le suivant :

t	1	2	3	4	5
$i = 1$	0.05	0.15	0.35	0.5	1
2	0.1	0.3	0.45	0.95	
3	0.2	0.35	0.85		
4	0.15	0.65			
5	0.5				

Le calcul de copt$(1,5)$ correspond à celui de CO$[1,5]$, qui nécessite le remplissage de l'intégralité du triangle supérieur gauche de CO. On obtient :

t	1	2	3	4	5
$i = 1$	0.05	0.2	0.55	0.85	1.85
2	0.1	0.4	0.7	1.65	
3	0.2	0.5	1.35		
4	0.15	0.8			
5	0.5				

En conservant au cours du calcul précédent la valeur de k ayant conduit à la valeur optimale, on peut reconstituer aisément l'abr optimal donné ci-après :

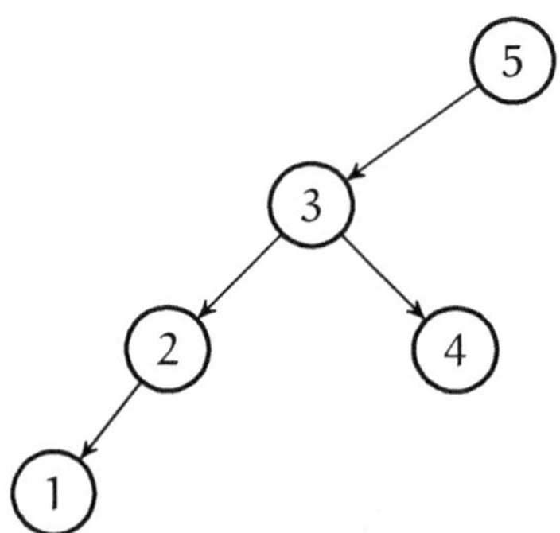

On peut calculer le coût de cet abr par la formule donnée en début d'énoncé, à savoir $cabr(A) = \sum_{k=1}^{n} p(x_k) \cdot (d_k + 1)$, ce qui conduit à $p(5) + 2 \cdot p(3) + 3 \cdot p(2) + 3 \cdot p(4) + 4 \cdot p(1) = 0.5 + 0.4 + 0.3 + 0.45 + 0.2 = 1.85$. Ce résultat correspond à la valeur optimale CO$[1,5]$ du tableau fourni dans la réponse précédente.

134 - R 6 **Réponse 6.** Ce problème est très semblable à celui du produit chaîné de matrices (exercice 124, page 675), puisque la forme du terme général de la récurrence est la même ; par suite, c'est aussi le cas pour le programme associé et ses complexités temporelle et spatiale.

Solution de l'exercice 135 Ensemble indépendant de poids maximal dans un arbre

Énoncé page 698.

Réponse 1. On considère successivement les deux cas $u \notin S^*$ et $u \in S^*$. $\boxed{\text{135 - R 1}}$

Si $u \notin S^*$, on considère tous ses fils. On raisonne par l'absurde, en supposant qu'il existe un i pour lequel $S^*_{v_i}$ n'est pas optimal (donc de poids maximal) pour l'arbre de racine v_i. Il existe donc un ensemble différent optimal pour l'arbre de racine v_i. On le note $S^{**}_{v_i}$. Dans ce cas, $(S^* - S^*_{v_i}) \cup S^{**}_{v_i}$ a un poids supérieur à S^*, ce qui est en contradiction avec le fait que S^* est optimal.

Si $u \in S^*$, un raisonnement analogue vaut pour prouver le résultat recherché en prenant un i pour lequel $S^*_{w_i}$ n'est pas optimal.

Réponse 2. Le calcul du sous-ensemble indépendant de poids maximal d'un arbre a $\boxed{\text{135 - R 2}}$ de racine r dépend de sa hauteur. Pour un arbre a de hauteur 0 (réduit à une feuille), l'ensemble indépendant optimal associé à a possède cette feuille pour unique élément. Pour un arbre a de hauteur 1, l'ensemble indépendant optimal associé à a est constitué soit de sa racine, soit de l'union de toutes ses feuilles. Pour un sous-arbre a de racine u de hauteur supérieure ou égale à 2, on a le choix entre les deux ensembles explicités dans la réponse à la question précédente. La récurrence de calcul du poids du sous-ensemble indépendant de poids maximal de l'arbre de racine u s'écrit :

$$\left|\begin{array}{ll} P(S^*_u) = pds(u) & u \text{ est une feuille} \\[2mm] P(S^*_u) = \max\left(\left\{\begin{array}{l} pds(u), \\ pds(v_1) + \cdots + pds(v_c) \end{array}\right\}\right) & \left\{\begin{array}{l} u \text{ est racine d'un sous-} \\ \text{arbre de hauteur égale à } 1 \end{array}\right. \\[4mm] P(S^*_u) = \max\left(\left\{\begin{array}{l} P(S^*_{v_1} \cup \cdots \cup S^*_{v_c}), \\ P(S^*_{w_1} \cup \cdots \cup S^*_{w_g}) \end{array}\right\}\right) & \left\{\begin{array}{l} u \text{ est racine d'un sous-arbre} \\ \text{de hauteur au moins égale à } 2 \end{array}\right. \end{array}\right.$$

et le poids $P(S^*)$ du sous-ensemble indépendant de poids maximal de l'arbre a de racine r est donné par $P(S^*_r)$.

Réponse 3. Le principe de l'algorithme consiste d'une part à utiliser la récurrence, $\boxed{\text{135 - R 3}}$ d'autre part à « accrocher » le résultat des calculs à l'arbre lui-même sans passer par une table comme on le fait habituellement. On va donc explorer l'arbre selon un parcours descendant gauche droite et faire les calculs relatifs à un nœud lorsque ses fils auront été traités (ordre postfixé). Ceci conduit à la procédure (récursive) *SousEnsIndepOpt* suivante :

```
1.   procédure SousEnsIndepOpt(a) pré
2.     a ∈ aqe et a = ... et Voptf ∈ ℕ et Voptpf ∈ ℕ et Eoptf ⊂ ℕ₁ et
3.     Eoptpf ⊂ ℕ₁
4.     /% l'arbre a doit être non vide %/
5.   début
6.     si a.fls = ∅ alors
7.       /% cas d'une feuille %/
8.       a.vso ← a.pds; a.eso ← {a.num}
9.     sinon
10.      pour e ∈ a.fls faire
11.        SousEnsIndepOpt(e)
12.      fin pour ;
13.      Collecte(a, Voptf, Voptpf, Eoptf, Eoptpf) ;
14.      si Voptpf = 0 alors
15.        /% cas d'un sous-arbre de hauteur 1 %/
```

```
16.          si a.pds > Voptf alors
17.              a.vso ← a.pds ; a.eso ← {a.num}
18.          sinon
19.              a.vso ← Voptf ; a.eso ← Eoptf
20.          fin si
21.      sinon
22.          /% cas d'un sous-arbre de hauteur au moins égale à 2 %/
23.          si a.pds + Voptpf > Voptf alors
24.              a.vso ← a.pds + Voptpf ; a.eso ← {a.num} ∪ Eoptpf
25.          sinon
26.              a.vso ← Voptf ; a.eso ← Eoptf
27.          fin si
28.      fin si
29.  fin si
30. fin
```

dont l'appel se fait par la séquence :

```
1. variables
2.    t ∈ aqe
3. début
4.    t ← ...; SousEnsIndepOpt(t) ;
5.    écrire(un sous-ensemble indépendant de l'arbre, t, est, t.eso,
6.           de poids, t.vso)
7. fin
```

La complexité liée à cet appel (générique) est linéaire en termes de nombre de sommets visités. En effet, tout sommet (sauf la racine et ses fils) est visité trois fois (dont deux par *Collecte*), la racine est visitée une seule fois et chacun de ses fils deux fois.

135 - R 4   **Réponse 4.**   Avec l'exemple proposé, les résultats sont rassemblés dans la table ci-après (qui est en fait une autre représentation de l'arbre considéré) en respectant l'ordre de remplissage des sommets :

sommet	poids	$P(\mathcal{S}_u^*)$	ensemble optimal de sommets
4	10	10	$\{4\}$
5	4	4	$\{5\}$
6	2	2	$\{6\}$
2	5	16	$\{4, 5, 6\}$
9	7	7	$\{9\}$
10	6	6	$\{10\}$
7	3	13	$\{9, 10\}$
8	2	2	$\{8\}$
3	4	17	$\{3, 9, 10\}$
1	3	34	$\{1, 4, 5, 6, 9, 10, 8\}$

Solution de l'exercice 136   Plus longue sous-séquence croissante

Énoncé page 701.

Réponse 1. Toute sous-séquence croissante contiguë est une sous-séquence croissante, mais pas le contraire ; pour toute séquence x, on a donc : $lssc(x) \geqslant lsscc(x)$.

$\boxed{\textbf{136 - R 1}}$

Réponse 2. L'algorithme repose sur une boucle dont les constituants sont les suivants.

$\boxed{\textbf{136 - R 2}}$

Invariant La variable ls (resp. lsscc) est la longueur de la plus longue SSCC se terminant en $x[i-1]$ (resp. trouvée jusqu'ici de $x[1]$ à $x[i-1]$).

Condition d'arrêt $i = n + 1$.

Progression À chaque pas, on prend en compte l'élément $x[i]$ de la séquence x. Si on a $x[i] > x[i-1]$, alors ls augmente de 1 et lssc est mis à jour si la nouvelle valeur de ls la dépasse. Si $x[i] \leqslant x[i-1]$, $x[i]$ devient le premier élément d'une nouvelle SSCC et l'invariant est rétabli en mettant ls à 1.

Initialisation L'affectation de 1 à i, de 0 à ls et lssc instaure l'invariant.

Terminaison L'expression $(n + 1 - i)$ décroît tout en restant positive ou nulle, ce qui garantit la terminaison.

L'algorithme résultant se déduit sans difficulté de ce qui précède et a une complexité temporelle linéaire, puisque l'on effectue $(n-1)$ comparaisons entre nombres de la séquence x.

Réponse 3. Un algorithme analogue au précédent ne peut s'appliquer pour le calcul de la plus longue sous-séquence croissante, car, lors de la rencontre d'une décroissance $(x[i] \leqslant x[i-1])$, le symbole $x[i]$ peut faire partie de plusieurs sous-séquences ascendantes démarrant avant lui (contrairement au cas précédent, où il ne pouvait que débuter une nouvelle sous-séquence croissante contiguë).

$\boxed{\textbf{136 - R 3}}$

Réponse 4. Dans le cas général, la plus longue sous-séquence ascendante – qui se termine par $x[i]$ – est composée de $x[i]$ et, si elle existe, de la plus longue sous-séquence ascendante qui se termine avant $x[i]$ (donc d'indice $j < i$) sur une valeur inférieure à $x[i]$. La plus longue séquence ascendante d'une séquence de longueur 1 est elle-même ; elle a donc pour longueur 1 et $lssct(1) = 1$. On en déduit la récurrence de calcul de lssct suivante :

$\boxed{\textbf{136 - R 4}}$

$$
\begin{array}{ll}
lssct(1) = 1 & \\
lssct(i) = 1 & i > 1 \text{ et } (\not\exists\, j \cdot (1 \leqslant j < i \text{ et } x[j] < x[i])) \\
lssct(i) = 1 + \max_{\substack{1 \leqslant j < i \text{ et} \\ x[j] < x[i]}} (lssct(j)) & i > 1 \text{ et } (\exists\, j \cdot (1 \leqslant j < i \text{ et } x[j] < x[i])).
\end{array}
$$

Le programme qui calcule $lssc(x)$ pour toute séquence x de longueur n est fondé sur l'utilisation du tableau $L[1..n]$ associé à lssct. On maintient dans la variable lmax la plus grande des valeurs lssct calculées jusqu'ici. On introduit également le tableau $ID[1..n]$ où $ID[i]$ identifie l'indice j correspondant à la valeur optimale trouvée ($x[j] < x[i]$ et $L[j]$ maximal pour $j \in 1..i-1$). La progression du calcul tient compte du fait que la valeur $lssct(i)$ fait appel à toutes les valeurs qui précèdent, pour remplir $L[i]$ ($i \geqslant 2$), on doit donc parcourir les éléments de $L[1..i-1]$ afin de rechercher le meilleur indice j. On obtient l'algorithme ci-après :

```
1. constantes
2.    n ∈ ℕ₁ et n = ... et x ∈ 1..n → ℕ₁ et x = [...]
3. variables
```

4. $L \in 1..n \rightarrow \mathbb{N}_1$ **et** $ID \in 1..n \rightarrow \mathbb{N}_1$ **et** $lmc \in \mathbb{N}_1$ **et** $lMax \in \mathbb{N}_1$ **et**
5. $iMax \in \mathbb{N}_1$
6. */% lmc sert au calcul de la longueur de la plus longue sous-séquence ascendante située à gauche de x[i] ; les variables lMax et iMax représentent respectivement la longueur de la plus longue sous-séquence ascendante et l'indice de son dernier élément %/*
7. **début**
8. $lMax \leftarrow 1$; $iMax \leftarrow 1$; $L[1] \leftarrow 1$; $ID[1] \leftarrow 1$
9. **pour** i **parcourant** $2..n$ **faire**
10. $lmc \leftarrow 0$; $L[i] \leftarrow 1$; $ID[i] \leftarrow i$;
11. **pour** j **parcourant** $1..i-1$ **faire**
12. **si** $x[i] > x[j]$ **et** $L[j] > lmc$ **alors**
13. $L[i] \leftarrow L[j]+1$; $lmc \leftarrow L[j]$; $ID[i] \leftarrow j$
14. **fin si**
15. **fin pour** ;
16. **si** $L[i] > lMax$ **alors**
17. $lMax \leftarrow L[i]$; $iMax \leftarrow i$
18. **fin si**
19. **fin pour** ;
20. **écrire**(*la plus longue sous-séquence croissante termine en* , $iMax$,
21. *et est de longueur* , $lMax$)
22. **fin**

La complexité temporelle de cet algorithme est en $\Theta(n^2)$, alors que sa complexité spatiale est en $\Theta(n)$.

L'identification de la plus longue sous-séquence ascendante de x est effectuée à partir de ID et de iMax. On parcourt le vecteur ID à partir de l'indice iMax (du dernier élément de la plus longue sous-séquence ascendante de x), afin d'en extraire les composants. La valeur $j = ID[iMax]$ donne l'indice de l'élément précédent de la plus longue sous-séquence ascendante (sauf si $lMax = 1$). On itère le processus jusqu'à épuiser le nombre d'éléments de la plus longue sous-séquence ascendante ($lMax$).

136 - R 5 **Réponse** 5. Appliqué à la séquence $u = \langle 11, 5, 2, 8, 7, 3, 1, 6, 4, 2 \rangle$, cet algorithme a pour résultat :

i	1	2	3	4	5	6	7	8	9	10
u[i]	11	5	2	8	7	3	1	6	4	2
L[i]/ID[i]	1/1	1/2	1/3	2/2	2/2	2/3	1/7	3/6	3/6	2/7

et les valeurs de lmax et imax sont respectivement 3 et 8. La reconstitution de la plus longue sous-séquence ascendante part de $u[8] = 6$ et $ID[8] = 6$. L'élément précédent est donc $u[6] = 3$. Puisque $ID[6] = 3$, on atteint l'élément $u[3] = 2$ et on s'arrête puisque l'on a trouvé la sous-séquence $\langle 2, 3, 6 \rangle$ composée de trois éléments.

Solution de l'exercice 137 Plus courte sur-séquence commune

Énoncé page 702.

Réponse 1. Le raisonnement suivi pour établir la récurrence de calcul de cssc est très similaire à celui développé pour le calcul de la longueur de la plus longue sous-séquence commune (lssc). Il est clair que, si une des séquences est vide, la plus courte sur-séquence commune est l'autre séquence. Si le dernier symbole considéré est le même dans les deux séquences ($x[j] = y[i]$), il faut ajouter ce caractère à la plus courte sur-séquence commune $x[1 .. j - 1]$ et $y[1 .. i - 1]$. En revanche, s'ils sont différents, on a le choix entre ajouter le symbole $x[j]$ à la fin de la plus courte sur-séquence commune aux séquences $x[1 .. j - 1]$ et $y[1 .. i]$ et ajouter le symbole $y[i]$ à la fin de la plus courte sur-séquence commune aux séquences $x[1..j]$ et $y[1..i - 1]$. On en déduit la récurrence suivante :

$$
\begin{array}{ll}
\mathrm{cssc}(0, j) = j & 0 \leqslant j \leqslant m \\
\mathrm{cssc}(i, 0) = i & 1 \leqslant i \leqslant n \\
\mathrm{cssc}(i, j) = \mathrm{cssc}(i - 1, j - 1) + 1 & x[j] = y[i] \text{ et } 1 \leqslant i \leqslant n \text{ et } 1 \leqslant j \leqslant m \\
\mathrm{cssc}(i, j) = \min\left(\left\{\begin{array}{l} \mathrm{cssc}(i, j - 1), \\ \mathrm{cssc}(i - 1, j) \end{array}\right\}\right) + 1 & x[j] \neq y[i] \text{ et } 1 \leqslant i \leqslant n \text{ et } 1 \leqslant j \leqslant m.
\end{array}
$$

137 - R 1

Réponse 2. La mise en œuvre de la récurrence précédente passe par la structure tabulaire $\mathrm{CSSC}[0 .. n, 0 .. m]$ en lien avec les m symboles de x et les n symboles de y. La longueur de la plus courte sur-séquence se trouvera en $\mathrm{CSSC}[n, m]$. On initialise la ligne et la colonne d'indice 0 grâce aux deux premiers termes de la récurrence. On observe que tout autre élément $\mathrm{CSSC}[i, j]$ avec i et j strictement positifs dépend soit de son voisin de la colonne précédente et de la ligne précédente, soit de son voisin de la diagonale précédente. On peut donc procéder à un calcul ligne par ligne et dans chaque ligne par valeurs croissantes de l'indice de colonne (un remplissage par colonne ou par diagonale conviendrait également).

137 - R 2

Pour retrouver la (l'une des) plus courte(s) sur-séquence(s) commune(s) par la méthode du « Petit Poucet », on double le tableau $\mathrm{CSSC}[0 .. n, 0 .. m]$ par un tableau $\mathrm{CH}[0 .. n, 0 .. m]$ construit en parallèle. En référence à une représentation cartésienne, chaque cellule de ce tableau contient une information ($\leftarrow$, $\downarrow$ ou $\nearrow$) indiquant laquelle des trois possibilités de la récurrence a créé la valeur retenue dans l'élément de CSSC de mêmes indices. Parcourir CH à partir de $\mathrm{CH}[n, m]$ permet de retrouver de manière déterministe une plus courte sur-séquence commune à x et y en suivant les flèches jusqu'à atteindre $\mathrm{CH}[0, 0]$. S'il existe plusieurs solutions, une seule pourra être reconstituée à partir de CH ; elle dépend de l'ordre des tests effectués dans le programme.

La complexité spatiale de cet algorithme est en $\Theta(m \cdot n)$ (imputable aux tableaux CSSC et CH). On effectue au plus $m \cdot n$ comparaisons entre symboles des séquences (cas atteint quand x et y n'ont aucun symbole commun) ; la complexité temporelle est donc en $\mathcal{O}(m \cdot n)$.

Réponse 3. La longueur de la plus courte sur-séquence commune à $u = vache$ et $v = veau$ est 7 (cellule $(4, 5)$ du tableau ci-dessous). La construction de la plus courte sur-séquence commune se fait en suivant les indications de cheminement trouvées dans CH (chemin en « grisé »). Quand on rencontre $\leftarrow$ ou $\nearrow$ (resp. $\downarrow$), on conserve le symbole de u (resp. v). La plus courte sur-séquence commune à $u = vache$ et $v = veau$ trouvée par l'algorithme est $vacheau$ comme l'illustre le tableau de calcul ci-dessous :

137 - R 3

4	u	4 ↓	4 ↓	4 ←	5 ←	6 ↓	7 ↓
3	a	3 ↓	3 ↓	3 ←	4 ←	5 ←	6 ↓
2	e	2 ↓	2 ↓	3 ←	4 ←	5 ←	5 ↙
1	v	1 ↓	1 ↙	2 ←	3 ←	4 ←	5 ←
0	ε	0 ↓	1 ←	2 ←	3 ←	4 ←	5 ←
i	v/u	ε	v	a	c	h	e
	j	0	1	2	3	4	5

137 - R 4

Réponse 4. La plus courte sur-séquence commune à x et y comporte tous les symboles de x, ainsi que ceux de y moins ceux qui forment une de leurs plus longues sous-séquences communes, d'où $cssc(n, m) = n + m - lssc(n, m)$ ou encore :

$$cssc(n, m) + lssc(n, m) = n + m.$$

Dans l'exemple des séquences $u = vache$ et $v = veau$, une de leurs plus grandes sous-séquences communes est va et une de leurs plus courtes sur-séquences communes est $veauche$. On a donc :

$$cssc(4, 5) + lssc(4, 5) = 7 + 2 = 5 + 4 = 9.$$

Solution de l'exercice 138 Distance entre séquences : algorithme de Wagner et Fischer

Énoncé page 702.

138 - R 1

Réponse 1.

(a) On considère la construction d'un alignement entre les séquences x et y. Supposons que l'on ait apparié le préfixe de longueur i de y et le préfixe de longueur j de x. Au pas suivant, on a trois options : apparier $x[j + 1]$ et $y[i + 1]$ ou apparier $x[j + 1]$ et ε (suppression de $x[j + 1]$) ou encore apparier ε et $y[i + 1]$ (insertion de $y[i + 1]$). On va donc construire le graphe dans lequel le sommet noté (i/j) associé à l'état décrit précédemment admet trois successeurs $(i + 1/j + 1)$ (choix 1, on transforme $x[j + 1]$ en $y[i + 1]$), $(i/j + 1)$ (choix 2, on supprime $x[j + 1]$) et $(i + 1/j)$ (choix 3, on insère $y[i + 1]$). Chacun de ces arcs a la valeur correspondante dans δ, à savoir $\delta[x[j + 1], y[i + 1]]$ dans le premier cas , $\delta[x[j + 1], \varepsilon]$ dans le second et $\delta[\varepsilon, y[i + 1]]$ dans le dernier. On obtient ainsi un graphe à valuations positives ou nulles ayant $(n + 1) \cdot (m + 1)$ sommets, chacun d'eux ayant trois successeurs en général (sauf les sommets de la forme (n/j) ou (i/m)). Un alignement est donc représenté par un chemin du sommet $(0/0)$ au sommet (n/m) et sa valeur par celle du chemin associé, c'est-à-dire la somme des valeurs des arcs le composant. Un alignement optimal est donc un chemin de valeur minimale entre le sommet $(0/0)$ et le sommet (n/m).

(b) Compte tenu de ce qui a été dit précédemment quant au graphe décrivant l'ensemble des alignements, le nombre d'alignements différents entre deux séquences x et y ayant respectivement m et n lettres, noté $nbal(n, m)$, est donné par la récurrence suivante :

$$\left|\begin{array}{l} nbal(0,j) = 1 \\ nbal(i,0) = 1 \\ nbal(i,j) = \left(\begin{array}{l} nbal(i,j-1) + \\ nbal(i-1,j) + \\ nbal(i-1,j-1) \end{array}\right) \end{array}\right. \qquad \begin{array}{l} 0 \leqslant j \leqslant m \\ 1 \leqslant i \leqslant n \\ \left\{\begin{array}{c} 1 \leqslant i \leqslant n \\ \text{et} \\ 1 \leqslant j \leqslant m \end{array}\right. \end{array}.$$

Cette récurrence correspond aux nombres de Delannoy, dont un échantillon est donné par le tableau ci-après :

j	0	1	2	3	4	5	6
$i = 0$	1	1	1	1	1	1	1
1	1	3	5	7	9	11	13
2	1	5	13	25	41	61	85
3	1	7	25	63	129	231	377
4	1	9	41	129	321	681	1289

On constate (démonstration facile laissée au lecteur) que $nbal(i,j) \geqslant 3^{\min(\{m,n\})}$ et croît donc très rapidement.

(c) Il a été dit dans l'énoncé que, dans le cas général ($i > 0$ et $j > 0$), on peut accéder au sommet (i,j) de trois façons différentes : i) depuis le sommet $(i-1,j-1)$ en transformant $x[j]$ en $y[i]$, ii) depuis le sommet $(i,j-1)$ en supprimant $x[j]$, ou encore iii) depuis le sommet $(i-1,j)$ en insérant $y[i]$. Puisque l'on cherche un alignement de coût minimal, on prendra le meilleur de ces trois choix (celui conduisant au minimum). On en déduit donc la récurrence suivante pour le calcul de calopt :

$$\left|\begin{array}{l} calopt(0,0) = \delta[\varepsilon,\varepsilon] = 0 \\ calopt(0,j) = calopt(0,j-1) + \delta[x[j],\varepsilon] \\ calopt(i,0) = calopt(i-1,0) + \delta[\varepsilon,y[i]] \\ calopt(i,j) = \min\left(\left\{\begin{array}{l} calopt(i-1,j-1) + \delta[x[j],y[i]], \\ calopt(i-1,j) + \delta[\varepsilon,y[i]], \\ calopt(i,j-1) + \delta[x[j],\varepsilon] \end{array}\right\}\right) \end{array}\right. \qquad \begin{array}{l} \\ 1 \leqslant j \leqslant m \\ 1 \leqslant i \leqslant n \\ \left\{\begin{array}{c} 1 \leqslant i \leqslant n \\ \text{et} \\ 1 \leqslant j \leqslant m \end{array}\right. \end{array}.$$

Réponse 2. La mise en œuvre de cette récurrence passe par un algorithme calculant $\boxed{\text{138 - R 2}}$ la matrice CALO (associée à calopt), en remplissant d'abord la colonne d'indice 0 grâce aux premier et troisième termes de la récurrence, puis les colonnes d'indice 1 à n. Dans une colonne donnée d'indice j, on remplit d'abord la cellule $(0,j)$ (deuxième terme de la récurrence), puis les cellules $(1,j)$ à (m,j) en utilisant le dernier terme de la récurrence. On pourrait tout autant effectuer un remplissage par ligne ou par diagonale. On aboutit alors au programme appelé *WF* suivant :

1. **constantes**
2. $x \in$ **chaîne**(Σ) **et** $x = \ldots$ **et** $y \in$ **chaîne**(Σ) **et** $y = \ldots$ **et** $m = |x|$ **et**
3. $n = |y|$ **et** $\delta \in \Sigma \times \Sigma \rightarrow \mathbb{R}_+$ **et** $\delta = [\ldots]$
4. **variables**
5. $CALO \in 0\,..\,n \times 0\,..\,m \rightarrow \mathbb{R}_+$
6. **début**

```
 7.    CALO[0, 0] ← 0 ;
 8.    pour i parcourant 1 .. n faire
 9.       CALO[i, 0] ← CALO[i − 1, 0] + δ[ε, y[i]]
10.    fin pour ;
11.    pour j parcourant 1 .. m faire
12.       CALO[0, j] ← CALO[0, j − 1] + δ[x[j], ε] ;
13.       pour i parcourant 1 .. n faire
```

$$
14. \quad \mathrm{CALO}[i, j] \leftarrow \min \left(\left\{ \begin{array}{l} \mathrm{CALO}[i-1, j-1] + \delta[x[j], y[i]], \\ \mathrm{CALO}[i-1, j] + \delta[\varepsilon, y[i]], \\ \mathrm{CALO}[i, j-1] + \delta[x[j], \varepsilon] \end{array} \right\} \right)
$$

```
15.       fin pour
16.    fin pour ;
17.    écrire(CALO[n, m])
18. fin
```

La complexité spatiale de cet algorithme correspond au tableau CALO ; elle est donc en $\Theta(n \cdot m)$. Sa complexité temporelle en termes de nombres de comparaisons est comprise entre $n \cdot m$ au mieux et $2 \cdot n \cdot m$ au pire ; elle est donc en $\Theta(n \cdot m)$ elle aussi. On constate que l'on est passé d'une complexité supérieure à $3^{\min(\{m,n\})}$ pour un algorithme canonique naïf à $\Theta(n \cdot m)$, d'où un gain considérable.

Rappelons que l'on ne connaît pas d'algorithme calculant spécifiquement la valeur minimale des chemins pour un couple de sommets fixé. On aurait pu utiliser :

- l'algorithme de Dijkstra (voir exercice 78, page 368), puisque les valuations des arcs sont ici toutes positives ou nulles ; sa complexité est en $\mathcal{O}(N^2)$ avec N le nombre de sommets du graphe, soit ici une complexité en $\mathcal{O}((m \cdot n)^2)$ avec une implantation « canonique » ; avec une mise en œuvre plus sophistiquée [5], la complexité est ramenée en $\mathcal{O}((N+M) \cdot \log_2(N))$ avec M (resp. N) le nombre d'arcs (resp. de sommets) du graphe, soit ici en $\mathcal{O}((m \cdot n) \cdot (\log_2(m) + \log_2(n)))$,
- celui de Bellman-Ford (voir exercice 131, page 688) de complexité $\Theta(M \cdot N)$ avec N (resp. M) le nombre de sommets (resp. d'arcs) du graphe ; ici, on aura donc une complexité en $\Theta((m \cdot n)^2)$, puisque le graphe possède de l'ordre de $3m \cdot n$ arcs,
- l'algorithme de Floyd (voir exercice 132, page 691), en $\mathcal{O}((m \cdot n)^3)$, qui serait donc encore moins efficace.

L'élaboration d'une solution adaptée au graphe associé à ce problème est donc justifiée.

138 - R 3

Réponse 3. Appliqué à l'exemple proposé, l'algorithme conduit à la matrice ci-après dont on déduit $\Delta(\mathit{coquine},\ \mathit{malin}) = 7$.

5	n	10	9	8	7	6	7	5	7
4	i	8	7	6	5	4	5	7	9
3	l	6	5	4	3	5	7	9	11
2	a	4	3	2	4	6	8	10	12
1	m	2	1	3	5	7	9	11	13
0	ε	0	2	4	6	8	10	12	14
i	v / u	ε	c	o	q	u	i	n	e
	j	0	1	2	3	4	5	6	7

---

5. Voir par exemple `http://fr.wikipedia.org/wiki/Algorithme_de_Dijkstra`.

Réponse 4. Pour reconstituer un (l')alignement optimal, on utilise la technique habituelle dite du « Petit Poucet ». On insère donc dans l'algorithme le remplissage d'un tableau contenant l'indication du choix optimal effectué à chaque remplissage de cellule de CALO ($\swarrow$ pour la transformation de $x[j]$ en $y[i]$, $\downarrow$ pour l'insertion de $y[i]$, $\leftarrow$ pour la suppression de $x[j]$). Ce tableau est ensuite parcouru depuis la cellule (n, m) jusqu'à atteindre la cellule $(0, 0)$.

138 - R 4

Dans l'exemple précédent, en faisant apparaître dans chaque cellule du tableau uniquement l'ensemble des choix optimaux, on obtient :

5	n	$\downarrow$	$\downarrow\swarrow$	$\downarrow$	$\downarrow\swarrow$	$\downarrow$	$\downarrow\swarrow$	$\swarrow$	$\leftarrow$
4	i	$\downarrow$	$\downarrow$	$\downarrow\swarrow$	$\downarrow$	$\swarrow$	$\swarrow$	$\leftarrow$	$\leftarrow$
3	l	$\downarrow$	$\downarrow\swarrow$	$\leftarrow$	$\swarrow$	$\leftarrow$	$\leftarrow$	$\leftarrow\swarrow$	$\leftarrow$
2	a	$\downarrow$	$\downarrow$	$\swarrow$	$\leftarrow$	$\leftarrow\swarrow$	$\leftarrow\swarrow$	$\leftarrow$	$\leftarrow\swarrow$
1	m	$\downarrow$	$\swarrow$	$\leftarrow$	$\leftarrow\swarrow$	$\leftarrow$	$\leftarrow$	$\leftarrow\swarrow$	$\leftarrow$
0	ε	$\downarrow$	$\leftarrow$	$\leftarrow$	$\leftarrow$	$\leftarrow$	$\leftarrow$	$\leftarrow$	$\leftarrow$
i	v/u	ε	c	o	q	u	i	n	e
	j	0	1	2	3	4	5	6	7

Le parcours du tableau depuis le coin nord-est (cellule $(5, 7)$) passe par les cellules : $(5, 6)$ pour la suppression du e de *coquine*, $(4, 5)$ pour la transformation de n en n, $(3, 4)$ pour la transformation de i en i, $(3, 3)$ pour la suppression du u de *coquine*, $(2, 2)$ pour la transformation de q en l, $(1, 1)$ pour la transformation de o en a, $(0, 0)$ pour la transformation de c en m. Ceci conduit à l'alignement optimal unique suivant (car dans chacune de ces cellules on a un seul choix) :

$$
\begin{array}{ccccccc}
c & o & q & u & i & n & e \\
| & | & | & | & | & | & | \\
m & a & l & \varepsilon & i & n & \varepsilon
\end{array}
$$

pour un coût de 7.

Si on considère maintenant les séquences $u = est$ et $v = rien$, on a le tableau CALO (complété pour rendre compte des alignements optimaux eux-mêmes) :

4	n	8 $\downarrow$	6 $\downarrow$	5 $\swarrow$	7 $\leftarrow\swarrow$
3	e	6 $\downarrow$	4 $\swarrow$	6 $\leftarrow\swarrow$	8 $\downarrow\leftarrow\swarrow$
2	i	4 $\downarrow$	3 $\swarrow$	5 $\downarrow\leftarrow$	6 $\swarrow$
1	r	2 $\downarrow$	3 $\swarrow$	3 $\swarrow$	5 $\leftarrow\swarrow$
0	ε	0 $\downarrow$	2 $\leftarrow$	4 $\leftarrow$	6 $\leftarrow$
i	v/u	ε	e	s	t
	j	0	1	2	3

Il est aisé de voir que l'on a trois alignements optimaux de même coût 7, à savoir :

$$
\begin{array}{cccc}
\varepsilon & e & s & t \\
| & | & | & | \\
r & i & e & n \\
2 & 1 & 3 & 1
\end{array}
\qquad
\begin{array}{ccccc}
\varepsilon & \varepsilon & e & s & t \\
| & | & | & | & | \\
r & i & e & \varepsilon & n \\
2 & 2 & 0 & 2 & 1
\end{array}
\qquad
\begin{array}{ccccc}
\varepsilon & \varepsilon & e & s & t \\
| & | & | & | & | \\
r & i & e & n & \varepsilon \\
2 & 2 & 0 & 1 & 2
\end{array}
$$

138 - R 5 **Réponse 5.** Le terme général de la récurrence définissant $calopt$ fait apparaître que le calcul de la cellule (i, j) ne fait appel qu'aux seules cellules $(i-1, j)$, $(i, j-1)$ et $(i-1, j-1)$. Il n'est donc pas nécessaire de conserver le tableau CALO dans son intégralité pour calculer la valeur $calopt(n, m) = CALO[n, m] = \Delta(u, v)$ (ceci vaut pour autant que l'on ne cherche pas ensuite à calculer l'alignement optimal comme dans la question précédente). On va donc travailler avec deux colonnes (on pourrait tout aussi bien prendre deux lignes) du tableau CALO contenant la colonne courante (d'indice j) et la précédente (d'indice $j-1$). L'algorithme résultant requiert $2 \cdot (n+1)$ cellules ; sa complexité spatiale est en $\Theta(n)$ (il serait en $\Theta(m)$ si l'on avait procédé à un calcul en ligne plutôt qu'en colonne). L'algorithme *WFL* associé se présente comme suit :

```
 1.  constantes
 2.     x ∈ chaîne(Σ) et x = ... et y ∈ chaîne(Σ) et y = ... et m = |x| et
 3.     n = |y| et δ ∈ Σ × Σ → ℝ₊ et δ = [...]
 4.  variables
 5.     CALO ∈ 0..n × 0..1 → ℝ₊
 6.  début
 7.     /% calcul de la colonne 1 %/
 8.     CALO[0, 1] ← 0 ;
 9.     pour i parcourant 1..n faire
10.        CALO[i, 1] ← CALO1[i − 1, 1] + δ[ε, y[i]]
11.     fin pour ;
12.     pour j parcourant 1..m faire
13.        /% décalage des colonnes j − 1 (0) et j (1) %/
14.        pour i ∈ 0..n faire
15.           CALO[i, 0] ← CALO[i, 1]
16.        fin pour ;
17.        /% calcul de la colonne j (1) %/
18.        CALO[0, 1] ← CALO[0, 0] + δ[x[j], ε] ;
19.        pour i parcourant 1..n faire
```

$$
20. \quad CALO[i, 1] \leftarrow \min\left(\left\{
\begin{array}{l}
CALO[i − 1, 0] + δ[x[j], y[i]], \\
CALO[i − 1, 1] + δ[ε, y[i]], \\
CALO[i, 0] + δ[x[j], ε]
\end{array}
\right\}\right)
$$

```
21.        fin pour
22.     fin pour ;
23.     écrire(CALO[n, 1])
24.  fin
```

138 - R 6 **Réponse 6.** Tout alignement entre deux séquences x et y est également un alignement entre les séquences miroirs $\overline{x}$ et $\overline{y}$, et réciproquement. On en déduit que l'ensemble des alignements entre x et y égale celui entre $\overline{x}$ et $\overline{y}$ et un alignement optimal entre x et y en est donc aussi un pour $\overline{x}$ et $\overline{y}$. Par conséquent, les algorithmes donnés précédemment (*WF* et *WFL*) calculent aussi bien le coût d'un alignement optimal entre x et y qu'entre $\overline{x}$ et $\overline{y}$.

Réponse 7. Pour que Δ définisse une distance, on doit avoir les trois propriétés suivantes : $\boxed{\textbf{138} \text{ - R } 7}$

(a) diagonale nulle : si x est une séquence quelconque sur Σ de longueur m ($m \geqslant 0$), la valeur de l'alignement optimal entre x et elle-même vaut 0, autrement dit, $\mathtt{calopt}(m, m) = \Delta(x, x) = 0$,

(b) symétrie : si x et y désignent deux séquences sur Σ de longueurs respectives m et n, la valeur d'un alignement optimal entre x et y ($\Delta(x, y) = \mathtt{calopt}(n, m)$) égale celle entre y et x, soit $\Delta(x, y) = \Delta(y, x)$,

(c) inégalité triangulaire : si $x1, y1, x2, y2$ sont des séquences quelconques sur Σ de longueurs respectives $m1, n1, m2, n2$, la valeur d'un alignement optimal entre $x1 \cdot x2$ et $y1 \cdot y2$ ($\cdot$ dénotant la concaténation de séquences) doit être inférieure ou égale à la somme des valeurs d'un alignement optimal entre $x1$ et $y1$ et d'un alignement optimal entre $x2$ et $y2$, soit $\Delta(x1 \cdot x2, y1 \cdot y2) \leqslant \Delta(x1 \cdot y1) + \Delta(x2 \cdot y2)$.

La première propriété est vérifiée trivialement, puisque l'on a $\delta(\alpha, \alpha) = 0$ pour tout symbole α de Σ. Pour former l'alignement optimal (de coût nul) entre une séquence x et elle-même, il suffit donc de transformer tout symbole de x en lui-même.

Tout alignement entre x et y est aussi un alignement entre y et x. Une transformation entre deux symboles différents de ε a le même coût qu'on la voie dans un alignement entre x et y ou entre y et x. La transformation d'un symbole en ε (suppression de ce symbole) dans un alignement entre x et y correspond à la transformation de ε en ce symbole (insertion) dans un alignement entre y et x. La réciproque vaut évidemment et la symétrie de δ fait que ces paires de transformations ont un coût identique. La seconde propriété est donc elle aussi vérifiée.

Concernant la dernière propriété, considérons le graphe associé aux alignements entre $x1 \cdot x2$ et $y1 \cdot y2$ dans le schéma suivant :

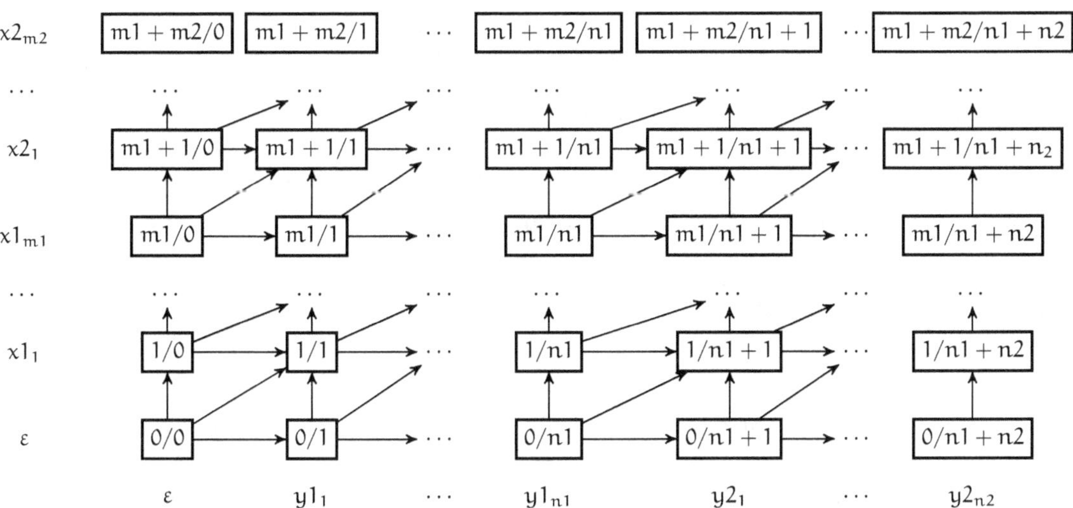

Un alignement optimal entre $x1$ et $y1$ correspond à un chemin de coût minimal du sommet $(0/0)$ au sommet $(m1/n1)$, soit $\Delta(x1, y1) = \mathtt{calopt}(n1, m1)$. De même, un alignement optimal entre $x2$ et $y2$ correspond à un chemin de coût minimal du sommet $(m1/n1)$ au sommet $(m1 + m2/n1 + n2)$, soit $\Delta(x2, y2)$. Un alignement possible entre $x1 \cdot x2$ et $y1 \cdot y2$ correspond au chemin optimal allant du sommet $(0/0)$ au sommet $(m1/n1)$, puis de celui-ci au sommet $(m1 + m2/n1 + n2)$ mais celui-ci n'est pas forcément le chemin globalement optimal pour aller de $(0/0)$ à $(m1 + m2/n1 + n2)$. On en déduit donc que $\Delta(x1 \cdot x2, y1 \cdot y2) \leqslant \Delta(x1, y1) + \Delta(x2, y2)$.

Une conséquence de la propriété de symétrie de Δ est qu'il est possible de calculer indifféremment la valeur d'un alignement optimal entre les séquences x et y ou y et x. Par suite, dans l'algorithme *WFL*, on peut travailler avec un tableau CALO de longueur $\min(\{m, n\})$ en intervertissant si besoin x et y ; on a une complexité spatiale en $\Theta(\min(\{m, n\})))$.

Remarque La propriété de symétrie de δ implique que :

- le coût d'insertion d'un symbole de Σ est le même que le coût de sa suppression,
- les coûts de transformation d'un symbole de α en β ($\alpha \neq \beta$) et celui de β en α sont identiques.

Solution de l'exercice 139 Dissemblance entre chaînes

Énoncé page 706.

139 - R 1 **Réponse 1.** La seule association possible entre a et aa est :

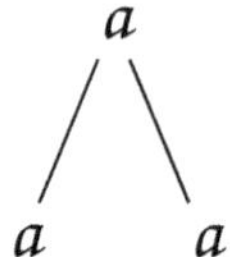

La dissemblance entre $u = a$ et $v = aa$ est donc nulle.

Entre $u = aab$ et $v = abb$, il existe une association de coût nul :

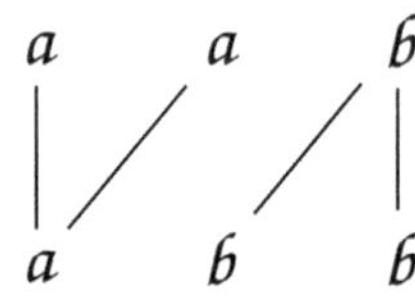

Ces deux séquences ont donc une dissemblance nulle.

Entre $u = ab$ et $v = bac$, il existe cinq associations possibles :

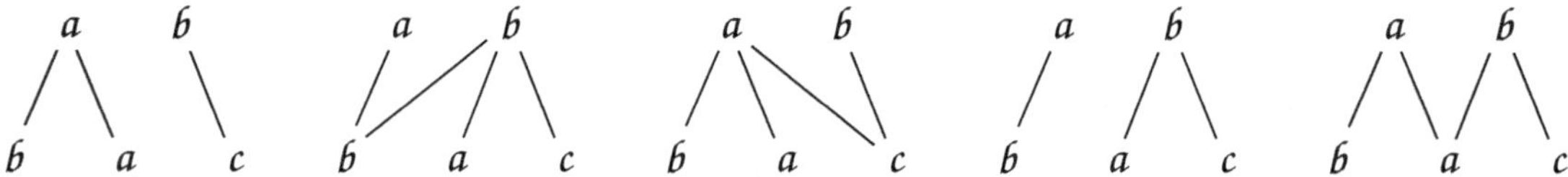

dont les coûts respectifs sont : $3, 5, 4.5, 5$ et 5. La dissemblance entre ces deux chaînes vaut donc 3.

Les couples de séquences du type $\{a^+ b^+\}^k$, où a^+ désigne une séquence d'au moins un symbole a, associent les « volées » de a et de b pour un coût nul ; leur dissemblance est donc nulle.

Par exemple, $u = aabbaabbbaababb$ et $v = ababbbabaaaaabbbb$ sont de dissemblance nulle, puisque l'on peut réaliser l'association :

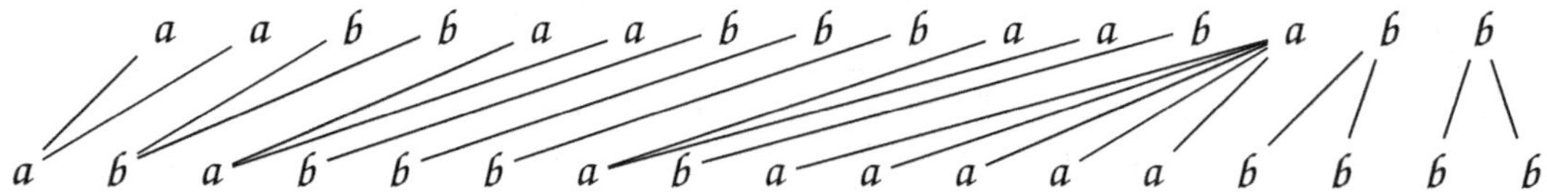

Réponse 2. Soit $\mathrm{cocomin}(i,j)$ la valeur de l'association la moins coûteuse entre le préfixe de longueur i de y ($y[1],\dots,y[i]$) et celui de longueur j de x ($x[1],\dots,x[j]$). Le calcul de $\mathrm{cocomin}(i,j)$ est fondé sur le fait que, pour tout couple de chaînes x et y, la dernière lettre de x est associée à la dernière lettre de y. On distingue trois familles d'association du préfixe de longueur i de y et de celui de longueur j de x :

139 - R 2

$$
\begin{array}{ccc}
x[1] \quad \cdots \quad x[j-1] \quad x[j] & x[1] \quad \cdots \quad x[j-1] \quad x[j] & x[1] \quad \cdots \quad x[j-1] \quad x[j] \\
\big| \qquad\qquad \big| & \qquad\qquad\nearrow\;\big| & \qquad\qquad\searrow\;\big| \\
y[1] \quad \cdots \quad y[i-1] \quad y[i] & y[1] \quad \cdots \quad y[i-1] \quad y[i] & y[1] \quad \cdots \quad y[i-1] \quad y[i]
\end{array}
$$

Dans le premier cas, $x[j]$ et $y[i]$ ne sont associées qu'entre elles, et le meilleur coût d'association résultant est $\mathrm{cocomin}(i-1,j-1)+\delta(x[j],y[i])$. Dans le second cas, $x[j]$ est associée à la fois à $y[i]$ et à une séquence de symboles $y[i-p],\dots,y[i-1]$ ($p \geqslant 1$); le meilleur coût d'association est obtenu pour la configuration correspondant à l'association de coût minimal entre le préfixe de longueur j de x et le préfixe de longueur $(i-1)$ de y augmenté de $\delta[x[j],y[i]]$, soit $\mathrm{cocomin}(i-1,j)+\delta[x[j],y[i]]$. Le dernier cas est le symétrique du précédent; le meilleur coût d'association est alors $\mathrm{cocomin}(i,j-1)+\delta[x[j],y[i]]$. Le calcul du coût de la meilleure association est donc donné par la récurrence :

$$
\left|
\begin{aligned}
&\mathrm{cocomin}(1,1) = \delta[x[1],y[1]] \\
&\mathrm{cocomin}(1,j) = \mathrm{cocomin}(1,j-1) + \delta[x[j],y[1]] && 2 \leqslant j \leqslant m \\
&\mathrm{cocomin}(i,1) = \mathrm{cocomin}(i-1,1) + \delta[x[1],y[i]] && 2 \leqslant i \leqslant n \\
&\mathrm{cocomin}(i,j) = \min\left(\left\{
\begin{aligned}
&\mathrm{cocomin}(i-1,j-1), \\
&\mathrm{cocomin}(i,j-1), \\
&\mathrm{cocomin}(i-1,j)
\end{aligned}
\right\}\right) + \delta[x[j],y[i]] &&
\left\{
\begin{aligned}
&2 \leqslant i \leqslant n \\
&\quad\text{et} \\
&2 \leqslant j \leqslant m
\end{aligned}
\right. \;.
\end{aligned}
\right.
$$

Remarque On aurait pu raisonner de droite à gauche sur les séquences et construire une récurrence « arrière ».

Réponse 3. L'algorithme calculant la dissemblance entre deux séquences x et y utilise la matrice CCM (associée à cocomin), en remplissant d'abord la ligne d'indice 1 grâce aux deux premiers termes de la récurrence, puis les lignes d'indice 2 à n. Dans une ligne donnée d'indice i, on remplit d'abord la cellule $(i,1)$ (troisième terme de la récurrence), puis les cellules $(i,2)$ à (i,m) en utilisant le dernier terme de la récurrence. On pourrait aussi bien faire progresser le calcul par colonne ou par diagonale. On aboutit alors au programme :

139 - R 3

```
1.  constantes
2.      x ∈ chaîne(Σ) et x = ... et y ∈ chaîne(Σ) et y = ... et m = |x| et
3.      n = |y| et δ ∈ Σ × Σ → ℝ₊ et δ = [...]
4.  variables
5.      CCM ∈ 1..n × 1..m → ℝ₊
6.  début
7.      CCM[1, 1] ← δ[x[1], y[1]] ;
8.      pour j parcourant 2..m faire
9.          CCM[1, j] ← CCM[1, j − 1] + δ[x[j], y[1]]
10.     fin pour ;
11.     pour i parcourant 2..n faire
12.         CCM[i, 1] ← CCM[i − 1, 1] + δ[x[1], y[i]] ;
13.         pour j parcourant 2..m faire
```

$$14. \qquad CCM[i, j] \leftarrow \min \left(\left\{ \begin{array}{l} CCM[i-1, j-1], \\ CCM[i, j-1], \\ CCM[i-1, j] \end{array} \right\} \right) + \delta[x[j], y[i]]$$

15.   **fin pour**
16.   **fin pour** ;
17.   **écrire**(CCM[n, m])
18. **fin**

La complexité spatiale de cet algorithme correspond au tableau CCM ; elle est donc en $\Theta(m \cdot n)$. Sa complexité temporelle en nombre de conditions évaluées est comprise entre $m \cdot n$ au mieux et $2 \cdot m \cdot n$ au pire ; elle est donc en $\Theta(m \cdot n)$ elle aussi. On remarquera que l'on pourrait aussi « linéariser » cet algorithme (voir exercice 138, page 702) pour obtenir une complexité spatiale moindre ($\Theta(\min(\{m, n\}))$).

139 - R 4 **Réponse 4.**   Appliqué aux chaînes $u = acbca$ et $v = bcaa$, l'algorithme conduit à la matrice CCM ci-dessous :

4	a	3.5	5	5.5	5.5	3
3	a	3.5	3.5	4	4.5	2
2	c	3.5	2	3	3	4.5
1	b	2	3	3	4	6
i	v / u	a	c	b	c	a
	j	1	2	3	4	5

d'où une dissemblance entre $u = acbca$ et $v = bcaa$ de 3.

139 - R 5 **Réponse 5.**   Pour reconstituer une association optimale, on utilise la technique habituelle du « Petit Poucet ». On insère donc dans l'algorithme le remplissage d'un tableau contenant l'indication du choix optimal effectué à chaque remplissage de cellule de CCM ($\swarrow$ pour le premier choix, $\leftarrow$ pour le second choix, $\downarrow$ pour le troisième choix). Ce tableau est ensuite parcouru depuis la cellule (n, m) jusqu'à atteindre $(1, 1)$.

Appliqué à l'exemple précédent, on commence en $(4, 5)$ contenant $\downarrow$, puis $(3, 5)$ contenant $\swarrow$, puis $(2, 4)$ avec deux possibilités $\leftarrow$ et $\swarrow$. Le premier conduit en $(2, 3)$ où se trouve $\leftarrow$, puis en $(2, 2)$ contenant $\swarrow$, et on arrive à la case terminale $(1, 1)$. Le second choix amène en $(1, 3)$ contenant $\leftarrow$, puis en $(1, 2)$ contenant $\leftarrow$ et enfin à la case finale $(1, 1)$. On a donc les deux associations optimales de coût 3 ci-dessous :

139 - R 6 **Réponse 6.**   Ce programme permet de corriger des mots dans lesquels des lettres sont doublées à tort ou au contraire non doublées à tort ; par exemple, *pate* et *patte* auront une dissemblance nulle. En revanche, on ne peut pas corriger gratuitement les inversions comme dans *indenme* et *indemne*. On pourrait également avoir une matrice δ privilégiant certaines fautes, par exemple la proximité des lettres sur un clavier ou encore la proximité des sons (« p » et « b » par exemple).

Solution de l'exercice 140 Plus lourd et moins balourd

Énoncé page 708.

Réponse 1. La solution procédant par essais successifs examine tous les sous-ensembles $\boxed{140 \text{ - R } 1}$
d'éléphants satisfaisant aux deux premières contraintes liant poids et intelligence, et sélectionne le meilleur (au sens de la somme des valeurs des éléphants le composant). On
emploie le patron de résolution OT (voir section 5.1.3, page 222) avec un vecteur d'énumération représentant une fonction totale de $1..n$ dans $0..1$ et on a un nombre de conditions
évaluées en $\mathcal{O}(2^n)$.

Réponse 2. La définition même d'une sous-séquence commune à deux séquences (quel- $\boxed{140 \text{ - R } 2}$
conques) s_1 et s_2 impose que les éléments retenus figurent dans le même ordre dans s_1
et s_2. En particulier, i) pour que les éléphants i et j appartiennent à une sous-séquence
commune aux séquences d'éléphants x et y, il est nécessaire qu'ils apparaissent dans le
même ordre dans celles-ci et ii) pour qu'au plus un des éléphants i ou j appartienne à une
sous-séquence commune aux séquences d'éléphants x et y, il suffit qu'ils apparaissent en
ordre inverse dans celles-ci.

Réponse 3. D'après la condition nécessaire énoncée précédemment, en ordonnant les $\boxed{140 \text{ - R } 3}$
éléphants d'une part par intelligence croissante pour constituer la séquence s_i $(= x)$, d'autre
part par poids croissant pour former la séquence s_p $(= y)$, on garantit que toute sous-
séquence commune à s_i et s_p est telle que toute paire (i,j) d'éléphants en faisant partie
satisfait à la contrainte :

$$(pds(i) < pds(j)) \Leftrightarrow (int(i) < int(j)).$$

La seconde contrainte est elle aussi vérifiée puisqu'ici les éléphants ont des intelligences et
poids tous différents. La recherche de la (d'une) sous-séquence de valeur maximale assure
l'optimalité recherchée. On constate donc que ce problème peut se reformuler comme la
recherche d'une sous-séquence s_{co} *de valeur maximale* commune aux deux séquences s_i et
s_p et l'identification de s_{co}.

Réponse 4. Le problème résolu dans la présentation de ce chapitre (voir page 659) est $\boxed{140 \text{ - R } 4}$
très voisin de celui-ci puisque l'on y recherche la longueur de la *plus longue* sous-séquence
commune à deux séquences. L'adaptation à réaliser réside dans l'établissement de la récurrence permettant de gérer le critère d'optimalité, en remarquant qu'ici les séquences
concernent toutes deux les mêmes n éléphants et ont donc même longueur n. Appelons
$sscvm(i,j)$ la valeur de la sous-séquence commune au préfixe de longueur i de la séquence y
et au préfixe de longueur j de la séquence x, de valeur maximale. Par analogie avec la récurrence établie pour le problème de la plus longue sous-séquence commune à deux chaînes,
on a :

$$\left|\begin{array}{lr}
sscvm(0,j) = 0 & 0 \leqslant j \leqslant n \\
sscvm(i,0) = 0 & 0 \leqslant i \leqslant n \\
sscvm(i,j) = sscvm(i-1,j-1) + val(y[i]) & x[j] = y[i] \text{ et } 1 \leqslant i \leqslant n \text{ et } 1 \leqslant j \leqslant n \\
sscvm(i,j) = \max\left(\left\{\begin{array}{l} sscvm(i,j-1), \\ sscvm(i-1,j) \end{array}\right\}\right) & \left\{\begin{array}{l} x[j] \neq y[i] \text{ et} \\ 1 \leqslant i \leqslant n \text{ et } 1 \leqslant j \leqslant n \end{array}\right.
\end{array}\right. \cdot$$

Pour peu que l'algorithme gère les informations de cheminement (technique « du Petit
Poucet »), il est possible de produire dans un second temps une sous-séquence associée à
la valeur optimale, sous-séquence implantant le sous-ensemble S recherché. L'algorithme
de programmation dynamique correspondant au calcul de sscvm met en œuvre un tableau
SSCVM$[0..n, 0..n]$. Le remplissage de SSCVM s'opère par ligne, colonne ou diagonale

comme pour l'exercice traité dans la présentation de ce chapitre (voir sa troisième question).

140 - R 5

Réponse 5. Cet algorithme a une complexité spatiale en $\Theta(n^2)$ et évalue un nombre de conditions en $\Theta(n^2)$. Au plan temporel, le gain est substantiel par rapport à la complexité exponentielle de la solution recourant aux essais successifs.

140 - R 6

Réponse 6. En présence d'un sous-ensemble de type E_{mpid} dans E, il faut s'assurer que l'algorithme ne prendra pas en compte plus d'un éléphant d'un tel sous-ensemble pour produire la valeur optimale. En application de la condition suffisante énoncée précédemment, la phase de pré-traitement construit une séquence s_p ordonnée par poids croissant et intelligence décroissante en cas d'égalité de poids et une séquence s_i ordonnée par intelligence croissante. De cette façon, on s'assure que les éléphants du sous-ensemble de type E_{mpid} sont en ordre inverse dans les séquences s_p et s_i, tout en maintenant la satisfaction de la première condition liant poids et intelligence. Cette stratégie convient si E contient plusieurs sous-ensembles de type E_{mpid} et elle s'adapte au cas où E contient des sous-ensembles de type E_{mipd} dans lesquels les éléphants ont même intelligence, mais des poids différents.

140 - R 7

Réponse 7. Soit E un ensemble d'éléphants pouvant contenir un sous-ensemble E_1 de type E_{mpi} d'éléphants de même poids et de même intelligence, mais aucun de type E_{mpid} ou E_{mipd}. Pour qu'au plus un des éléphants de E_1 figure dans le résultat S, la phase de pré-traitement construit d'une part une séquence s_p ordonnée par poids croissant, et par valeur croissante en cas d'égalité de poids (en fait double égalité de poids et d'intelligence vu l'absence de sous-ensemble de type E_{mpid} dans E), d'autre part une séquence s_i ordonnée par intelligence croissante, par valeur décroissante en cas d'égalité d'intelligence (en fait double égalité d'intelligence et de poids en raison de l'absence de sous-ensemble de type E_{mipd} dans E). On a ainsi la garantie qu'un seul au plus des éléphants de E_1 pourra être sélectionné par l'algorithme défini précédemment puisque les éléphants y apparaissent en ordre inverse dans les séquences s_p et s_i. Cette façon de procéder convient également dans le cas où plusieurs sous-ensembles de type E_{mpi} sont présents dans E.

140 - R 8

Réponse 8. En présence d'un ensemble quelconque d'éléphants E, le traitement se doit d'intégrer la présence éventuelle de sous-ensembles de types E_{mpid}, E_{mipd} ou encore E_{mpi}. L'unification des pré-traitements (explicités dans les deux questions précédentes) consiste à construire les deux séquences suivantes :

- séquence s_p dans laquelle les éléphants sont ordonnés par poids croissant, par intelligence décroissante en cas d'égalité d'intelligence et enfin par valeur croissante en cas de double égalité de poids et d'intelligence,
- séquence s_i dans laquelle les éléphants sont ordonnés par intelligence croissante, par poids décroissant en cas d'égalité de poids et enfin par valeur décroissante en cas de double égalité d'intelligence et de poids.

L'algorithme de recherche d'une sous-séquence SSO de valeur maximale M commune à s_p et s_i calcule M et permet finalement de construire une sous-séquence SSO raffinant un sous-ensemble S de E de valeur M.

Le pré-traitement proposé repose sur des tris construisant les séquences s_p et s_i. En prenant un algorithme de tri convenable, cette étape aura une complexité en $O(n \cdot \log_2(n))$, dominée par celle de l'algorithme de recherche de sous-séquence commune, qui est en $\Theta(n^2)$ (cf. réponse 5).

Réponse 9. Le pré-traitement de l'exemple conduit aux séquences :

140 - R 9

- $s_p = \langle 4, 2, 3, 8, 7, 5, 1, 6 \rangle$
- $s_i = \langle 8, 1, 5, 7, 4, 3, 2, 6 \rangle$.

On notera que : 1) l'ordre des éléphants $1, 5$ et 7 (de même poids 1500 et même intelligence 15) est inverse dans les séquences s_p et s_i et donc que seul 1 est susceptible de figurer dans le résultat final, 2) les éléphants 3 et 8 de même poids (1400) et d'intelligences différentes apparaissent en ordre inverse dans s_p et s_i pour qu'un seul au plus puisse apparaître dans le résultat (on ne sait pas lequel *a priori*). Le tableau regroupant d'une part la valeur optimale pour chaque couple de préfixe de s_p et s_i, d'autre part l'indication de cheminement, est donné ci-dessous :

8	6	0 ↓	20 ↓	47 ↓	47 ←	47 ←	47 ←	47 ←	55 ↓	70 ↙
7	2	0 ↓	20 ↓	47 ↙	47 ←	47 ←	47 ←	47 ←	55 ↓	55 ←
6	3	0 ↓	20 ↓	20 ←	37 ↙	37 ←	37 ←	37 ←	55 ↓	55 ←
5	4	0 ↓	20 ↙	20 ←	20 ←	23 ↓	31 ↓	33 ↓	55 ↓	55 ←
4	7	0 ↓	0 ←	0 ←	0 ←	23 ↓	31 ↙	33 ↓	55 ↓	55 ←
3	5	0 ↓	0 ←	0 ←	0 ←	23 ↓	23 ←	33 ↙	55 ↓	55 ←
2	1	0 ↓	0 ←	0 ←	0 ←	23 ↓	23 ←	23 ←	55 ↙	55 ←
1	8	0 ↓	0 ←	0 ←	0 ←	23 ↙	23 ←	23 ←	23 ←	23 ←
0	ε	0 ←	0 ←	0 ←	0 ←	0 ←	0 ←	0 ←	0 ←	0 ←
i	s_i/s_p	ε	4	2	3	8	7	5	1	6
	j	0	1	2	3	4	5	6	7	8

La sous-séquence optimale $\langle 6, 1, 8 \rangle$ de valeur 70 inclut un des éléphants du sous-ensemble de type E_{mpi} $\{1, 5, 7\}$, ainsi que l'un de ceux du sous-ensemble de type E_{mpid} $\{3, 8\}$. Elle est obtenue en parcourant le chemin « grisé » depuis la cellule $(8, 8)$. On retient les éléphants associés aux cellules où figure l'indication de cheminement « ↙ », correspondant à l'intégration d'un nouvel éléphant dans la sous-séquence commune de valeur maximale (utilisation du troisième terme de la récurrence).

Réponse 10. Avec la suppression de la seconde règle, il faut que l'algorithme de programmation dynamique puisse prendre en compte tous les éléphants d'un sous-ensemble de type E_{mpi}. Conformément à la condition nécessaire énoncée dans la réponse 2, ceci implique que les éléments de tels sous-ensembles soient ordonnés de façon identique dans les séquences s_p et s_i. La phase de pré-traitement est similaire à celle décrite dans la réponse 8, à la différence près que dans la séquence s_i les éléphants sont ordonnés par intelligence croissante, par poids décroissant en cas d'égalité de poids et enfin par valeur croissante en cas de double égalité d'intelligence et de poids (comme dans la séquence s_p).

140 - R 10

Réponse 11. Dans cet exemple, les séquences opérandes de l'algorithme sont :

140 - R 11

- $s_p = \langle 4, 2, 3, 8, 7, 5, 1, 6 \rangle$
- $s_i = \langle 8, 7, 5, 1, 4, 3, 2, 6 \rangle$.

Le tableau regroupant pour chaque couple de préfixe de s_p et s_i, la valeur optimale et l'indication de cheminement, est le suivant :

i	s_i/s_p									
8	6	0 ↓	20 ↓	47 ↓	47 ←	47 ←	47 ←	47 ←	73 ↓	88 ↙
7	2	0 ↓	20 ↓	47 ↙	47 ←	47 ←	47 ←	47 ←	73 ↓	73 ←
6	3	0 ↓	20 ↓	20 ←	37 ↙	37 ←	37 ←	41 ↓	73 ↓	73 ←
5	4	0 ↓	20 ↙	20 ←	20 ↓	23 ↓	31 ↓	41 ↓	73 ↓	73 ←
4	1	0 ↓	0 ←	0 ←	0 ←	23 ↓	31 ↙	41 ↓	73 ↙	73 ←
3	5	0 ↓	0 ←	0 ←	0 ←	23 ↓	31 ←	41 ↙	41 ←	41 ←
2	7	0 ↓	0 ←	0 ←	0 ←	23 ↓	31 ←	31 ←	31 ↙	31 ←
1	8	0 ↓	0 ←	0 ←	0 ←	23 ↙	23 ←	23 ←	23 ←	23 ←
0	ε	0 ←	0 ←	0 ←	0 ←	0 ←	0 ←	0 ←	0 ←	0 ←
i	s_i/s_p	ε	4	2	3	8	7	5	1	6
	j	0	1	2	3	4	5	6	7	8

La sous-séquence optimale $\langle 8,7,5,1,6 \rangle$ de valeur 88 est obtenue comme précédemment grâce aux informations de cheminement. On notera que, comme attendu, elle contient les trois éléphants $1, 5$ et 7 de mêmes poids et intelligence.

Solution de l'exercice 141   Triangulation optimale d'un polygone convexe

Énoncé page 710.

141 - R 1

Réponse 1. Pour un polygone convexe à n côtés, la figure 9.12, page 712, montre que la stratégie *UnTrDeuxPol* proposée conduit à trianguler un polygone de $(n-1)$ côtés pour $k = 2$ et $k = n-1$ et, pour tout sommet s_{i+k} tel que $k \in 3 \mathinner{.\,.} n-2$, un premier polygone de k côtés et un autre de $(n+1-k)$ côtés. Ce procédé engendre donc un nombre de triangulations $nbtr2(n)$ donné par :

$$\begin{vmatrix} nbtr2(3) = 1 \\ nbtr2(n) = 2 \cdot nbtr2(n-1) + \displaystyle\sum_{k=3}^{n-2} nbtr2(k) \cdot nbtr2(n+1-k) \end{vmatrix} \qquad n > 3.$$

Nous montrons maintenant que $nbtr2(n)$ n'est autre que le $(n-1)^e$ nombre de Catalan pour $n > 1$. On rappelle que le n^e nombre de Catalan est défini comme :

$$\begin{vmatrix} Cat(1) = 1 \\ Cat(n) = \displaystyle\sum_{i=1}^{n-1} Cat(i) \cdot Cat(n-i) \end{vmatrix} \qquad n > 1.$$

Pour $n > 2$, on a donc :

$$Cat(n) = 2 \cdot Cat(n-1) + \sum_{i=2}^{n-2} Cat(i) \cdot Cat(n-i)$$

et pour $n > 3$:

$$Cat(n-1) = 2 \cdot Cat(n-2) + \sum_{i=2}^{n-3} Cat(i) \cdot Cat(n-i-1).$$

En posant $X(n) = Cat(n-1)$, on a $X(3) = Cat(2) = 1$, et pour $n > 3$ il vient :

$$X(n) = 2 \cdot X(n-1) + \sum_{i=2}^{n-3} X(i+1) \cdot X(n-i)$$

$$= 2 \cdot X(n-1) + \sum_{i=3}^{n-2} X(i) \cdot X(n-i+1).$$

On constate donc que les récurrences définissant d'une part $X(n)$, le $(n-1)^e$ nombre de Catalan, d'autre part $nbtr2(n)$ sont identiques.

En utilisant la stratégie *UnTrDeuxPol*, le nombre de triangulations engendrées, $nbtr2(n)$, est moindre que $nbtr1(n)$, celui obtenu avec la stratégie *UnTrUnPol* envisagée initialement. En effet, $nbtr1(n)$, en $\Theta(n!)$, augmente beaucoup plus vite que $nbtr2(n)$ qui, lui, est en $\mathcal{O}(4^{n-1})$. On a par exemple d'une part $nbtr1(5) = 10$ et $nbtr2(5) = 5$, d'autre part $nbtr1(10) = 302400$ et $nbtr2(10) = 440$. Ceci s'explique par le fait que, contrairement à *UnTrUnPol*, *UnTrDeuxPol* ne produit pas de doublons.

Avec la stratégie *UnTrDeuxPol*, le nombre de triangulations est du même ordre que le nombre de parenthésages de l'exercice 124, page 675, que le nombre de découpes de l'exercice 125, page 675 et que le nombre d'arbres binaires dans l'exercice 134, page 696.

Réponse 2. Dans la stratégie retenue, toute corde tirée devient le côté d'un polygone à trianguler. Si le polygone $\mathcal{P}$ n'est pas convexe, une corde peut être en partie extérieure au polygone ; le polygone l'utilisant possède donc une partie qui n'appartient pas au polygone initial, comme illustré ci-après par la corde (s_4, s_8) :

141 - R 2

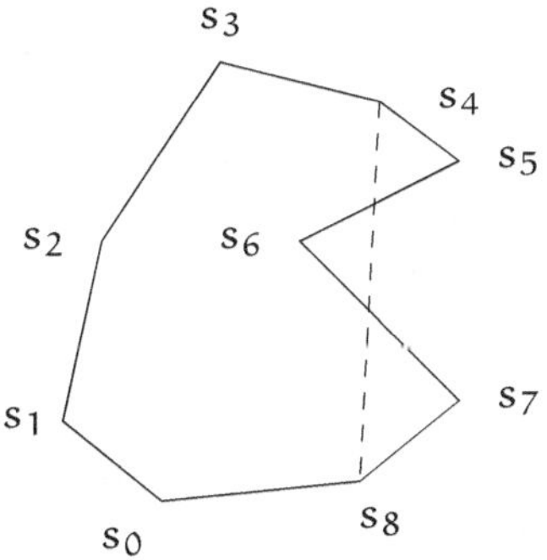

Réponse 3. La triangulation de tout polygone de deux ou trois côtés ne donne lieu à aucun tirage de corde, donc $lgtrmin(i, t) = 0$ pour $t \leqslant 3$. Dans le cas général, on va chercher la triangulation optimale de tout polygone de t sommets adjacents de numéros croissants. Donc, d'après ce qui a été dit dans l'énoncé, on identifie le sommet s_{i+k} tel que la triangulation du polygone $s_i, \ldots, s_{i+t-1}$ obtenue $(i+t-1 < n)$ est minimale. On a donc la récurrence de calcul de $lgtrmin(i, t)$:

141 - R 3

$$
\begin{cases}
lgtrmin(i, t) = 0 & 0 \leqslant i \leqslant n-1 \text{ et } 2 \leqslant t \leqslant 3 \\[2ex]
lgtrmin(i, t) = \min_{k \in 1..t-2} \begin{pmatrix} lgtrmin(i, k+1) + \\ lgtrmin(i+k, t-k) + \\ lgcrd(i, i+k) + \\ lgcrd(i+k, i+t-1) \end{pmatrix} & \begin{cases} 3 < t \leqslant n \\ \text{et} \\ 0 \leqslant i \leqslant n-t \end{cases}
\end{cases}
$$

en notant $\text{lgcrd}(i,j)$ la longueur de la corde joignant les sommets s_i et s_j (si les sommets s_i et s_j sont adjacents, $\text{lgcrd}(i,j) = 0$). On notera que toute corde est comptabilisée une seule fois, puisqu'ensuite elle intervient comme côté d'un polygone.

141 - R 4   **Réponse 4.**   L'algorithme associé utilise un tableau $L[0\,..\,n-1, 2\,..\,n]$ dont la première coordonnée correspond au sommet s_i de départ du polygone et la seconde à sa taille t en nombre de sommets (ou de côtés), la solution recherchée (i.e., la longueur de la triangulation optimale du polygone initial) se trouvant dans la cellule $L[0, n]$. On suppose disponibles les longueurs des diverses cordes dans le tableau symétrique et de diagonale nulle $LGC[0\,..\,n-1, 0\,..\,n-1]$ calculé préalablement. L'évolution du calcul consiste à initialiser les colonnes d'indice 2 et 3 à 0 (premier terme de la récurrence), puis à remplir L par valeurs croissantes de l'indice de colonne conformément au fait que, selon le second terme de la récurrence, une cellule de second indice t ne fait appel qu'à des cellules de second indice inférieur à t. Dans une colonne, on peut procéder dans un ordre quelconque puisque l'on n'utilise aucune cellule de cette colonne. On remarquera que, dans le tableau L, les cellules $L[i, t]$ telles que $i \in n - t + 1\,..\,n - 1$ ne sont pas utilisées.

La complexité spatiale de l'algorithme est en $\Theta(n^2)$ en raison de la présence des tableaux L et LGC. Sa complexité temporelle en termes de nombre de comparaisons est en $\Theta(n^3)$. On voit qu'une fois encore, pour un problème de combinatoire initiale exponentielle (nombre de Catalan), on a trouvé une solution de complexité polynomiale, d'où un gain très significatif par rapport à une solution naïve.

141 - R 5   **Réponse 5.**   Pour identifier les cordes de la (d'une) meilleure triangulation, on applique la méthode du « Petit Poucet ». On associe au tableau L un tableau CH mémorisant la (une) valeur de k pour laquelle le minimum est obtenu. Dans un second temps, pour obtenir la triangulation optimale elle-même (c'est-à-dire les cordes qui la composent) à partir du tableau CH, on construit un arbre ternaire dont la racine représente le polygone $\mathcal{P}$ initial. Les descendants d'un nœud associé à un polygone représentent les trois éléments qui sont issus de ce polygone lors de sa triangulation minimale. Ainsi, les fils gauche et droit correspondent aux deux polygones et le fils central au triangle qui a été produit (notez que ce type de nœud n'a aucun descendant). Un parcours descendant gauche droite permet de « collecter » les cordes présentes dans les nœuds centraux pour identifier la triangulation optimale calculée.

Pour le traitement de l'exemple de polygone à neuf sommets proposé, on regroupe tout d'abord ci-après les tableaux L et CH :

t	2	3	4	5	6	7	8	9
$i = 0$	0 /	0 /	13.3 2	29 2	44.8 2	56.6 2	72.8 2	87.7 2
1	0 /	0 /	15.7 2	31.4 2	43.3 2	59.5 2	74.4 2	/ /
2	0 /	0 /	13 3	24.3 4	39.8 4	56.7 6	/ /	/ /
3	0 /	0 /	86.0 4	24.1 4	37.8 6	/ /	/ /	/ /
4	0 /	0 /	86.0 6	22.0 6	/ /	/ /	/ /	/ /
5	0 /	0 /	12 7	/ /	/ /	/ /	/ /	/ /
6	0 /	0 /	/ /	/ /	/ /	/ /	/ /	/ /
7	0 /	0 /	/ /	/ /	/ /	/ /	/ /	/ /
8	0 /	0 /	/ /	/ /	/ /	/ /	/ /	/ /

On en déduit que la valeur de la triangulation optimale obtenue est 87.7 (cellule $L[0, 9]$).

À partir du tableau CH, on construit l'arbre ternaire ci-dessous dans lequel : i) un polygone est donné par la liste de ses sommets et la référence à CH permettant de le trianguler de façon optimale (quand ce n'est pas un triangle), ii) pour un triangle, on précise ses sommets et les cordes ayant été tirées pour le construire. Pour l'exemple considéré, l'arbre et la triangulation sont les suivants :

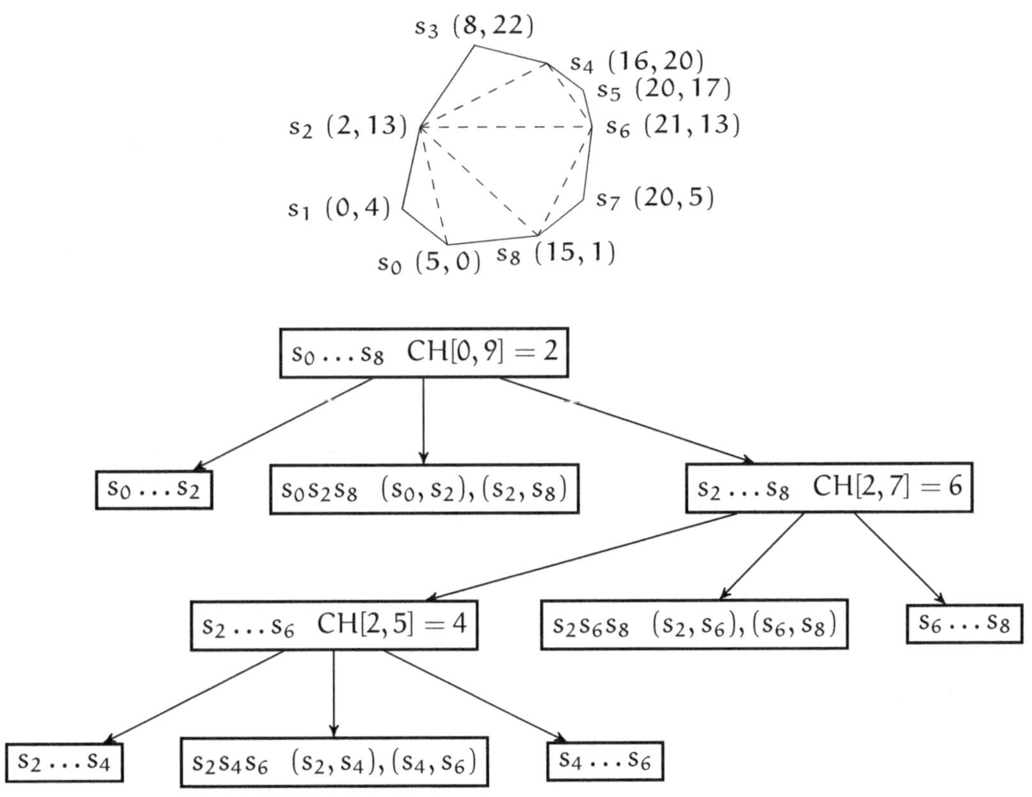

La valeur (arrondie) de la triangulation (87.7) est celle de la somme des longueurs (arrondies) des cordes $(s_2, s_4), (s_2, s_6), (s_2, s_8), (s_0, s_2), (s_4, s_6)$ et (s_6, s_8), soit $15.7 + 19 + 17.7 + 13.3 + 8.6 + 13.4 = 87.7$.

Solution de l'exercice 142 Plus grand carré noir   *Énoncé page 714.*

Réponse 1. Le principe consiste à construire les histogrammes successifs issus de l'image de hauteur m et de largeur n à traiter (voir dernière question de l'exercice 115, page 501) avec une complexité en $\mathcal{O}(m \cdot n)$. Pour chacun d'eux, on applique la procédure itérative optimale définie pour le calcul du côté du plus grand carré noir sous histogramme de complexité $\Theta(n)$. On retient la valeur maximale trouvée sur l'ensemble des histogrammes et on a donc une complexité globale en $\Theta(m \cdot n)$.

142 - R 1

L'application à l'image proposée (en procédant de bas en haut) conduit aux histogrammes et résultats suivants :

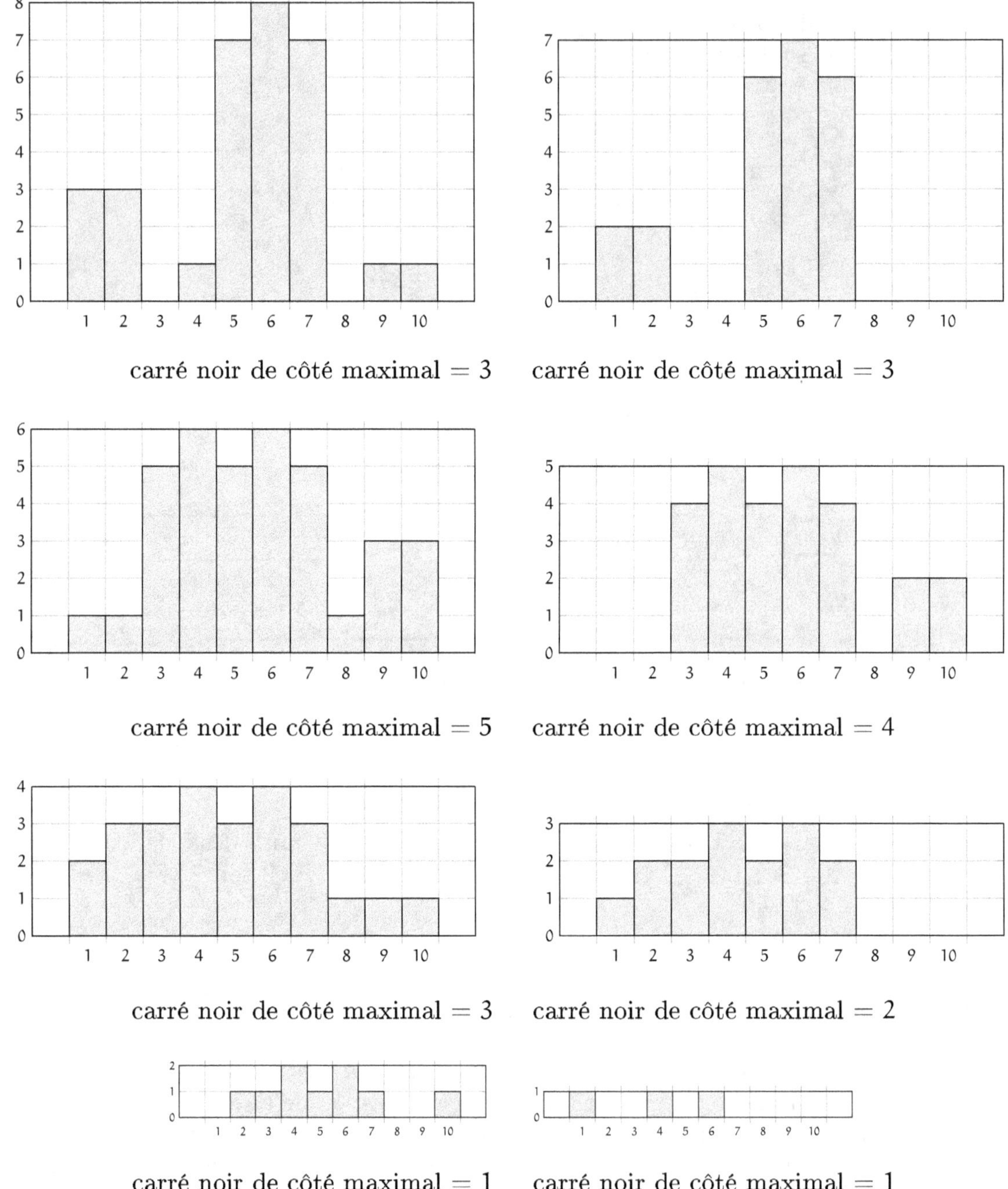

carré noir de côté maximal = 3

carré noir de côté maximal = 3

carré noir de côté maximal = 5

carré noir de côté maximal = 4

carré noir de côté maximal = 3

carré noir de côté maximal = 2

carré noir de côté maximal = 1

carré noir de côté maximal = 1

dont on conclut que, pour cette image, le côté du plus grand carré noir est 5.

142 - R 2   **Réponse** 2.   On observe tout d'abord que tout pixel blanc est le coin nord-ouest d'un carré noir de côté 0. Considérons maintenant un pixel noir de coordonnées (i, j). Appelons c (resp. c_1, c_2, c_3) le côté du plus grand carré de coin nord-ouest (i, j) (resp. $(i, j+1)$, $(i-1, j)$, $(i-1, j+1)$). On observe tout d'abord que, si c_1 ou c_2 ou c_3 est nul, alors $c = 1 = 1 + \min(\{c_1, c_2, c_3\})$. Dans la suite, on va montrer que cette propriété est vraie également quand c_1, c_2 et c_3 sont tous positifs.

Remarquons tout d'abord que c_3 ne peut être inférieur à $\max(\{c_1, c_2\}) - 1$, comme l'illustre la figure ci-dessous :

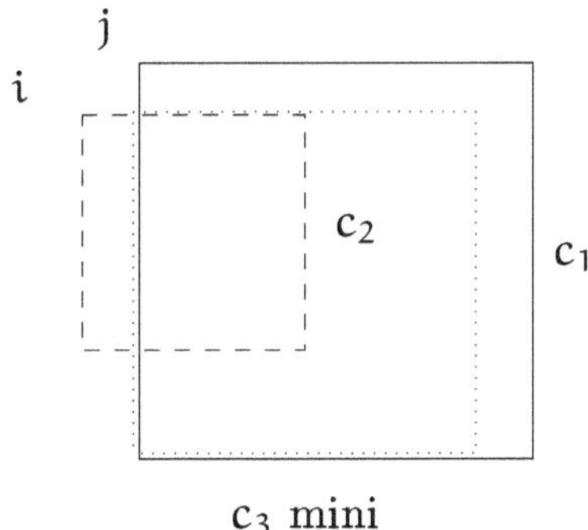

d'où on déduit que $c_3 \geqslant c_1 - 1$ et $c_3 \geqslant c_2 - 1$.

Procédons à une analyse par cas sur la situation relative de c_1 et c_2.

Cas 1 $c_1 < c_2 - 1$ Le pixel $(i, j + c_1 + 1)$ est nécessairement blanc (ou hors de l'image), sinon c_1 ne serait pas le côté du plus grand carré noir de coin nord-ouest $(i, j+1)$. Donc $c = c_1 + 1$ et, puisque $c_2 > c_1 + 1$ et $c_3 \geqslant c_2 - 1$, on a : $c = 1 + c_1 = 1 + \min(\{c_1, c_2, c_3\})$.

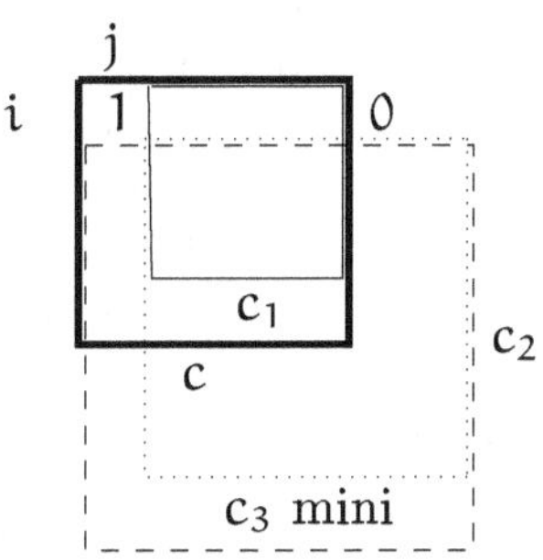

Cas 2 $c_1 = c_2 - 1$ Au moins un des pixels $(i - c_2, j + c_1 + 1), \ldots, (i, j + c_1 + 1)$ est blanc (ou ils sont tous hors de l'image), sinon c_1 ne serait pas le côté du plus grand carré noir de coin nord-ouest $(i, j + 1)$. Donc ici encore $c = c_1 + 1$. Puisque $c_2 = c_1 + 1$ et $c_3 \geqslant c_2 - 1$, on déduit que $c = 1 + c_1 = 1 + \min(\{c_1, c_2, c_3\})$.

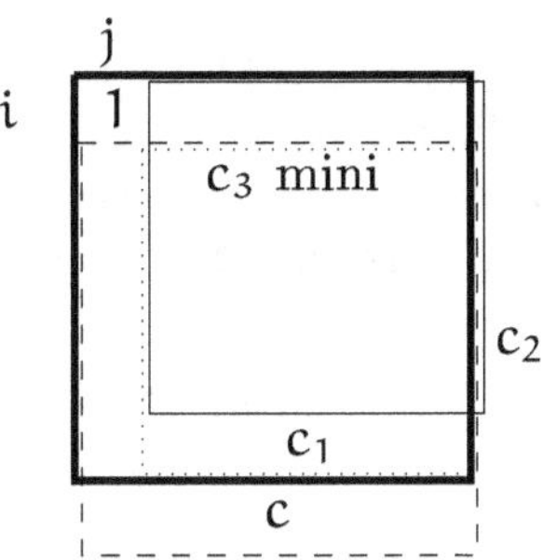

Cas 3 $c_2 < c_1 - 1$ Cette situation est analogue au cas 1 en inversant les rôles de c_1 et c_2.

Cas 4 $c_2 = c_1 - 1$ Cette situation est analogue au cas 2 en inversant les rôles de c_1 et c_2.

Cas 5 $c_1 = c_2$ Il faut distinguer deux sous-cas selon la couleur du pixel $(i - c_1, j + c_1 + 1)$.

S'il est blanc, on a $c_3 = c_1 - 1$ et $c = 1 + c_3 = 1 + \min(\{c_1, c_2, c_3\})$.

S'il est noir, un au moins des pixels $(i - c_1, j + c_1 + 1), \ldots, (i, j + c_1 + 1)$ est blanc (ou ils sont tous hors de l'image), sinon c_1 ne serait pas le côté du plus grand carré noir de coin nord-ouest $(i, j + 1)$. Donc $c_3 \geqslant c_1$ et $c = 1 + c_1 = 1 + \min(\{c_1, c_2, c_3\})$.

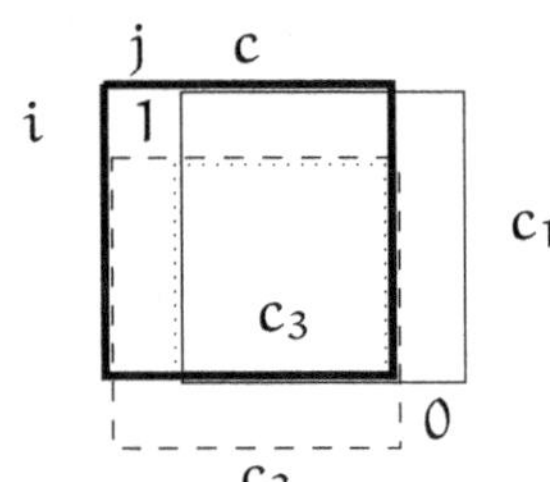
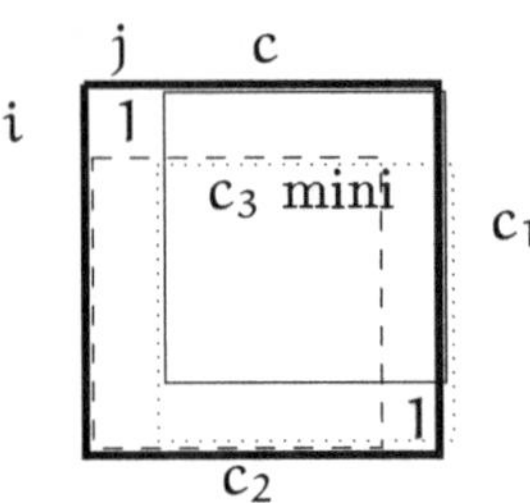

De ce qui précède, on déduit la récurrence :

$$
\begin{cases}
cpgcn(i, n) = IMG[i, n] & 1 \leqslant i \leqslant m \\
cpgcn(1, j) = IMG[1, j] & 1 \leqslant j < n \\
cpgcn(i, j) = 1 + \min\left(\left\{ \begin{array}{l} cpgcn(i, j+1), \\ cpgcn(i-1, j), \\ cpgcn(i-1, j+1) \end{array} \right\}\right) & \begin{cases} 1 < i \leqslant m \\ \textbf{et} \\ 1 \leqslant j < n \end{cases}
\end{cases}
$$

142 - R 3 **Réponse 3.** La structure tabulaire canonique associée à cette récurrence consiste en une matrice $MCO[1..m, 1..n]$. Cependant, au vu de la forme du terme général (la cellule (i, j) requiert uniquement la connaissance des cellules $(i, j+1)$, $(i-1, j)$ et $(i-1, j+1)$), on peut se limiter à une matrice de deux lignes (ou deux colonnes), pourvu que l'on conserve la valeur optimale courante et les coordonnées du pixel associé, ce qui constituera le résultat recherché. Lors de l'initialisation, on utilise le second terme de la récurrence. Ensuite, on remplit une ligne en commençant par la dernière colonne (premier terme), puis les autres cellules par indice décroissant en utilisant le terme général de la récurrence.

142 - R 4 **Réponse 4.** L'algorithme correspondant à la stratégie proposée précédemment est le suivant :

```
 1.  constantes
 2.      m ∈ ℕ₁ et m = ... et n ∈ ℕ₁ et n = ... et
 3.      IMG ∈ 1..m × 1..n → 0..1 et IMG = [...]
 4.      /% IMG est la matrice représentant l'image initiale composée de pixels
         blancs (0) ou noirs (1) %/
 5.  variables
 6.      MCO ∈ 1..2 × 1..n → 0..n et Pgcnabs ∈ 1..n et
 7.      Pgcnord ∈ 1..m et Pgcnc ∈ 0..m
 8.      /% MCO est la matrice à deux lignes et n colonnes stockant de façon
         glissante les valeurs de côté du plus grand carré noir associé à chacun des
         pixels d'une ligne de l'image ; PgcnAbs et PgcnOrd sont les coordonnées
         du pixel associé au plus grand carré noir courant de côté PgcnCot %/
 9.  début
10.      /% initialisations %/
11.      PgcnCot ← 0 ; PgcnAbs ← n ; PgcnOrd ← 1 ;
12.      pour j ∈ 1..n faire
13.          MCO[2, j] ← IMG[2, j] ;
14.          si MCO[2, j] = 1 alors
15.              PgcnAbs ← j ; PgcnCot ← 1
16.          fin si
17.      fin pour ;
18.      /% traitement des lignes 2 à m %/
19.      pour i parcourant 2..m faire
```

20.   /% mise à jour de la ligne 1 par affectation de la ligne 2 %/
21.   **pour j parcourant** 1 .. n **faire**
22. $MCO[1, j] \leftarrow MCO[2, j]$
23.   **fin pour** ;
24.   /% dernière cellule de la ligne courante %/
25. $MCO[2, n] \leftarrow IMG[i, n]$;
26.   /% autres cellules de la ligne courante %/
27.   **pour j parcourant inverse** 1 .. n − 1 **faire**
28.   **si** $IMG[i, j] = 0$ **alors**
29. $MCO[2, j] \leftarrow 0$
30.   **sinon**
31. $MCO[2, j] \leftarrow 1 + \min \left(\left\{ \begin{array}{l} MCO[1, j], \\ MCO[2, j + 1], \\ MCO[1, j + 1] \end{array} \right\} \right)$;
32.   **si** $MCO[2, j] > pgcnc$ **alors**
33. $PgcnCot \leftarrow MCO[2, j]$; $PgcnAbs \leftarrow j$; $PgcnOrd \leftarrow i$
34.   **fin si**
35.   **fin si**
36.   **fin pour**
37.   **fin pour** ;
38.   **écrire**(*le coin nord-ouest du plus grand carré est en : (,*
39. $PgcnAbs, PgcnOrd,$ *) et son côté est* , $PgcnCot$)
40. **fin**

La complexité spatiale de cet algorithme est en $\Theta(m \cdot n)$ en raison de la présence de la matrice IMG (la matrice MCO requérant seulement 2n cellules). La complexité temporelle est quant à elle en $\Theta(m \cdot n)$ conditions évaluées. En effet : i) la boucle externe est effectuée pour chaque ligne sauf la première, soit $(m - 1)$ fois, et ii) le calcul associé à chaque cellule d'une ligne sauf la dernière requiert l'évaluation d'une ou deux conditions, soit entre $(n-1)$ et $2(n - 1)$. On a donc une solution ayant même complexité temporelle que celle fondée sur la solution itérative de la première question.

Réponse 5.   On donne ci-après les paires de lignes de la matrice MCO et les valeurs du côté (PgcnCot) du plus grand carré et de ses coordonnées (PgcnAbs et PgcnOrd) à l'issue de l'initialisation et de chacun des sept pas d'itération sur i suivants pour l'image de la figure 9.14, page 714 :   142 - R 5

initialisation

	1	2	3	4	5	6	7	8	9	10
2	1	1	0	0	1	1	1	0	0	0
1										

$PgcnCot = 1$; $PgcnAbs = 7$; $PgcnOrd = 1$

itération $i = 2$

	1	2	3	4	5	6	7	8	9	10
2	2	1	0	0	2	2	1	0	0	0
1	1	1	0	0	1	1	1	0	0	0

$PgcnCot = 2$; $PgcnAbs = 6$; $PgcnOrd = 2$

itération $i = 3$

	1	2	3	4	5	6	7	8	9	10
2	2	1	1	1	3	2	1	1	1	1
1	2	1	0	0	2	2	1	0	0	0

$PgcnCot = 3; PgcnAbs = 5; PgcnOrd = 3$

itération $i = 4$

	1	2	3	4	5	6	7	8	9	10
2	0	0	2	2	3	2	1	0	2	1
1	2	1	1	1	3	2	1	1	1	1

$PgcnCot = 3; PgcnAbs = 5; PgcnOrd = 3$ (valeurs inchangées)

itération $i = 5$

	1	2	3	4	5	6	7	8	9	10
2	1	1	3	3	3	2	1	1	2	1
1	0	0	2	2	3	2	1	0	2	1

$PgcnCot = 3; PgcnAbs = 5; PgcnOrd = 3$ (valeurs inchangées)

itération $i = 6$

	1	2	3	4	5	6	7	8	9	10
2	2	2	4	4	3	2	1	0	0	0
1	1	1	3	3	3	2	1	1	2	1

$PgcnCot = 4; PgcnAbs = 4; PgcnOrd = 6$

itération $i = 7$

	1	1	3	4	5	6	7	8	9	10
2	0	3	5	4	3	2	1	0	0	1
1	2	2	4	4	3	2	1	0	0	0

$PgcnCot = 5; PgcnAbs = 3; PgcnOrd = 7$

itération $i = 8$

	1	2	3	4	5	6	7	8	9	10
2	1	0	0	1	0	1	0	0	0	0
1	0	3	5	4	3	2	1	0	0	1

$PgcnCot = 5; PgcnAbs = 3; PgcnOrd = 7$ (valeurs inchangées)

On a donc un plus grand carré noir de côté 5 dont le coin nord-ouest est en $(3, 7)$ et c'est ici le seul (alors qu'il existe quatre carrés noirs de côté 4). Il est visualisé ci-dessous :

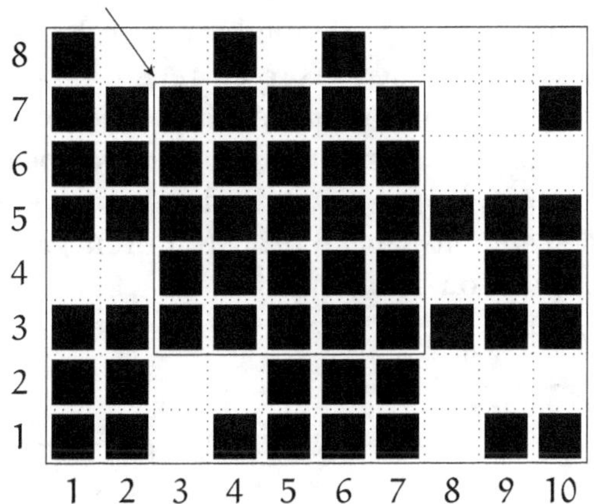

Solution de l'exercice 143   Segmentation d'une image

Énoncé page 715.

Réponse 1.   On représente une segmentation par un arbre ayant la structure suivante :   143 - R 1

- la racine correspond à l'image entière $IMG[1 .. m, 1 .. n]$,
- tout autre nœud (feuilles exclues) est associé à un rectangle $IMG[i_1 .. i_2, j_1 .. j_2]$ non homogène,
- toute feuille correspond à un rectangle $IMG[i_1 .. i_2, j_1 .. j_2]$ homogène.

L'arbre se rapportant à la segmentation de l'exemple proposé est :

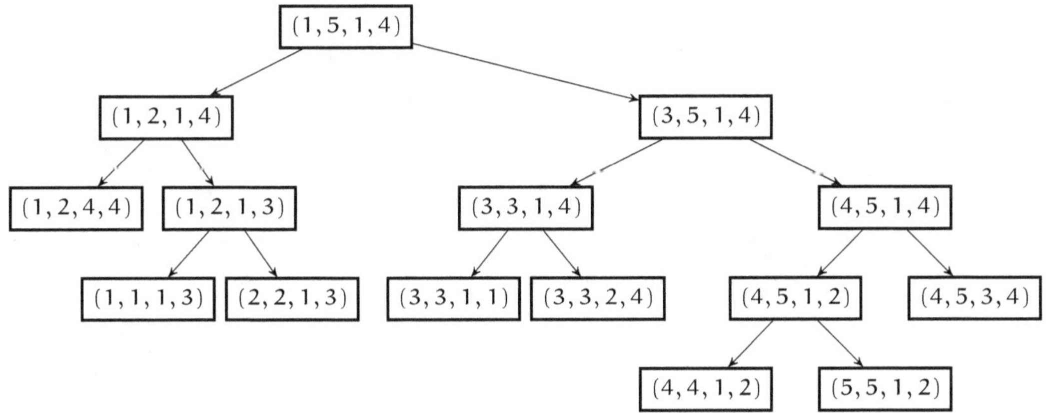

où on a étiqueté chaque nœud par les valeurs i_1, i_2, j_1, j_2 du rectangle associé.

On peut associer plusieurs arbres à une segmentation donnée, d'une part en intervertissant les sous-arbres gauches et droits, d'autre part en choisissant une autre racine (quand c'est possible, ce qui est le cas ici où on pourrait prendre comme découpe du rectangle initial $IMG[1 .. 3, 1 .. 4]$ et $IMG[4 .. 5, 1 .. 4]$).

Les nœuds internes (non feuilles) de tout arbre associé à une segmentation sont en nombre égal à celui du nombre de coups de guillotine (sept dans l'exemple).

Les feuilles correspondent à des rectangles homogènes de l'image et les autres nœuds à des rectangles non homogènes.

Réponse 2.   En fait, l'ordre des coups de guillotine n'est pas déterminant dans ce problème. Cependant, si l'on souhaite que l'arbre en reflète un, il suffit d'attacher à chaque nœud interne le numéro correspondant à l'ordre dans lequel sont portés les coups de guillotine. La seule contrainte à respecter est que le numéro associé à un nœud ne peut être inférieur à celui de son père. Une façon « standard » de procéder consiste à affecter le numéro lors d'un parcours descendant gauche droit (ou droit gauche). Ainsi, dans l'exemple traité, avec un parcours préfixé, on aura l'arbre :

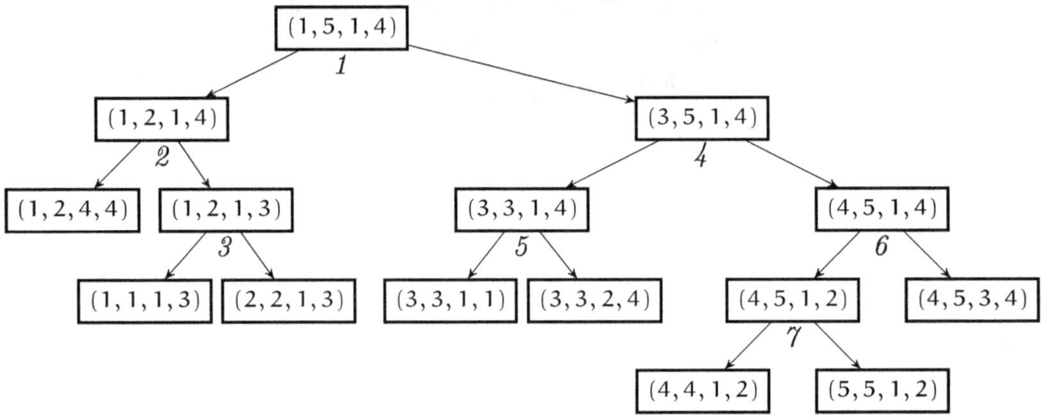

où le numéro attribué à un nœud apparaît sous lui en italique. Cependant, la numérotation ci-après est elle aussi convenable, même si elle ne correspond pas à un parcours « standard » :

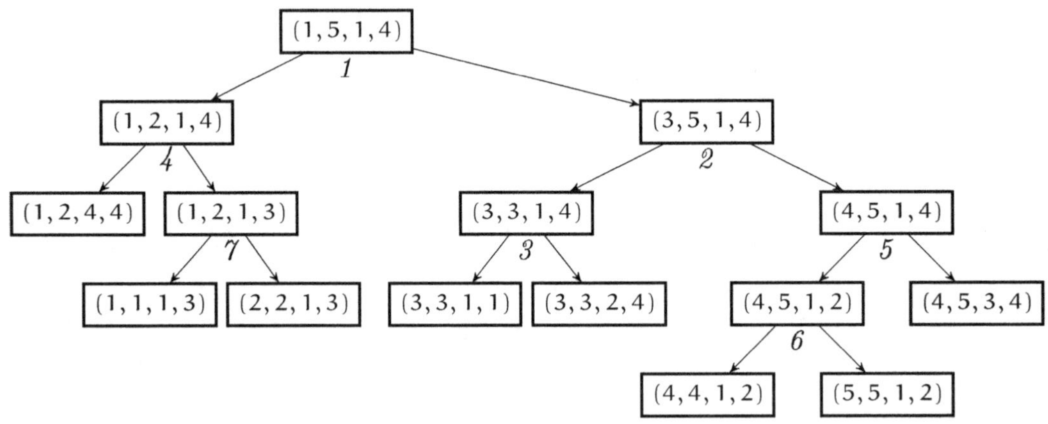

Réponse 3.   On dira d'une image rectangulaire séparée en 0 et en 1, avec un nombre minimal de coups de guillotine, qu'elle est *découpée de façon optimale*. Le principe de la récurrence est basé sur la propriété suivante. Dans une image donnée découpée de façon optimale :

(a) tout rectangle délimité par des coups de guillotine et/ou par les frontières de l'image est lui-même découpé de façon optimale,

(b) tout rectangle découpé de façon optimale est :

- soit homogène (entièrement composé de 0 ou entièrement composé de 1),
- soit décomposable par un coup de guillotine en deux sous-rectangles plus petits découpés de façon optimale.

Par exemple, dans la figure de l'énoncé, numérotons les lignes de bas en haut et les colonnes de gauche à droite et notons $IMG[1 .. 8, 1 .. 8]$ cette image. Si le découpage donné est optimal, alors le rectangle $IMG[4 .. 8, 1 .. 5]$ est découpé de façon optimale et les rectangles $IMG[4 .. 6, 1 .. 5]$ et $IMG[6 .. 8, 1 .. 5]$ sont eux-mêmes découpés de façon optimale.

On appelle :

- $nbcg(i_1, i_2, j_1, j_2)$ le nombre de coups de guillotine nécessaires au découpage optimal du rectangle $IMG[i_1 .. i_2, j_1 .. j_2]$,
- $homg(i_1, i_2, j_1, j_2)$ le caractère homogène (ou non) du rectangle $IMG[i_1 .. i_2, j_1 .. j_2]$ qui vaut 0 (resp. 1) s'il est entièrement composé de 0 (resp. 1), 2 sinon.

D'après ce qui a été dit précédemment, dans le cas général, le découpage optimal du rectangle $IMG[i_1 .. i_2, j_1 .. j_2]$ *non homogène* consiste à rechercher le coup de guillotine horizontal ou vertical le découpant de façon optimale. Des cas particuliers correspondent aux situations où l'on a un rectangle réduit à une ligne (on ne considère que des coups de guillotine verticaux) ou à une colonne (on ne considère que des coups de guillotine horizontaux), voire à un seul pixel (aucun découpage n'est nécessaire). Si un rectangle est homogène, il n'est pas nécessaire de le découper. Afin de pouvoir intégrer cet aspect, on va définir une double récurrence, la première portant sur le calcul du caractère homogène ou non d'un rectangle :

$$homg(i, i, j, j) = IMG[i, j] \qquad 1 \leqslant i \leqslant m \text{ et } 1 \leqslant j \leqslant n$$

$$homg(i, i, j_1, j_2) = homg(i, i, j_1, j_1) \qquad \begin{cases} 1 \leqslant i \leqslant m \text{ et } 1 \leqslant j_1 < j_2 \leqslant n \text{ et} \\ homg(i, i, j_1, j_1) = homg(i, i, j_1 + 1, j_2) \end{cases}$$

$$homg(i, i, j_1, j_2) = 2 \qquad \begin{cases} 1 \leqslant i \leqslant m \text{ et } 1 \leqslant j_1 < j_2 \leqslant n \text{ et} \\ homg(i, i, j_1, j_2) \neq homg(i, i, j_1 + 1, j_2) \end{cases}$$

$$homg(i_1, i_2, j, j) = homg(i_1, i_1, j, j) \qquad \begin{cases} 1 \leqslant i_1 < i_2 \leqslant m \text{ et } 1 \leqslant j \leqslant n \text{ et} \\ homg(i_1, i_1, j, j) = homg(i_1 + 1, i_2, j, j) \end{cases}$$

$$homg(i_1, i_2, j, j) = 2 \qquad \begin{cases} 1 \leqslant i_1 < i_2 \leqslant m \text{ et } 1 \leqslant j \leqslant n \text{ et} \\ homg(i_1, i_1, j, j) \neq homg(i_1 + 1, i_2, j, j) \end{cases}$$

$$homg(i_1, i_2, j_1, j_2) = homg(i_1, i_1, j_1, j_2) \qquad \begin{cases} 1 \leqslant i_1 < i_2 \leqslant m \text{ et } 1 \leqslant j_1 < j_2 \leqslant n \text{ et} \\ \begin{pmatrix} homg(i_1, i_1, j_1, j_2) = \\ homg(i_1 + 1, i_2, j_1, j_2) \end{pmatrix} \end{cases}$$

$$homg(i_1, i_2, j_1, j_2) = 2 \qquad \begin{cases} 1 \leqslant i_1 < i_2 \leqslant m \text{ et } 1 \leqslant j_1 < j_2 \leqslant n \text{ et} \\ homg(i_1, i_1, j_1, j_2) \neq homg(i_1 + 1, i_2, j_1, j_2) \end{cases}$$

et l'autre sur le nombre de coups de guillotine optimal nécessaires pour son découpage :

$$nbcg(i, i, j, j) = 0 \qquad 1 \leqslant i \leqslant m \text{ et } 1 \leqslant j \leqslant n$$

$$nbcg(i, i, j_1, j_2) = 0 \qquad \begin{cases} 1 \leqslant i \leqslant m \text{ et} \\ 1 \leqslant j_1 < j_2 \leqslant n \text{ et} \\ homg(i, i, j_1, j_2) \neq 2 \end{cases}$$

$$\mathrm{nbcg}(i,i,j_1,j_2) = \min_{j \in j_1..j_2-1} \left(\begin{array}{l} 1 + \mathrm{nbcg}(i,i,j_1,j) + \\ \mathrm{nbcg}(i,i,j+1,j_2)) \end{array} \right) \qquad \left\{ \begin{array}{l} 1 \leqslant i \leqslant m \text{ et} \\ 1 \leqslant j_1 < j_2 \leqslant n \text{ et} \\ \mathrm{homg}(i,i,j_1,j_2) = 2 \end{array} \right.$$

$$\mathrm{nbcg}(i_1,i_2,j,j) = 0 \qquad \left\{ \begin{array}{l} 1 \leqslant i_1 < i_2 \leqslant m \text{ et} \\ 1 \leqslant j \leqslant n \text{ et} \\ \mathrm{homg}(i_1,i_2,j,j) \neq 2 \end{array} \right.$$

$$\mathrm{nbcg}(i_1,i_2,j,j) = \min_{i \in i_1..i_2-1} \left(\begin{array}{l} \mathrm{nbcg}(i_1,i,j,j) \\ + \mathrm{nbcg}(i,i_2,j,j) \\ + 1 \end{array} \right) \qquad \left\{ \begin{array}{l} 1 \leqslant i_1 < i_2 \leqslant m \\ \text{ et } 1 \leqslant j \leqslant n \text{ et} \\ \mathrm{homg}(i_1,i_2,j,j) = 2 \end{array} \right.$$

$$\mathrm{nbcg}(i_1,i_2,j_1,j_2) = 0 \qquad \left\{ \begin{array}{l} 1 \leqslant i_1 < i_2 \leqslant m \text{ et} \\ 1 \leqslant j_1 < j_2 \leqslant n \text{ et} \\ \mathrm{homg}(i,i,j_1,j_2) \neq 2 \end{array} \right.$$

$$\mathrm{nbcg}(i_1,i_2,j_1,j_2) = \min \left(\left\{ \begin{array}{l} \min_{i \in i_1..i_2-1} \left(\begin{array}{l} 1 + \mathrm{nbcg}(i_1,i,j_1,j_2) \\ + \mathrm{nbcg}(i+1,i_2,j_1,j_2) \end{array} \right), \\ \min_{j \in j_1..j_2-1} \left(\begin{array}{l} 1 + \mathrm{nbcg}(i_1,i_2,j_1,j) + \\ \mathrm{nbcg}(i_1,i_2,j+1,j_2) \end{array} \right) \end{array} \right\} \right)$$

$$\left\{ \begin{array}{l} 1 \leqslant i_1 < i_2 \leqslant m \text{ et} \\ 1 \leqslant j_1 < j_2 \leqslant n \text{ et} \\ \mathrm{homg}(i,i,j_1,j_2) = 2 \end{array} \right. .$$

---

143 - R 4   **Réponse 4.** La mise en œuvre va faire appel à deux matrices, l'une NCGO[1 .. m, 1 .. m, 1 .. n, 1 .. n] associée au calcul de nbcg, l'autre HG[1 .. m, 1 .. m, 1 .. n, 1 .. n] à celui de homg. Le résultat final recherché se trouvera dans la cellule NCGO[1, m, 1, n].

Le calcul va évoluer en accord avec les récurrences. On remplit de concert les deux matrices en commençant par HG, puisque la valeur attachée à une cellule est requise pour calculer la valeur de la cellule de NCGO de mêmes coordonnées. Compte tenu des récurrences, on va faire progresser le calcul des rectangles « simples » (chaque point de l'image) vers les rectangles de plus en plus grands en passant par les lignes et colonnes de tailles croissantes.

143 - R 5   **Réponse 5.** L'algorithme est le suivant :

```
 1. constantes
 2.     m ∈ ℕ₁ et m = ... et n ∈ ℕ₁ et n = ... et
 3.     IMG ∈ 1 .. m × 1 .. n → {0, 1} et IMG = [...]
 4.     /% IMG est la matrice représentant l'image initiale composée de pixels
        valant 0 ou 1 %/
 5. variables
 6.     HG ∈ 1 .. m × 1 .. m × 1 .. n × 1 .. n → 0 .. 2 et
 7.     NCGO ∈ 1 .. m × 1 .. m × 1 .. n × 1 .. n → ℕ₁
 8.     /% HG est la matrice stockant le caractère homogène (0 ou 1) ou non (2)
        d'un rectangle et NCGO le nombre de coups de guillotine optimal pour
        segmenter ce rectangle %/
 9. début
10.     /% traitement des points %/
11.     pour i ∈ 1 .. m faire
12.        pour j ∈ 1 .. n faire
13.           HG[i, i, j, j] ← IMG[i, j] ; NCGO[i, i, j, j] ← 0
14.        fin pour
15.     fin pour ;
```

16.   */% traitement des lignes des plus courtes ($lg = 2$, soit deux points) aux plus longues ($lg = n$, soit n points) %/*

17.   **pour** i **parcourant** $1 .. m$ **faire**

18.   **pour** lg **parcourant** $2 .. n$ **faire**

19.   **pour** deb **parcourant** $1 .. n - lg + 1$ **faire**

20.   **si** $HG[i, i, deb, deb] = HG[i, i, deb + 1, deb + lg - 1]$ **alors**

21. $HG[i, i, deb, deb + lg - 1] \leftarrow HG[i, i, deb, deb]$

22.   **sinon**

23. $HG[i, i, deb, deb + lg - 1] \leftarrow 2$

24.   **fin si** ;

25.   **si** $HG[i, i, deb, deb + lg - 1] < 2$ **alors**

26. $NCGO[i, i, deb, deb + lg - 1] \leftarrow 0$

27.   **sinon**

28. $NCGO[i, i, deb, deb + lg - 1] \leftarrow +\infty$;

29.   **pour** j **parcourant** $deb .. deb + lg - 2$ **faire**

30. $NCGO[i, i, deb, deb + lg - 1] \leftarrow$

31. $$\min \left(\left\{ \begin{array}{l} NCGO[i, i, deb, deb + lg - 1], \\ \left(\begin{array}{l} 1 + NCGO[i, i, deb, j] + \\ NCGO[i, i, j + 1, deb + lg - 1] \end{array} \right) \end{array} \right\} \right)$$

32.   **fin pour**

33.   **fin si**

34.   **fin pour**

35.   **fin pour**

36.   **fin pour** ;

37.   */% traitement des colonnes des plus courtes ($ht = 2$, soit deux points) aux plus longues ($ht = m$, soit m points) %/*

38.   **pour** j **parcourant** $1 .. n$ **faire**

39.   **pour** ht **parcourant** $2 .. m$ **faire**

40.   **pour** deb **parcourant** $1 .. m - ht + 1$ **faire**

41.   **si** $HG[deb, deb, j, j] = HG[deb + 1, deb + ht - 1, j, j]$ **alors**

42. $HG[deb, deb + ht - 1, j, j] \leftarrow HG[deb, deb, j, j]$

43.   **sinon**

44. $HG[deb, deb + ht - 1, j, j] \leftarrow 2$

45.   **fin si** ;

46.   **si** $HG[deb, deb + ht - 1, j, j] < 2$ **alors**

47. $NCGO[deb, deb + ht - 1, j, j] \leftarrow 0$

48.   **sinon**

49. $NCGO[deb, deb + ht - 1, j, j] \leftarrow +\infty$;

50.   **pour** i **parcourant** $deb .. deb + ht - 2$ **faire**

51. $NCGO[deb, deb + ht - 1, j, j] \leftarrow$

52. $$\min \left(\left\{ \begin{array}{l} NCGO[deb, deb + ht - 1, j, j], \\ \left(\begin{array}{l} 1 + NCGO[deb, i, j, j] \\ NCGO[i + 1, deb + ht - 1, j, j] \end{array} \right) \end{array} \right\} \right)$$

53.   **fin pour**

54.   **fin si**

55.   **fin pour**

56.   **fin pour**

57.   **fin pour** ;

58.   */% traitement des rectangles des plus petits ($ht = lg = 2$) aux plus grands ($ht = m$, $lg = n$) %/*

```
59.       pour ht parcourant 2 .. m faire
60.         pour lg parcourant 2 .. n faire
61.           pour i parcourant 1 .. m − ht + 1 faire
62.             pour j parcourant 1 .. n − lg + 1 faire
```
63.   */% examen de tous les rectangles de largeur lg, de hauteur ht dont le coin inférieur gauche a pour coordonnées (i, j) ; on calcule dans un premier temps le caractère homogène du rectangle ; ensuite si nécessaire, on segmente, d'abord par des coups de guillotine verticaux, puis horizontaux %/*

64.   **si** $HG[i, i, j, j + lg − 1] = HG[i + 1, i + ht − 1, j, j + lg − 1]$ **alors**

65. $HG[i, i + ht − 1, j, j + lg − 1] \leftarrow HG[i, i, j, j + lg − 1]$

66.   **sinon**

67. $HG[i, i + ht − 1, j, j + lg − 1] \leftarrow 2$

68.   **fin si** ;

69.   **si** $HG[i, i + ht − 1, j, j + lg − 1] < 2$ **alors**

70. $NCGO[i, i + ht − 1, j, j + lg − 1] \leftarrow 0$

71.   **sinon**

72. $NCGO[i, i + ht − 1, j, j + lg − 1] \leftarrow +\infty$;

73.   **pour** k **parcourant** $j .. j + lg − 2$ **faire**

74. $NCGO[i, i + ht − 1, j, j + lg − 1] \leftarrow$

75. $$\min\left(\left\{ \begin{array}{l} NCGO[i, i + ht − 1, j, j + lg − 1], \\ \left(\begin{array}{l} 1 + NCGO[i, i + ht − 1, j, k] + \\ NCGO[i, i + ht − 1, k + 1, j + lg − 1] \end{array} \right) \end{array} \right\}\right)$$

76.   **fin pour** ;

77.   **pour** k **parcourant** $i .. i + ht − 2$ **faire**

78. $NCGO[i, i + ht − 1, j, j + lg − 1] \leftarrow$

79. $$\min\left(\left\{ \begin{array}{l} NCGO[i, i + ht − 1, j, j + lg − 1], \\ \left(\begin{array}{l} 1 + NCGO[i, k, j, j + lg − 1] + \\ NCGO[k + 1, i + ht − 1, j, j + lg − 1] \end{array} \right) \end{array} \right\}\right)$$

```
80.           fin pour
81.         fin si
82.       fin pour
83.     fin pour
84.   fin pour
85. fin pour ;
86. fin
```

La complexité spatiale de cet algorithme correspond aux matrices HG et NCGO ; elle est donc en $\Theta((m \cdot n)^2)$. Quant au nombre de conditions évaluées, il est en $\Theta((m + n) \cdot (m \cdot n)^2)$.

143 - R 6   **Réponse 6.** On donne ci-dessous les valeurs « utiles » des matrices $HG[1 .. 3, 1 .. 3, 1 .. 4, 1 .. 4]$ et $NCGO [1 .. 3, 1 .. 3, 1 .. 4, 1 .. 4]$:

- pour les pixels :

$HG/NCGO[1, 1, 1, 1] = 1/0$; $HG/NCGO[1, 1, 2, 2] = 1/0$;
$HG/NCGO[1, 1, 3, 3] = 0/0$; $HG/NCGO[1, 1, 4, 4] = 1/0$;
$HG/NCGO[2, 2, 1, 1] = 0/0$; $HG/NCGO[2, 2, 2, 2] = 0/0$;
$HG/NCGO[2, 2, 3, 3] = 0/0$; $HG/NCGO[2, 2, 4, 4] = 1/0$;
$HG/NCGO[3, 3, 1, 1] = 0/0$; $HG/NCGO[3, 3, 2, 2] = 0/0$;
$HG/NCGO[3, 3, 3, 3] = 1/0$; $HG/NCGO[3, 3, 4, 4] = 1/0$;

- pour les lignes :

$\mathrm{HG/NCGO}[1,1,1,2] = 1/0$; $\mathrm{HG/NCGO}[1,1,2,3] = 2/1$; $\mathrm{HG/NCGO}[1,1,3,4] = 2/1$;
$\mathrm{HG/NCGO}[1,1,1,3] = 2/1$; $\mathrm{HG/NCGO}[1,1,2,4] = 2/2$; $\mathrm{HG/NCGO}[1,1,1,4] = 2/2$;
$\mathrm{HG/NCGO}[2,2,1,2] = 0/0$; $\mathrm{HG/NCGO}[2,2,2,3] = 0/0$; $\mathrm{HG/NCGO}[2,2,3,4] = 2/1$;
$\mathrm{HG/NCGO}[2,2,1,3] = 0/0$; $\mathrm{HG/NCGO}[2,2,2,4] = 2/1$; $\mathrm{HG/NCGO}[2,2,1,4] = 2/1$;
$\mathrm{HG/NCGO}[3,3,1,2] = 0/0$; $\mathrm{HG/NCGO}[3,3,2,3] = 2/1$; $\mathrm{HG/NCGO}[4,4,3,4] = 1/0$;
$\mathrm{HG/NCGO}[3,3,1,3] = 2/1$; $\mathrm{HG/NCGO}[3,3,2,4] = 2/1$; $\mathrm{HG/NCGO}[3,3,1,4] = 2/1$;

- pour les colonnes :

$\mathrm{HG/NCGO}[1,2,1,1] = 2/1$; $\mathrm{HG/NCGO}[2,3,1,1] = 0/0$; $\mathrm{HG/NCGO}[1,3,1,1] = 2/1$;
$\mathrm{HG/NCGO}[1,2,2,2] = 2/1$; $\mathrm{HG/NCGO}[2,3,2,2] = 0/0$; $\mathrm{HG/NCGO}[1,3,2,2] = 2/1$;
$\mathrm{HG/NCGO}[1,2,3,3] = 0/0$; $\mathrm{HG/NCGO}[2,3,3,3] = 2/1$; $\mathrm{HG/NCGO}[1,3,3,3] = 2/1$;
$\mathrm{HG/NCGO}[1,2,4,4] = 1/0$; $\mathrm{HG/NCGO}[2,3,4,4] = 1/0$; $\mathrm{HG/NCGO}[1,3,4,4] = 1/0$;

- pour les rectangles :

$\mathrm{HG/NCGO}[1,2,1,2] = 2/1$; $\mathrm{HG/NCGO}[1,2,2,3] = 2/2$; $\mathrm{HG/NCGO}[1,2,3,4] = 2/1$;
$\mathrm{HG/NCGO}[2,3,1,2] = 0/0$; $\mathrm{HG/NCGO}[2,3,2,3] = 2/2$; $\mathrm{HG/NCGO}[2,3,3,4] = 2/2$;
$\mathrm{HG/NCGO}[1,2,1,3] = 2/2$; $\mathrm{HG/NCGO}[1,2,2,4] = 2/3$;
$\mathrm{HG/NCGO}[2,3,1,3] = 2/2$; $\mathrm{HG/NCGO}[2,3,2,4] = 2/3$;
$\mathrm{HG/NCGO}[1,2,1,4] = 2/3$; $\mathrm{HG/NCGO}[2,3,1,4] = 2/3$;
$\mathrm{HG/NCGO}[1,3,1,2] = 2/1$; $\mathrm{HG/NCGO}[1,3,2,3] = 2/3$; $\mathrm{HG/NCGO}[1,3,3,4] = 2/2$;
$\mathrm{HG/NCGO}[1,3,1,3] = 2/3$; $\mathrm{HG/NCGO}[1,3,2,4] = 2/4$; $\mathrm{HG/NCGO}[1,3,1,4] = 2/4$.

Puisque $\mathrm{NCGO}[1,3,1,4] = 4$, on déduit qu'il faut quatre coups de guillotine pour segmenter cette image de façon optimale. Une segmentation optimale (qui pourrait être construite à partir d'informations de cheminement associées au calcul de NCGO – technique du « Petit Poucet ») est donnée ci-dessous :

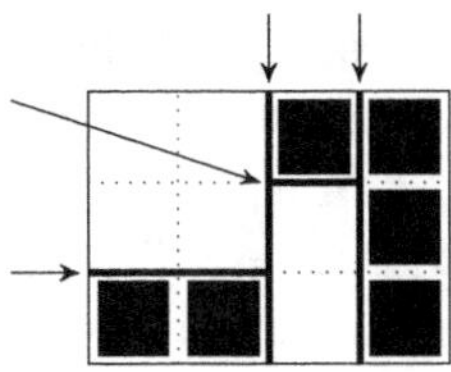

Solution de l'exercice 144   Empilement de briques

Énoncé page 716.

Réponse 1. Pour poser une brique de type j sur une brique de type i, le cas qui offre le plus de possibilités survient quand $c_j^1 \leqslant c_j^2 \leqslant c_j^3 < c_i^1 \leqslant c_i^2 \leqslant c_i^3$. Supposons que la face supérieure de la brique de type i soit composée des côtés de longueur c_i^1 et c_i^2 (cette hypothèse ne change rien à la suite). On peut y poser une brique de type j sur la face composée des côtés c_j^1 et c_j^2 de deux manières *a priori* différentes, mais en réalité équivalentes du point de vue de la surface disponible pour l'empilement suivant. On peut également poser la brique j sur la face composée des côtés c_j^1 et c_j^3 ou c_j^2 et c_j^3, d'où trois façons différentes de poser la brique j sur la brique i.

144 - R 1

144 - R 2

Réponse 2.   Soit deux briques de type i (de côtés $c_i^1 \leqslant c_i^2 \leqslant c_i^3$). On ne peut poser une seconde brique que si la face de la première est $c_i^2 \times c_i^3$. La face de la brique du dessus ne peut être que $c_i^1 \times c_i^2$. On ne peut alors plus poser de brique de type i. Remarque : pour pouvoir faire cet empilement, il faut $c_i^1 < c_i^2 < c_i^3$.

144 - R 3

Réponse 3.   Une brique de type i posée sur la face correspondant aux côtés c_i^1 et c_i^2 devient l'objet de largeur l_i (avec $l_i = c_i^1$), de longueur L_i (avec $L_i = c_i^2$) et de hauteur h_i (avec $h_i = c_i^3$). Une brique de type i peut aussi devenir l'objet différent défini par $l_i = c_i^1$, $L_i = c_i^3$ et $h_i = c_i^2$. Une troisième possibilité pour cette brique est de devenir l'objet différent défini par $l_i = c_i^2$, $L_i = c_i^3$ et $h_i = c_i^1$. La contrainte formulée dans l'énoncé impose que chacun de ces objets ne peut être présent qu'une fois. On a donc ramené le problème au choix d'un empilement optimal de l'ensemble des objets associés à chacun des types de brique.

144 - R 4

Réponse 4.   On classe les objets par aire décroissante. En effet, on ne peut poser un objet j que sur un objet k de surface supérieure à la sienne et à condition que la longueur de l'objet j soit inférieure à celle de l'objet k et que la largeur de l'objet j soit inférieure à celle de l'objet k. On définit $\mathtt{htmax}(i)$ comme la hauteur maximale que l'on peut obtenir avec les objets de rang inférieur ou égal à i. On a donc :

$$
\begin{aligned}
&\mathtt{htmax}(1) = h_1 \\
&\mathtt{htmax}(i) = h_i + \max_{\substack{k \in 1..i-1 \text{ et} \\ l_i < l_k \text{ et } L_i < L_k}} (\mathtt{htmax}(k)) \qquad\qquad 2 \leqslant i \leqslant 3n.
\end{aligned}
$$

La mise en œuvre requiert un vecteur $\mathtt{HTM}[1..3n]$ pour stocker les valeurs de la récurrence $\mathtt{htmax}$, d'où une complexité spatiale linéaire. Ce vecteur est rempli par valeurs croissantes de l'indice i, puisque la cellule $\mathtt{HTM}[i]$ requiert potentiellement la connaissance de toutes les valeurs d'indice inférieur. Le calcul de $\mathtt{HTM}[i]$ associé à $\mathtt{htmax}(i)$ demande de 0 à $(i-1)$ comparaisons et le nombre total maximal de comparaisons est donc en $\mathcal{O}(n^2)$.

144 - R 5

Réponse 5.   Avec les trois briques B1, B2 et B3 de dimensions respectives $10 \times 12 \times 16$, $8 \times 9 \times 18$ et $4 \times 6 \times 25$, on a les neuf objets classés (par aire décroissante) ci-dessous :

o_1 (B1) de longueur $L_1 = 16$, largeur $l_1 = 12$, hauteur $h_1 = 10$ et surface $s1 = 192$,
o_2 (B2) de longueur $L_2 = 18$, largeur $l_2 = 9$, hauteur $h_2 = 8$ et surface $s2 = 162$,
o_3 (B1) de longueur $L_3 = 16$, largeur $l_3 = 10$, hauteur $h_3 = 12$ et surface $s3 = 160$,
o_4 (B3) de longueur $L_4 = 25$, largeur $l_4 = 6$, hauteur $h_4 = 4$ et surface $s4 = 150$,
o_5 (B2) de longueur $L_5 = 18$, largeur $l_5 = 8$, hauteur $h_5 = 9$ et surface $s5 = 144$,
o_6 (B1) de longueur $L_6 = 12$, largeur $l_6 = 10$, hauteur $h_6 = 16$ et surface $s6 = 120$,
o_7 (B3) de longueur $L_7 = 25$, largeur $l_7 = 4$, hauteur $h_7 = 6$ et surface $s7 = 100$,
o_8 (B2) de longueur $L_8 = 9$, largeur $l_8 = 8$, hauteur $h_8 = 18$ et surface $s8 = 72$,
o_9 (B3) de longueur $L_9 = 6$, largeur $l_9 = 4$, hauteur $h_9 = 25$ et surface $s9 = 24$.

On obtient les valeurs de HTM suivantes :

$\mathtt{HTM}[1] = \mathtt{htmax}(1) = h_1 = 10$,
$\mathtt{HTM}[2] = \mathtt{htmax}(2) = h_2 = 8$,
$\mathtt{HTM}[3] = \mathtt{htmax}(3) = h_3 = 12$,
$\mathtt{HTM}[4] = \mathtt{htmax}(4) = h_4 = 4$,
$\mathtt{HTM}[5] = \mathtt{htmax}(5) = h_5 = 9$,
$\mathtt{HTM}[6] = \mathtt{htmax}(6) = h_6 + \mathtt{htmax}(1) = 16 + 10 = 26$,
$\mathtt{HRM}[7] = \mathtt{htmax}(7) = h_7 = 6$,

$$HTM[8] = \mathrm{htmax}(8) = h_8 + \max(\{10, 8, 12, 26\}) = 18 + 26 = 44,$$
$$HTM[9] = \mathrm{htmax}(9) = h_9 + \max(\{10, 8, 12, 4, 9, 26, 44\}) = 25 + 44 = 69.$$

L'empilement optimal atteint donc une hauteur de 69 et correspond à l'empilement successif des objets : o_1 (B1), o_6 (B1), o_8 (B2) et o_9 (B3), soit deux briques B1, une brique B2 et une brique B3.

Remarque   La suite des valeurs HTM n'est pas monotone, ce qui interdit de simplifier le terme générique de la récurrence.

Solution de l'exercice 145   Gain maximum au jeu patagon

Énoncé page 717.

Réponse 1.   La solution gloutonne proposée ne délivre pas forcément une solution optimale comme le montre l'exemple $T[1 .. 4] = [6, 7, 4, 1]$. En effet, on considère d'abord la paire de valeurs $(6, 7)$ et on prend 7, puis la paire $(4, 1)$ pour laquelle on doit prendre 1 compte tenu du choix fait précédemment. On amasse donc la somme 8, alors que la somme optimale est 10.

`145 - R 1`

Réponse 2. $\mathrm{sopt}(j)$ $(1 \leqslant j \leqslant n)$ désigne la somme optimale pour la tranche de tableau $T[1 .. j]$, sous la contrainte de non contiguïté des valeurs retenues. De deux choses l'une :

`145 - R 2`

- Soit j est dans l'ensemble optimal d'indices pour le tableau $T[1 .. j]$ et dans ce cas $(j - 1)$ ne peut pas y être. Le mieux que l'on puisse faire est alors d'additionner la somme optimale pour la tranche de tableau $T[1 .. j - 2]$ à la valeur $T[j]$.
- Soit j n'est pas dans l'ensemble d'indices optimal pour $T[1 .. j]$ et on a dans ce cas : $\mathrm{sopt}(j) = \mathrm{sopt}(j - 1)$.

On peut donc construire la récurrence complète suivante :

$$\left|\begin{array}{l} \mathrm{sopt}(1) = T[1] \\ \mathrm{sopt}(2) = \max(\{T[1], T[2]\}) \\ \mathrm{sopt}(j) = \max\left(\left\{\begin{array}{l} \mathrm{sopt}(j-2) + T[j], \\ \mathrm{sopt}(j-1) \end{array}\right\}\right) \qquad 3 \leqslant j \leqslant n. \end{array}\right.$$

Réponse 3.   La mise en œuvre de cette récurrence passe par un tableau $SO[1 .. n]$ dans lequel sont stockées les valeurs de sopt. $SO[n]$ contient en fin de calcul la valeur optimale recherchée. Le remplissage de SO se fait par valeurs croissantes de l'indice conformément à la forme du terme générique de la récurrence, après avoir initialisé les deux premiers éléments grâce aux deux termes correspondants de la récurrence. Afin de pouvoir ultérieurement construire l'ensemble d'indices I associé à la valeur optimale $\mathrm{sopt}(n)$, on va doubler SO par un tableau $CH[1 .. n]$ mémorisant le choix effectué à chaque pas (1 si l'on prend le i^e élément, 0 sinon). On a donc l'algorithme :

`145 - R 3`

1. **constantes**
2. $n \in \mathbb{N}_1 - \{1\}$ **et** $n = \ldots$ **et** $T \in 1 .. n \to \mathbb{N}_1$ **et** $T = [\ldots]$
3. **variables**

```
 4.    SO ∈ 1 .. n → ℕ₁ et CH ∈ 1 .. n → 0 .. 1
 5. début
 6.    SO[1] ← T[1] ; CH[1] ← 1 ;
 7.    si T[1] > T[2] alors
 8.       SO[2] ← T[1] ; CH[2] ← 0
 9.    sinon
10.       SO[2] ← T[2] ; CH[2] ← 1
11.    fin si ;
12.    pour j parcourant 3 .. n faire
13.       si SO[j − 2] + T[i] > SO[j − 1] alors
14.          SO[j] ← SO[j − 2] + T[j] ; CH[j] ← 1
15.       sinon
16.          SO[j] ← SO[j − 1] ; CH[j] ← 0
17.       fin si
18.    fin pour ;
19.    écrire(SO[n])
20. fin
```

La complexité de cet algorithme est en $\Theta(n)$, aussi bien au plan temporel que spatial. À partir d'une combinatoire exponentielle correspondant au nombre de façons raisonnables de jouer (nfr), on aboutit avec la programmation dynamique à une complexité linéaire.

145 - R 4   **Réponse 4.**   La construction de l'ensemble d'indices I optimal se fonde sur le parcours de droite à gauche du tableau des choix CH. Une valeur 1 signifie que l'on a pris la valeur d'indice correspondant dans T, mais pas la précédente que l'on n'examine donc pas. Une valeur 0 correspond à une valeur de T non prise dans la solution optimale et on regardera ce qu'il en est de la précédente. L'arrêt se fait pour les indices 1 ou 2. On a donc l'algorithme suivant de construction de I :

```
 1. constantes
 2.    n ∈ ℕ₁ et n = ... et CH ∈ 1 .. n → 0 .. 1 et CH = [...]
 3. variables
 4.    I ⊆ 1 .. n et j ∈ ℕ₁
 5. début
 6.    j ← n ; I ← ∅ ;
 7.    tant que j ⩾ 3 faire
 8.       si CH[j] = 1 alors
 9.          I ← I ∪ {j} ; j ← j − 2
10.       sinon
11.          j ← j − 1
12.       fin si
13.    fin tant que ;
14.    si j = 2 alors
15.       si CH[2] = 1 alors
16.          I ← I ∪ {2}
17.       sinon
18.          I ← I ∪ {1}
19.          /% en effet, on ne peut avoir une solution optimale dans laquelle on
             ne prend aucun des deux premiers éléments du tableau %/
20.       fin si
```

21.   **sinonsi** $CH[1] = 1$ **alors**

22. $I \leftarrow I \cup \{1\}$

23.   **fin si** ;

24.   **écrire**(I)

25. **fin**

Réponse 5.   Sur l'exemple, on obtient les valeurs ci-dessous et le calcul complémentaire   `145 - R 5`   utilisant CH délivre $I = \{1, 3, 6, 8\}$.

i	1	2	3	4	5	6	7	8	9
T[i]	2	5	7	3	1	4	1	8	4
SOPT[i]	2	5	9	9	10	13	13	21	21
CH[i]	1	1	1	0	1	1	0	1	0

Solution de l'exercice 146   Vaporisation des robots

Énoncé page 718.

Réponse 1.   Avec cette fonction de rechargement, puisqu'il arrive au moins un robot   `146 - R 1` à chaque instant, on détruit un maximum de robots en déclenchant la MVR à chaque instant – $nbrvopt(n) = n$ – ce qui est le mieux que l'on puisse réaliser. On notera que d'autres stratégies peuvent faire aussi bien. Ainsi, dans l'exemple donné en introduction, on vaporise quatre robots en déclenchant la MVR aux instants $1, 2, 3$ et 4, mais aussi aux seuls instants 3 et 4.

Réponse 2.   Comme la séquence de robots est supposée s'arrêter à l'instant j, il faut   `146 - R 2` certainement déclencher la machine à cet instant. Ceci est vrai en particulier pour l'instant n ; par conséquent, toute solution optimale inclut un déclenchement de la MVR à cet instant. La question est donc de savoir à quel instant i précédent elle avait été déclenchée la dernière fois. Si elle a été déclenchée de façon optimale à l'instant $j - 1$, elle a vaporisé à cet instant $nbrvopt(j - 1)$ robots ; après une recharge de niveau 1, elle vaporise $(nbrvopt(j - 1) + \min(\{qrob(j), f(1)\}))$ robots à l'instant j. D'une manière générale, elle a été déclenchée de façon optimale à l'instant i, moment auquel elle a vaporisé $nbrvopt(i)$ robots ; après avoir été rechargée au niveau $f(j - i)$, elle vaporise $(nbrvopt(i) + \min(\{qrob(j), f(j - i)\}))$ robots à l'instant j. Il faut choisir l'instant de recharge précédent optimal entre 0 et $j - 1$. On a donc la récurrence :

$$
\begin{cases}
nbrvopt(0) = 0 \\
nbrvopt(j) = \displaystyle\max_{0 \leqslant i < j} \left(nbrvopt(i) + \min\left(\left\{ \begin{array}{c} qrob(j), \\ f(j - i) \end{array} \right\} \right) \right) \qquad 1 \leqslant j \leqslant n.
\end{cases}
$$

Réponse 3.   On associe à la récurrence précédente le tableau $NBRVO[0 .. n]$ dont le rem-   `146 - R 3` plissage se fait par valeurs croissantes de l'indice j (utilisation du terme général avec $j = 1 .. n$ après initialisation de $NBRVO[0]$ à 0). La solution se trouve en $NBRVO[n]$. La complexité spatiale est en $\Theta(n)$ et la complexité temporelle en $\Theta(n^2)$, en considérant le nombre de comparaisons effectuées ($2j - 1$ comparaisons pour évaluer $NBRVO[j]$ pour $j \in 1 .. n$).

 Réponse 4.   Avec les données proposées, on obtient les résultats suivants :

$j = 1$: $\mathrm{nbrvopt}(1) = \mathrm{nbrvopt}(0) + \min(\{\mathrm{qrob}(1), f(1)\}) = 0 + 1 = 1.$

$j = 2$: $\mathrm{nbrvopt}(2) = \max_{i \in 0..1} (\{\mathrm{nbrvopt}(i) + \min(\{\mathrm{qrob}(2), f(2 - i)\})\})$

pour $i = 0$: $\mathrm{nbrvopt}(0) + \min(\{5, f(2)\}) = 0 + 2 = 2$

pour $i = 1$: $\mathrm{nbrvopt}(1) + \min(\{5, f(1)\}) = 1 + 1 = 2$ donc $\mathrm{nbrvopt}(2) = 2.$

$j = 3$: $\mathrm{nbrvopt}(3) = \max_{i \in 0..2} (\{\mathrm{nbrvopt}(i) + \min(\{\mathrm{qrob}(3), f(3 - i)\})\})$

pour $i = 0$: $\mathrm{nbrvopt}(0) + \min(\{2, f(3)\}) = 0 + 2 = 2$

pour $i = 1$: $\mathrm{nbrvopt}(1) + \min(\{2, f(2)\}) = 1 + 2 = 3$

pour $i = 2$: $\mathrm{nbrvopt}(2) + \min(\{2, f(1)\}) = 2 + 1 = 3$ donc $\mathrm{nbrvopt}(3) = 3.$

$j = 4$: $\mathrm{nbrvopt}(4) = \max_{i \in 0..3} (\{\mathrm{nbrvopt}(i) + \min(\{\mathrm{qrob}(4), f(4 - i)\})\})$

pour $i = 0$: $\mathrm{nbrvopt}(0) + \min(\{4, f(4)\}) = 0 + 4 = 4$

pour $i = 1$: $\mathrm{nbrvopt}(1) + \min(\{4, f(3)\}) = 1 + 4 = 5$

pour $i = 2$: $\mathrm{nbrvopt}(2) + \min(\{4, f(2)\}) = 2 + 2 = 4$

pour $i = 3$: $\mathrm{nbrvopt}(3) + \min(\{4, f(1)\}) = 3 + 1 = 4$ donc $\mathrm{nbrvopt}(4) = 5.$

$j = 5$: $\mathrm{nbrvopt}(5) = \max_{i \in 0..4} (\{\mathrm{nbrvopt}(i) + \min(\{\mathrm{qrob}(5), f(5 - i)\})\})$

pour $i = 0$: $\mathrm{nbrvopt}(0) + \min(\{3, f(5)\}) = 0 + 3 = 3$

pour $i = 1$: $\mathrm{nbrvopt}(1) + \min(\{3, f(4)\}) = 1 + 3 = 4$

pour $i = 2$: $\mathrm{nbrvopt}(2) + \min(\{3, f(3)\}) = 2 + 3 = 5$

pour $i = 3$: $\mathrm{nbrvopt}(3) + \min(\{3, f(2)\}) = 3 + 2 = 5$

pour $i = 4$: $\mathrm{nbrvopt}(4) + \min(\{3, f(1)\}) = 5 + 1 = 6$ donc $\mathrm{nbrvopt}(5) = 6.$

$j = 6$: $\mathrm{nbrvopt}(6) = \max_{i \in 0..5} (\{\mathrm{nbrvopt}(i) + \min(\{\mathrm{qrob}(6), f(6 - i)\})\})$

pour $i = 0$: $\mathrm{nbrvopt}(0) + \min(\{2, f(6)\}) = 0 + 2 = 2$

pour $i = 1$: $\mathrm{nbrvopt}(1) + \min(\{2, f(5)\}) = 1 + 2 = 3$

pour $i = 2$: $\mathrm{nbrvopt}(2) + \min(\{2, f(4)\}) = 2 + 2 = 4$

pour $i = 3$: $\mathrm{nbrvopt}(3) + \min(\{2, f(3)\}) = 3 + 2 = 5$

pour $i = 4$: $\mathrm{nbrvopt}(4) + \min(\{2, f(2)\}) = 5 + 2 = 7$

pour $i = 5$: $\mathrm{nbrvopt}(5) + \min(\{2, f(1)\}) = 6 + 1 = 7$ donc $\mathrm{nbrvopt}(6) = 7.$

On en conclut que le mieux que l'on puisse faire dans cet exemple est de vaporiser sept robots. En conservant dans CH[j] la valeur de i ayant permis d'atteindre la valeur optimale de $\mathrm{nbrvopt}(j)$ (technique du « Petit Poucet »), on trouve CH[6] $= 4$, puis CH[4] $= 1$ et enfin CH[1] $= 0$. On en déduit que la séquence optimale trouvée correspond à des déclenchements de la MVR aux instants 1, 4, puis 6.

Solution de l'exercice 147 Jeu des extrêmes

Énoncé page 719.

Réponse 1. Soit la ligne de cartes suivante :

| 1 | 3 | 10 | 8 | 10 | 2 |

147 - R 1

La somme des trois cartes de plus haute valeur est 28, alors que le joueur jouant en premier ne peut faire mieux que prendre la carte de valeur 2 (l'autre prenant celle de valeur 1), puis la carte de valeur 10 (l'autre prenant celle de valeur 3) et enfin la seconde carte de valeur 10, soit un total de 22. Ce phénomène survient de façon générale quand les cartes situées aux extrémités (initiales ou courantes) du jeu font partie des p sur $2p$ cartes restantes de plus petite valeur.

Réponse 2. Soit $V[1\,..\,2n]$ le tableau des valeurs de la ligne des $2n$ cartes. On considère une ligne de cartes $V[i..s]$ d'indice de début i, d'indice de fin s et de taille paire $(s-i+1 \geqslant 4)$. Le gain maximum du premier joueur, avec un adversaire collaboratif $gmac(i, s)$, est obtenu avec la meilleure des quatre possibilités de jeu suivantes :

147 - R 2

- le premier joueur prend la carte $V[i]$ et le second la carte $V[i+1]$, amenant à la nouvelle ligne de cartes $V[i+2\,..\,s]$,
- le premier joueur prend la carte $V[i]$ et le second la carte $V[s]$, amenant à la nouvelle ligne de cartes $V[i+1\,..\,s-1]$,
- le premier joueur prend la carte $V[s]$ et le second la carte $V[i]$, amenant à la nouvelle ligne de cartes $V[i+1\,..\,s-1]$,
- le premier joueur prend la carte $V[s]$ et le second la carte $V[s-1]$, amenant à la nouvelle ligne de cartes $V[i\,..\,s-2]$.

Quels que soient les choix opérés par les deux joueurs, ils se retrouvent face à une ligne de cartes de taille $(s-i-1)$. Si $(s-i-1) \geqslant 4$, on peut reproduire le même raisonnement, sinon $(s-i+1) = 2$, on a une ligne de deux cartes pour laquelle il n'y a que deux possibilités de jeu, le premier joueur choisissant la plus favorable. On aboutit donc à la récurrence :

$$
\left|
\begin{array}{ll}
gmac(i, i+1) = \max(\{V[i], V[i+1]\}) & 1 \leqslant i \leqslant 2n-1 \\[2mm]
gmac(i, s) = \max \left(\left\{ \begin{array}{l} gmac(i+2, s) + V[i], \\ gmac(i+1, s-1] + V[t], \\ gmac(i+1, s-1] + V[s], \\ gmac(i, s-2] + V[s] \end{array} \right\} \right) & \left\{ \begin{array}{l} 1 \leqslant i \leqslant 2n-3 \ \ \textbf{et} \\ 4 \leqslant s \leqslant 2n \ \ \textbf{et} \\ \exists k \cdot \left(\begin{array}{l} k \in \mathbb{N}_1 - \{1\} \ \ \textbf{et} \\ s-i+1 = 2k \end{array} \right) \end{array} \right.
\end{array}
\right. \cdot
$$

Réponse 3. La construction du programme associé se fonde sur la structure tabulaire GMAC $[1\,..\,2n-1,\ 2\,..\,2n]$ qui contient les valeurs de $gmac$, d'où une complexité spatiale en $\Theta(n^2)$. On n'en remplit que les cellules GMAC$[i, s]$ telles que $(s-i+1)$ est un multiple de 2. On procède par diagonale d'équation $(s-i) = c$ constante. On commence par $c = 1$ en utilisant le premier terme de la récurrence, puis $c = 3$, ... et enfin $(2n-1)$ grâce au second terme. À l'issue du calcul, la cellule GMAC$[1, 2n]$ contient le gain maximal obtenu par le joueur jouant en premier avec un adversaire coopératif. Le code correspondant est donné ci-après :

147 - R 3

```
1.  constantes
2.     n ∈ ℕ₁ et n = ... et V ∈ 1..2n → ℕ₁ et V = [...]
3.  variables
4.     GMAC ∈ 1..2n × 1..2n → ℕ₁
5.  début
```

```
6.      pour i ∈ 1 .. 2n − 1 faire
7.          GMAC[i, i + 1] ← max({V[i], V[i + 1]})
8.      fin pour ;
9.      pour k parcourant 3 .. 2n − 1 pas 2 faire
10.         pour i parcourant 1 .. 2n − k faire
11.             GMAC[i, i + k] ←
12.                 max(  { GMAC[i + 2, i + k] + V[i],
                           GMAC[i + 1, i + k − 1] + V[i],
                           GMAC[i + 1, i + k − 1] + V[i + k],
                           GMAC[i, i + k − 2] + V[i + k] } )
13.             /% i + k joue le rôle de s, le second indice de la récurrence %/
14.         fin pour
15.     fin pour ;
16.     écrire(GMAC[1, 2n])
17. fin
```

Il est clair que cet algorithme requiert $(2n - 1)$ comparaisons pour la première boucle. Ensuite, il évalue $(2n - 3)$ conditions pour $k = 3$, puis $(2n - 5)$ pour $k = 5$, … et enfin une condition pour $k = 2n - 1$. Le nombre total de comparaisons évaluées est donc en $\Theta(n^2)$.

147 - R 4   **Réponse 4.** Avec la ligne de cartes proposée ($V = [12, 7, 6, 10, 8, 5]$), on obtient :

s	2	3	4	5	6
i = 1	12		22		30
2		7		18	
3			10		16
4				10	
5					8

Le gain maximal est donc de 30 et s'obtient par la prise de la carte de valeur 12 par le premier joueur, puis la carte de valeur 5 par le second, puis la carte de valeur 8 par le premier joueur, puis la carte de valeur 7 par le second joueur, enfin la carte de valeur 10 par le premier joueur, le second joueur ramassant la carte de valeur 6 pour terminer le jeu.

Note De façon générale, on peut reconstituer la séquence de tirages des deux joueurs en associant à GMAC un tableau contenant en cellule $(i, s) - (s - i + 1)$ pair – le choix de chacun des deux joueurs correspondant à l'optimal retenu lors du calcul de GMAC$[i, s]$ (méthode du « Petit Poucet »).

147 - R 5   **Réponse 5.** Montrons par induction (récurrence simple sur $\mathbb{N}_1$) que le joueur commençant en premier fait au pire match nul avec son adversaire.

Base Par définition de la récurrence définissant $gmac(i, s)$, en présence de deux cartes, le joueur jouant en premier choisit celle de plus grande valeur, si bien qu'il ne peut que battre l'autre joueur ou faire match nul si les deux cartes ont même valeur.

Hypothèse d'induction On pose comme hypothèse que, pour $k \geqslant 1$, la ligne $V[i .. s]$ avec $s - i + 1 = 2k$ est telle que le joueur jouant en premier bat l'autre ou au pire fait match nul.

Induction On considère la situation où le joueur jouant en premier est face à une ligne ayant 2k+2 cartes. On a vu que quatre situations pouvaient se produire. Si $V[i] \geqslant V[s]$ et si le premier joueur prend la carte de rang i et l'autre celle de rang s (premier cas) ou de rang $i + 1$ (second cas), le joueur jouant en premier fait au pire match nul à cette étape et aux suivantes (hypothèse d'induction) ; on est donc certain qu'il ne fera pas moins bien que match nul au final. Si $V[i] \leqslant V[s]$, un raisonnement similaire est valide et traite les troisième et quatrième cas. Il y aura nécessairement match nul à cette étape si $V[i] = V[i+1] = V[s] = V[s-1]$ et donc au final si et seulement si toutes les cartes sont de valeur identique. Dans tous les cas, le joueur démarrant le jeu ne peut pas être battu par son adversaire avec la stratégie de jeu retenue.

Réponse 6. Dans une situation où chacun des deux joueurs cherche à amasser le gain maximal, ils suivent *a priori* la même démarche ; le premier (resp. second) joueur joue face à une ligne ayant un nombre pair (resp. impair) de cartes. Le gain maximal (sans collaboration) gmsc que peut amasser un joueur est la somme des valeurs des cartes de rang i à s se trouvant face à lui (notée $\mathrm{som}(i, s)$), diminuée du gain maximal que pourra amasser l'autre joueur au coup suivant. La situation terminale survient lorsqu'une seule carte, forcément ramassée par le second joueur, reste sur la table. Le gain maximal du joueur commençant en premier est donné par la récurrence ci-après :   `147 - R 6`

$$\begin{vmatrix}
\mathrm{gmsc}(i, i) = V[i] & 1 \leqslant i \leqslant 2n \\
\mathrm{gmsc}(i, s) = \max \left(\left\{ \begin{array}{l} \mathrm{som}(i, s) - \mathrm{gmsc}(i + 1, s), \\ \mathrm{som}(i, s) - \mathrm{gmsc}(i, s - 1) \end{array} \right\} \right) & 1 \leqslant i < s \leqslant 2n.
\end{vmatrix}$$

Note La dernière ligne peut aussi s'écrire :

$$\mathrm{gmsc}(i, s) = \mathrm{som}(i, s) - \min \left(\left\{ \begin{array}{l} \mathrm{gmsc}(i + 1, s), \\ \mathrm{gmsc}(i, s - 1) \end{array} \right\} \right).$$

Réponse 7. L'algorithme de programmation dynamique utilise, en plus des tableaux $V[1..2n]$ et $SOM[1..2n, 1..2n]$, un tableau $GMSC[1..2n, 1..2n]$ permettant de stocker les valeurs de la récurrence précédente. Celui-ci est rempli par diagonale d'équation $s - i = c$ constante comme dans le cas précédent (mais on pourrait aussi faire progresser le calcul par ligne ou par colonne). L'algorithme est assez semblable à celui donné en réponse à la question 3 en termes de structure générale (le pas de la boucle externe étant 1 et non pas 2) et de complexités spatiale et temporelle toutes deux également en $\Theta(n^2)$. On notera que les cellules $GMSC[j, k]$ telles que $(k - j + 1)$ est pair (resp. impair) correspondent à des gains optimaux du joueur jouant en premier (resp. second), dont le gain maximal se trouve en $GMSC[1, 2n]$ (resp. $GMSC[1, 2n - 1]$ ou $GMSC[2, 2n]$ selon la première carte – $V[n]$ ou $V[1]$ – tirée par le premier joueur).   `147 - R 7`

147 - R 8 **Réponse** 8.   Avec la même ligne de cartes que précédemment ($V = [12, 7, 6, 10, 8, 5]$), on obtient :

s	1	2	3	4	5	6
i = 1	12	12	18	19	26	27
2		7	7	16	17	21
3			6	10	14	15
4				10	10	15
5					8	8
6						5

On observe que le gain maximal (27) du joueur jouant en premier est ici strictement inférieur à la valeur 30 atteinte quand l'autre joueur coopérait (ce qui ne surprend guère). En reconstituant la solution optimale (technique du « Petit Poucet » non détaillée ici), on constate que le joueur jouant en premier (resp. second) prend successivement les cartes de valeur 12 (resp. 7), 5 (resp. 8), 10 (resp. 6). Le gain amassé par l'autre joueur est 21 (somme des cartes 48 diminuée du gain du premier joueur 27) et se trouve en GMSC[2, 6], puisque la première carte tirée est V[1].

147 - R 9 **Réponse** 9.   On remarque que le joueur débutant le jeu a le choix entre une carte de rang pair (la dernière) et une carte de rang impair (la première). S'il prend la première (resp. dernière), son adversaire a le choix entre deux cartes de rang pair (resp. impair). On voit donc que le premier joueur peut, à son gré, « forcer » son adversaire à ne tirer que des cartes de rang pair ou impair. Une stratégie gloutonne consiste à exploiter cette propriété de la façon suivante. Le joueur jouant en premier calcule la somme des valeurs des cartes de rang pair $svrp$ d'une part, impair $svri$ d'autre part. Si $svrp > svri$, il prendra toutes les cartes de rang pair, l'autre se trouvant « obligé » de prendre les cartes de rang impair. Ainsi, le joueur jouant en premier est certain de battre son adversaire. Si $svri > svrp$, le joueur jouant en premier va procéder de façon inverse, c'est-à-dire tirer les cartes de rang impair, de sorte que son adversaire prenne toutes les cartes de rang pair, et assurer ainsi sa victoire. Si $svrp = svri$, que le joueur jouant en premier choisisse les cartes de rang pair ou impair, il fera match nul. On constate donc que la stratégie gloutonne proposée assure au premier joueur de ne jamais perdre.

Puisque la méthode fondée sur la programmation dynamique vue auparavant conduit au gain maximal pour le joueur jouant en premier, cette stratégie est au moins aussi bonne que la stratégie gloutonne, avec laquelle le joueur jouant en premier ne peut pas perdre. On peut en conclure que le joueur jouant en premier gagne ou fait match nul en suivant la stratégie développée pour la solution par programmation dynamique.

Appliquons la stratégie gloutonne à l'exemple de la ligne de cartes $V = [12, 7, 6, 10, 8, 5]$. La somme des cartes de rang impair vaut 26 et celles des cartes de rang pair 22. On voit donc que le joueur jouant en premier amassera un gain de 26 en adoptant la stratégie gloutonne, alors qu'avec la programmation dynamique il a obtenu 27. On en déduit que la stratégie gloutonne ne conduit pas au gain maximal en général (elle n'est pas optimale par rapport au problème posé).

Solution de l'exercice 148   Le petit commerçant

Énoncé page 720.

Réponse 1. Avec le système proposé, $\mathcal{C} = \{c_1, c_2, c_3\}$, avec $d_1 = 6$, $d_2 = 4$, $d_3 = 1$, pour $N = 8$ on obtient le multiensemble de pièces $S = [\![6, 1, 1]\!]$. Il existe une autre façon de constituer $N = 8$, plus « économique » en nombre de pièces, à savoir $S' = [\![4, 4]\!]$ (deux pièces au lieu de trois). Un autre cas mettant en défaut cet algorithme glouton est : $\mathcal{C} = \{10, 6, 3, 1\}$ et $N = 18$, puisqu'il délivre $S = [\![10, 6, 1, 1]\!]$ alors qu'il existe une solution avec seulement trois pièces : $S' = [\![6, 6, 6]\!]$.

    `148 - R 1`

Réponse 2. L'établissement de la récurrence de calcul de $\mathrm{nbpmin}(i, j)$, où i est le nombre de pièces du système monétaire et j la somme à former, est détaillé ci-après. Dans le cas où la somme à former j est supérieure ou égale à d_i et le système monétaire comporte au moins deux pièces, on a deux options dont on choisit la meilleure : i) soit la solution optimale $\mathrm{nbpmin}(i, j)$ ne comporte pas la pièce de rang i, auquel cas la solution optimale est $\mathrm{nbpmin}(i-1, j)$, ii) soit on la forme avec une pièce de rang i et il reste à former de façon optimale le montant $j - d_i$; le nombre de pièces optimal est alors $1 + \mathrm{nbpmin}(i, j - d_i)$. Si le système monétaire possède au moins deux pièces et si la valeur d_i excède le montant à former, la solution optimale est obtenue par $\mathrm{nbpmin}(i-1, j)$. Si le système monétaire a une unique pièce c_1 de valeur d_1 supérieure (resp. inférieure ou égale) à la somme à former j, il n'y a pas de solution (resp. le nombre de pièces optimal est $1 + \mathrm{nbpmin}(1, j - d_1)$). Enfin, si le montant à former est nul ($j = 0$), aucune pièce n'est nécessaire. On en déduit la récurrence ci-après :

    `148 - R 2`

$$
\left|
\begin{array}{ll}
\mathrm{nbpmin}(i, 0) = 0 & 1 \leqslant i \leqslant n \\
\mathrm{nbpmin}(1, j) = \infty & 0 < j < d_1 \\
\mathrm{nbpmin}(1, j) = 1 + \mathrm{nbpmin}(1, j - d_1)) & d_1 \leqslant j \leqslant N \\
\mathrm{nbpmin}(i, j) = \mathrm{nbpmin}(i - 1, j) & 1 < i \leqslant n \text{ et } j < d_i \\
\mathrm{nbpmin}(i, j) = \min \left(\left\{ \begin{array}{l} \mathrm{nbpmin}(i-1, j), \\ 1 + \mathrm{nbpmin}(i, j - d_i) \end{array} \right\} \right) & \left\{ \begin{array}{l} 1 < i \leqslant n \text{ et} \\ d_i \leqslant j \leqslant N \end{array} \right.
\end{array}
\right. \quad .
$$

Remarque Si la pièce c_1 de $\mathcal{C}$ a pour valeur $d_1 - 1$, la deuxième ligne de la récurrence peut être supprimée, le cas traité ne pouvant se produire.

Réponse 3. Le programme associé utilise un tableau $D[1..n]$ correspondant aux éléments du système monétaire $\mathcal{C}$, ainsi que le tableau $T[1 .. n, 0 .. N]$ permettant de stocker les éléments de la récurrence. Le résultat recherché se trouve en $T[n, N]$. Le cas général de la récurrence met en évidence le fait que le calcul de la cellule $T[i, j]$ fait appel à $T[i - 1, j]$ et $T[i, j - D[i]]$. On peut donc remplir T par valeurs croissantes de l'indice de ligne et dans une ligne par valeurs croissantes de l'indice de colonne. Plus précisément, on initialise la première ligne ($i = 1$) à l'aide des trois premiers termes de la récurrence. Pour chaque ligne suivante d'indice i, on initialise $T[i, 0]$ à 0 (premier terme de la récurrence), puis les cellules suivantes grâce aux deux derniers termes de la récurrence (selon que j est ou non inférieur à $D[i]$). La complexité temporelle (et spatiale) est en $\Theta(n \cdot N)$, donc le problème est pseudo-linéaire en n (voir section 2.1.8, page 84).

    `148 - R 3`

Réponse 4. On traite l'exemple de la somme $N = 12$ à rendre avec le système monétaire $\mathcal{C} = \{c_1, c_2, c_3\}$, avec $d_1 = 4, d_2 = 5, d_3 = 1$. On applique donc la procédure décrite auparavant, ce qui conduit au tableau :

    `148 - R 4`

j	0	1	2	3	4	5	6	7	8	9	10	11	12
$d_1 = 4$	0	∞	∞	∞	1	∞	∞	∞	2	∞	∞	∞	3
$d_2 = 5$	0	∞	∞	∞	1	1	∞	∞	2	2	2	∞	3
$d_3 = 1$	0	1	2	3	1	1	2	3	2	2	2	3	3

Le nombre minimal de pièces utilisées pour composer la somme 12 est 3 (trois pièces de valeur 4).

148 - R 5

Réponse 5.   Pour pouvoir obtenir la combinaison optimale de pièces, on utilise un tableau CH associé à T dans lequel on conserve le choix qui a été fait pour chaque cellule de T, à savoir 1 si la valeur de $T[i, j]$ est $T[i-1, j]$, 2 si c'est $1 + T[i, j - D[i]]$ (méthode du « Petit Poucet »). Après avoir rempli CH (en même temps que T), on le parcourt de la façon suivante (pour autant que la valeur $T[n, N]$ ne soit pas ∞) pour produire le multiensemble S de pièces optimal. On débute en $CH[n, N]$. Si on trouve 1 en $CH[i, j]$, on passe en $CH[i-1, j]$; si l'on y trouve 2, on ajoute un exemplaire de la pièce i (c_i de valeur $D[i]$) au sac S et on passe à $CH[i, j - D[i]]$. Ceci se poursuit jusqu'à se trouver en $CH[i, 0]$. Dans l'exemple précédent, on va ainsi construire le multiensemble $S = [\![4, 4, 4]\!]$.

Notations

$exp_1 \mathrel{\widehat{=}} exp_2$	définition
$\forall\ \texttt{ident}\ \cdot\ exp_1 \Rightarrow exp_2$	quantification universelle
$\exists\ \texttt{ident}\ \cdot\ exp_1\ \textbf{et}\ exp_2$	quantification existentielle
$\displaystyle\sum_{exp_1} exp_2$	$\begin{cases} \text{Variante du quantificateur d'addition.} \\ \text{Somme des valeurs } exp_2 \\ \text{lorsque } exp_1 \text{ est satisfaite.} \end{cases}$
$\#\texttt{ident}\cdot exp$	comptage : nombre de fois où le prédicat exp est satisfait
$\lceil exp \rceil$	opérateur « plafond » : plus petit entier supérieur ou égal à exp
$\lfloor exp \rfloor$	opérateur « plancher » : plus grand entier inférieur ou égal à exp
$|exp|$	valeur absolue ou taille d'une entité (liste, sac, etc.)
$\{exp_1, \ldots, exp_n\}$	ensemble défini en extension
$\{\texttt{ListeIdent} \mid exp\}$	ensemble défini en compréhension
$exp_1 \mathrel{..} exp_2$	intervalle de relatifs
$exp_1 - exp_2$	soustraction d'ensembles
$exp_1 \times exp_2$	produit cartésien
(exp_1, exp_2)	couple (élément d'un produit cartésien)
$(exp_1, \ldots, exp_n)$	nuplet (extension de la notion de couple)
$exp_1 \circ exp_2$	composition de relations
$exp_1 \rightarrow exp_2$	$\begin{cases} exp_1 : \text{intervalle ou produit cartésien d'intervalles,} \\ exp_2 : \text{ensemble quelconque,} \\ \text{ensemble des fonctions de } exp_1 \text{ dans } exp_2 \end{cases}$
$\texttt{ident}[exp_1, \ldots, exp_n]$	élément du tableau $\texttt{ident}$, à n dimensions
$\texttt{ident}[exp \mathrel{..} exp]$	tranche de tableau à une dimension
$[exp_1, \ldots, exp_n]$	constante de tableau à une dimension
$\begin{bmatrix} exp_{1,1} & \cdots & exp_{1,n} \\ \vdots & \cdots & \vdots \\ exp_{m,1} & \cdots & exp_{m,n} \end{bmatrix}$	constante de tableau à deux dimensions
$\varnothing$	constante représentant le sac vide
$exp_1 \mathrel{\sqsubseteq\!\!\!-} exp_2$	prédicat d'appartenance à un sac
$[\![exp_1, \ldots, exp_n]\!]$	définition d'un sac en extension
$exp_1 - exp_2$	soustraction de sacs
$exp_1 \sqcap exp_2$	intersection de sacs
$exp_1 \sqcup exp_2$	union de sacs
$exp_1 \sqsubset exp_2$	prédicat d'inclusion stricte de sacs
$exp_1 \not\sqsubset exp_2$	prédicat de non inclusion stricte de sacs
$exp_1 \sqsubseteq exp_2$	prédicat d'inclusion au sens large de sacs
$exp_1 \not\sqsubseteq exp_2$	prédicat de non inclusion au sens large de sacs
$\langle exp_1, \ldots, exp_n \rangle$	liste de n valeurs
$\mathbb{B}$	ensemble des booléens ($\{\textbf{vrai}, \textbf{faux}\}$)
$\mathbb{C}$	nombres complexes
$\text{card}(exp)$	cardinal d'un ensemble
$\textbf{chaîne}$	ensemble des chaînes de caractères
$\textbf{chaîne}(exp)$	ensemble des chaînes de caractères sur le vocabulaire exp
$\text{codom}(exp)$	codomaine de la relation exp
$\text{dom}(exp)$	domaine de la relation exp
$\text{im}(exp)$	partie imaginaire du complexe exp
$\text{max}(exp)$	plus grand élément d'un ensemble numérique (si vide : $-\infty$)
$\displaystyle\max_{exp_1}(exp_2)$	$\begin{cases} \text{Quantificateur max. Plus grand élément d'une expression } exp_2 \\ \text{lorsque } exp_1 \text{ est satisfaite.} \end{cases}$

$\min(exp)$	plus petit élément d'un ensemble numérique (si vide : ∞)
$\underset{exp_1}{\min}(exp_2)$	$\left\{\begin{array}{l}\text{Quantificateur min. Plus petit élément d'une expression } exp_2 \\ \text{lorsque } exp_1 \text{ est satisfaite.}\end{array}\right.$
$\mathrm{mult}(exp_1, exp_2)$	multiplicité de l'élément exp_1 dans le sac exp_2
$\mathbb{N}$	entiers naturels
$\mathbb{N}_1$	$\mathbb{N} - \{0\}$
$\mathrm{pred}(exp_1, exp_2)$	prédécesseur de l'élément exp_1 dans la relation binaire exp_2
$\mathbb{P}(exp)$	ensemble des parties finies de l'ensemble exp
$\mathbb{R}$	réels numériques
$\mathbb{R}_+$	réels positifs ou nuls numériques
$\mathbb{R}_+^*$	réels strictement positifs numériques
$\mathrm{re}(exp)$	partie réelle du complexe exp
sac(exp)	ensemble des sous-sacs finis du sac exp
$\left\{\begin{array}{l}\textbf{soit } v_1,\ldots,v_2 \textbf{ tel que} \\ \quad exp \\ \textbf{début} \\ \quad instr \\ \textbf{fin}\end{array}\right.$	instruction qui permet de spécifier les variables $v_1,\ldots,v_n$ et de localiser leurs déclarations
$\mathrm{smax}(exp)$	plus grand élément d'un sac numérique (si vide : $-\infty$)
$\mathrm{smin}(exp)$	plus petit élément d'un sac numérique (si vide : ∞)
$\mathrm{succ}(exp_1, exp_2)$	successeur de l'élément exp_1 dans la relation binaire exp_2
$\mathbb{Z}$	entiers relatifs
$\lceil x \rceil$	pour x réel, $\lceil x \rceil \;\widehat{=}\; \min(\{m \in \mathbb{Z} \mid m \geqslant x\})$ (voir [31])
$\lfloor x \rfloor$	pour x réel, $\lfloor x \rfloor \;\widehat{=}\; \max(\{m \in \mathbb{Z} \mid m \leqslant x\})$ (voir [31])
$\underset{exp1}{\bigcup} exp2$	quantificateur généralisant l'opérateur $\cup$ (union ensembliste)
$\underset{exp1}{\bigcap} exp2$	quantificateur généralisant l'opérateur $\cap$ (intersection ensembliste)

Remarques

1. La notation d'ensemble défini en compréhension ($\{\mathrm{ListeIdent} \mid exp\}$) est utilisée pour définir des « enregistrements ». Ainsi, $\{x, y \mid x \in \mathbb{R} \textbf{ et } y \in \mathbb{R}\}$ définit l'ensemble des points du plan, $pt \in \{x, y \mid x \in \mathbb{R} \textbf{ et } y \in \mathbb{R}\}$ déclare une variable (ou une constante) ayant comme premier champ l'« abscisse » x et comme second champ l'« ordonnée » y. Par convention, $pt.x$ (resp. $pt.y$) désigne alors cette abscisse (resp. cette ordonnée).

2. La définition des structures inductives (listes, arbres binaires, etc.) se fait également à partir de la notion d'ensembles définis en compréhension.

   Ainsi, $liste = \{/\} \cup \{val, suiv \mid val \in \mathbb{N} \textbf{ et } suiv \in liste\}$ définit $liste$ comme l'union entre la liste vide (notée /) et l'ensemble des couples constitués d'un entier et d'une liste d'entiers. Il est nécessaire d'ajouter que l'on ne s'intéresse qu'aux structures *finies* et qu'une structure $liste$ ainsi définie est le *plus petit* ensemble satisfaisant l'équation en *liste* $liste = \{/\} \cup \{val, suiv \mid val \in \mathbb{N} \textbf{ et } suiv \in liste\}$.

3. L'opérateur de comptage $\#$ délivre un entier naturel. Ainsi, si elle est définie, l'expression $\#i \cdot (i \in 1 .. 10 \textbf{ et } T[i] = 0)$ dénombre les 0 de la tranche $T[1 .. 10]$ du tableau T.

4. Par abus de notation, la rubrique **variables** (resp. **constantes**) contient dans certains programmes, outre la déclaration des variables (resp. des constantes), une proposition qui tient lieu de *précondition* (resp. de *contrainte*).

Bibliographie

[1] J.-R. ABRIAL, *The B-Book*, Cambridge University Press, 1996.

[2] A. ARNOLD ET I. GUESSARIAN, *Mathématiques pour l'informatique*, Masson, 1992.

[3] J. ARSAC, *Premières leçons de programmation*, Cédic/F. Nathan, 1980.

[4] J. ARSAC, *Les bases de la programmation*, Dunod, 1983.

[5] J. ARSAC, *Préceptes pour programmer*, Dunod, 1991.

[6] O. ARSAC-MONDOU, C. BOURGEOIS-CAMESCASSE ET M. GOURTRAY, *Premier livre de programmation*, Cédic/F. Nathan, 1982.

[7] O. ARSAC-MONDOU, C. BOURGEOIS-CAMESCASSE ET M. GOURTRAY, *Pour aller plus loin en programmation*, Cédic/F. Nathan, 1983.

[8] S. BAASE ET A. V. GELDER, *Computer Algorithms*, Addison-Wesley Longman, 2000.

[9] B. BAYNAT, P. CHRÉTIENNE, C. HANEN, S. KEDAD-SIDHOUM, A. MUNIER-KORDON ET C. PICOULEAU., *Exercices et problèmes d'algorithmique*, Dunod, 2007.

[10] G. BEAUQUIER, J. BERSTEL ET P. CHRÉTIENNE, *Eléments d'algorithmique*, Masson, 1992.

[11] J. BENTLEY, *Programming Pearls*, Addison-wesley, 1986.

[12] J. BENTLEY, *More Programming Pearls. Confessions of a Coder*, Addison-wesley, 1988.

[13] P. BERLIOUX ET P. BIZARD, *Algorithmique*, Dunod, 1983.

[14] L. BOUGÉ, C. KENYON, J.-M. MULLER ET Y. ROBERT, *Algorithmique, exercices corrigés*, Ellipses, 1993.

[15] G. BRASSARD ET P. BRADLEY, *Fundamentals of Algorithmics*, Prentice-Hall, 1996.

[16] E. COHEN, *Programming in the 1990's, an Introduction to the Calculation of Programs*, Springer-Verlag, 1990.

[17] T. CORMEN, C. LEISERSON, C. STEIN ET R. RIVEST, *Introduction à l'algorithmique*, Dunod, 2002.

[18] J. COURTIN ET I. KOWARSKY, *Introduction à l'algorithmique et aux structures de données, Volume 2*, Dunod, 1995.

[19] J. COURTIN ET I. KOWARSKY, *Introduction à l'algorithmique et aux structures de données, Volume 1*, Dunod, 1998.

[20] M. CROCHEMORE, C. HANCART ET T. LECROQ, *Algorithmique du texte*, Vuibert, 2001.

[21] A. DARTE ET S. VAUDENAY, *Algorithmique et optimisation. Exercices corrigés*, Dunod, 2001.

[22] J.-P. DELAHAYE, *La suite du lézard et autres inventions*, Pour La Science, No 353, (2007).

[23] E. DIJKSTRA, *A Discipline of Programming*, Prentice-Hall, 1976.

[24] E. DIJKSTRA ET W. FEIJEN, *A Method of Programming*, Addison-Wesley, 1988.

[25] A. DUCRIN, *Programmation, Tome 1. Du problème à l'algorithme*, Dunod, 1984.

[26] A. DUCRIN, *Programmation, Tome 2. De l'algorithme au programme*, Dunod, 1984.

[27] J. EDMONDS, *How to Think about Algorithms*, Cambridge, 2008.

[28] C. FROIDEVAUX, M.-C. GAUDEL ET M. SORIA, *Types de données et algorithmes*, McGraw-Hill, 1990.

[29] M. GONDRAN ET M. MINOUX, *Graphes et algorithmes*, Lavoisier Tec & Doc, 2009.

[30] M. GOODRICH ET R. TAMASSIA, *Algorithm Design*, Wiley, 2001.

[31] R. GRAHAM, D. KNUTH ET O. PATASHNIK, *Mathématiques concrètes : fondations pour l'informatique*, International Thomson Publishing France, 1998.

[32] D. GRIES, *The Science of Programming*, Springer, 1983.

[33] D. GRIES ET F. SCHNEIDER, *A Logical Approach to Discrete Mathematics*, Springer, 1993.

[34] D. GUSFIELD, *Algorithms on Strings, Trees and Sequences*, Cambridge University Press, 1997.

[35] M. GUYOMARD, *Spécification et raffinement en B : deux exemples pédagogiques*, International B Conference, APCB (2002).

[36] M. GUYOMARD, *Structures de données et méthodes formelles*, Springer, 2011.

[37] M. GUYOMARD, *Développement informatique = spécification + programmation. une démarche méthodologique pour concevoir des algorithmes*, Support de cours stage du groupe Liesse. Enssat, Université de Rennes 1. Mars 2014. Disponible sur le site http ://www.enssat.fr/uploads/site/documents/liesse/programmationCPGE.pdf, 2014.

[38] C. HOARE, *Procedures and Parameters : An Axiomatic Approach*, in Proceedings of the Symposium on Semantics of Algorithmic Languages, 1971.

[39] E. HOROWITZ, S. SAHNI ET S. RAJASEKARAN, *Computer Algorithms*, Computer Science Press, 1998.

[40] R. JOHNSONBAUGH ET M. SCHAEFFER, *Algorithms*, Pearson, Prentice-Hall, 2004.

[41] J. JULLIAND, *Cours et exercices corrigés d'algorithmique*, Vuibert, 2010.

[42] A. KALDEWAIJ, *Programming : the Derivation of Algorithms*, Prentice Hall, 1990.

[43] J. KLEINBERG ET E. TARDOS, *Algorithm Design*, Addison Wesley, 2006.

[44] D. KNUTH, *The Art of Computer Programming*, Addison-Wesley, 2015.

[45] T. Lecroq, C. Hancart et M. Crochemore, *Algorithmique du texte*, Vuibert, 2001.

[46] A. Levitin, *The Design and Analysis of Algorithms*, Addison-Wesley, 2003.

[47] J.-M. Léry, *Algorithmique. Applications en C*, Pearson, 2005.

[48] U. Manber, *Introduction to Algorithms : a Creative Approach*, Addison Wesley, 1989.

[49] B. Meyer, *Introduction à la théorie des langages de programmation*, InterEditions, 1997.

[50] M. Minoux, *Programmation Mathématique. Théorie et Algorithmes*, Lavoisier, 2008.

[51] A. Mirzaian, *A Halving Technique for the Longest Sluttering Sequence*, Information Processing Letters, 26 (1987), p. 71–75.

[52] C. Morgan, *Programming from Specifications*, Prentice-Hall, 1990.

[53] P. Naudin et C. Quitté, *Algorithmique algébrique*, Masson, 1992.

[54] R. Neapolitan et K. Naimipour, *Foundations of Algorithms*, Jones and Barlett, 2004.

[55] I. Parberry, *Problems on Algorithms*, Prentice-Hall, 1995.

[56] M. Quercia, *Nouveaux exercices d'algorithmique*, Vuibert, 2000.

[57] S. Russel et P. Norvig, *Intelligence artificielle*, Pearson, 2011.

[58] R. Sedgewick, *Algorithmes en C++*, Pearson, 2004.

[59] J. D. Smith, *Design and Analysis of Algorithms*, PWS-Kent, 1989.

[60] C. Villani, *Théorème vivant*, Grasset, 2012.

[61] N. Wirth, *Systematic Programming. An Introduction*, Prentice-Hall, 1973.

[62] N. Wirth, *Algorithms + Data Structures = Programs*, Prentice-Hall, 1976.

Index

Dépôt légal : décembre 2020

Imprimé en Allemagne par BoD